南宁年鉴

NANNING NIANJIAN

2017

南宁市地方志编纂委员会　编

广西人民出版社

图书在版编目（CIP）数据

南宁年鉴.2017 / 南宁市地方志编纂委员会编.—
南宁：广西人民出版社，2017.9
ISBN 978-7-219-10362-3

Ⅰ.①南… Ⅱ.①南… Ⅲ.①南宁—2017—年鉴
Ⅳ.①Z526.71

中国版本图书馆 CIP 数据核字（2017）第 212109 号

责任编辑 李带舅
责任校对 韦洁琳

南宁年鉴（2017）

NANNING NIANJIAN

出版发行：广西人民出版社
社　　址：广西南宁市桂春路 6 号
邮　　编：530028
印　　刷：广西南宁华侨印务有限责任公司
开　　本：890mm × 1240mm　1/16
印　　张：31
字　　数：1631 千字
版　　次：2017 年 9 月　第 1 次
印　　次：2017 年 9 月　第 1 次印刷

ISNB　978-7-219-10362-3
定　　价：198.00 元

十大要闻（2016）

中国－东盟博览会、商务与投资峰会

9 月 11 日至 14 日，第 13 届中国－东盟博览会、商务与投资峰会在南宁市举办。中国和东盟十国领导人出席会议，主题国越南，特邀贵宾国斯里兰卡。参会企业 2669 家、客商 6.50 万人，公众开放日有 18 个国家和地区的 255 家媒体 1434 名记者参加。南宁市签约招商引资项目 35 个，签订商品购销贸易合同 306.29 亿元。

中国 2016 亚洲国际集邮展

12 月 2 日至 6 日，国家邮政局、自治区人民政府、中国邮政集团公司、中华全国集邮联合会联合主办的中国 2016 亚洲国际集邮展在南宁国际会展中心举办。以“绿色 · 共享”为主题，设开幕日、南宁日、青少年日、生肖日、闭幕日 5 个主题日，分竞赛类、非竞赛类展出，有 291 部邮集展品(1298 框)、50 部文献展品；来自中国的展品有 121 部邮集(532 框)、31 部文献，广西的展品有 10 部邮集(52 框)和 1 部文献参展。

南宁经济发展稳中向好

地区生产总值完成 3703.39 亿元、增长 7%，规模以上工业总产值完成 3537.05 亿元、增长 8.83%，固定资产投资完成 3824.73 亿元、增长 13.6%，社会消费品零售总额完成 1980.36 亿元、增长 10.84%，农业总产值完成 689.03 亿元、增长 3.98%，外贸进出口总额完成 416.23 亿元、增长 14.2%，财政收入完成 613.83 亿元、增长 7.22%，实现工业稳、投资稳、消费稳、农业稳、进出口稳、财政稳“六稳”目标。

南宁进入地铁时代

南宁市规划建设城市轨道交通线网 8 条，已开工建设 4 条。6 月 28 日南宁地铁 1 号线东段试营运。12 月 28 日，南宁地铁 1 号线全线通车营运，试营运客流量 19.9 万人次。这是广西开通的第一条地铁、五个少数民族自治区开通的首条地铁，标志南宁进入地铁时代。

海绵城市试点建设加快

南宁市作为全国首批海绵城市试点加快城市改造建设，完成民族大道改造提升，建成良庆大桥、沙井—南站立交等一批跨江桥梁和立交桥，完成五象新区年度投资 301.80 亿元，完成那考河流域、南湖公园环湖路等一批海绵化改造项目，海绵城市连片效应、生态治水成效初显。2 月 12 日，南宁市国家海绵城市试点做法获中央电视台《新闻联播》聚焦报道。

南宁蓝天常驻

打造高品位的生态宜居城市，提升生态宜居水平，加大节能减排力度，深入开展大气污染防控特别是扬尘污染专项治理。空气质量优良率 95.10%，同比上升 6.3 个百分点，4 次入围全国重点城市月度评比十佳，“南宁蓝”成为常态。

精准扶贫首战告捷

筹措整合涉农资金 80.76 亿元投入脱贫攻坚，扶持优势特色产业项目 1429 个，引进、培育新型经营主体 941 个。贫困劳动力转移就业 1.19 万人次，扶持创业 1066 人，生态扶贫 1629 人。资助贫困户学生 16.2 万人次 1.48 亿元。医疗救助和临时救助贫困人口 7223 人次 1281.8 万元，贫困人口新农合参合率 98.8%。4929 名贫困残疾人享受托养服务、补助资金 739.35 万元。修建贫困村屯级道路 998.91 千米，实施贫困村饮水安全项目 225 处，竣工农村电网改造升级项目 1984 个，完成贫困户农村危房改造 7201 户。邕宁区和 104 个贫困村脱贫摘帽，11.47 万贫困人口实现脱贫。

利民惠民取得新成效

民生支出 433.95 亿元，增长 13.02%，占一般公共预算支出 73.92%，全市居民人均可支配收入 2.29 万元，增长 7.4%。城镇新增就业 7.82 万人，城镇登记失业率 2.62%。城乡居民基本养老保险参保率 93.29%，全市社会保险参保 676.67 万人次。完成为民办实事工程项目 76 个。新建成投入使用中小学校 13 所，改扩建学校 1030 所；新建村级公共服务中心 125 个；基本建成各类保障性住房 2.36 万套；新增医疗服务机构 209 家、床位 1346 张。

南宁 · 中关村创新基地挂牌运行

7 月 24 日，南宁 · 中关村创新示范基地揭牌运行。基地位于南宁高新技术产业开发区核心区，建筑面积约 8 万平方米，打造以信息技术做支撑、以智能制造产业为主导、领军企业聚集的创新生态系统，辐射带动生物健康、装备制造、节能环保产业发展，助力南宁产业升级和经济转型发展。宜信国际以色列创新基金、上海明匠智能系统有限公司、东软集团股份有限公司等 18 家领军企业签约入驻基地。

武鸣县撤县设区

5 月 27 日，南宁市撤销武鸣县设立武鸣区，以原武鸣县为武鸣区行政区域。辖城厢、两江、马头、陆斡、罗波、太平、双桥、甘圩、宁武、锣圩、仙湖、府城、灵马 13 个镇。城区政府驻城厢镇兴武大道 245 号。南宁市区划由“六县六城区”变为“五县七城区”。

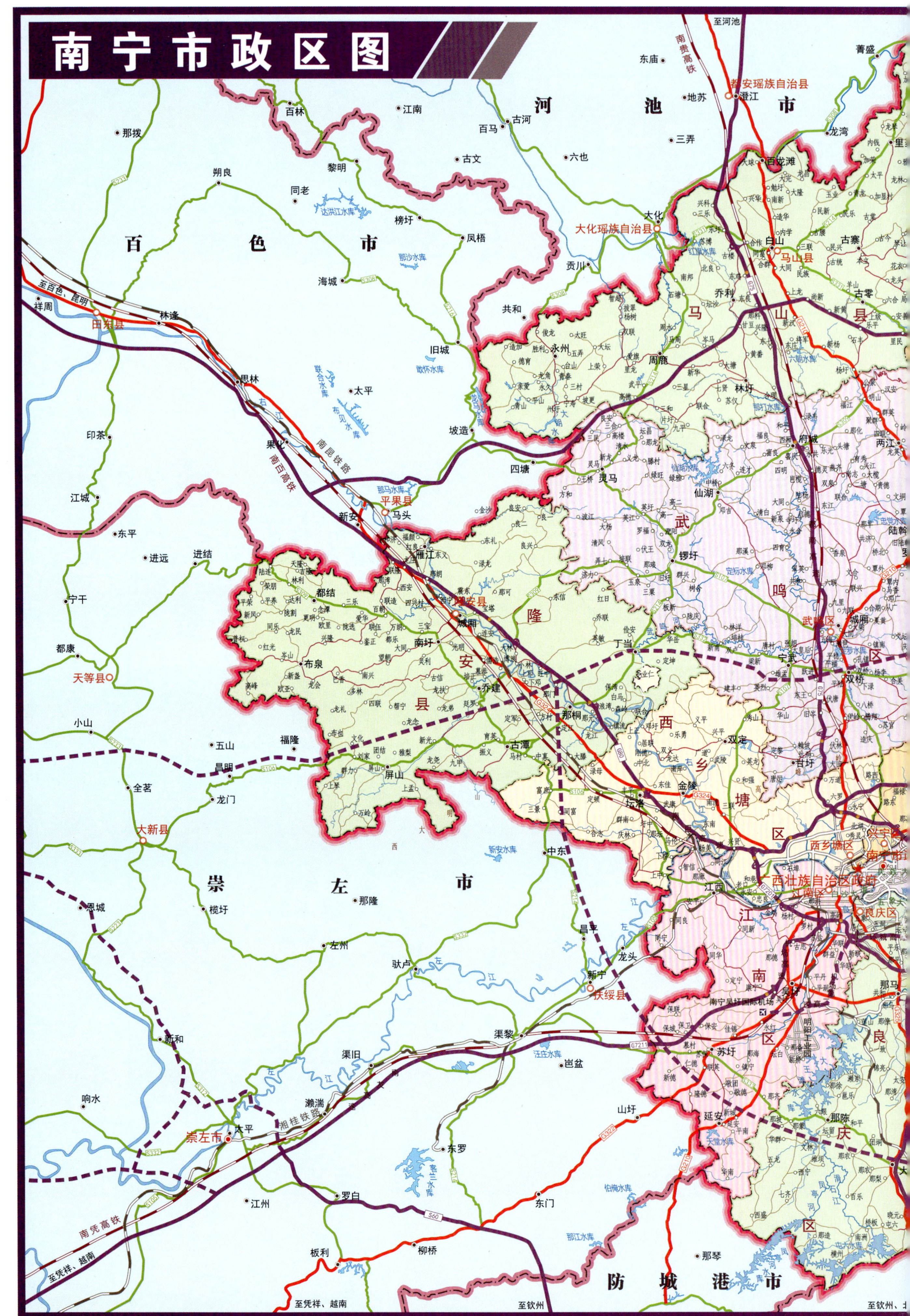

南宁市政区图
河池市
百色市
崇左市
防城港市
至河池
南贵高铁
东庙
都安瑶族自治县
地苏
澄江
三弄
六也
古文
百林
江南
百马
古河
那拔
朔良
黎明
同老
达洪江水库
榜圩
凤梧
大化
大化瑶族自治县
贡川
那沙水库
海城
共和
至百色、昆明
祥周
田东县
林逢
旧城
敢怀水库
思林
联合水库
太平
布见水库
印茶
坡造
果化
南昆铁路
南百高铁
四塘
那马水库
平果县
马头
江城
新安
东平
进远
进结
宁干
都康
天等县
小山
五山
福隆
昌明
全茗
龙门
大新县
新安水库
中东
恩城
榄圩
那隆
左州
驮卢
昌平
龙头
新宁
扶绥县
新和
渠黎
渠旧
汪庄水库
岜盆
响水
瀬湍
湘桂铁路
崇左市
太平
山圩
东罗
客兰水库
江州
罗白
东门
伯梅水库
南凭高铁
至凭祥、越南
板利
柳桥
那江水库
那琴
至凭祥、越南
至钦州
至钦州、北
马山县
永州
周鹿
林圩
乔利
古零
古寨
白山
百龙滩
菁盛
龙湾
都结
隆安县
城厢
雁江
南圩
布泉
乔建
古潭
屏山
那桐
丁当
灵马
仙湖
锣圩
府城
武鸣区
双桥
宁武
两江
双定
金陵
坛洛
苏圩
吴圩
南宁吴圩国际机场
延安
那陈
那马
西乡塘区
兴宁区
南宁市
广西壮族自治区政府
江南区
良庆区
马山县
隆安县
武鸣区
西乡塘区
江南区
良庆区

图例
自治区政府
自治区首府
地级市政府
县、区政府
乡、镇、街道办
行政村
机场
山峰
水系
桥
高速路及出入口
规划高速路及出入口
铁路及车站
规划电气化铁路
国道及编号
省道及编号
市区内道路
县道
乡村路
地市界
县区界
比例尺 1：700000
南宁市勘察测绘地理信息院 审图号：桂S（2016）52号 2016年8月
本图界线不作权属划界依据。
柳州市
来宾市
贵港市
玉林市
钦州市
上林县
宾阳县
横县
青秀区
邕宁区
兴宁区
灵山县
浦北县
武宣县
合山市
贵港市
至柳州、河池
至柳州
至梧州
至广州
至钦州
柳南高铁
南广高铁
黎湛铁路
南钦高铁
南防铁路
思练
安东
七洞
穿山
马坪
寺村
红渡
遂意
新圩
果遂
岭南
北泗
古蓬
北更
凤凰
良塘
大湾
石龙
金鸡
妙皇
大樟
高安
黄茆
城厢
正龙
河里
迁江
良江
平阳
南泗
蒙村
三五
寺山
禄新
马步
三里
东乡
石陵
陶邓
小平阳
五山
石牙
思灵
桐岭
通挽
古樟
山北
东龙
石龙
蒙公
中里
庆丰
厚禄
大圩
黄练
覃塘
根竹
贵城街道办
武乐
东津
三里
五里
新塘
石卡
瓦塘
大岭
山心
木梓
葵阳
城隍
寨圩
乐民
丰塘
平山
佛子
灵城
新圩
檀圩
那隆
三隆
三合
陆屋
旧州
太平
烟墩
平南
新福
沙坪
南乡
长滩
板城
青塘
小董
北通
小江
新棠
塘红
乔贤
木山
西燕
大丰
澄泰
白圩
明亮
邹圩
新圩
宾州
新桥
大桥
黎塘
思陇
武陵
中华
古辣
露圩
甘棠
镇龙
六景
云表
峦城
校椅
马岭
陶圩
石塘
百合
那阳
平马
莲塘
横州
平朗
马山
昆仑
陈平
长塘
南阳
刘圩
五塘
中和
那楼
新江
百济
马头
黄练
洋桥
和吉
王灵

南宁市中心城区街道图
至武鸣
至都安
武鸣区
西乡塘区
江南区
永南高速
南宁绕城高速
南百高速
机场高速
机场第二高速
云桂铁路
邕江
西乡塘区行政中心（规划）
西乡塘区政府
江南区政府
良庆区政府
区政府
区人大
区政协
区党委
安吉大道
高新大道
秀厢大道
大学东路
大学西路
明秀东路
明秀西路
友爱北路
北大路
民族大道
五一西路
五一中路
五一东路
星光大道
白沙大道
江北大道
江南大道
南站大道
壮锦大道
那历路
五象大道
银海大道
玉洞大道
南宁市动物园
良凤江国家森林公园
五象岭森林公园
至机场、凭祥

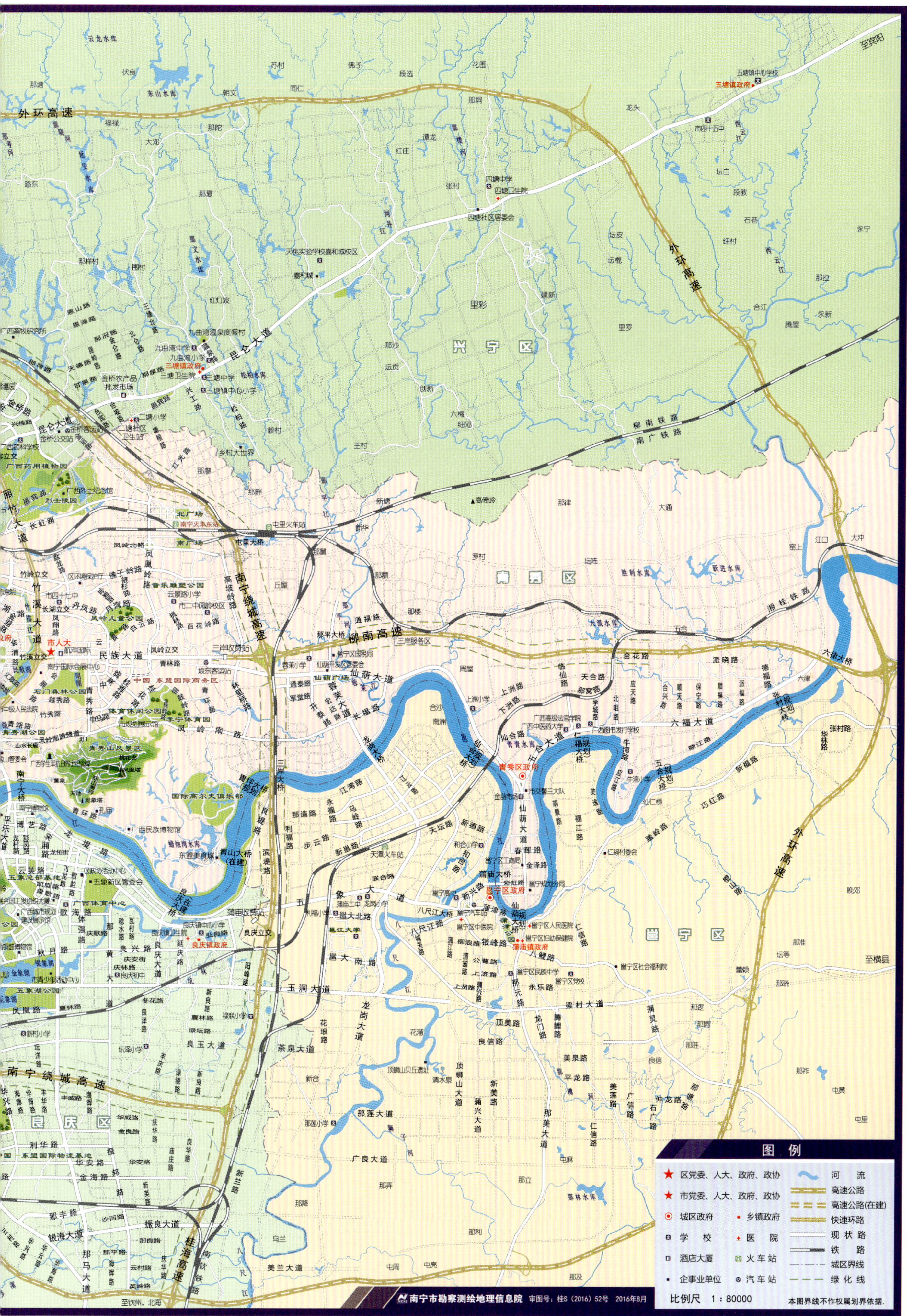
外环高速
昆仑大道
兴宁区
青秀区
邕宁区
良庆区
柳南高速
南宁绕城高速
湘桂铁路
柳南铁路
南广铁路
民族大道
五象大道
玉洞大道
良玉大道
茶泉大道
梁村大道
六福大道
银海大道
振良大道
桂海高速
三岸大桥
青秀区政府
邕宁区政府
五塘镇政府
三塘镇政府
良庆镇政府
蒲庙镇政府
至宾阳
至横县
至钦州、北海
图例
区党委、人大、政府、政协
市党委、人大、政府、政协
城区政府
乡镇政府
学校
医院
酒店大厦
火车站
企事业单位
汽车站
河流
高速公路
高速公路(在建)
快速环路
现状路
铁路
城区界线
绿化线
比例尺 1：80000
本图界线不作权属划界依据.
南宁市勘察测绘地理信息院 审图号：桂S（2016）52号 2016年8月

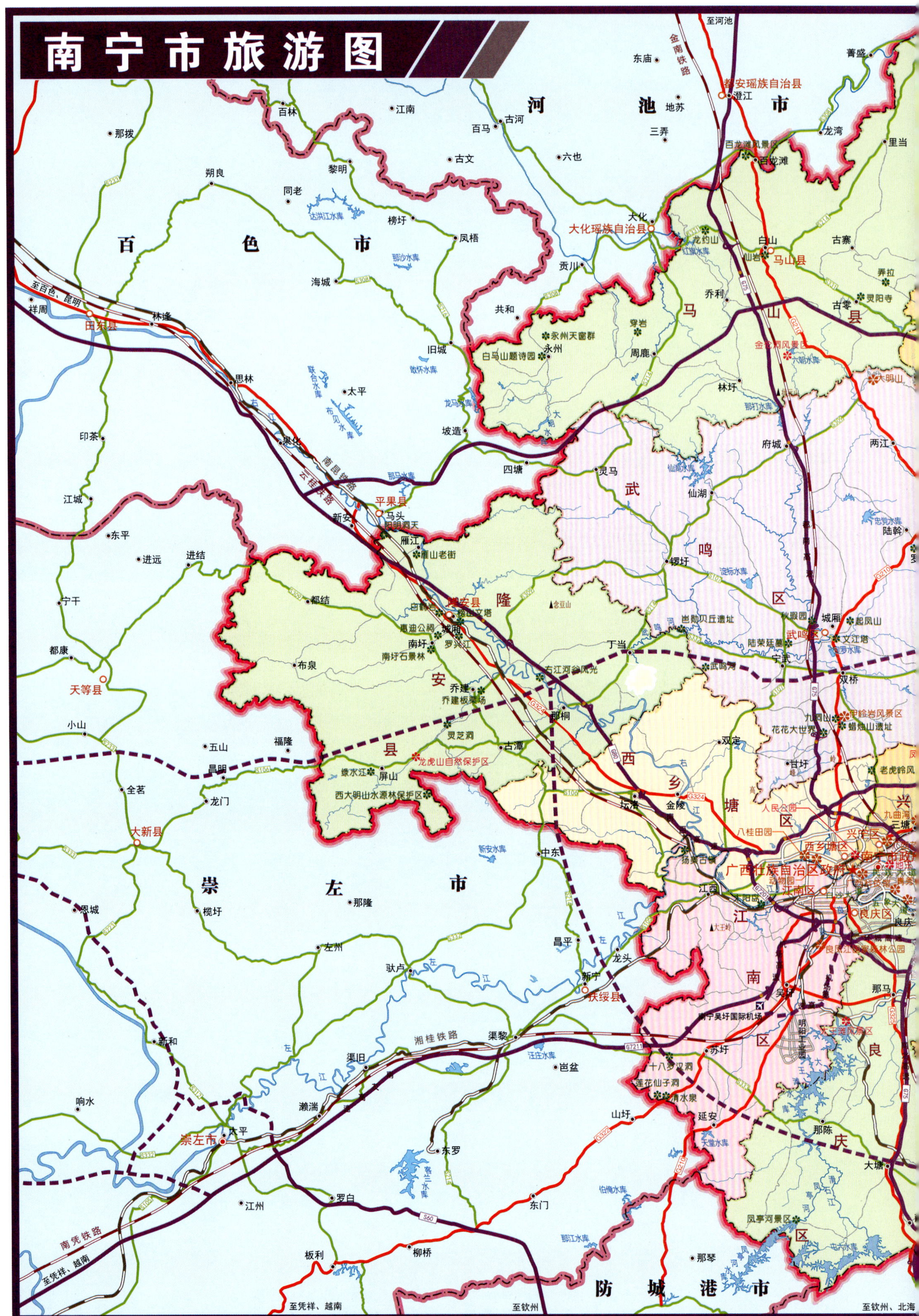
南宁市旅游图
百色市
河池市
崇左市
防城港市
马山县
武鸣区
隆安县
西乡塘区
江南区
良庆区
兴宁区
大化瑶族自治县
都安瑶族自治县
平果县
天等县
大新县
扶绥县
崇左市
田东县
广西壮族自治区政府
南宁吴圩国际机场
湘桂铁路
南昆铁路
南凭铁路
金南铁路
至河池
至百色、昆明
至凭祥、越南
至钦州
至钦州、北海

至柳州、河池
至柳州
柳州市
来宾市
合山市
武宣县
贵港市
贵港市
上林县
宾阳县
横县
灵山县
浦北县
玉林市
钦州市
来宾
上林
宾阳
青秀区
邕宁区
横县
思练
安东
七洞
穿山
马坪
寺村
红渡
遂意
新圩
果遂
凤凰
妙皇
大樟
古蓬
岭南
北泗
良塘
大湾
石龙
金鸡
北更
河里
桥巩
城厢
正龙
高安
黄茆
平阳
良江
南泗
迁江
蒙村
东乡
乔贤
木山
塘红
武宣
马步
三里
三五
寺山
禄新
大龙洞风景区
摩崖石刻群
三里洋渡
三里
石陵
陶邓
石牙
思灵
桐岭
大丰
智城碑
六合坚固大宅颂碑
澄泰
白圩
殿当寺
小平阳
五山
明亮
邹圩
通挽
古樟
山北
东龙
达开水库
石龙
至梧州
马头
新圩
洋桥
和吉
葛麻岩
四风塔
龙岩
中里
庆丰
厚禄
巷贤
宾阳县
宾州
南街
大桥
秀峰塔
黎塘
蒙公
新桥
王灵
程思远故居
相思洞风景区
黄练
南广铁路
大圩
思陇
武陵
中华
覃塘
根竹
昆仑关风景区
古辣
洛湛铁路
贵城街道办
武乐
昆仑
古辣蔡氏书香古宅
九龙瀑布群森林公园
镇龙
三里
东津
陈平
露圩
陈平瀑流
新塘
五塘
甘棠
五里
石卡
伶俐
六景泥盆系标准地质剖面保护区
云表
瓦塘
六景
石塘
大岭
长塘
天窝遗址
陶圩
校椅
马岭
至广州
山心
峦城
伏波庙
马鸾滩风景区
南阳
青龙岩
木梓
承露塔
大圣山
平郎乡笔山村
平马
莲塘
横州
那阳
葵阳
刘圩
五圣宫
平朗
西津湖风景区
横县茉莉花基地
李萝楼庄园
百合
马山
中和
西津水库
宝华山风景区
乐民
城隍
那楼
横虎山
丰塘
寨圩
新福
南乡
沙坪
平南
平山
百济
烟墩
太平
灵城
佛子
新棠
旧州
新圩
钦州市
长滩
板城
檀圩
三合
陆屋
那隆
三隆
浦北县
小江
青塘
南钦铁路
南防铁路
小董
北通
至钦州
图例
自治区政府
自治区首府
地级市政府
县、区政府
乡、镇、街道办
机场
山峰
水系
国家4A旅游景区
国家3A旅游景区
其他旅游景点
高速路及出入口
规划高速路
铁路及车站
规划电气化铁路
国道及编号
G322
省道及编号
S101
市区内道路
乡道
地市界
县区界
南宁市勘察测绘地理信息院
审图号：桂S（2016）52号
2016年8月
比例尺 1：700000
本图界线不作权属划界依据。

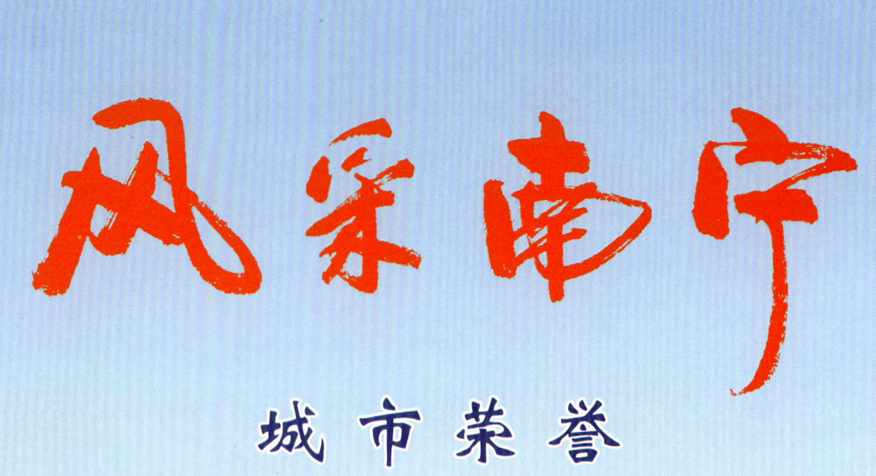

城市荣誉

国家信息消费示范城市

（工业和信息化部，2016 年 1 月）

“厕所革命”创新城市

（国家旅游局，2016 年 2 月）

2015 中国十大幸福城市

（中央电视台，2016 年 3 月）

全国无偿献血先进城市

（国家卫生和计划生育委员会、中国红十字会总会，2016 年 4 月）

2016 年全国地下综合管廊试点城市

（财政部、住房和城乡建设部，2016 年 4 月）

全国人民防空先进城市

（国家国防动员委员会，2016 年 5 月）

全国首批生态园林城市

（住房和城乡建设部，2016 年 5 月）

全国双拥模范城

（全国双拥工作领导小组、民政部，2016 年 7 月）

全国首批健康城市试点市

（全国爱国卫生运动委员会办公室，2016 年 11 月）

2014—2015 年度“国际友好城市交流合作奖”

（中国人民对外友好协会、中国国际友好城市联合会，2016 年 11 月）

2016 广州国际城市创新奖

（广州国际城市创新奖组织委员会，2016 年 12 月）

全国民族团结进步创建活动示范市

（国家民族事务委员会，2016 年 12 月）

中国 2016 亚洲国际集邮展览纪念牌匾

（中华全国集邮联合会，2016 年 12 月）

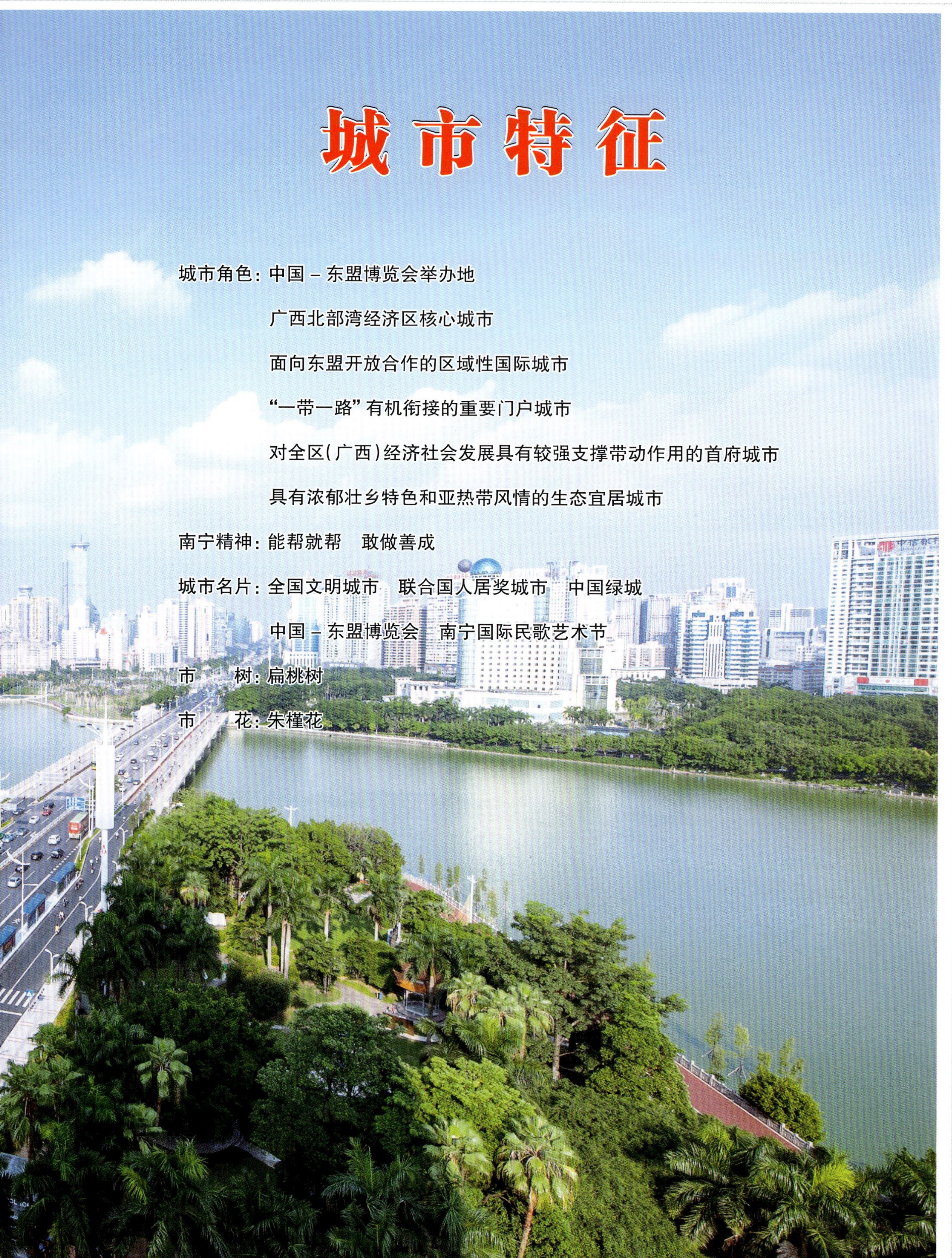

城市特征

城市角色：中国－东盟博览会举办地

广西北部湾经济区核心城市

面向东盟开放合作的区域性国际城市

“一带一路”有机衔接的重要门户城市

对全区（广西）经济社会发展具有较强支撑带动作用的首府城市

具有浓郁壮乡特色和亚热带风情的生态宜居城市

南宁精神：能帮就帮　敢做善成

城市名片：全国文明城市　联合国人居奖城市　中国绿城

中国－东盟博览会　南宁国际民歌艺术节

市　　树：扁桃树

市　　花：朱槿花

城市数字

土地面积：22099 平方千米

城市建成区面积：288.34 平方千米

年末户籍人口 751.74 万，增长 1.56%

地区生产总值 3703.39 亿元，增长 7 %

人均地区生产总值 52724 元，增长 5.90%

第一产业增加值 400.67 亿元，增长 3.90%

第二产业增加值 1427.16 亿元，增长 5.80%

第三产业增加值 1875.57 亿元，增长 8.50%

万元地区生产总值能耗下降 2.87 个百分点

全社会固定资产投资 3824.73 亿元，增长 13.60%

全社会消费品零售总额 1980.36 亿元，增长 10.84%

外贸进出口总额 416.23 亿元，增长 14.20%

外商直接投资 7.70 亿美元，增长 9.83%

财政收入 613.83 亿元，增长 7.22%

一般公共预算收入 312.76 亿元，增长 5.29 %

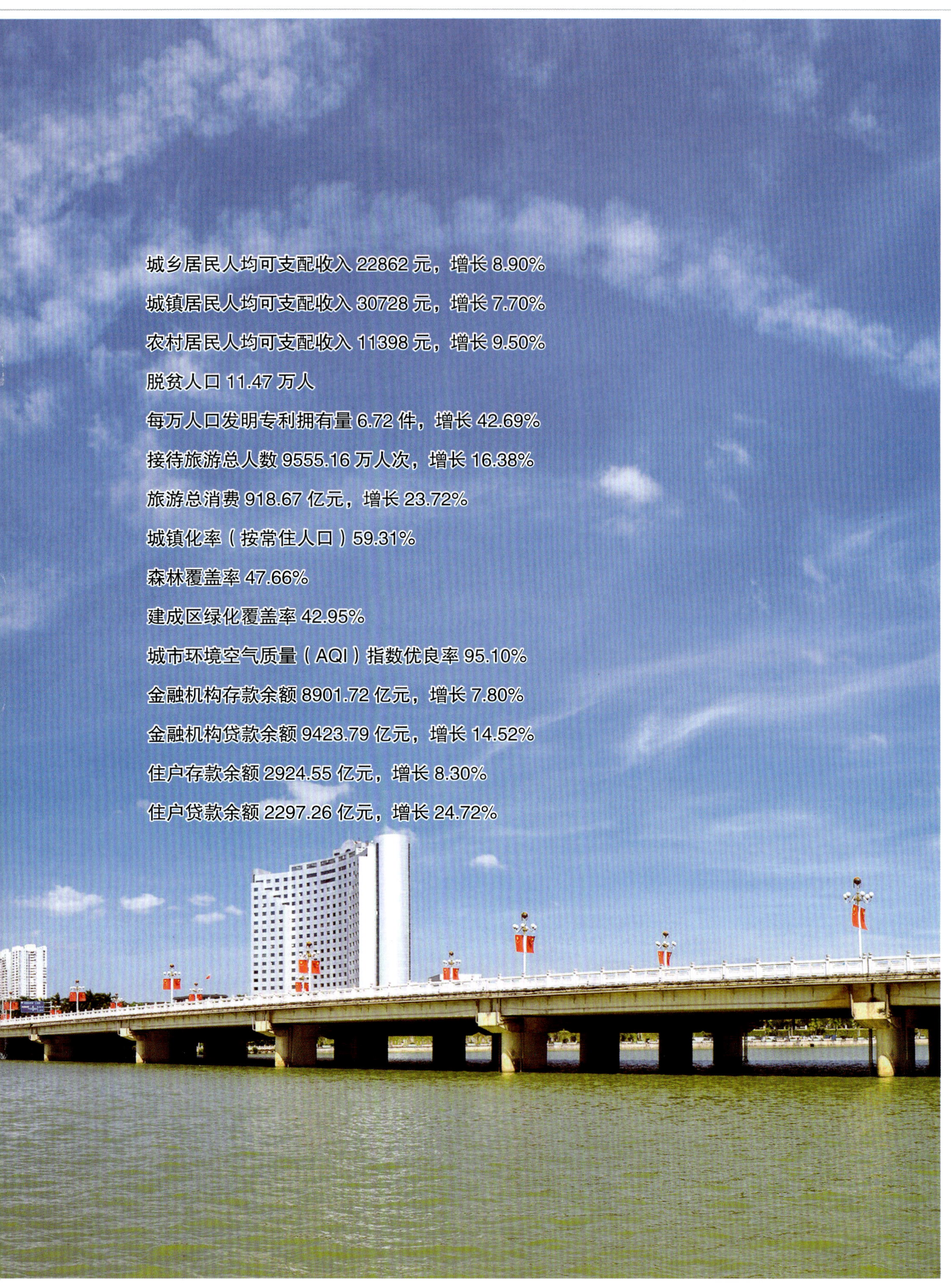

城乡居民人均可支配收入 22862 元，增长 8.90%

城镇居民人均可支配收入 30728 元，增长 7.70%

农村居民人均可支配收入 11398 元，增长 9.50%

脱贫人口 11.47 万人

每万人口发明专利拥有量 6.72 件，增长 42.69%

接待旅游总人数 9555.16 万人次，增长 16.38%

旅游总消费 918.67 亿元，增长 23.72%

城镇化率（按常住人口）59.31%

森林覆盖率 47.66%

建成区绿化覆盖率 42.95%

城市环境空气质量（AQI）指数优良率 95.10%

金融机构存款余额 8901.72 亿元，增长 7.80%

金融机构贷款余额 9423.79 亿元，增长 14.52%

住户存款余额 2924.55 亿元，增长 8.30%

住户贷款余额 2297.26 亿元，增长 24.72%

第 13 届中国 –
第 13 届中国 – 东盟

东盟博览会商务与投资峰会（一）

2016年9月11日，第13届中国－东盟博览会、第13届中国－东盟商务与投资峰会开幕大会在南宁举行

第 13 届中国 －

第 13 届中国－东盟

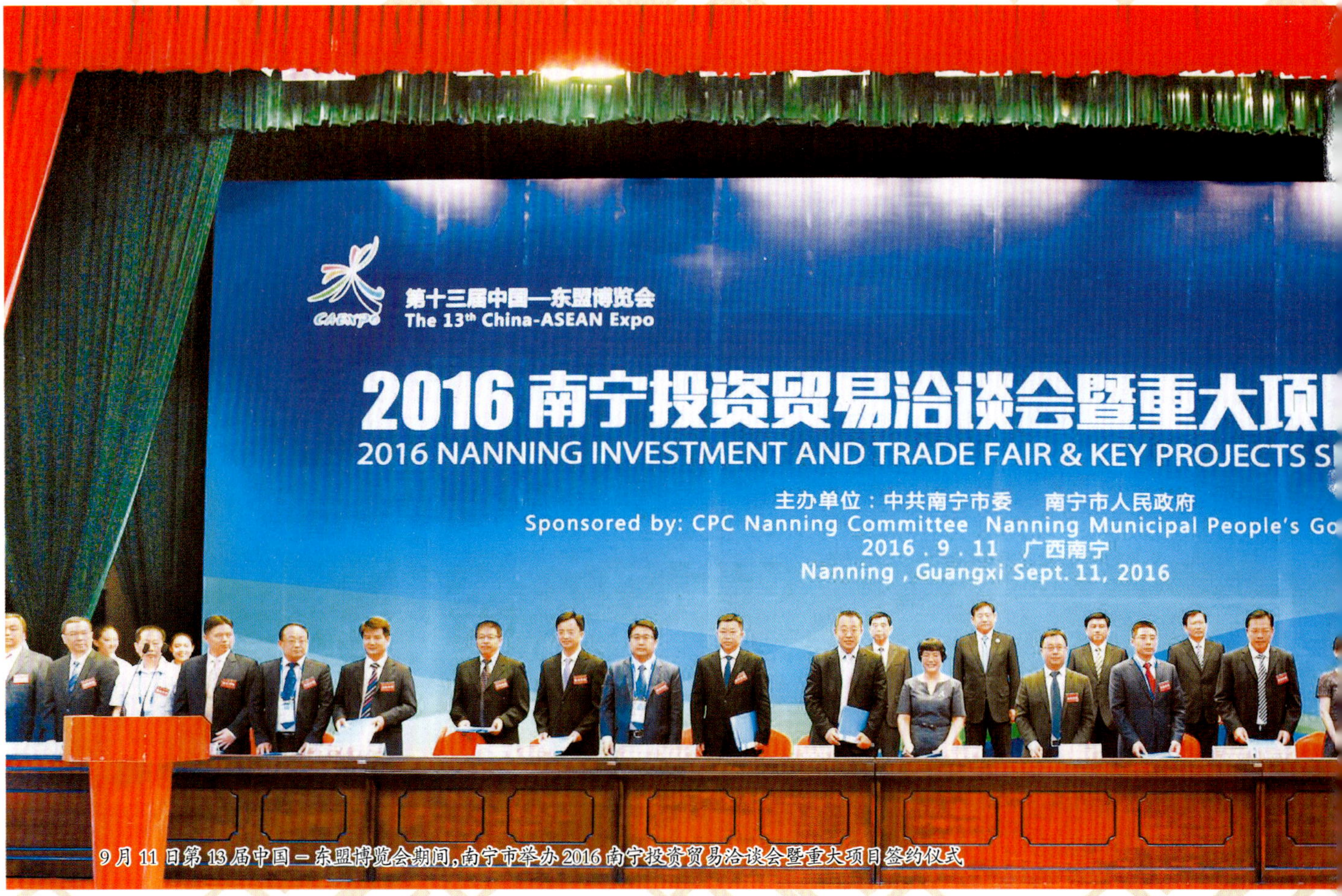

9 月 11 日第 13 届中国－东盟博览会期间，南宁市举办 2016 南宁投资贸易洽谈会暨重大项目签约仪式

9 月 11 日，第 13 届中国－东盟博览会主题国越南在南宁举办越南投资推介会

东盟博览会商务与投资峰会（二）

9月12日，第13届中国－东盟博览会投资合作圆桌会议在南宁举行

9月12日，第13届中国－东盟博览会期间，中泰"两国四园"联合推介会举办

9月11日，中国－东盟博览会特邀嘉宾国斯里兰卡在南宁举办斯里兰卡贸易、投资及旅游推介会

9月11日，中国－东盟电子商务峰会上青秀区与北京至简云图科技发展有限公司签署合作协议

第 13 届中国 －

第 13 届中国－东盟

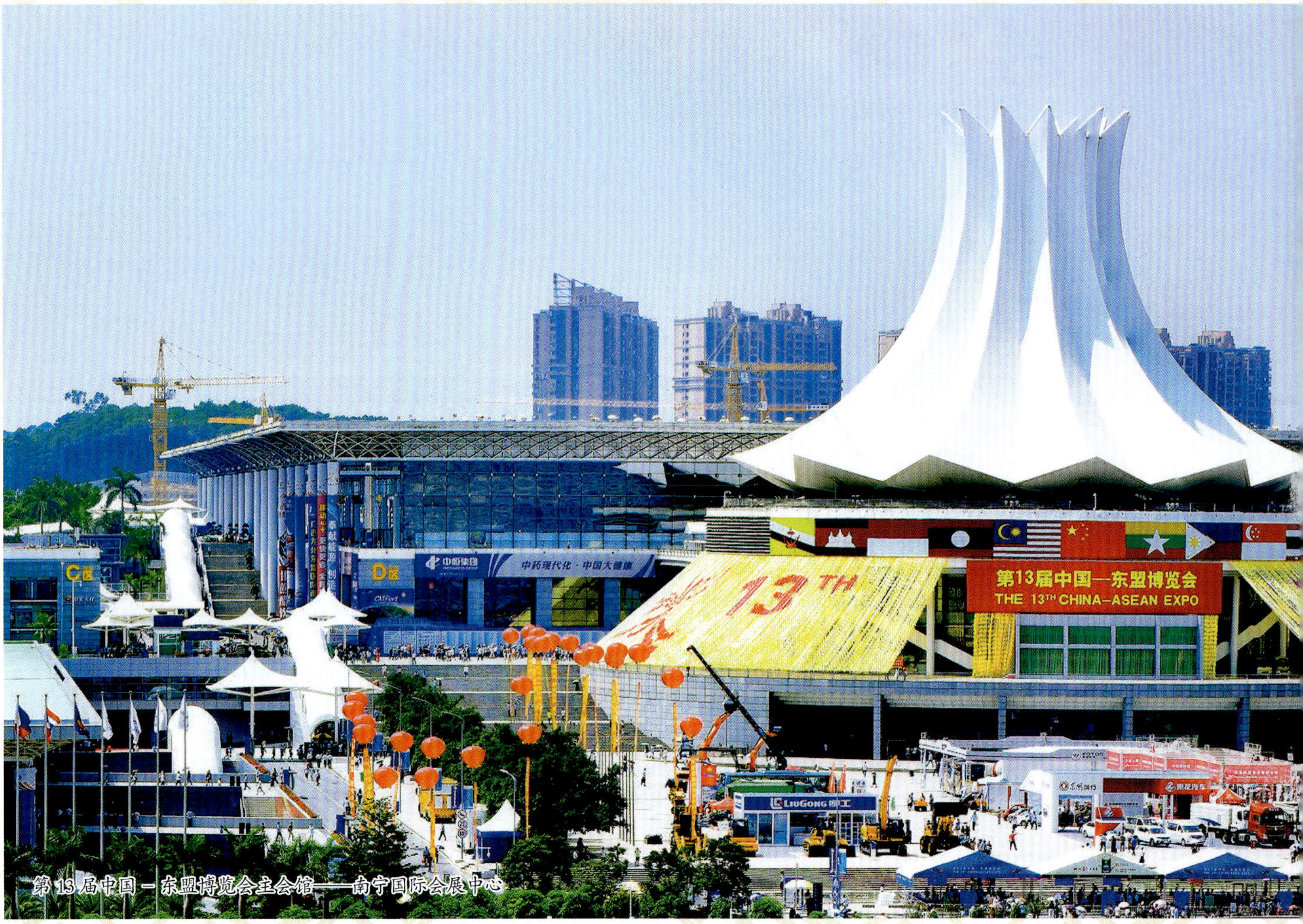

第 13 届中国－东盟博览会主会馆——南宁国际会展中心

第 13 届中国－东盟博览会先进技术展展 A 区

东盟博览会商务与投资峰会（三）

广西“一带一路”创新发展展区

中国－东盟农业国际合作成果展区

第13届中国－东盟博览会先进技术展展B区

中国－东盟中心展区

“魅力之城”

菲律宾展区

柬埔寨展区

老挝展区

马来西亚展区

缅甸展区

专题展区

文莱展区

第13届中国—东盟博览会主题国越南展区

新加坡展区

印度尼西亚展区

泰国展区

中国香港展区

第 18 届南宁国

9月11日，第18届南宁国际民歌艺术节——"本色花山·大地飞歌"晚会在广西体育中心举行。图为晚会剧照

际民歌艺术节（一）

第18届南宁国际民歌艺术节“本色花山·大地飞歌”晚会主持

第18届南宁国际民歌艺术节“本色花山·大地飞歌”晚会表演节目《赶圩归来阿哩哩》

第18届南宁国际民歌艺术节“本色花山·大地飞歌”晚会表演节目《南宁歌谣》

第 18 届南宁国

第 18 届南宁国际民歌艺术节“绿城歌台”中外歌舞表演

第 18 届南宁国际民歌艺术节“本色花山·大地飞歌”晚会上杜氏青花（越南）、王良表演《藤缠树》

第 18 届南宁国际民歌艺术节“本色花山·大地飞歌”晚会上马来西亚歌舞节目《风从海上来》

际民歌艺术节（二）

第18届南宁国际民歌艺术节“绿城歌台”外国艺术家表演舞蹈

山歌牵出月亮来——第18届南宁国际民歌艺术节“本色花山·大地飞歌”晚会演出节目

第18届南宁国际民歌艺术节“本色花山·大地飞歌”晚会舞蹈演员

第 18 届南宁国

第 18 届南宁国际民歌艺术节“绿城歌台”主歌台节目表演

第 18 届南宁国际民歌艺术节“绿城歌台”本土歌手演唱民歌

际民歌艺术节（三）

第 18 届南宁国际民歌艺术节系列活
——中国－东盟（南宁）戏剧周表演的缅
技巧木偶剧经典舞剧《快乐时光》

风情东南亚晚会表演

风情东南亚晚会表演

精准扶贫（一）

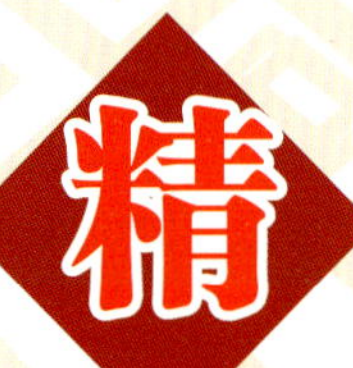

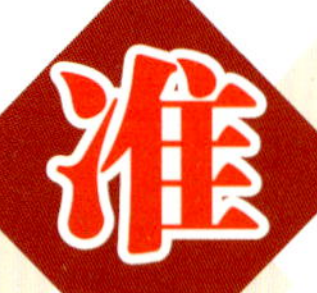

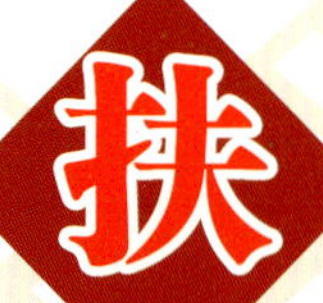

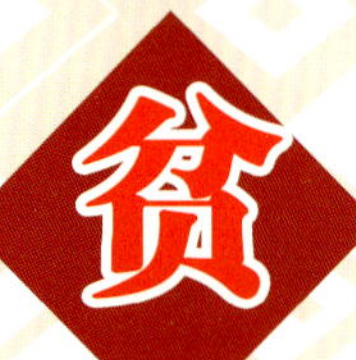

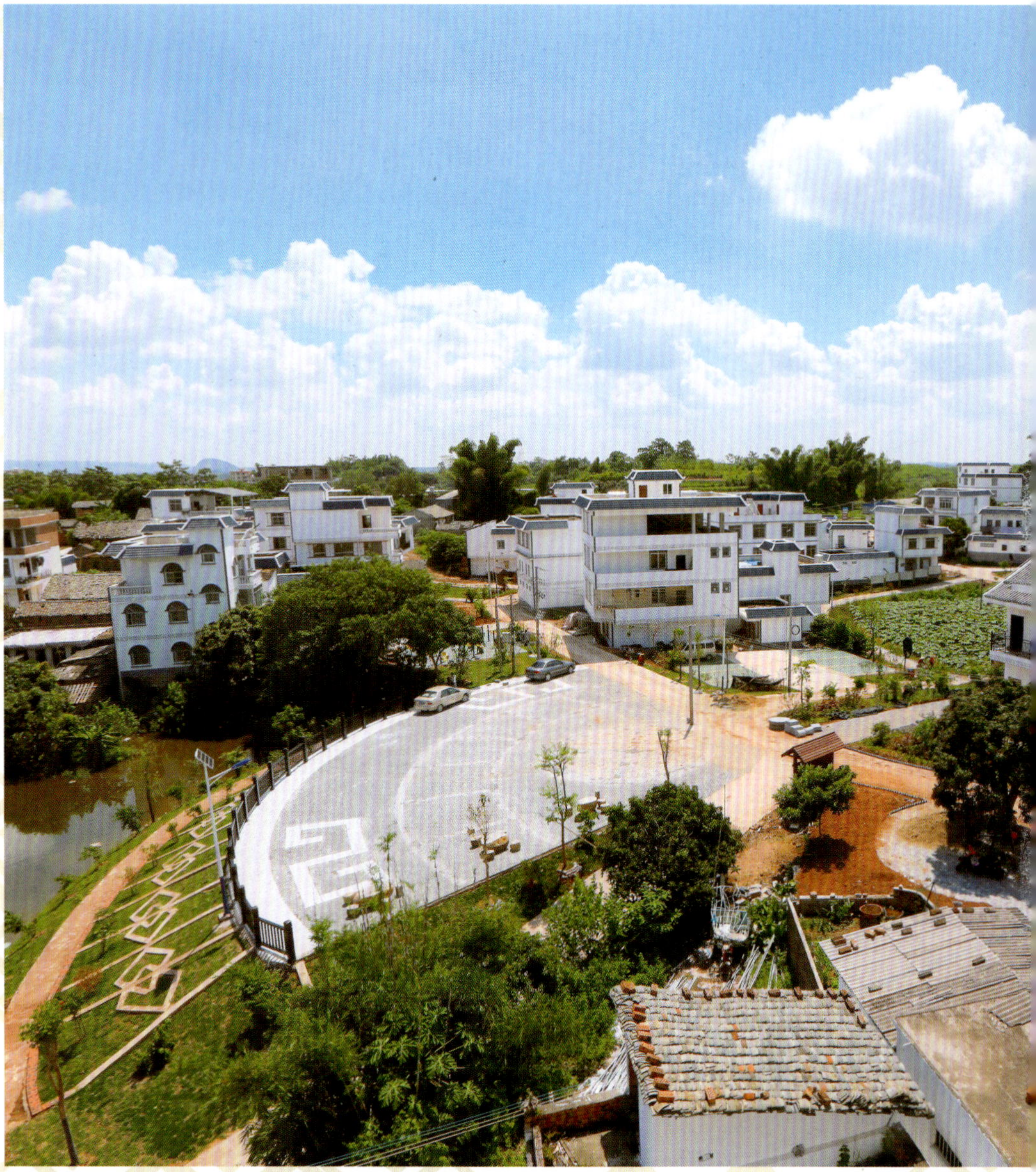

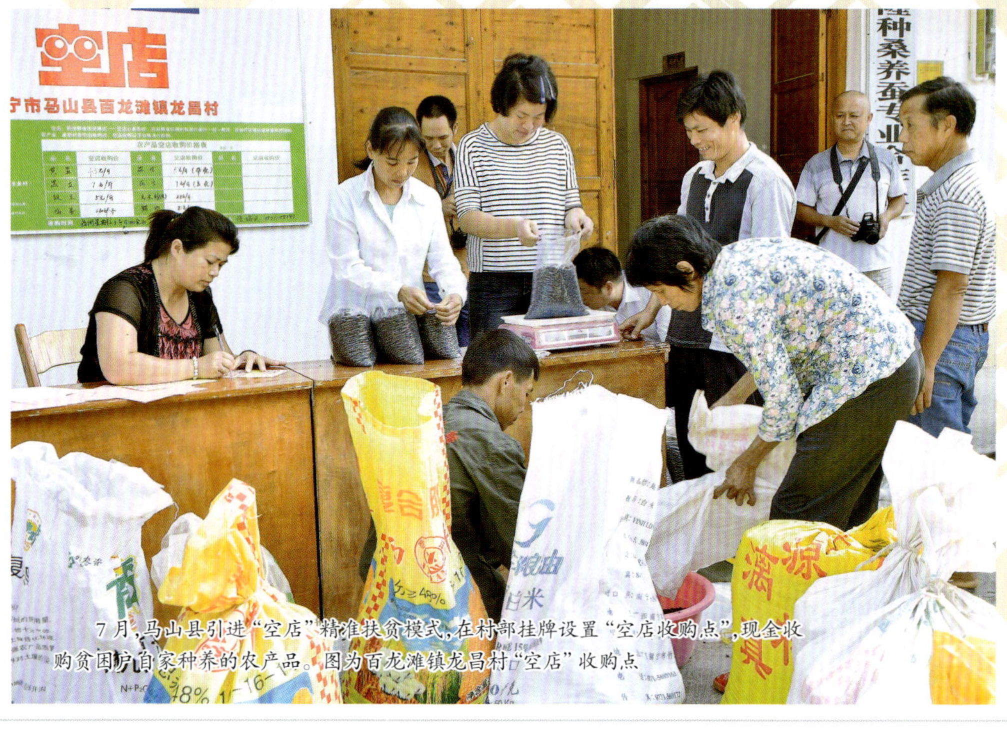

7月，马山县引进“空店”精准扶贫模式，在村部挂牌设置“空店收购点”，现金收购贫困户自家种养的农产品。图为百龙滩镇龙昌村“空店”收购点

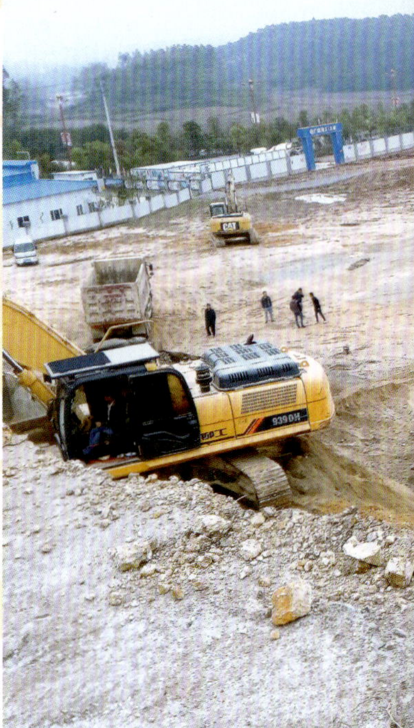

8月，南宁市精准扶贫示范点——邕宁区蒲庙镇华村那皮坡旧貌换新颜

10月，兴宁区举行“10·17扶贫济困，你我同行”捐赠仪式

8月，邕宁区举行贫困家庭“两后生”职业培训入学欢送仪式

3月28日，上林县明亮镇扶贫移民搬迁工程施工

11月18日，中国国际航空、深圳航空、山东航空公司团委到隆安县屏山乡刘家希望小学开展“青春圆梦·一起飞翔”捐赠及助学活动

精准扶贫（二）

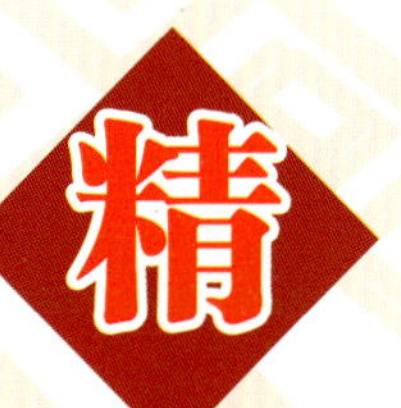

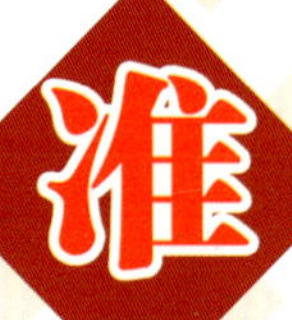

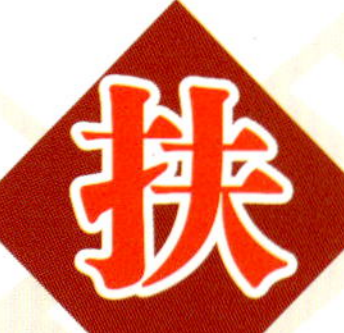

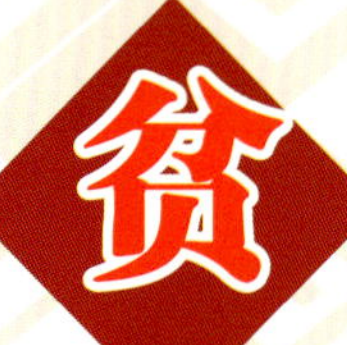

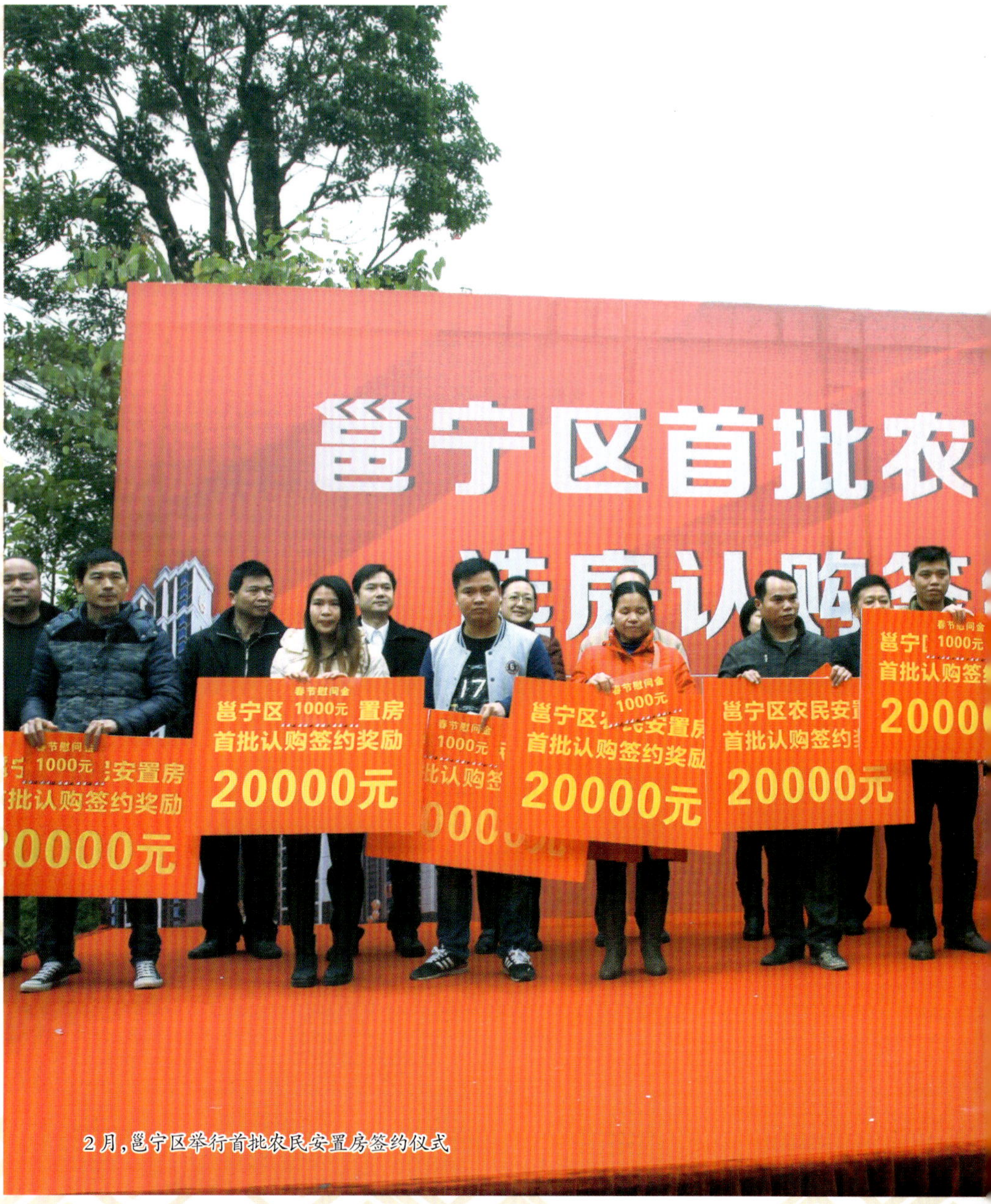

2月，邕宁区举行首批农民安置房签约仪式

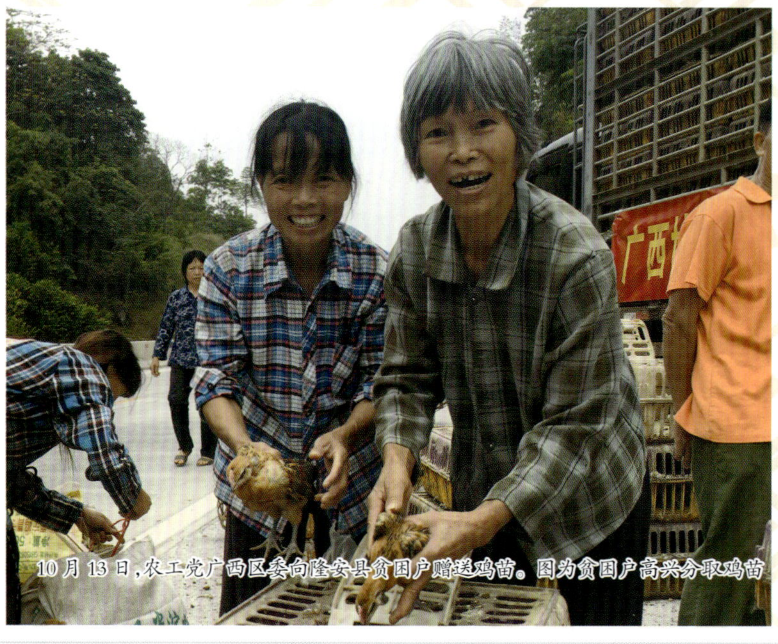

10月13日，农工党广西区委向隆安县贫困户赠送鸡苗。图为贫困户高兴分取鸡苗

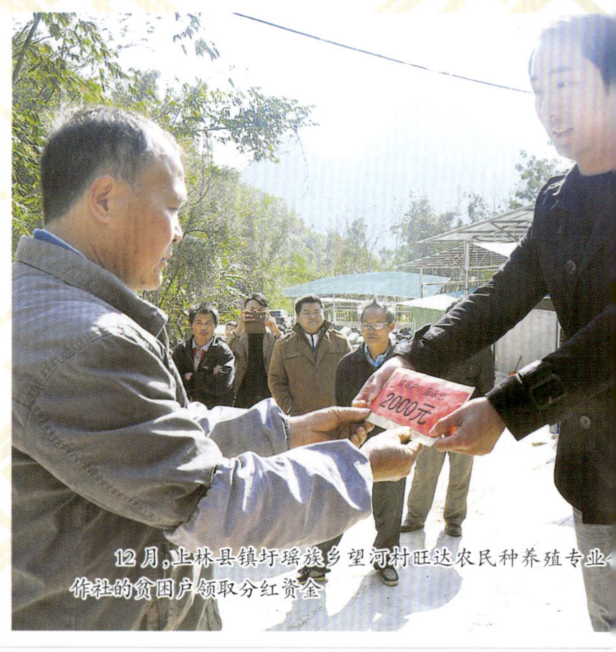

12月，上林县镇圩瑶族乡望河村旺达农民种养殖专业合作社的贫困户领取分红资金

11月，横县村邮乐购收购服务点向贫困村民采购玉米

秋季入学前夕，宾阳县为贫困学生办理助学贷款

5月，马山县周鹿镇构建“合作社＋贫困户”的特色产业扶贫模式，种植黑皮冬瓜。图为合作社社长给贫困户作技术指导

11月，技术人员深入邕宁区那楼镇山区指导农民种植淮山

南宁蓝天常驻(一)

2016年,南宁市加大黑污水体整治。图为2017年5月整治后的那考河湿地公园

2016 年，南宁市混凝土搅拌车统一安装使用防滴漏袋，并公布有奖举报电话，收到 8 类污染违法违规行为举报 223 起

2 月 16 日，市人大代表视察南湖公园海绵城市项目

在建工地项目冲洗出入车辆

2016 年，南宁进行海绵城市建设试点。图为南宁市区天气图"云桥"

2016 年，南宁蓝成为南宁天气常态

南宁蓝天常驻（二）

南宁蓝成为常态。图为2016年10月南宁吴圩国际机场景色

南宁优美的生态环境投资环境吸引众多高新技术投资。图为中关村发展集团有限责任公司在南宁高新区创办的南宁·中关村创新示范基地

南宁五象湖

五象新区建设

9月，五象新区总部基地金融街初具规模

五象新区总部休闲公园"紫薇园"，是南宁首个，也是西南地区紫薇品种最丰富的紫薇专类园

9月，五象新区总部基地金融街过半高层建筑实现主体结构封顶

五象新区全景

南宁地铁

12月28日，自治区党委常委、市委书记王小东出席南宁轨道交通1号线通车仪式

6月8日，南宁轨道交通2号线铺轨

4月15日，南宁轨道交通1号线全线实现"轨通"

6月28日，南宁轨道交通1号线东段开通试运营

8月24日，南宁轨道交通3号线广西规划馆站—庆歌路站区间盾构出洞，实现3号线首个区间"洞通"

2015年12月28日，南宁轨道交通4号线一期工程开工

美丽南宁·生态乡村

邕宁区蒲庙镇良勇村那贵坡风貌

东盟10国记者到武鸣区双桥镇八桥村大伍屯参观生态综合示范村建设成果

游客在西乡塘区石埠街道忠良村农庄开心吃农家饭

横县六景镇仁和村发展大棚蔬菜致富

青秀区南阳镇施厚村古岳坡文化氛围浓厚，情景交融

隆安县县城污水处理厂技改项目(一期)工程完工

武鸣区宁武镇环境卫生巡查整治队在农贸市场巡查

乡村美丽的景色吸引城乡居民

马山县环弄拉生态旅游景区道路流光溢彩

青秀区南阳镇花雨湖生态旅游区景色宜人

重大工程建设

9月，南宁国际会展中心A区、B区新建场馆及配套设施建成，成功服务第13届中国—东盟博览会

4月28日，青山大桥合龙

南宁市地方志编纂委员会

主　　任　周红波

副 主 任　崔佐钧　谭向光　黎　琳　黎四龙　陈世平

委　　员　黄宗成　蔡志忠　边作新　王德宾　李海光　黄振生　丁　伟
潘永钟　梁　展　苏志刚　黄菊如　刘德宁　赵志萍　韦杰鹏
黄敏丽　杨　敏　魏永泉　谢宗务　黄南方　丁要武　程小华
胡建华　谭耀武　谢　智　许杨群　陆玉金　孙贵寿

《南宁年鉴》编辑部

主　　编　王德宾

副 主 编　许杨群　陆玉金　孙贵寿

编辑部主任　陈洪毅

责任编辑　李志楠　陈洪毅　李敬江　周　红　梁　坤　覃庆梅　方　明
谢萍萍　陆　靖　卢景林　姚宗秀　唐祯麟　钟婉悦　李　康
覃涓铌　班　铭

图片策划　陈洪毅　钟婉悦

封面封底设计　梁　芸

栏题设计　王德宾

封面题字　卢定山

印章篆刻　杨宇云

《南宁年鉴》编辑（编写组）

（排名不分先后）

中国国际贸易促进委员会广西分会

聂新宇

广西国际博览事务局

黄　革

南宁市大型活动协调办公室

何　涛

南宁国际会议展览有限责任公司

编写组

中共南宁市委办公厅

编写组

南宁市人民代表大会常务委员会办公厅

编写组

南宁市人民政府办公厅

编写组

政协南宁市委员会办公厅

编写组

中共南宁市纪委、南宁市监察局

林世才

中共南宁市委组织部

编写组

中共南宁市委宣传部

刘贵成

中共南宁市委统一战线工作部

温从进

中共南宁市直属机关工作委员会

张　英

中共南宁市委政策研究室

周建华

中共南宁市委老干部局

阳著闻

南宁市精神文明建设委员会办公室

温金华　吴苏焱

中共南宁市委党校

潘育蕾

中国国民党革命委员会南宁市委员会

唐祯泽

中国民主同盟南宁市委员会

覃紫斌

中国民主建国会南宁市委员会

邓　行

中国民主促进会南宁市委员会

刘瀚钟

中国农工民主党南宁市委员会

严用明

中国致公党南宁市委员会

李　茜

九三学社南宁市委员会

刘潇潇

南宁市工商业联合会

李照刚

南宁市总工会

师　吕　赵振奎

共青团南宁市委员会

冯媛媛

南宁市妇女联合会

黄家玉　周燕丽

南宁市文学艺术界联合会

李　雁

南宁市归国华侨联合会

廖嗣松

南宁市科学技术协会

肖重虎

南宁市社会科学界联合会

李国燕

中国国际贸易促进委员会南宁市支会

王颖谊

南宁市残疾人联合会

张　捷

南宁市红十字会

郑　静

南宁市关心下一代工作委员会

雷　纪　潘美玉

南宁市民政局

胡小民　梁捷敏　李群峰　任拂晓

梁玉军　王　敏　杨彩虹　徐　东

韦　聪　雷元坤　丁振辉　李春明

谭邕生　甘丹妮　蒋罗阑　庞俊林

南宁市机构编制委员会办公室

黄振生　路　焕　潘弈安

南宁市政务服务中心管理办公室

冯德祥

南宁市外事侨务办公室

唐若溪

南宁市投资促进局

彭金红　李　兴　王书荣　古　文

李珍珍　张　剑　蔡　伟　钟　锋

中共南宁市委、市人民政府信访局

覃锦东

南宁市“中国水城”建设及邕江综合整治和开发利用工作领导办公室

蒋　鸣

中共南宁市委台湾工作办公室

黄旭升

南宁市机关事务管理局

李雄杰

南宁市政府集中采购中心

唐　铭　周发华

南宁市民族宗教事务委员会

刘建安

中共南宁市委政法委员会

傅荣华

南宁市法制办公室

黄莉莉

南宁市公安局

黄静洁　尤丽榕　黄东玲

南宁市人民检察院

蒙　旗　梁　飞　刘艳红

南宁市中级人民法院

潘伟坚

南宁市司法局

陈　超

中国人民解放军广西南宁警备区

刘建军　林　猛

中国人民武装警察部队南宁市支队

编写组

南宁市人民防空办公室

乐清林

广西陆军预备役步兵师高炮团

编写组

南宁市重点项目建设办公室

梁善锋

南宁市城乡建设委员会

陈　琳　蒋　鸣

南宁市规划管理局

刘晓丽

南宁市勘察测绘地理信息院

莫惠荃

南宁市国土资源局

莫厚杰

南宁市住房保障和房产管理局

农云浩　宁怀庆

南宁住房公积金管理中心

杨　扬

南宁市邕江防洪大堤修建管理处

蒋　蓉

南宁市城市管理局

董　强

南宁市城市管理监督评价中心

编写组

南宁市环境保护局

编写组

南宁市林业和园林管理局

编写组

南宁市人民政府国有资产监督管理委员会

编写组

南宁城市建设投资集团有限责任公司

编写组

南宁威宁投资集团有限责任公司

编写组

南宁建宁水务投资集团有限责任公司

韦小柳

南宁交通投资集团有限责任公司

吴　霜

南宁轨道交通集团有限责任公司

编写组

南宁产业投资集团有限责任公司

郑北杰

南宁大地飞歌文化产业集团有限责任公司

杨青林

南宁金融投资集团有限责任公司

编写组

南宁市工业和信息化委员会

王　艳　黎平平　曹春晓　曾小妮

农　湉　廖　斌　莫逸云　谢肖洁

刘巧稚　农　刚　朱丹江　乔　可

唐亚亚

广西中烟工业有限责任公司

编写组　周丽霞

南宁供电局

余泓夫

南宁市二轻集体工业联社

张夏芸

南宁市农业委员会

梁克非　马　战　廖锦鹏　覃凤云

苏洁霞　李　芳　陈喜萍　粟继军

李亦菁　吕校成　陈立生　梁玉珍

陆叶青　黄树生　陆婉佳　黄武杰
张宏明　田乙凤　黄兰芳　周冠群
宋桂荣　植菊芳　林　贤　廖　芹
李　霞　李欣怡　黄　琦　李开鹏
黄剑峰　尹桂芳

南宁市扶贫开发领导小组办公室

谭春兰

南宁市水利局

卢明发

南宁市农工商集团有限责任公司

陆锡健

南宁市水库移民工作管理局

编写组

南宁铁路局史志办公室

梁　铭

南宁市交通运输局

编写组

南宁吴圩国际机场

劳润夏

南宁市邮政局

周俊杰

中国电信股份有限公司南宁分公司

许辉坚

中国移动通信集团广西有限公司南宁分公司

杨　眉

中国联合网络通信有限公司南宁市分公司

曾建强

南宁市无线电管理处

覃　巍

南宁市商务局

编写组

南宁市供销合作联社

覃著辉

南宁市粮食局

陆兆强

南宁盐业分公司（南宁盐务管理局）

蓝雪萍

南宁市旅游发展委员会

周思伶

青秀山风景名胜旅游区管理委员会

何晓吟

广西大明山风景旅游区管理委员会

邓金春

南宁昆仑关战役遗址保护管理委员会

徐晓芳

南宁市财政局

马利芳

南宁市国家税务局

黄　玥

南宁市地方税务局

简　煦

广西银监局

申　恒

中国人民银行南宁中心支行

唐明知

中国工商银行广西分行营业部

马　欢

中国农业银行股份有限公司广西分行营业部

曾　敬

中国银行广西区分行

潘知营

中国建设银行股份有限公司广西分行

彭瑞娟

广西北部湾银行

卢宣蓉

南宁市区农村信用合作联社

廖英奇

中国证券监督管理委员会广西监管局

陈思宇

中国保险监督管理委员会广西监管局

何腾华

南宁市发展和改革委员会

编写组

南宁市统计局

赵　旭

南宁市审计局

吴丽霞

南宁市物价局

滕宗良

南宁市工商行政管理局

廖成琇　张　鲁　韦　婷

南宁市质量技术监督局

陈　瑜

南宁市食品药品监督管理局

梅　倩

南宁市安全生产监督管理局

桂朝仙

南宁海关

黄伟文

南宁市人力资源和社会保障局

方　敏

南宁海事局

邓　华

南宁出入境检验检疫局

龚秀泽

南宁市教育局

编写组

南宁学院

编写组

南宁职业技术学院

编写组

南宁市科学技术局

编写组

南宁市气象局

张　薇

南宁市地震局

蒙泳杉

南宁市水文水资源局

蒙志豪

南宁市社会科学院

梁瑜静

南宁市人民政府地方志编纂办公室

王德宾　许杨群　陆玉金　孙贵寿

李志楠　陈洪毅　李敬江　周　红

梁　坤　方　明　覃庆梅　卢景林

谢萍萍　陆　靖　姚宗秀　唐祯麟

钟婉悦　李　康　覃涓铌　班　铭

中共南宁市委党史研究室

于　杨

南宁日报社

邓家全

南宁市文化新闻出版广电局

刘婷婷　雷　鸣　覃秋燕　覃小琼

张　静　潘家亮　张启敏　卫受春

姚　彧　赵　颖　杨粒彬　黄文波

周　明　谭继来　夏启伟　彭　翘

冯兆强　施　鹏　覃　忠　梁震宇

韦春燕　黄园丽

南宁市档案局

周心龙

南宁市政府发展研究中心

李雅欣

南宁市卫生和计划生育委员会

刘文波

南宁市爱国卫生运动委员会办公室

黄玲玲

南宁市体育局

陈雪芬　黄佳思　黄永铁　韦如梦

国家统计局南宁调查队

施杨勇　闺延松　唐　俊　陈凤娟

周伟明　李泉麟

南宁高新技术产业开发区管理委员会

蒋春敏

南宁经济技术开发区管理委员会

冯梅丽

广西－东盟经济开发区管理委员会

张向新

南宁六景工业园区

袁业铀

广西良庆经济开发区管理委员会

骆　颖

南宁江南工业园区管理委员会

金　媛

南宁仙葫经济开发区管理委员会

吴堂军

广西南宁五象新区规划建设管理委员会办公室

韦　钰

兴宁区地方志办公室

林　春　陶春丽

江南区政府办公室

王大乐　梁尚家

青秀区地方志办公室

李建华

西乡塘区地方志办公室

张增清　陆寿成　黄　源　唐建华

邕宁区政府地方志办公室

覃燕萍

良庆区地方志办公室

潘艳明

武鸣区史志办公室

潘星环

横县地方志办公室

袁业铀

宾阳县史志办公室

卓家林

上林县地方志办公室

樊守辉

马山县地方志办公室

陆惠华

隆安县地方志办公室

黄东明

南宁市“美丽南宁”乡村建设领导小组办公室

编写组

南宁市“美丽南宁·整洁畅通有序大行动”指挥部办公室

编写组

编 辑 说 明

一、《南宁年鉴》是南宁市人民政府主办的地方综合年鉴，是系统地记述南宁市自然、政治、经济、文化和社会等方面情况的年度资料性文献，是社会各界和海外人士认知南宁的窗口、成就事业的助手。

二、《南宁年鉴》1996年创刊，每年出版一卷。本年鉴为2017年卷(总第22卷)，着重记载2016年南宁市的基本情况。由南宁市地方志编纂委员会主持编纂，《南宁年鉴》编辑部(设在南宁市人民政府地方志编纂办公室)负责编纂出版。载录内容主要由南宁市各有关部门、区县、开发区及驻市有关单位供稿并审核。

三、本年鉴的内容分为综合情况、动态信息、辅助资料三大部分。综合情况设特载、南宁概貌2个专栏。动态信息设中国－东盟博览会·商务与投资峰会、南宁与东盟、政治、法治、军事、经济、产业、城市建设与管理、国土资源 环保 园林、科学、教育、文化 体育、卫生 计生、社会生活、区县、新区 开发区、人物18个类目。辅助资料设大事记、专题调研与经济分析、统计资料、图片专辑、附录5个类目；各类目中穿插相关小知识、小资料、图表及彩色照片；图片专辑以彩色照片集中反映全市物质文明、政治文明、精神文明、社会文明、生态文明建设重大成就。内容层次的设置，利于读者分类系统阅读和检索，并表示类目与条目之间的层次关系，不反映严格的科学分类体系，机构、企事业单位等排序和层次一般不表示其地位和规模。

四、本年鉴采用分类编辑法，按类目、分目、条目三个层次的体例编辑，以不同字体、字号及版式设计区分不同层次，条目标题均加【 】表示。

五、本年鉴所记述的“自治区”或“广西”指广西壮族自治区；“自治区党委”指中国共产党广西壮族自治区委员会；“市委”指中国共产党南宁市委员会；“市政府”指南宁市人民政府；“邕”指南宁市；“七城区六县”指南宁市辖兴宁、江南、青秀、西乡塘、邕宁、良庆、武鸣7个城区和横县、宾阳、上林、马山、隆安5个县；“两会”指第13届中国－东盟博览会、第13届中国－东盟商务与投资峰会；相关单位名称在各类目首次出现时用全称，以后均用简称，如“南宁市安全生产监督管理局”简称“市安监局”。

六、本年鉴涉及历史纪年，清及清以前使用朝代帝王纪年，括注公元纪年；民国纪年使用阿拉伯数字，括注公元纪年。数字、计量用法按国家法定规定书写，面积单位由于记述需要有的地方使用“亩”。

七、本年鉴主要数据以市统计局编印的《南宁统计年鉴》《南宁市情统计手册》所公布的数据为准；其他数据以供稿部门提供的为准；少数数据由于部门之间统计口径不尽一致，数值也不尽相同。

八、本年鉴图片专辑、特辑、特载、附录所记述的内容不受年度限制；为保持内容的连贯性和完整性，个别条目记述时间适当上溯或下延。

九、本年鉴所载录的地图，由南宁市勘察测绘地理信息院绘制。

十、本年鉴配备双重检索系统：书前刊有中英文目录，书后备有索引。索引采用内容分析法，款目按汉语拼音字母顺序(同音字按声调)排列，索引范围详及条目、文献、图片、表格等。索引使用方法详见索引说明。

十一、本年鉴配有随书电子版(光盘)，采用先进的多媒体和全文检索技术；主要内容在南宁地情网(www.nndqw.com)推出。

十二、2017年卷《南宁年鉴》编纂出版得到社会各界的大力支持。在此，编委会表示衷心感谢。由于编辑水平有限，本年鉴的差错和疏漏之处，恳请读者批评指正，以利改正提高。

特　　载

大　事　记

南宁概貌

中国－东盟博览会·商务与投资峰会

南宁与东盟

政 治

NANNING YEARBOOK

法　　治

军　事

经　济

城市规划建设与管理

国土资源 环保 园林

教　　育

科　　学

文化　体育

卫生　计生

社会生活

区　县

新区　开发区

人　物

专题调研与经济分析

统计资料

附　录

索　引

CONTENTS

Special Publication

Memorabilia

Nanning Overview

China-ASEAN Expo,Summit

Nanning & ASEAN

Politics

Rule of Law

Military

Economy

Industry

Urban Construction & Administration

State Land Resources & Environment Protection & Garden Forestation

Education

Sciences

Culture Sports

Sanitation Family Planning

Social &People's Life

Districts & Counties

New Districts & Development Zones

Figure

Special Research and Economic Analysis

Statistical Information

Appendix

index

特　载

政府工作报告

——2017年2月15日在南宁市第十四届人民代表大会第二次会议上讲话（摘要）

市长　周红波

一、2016年工作回顾

2016年，面对错综复杂的发展环境，在自治区党委、政府和市委的正确领导下，紧紧围绕市委十一届十四次全会、市第十二次党代会的决策部署以及市十三届人大七次会议、市十四届人大一次会议确定的目标任务，认真践行五大发展理念，坚持稳中求进工作总基调，坚定信心、克难攻坚、精准施策、奋力拼搏，经济发展缓中有稳、稳中有进，社会和谐稳定，实现了"十三五"良好开局。

——经济发展稳中向好。地区生产总值3703.39亿元、同比去年增长7%，规模以上工业总产值3537.05亿元、增长8.83%，固定资产投资3824.73亿元、增长13.60%，社会消费品零售总额1980.36亿元、增长10.84%，农业总产值689.03亿元、增长3.98%，外贸进出口总额416.23亿元、增长14.20%，财政收入613.83亿元、增长7.22%，实现了工业稳、投资稳、消费稳、农业稳、进出口稳、财政稳"六稳"目标。

——南宁进入地铁时代。全长32.10公里的地铁1号线全线通车，日均客运量超22万人次，不仅成为广西开通的第一条地铁，也是全国五个少数民族自治区开通的第一条地铁。2、3、4号线建设稳步推进。全年地铁完成投资123.45亿元。

——城市面貌日新月异。五象新区开发建设加速推进，年度完成投资301.80亿元，总部基地金融街高层建筑主体结构封顶面积51.28%。民族大道改造提升全面完成。良庆大桥、沙井—南站立交等一批跨江桥梁和立交桥建成通车。那考河流域、南湖公园环湖路等一批海绵化改造项目顺利完成，海绵城市连片效应、生态治水成效初显，南宁市国家海绵城市试点做法获中央电视台《新闻联播》聚焦报道。

——"南宁蓝"成为常态。持续加大节能减排工作力度，深入开展大气污染防控特别是扬尘污染专项治理，空气质量优良率逐年提高，全年空气质量优良率为95.10%，同比上升6.30个百分点，4次入围全国重点城市月度评比十佳，南宁蓝天常驻。

——"十三五"脱贫攻坚首战告捷。邕宁区和120个贫困村顺利摘帽，12.80万贫困人口实现脱贫。

——利民惠民取得新成效。全年民生支出433.95亿元、增长13.02%，占一般公共预算支出73.92%。全市居民人均可支配收入22862元、实际增长7.40%。居民消费价格上涨1.40%。城镇新增就业7.82万人，城镇登记失业率2.62%。全面完成自治区、市76项为民办实事工程项目。

一年来，突出做好以下六项重点工作：

（一）着力推动产业转型升级，重质量、增效益

以创新驱动为引领，发展新经济培育新动能，推动发展方式加速转变、中高端产业加速形成、产业结构加速优化。南宁·中关村双创示范基地正式运营，哈工大机器人、上海明匠等18家行业领军企业入驻，国际孵化器雨林空间成功引进19个初创团队，基地辐射带动效应初步显现。68个创客团队和8家服务机构入驻南宁创客城，形成以南宁软件园、中盟科技园为核心的现代科技企业孵化产业集群。"四众"新模式加快发展，国家和自治区级备案创客空间5个，新增入孵企业61家。推进150项重点工业项目建设，柳药中药饮片生产基地（一期）、华润怡宝健康饮品广西生产基地等项目竣工投产，科天水性科技产业园、南南电子汽车新材料精深加工等项目开工。电子信息、先进装备制造、生物医药三大重点工业产业产值1329.51亿元、增长16.30%，占全市工业的37.59%。重点打造富士康千亿元产业园，富士康南宁公司年产值超320亿元；南南铝加工公司自主研发的航空航天、轨道交通高端铝材产品达到国际先进水平。加快培育石墨烯、新能源汽车等新兴产业，广西首家石墨烯研发企业落户高新区；源正新能源汽车客车整车下线，中车轨道装备基地实现地铁车辆制造，南宁公交南宁造、南宁地铁南宁造实现历史性突破。产值超亿元工业企业633家，拉动全市规模以上工业总产值增长11个百分点。实施金融业、现代物流业、电子商务和信息服务业"三年行动计划"，重点扶持12个现代服务业集聚区建设，第三产业对经济增长贡献率60.90%。广发银行南宁分行开业运营，新增上市和新三板挂牌企业11家，金融业增加值完成405.80亿元，对经济增长贡献率14.50%。A级物流企业15家，太华现代医药物流等项目建成使用，开通以南宁为货运物流中枢的东盟—中欧国际列车公铁联运新通道。软件和信息技术服务业实现主营收入120.24亿元、增长17.80%，总量占自治区80%以上。自媒体运营、移动支付、网上商城、体验式消费传播等新业态快速成长。大力扶持300家企业在第三方电商平台开设网店，重点企业电子商务交易额2201亿元、增长22%。亿元税收经济楼宇10栋。全市新增限额以上商贸企业214家，限额以上消费品零售总额增长9.96%。完善县乡村三级农村电商服务体系，县级电商服务中心6个、农村电商产业园7个、村级服务点（体验店）超1100个，横县、宾阳县获批全国电子商务进农村综合示范县。"三品一标"认证农产品新增14个、总数137个，"刘圩香芋""那楼淮山"获国家农产品地理标志登记保护。坚持产村互动、农旅融合，推进"示范区＋基地＋农户"等经营模式，新建的12个市级现代特色农业示范区引进企业34家，5

个示范区被认定为第三批广西现代特色农业示范区。推进智慧旅游，全市接待旅游总人数9000万人次，增长16.38%，旅游总消费900亿元，增长23.72%，入围国家全域旅游示范区创建市，上林成功创建广西特色旅游名县。

(二)着力服务项目和企业，促投资、稳增长

取消和调整行政审批事项96个。清理规范行政审批中介服务事项99项。建立完善全市统一的网上审批大厅，38个部门412项政务服务事项实现网上申办预审服务，项目审批提速增效。开展“千名干部入千企”活动，打好服务企业“组合拳”。强化融资服务，人民币新增贷款1195.13亿元，1305家企业通过南宁股权交易中心实现挂牌、融资4.35亿元，15家上市企业通过资本市场累计融资360.26亿元，296家中小微企业加入“市助保贷重点中小企业池”，“两台一会”为316家企业投放贷款32.82亿元。强化人才服务，资助高层次创业创新人才团队3250万元，实施“百名工科博士硕士入邕企”等项目、引进高层次人才45名。主动帮助劳动密集型企业解决用工荒问题。成功争取自治区将直冠“广西”企业名称核准权下放南宁市各区县。新增广西名牌产品32个，15家企业获广西服务业品牌称号，获批创建全国质量强市示范市。全年实施项目10400个、竣工项目7582个。501个区市层面统筹推进重大项目完成投资813.16亿元。以电子信息、医药制造为代表的先进制造业完成投资301.93亿元、增长8.12%，占二产投资29.29%。以信息服务、科技服务为代表的现代服务业投资818.9亿元、增长24.72%，占三产投资30.92%。房地产开发投资854亿元、增长29.95%，拉动全市投资增长5.85个百分点。民营经济加快发展，民间投资增长15.64%，占全市投资的64.34%；19个PPP项目加快推进，5个入选财政部示范项目；新增个体户6.38万户、私营企业4.48万户，其中第三产业新登记企业占总数88.26%。形成以中央预算内资金、专项建设债、政府投资基金、企业债、PPP等融资方式的新局面，推动总规模为830亿元的南宁城市发展基金落地。

(三)着力提升生态宜居水平，强基础、优环境

实施国家海绵城市试点项目142个，完成投资50.30亿元，累计建成区域面积25.20平方公里。邕江综合治理核心区域33公里两岸河段全线开工建设，邕江自治区党校至三岸大桥段完工，57.50公里河道船完成专项清理，邕江水环境整体提升。全面完成297个生活污水直排口整治，从源头削减水体污染源。消除或基本消除朝阳溪等约43公里河段黑臭水体。完成了国家“水十条”对城市黑臭水体治理的年度考核任务。实施大王滩水库、龙潭水库环境综合整治，保护库区水生态环境。成功申办第十二届中国国际园林博览会，获首批“国家生态园林城市”。深入开展“美丽南宁·生态乡村”活动，完成自治区级绿化示范村屯447个、一般村屯5714个，马山县成为国家第二批生态文明先行示范区。开展新一轮城市总规修编，完成《南宁空间发展战略规划》等22项重点、专项规划编制。统筹做好“多规合一”，初步形成GIS“一张图”。推进永久基本农田划定，调整完善土地利用总体规划。推动产业集聚园区化、园区建设城市化，三大国家级开发区完成规模以上工业总产值占全市比重54.11%，拉动全市规模以上工业总产值增长8.66个百分点。全市建成区面积287.37平方公里，常住人口城镇化率60.23%。五象新区国家级新区申报工作加紧推进，新区在建项目471个、增长22.02%，在建项目面积2436万平方米、增长24.22%，邕宁新兴产业园等园区建设加速；机场第二高速、玉洞大道改扩建等主干道如期建成通车，片区路网建成通车道路53条，三中五象校区、五象新区第一实验小学等4所优质学校如期建成招生，医院、邻里中心、供水加压站等一批设施项目加快建设或建成使用；创新实施“房票”安置新模式，安置工作由“建房”转向“上房”阶段。全市“三旧”改造步伐加快，完成11个项目的土地熟化人征集工作，投资100亿元；棚户区改造开工1.98万套，货币化安置5057户；完成国有土地房屋征收面积57.31万平方米；“老南宁·三街两巷”改造有序推进；西乡塘片区基础设施建设加快，逐步形成新老城区协调发展格局。安排城建计划项目989项，完成投资402.70亿元。完成市政道路“白改黑”工程36条。轨道交通线网规划修编及第三轮建设规划启动。首条快速公交线路开通运营，国际会展中心改扩建、凤凰岭路改扩建等重大项目顺利完成。南宁东等5个高速公路收费站外迁，城市发展空间进一步拓展。完成449个千人以上农村集中供水工程饮用水水源地保护区划定工作，邕江5个集中式饮用水源地水质、主要流域水环境功能区达标率均为100%。实施农田水利工程624项，新增、恢复改造灌溉面积26.34万亩。加强环境联防联控，推进水、大气、土壤治理。城南垃圾填埋场封场，平里静脉产业园启用，餐厨废弃物资源化利用和无害化处理“南宁模式”获第三届广州国际城市创新奖，南宁成为国内两个获奖城市之一。城市生活垃圾无害化处理率保持100%。启动农村垃圾专项治理两年攻坚战，农村人居环境明显改善。推进全国综合行政执法体制改革试点，推广“智慧青秀”APP经验，打造“互联网+城管”，推进城市管理精细化。入选全国地下综合管廊试点城市，开工建设项目12个、投资5.48亿元，广西首条综合管廊佛子岭路综合管廊投入使用，逐步解决“马路拉链”“空中蛛网”问题。市本级累计建成污水管网112公里，埌东污水处理厂水质提标改造工程完工，出水水质达一级A标。深入开展“美丽南宁·整洁畅通有序大行动”，查处各类“五乱”案件105.90万起，清理违法占地面积256.73万平方米，拆除违法建筑面积186.44万平方米。

(四)着力推进改革创新，添动力、激活力

出台30条措施，从融资、税费、物流以及制度性交易成本等方面为各类企业降本减负39亿元。阶段性降低社保费率，为企业减负4.93亿元。启动92家国有“僵尸企业”清理工作，完成淘汰钒冶炼、平板玻璃等去产能任务，改造提升低效电机4.23万千瓦。财政补贴1.76亿元，鼓励非南宁市户籍居民家庭购买首套新建普通商品住房2.93万套，落实调整房地产交易环节契税和营业税(增值税)政策，新建商品房去化周期为11个月。实施政府债务限额管理，推进政府存量债务转换为债券，获自治区发行转贷政府债券资金240.64亿元。承担自治区20项重大改革任务和41项国家、自治区级试点建设推进，市本级159项改革任务基本完成。深化商事制度改革，实施企业“六证合一”，在自治区率先启动“双随机、一公开”联合检查和企业简易注销改革。全面完成不动产登记“发新停旧”工作，实现“房地合一”。建成网上行政执法暨电子监察系统，完成城市管理、农业、交通运输领域综合执法试点。加快推进市县两级公共资源交易平台整合。成立市财政预算绩效管理局，将绩效目标管理贯穿于财政预算全过程。顺利实现全面营改增税制转换。建立完善现代企业制度，完成一批企事业单位公司化、股份制改制，推进混合所有制、职业经理人等多项国企改革试

点。深入推进沿边金融综合改革试验区建设，跨境人民币结算量202.54亿元。行政村建立"三农"金融服务室覆盖面45%。率先在自治区探索建设统一土地承包经营权确权登记信息管理系统。深化供销社综合改革。乡镇"四所合一"改革实现全覆盖。推进统一社会信用代码制度，完善失信惩戒制度。开展科学研究与技术开发计划项目413项、总投资12.04亿元。新增广西创新型企业7家、自治区级重点实验室和工程技术研究中心4家。实施发明专利双倍增计划，全市发明专利受理量1.32万件，每万人口发明专利拥有量6.72件，比上年增加2.01件。高新技术企业304家，高技术产值增长14.48%；博世科、田园生化被认定为全国技术创新示范企业。博世科参与研发的"造纸与发酵典型废水资源化和超低排放关键技术与应用"项目获国家科技进步二等奖。市"两化"融合公共服务平台及体验中心一期挂牌运营，广西中烟、中建泓泰入选国家工信部第三批"两化"融合管理体系贯标试点。

（五）着力扩大开放合作，建平台、提水平

圆满服务第十三届中国－东盟博览会和商务与投资峰会，成功举办或承办2016年亚洲国际集邮展、第九届泛北部湾经济合作论坛暨中国－中南半岛经济走廊论坛等重大活动。国际友城21个，获全国国际友好城市交流合作奖。中国－东盟信息港南宁核心基地建设全面启动，并获批为自治区重点产业园区，中国移动五象信息交流中心等项目加快推进，广西东盟信息交流中心一期工程等竣工。南宁综合保税区一期顺利通过验收，具备封关运营条件。空港经济区成功引进邮政陆运及跨境电商中心等6个产业项目，空港保税物流园启动建设。区域性国际综合交通枢纽建设有新突破，吴圩机场第二跑道和综合交通换乘中心前期工作加快推进，伶俐通用机场开工建设；南昆客专开通运营，火车西站建成使用，火车东站成为我国南方最大的综合性交通枢纽之一，南昆铁路南宁至百色段增建二线、黎湛铁路电气化改造等建设加快，贵南客专开工建设；吴圩机场至大塘高速、贵隆高速、柳南高速改扩建工程建设加快；老口航运枢纽顺利竣工，邕宁水利枢纽加快推进，西津二线船闸开工。面向东盟跨境物流甩挂运输试点项目有序推进。广西—东盟区域（南宁）外贸一体化综合体通关服务提速工程实现试运营，阿里巴巴"一达通"等外贸综合服务企业落户南宁，贸易便利化水平不断提升。深入实施招商引资三年行动计划和外经贸发展三年行动计划，深化与粤港澳台合作，加快加工贸易梯度转移重点承接地、中国服务外包示范城市、CEPA示范城市建设。全市加工贸易进出口额272亿元，增长11.80%。服务外包合同执行额2.59亿美元，增长96%。实现对外投资额8.20亿美元，增长10.80%。围绕重点领域重点产业精准招商，全年区外境内实际到位内资682.90亿元，全口径实际利用外资7.70亿美元，分别增长11.70%、9.80%。

（六）着力保障改善民生，保基本、促和谐

大力推进"七个一批""七大工程"。全市筹措整合各类涉农资金80.76亿元投入脱贫攻坚。强化驻村帮扶和定点扶贫，实现贫困村党组织第一书记、扶贫工作队员全覆盖。扶持优势特色产业项目1429个，引进、培育新型经营主体941个。帮助贫困劳动力转移就业1.19万人次、扶持创业1066人。开工建设移民安置点21个。生态扶贫1629人。资助建档立卡贫困户学生16.20万人次、资金1.48亿元。推进农村低保制度与扶贫开发政策有效衔接，医疗和临时救助贫困人口7223人次、资金1281.80万元，贫困人口新农合参合率98.80%。4929名贫困残疾人享受残疾人托养服务和补助资金739.35万元。修建贫困村屯级道路998.91公里。实施贫困村饮水安全项目225处，受益11.15万人。竣工农村电网改造升级项目1984个。完成建档立卡贫困户农村危房改造7201户。推动社会主义核心价值观深入人心，"南宁好人馆"建设启动。"全面改薄""双千计划"扎实推进，新建成并投入使用中小学校13所，改扩建学校1030所，学前三年毛入园率95.30%，九年义务教育巩固率96.02%，高中阶段毛入学率95.13%；西乡塘区、武鸣区、马山县通过全国义务教育发展基本均衡县区国家督导评估认定；突出抓好特殊教育、农村留守儿童教育；全年接收进城务工人员随迁子女入学约13万人；职业教育服务地方经济发展能力进一步增强；南宁学院通过自治区学位委员会学士学位授权评估；南宁教育园区基础设施完成投资9.90亿元，新签约入驻院校13所。深入实施"全民参保登记计划"，城乡居民基本养老保险参保率93.29%，全市社会保险参保676.67万人次（不含新农合）。农村低保保障标准增幅12.90%，城市低保平均保障标准每人每月467元。基本建成各类保障性住房2.36万套，分配入住1.79万套，新增发放租赁补贴2767户。入选全国健康城市试点，全国养老服务业综合改革试点扎实推进，列入国家医养结合试点城市，建成一批城乡养老服务机构。启动城市公立医院综合改革，新增医疗服务机构209家、床位1346张。加强基层医疗卫生机构能力建设，基层医疗服务和保障水平不断提升。稳妥推进全面两孩政策实施，人口计生各项约束性指标控制在指标范围内。实施体育场地建设、改造项目335个，经常参加体育锻炼人数比例46%，成功承办首届"中国杯"国际足球锦标赛等重大体育赛事12项。新建村级公共服务中心125个；打造民歌湖"百姓大舞台"周周演群众文化活动品牌，各类惠民演出超4000场；加强顶蛳山遗址等文化遗产保护传承；"春天的旋律"跨国春晚入选"2016国家丝绸之路影视桥项目"25强，成功举办中国－东盟（南宁）孔子文化周、中国－东盟（南宁）戏剧周等，对外文化交流影响力扩大。文化产业不断壮大，一批文化骨干企业成功登陆新三板，《漂移岛之天空历险记》成为首部登陆央视的桂产动画片。深入推进法治南宁、平安南宁建设，全面推进社区网格化管理，加快社会治安防控体系建设，抓好反恐防暴和维护政治安全、公共安全、网络安全等重点领域风险防控工作，严厉打击电信诈骗等各类违法犯罪活动，社会治安呈现"九降九升"的良好态势。初步建成市区县乡（镇、街道）三级公共法律服务体系。实行诉访分离，畅通信访渠道，加大社会矛盾纠纷调处化解力度，公众安全感和满意度稳步提升。国家食品安全城市创建试点工作稳步推进，食品药品安全监管能力有效提升，武鸣区获第一批"国家农产品质量安全县"。严格落实安全生产"党政同责、一岗双责、齐抓共管、失职追责"，无重特大生产安全事故发生。此外，国防教育和后备力量建设深入开展，获"全国双拥模范城"六连冠、"自治区双拥模范城"八连冠。民族宗教、人防等工作取得新成效，获"全国民族团结进步创建活动示范市""全国人民防空先进城市"。统计、侨务、水库移民、地震、机关事务管理、地方志、保密、档案、出版、消防、海关、海事、检验检疫、税务、调查、测绘、气象、水文、参事、文史、哲学和社会科学等工作不断加强，对台工作取得新成绩，妇女、儿童、老年人、残疾人等事业健康发展。深入开展"两学一做"学习教育，加强党风廉政建设，严查发生在群众身边的"四风"和腐败问题，强化扶贫领域监督执纪问责，促进政府系统廉政勤政。全面履行政府职能，强化依法行政，推

进行政权力在阳光下运行，提请市人大常委会审议地方性法规草案2件，出台政府规章3件、规范性文件46件。建立市政府例行新闻发布制度。全年公开政务信息14.10万条。启动“七五”普法工作。坚决落实中央八项规定精神，严守国务院“约法三章”，严控行政经费增长，“三公”经费压缩32.58%，加强对重点领域、重点资金、重点部门的审计，举办电视问政直播节目10期、131个问题全部整改。认真执行市人大及其常委会的决议、决定，自觉接受市人大及其常委会法律监督和工作监督，主动接受人民政协民主监督和社会舆论监督，办理国家、区、市三级人大代表议案和建议234件、政协提案316件，办结率100%，并获自治区政协2016年度提案先进承办单位。同时，连续6年被评为人民网网友留言办理工作先进单位，市长留言回复率在全国地市级层面位列第一。

二、2017年工作安排

2017年是党的十九大召开之年，是全面贯彻落实自治区第十一次党代会、市第十二次党代会精神的开局之年，也是迎接自治区60周年大庆的关键之年。全市经济社会发展主要预期目标是：地区生产总值增长7.50%左右，财政收入增长6%，固定资产投资增长11.50%，社会消费品零售总额增长10%，规模以上工业增加值增长7.50%，进出口总额增长8%，节能减排降碳控制在自治区下达目标内，全市居民人均可支配收入实际增长7.50%，居民消费价格涨幅控制在3%以内，城镇登记失业率控制在4%以内，城镇新增就业6.50万人。

为实现上述目标，2017年，重点抓好以下工作：

（一）大力推动实体经济发展和产业转型升级

深入实施创新驱动发展战略。全面深化科技体制改革，改进财政科技经费投入管理。加强知识产权保护力度，推进发明专利双倍增计划。实施科技成果转化行动，完成科技成果转化56项。鼓励企业加大创新投入，新增市级以上企业技术中心6家。加强品牌培育，培育2家自治区级以上质量管理标杆企业、25个广西名牌产品，培育和申报1个以上国家地理标志产品。积极创建国家自主创新示范区，实施高新技术企业倍增计划和“瞪羚企业”培育计划，新增高新技术企业36家，入库培育企业40家。年内，完成200家企业的“两化”融合评估诊断和对标引导，2家企业通过国家“两化”融合管理体系评定。发挥南宁·中关村双创示范基地的辐射作用和溢出效应，加快入驻企业的创新成果转化，全力申报国家级双创示范基地，努力打造一个领军人才、核心技术、高端产业集聚的平台；加快提升南宁创客城、创客空间等平台的服务功能，孵化出一批新点子、新企业、新产品，努力建设一个“草根”创业创新的载体；培育南南铝加工研究院、富士康东盟硅谷科技园等创新平台升级为国家级研发机构。紧扣产业链和创新链，加强创新型人才队伍建设。推进工业转型发展。

做大做强三大重点产业。以重点企业为龙头，着力延长产业链，加快打造千亿元产业集群，力争三大重点产业产值占全市工业比重38%以上。电子信息产业方面，以高新区、江南工业园等为平台，依托中国－东盟信息港南宁核心基地、富士康千亿元产业园等载体建设，大力发展中高端电子信息产品制造，加快十一科技电子信息产业园等项目建设，力争禾田信息港等项目投入运营；大力引进上下游产业和相关配套产业，加快形成以富士康等为龙头的电子信息产业集群；促进大数据、云计算、物联网等智慧产业集聚发展，力争电子信息产业完成产值530亿元。先进装备制造产业方面，以邕宁新兴产业园、江南工业园、高新区、经开区等为平台，加快南南电子汽车新材料精深加工、源正新能源汽车项目建设，大力引进上下游配套企业，加快打造面向西南和东盟市场的南宁新能源汽车生产基地；以研祥智谷、中车轨道城轨车辆、中车精密列车大部件、中铁广发盾构机项目为龙头，打造西南最大的轨道交通装备产业集群；以南南铝加工为依托，重点引进铝制汽车、城轨机车、城市铝制设施、电子铝材等铝深加工及下游产业项目，打造特色高端铝精深加工产业园；以哈工大机器人、上海明匠等智能制造领军企业为支撑，积极发展机器人、无人机等高端制造业，推动制造业向智能化制造转型升级，力争先进装备制造产业完成产值780亿元。生物医药产业方面，抓好经开区生物医药产业园、南宁高新技术生物产业基地等平台建设，以现代中药、生物制药、高端医疗器械等为主攻方向，加快推进修正健康产业基地、诺博医疗移动终端设备生产、培力药业异地改造、百会药业等项目建设，推动海王保健品产业园等项目实现投产，促进柳药一期等项目达产；积极引进国内外医药大企业，加快完善医药物流配送网络，力争生物医药产业完成产值160亿元。培育发展新兴产业优化传统产业。重点发展新材料、节能环保、新能源等新兴产业，加快石墨烯研究成果产业化，推进科天水性科技产业园、博世科环保产业高安基地迁建等一批项目建设，提高新兴产业对工业的贡献率。加快改造提升食品加工、化工、建材等传统优势产业，全面推进BIM技术应用和装配式建筑发展，促进建筑业稳定健康发展；推进传统产业研发、生产、管理等模式变革，焕发传统产业新生机。深入实施园区经济倍增跨越计划。加快园区基础设施建设。深化开发区管理体制改革，发展“一区多园”，拓展发展空间，有序推动国家级开发区统筹城区工业发展。全市工业园区规模以上工业总产值占全市比重85%以上，三大国家级开发区规模以上工业总产值平均增长20%以上。

增强服务业优势。以服务业集聚区建设为抓手，深入实施金融业、现代物流业、电子商务和信息服务业“三年行动计划”，加快发展旅游、文化、体育、健康、养老五大幸福产业，推动生产性服务业向专业化和价值链高端延伸、生活性服务业向精细化和高品质转变。把金融业摆在更加突出的位置。完善金融组织体系，加快五象新区总部基地金融街、青秀区金湖金融中心、东盟商务区互联网金融产业基地等集聚区建设；争取平安银行等在南宁市设立分支机构；培育发展地方法人金融机构，推进南宁农商行组建工作。吸引境内外资本设立股权投资基金，配合自治区在南宁市设立合资证券公司，加快推动华润基金等实质性落地，做大做强南宁金融投资集团。力争全市金融业增加值440亿元。提升现代物流业发展水平。加快冷链物流建设，优化功能区布局，增强园区集聚功能，完善吴圩空港物流园、牛湾港区综合物流园等园区建设，加快推进南宁云鸥物流食糖仓储智能配送中心等项目建设，重点扶持3A级以上物流龙头企业发展。加快发展电子商务和信息服务业。实施“电商南宁”战略，推进国家电子商务示范城市建设，加快南宁市跨境贸易中心、中国－东盟(南宁)跨境电子商务产业园等集聚区建设，扶持电商企业发展，培育电商品牌，将电子商务产业培育成为经济增长新亮点。完善信息消费基础设施建设，大力发展服务外包、软件研发、公共和商业信息等信息服务业。大力发展旅游业。推动南宁市及上林争创国家全域旅游示范市(区)，马山县、邕宁区创建广西特色旅游名县，推进旅游业与其他产业融合发展。抓好百里秀美邕江、南宁国际旅游中心等重大旅游项目建设。推进大明山等创建国家5A级旅游景区，打造青秀山—万达茂—东盟文化博览园等环青秀山都市休闲精品线路，打造国际养生休闲旅游目的地。加快发展大健康产业。全面放开养老服务市场，推动国家医养结合试点城市建设，发展“互联网+养老”。支持开发和推广大众运动养生等健康产业，推进全民健身和全民健康深度融合。保持房地产市场平稳健康发展。坚持“房子是用来住的，不是用来炒的”定位，加强分类调控，调整土地供应结构，推进城镇低效用地再开发，提高土地利用效率和综合承载能力，保持市场供需平衡。加强房地产市场监管，强化商品房预售管理和商品住宅价格监管，规范房地产开发、销售、中介等行为。大力培育和发展住房租赁市场，推进房产交易管理和不动产登记工作深度融合。着力推进系统互通、信息共享的“智慧房管”平台建设。加快建立住房保障和房产管理领域信用管理制度。推广小区智能化管理，全力抓好物业服务行业监管。

推进农业特色发展。深入推进农业供给侧结构性改革，把增加绿色优质农产品供给放在突出位置，狠抓农产品标准化生产、品牌创建、质量安全监管工作，促进农业增效、农民增收。发展高品质特色农产品。深入实施“10+3”特色农业产业提升行动，打好生态牌、绿色牌、富硒牌，新建蔬菜、畜禽、水果等高标准“菜篮子”基地60个以上，新建规模化蔬菜基地面积4000亩以上；新建富硒农产品基地5个、面积2.50万亩；引导糖、蔗一体化生产发展，新增“双高”糖料蔗基地16.50万亩；新增“三品一标”认证农产品10个；深入实施种子工程和畜禽良种工程，高标准建设良种繁育基地10个；推动现代特色农业示范区扩面提质，力争申报自治区级示范区6个。培育发展农业新业态。扎实推进“互联网+农业”，落实与阿里巴巴等企业签署的合作协议，抓好全国电子商务进农村示范县试点，力争电商覆盖率60%以上；加快邮政系统服务“三农”综合平台和农产品产销联盟建设；探索建立优势农产品竞价交易模式；加快建设一批特色农林产品生产加工示范基地，加大农产品冷链基础设施建设力度；启动休闲农业示范区建设，打造3条农业与乡村旅游精品线路，促进农村一二三产业融合发展。深化农村综合改革。推进农村土地“三权分置”，推进农村土地承包经营权确权登记管理信息系统建设和有效运转；基本完成全市农村土地承包经营权确权登记颁证工作，推进武鸣县农村承包土地经营权抵押贷款试点；加快农业经营机制创新，新增农民专业合作社500家、家庭农场150家。夯实农业发展基础。严格落实耕地保护制度，强化耕地占补平衡责任，完成永久基本农田划定上图入库，推进耕地提质改造工程，粮食播种面积稳定在650万亩以上。推进农业绿色发展，大力发展生态循环农业，扩大稻田生态种养规模，全面推广以“微生物+”为核心的现代生态养殖模式，完成30%的畜禽规模养殖场生态化改造。完善农业保险制度，主要农产品政策性农业保险参保率35%。加强农产品质量安全监管，推进农产品质量安全从田头到餐桌可追溯管理。

(二)全力扩大有效投资

狠抓重大项目建设。力争年内自治区市层面统筹推进重大项目完成投资700亿元以上。广西国际壮医医院等迎接自治区成立60周年重点项目完成投资190亿元以上。第一批城建计划实施项目889个、投资518亿元。

促进工业投资加快回升。重点加快推进100项新开工项目和50项续建项目，推进南宁浮法玻璃公司、南南铝业公司等老企业整体搬迁。落实重点工业产业扶持政策，通过资金补助、奖励、产业基金投资等多种方式，吸引骨干龙头企业进驻。鼓励企业零土地技改，重点加快八菱科技乘用车中冷器生产线技术改造、燎旺车灯生产基地技改等重点工业企业的产品升级、智能化改造项目。

激发民间投资活力。降低准入门槛，优化服务，促进民间投资。全力推进PPP项目25个，落地7个。继续做好企业上市(挂牌)培育和协调服务，推动更多的企业实现IPO上市或新三板挂牌。鼓励上市企业再融资，支持上市企业开展并购重组和产业整合。推动南宁创业投资引导基金、城市发展基金、产业发展基金和北部湾经济区产业基础设施投资(南宁)引导基金的运作，拓宽融资渠道。开展民间融资登记服务机构试点。加大对南宁再担保公司、“两台一会”、南方担保公司等支持力度，努力解决中小微企业融资难问题。加大对民营经济发展的政策支持力度，鼓励民营经济参与国企改革，增强企业投资信心。

保持基础设施投资强度。民航方面。配合推动吴圩机场军民分离和基础设施建设，力争开工建设吴圩机场第二跑道和综合交通换乘中心，推动T3航站楼前期工作，加快建设伶俐通用机场。铁路方面。完成南昆铁路南宁至百色段增建二线、黎湛铁路电气化改造项目建设，配合推进贵南客专等铁路项目建设，推动五象火车站、湘桂铁路扩能南宁至崇左段项目前期工作。公路方面。加快推进柳南高速改扩建工程、吴圩机场至大塘高速、贵隆高速以及柳州经合山至南宁第二高速公路等项目建设。黄金水道方面。推进西津二线船闸、南宁港旅游码头等项目建设，开工建设南宁港区锚地、隆安港区浪湾作业区、六景港区鹤笋作业区等。客运枢纽方面。加快推进凤岭综合客运枢纽站等客运枢纽项目。路网建设方面。推进轨道交通1号线西段沿线道路整治提升工程、凤岭北路(快环—高坡岭)等182个项目建设。

全力服务企业发展。实施大型骨干企业培育工程，支持企业间战略合作和跨行业、跨区域兼并重组，培育壮大一批竞争力强的大企业集团。扶持本土企业发展。扶持处于种子期、起步期的企业以及中小微企业发展。引导企业树立质量第一的强烈意识，发扬“工匠精神”，增强产品竞争力。进一步完善领导服务企业工作机制，构建“亲”“清”新型政商关系。

(三)不断扩大“南宁渠道”影响力

突出“1+3”开放平台建设。积极融入“一带一路”，配合打造中国－东盟博览会升级版，推动开展中国－中南半岛经济走廊试点示范工作，全力服务好第十四届中国－东盟博览会和商务与投资峰会。争取五象新区获批建设国家级新区，加快构建“一核、两廊、五区”的总体布局，努力打造南宁市加快开放发展的核心平台。加快中国－东盟信息港南宁核心基地建设，重点推进启迪东盟科技城、广西电子政务外网云计算中心等项目建设。推动南宁综合保税区高效运营，加强与区内各沿边、沿海口岸海关等部门的联动合作，一期开发建设35%，同步开展二期和配套区规划建设。加快空港经济区建设，完善区域基础设施，积极申报临空经济示范区。

扩大对外交流合作。落实“双核驱动”战略，继续推进北部湾经济区综合配套改革；深化与珠江—西江经济带沿线城市合作，主动承接珠三角地区产业转移，加快西江基础设施大会战项目建设。融入粤桂黔高铁经济带建设。用足用好CEPA先行先试政策，推动一批与港澳合作的项目落地。以国际友城为平台,深化对外交流。

加大招商引资力度。深入实施招商引资三年行动计划,大力推进招商引资“六大专项行动”,围绕三大重点工业产业、三大重点服务业和石墨烯、节能环保等新兴产业,以重大项目为抓手,加强产业集群和产业链招商。建立招商项目库、政策库,利用标准厂房精准招商,落实招商引资重点项目协调推进和快速落地机制,加速项目落地。

提升外向型经济水平。深入实施外经贸发展三年行动计划,大力发展跨境电子商务,完善外贸综合服务平台,加快广西—东盟区域(南宁)外贸一体化综合体通关服务提速工程建设,为外经贸企业提供“一站式”服务。实施新一轮加工贸易倍增计划,推进高新区等加工贸易发展示范和重点园区建设,加快形成集聚发展优势。扶持外贸龙头企业发展,加强出口品牌建设。提升口岸服务功能,壮大口岸经济。鼓励企业“走出去”,开展对外投资和国际产能合作,促进外经贸形势持续向好。

(四)加快打造生态宜居城市

打好治水攻坚战。全面推进国家海绵城市试点建设。加快推进54.60平方公里示范区项目及海绵片区建设,海绵城市试点建设三年计划203个项目实现全面开工,竣工率65%以上,实现示范区整体年径流总量控制率不低于75%、年径流污染控制率不低于50%的目标,努力通过试点验收。深入推进邕江综合治理。推进中心城区55公里岸线整治出效果,实施精品示范段、邕江南岸公园和邕江北岸公园提升工程,开工建设老口航运枢纽—清川大桥、三岸大桥—邕宁水利枢纽段项目。加快推进邕宁水利枢纽建设,争取年底前具备蓄水通航条件,2018年10月完成建设。高标准打造“百里秀美邕江”。基本完成建成区99.40公里黑臭水体整治任务。开工建设黑臭水体整治PPP项目,加快建设沙江河流域综合整治、水塘江、心圩江流域治理等PPP项目工程,整体改造城市内河水系。实施邕江饮用水水源地取水口上移工程。完善邕江上游水源地保护措施,取水口上移进入实质建设阶段,力争2018年工程完工。实行最严格水资源管理制度。抓好中央环保督察反馈意见的整改落实。推进大王滩第二水源地和区县重要水源地保护,保障城乡供水安全。推进水生态文明建设,全面推行河长制,完善水治理体系。

提速建设五象新区。加速产城融合,推进中国－东盟电子商务产业园、中国－东盟国际物流基地等园区建设,服务好中国中车、福建吴钢、万达茂等重大产业项目,实现总部基地金融街部分建成使用。加快推进南宁市十四中、三中初中部五象校区和新区第二、第三实验小学等优质学校建设。开工建设广西医科大学东盟国际口腔医学院等卫生项目。加快重点片区路网建设。实现青山大桥等一批桥梁建成通车。加快供水加压站、污水管网、公交场站、垃圾转运站等市政配套设施建设。

加快打造“中国绿城”升级版。举全市之力筹办第十二届中国国际园林博览会,按国家5A级景区标准,高水平规划、高标准建设园博园,打造“生态的园博、文化的园博、共享的园博”,确保园博园2018年8月试运营、12月建成开园。深化国家森林城市和国家生态园林城市建设。加快东盟文化博览园建设步伐,努力打造成为文化类型丰富多样、十国文化特色鲜明的现代文化博览园。推进公园“一园一品”建设,打造一批公园和街头小游园,对一批道路进行绿化改造,实施城市精品线路美化亮化彩化提升工程,努力实现居民出行“300米见绿、500米见园”。建设更多的生态廊道、绿色建筑、立体绿化,促进生态与城市相生共融。依法保护利用青秀山、五象岭、大明山等宝贵资源。推进西津、大王滩国家湿地公园试点建设。

大力疏解交通拥堵。完善路网体系。开工建设仁义大桥,推进东西向快速路和原有高速公路东环改造工作。整治拥堵节点。开展快速环路综合整治,启动邕武、秀灵—友爱立交改造,新建大学—清川、秀厢—鲁班等立交,加快中华—园湖、凤凰岭—高速环路立交建设,建设和改造一批人行过街天桥设施。打通“断头路”。开展道路建设征地拆迁攻坚战,打通或拓宽一批市区“断头路”“瓶颈路”,重点建设亭洪路延长线、金桥路、降桥路二期、建兴路等,加强城市支路、微循环道路建设,畅通城市交通的“毛细血管”。提高公共交通出行分担率。大力推进轨道交通建设,确保地铁2号线开通试运营,加快推进3、4号线建设,全力推动2号线东延长线和5号线开工建设。加快快速公交(BRT)线网建设,开工建设2号线。建设一批公交场站,完善公交专用道网络,做好与轨道交通1、2号线的接驳工作。完善公共自行车租赁系统和自行车道、步行道等城市慢行交通设施,解决出行“最后一公里”问题。制定、落地和执行网约车新政,规范预约出租汽车,加快出租汽车行业改革。

让南宁蓝天常驻。实行最严格的环境保护制度。推广天然气、电能、太阳能等清洁能源应用,基本淘汰燃煤小锅炉,加速淘汰黄标车,加强对工业大气污染源、餐饮油烟、机动车尾气排放等的监管与整治。狠抓大气污染治理,提升扬尘污染专项治理成效,严管建筑工地、工程用车、消纳场等,从源头到终端建立标准化、规范化、精细化的大气污染防控长效管理机制,确保空气质量在省会城市保持前列,力争进入全国重点城市前十位。

提高城市治理水平。持续推进城市管理精细化、法治化、智慧化、社会化。全面铺开社区网格化治理模式。推进全国综合行政执法体制改革试点。建设“智慧南宁”,按照“一朵云、五平台、多维应用”的技术框架,打造智慧治理、智慧民生、智慧产业、智慧生活、智慧双创五个综合平台,提升医疗、教育、社保、交通、城管等领域的智慧化运用。加快地下综合管廊试点城市建设,建成41.36公里地下综合管廊。开展污水管网普查,老城区开展雨污分流改造试点并逐步推广,新城区新建建筑的排水系统按雨污分流接入对应管网,实现雨污分流率100%。推进江南污水处理厂三期、埌东污水处理厂四期及22个镇级污水处理设施建设,逐步实现污水处理全收集全处理目标。完善桥梁管理“三制”。严厉打击“两违”。加强环卫市场化改革,深入开展“以克论净·深度清洁”活动。开展生活垃圾分类试点工作,推广华润水泥窑协同处理生活垃圾技改项目模式,加快餐厨垃圾无害化处理项目扩容,推进江南循环经济产业园前期工作。重视城市运行安全风险管控工作,加快市防汛抗旱救灾物资储备中心建设。

(五)推进供给侧结构性改革和重点领域改革

深入推进“三去一降一补”。强化行业准入管理,保持重点去产能行业无违规新增产能,扶持企业革新技术装备,全面完成自治区下达的60万吨水泥去产能任务,深入整合木薯淀粉等过剩产能。先期开展具备职工安置条件的30家“僵尸企业”的安置工作,建立非国有“僵尸企业”处置机制。调整商品房供应结构,通过扶持创业、发展健康产业等多种途径化解我市商务办公用房、商业用房库存过高问题。健全完善政府性债务管理体系，积极应对和妥善处置债务风险。调整完善降成本30条措施，全面落实各项减税、免税和停免征部分政府性基金政策，继续推进政府性融资担保体系建设，加大降费、降低要素成本力度，完善降成本的长效机制，切实减轻企业负担。从人民群众迫切需要解决的突出问题着手，补齐公共服务能力、基础设施薄弱环节和生态环境保护的短板。

纵深推进重点领域改革。持续推进“放管服”改革。制定出台市区县行政审批事项、前置条件等目录，清理不规范的中介服务，全面清理面向公民、法人和其他组织的证照年检、政府指定培训事项。继续推进企业“多证合一、一照一码”和个体工商户“两证整合”以及“双随机、一公开”联合检查等商事制度改革。深化不动产统一登记改革，推进覆盖城乡的不动产统一登记。实现市(区)县权责清单“两单”融合。深化财税体制改革。改进年度预算控制方式，稳步推进中期财政规划编制。研究调整财政事权和支出责任划分，完善财政转移支付制度。深入推进政府购买服务改革，完善政府采购制度。积极落实消费税、资源税等税制改革事项。落实国税、地税综合体制改革任务。扎实推进国企国资改革。做好优化配置、提质增效、防止流失等重点工作，做强做优做大市属国有企业。积极稳妥发展多种形式的混合所有制，抓好国企发展混合所有制试点和职工持股试点工作。推进国有资本投资、运营公司试点。完善法人治理机制，规范董事会建设。推动以管资本为主的国资监管体制建设。深化金融改革创新。深入推进沿边金融综合改革试验区建设，创新跨境人民币业务，加快建设中国－东盟金融信息发布共享平台，探索中国－东盟(南宁)货币指数应用，提升南宁跨境金融信息服务基地功能。支持各类资本发起设立各类法人金融机构，推进金融、科技、产业融合创新发展。创新担保机制，建立“4321”新型政银担风险分担机制。开展农村金融改革，大力发展普惠金融。加强金融监管。

(六)推动城乡统筹协调发展

加快推进新型城镇化。推进城市总体规划修编，完成《南宁市综合交通规划(修编)》，编制《南宁市总体城市设计》等专项规划，落实单元式控制性详细规划与城市设计三年攻坚，加快伊岭工业集中区、隆安华侨管理区、黎塘工业园3个自治区产城互动试点园区建设，推进“多规合一”与规划信息化建设。深化户籍制度改革，完善住房、教育、养老等综合配套改革措施，有序推进农业转移人口市民化。深入实施大县城战略，增强对周边农村地区的带动能力，建设古辣、金陵、古零、伶俐等一批特色小镇。持续推进自治区新型城镇化示范县宾阳县建设，启动第三批国家新型城镇化综合试点镇六景镇试点。

推进旧城改造。遵循“成片改造、统一规划，分类实施、总体提升”的原则，按照城市修补和生态修复的要求，创新旧改模式，将旧改与产业结构调整、业态转型升级、城市环境再造相结合，加快推进城市有机更新和棚户区改造步伐。编制实施旧城改造三年滚动计划，提高棚户区改造货币化安置率，探索引入法律(律师)服务百姓的征收新模式，重点推进轨道交通沿线、邕江沿岸两侧的成片旧城棚户区改造及“老南宁·三街两巷”改造，打造一批精品项目。

发展壮大县域经济。把县域经济发展作为稳增长的重要抓手。夯实县域经济发展基础。完善县域交通网络，重点推进新江至崇左扶绥一级路(南宁段)、张村至六景二级路、大王滩二级路、上林至武鸣二级路、伶俐至陆屋二级路、大塘至渠黎二级路、思陇至那桐二级路、西乡塘005县道改扩建等项目，启动G322国道南宁至宾阳(黎塘)一级路前期工作，推进城乡交通运输一体化建设工程。推进城乡公共服务均等化，加快光网南宁、无线南宁、移动互联网、下一代广播电视网建设，提升互联网城域出口和用户接入能力，加快电网、油气管网等建设，加快推进“县县通”天然气工程。全力打好县域经济翻身仗。结合主体功能区规划，加快推进新型工业化、信息化、城镇化、农业现代化深度融合，引导县域错位发展、多元发展，加快一批特色工业园区、现代特色农业示范区、精品旅游线路建设，着力打造工业大县、农业强县、旅游名县、生态美县、开放活县。推进扩权强县工作，深化县域体制机制改革，统筹推进县改市、乡改镇、村改居。

推进宜居乡村建设。重点实施“产业富民”“服务惠民”“基础便民”三个专项活动。推进村级综合服务中心建设，重点做好“村级就业、社会保障经办、教育助学、卫生健康、文化体育、法律”六项服务。综合治理乡村环境，完成自治区下达的农村改厕、改厨和改圈任务，完成农村危房改造8000户；保障农村交通、通信、供电、安全用水、能源利用，推进以病险水库(闸)除险加固、生态清洁河流治理、区域规模化灌区节水配套改造为重点的水利基础设施建设；实施化肥农药使用量零增长行动，加强农业面源污染治理和土壤重金属污染防治。结合地域和民族特色，抓好历史文化名镇、传统村落和古树名木保护，秉承乡土理念开展第二批49个乡土特色示范村建设，完成列入中国传统村落名录江南区扬美村等4个村建设，传承文化，留住乡愁。

(七)继续推进精准脱贫攻坚

集中攻关重点难点。把产业扶贫摆在第一位，把贫困群众受益摆在中心位置，建立完善市县乡村四级脱贫攻坚项目库，列出项目清单；按照“合作社(龙头企业)+经济能人”等模式，大力发展特色种养业、乡村旅游业、农村电商；大力发展村集体经济，建立健全贫困户参与机制和受益机制，扶持每个预脱贫村成立至少1个农民专业合作社。稳步推进贫困村屯级道路、水利、农网改造等公共服务设施建设。实施16个易地扶贫搬迁安置点建设。

增强贫困户后续发展能力。推进教育扶贫，加大贫困地区农村学校教育投入，落实对建档立卡贫困户子女从学前教育到高中阶段15年免费教育的资助政策。加强就业创业和职业技能培训，开发乡村公益性岗位，加快贫困劳动力转移就业，扶持贫困劳动力创业致富。加大健康帮扶力度，对农村贫困人口住院治疗实行先诊疗后付费，对因病致贫、因病返贫建档立卡贫困户人口实施分类救治，健全城乡居民基本医疗保险、城乡居民大病保险衔接机制。狠抓后续扶持，推动稳定脱贫。

增强精准脱贫攻坚实效。突出区县主体责任，抓好责任落实、政策落地和群众动员三个关键环节。严格“一把手”脱贫攻坚责任制和“四到县”制度，强化干部定点挂钩、对口帮扶，健全结对帮扶到村到户“三包”机制。坚持督查、通报、协调三项制度，切实抓好绩效考核和第三方评估工作。落实产业、金融等扶贫政策，整合各类扶贫资金，提高扶贫资金使用的精准性、有效性。制定脱贫激励措施，发挥群众主观能动性，注重调动基层积极性，坚决克服“干部干、群众看”的现象。严格执行“一户一册一卡”，落实脱贫摘帽退出机制，完善市级脱贫攻坚信息大数据管理平台，实行动态、精确、全面管理，严防“数字脱贫”。推动社会扶贫资源与扶贫需求的精准对接，形成扶贫合力。

(八)坚持保障和改善民生

加强就业和社会保障工作。继续实施就业优先战略，统筹抓好高校毕业生和困难群众就业，支持返乡农民工创业就业。严厉打击拖欠农民工工资行为，保障农民工合法权益。整合城乡居民基本医疗保险制度，扩大社会保险覆盖范围。完善重特大疾病医疗救助制度，稳步提高困难群众的医疗救助水平。提升城乡低保保障能力，实现应保尽保。落实特困人员救助供养制度，提高特困人员供养水平。加快市第二社会福利院建设。健全住房保障体系，狠抓保障性住房基本建成率，提高分配入住率。

提升教育发展水平。加快教育管理体制改革，开展义务教育学区制改革和集团化办学，推动教育管办评分离。编制第三期学前教育行动计划，大力发展公办幼儿园，新建成公办幼儿园 12 所，鼓励多元普惠幼儿园发展。新建成中小学校 8 所，改扩建一批中小学校。力争 5 个区县通过义务教育均衡发展自治区督导评估。推动普及高中阶段教育，促进普通高中多样化发展，提升高中教育教学质量水平。强化职业院校校企合作，重点培养适合南宁产业发展的高技能人才。统筹安排进城务工人员随迁子女入学。支持和规范民办教育发展。加快南宁教育园区基础设施建设，安排项目 24 个、投资 23.20 亿元。加强市属高校建设，启动南宁学院升格为南宁大学的基础性工作。扩大教育对外交流合作，推进国际学校建设。

抓好卫生与健康工作。突出抓好城市公立医院综合改革、实施分级诊疗、完善城乡医疗卫生服务体系建设等重点工作。整合卫生计生资源，探索建立区域医疗联合体。持续深化县级公立医院综合改革及基层医改。推进智慧健康信息工程项目(一期)，建立市级电子健康档案和电子病历数据库平台，实现 13 家市直属医院病历资料、检查结果等信息互通互认。开展健康城市建设和区域影像诊断中心应用平台建设试点。扶持中西医、壮瑶医事业发展。加强全科医生、产科、儿科医生等骨干人才培养。平稳实施全面两孩政策，改善出生人口性别结构，加强优生优育指导，促进人口均衡发展。

繁荣文化事业壮大文化产业。策划、创作和推出一批内容深刻、制作精良的文艺精品，讲好南宁故事。精心打造“天下民歌眷恋的地方”亮丽名片，力争将“三月三”打造成民族文化嘉年华。继续打造民歌湖“百姓大舞台”周周演群众文化活动品牌。推进国家历史文化名城申报，建成广西文化艺术中心，启动顶蛳山遗址保护工程。改版升级“春天的旋律”跨国春晚，精心组织中国 - 东盟(南宁)戏剧周、“文化走亲”东盟行等活动，扩大南宁文化影响力和吸引力。推进落实“十三五”文化产业发展规划，发展“一带两区三组团”文化产业新格局，培育特色文化产业集聚区。深化文艺院团改革，增强文化表演院团造血功能和适应市场能力。

加快发展体育事业。深入实施《南宁市全民健身实施计划(2016—2020)》，抓好竞技体育，加快推进市体育运动学校一期建设。建设全民健身“互联网 +”平台，提升全民健身服务水平。加快发展体育产业，促进体育与旅游深度融合。申办“苏迪曼”杯世界羽毛球混合团体锦标赛，办好“中国杯”国际足球锦标赛、环广西公路自行车世界巡回赛等重大赛事。

持续加强社会治理创新。积极推进社区治理和服务创新，开展社区协商，推行社区公共服务事项准入制度。深入推进平安南宁建设，推进“智慧警务”项目建设，加快构建立体化、信息化的社会治安防控体系，严厉打击电信诈骗等违法犯罪活动。进一步落实“法治信访、阳光信访、责任信访”，畅通信访渠道，加强涉访涉诉渠道建设。建立健全安全风险分级管控和隐患排查治理双重预防性工作机制，坚决防范重特大公共安全事故发生。在全市开展“诚信经营、放心消费”创建工作，重点打造放心消费示范店、示范街、示范商圈。健全食品药品安全监管体制，创建国家食品安全城市。健全应急管理体制机制，提高综合防灾减灾救灾能力。建立全市区县乡(镇、街道)三级公共法律服务体系运转机制。支持军队改革，抓好优抚安置政策落实，促进军民深度融合发展。巩固全国民族团结进步示范市创建成果。做好村(社区)“两委”换届工作。坚持财政支出更多向民生倾斜，全力推进教育、食安、健康等 10 大项为民办实事工程，让发展成果更多惠及百姓。

三、全面加强政府自身建设

建设法治政府。认真履行党政主要负责人推进法治建设第一责任人职责，大力推进政府立法公开透明，拓宽公众参与立法渠道，建立法规规章起草征求人大代表意见制度和立法协商制度，更多引入第三方参与政府立法的起草、论证、评估等工作，建立一批立法基层联系点。实行规范性文件“三统一”制度，强化规范性文件备案审查，全面清理规章和规范性文件。运用网上行政执法暨电子监察系统强化对行政处罚的实时监督，规范执法辅助人员管理，促进严格规范公正文明执法。加强基层法制机构和队伍建设，建立乡镇法制员队伍，使法制机构、人员与其承担的职能相匹配。深入开展“七五”普法，弘扬宪法精神，引导全社会尊法、学法、守法、用法。

坚持科学决策。严格执行重大行政决策征求意见、咨询论证、风险评估、合法性审查、集体讨论决定等程序，增加公众参与重大行政决策实效，确保决策科学、民主、合法。完善政府法律顾问制度，健全行政决策机制。主动接受市人大及其常委会法律监督和工作监督，认真办理人大代表议案建议。自觉接受市政协民主监督，健全重大事项事前协商制度，认真办理政协提案。

强化作风建设。巩固“两学一做”学习教育成果，促进政府机关作风持续转变。持之以恒落实中央八项规定精神，严守国务院“约法三章”，及时处置懒政怠政现象，严防“四风”反弹，严格控制“三公”经费支出，进一步规范办公用房的建设使用。严格履行党风廉政建设“一岗双责”。加强审计监督，深化领导干部经济责任审计，加大对公共资金、公共资源、国有资产的审计力度。加强公共资源交易监管，确保公共资源交易活动公开公平公正、高效规范廉洁。完善督促检查工作机制，建立健全激励机制和容错纠错机制，激发干部干事创业积极性。

优化政府服务。用好用活用足中央、自治区和南宁市出台的系列政策。大力推进“互联网 + 政务服务”，完善市网上审批大厅预受理服务和办件预约功能，力争实现 80% 的政务服务事项可上线申报，让企业和群众少跑腿、好办事。全面清理涉及群众办事的各种不必要证明。发挥市行政审批局作用。抓好相对集中行政许可权试点改革。以权责清单为基础，探索审批流程再造，切实提高政务服务效能，减少审批环节，压缩承诺办结时间。完善市政府例行新闻发布制度。强化各级政府网站建设和管理，推动决策、执行、管理、服务和结果“五公开”，做好政务舆情回应，打造阳光政府。（市政府办公厅）

责任编辑 唐祯麟

大事记

1月

8日 南宁市被工业和信息化部列为国家信息消费示范城市，为全国首批25个信息消费示范城市之一。

10日至12日 英国东萨塞克斯郡刘易斯地区彼斯哈文市市长罗伯特·罗布森、特斯科姆市市长韦恩·博廷率代表团一行对南宁市进行友好访问和考察。

15日 《中国东盟报道》(China Report ASEAN)英文月刊杂志在南宁市创刊。《中国东盟报道》为中国外文局主管、中国报道杂志社主办的国家级英文月刊，主要内容有东盟国家时政、财经新闻等。

17日 市民王芳被全国妇联评为2015年度海内外有影响力的“《中国妇女》时代人物”，为2015年度10名优秀人物之一。

19日 西乡塘区再次被国家质量监督检验检疫总局授予“国家级出口食品农产品质量安全示范区”称号。

20日 南宁市被人力资源和社会保障部社保中心、信息中心确定为“全国第二批电子社保示范城市”。

27日 南宁市举行驻邕领事机构新春座谈会，市长周红波，市委常委、副市长张卫，缅甸驻南宁总领事吴敏吞，泰国驻南宁总领事琵姹妮，马来西亚驻南宁总领事黄奕瑞等东盟国家驻南宁领事机构官员代表出席座谈会。

2月

3日 南宁市农民工曹洪、莫永芸(女)、黄稳明(女、壮族)被国务院农民工工作领导小组授予“全国优秀农民工”称号。

4日 南宁市被国家旅游局授予“2016年全国厕所革命先进市”称号；16日，在武汉被2016年全国旅游厕所工作现场会评为“厕所革命”创新城市。

6日 南宁电视台携手澳大利亚天和中文电视台、新西兰华人电视台、马来西亚嘉丽台、菲律宾菲中电视台、香港卫视、澳门电视台、湖南卫视金鹰传媒、三沙卫视和中新网推出中国与东盟各国演员共同演绎的“春天的旋律”跨国春晚，在南宁电视台新闻综合频道播出。

12日 南宁市作为全国首批海绵城市建设试点城市的经验和做法在中央电视台《新闻联播》报道。

16日至19日 中国人民政治协商会议第十届南宁市委员会第六次会议在南宁人民会堂举行。

17日至20日 南宁市第十三届人民代表大会第七次会议在南宁人民会堂举行。

18日 上林县被国家旅游局列入首批“国家全域旅游示范区”创建单位。

22日 中共南宁市委宣传部、南宁市文化新闻出版广电局与广西千年传说影视传媒股份有限公司联合制作的《漂移岛之天空历险记》在中央电视台播出。

23日 南宁市被中央电视台《中国经济生活大调查》栏目评为2015中国十大幸福城市之一。3月7日，在央视财经频道播出的“中国经济生活大调查颁奖盛典”上，市长周红波代表南宁市上台领奖。

3月

1日 南宁市企业——广西千年传说影视传媒股份有限公司在全国中小企业股份转让系统成功挂牌(简称“千年传说”，代码836332)，为自治区首家在“新三板”挂牌的动画制作企业。

6日 青秀区新竹社区被中央文明办评为全国“最美志愿服务社区”。

10日 南宁高新区被科技部批准为广西首家国家级科技服务业区域试点单位。

14日 中央电视台2015“寻找最美医生”大型公益活动颁奖典礼上，南宁市第四人民医院艾滋病科护士长杜丽群获“最美医生”称号。

16日 第十九届海峡两岸旅行业联谊会开幕式在南宁市举行，来自海峡两岸的800多名行业从业人员出席。

21日 南宁市举行2016年重大项目“开门红”集中开(竣)工活动。至年末，举办开(竣)工活动8次，涉及项目80多个，总投资超700亿元。

22日 广西·云南两区省经济社会发展情况交流座谈会在南宁举行，云南省委书记、省人大常委会主任李纪恒，省长陈豪率省党政代表团着重就南宁市的新区开发、现代产业发展、生态文明建设等工作莅邕考察指导。

27日 2016年第一期《向人民承诺——电视问政》节目播出。至年末播出10期，涉及“四风”、教育、医疗、环保、养老、扶贫开发等问题。

4月

5日 市长周红波在市政府会见国际体联主席布鲁诺·格兰迪一行。

7日 2016广西“壮族三月三”国际电商节高峰论坛在南宁饭店举行，来自国内外政府领导、全球500强企业高管、中国500强企业高层等400多人参加；2016广西“壮族三月三”国际电商节在南宁跨境商品直购体验中心开幕。

9日 2016年中国壮乡·武鸣“壮族三月三”歌圩暨骆越文化旅游节开幕，同期举办“三千”展演(千人竹竿舞、千人武术、千人广场舞)、狮王争霸赛、抢花炮大赛等活动，游客约10万人。

19日 南宁市知识产权局被国家知识产权局、公安部联合评为“2015年度全国知识产权系统和公安机关知识产权执法工作成绩突出集体”。

21日 南宁市在第二届全国“书香之家”推荐活动中，入选全国“书香之家”家庭8个；入选广西“书香之家”家庭17个。

25日 住房和城乡建设部确定第12届中国国际园林博览会由自治区政府、住建部主办，南宁市政府、自治区住建厅、中国风景园林学会、中国公园协会承办。拟定开幕时间2018年12月，地址在南宁市邕宁区顶蛳山区域。

28日 南宁市连续十年被评为“全国无偿献血先进城市”。

30日 南宁市高少萍、蔡亚桂获全国总工会颁发的“全国五一劳动奖章”称号。

5月

4日 南宁市代表队在美国举办的2016年VEX机器人世界锦标赛中，获金牌1枚、银牌1枚。

6日 南宁市参加中国2016亚洲国际集邮展宣传片登陆美国纽约时报广场"中国屏"，展示"中国－东盟博览会举办地""联合国人居奖"城市、"天下民歌眷恋的地方"3张南宁城市名片。

9日 南宁市通过财政部、住房和城乡建设部开展的"2016年全国地下综合管廊试点城市"评审，列为全国15个地下综合管廊试点城市之一。

12日 市长周红波在市政府会见法国驻广州总领事傅伟杰。

13日 中国海协会会长陈德铭率台湾企业家考察团一行31人到南宁市五象新区考察。

14日 南宁市在第七次全国人民防空会议上，被评为"全国人民防空先进城市"。

16日 南宁市王芳家庭获"全国五好文明家庭标兵"称号，黄连冬家庭获"全国最美家庭"称号，黄忠智家庭获"全国五好文明家庭"称号。

21日 南宁选手唐渊渟在2016年江苏昆山举办的世界女子羽毛球团体锦标赛(尤伯杯)决赛中，与队友合作获团体冠军。

25日 越南驻南宁总领事馆、越南驻中国大使馆经商处、泰国驻南宁总领事馆、中国－东盟博览会秘书处共同主办的东盟投资政策介绍会越南专场、泰国专场在南宁举行。

26日 第九届泛北部湾经济合作论坛暨中国—中南半岛经济走廊发展论坛在南宁举行，东盟国家政府官员，研究机构专家学者，商界和国际机构代表，中国国家有关部委、机构和相关省份领导出席。

△ 国家民委到南宁市考核验收评估创建全国民族团结进步示范市工作；马山县古寨瑶族乡获第三批"全国民族团结进步创建活动示范单位"揭牌仪式在古寨瑶族乡举行。

27日 武鸣区召开成立大会，宣布武鸣撤县设区，武鸣区挂牌成立，为南宁市面积最大的城区。

28日 南宁市在第10届中国(武汉)国际园林博览会上入选全国首批生态园林城市，并获室外展园综合大奖、室外展园设计大奖、优质工程大奖、植物配置大奖、建筑小品大奖。

31日 横县在山东省寿光市举行的第3届中国县域电子商务峰会上，被评为农村淘宝2015年度"全国最佳运营县域"(全国4个县之一)。

6月

7日 南宁市商品房销售公示平台上线使用，市民可通过平台查询全市所有合法在售的楼盘信息。

11日 第十二届南宁·东盟国际龙舟邀请赛在南湖公园举行，62支代表队100多条龙舟参赛。

16日 南宁市被国家卫计委列为首批国家级医养结合试点城市(全国50个城市之一)。

17日 南宁市首次派出体育、文化和旅游等部门联合组成的代表团访问俄罗斯，参加圣彼得堡市"第3届涅瓦龙舟赛暨夏季中国文化节"、大诺夫哥罗德市"城市节"活动，开展龙舟交流、文化演出及旅游推介活动。

23日 市长周红波会见以全国台湾同胞投资企业联谊会副会长、深圳市台商协会副会长、南山联谊会会长陈辉鸿为团长的深圳台商协会考察团一行。

28日 南宁地铁1号线东段通车试运营，试运营时间：7：00—19：00。12月28日，南宁地铁1号线全线通车运营，全长32.10千米，运行时间约50分钟，运营时间调整为：6：30—22：00。

△ 市长周红波在市政府分别会见新任缅甸驻南宁总领事馆总领事昂哥、新任老挝驻南宁总领事馆总领事万习·维拉亚彭。

7月

3日 宾阳县列入国家农村产业融合发展试点示范县。

7日 市公安局智能户政服务大厅上线，市民可以网上申报一般项目变更更正、出生登记、属市外迁入南宁市城镇户口的夫妻投靠等6项户籍业务。

8日 第20届南宁国际学生用品交易会暨2016中国·东盟(南宁)国际教育展览会在南宁国际会展中心开幕，1200多家国内外教育机构、企业参会。

12日 江南区江西镇扬美村入选第六届全国生态旅游文化产业发展高峰论坛"最美古村落"公益榜。

13日 自治区体育局、南宁市政府与万达体育有限公司在北京签署合作协议，"中国杯"国际足球锦标赛将连续5年落户南宁，是首个落户南宁的国际足球比赛，首届"'中国杯'国际足球锦标赛"举办时间为2017年1月9日至16日。

15日 南宁志愿服务联合会与中国太平洋财产保险股份有限公司南宁中心支公司签订《志愿者保险服务合同》，全市40多万实名注册志愿者人身安全获保障。

24日 南宁·中关村双创示范基地运营，为中关村设立的国内首个双创示范基地，签约入驻的海内外领军企业12家。

29日 南宁市在全国双拥模范城(县)命名暨双拥模范单位和个人表彰大会上，连续6次获"全国双拥模范城"称号。

8月

9日 市长周红波在市政府会见新任泰国驻南宁总领事蔡乐·蓬蒂窝拉卫一行。

11日 南宁消防微信便民服务平台上线运行，为全国首个接入微信城市服务的消防便民平台。

12日 中蒙俄国际道路货运试运行活动南宁发车仪式在南宁市华南城举行，标志贯通中国南北，通达蒙古、俄罗斯的货运物流大通道开通。

21日 广西石墨烯研究院、广西北部湾石墨烯产业技术开发有限公司在南宁生态产业园揭牌，年产15吨石墨烯三维构造粉体材料中试基地投产。

22日 中国科学技术协会、自治区政府主办的2016石墨烯产业·技术高峰论坛在南宁市举行；诺贝尔奖获得者，中国科学院院士，来自美国、韩国的专家，以及国内、港台知名专家等出席并作报告、演讲。

22日至27日 2016年中国(横县)茉莉花文化节在横县举办，开展首届中国(横县)淘宝茉莉花文化节、第二届国家重点花文化基地建设研讨会等活动。

29日至31日 中国共产党南宁市第十二次代表大会在南宁召开。

9月

3日 2016年"体彩杯"全国高水平

后备人才基地举重锦标赛女子组比赛在湖南省吉首市举办，南宁市获金牌3枚、银牌4枚、铜牌7枚。

10日 中共中央政治局常委、国务院副总理张高丽在南宁分别会见出席第十三届中国－东盟博览会、中国－东盟商务与投资峰会的柬埔寨首相洪森、越南政府总理阮春福、缅甸副总统吴敏瑞、老挝副总理宋赛、泰国副总理巴金。

△ 2016年中国－东盟环境合作论坛在南宁召开，东盟各国和东盟秘书处的高级官员、联合国环境规划署、环境研究所亚洲中心等国际合作代表，国家环保部、各省（自治区）环保部门及有关部门官员、学者，企业界代表200多人出席。

△ 2016南宁·东南亚国际旅游美食节在华南城开幕，开展美食活动、展览展销活动、旅游推广活动、休闲活动、赛事活动、文化活动6项活动。

11日 第13届中国－东盟博览会、中国－东盟商务与投资峰会在南宁开幕，中共中央政治局常委、国务院副总理张高丽，东盟10国的有关领导、东盟秘书长黎良明，自治区党委书记彭清华等出席，博览会以“共建21世纪海上丝绸之路，共筑更紧密的中国－东盟命运共同体”为主题，越南为主题国。

△ 第18届南宁国际民歌艺术节2016本色花山·大地飞歌晚会在南宁市广西体育中心体育馆开幕，晚会以“风起南宁丝路共鸣”为主题，分“风起南宁”“海上交响”“丝路共鸣”3个篇章。

△ 市委、市政府举行2016南宁投资贸易洽谈会暨重大项目签约活动，签约项目24个（内资项目19个、外资项目5个）。

△ 以“中国－东盟信息港——共建·共享·共赢”为主题的第2届中国－东盟信息港论坛在南宁开幕。

△ 第13届中国－东盟博览会轻工展在南宁华南城开展。

△ 市长周红波会见参加第13届中国－东盟博览会、中国－东盟商务与投资峰会的冈比亚班珠尔市代表团一行。

12日 市长周红波在市政府分别会见出席第13届中国－东盟博览会的澳大利亚班达伯格市市长杰克·邓普西一行，全国政协经济委员会副主任、北京银行董事长闫冰竹、全国人大财政经济委员会副主任郝如玉一行，兰州科天投资控股股份有限公司、华南城控股集团、启迪控股科技城集团、浙江天能集团、哈工大机器人集团、中节能太阳能科技服务有限公司等企业负责人。

△ 第13届中国－东盟博览会签约仪式举行，签署国际、国内经济合作项目166个，其中南宁市有2个国际经济合作项目、9个国内经济合作项目签约。

△ 南宁·中关村创新讲堂暨创新中国行走进南宁活动在南宁·中关村双创示范基地举行，来自全球创新高地的政府代表、企业代表、学者代表等200余人参加。

△ 2016南宁国际友好城市艺术展演暨国际友好交往礼品展在会展航洋城开幕，展示来自五大洲23个国家24个城市及6个东南亚国家驻邕总领事馆与南宁市交往并赠送礼品。

13日 市长周红波在市政府会见由柬埔寨西哈努克省省长润明率领的代表团一行。

18日 中国－东盟（南宁）戏剧周艺术图片展在南宁博物馆开展，举行“聚会邕城”中国－东盟（南宁）戏剧周回顾图片展（2013—2015）、“劳动人民的红线女”——文献图片展；还举行《戏海扬帆》《东南亚戏剧概观》新书发布会。

24日 中国风景园林学会2016年会在南宁市召开，来自全国各地的风景园林专家学者、与会代表1200余人参加。

26日 中国市长协会五届二次理事扩大会暨“2016中国市长论坛”在南宁举行，与会市长（直辖市区长）、部门负责人、各界人士等近200人参加。

△ 市长周红波在市政府会见参加中国－东盟市长论坛的缅甸仰光市市长茂茂索、缅甸首都内比都市市长苗昂率领的缅甸市长代表团一行。

△ 大型邕剧《三进士》剧组（南宁市民族文化艺术研究院、南宁市戏剧院）启程前往北京，参加南方戏曲汇演。

△ “青岛2016亚洲大众体操节”暨“第5届全国全民健身操舞总决赛”在青岛市举办，南宁市获特等奖16项、一等奖9项、二等奖6项。

27日 2016中国－东盟市长论坛在南宁召开，市长周红波和来自东盟与国内122位市长，以及多位专家学者、企业家代表出席。

28日 南宁市大数据暨物联网展厅在富士康南宁科技园举行揭牌，展厅设展区14个，展示有关市民工作、教育、娱乐、家庭、安全、交通环保的最新科技产品。

30日 南宁糖业“云鸥”牌碳法一级南宁白砂糖、优级南宁白砂糖以及“明阳”牌亚法一级南宁白砂糖等产品获2016年第28届全国糖业质量工作会议同类评比第一名，实现南宁市亚法类白砂糖十四连冠、碳法类白砂糖十一连冠。

10月

9日 南宁市12个派出所开展受理全国跨省异地办理身份证业务。

13日 市政府实施例行新闻发布，每半月举行1场新闻发布会，主要发布政府重要决策、重点工作安排、重大突发事件及市民关注的社会热点焦点问题。

18日 南宁综合保税区（一期）通过海关总署、国家质检总局、国家发改委、财政部等10个部、委组成的联合验收组验收。

19日至22日 中国人民政治协商会议第十一届南宁市委员会第一次会议在南宁举行。

20日 南宁品牌摩拉菲尔醇养酸牛奶、莉香牌茉莉花铁观音茶、华兴牌华兴鸭、果然天成茶侣牌罗汉果代用茶、凰珍牌紫玉淮山、八桂紫霖牌桑果酒，获自治区商务厅确定为“广西特产行销全国核心品牌”。

△ 武鸣区国家蔬菜种植综合标准化示范区通过国标专家考核。

20日至24日 南宁市第十四届人民代表大会第一次会议在南宁举行。

27日 中国－东盟卫生合作论坛开幕式暨全体会议在南宁举行，通过《中国－东盟卫生合作与发展南宁宣言》，签署共建药用植物种植基地、民族医药特色诊疗技术培训中心等合作协议6个。

△ 南宁市正式入围国家第二批地下综合管廊试点城市。

28日 第五届中国创新创业大赛电子信息行业总决赛落幕，南宁市的广西捷佳润科技股份有限公司获第三名。

11月

2日 南宁市位子渌小学被国际环境教育基金会通过国家环保部宣教中心授予“国际生态学校”称号。

7日 南宁市入选国家旅游局第二批国家全域旅游示范区创建单位。

9日 市长周红波受邀参加全国友协、越南友好组织联合会在越南河内联合举行的中越人民友好见面会、中越省市长交流会，作《打造“南宁渠道”升级版推动中越友好交流合作》发言。

10日 南宁市在全国健康城市健康村镇建设座谈会暨健康城市试点启动会

上，被国家卫计委确定为全国首批38个健康城市试点市之一。

△ 上林县镇圩瑶族乡瑶山歌艺术团歌舞节目《瑶山歌》入围为祖国喝彩“2017年中华民族春节联欢晚会”。

△ 中国公路学会主办的“第三届最美中国路姐”表彰活动暨“第四届全国高速公路服务品牌年会”召开，广西交通投资集团南宁高速公路运营有限公司南宁东收费站(原南宁收费站)获“最美中国路姐团队”称号。

12日 武鸣润宇生态农业有限公司的红心火龙果在第14届中国国际农产品交易会上，被农业部授予“第14届中国国际农产品交易会参展农产品金奖”。

13日 南宁市在中国人民对外友好协会、中国国际友好城市联合会主办的2016中国国际友好城市大会上，获2014—2015年度“国际友好城市交流合作奖”，连续两年获得。

14日 2016现代职业教育发展论坛在南宁举行，国内外10多位专家学者与广西中高职院校的150多位广西职业教育的实践者参加。

18日 第二届中外警察公共关系论坛在南宁举行，来自新加坡警队，中国香港、澳门警队，以及各地公安机关、高等院校的200多名专家、代表参加。

19日 2016南宁·中关村大健康产业发展研讨会在南宁·中关村双创示范基地举行，来自国内外大健康产业等120余家单位、企业参加；与会嘉宾代表为南宁·东盟健康产业合作交流中心、中国医学科学院药物研究所科技成果转化南宁高新区工作站、中科合创科技成果转化南宁工作站揭牌。

19日至21日 第71届中国教育装备展示会在南宁国际会展中心举办，海内外教育专家学者、1000多家知名教育装备企业参展、观展人数近12万人次。

22日 南宁市的广西田园生化股份有限公司、广西博世科环保科技股份有限公司2家企业被工业和信息化部、财政部联合授予2016年“国家技术创新示范企业”称号。

△ 2016跨国公司暨世界500强八桂行投资合作圆桌会议在南宁举行，来自外国驻华贸易投资促进机构、知名跨国公司、世界500强企业，自治区有关部门、各市商务和投资主管部门、各园区及相关企业的近160名代表在会上对话、交流。

23日 南宁创客城等5家南宁市众创空间列入广西科技厅首批自治区级众创空间名单，其中广西信息产业众创空间、多灵民族医药两家众创空间获科技部备案，成为国家级众创空间。

△ 2016中国－东盟国际汽车拉力赛暨中国－东盟媒体汽车拉力赛发车仪式在广西体育中心举行，全程约1万千米，赛事车队出境车辆14辆，参赛99人。

24日 新疆维吾尔自治区政协副主席、全国妇联副主席热孜万·艾拜率新疆维吾尔自治区政协考察组来南宁考察城市建设发展情况。

29日 第十二届桂台经贸文化合作论坛在南宁开幕，同期举办桂台加工贸易产业合作论坛、两岸(桂台)青年创业论坛、桂台渔业合作交流座谈会、桂台旅游产业合作座谈会、桂台体育产业合作发展论坛等7个专场活动；桂台农业、渔业、加工业、文体、旅游界和青年代表，台湾著名院校和科研机构的专家学者，台湾商协会、知名企业代表和一批台湾中小企业者，自治区有关部门和各市代表，在桂台商代表等约400人出席。

30日 江南区法院被共青团中央、最高人民法院授予全国“青少年维权岗”称号。

12月

2日至6日 中国2016亚洲国际集邮展览在南宁国际会展中心举办。开幕当天，市长周红波分别会见前来参加展览的菲律宾萨马省卡巴洛甘市市长史蒂芬妮·谭一行、马来西亚怡保市市长扎姆里·本曼一行。

4日 “天地明珠杯”第十一届南宁国际半程马拉松比赛暨第三十四届南宁解放日长跑活动在民族广场举行。

5日 马来西亚怡保市代表团到南宁市城市管理局考察，双方就城市防内涝预警、扬尘治理、电动自行车管理、照明亮化等城市管理经验进行交流。

7日 南宁市法律援助中心被司法部授予“全国法律援助工作先进集体”称号。

△ 南宁市代表队获21届“驾驭未来”全国青少年车辆模型教育竞赛活动总决赛一等奖22个、二等奖21个、三等奖21个。

△ 南宁市新增国家3A级景区6家，分别是花雨湖生态休闲旅游区、上林云里湖景区、上林万古茶园景区、横县莲塘圣茶谷景区、马山水锦·顺庄旅游景区、狮山公园。

△ 广西大学可再生能源材料协同创新中心负责起草的5项石墨烯系列地方标准在全国率先发布，为全国首个石墨烯地方标准。

8日 南宁市隆安县丁当镇兆丰种养合作社蔬菜基地通过农业部园艺作物标准园验收，武鸣区通过国家蔬菜标准化生产示范区验收。

9日 南宁国际会展中心在2016中国会展业年会暨沈阳会展经济论坛上获“2016年度中国会展业十佳品牌会展中心”奖。

12日 南宁市一铭软件股份有限公司的“一铭操作系统”获第六届中国国际版权博览会开幕式暨2016年“中国版权金奖”颁奖典礼“中国版权金奖作品奖”。

△ 2016年中国品牌价值评价信息发布会上，横县茉莉花入选初级农产品类地理标志产品品牌榜，横县茉莉花茶入选茶叶类地理标志产品品牌榜。

△ 南宁市的王芳、赵仁峰两户家庭在第1届全国文明家庭表彰大会上获“全国文明家庭”称号。

13日 南宁学院、南宁隆吉维特生物科技有限公司、南宁市三华太阳能科技股份有限公司获中国科协授牌成立中国科协“海智计划”南宁基地工作站。

15日 南宁日报社代表广西队参加首届全国报刊编校技能大赛获三等奖。20日，《南宁日报》被评为全国精品级报纸，连续3次获得。

16日 广西南宁英华大桥在2016年全国工程建设企业质量管理经验交流会上获2016—2017年度“国家优质工程奖”。

20日 南宁市凭借“餐厨废弃物资源化利用和无害化处理厂”项目在2016广州国际城市创新奖、广州国际城市创新大会暨广州国际创新节上获专家推荐城市奖。

22日 市长周红波在市政府会见以色列驻广州总领事馆总领事南可安、微软全球副总裁亚敏。

26日 《北部湾四城市中考学科考试说明》通过自治区教育厅审批，2017年北部湾的南宁市、钦州市、北海市、防城港市将实行中考“同城化”。

30日 自治区民宗委代表国家民委授予南宁市“全国民族团结进步创建活动示范市”牌匾。 (李 康)

责任编辑 李 康

南宁概貌

基本情况

【地理位置】 南宁市位于广西南部，东经107°19′~109°38′、北纬22°12′~24°02′，面向东南亚，背靠大西南，东邻粤港澳，南临北部湾，具有沿江（邕江穿城而过，是珠江干流西江的上游段），近海（距钦州市110千米、防城港市170千米、北海市200千米），近边（距中越边境的东兴市200千米、凭祥市230千米），沿线（湘桂、黎湛、南昆、南广、南防、黎钦、邕北、云桂、柳南客专9条铁路在南宁交会）地缘优势，是面向东盟开放合作的区域性国际城市，衔接"一带一路"的重要门户城市，以及联动珠三角、沟通中南西南地区、引领北部湾城市群的区域性综合交通枢纽城市。2016年，南宁市总面积22099平方千米，其中城市建成区面积288.34平方千米。

（钟　倩）

【建制沿革】 南宁古属百越之地。秦始皇帝三十三年（公元前214年），秦统一岭南地区，设南海郡、桂林郡、象郡，今南宁市境域秦属桂林郡、象郡（原邕宁县一部分，横县中南部，隆安县）。

汉高祖元年至元鼎元年（公元前206年至公元前116年），今南宁市境域为南越国地；元鼎六年（公元前111年），析置领方、安广、增食等三县，隶属郁林郡，辖域相当于今宾阳县、横县、隆安县、武鸣区、南宁（含原邕宁县域）、马山县、上思县、扶绥县等地。其中，领方县治于今宾阳县芦圩镇古城村，安广县治于今横县境西南与原邕宁县（今属南宁市区一部分）毗邻交界一带，增食县治于今隆安县东。

三国黄武五年（226年），领方、安广两县依旧隶属吴国广州郁林郡。孙权时（222年至252年），于今横县地置平山、连道、昌平3个县，隶属合浦（珠官）郡。乌程侯孙皓元兴元年（264年），领方县更名临浦县。

西晋初，临浦县复更名领方县。太康元年（280年），合浦北部都尉增置辖吴安县，连道县更名兴道县，昌平县更名宁浦县。太康七年（286年），合浦北部都尉改宁浦郡，并增置润阳县。元帝大兴元年（318年），析郁林、合浦等郡部分县地置晋兴郡及其晋兴等县，隶属广州。晋兴郡领晋兴、熙注、广郁、桂林、增翊、安广、晋城、晋阳等县，辖及今南宁市、崇左市及百色市、河池市、柳州市等部分县地。其中，晋兴县与郡同置，为郡治，治所一说在今南宁市邕江南岸，二说在今南宁市武鸣区双桥镇南苏村板苏屯。晋兴县成为南宁的第一个地名，晋兴郡成为今南宁市属地最早的行政建制。东晋年间，宁浦郡亦移治润阳县（治今横县新福镇江口村古城）。

南朝齐移宁浦郡治安广县。梁置简阳郡，治辖简阳县（治今横县新福镇江口村古城）；置岭山郡，治辖领岭山县（治今横县西部郁江南岸）；置乐阳郡，治辖乐山县（治今横县东北郁江北岸）。以上三郡均隶龙州（治今柳城县）。梁还置领方郡，治辖领方县（郡县同治今宾阳县芦圩镇古城村）；置安城郡，治辖安城县（天监二年由绥宁县改名，治今宾阳县东）。两郡均隶始置于天监二年（503年）之桂州。梁陈晋兴郡改隶桂州，简阳、岭山、乐阳三郡改隶兴州。

隋开皇八年（588年），领方、安城两郡废，领方、安城两县改属南定州。次年，两县改隶尹州。开皇十年（590年），乐阳郡改乐阳县，岭山郡改岭县。次年，废宁浦、简阳两郡改置简州。开皇十四年（594年），晋兴郡及其晋兴县废。另在今南宁市江南区雷村（白沙）置晋兴县，隶尹州。开皇十八年（598年），简州更名缘州，乐阳县更名乐山县，岭县更名岭山县，晋兴县更名宣化县。大业二年（606年），废缘州，岭山、乐山、宁浦、宣化、领方、安城等县均改隶郁州。次年（607年），岭山等6个县改隶郁林郡。

唐武德四年（621年），以原郁林郡之宣化县置南晋州，辖宣化一县，治今南宁市青秀区中山街道一带，是为今南宁市城区属地地方最高行政建制之始。置南方州，州治今上林县澄泰镇古城村。置南尹州，治安城县。复置简州，治宁浦县。置淳州，治永定县（今横县峦城镇北邕江东岸）。武德五年（622年），南晋州析置横山县于今兴宁区五塘镇，置朗宁县于今西乡塘区那龙，置晋兴县于今武鸣区南，并复置武缘县于今青秀区伶俐圩；于今江南区苏圩镇置如和县，隶钦州。武德六年（623年），简州更名南简州。贞观五年（631年），析南方州之岭方、琅琊、思干和南尹州之安城等县置宾州，以州内有宾水而名，治今宾阳县境。贞观六年（632年），南晋州因其州西南有邕溪水而更名邕州，为邕州都督府，这是南宁成为桂西南地区行政中心的开始，也是南宁简称"邕"之始（"邕"字来自唐《元和郡县志》"因州西南邕溪水为名"的记述）。贞观八年（634年），以横槎江为名，改南简州为横州；南方州更名澄州。景云二年（711年），邕州增划辖原属钦州之如和县。天宝元年（742年），邕州、澄州、宾州、横州、淳州分别改朗宁郡、贺水郡、安城郡、宁浦郡、永定郡。乾元元年（758年），上述五郡又分别复名邕州、澄州、宾州、横州、淳州，由州领县，隶属同年由监察区演变成政区的岭南道（治今广州市）。永贞元年（805年），为避朝讳，以州内最多山峦为名，将淳州更名峦州。咸通三年（862年），分岭南为两道节度，以广州为岭南东道，邕州为岭南西道，邕州、澄州、宾州、横州、峦州均隶岭南西道；岭南西道，治邕州，旧址在今南宁市城区，是南宁相当于今省级政权治所开始。唐末，邕州领宣化、武缘、晋兴、朗宁、思笼、如和、封陵7个县，辖今南宁市（含原邕宁县）及武鸣、隆安等县地；横州领宁浦、从化、乐山3个县，辖今横县等地；峦州领永定、武罗、灵竹3个县，辖今宾阳、横县部分县地；宾州领岭方、琅琊、保城3个县，辖今宾阳等县地；澄州领上林、无虞、止戈、贺水4个县，辖今上林、忻城、武鸣等县部分属地。

五代晋天福七年（942年），邕州因避朝讳改名诚州，仍设建武军节度。南汉（947年至950年），复名邕州。

宋开宝五年（972年），峦州废入横州；澄州及其止戈、无虞、贺水等县俱省入上林县，上林县改隶邕州；宾州省废，岭方县改隶邕州；晋兴县更名乐昌县。次年，复置宾州，领岭方县。端拱元年（988年），邕州、横州、宾州属广南西路；上林县改隶宾州。天禧四年（1020年），宾州增划辖由思刚羁縻州改置的迁江县。熙宁四年（1071年），横州废永定县入宁浦县。元丰三年（1080年），邕州迁治今南宁市兴宁路西二里。元祐三年（1088年），复置永定县并更名永淳县。故宋末，邕州领宣化、武缘两县和48个羁縻州及其8个羁縻县，大致辖及今南宁市、崇左市及其辖县和百色市部分市县；宾州领岭方、上林、迁江3个县；横州领宁浦、永淳2个县。

南宁年鉴

元至元十三年(1276年),邕州改置邕州安抚司,隶广南西道宣抚司(旧治今桂林市)。次年,横州改设横州安抚司,与宾州同隶广南西道宣慰司。至元十六年(1279年),邕州安抚司改邕州路,横州安抚司改横州路,宾州改宾州路。元贞元年(1295年),邕州、横州、宾州等三路改属广西两江道宣慰司。元贞(1295年至1297年)初,横州路复改横州。大德五年(1301年),宾州路复改宾州。泰定元年(1324年),邕州路改称南宁路(取南疆安宁之意),宣化县隶属南宁路,南宁得名取于此。至正九年(1349年),南宁路和横州、宾州改属广西行中书省。元末,南宁路领辖宣化、武缘2个县;横州领宁浦、永淳2个县;宾州领岭方、上林、迁江3个县。

明洪武元年(1368年),南宁路改南宁府,治所在今南宁城;横州改隶浔州路。次年,岭方县省入宾州,宾州改隶柳州府。横州改隶浔州府。洪武十年(1377年)五月,横州降改横县,改隶南宁府。洪武十三年(1380年),横县复改横州。嘉靖七年(1528年),原治今马山县乔利圩的思恩府迁治今武鸣区府城镇,始开今南宁属地同时置有相当于今两个地级行政建制之先河,置领都阳、安定、白山、古零、兴隆、那马、定罗、旧城、下旺等土司和奉议州、上林土县等(这些土司和州县分别治今马山、大化、都安、田阳等县地)。隆庆六年(1572年)二月,南宁府析宣化等县地置新宁州(治今崇左市扶绥县),将武缘县划新宁州领辖。万历七年(1579年),思恩府划辖武缘县。万历三十二年(1604年),思恩府置辖上映土州。明南宁府治今朝阳路19号。明末,南宁府领宣化、永淳、隆安3个县,横、上思、新宁3个州和归德、果化、忠、下雷4个土州及迁隆峒土巡检司;思恩府领武缘县、奉议州和都阳、安定、白山、古零、兴隆、那马、定罗、旧城、下旺9个土司及上林土县、上映土州。

清朝承袭明朝建置。至清末,南宁府治宣化,辖宣化、隆安、永淳等县,新宁、横州等州及忠、归德、果化等土州;思恩府辖领武缘、上林、迁江等县和那马厅、宾州及白山、兴隆、定罗、旧城、都阳、古零、安定等土司。

1912年(民国元年),宣化县省入南宁府,武缘县废入思恩府,并将思恩府改武鸣府;横州、宾州分别改横县、宾阳县。是年10月,广西军政府自桂林迁治南宁府,省府治今南宁民族大道西头与兴宁路南段西侧(时属中山路),南宁成为广西省会。1913年6月,置邕南道,治南宁县(南宁府废改县),隶广西省,领南宁、武鸣(武鸣府废改县)、新宁(今属扶绥县)、那马(今属马山县)、上思、横县、宾阳、永淳(今分属横县、宾阳县和青秀区、邕宁区)、上林、隆安等10个县,归德(今属柳江县)、果化(今属平果县)、忠(今属扶绥县)3个土州,都阳(今属都安瑶族自治县)、安定(今属都安瑶族自治县)、白山(今属马山县)、古零(今属马山县)、兴隆(今属东兰县)、旧城(今属平果县)、定罗(今属马山县)、迁隆峒(今属宁明县)8个土司。1914年1月,南宁县为避云南省南宁县同名而易名邕宁县;6月,邕南道易名南宁道。1915年8月,南宁道新置隆山(今属马山县)、都安、果德(今属平果县)3个县;9月,南宁道新置绥渌县(今属扶绥县)。1926年,南宁道废,所领14个县改隶广西省政府。1929年7月,设南宁市政府,与邕宁县合置办公;11月,撤市建制。1930年,置邕宁民团区,驻邕宁县,辖扶南(今属扶绥县)、上思、邕宁、绥渌、左县(今属崇左市江洲区)、同正(今属扶绥县)、永淳、横县8个县;置宾阳民团区,驻宾阳县,辖宾阳、武鸣、隆山、果德、隆安、那马、上林、都安、迁江(今属来宾市兴宾区)9个县。1932年4月,邕宁、宾阳两个民团区合并置南宁民团区,治武鸣,并将邕宁民团区的左县划归龙州民团区,原属宾阳民团区的果德县划归百色民团区。不久,增划辖百色民团区之果德县。1933年,广西省政府迁至今青秀区中山街道植物路广西军区内。1934年3月,南宁民团区改南宁行政监督区,仍治武鸣,辖武鸣、邕宁、扶南、上思、绥渌、永淳、同正、横县、隆安、宾阳、迁江、那马、隆山、上林、都安、果德16个县;11月,南宁行政监督区划辖原属柳州行政监督区来宾县。1936年10月,南宁行政监督区划辖原属百色行政监督区平治县;广西省政府由南宁迁至今桂林市。1937年,南宁行政监督区析出同正县改属龙州行政监督区;10月,南宁行政监督区又划辖同正县,并析出来宾、迁江两县改属浔州行政监督区。1939年2月,南宁行政监督区析出都安、平治、果德、那马、隆山、上林、武鸣、宾阳8个县,另置武鸣行政监督区,治武鸣县。南宁行政监督区因此改驻南宁。1940年4月17日,武鸣、南宁两个行政监督区分别改第八区、第九行政督察区,辖县依旧。1942年3月,第八区、第九区合并为第四区,治南宁。1948年10月,第四区析出武鸣、上林、隆山、那马、果德、平治、都安、隆安8个县,另置第十一区,治武鸣县。1949年9月,第四区辖邕宁、永淳、横县、宾阳、上思、同正、扶南、绥渌8个县。

1949年10下旬,设立武鸣专区,治武鸣,辖武鸣、平治(今属平果县)、果德、那马、隆山、都安等县。12月4日,南宁、邕宁、武鸣解放。邕宁县改治今南宁市江南区(原南宁市糖纸厂一带)。是年,设南宁专区,驻宾阳,辖邕宁、绥渌、横县、同正、上思、永淳、扶南、宾阳8个县。1950年2月8日,广西省人民政府正式成立,确定南宁为省会(1958年3月,广西省改称广西壮族自治区,南宁市为自治区首府);同月,新置南宁市,直隶广西省。8月,邕宁县迁至今南宁市邕宁区蒲庙镇。1951年1月25日,撤销武鸣专区。所属武鸣、都安、隆山、上林、迁江5个县划归南宁专区管辖,隆安、镇结两县划归龙州专区管辖,平治、果德、那马等3个县划归百色专区管辖,忻城县划归宜山专区管辖。7月9日,南宁专区又划辖原系郁林专区的贵县(今属贵港市)。1952年8月11日,南宁专区改名宾阳专区,治宾阳县新宾,辖邕宁、横县、宾阳、上林、武鸣、马山(由隆山、那马两县合并而置)、贵县、永淳、迁江等9个县;12月9日,设置桂西僮族自治区(1956年3月2日,更名桂西僮族自治州),治南宁市(今明秀东路),辖宜山专区、宾阳专区、崇左专区、柳州专区、百色专区及所属辖县和钦州专区所属的上思等34个县或县级自治区。是年,南宁市设立一区、二区、三区、四区、五区和郊区。1953年4月23日,宾阳专区、崇左专区合并改称邕宁专区,治原邕宁县(11月,邕宁区专员公署机关迁南宁市)。是年,邕宁专区撤销,所属的邕宁、宾阳、横县、武鸣、上林、马山、崇左、隆安、龙津(今龙州县)、大新、镇都(今天等县)、扶绥、上思、宁明14个县改由桂西僮族自治区直接管辖。1957年12月20日,撤销桂西僮族自治州,其直辖县市改属复置的邕宁专区,专区驻南宁市(今明秀东路),辖原直隶桂西僮族自治州的14个县和凭祥市、都安瑶族自治县。1958年7月28日,南宁市区分设江宁、兴宁、永宁3个区。9月,南宁市委与邕宁地委实行统一领导,邕宁地委更名南宁地委。11月14日,邕宁专区更名南宁专区。1959年2月6日,南宁市改由南宁专区代管。1961年12月23日,南宁市复改由自治区直辖。1965年5月18日,南宁专区析出都安瑶族自治区,划归河池专区。6月26日,南宁专区析出上思县,划归钦州专区。1971年11月,南宁专区更名南宁地区。1979年2月26日,撤销南宁市郊区,设立新城、永新、江南、朝阳、衡阳等5个市辖区。1980年4月5日,朝阳区更名兴宁区,衡阳区更名城北区。1983年10月8日,南宁地区析出邕宁、武鸣两县划入南宁市;1984年1月26日,正式移交南宁市。1984年6月23日,南宁市设立郊区(县级)。2001年12月5日,南宁市郊区撤销。2002年12月23日,国务院批准撤销南宁地区,原属南宁地区的横县、宾阳县、上林县、马山县、隆安县划入南宁市;2003年6月27日,五县正式划归南宁市。2004年9月15日，国务院批准南宁市部分行政区划调整，撤销城北区、永新区和邕宁县，设立西乡塘区、良庆区和邕宁区，新城区更名青秀区；2005年3月18日正式调整。2015年2月16日，国务院批准南宁市部分行政区划调整，撤销武鸣县，设立武鸣区；2016年5月27日，武鸣正式撤县设区。南宁市辖兴宁区、江南区、青秀区、西乡塘区、邕宁区、良庆区、武鸣区7个区，横县、宾阳县、上林县、马山县、隆安县5个县。　（书　弄）

2016年，南宁市那考河整治项目引入海绵城市建设理念，无人问津的臭水沟变成鸟语花香的湿地公园　陈　峰　摄

【土地资源】 2016年，南宁市行政区域面积220.99万公顷，其中耕地68.11万公顷、林地97.17万公顷、建设用地18.10万公顷、水域7.45万公顷、其他用地30.16万公顷。市本级（含武鸣区）土地面积98.36万公顷，市辖五县土地面积122.63万公顷。

【矿产资源】 2016年，南宁市已勘查发现矿产资源63种，主要有：能源矿产褐煤、无烟煤、石煤，地热（热矿水）；黑色金属矿产铁、锰、钒、钛；有色金属矿产铜、铅、锌、铝土矿、镍、钴、钨、铋、钼、锑；贵金属矿产有金、银；化工原料非金属矿产有磷、硫铁矿、芒硝、砷、泥炭、重晶石；冶金辅助原料非金属矿产萤石、耐火黏土；建材和其他非金属矿产压电水晶、熔炼水晶、滑石、叶蜡石、石膏、水泥用石灰岩、建筑石材用灰岩、高岭土、膨润土、陶粒用黏土、砖瓦用黏土、玻璃用砂、玻璃用砂岩、水泥配料用砂岩、粉石英、水泥配料用黏土、砖瓦用页岩、水泥配料用页岩、饰面用花岗岩、建筑用花岗岩、方解石、硅灰岩、建筑用砂（河沙）；水汽矿产矿泉水等。优势矿产有钨、银、钒、铜、金、石灰岩、花岗岩、芒硝、耐火黏土、滑石、水晶、砂岩；平势矿产有煤、锰、铝、铅、锌、硫、铁矿、膨润土、高岭土、石膏。在规划开采区内，根据矿产资源分布特点，综合考虑地质构造及地形上的相对独立性，资源赋存状态，开采技术条件，勘查开采现状等因素，规划开采区块100个，总面积117.54平方千米。全市有矿山企业275个，其中大型矿山3个、中型矿山8个、小型矿山及零星矿山264个。

（莫厚杰）

【植物资源】 2016年，南宁市分布有野生维管束植物248科1254属3988种。国家一级重点保护野生植物有4种：钟萼木、石山苏铁、望天树、水松。国家二级重点保护野生植物有27种：亨利原始莲座蕨、苏铁蕨、粗齿桫椤、大桫椤、黑桫椤、桫椤、金毛狗脊、七指蕨、水蕨、福建柏、白豆杉、香木莲、地枫皮、樟树、闽楠、土沉香、蚬木、海南椴、格木、任豆、花榈木、半枫荷、蒜头果、红椿、紫荆木、蛇根木、普通野生稻。广西重点保护植物有162种。主要分布在广西大明山国家级自然保护区、广西龙山自治区级自然保护区、广西龙虎山自治区级自然保护区、广西三十六弄—陇均自治区级自然保护区、广西弄拉自治区级自然保护区。

2016年南宁市地类面积结构

单位：万公顷

地类 / 行政区域	总计	其中				
		耕地	林地	建设用地（城镇村及工矿用地、交通运输用地）	水域	其他用地
市本级	98.36	32.26	39.96	9.60	3.73	12.81
市辖五县	122.63	35.85	57.21	8.50	3.72	17.35
全市总计	220.99	68.11	97.17	18.10	7.45	30.16
所占比例	100%	30.82%	43.97%	8.19%	3.37%	13.65%

（莫厚杰）

【动物资源】 2016年，南宁市有野生脊椎动物5纲41目135科408属727种。国家一级保护动物有5种：黑叶猴、熊猴、蟒、林麝、金钱豹。国家二级保护动物有猕猴、苏门羚、河麂、斑林狸、穿山甲、大灵猫、小灵猫、黑熊、原鸡、白鹇、海南虎斑鳽、褐翅鸦鹃、小鸦鹃、冠斑犀鸟、黑翅鸢、黑冠鹃隼、灰背隼、红隼、猛隼、燕隼、游隼、斑头鸺鹠、领鸺鹠、雀鹰、苍鹰、凤头蜂鹰、赤腹鹰、日本松雀鹰、松雀鹰、灰脸鵟鹰、草原鹞、鹰雕、蛇雕、鹊鹞、鸳鸯、凤头鹃、草鸮、红角鸮、领角鸮、黄嘴角鸮、褐鱼鸮、雕鸮、长耳鸮、鹦鹉（所有种）、长尾阔嘴鸟、大壁虎（蛤蚧）、虎纹蛙、地龟、凹甲陆龟等117种。广西重点保护动物有华南兔、红腹松鼠、红白鼯鼠、棕鼯鼠、橙足鼯鼠、白斑鼯鼠、豪猪、黄猄、扫尾豪猪、中华竹鼠等110种。“三有”保护动物（国家保护的有益的或者有重要经济、科学研究价值的陆生野生动物）有刺猬、狼、椰子狸、野猪、松鼠、纹松鼠、岩松鼠、侧纹岩松鼠、花鼠、花白竹鼠等48种。主要分布在广西大明山国家级自然保护区、广西龙山自治区级自然保护区、广西龙虎山自治区级自然保护区、广西三十六弄—陇均自治区级自然保护区、广西弄拉自治区级自然保护区、西津湖水库。　（植菊芳）

【水资源】 2016年，南宁市水资源总量144.10亿立方米，比多年平均值多5.10亿立方米；总供水量41.83亿立方米，其中地表水供水量39.83亿立方米、地下水供水量2亿立方米。人均综合用水量592.18立方米。南宁市境内主要河流有郁江、右江、左江、八尺江、清水河、渌水江6条，市区主要饮用水水源地有邕江三津、邕江陈村、邕江西郊、邕江中尧、邕江河南、清水泉、那马泉、西云江水库、峙村河水库、老虎岭水库、东山水库11个。

（市水利局）

【气 候】2016年，南宁市属气温偏高，雨量略偏多年景。区县年平均气温22.3℃，比常年偏高0.6℃，全市平均年降水量1519毫米，比常年偏多8%，年日照时数1723小时，比常年偏多14%。汛期(4月至9月)全市平均降雨量1126毫米，比常年偏多25毫米，属正常年景。暴雨日数南宁市区、武鸣区、宾阳县偏多3天，上林县偏多2天，其余大部正常，暴雨过程呈现局地性较强的特点。第3号台风“银河”、第4号台风“妮妲”、第8号台风“电母”、第21号台风“莎莉嘉”影响南宁市，数量属正常年份，但总体影响偏弱。1月，全市出现近30年来范围最大的一次降雪天气过程；2月，全市部分地方出现霜(冰)冻天气；3月，出现倒春寒天气；4月至8月，全市有8次高温天气过程，高温日数偏多；10月，出现轻度寒露风天气。

（张 薇）

【水 文】2016年1月至3月，南宁市江河主要控制水文站的降水量与历年均值比较属正常年景。4月至9月，辖区江河主要控制站降水量888.60毫米～1150.80毫米，汛期降水总量与历年同期相比，除南宁站、武鸣站、露圩站与多年同期均值持平外，其余各站降水量均小于多年同期均值，属正常偏枯年景；清水河上林县上林站偏少20.80%，清水河邹圩站偏少14.80%，右江隆安站偏少16.50%，镇龙江横县镇龙站偏少8%。汛期4月下旬至10月上旬，台风带来强降雨过程1次。第8号台风“电母”造成江南区江西镇扬美村降雨量360毫米、武鸣区锣圩镇玉泉村弄七屯降雨量308.50毫米、上林县西燕镇东敢水库降雨量299.50毫米；暴雨中心分布在7个城区、上林县及隆安县。市水文水资源局监测南宁市水功能区21个、城市重要饮用水水源地1个、跨设区市界河流交接断面6个，水功能区水质类别为一类至劣五类，水质达标率95.20%；城市饮用水水源地水质类别为一类至三类，水质合格率100%；6个跨设区市界河流交接断面水质类别为一类至劣五类，水质达标率100%的交接断面3个，水质达标率91.70%交接断面3个。

（蒙志豪 胡清凤）

【人 口】2016年，南宁市户籍人口751.74万人，比上年增长1.55%，其中市区(含武鸣区)人口370.08万人，增长2.44%。全市人口出生率13.50‰，增长0.22个千分点；人口死亡率5.33‰，增长0.1个千分点；人口自然增长率8.17‰，增长0.12个千分点。常住人口706.22万人。

（赵 旭）

【行政区划】2016年，南宁市行政区划为兴宁区、江南区、青秀区、西乡塘区、邕宁区、良庆区、武鸣区、横县、宾阳县、上林县、马山县、隆安县12个区县，86个镇、13个乡、3个民族乡、25个街道。

（胡小民）

【民 族】南宁市是一个以壮族为主体、多民族聚居的首府城市。居住着壮、汉、瑶、苗、仫佬、侗、回、满、毛南、土家、布依、水、黎、京、彝、蒙古、白、朝鲜、傈僳、畲、仡佬、傣、哈尼、鄂温克、高山、藏、土、锡伯、纳西、拉祜、羌、维吾尔、达斡尔、景颇、佤、普米、布朗、基诺、东乡、裕固、哈萨克、保安、柯尔克孜、赫哲、俄罗斯、怒、塔塔尔、鄂伦春、德昂、塔吉克50个民族，其中人

2016年南宁市区县、乡镇(街道)情况

区县	乡镇(街道)个数				乡镇	街道
	镇	乡	民族乡	街道		
兴宁区	3			3	三塘镇、五塘镇、昆仑镇	朝阳、民生、兴东
江南区	4			5	吴圩镇、苏圩镇、延安镇、江西镇	江南、福建园、那洪、沙井、金凯
青秀区	4			5	伶俐镇、长塘镇、刘圩镇、南阳镇	建政、新竹、中山、津头、南湖
西乡塘区	3			10	坛洛镇、金陵镇、双定镇	西乡塘、衡阳、北湖、安吉、安宁、新阳、华强、上尧、石埠、心圩
邕宁区	4	1			蒲庙镇、那楼镇、新江镇、百济镇、中和乡	
良庆区	5			2	良庆镇、那马镇、那陈镇、大塘镇、南晓镇	大沙田、玉洞
武鸣区	13				城厢镇、太平镇、双桥镇、宁武镇、锣圩镇、仙湖镇、府城镇、罗波镇、陆斡镇、两江镇、甘圩镇、灵马镇、马头镇	
横县	14	3			横州镇、石塘镇、云表镇、马岭镇、百合镇、那阳镇、峦城镇、六景镇、陶圩镇、校椅镇、新福镇、莲塘镇、南乡镇、平马镇、镇龙乡、马山乡、平朗乡	
宾阳县	16				宾州镇、思陇镇、新桥镇、新圩镇、邹圩镇、大桥镇、和吉镇、洋桥镇、武陵镇、中华镇、古辣镇、露圩镇、甘棠镇、黎塘镇、王灵镇、陈平镇	
上林县	7	3	1		大丰镇、巷贤镇、白圩镇、三里镇、明亮镇、乔贤镇、西燕镇、澄泰乡、木山乡、塘红乡、镇圩瑶族乡	
马山县	7	2	2		白山镇、周鹿镇、百龙滩镇、古零镇、金钗镇、永州镇、林圩镇、乔利乡、加方乡、古寨瑶族乡、里当瑶族乡	
隆安县	6	4			城厢镇、乔建镇、那桐镇、雁江镇、丁当镇、南圩镇、都结乡、布泉乡、屏山乡、古潭乡	

（胡小民）

口总数超过1000人以上的依次为壮、汉、瑶、苗、仫佬、侗、回、满、毛南、土家、布依、水12个民族。壮族是世代居住在本地的土著民族；汉族为秦汉以后陆续迁入；回族为元朝以后迁入；瑶族和苗族大多为清代以后迁入；其余民族多于新中国成立后尤其是改革开放以后陆续从全国各地迁来。2016年，南宁市户籍人口751.74万人，其中少数民族人口438万人，占总人口58.26%，少数民族人口总数居全国5个少数民族自治区首府城市之首。城区少数民族人口占城区总人口比重排序：邕宁区(99.09%)、良庆区(87.31%)、武鸣区(86.27%)、兴宁区(62.36%)、江南区(51.21%)、青秀区(46.05%)、西乡塘区(43.63%)；县少数民族人口占县总人口比重排序：隆安县(96.55%)、上林县(84.30%)、马山县(82.12%)、横县(39.23%)、宾阳县(21.28%)。隆安县是壮族人口比例最高的县。汉族在各地均有分布，以宾阳县、横县和除邕宁区、良庆区以外的城区较为集中；瑶族主要聚居在马山县和上林县；苗族在各区县均有分布，以城区较为集中；回族、满族、侗族等其他少数民族主要居住在城区；全市有3个民族乡，分别为马山县古寨瑶族乡、里当瑶族乡，上林县镇圩瑶族乡。

【语言文字】 2016年，居住在南宁市的50个少数民族中，除回族、满族已全部转用汉语外，其他少数民族保留有自己的语言，部分少数民族保留有自己的传统文字。普通话、规范汉字为公务用语用字，国家机关工作人员、教师从业人员实施普通话水平测试。全市推广普通话、推行规范汉字，公共服务行业基本以普通话为服务用语。

汉语方言　主要有白话(粤语)、平话、桂柳话(西南官话)、普通话4种。南宁市近郊农村汉族普遍使用平话，城区内汉族多使用普通话和白话，部分使用桂柳话。中心城区贸易及社会交往的汉语方言以南宁白话和普通话为主。

壮　语　壮语是壮族主要的语言交际工具，使用较为广泛的区域为横县、上林县、马山县、隆安县、邕宁区、良庆区、武鸣区，以及兴宁区、江南区、青秀区、西乡塘区的边远乡镇。南宁壮语分为南部方言区和北部方言区，大致以邕江为界，并向西北伸展连接右江，江的南部地区属南部方言区，江的北部地区属北部方言区，俗称“南壮”“北壮”。北部方言区的壮话与武鸣壮话大同小异；南部方言区的壮话则与邕宁壮话基本相同。壮语南部方言和北部方言语法结构、基本词汇大致相同，而语音差异则比较明显。如南部方言有一套送气的清音声母ph、th、kh等，北部方言一般无送气声母；此外，北部方言有独立的r声类(有多种方音变体，多数地方读Y)，而南部方言多无此独立声类。词汇方面，南部方言区的壮语与北部方言区的壮语有30%~40%的词汇不相同，在语法上也存在一些差异。南宁市壮族聚居的村庄、圩镇，日常交际用语为当地壮语方言，壮族聚居的县城及乡镇行政驻地集市贸易的主要用语为当地壮语方言，其周边及杂居的汉族居民多数也兼通壮语。由于壮、汉民族长期和睦相处，普通话的推广使用，以及广播、电视的普及和覆盖面的日益扩大，南宁市城乡壮族兼通普通话或白话的现象也较为普遍。

壮　文　古壮字、壮语拼音文字的简称。古壮字也叫土俗字，壮语称为Sawndip，萌芽于秦汉时期，产生于唐代，是由壮族一些受汉文化教育的文人(包括巫师)借助汉字或汉字的偏旁部首创造的，其构字方式大体有形声字(即利用汉字的偏旁部首和意符组合而成的字)、会意字(即利用汉字本体的意义，加上一些特殊的符号，或者是以两个以上的汉字合并而成的字)、借汉字(即直接借用汉字音或义，借音是借用汉字的正者或谐音记录壮语字，一经借用，其原来汉语语义不复存在，表示的是壮语语义；另一种是既借音又借义的字)、象形字(即依物赋形，依事描样，以简单而富有概括力的笔画，勾画出物体的基本形象的字)。古壮字兴于唐宋，盛于明清，民间普遍用于记录或书写神话、故事、传说、歌谣、谚语、剧本、楹联、碑刻、药方、家谱、族谱、契约、讼诉、经文、记财等。南宁市区县的壮族地区民间仍流传有使用古壮字记录、抄录的山歌唱本和师公唱本，大部分的民间老艺人、师公(师公戏)传承人在抄录、创作唱本时也仍然在使用古壮字和沿用古壮字的创字方法。壮文拼音文字是1952年至1955年国家少数民族语言调查工作队到广西，根据壮族地区47个县52个点的壮语方言材料，以拉丁字母为基础，以武鸣双桥音为标准音，创制的拼音壮文，1957年经政务院批准并公布实施，有字母32个(非拉丁字母11个)，并以z、J、x、q、h等字母分别作第二、三、四、五、六调的调号标注于字尾，20世纪50年代中后期开始在壮族地区推行使用。受“文化大革命”的冲击，壮文推行中断10余年。1980年5月，中共广西壮族自治区委员会、自治区政府决定在壮族地区恢复使用壮文。1981年9月起，壮文开始陆续进入壮族地区的小学进行壮汉双语教学试点实验。但由于原壮文方案夹杂有非拉丁字母11个，影响整个文字形体的一致性，造成壮文在学习、运用等方面的困难，1982年在中国社会科学院和中央民族学院的配合下，对原壮文方案进行部分修改，并于当年2月2日获国家民委批准颁布。壮文方案从原来的32个字母减至26个字母，全部为拉丁字母。2004年，市政府颁布《南宁市社会用字管理暂行规定》，明确壮文的使用纳入社会用字管理范畴，党政机关、社会团体、企事业单位名称牌匾、公章大都使用壮汉两种文字，公共场所设置的部分挂牌、路牌、标志牌也按规定同时标注有壮文拼音文字。2013年5月15日，《南宁市壮文社会使用管理办法》颁布，明确同时使用壮文、汉文两种文字的场合、设施。2014年4月16日，南宁市印发《南宁市贯彻〈国家中长期语言文化事业改革和发展规划纲要(2012—2020〉实施方案》(简称《实施方案》)，将“科学保护少数民族语言文字及汉语方言文化、启动对南宁世居少数民族语言少数民族濒危语言的调查抢救和保护工作”纳入《实施方案》。2016年，在南宁轨道交通1号线首批运营站点站名标牌、出入口门匾、站外500米引导立柱、出入口地徽等导向标识牌使用壮文；在快速公交(BRT)试点工程17个站点的站名标牌使用壮文。

瑶　语　主要属汉藏语系苗瑶语族苗语支或瑶语支，也有一些属壮侗语族(瑶族居地广阔，支系繁多，各语支差异颇大，所以不同语支的瑶族之间语言不通)。由于瑶族长期与壮族、汉族杂居，共同相处，交往密切，故受到其民族语言影响较深。瑶语中借入大量的汉语、壮语词。居住在马山县、上林县一带的瑶族和宾阳县、隆安县的瑶族大都兼通壮语，他们以瑶语、壮语为日常语言交际工具。居住在城区的瑶族兼通汉语，也有部分使用瑶语作为日常语言交际工具。　(刘建安)

【华　侨】 2016年，南宁市在海外的南宁籍华侨、华人有9万多人，主要分布在马来西亚、泰国、越南、印度尼西亚、美国、加拿大、日本、印度、巴西等35个国家和地区。主要从事商贸、教育、科研、文化等行业，其中大部分人加入侨居国国籍；有散居归侨、侨眷14.33万人，其中归侨2.51万人，主要是20世纪60、70年代从印度尼西亚、越南等国家回国定居。归侨主要来自马来西亚、印度尼西亚、越南、泰国、新加坡、缅甸等10多个国家和地区。有广西－东盟经济技术开发区、隆安县浪湾华侨农林场、武鸣区白合华侨农林场、邕宁区五合华侨农林场4个华侨农林场，总面积222平方千米，总人口4.30万人，其中归侨、侨眷1.10万人，主要安置印度尼西亚、越南等东南亚国家归侨、难侨。

(市外侨办)

【宗　教】 2016年，南宁市的宗教有佛教、伊斯兰教、天主教、基督教,经批准登记开放的宗教活动场所45个(含以堂带点6个),分布在除隆安县外的11个区县。信教群众20多万人,全市认定备案宗教教职人员90人。成立有南宁市佛教协会、南宁市伊斯兰教协会、南宁市天主教爱国会、南宁市基督教“三自”(自治、自养、自办)爱国运动委员会、南宁市基督教协会5个市级宗教团体。各宗教团体协助中共地方组织和政府贯彻落实宗教方针政策和《宗教事务条例》等法律法规,坚持独立自主自办方针,办好教务,自我管理,开展社会公益慈善事业,团结广大信教群众,爱国爱教,遵守国家有关法律法规及教义教规,过着正常的宗教生活。

(刘建安)

【自然灾害】 2016年,南宁市遭受洪涝、台风、干旱、低温冷冻、风雹、滑坡及森林病虫害等自然灾害,其中洪涝、台风、干旱灾害较为严重。全市12个区县受灾乡镇90个,受灾人口39.53万人,因灾死亡12人,紧急转移安置591人;农作物受灾面积64.27千公顷,其中成灾26.61千公顷、绝收1.70千公顷;倒塌农房175户339间,严重损坏农房69户137间,一般损坏农房16户35;直接经济损失11489万元,其中农业损失9220万元,家庭财产损失532万元,公益设施损失2万元,基础设施损失484万元,工矿企业损失1251万元。全市林业有害生物新发生面积5034.29公顷,成灾面积268.94公顷,主要种类有马尾松毛虫、桉蝙蛾、大袋蛾(南大蓑蛾)、油桐尺蛾、焦艺夜蛾、桉树枝瘿姬小蜂、桉树溃疡病、桉树紫斑病、八角炭疽病、板栗疫病、桉树青枯病等,横县、宾阳县、上林县、马山县、隆安县、江南区、西乡塘区、武鸣区不同程度受灾。

(市水利局　市林园局　市民政局)

经济发展

【概　况】 2016年,南宁市落实稳增长政策,加快经济转型升级,国民经济发展总体形势良好。实现地区生产总值3703.39亿元,比上年增长7%。第一产业增加值400.67亿元,增长3.90%;第二产业增加值1427.16亿元,增长5.80%;第三产业增加值1875.57亿元,增长8.50%。全市经济结构进一步优化,三次产业结构10.82:38.54:50.64。财政收入613.83亿元,增长7.22%。固定资产投资3824.73亿元,增长13.60%。社会消费品零售总额1980.36亿元,增长10.84%。进出口总额416.23亿元,增长14.20%。城镇居民人均可支配收入3.07万元,增长7.70%;农村居民人均可支配收入1.14万元,增长9.50%。居民消费价格总指数101.4。经济发展质量逐步提升。工业三大重点产业、高技术产业产值增速分别高于全市规模以上工业总产值增速7.45、5.65个百分点,第三产业增加值对经济增长贡献率60.90%,财政收入增速比自治区平均增幅高2.02个百分点。

【工业转型升级步伐加快】 2016年,南宁市规模以上工业总产值完成3537.05亿元,比上年增长8.83%。产业结构逐步优化,电子信息、先进装备制造、生物医药三大重点产业完成产值1329.51亿元,增长16.28%,占全市规模以上工业总产值37.59%;高技术产业完成产值662.88亿元,增长14.48%。三大国家级开发区(南宁高新技术产业开发区、南宁经济技术开发区、广西－东盟经济技术开发区)产值平均增长17.24%,占全市规模以上工业总产值54.11%。有产值超亿元企业633家,完成产值3393.05亿元,占全市规模以上工业总产值95.93%,其中富士康南宁公司产值突破320亿元。

【服务业升级增质】 2016年,南宁市推动服务业供给侧结构性改革,第三产业增加值1875.57亿元,比上年增长8.50%。金融业、现代物流业、电子商务及信息服务业三大重点产业快速发展。金融业增加值405.80亿元,增长9.40%;南宁综合保税区一期正式封关运行,全年重点企业电子商务交易额2201亿元,增长22%。旅游业加快发展,入围第二批国家全域旅游示范创建单位。教育培训、文化、健康养老等服务业新兴业态市场进一步扩展,入选全国健康城市试点,全国养老服务业综合改革试点扎实推进。南宁市服务业集聚区建设初见成效,中国－东盟商品交易中心等12个现代服务业集聚区通过认定。

【农业示范引领显特色】 2016年,南宁市实现农林牧渔业总产值689.03亿元,比上年增长3.98%。粮食总产量223.36万吨,与去年持平。全面实施“10+3”(粮食、糖料蔗、水果、蔬菜、茶叶、桑蚕、食用菌、罗非鱼、肉牛肉羊、生猪10个种养产业,富硒农业、有机循环农业、休闲农业3个新兴产业)特色产业提升行动,建设蔬菜基地、特色经济作物产业提升示范、标准化生态养殖示范、粮食安全保障等项目120个,新增“双高”(高产、高糖)糖料蔗基地面积1.12万公顷。新建市级、县级现代特色农业示范区12个,打造生态综合示范村6个。

(黄凯婧)

【县域经济发展】 2016年,南宁市横县、宾阳县、上林县、马山县、隆安县五县实现地区生产总值652.10亿元,占全市地区生产总值17.61%;五县规模以上工业增加值完成133.25亿元,占12.96%;五县完成固定资产投资623.24亿元,占16.30%。横县举办首届中国(横县)淘宝茉莉花文化节,线上成交额506.60万元;六景镇入选第三批国家新型城镇化综合试点地区;西津水利枢纽二线船闸工程在横县开工建设。宾阳县电子商务销售额1.20亿元,被评为全国电子商务进农村综合示范县,国家农村产业融合发展试点示范县。上林县“三湖一寨一江一园”(龙母湖、金莲湖、云里湖、鼓鸣寨、大庙江、农耕文化园旅游景区)旅游项目完成投资4.60亿元,累计完成投资15亿元;有国家4A级景区2个、国家3A级景区4个;全县发展农家乐、乡村旅游区56家,入选首批国家全域旅游示范区创建单位。马山县以旅游业为龙头加快发展第三产业,接待游客269.65万人次,旅游总消费17.07亿元;小都百乡村旅游区被评为2016年广西休闲农业与乡村旅游示范点,获“中国最美乡村”提名奖、“中国十佳小康村”称号。隆安县实施震东扶贫生态移民与城镇化结合示范工程推动县城开发,整合财政资金14.34亿元,落实新增建设用地指标266.12公顷;雁江香米产业示范区、丁当镇兆丰蔬菜产业示范区通过自治区验收;高铁隆安东站运营。

(钟　情)

【非公有制经济发展】 2016年,南宁市简政放权,促进民间投资,非公有制经济持续健康发展。出台《南宁市人民政府关于减轻企业负担降低企业成本的若干意见》,为实体经济降本减负,全年为企业降成本减负43.93亿元。推进网上审批大厅系统建设,实现全市42个部门215项(子项412项)政务服务事项的网上申报、预受理。推广政府与社会资本合作(PPP)模式,引导社会资本参与公共基础设施投资,重点推进项目10个,投资总额210.53亿元。南宁市“两台一会”(市中小企业服务中心为融资平台、市南方担保公司担保平台、市企业信用协会)贷款平台服务企业800多家,为中小企业直接解决贷款累计120.67亿元,贷款余额32.82亿元。有个体工商户29.02万户(新增6.51万户),资金数额270.40亿元(新增70.48亿元),其中小型微型企业1.84万户,注册资本(金)110.56亿元;私营企业18.27万户(新增4.10万户),注册资本(认缴出资金额)7437.76亿元(新增2728.72亿元);外商投资企业1693户(新增142户),注册资本(认缴出资金额)46.51亿美元(新增7696.79万美元)。招商引资非公企业项目419个，合同引进资金466.99亿元，实际到位资金644.81亿元。非公有制经济规模以上工业企业829家(产值超亿元以上企业547家)，完成工业增加值784.69亿元；非公有制经济工业增加值占全市规模以上工业增加值比重76.29%，对全市规模以上工业增加值增长贡献率91.14%。引进民间资本项目71个，投资总额825亿元，涉及园区、交通运输、市政公用事业、医疗卫生、社会福利事业、文化、旅游等领域；民间投资2460.97亿元，占全市固定资产投资总额64.34%，拉动全市固定资产投资增长9.89个百分点。非公有制经济提供税收109.12亿元，占全市国税、地税收入22.68%。非公有制经济进出口额343.67亿元，占全市进出口总额82.61%，其中出口总额191.60亿元、进口总额152.07亿元。非公有制单位新增就业人数5.40万人，占全市城镇新增就业人数69.05%。 （李照刚）

社会进步

【概 况】 2016年，南宁市深化社会事业关键领域改革，加快健全基本公共服务体系，推动科技、教育、卫生、文化、就业、社会保障等社会事业发展，民生保障持续加强，全面建设小康社会各项事业协调发展。城镇居民人均可支配收入3.07万元，比上年增长7.70%；农村居民人均可支配收入1.14万元，增长9.50%。贫困人口脱贫人数11.47万人。

【就业创业与民生保障】 2016年，南宁市出台《关于开展南宁市众创空间型创业孵化基地认定扶持工作的通知》，推动“大众创业、万众创新”活动发展；支持推进低成本、便利化、全要素、开放式的众创空间型孵化基地建设。实施就业惠民工程，扶持大众创业1.30万家(户)，发放财政贴息贷款1650笔，放贷金额1.45亿元；开展职业培训，培训1.90万人。帮助城镇居民新增就业7.82万人，城镇登记失业率2.62%。社会保险参保人数694.30万人次(不含新农合)；城乡居民基本养老保险参保人数206.76万人，参保率93.29%；城镇参加失业保险人数52.25万人。自治区首个“智慧医保”平台上线运行。农村低保保障标准增幅12.90%，城市低保平均保障标准月人均467元。全市建成保障性住房2.37万套，分配入住保障性住房1.80万套，新增发放租赁补贴2767户。

【社会治理创新】 2016年，南宁市推进法治南宁、平安南宁建设，加强社区网格化管理；建设社会治安防控体系，抓好反恐防暴与维护政治安全、公共安全、网络安全等重点领域风险防控；打击电信诈骗等违法犯罪，社会治安呈现“九降九升”(杀人、抢劫、伤害、强奸、放火、爆炸、劫持、绑架入室盗窃案件及多发性侵财案件9类案件比上年下降，群众安全感、对公安机关满意度、逮捕人数、打掉涉黑恶犯罪团伙、抓获网上逃犯、打掉盗抢团伙、返赃案件数、破案数、破案率9项指标上升)态势。初步建成市、区县、乡镇(街道)三级公共法律服务体系。实行诉访分离，畅通信访渠道，加大社会矛盾纠纷调处化解力度；群众满意度89.58%，比上年增加3.36个百分点。推进国家食品安全城市创建试点工作，武鸣获第一批“国家农产品质量安全县”称号。落实安全生产“党政同责、一岗双责、齐抓共管、失职追责”，全市无重特大生产安全事故发生。

【科技创新推动产业升级】 2016年，南宁市每万人口发明专利拥有量6.72件，比上年增长42.69%；专利产出保持自治区第一。全市专利申请量1.18万件，增长55.70%；新增高新技术企业30家以上；获广西创新型企业认定试点企业7家，新增广西创新型企业10家。南宁·中关村创新示范基地正式运营，获备案国家级创客空间2个，自治区级创客空间3个；新增入孵企业61家，创业团队56个。国家技术转移示范机构上海理工大学技术转移中心落地南宁，南宁国家级技术转移示范机构增至5家。南宁高新技术产业开发区成为自治区首家国家级科技服务业区域试点单位。

【教育现代化建设持续推进】 2016年，南宁市教育事业发展实现“十三五”良好开局。学前三年毛入园率95.30%，九年义务教育巩固率96.02%，高中阶段毛入学率93.32%，均高于自治区平均水平。改扩建学校1030所，新投入使用南宁市第三中学初中部青秀校区、五象新区第一实验小学等中小学校13所，新增自治区示范幼儿园5所，累计有自治区示范幼儿园47所。推进义务教育学区制管理改革，青秀区、兴宁区被自治区首批认定为国家义务教育发展基本均衡县(市、区)。全市义务教育阶段学校接收随迁子女人数约13万人。有自治区示范性普通高中24所，数量保持自治区第一。

【卫生计生事业稳步发展】 2016年，南宁市区县全部启动县乡医疗服务一体化管理。全市村卫生室实施基本药物制度覆盖率100%，新型农村合作医疗参合率99.67%。人口健康信息平台建设加快，初步建成居民健康档案。艾滋病、寨卡病毒、手足口病等传染病得到有效防控。推进社会办医(国家)联系点工作，重点推进广西医大开元埌东医院(广西医科大学附属埌东医院)项目、南宁市明安医院项目、南宁凤岭南医院项目3个项目建设。医疗卫生基础设施建设加快，全市新增医疗服务机构209家，新增医院床位数1346张。推进市妇幼保健院综合楼项目和市儿童医院项目建设。启动社区医疗与居民签约服务试点，推进家庭医疗健康服务。全面实施二孩政策，全市人口出生率13.50‰，自然增长率8.17‰；受理再生育申请1067份，审批发证1060本。

【文化体育事业取得新进展】 2016年，南宁市文化公共服务水平不断提升，南宁博物馆、市民族艺术基地建成投入使用；新建村级公共服务中心125个；举办民歌湖周周演等系列主题文化活动135场。顶蛳山遗址保护规划获国家文物局批复，启动前期工作。文化产业加快发展，由市委宣传部、市文化新闻出版广电局与广西千年传说影视传媒股份有限公司联合制作的《漂移岛之天空历险记》在中央电视台少儿频道播出，成为首部登陆央视的桂产动画片；10个文化产业项目入选国家级、自治区级重点项目。全民健身运动升级，体育产业加快发展；全市经常参加体育锻炼人口46%。南宁市体育运动学校项目开工建设，推进“智慧健身”项目建设；召开全市加快体育产业发展促进体育消费工作部门联席会议暨体育产业发展研讨推介会，推介体育项目82个。

【民政事业加快发展】 2016年，南宁市推进养老服务业综合改革试点，市级、区县、开发区各落实1宗地块用于建设公办示范性养老机构。市福利中医医院投入使用；推进市儿童康复中心康复综合大楼项目、市第二福利院项目建设，开展市儿童福利院项目、市备灾中心项目、市马岭公益性公墓项目等项目建设前期工作。以广西太和·自在城为中心的东盟养老产业集聚区，以合众优年社区为中心的五象新区养老产业集聚区初步成型。8月1日起，城区(开发区)、横县、宾阳县农村居民最低生活保障标准提高至每人每年3500元，上林县、马山县、隆安县农村居民最低生活保障标准提高至每人每年3200元，全市农村低保标准提高幅度12.90%；城市低保平均保障标准每人每月467元。开展精准救助，南宁市实施委托第三方对城乡低保家庭入户核查工作被民政部评为社会救助领域创新实践活动最佳成果。推进10个城市养老服务中心项目、26个社区日间照料中心项目、24个农村幸福院项目建设；建立、完善养老服务体系，在自治区率先开展养老服务机构考核评比暨以奖代补工作。

（黄凯婧）

生活幸福

【概　况】 2016年2月，中央电视台财经频道联合中国邮政集团公司、国家统计局公布《2015—2016年中国经济生活大调查》结果，通过对10万个家庭的入户调查及互联网大数据分析，南宁市在104个城市样本中居民幸福指数较高，被评为2015中国十大幸福城市之一。南宁站问卷调查结果显示：2011年至2015年，南宁人的幸福指数分别为33.41%、28.18%、46.68%、34.85%、52.56%；影响南宁人幸福的3个主要因素是健康状况(58.91%)、社会保障(44.44%)、婚姻感情(38.27%)。

【健身运动】 2016年，南宁市新建体育场地、设施项目335个，建设面积10.08万平方米。南宁人的健身项目分为3类：老年人以太极拳、健身气功、武术、广场舞为主；中青年以足球、篮球、气排球、羽毛球、游泳、跑步、健步走、骑行为主；青少年以足球、篮球等趣味性较强的运动为主。《2015—2016年中国经济生活大调查》南宁站问卷调查结果显示：南宁市受访者每周健身2次以上的占29.98%，其中每天健身的占13.94%；最喜欢的健身项目是健步走、跑步、羽毛球。

【居家养老】 2016年，南宁市完成新建商品住房成交面积1060.18万平方米；建成保障性住房2.37万套，分配入住保障性住房1.80万套，新增发放租赁补贴2767户。实现企业退休人员养老金“十二连调”，月人均2104.80元；给全市80周岁以上老人发放高龄补助，其中80周岁至89周岁老人每人每月80元，90周岁至99周岁老人每人每月150元，100周岁以上老人每人每月400元；为全市4970名贫困的智力、精神、重度残疾人提供集中托养、日间照料及居家托养服务补助，一次性补助标准每人1500元。《2015—2016年中国经济生活大调查》南宁站问卷调查结果显示：南宁市受访者愿与子女同住占55.49%，老人独居占22.53%。

【婚姻情感】 2016年，南宁市办理结婚登记5.74万对，离婚登记1.54万对，补领登记证1.18万本。有全国“最美家庭”1户，自治区“最美家庭”4户，市级“最美家庭”100户。《2015—2016年中国经济生活大调查》南宁站问卷调查结果显示：南宁市受访者每月参加1次家庭活动的占37.33%；在家庭决策做出的方式中，夫妻共同做出家庭决策的超过50%；认为情感专一是婚恋必要条件的占44.23%，是重要条件的占23.91%。

【消费热点】 2016年，南宁市社会消费品零售总额1980.36亿元，批发和零售业商品销售总额4823.18亿元，住宿和餐饮业营业额246.88亿元。全市城镇消费品零售额1829.56亿元，乡村消费品零售额150.80亿元。汽车、石油及制品、中西药品、家用电器和音像器材、粮油食品5类商品零售额732.12亿元。全市限额以上贸易企业通过公共网络实现商品零售额11.88亿元。《2015—2016年中国经济生活大调查》南宁站问卷调查结果显示：南宁市受访者最爱购买的商品或服务排名前3位的是家电(65.58%)，电脑等数码产品(48.01%)，旅游(36.19%)；七成受访者有旅行经历，出游目的地以国内居多。

（黄　婧　袁夏岚）

8月8日，2016年“全民健身健康广西”百万群众健身走(跑)活动在南湖公园举行

宋延康　摄

政治文明建设

【概　况】 2016年，南宁市推进民主法制建设，加强重点领域立法，强化对经济社会发展计划执行情况监督；完善政府立法体制机制，落实立法项目向社会公开征集制度，委托第三方起草规章草案，提高立法项目的科学性。围绕社会热点难点，开展多层次政治协商。首次召开安全生产工作情况党外人士意见征求会。推进政府简政放权，深化行政审批制度改革。加强厂务公开民主管理，村务公开民主管理与村务监督，推进基层民主政治建设。

（钟　倩）

【民主法制建设】 2016年，南宁市人大常委会颁布施行地方性法规6件；审议5件，通过2件；开展立法调研6项。评估地方性法规40件，其中提出建议不做修改22件，做出修改17件，废止1件。听取、审议南宁市国民经济和社会发展计划执行情况的报告、南宁市财政预算执行情况的报告，全市春耕生产情况和农业生产安排情况的报告、市保障性住房建设情况等专项工作报告10项；对南宁市贯彻落实《中华人民共和国预算法》《中华人民共和国农业法》《中华人民共和国义务教育法》《中华人民共和国民族区域自治法》情况开展执法检查；对市社会急救医疗工作情况进行专题询问，对市政府开展精准扶贫工作开展专项工作评议。备案、审查市政府规范性文件30件；受理群众来信来访272件次。组织召开南宁市人民代表大会2次，召开市人大常委会会议9次、主任会议35次。市人大及其常委会作出决议决定28项；依法任免国家机关工作人员131人次。组织人大代表列席人大常委会会议84人次，参加调研265人次、视察445人次，参加执法检查78人次；通过参加原选举单位活动进行参政议政352人次，提出议案、建议、批评和意见235件。

年内，南宁市法制办公室完善政府立法体制机制，研究制定《南宁市法制办公室委托立法工作制度》《南宁市法制办公室立法工作会议制度》；落实立法项目向社会公开征集制度，将所审改的立法项目草案通过南宁政府法制网或者报纸等媒体向社会公开征求意见，做到公开征求意见时间不少于30日；委托第三方起草规章草案，提高立法项目的科学性。加强城乡建设与管理、环境保护、历史文化保护等领域的立法，报请市人大常委会审议地方性法规草案2件；报请市政府出台政府规章3件；报请市政府审定政府规章3件；组织开展立法调研2项；召开立法专家论证会7次、立法征求意见座谈会4次。在乡镇（街道）、村（社区）及行业协会、社会团体、律师事务所等遴选政府立法基层联系点。组织编印《南宁市地方性法规、规章和规范性文件汇编(2015)》。

（市人大常委会办公厅　市法制办公室）

【政治协商】 2016年，南宁市政协聚焦重点工作协商议政，围绕重大问题开展民主监督，把助推脱贫攻坚作为履职重心，把围绕"十三五"规划实施建言献策作为工作主线，增强协商议政实效。市政协常委会围绕市委、市政府提出的"加强城市规划建设管理"要求，召开常委会专题议政会议，形成的议政性常委建议案得到市委主要领导的批示；召开提案交办会和重点提案办理协商会议，推进协商民主建设；专题听取市政府领导通报提案办理情况，推动委员提案由"重答复"向"重落实"转变。围绕水环境保护、民营企业用地、停车场建设管理、为民办实事项目等群众关注的热点难点问题，开展界别协商、专委会对口协商、提案办理协商、委员视察等活动，推动调研成果的转化；开展政协协商民主课题调研，起草加强人民政协协商民主建设相关文件，推进社会主义协商民主向广泛多层和制度化发展。

（市政协办公厅）

【民主党派与无党派人士参政议政】 2016年，南宁市制定印发《2016年度南宁市政党会议协商计划》。自治区党委常委、市委书记王小东分别主持召开南宁市"十三五"规划建议专题协商座谈会、南宁市第十二次党代会报告征求意见座谈会、南宁市2016年政党调研协商座谈会，市长周红波主持召开《政府工作报告》征求民主党派（党外人士）意见座谈会。民主党派市委会及其成员中的人大代表、政协委员向各级人大会议、政协会议提交的议案（建议、批评和意见）、提案200多件，报送的信息中获市领导批示的有20多条；首次召开2016年南宁市安全生产工作情况党外人士意见征求会。民主党派市委会、市工商联、市无党派人士联络组、台湾民主自治同盟南宁市支部围绕全市中心工作及社会关注热点问题开展课题调研，形成《关于大力发展农村电子商务的建议》（民革市委会）、《关于加强南宁市创新人才队伍建设的调研报告》（民盟市委会）、《关于南宁市落实国家非公经济发展政策执行情况研究报告》（民建市委会）、《南宁市农村劳动力转移若干问题研究》（民进市委会）、《南宁市疾病应急医疗救助管理情况的调查》（农工党市委会）、《加快南宁市蔗糖产业市场化转型对策研究》（致公党市委会）、《关于推进我市城市管理体制改革的调研报告》（九三学社市委会）、《关于南宁市民营企业参与"一带一路"建设的建议》（市工商联）、《关于实施旅游投资促进计划壮大旅游新供给的建议》（市无党派人士联络组）、《因地制宜多措并举精准推进大石山区产业化扶贫——关于上林、隆安、马山三县产业化扶贫的调研报告》（台盟南宁市支部）重点课题调研报告10篇；中共南宁市委召开常委会扩大会议，专题听取重点课题调研成果汇报。各民主党派与市级有关部门对口联系，拓展民主党派成员参政议政渠道；市直部门聘请47名民主党派成员担任特约人员；组织民主党派成员参加查处发生在群众身边"四风"和腐败问题专项工作巡查调研，参加南宁电视台直播的《向人民承诺——电视问政》节目。

（温从进）

【政府职能转变】 2016年，南宁市推进简政放权，深化行政审批制度改革。承接落实自治区下放的涉及市、区县行政审批事项86项；对自治区决定调整的涉及市、区县的304项行政审批事项调整到位。承接的行政审批事项均纳入各级政务服务中心集中办理，重新明确南宁高新技术产业开发区、南宁经济技术开发区、广西－东盟经济技术开发区3个国家级开发区社会事务管理职权。出台《南宁市行政审批与行业监管协调联动工作办法（试行）》，将市级29个部门184项行政许可事项统一划转市行政审批局实施；完善审批流程，方便群众办事；减少项目审批条件、审批材料，缩短办结时限，审批事项审批条件在3个以下的占75.20%，审批材料要求5件以下的占43.60%，办结时限在5个工作日以内的占44.50%。

（市政府办公厅）

【厂务公开民主管理】 2016年，南宁市已建工会组织的国有及控股企业、事业单位厂务公开建制率100%；已建工会组织的非公有制企业厂务公开建制率90.77%。规范企业厂务公开民主管理，选树、培育南宁中房置业有限责任公司、南宁双龙实业有限责任公司、马山县远洋工贸有限责任公司3个市级厂务公开民主管理工作示范单位。推动企事业单位完善厂务公开民主管理实施细则，严格职工代表大会程序，落实基层职工代表大会的会前、会后分别报告制度。（师　吕　赵振套）

【村民自治】 2016年，南宁市辖乡镇102个，有村民委员会1383个（横县276个、宾阳县192个、上林县115个、马山县133个、隆安县118个、兴宁区37个、江南区46个、青秀区46个、西乡塘区64个、邕宁区65个、良庆区57个、武鸣区198个、南宁高新技术产业开发区14个、南宁经济技术开发区22个）。加强村民委员会建设投入力度，市财政补助资金4176万元，区县、开发区配套投入资金4891.20万元。实施村民委员会服务用房建设项目411个。其中：新建示范项目(400平方米～500平方米)7个，新建项目167个，扩建项目92个，维修项目145个；按每个村民委员会10万元的标准设立村级惠民项目专项资金。加强村务公开民主管理与村务监督，制定南宁市村民委员会规范化建设指导标准，促进基层治理法治化；建立健全基层党组织领导下的村务监督机制；开展城乡社区民主协商、民主管理、民主监督；完善村（社区）工作人员考核评价办法。开展农村社区试点建设，印发《南宁市深入推进农村社区建设试点工作方案的通知》，明确农村社区试点建设的指导思想、基本原则、主要内容、保障措施；实施农村社区建设试点项目20个，市财政补助每个项目10万元。

（市民政局）

精神文明建设

【概　况】 2016年2月，南宁市把深化全国文明城市创建纳入政府工作报告和"十三五"工作内容；文明创建工作纳入全市年度绩效考核内容。做好文明城市测评迎检，以评促建推进全市文明创建工作上新台阶。8月1日至2日，中央精神文明建设指导委员会办公室检查组复查南宁市恢复"全国文明城市"称号资格，肯定南宁市"礼让斑马线"活动、网格管理、画线管理、"互联网＋"管理的做法。南宁市在自治区文明城市年度测评总分居自治区首位；横县获自治区县级文明城市测评第一名。网络文明传播在中央文明办考评中，位列自治区首位、全国前列；

23人登上中国好人榜。志愿服务实现制度化、常态化、信息化、项目化,落实志愿服务奖励嘉许制度。南宁市在自治区社会主义核心价值观宣传教育、全国文明城市创建、全国星级文明户创建3个现场交流会上作典型发言。

【文明城市创建】 2016年5月,自治区精神文明建设指导委员会办公室对南宁市恢复"全国文明城市"称号资格开展专项督查,肯定南宁市农贸市场诚信管理、窗口行业规范化管理、城市综合管理、社区网格化管理等创建亮点。7月15日,自治区精神文明建设指导委员会批准2016年6月起恢复南宁市"自治区文明城市"称号;8月1日至2日,中央文明办复查南宁市恢复"全国文明城市"称号资格,肯定南宁市在宣传社会主义核心价值观、保持环境卫生、规范城市管理、引导市民文明出行等方面取得的成效;9月18日,经自治区文明委报中央文明委批准,8月22日起恢复南宁市"全国文明城市"称号。南宁市在自治区文明城市年度测评得分97.55分,市民对文明城市创建效果满意度94.40%,居自治区首位;横县获自治区县级文明城市年度测评第一名,宾阳县、马山县在提名资格城市测评中成绩位居前列。

【文明道德风尚倡导】 2016年,南宁市发布《2016年度南宁市公益广告创作和发布指南》,指导各行各界开展公益广告宣传。在全市公交车内及新开通的南宁轨道交通1号线站点、车厢内张贴社会主义核心价值观内容、文明乘车内容等公益广告图,实现1300多个公交站点宣传画面全覆盖;社会媒介月均设立公益广告牌5000多块,显示屏滚动播出公益广告4000多万次,悬挂横额标语1万多条;运用建筑围挡宣传公益广告8万多平方米,设立宣传栏及宣传板报2700余版、文化墙1万多平方米、遵德守礼提示牌5000多块。举办南宁市"讲文明树新风"公益广告创作大赛,收到参赛作品472个,获奖作品69个;"文明南宁"微信平台开展优秀公益广告评选,评出优秀作品29个。参加自治区第四届"讲文明树新风"公益广告征集评选,获奖作品3个;市文明办获组织工作先进单位奖。深化"礼让斑马线"活动,做到"斑马线前讲礼让、行车会车讲礼让、有序排队讲礼让、乘坐公交讲礼让、乘坐电梯讲礼让"5个礼让;设置"文明礼让示范路段"81处,在"学雷锋志愿活动日"(每月首个周六)、"礼让斑马线你我齐参与"活动月(9月)开展志愿者集中行动;在重点路口护栏设置"礼让斑马线"宣传牌720块;将20个示范路段"礼让斑马线"文明引导项目交由社会组织承接;启动"我礼让我自豪"公益行动,倡导"车让人""人谅车"文明出行;在南宁电视台开设《直播斑马线》《礼让红黑榜》等专栏。倡导文明旅游,在景区、公园文化长廊制作宣传展板,悬挂宣传横幅,设立警示牌和文明游园标识,发放文明旅游宣传手册;在星级酒店利用LED显示屏滚动播放文明旅游公益广告;在火车站、广场设立有统一标识的旅游咨询服务中心16个。深化"我们的节日"主题活动,举办"我们的节日"——2016年"书香南宁"全民诵读电视大赛,参赛队伍316支,晋级决赛队伍22支;市公安局《平安中国·万家灯火》、市教育局《乌骓别霸王》并列获一等奖。

【思想道德建设】 2016年,南宁市加强社会公德、职业道德、家庭美德、个人品德教育,倡导助人为乐、见义勇为、诚实守信、敬业奉献、孝老爱亲等传统美德,普及"自强、厚德、崇俭、尚义、守信、明礼、报国、尽孝"等基本道德规范。5月起,市级道德讲堂总堂每月开展1次活动,其中南宁孔庙总堂活动由全国文明单位负责,青秀山风景区游客中心讲堂活动由全国、自治区、市级文明单位负责。区县、开发区"道德讲堂"总堂活动由区县、开发区安排。全年开展总堂活动12次,听众1.20万人。

【道德模范学习宣传】 2016年,南宁市开展第四届南宁市道德模范评选,推荐道德模范候选人152人,初评道德模范16人,获提名奖35人。开展"我推荐、我评议身边好人"活动,社会各界向市文明办推荐"身边好人"约600人,南宁市向中央文明办、自治区文明办推荐候选人60人,其中登上"中国好人榜"23人(张世封、廖丽丽、黄盛参、李陆杰、吕玉梅、毛钰栋、王博、梁按旗、莫才修、梁彬、陈学标、林德卿、覃胜逸、蓝坚高、廖民军、谭永宁、韦四书、谢伟、李毅、蓝梅高、梁莲桂、黄秀明、王芳),登上"好人365封面人物"6人(郭慧仁、陈学标、张世封、廖民军、梁莲桂、王芳)。慰问道德模范、道德模范提名奖获得者216人,慰问金额从每人2000元提高至3000元。制定实施《南宁市道德模范荣誉称号管理暂行办法》;在南宁博物馆启动南宁好人馆建设。

【诚信建设】 2016年,南宁市围绕"百城万店讲诚信""3·15消费者权益日""税收宣传月""6·14信用记录关爱日""质量兴市活动月""诚信兴商宣传月"活动,集中开展诚信宣传教育。把诚信教育纳入"道德讲堂",列入窗口服务行业"创城达标竞赛"内容。加大失信"黑榜"的曝光力度,利用城市综合体户外大型电子显示屏、公检法部门及窗口行业单位LED显示屏,每天滚动发布失信黑名单。完善信用信息发布平台,规范南宁现代信用网公布内容;工商、税务、质监、食品药品、环境保护等行业强化征信系统建设,在单位门户网站公布守信、失信内容。全市信用信息系统征集数据2408万条,其中基础信息1318万条、信用信息1090万条。市机关事业单位及国有企业失信人员管理系统整合信用信息158万条,累计出具信用报告8315份,涉及单位2210个、个人25.60万人。

【和谐建设在基层】 2016年,南宁市开展窗口服务行业"创城达标竞赛"测评,排在前10位的是供电、民航、中国银行、国税、公共交通、交通银行、燃气、出租汽车、地税、环卫行业。开展"文明家庭"创建活动。在全市寻找"最美家庭",推荐参加全国"最美家庭"、自治区"最美家庭"评选,开展南宁市"最美家庭""美丽家庭""美丽大嫂""美丽阳台"等评选。在市直机关开展"家和万事兴共筑中国梦"——"扬清廉家风寻最美家庭"廉政家庭文化建设活动,结合家风家训,弘扬中华民族传统家庭美德,倡导"勤政廉政、夫妻和睦、尊老爱幼、科学教子、邻里互助、清洁生态"24字文明家风。王芳家庭获"2016年全国五好文明家庭标兵"称号,黄忠智家庭、黄连冬家庭同获"2016年全国五好文明家庭""2016年全国最美家庭"称号。

【农村精神文明建设】 2016年,南宁市围绕建设"美丽南宁·生态乡村"及文明村镇、文明集市创建活动,加强农村精神文明建设。深入推进南宁市创建"星级文明户"(勤劳致富星、爱国守法星、团结和睦星、清洁卫生星、计划生育星、诚实守信星、科学教育星、文明新风星、志愿服务星、文化传播星)评选表彰,2月至3月,区县集中表彰2015年南宁市"十星级文明户"986户,市属新闻媒体对"十星级文明户"进行系列宣传报道;4月20日,召开全市创建星级文明户工作座谈会;7月14日,南宁市在自治区星级文明户创建工作推进会上作典型发言。在全市农村开展“成风化人价值观”“文明新风伴我行”“文明创建我先行”“家风家训润万家”“文化惠民工程”“帮扶共建育文明”等主题活动。

【志愿服务】 2016年，南宁市加大志愿服务理念及先进典型宣传。以志愿服务“帮帮侠”动漫形象为概念载体推出口袋书、宣传片、公益广告等，使“帮帮侠”成为南宁精神、志愿服务代言；在轨道交通公益宣传及电视公益广告中使用“帮帮侠”标识。志愿服务宣传片在全市26家影院作为电影放映前公益广告播放40万多次，在影院售票厅LED显示屏播放3万多次；在全市“优秀电影进校园”活动中播放600场，县电影院播放9600场，县电视台播放8800多次；在中小学“班班通”媒体播放4000多次。推进志愿服务常态化，开展“志愿服务满绿城”活动，建设邻里守望、交通劝导、环境保护、关爱成长、扶弱帮困、技能培训、心理咨询、便民利民、无偿献血、文化惠民10个志愿服务项目；开展春运志愿服务，在长途汽车站、火车站、公交枢纽站等设立志愿服务站点，提供乘车引导、秩序维护、姜茶供应、行李帮提等志愿服务；参与志愿者3000人次，受益群众12万人次。推进志愿服务信息化，推广使用全国统一的志愿服务信息系统——“志愿云”信息系统，南宁志愿者网注册志愿者44万人，有志愿服务组织1361个。推进志愿服务项目化，举办南宁市第二届志愿服务项目交流洽谈会，推动社会力量参与志愿服务。落实志愿者嘉许激励及权益保障，组织参加中宣部、中组部、中央文明办等多部门联合开展的“四个100”(100个最美志愿者、100个最佳志愿服务项目、100个最佳志愿服务组织、100个最美志愿服务社区)先进典型评比，上林县西燕镇岜独村上绸庄蓝凤秀被评为“最美志愿者”，宾阳县中华镇“代理妈妈”志愿服务队被评为“最佳志愿服务组织”；推选钟日胜、王芳等8名优秀志愿者，南宁志愿服务联合会等3个优秀志愿服务组织，参加自治区优秀志愿者、优秀志愿服务组织评选；评选市五星志愿者11人；为南宁志愿者网上实名注册志愿者购买人身安全保险，注册志愿者在从事南宁志愿者网站发布的志愿服务项目，以及在接受志愿服务培训、复训、演练(包括往返途)发生意外伤害，最高可获人身意外伤害保险20万元。

【未成年人思想道德建设】 2016年，南宁市深化“我的中国梦”主题教育活动。组织开展清明节“网上祭英烈”，参与网上投票125.01万人次；组织未成年人开展学习百名“美德少年”事迹活动，参与网上投票109.76万人次；举行“童心向党”歌咏比赛，开展“向国旗敬礼”活动和纪念国庆、红军长征胜利80周年活动；印发“帮帮侠”口袋书《南宁市培育和践行社会主义核心价值观读本》。推荐、评选、宣传“美德少年”，宾阳县黎塘镇第四初级中学学生李莹入围全国百名“美德少年”；评选表彰南宁市第四届“美德少年”101人，摄制先进事迹微电影。全市获中央彩票公益金支持的乡村学校少年宫5所；考核城市学校少年宫44所，其中优秀13所、良好22所、一般9所，分别奖励4.50万元、3.50万元、3万元。南宁市在自治区中央彩票公益金支持乡村学校少年宫培训会上作典型发言。开展净化社会环境集中整治行动3次；开展市“微系列”(心理微课、心理微电影、家教微故事等)评比；开展“未成年人流动影院”进校园进社区、“经典音乐进校园”校园音乐会活动。在全市中小学校创建“文明校园”，推出江南区富宁小学校园文化建设、“洒扫应对”、内务整理、文明上网等经验，获中央文明办《未成年人思想道德建设工作简报》(2016年第7期)专版报道。

【网络文明传播】 2016年，南宁市加强媒体融合推进网络文明传播，建设市“三网两微一册”(南宁文明网、南宁未成年人网络家园、南宁志愿者网，“文明南宁”微博、微信，双月刊宣传册)网络文明传播体系。有网络文明传播志愿者骨干875人，特约网评员10人。开展“文明南宁随手拍”有奖征集，让陋习曝光、让文明闪光；利用“文明南宁”媒体矩阵开展“最美全家福”照片、“一张老照片”“幸福故事汇”征文有奖征集，《重读抗战家书》读后感有奖征文等活动；开展“我们的节日·春节”“我们的节日·中秋”“学雷锋·在行动”等专题网评活动。开展“你帮我帮大家帮”网络公益活动，搭建志愿服务供需信息、网络公益展示微平台，倡导“能帮就帮”南宁精神。南宁文明网在中央文明办、中国文明网开展的全国文明联盟网站考评居自治区首位。 (市文明办)

生态文明建设

【概　况】 2016年，南宁市加强环境保护宣传教育，环保类新闻首次在《人民日报》刊登；加强生态保护，启动生态保护红线划定工作；推进“村屯绿化”示范项目及生态村镇建设；推动新能源产业、节能环保产业发展。全年万元生产总值能耗下降2.87%。城市空气质量优良率95.10%，4次入围全国重点城市月度评比十佳。市区集中式饮用水源水质达标率、水环境功能区达标率100%。启用平里静脉产业园，年处理生活垃圾73万吨，城市生活垃圾无害化处理率保持100%。 (钟　情)

【环境保护宣传教育】 2016年，南宁市组织开展春节期间烟花爆竹禁限放、内河整治成效、企业堆场扬尘治理、中高

2016年，南宁市坚持绿色发展守护“南宁蓝”。图为南宁东盟商务区桂雅合作路口

钟　情　摄

考建筑施工噪声专项整治、宾阳县华润水泥生活垃圾焚烧处理项目、工业园区环保行等媒体集中采访活动10余次。在《中国环境报》《广西日报》等主流报纸刊登南宁市环境保护宣传文章845篇,其中篇幅占半版以上的文章243篇。1月4日,新闻《去年未发生突发环境事件 南宁空气质量优良率近九成》在《人民日报》刊登,实现南宁环保类新闻登上《人民日报》零的突破;8月20日,文章《南宁出大招治扬尘》再获《人民日报》刊登。推广使用“南宁环保”官方微信公众号,累计注册用户3079人,发布环保文章896篇;9月,“南宁环保”微信公众号开通“今日头条”账户;开展环保科普知识有奖问答,发放奖品375份。开展“六·五”世界环境日宣传,举办媒体发布会,通报南宁市环境质量状况;组织市民及媒体记者120多人参观空气质量自动监测站点、空气质量流动监测车、机动车尾气流动检测车、雾炮车喷淋降尘作业、青秀山环保科普教育基地等,发放环保科普宣传资料200多份。开展环保科普进学校进社区(小区)活动,组织参加“童绘蓝天”第三届全国中小学生环保绘画大赛,参赛作品200多幅;组织开展“2016年青少年环境知识科普课堂——生命之水”活动,参加学校218所、班级1028个、学生5.01万人;开展环保科普知识宣传橱窗进社区活动,在中华社区、翠湖新城小区、新竹小区等社区(小区)设置第一批环保科普知识宣传橱窗11块;在衡阳街道办事处开展“环境普法下基层”活动;举办第八届驻邕高校环保时装设计大赛。举办环保公众开放日活动6期,组织1000多名市民参观空气质量自动监测站、南宁市埌东污水处理厂、南宁市垃圾焚烧发电厂、小莓生态庄园、现代综合示范村长塘镇定西村、青秀山环保科普基地;举办南宁环保“公众评污”活动2期,主题分别为大气污染防治、水污染防治;组织100名市民及学生代表参观“雾炮车”降尘作业,混凝土搅拌站堆场扬尘整治、环境空气质量自动监测站,机动车尾气检测、江南污水处理厂、那考河综合整治、陈村水厂等。编印《牢记使命 铸就辉煌——南宁“十二五”环保工作纪实》200册及制作宣传片,编印《合力治污显成效 碧水蓝天看绿城》《大气污染防治手册》《水污染防治手册》《雾霾防治手册》等宣传资料5万册,发放环保宣传品3000份。

【生态保护与建设】 2016年,南宁市有自然保护区7个,其中国家级1个(广西大明山国家级自然保护区),自治级5个(广西三十六弄—陇均自治区级自然保护区、广西龙虎山自治区级自然保护区、广西龙山自治区级自然保护区、广西弄拉自治区级自然保护区、广西横县六景泥盘系地质自治区级自然保护区),市级1个(那兰鹭鸟自然保护区);自然保护区总面积5.17万公顷,占全市土地面积2.33%。开展自然保护区专项检查,对大明山国家级自然保护区生态破坏问题进行整改。启动南宁市生态保护红线划定工作,建立生态保护红线矢量数据库,编制《南宁市生态保护红线划定建议方案》;选择马山县作为自治区生态保护红线管控试点。加强饮用水水源地保护,邕江5个集中式饮用水水源地水质、主要流域水环境功能区达标率100%;11月1日,施行《南宁市西津国家湿地公园保护条例》。完成自治区级绿化示范村屯项目447个、一般村屯绿化项目5714个;马山县成为国家第二批生态文明先行示范区。推进生态村镇建设,组织上林县三里镇、明亮镇、西燕镇申报国家级生态乡镇;6个乡镇获“自治区级生态乡镇”命名,78个村获“自治区级生态村”命名,94个村获“南宁市级生态村”命名;累计建成国家级生态乡镇5个,国家级生态村1个,自治区级生态乡镇18个,自治区级生态村304个,市级生态村721个。 (市环保局)

10月15日,南宁市环保局举办环保公众开放日活动。图为市民参观三峰环境广西南宁环保发电厂环保教育基地 市环保局提供

【节能减排】 2016年,南宁市推进“国家节能减排财政政策综合示范城市”创建,实施典型示范项目44项,完成投资48亿元。完成工业企业锅炉“煤改气”,淘汰低效电机、燃煤小锅炉等节能改造任务;推广绿色建筑,市区范围内新建、改扩建项目执行绿色建筑标准,完成建筑节能23.56万吨标煤;推广风电、太阳能发电、生物质能源等新能源、清洁能源应用;推进碳排放权交易市场建设前期工作,完成重点企业碳排放基础数据核算。全年万元生产总值能耗下降2.87%。推动新能源产业、节能环保产业发展。编制实施《南宁市清洁能源产业发展“十三五”规划》《南宁市节能环保产业发展规划(2016—2020年)》。广西-东盟经济技术开发区循环化改造项目开工建设26个,累计完成投资8.36亿元;南宁经济技术开发区获批“国家循环化改造重点支持园区”;南宁高新技术产业开发区国家低碳工业园区试点建设及自治区第一批低碳社区创建试点工作取得阶段成果。推动重点企业清洁生产审核,开展清洁生产审核评估及验收企业3家,其中制糖企业2家、淀粉企业1家,均通过评估、验收。

【石漠化治理】 2016年,南宁市推进岩溶地区石漠化综合治理工程重点林业生态工程建设。完成2015年度中央预算内投资石漠化综合治理工程项目建设任务,主要开展封山育林,人工种草,修建棚圈设施、青贮窖、排灌沟渠等,治理岩溶面积255平方千米,治理石漠化面积87平方千米;开工建设2016年度中央预算内投资石漠化综合治理工程项目,治理岩溶土地面积120.19平方千米,治理石漠化面积79.99平方千米。

(黄凯婧)

2016年政治机构党派团体市直属事业单位及领导人

中共南宁市委员会

书　记:王小东　2015年5月—
副书记:周红波　2009年11月—
　　　　杜　伟　2015年9月—
　　　　　　　　2016年5月
　　　　冯学军　2016年5月—
常　委:杨文件　2011年9月—
　　　　张文军　2015年10月—
　　　　韦力平　2012年10月—
　　　　　　　　2016年8月
　　　　(挂任)　2016年9月—
　　　　吕　洁(女)　2010年1月—
　　　　　　　　2016年5月
　　　　王祝广(女)　2016年2月—
　　　　杨维超　2011年9月—
　　　　容康社　2011年9月—
　　　　　　　　2016年5月
　　　　李振林　2012年10月—
　　　　　　　　2016年5月
　　　　崔佐钧　2016年5月—
　　　　谭向光　2015年12月—
　　　　黄　宁　2014年11月—
　　　　赵红明　2016年5月—
　　　　张　卫(挂职)　2015年10月—
　　　　陈　颖(女,挂职)
　　　　　　　　2016年3月—
秘书长:黄　宁　2014年11月—

南宁市人民代表大会常务委员会

主　任:谢寿堂　2006年9月—
　　　　　　　　2016年10月
　　　　束　华　2016年10月—
副主任:袁曼虹(女)　2011年10月—
　　　　　　　　2016年1月
　　　　温守荣　2011年10月—
　　　　　　　　2016年10月
　　　　廖洪涛　2014年2月—
　　　　　　　　2016年10月
　　　　刘　雄　2010年2月—
　　　　阮兆丰　2011年10月—
　　　　黎　琳(女)　2016年2月—
　　　　钱　健　2016年10月—
　　　　周如斯　2016年10月—
　　　　刘志烈　2016年10月—
秘书长:周如斯　2006年9月—
　　　　　　　　2016年10月
　　　　黄国健　2016年10月—

南宁市人民政府

市　长:周红波　2011年10月—
副市长:张文军　2015年11月—
　　　　吕　洁(女)　2010年2月—
　　　　　　　　2016年7月
　　　　崔佐钧　2016年10月—
　　　　张　卫(挂职)　2015年11月—
　　　　陈　颖(女,挂职)
　　　　　　　　2016年4月—
　　　　眭国华(女)　2011年8月—
　　　　魏凤君　2011年10月—
　　　　　　　　2016年10月
　　　　唐　斌　2015年1月—
　　　　覃卫国　2014年9月—
　　　　刘为民　2014年12月—
　　　　伍　娟(女)　2014年1月—
　　　　　　　　2016年2月(挂职)
　　　　　　　　2016年2月—
秘书长:刘志烈　2011年11月—
　　　　　　　　2016年7月
　　　　黄宗成　2016年7月—

政协南宁市委员会

主　席:岑可成　2010年2月—
　　　　　　　　2016年10月
　　　　杜　伟　2016年10月—
副主席:张国环　2004年2月—
　　　　　　　　2016年10月
　　　　崔建国　2000年9月—
　　　　　　　　2016年10月
　　　　梁峰林　2006年2月—
　　　　　　　　2016年10月
　　　　黎四龙　2009年2月—
　　　　肖志钢　2014年2月—
　　　　　　　　2016年10月
　　　　李　勤　2010年2月—
　　　　汪　玲(女)　2011年10月—
　　　　魏凤君　2016年10月—
　　　　黄均宁　2011年10月—
　　　　陈世平　2016年10月—
　　　　谭玫瑰　2016年10月—
　　　　梁　鸿　2016年10月—
秘书长:储朝晖　2011年10月—

中共南宁市纪律检查委员会

书　记:(空缺)　2015年12月—
　　　　　　　　2016年2月
　　　　王祝广(女)　2016年2月—

南宁警备区

司令员:沈　彪　2013年12月—
政治委员、党委书记:杨文件
　　　　　　　　2011年4月—

中共南宁市委办公厅

秘书长:黄　宁　2014年11月—

中共南宁市委组织部

部　长:谭向光　2015年12月—

中共南宁市委老干部局

局　长:潘文虹(女)　2012年6月—

中共南宁市委宣传部

部　长:吕　洁(女)2010年1月—
　　　　　　　　2016年6月
　　　　崔佐钧　2016年6月—

中共南宁市委统一战线工作部

部　长:容康社　2011年10月—
　　　　　　　　2016年6月
　　　　赵红明　2016年6月—

中共南宁市委政法委员会

书　记:杨维超　2014年11月—

中共南宁市委政策研究室(市委全面深化改革领导小组办公室)

主　任:胡茂松　2015年3月—
　　　　　　　　2016年9月
　　　　(空缺)　2016年9月—

市机构编制委员会办公室

主　任:黄振生　2012年2月—

市直属机关工作委员会

书　记:黄　宁　2014年11月—

市委台湾工作办公室(市人民政府台湾事务办公室)

主　任:何见霜(女)　2013年6月—

市委、市人民政府信访局

局　长:(空缺)　2015年4月—
　　　　　　　　2016年4月
　　　　黄威铭　2016年4月—

市人大常委会办公厅

秘书长:周如斯　2006年9月—
　　　　　　　　2016年10月
　　　　黄国健　2016年10月—

市人大常委会调查研究室

主　任:严景平　2015年3月—

市人大常委会选举联络工作委员会

主　任:徐晓光　2012年5月—
市人大常委会法制工作委员会
主　任:陆沾鹏　2013年7月—

市人大法制委员会

主任委员:钟建国　2010年2月—

市人大内务司法委员会

主任委员:周向华　2011年10月—

市人大财政经济委员会

主任委员:张　彬　2011年10月—

市人大农业委员会

主任委员:王佳义　2014年2月—
　　　　　　　　2016年10月
　　　　顾安家　2016年10月—

市人大城乡建设环境保护委员会

主任委员:陈建学　2011年2月—
　　　　　　　　2016年10月
　　　　陆彦明　2016年10月—

市人大教育科学文化卫生委员会

主任委员:谭印光　2014年2月—
　　　　　　　　2016年10月
　　　　黄孝林　2016年10月—

市人大民族华侨外事宗教委员会

主任委员:(空缺)　2015年12月—
　　　　　　　　2016年2月
　　　　梁新莲(女)　2016年2月—

市人民政府办公厅

秘书长:刘志烈　2011年11月—
　　　　　　　　2016年7月
　　　　黄宗成　2016年7月—

市发展和改革委员会
党组书记:李　耕　2013年9月—2016年4月
　　　　(空缺)　2016年4月—2016年5月
　　　　丁　伟　2016年5月—
主　　任:李　耕　2013年9月—2016年5月
　　　　丁　伟　2016年5月—

市粮食局
党组书记:覃思源　2014年7月—2016年7月
局　　长:李　森　2014年7月—
(2016年12月改为兼任)
(2016年3月由市人民政府工作部门调整为在市发展和改革委员会挂牌)

市工业和信息化委员会
党组书记:陈世平　2010年1月—
主　　任:陈世平　2010年1月—

市教育局
党委书记:汪述斌　2012年5月—
局　　长:潘永钟　2012年3月—

市科学技术局
党组书记:覃永武　2011年2月—
局　　长:梁　展　2014年7月—

市民族事务委员会
党组书记:苏志刚　2009年2月—2016年7月
主　　任:苏志刚　2009年2月—2016年9月
〔2016年3月市民族事务委员会(市宗教事务局)更名市民族宗教事务委员会〕

市民族宗教事务委员会
党组书记:苏志刚　2016年7月—
主　　任:苏志刚　2016年9月—

市公安局
党委书记:唐　斌　2015年1月—
局　　长:唐　斌　2015年1月—

市监察局
局　　长:余仲远　2010年12月—2016年12月
　　　　尹士申　2016年12月—

市民政局
党组书记:黄菊如(女)　2013年6月—
局　　长:黄菊如(女)　2013年7月—

市司法局
党组书记:黄有光　2015年2月—
局　　长:黄有光　2015年3月—

市财政局
党组书记:李　宁(女)　2011年9月—2016年5月
　　　　边作新　2016年5月—
局　　长:李　宁(女)　2011年11月—2016年5月
　　　　边作新　2016年5月—

市人力资源和社会保障局
党组书记:(空缺)　2015年4月—2016年6月
　　　　刘德宁　2016年6月—
局　　长:(空缺)　2015年5月—2016年7月
　　　　刘德宁　2016年6月—

市国土资源局
党组书记:赵志萍(女)　2013年9月—
局　　长:赵志萍(女)　2013年9月—

市环境保护局
党组书记:韦好鹏　2014年7月—
局　　长:韦好鹏　2014年7月—

市城乡建设委员会
党组书记:赵红明　2013年11月—2016年6月
　　　　韦杰鹏　2016年6月—
主　　任:赵红明　2013年11月—2016年7月
　　　　韦杰鹏　2016年7月—

市规划管理局
党组书记:郭维宁　2013年9月—
局　　长:郭维宁　2013年9月—

市城市管理局
党组书记:黄　海　2013年12月—2016年3月
　　　　(空缺)　2016年3月—2016年4月
　　　　梁　勇　2016年4月—
局　　长:黄　海　2014年1月—2016年4月
　　　　梁　勇　2016年4月—

市住房保障和房产管理局
党组书记:黄宗成　2013年7月—2016年6月
　　　　黄敏丽(女)　2016年6月—
局　　长:黄宗成　2013年9月—2016年7月
　　　　黄敏丽(女)　2016年7月—

市交通运输局
党组书记:王永超　2013年9月—2016年4月
　　　　(空缺)　2016年4月—2016年5月
　　　　蔡友清　2016年5月—
局　　长:王永超　2013年9月—2016年5月
　　　　蔡友清　2016年5月—

市水利局
党组书记:李伟进　2014年10月—
局　　长:李伟进　2014年11月—

市农业委员会
党组书记:杨　敏(女)　2014年7月—
主　　任:杨　敏(女)　2014年7月—

市林业和园林局
党组书记:舒善隆　2014年7月—2016年4月
　　　　(空缺)　2016年4月—2016年6月
　　　　蓝　岚(女)　2016年6月—
局　　长:蓝　岚(女)　2014年7月—

市商务局
党组书记:梁培正　2012年5月—
局　　长:梁培正　2012年5月—

市文化新闻出版广电局
党组书记:魏永泉　2014年7月—
局　　长:魏永泉　2014年7月—

市卫生和计划生育委员会
党委书记:谢宗务　2014年7月—
主　　任:谢宗务　2014年7月—

市食品药品监督管理局
党组书记:黄明瑞　2010年10月—2016年12月
　　　　黎君君　2016年12月—
局　　长:黄明瑞　2013年9月—2016年12月
　　　　黎君君　2016年12月—

市审计局
党组书记:边作新　2009年8月—2016年5月
　　　　(空缺)　2016年5月—2016年6月
　　　　徐铭斯　2016年6月—
局　　长:边作新　2009年9月—2016年5月
　　　　(空缺)　2016年5月—2016年7月
　　　　徐铭斯　2016年7月—

市工商行政管理局
党组书记:周序喜　2014年7月—
局　　长:周序喜　2014年7月—

市质量技术监督局
党组书记:李善钦　2015年12月—
局　　长:李善钦　2014年7月—

市体育局
党组书记:李建华(女)　2013年6月—2016年4月
　　　　(空缺)　2016年4月—2016年5月
　　　　李　兵　2016年5月—
局　　长:李建华(女)　2013年7月—2016年5月
　　　　李　兵　2016年5月—

市安全生产监督管理局
党组书记:蓝建东　2013年9月—
局　　长:蓝建东　2013年9月—

市统计局
党组书记:黄南方　2010年12月—
局　　长:黄南方　2010年12月—

市旅游发展委员会
党组书记:黄永久　2014年7月—
主　　任:黄永久　2014年7月—

市投资促进局
党组书记:梁　枫(女)　2013年9月—
局　　长:梁　枫(女)　2013年9月—

市行政审批局(2016年3月组建)
党组书记:黄　定　2016年9月—
局　　长:黄　定　2016年12月—

市金融工作办公室
党组书记:苏道勇　2014年7月—2016年5月
(空缺)　2016年5月—2016年6月
蒙　刚　2016年6月—
主　　任:苏道勇　2014年7月—2016年5月
(空缺)　2016年5月—2016年7月
蒙　刚　2016年7月—

市外事侨务办公室
党组书记:彭　健(女)　2015年2月—
主　　任:彭　健(女)　2015年3月—

市法制办公室
党组书记:范卫东　2006年9月—
主　　任:范卫东　2006年9月—

市人民防空办公室
党组书记:董红兵　2012年5月—
主　　任:董红兵　2012年3月—

市扶贫开发办公室
党组书记:叶　盛　2014年10月—2016年6月
刘宗晓　2016年6月—
主　　任:叶　盛　2014年11月—2016年7月
刘宗晓　2016年7月—

市人民政府国有资产监督管理委员会
党委书记:宋日正　2015年4月—
主　　任:宋日正　2015年4月—

广西南宁五象新区规划建设管理委员会
党工委书记:周红波　2013年8月—
主　　任:周红波　2013年9月—

南宁高新技术产业开发区管理委员会
党工委书记:黄润斌　2013年8月—2016年3月
(空缺)　2016年3月—2016年4月
张先进　2016年4月—
主　　任:李晓东　2006年9月—2016年1月
(空缺)　2016年1月—2016年5月
李　耕　2016年5月—

南宁经济技术开发区管理委员会
党工委书记:杜　伟　2015年10月—2016年6月
何尚汉　2016年6月—
主　　任:李伟时　2013年9月—2016年6月
何尚汉　2016年6月—

广西—东盟经济开发区管理委员会(南宁华侨投资区管理委员会)
党工委书记:何尚汉　2015年2月—2016年6月
熊瑞光　2016年6月—
主　　任:何尚汉　2015年2月—2016年6月
熊瑞光　2016年6月—

南宁青秀山风景名胜旅游区管理委员会
党工委书记:蓝　飞　2014年10月—
主　　任:蓝　飞　2014年11月—

市政协办公厅
秘书长:储朝晖　2011年10月—

市政协研究室
主　任:江振华　2015年3月—

市政协选举联络工作办公室
主　任:韩艳斌(女)　2010年10月—

市政协提案委员会
主　　任:杨　利　2011年11月—

市政协经济委员会
主　　任:古培康　2006年9月—

市政协文史学习委员会
主　　任:谭本基　2013年9月—2016年11月
叶　盛　2016年11月—

市政协教科文卫体委员会
主　　任:陆益斌　2006年9月—

市政协海外联谊民族宗教委员会
主　　任:黄美芬(女)　2011年11月—

市政协人口资源环境与城乡建设委员会
主　　任:张海元　2015年4月—

市政协社会法制委员会
主　　任:陈　芳(女)　2011年11月—2016年11月
黄　芳(女)　2016年11月—

市中级人民法院
党组书记:周　腾　2009年12月—2016年6月
张培健　2016年6月—
院　　长:周　腾　2010年2月—2016年7月
(空缺)　2016年7月—2016年10月
张培健　2016年10月—

市人民检察院
党组书记:黄建波　2009年12月—
检察长:黄建波　2010年2月—

中国国民党革命委员会南宁市委员会
主任委员:黎　琳(女)　2011年5月—

中国民主同盟南宁市委员会
主任委员:崔建国　2000年4月—2016年5月
潘永钟　2016年5月—

中国民主建国会南宁市委员会
主任委员:卢秋凌(女)　2009年8月—

中国民主促进会南宁市委员会
主任委员:黄均宁　2009年8月—

中国农工民主党南宁市委员会
主任委员:袁曼虹(女)　2001年6月—2016年5月
黄玉燕(女)　2016年5月—

中国致公党南宁市委员会
主任委员:张　渊　2006年9月—2016年5月
蒋晓筠(女)　2016年5月—

九三学社南宁市委员会
主任委员:梁　鸿　2012年12月—

市工商业联合会
党组书记:陆开屏(女)　2015年3月—2016年9月
李忠南　2016年9月—
主　　席:黎四龙　2007年12月—

市总工会
党组书记:伦　建　2009年7月—
主　　席:李　勤　2014年11月—

共青团南宁市委员会
党组书记:王亚楠　2012年8月—
书　　记:王亚楠　2012年8月—

市妇女联合会
党组书记:陈　尧(女)　2010年1月—
主　　席:陈　尧(女)　2010年2月—

市文学艺术界联合会
党组书记:陈晓红(女)　2013年12月—
主　　席:陈晓红(女)　2014年5月—

市科学技术协会
党组书记:王　洲　2010年4月—
主　　席:王　洲　2010年6月—

市归国华侨联合会
党组书记:陈章雄　2015年3月—
主　　席:蒋晓筠(女)　2010年3月—

中国国际贸易促进委员会南宁市支会
党组书记:谭　漓(女)　2010年7月—
会　　长:谭　漓(女)　2010年2月—

市残疾人联合会
党组书记:李永华(女) 2009年2月—
理事长:李永华(女) 2009年4月—

市红十字会
党组书记:桂文志 2015年3月—
会　　长:吕　洁(女) 2010年3月—

市社会科学界联合会
党组书记:谭耀武 2013年6月—
主　　席:谭耀武 2013年7月—

市法学会
会　　长:朱育兆 2010年3月—2016年4月
杨维超 2016年4月—

市委党校(市经济干部学院、市行政学院、市社会主义学院)
市委党校校长:杜　伟(兼) 2015年10月—2016年6月
冯学军(兼) 2016年6月—
市经济干部学院院长:施日全 2012年2月—
市行政学院院长:张文军(兼) 2015年11月—
市社会主义学院院长:
(空缺) 2002年5月—2016年10月
崔建国 2016年10月—

市档案局(市国家档案馆)
局长(馆长):廖茂隆 2012年10月—

市委党史研究室
主　　任:李刘科 2010年10月—

南宁日报社
党组书记:李忠南 2012年2月—2016年9月
程小华 2016年9月—
社　　长:李忠南 2012年2月—2016年9月
程小华 2016年9月—
总 编 辑:程小华 2011年1月—2016年9月
刘　复 2016年9月—

市委、市人民政府接待办公室
主　　任:陆广平(女) 2012年2月—2016年2月
(空缺) 2016年2月—2016年8月
王合新 2016年8月—

市人民政府发展研究中心
主　　任:李望尘 2013年6月—
党组书记:李望尘 2013年6月—

市地震局
党组书记:(空缺) 2015年9月—2016年5月
黄秋娣(女) 2016年5月—
局　　长:(空缺) 2015年9月—2016年5月
黄秋娣(女) 2016年5月—

市机关事务管理局(市市直机关后勤服务中心)
党组书记:蒙祝宁 2012年6月—2016年9月
文华寿 2016年9月—
局长(主任):蒙祝宁 2012年7月—2016年9月
(空缺) 2016年9月—2016年10月
文华寿 2016年10月—

南宁住房公积金管理中心
党组书记:王林一 2011年2月—
主　　任:王林一 2011年3月—

市人民政府地方志编纂办公室
党组书记:王德宾 2010年10月—
主　　任:王德宾 2010年11月—

市二轻集体工业联社
党组书记:司马平 2013年7月—
主　　任:司马平 2013年8月—

市社会科学院
党组书记:韦振豪 2010年10月—
院　　长:胡建华 2010年12月—

市旧城改建工作推进办公室(市历史文化街区保护和修缮规划建设办公室)
主　　任:赵红明 2013年11月—2016年6月
韦杰鹏 2016年6月—

南宁昆仑关战役遗址保护管理委员会(南宁昆仑关旅游风景区管理委员会)
党组书记:蒋宁华 2015年3月—
主　　任:蒋宁华 2015年4月—

市水库移民工作管理局
党组书记:邓健民 2010年3月—
局　　长:邓健民 2009年4月—

市社会保险事业局
党委书记:夏双喜 2012年10月—
局　　长:(空缺) 2012年3月—2016年6月
刘德宁 2016年6月—

市公共资源交易中心
主　任:潘纪豪 2014年1月—2016年2月
卢绍宁 2016年2月—

市城市管理监督评价中心(市城市管理指挥中心)
党组书记:(空缺) 2015年3月—2016年4月
梁　勇 2016年4月—
主　　任:(空缺) 2015年4月—2016年4月
梁　勇 2016年4月—

南宁职业技术学院
党委书记:陈建新 2012年4月—2016年9月
黄明瑞 2016年9月—
院　　长:张宁东(女) 2012年4月—

市政府集中采购中心
主　　任:周梅清(女) 2012年7月—

广西大明山国家级自然保护区管理局(南宁大明山风景旅游区管理委员会)
党 委 书 记:黄　宁 2015年3月—
局长(主任):黄　宁 2015年4月—

市城市内河管理处
党组书记:冯步广 2013年11月—
主　　任:冯步广 2013年11月—

市供销合作联社
党组书记:李孔全 2015年3月—
主　　任:李孔全 2015年5月—

中共横县委员会
书　　记:李振林 2012年11月—2016年4月
唐小若 2016年4月—

横县人大常委会
主　任:蒋小旗 2011年8月—

横县人民政府
县　长:唐小若 2011年8月—2016年5月
代县长:曾鹏鑫 2016年5月—2016年8月
县　长:曾鹏鑫 2016年8月—

政协横县委员会
主　席:陈保金 2011年8月—2016年8月
薛　文 2016年8月—

中共宾阳县委员会
书　记:张先进 2014年1月—2016年4月
朱亚明 2016年4月—

宾阳县人大常委会
主　任:覃作福 2006年9月—2016年8月
罗宏周 2016年8月—

宾阳县人民政府
县　长:朱亚明 2014年2月—2016年5月
代县长:穆贤清 2016年5月—2016年8月
县　长:穆贤清 2016年8月—

政协宾阳县委员会
主　席:张昭平 2011年8月—

中共上林县委员会
书　记:韦志鹏　2013年8月—
　　　　　　　2016年3月
　　（空缺）2016年3月—
　　　　　　　2016年4月
　　梁平江　2016年4月—

上林县人大常委会
主　任:吴伟山　2014年01—
　　　　　　　2016年8月
　　梁平江　2016年8月—

上林县人民政府
县　长:蓝宗耿　2014年1月—

政协上林县委员会
主　席:覃祯威　2014年1月—

中共马山县委员会
书　记:唐咸兴　2015年3月—

马山县人大常委会
主　任:谢显术　2011年8月—

马山县人民政府
县　长:张自英(女)　2014年10月—
　　　　　　　2016年5月
代县长:施　杰　2016年5月—
　　　　　　　2016年7月
代县长:张自英(女)　2016年7月—
　　　　　　　2016年8月
县　长:张自英(女)　2016年8月—

政协马山县委员会
主　席:李英辉　2014年11月—

中共隆安县委员会
书　记:吴朝晖　2012年12月—

隆安县人大常委会
主　任:刘文式　2011年8月—

隆安县人民政府
县　长:甘　诚　2013年1月—
　　　　　　　2016年5月
代县长:李建华(女)　2016年5月—
　　　　　　　2016年7月
代县长:甘　诚　2016年7月—
　　　　　　　2016年8月
县　长:甘　诚　2016年8月—

政协隆安县委员会
主　席:廖永新　2011年8月—
　　　　　　　2016年8月
　　杨雪敏(女)　2016年8月—

中共南宁市兴宁区委员会
书　记:谭玫瑰　2013年9月—
　　　　　　　2016年4月
　　舒善隆　2016年4月—

南宁市兴宁区人大常委会
主　任:霍镇兴　2013年7月—

南宁市兴宁区人民政府
区　长:朱财斌　2014年9月—

政协南宁市兴宁区委员会
主　席:韦敏杰　2011年8月—

中共南宁市江南区委员会
书　记:马南萍(女)　2011年5月—
　　　　　　　2016年2月
　　梁开景　2016年2月—

南宁市江南区人大常委会
主　任:黄　英(女)　2010年3月—

南宁市江南区人民政府
区　长:黄海韬　2014年3月—

政协南宁市江南区委员会
主　席:潘长能　2009年3月—

中共南宁市青秀区委员会
书　记:钱　健　2013年9月—
　　　　　　　2016年4月
　　王永超　2016年4月—

南宁市青秀区人大常委会
主　任:李柏林　2011年8月—

南宁市青秀区人民政府
区　长:韦敏宏　2014年11月—
　　　　　　　2016年7月
代区长:李建华(女)　2016年7月—
　　　　　　　2016年8月
区　长:李建华(女)　2016年8月—

政协南宁市青秀区委员会
主　席:岳凤军(女)　2011年8月—

中共南宁市西乡塘区委员会
书　记:谭良良　2013年9月—
　　　　　　　2016年1月
　　（空缺）2016年1月—
　　　　　　　2016年2月
　　廖伟福　2016年2月—

南宁市西乡塘区人大常委会
主　任:梁英浩　2010年3月—
　　　　　　　2016年8月
　　周少剑　2016年8月—

南宁市西乡塘区人民政府
区　长:廖伟福　2009年2月—
　　　　　　　2016年3月
　　陆广平(女)　2016年3月—

政协南宁市西乡塘区委员会
主　席:费　勇　2011年8月—

中共南宁市邕宁区委员会
书　记:邓娟娟(女)　2015年4月—

南宁市邕宁区人大常委会
主　任:磨瑛津(女)　2011年8月—
　　　　　　　2016年8月
　　黄壮章　2016年8月—

南宁市邕宁区人民政府
区　长:许强初　2015年7月—

政协南宁市邕宁区委员会
主　席:农建进　2011年8月—

中共南宁市良庆区委员会
书　记:李　兵　2015年2月—
　　　　　　　2016年4月
　　甘　诚　2015年2月—
　　　　　　　2016年6月
　　施　杰　2016年6月—

南宁市良庆区人大常委会
主　任:郑国健　2005年4月—
　　　　　　　2016年8月
　　阮冠三　2016年8月—

南宁市良庆区人民政府
区　长:谷明佳　2013年10月—
　　　　　　　2016年5月
代区长:王　川　2016年5月—
　　　　　　　2016年8月
区　长:王　川　2016年8月—

政协南宁市良庆区委员会
主　席:刘长南　2011年8月—
　　　　　　　2016年8月
　　李　伟(女)　2016年8月—

2016年5月武鸣撤县设区前:

中共武鸣县委员会
书　记:黄国健　2011年5月—
　　　　　　　2016年4月

武鸣县人大常委会
主　任:潘祖乐　2006年9月—
　　　　　　　2016年8月

武鸣县人民政府
县　长:梁平江　2015年4月—
　　　　　　　2016年5月

政协武鸣县委员会
主　　席:黄隆鸣　2011年8月—
　　　　　　　2016年8月

2016年5月武鸣撤县设区后:

中共南宁市武鸣区委员会
书　记:张自英(女)　2016年4月—
　　　　　　　2016年6月
　　韦敏宏　2016年06—

南宁市武鸣区人大常委会
主　任:黄国录　2016年8月—

南宁市武鸣区人民政府
县　长:黄伟光　2016年8月—

政协南宁市武鸣区委员会
主　　席:赵祖明　2016年8月—

（李　舒　覃　铭　韦　超）

责任编辑　覃庆梅

中国－东盟博览会·商务与投资峰会

第13届 中国－东盟博览会

【概　况】2016年9月11日至14日，第13届中国－东盟博览会在南宁举办。中国商务部、东盟10国政府经贸主管部门和东盟秘书处共同主办。中共中央政治局常委、国务院副总理张高丽，越南总理阮春福，柬埔寨首相洪森，缅甸第一副总统吴敏瑞，老挝副总理宋赛，泰国副总理巴金，越共中央政治局委员、检查委员会主任陈国旺，越共中央政治局委员、政府副总理范平明8位中国和东盟国家领导人，246名部长级贵宾出席。博览会以“共建21世纪海上丝绸之路，共筑更紧密的中国－东盟命运共同体”为主题；设商品贸易、投资合作、服务贸易、先进技术、魅力之城5大专题；总展位5800个，参展企业2669家，参展参会客商6.50万人。主题国越南，特邀贵宾国斯里兰卡。9月11日上午，在南宁国际会展中心举行开幕大会，张高丽宣布第13届中国－东盟博览会、中国－东盟商务与投资峰会开幕，并发表主旨演讲。9月10日至11日，中国、东盟各国和特邀贵宾国政要分别巡视博览会展馆。博览会首次启用南宁国际会展中心新扩展馆，展览规模、参展企业数量均创新高；贸易成交活跃，达成一批投资合作项目；拓宽“南宁渠道”，框架下举办34个高层论坛，其中会期举行26个；服务水平提升，展馆设施和信息服务等实现多个“首次”；会期还举办南宁国际民歌艺术节等系列民间友好和人文交流活动。9月13日，在南宁举行第13届中国－东盟博览会高官会议暨颁奖典礼。9月14日，博览会设公众开放日，有18个国家和地区的255家媒体1434名记者到会采访，中外媒体发稿超过1.67万篇；9月14日下午，中国－东盟博览会、中国－东盟商务与投资峰会组委会在南宁举行新闻发布会，宣布第13届中国－东盟博览会、中国－东盟商务与投资峰会闭幕。发布会由中国商务部外贸发展局副局长吴彤彫主持，中国－东盟博览会秘书处秘书长王雷、中国－东盟商务与投资峰会秘书处副秘书长丁元龙出席，并回答记者提问。王雷受组委会委托发布新闻，介绍此届盛会的情况和下届的安排。

【开幕大会】2016年9月11日上午，第13届中国－东盟博览会、中国－东盟商务与投资峰会开幕大会在南宁国际会展中心新启用的金桂花厅举行。中共中央政治局常委、国务院副总理张高丽，越南总理阮春福，柬埔寨首相洪森，缅甸第一副总统吴敏瑞，老挝副总理宋赛，泰国副总理巴金，越共中央政治局委员、政府副总理范平明，文莱首相府部长兼外交与贸易部第二部长林玉成、文莱能源和工业部部长亚斯敏、马来西亚贸工部第二部长黄家泉、菲律宾参议院参议员辛西亚·维拉、新加坡贸工部兼国家发展部政务部长许宝琨、印度尼西亚贸易部国家出口发展总司总司长阿琳达，东盟秘书长黎良明，斯里兰卡工商部部长里沙德，广西壮族自治区党委书记彭清华，中国商务部国际贸易谈判代表兼副部长钟山、副部长高燕，中国国际贸易促进委员会副会长陈洲，以及中国、东盟和相关国家多部门的部长级官员、外交使节、地方行政长官，金融机构负责人、工商会会长、商协会会长，国际组织负责人，知名企业家，专家学者，广西壮族自治区有关领导，参展参会客商和各界人士代表等出席。开幕大会以“聚力升级，比翼齐飞”为主题，首次采用文艺表演暖场。大会由广西壮族自治区主席陈武和越南工贸部副部长杜胜海共同主持。

张高丽发表主旨演讲时提出加强发展战略对接、加强国际产能合作、加强经济经贸合作、加强互联互通建设、加强金融领域合作、加强人文交流合作六项建议。阮春福致辞时表示，愿积极研究参加中国提出的区域互联互通倡议，保障贸易交流畅通。洪森演讲时强调，柬埔寨非常欢迎也将全力支持21世纪海上丝绸之路和互联互通建设。吴敏瑞演讲时说，缅甸将在相互尊重、平等、协商一致的基础上，为推进21世纪海上丝绸之路建设与其他东盟成员国及中国一道共同开展合作。宋赛演讲时表示，非常支持中国政府所倡导的“一带一路”构想。巴金演讲时说，泰国支持中国“一带一路”的倡议，以及亚洲基层设施投资银行在发展东盟基础设施中所发挥的重要作用。彭清华、钟山、陈洲、里沙德、马云（中国阿里巴巴集团董事局主席）分别致辞。会上，播放视频短片，展示中国－东盟合作的丰硕成果、展现发展的广阔前景。张高丽宣布：第13届中国－东盟博览会、中国－东盟商务与投资峰会开幕！张高丽、阮春福等15位嘉宾共同为博览会、商务与投资峰会启幕。

【专题展览】2016年9月11日至14日，第13届中国－东盟博览会在南宁国际会展中心、广西展览馆、华南城会展中心举办商品贸易、投资合作、服务贸易、先进技术、魅力之城五大专题展览。首次启用南宁市国际会展中心新扩展馆，新增展览面积3万平方米、展位1200个，实际展览面积11万平方米，总展位5800个；参展商10521人，参展企业2669家，比上届增长21%。东盟10国和区域外国家使用展位1590个，比上届增长22.7%；柬埔寨、印度尼西亚、老挝、马来西亚、缅甸、泰国、越南7个国家包馆；区域外有18个国家65家企业参展。新增中国－东盟农业国际合作展区、东盟投资及服务贸易展区；新增国际展区，韩国、印度、斯里兰卡、哈萨克斯坦、澳大利亚、埃及等“一带一路”沿线国家参展。华为、阿里巴巴首次以集团公司名义参展。南宁市组织市属重点企业、进出口企业参展。

商品贸易专题展分别设在南宁国际会展中心D2~D15展厅、室外展场和广西展览馆、华南城会展中心，包括东盟国家商品、机械设备、电子电器、建筑材料、农业展（广西展览馆）、轻工展（华南城会展中心）。投资合作专题展设在南宁国际会展中心B1、B2、D1展厅，展示国际工程承包、劳务合作、基础设施建设、资源开发、信息科技、能源开发、园区招商，铁路、有色、电力、工程机械等国际产能合作，中国－东盟农业合作成就、农业高新科技和投资项目等。服务贸易专题展设在南宁国际会展中心B1展厅，展示中国和东盟金融服务、物流服务等。先进技术专题展设在南宁国际会展中心B1、B2展厅，展示先进制造、智慧城市、创新创业、电子信息、新能源和环保等。“魅力之城”专题展设在南宁国际会展中心B2展厅，综合展示中国和东盟10国代表性城市在贸易、投资、科技、文化、旅游等方面的发展和商机，分别为：中国福州、菲律宾桑托斯将军城、文莱斯里巴加湾市、印度尼西亚群岛、泰国曼谷、越南邦美蜀市、老挝阿速坡省、柬埔寨国公省、缅甸毛淡棉市、马来西亚登嘉楼州、新加坡。

【经贸活动】 2016年9月11日至14日，在南宁举办的第13届中国－东盟博览会的经贸实效提升明显。参展企业2669家，参展参会客商6.50万人，专业客商数量比往届多；51个国家和地区采购商参会，采购商团组89个，比上届增加4.70%；中国内地有35个代表团参会。会期举办72场经贸投资促进活动，贸易成交活跃，达成一批投资合作项目。东盟国家的特色食品饮料、生活消费品、轻工业品，中国的机械设备、电子电器、建筑材料等类别的双方市场需求量大的商品成交踊跃，农产品成交较往届增多。达成的合作项目既有装备制造、生物医药、电子信息、新能源新材料等高端制造业，也有金融投资、总部经济、商贸物流、文化创意、电子商务等现代服务业，以及城市综合体和园区开发建设等，项目的规模、数量和水平均创历史新高，重大项目带动产业转型升级趋势明显，签约的国际产能合作项目更多，涉及能源、航空、信息技术、金融等领域。

南宁市在组织参加第13届中国－东盟博览会项目集中签约仪式、“中国企业投资东盟金融合作洽谈会”等活动的同时，举办2016南宁投资贸易洽谈会暨重大项目签约仪式等经贸活动。期间，全市签约招商引资项目35个，其中内资项目28个，外贸项目7个，涉及电子信息、机械装备制造、生物制药、新能源新材料、服务业等领域，工业项目占45.83%；签订商品购销贸易合同306.29亿元。

【中国－东盟博览会高官会议】 2016年9月13日，第13届中国－东盟博览会高官会议暨颁奖典礼在南宁举行。中国、东盟10国、东盟秘书处的官员代表出席。会议对第13届中国－东盟博览会的总体情况和各主办方的各项工作进行总结，通报第14届中国－东盟博览会主题国，共商第14届中国－东盟博览会新任务和发展方向，表彰各主办方和东盟秘书处作出的贡献并予奖励。中国－东盟博览会秘书处秘书长王雷在会上通报说，第13届中国－东盟博览会紧扣中国－东盟建立对话关系25周年，突出“共建21世纪海上丝绸之路，共筑更为紧密的中国－东盟命运共同体”主题，各国政要高规格出席。进一步凝聚共建21世纪海上丝绸之路共识，推动中国－东盟友好合作更加全面深入发展；紧扣中国－东盟自贸区升级版建设，突出国际产能合作，力促中国－东盟信息港等重大项目建设，经贸实效显著提升；各方高度关注，展会影响力进一步扩大。主题国越南和特邀贵宾国斯里兰卡举办丰富多彩的活动。本届博览会全面升级，新扩展馆投入使用，配套设施更完善，服务进一步优化提升。中国商务部亚洲司参赞李振民说，中方愿与东盟各方一道，共同落实好领导人的共识，做好第14届中国－东盟博览会的各项筹备工作。与会东盟各国高官对第13届中国－东盟博览会的成功举办给予高度评价，表示将一如既往地做好共办工作。会议初步确定，第14届中国－东盟博览会举办时间为2017年9月22日至25日，继续设置商品贸易、投资合作、服务贸易、“魅力之城”5大专题。会议确定，第14届中国－东盟博览会主题国是文莱，将延续特邀贵宾国机制，继续举办更多服务“一带一路”和中国－东盟自贸区升级建设的交流活动。会议对博览会组委会评出的第13届中国－东盟博览会各奖项进行表彰。越南获主题国纪念；东盟秘书处获重大贡献及支持奖；柬埔寨、印度尼西亚、老挝、马来西亚、缅甸、泰国、中国广东省深圳市及广西壮族自治区柳州市获最佳行业组织奖；缅甸、菲律宾、越南、中国广东省连锁经营协会和广州赢龙广告有限公司获最佳专业观众组织奖；文莱、印度尼西亚、老挝、马来西亚、新加坡、越南，中国福建省、江苏省和湖北省获最佳参展商组织奖；马来西亚、柬埔寨、菲律宾、中国安徽省获最佳投资合作推介奖；文莱、柬埔寨、印度尼西亚、老挝、缅甸、菲律宾、新加坡、泰国、中国福建省福州市获最佳魅力之城展示奖；中国河南省、陕西省获最佳会议活动组织奖。

9月14日，中国－东盟博览会主会场客商络绎不绝　　宋延康　摄

第13届中国－东盟商务与投资峰会

【概　况】 2016年9月11日至12日，第13届中国－东盟商务与投资峰会在南宁举办系列专题活动。中国商务部、中国国际贸易促进委员会、广西壮族自治区人民政府主办，中国－东盟商务与投资峰会秘书处承办。主题为“共建21世纪海上丝绸之路，共筑更为紧密的中国－东盟命运共同体”。中国和东盟的国家领导人、政府官员、工商界人士、企业代表、专家和学者等2200多人次参加。9月11日上午，在南宁国际会展中心金桂花厅，第13届中国－东盟商务与投资峰会和第13届中国－东盟博览会共同举行开幕大会。峰会框架下举办越南国家领导人与中国企业CEO圆桌对话会、中国－东盟商界领袖论坛、中国－东盟商事法律合作研讨会、中国－东盟（柬、老、缅、越）贸易便利化研究报告发布、商务早餐会等专题活动；12月9日，还在北京举行中国－东盟跨境电商平台启动仪式。商务与投资峰会内容丰富、形式多样、亮点突出，加强中国与东盟国家的经贸信息交流，推动中国企业赴东盟投资，促进东盟国家对华出口，共建良好营商环境。

【圆桌对话会】 2016年9月11日，越南总理阮春福与中国企业CEO圆桌对话会在广西人民会堂举行。越南工业与贸易部、中国国际贸易促进委员会、广西壮族自治区人民政府主办，中国－东盟商务与投资峰会秘书处、越南贸易促进局承办。越南总理阮春福，越南总理府、外交部、工贸部、交通部、计划投资部、信息通讯部、贸促局、国家银行8部门的部级官员，越南广宁省、凉山省等省的20位省级领导，广西壮族自治区主席陈武、中国国际贸易促进委员会副会长陈洲、广西壮族自治区常务副主席蓝天立，以及中越两国的有关官员、工商界和企业代表约250人出席。主题为“深化中越经贸合作　实现共同发展”，越南贸易促进局局长裴辉山主持。阮春福全面介绍越南政治、经济和外贸政策情况，并表示，欢迎中国有实力、有技术的企业对越投资，扩大投资规模，力争早日实现越中双边贸易额达到1000亿美元的目标。陈武、陈洲分别致辞。会上，阮春福等与中国农业银行、天虹集团、华为、南方电网、赛轮金宇集团、华夏幸福基业公司、银联国际的企业负责人就银行设立分行、人民币与越南盾直接结算、交通基础设施与中国对接、中越边境地区人员物流便利往来、中资企业在越南制造业和电力项目投资等问题进行务实交流对话，解决企业在越投资项目立项、合作等多方面问题，推动中国企业在越在谈在建合作项目逾30亿美元。

【中国－东盟商界领袖论坛】 2016年9月11日在广西电视台演播厅举办。中国国际贸易促进委员会、广西壮族自治区人民政府、中央电视台主办，中国－东盟商务与投资峰会秘书处、广西电视台承办。主题为“中国－东盟产能合作”。中国和东盟国家政府有关部门领导、工商界和企业界人士、专家学者等约250人出席。论坛由中央电视台财经频道主持人李斯璇主持；泰国国家经济和社会发展委员会秘书长波拉麦提·维蒙瑟提，马来西亚战略和国际事务研究所高级研究员、驻WTO前总代表苏帕曼，中国发展和改革委员会外资司副司长郑持平为对话嘉宾；老挝国家工商会、泰国工业联合会、缅甸工商会、印度尼西亚工商会馆中国委员会，广西建工集团、广西天汇力达集团，以及中国国际贸易促进委员会专家委员会等的领导、企业家、专家学者为互动嘉宾。大家围绕21世纪“海上丝绸之路”和中国－东盟自贸区升级版建设背景下，中国和东盟如何更好地开展产能合作进行探讨，就中国和东盟产能合作的机遇与挑战、成功经验及未来发展方向方面等进行交流。

【中国－东盟商事法律合作研讨会】 2016年9月12日在南宁举行。中国国际贸易促进委员会、东盟10国国家工商会主办，中国－东盟商务与投资峰会秘书处、中国国际贸易促进委员会法律事务部承办。主题为“‘一带一路’倡议下投资机会与风险防范”，中国国际贸易促进委员会法律事务部副部长刘超主持。中国国际贸易促进委员会、东盟国家工商会的领导和相关代表，有关机构的专家学者、从业人员，企业代表等95人出席。中国国际贸易促进委员会副会长陈洲、广西壮族自治区高级人民法院院长黄克分别致辞。老挝国家工商副会长詹塔宋等10名嘉宾分别就老挝法律法规营商环境、缅甸投资机会以及风险控制、法律风险防范与经贸纠纷化解、中国和东盟国家的商事法律合作、海外投资和贸易中的权益保护、国际争端解决方式选择、国际化经营中的知识产权竞争战略、泰国经济动态与营商环境、中国企业走出去后的仲裁策略选择等进行发言。通过研讨，推进各国对彼此法律和相关政策的宣传与研究，促进商事法律交流，加强合作共识，更好地为双边经贸发展“保驾护航”。

【贸易便利化研究报告发布】 2016年9月12日，《中国－东盟(柬、老、缅、越)贸易便利化研究报告》发布会在南宁举行。中国国际贸易促进委员会、柬埔寨总商会、老挝国家工商会、缅甸工商会联合会、越南工商会主办，中国－东盟商务与投资峰会秘书处承办。中国国际贸易促进委员会、东盟国家工商会，中国、柬埔寨、老挝、缅甸、越南有关政府部门和企业代表50人出席。发布会由中国国际贸易促进委员会国际联络部副巡视员徐梁主持；中国商务部，柬埔寨、老挝、缅甸、越南4国商务主管部门官员分别致辞。2015年3月，中国－东盟商务与投资峰会秘书处启动贸易便利化报告研究，在通关环境、规模环境、口岸效率、电子商务、商务人员流动5个影响贸易便利化的主要要素方面研究中国、柬埔寨、老挝、缅甸、越南贸易便利现状，提出政策建议。3月，中国、柬埔寨、老挝、缅甸、越南的有关部门、专家对研究报告草案稿进行评审；8月，研究报告完成意见征求并成稿。会上，中国－东盟商务与投资峰会秘书处副秘书长丁元龙发布研究报告；《中国－东盟(柬、老、缅、越)贸易便利化研究报告》为中国、东盟相关国家政府部门改进和提高便利化水平、对推动中国－东盟自由贸易区升级版建设提供意见、建议及重要参考。

【中国－东盟跨境电商平台启动仪式】 2016年12月9日，中国－东盟跨境电商平台启动仪式在北京举行。中国国际贸易促进委员会、东盟国家工商会主办。中国国际贸易促进委员会会长姜增伟、苏宁控股集团董事长张近东、马来西亚全国工商总会副总会长刘瑞裕、泰国工业联合会副主席宋悦·唐米拉、印度尼西亚工商会馆中国委员会副总主席张锦泉，中国商务部、中国－东盟商务与投资峰会秘书处、中国－东盟中心，东盟国家驻华使馆和工商会的近百名代表出席。姜增伟与嘉宾代表共同点亮象征中国－东盟跨境电商平台的标识，标志平台正式上线投入运营。仪式后，中国国际贸易促进委员会与菲律宾工商会、文莱国家工商会分别签署《中国－东盟跨境电商平台合作建设机制备忘录》《中国－东盟跨境电商平台合作备忘录》，平台东盟方面主办方增至9个国家工商会。

高层论坛

【第二届中国－东盟信息港论坛】 2016年9月11日至12日在南宁举办。中国国家互联网信息办公室、国家发展和改革委员会、工业和信息化部、广西壮族自治区人民政府主办。中国和东盟国家的政府部门代表、主要互联网企业负责人、知名专家学者等519人出席。广西壮族自治区主席陈武、柬埔寨新闻部大臣乔干那烈、印度尼西亚通信和信息部副部级官员亨利·苏比亚托分别致辞，提出广西推进信息港核心基地建设的措施，表达参与信息港建设的愿望；中国国家互联网信息办公室副主任庄荣文、国家发展和改革委员会副主任林念修、工业和信息化部副部长陈肇雄分别发表演讲，就深化中国－东盟在互联网领域交流合作、推进信息港建设、加强网络基层设施互联互通等问题提出建议。与会人员紧扣“中国－东盟信息港—共建·共享·共赢”主题，围绕“中国－东盟信息港建设愿望”“网络基层设施互联互通”“网络任务交流合作”议题进行探讨，凝聚更加广泛的共识。中国国家遥感中心与老挝农林部科技委员会合作推进基于北斗的跨境集装箱管理系统协议，广西瀚特信息产业股份有限公司与艾令可新加坡私人投资有限公司基于物联网技术的智慧小区和智能家居产品签订合作协议，中国国家开发银行和广西壮族自治区人民政府合作推进中国－东盟信息港金融服务创新试点协议等一批重大项目在论坛上签约。期间，举办中国－东盟电子商务峰会、中国－东盟卫星导航合作论坛2个分论坛。

【第五届中国－东盟质检部长会议】 2016年9月10日在南宁召开。中国国家质检总局、东盟秘书处主办。主题为“推进中国－东盟SPS(卫生与植物卫生协议)互联互通打造质量安全命运共同体”。东盟10国、东盟秘书处和中国的95名代表出席，中国国家质检总局局长支树平和东盟农林部长会议主席、菲律宾农业部副部长塞瑞诺共同主持。支树平、塞瑞诺、广西壮族自治区主席陈武分别致辞。会议发表《第五届中国－东盟质检部长会议(SPS合作)联合声明》,审议通过中国－东盟SPS合作备忘录《2017—2018行动计划》,旨在加强信息通报交流、人员互访、技术培训、能力建设、联合研究、完善机制5个方面的合作。会期举行中国－东盟边境贸易国检试验区揭牌、中国－东盟检验检疫电子证书合作授钥仪式、中国－东盟动植物疫病疫情联防联控大数据平台启动仪式。会议还通过《联合新闻声明》,举行联合新闻发布会,决定下届中国－东盟SPS合作部长会议2018年在越南举行。

【第四届中国－东盟技术转移与创新合作大会】 2016年9月11日至14日在南宁召开。中国科学技术部、广西壮族自治区人民政府主办。主题为“技术转移引领创新合作发展”。中国、东盟10国、巴基斯坦、韩国、日本、以色列、匈牙利等国家和有关部门官员、相关企业代表、科学家和学者等近1000人参会。会期举办开幕活动暨中国－东盟国际创新合作论坛、驻外科技外交官推介交流会、东盟与中日韩(10+3)青年科学家八桂行等重点活动。大会促成中越边境农业科技走廊建设,以及中文、中缅、中泰在新能源汽车、医疗科技、太阳能等方面的一批重点科技合作项目签约,中国－东盟技术转移中心开通老挝语、柬埔寨语、缅甸语版网站。

【2016中国－东盟环境合作论坛】 2016年9月10日至11日在南宁举办。中国环境保护部、广西壮族自治区人民政府主办。中国、东盟国家、东盟秘书处,相关国际机构的有关官员、专家学者、产业协会和企业代表等280多人出席。论坛举办主题为“绿色发展与城市可持续转型”的主论坛,以及“环境技术合作与创新”“实现2030年可持续发展议程的环境目标”2个分论坛。启动“中国－东盟生态友好城市发展伙伴关系”;对外发布《中国－东盟环境合作战略2016—2020》《中国－东盟环境展望:共同迈向绿色发展》;组织有关企业与斯里兰卡、泰国等国家进行“一对一”技术洽谈和对接;落实签约水环境综合整论、城镇生活垃圾焚烧发电等一批项目。

【2016中国－东盟统计论坛】 2016年9月12日在南宁举办。中国国家统计局、广西壮族自治区人民政府主办。中国、东盟10国、东盟秘书处的相关机构,以及有关国际组织的官员、代表和专家等近100人出席。论坛发布《2016中国－东盟国家统计年鉴》;与会人员交流共享中国与东盟国家统计发展和改革的最新成果和优秀实践;共同研究探讨政府统计在大数据时代面临的挑战和大数据在官方统计中的应用,分享大数据的开发应用经验;就进一步深化中国－东盟统计合作,支持中国－东盟自贸区升级版和“21世纪海上丝绸之路”建设形成会议纪要。论坛还举办联合国世界数据论坛全球预备研讨班,增进统计领域交流合作。

【2016中国－东盟矿业合作论坛】 2016年9月7日至9日在南宁举办。中国国土资源部、广西壮族自治区人民政府主办,主题为“信息共享,合作共赢”;议题有中国－东盟矿业形势分析与预测、中国－东盟矿业投资机会与策略、矿业项目与技术合作、矿业信息与服务。中国、东盟国家的有关部门、矿业协会、商协会、矿业企业、金融机构和服务供应商等739名代表参加。论坛举办中国－东盟矿业形势发展国家论坛、中国－东盟矿业信息服务平台建设研究论坛、培训班、矿业项目签约、推介和洽谈会等14项活动。期间,签约项目11个、推介项目24个、洽谈项目100个。

【第八届中国－东盟金融合作与发展】 2016年9月12日,第八届中国－东盟金融合作与发展领袖论坛在南宁举办。广西壮族自治区人民政府、中国金融学会、中国银行业协会、中国证券业协会、中国保险行业协会、中国工商银行主办。论坛分主论坛(主题为“中国－东盟金融双向开放”)和分论坛(主题为“中国－东盟资本市场双向开放”)。中国、东盟国家的金融监管部门、金融机构、企业和专家学者等代表近500人出席。与会人员通过交流探讨,形成双向开放共识,明确双向开放途径。期间,中国工商银行与柬埔寨国家银行、中国邮政储蓄银行广西分行与越南工商银行有关省(市)分行、广西北部湾银行与柬埔寨加华银行等签署多个金融合作协议。

【2016中国－东盟林业合作论坛】 2016年9月11日至12日在南宁举办。中国国家林业局、广西壮族自治区人民政府主办。主题为“维护森林生态安全,提高国民绿色福祉”。中国、东盟国家的有关部门官员相关企业和国家组织代表等200多人出席。论坛安排主旨讲话、主题演讲、代表发言和研讨、南宁市生态考察等活动;通过《中国－东盟林业合作南宁倡议》,构建起中国－东盟林业合作长效机制。期间,国家林业局局长张建龙与柬埔寨农林渔业部林业局局长程金生、越南农业与农林发展部副部长何功俊、老挝农林部副部长冯玛尼·统帕、马来西亚自然资源与环境部副部长哈明·萨穆里举行双边会议,并分别与柬埔寨和越南签署双边林业合作协议。

【2016中国－东盟气象合作论坛】 2016年9月11日至12日在南宁举办。中国气象局、广西壮族自治区人民政府主办。主题为“区域气象灾害监测与共同防御”。中国、东盟国家有关部门官员,相关国际组织的代表,以及专家学者等150人出席。与会人员围绕区域气象灾害的特点、探索建立中国与东盟国家气象灾害联合监测与防御的机制、形成气象防灾减灾合力。论坛通过《中国－东盟国家气象合作南宁倡议》,搭建中国与东盟国家气象合作平台。期间,举办中国－东盟防灾减灾与可持续发展专家论坛、中国－东盟博览会气象装备与服务展、中国和印度尼西亚双边气象工作组会议,分析自然灾害形成的原因和机理,为减轻区域自然灾害提出对策和措施,共享气象业务发展和服务经验,推进中国与东盟国家气象装备与服务区域合作。

【2016中国－东盟社会工作论坛】 2016年9月10日在南宁举办。中国民政部、广西壮族自治区人民政府主办。主题为“社会工作与扶贫济困”,设“社会工作发展经验、机遇、挑战和对策”“社会工作介入扶贫济困的使命、角色、经验和对策”分议题;有开幕式、主题演讲、主题发言、对话研讨、主题倡议5部分内容。中国、东盟10国有关部门的官员,以及相关专家学者等110人出席。论坛抓住“一带一路”机遇,深化中国－东盟社会工作合作交流;分享和东盟国家社会工作发展经验;一致通过2016中国和东盟社会工作主题倡议,高度总结中国和东盟国家社会工作发展累积的丰富经验及做法,提出的倡议紧密契合当前中国和东盟各国社会工作发展形势要求。

【第二届中国－东盟工商论坛】 2016年9月12日在南宁举办。中国国家工商行政管理总局、广西壮族自治区人民政府主办。主题为“商标品牌保护与发展”。中国、东盟国家有关部门官员,企业代表和专家学者等178人出席。与会人员在开幕式、高层论坛和研讨会上,进行主题演讲、主题研讨交流等活动;探讨各国商标品牌保护与发展的最新情况,就如何进一步增进中国与东盟国家在商标知识产权领域的合作、强化商标品牌保护,以便更好地共同分享中国－东盟互利共赢的经贸合作成果进行充分交流。加深中国与东盟国家对商标品牌保护与合作的了解,为促进商标品牌国际化畅通渠道。

【第二届中国－东盟保险合作与发展论坛】 2016年9月19日在南宁举办。中国保险监督管理委员会、广西壮族自治区人民政府主办。主题为“开拓创新,探索中国与东盟保险监管合作新思路”。中国、新加坡、菲律宾、缅甸、老挝、柬埔寨、斯里兰卡、巴基斯坦、中国香港的有关官员和保险监督官,中国保险行业协会、中国保险学会,以及相关保险公司等的代表出席。与会代表就新兴市场风险管理和实践,以及各自保险领域监管改革和市场运行情况进行交流。期间,中国保监会作为AFIR(亚洲保险监督官论坛)秘书处介绍AFIR重点工作及发展计划。

【中国－东盟农业合作论坛】 2016年9月12日在南宁举办。中国农业部、广西壮族自治区人民政府主办。主题为“深化农业创新合作,共建21世纪海上丝绸之路”。中国、东盟国家,中国－东盟中心、联合国粮农组织、世纪粮食计划署、国际农业发展基金、国际食物改革研究所的官员、专家及企业代表等200多人出席。与会代表围绕中国－东盟农业合作前景、农业产学研合作协同发展、农业投资与产能合作等议题展开研讨;达成加强政策协调、推动农业产业发展战略对接,发挥农业科技对产业合作的引领作用,共同促进农业产能合作,维护和保障区域粮食安全与农业可持续发展的共识。论坛建设中国－东盟农业合作论坛实现机制化,以形成固定的政策沟通与交流对话平台,推动双方农业合作不断向前发展。

【2016中国－东盟农资产业高峰论坛】 2016年9月9日至11日在南宁举办。中华全国供销合作总社、广西壮族自治区人民政府主办。主题为“新丝路、新机遇、新平台、新合作”。中国、东盟国家的有关部门官员,相关商协会、企业的代表等150多人出席。与会专家分别作专题报告,从不同视角阐述中国－东盟国家之间的巨大合作机遇与农业领域的重大商机,分享中国企业走向东盟的探索实践等。期间,举办第七届中国农资总裁圆桌会议;与会企业家围绕推动中国－东盟农业农资经贸合作、“一带一路”给中国－东盟农资企业的合作机遇、推进农资企业转型升级、加快供给侧机构性改革等进行现场互动访谈。在与会嘉宾和代表的见证下,中华全国供销合作总代理事会副主任肖仲凯、广西壮族自治区副主席张秀隆共同为广西供销农资有限公司的成立揭牌。

【第二届中国－东盟警学论坛】 2016年9月7日至9日在南宁举办。中国公安部国际合作局、中国警察协会主办。主题为“地域经济共同发展与跨国警务合作”。中国和东盟国家的警察及专家学者120人出席。与会代表围绕论坛主题,重点就“一带一路”经济建设背景下,中国与东盟国家共同打击跨国毒品犯罪、恐怖主义犯罪、电信诈骗犯罪、拐卖人口犯罪和企业安全保卫等方面的警务合作进行交流;对创造有利于地区稳定和经济发展的执法环境与警务合作表达共同愿望,对加强跨国警务合作与交流的方式和渠道达成共识。

【中国－东盟科技创新与台风灾害应对研讨会】 2016年9月8日至9日在南宁举行。中国民政部主办。中国、东盟国家有关部门,相关国际组织、高校、社会组织的官员、专家学者等57名代表出席。与会人员围绕“台风灾害风险管理、台风灾害监测预警与评估、台风灾害应急响应、台风灾害的科技创新”4个主题;通过主旨报告、研讨发言等展开探讨,分享灾害应对经验和科技成果创新应用;达成落实《2015年后国际减轻灾害风险框架》,加强中国－东盟灾害信息交流共享,推进极端天气事件预测预警、气候变化导致的灾害风险管理等领域关键技术研究的共识。期间,召开澜沧江—湄公河次区域合作六国闭门会(中国、缅甸、柬埔寨、老挝、越南、泰国),商讨中国与东盟国家在澜沧江—湄公河次区域开展灾害管理合作相关事宜。

南宁国际民歌艺术节

【概　况】 2016年,南宁国际民歌艺术节组委会主办的第18届南宁国际民歌艺术节在南宁等地举办。艺术节围绕服务“一带一路”战略和“两会”(中国－东盟博览会、商务与投资峰会),以“丝路扬帆,民歌传情”为主题,设置9大项系列文化活动。活动持续时间贯穿全年;内容重本土特色、显国际视野,有瑶族、苗族、蒙古族、维吾尔族和壮族等10个少数民族的演员和美国、英国、法国、俄罗斯、越南、泰国等21个国家的30个表演团体约300名外国演员参加演出;文化惠民广、互动体验强,活动多免费开放,直接与观众面对面、手拉手互动。各项活动安排:9月11日,“大地飞歌·2016”第18届南宁国际民歌艺术节晚会;9月11日至16日,“绿城歌台”广场群众文化活动;9月17日至22日,中国－东盟(南宁)戏剧周。举办1月至12月,“百姓大舞台·想秀你就来”南宁民歌湖周周演百场文化活动;3月至12月,开展“美丽南宁大舞台”艺术精品演出活动;4月,2016年“壮族三月三”活动;6月至12月,进行南宁市第七届“美丽南宁”乡村社区和谐文艺大展演;9月13日、10月22日,分别举办大型歌舞秀“风情东南亚”专场晚会;7月至12月,开展大地飞歌·南宁国际民歌艺术节历年精品剧目巡演。

9月19日,2016年中国－东盟(南宁)戏剧周展演新加坡的《双玉蝉》

市大型活动办提供

【大地飞歌·2016】 2016年9月11日，“本色花山·大地飞歌·2016”第18届南宁国际民歌艺术节晚会在广西体育中心举办。南宁国际民歌艺术节组委会主办，观众约5000人。李祖仕任总导演，高枫、徐婷婷、柯豆、李俐澌主持，中国和东盟国家等的演职员约600人参加演出。晚会以“风起南宁丝路共鸣”为主题，分《风起南宁》《海上交响》《丝路共鸣》3个篇章；中国的戴玉强、罗宁娜、李健，东盟国家的陈永馨、杜氏青花，乌克兰的Ationa等分别唱响精选的中外经典民歌，牧羊人乐队，蔡白雪、范齐明、宋文杰、梁氏玉叶，酷乐舞团、亚洲辣妹乐团等表演民乐、音乐剧、街舞、歌舞等节目；舞台背景跟随节目内容显现出不同的精彩画面，配合绚丽的灯光效果，营造出“人在画中游”的意境；推出的《美丽的南方》《南宁歌谣》等原创歌曲，彰显美丽南宁的独特魅力。南宁电视台直播晚会；南宁电台联合中国卫星广播协作网在26家电台直播晚会，覆盖听众5.5亿；首次在互联网平台采用高清直播、VR（虚拟现实）全景直播和网络直播呈现晚会盛况，有26万人次观看。

【绿城歌台】 2016年9月11日至16日，第18届南宁国际民歌艺术节“绿城歌台”广场群众文化活动在南宁举办。南宁国际民歌艺术节组委会主办。分别在市、区县设置歌台13个，举行18场融合浓郁异国情调和丰富民族特色的不同主题的演出活动；泰国、越南、俄罗斯、印度、乌克兰等国家和中国广东省、新疆维吾尔自治区、西藏自治区、宁夏回族自治区、内蒙古自治区、广西壮族自治区等省（自治区）的演员参加演出。设在民歌湖的中心歌台，分别专场上演开幕式晚会、“五彩织梦绣娘赶歌圩”“风情东南亚”、《百鸟衣》《妈勒访天边》、南派粤剧折子戏6场不同主题的文艺晚会。各区县分歌台分别举办1场立足自身特色的主题演出，兴宁区“感受家乡美”、江南区“平话情韵”、青秀区“绿城飞歌”、西乡塘区“美丽南方”、邕宁区“福满邕宁”、良庆区“壮乡歌海”、武鸣区“以歌会友、情赶歌圩”、横县“醉满花乡”、宾阳县“炮龙之乡·书香宾阳”、上林县“壮族老家·养生上林”、马山县“鼓乡歌海祥寿马山”、隆安县“多彩‘那’乡”，展现多彩民族魅力。期间，有观众约6万人次到现场观看演出。

【戏剧周】 2016年9月，2016年中国－东盟（南宁）戏剧周于在南宁举办，主体活动9月17日至22日集中举行。广西壮族自治区文化厅、南宁市人民政府主办。戏剧周采取“演、研、展、赛、十大联观晚会”模式进行。越南、泰国、柬埔寨、马来西亚、菲律宾、新加坡、缅甸和中国的25个团体参加，各国演出各自代表剧目；越南水上木偶戏、泰国孔剧、柬埔寨皇家芭蕾、中国昆曲、中国粤剧5大世界级非物质文化遗产项目首次集中亮相南宁。期间，东盟国家和中国的艺术团体签订《加入中国－东盟（南宁）戏剧合作交流机制意向书》；举办2013~2015年中国－东盟（南宁）戏剧周回顾图片展、“劳动人民的红线女”——文献图片展；推出《东南亚戏剧大观》《中国东盟（南宁）戏剧周论文集》；上演中国和东盟国家的上百部微电影、戏曲电影；东盟国家的艺术家现场展示教授戏剧体验课程。

服务保障

【概　况】 2016年，南宁市委、市政府率领全市各级各部门以创新、协调、绿色、开放、共享的理念，坚持节俭、务实、高效、安全的原则，克难攻坚，高标准、高效率、圆满完成第13届中国－东盟博览会、第13届中国－东盟商务与投资峰会（简称“两会”）各项服务保障任务。加强领导、统筹协调、监督检查、保证资金，确保各项筹备工作有序推进；宣传全覆盖，营造浓厚热烈的“两会”社会氛围；多措并举，安保和社会维稳工作做到万无一失；落实措施和任务，做好基础设施建设、食品安全、通信和志愿服务、供水供电保障等各项服务保障工作。

【基础设施与市容环境改善】 2016年，南宁市重点做好南宁国际会展中心改建、扩建工程项目的推进，现场检查进度、解决问题、协调各方配合，确保新展馆如期完工，按时投入使用。同时，安排并完成道路整治提升、市政配套建设、立交桥建设、人行道改造、“中国绿城”提升工程等一大批服务“两会”城市基础设施项目建设。结合开展“美丽南宁·整洁畅通有序大行动”，重点抓好扬尘治理、建筑垃圾运输、道路设施维保、占道施工、环境卫生、桥梁装饰等项目，保证重点场馆、区域和路线的安全以及市容环境的整洁卫生。采取措施，确保“南宁蓝”在“两会”期间持续保持。做好南宁国际会展中心等重要场馆周边、民族大道等精品线路周边，以及城市立交桥的美化亮化工作；在南宁国际会展中心、民族大道等重要节点和道路种植花卉约93.10万盆。

【南宁国际会展中心服务保障】 2016年，针对新场馆首次投入使用，南宁国际会展中心组织相关人员提前掌握、熟悉设备的安装线路和操作方法，根据设施设备的特点制定应急预案并开展演练，确保“两会”期间设施设备安全正常运行。配合完成1780个标准展位搭建，28个各类功能区、服务区设置，87个室内、室外指示牌装搭按时交付使用。完成20间会议室、42场会议现场服务。

【宣传服务】 2016年，南宁市邀请新华社等中央和境外驻广西主要媒体参加“两会”及民歌节系列活动的宣传报道，刊发稿件200多篇（幅）。组织市属新闻媒体刊发服务“两会”专版50多个、编发稿件1100多篇；市属新闻网站刊发相关新闻稿件400多篇；微信公众号“南宁发布”发起“第13届东博会”讨论话题，阅读数102万。利用高杆广告牌、跨路天桥等在精品线路和重要节点设置“两会”宣传标语；在15条精品线路路段的灯杆POP旗、平面广告牌设置“两会”宣传画面14814平方米；在公交候车亭广告牌、地铁站内灯箱、工地围挡、户外大型电子屏、楼宇电视、出租车车顶电子屏、汽车客运站电子屏、联播电子屏和联播电视等设置“两会”宣传片、宣传画面和宣传标语，营造良好的社会氛围。

【安全保卫与维稳】 2016年，南宁市制定137个服务“两会”工作方案和应急预案，按照定人、定点、定岗、定责的要求，将安保责任落实到每名安保民警，把执勤区域精确到“米”。“两会”期间，投入警力14360人，执行多项措施，所有的活动场所秩序井然，实现“两会”安保工作的目标要求。在“两会”举办期间及其前后，动员组织15万多名安全保卫志愿者，配合公安部门开展治安大整治行动、治安大联防活动，矛盾纠纷排查摸底和公共安全大排查专项行动。开展巡查62.12万人次，发现问题1143个；协助案件处理334件，制止不法行为344起，举报违法犯罪线索100多条，维护社会面的安全稳定。

【安全生产监督管理】 2016年，南宁市组织开展全市安全生产大检查，重点对交通、消防、建筑工地、接待酒店等进行隐患排查；对“两会”活动场所、临时施工工地全程跟踪，进行经常性的安全生产检查、巡查和指导服务；加强对危险化学品单位进行安全管理，对矿山的安全开展监督检查，对重点高行业实施相应措施；组织开展特种设备安全专项检查，检查相关单位209家次、相关设备989台（套），对核心区域28家使用单位的183台(套)电梯、锅炉、压力容器特种设备安全状况、维保质量情况,以及应急单位应急救援机制的建立和执行情况进行检查,发现问题、隐患及时整改。督促各行业、各领域建立健全服务"两会"24小时安全生产和维稳值班制度,确保责任落实到位,实现"两会"期间生产安全目标。消防部门实施"预案数字化、执勤可视化、监管实时化、防控精准化"四化措施,投入警力21254人次、执勤车辆1538辆次,实战135项安全活动,处置129个突发问题,实现消防安保总体目标。

【食药安全保障】 2016年,南宁市构建集中领导、区域负责、属地管理的责任网络,落实措施,做好食品药品安全保障,"两会"期间实现零事故、零投诉。在42家接待酒店,各自成立以企业法人为组长的食品安全工作组,落实专职食品安全管理员,组织督导考评,指导整改;对提供快餐的单位进行驻点监管,对快餐供应量大、点多、时间长的南宁国际会展中心,实行从快餐生产、配送到接收、食用全链条独立监管;对"两会"专供食品生产企业、食品供应商进行溯源审核和专项检查。"两会"期间,对接待酒店抽检3071份、快餐抽检768份、美食节抽检229份,发现不合格的即时处置;服务"两会"专项监督抽检样本124批次。

【医疗卫生保障】 2016年,南宁市组织人员对24家"两会"接待酒店和活动场馆进行以空气监测、二次供水检查、"四害"(苍蝇、蟑螂、蚊子、老鼠)消杀及其他公共卫生监测为主的集中整顿活动;对重点场所的环境、饮用水、高危食品、餐具,以及重点传染病等进行抽样检测,发现问题及时整改。出动卫生监管员852人次,车辆165辆次,检查酒店391家次、医疗卫生机构47家;对重点接待单位和活动场所周边的相关单位,开展公共场所、生活饮用水、消毒产品、病媒生物防制等卫生监督综合保障工作,确保"两会"期间的公共卫生安全。组织156名医务人员、26辆救护车、成立36个小组,执行"两会"现场医疗保障任务,接诊125人次,转运治疗5人。

【交通运输保障】 2016年"两会"期间,南宁市根据实际需要,采取相应措施,做好交通运输保障。协调落实轨道交通调整经停站,延长营运时间,为服务"两会"活动提供便利。开通5条临时免费公交专线,服务华南城轻工展;调整优化8条公交线路,投入120辆公交车,发班154车次,服务民歌节晚会;对重要活动场所

"两会"期间,志愿者在场馆提供服务　　宋延康　摄

和主要客源集散点,加大公交发班密度并延长营运时间;抽调200辆出租车按时到南宁国际会展中心指定停车区签到候客。征集、调配服务车辆一批,满足"两会"工作用车需求。

【通信保障】 2016年"两会"举办前,南宁市组织运营商对专业核心网络、核心设备、关键供电电源、重要业务平台系统等进行全面优化、升级和改造;对设备、电路进行预检、预修和扩容,完成新建场馆4G室内覆盖建设。"两会"期间,铺设线路、安装设备,确保"两会"直播报道通信线路畅通;安排12辆应急通信保障车、实行专业人员24小时值守,保障重点场所信号畅通稳定;落实"民歌节"映客直播10M光纤专线和南宁电视台100M光纤专线的通信保障,确保800M集群通信信号覆盖南宁国际会展中心新馆。

【供电与供水保障】 2016年,南宁市供电部门组织出动专业人员2265人、车辆752辆次、应急发电车14辆、UPS(不间断电源)9台,完成保电任务214项,实现"两会"期间供电保障目标。供水部门完成河南水厂技改工程,以及供水加压站和管道的修建;开展安全大检查,及时整改消除安全隐患;收集接待酒店和活动场所供水设施设备的相关数据,确保完好;出动车辆454辆次、人员989人次,加强供水、污水管线巡查,并安排人员对接待酒店、活动场所、相关路段的供排水设施进行巡检;派出抢修车辆5辆、抢修人员25人,分别负责南宁会展中心等重要场所的供水保障,派出水表工程抢险车辆264辆次、人员636人次,对表位、井盖设施进行检查和安全监控;同时,广西绿城水务股份有限公司中心调度室负责做好协调供水管网抢修、水厂生产调度、供水水压水量调配等。通过落实各项措施,完成"两会"安全供水保障任务。

【气象服务】 2016年,南宁市气象部门制定详细服务工作方案,责任落实到人;做好全市气象仪器装备及场馆气象保障设施的检查,确保设施设备运行正常;通过加强与上级气象部门会商,做好技术研制,发挥气象现代化成果作用,提高气象服务的精准度和精细度。"两会"期间,按决策、大型活动、场馆、城市运行、公众与大类提供气象服务,并增加对主要活动场馆、重要交通枢纽精细化到点的预报服务。向市领导发送决策服务短信23条,提供专项服务材料39期,向组委会人员发送气象保障服务短信38847条次,天气过程降雨落区预报、天气转折预报与实况高度吻合,短临预报精准到小时。利用新闻媒体、气象发布渠道等,设置多种栏目,实现公共气象服务广覆盖。同时与民航、交警、环保、城管等部门合作,为城市运行保障、空气质量气象保障提供服务。

【志愿服务】 2016年"两会"期间,南宁市招募4132名志愿者,提供专业志愿服务、场馆志愿服务、城市志愿服务和窗口文明单位岗位志愿服务等115万人次。8月15日至9月15日,组织志愿者在30个路口,开展文明交通劝导。8月22日至9月22日,组织志愿者在21个城市志愿服务工作站,提供信息咨询、导游导购、应急医疗等服务;在南宁国际民歌艺术节活动现场提供道具发放、票务协助、观众引导、交通指引等服务;在机场、酒店、博览会客服中心、贸易配对会等场所,提供专业志愿服务。　（龙　树）

责任编辑　李志楠

南宁与东盟

经济交往

【南宁与东盟国家经贸概况】 2016年，南宁市与东盟国家进出口额56.95亿元，比上年同期增长18.90%；其中出口27.89亿元，进口29.06亿元。新增备案的境外投资企业19家；实现中方对外协议投资额8.20亿美元，增长11%。主要进出口国家：越南21.71亿元（出口16.55亿元、进口5.16亿元）；泰国10.92亿元（出口6.89亿元、进口4.03亿元）；马来西亚10.31亿元（出口0.90亿元、进口9.41亿元）。南宁市对21世纪海上丝绸之路沿线国家投资增速加快，9家企业以独资、合作、并购形式在"一带一路"沿线3个国家进行投资，中方协议投资总额3.50亿美元，占中方对外协议投资额43%；对外投资形式多元化，涉及港口码头、专用铁路、公路、汽车制造、农业、林业、渔业、畜牧业等领域。民营企业成为对东盟国家"走出去"的主力军。 （市商务局）

【南宁国资监管企业进入东盟】 2016年，南宁威宁投资集团及监管单位与东盟国家主要进行大米贸易往来。大宗大米进口贸易：南宁市储备粮管理有限责任公司获进口大米配额1696吨，其中从越南进口大米1000吨，从巴基斯坦进口大米696吨；进口大米在南宁市及周边市场直接分销或再加工后分销。小额大米进口贸易：南宁威宁捷信贸易股份有限公司从柬埔寨进口价值约1万元的茉莉香米，在宁家连锁便利店中柬店、五象店、济南店等42家门店销售。南宁产业投资集团有限责任公司所属企业广发重工集团出口东盟国家产品主要以水电、矿山机械为主，出口设备折合人民币1026.73万元；南机环保科技有限公司免检产品"高峰"牌柴油机出口越南等东南亚国家，累计出口柴油机6648台，出口创汇176.51万美元。 （市国资委）

【东盟企业进入南宁】 2016年，东盟企业在南宁投资新增项目7个，均为第三产业，投资总额240.27万美元，注册资本243.37万美元，实际利用外资93.37万美元。按投资类型分：合资项目1个，投资总额32.86万美元，注册资本6.19万美元，实际利用外资6.19万美元；外资项目6个，投资总额207.41万美元，注册资本273.18万美元，实际利用外资87.18万美元。按行业划分：原有交通运输、仓储和邮政业项目增加投资总额150万美元，增加注册资本150万美元；批发和零售业项目4个，投资总额81.26万美元，注册资本84.36万美元，实际利用外资84.36万美元；住宿和餐饮业项目1个，投资总额1.52万美元，注册资本1.52万美元，实际利用外资1.52万美元；租赁和商务服务业项目2个，投资总额7.49万美元，注册资本7.49万美元，实际利用外资7.49万美元。按国家和地区划分：泰国1个，投资总额3.09万美元，注册资本6.19万美元，实际利用外资6.19万美元；马来西亚4个，投资总额79.69万美元，注册资本79.69万美元，实际利用外资79.69万美元；新加坡2个，投资总额157.49万美元，注册资本157.49万美元，实际利用外资7.49万美元。 （蔡 伟）

【南宁经贸代表团访问东盟国家】 2016年3月22日至31日，市经贸代表团访问越南、柬埔寨、老挝。走访3个国家的5个工业园区；拜会中国驻越南大使馆、中国驻胡志明市总领事馆，老挝中国合作委员会计划与投资部、柬埔寨卫生部、旅游部等机构；拜访越南工商会、越南中国商会，老挝国家工商总会，柬埔寨加华集团。代表团与柬埔寨卫生部副国务秘书就两地开展医药、医疗器械、跨境医疗、医护人员培训等方面的合作达成初步共识；向老挝医药企业推介远程医疗计划，邀请老挝医药企业到南宁考察；邀请老挝未来传媒公司参加广西跨境电子商务节。

10月至11月，应马来西亚砂拉越州国土航空运输安全部长、旅游部长助理DatukLeeKimShin及越南因特斯科国际商贸投资股份公司、越南中国商会、柬埔寨暹粒省柬华理事会、柬埔寨加华银行等方面的邀请，南宁市经贸代表团先后赴越南、柬埔寨、马来西亚访问。代表团实地访问越南胡志明市的丰达电机越南工厂，与丰达电机越南工厂、越南因特斯科国际商贸投资股份公司负责人就两地工厂开展加工贸易产能合作、推进越南—南宁国际多式联运合作等事宜进行对接磋商，并达成初步合作意向。访问柬埔寨暹粒省暹粒市期间，代表团会见暹粒省柬华理事会及中柬农业促进中心负责人，访问福沃得柬埔寨公司总部，就企业风险保障服务平台合作、农业技术推广、产业化种植开展磋商，检查中柬农业促进中心项目建设情况；代表团拜会金边市加华集团董事长，就两地合作共建跨境电商平台、拓展国际贸易融资服务、引导南宁企业投资金边市加华工业区等合作意向达成共识。代表团访问马来西亚砂拉越州古晋市（南市）期间，拜会古晋市市长、古晋市副首长兼乡区经济发展与农业现代化部长，开展投资推介活动；与砂拉越州副首席部长、砂拉越州秘书长进行交流磋商，推动南宁（中国－东盟）交易所砂拉越州分支机构设立及跨境贸易平台业务落地，就棕榈油精炼加工、板材生产加工、石油等大宗商品贸易事项达成合作共识；在吉隆坡市开展投资推介活动，访问马来西亚森达美集团AdeqSue调味品有限公司、有利农业有限公司，与AdeqSue调味品有限公司达成独家代理协议。

（市投资促进局 市商务局）

【东盟（越南）—中（南宁）欧国际列车公铁联运开通】 2016年7月6日，南宁震洋物流有限公司与南宁铁路局、成都铁路局正式开通以南宁为货运物流中枢的东盟（越南）—中（南宁）欧国际列车公铁联运新通道，实现南宁发展跨境多式联运，发挥南宁连接海陆"丝路"的枢纽作用。

【跨境电子商务集聚区建设】 2016年，南宁市以跨境电子商务、农村电子商务、传统企业电子商务转型升级为重点，进一步完善跨境电子商务产业支撑体系，加快电子商务产业园区建设，构建面向东盟的电子商务综合服务体系，推进电子商务产业发展。完成重点企业电子商务交易额2201亿元，比上年同期增长22%。中国－东盟（南宁）跨境电子商务产业园基础设施逐步完善；南宁跨境贸易电子商务综合服务平台一期、二期建设完成；广西邮政投资建设的中国邮政东盟跨境电商监管中心建设基本完成，监管中心总面积1.20万平方米，完成设备安装调试、配套监管查验房建设，具备跨境进出口业务能力，可满足日进出口1万单跨境电子商务业务需求。 （市商务局）

7 月 6 日,东盟(越南)—中(南宁)欧国际列车的公铁联运开通　　韦　静　摄

【中国－东盟信息港建设】 2016 年,南宁市推进中国－东盟信息港南宁核心基地项目建设,加强与东盟国家信息流、物流、资金流互联互通。自治区安排中国－东盟信息港重大建设项目 55 个,其中落户项目 16 个;南宁市安排中国－东盟信息港南宁核心基地建设项目 65 个,其中落户项目 35 个。广西东盟信息交流中心一期工程(中国联通集团南宁总部基地)建设完工;中国－东盟信息港展示中心对外开放;中国移动广西公司五象信息交流中心通信生产楼建成投入使用,指挥调度楼主体工程封顶;广西电子政务外网云计算中心项目主体封顶。南宁启迪东盟科技城入驻建设,中厚电子商务产业园入驻南宁绿地中心并正式开园,中国移动广西公司新型绿色数据中心、中国电信五象新区国际性通信枢纽确定项目选址。

【中国－东盟传统医药高峰论坛】 2016 年 10 月 26 日至 28 日,中国－东盟传统医药高峰论坛在南宁举办。活动由国家卫生和计划生育委员会、国家中医药管理局、国家民族事务委员会、广西壮族自治区人民政府主办;中国和东盟各国卫生行政部门官员、专家学者、企业家、青年医学人才参加活动。论坛以“传统药物资源保护、发展与合作”为主题,由主旨演讲、合作项目签约、2016 中国－东盟传统医药交流成果展组成;中国与东盟国家共同发出《中国－东盟传统医药交流与合作倡议书》。现场签约项目 6 个。

【南宁直飞越南芽庄首航】 2016 年 1 月 1 日,南宁直飞越南芽庄航线航班实现首航。南宁—芽庄航线由越南越捷航空公司使用空客 A320 执飞,航班号 VJ5228/9,每 4 天飞行 1 班往返。北京时间 16 时 15 分从芽庄起飞,18 时 30 分到达南宁;19 时 30 分从南宁起飞,21 时 45 分到达芽庄。芽庄市是继胡志明市、河内市、岘港市后,南宁吴圩国际机场在越南开通的第 4 个通航城市。

【南宁直飞文莱斯里巴加湾首航】 2016 年 8 月 11 日,南宁直飞文莱斯里巴加湾航线航班首航。南宁—斯里巴加湾航线是南宁与文莱之间开通的首条包机航线,由文莱皇家航空公司使用空客 A320 执飞,航班号 BI4623/BI4624;2016 年 8 月 11 日至 10 月 6 日,每周四飞行 1 班。北京时间 14 时 55 分从南宁起飞;次日 10 时 35 分从斯里巴加湾返回,单程飞行时间 3 小时 10 分钟。

【南宁直飞印度尼西亚雅加达首航】 2016 年 8 月 18 日,南宁直飞印度尼西亚雅加达航线航班首航。南宁—雅加达航线由云南祥鹏航空公司使用波音 B737-800 型飞机执飞,航班号 8L9587/8,每周四飞行 1 班往返。北京时间 10 时 05 分从南宁起飞,14 时 55 分抵达雅加达;15 时 55 分从雅加达起飞,20 时 45 分抵达南宁。

【南宁—金边航空货运航线项目签约】 2016 年 9 月 11 日,第二届 21 世纪海上丝绸之路与推进国际产能和装备制造合作论坛在南宁举行,南宁与柬埔寨金边航空货运股份有限公司签约“南宁—金边航空货运航线”项目。航线是柬埔寨金边飞往南宁的纯货运航线,柬埔寨农产品、海产品等通过快捷空运进入广西乃至中国市场,推进中柬经贸合作和发展。

【南宁—普吉航线恢复】 2016 年 11 月 3 日,南宁吴圩国际机场恢复泰国普吉航线。南宁—普吉航班由泰国东方航空公司使用波音 A737-400 型客机执飞,航班号 OX616/7,每 6 天飞行 1 班往返。北京时间 9 时从普吉起飞,12 时抵达南宁;13 时从南宁起飞,16 时 20 分抵达普吉。

【南宁至东盟航线航班加密】 2016 年 3 月 27 日起,南宁吴圩国际机场加密南宁—万象航线,每周二、周四、周六、周日飞行 1 班往返;由东方航空公司使用波音 73E 执飞,航班号 MU783/4。北京时间 10 时 30 分从南宁起飞,12 时 05 分到达万象;13 时 05 分从万象起飞,14 时 40 分到达南宁。6 月 9 日起,南宁吴圩机场加密南宁—新加坡航线,每周一、周三、周四、周六飞行 1 班往返,由新加坡虎航公司使用空客 A320 执飞,航班号 TR2916/7。北京时间 10 时从新加坡起飞,13 时 45 分到达南宁;14 时 45 分从南宁起飞,18 时 20 分到达新加坡。8 月 16 日,南宁吴圩机场加密南宁—暹粒航线,每周二、周四飞行 1 班往返,由柬埔寨吴哥航空公司使用空客 A321 执飞,航班号 K66945/6946。周二北京时间 16 时 40 分从暹粒起飞,18 时 45 分抵达南宁;19 时 30 分从南宁起飞,21 时 35 分抵达暹粒。周四北京时间 18 时 40 分从暹粒起飞,20 时 45 分抵达南宁;21 时 30 分从南宁起飞,23 时 35 分抵达暹粒。　(覃涓铌)

文化交流

【南宁学院代表团参加泰国职业教育合作大会】 2016 年 1 月 29 日,南宁学院代表团应邀赴泰国曼谷参加泰国职业教育合作大会,是唯一受邀参会的中国高校。泰国总理巴育·占奥差、教育部长大蓬·拉塔纳素湾、教育部全国职业教育委员会秘书长猜布勒·喜里勒,以及泰国政府官员、泰国职业院校负责人参加会议;泰国近 100 所职业院校展示职业教育成果。泰方感谢南宁学院支持泰国高速铁路建设和运营管理人才培养,肯定 2014 年泰国 18 所大学教师在南宁学院高速铁路专业学习成效;确定泰国与南宁学院联合培养高速铁路人才的国际合作项目,泰方将派送 300 余名学生到南宁学习,首批 30 名学生 2016 年 3 月 10 日至 2017 年 1 月 20 日在南宁学院学习车辆及维护工程专业知识。泰方对南宁学院提供的教学方案、培养目标、实验实训、文化交流、生活安排等表示满意。期间,南宁学院代表团分别会见泰国工商总局局长、佛统府府长、劳工局局长及 20 余所职业院校院长、校长,接受泰国国家电视台专访。

【南宁民营企业家与驻邕东盟六国领事机构外交官开展植树联谊活动】 2016 年 3 月 31 日,南宁市外事侨务办公室、南宁市工商联合会、中国国际贸易促进委员会南宁市支会与驻邕东盟六国领事机构（老挝、柬埔寨、缅甸、越南、泰国、马来西亚）在美丽南方休闲农业示范区忠良村联合举行“绿城植树传友情，交流联谊促合作”——南宁市民营企业家与驻邕东盟六国领事机构外交官植树联谊活动。南宁民营企业家与驻邕东盟六国领事机构外交官等70人参加活动，共同种下樱花树60棵，在树苗前留影纪念，并为“南宁市民营企业家与驻邕东盟六国外交官友谊林”揭碑。此次活动增强南宁民营企业与驻邕东盟六国领事机构的交流合作，为南宁市民营企业到东盟国家投资发展牵线搭桥，搭建南宁市民营企业“走出去”平台。

1月29日，南宁学院应邀赴泰国曼谷参加泰国职业教育合作大会。图为南宁学院校监郑学勤（左二）勉励即将到南宁学院学习的泰国学生　　李锦泳提供

【南宁企业“东盟行”贸易投资大讲堂越南专场培训班】 2016年4月22日在自治区发展改革委培训中心举办。中国国际贸易促进委员会南宁市支会、市商务局、市国税局联合主办，旨在帮助南宁市中小企业解决“走出去”的难题，使企业了解外贸、境外投资相关政策法规，规避在东盟国家投资遇到的风险。培训班重点介绍越南的政治、经济形势及投资环境。越南云中工业区负责人，富华责任有限公司副总经理谭启东发表演讲；市国税局工作人员介绍涉及越南的税收政策、税收优惠、税务援助等。

【金辉八桂壮乡文化体验营】 2016年6月24日在广西华侨学校举办。中国华文教育基金会主办，广西海外交流协会、广西华侨学校承办，金辉集团赞助。来自老挝、印度尼西亚的55名华裔青少年参加为期12天的壮乡文化体验营活动。体验营以民俗文化为主题，安排汉语及文化课程学习，组织华裔青少年在南宁市、桂林市、阳朔县等地游学，参与民俗实践活动，组织开展华裔青少年与广西华侨学校留学生联谊、走进广西华侨学校印度尼西亚归侨及学生家庭等活动。

【泰国购物狂欢节】 2016年7月22日至7月31日，泰王国驻南宁总领事馆商务处联合南宁梦之岛丰润家超市、北京华联华府店举办2016泰国购物狂欢节。活动以“您好泰国”为主题，开展泰国音乐、舞蹈表演，主办方引进泰国香米、泰式休闲小吃、泰味酱料等泰国特产，以及榴梿、山竹、红毛丹、番荔枝等泰国原产水果，开展水果试吃、购物让利、抽奖等活动。

（覃涓铌）

【中越“城市绿化交流”培训班】 2016年8月2日，应越南河内市政府、越南驻南宁总领事馆请求，南宁市外事侨务办公室、南宁市林业和园林局、南宁职业技术学院联合举办为期8天的中越“城市绿化交流”培训班，是南宁市首次与越南开展园林领域培训与交流；双方代表共同签署《中国·越南“城市绿化交流团”培训协议》，越南河内市7家园林企业的24名学员参加培训。来自南宁职业技术学院艺术工程系、市林园局、青秀山风景区的园林专家讲解中国园林植物造景、南宁常见绿化植物品种，就南宁市公园种植与养护、公园分级管理、道路绿化及管理等经验进行交流。　（市外侨办编写组）

【马来西亚泰莱大学代表团访问南宁学院】 2016年9月21日，马来西亚泰莱大学代表团到南宁学院开展访问、交流活动。南宁学院介绍学院发展及国际交流合作等情况；马来西亚泰莱大学代表团介绍泰莱大学办学情况、优势专业及国际留学生合作项目实施情况；双方探讨国际合作项目细节，初步达成合作意向。

【“亲情中华·梦牵绿城”夏令营南宁营】 2016年10月9日至20日在广西华侨学校举办。中华全国归国华侨联合会主办，广西归国华侨联合会承办，南宁市归国华侨联合会、中国致公党南宁市委员会、广西华侨学校协办。40名泰国华裔青少年参加。夏令营开设中文口语、中国武术、少数民族舞蹈、纸浆画等课程；开展重阳节慰问归侨老人活动，组织参观考察广西－东盟经济技术开发区，游览青秀山中泰友谊园、花山崖壁画群、大新德天瀑布。

【中国南宁－东盟棋牌国际邀请赛】 2016年10月15日至20日在邕江宾馆多功能厅举行。南宁市体育局、市体育总会主办，市体育管理培训中心承办。参赛选手包括国内棋手及来自文莱、柬埔寨、印度尼西亚、老挝、马来西亚、缅甸、菲律宾、新加坡、泰国、越南、美国、韩国12个国家的棋手295人。设围棋、象棋、桥牌3个比赛项目。泰国队获围棋男子组团体赛冠军及个人赛冠军，中华台北的林虹冰获围棋女子组个人赛冠军；中国江苏队的程鸣获象棋公开组个人赛冠军，越南河内队的黎海宁获象棋国际组个人赛冠军；中国广州队获桥牌公开队式赛冠军，吴震／黄文生、刘斌／石江陨、叶建平／黄勇标分别获南北向、东西向、名人双人赛冠军。

【南宁·东南亚华人华文国际学术研讨会】 2016年10月28日至30日在南宁市广西师范学院举办。广西师范学院与马来西亚新纪元学院联合主办，中马华人华文研究中心承办。中国、马来西亚、菲律宾、印度尼西亚、越南、老挝、柬埔寨7个国家17所院校、研究机构、政府部门的50多名专家学者出席，研讨会围绕“历史与责任：‘一带一路’背景下华人教育和华文文学的发展机遇”主题展开学术讨论。期间，中国与东南亚国家专家学者就“东南亚华人与中华文化传承与发展研究”“华文教育发展与合作战略研究”“华文文学的发展愿景”“中文与海外华文研究”等议题进行研讨交流；与会国内外院校、研究机构就专业设置与课程开发、教育方法与校园管理、师资培训与学生交换、资源共享与联合办学4个方面进行具体交流。中马华人华文研究中心向马来西亚新纪元学院文平强教授、伍燕翎博士，越南顺化外语大学廖灵专博士，老挝国立大学李建民博士，中国暨南大学郭熙教授、安徽师范大学崔达送教授、南京晓庄学院郭骏教授、广西大学黄南津教授等8位特聘研究员颁发聘书。

【中国－东盟大学智库联盟成立】 2016年10月31日，中国－东盟大学智库联盟在广西大学中国－东盟研究院举行成立仪式，广西大学、厦门大学、贵州大学、云南大学等高校嘉宾及东盟国家高校代表80人出席；主办方发布《共建中国－东盟大学智库联盟倡议书》。中国－东盟大学智库联盟由中国－东盟区域发展协同创新中心发起成立，联盟理事会由中国和东盟代表共同组成，秘书处设在广西大学。依托中国－东盟大学的学科资源和人才优势，搭建东盟问题研究国际化新平台，推动中国与东盟国家间大学智库交流合作，为中国和东盟国家在政治、经济、文化领域的合作提供理论支撑和实践基础。中国－东盟大学智库联盟在每年中国－东盟博览会举办期间在南宁召开学术论坛。

【中国·东盟城市足球邀请赛】 2016年12月16日至22日在南宁市体育场举办。南宁市体育局、市体育总会主办，市体育管理培训中心、广西龙桂达体育发展有限公司承办。赛事是南宁市首次在职业足球领域与东盟国家足球俱乐部进行交流；泰国陆军联队，柬埔寨金边皇冠队，越南南定队，中国广西龙桂达队4支队伍、120余名运动员、裁判员参加比赛；比赛采用单循环积分赛制，越南南定队夺得冠军，泰国陆军联队、广西龙桂达队分获第二名、第三名。期间，东盟国家足球俱乐部、外籍足球专家到南宁市第二十八中学开展足球进校园活动。 （覃涓铌）

友好交往

【友好城市交往】 2016年1月25日至28日，缅甸仰光大学代表出席在南宁市举办的“澜沧江—湄公河之约研讨会”；期间，考察青秀山风景名胜旅游区。9月10日至14日，泰国孔敬市友好代表团、越南海防市友好代表团访问南宁，就文化教育、经贸合作等方面进行磋商，参加2016南宁国际友好城市艺术展演暨国际友好交往礼品展开幕式；柬埔寨西哈努克省代表团，老挝占巴塞省代表团，泰国孔敬市代表团，越南下龙市代表团、高平省代表团参加在南宁举行的中国－东盟博览会、中国－东盟商务与投资峰会各项活动，就旅游、经贸、农业、教育等领域的深化合作进行交流。9月26日至27日，缅甸仰光市代表团、内比都市代表团，马来西亚古晋市代表团访问南宁，参加在南宁举行的2016中国－东盟市长论坛。12月2日至6日，泰国孔敬市代表团、柬埔寨西哈努克省代表团、印度尼西亚泗水市代表团、老挝乌多姆塞省代表团、老挝万象市代表团、菲律宾卡巴洛甘市代表团、马来西亚怡保市代表团访问南宁，参加中国2016亚洲国际集邮展览活动。12月16日至17日，应泰国孔敬市政府邀请，南宁市代表团访问泰国，共同举行“南宁园”修建工程开工仪式。12月23日至25日，应柬埔寨西哈努克省邀请，南宁市代表团访问柬埔寨，参加西哈努克省海洋节活动，与暹粒市共办旅游推介会，就双方在旅游领域合作开展洽谈。

9月12日，2016南宁国际友好城市艺术展演暨国际友好交往礼品展开幕仪式在南宁会展航洋城举行 市外侨办提供

【友好交往城市往来】 2016年11月2日至4日，应马来西亚怡保市邀请，南宁市代表团对马来西亚进行友好访问，双方就加强社会治安管理、完善社会保障及提高政府行政效能方面进行交流。11月24日至12月1日，应老挝建国阵线万象市委员会邀请，南宁市代表团访问老挝万象市，加强与老挝祖国阵线及其相关专门委员会、工作机构的往来，推动地方组织交流，扩大政协对外影响，宣传中国共产党领导的多党合作和政治协商制度。12月19日至21日，应印度尼西亚泗水市邀请，南宁市代表团访问印度尼西亚；与泗水市市长及有关部门、企业座谈，举行经贸推介会，实地考察印度尼西亚锦石县爪哇工业港口综合园区。 （市外侨办）

【马来西亚驻南宁总领事馆副总领事访问广西师范学院】 2016年6月6日，马来西亚驻南宁总领事馆副总领事华尔特·费南迪携马来西亚公立大学境外(中国)办公室主任刘蓉等一行5人到广西师范学院访问，了解学院华文教育情况；广西师范学院副校长邓艳葵介绍学院发展情况，以及近年与马来西亚高校、机构开展的教育合作项目，希望马来西亚驻南宁总领事馆支持学院与马来西亚高校的教育、文化交流合作项目。华尔特·费南迪对广西师范学院与马来西亚高校的教育交流活动表示赞赏，刘蓉介绍马来西亚6所一流公立大学的情况，希望与广西师范学院在教师培训、学生交换、科研项目等方面开展合作。

【马来西亚古晋市市长考察南宁(中国－东盟)商品交易所】 2016年9月26日，马来西亚古晋市市长曾长青、马来西亚驻南宁总领事黄奕瑞到南宁(中国－东盟)商品交易所考察，参观东盟交易所中心机房、交易大厅，了解相关业务发展。曾长青介绍古晋市人文风貌，对东盟交易所利用口岸便利，借北部湾经济圈、“一带一路”、东盟自贸区的政策优势开拓东盟市场、进军东南亚、发展跨境业务表示赞许。

【马来西亚驻南宁总领事馆总领事考察南宁学院】 2016年11月1日，马来西亚驻南宁总领事馆总领事黄奕瑞、马来亚大学语言学院副院长Dr.Surinderpal与马来亚大学中国办公室主任刘蓉到南宁学院考察。黄奕瑞考察南宁学院高博软件学院、交通学院及机电与质量工程学院实训室；南宁学院校长赖每向黄奕瑞介绍校企合作和校校合作，特别介绍南宁学院与高博教育管理(苏州)有限公司合作共建的高博软件学院；刘蓉介绍留学马来西亚的优势、马来亚大学的概况、留学项目；马来亚大学语言学院副院长介绍语言学院办学情况。南宁学院与马来亚大学开展学生短期交流，硕士研究生、教师互换，教师提升学历等合作项目达成共识。

（覃涓铌）

责任编辑 覃庆梅 覃涓铌

政　治

中共南宁市委员会

重要会议

【中国共产党南宁市第十一届委员会第十四次全体会议】 2016年1月15日在市委、市政府会议中心召开。市委委员48人,候补委员9人出席会议。市纪委常委和不是市委委员、候补委员的市人大、政府、政协中共党员领导,以及有关方面负责人列席会议。市委常委会主持。自治区党委常委、市委书记王小东作讲话。会议深入学习党的十八届五中全会、自治区党委十届六次全会精神和中央、自治区经济工作会议精神,听取和讨论王小东受市委常委会委托作的工作报告,审议通过《中共南宁市委员会关于制定国民经济和社会发展第十三个五年规划的建议》《中共南宁市委员会关于贯彻落实中央和自治区扶贫开发工作重大决策部署坚决打赢脱贫攻坚战的决定》。

【中国共产党南宁市第十一届委员会第十五次全体会议】 2016年4月28日在市委、市政府会议中心召开。市委委员39人,候补委员8人出席会议。市委常委会主持。自治区党委常委、市委书记王小东作讲话。审议通过《中国共产党南宁市第十一届委员会第十五次全体会议关于召开中国共产党南宁市第十二次代表大会的决议》,决定2016年8月在南宁召开中国共产党南宁市第十二次代表大会。

【中国共产党南宁市第十一届委员会第十六次全体会议】 2016年8月25日在市委、市政府会议中心召开。市委委员43人,候补委员7人出席会议。市委常委会主持。自治区党委常委、市委书记王小东作讲话。决定2016年8月28日至31日在南宁召开中国共产党南宁市第十二次代表大会。审议通过十一届市委、市纪委向市第十二次党代会所作的工作报告,决定将两个报告提交市第十二次党代会审议;酝酿十二届市委委员、候补委员、市纪委委员候选人预备人选名单,表决通过关于召开市第十二次党代会的决议。

【中国共产党南宁市第十二次代表大会】 2016年8月29日至31日在南宁人民会堂召开。应到代表487人。大会主题是高举中国特色社会主义伟大旗帜,以马克思列宁主义、毛泽东思想、邓小平理论、“三个代表”重要思想、科学发展观为指导,深入贯彻习近平总书记系列重要讲话精神,动员和团结全市各族人民,践行发展新理念,增创首府新优势,为勇当广西“两个建成”排头兵而奋斗。8月29日,举行开幕式,实到代表472人。周红波主持,王小东代表中国共产党南宁市第十一届委员会向大会作题为《践行发展新理念,增创首府新优势,为勇当广西“两个建成”排头兵而奋斗》的报告,王祝广代表中国共产党南宁市第十一届纪律检查委员会作书面工作报告,谭向光作关于南宁市党费收缴、使用和管理情况的书面报告。8月30日,召开中国共产党南宁市第十二次代表大会第二次全体会议,实到代表478人。选举产生中国共产党南宁市第十二届委员会和纪律检查委员会,选出中国共产党南宁市第十二届委员会委员61人,中国共产党南宁市第十二届纪律检查委员会委员43人。8月31日,举行闭幕式,实到代表477人。表决通过《中国共产党南宁市第十二次代表大会关于中共南宁市第十一届委员会报告的决议》《中国共产党南宁市第十二次代表大会关于中共南宁市第十一届纪律检查委员会工作报告的决议》。

【中国共产党南宁市第十二届委员会第一次全体会议】 2016年8月31日在市委、市政府会议中心召开。市委委员61人、候补委员12人出席会议,市纪委委员列席会议。王小东主持会议并作讲话。选举产生中国共产党南宁市第十二届委员会常务委员会委员11人、书记1人、副书记2人,通过《中国共产党南宁市第十二届纪律检查委员会第一次全体会议选举结果的报告》《中国共产党南宁市第十二届委员会第一次全体会议公报》。

【中国共产党南宁市第十二届委员会第二次全体会议】 2016年9月26日在市委、市政府会议中心召开。市委常委会主持。自治区党委常委、市委书记王小东作讲话。通过投票民主推荐中国共产党广西壮族自治区第十一届委员会委员、候补委员和纪律检查委员会委员,酝酿南宁市出席中国共产党广西壮族自治区第十一次代表大会代表候选人预备人选名单,表决通过《中国共产党南宁市第十二届委员会第二次全体会议关于召开中国共产党南宁市代表会议的决议》,决定2016年9月28日在南宁召开中国共产党南宁市代表会议。

【中国共产党南宁市代表会议】 2016年9月28日在南宁人民会堂召开。应到代表487人,实到代表456人。市委常委会主持。自治区党委常委、市委书记王小东作讲话。通过无记名投票选举产生南宁市出席中国共产党广西壮族自治区第十一次代表大会代表66人。

重大决策

【打赢脱贫攻坚战】 2016年1月15日,中国共产党南宁市第十一届委员会第十四次全体会议通过《中共南宁市委员会关于贯彻落实中央和自治区扶贫开发工作重大决策部署　坚决打赢脱贫攻坚战的决定》。提出到2020年,确保现行标准下全市农村贫困人口实现脱贫,确保上林县、马山县、隆安县、邕宁区4个贫困区县和全市421个贫困村脱贫摘帽;实现扶贫对象不愁吃、不愁穿,义务教育、基本医疗和住房安全有保障,扶贫开发工作重点区县和贫困村农民人均可支配收入增幅均高于全市平均水平,贫困地区基本公共服务主要领域指标接近全市平均水平;实现村村有特色富民产业、有经济合作组织、有公共服务场所、有安全饮用水、有新村新貌,实现村村通宽带网,20户以上的自然屯通电、通路、通广播电视。

【推进农业现代化】 2016年6月20日,市委、市政府印发《中共南宁市委、南宁市人民政府关于贯彻落实发展新理念加快推进农业现代化的实施意见》,提出稳定发展粮食生产、抓好特色农业产业提升、创建“双高”糖料蔗基地、推进现代特色农业示范区和生态综合示范村建设、加快发展林业生态经济、强化农业科技创新驱动作用、强化农产品质量安全监管、创新农产品市场流通方式、推进重点水利工程建设、推进精准扶贫和扶贫生态移民、推进生态乡村建设、加快发展生态休闲农业与乡村旅游、提升农村公共服务水平、推进农村土地承包确权和流转,培育一批新型农业经营主体、深化水利改革、加快供销合作社改革、依法保障农业农村改革发展18项要求。

【"先锋引领·脱贫攻坚"大行动】 2016年12月23日,市委印发《中共南宁市委员会关于深入实施"先锋引领·脱贫攻坚"大行动的决定》,决定从2017年至2020年,深入实施"先锋引领·脱贫攻坚"大行动;以421个贫困村为重点,以"先锋引领·脱贫攻坚"为主题,坚持基层导向和问题导向,针对基层党建存在的突出问题和薄弱环节,以队伍建设、基础保障、组织覆盖、提档升级"四大行动"为抓手,按照一支好队伍、一个好支书、一个好班子、一个好思路、一套好机制、一个好措施、一个好作风的"七个好"标准,从2017年开始,一年一个主题,突出重点,统筹兼顾,扎实推进农村基层党组织建设。坚持精准发力、持续用力、久久为功,使农村基层党组织政治功能、服务功能进一步提升;基层党组织带头人队伍能力素质进一步提高;党员队伍生机活力进一步增强;基层基础保障进一步强化;基层党建制度化水平和基层党组织工作规范化、活动正常化、决策科学化水平进一步提高。到2020年,每个建制村实现七个"100%"目标,即100%有党性强、作风好、本领高的村党组织带头人,100%有党员致富带头人,100%贫困党员脱贫致富,100%有规范实用的活动场所,100%有村集体经济收入,100%有专项惠民服务资金,100%具备条件的自然村(屯)、村民小组和经济社会组织设立党组织。

(市委办公厅)

主要工作

【"两学一做"学习教育】 2016年4月15日,市委办公厅印发《关于在全市党员中开展"学党章党规、学系列讲话,做合格党员"学习教育实施方案》,要求2016年在全市党员中开展"学党章党规、学系列讲话,做合格党员"学习教育,推动党内教育从"关键少数"向广大党员拓展、从集中性教育向经常性教育延伸,以尊崇党章、遵守党规为基本要求,以用习近平总书记系列重要讲话精神武装全党为根本任务,坚持基础在学、关键在做,深化党内教育,着重解决党员队伍中存在的理想信念模糊动摇、党的意识淡化、宗旨观念淡薄、精神不振、道德行为不端5个方面突出问题。4月19日,市委召开全市"两学一做"学习教育座谈会,部署全市学习教育工作;成立市"两学一做"学习教育协调小组,各级党组织成立"两学一做"学习教育工作协调小组或领导小组。5月,市委督导组深入区县和市直单位督导"两学一做"学习教育工作。市委班子成员带头开展专题学习研讨,带头到基层和所在支部讲党课,开展"万名书记讲党课"活动。至年末,全市各级党委(党组)中心组开展学习讨论4187次,基层党组织书记上党课2.50万人次。各级党组织和广大党员对照"讲政治、有信念,讲规矩、有纪律,讲道德、有品行,讲奉献、有作为"标准查摆出问题4178个,制定整改措施3713条,建立长效机制1240项。

(市委组织部)

2016年,南宁市党员活跃在脱贫攻坚一线。图为邕宁区那楼镇百名党员与村民一起种果桑苗 杨 静 摄

【脱贫摘帽】 2016年,南宁市脱贫攻坚任务是12.60万贫困人口脱贫,106个贫困村和邕宁区摘帽,其中自治区级贫困城区——邕宁区要实现城区和16个贫困村脱贫摘帽、1.50万人以上贫困人口脱贫,贫困发生率控制在4%以内。市委领导到区县开展扶贫调研33次,其中到邕宁区扶贫调研7次。5月,出台扶贫开发领导小组全体会议、联席会议和办公室会议制度,召开第一次扶贫开发领导小组联席会议,审议关于加大对重特大医疗救助资金投入及邕宁区扶持精准脱贫建设项目资金安排等事项。6月,召开全市脱贫攻坚工作半年推进会,完成全部贫困村、贫困户的精准识别工作,制定精准脱贫攻坚"1+12"系列方案("1"指市精准脱贫总体方案,"12"指产业精准扶贫、就业创业培训、教育精准扶贫、扶贫生态移民、危房改造、社会保障、企业帮扶、贫困村基础设施建设、绩效考评办法、财政支持、精准选派第一书记、精准帮扶12个方案),各区县有序开展产业扶贫、基础设施建设、易地扶贫搬迁等工作;上林县、马山县、隆安县、邕宁区、横县向市委、市政府递交《脱贫摘帽承诺书》。7月,召开扶贫开发领导小组联席工作会议,审议市扶贫办《关于"十二五"时期对口帮扶工作情况及"十三五"时期工作意见和建议》、2016年精准帮扶示范村等事项。9月,召开脱贫摘帽"双认定"(帮扶责任人认定、贫困户自身认定)验收暨第三方评估模拟现场会、脱贫摘帽贫困村决战阶段工作推进会。11月,召开全市脱贫摘帽工作专题推进会;全市贫困户"双认定"数量超额完成自治区任务,邕宁区对照"九有一低于"(有特色产业、有住房保障、有基本医疗保障、有义务教育保障、有路通村屯、有饮用水、有电用、有公共服务设施、有电视看,农村贫困发生率低于3%)的摘帽标准基本达标,全市106个贫困村脱贫摘帽任务完成率超过八成。12月,自治区核查验收南宁市脱贫摘帽工作,各项任务指标基本达标。 (市委办公厅)

组 织

【概 况】 2016年,南宁市有中国共产党地方委员会13个(设区市委员会1个、区县委员会12个),党组417个,地方党委派出工作委员会57个,基层党组织1.71万个(基层党委576个、党总支部1256个、

党支部1.53万个)；党员26.99万人，其中女党员8.34万人、占党员总数30.90%，少数民族党员13.90万人、占51.50%，离退休党员5.67万人、占21%，新发展党员3506人、占1.30%。新发展党员中，女党员1545人，少数民族党员1871人。

【市县乡三级领导班子换届】 2016年，南宁市县乡三级领导班子换届，涉及市级1个、区县12个、乡镇102个。各级党委坚持以实绩论英雄，凭实绩用干部，注重从“四个一线”(项目建设一线、改革创新一线、脱贫攻坚一线、维护稳定一线)发现、培养、考察、使用干部。区县换届提拔干部55人，其中“四个一线”干部45人。选派19名选调生到县、乡党政班子任职，优化领导班子结构，增强干部队伍活力。贯彻落实中央关于换届工作纪律要求，派出督查组到区县、乡镇巡回督查换届风气4次。配合自治区党委组织部做好市级领导班子换届考察及出席自治区党代会代表选举。完成市第十二次党代会、市十四届人大一次会议、市政协十一届一次会议选举。换届后，区县党委班子平均年龄44岁，大学本科以上学历占99.20%，其中研究生学历占63%；乡镇党委班子40岁以下干部占75.50%，大学本科以上学历占84.20%，其中研究生学历占13.40%。选拔73名乡镇事业编制人员、优秀村干部、大学生村官“三类人员”进入乡镇党委班子，其中乡镇事业编制人员40人、优秀村干部1人、大学生村官32人。

【干部队伍建设】 2016年，南宁市强化干部理想信念教育和能力素质提升，开展五大发展理念(创新、协调、绿色、开放、共享)、“六大升级”(产业转型升级、“南宁渠道”升级、绿城品质升级、深化改革升级、法治南宁升级、民生福祉升级)工程等专题培训，市级举办培训班83期，培训近1万人次。调整充实各级领导班子，保持脱贫攻坚期内贫困县党委、政府正职稳定。推动领导干部能上能下，调“下”领导干部143人。严把选人用人关，落实选拔任用干部“凡提四必”要求(干部档案“凡提必审”，个人有关事项报告“凡提必核”，纪检监察机关意见“凡提必听”，反映违规违纪问题线索具体、有可查性的信访举报“凡提必查”)，廉政审查干部1623人，核查个人有关事项报告1914份；开展干部选拔任用工作“一报告两评议”(地方党委常委会每年向全委会报告工作时，要专题报告年度干部选拔任用工作情况，并在一定范围内接受对本级党委干部选拔任用工作和新选拔任用领导干部的民主评议)，防止“带病提拔”“带病当选”；执行干部选拔任用上报预审制，预审科级干部19批次711人；采取严管职数职级，到龄(提前)退休和届满离任，交流填平补齐，保留待遇改非等办法，提前完成超配处级领导干部整改消化。完成干部人事档案专项审核3.90万余卷；经济责任审计项目111个；关爱提醒、函询干部147人。开展选人用人突出问题专项整治，抓好选人用人专项检查反馈问题整改。完善电话、信访、网络、短信“四位一体”举报受理体系，加强信访举报案件查处。

【基层组织建设】 2016年，南宁市对照自治区党委书记彭清华点评基层党建工作问题进行整改，与市属党(工)委签署组织工作目标管理责任书，与区县、开发区党(工)委书记签署抓基层党建工作责任清单；召开区县、党(工)委书记抓基层党建工作和履行党风廉政建设主体责任述职评议会议，压实党建主体责任；落实组织关系集中排查、党代会代表和党员违纪违法未给予相应处理情况排查清理、基层党组织按期换届专项检查、党费收缴工作专项检查、“两新”组织(新经济组织、新社会组织)“两个覆盖”(党组织覆盖、党的工作覆盖)、抓党建促脱贫攻坚、领导机关党员干部学习教育等基层党建7项重点任务，强化各领域基层党建工作。

【农村党建】 2016年，南宁市启动《中共南宁市委关于深入实施“先锋引领·脱贫攻坚”大行动的决定》和“先锋引领·脱贫攻坚”2017年行动计划，推动基层党建与脱贫攻坚深度融合；打造隆安县定典屯、武鸣区伏唐屯、西乡塘区忠良屯等市级农村党员培训体验基地和现场教学点；开展农村党员培训948期，培训农村党员、群众、经济能人10.70万人次，培训村党组织书记1320多人，轮训软弱涣散村党组织书记、贫困村第一书记和大学生村官；新选派贫困村第一书记208人，实行召回和问责机制，将驻村补助从每人每天15元提高至60元，落实每月300元的乡镇补贴；推进农村党组织“星级化”管理，有自治区星级村党组织455个(五星级80个、四星级151个、三星级224个)。整顿软弱涣散村党组织145个。

【社区党建】 2016年，南宁市开展单位党组织和在职党员到社区“双报到”(机关、企事业单位党组织到所在地社区报到，在职党员到居住地社区报到)活动，8104个机关企事业单位党支部、7800多名在职党员到社区报到，与8000多个党支部结对共建；认领“微心愿”6万多个，办好事实事11万多件。市财政按照每个社区10万元，城区(开发区)按1∶1比例配套社区惠民资金的标准，拨付10万元资金；建设重点示范社区20个，社区服务用房面积均达500平方米以上。开展纪念建党95周年先进基层党组织、优秀共产党员评选活动，市第四医院艾滋病科护士长杜丽群获“全国优秀共产党员”称号，西乡塘区衡阳街道中华中路社区党总支部书记谢华娟获“全国优秀党务工作者”称号；广西华蓝集团党委获“全国先进基层党组织”称号。

【非公有制经济组织与社会组织党建】 2016年，南宁市实施非公有制经济组织与社会组织党组织组建巩固提升百日攻坚。在园区、互联网非公企业和市级社会组织探索“1+X”(“1”是选择工作基础好、社会影响大、党员人数相对较多、党委政府重点关注的枢纽型行业协会商会，在党工委统筹指导和业务主管部门主导协调下建立行业党委；“X”是打破原来党组织设置主要依托单位、管理主要受制于属地的局限，按照产业关联度、地域相近度、党员兴趣特长相似度，灵活设置单独组建、联合组建或挂靠组建的功能型党支部)行业党建模式；成立市社会组织综合党委等行业(综合)党委8个，非公企业、社会组织党组织覆盖率分别为80.56%、84.33%。在自治区率先建成市级“两新”组织党建信息管理系统，开通“两新”党建微信公众号和“两新”组织党建网。投入215万元，建设广西海外建设集团党委、南宁市策划协会党支部等市级党建示范点21个、党群活动服务中心6个。投入492万元，开展“关注党员成长·激发组织活力”培训328期，培训党员2.26万人。开展“党旗领航”主题系列活动，动员“两新”组织党组织服务社会、服务发展。实施“党旗领航·电商扶贫”行动，举办电子商务创业大赛，开展电子商务培训8期，培训农村电商从业人员1387人，助推脱贫攻坚。

【机关党建】 2016年，南宁市推行机关和窗口单位党员挂牌上岗制度，开展“亮身份做示范、亮承诺转作风、亮行动树形象”活动，组织1.80万名党员亮明党员身份、服务承诺，其他机关党员上班时间佩戴党徽，引导党员接受监督、提高服务质量。做好党组清理规范，调整、设立市直单位党组5个；区县清理规范党组158个。

【国企党建】 2016年，南宁市把国有企业党建工作任务要求纳入组织工作目标管理责任制，推行国有企业党组织书记抓党建述职评议考核。11月，召开国有企业贯彻十八届六中全会和习近平总书记重要讲话精神学习研讨会、国有企业党建工作经验交流会，南宁威宁投资集团党委、南宁供电局党委分别作党建工作经验介绍；组织国有企业学习贯彻落实全国国有企业党的建设工作会议精神，把党的领导融入企业管理各个环节，严格落实管党治党责任，加强和改进党建工作，推动国有企业党的建设各项任务落实。

【发展党员】 2016年，南宁市强化发展党员宏观调控，按季度研判发展党员情况，实施动态管理，发展党员3506人；实施“精英红领”项目，调剂专项指标给市“两新”组织党工委，破解“两新”组织发展党员难题；出台《南宁市2016—2020年发展党员工作规划》《2016年南宁市发展党员指导性计划》，提高发展党员工作科学化水平。

【党员远程教育】 2016年，南宁市建设完善党员远程教育示范站点28个，更新站点硬件设备1845个；入户安装“高清互动电视”3088户。“绿城党旗红”党建信息平台开辟“两学一做”学习教育、换届风气、十八届六中全会等专题专栏，发布新闻报道1.29万篇；网上接转党员组织关系1.26万人次，网站访问量101万人次。拍摄录制党员电教片65部，获自治区党员教育百部系列一等奖1部、二等奖2部、三等奖5部、十佳奖3部、优秀奖6部；市委组织部被评为自治区摄制工作先进单位。

【人才队伍建设】 2016年，南宁市加快“人才特区”建设，通过南宁·东盟人才交流活动月、“广西籍学子回家看看”活动、海外高层次人才与项目对接会等引进高层次创业创新和应用型人才1115人；制定《高层次人才开发专项资金管理暂行办法》，给予20个高层次人才(团队)资助金3250万元；开展“企业选聘高管”“百名工科博士硕士入邕企”活动，分别给予4名高管人才、5名博士、40名硕士补贴50万元、25万元、10万元；开展企业管理升级活动，促进经济效益和人才素质双提高；建立高层次人才和特聘专家优诊医疗机制；实行市领导联系服务优秀人才制度，做好春节慰问等相关服务。

【党建制度改革】 2016年，南宁市将党的建设制度改革任务细分为4类14项。修改完善第一书记管理办法；调整失信惩戒、部分事业单位干部管理等方面制度；制定市委工作规则；出台加强社会组织党的建设工作实施意见，发展党员工作规划，组织系统信息化工作规划；贯彻落实《2015—2018年广西党员教育培训工作规划》的实施意见等；完善专业技术拔尖和优秀青年专业技术人才管理办法，健全各项工作制度机制。

（市委组织部）

宣　传

【概　况】 2016年，南宁市全面贯彻党的十八大和十八届三中、四中、五中、六中全会精神，深入学习贯彻习近平总书记系列重要讲话精神，贯彻落实自治区宣传思想工作部署，坚持围绕中心、服务大局，重点抓好全市理论学习与宣传，打造新闻传播“头条工程”，培育和践行社会主义核心价值观，开展文化惠民工程，推进文化改革发展，讲好发展故事、树立开放形象，维护互联网清朗空间，为全市实现“十三五”良好开局，加快建设“四个城市”，勇当广西营造“三大生态”实现“两个建成”排头兵提供思想保障、精神动力、舆论支持和文化条件。5月11日，南宁市网络宣传管理办公室更名南宁市互联网信息办公室。

【理论学习与宣传】 2016年，南宁市理论学习与宣传以党的十八大和十八届三中、四中、五中、六中全会精神，习近平总书记系列重要讲话精神，党中央治国理政新理念新思想新战略为重点，以党委(党组)中心组学习为抓手，加强领导干部理论学习。市委中心组开展集中学习活动18次，中心组成员围绕改革发展热点难点问题深入基层开展调查研究，形成调研报告16篇。开展基层党委(党组)中心组学习督查调研4次，印发检查通报3次；落实理论学习责任；召开基层党委中心组学习研讨会，总结交流经验；邀请专家开展理论学习辅导；组织签约专家、研究员开展理论研究，专家学者、党员干部在各级党报党刊发表研究文章118篇。面向基层、群众开展理论宣讲，组织专家宣讲团、大众宣讲团、山歌宣讲队深入机关、社区、村镇、企业、学校，开展十八届五中、六中全会精神，习近平总书记“七一”重要讲话精神，“学系列讲话、促改革发展”，市第十二次党代会精神等主题宣讲2000多场次，受众60多万人；举办“百姓舞台想秀就来”理论山歌大赛，参赛山歌队近100支，上林县《同心共筑中国梦》、武鸣区《“两学一做”共同唱》获一等奖。南宁市山歌宣讲经验在自治区“四个全面”(全面建成小康社会、全面深化改革、全面依法治国、全面从严治党)主题理论山歌会上交流。市委宣传部被评为全国基层理论宣讲先进集体。

【信息调研】 2016年，南宁市围绕大局大事大势，宣传思想文化工作亮点及群众关注热点，反映舆情、报送信息2100多条，其中获中宣部采用信息10条。《南宁市“四个着力点”探索戏曲发展新路径》获中宣部部刊《宣传工作》、内刊《信息专报》，文化部部刊《情况通报》采用；工作经验类信息在中宣部内刊单条采用量排自治区第一位，市委宣传部获自治区舆情信息工作先进单位二等奖。宣传文化系统形成调研报告50多篇，被评为自治区宣传文化系统优秀调研报告2篇；完成自治区党委宣传部调研课题《南宁市地方戏曲传承发展对策研究》。向自治区党委宣传部报送创新工作案例4个，其中被评为自治区宣传文化系统创新工作案例2个；宣传文化系统调研报告、工作案例被采用量排自治区第一。

【新闻报道】 2016年，南宁市加强新闻报道内容建设，提升报道质量。实施《南宁日报》“头条工程”、南宁电视台《南宁新闻》提升工程，组建“头条工程”报道组、《南宁新闻》重点报道组，建立重大新闻选题库，制订重大主题报道方案50个，组织重大活动采访100多次。市属媒体开设专栏30多个，开展党的十八届六中全会精神、自治区第十一次党代会、市第十二次党代会、中央环保督查、“两学一做”学习教育、第13届中国－东盟博览会·商务与投资峰会、南宁国际民歌艺术节、纪念红军长征胜利80周年、中国2016亚洲国际集邮展、“中国杯”足球赛、筹办中国国际园林博览会、“美丽南宁整洁畅通有序大行动”“美丽南宁　生态乡村”、电视问政、民族大道修复整治工程、扬尘治理百日攻坚等系列新闻报道，刊发(播)稿件5000余篇。

【舆情引导】 2016年，南宁市针对吴圩发生3.2级地震，西乡塘“3·13”特大火灾事故，网曝南宁(中国－东盟)商品交易所涉嫌违规经营、合同诈骗及涉嫌“泛亚骗局”，市工商局明秀路宿舍区危房改造事件，五象新区柳沙回建房小区业主维权事件，“5·13”道路交通事故，地铁1号线百花岭站进水事故，高考提前交卷事故，蓝山上城等小区业主上访事故等突发事件，做好舆情引导和信息发布，确保舆论环境平稳健康。

【社会主义核心价值观宣传】 2016年，南宁市加强社会主义核心价值观和中国梦公益广告宣传，建设新竹社区、凤翔社区等主题示范社区22个，金湖南广场、民族广场、明秀广场等主题示范广场9个，茶花园路、衡阳路等主题示范街道11条；发布《2016年度南宁市公益广告创作和发布指南》；举办“讲文明树新风”公益广告创作大赛，参赛作品平面类250幅、视频类93个、音频类51个、微电影类25个、连环画类24个、墙体画类29个，评出金奖6个、银奖12个、铜奖21个。南宁电台播出公益广告4.54万次3.13万分钟，南宁电视台播出公益广告4.42万次2.21万分钟，报刊刊登公益广告187个版；张贴公益广告宣传画公共汽车1500辆、公交站点1300多个；社会媒介月均设立公益广告牌5000多块、显示屏播出公益广告4000多万次、横额标语类1万多条；建筑围挡公益广告宣传8万多平方米；设立宣传栏板报2700个、文化墙1万平方米、遵德守礼提示牌5000多块。南宁市社会主义核心价值观宣传教育成果在自治区社会主义核心价值观宣传教育工作现场交流会上展示。组织青少年开展爱国主义读书教育活动、庆祝中国共产党成立95周年演讲比赛和巩固国防主题宣传教育活动；开展全民阅读活动，举办全民诵读电视大赛。在中小学开展“我说核心价值观”活动，印发《南宁市中小学培育和践行社会主义核心价值观读本》，运用市志愿服务动漫形象“帮帮侠”诠释社会主义核心价值观。联合驻邕高校、自治区媒体开展手机游戏《全民酷跑3D》大赛，宣传社会主义核心价值观。

【先进典型选树】 2016年，南宁市在《南宁日报》《南宁晚报》推出“点赞南宁人”“志愿服务满邕城”等栏目，宣传先进个人和团体、身边好人、优秀志愿者，营造好人层出不穷、模范引领示范及模范人物受人尊敬的氛围。南宁市第二中学教师徐华获“2016年全国教书育人楷模”称号。

【对外宣传】 2016年，南宁市组织“媒体走东盟”采访活动，走访越南、泰国、马来西亚、印度尼西亚4个东盟国家，制作19集系列新闻专题片——《南宁渠道　丝路共鸣》，讲述南宁与东盟的故事，展示南宁与东盟国家城市间的文化交流、经贸合作成果。邀请中央及境外驻邕主要媒体开展“南宁渠道”、创新示范基地、“六大升级”工程、“四个城市”建设等主题采访报道；市委宣传部与央视财经频道联合策划《中国经济生活大调查》南宁站活动，展示南宁市经济社会发展成果。中央媒体刊播南宁相关稿件7000余篇（幅），境外媒体刊发南宁宣传专版50多个，发稿2000余篇（幅）。通过海外信息发布平台翻译成英语、日语、德语、法语、俄语、西班牙语、葡语等15种语言在亚太地区、北美地区和欧洲51个国家400多家主流媒体发布重要稿件12篇（幅）。联合马来西亚、澳大利亚、泰国，中国香港、澳门地区及湖南卫视金鹰传媒共同举办“春天的旋律”跨国春节晚会，以“千年丝路·永恒弦歌”为主题，搭建中外文化交流平台；晚会入选“2016国家丝绸之路影视桥”重点扶持项目。中国－东盟博览会期间，在菲律宾《商报》、柬埔寨《金边晚报》、美国《侨报》、澳大利亚《大洋日报》、法国《欧洲时报》、瑞典《北欧时报》、马来西亚《亚洲时报》8家华文媒体推出南宁宣传专版。中国2016亚洲国际集邮展期间，开展百万免费明信片门票邀约大行动、青少年明信片设计大赛、南宁主题日及“喜迎亚邮展”文化活动。利用纽约时报广场中国屏、亚洲网及《中国日报》《人民日报》海外版等平台开展展会宣传；向海外友好华文媒体赠送书籍；借助央视国际频道推广纪录片《水问邕江》。

8月21日，2016年“书香南宁”全民诵读电视大赛总决赛在南宁电视台8号演播厅举行
蒋　卫　摄

【新闻发布】 2016年，南宁市印发新闻发布计划，指导党政部门、单位做好新闻发布，计划发布主题184个。建立市政府例行新闻发布制度，每半个月举行1场，发布内容实行网络同步图文直播；10月13日，举行首场例行新闻发布会，就海绵城市建设热点问题回答记者提问。市发展改革委、市工信委、市商务局、市监察局、市环保局、市统计局等部门召开新闻发布会33场，涉及全面深化改革、经济运行情况、重大项目建设、地下综合管廊建设、环境质量状况、安全生产情况、轨道交通1号线东段开通试运营等主题，参与报道记者1000多人次。举办新闻发言人培训班，培训新闻发言人96人。

【网络宣传与管理】 2016年，南宁市在人民网、中国网开设南宁频道，协调新华网、人民网等新闻网站刊发南宁稿件2万多篇。政务官微“南宁发布”微博发稿4197篇，微信发稿600多篇。推进单位政务官微进驻“今日头条”平台。开展“网络中国节”主题文化活动、网络安全宣传周、中国好网民征文活动、“中国美丽乡村礼赞”地方网络文化巡礼及网络迎新晚会等活动，培育正能量网络文化。依法管网治网，开展“商业网站地方频道清理整顿”“招聘网站严重违规失信专项整治”“网上涉恐涉暴专项整治”“扫黄打非”“清朗”行动等专项整治10多次，清理违法违规信息700多条、违法违规账号22个，约谈属地网站17次。向上级网信部门举报属地外违法违规网站6家，有害信息20多条。依法关停发布虚假信息的“南宁市教育网”微信公众号。8月，南宁市辟谣举报平台上线运行。做好关键信息基础设施网络安全保障，督促全市200多家单位自查信息系统400多个，现场检查34家单位关键信息基础设施运行情况。针对网友集中关注的空气质量、住房保障、城市交通等热点话题，开展网友观察团走进民生工程活动6期，参与人数400多人次；网友通过论坛、微博、微信等自媒体平台，发表新闻报道、贴文1000多篇（条），跟帖2000多条，人民网、搜狐网、新浪网、凤凰网等数十家门户网站转载报道；“走进南宁民生工程”等微话题点击量50多万人次。

【文化惠民】 2016年，南宁市开展惠民文艺演出4000多场，参与群众300多万人次。举办“美丽南宁大舞台”艺术精品演出活动，上演《丝路花雨》《仓央嘉措》《青衣》《碧海丝路》《肯尼·基世界巡回演奏会》等中外经典剧目及《水街》《风情东南亚》等南宁原创剧目。升级打造民歌湖“百姓大舞台”，邀请广西杂技团和柳州市、百色市及山东、江西、青海、新疆、内蒙古、宁夏等省、自治区文艺团体专场演出，成为自治区惠民文化活动品牌。南宁市文化惠民做法在自治区“深入生活　扎根人民”主题实践经验交流会上交流。

【文艺精品创作】 2016年，南宁电台微电影《一碗老友粉的温度》在第四届亚洲微电影艺术节获“金海棠”好作品奖、优秀原创音乐奖；罗晶晶工笔画《白裤瑶纺织人物长卷图》获国家艺术基金2016年度立项资助；市艺术剧院舞蹈《骆越先歌》获文化部第十一届全国优秀舞蹈节目展演优秀节目；南宁电视台微电影《古岳的鼓》获中国广播电影电视社会组织联合会、中国老龄事业发展基金会、中国人口文化促进会共同举办的第四届《我的长辈》微视屏大赛最高奖项——评委会奖，微记录片《爱在青秀》获最佳纪录片奖；南宁电视台公益广告《关爱老年健康　守望金色人生》获自治区“讲文明树新风”公益广告创作大赛二等奖，歌曲《壮锦的传说》获广西音乐金钟奖，歌曲《坐妹》获自治区党委宣传部、广西文联主办的“美丽南方·广西故事”系列歌曲创作优秀歌曲奖，摄影作品《一带一路广西出发》获“美丽南方·广西”第十届广西摄影艺术展览创意类一等奖。市委宣传部、市文化新闻出版广电局组织创作，市民族艺术研究院演出的大型传统邕剧《三进士》参加北京市委宣传部、北京市文化局主办，中国评剧院承办的南方戏曲会演。

【文化体制改革与产业发展】 2016年，南宁市出台加快现代公共文化服务体系实施方案，申报《南宁市“扫黄打非”工作进基层》改革创新项目。编制《南宁市“十三五”文化产业发展规划》，规划“一带两区三组团”（邕江文化旅游带，中心城区都市文化产业集聚区、五象新区创意文化产业集聚区，北部民俗养生文化旅游组团、东部历史人文文化产业组团、西部农耕生态文化体验组团）产业布局。大型东盟特色风情秀——风情东南亚、中国－东盟（南宁）文化艺术坊建设项目、上林县徐霞客文化研究基地等5个文化项目获中央、自治区文化产业发展专项资金补助380万元。有文化产业示范基地85家，其中国家级2家、自治区级28家、市级55家；有自治区级文化产业示范园区1家，自治区级以上文化产业示范基地数量居自治区首位。实施动漫精品工程，有国家认定动漫企业5家，自治区级动漫骨干企业14家、动漫人才培养基地8家、动漫试验园区1家。推出《TIME》《无级游戏》等原创动漫作品海外发售及商业合作。市委宣传部、市文化新闻出版广电局与广西千年传说影视传媒股份有限公司联合制作的《漂移岛之天空历险记》登陆央视少儿频道播出，实现广西动漫影视连续剧在央视播出零的突破。广西千年传说公司、广西新影响华文文化创意股份有限公司、广西一铭软件股份有限公司等文化企业登陆“新三板”。推进南宁博物馆整改升级，市群众艺术馆、市图书馆（新馆）、市民族艺术基地等文化基础工程建设。

【庆祝建党95周年宣传】 2016年，南宁市组织开展“永远跟党走”——南宁市庆祝中国共产党成立95周年演讲比赛，参赛单位26个、党员1100多人。利用宣传栏、户外电子屏、地铁车站LED联播屏设置“热烈庆祝中国共产党成立95周年”宣传标语，营造社会宣传氛围。举办“庆祝建党95周年‘唱支山歌给党听’大型广场文艺晚会”“庆祝建党95周年、纪念长征胜利80周年南宁市美术书法摄影作品展”等主题文化活动。市属媒体开设《永远跟党走》《党旗飞扬》等专栏，专题宣传报道习近平总书记“七一”重要讲话、市优秀共产党员先进事迹及开展庆祝活动情况。（刘贵成）

统一战线

【概　况】 2016年，南宁市贯彻落实中央、自治区党委关于统战工作系列重大决策部署，成立中共南宁市委员会统一战线工作领导小组。市委统战部优化非公经济发展环境，服务非公经济健康发展；开展统一战线传统教育基地评选，入选基地6个；香港广西南宁市同乡联谊会武鸣区分会和上林县分会挂牌成立。9月8日至12日，中央统一战线工作领导小组第十四调研检查组到青秀山观音禅寺、南宁职业技术学院桂港现代职业教育发展中心调研检查宗教工作、香港青少年统战工作。10月9日至10日，自治区统战工作第一督查组到马山县古寨瑶族乡本立村、古零镇乔老村小都百综合示范村、古零镇羊山村三甲屯综合示范村、百龙滩镇勉圩中心小学、白山镇立星村调研统战工作助力旅游扶贫及教育均衡发展、服务基层情况；到西乡塘区、青秀区调研民主党派参政议政、民主监督、脱贫攻坚、服务社会情况；到市师范学校附属小学、青秀区德瑞大厦考察民族团结进学校、新媒体统战工作。11月8日至10日，中共中央政治局委员、中央统战部部长孙春兰到隆安县良兴村、西乡塘区万秀村、市师范学校附属小学调研脱贫攻坚、民族团结情况，考察桂港现代职业教育发展中心、五象新区总部基地。年内，市委统战部增加行政编制1名，调整后行政编制26名；市非公有制经济工作领导小组办公室日常事务由市委统战部经济科承担。

【经济统战】 2016年，市委统战部与市工商联组织开展以“守法诚信、坚定信心”为重点的非公经济人士理想信念教育实践活动。邀请检察系统、司法系统、律师界相关人员组成法律服务小组，开展送法入企业活动；与建设银行、兴业银行联合举办银企座谈会，参会非公企业与金融机构80多家。与宁波方太集团家业常青学院、南开大学合作举办非公经济人士异地培训班2期，培训130多人次；举办助企工程培训班，培训非公经济人士300多人；举办经济形势研判暨“营改增”政策专题培训班、“大周期背景下的投融资机会与策略”讲座等，培训企业家450人次。完成调研课题《关于建立民营企业创二代培养机制的实践和思考——基于南宁市的典型调研》。引导非公经济人士参与扶贫工作和光彩事业，13家市工商联直属商会和2家民营企业捐赠扶贫款27.70万元；开展“千企扶千村”活动，223家民营企业与240个贫困村结对帮扶，为贫困村捐款捐物（折款）864.70万元，投入农业产业化经营资金2.67亿元。组织253家民营企业参加“2016年全国民营企业招聘周”活动，提供就业岗位7500多个，达成就业意向5200多人。

【文化统战】 2016年，南宁市开展统一战线传统教育基地评选活动，昆仑关战役旧址博物馆、南宁邓颖超纪念馆、宾阳程思远故居、武鸣明秀园、横县四排岭抗日阻击战教育基地、广西学生军抗日烈士纪念碑入选。开展“同心文化进社区”活动5场。与高校、科研院所联合开展课题调研，完成理论研究和实践创新成果论文273篇。《引导民主党派成员参与电视问政　创新民主党派民主监督模式》获2016年度全自治区统战工作实践创新成果奖，《以规范化建设破解基层统战工作“小散弱”难题》获2016年度全自治区统战理论政策研究创新成果一等奖。

【港澳台及海外统战】 2016年，市委统战部指导香港广西南宁市同乡联谊会、澳门广西南宁市同乡联谊会加强自身建设，香港广西南宁市同乡联谊会武鸣区分会和上林县分会挂牌成立。开展港邕联谊，邀请香港青年交流团、香港南宁同乡联谊会等社团组织20多批次2000多人返乡参观考察。邀请港澳台客商500多人次到南宁考察，引进资金5亿多元。协调处理涉港澳台投诉纠纷15起，协调解决28名台商台胞子女的义务教育阶段就学问题。打造港澳台青年交流平台，分别在南宁职业技术学院、香港职业训练局建立桂港现代职业教育发展中心。组织市“创二代”青年企业家、女企业家与港澳台青年企业家开展联谊交友活动。

【“同心”品牌建设】 2016年，市委统战部指导中国国民党革命委员会南宁市委员会挂牌成立“同心活动室”和“同心社会服务”基地。组织无党派代表人士赴河池开展“同心·红色传承”传统教育活动。加强隆安县都结乡陇割村“同心·助推生态乡村建设”，发动民主党派开展“同心·生态水体”“同心·生态道路”“同心·生态产业”建设，推动美丽乡村建设。开展“同心·美丽南宁”主题宣传活动，在《南宁日报》制作“同心”专版46期，在南宁电视台播出统战新闻67条，南宁电台滚动报道120条。

【党外人士队伍建设】 2016年，南宁市有市管党外干部134人，其中民主党派60人、无党派人士60人、群众18人；担任市级人大代表的党外人士172人，占代表总数34.74%，担任市级政协委员的党外人士298人，占委员总数60.81%。选派4名处级、6名科级党外干部参加自治区党委统战部调训；举办市党外干部培训班，培训50多人；举办新任统战干部培训班，培训60多人。开展海外留学人员调研，筹备建立南宁市欧美同学会。

（温从进）

政法委工作

【概 况】 2016年，南宁市有市、区县两级党委政法委机关13个（市级1个，区县12个）。市委政法委机关设办公室、政治部、执法监督室、调研室、机关党委、宣传科，合署办公的有市综治办、市维稳办、市610办、市流动人口办、市法学会。编制41名，实有40人。全市政法系统在职人员1.07万人。年内，市政法工作以维护国家安全稳定为总任务，防控风险，破解难题，深入开展反渗透、反恐怖、反分裂、反邪教斗争，依法严厉打击“两抢一盗”（抢劫、抢夺、盗窃）、非法集资、传销、新型电信网络诈骗等违法犯罪活动，全面推进平安建设、法制建设和队伍建设，维护社会大局稳定。

【平安南宁建设】 2016年，南宁市组织开展“神剑1号”“神剑2号”“黄赌毒”、电信网络诈骗、金融诈骗专项行动，依法打击刑事犯罪。公安机关刑事案件立案6.80万件，破案1.40万件，比上年同期分别下降3.66%、上升31.74%；现案命案破案率98.89%，逮捕7466人，刑事拘留9272人，分别上升11.82%、下降10.67%；经济犯罪立案1520件，破案573起，刑事拘留135人，逮捕568人，移送起诉736人，挽回经济损失130亿元；受理治安案件6.68万件，查处6.39万件，查处违法人员2.40万人，分别下降18.60%、19.65%、12.68%。检察机关受理提请（移送）审查逮捕案6637件9438人，经审查批准（决定）逮捕4945件6596人；受理审查起诉刑事案件6997件9308人，提起公诉5830件7526人；批准逮捕破坏市场经济秩序等经济犯罪嫌疑人493人，起诉493人。审判机关受理刑事案件7204件9977人，审结6338件8331人；审结民事纠纷案4.84万件，盘活融通涉案资产92亿元；受理执行案件2.19万件，执结1.94万件，执结率88.66%，增长57.61%，执结标的201.26亿元；审结全国首例金链条新型电信网络诈骗案117件143人；审结非法集资诈骗案75件。司法行政机关受聘担任国家政府和企事业单位法律顾问803家，办理刑事、民事案和非诉讼事务1.14万件；办理公证事务1.98万件。创建平安县（市、区）10个，平安乡镇（街道）127个，平安村（社区）1739个。市公安局与市教育局携手开展“平安校园基层行”活动258场次，“平安社区基层行”活动1000多场次，活动覆盖、关联群众近200万人，发放宣传资料100多万份；创新实施“6+N”学校安全法制教育宣传模式，“6”指板报巡展、安防法制宣讲、“学生安全护照”和校园安防新媒体平台推广、“平安校园”及群众安全感满意度调查等6大项目，“N”指安防游乐会、安防知识竞答、安防情景剧、安防模拟演练、法治人偶剧、警察故事会、警察表演、公安便民服务等备选项目，群众安全感满意度89.58%，在自治区排位第七。

【维护社会稳定】 2016年，南宁市组织政法部门对重大决策、重大工程项目进行社会稳定风险评估，其中暂缓实施项目2个，因存在重大稳定风险不准实施项目2个。化解金融、房地产工程建设等重大矛盾纠纷100余起；排查调处矛盾纠纷637件，调解成功73件。组织防范、处置等实战演练51次。加强反恐维稳研判，有维稳信息员1.38万人；报送处理信息3.26万条。妥善处置群体性事件及苗头127件、涉及人数5567人次，未引发重大影响。开展治安重点地区和重点问题整治，排查治安重点地区和突出问题237个。

【执法监督检查】 2016年，市委政法委发挥“统揽全局，协调各方”作用，加强对政法机关执法办案过程的监督，召开案件协调会、专题研究会、部门联席会14次，协调处理重大疑难复杂案件。针对电信网络诈骗高发严峻形势，建立全市打击电信网络新型犯罪工作联系会议制度，统筹开展打击电信网络新型犯罪、地域性职业犯罪。妥善处理广西南宁警备区王福臣与范绍芬婚姻登记纠纷案等涉军案件，“10·15”非法出版物案等重大疑难复杂案件；推动有重大社会影响、群众反映强烈的“永乾”案件、“广屋”案件、翁维莺集资诈骗案件等涉众型案件涉案物品处置，疏导当事人抵触和不满情绪，全年未发生因协调案件不及时造成恶劣影响事件。

【社会治理创新】 2016年，南宁市启动“智慧警务”建设，建成智能监控“天网”、可视化指挥调度系统，刑事案件数量下降两成，包括多发性侵财等9类案件全面下降；破案数、破案率及抓获犯罪嫌疑人数上升。在全市推广智能门禁系统，实现进出人员、车辆信息的实时比对、实时查询。推进社区网格化治理，建立综合执法应急巡防队，提升社会治理能力。市级、区县、乡镇建成网格信息管理中心8623个，聘请网格员7050人；开通电脑账号6389个，移动账号6099个，通过网格手机传递矛盾纠纷调解及信息70多万条，办结率98%。设置综治视联网接入点196个，实现各层级视频会议、视频接访、远程指挥及点对点互动；融入综治视联网社会自建视频探头1.50万个。运用“互联网＋司法行政服务”模式，建成市级、区县公共法律服务中心13个、乡镇（街道）公共法律服务工作站104个，1383个村实现“一村一法律顾问”；初步形成城乡一体化公共法律服务体系，为群众提供普惠性均等性便捷式司法行政服务。

【邪教防范与处理】 2016年，南宁市政法部门接报邪教案件110件，其中立案17件，破案17件。捣毁“法轮功”地下窝点2个，抓获邪教违法犯罪嫌疑人24人，收缴“法轮功”反宣传单、光碟、书籍、学习笔记等资料4000余份及作案工具一批。防控、打击其他邪教组织，查处“呼喊派”案件、“全能神”案件各1起，抓获涉案嫌疑人16人。开展反邪教宣传活动，利用微信公众号、政务微博等平台推送反邪教时事分析、政策解读、警示案例等信息。刊发（转载）反邪教文章426篇，其中报刊、电视台、电台等传统媒体154篇，网站、微信、微博等新兴媒体272篇。

【政法队伍建设】 2016年,市委政法委组织开展从严治党、"两学一做"学习教育、"执法不严,司法不公"自查自纠"回头看"、扶贫攻坚、革命传统教育等政治思想教育,在区县建立健全法治讲堂,邀请政法学院专家、国防大学专家授课,提升政治干警法治思维和执法水平。加强政法队伍专业化、职业化建设,完成首批法官、检察官入额遴选、职业保障制度改革;招聘警务助理1471人;举办专业培训班126期,培训政法干警1.58万人次。加强领导班子建设,结合市级、区县、乡镇换届工作,协助党委选优配强政法部门领导班子成员,提拔干部256人。在全市政法队伍开展创先争优活动,表彰单位(集体)530个、政法干警3885人。 (傅荣华)

机关党建

【概 况】 2016年,中共南宁市直属机关工作委员会直接管辖党组织101个,其中机关党组织95个(机关党委52个、党总支部13个、党支部30个),新指导成立"两新"组织党委6个;间接管辖机关党组织846个,其中党委19个、党总支部30个、党支部797个;管理党员1.82万人,其中在职党员1.32万人、离退休党员5051人;流动党员1441人。年内,开展"两学一做"学习教育,在机关党组织开展"主题党课巡讲""支部书记讲堂""亮身份做示范、亮承诺转作风、亮行动树形象""两学一做"网上党校学习等活动;"主题党课巡讲以讲促'学',以知促'做'"案例被中央国家机关工委授予"全国机关党组织'两学一做'最佳案例"称号,是自治区直属机关工委系统唯一获奖案例。市直机关工委在第二十七届全国城市机关党建工作经验交流会上作题为《创新方式 强化教育 推动全面从严治党落到实处》典型发言。首次将每年7月22日定为南宁市机关党员干部集中无偿献血日,参加献血党员275人,献血量8.86万毫升,创南宁市血站开展公务员献血日活动献血量、献血人数记录。

【机关思想建设】 2016年,市直机关工委以开展"两学一做"学习教育为契机,抓好机关思想建设。加强党员干部教育培训。开展主题党课巡讲,组建巡讲团到市直机关党组织开展巡讲,活动覆盖95个机关党组织2万多名党员。深化"万名书记讲党课"活动,举办"支部书记讲堂",组织400多名支部书记学习上党课的方法,授课支部书记1170人次,听课党员3万多人次。在北京国家机关党校、西安交通大学举办党务干部培训班2期,培训机关党组织书记、优秀党务干部100人;举办党的十八届六中全会精神培训班,培训党务、纪检干部280人;举办入党积极分子培训班2期,培训入党积极分子220人;举办"绿城党旗红信息平台"操作培训班、党内统计培训班,培训人员近500人次。与人民网、中国共产党新闻网合作开设"南宁市直机关'两学一做'网上党校",将微课视频、专家讲解、情景动画等学习资料上传网络,拓宽党员学习渠道,被中央党校理论网作为典型向全国推介。与市委组织部等联合举办以"信仰·力量"为主题的优秀共产党员先进事迹情景报告会,学习市第四人民医院艾滋病科杜丽群、市民政局甘丹妮等7位优秀共产党员先进事迹。开展"机关党员干部利用春节回乡助力'美丽南宁'乡村建设和脱贫攻坚战工作"调研,参与党员6万人,发放资料20多万份,收集意见、建议4465条,问题3219条,形成调研报告672篇;《南宁日报》刊发专题报道《浓浓乡情报桑梓暖暖真情系乡亲——南宁市机关党员干部回乡助力"美丽南宁"乡村建设和脱贫攻坚战》。开展党建课题调研,《全面从严治党新常态下提高机关党组织履职能力研究》《关于强化机关文化的政治引领功能研究——以南宁为例》分别获2016年度广西机关党建优秀研究成果二等奖、三等奖。

【机关组织建设】 2016年,市直机关工委贯彻落实《中国共产党党和国家机关基层组织工作条例》,与直接管理的基层党组织签订责任书,指导97个基层党组织换届选举。提高发展党员工作质量,发展新党员135人,其中35岁以下青年99人,大学专科以上文化程度131人,工作一线党员135人,全部落实"789"(35岁以下青年占70%以上、大学专科以上文化程度占80%以上、工作一线占90%以上)结构调控目标。坚持和完善发展党员推优制、公示制、预审制、票决制、谈话制、集体审批制等6项制度;建立督查机制,实行发展党员工作年报、季报制度,不定期抽查单位发展党员工作。推进"两新"组织党建全覆盖,审批成立"两新"组织党组织6个。抓好党建阵地建设,打造出租车协会党委为市级党群服务中心。开展"两学一做"典型案例和优秀共产党员先进事迹征集活动,征集案例150多个,推出市白蚁防治所党支部、市检察院公诉二处党支部、市政府办公厅第十党支部、市国土局信息中心党支部、市人社局人力资源服务管理办公室党支部等先进典型。开展亮身份做示范、亮承诺转作风、亮行动树形象"三亮"活动,增强党员责任意识。给党员发放党徽,倡导上班佩戴党徽,亮明党员身份,直接与群众打交道的窗口单位、服务行业党员工作期间必须佩戴党徽,亮身份、亮承诺。市政府办公厅机关党委第十党支部在政务服务中心设立党员先锋示范窗口8个,安排公共文明引导员,月均引导群众3000人次以上。完成市第十二次党员代表大会市直机关党代表选举。开展党员组织关系集中排查,排查市直机关失联党员163人,经联系找到145人。开展党代表、党员违纪违法未给予相应处理情况排查,排查有违纪违法未给予相应处理的市级党代表5人(科级以下),提出保留代表资格处理建议报上级党组织。开展党费补交工作,补交2008年至2016年党费200多万元。提升机关党组织影响力和凝聚力,"七一"前夕组织100多名新党员、部分老党员在南湖烈士纪念馆重温入党誓词;慰问困难党员、

7月至9月是南宁市公务员献血月。2010年以来,全市1.79万名公务员参与献血,献血总量552.01万毫升。图为公务员集体展示献血证 段柳健 摄

老党员1097人次，发放慰问品、慰问金40.77万元，通过党内互助金资助8名困难党员3.80万元。

【党风廉政建设】2016年，市直机关工委与95个机关党组织负责人签订党建目标管理责任状，加强党风廉政建设和作风建设。编印《明镜与警钟——南宁市直机关"两学一做"正反典型材料汇编》作为"两学一做"学习教育资料发给机关党员。组织学习《中国共产党廉洁自律准则》《中国共产党纪律处分条例》，组织观看党风廉政警示教育片《自治区发改委原副主任廖小波腐败案件警示录》、自治区纪委与广西电视台联合摄制专题片《使命与担当——广西开展查处发生在群众身边的"四冈"和腐败问题专项工作助力脱贫攻坚纪实》，组织参观"红旗飘飘——中国共产党诞生历程珍贵档案展。贯彻落实中纪委、中组部关于换届"九个严禁，九个一律"要求；开展查处群众身边的"四风"和腐败问题专项工作。南宁机关党建网、《南宁机关党建》（2016第2期）刊发《行动迅速，狠抓落实》《开展廉政约谈，筑牢反腐防线》等党风廉政建设文章。开展廉政家庭文化建设，将廉政家庭文化教育纳入机关党建工作部署，与思想政治工作相结合。在市直机关"公仆杯"书法美术摄影比赛、展览中开设廉政教育主题，展示相关作品；组织市直机关100多名妇女参加"扬清廉家风寻最美家庭"好家风好家训最美家庭宣讲会。召开市直机关工委落实党风廉政建设主体责任分析会2次。

【群团工作】2016年，市直机关工委借助市直机关文化和体育联合会，将机关文化与群团工作深度融合。开展市直机关"公仆杯"书法美术摄影比赛、机关单身职工"寻爱之旅"活动、"民族团结"健身运动会、"3+2"（3男2女）气排球赛等文体活动，丰富机关文化活动。发挥群团组织联系职工、青年、妇女的桥梁作用，开展金秋助学、"学雷锋"青年志愿服务、"岗村共建　牵手留守流动儿童"等活动，慰问困难职工127人，资助困难学生144人，发放慰问金35.18万元，筹集"金秋助学"资金46.09万元。

【党员进社区服务群众】2016年，市直机关工委完善《南宁市直机关党员志愿服务站管理办法》《党员志愿服务站工作制度》等，党员志愿服务由"一日帮"变为"一直帮"，促进党员进社区服务群众常态化。党员进社区服务1.50万人次，与困难党员、群众结成对子8300多个，建立联系点408个；征集社区居民微心愿6300多个，党员兑现微心愿6000多个。

（张　英）

政策研究

【概　况】2016年，市委政策研究室（全面深化改革领导小组办公室）围绕服务改革发展大局，抓好政策文件和重要文稿起草，服务推进全面深化改革。完成市第十二次党代会报告、市委领导讲话材料、全市工作总结等重要文稿38篇；牵头起草市委、市政府政策文件8份；统筹推进全市159项改革任务，重点推进47项改革任务；开展重大课题研究和专题调研7项，编发《南宁改革简报》25期、《南宁改革信息》26期，编辑发行《南宁工作研究》6期，在政研网站发布信息213篇，被市委办公厅采纳13篇。协调科更名协调督察科。

【重要文稿服务】2016年，市委政研室起草《在中国共产党南宁市第十二次代表大会上的报告》；起草市委领导在市委全面深化改革领导小组第六次、第七次、第八次全体会议上的讲话，在南宁市城市工作会议上的讲话，在市扶贫开发领导小组工作会议上的讲话等重要讲话18篇。起草市委、市政府向自治区党委书记彭清华汇报材料《南宁市工作情况报告》，起草2016年全面深化改革工作总结，开展创建全国民族团结进步示范市试点工作总结，对外开放发展情况报告，2016年经济运行情况报告，"十二五"城市建设发展情况报告等总结材料。

【政策文件研究】2016年，市委政研室起草市委、市政府重要政策文件8份，其中推进全面深化改革政策文件5份。牵头制定《南宁市有关部门贯彻实施市委十一届十四次全会＜建议＞重要举措分工方案》；牵头起草《南宁市人民政府办公厅关于武鸣撤县设区后相关政策的通知》《中共南宁市委关于加强和改进党的群团工作的实施方案》。对《中共广西壮族自治区党委　广西壮族自治区人民政府关于全面提升开放发展水平的决定》《南宁市国民经济和社会发展第十三个五年规划纲要》等40多份文件，提出修改意见建议。

【服务推进全面深化改革】2016年，市委改革办发挥改革协调中枢职能，推动改革任务落实。筹备召开市委全面深化改革领导小组第六次、第七次、第八次全体会议，会议审议改革文件16个、听取专题报告6次。起草《南宁市重要改革举措实施规划（2016—2020年）》，明确重点推进改革任务155项；起草《市委全面深化改革领导小组2016年工作要点》、分工方案，明确年度实施改革任务159项，重点推进改革任务47项。推进相对集中行政审批权改革，推动市行政审批局组建运行。完善领导小组会议议事机制，在年度要点中明确重点改革任务完成时间节点及审议方式，起草《领导小组会议审议改革方案工作流程（试行）》，推动领导小组听取重大改革进展情况常态化。建立年度改革台账、改革试点台账、自治区年度考核台账及督察台账，推动工作落实。对年度改革任务实行双月一报告、半年一督察、一年一总结，对承担的国家、自治区级改革试点实行每季度一报告，对重点改革任务实行进度上墙。建立健全考评机制，在考评市直部门基础上，新增区县改革工作绩效考评，并将优秀改革创新项目评选结果纳入绩效加分范围。统筹组织南宁市承担自治区改革绩效考评、市县党政领导班子和党政正职改革工作考核。加强改革督察，起草《全面深化改革督察实施办法》，制定《市委全面深化改革2016年度督察计划》，开展市不动产统一登记制度改革、相对集中行政许可权组建市行政审批局改革、城管体制改革、综合行政执法体制改革落实情况等专项督察。协助开展市纪委派驻机构统一管理改革阶段性评估，在自治区率先开展第三方评估——南宁经济技术开发区行政审批制度改革试点情况评估。开展2015年度南宁市优秀改革创新项目评选，评选优秀改革创新项目案例20个。在华中科技大学、四川大学举办全面深化改革专题培训班2期。编发改革信息154篇，向自治区党委改革办推荐《南宁市青秀区创建城市管理综合改革示范区》并被中央改革办交流采用，向《中国改革报》推荐改革案例5个，被采用2个，在市属媒体报道新闻通稿7篇。

【课题研究与专题调研】2016年，市委政研室完成《进一步发挥村级组织服务阵地作用研究》《关于加快建设"百里秀美邕江"提升绿城品质的调研报告》《农村基层党建阵地发挥作用调研》《关于深化南宁市公务用车制度改革的调研与建议》《重心下移　组团辐射　品牌引领　自主发展　推进更具影响力和带动力的农业农村示范建设——南宁市深入推进农业农村示范建设对策研究》。与五象新区管委会、市发改委等部门联合完成《加快推进中国－东盟信息港南宁核心基地产业发展研究》。协助完成《关于加快建设对全区经济社会发展具有较强支撑带动作用的首府城市的几点思考》。与华中科技大学合作完成《以南宁·中关村创

新示范基地落地为突破口 促进产业转型升级研究》。 (周建华)

机构编制

【概 况】2016年,南宁市深化行政体制改革,加快政府职能转变,推动简政放权、放管结合、优化服务,推进行政审批制度改革;推行政府部门权责清单制度,推进事业单位分类改革;加强机构编制管理,强化干部队伍建设,提高机构编制工作效能。全年召开市机构编制委员会委员会议5次,审议议题95个。

【行政审批制度改革】 2016年,南宁市组织开展行政审批制度改革"回头看",核查2014年以来国务院、自治区取消市、区县行政审批事项329项,自治区下放市、区县行政审批事项86项,自治区调整市、区县行政审批事项304项的承接落实情况,均按要求取消、下放、调整。承接的行政审批事项,全部纳入各级政务服务中心集中办理。9月、11月,国务院专项督查组、中央编办调研组分别到南宁市督查、调研,肯定南宁市行政审批制度改革的成效。深化相对集中行政审批许可权改革,推进市行政审批局运转,梳理市级29个部门单位、185项行政许可事项划由市行政审批局承担。推进3个国家级开发区行政审批局二次改革,立足方便项目落地,优化审批模块和审批流程。分两批清理规范行政审批中介服务事项99项,出台《行政审批中介服务去行政化工作方案》,切断行政审批中介服务利益关联。

【政府部门权责清单制度推行】 2016年,南宁市实行政府部门权力清单和责任清单动态管理,调整事项增减、下放内容。青秀区、横县被自治区确定为推进乡镇政府(街道办事处)权责清单工作试点区县。5月,2个试点区县公布乡镇政府(街道办事处)权责清单,其中青秀区成为自治区第一个公布乡镇政府(街道办事处)权责清单的区县;创新建立一套推行乡镇政府(街道办事处)权责清单制度的工作机制、一套乡镇政府(街道办事处)权责清单样式模版、一套乡镇政府(街道办事处)权责清单管理办法,形成乡镇政府(街道办事处)权责清单工作"南宁模式"。

【综合行政执法体制改革】 2016年5月,南宁市推进综合行政执法体制改革试点方案获自治区批复,调整城管、农业、交通领域机构编制,撤并事业机构5个。将城市管理领域综合执法范围扩大到市容环境卫生管理、市政设施管理、城市绿化管理、环境保护、工商行政管理、公安交通管理、国土矿产管理、规划管理等26个大项240个子项行政处罚、行政强制权,以及邕江市区河段56千米河道、水利、环境保护、渔业管理。将市动物卫生监督所(市畜牧兽医综合执法支队)、市农业行政综合执法支队、市渔政渔港监督管理站、市农机安监管理所整合组建市农业综合执法支队(南宁市动物卫生监督所)的12个大项76个子项行政处罚权纳入综合执法;上林县、马山县在涉农领域实现综合执法。整合市公路管理处、市道路运输管理处、市港航管理处、市城市客运交通管理处执法职能,成立南宁交通运输综合行政执法支队,将5个大项115个子项行政处罚权纳入综合执法。在市、区县食品药品安全领域开展部门联合执法,对市本级开发区企业实行联合检查。

【乡镇"四所合一"改革】 2016年,南宁市全面推进乡镇"四所合一"改革,规范机构设置,明确乡镇国土、规划建设、环保、安监站(综合行政执法队)为全额拨款事业单位,机构规格相当副科级,不再保留原乡镇国土资源管理所、村镇规划建设管理站或规划建设环保安监站。年内,全市102个乡镇、6个街道完成机构整合设置,按有机构、有班子、有队伍、有场所、有制度、有保障"六个有"落实到位。全市乡镇国土规划建设环保安监站(综合行政执法队)核定事业编制1085名,比改革前增加752名,政府购买服务聘用272人,比改革前增加211人。

【机构编制管理】 2016年,南宁市以2012年统计数为基数,行政编制及事业编制均没有突破中央、自治区下达的总量。通过整合、撤并、调剂等方式,解决市级行政审批局行政编制110名,农业综合行政执法支队事业编制106名,市交通运输综合行政执法支队事业编制60名,增加市城市管理综合行政执法事业编制108名;调整增加市城市内河管理处事业编制10名;成立南宁园博园管理中心,设立市邕江南岸公园和市邕江北岸公园,内部调剂解决事业编制140名。重新核定上报中小学教职工编制,自治区编办批复下达南宁市中小学教职工编制总量控制数6.69万名;青秀区、江南区、西乡塘区、南宁高新技术产业开发区、广西－东盟经济技术开发区的8所中小学(分校区)核定聘用教师控制数485名。优化配置医疗卫生和计划生育资源,整合妇幼保健和计划生育服务机构、卫生和计划生育服务执法监督机构、卫生信息和人口和计划生育宣传教育信息机构。整合城乡居民医疗保险制度,将新型农村合作医疗管理职能划入人力资源和社会保障局,城区、开发区劳动保障管理中心加挂社会保障事业中心牌子,形成"大社保"管理格局。开展"吃空饷"专项再检查,核减南宁职业技术学院、中共南宁市委员会党史研究室、市邕江防洪排涝工程管理处、市天雹水库管理所4个存在"吃空饷"问题单位事业编制24名;要求13个城区街道办事处限期整改机关混用事业编制问题;将机构编制管理纳入巡查和经济责任审计。全市5000多个机关、事业单位机构编制实名制系统实现网上(内网)运行和在线办理。机关、事业单位中文域名注册量5221个,注册率100%,中文域名续费率5262个,续费率100%。中文域名注册、网上名称管理工作被国家政务和公益机构域名注册管理中心授予工作成效奖。

【事业单位分类改革】 2016年,南宁市本级、上林县被自治区列入承担行政职能事业单位改革试点。市本级445个事业单位梳理承担的行政职能,拟订《南宁市承担行政职能事业单位改革试点工作方案》;推进南宁水利电力工程处、广西南宁人防科研设计院、南宁筑路机械厂等单位转企改制,完成市技术交流站转企改制。

【事业单位登记管理】 2016年,南宁市办理事业单位法人设立登记158个,变更登记1506个,注销登记117个,补办领取证书单位17个,重新申请领取证书单位3个;开展事业单位年度报告公示,在"南宁事业单位在线"公示单位4308个,公示率99.60%;进行机关、群团、事业单位统一社会信用代码赋码发证,完成赋码发证机关、群团876个、事业单位4308个,完成率100%。

(黄振生 路 焕 潘羿安)

老干部事务

【概 况】2016年,南宁市有离休干部680人。其中:市区(含城区、广西－东盟经济技术开发区)556人,横县34人,宾阳县35人,上林县13人,马山县33人,隆安县9人;行政机关205人,事业单位185人,企业单位290人;享受自治区主席级医疗待遇1人,享受自治区副主席级医疗待遇1人,享受按自治区副主席级标准报销医疗费待遇9人、正副厅(局)级(含享受)19人、正副处(县)级(含享受)524人,享受正副乡(科)级待遇123人,享受其他待遇3人;第二次国内革命战争时期入伍1人,抗日战争时期入伍59人,解放战争时期入伍620人;80岁～89岁

428 人,90 岁以上 252 人。

【老干部慰问】 2016 年春节前夕,南宁市举办迎春茶话会,参加会议市四家班子领导、离退休干部 230 人,自治区党委常委、市委书记王小东在会上通报全市经济社会发展情况。春节期间,慰问老干部 487 人,慰问市四家班子老领导 40 人,慰问自治区副省级以上部分老领导 13 人;慰问去世离休干部遗属、困难离休干部及遗偶 19 人。开展纪念长征胜利 80 周年活动,为市唯一健在老红军杨玉茂发放纪念章、慰问金。为老干部生日祝寿、探望慰问因病住院老干部等日常关怀服务 1180 人次。

【为老干部办实事】 2016 年,市委老干部局为 2 名易地安置老干部协调解决冬季取暖费发放、"12349" 异地功能手机配置问题;组织 7 个小组走访慰问易地安置离休干部。接待来信、来访、来电 100 多人次,提供政策咨询;帮助解决老干部住院手术费、住房拆迁补偿等问题。督促企业落实离休干部待遇,审核划拨市属非国有或非国有控股企业 184 名离休干部统筹外经费(春节慰问金、特需经费、健康疗养费)60.47 万元;协调红水河水泥股份有限责任公司、广西日报社等单位离休干部归属问题;处理原矿务局 4 名离休干部属地管理问题。制定出台《南宁市特殊困难离休干部(遗偶)帮扶资金管理使用暂行办法》,2017 年起按每年 30 万元标准纳入市财政年度预算安排。配合组织人事部门对建国初期参加革命工作的部分退休干部进行档案核查。"12349" 养老服务平台为老干部服务记录 6349 条。其中:呼入记录 1597 次,外呼记录 1636 次;紧急救助服务 3 人次,生活帮助服务 11 次;保健知识宣传、节假日祝福短信 3102 条。为离休干部及市四家班子、市中级法院、市检察院年满 65 岁以上的退休干部统一办理优待功能市民卡。引进社会资本近 300 万元合作建设市老干部活动中心居家养老服务中心,面积 920 平方米,11 月竣工投入运行,为老干部提供餐饮、日间托管、中医保健及健康休闲等"居家式""一站式"养老服务。

【老干部阵地建设】 2016 年,南宁市将老干部活动中心、老年大学、老干部党校合并,统一管理;重新划分功能区域,设置活动项目,整合场地设施,集中调配人员、统筹活动安排,实现管理模式"一体化"。巩固广西示范性老干部活动中心创建成果,市老干部活动中心增加室内活动场所、教室 7 间,老同志休息室 1 间。整合社会教育资源,提高老年大学、老干部党校办学质量。市老年大学设 11 个系、34 个专业、167 个班级;有社团协会 13 个,老年学员 4700 多人次。市老干部党校举办文化讲座 3 期,听众 600 多人次。选派 13 名老干部参加自治区老干部党校举办的离退休干部党员骨干培训班。

【老干部政治学习】 2016 年,南宁市组织老干部开展"两学一做"学习教育。举办学习研讨 126 场次,参会老干部 6300 多人;订阅《老年知音》杂志 3200 多份,征订《离退休干部党支部学习参考》310 份。指导老干部开通、使用微博、微信、QQ 等网络工具,发动老同志关注"共产党员""广西老干部""绿城金秋"等微信公众号。组建老干部网宣队伍 38 个、开通微信公众号 25 个、微信群 100 多个。

【老干部文体活动】 2016 年,南宁市以"助力十三五、增添正能量"为主题,开展老干部文体活动。市委老干部局与市人力资源和社会保障局、广西大学、中国人民银行南宁中心支行联合举办银发挑战与金色机遇、老年人心理健康、防范金融风险等讲座;市老干部活动中心每季度定期举办桌球、门球、乒乓球、麻将等比赛;组织老干部参加自治区第四届"多彩金秋"活动,获门球比赛第一名、太极拳剑比赛优胜奖、大合唱比赛银奖、微电影三等奖;在武鸣区举办全市"正能量山歌"歌友会。隆安县举办"唱响主旋律,传播正能量"文艺晚会;邕宁区举办"暖冬敬老,共圆梦想"文艺演出、书画摄影展。全市组织书画摄影展 21 场次,体育竞技比赛 39 场次,文艺演出 104 场次。市老年大学合唱艺术团参加中国合唱协会在国家大剧院举办的比赛获金奖、最佳组织奖;"绿城之声"老年艺术团参加香港中国梦夕阳美艺术大赛获金奖。市委老干部局与市文化新闻出版广电局、市文明办在民歌湖广场联合举办"夕阳如歌 2016"南宁市离退休干部文艺晚会,吸引观众数千人,南宁电视台全程播出 2 次。

【老干部医疗保健】 2016 年,南宁市推进老干部保健基地医疗条件和就医环境改善。在市第二医院设立单人间病房 19 间,老年病区全部采用居家式装修风格,配备全套医疗设施及医务人员,满足老干部就医保健需求。督促全市相关单位落实离休干部两年 1 次的健康疗养。

(阳著闻)

党校教育

【概 况】 2016 年,市委党校(南宁市行政学院、市经济干部学院、市社会主义学院)完成主体班培训 38 班次、培训 2516 人。课题《西南边疆民族地区"精准扶贫、精准脱贫"研究》获国家社科基金课题立项,《中国共产党党内关怀思想及机制研究》、《产业异质化视角下的北部湾经济区产业集群发展问题研究》科研成果获广西第十四次社会科学优秀成果三等奖。调整 12 个县级党校设置,其中横县县委党校、宾阳县委党校独立设置,上林县、马山县、隆安县、兴宁区、江南区、青秀区、西乡塘区、邕宁区、良庆区、武鸣区 10 个区县级党校保留原有设置,同时设置为市委党校分校;培训区县级党校、分校教师、管理骨干人员 33 人;资助科研课题 8 项。

【教育培训】 2016 年,市委党校完成主体班培训 38 班次、培训 2516 人,比上年分别增长 133%、30%;举办计划外办班、办会 86 个,培训 2.06 万人。完善"党校 + 基地 + 高校"培训模式,组织春秋季主体班 872 名学员到韦拔群烈士陈列馆、南宁经济技术开发区、昆仑关、黎塘监狱、美丽南方、百色革命老区等 15 个教学基地参观学习;安排 21 个班 833 人次到清华大学、北京大学、上海交通大学培训;邀请党政领导、部门领导、企业家、国内知名教授授课 75 人次;推行"一线教学法",引进 18 名从事群众工作、企业生产、城市建设、社会管理、扶贫开发等一线干部作现场教学;组织 100 名中青班学员分组入驻贫困村开展"三同"(同吃、同住、同劳动)锻炼和专题调研,撰写调研报告 10 篇。在春秋季主体班开办党的理论和党性教育专题课程 38 门、地方特色课程 16 门。

【科学研究】 2016 年,市委党校规范科研管理,提升科研水平。资助出版专著 2 部,申报各级课题 81 项,获立项 60 项,其中《西南边疆民族地区精准扶贫精准脱贫研究》获 2016 年度国家社会科学基金项目立项,《落实全面从严治党责任研究》《新形势下党的建设与面临的问题及对策研究》分别获中组部党建研究所课题、全国党的建设研究会自选课题立项;完成结项课题 58 项;公开发表学术论文 52 篇,其中核心期刊公开发表 6 篇,省级刊物公开发表 22 篇;组织撰写研讨会论文 48 篇,其中入选理论研讨会并获奖论文 22 篇;组织报送科研成果评奖材料 22 项,科研成果获地厅级以上奖项 30 项,其中获广西第十四次社会科学优秀成果评奖三等奖 2 项,广西党的建设研究会 2015 年度调研课题优秀成果奖 2 项,南宁市第十三次社会科学研究优秀成果 19 项,在《南宁日报》发表理论文章 6 篇;承担横向委托课题 5 项、南宁市反腐倡廉理论研究中心课题2项;出版《党校咨政专报》3期,其中第2期《关于宾阳精准扶贫工作问题分析》获市委领导批示;《中共南宁市委党校学报》组稿180多篇,编辑出版80多篇。

(潘育蕾)

信　访

【概　况】 2016年,南宁市信访部门受理群众来信(含网上信访、政民互动)、来访、来电13.15万件次、14.69万件人次,比上年分别增长4.49%、2.45%。其中:受理群众来信1.37万件,下降5.48%;来访8280批、2.38万人次,分别下降19.26%、14.76%;接听“市长公开电话”有效来电10.09万个,增长8.88%;接听“县(区)长公开电话”8606个,增长20.28%。群众进京上访155人、623人次,分别上升29.46%、173.25%,其中非正常上访107人、460人次,分别上升46.57%、173.81%;到自治区非正常上访449人、483人次,分别上升100.45%、44.61%。全市网上信访信息系统基本实现市、区县、乡镇三级全覆盖。3月19日,国家信访局副局长张恩玺到南宁市调研,对南宁市信访工作给予肯定。9月2日,中央信访工作联席办公室副主任,国家信访局党组成员、副局长李皋到南宁市调研,对南宁市信访积案化解集中攻坚、基层信访工作给予肯定。12月20日,南宁市信访局法律援助工作站挂牌成立。

【信访处理】 2016年,市信访局受理群众来信5121件。其中传统来信2992件,比上年下降16.77%;网上信访2790件,上升0.87%。传统来信中,初信1237件,下降50.16%;重信1094件,上升76.17%;联名信661件,上升34.35%。办理上级机关、市领导批示交办信访案件81件,到期办结57件、办结率100%;受理复查复核案件46件,到期办结45件、办结率97.83%。办理自治区信访联席办公室交办信访积案165件、突出问题重点案件26件、“三跨三分离”(跨地区、跨部门、跨行业,人事分离、人户分离、人事户分离)信访案件17件,信访积案化解率100%。市、区县使用信访救助金273.05万元,解决特殊疑难信访个案21件,受救助的信访人均签订息诉息访协议书。

【信访接访】 2016年,南宁市开展市领导信访接待日活动16次,接待群众12批36人次;开展全市“公开大接访”活动4次,参加市直、区县部门286个、干部6752人,接待群众1992批、4353人次,受理群众反映信访事项1341件,当场解决或答复880件,当场办结率65.60%。办理上级交办、领导批示件100件,办结率100%。

【市长公开电话】 2016年,南宁市“市长公开电话”受理办公室接听群众拨打市长热线和环保、物价等综合热线来电12.95万个,其中有效来电10.09万个,比上年上升10.60%。市长热线接听来电9.99万个,其中有效来电7.45万个,上升27.50%;环保、物价等6条热线接听来电2.95万个,其中有效来电2.64万个,下降19.30%。市民来电反映的热点问题主要集中在市政管理、环境保护、车辆及证照管理等方面。

(覃锦东)

关心下一代工作

【概　况】 2016年,南宁市有关心下一代工作委员会组织3617个(含屯级组织),其中市级关工委1个,区县、开发区关工委17个(含市教育局、南宁职业技术学院关工委),学校关工委1022个,直属机关关工委203个,乡镇(街道)关工委115个,村(社区)关工委1563个;成员1.82万人。“五老”(老干部、老战士、老专家、老劳模、老教师)志愿者3.63万人;未成年人思想道德建设工作报告团698个,关爱工作团1.49万个;担任学校校外法制副校长的“五老”志愿者707人,担任“代理家长”3.94万人次。各级关工委以社会主义核心价值观为引领,开展“爱学习、爱劳动、爱祖国”“关爱明天　普法先行”主题教育活动。在区县农村学校建立“南宁市关心下一代爱心图书室”12个,每个图书室赠送价值10万元图书。召开南宁市关心下一代工作基层组织建设现场会,学习、推广马山县、青秀区关工委和隆安县百朝社区关工委先进工作经验。

【青少年思想道德建设】 2016年,南宁市各级关工委以社会主义核心价值观为引领,组织开展“爱学习、爱劳动、爱祖国”“关爱明天普法先行”主题教育活动。市关工委与青秀区关工委在人民公园烈士纪念碑举行“缅怀先烈、报效祖国、圆梦中华”清明祭谒先烈活动;与西乡塘区扶壮学校举办庆“六一”暨“关心下一代爱心图书室”揭牌仪式,为扶壮学校“关心下一代爱心图书室”赠送价值12万元的课外读物7000多册;与市教育局关工委、江南区关工委、江南区教育局关工委在西园饭店礼堂举办庆祝中国共产党成立95周年暨纪念中国工农红军长征胜利80周年文艺展演。马山县关工委组织学校师生开展学雷锋活动月、清明祭扫烈士墓活动;隆安县关工委组织开展“纪念抗日战争胜利70周年”“纪念长征胜利80周年”“与雷锋精神同行”“民族团结圆梦中华”“缅怀先烈　报效祖国”“崇德向善”“读书演讲比赛”“庆‘六一’爱祖国、跟党走”等活动。江南区关工委组织开展暑期法庭开放日和普法进校园活动,组织法院退休老干部到学校进行法制报告;青秀区关工委组织青少年到未成年犯管教所听取典型案例报告和开展“法在我心——模拟法庭”“防拐主题”等活动;马山县、良庆区、兴宁区关工委邀请法院、检察院、司法局、综治办干部到中小学举办专题法治报告会;上林县关工委与司法局联合在学校开展“零犯罪的示范区”创建活动。

【“三结合”教育网络】 2016年,市关工委完善社会、学校、家庭“三结合”教育网络。与南宁人民广播电台联合创办《空中家长学校》节目(每周日上午11点至12点在新闻台101.4频道播出)升级改版,实现听众与老师实时互动,全年开播50个课时,并作为南宁市家庭教育品牌获自治区推广;组织“空中家长学校”教育专家到全市中小学校开展“我与专家面对面”家庭教育活动29场,让家庭教育专家与家长面对面交流,增强社会效果。

【“能帮就帮　合众助学”】 2016年,市关工委到兴宁区、宾阳县、马山县,百色市巴马县、田东县,防城港市上思县,来宾市象州县开展“能帮就帮　合众助学”活动7场,参加活动爱心企业10余家、爱心人士1000余人;为261名偏远山区贫困学童捐赠助学金及物品价值25.05万元。其中:助学金13.05万元;捐建图书室6个,价值12万元。

(雷　纪　潘美玉)

南宁市人民代表大会

重要会议

【市十三届人大七次会议】 2016年2月17日至20日在南宁人民会堂举行。应到人大代表494人,出席会议代表456人;列席人员187人;大会主席团成员61人。听取和审议市政府工作报告、市十三届人大六次会议以来常委会工作报告,市中级人民法院工作报告、市检察院工作报告;审查和批准市国民经济和社会发展第十三个五年规划纲要、市2015年国民经济和社会发展计划执行情况与2016年国民经济和社会发展计划草案的报告、市与市本级2015年财政预算执行情况和2016年财政预算草案的报告;批准市2016年国民经济和社会发展计划、市本级2016年财政预算;审议市人大常委会关于提请审议《南宁市地方性法规制定条例(草案)》的议案。会议批准以上报告并做出相应决议,表决通过《南宁市地方性法规制定条例》。收到代表议案84件,经主席团审议决定作为议案处理8件,76件转为代表建议、批评和意见。

2月17日,市十三届人大七次会议在南宁人民会堂召开　　梁　苑提供

【市十三届人大常委会会议】 2016年,市十三届人大常委会召开会议7次。

第32次会议　1月19日至20日召开。传达学习市委十一届十四次全会精神;审议通过市人大常委会关于召开南宁市第十三届人民代表大会第七次会议的决定和关于会议列席人员的决定;决定市十三届人大七次会议召开的时间(2月17日);审议市人大常委会工作报告(草案)和市人大常委会2016年工作要点(草案);听取驻邕全国、自治区和市三级人大代表2015年年终视察6个视察组的视察报告;审议通过市十三届人大七次会议议程(草案)和主席团及秘书长名单(草案)并同意提交市十三届人大七次会议预备会议表决通过;听取和审议市人大常委会代表资格审查委员会关于个别代表资格的审查报告,表决通过资格审查报告;表决通过有关人事免职、接受辞职事项。决定接受袁曼虹辞去市第十三届人民代表大会常务委员会副主任职务。市人大常委会同意代表资格审查委员会的审查报告,确认梁平江、谭向光、张文军、杜伟、许强初的代表资格有效;调离南宁市行政区域的班忠柏、吴炜的代表资格自行终止;李晓东、零球的代表资格自然终止。

第33次会议　2月15日召开。听取和审议市十三届人大会常委会代表资格审查委员会关于个别代表的资格审查情况的报告;市人大常委会主任会议关于增补市十三届人大七次会议主席团个别成员的报告;审议通过代表资格审查委员会的审查报告,确认邝涤、伍娟、黎琳的代表资格有效。调离南宁市行政区域的吴富伟的代表资格自行终止。

第34次会议　3月24日至25日召开。传达学习十二届全国人大四次会议主要精神;听取和审议市政府关于2016年南宁市农业生产安排和春耕生产情况的报告、市人大常委会专题调研组的调研报告;市人大城建环保委关于第63号代表议案(《关于将邕江邕宁段、八尺江列入〈南宁市邕江综合整治和开发利用控制规划〉的议案》)的审议结果报告;对2016年南宁市农业生产安排和春耕生产情况作出决议;同意市人大城建环保委关于第63号代表议案的审议结果报告并作出决定;审议市政府《关于提请审议〈南宁空间发展战略规划〉的议案》和市人大城建环保委的审议意见报告,决定批准《南宁空间发展战略规划》;第二次审议《南宁市西津湿地公园管理条例(草案)》;审议决定8名国家机关工作人员的任命或免职事项。

第35次会议　4月19日召开。决定接受韦志鹏辞去自治区人大代表职务的请求;决定任命陈颖为南宁市副市长、梁勇为市城市管理局(市城市管理综合行政执法局)局长。调离南宁市行政区域的马南萍的代表资格自行终止。

第36次会议　5月18日至20日召开。审议市政府《关于提请审议南宁市轨道交通4号线一期工程项目融资模式的议案》和市人大财经委的审议意见报告,决定批准市政府采用“项目资本金+企业债务资金”模式开展轨道交通4号线一期工程建设融资工作;听取和审议市中级法院关于审判监督工作情况的报告和市人大常委会专题调研组的调研报告,市政府关于《中华人民共和国预算法》实施情况的报告和市人大常委会执法检查组的检查报告,市政府关于《中华人民共和国义务教育法》实施情况的报告和市人大常委会执法检查组的检查报告,市政府关于《中华人民共和国民族区域自治法》实施情况的报告和市人大常委会执法检查组的检查报告;听取和审议市人大相关专门委员会关于第1号、20号、28号、44号、68号、70号、79号7件代表议案审议结果的报告,常委会对第79号议案作出处理意见,其余6件议案作出决定;审议《南宁市人大常委会人事任免办法(草案)》;第三次审议《南宁市西津湿地公园管理条例(草案)》并表决通过,报自治区人大常委会批准实施;审议并表决通过市人大常委会关于设立市人大换届工作办公室的决定、市人大常委会关于市十四届人大代表名额分配和选举时间的决定。审议决定12名国家机关工作人员的任免职事项。

第37次会议　7月26日至29日召开。听取和审议市政府关于南宁市社会急救医疗工作情况的报告和市人大常委会专题询问调研组关于南宁市社会急救医疗工作的专题调研报告,并对南宁市社会急救医疗工作情况开展专题询问;听取和审议市政府关于南宁市精准扶贫工作情况汇报和市人大常委会专项工作评议调查组的调查报告,对南宁市精准扶贫工作进行专项评议,表决通过《市人大常委会关于我市精准扶贫工作情况的评议意见》;听取和审议市政府关于南宁市2016年上半年国民经济和社会发展计划执行情况的报告,市政府关于南宁市2016年上半年预算执行情况的报告,市政府关于保障性住房建设情况的报告和市人大常委会专题调研组的调研报告,市检察院关于开展检务公开工作情况的报告和市人大常委会专题调研组的调研报告,市政府关于《中华人民共和国农业法》实施情况的报告和市人大常委会执法检查组的检查报告;审议通过驻邕全国、自治区、市人大代表2016年年中专题调研6个调研组的调研报告;听取和审议并表决通过市人大常委会关于调整市十四届人大代表名额分配的决定(草案)。审议决定16名国家机关工作人员的任免职事项、批准辞职事项;决定任命市中级法院副院长张培健代理市中级法院院长职务,接受周腾辞去市中级法院院长职务的请求。

第 38 次会议　9 月 19 日至 21 日召开。听取市人大常委会办公厅关于市十四届人大一次会议筹备工作情况的报告；听取和审议市人大常委会代表资格审查委员会关于市十四届人大代表资格审查的报告，审议通过市十四届人大一次会议议程和召开时间、大会主席团和秘书长名单、市十四届人大议案审查委员会组成人员建议名单等 3 个草案，对召开南宁市第十四届人大一次会议和会议列席人员作出决定，审议并通过市人大常委会工作报告(草案)；表决通过关于废止《南宁市暂住户口管理条例》的决定，新修改《南宁市人大常委会任命国家机关工作人员法律知识考试办法》；初次审议《南宁市不可移动文物保护条例(草案)》《南宁市昆仑关保护管理条例(草案)》，第二次审议《南宁大明山管理条例(草案)》；听取和审议市政府关于 2015 年市本级财政决算的报告、2015 年财政预算执行情况和其他财政收支情况的审计工作报告；同意市人大财经委关于 2015 年市本级财政决算的审查结果报告，决定批准 2015 年市本级财政决算；听取和审议市政府关于市十三届人大七次会议代表议案决定执行情况和代表建议办理情况的报告，市“两院”关于市十三届人大七次会议代表建议办理情况的报告，市人大常委会选举联络工委关于市十三届人大七次会议以来代表建议、批评和意见办理工作督办情况的报告，市十三届人大常委会代表资格审查委员会关于代表出缺情况的报告，确认 495 名市十四届人大代表资格有效。审议决定 24 位同志的任免职事项。

【市十四届人大一次会议】 2016 年 10 月 20 日至 24 日在南宁人民会堂举行。应到代表 495 人，出席会议代表 479 人；列席会议 158 人；大会主席团成员 69 人。听取和审议市政府工作报告、市人大常委会工作报告，市中级人民法院工作报告、市检察院工作报告；选举市十四届人大常委会主任、副主任、秘书长、常务委员，市长、副市长，市中级人民法院院长、市检察院检察长；通过市十四届人大各专门委员会主任委员、副主任委员、委员人选；依法选出市十四届人大常委会主任束华，副主任刘雄、阮兆丰、黎琳、钱健、周如斯、刘志烈，市长周红波，副市长张文军、崔佐钧、眭国华、唐斌、覃卫国、刘为民、伍娟，市中级人民法院院长张培健、市检察院检察长黄建波，市十四届人大常委会秘书长黄国健，市十四届人大常委会常务委员 32 人；表决通过市政府、市人大常委会、市中级人民法院、市检察院 4 个工作报告并做出相应决议。没有收到代表联名议案。

【市十四届人大常委会会议】 2016 年，市十四届人大常委会召开会议 2 次。

第 1 次会议　11 月 29 日至 30 日召开。听取和审议并表决通过市政府《关于提请审议〈关于在公民中开展第七个五年法治宣传教育的决议(草案)〉的议案》和市人大内司委审议意见的报告；听取和审议市政府关于 2016 年市本级财政预算调整方案(草案)的报告和市人大财经委的审查结果报告，决定批准 2016 年市本级财政预算调整方案；审议市人大常委会法工委关于《南宁市地方性法规》清理评估工作情况的报告；审议通过《关于设立南宁市第十四届人民代表大会常务委员会代表资格审查委员会的决定》；表决通过相关人事任免职事项。

第 2 次会议　12 月 22 日召开。审议驻邕自治区、市人大代表 2016 年年终视察的报告、人事任免职事项，依法任命张卫、陈颖 2 名副市长，41 名新一届市政府各工作部门主要负责人；免职 1 名。

10 月 23 日，市十四届人大一次会议新当选人员在南宁人民会堂宣誓

梁　苑提供

主要工作

【地方性法规立法】 2016 年，市人大常委会颁布施行地方性法规有《南宁市城市轨道交通管理条例》《南宁市地方性法规制定条例》《南宁市水库管理条例》《关于修改〈南宁市市政设施管理条例〉等八件地方性法规的决定》《南宁市西津国家湿地公园保护条例》《南宁市城乡容貌和环境卫生管理条例》6 件；审议《南宁市不可移动文物保护条例(草案)》《南宁市昆仑关保护管理条例(草案)》《南宁大明山保护管理条例(草案)》3 件；表决通过关于废止《南宁市暂住户口管理条例》的决定，并经自治区人大常委会批准；开展南宁市中小学幼儿园用地保护条例(修订)、五象新区管理、水土保持管理、机动车排气污染防治、诚信体系建设、校园安全管理 6 个专项的立法调研；对现行 40 部地方性法规进行评估、清理。其中：常委会法制工作机构提出建议不做修改 22 件，修改 17 件，废止 1 件。

【监督工作】 2016 年，市人大常委会听取和审议专项工作报告 10 项，开展执法检查 4 项、专题询问 1 项、专项工作评议 1 项。强化对国民经济和社会发展计划执行情况的监督，建立计划评审咨询专家库，邀请专家参与年度计划编制审查；听取和审议 2015 年市本级财政预算执行和其他财政收支审计工作的报告、审计查出的问题进行整改落实情况的报告，推进被审计查出问题的有关区县政府、市直部门认真整改；全市审计查出问题 93 个，完成整改 84 个。对产业结构调整情况进行监督；对民生改善情况开展专题询问和评议。开展社会急救医疗工作专题询问、专项工作评议、代表议案调查督办和专题调研视察活动，提出加快产业扶贫、加强基础设施建设、易地扶贫搬迁等方面的意见建议 23 条。听取和审议保障性住房建设情况专项工作的报告，开展少数民族聚集村屯“三难问题”(行路难、饮水难、用电难)、虚拟养老院建设、城镇公园建设、绿地规划建设 4 个方面的专题调研，提出意见建议；对法治南宁建设情况实施监督。全年备案审查市政府规范性文件 30 件。

【专题调研】 2016 年，市人大常委会和各专门委员会组织开展专项工作评议 1 次，组织人大代表开展专题调研 4 次(含年中专题调研)。6 月下旬至 7 月上旬，常委会成立调查组，对南宁市精准扶贫

6月29日，市人大常委会召开《南宁市水库管理条例》颁布施行新闻发布会　韦　怡　摄

工作情况进行专项评议，听取市政府及市财政局、市扶贫办等20个部门的专项工作情况汇报；到上林县、马山县、隆安县、邕宁区实地调查，听取相关区县政府的有关工作汇报，到部分贫困村屯和扶贫项目建设现场走访基层干部、项目业主、农民；组织驻邕全国、自治区、市人大代表100多人，组成6个专题调研组分别深入区县和市属有关单位、项目建设现场，对南宁市工业转型升级、华侨农林场贫困归侨帮扶、扶贫攻坚、南宁市城镇公园、绿地规划建设、推动大众创业万众创新、行政复议法开展7个方面工作开展年中专题调研。7月27日至29日，市人大常委会第37次会议对南宁市精准扶贫工作进行评议，综合评价满意率89%；审议通过6个调研组的调研报告。市人大常委会组织开展对市中级法院审判监督、市政府实施保障性住房建设、市检察机关检务公开3项工作情况进行专题调研。

【专题询问】 2016年6月12日至14日，市人大常委会成立专题询问工作领导小组及2个调研组，对南宁市社会急救医疗工作开展专题询问。调研组听取市政府和市编制办、市卫生计生委、市发改委等16个部门有关工作情况汇报，与相关单位负责人进行座谈，到12个区县与政府部门座谈，实地察看市级和区县急救医疗中心、部分乡镇卫生院以及市第二医院、市第四医院、玉洞医院、市红十字会、南宁职业技术学院、金桥客运站等单位，了解全市社会急救医疗工作基本情况、存在的主要困难和问题，提出意见和建议。7月27日至29日，市人大常委会第37次会议安排1天时间就市社会急救医疗工作情况对市政府及其相关部门负责人进行专题询问。

【代表视察】 2016年，市人大常委会组织人大代表开展视察活动2次。2月16日，市人大常委会组织492名市人大代表实地视察南宁市地铁和南湖公园海绵城市建设情况；12月5日至9日，组织445名驻邕自治区人大代表和市人大代表，分成7个视察组开展年终视察；重点视察2016年南宁市经济社会发展情况、重大项目建设和为民办实事项目完成情况，以及南宁市承担自治区重大项目建设和为民办实事项目完成情况。12月22日，市十四届人大常委会召开第二次会议，审议通过7个人大代表视察小组分别作的报告和代表年终视察总报告。

【议案建议办理】 2016年，市十三届人大七次会议收到代表议案8件；建议、批评和意见225件。其中：法制类4件，内务司法类18件，财政经济类76件，农业类23件，城乡建设环境保护类62件，教育科学文化卫生类32件，民族华侨类6件，其他4件。经审理，分别交由52个承办单位进行办理。各承办单位均在法定时限内办理并答复代表。其中：代表建议被采纳或提出问题得到解决、基本得到解决的(A类)66件；正在解决或列入计划逐步解决的(B类)130件；因条件限制或政策问题暂时难以解决的(C类)22件；不能办理、只作参考的(D类)7件。收到代表反馈意见225份，对办理结果表示满意或基本满意的220份，占97.78%；不满意的5份，占2.22%。对代表反馈的不满意答复的问题，市人大常委会有关工作部门重新交办，并跟踪督办，代表反馈的意见均为满意或基本满意。

【代表选举】 2016年，市人大常委会指导区县、各单位选举南宁市第十四届人大代表496人，经市人大常委会代表资格审查委员会审查，发现其中1名涉嫌严重违纪接受组织调查，其代表资格不予确认；提交市十三届人大常委会第38次会议审议，确认市十四届人大代表资格有效的代表495名。年内，补选市十三届人大代表8名。其中武鸣区2名，邕宁区2名，横县1名，马山县1名，兴宁区1名，西乡塘区1名。

【人事任免】 2016年，市人大常委会依法决定任命副市长3人次，任免国家机关工作人员128人次(任命、决定任命、批准任命72人，免职、决定免职45人，接受辞职、批准辞职11人)。

2016年南宁市十三届人大常委会依法任免国家机关工作人员情况

时间	会议(次)	任、免、辞	姓名	职　务
1月20日	第32次会议	免去	潘荣斌	市中级人民法院审判员、审判委员会委员
		免去	廉英策(女)	市中级人民法院审判员
		免去	唐　波	市检察院副检察长、检察委员会委员、检察员
		免去	张　林	市检察院检察员
		免去	岳建明	市检察院检察员
		免去	孙华生	市检察院检察员

续表 1

时间	会议(次)	任、免、辞	姓名	职　务
3月25日	第34次会议	免去	梁新莲(女)	市人大内务司法委员会副主任委员
		任命	李道清	市中级人民法院行政审判第一庭庭长
		任命	农杏雪(女)	市中级人民法院审判监督庭庭长、审判委员会委员
		免去	李道清	市中级人民法院审判监督庭庭长
		免去	韦庆松	市中级人民法院行政审判第一庭庭长、审判委员会委员、审判员
		免去	李　穗(女)	市中级人民法院审判员
		批准任命	林　中	兴宁区检察院检察长
		批准任命	玉明建	江南区检察院检察长
		批准任命	王运华	青秀区检察院检察长
4月19日	第35次会议	免去	滕云茂	市人大常委会副秘书长
		决定任命	陈　颖(女)	副市长
		决定任命	梁　勇	市城市管理局(市城市管理综合行政执法局)局长
		决定免去	黄　海	市城市管理局(市城市管理综合行政执法局)局长
		决定免去	苏永革	市中级人民法院审判委员会委员
5月20日	第36次会议	决定任命	丁　伟	市发展和改革委员会主任
		决定任命	边作新	市财政局局长
		决定任命	蔡友清	市交通运输局局长
		决定任命	李　兵	市体育局局长
		决定免去	李　耕	市发展和改革委员会主任
		决定免去	李　宁(女)	市财政局局长
		决定免去	王永超	市交通运输局局长
		决定免去	边作新	市审计局局长
		决定免去	李建华(女)	市体育局局长
		决定免去	苏道勇	市金融工作办公室主任
		任命	谢林伶(女)	市中级人民法院刑事审判第一庭副庭长
		任命	黄华莹(女)	市中级人民法院未成年人案件审判庭副庭长
		免去	刘　炫	市中级人民法院审判员
7月29日	第37次会议	任命	黄国健	市人大常委会办公厅主任
		决定任命	黄宗成	市政府秘书长、市政府办公厅主任
		决定任命	刘德宁	市人力资源和社会保障局局长
		决定任命	韦杰鹏	市城乡建设委员会主任
		决定任命	黄敏丽(女)	市住房保障和房产管理局局长
		决定任命	徐铭斯	市审计局局长
		决定任命	蒙　刚	市金融工作办公室主任
		决定任命	刘宗晓	市扶贫开发工作办公室主任
		决定免去	吕　洁(女)	副市长
		决定免去	刘志烈	市政府秘书长
		决定免去	赵红明	市城乡建设委员会主任
		决定免去	黄宗成	市住房保障和房产管理局局长
		决定免去	叶　盛	市扶贫开发工作办公室主任
		任命	张培健	市中级法院审判员、审判委员会委员、副院长
		免去	张　黎(女)	市中级人民法院审判员
		批准任命	王少华	邕宁区检察院检察长
		批准辞去	王少华	横县检察院检察长
		批准辞去	姜学庆	上林县检察院检察长

续表 2

时间	会议(次)	任、免、辞	姓名	职 务
9 月 21 日	第 38 次会议	任命	马成国	市人大常委会调查研究室副主任
		任命	黄浩邦	市人大常委会调查研究室副主任
		免去	张 渊	市人大常委会副秘书长
		免去	梁 鸿	市人大常委会副秘书长
		决定任命	苏志刚	市民族宗教事务委员会主任
		任命	唐兴中	市中级人民法院审判员
		免去	谭 萍(女)	市中级人民法院审判员
		批准任命	覃静之(女)	横县检察院检察长
		批准任命	黎民诚	宾阳县检察院检察长
		批准任命	李 栋	马山县检察院检察长
		批准任命	宁 宇	上林县检察院检察长
		批准任命	马 闯	隆安县检察院检察长
		批准任命	林 中	兴宁区检察院检察长
		批准任命	玉明建	江南区检察院检察长
		批准任命	王运华	青秀区检察院检察长
		批准任命	黄朝科	西乡塘区检察院检察长
		批准任命	王少华	邕宁区检察院检察长
		批准任命	曾祥桐	良庆区检察院检察长
		批准任命	温守东	武鸣区检察院检察长
		免去	沈 兵	市检察院检察委员会委员、检察员
		免去	覃静之(女)	市检察院检察员
		免去	黄康宁	市检察院检察员
		免去	黄佳生	市检察院检察员
		免去	林 波	市检察院检察员
		免去	李晓西	茅桥地区人民检察院检察委员会委员、检察员

2016 年南宁市十四届人大常委会依法任免国家机关工作人员情况

时间	会议	任、免、辞	姓名	职 务
11 月 30 日	第 1 次会议	任命	王肖虎	市中级人民法院审判员
		任命	刘 娥(女)	市中级人民法院审判员
		任命	高 怀	市中级人民法院审判员
		任命	涂媛媛(女)	市中级人民法院审判员
		任命	覃若鹏	市中级人民法院审判员
		任命	覃 斯(女)	市中级人民法院审判员
		任命	姚 娟(女)	市中级人民法院审判员
		任命	曾 涛	市中级人民法院审判员
		免去	蓝树源	市中级人民法院副院长
		免去	黄 芳(女)	市中级人民法院副院长、审判委员会委员、审判员
		免去	洪 彪	市中级人民法院副院长、审判委员会委员、审判员
		免去	农瑞丰	市中级人民法院审判委员会委员
		免去	孙乡平	市检察院副检察长
		免去	陈金亮	市检察院副检察长、检察委员会委员、检察员
		免去	林俊市	检察院副检察长、检察委员会委员、检察员
		免去	卢全宁	市茅桥地区人民检察院检察委员会委员
		免去	唐武英	市茅桥地区人民检察院检察委员会委员、检察员

续表

时间	会议	任、免、辞	姓名	职务
12月22日	第2次会议审议决定	决定任命	张　卫	副市长
		决定任命	陈　颖(女)	副市长
		决定任命	黄宗成	市政府秘书长、市政府办公厅主任
		决定任命	丁　伟	市发展和改革委员会主任
		决定任命	陈世平	市工业和信息化委员会主任
		决定任命	潘永钟	市教育局局长
		决定任命	梁　展	市科学技术局局长
		决定任命	苏志刚	市民族宗教事务委员会主任
		决定任命	唐　斌	市公安局局长
		决定任命	尹士申	市监察局局长
		决定任命	黄菊如(女)	市民政局局长
		决定任命	黄有光	市司法局局长
		决定任命	边作新	市财政局局长
		决定任命	刘德宁	市人力资源和社会保障局局长
		决定任命	赵志萍(女)	市国土资源局局长
		决定任命	韦好鹏	市环境保护局局长
		决定任命	韦杰鹏	市城乡建设委员会主任
		决定任命	郭维宁	市规划管理局局长
		决定任命	梁　勇	市城市管理局局长
		决定任命	黄敏丽(女)	市住房保障和房产管理局局长
		决定任命	蔡友清	市交通运输局局长
		决定任命	李伟进	市水利局局长
		决定任命	杨　敏(女)	市农业委员会主任
		决定任命	蓝　岚(女)	市林业和园林局局长
		决定任命	梁培正	市商务局局长
		决定任命	魏永泉	市文化新闻出版广电局局长
		决定任命	谢宗务	市卫生和计划生育委员会主任
		决定任命	黎君君	市食品药品监督管理局局长
		决定任命	徐铭斯	市审计局局长
		决定任命	周序喜	市工商行政管理局局长
		决定任命	李善钦	市质量技术监督局局长
		任命决定	李　兵	市体育局局长
		决定任命	蓝建东	市安全生产监督管理局局长
		决定任命	黄南方	市统计局局长
		决定任命	黄永久	市旅游发展委员会主任
		决定任命	梁　枫(女)	市投资促进局局长
		决定任命	黄　定	市行政审批局局长
		决定任命	蒙　刚	市金融工作办公室主任
		决定任命	彭　健(女)	市外事侨务办公室主任
		决定任命	范卫东	市法制办公室主任
		决定任命	董红兵	市人民防空办公室主任
		决定任命	刘宗晓	市扶贫开发办公室主任
		决定任命	宋日正	市政府国有资产监督管理委员会主任
		免去	黄　伟	市检察院检察委员会委员

(梁　苑)

南宁市人民政府

重要会议

【市十三届人民政府第六次全体(扩大)会议】 2016年2月4日在市委、市政府会议中心召开。讨论通过《政府工作报告(草案)》《南宁市“十三五”规划纲要(草案)》,提交市十三届人民代表大会第七次会议审议;指出“十二五”时期是南宁市应对各种风险挑战,能够化危为机、稳中求进的5年,也是南宁市改革开放和加快全面建成小康社会取得重大进展的5年;2016年是“十三五”开局之年,也是全面建成小康社会决胜阶段的第一年,各级各部门要按照《报告》提出的要求和部署,做好年度与“十三五”发展目标任务的衔接,谋划好各项工作,实现“十三五”发展开好局、起好步。

【市十四届人民政府第一次全体(扩大)会议】 2016年12月28日在市委、市政府会议中心召开。审议通过《南宁市人民政府工作规则》,贯彻落实党的十八届六中全会、中央经济工作会议、自治区第十一次党代会、自治区经济工作会议和市第十二次党代会等会议精神,动员组织政府各部门进一步提高认识,抢抓机遇,扎实工作,确保各项目标任务圆满完成;要求各级各部门要严格按照《工作规则》依规履职、依法行政、科学决策、规范办文、依时参会。

【政府常务会议】 2016年,市政府召开政府常务会议23次,其中市十三届政府召开19次,市十四届政府召开4次。审议《关于促进旅游与相关产业融合发展的实施意见》《南宁市地名命名规则》《关于加强社会组织建设与管理的意见》《南宁市四类社会组织直接登记管理办法》《南宁市2016年经济社会发展主要目标建议》等议题150个;研究市公安局反恐、处理突发事件的装备和智能化系统建设项目清单及经费问题,研究南南铝业股份有限公司整体搬迁,增加应急800兆数字集群通信基站问题和南宁市2016年度社科研究重点课题选题等事项14项,听取专题汇报3次。

【政府工作会议】 2016年,市政府召开工作会议16次。审议《南宁市2015年投资和重大项目建设推进工作考评奖励方案》《南宁市城市内河综合整治工作(2016—2020年)实施方案》《关于支持和鼓励上市(挂牌)企业入驻五象新区金融街的实施意见(试行)》等议题21个;研究南宁市承接国家异地扶贫搬迁资金投融资平台、利用农发行专项贷款推进南宁市农村交通基础设施建设问题、南宁市本级公共卫生事业单位2015年绩效工资总量核定意见等事项20项。

【市长例会】 2016年,市政府召开市年例会5次。2月27日,第一次会议研究部署市政府和五象新区管委会工作;3月19日,第二次会议研究部署市政府工作,要求各有关部门要做好2016年南宁市地区生产总值等主要经济指标目标责任分解工作;6月6日,第三次会议研究部署市政府工作,传达6月5日上午,自治区党委书记彭清华到自治区防汛抗旱指挥部检查指导防汛救灾工作时的重要指示精神;7月18日、10月9日,第四、五次会议均为研究部署市政府工作。

【经济运行分析会】 2016年,市政府召开经济运行分析会3次。3月21日,第一季度经济运行分析会提出抓好工业经济发展、引进投资和项目建设、促进消费增长、加快农业生产、推进财税增收5项工作;7月23日,上半年经济运行分析会总结上半年经济运行情况,强调下半年重点抓好规模以上工业增加值、固定资产投资、金融业增加值、社会消费品零售、建筑业增加值等指标的完成;10月24日,第四季度经济运行分析会传达贯彻自治区第四季度经济运行分析会和市“两会”精神,以及王小东书记的重要批示,分析前三季度经济运行情况,研究部署第四季度全市经济工作。

重大决定

【市政府工作部门调整】 2016年3月9日,市政府印发《关于南宁市人民政府工作部门调整的通知》,组建南宁市行政审批局;南宁市民族事务委员会(南宁市宗教事务局)更名南宁市民族宗教事务委员会,不再保留在原市民委加挂的市宗教局牌子;市粮食局由市政府工作部门调整为在市发展和改革委员会挂牌。

【南宁市国民经济和社会发展第十三个五年规划纲要】 2016年3月14日,市政府出台《南宁市国民经济和社会发展第十三个五年规划纲要》。包括勇当广西“两个建成”(与全国同步全面建成小康社会,基本建成西南中南地区开放发展新的战略支点)排头兵、深入推进改革创新、打造开放合作平台、加快构建现代产业体系、加快建设区域性国际综合交通枢纽中心、加快构建新型城镇化体系、加强生态文明建设、打赢精准脱贫攻坚战、提高基本公共服务均等化水平、促进社会和谐包容发展、加强规划实施保障11篇42章内容。

【价格调节基金停征】 2016年4月5日,市政府印发《关于停征价格调节基金有关事宜的通知》。2月1日起,在全市范围内停止通过向社会征收价格调节基金;对于销售收入发生在2016年1月前的应征价格调节基金,仍按原来的征收管理办法执行。

【分级诊疗制度建立完善】 2016年4月7日,市政府印发《南宁市建立完善分级诊疗制度实施方案的通知》。要求市医疗机构工作原则是基层首诊、双向转诊、急慢分治、上下联动、尊重群众意愿、资源共享、全程无缝。工作目标为2016年末,全市70%的基层医疗机构实现与上级或平级医疗机构的双向转诊;2017年,100%的基层医疗机构实现与上级医疗机构的双向转诊,由二级、三级医院向基层医疗卫生机构、慢性病医疗机构转诊的人数年增长率在10%以上,区县、开发区辖区内就诊率达90%左右;2020年,基本建成基层首诊、双向转诊、急慢分治、上下联动的分级诊疗制度。

【撤销武鸣县设立南宁市武鸣区】 2016年4月15日,市政府印发《关于撤销武鸣县设立南宁市武鸣区的通知》。以原武鸣县的行政区域为武鸣区的行政区域;武鸣区辖城厢镇、两江镇、马头镇、陆斡镇、罗波镇、太平镇、双桥镇、甘圩镇、宁武镇、锣圩镇、仙湖镇、府城镇、灵马镇13个,已勘定的原武鸣县与周边区县的行政区域界线为武鸣区的行政区域界线;武鸣区政府驻城厢镇兴武大道245号。

【减负降成本若干意见】 2016年4月29日,市政府印发《关于减轻企业负担、降低企业成本的若干意见》。包括降低制度性交易成本、降低项目用地及建设成本、降低用能成本、降低人工成本、降低融资成本、降低物流成本、减轻税费负担等内容。

【提高农村居民最低生活保障标准】 2016年9月1日,市政府印发《关于提高农村居民最低生活保障标准的通知》。8月1日起,城区(开发区)、横县、宾阳县农村居民最低生活保障标准由每人每年

南宁年鉴

3100 元提高至 3500 元;上林县、马山县、隆安县农村居民最低生活保障标准由每人每年 2800 元提高至 3200 元。城区(开发区)农村低保月人均补助水平超过自治区确定的补助标准部分,由市本级、城区(开发区)按照 1∶1 比例负担;各县农村低保月人均补助水平超过自治区确定的补助标准部分,由各县按照有关规定纳入当地财政预算安排解决。

【城市管理综合行政执法机关行政处罚权范围调整】 2016 年 11 月 3 日,市政府印发《关于调整城市管理综合行政执法机关行政处罚权范围的通知》。规定《城市市容和环境卫生管理条例》《广西壮族自治区实施〈城市市容和环境卫生管理条例〉办法》《城市建筑垃圾管理规定》等 16 部法律、法规、规章规定由市容环境卫生、城市照明、市政工程设施、城市管理行政主管部门行使的行政处罚权,全部划归城市管理综合行政执法机关行使;《中华人民共和国城乡规划法》《广西壮族自治区实施〈中华人民共和国城乡规划法〉办法》《中华人民共和国土地管理法》《中华人民共和国道路交通安全法》等法律、法规、规章规定的部分行政处罚权,由城市管理综合行政执法机关行使;市区邕江河道(托州大桥至六律大桥)管理范围内和《中华人民共和国河道管理条例》《中华人民共和国水法》《中华人民共和国防洪法》《广西壮族自治区河道管理规定》《中华人民共和国水污染防治法》《广西壮族自治区河道管理规定》《南宁市饮用水水源保护条例》等法律、法规、规章规定涉及水利、河道、环保、渔业管理等方面的部分行政处罚权,由城市管理综合行政执法机关行使。

【发展生产支持精准脱贫】 2016 年 3 月 4 日,市政府办公厅印发《南宁市发展生产支持精准脱贫等实施方案的通知》。目标任务是 2016 年至 2020 年,全市贫困区县农村居民年人均纯收入增长率高于全市平均水平,农民家庭经营收入增长率比全市平均水平高 1 个百分点;形成 2 至 5 个特色优势产业,建成 1 至 2 个特色的现代农业(林业)示范区;引进培育农业龙头企业 3 至 5 家;贫困村基本形成“一村一品”的产业发展格局,发展 1 个(或若干个)脱贫致富主导产业;培育农民专业合作组织 1 至 2 家,培养一批种养大户或经济能人;贫困户有 1 项以上增收产业或 1 门以上增收技能。

【江南区与良庆区部分行政区域界线调整】 2016 年 8 月 2 日,市政府办公厅印发《关于调整市辖江南区与良庆区部分行政区域界线的通知》。江南区、良庆区在水塘江邕江口至龟背桥段界线部分调整:以新的水塘江主航道中心线为界,界线北面为江南区,界线南面为良庆区。调整后,江南区与良庆区的界线比原界线缩短约 700 米,具体走向从青秀区、江南区、良庆区 3 个城区边界线交会点(位于水塘江与邕江交会的邕江航道中心)起,向西沿新水塘江、良凤江延伸至龟背桥,其余界线按原界线走向不变;部分原属于良庆区管辖的区域划入江南区管辖。江南区政府、良庆区政府在 8 月 31 日前完成变更管辖区域内行政事务管理的移交。

主要活动

【重大项目开(竣)工】 2016 年,南宁市举行重大项目集中开(竣)工活动 8 次,有柳药中药饮片生产基地、南宁空港现代工业产业园、国电南宁电厂供热管网一期工程、南宁教育园区武鸣东片区基础设施(经三路、经六路、经八路)、广西凯斯升维甘蔗全程机械化南宁生产运营服务中心建设、广西物宝农业科技集团有限公司年产 20 万吨复合肥搬迁技改等 80 多个项目进行开(竣)工。

【南宁·中关村创新示范基地揭牌】 2016 年 7 月 24 日,中关村设立的国内首个创新示范基地——南宁·中关村创新示范基地揭牌运营。来自智能制造、信息技术、双创、科技服务等领域的 Google AdWords(广西)体验中心、宜信国际以色列创新基金、哈工大特种机器人有限公司、上海明匠智能系统有限公司、东软集团股份有限公司、北京中软国际教育科技股份有限公司、广西咪付网络技术有限公司、智众伟业(天津)科技有限公司、广西捷佳润科技股份有限公司、北京国信安服信息安全科技有限公司、深圳市同创三维科技有限公司、苍穹数码技术股份有限公司 12 家首批海内外领军企业签约入驻。

【中国 2016 亚洲国际集邮展览】 2016 年,南宁市相继在自治区举办《丙申年》《拜年》等邮票首发仪式 49 场,开展“迎亚洲邮展兴人文广西”巡邮,在 15 个县级邮协举办中国 2016 亚洲国际集邮展览宣讲会等系列活动宣传亚邮展。12 月 2 日至 6 日,亚邮展在南宁国际会展中心举办,来自亚洲、欧洲、美洲、大洋洲的 60 个国家和地区的集邮组织、集邮精英展示珍贵收藏品,展品规模达 1300 框,分为竞赛类展出、非竞赛类展出 2 大类;同时展出国际集邮联主席、亚洲集邮联主席等知名人士的藏品。展览设开幕日、南宁日、青少年日、生肖日、闭幕日 5 个主题日活动;期间还举办珍邮展、生肖邮票文化展及全国主题邮局文化展、国际集邮研讨会、“迎亚洲邮展炫魅力南宁”青少年明信片设计大赛颁奖仪式等系列活动。

【南宁解放日长跑活动】 2016 年 12 月 4 日,中国田径协会、自治区体育局、市政府主办,市体育局、市体育总会承办的“天地明珠杯”第十一届南宁国际半程马拉松比赛暨第三十四届南宁解放日长跑活动在民族广场举行。设置国际组男、女半程马拉松赛,市民组男、女半程马拉松赛,男、女 10 公里跑,4 公里健康跑和老年人健步走 8 个比赛项目;限定的 2 万人名额报满。有来自尼日利亚、肯尼亚、越南、英国、法国、日本、美国、澳大利亚等 17 个国家 111 名外国运动员和北京市、上海市、广东省、湖南省、贵州省等 23 个省市 256 名国内运动员参加。埃塞俄比亚选手包揽半程马拉松国际组男组、女组比赛冠军。

【为民办实事工程】 2016 年,南宁市政府实施、承办为民办实事项目 20 项 78 个子项目,其中实施南宁市社保惠民、健康惠民、教育惠民、强基惠民、安居惠民、文化惠民、交通惠民、就业惠民、市政惠民、平安惠民 10 项 37 个子项工程全部完成;承办自治区政府为民办实事社保惠民、健康惠民、教育惠民、水利惠民、安居惠民、农补惠民、生态惠民、文化惠民、扶贫惠民、交通惠民 10 项 41 个子项工程全部完成。

(市政府办公厅)

人力资源管理

【概　况】 2016 年,南宁市实施人才强市战略,推进人事制度和工资收入分配改革,印发《南宁市人才小高地提升工程实施方案》;推动与东盟国家人文科技交流合作。坚持凡进必考,完成 2016 年度公务员考录。落实县以下机关公务员职务与职级并行制度,推进公务员分类管理改革。做好第三届自治区“人民满意公务员(集体)”评选、自治区优秀基层公务员(集体)记二等功表彰奖励推荐上报,有 4 名公务员、3 个公务员集体分获“人民满意的公务员”“人民满意的公务员集体”称号;8 名公务员、2 个公务员集体分别获记一等功;13 名乡镇公务员、8 个乡镇公务员集体分别获记自治区二等功。完善事业单位岗位管理、核准岗位设置方案755个(次),办理327个单位的人员岗位变动认定。研究推进区县域义务教育阶段学校教师管理改革试点和交流轮岗、城市公立医院综合改革。

【公务员管理】 2016年,南宁市印发《关于进一步加强县以下机关公务员职务与职级并行制度日常管理的通知》,强化县以下机关公务员职务与职级并行制度入轨后的管理;审核单位职位设置45家,审批符合晋升职级公务员5194名;审核科级职数294个,办理任职备案671人;办理公务员(含参照公务员法管理人员)登记747人,退出备案178人;审核增人计划163人,审核交流资格154人。做好全市行政机关公务员(含参照公务员法管理人员)年度考核备案、年度考核优秀奖励审核,完成市直政府职能单位近180家机关(参照公务员法管理单位)近1万人年度考核备案、1265人年度考核嘉奖、406人年度考核记三等功奖励审核。

【人事考试】 2016年,南宁市计划招考公务员1304人(选调生57人),其中市级机关占总计划18.52%,区县及以下机关占81.48%。网上报名3.50万人,审核通过3.20万人,缴费2.91万人;参加笔试2.60万人;录用1208人,录用率96.80%。开展年度事业单位招聘教师类、非教师类公开考试,完成126个单位1873人聘用手续的办理。

【公务员培训】 2016年,南宁市人力资源和社会保障局组织开展公务员培训130多期,培训5万多人次;市本级行政机关公务员培训登记实现信息化管理。会同市委组织部确定市级公务员培训项目16个,印发《2016年南宁市公务员培训工作实施方案》;获市财政局批复、划拨培训专项经费265.50万元;全面推进科级以下公务员自主选学培训,参训范围扩大至市直部门近200家单位,设置岗位能力提升和综合素质提升两大模块共9个专题50门课程供自主选学,开课105期(次),培训1万多人次;组织514家单位1.22万人参加"互联网+政府管理和服务创新"网络专题培训班;组织250多家单位近800名公务员参加"地方政府财政与PPP模式推进""法治素养和法治建设能力""宏观经济形势和政策"等10个专题远程双向视频培训班;联合市法制办举办行政执法人员培训班6期,培训2700多人;指导市人事考试管理办公室开展中国-东盟自贸区建设和"一带一路"建设、相对集中行政许可权改革(行政审批提速提效工程)、发展民族经济等专题培训项目7个;对新提拔科级公务员170多人进行任职培训,2015年、2016年新录用公务员(选调生)109人进行初任培训。

【人才工程管理】 2016年,南宁市加强对高层次人才的管理、服务。组织人选参加国家、自治区级专家评选,提升专家队伍层次。围绕工业六大重点产业和重大项目建设,组织开展新一批南宁市高层次人才的认定,全市430名高层次人才申请认定;完成138个岗位高层次人才目录的制定和发布;以"人才+项目"形式,开展2016年度创业创新人才项目申报,申报项目60个。完成2015年度20个创业创新领军人才(团队)项目、63名南宁市特聘专家、66个人才小高地、46个学术技术带头人培养人选的项目实施合同签订,拨付专项资金4311万元。

【职称评审】 2016年,南宁市开展职称评审服务3.25万人次,办理专业技术人员转正定职340人次;审核专业技术人员重新确认300多人次,审核发放职称证书2.60万本。全市中小学教师系列高级职称、工程系列高级职称、卫生系列高级职称全面推行异地委托交叉评审;完成专业技术人员职称证书注册验证登记2.20万人。

【事业单位收入分配制度改革】 2016年,南宁市深化事业单位收入分配制度改革。制定市直教育系统非义务教育学校绩效工资激励措施并兑现到位,涉及市直教育系统学校27所,高三专任教师1087人。其中,市第二中学、市第三中学2所学校按高三年级专任教师每人每年1.60万元标准增核,其他公办高中(含高完中)按高三专任教师每人每年1.30万元的标准增核。完成市直7家公共卫生医疗机构收支结余和绩效工资总量核定。其中:市第四医院、市第五医院、市妇幼保健院、市江南片妇幼保健院4家单位绩效工资总量由各单位根据其实际收支结余情况确定,最高不能超过每人每年7.65万元;南宁中心血站、市疾病预防控制中心、南宁急救医疗中心3家单位绩效工资总量统一核定为每人每年5.50万元。市直各事业单位奖励性绩效工资总额核定,市本级涉及253家单位19467人。

【军转干部安置】 2016年,南宁市实际接收军转安置干部338人,其中计划分配73人(团职干部27人、营职以下及专业技术干部46人),自主择业265人。按计划分配军转干部进入党政机关(参照公务员法管理单位)71人,占97.30%。

(方 敏)

9月21日,南宁·东盟人才交流活动月启动仪式在南宁国际会展中心举行 黄维业 摄

民政事务

【概 况】 2016年,南宁市贯彻落实全国、自治区民政工作会议精神,以建设"三大民政"(创新民政、法治民政、服务民政)为主线,以深化"三项改革"(养老服务业综合改革、社会组织管理制度改革、社区治理创新改革)为重点,以开展"两项活动"(标准化建设年活动、精准救助年活动)为保障,提升民政在保障和改善民生中的兜底作用。开展军供应急保障演练,保障部队2万余人次。成立南宁市社会组织综合党委,直接管理不适合属地管理和行业主管部门不能归口管理的社会组织党组织。以西乡塘区为试点开展委托第三方对城乡低保家庭入户核查,被民政部评为社会救助领域创新实践活

动5个最佳成果之一,向全国推广。市民政局被评为全国老年法律维权工作先进集体,获自治区授予“文明单位”称号。

【地名管理】 2016年,南宁市加强地名管理和信息化服务。完成市轨道交通4号线站点命名19个;命名青秀区道路、良庆区道路共10条。开展第二次全国地名普查。

【救灾减灾】 2016年,南宁市遭受洪涝、台风、干旱、低温冷冻、风雹、滑坡等自然灾害袭击,其中台风、洪涝、干旱等灾害造成损失较为严重。全市受灾乡镇90个,受灾人口39.53万人,因灾死亡12人,紧急转移安置受灾群众591人;农作物受灾面积6.43万公顷,其中成灾2.66万公顷,绝收1700公顷;倒塌农房175户339间,严重损坏农房69户137间,一般损坏农房16户35间;直接经济损失1.15亿元,其中农业损失9220万元,家庭财产损失532万元,公益设施损失2万元,基础设施损失484万元,工矿企业损失1251万元。5月31日前,全市完成2015年至2016年度冬春救助任务,救助17.47万人,发放现金补助1105.22万元、口粮381.83吨、衣被6.21亿件(套),重建2015年倒损农房75户。

【农村住房政策性保险】 2016年,南宁市有126.23万户农村居民住房列入自治区政策性保险范围,参保率100%。市地方财政需支付保险费358.95万元,其中市本级99.45万元,在规定时间5月31日将市、县两级农房政策性保险保费支付完成。4月6日至7日,市民政局协调保险部门做好农房保险理赔,与保险公司联合,分片召开2016年农房保险工作座谈会,全市向人保财险南宁分公司报案因灾倒损房屋574户,保险公司向倒损房农户支付保险理赔款285.30万元。

【防灾减灾宣传】 2016年,市民政局在5·12防灾减灾宣传周活动中,组织区县减灾委员会、市直各减灾成员单位深入农村、社区、学校等,实地开展形式多样的宣传活动;在南宁电台交通频道、新闻频道进行防灾减灾知识宣传报道。开展广场、社区防灾减灾科普宣传活动100多场,发放宣传资料40多万份,悬挂防灾减灾宣传横幅5000多条,张贴科普挂图1万余张,展出板报1000余板;组织开展火灾消防逃生、地震应急疏散、自然灾害应急救助等各类应急演练500多场次。组织指导开展综合减灾示范社区创建活动,获“广西壮族自治区综合减灾示范社区”创建11个,“全国综合减灾示范社区”创建6个。

南宁市轨道交通4号线车站名称

站名	车站位置
洪运路站	洪历路与洪运路交叉路口附近
那历村站	洪历路与那历路交叉路口附近
那洪立交站	那洪立交桥附近
金阳路站	那洪大道与金阳路交叉路口附近
通源路站	那洪大道与通源路交叉路口附近
大沙田站	大沙田广场
金象大道站	五象大道与金象大道交叉路口附近
五象岭站	五象岭北面
玉象路站	五象大道与玉象路交叉路口附近
总部基地站	五象大道与彩凤路交叉路口附近
飞龙路站	五象大道与飞龙路交叉路口附近
体育中心西站	五象大道广西体育中心西端
体育中心东站	五象大道广西体育中心东端
良庆大桥南站	五象大道与良庆大道交叉路口、良庆大桥南端
良庆圩站	良庆镇政府驻地附近
楞塘村站	良庆镇楞塘村附近
五象火车站	规划建设的五象火车站
清平坡站	蒲庙镇清平坡附近
龙岗站	蒲庙镇龙岗村

【救助管理】 2016年,市民政局以开展“精准救助年活动”为主线,全面委托第三方机构入户核查及低保无纸化审核审批改革;精准识别低保对象,做到“应保尽保、应救尽救、救助及时”。推进农村低保制度与扶贫开发政策衔接,发挥低保制度兜底保障作用;开展五保村规范化管理专项整治,提升供养服务能力和水平;资助困难群众参加新型农村合作医疗、养老保险,开展门诊和住院救助。发放低保资金、五保资金3.17亿元,惠及困难群众170万人次;医疗救助、临时救助救济14万人次,发放救助资金6613.06万元。

【社区建设】 2016年,南宁市有社区居民委员会378个,其中城市社区居委会209个,乡镇社区居委会169个。江南区增设英华桥南社区。市财政补助资金2240万元,继续实施52个社区服务用房建设项目,其中购买2个,新建18个,扩建9个,维修23个。继续按每个社区20万元的标准投入设立社区惠民项目专项资金,用于解决社区居民民生问题;投入471.68万元,开展市本级政府购买社区事务类服务项目的试点建设,购买11家社会组织进驻17个村、社区,开展妇女、儿童、老年人、残疾人社会工作,志愿者服务记录和购买第三方评估等服务;孵化成立南宁市社区发展服务协会,高校专家、社区组织、专业机构、企业、商家、爱心人士等成为协会会员;推进社区公共服务综合信息平台建设,在宾阳县古辣镇联泉村、青秀区南湖街道凤岭北社区开展试点创建,通过政府购买服务方式在社区建立PC终端、微信公众号、设立“三农”(农村、农业、农民)学堂、建立电商联盟、创建“一村一店”特色产品馆、建立专员服务驿站和信息平台、志愿者队伍等,实现城乡社区公共服务综合信息平台建设和运转。“第27届全国区街镇工作年会暨全国创新型社区建设推进会”在南宁市召开,市民政局在会上做经验发言。

【优待抚恤】 2016年,市民政局落实优抚政策,给抚恤补助对象2.53万人、参战民兵1.98万人发放抚恤、补助金1.30亿元;春节、“八一”建军节及国庆节期间,慰问享受国家抚恤、补助的优抚对象4.43万人次,发放慰问金(品)1180.60万元。5月27日,市政府办公厅印发《关于调整我市义务兵家庭优待金标准的通知》,规定1月1日起实行全市义务兵家庭优待金城乡一体化,义务兵家庭优待金以上年度城镇居民人均可支配收入为基础计算,如现行执行标准高于重新核定计算标准,则维持现行标准发放。

9月8日，南宁市社区发展服务协会第一次会员大会在桃源饭店召开　　市民政局提供

【双拥共建】 2016年，南宁市为新成立的南部战区陆军机关协调解决官兵住房、文化设施、随军家属安置、军人子女教育、营区用电增容、官兵交通出行等问题；春节前夕，赠送驻邕师以上单位慰问金总计635万元；"八一"建军节期间，市四家班子主要领导对驻邕部队军以上单位及武警广西边防总队进行走访慰问。驻邕部队配合精准扶贫工作，采取师级单位援建1个行政村，各团级单位援建1个村民小组的方式，确定41个社会主义新农村示范点和28个扶贫点作为援建和联系点；南部战区陆军机关安排150万元专项扶贫经费帮扶贫困村发展生产；武警水电第一总队参加百花岭地铁积水排涝抢险。南宁市第6次获全国"双拥模范城"称号，第8次获自治区"双拥模范城"称号。

【退役士兵与军队离退休干部安置】 2016年，南宁市接收2015年冬季退役士兵1907人，其中符合政府安排工作条件的98人，自主就业的1809人。发放自主就业退役士兵经济补助1809人1900.20万元，发放率100%；符合政府安排工作条件的退役士兵98人，其中安排工作71人，自谋职业(货币安置)27人，安置率100%。发放自谋职业金245.60万元，发放率100%；发放待安置期间生活补助费23.40万元，发放率100%。市本级采用政府采购公开招标方式招聘退役士兵职业教育、技能培训承训机构，采取跨区域集中委训、联合培训等异地教育培训方式，实现市培训机构与区县培训机构资源共享。全市符合参训人员1809人，实训1185人，政策知晓率100%；有意愿参训率100%，参训就业率98%。接收军休干部34名(2016年度31名，历年3名)，接收安置率100%；因国家政策调整，无接收安置无军籍退休职工；复员干部、伤残军人接收安置率100%。

【社会工作】 2016年，南宁市整合自治区、市本级资金740万元，通过政府购买服务等方式，推进社会工作服务于社会福利、社会事务、社会救助和社区治理等领域。全市通过社会工作者职业水平考试443人，有社会工作师310名、助理社会工作师1373名，登记成立社会工作服务机构20家。

【社会组织登记管理】 2016年，市民政局进一步落实直接登记和"三证合一"(工商营业执照、组织机构代码证、税务登记证三证合为一证)改革，印发《南宁市四类社会组织直接登记管理办法》《关于实施社会组织统一社会信用代码改革的通知》；全市新核发"三证合一"法人证书593份，市本级办理完成登记审批事项711件。全市新登记社会组织395家(社团104家、民办非企业单位291家)，注销社会组织24家，社会组织总数4111家(社团1599家、民办非企业单位2512家)。市本级新登记社会组织73家(社团17家、民办非企业单位56家)，注销社会组织7家，社会组织总数921家(社团401家、民办非企业单位520家)。加强规范引导和执法监察，印发《关于加强社会组织建设与管理的意见》《南宁市社会组织信息公开规范》等规范性文件。对市本级29个行业协会商会、21个行政机关开展脱钩试点，基本完成脱钩；对2015年评为3A以上等级的27家社会组织进行授牌颁证，完成社会组织等级评定14家。

(市民政局)

外　事

【概　况】 2016年，南宁市与国外城市签署建立友好城市关系意向书1份，友好交流计划书1份，合作谅解备忘录2份。中国人民对外友好协会批复同意南宁市与意大利克雷莫纳省克雷马市建立友好城市关系，国际友好城市增至21个。再次获中国人民对外友好协会和中国国际友好城市联合会颁发"国际友好城市交流合作奖"。南宁市推荐的"餐厨废弃物资源化利用和无害化处理厂"项目获第三届广州国际城市创新奖专家推荐项目奖。

【国外友好城市交往】 2016年，南宁市与12个国外友好城市开展交往交流。

澳大利亚班达伯格市　2月11日至15日，南宁市友好代表团应邀赴班达伯格市进行友好访问，代表团专项工作组负责与班达伯格市政府就修建"南宁园"问题进行磋商，文艺演出组参加班达伯格市举行的中国春节庆祝演出活动。6月29日至7月6日，副市长刘为民应邀率团访问澳大利亚班达伯格市，与班达伯格市市长杰克·邓普西共同签署关于修建南宁园的备忘录；杰克·邓普西市长将澳大利亚全国友协颁发的综合奖奖座交给代表团；代表团参观班达伯格市农业企业、中央昆士兰大学班达伯格校区。9月10日至13日，班达伯格市市长率团参加2016年"两会"活动，市长周红波会见代表团。

韩国果川市　4月，南宁市赴韩交流员市外事翻译室翻译张颖莹1年交流期结束，市民政局政策法规科科员舒晓明赴韩国果川开始交流活动；韩国果川市尹惠俊继续在南宁市开展交流工作。12月1日至6日，韩国果川市副市长朱明杰一行6人到访南宁参加中国2016亚洲国际集邮展览，副市长伍娟会见代表团；代表团参观青秀山兰园和育苗基地，与市林业和园林局座谈。12月26日至2017年1月3日，第八届韩国果川市青少年语言研修活动在南宁市举行，8名韩国果川市高中生与南宁市十四中学生结对开展为期10天的研修活动。

缅甸仰光市　5月26日，缅甸仰光市市长茂茂索率团访问南宁市，参加第九届泛北部湾经济合作论坛暨中国－中南半岛经济走廊发展论坛，并在开幕大会上发表演讲。9月26日，市长周红波在市政府会见前来参加中国－东盟市长论坛的缅甸仰光市市长茂茂索、缅甸首都内比都市市长苗昂率领的缅甸市长代表团一行。

法国马恩河谷省　5月30日至6月31日，自治区党委常委、市委书记王小东应邀率团访问法国，会见法国马恩河谷省副省长亚伯拉罕·琼森，考察马恩河谷省索卡里斯物流园区、依卡德商务园区和法国阿尔斯通公司巴黎总部，签署《南宁市

11月11日，南宁市在中国国际友城大会上获2014年—2015年度国际友好城市交流合作奖
市外侨办提供

与马恩河谷省2016—2017年友好交流计划书》。

加拿大维多利亚市　7月14日至18日，市人大常委会主任谢寿堂应邀率团访问加拿大，会见维多利亚市市长，旁听维多利亚市议会会议，了解议事流程和议事制度。

冈比亚班珠尔市　7月19日至24日，副市长伍娟应邀率市政府代表团及文艺代表团访问冈比亚班珠尔市，参加冈比亚"7·22"革命庆典活动，拜访班珠尔市市长阿卜杜勒·巴，签署两市合作谅解备忘录。9月9日至15日，班珠尔市市长阿卜杜勒·巴率团于2016年"两会"期间回访南宁市，市长周红波会见代表团一行。代表团出席中国－东盟博览会开幕式、2016南宁国际友好城市艺术展演暨国际友好交往礼品展开幕式等活动；参观南宁职业技术学院、南宁三峰生活垃圾焚烧发电厂、广西海外建设集团有限公司。

波兰格鲁琼兹市　7月26日至8月1日，市政协党组书记杜伟应邀率团对波兰格鲁琼兹市，匈牙利布达佩斯市、巴拉顿博格拉尔市，斯洛文尼亚普图伊市进行友好访问。

越南海防市　9月10日至12日，海防市政府组织由10人组成的艺术代表团参加2016南宁国际友好城市艺术展演暨国际友好交往礼品展活动。11月24日至28日，市政协副主席汪玲应邀率团访问越南海防市。

老挝占巴塞省　9月10日至13日，老挝占巴塞省副省长冯帕占·波林率团参加2016年"两会"活动，市委常委、副市长张卫会见代表团。

泰国孔敬市　9月10日至14日，泰国孔敬市副市长查万·坡那莫塔率团访问南宁市，市委常委、副市长张卫会见代表团成员，代表团参加2016南宁国际友好城市艺术展演暨国际友好交往礼品展开幕式，派出艺术家参加友好城市艺术展演。12月2日至6日，泰国孔敬市议会副主席南塔婉·盖斯妮塔娜率团访问南宁市，参加中国2016亚洲国际集邮展览活动，市委常委、宣传部部长、副市长崔佐钧会见代表团。12月16日至17日，市委常委、副市长张卫应邀率团访问泰国，与泰国孔敬市市长会面，共同举办"南宁园"修建工程开工仪式。

柬埔寨西哈努克省　9月10日至14日，西哈努克省省长润明率团参加2016年"两会"活动，市长周红波，市委常委、副市长张卫会见代表团。12月2日至5日，西哈努克省副省长派·布恩翁率团访问南宁市，参加中国2016亚洲国际集邮展览活动，市委常委、副市长张卫会见代表团。12月23日至25日，市委常委、副市长张卫应邀率团访问柬埔寨，参加西哈努克省举办的海洋节活动，与暹粒市共办旅游推介会。

奥地利克拉根福市　10月1日至3日，市委常委、秘书长黄宁应邀率团访问奥地利，会见克拉根福市市长以及所在州克恩顿州环保、旅游部门负责人和州、市经济促进局负责人，实地考察湖畔科技园区。

【与克雷马市建立友城关系】2016年1月26日，市长周红波为友好交往城市意大利克雷马市入选"2016年欧洲体育之城"拍摄的祝贺视频在活动开幕式上播放。5月24日至25日，自治区党委常委、市委书记王小东应邀率团访问意大利，与克雷马市政府官员开展会谈、实地考察园区企业、会见侨商侨领。7月4日至5日，克雷马市市长委托城市规划顾问约瑟夫·思考利博士一行2人访问南宁市。9月10日至15日，意大利文化经济发展委员会委员萨尔提尼·莫蕾娜一行6人参加2016年"两会"活动。10月，中国人民对外友好协会批复同意南宁市与意大利克雷莫纳省克雷马市建立友好城市关系。

【国外友好交往城市往来】

日本秋田市　4月21日至23日，市外事侨务办公室组织市青年企业家代表团一行20人对日本秋田市进行友好访问。

捷克布拉格市　5月26日至27日，自治区党委常委、市委书记王小东应邀率团访问捷克，会见捷克众议院副议长、捷克和摩拉维亚共产党主席沃伊捷赫·菲利普、捷克－中国工商联合会主席卡雷尔·斯坦内克。

俄罗斯大诺夫哥罗德市　6月，南宁市派出由体育、文化和旅游等多个部门联合组成的代表团访问俄罗斯，参加大诺夫哥罗德市"城市节"。9月10日至13日，俄罗斯大诺夫哥罗德市旅游协会副主席阿雷克西·泽克夫伊率领友好代表团访问南宁市，市委常委、副市长张卫会见代表团成员。

美国夏洛特市　7月17日至20日，市人大常委会主任谢寿堂应邀率团访问美国夏洛特市，分别与夏洛特市市长、议会和市教育署有关人员座谈。

西班牙穆尔西亚市　7月25日至28日，副市长伍娟率团访问西班牙穆尔西亚市，拜访穆尔西亚市市长和穆尔西亚州副州长。9月10日至15日，穆尔西亚市代表团回访南宁市。

匈牙利巴拉顿博格拉尔市　7月29日至30日，市政协党组书记杜伟应邀率团访问匈牙利，会见巴拉顿博格拉尔市市长米克洛什·梅萨罗斯，签署《中华人民共和国广西壮族自治区南宁市与匈牙利共和国巴拉顿博格拉尔建立友好城市关系意向书》。

越南河内市　8月2日，越南河内市7家园林企业的24名学员来南宁市参加中越"城市绿化交流"培训班。

越南下龙市和高平市　9月10日至13日，越南下龙市人民委员会副主席武洪山率团一行5人、越南高平市人民委员会副主席林德春率团一行3人参加2016年"两会"活动。

赤道几内亚巴塔市　9月23日，中国驻巴塔总领馆和赤道几内亚巴塔市政府在巴塔市环卫公司总部举行南宁市赠送垃圾桶交接仪式，驻巴塔总领事顾稼丰和巴塔市市长曼加分别代表南宁市和巴塔市政府讲话并签署交接证书。

马来西亚古晋市　9月26日至27

2016 年南宁市国外友好城市情况

国家城市名称	国家城市英文名称	结好时间
冈比亚班珠尔市	Banjul, Gambia	1987 年 6 月 22 日
澳大利亚班达伯格市	Bundaberg, Australia	1998 年 5 月 12 日
美国普罗沃市	Provo, U.S.A.	2000 年 9 月 27 日
奥地利克拉根福市	Klagenfurt, Austria	2002 年 6 月 13 日
泰国孔敬市	KhonKaen, Thailand	2002 年 8 月 25 日
韩国果川市	Gwacheon, Korea	2005 年 4 月 18 日
英国诺斯利市	Knowsley, UK	2005 年 8 月 16 日
越南海防市	HaiPhong, Vietnam	2006 年 3 月 23 日
菲律宾达沃市	Davao, ThePhilippines	2007 年 9 月 3 日
柬埔寨西哈努克省	Sihanoukville, Cambodia	2007 年 10 月 30 日
智利伊基克市	Iquique, Chile	2008 年 2 月 20 日
法国马恩河谷省	Val-de-Marne, France	2008 年 10 月 23 日
印度尼西亚茂物县	BogorRegency, Indonesia	2008 年 12 月 17 日
缅甸仰光市	YangonCity, Myanmar	2009 年 10 月 20 日
美国商业市	CommerceCity, U.S.A	2009 年 10 月 21 日
加拿大维多利亚市	VictoriaCity, Canada	2010 年 7 月 9 日
老挝占巴塞省	Champasak, LaoPeople's DemocraticRepublic	2010 年 10 月 21 日
马拉维利隆圭市	Lilongwe, Malawi	2011 年 10 月 22 日
波兰格鲁琼兹市	Grudziądz, Poland	2011 年 10 月 22 日
马达加斯加塔那那利佛市	Antananarivo, Madagascar	2015 年 1 月 21 日
意大利克雷马市	Crema, Italy	2016 年 10 月中国人民友好协会批复，两市尚未签约

日，马来西亚古晋市市长曾长青一行访问南宁市，参加 2016 中国－东盟市长论坛。

澳大利亚黄金海岸市 9 月 27 日，市外侨办、市友好协会领导在南宁市会见澳大利亚黄金海岸市机场执行总经理、黄金海岸市旅游公司主席保罗·杜鲁门一行。

德国英戈尔施塔特市 10 月 5 日至 6 日，市委常委、秘书长黄宁应邀率团访问德国，与英戈尔施塔特市市长，创业者中心、巴伐利亚中国中心负责人和市园林局负责人会面。

德国梅青根市 10 月 7 日至 8 日，市委常委、秘书长黄宁应邀率团访问德国，会晤梅青根市市长。

菲律宾卡巴洛甘市 10 月 12 日至 15 日，南宁市人民对外友好协会代表团参加在哥伦比亚波哥大举办的世界城市和地方政府组织(简称“城地组织”，UCLG)第五届世界大会暨“世界地方和地区政府领导人峰会”，在 UCLG 亚太区核心干部会议上与菲律宾卡巴洛甘市市长史蒂芬妮·谭会面。12 月 2 日至 3 日，菲律宾卡巴洛甘市市长史蒂芬妮·谭一行访问南宁市，参加中国 2016 亚洲国际集邮展览。

巴西费利斯港市 10 月 15 日至 16 日，南宁市友协代表团访问巴西费利斯港市，会见费利斯港市市长，实地考察巴西中国城、科技园在内的城市重点合作项目。

马来西亚怡保市 11 月 2 日至 4 日，市委常委、市政法委书记杨维超应邀率团对马来西亚进行友好访问，会见怡保市市长。12 月 2 日至 6 日，怡保市市长扎姆里·本曼率团访问南宁市，参加中国 2016 亚洲国际集邮展览活动。

老挝乌多姆塞省和万象市 11 月 24 日至 12 月 1 日，市政协副主席汪玲应邀率团访问老挝万象市。12 月 2 日至 5 日，老挝乌多姆塞省副省长松吉·班雅沙，万象市市委委员、纪委书记、政府监察办公厅主任兼副市长阿玛泰塔达·拉桑翁分别率团访问南宁市，参加中国 2016 亚洲国际集邮展览活动。

印度尼西亚泗水市 12 月 2 日至 6 日，印度尼西亚泗水市议员苏吉托率团访问南宁市，参加中国 2016 亚洲国际集邮展览活动。12 月 19 日至 21 日，市委常委、副市长张卫应邀率团访问印度尼西亚，与泗水市市长以及有关部门、企业举行座谈，实地考察印度尼西亚锦石县爪哇工业港口综合园区。

【“两会”外事接待】 2016 年“两会”期间，市外侨办邀请、接待友好城市代表团、友好城市艺术团、友好交往人士及侨领团组 152 人，组织举办 2016 南宁国际友好城市艺术展演暨国际友好交往礼品展，安排领导与重要外宾团组会见、餐叙活动 25 场次，协助自治区安排越南、缅甸、斯里兰卡等国高访团组在南宁市参观考察 10 批次，协助有关单位做好大型外事活动 6 场，派出各类翻译 40 人次，翻译、校对各类笔译材料约 3.50 万字，完成各专场活动现场口译及交传 52 场次。

【涉领事务】 2016 年，市外侨办组织举办驻邕领事机构新春招待会、驻邕领事机构植树联谊活动、加拿大建筑和城市设计研讨会等活动，邀请六国驻邕总领事馆参加 2016 年中国－东盟(南宁)戏剧周、2016 年中国(横县)茉莉花文化节、2016 年中国－东盟(南宁)孔子文化周等大型活动，拜访德国、英国、意大利和澳大利亚驻广州总领馆，接待外国使领馆官员 4 批 10 人。

【来访团组】 2016 年，南宁市接待外宾团组 63 批 1630 人次。主要有：1 月 22 日，印度尼西亚行动党中央领导委员战略信息部主席达南·苏利斯提亚一行 15 人参观武鸣县下禄村；25 日，缅甸仰光大学副校长 3 人参观南宁青秀山风景名胜区。2 月 23 日，越南谅山、广宁、高平、河江四省省委书记一行 7 人参观南宁青秀山风景名胜区。3 月 30 日，蒙古人民党主席、国家大呼拉尔副主席一行 11 人参观南宁华南城。6 月 9 日，文莱工业部部长一行 8 人考察南宁高新技术产业开发区、青秀区。8 月 22 日，澳大利亚－中国商务贸易发展协会会长倪建良率团一行 11 人访问南宁。9 月 26 日，印度尼西亚国会第一委员会副主席一行 2 人参观南宁青秀山风景名胜区；29 日，越南禄平、高禄、亭立、平辽四县代表团一行 28 人参观南宁市。10 月 15 日至 17 日，加拿大大新不伦省省长加兰特率团一行 13 人访问广西期间访问南宁市；22 日至 23 日，赤道几内亚民主党总书记赫洛尼莫·奥萨·埃科罗率团一行 35 人访问广西期间访问南宁市。12 月 10 日至 13 日，斐济驻华大使约阿尼·奈法卢拉一行 2 人访问广西期间访问南宁市；27 日至 29 日，谅山省人民委员会副主席阮功长一行 14 人参观南宁青秀山风景名胜区、梦之岛水晶城。

(唐若溪)

政务服务

【行政审批】 2016 年，南宁市本级 29 个部门 184 项行政许可事项统一划转市行政审批局实施。42 个部门梳理出 453 项

(子事项861项)政务服务事项,其中行政许可事项241项,其他政务服务事项212项。形成《南宁市政务服务中心进驻单位及政务服务事项指导目录初审意见表》报市政府审定;44个部门2621项权利清单运行流程编制初步完成。市级审批职能部门44个,全部进驻市政务服务中心办公,461项(含承接上级下放的事项82项)政务服务事项进入市政务服务中心办理,即办件比例13.70%。市政务服务中心为公民、法人和其他组织办理政务服务事项160.40万件,发出的批文和证照有效率100%。

【重大项目集中并联审批】 2016年,南宁市依托市重大项目前期审批攻坚战机遇,推进并联审批进程;将企业投资重大项目审批流程整合为用地审批、项目核准和备案、规划审批、招标报建和施工许可、竣工验收5个阶段,总审批时限缩短到50个工作日以内;工业项目建设审批16个环节调整为立项规划、设计报建、竣工验收3个阶段,总审批时限缩减至30个工作日以内。加强审批标准化服务建设,优化审批事项,审批条件3个以下的占总数75.20%,审批材料5件以下的占总数43.60%,办结时限在5个工作日以内的审批事项占总数44.50%;将服务对象扩大至2016年自治区、市级层面统筹推进的重大项目,组织召开并联审批推进会6次,协调解决南宁市社会福利院大龄残障孤儿爱心公寓楼项目、轨道交通3号线、南宁浮法玻璃整体搬迁升级改造项目等15个项目在审批过程中遇到的34个问题;在市政务服务大厅设立重大项目服务专门窗口,为52个中小企业项目或业主提供代办或协助办理服务。

【投资项目"容缺后补"缺项受理】 2016年6月,市政府出台《南宁市政务服务中心企业投资项目"容缺后补"制度(试行)》,对涉及企业投资项目的11个部门83项非主审要件事项208项材料实行"容缺后补"缺项受理服务,允许某些审核材料在规定时间内暂时缺少,实行非主审要件缺项受理和审批,增加企业筹备投资项目前期审批的宽容度,为企业经营争取时间。市政务服务中心全年办理缺项受理事项4760件,企业办理时限平均缩短10个工作日以上。

【网上审批】 2016年,南宁市依托"互联网+政务服务",建成集信息公开、便民服务、网上审批等功能于一体的南宁市网上审批大厅平台,系统为企业和个人提供办事指南、表格下载、业务咨询、在线申办、进度查询、结果反馈、投诉建议等网上服务。全市43个部门的412项政务服务事项可线上申报与预审,占政务服务事项总数58%。新增开通政务服务手机APP功能模块,市民利用手机可查询或办理相关事项。

【政务公开】 2016年,南宁市本级和115家一级预算单位按时公开年度部门预算(涉密单位除外),市本级404家预算单位公开2015年部门决算及"三公"(因公出国、境经费,公务车购置及运行费,公务招待费)经费决算情况;在自治区率先建立"双公示"信用信息公开平台;委托第三方采用机器检测和人工测评相结合的方式,开展政务公开网站的考评;将政务公开工作列入市人大代表年终视察内容,由自治区、市人大代表组成视察组专题听取市政府政务公开工作情况汇报。南宁市通过政府门户网站、微信、微博等新媒体公开扶贫对象名单、扶贫资金、项目安排等信息305条,发布重大建设项目相关信息314条、食品药品安全信息172条、保障性住房信息444条、环境保护信息1153条、生产安全事故信息58条、价格和收费信息134条、征地拆迁信息507条、公共资源交易信息2585条。市政府门户网站绩效评估名列自治区第一。举办第四届政务公开日活动,组织44个市直部门参与现场互动,发放宣传资料8700余份,接待群众2300多人次,解答问题1500多个。利用"一中心两馆"(市政务服务中心、市图书馆、市档案馆)主动公开政府"红头文件"4870份。

【公共资源交易】 2016年,市政府批准同意横县、宾阳县、上林县、马山县、隆安县、武鸣区在原基础上整合成为市级公共资源交易平台分支机构,其他城区、开发区不再设立市级公共资源交易平台分支机构;区县、开发区整合分散设立的公共资源交易市场、招投标活动场所,以满足业务办理需要。11月10日,上林县分支机构启用运行。整合工程建设项目招标投标、土地使用权和矿业权出让、国有产权交易、政府采购、国家战略储备类项目、文化广告传媒及版权类项目、经营性市政公用事业及设施类项目、非经营性市政公共设施的维护管理类项目8项,法律法规另有规定的其他行政资产衍生的开发权、经营权、使用权、冠名权及其他相关权利,需要政府重点监管的公共权益、公共服务的交易业务必须进入平台集中交易、集中监管。11月1日起,各区县、开发区的公共资源项目进入市级公共资源交易平台集中交易。公共资源交易项目9578项,交易总金额1388.38亿元,节约金额151.71亿元。

【交易活动规范】 2016年,南宁市重新修订印发《2016年南宁市公共资源交易监管目录》,明确9个交易类型327个交易项目必须进入市公共资源交易平台进行交易;印发《关于投标人采用银行保函或担保机构保函方式缴纳政府投资工程项目投标保证金项目有关事项的通知》,对进入市公共资源交易平台交易的政府投资工程项目,支持企业采用银行保函或担保机构保函方式缴纳投标保证金;投标人采用保函方式缴纳投标保证金1.20亿元。 (冯德祥)

机关事务管理

【公共机构节能监管】 2016年3月15日至17日,南宁市机关事务管理局举办全市公共机构能源资源消费统计数据集

9月11日至13日,2016南宁国际友好城市艺术展演暨国际友好交往礼品展在南宁国际会展中心举行 市外侨办提供

左市)2县(马山县、崇左市大新县)3城区(青秀区、西乡塘区、武鸣区)参访单位9个,与广西民族中专师生、南宁市桂雅路小学师生、马山壮族会鼓队、邕宁八音队等民间文化团体开展交流活动4场;组织10面马山会鼓、2台宾阳彩架赴台参加花莲县新城乡丰年祭活动,举行赠鼓授艺仪式,向3000多名台湾同胞展示南宁民族民俗文化。举办两岸(桂台)青年创业论坛,台湾青年团体6个、台湾同胞投资企业协会青年委员会9个,青年代表170多人参加;共同探讨台湾青年来邕创业的方向、方法和路径,南宁创客城即广西首家"桂台青年创业基地"挂牌成立。南宁市向台湾花莲县富里乡捐赠爱心棉被600多件,赈济台东县风灾灾民10万元新台币;南宁市台湾同胞投资企业协会组织会员到隆安县荣和光彩学校捐赠价值3.68万元的课桌椅、课外读物和文体用品;助推"台湾何欢剧团广西南宁公益行"活动的开展;促成花莲美仑中学足球队与南宁小太阳俱乐部足球交流活动;接待中国国民党中常委、桃园市党代表参访团、台湾澎湖地区里长参访团、中国生产党参访团、台湾广西新桂联盟等参访团50多个。

【对台宣传】 2016年,南宁市邀请中央驻桂媒体、自治区媒体,采访重大邕台经贸文化交流活动情况、青年台商在邕创业就业情况,6名台湾青年南宁创业事迹被广西媒体登载;南宁市与旺旺中时文化传媒公司联合制作《魅力南宁》电子书,阅读量突破42万人次;被省级以上媒体采用信息249条,被国台办官网、《两岸关系》《台湾工作通讯》等中央级媒体采用信息59条;马山会鼓、宾阳彩架赴台参加花莲县新城乡丰年节活动,在中央电视台中文国际频道《海峡两岸》栏目播出;市台办、隆安县被国台办宣传局评为中央台办"两刊"宣传工作先进单位。

(黄旭升)

民族事务

【概 况】 2016年,南宁市民族宗教事务委员会办理公民民族成份变更审核193人次,办结率100%;提供咨询300多人次;扶持建设群众性原生态文化活动联系点11个;与市委组织部联合举办科级少数民族干部培训班1期,市直单位50名科级干部参加培训;推荐优秀少数民族干部20人参加全国、自治区少数民族干部能力建设提升班学习。市民族语言文字委员会通过调研,形成《南宁市壮语文使用状况调查报告》《南宁市民语委关于2016年度民族语文立法工作专题调研的情况报告》《南宁市2016年"壮族三月三"节庆期间民族语文使用情况调研总结》等调研报告。南宁市有清真食品企业、个体工商户约90家(户),在白苍岭农贸市场、清真饭店设立清真肉类供应点2个;实施清真标识牌管理,加强对清真牛肉屠宰点、牛肉供应点及清真饭店的日常监管。9月,南宁市被国家民族事务委员会授予"全国民族团结进步创建活动示范市"称号。

【少数民族发展资金落实】 2016年,南宁市围绕创建"全国民族团结进步示范市"试点,安排市本级少数民族发展资金360万元,实施少数民族聚居村屯道路建设、人饮工程建设等基础设施建设,开展民族文化创建项目、民族团结进步创建活动项目等56个,受益人口3万人;落实自治区级少数民族发展资金118万元,实施项目13个,受益群众8348人;落实国家级少数民族发展资金1960万元项目125个,实施受益人口2万多人。安排扶持资金45万元用于上林县镇圩瑶族乡排红村、澄泰乡高顶村等扶贫点工作。

【民贸与民品生产】 2016年,市民宗委组织上林县、马山县、隆安县3个民族贸易县符合条件的85家企业,申请认定自治区"十三五"时期民族贸易企业,被自治区政府认定75家;组织23家民族特需商品企业,申报市本级民品生产发展专项扶持资金项目23个,10家企业获扶持资金290万元。

【少数民族聚居村民生改善帮扶】 2016年,市民宗委争取市财政安排专项资金704万元,帮助上林县、马山县、隆安县3个国家贫困县20户以下少数民族聚居村群众改善居住环境,实施通屯砂石道路工程项目建设15个,修建道路36.10千米;解决3个县20户以下少数民族聚居村"三难"(不通路、不通电、饮水难)问题。

【少数民族教育】 2016年,南宁市有83名大学生、147名高中生获2014年度广西特困少数民族优秀学生入学专项经费补助49.80万元,其中大学生获入学补助每人3000元,高中生获入学补助每人1000元。武鸣高中、宾阳中学、南宁沛鸿民族中学、南宁市第三职业技术学校、马山县中学、隆安县中学、上林县民族中学、马山县民族中学、隆安县民族中学9所学校开设有自治区级寄宿制民族高中班、民族初中班,在校民族高中(含职高)生1500人,民族初中生750人;每人每年享受生活补助费600元。南宁沛鸿民族中学、武鸣区民族中学、横县民族中学、宾阳县民族中学、上林县民族中学、马山县民族中学、隆安县民族中学、邕宁区民族中学、西乡塘区那龙民族中学、上林县镇圩瑶族乡初级中学、马山县古寨瑶族乡初级中学、马山县里当瑶族乡初级中学11所独立建制的民族中学,有在校初中生1.79万人、高中生1895人,其中壮族学生1.20万人,教师1324人;获少数民族教育补助资金200万元,实施项目32个。其中:实施"民族文化三进"(民族体育进机关、民族风情进校园、民族歌曲进酒店)项目12个,民族团结进校园项目10个,少数民族传统体育训练基地建设项目10个。

【壮汉双语教学实验】 2016年,南宁市开展壮族语言、汉族语言双语教学的区县9个,其中武鸣区、上林县确定为自治区级壮汉双语教学示范基地;有壮汉双语小学(教学点)75个,在校小学生1.40万人,其中壮族1.33万人,教职工87人;落实双语教学的教师每人每月享受岗位补贴15元。

【民族语言文字工作】 2016年,南宁市民族语言委员会组织举办"跟我学壮文"培训班、"语韵绿城美共筑民族团结中国梦"南宁市首届标准壮语经典诵读比赛,编印《壮文基础知识30问》折页、《壮语基础会话300句》(壮汉文对照);开展"百场壮语电影进社区"公益放映活动,放映各类题材的壮语故事片、科教片100场次;联合市教育局开展中小学贯彻落实《南宁市壮文社会使用管理办法》情况专项检查;开展壮文社会用字"啄木鸟"纠错行动,利用公众力量对在市内的行政区划名称标牌、公共场合、公共设施等未使用或未规范使用壮文的情况进行纠错;率先在自治区采用政府购买服务方式提供壮文翻译服务,为国家机关和企事业单位、社会组织及行政村等700家单位翻译或规范牌匾、公章等近3000块(枚),会标、横幅等20条,民族团结宣传海报、标语70款(条),其他翻译近100条。

【里当瑶族乡成立20周年乡庆】 2016年,市民族宗教委会同有关部门做好马山县里当瑶族乡成立20周年庆祝筹备工作,协调市财政安排1000万元乡庆资金,专项用于街道风貌改造;整合各部门项目资金8000多万元,实施民生工程项目建设。6月10日,市四家班子派代表参加庆祝活动,并送去市委、市政府慰问金50万元。

【全国民族团结进步示范市创建】 2016年,南宁市开展第三批民族团结进步创建

6月10日，马山县里当瑶族乡成立20周年，市委、市政府送去慰问金50万元

市地方志办公室资料

“五比五争”〔比稳定发展，争当民族团结进步模范镇、街道；比重视支持，争当民族团结进步模范单位(包括部门及企业)；比团结和谐，争当民族团结进步模范村(社区)；比文明守法，争当民族团结进步模范家庭；比互助友爱，争当民族团结进步模范个人〕考核命名活动，命名模范乡(镇、街道)64个，模范村(社区)58个，模范单位271个，模范集体23个；模范家庭399个，模范个人423人。开展民族团结进步创建活动进机关示范岗、流动红旗评比，评选命名市直机关单位民族团结示范岗147个，授予117个科室民族团结科室流动红旗。召开创建全国民族团结进步示范市“南宁经验”研讨会。9月，国家民委授予南宁市为“全国民族团结进步创建活动示范市”称号。

【民族团结宣传教育】 2016年3月，广西民族团结宣传月活动期间，南宁市各区县设置宣传点，现场提供咨询服务，接待群众现场咨询2万多人次；在全市主要电子广告牌及各机关、企事业单位、公交车和出租车等电子牌上滚动播出民族团结宣传公益广告；发放宣传品、宣传资料25.60万份；悬挂宣传横幅2396条，张贴宣传海报6405张，制作宣传栏、墙报及板报1500多块，展出书画作品200多幅；举行文艺演出256场，开展民族知识竞赛15场次。

【民族体育训练基地】 2016年，南宁市建立有市级、区县民族体育训练基地11个。其中：市级有市第四十一中学(高脚竞速、抢花炮)，南宁沛鸿民族中学(毽球、射弩)，武鸣区民族中学(投绣球)3个；区县级有横县、宾阳县、上林县、马山县、隆安县、兴宁区、青秀区、邕宁区8个。训练项目涉及珍珠球、毽球、打陀螺、投绣球、高脚竞速、三人板鞋竞速、龙舟速划等。

【少数民族传统体育】 2016年4月23日，南宁市直机关职工“民族团结”健身趣味运动会在李宁体育园举办，市直机关75个单位1000多人参加。11月5日，市民宗委会同市教育局、市体育局在市第八中学举办南宁市第九届中学生少数民族传统体育运动会，35所学校800多名运动员参加抛绣球、毽球、踢毽子、跳绳、板鞋竞速5类14个项目的比赛。

【民族关系监测评价】 2016年，南宁市有民族工作信息员130人，民族关系协调员65人，民族工作专家顾问28人；民族关系监测点53个，联谊会会员210多人。区县民族关系监测队伍上报信息32条，妥善处理民族矛盾纠纷3起。根据“民族平等度”“民族团结度”“民族互助度”“民族和谐度”“民族发展度”等民族关系“五度”和48项评价参考指标，评估市民族关系状况，形成专项报告报送市委、市政府和自治区民族事务委员会。

【社区民族工作示范点】 2016年，南宁市继续建设20个市级社区民族工作示范点，完善凤岭北社区示范点和清真寺“民族之家”建设；发挥社区“民族之家”“少数民族流动人员服务站”作用，构建覆盖全市的少数民族流动人口服务管理网络，为少数民族流动人口提供就业创业服务220人次，解决住(租)房问题175人次；举办技能培训，培训流动人口340人次；提供法律咨询2人，解决子女入学3人。

【壮族“三月三”节庆】 2016年，南宁市在市属媒体统一开设“弘扬民族文化，展示首府风采”专栏，营造壮族“三月三”节庆活动氛围。期间，组织举办活动46场次，主要内容有南宁民歌湖2016“壮族三月三”活动、江南水街“民族风情三月三”活动、中国壮乡·武鸣“三月三”歌圩暨骆越文化旅游节活动；参与或关注的人数140多万人次，其中参加武鸣“三月三”歌圩群众10万多人。 (刘建安)

宗教事务

【概　况】 2016年，南宁市民族宗教事务委员会贯彻宗教政策、法律法规，推进民族团结进步创建进宗教场所试点；开展宗教专题调研，帮助宗教团体解决实际问题；以“国法与教规的关系”为主题，开展宗教政策法规学习月活动；加强宗教干部、宗教代表人士思想政治建设，依法管理宗教事务。全市宗教领域和谐稳定。

【宗教场所安全监督】 2016年，南宁市、区县民宗委重点检查辖区内宗教活动场所消防、建筑、卫生等规章制度落实情况；执行大型宗教活动申报制度，在重要节点、重大活动前做好预案，严防安全事故发生；分组深入宗教活动场所，定期排查安全隐患，加强布控；对3月12日“世界外交官员参访上林县莲音寺活动”等涉及宗教事件，赴现场深入调查，协调相关部门核查活动组织者、相关人员身份，批评教育莲音寺负责人未事先报批的行为；做好宗教政策引导，使参访各项活动在可控范围内开展；全市未发生涉及宗教的重大事件。

【依法管理宗教事务】

宗教事务管理　2016年，市民宗委指导市佛教协会、市伊斯兰教协会、市基督教协会完成换届选举，配备新一届领导班子；落实宗教活动场所信息公开查询，网上公布14个宗教活动场所相关信息；与自治区宗教界对接，做好教职人员认定备案；开展全市宗教团体、教职人员使用新媒体、自媒体情况的调查，南宁观音禅寺、水月庵开办微信公众号，上林县莲音寺开办网站和微信公众号，开办个人微信公众号教职人员1人；全市宗教活动场所45个，办理对公银行账户20个。

打击非法传教活动　市民宗委按照“保护合法、制止非法、抵御渗透、打击犯罪”的要旨，利用区县民宗局工作网络，坚持“属地管理”原则，依法取缔辖区内发生的非法宗教活动。元旦假期间，市民宗委整合有关部门和城区联合行动，对非法传教信息及时研判、准确定性、主动查明、全面布控、源头堵截，通过政策引导和思想教育，制止藏传佛教人员到南宁非法传教的事件发生。

【宗教专题调研】 2016年，市民宗委先后开展涉及伊斯兰教问题、民间信仰相关情况的调研；配合自治区统战部对宗教代表人士的基本情况、素质结构、宗教团体建设、宗教工作机构、宗教工作人员、编制、宗教工作机制、互联网宗教、抵御境外宗教渗透的情况开展调研，整理分析全市宗教界动态，为构筑预防宗教渗透防线提供基本资料，为引导宗教与社会主义社会相适应夯实工作基础。

【宗教队伍建设】 2016年，市民宗委在隆安县举办南宁市民族宗教系统依法行政暨政法业务培训班，全市民宗委系统干部职工及乡镇、社区基层民族工作干部50多人参加培训；按照国家宗教事务局《2016年以“教风”为主题开展和谐寺观教堂创建活动的通知》精神，开展以“教风”为主题的和谐寺观教堂创建活动，加强对教职人员、管理人员、宗教活动场所、宗教活动的管理。

【民族团结进步创建进宗教场所试点】 2016年，市民宗委制定《南宁市民族团结进步创建进宗教场所试点工作实施方案》，选定南宁市清真寺、基督教共和堂作为试点实施场所，以“爱国爱教，知法守法；端正教风，促进团结稳定；规范场所管理，服务社会”三方面为创建目标，引导试点场所开设民族团结进步宣传展板和橱窗，利用网站、微信、微博、QQ群等新媒体扩大宣传覆盖面和影响力；将法治精神融入讲经，引导信教群众自觉在法律范围内开展宗教活动；举办民族宗教法规知识培训班、组织开展民族宗教政策法规知识竞赛活动宣传党的民族宗教政策法规。5月，兴宁区新华街清真寺作为民族团结进寺庙示范点，代表南宁市通过国家民委“全国民族团结进步创建活动示范市”考核验收。　（刘建安）

中国人民政治协商会议南宁市委员会

重要会议

【政协第十届南宁市委员会第六次会议】 2016年2月16日至19日在南宁人民会堂召开。应出席委员488人，实到委员446人。听取和审议政协第十届南宁市委员会常务委员会工作报告，政协第十届南宁市委员会常务委员会关于市政协十届五次会议以来提案工作情况的报告；列席南宁市第十三届人民代表大会第七次会议，听取并讨论市政府工作报告、南宁市国民经济和社会发展第十三个五年规划纲要草案及其他有关报告；审议通过政协第十届南宁市委员会第六次会议政治决议，政协第十届南宁市委员会第六次会议关于常务委员会工作报告的决议，政协第十届南宁市委员会提案委员会关于政协十届六次会议提案审查情况的报告。期间，政协委员视察地铁项目建设、南湖公园海绵城市项目建设情况；收到委员提案359件，立案324件；收到大会发言材料32份；编印简报3期。

【政协第十一届南宁市委员会第一次会议】 2016年10月19日至22日在南宁人民会堂召开。应出席委员489人，实到委员478人。听取和审议政协第十届南宁市委员会常务委员会工作报告、政协第十届南宁市委员会常务委员会关于提案工作情况的报告；列席南宁市第十四届人民代表大会第一次会议，听取并讨论市政府工作报告及其他有关报告；选举产生政协第十一届南宁市委员会主席、副主席、秘书长、常务委员，主席杜伟，副主席黎四龙、李勤、汪玲、魏凤君、黄均宁、陈世平、谭玫瑰、梁鸿，秘书长储朝晖；审议通过政协第十一届南宁市委员会第一次会议政治决议，政协第十一届南宁市委员会第一次会议关于常务委员会工作报告的决议，政协第十一届南宁市委员会第一次会议提案审查委员会关于政协十一届一次会议提案审查情况的报告；收到委员提案335件，立案321件；收到大会发言材料23份；编印简报4期。

【政协第十届南宁市委员会常务委员会会议】 2016年召开会议5次。

第24次会议　1月29日在市政协多功能厅召开。传达学习贯彻市委十一届十四次全会精神；审议通过市政协十届六次会议有关文件材料及有关事项。

第25次会议　2月19日在南宁饭店召开。听取政协第十届南宁市委员会第六次会议秘书处汇报各小组讨论情况，大会秘书处汇报委员分组审议大会政治决议（草案）、常委会工作报告决议（草案）情况；讨论通过市政协十届六次会议政治决议（草案）、常务委员会工作报告决议（草案）和提案审查报告（草案），决定将各项决议、报告（草案）提交市政协十届六次会议闭幕会审议通过。

第26次会议　4月13日在市政协多功能厅召开。学习贯彻全国“两会”精神和中共南宁市委关于进一步做好政协工作的部署要求；市纪委领导通报南宁市开展查处发生在群众身边的“四风”和腐败问题专项工作情况；审议通过《政协第十届南宁市委员会常务委员会2016年工作要点》《南宁市政协2016年度协商工作计划》和有关人事事项。

第27次会议　8月5日在市政协多功能厅召开。传达学习贯彻习近平总书记在庆祝中国共产党成立95周年大会上的重要讲话精神；听取市政府领导通报南宁市2016年上半年经济社会发展情况及2016年下半年主要工作安排，各视察组汇报2016年上半年市政协常委及部分委员视察情况；市政协秘书长书面通报2016年上半年市政协常委会主要工作情况，市政协办公厅、各专门委员会、研究室、选举联络办公室书面汇报2016年上半年工作完成情况及下半年工作安排；审议通过有关人事事项。

第28次会议　9月29日在市政协

10月19日，政协第十一届南宁市委员会第一次会议在南宁人民会堂召开

市政协办公厅提供

多功能厅召开。听取中共南宁市委统战部有关领导对推荐参加政协第十一届南宁市委员会的单位、界别设置、委员名额、委员建议人选所作的说明；协商决定政协第十一届南宁市委员会参加单位、界别设置、委员名额、委员建议人选；审议通过政协第十一届南宁市委员会第一次会议的有关材料、有关人事事项；市政协领导讲话。

【政协第十一届南宁市委员会常务委员会会议】 2016年召开会议3次。

第1次会议　11月7日在市政协多功能厅召开。学习贯彻中共十八届六中全会精神；审议通过《中国人民政治协商会议第十一届南宁市委员会常务委员会关于设置专门委员会的决定(草案)》《中国人民政治协商会议第十一届南宁市委员会副秘书长任命名单》《中国人民政治协商会议第十一届南宁市委员会各专门委员会主任、副主任任命名单》。

第2次会议　暨"加强城市规划建设管理"专题协商会议12月7日在市政协多功能厅召开。听取市政协领导作《关于进一步加强南宁市城市规划建设管理的建议》主题发言；市政协常委作《充分发挥地铁建设优势、大力发展我市地下经济》《关于加快构建我市立体交通体系的建议》《关于加快深化城市建设建筑垃圾管理立法的建议》《关于将运动休闲产业打造成为邕江两岸开发利用新亮点的建议》《关于南宁市建设第二条快速环道的建议》《关于培养新一代建筑工匠的建议》6个专题发言；市委副书记、市长周红波到会指导并讲话。

第3次会议　12月22日在市政协多功能厅召开。学习贯彻中共十八届六中全会精神，自治区第十一次党代会精神；听取市政府领导通报南宁市2016年经济社会发展情况及2017年主要工作安排，市政府领导通报市政府办理市政协十届六次会议提案的情况，市纪委领导通报2016年党风廉政建设工作情况；市中级法院领导通报2016年工作情况，市检察院领导通报2016年工作情况；各视察小组汇报2016年下半年市政协组织常委和部分委员视察情况；市政协秘书长书面通报2016年下半年市政协常委会主要工作情况，市政协办公厅、各专门委员会、研究室、选举联络办公室书面汇报2016年工作情况及2017年工作打算。

主要工作

【概　况】 2016年，市政协组织政协委员围绕城市规划建设、五象新区建设、新型城镇化建设、推动产业转型升级、推进大众创业万众创新新机制、融入"一带一路"建设、提升生态宜居水平、推进重大项目和重点企业发展、提高城市治理能力、推行"互联网+政务服务"、完善强农惠农政策、加快新型城市化建设、加快发展现代农业等中心工作，通过提案、调研、视察、协商等形式建言献策。开展"委员行动工程"和"委员联系群众活动"，以"同心育才"工程为载体，组织政协委员、政协参加单位和机关干部与贫困户结对帮扶，发动政协委员、委员企业和社会各界人士筹集帮扶资金，帮助贫困生解决上学难问题和山区学校改善办学条件；开展产业扶贫，引导上林县农民发展水牛、黑山羊养殖业；为委员企业家到上林县建立百香果种植基地和百香果加工厂牵线搭桥。做好服务全国政协、自治区政协视察团、调研组到南宁市调研视察，协助视察团、调研组召开座谈会、情况汇报会20多场次。

【民主监督】 2016年，市政协重点选择环境、教育、医疗、交通、社会保障、食品药品安全等人民群众普遍关注、社会影响较大的热点、难点问题开展监督视察，推动相关决策部署的落实和部门工作的改进。发挥"政协委员民主监督绿色通道"作用，协助市纪委开展查处发生在群众身边的"四风"和腐败问题专项工作，选派委员到基层开展巡察调研；政协常委会议专题听取市纪委、市法院、市检察院工作情况通报；为全市反腐倡廉工作建言献策。组织委员对《南宁市行政规范性文件管理办法》等法规文件在出台前进行协商讨论，提出修改意见和建议；旁听法院庭审，现场监督法院强制执行案件；对"窗口"部门规范化管理开展评议。组织委员兼任行风监督员、特邀监察员，参加咨询测评、明察暗访、电视问政等专项督察活动200多人次。

【调研与视察】 2016年，市政协分别就推进产业园区建设、精准脱贫工作、实施创新驱动发展活动、重大项目建设等课题开展调研论证，形成调研报告8份、视察报告14份，为市委重大决策提供参考，其中《关于建立和完善南宁市众创公共服务体系》《加快创业创新孵化平台建设》等建议被《南宁市大力推进大众创业万众创新实施方案》采纳。围绕旅游扶贫、教育扶贫、易地扶贫搬迁等问题开展调研视察，提出《农民以土地经营权和宅基地使用权等形式参与旅游产业发展》《建立给予贫困地区特殊教育资助的保障机制》《实施扶贫移民搬迁与城镇建设发展相结合》等意见建议，得到市政府领导的重视和市直有关部门的采纳。

【换届工作】 2016年，市政协与中共市委组织部、中共市委统战部联合制定区县政协换届工作流程，市政协领导带领工作指导组深入区县政协了解情况、指导换届工作。配合做好市政协十一届委员推荐提名；协商产生新一届政协委员489名；在市政协十一届一次委员全体会议上，选举产生政协第十一届南宁市委员会主席1名、副主席8名、秘书长1名和常务委员70名。

【政协提案】 2016年，市政协收到委员提案363件，立案340件，立案率93.60%。政协委员提出《关于"产产结合、产城结合、产融结合"的发展模式整合资源》等建议，纳入南宁市"十三五"新型城镇化建设规划，《关于开辟人才工作绿色通道的建议》纳入市政府设立市级人才一站式服务中心的工作流程。政协委员提出《加快发展南宁轨道交通装备产业的建议》《尽快编制规划和建设南宁通用航空产业园的建议》《加大对小微企业扶持发展的建议》《关于加快推进南宁与东盟旅游一体化的建议》等提案，促进南宁加快产业转型升级、渠道升级；围绕美丽南宁、生态乡村建设、海绵城市建设与水环境治理、垃圾处理、城市美化绿化、农村卫生环境整治等工作提出有针对性的意见和建议，助推绿城品质升级，加快生态宜居城市建设；围绕深化改革升级，就行政审批、农村土地制度、投融资体制等改革提出意见建议，为市机构编制委员会办公室、市金融办公室、市农业委员会等有关部门研究制订深化改革方案、推动单位工作提供参考；就建立清单政府、公共法律服务平台、打击违法犯罪行为等提出意见建议，得到市教育局、市法制办公室等单位采纳，促进法治南宁建设升级；聚焦食品药品安全、教育就业、住房保障、公共交通等民生问题提出提案，其中《关于构建大公交体系、加强城市轨道交通建设管理的建议》等被市直有关部门在规划设计、工程建设中予以采纳，《关于加快推进二次供水改革的建议》得到市城乡建设委员会、市规划管理局、市住房保障和房产管理局等单位采纳，《关于推进家庭医生上门医疗服务的建议》得到市卫生和计划生育委员会采纳。

【对口协商与界别协商】 2016年，市政协组织各专门委员会和各界别委员，围绕关于加快办理城市交通建设方面的提案和推进产业园区发展、加快推进脱贫攻坚、不可移动文物的保护和利用、加快实施科技创新驱动发展战略、加快推进社区侨务工作、加强公共停车场规划建设和管理、加强南宁市社会治安综合治理工作的建议8个方面内容开展对口协商；围绕水环境保护、民营企业用地、停车场建设管理等7个群众普遍关心和关注的热点、难点问题开展对口协商、界别协商14次，促进相关工作落实。

【社情民意】 2016年，市政协编发《政协信息》24期、《社情民意》12期，委员提交反映社情民意信息191条，其中《关于整治停车场乱收费现象》《促进南宁市公立医院快速发展》等建议得到市政府的采纳。

【合作共事】 2016年，市政协以召开委员全体会议、常委会议和主席会议等形式，为南宁市各民主党派、工商联和无党派人士参政议政搭建平台；各民主党派团体围绕精准扶贫、产业园区建设、非公经济发展、推进农村电商发展、易地扶贫搬迁等问题，分别开展调研视察活动，形成大会专题发言材料34篇，提交提案136件。通过召开座谈会、上门走访等方式，向各界人士宣传中国共产党的路线方针政策，通报南宁市经济社会发展情况；开展港澳委员活动日活动，邀请海内外友好人士来邕考察，为南宁市招商引资牵线搭桥，帮助驻邕商会、来邕投资人士协调解决实际问题。

【文史编纂】 2016年，市政协加强对南宁市“三亲”（亲历、亲见、亲闻）文史资料的征集、编纂，重点做好《广西北部湾经济区建设纪实·南宁卷》的编纂出版，开展《邕城诗韵》（下）的史料征集，完成市政协十届委员会履职纪实编纂，继续做好《学习参考资料》汇编和发送，配合自治区政协文史委员会做好调查研究、资料征集等工作。 （市政协办公厅）

纪律检查与行政监察

【概 况】 2016年，南宁市有市级、区县纪律检查委员会、监察局13个，其中市本级1个、区县12个。市纪委派驻机构28个，其中：单独派驻纪检组13个、归口派驻纪检组14个、派出纪工委1个。12个区县纪委内设机构66个，纪检监察室26个；县纪委派驻机构24个；青秀区、西乡塘区、江南区、良庆区纪委分别设派驻机构2个，邕宁区纪委设派驻机构3个；乡镇设纪委102个，街道设纪工委24个。全市在职行政纪检监察干部1088人。其中：市纪委、监察局机关64人，市纪委派驻机构133人；区县纪委、监察局机关209人，县纪委派驻机构72人，城区纪委派驻机构28人；乡镇纪委510人，街道办纪工委72人。全市受理信访举报案件6579件，立案2561件；处分2003人，市级、区县、乡镇三级纪检监察机关立案数分别比上年增长44%、136.20%、537.10%。查处违反中央八项规定精神案件180件，给予党纪政纪处分298人；公开曝光通报典型案例137起246人。查处发生在群众身边的“四风”问题和腐败问题，立案1768件，给予党纪政纪处分1520人；收缴违纪款3000多万元。查处扶贫领域违纪案件1139件，给予党纪政纪处分1021人；通报、曝光1206起。对一般性违纪问题、发现苗头性的问题进行谈话提醒，约谈函询4260人次，其中县处级干部633人次，乡科级干部3262人次。追究履行“两个责任”（落实党风廉政建设党委主体责任、纪委监督责任）不力领导干部131人。对12个区县、3个开发区和20个涉及民生领域的市直单位开展党风廉政专项巡察，发现问题线索399条。开展“两重两问”（重点工作重大项目监督检查问责问效）监督检查1.95万人次；电话督办、发函督办4244次；督促单位整改问题3.35万个，约谈责任单位70个、责任人419人；问责责任单位71个、457人。举办《向人民承诺——电视问政》直播节目10期，上线接受问政单位负责人133人次，问责95人。11月10日，中央第三巡视组在广西开展巡视，向南宁市转来信访举报96件，全部转区县、有关单位督办。

【市十一届纪委六次全会】 2016年3月15日，中共南宁市第十一届纪律检查委员会第六次全体会议在市委、市政府会议中心召开。市委常委，市人大常委会、市政府、市政协以及其他厅级中共党员领导及市纪委委员36人出席，列席135人。会议贯彻落实习近平总书记系列重要讲话、十八届中央纪委六次全会和自治区十届纪委七次全会精神，总结2015年全市党风廉政建设和反腐败工作，部署2016工作任务；审议通过《把纪律挺在前面，聚焦监督执纪问责，不断取得党风廉政建设和反腐败斗争新成效》工作报告和全会公报。自治区党委常委、市委书记王小东出席会议并讲话，代表市委与区县、五象新区、开发区党委（党工委）签订2016年落实党风廉政建设主体责任责任书。市委常委、市纪委书记王祝广代表市纪委与区县纪委、派驻机构签订2016年落实党风廉政建设监督责任的责任书。

【市十一届纪委七次全会】 2016年7月26日，中共南宁市第十一届纪律检查委员会第七次全体会议在市委、市政府会议中心召开。市纪委委员36人出席，列席56人。审议通过《中国共产党南宁市第十一届纪律检查委员会向中国共产党南宁市第十二次代表大会的工作报告》《中国共产党南宁市第十一届纪律检查委员会第七次全体会议公报》。

【市十二届纪委一次全会】 2016年8月31日，中共南宁市第十二届纪律检查委员会第一次全体会议在市政协多功能厅召开。市纪委委员43人出席。选举南宁市第十二届纪律检查委员会常务委员会委员和书记、副书记，提请中共南宁市第十二届委员会第一次全体会议通过；审议通过《中国共产党南宁市第十二届纪律

3月15日，市十一届纪委六次全会在市委、市政府会议中心举行 林世才提供

检查委员会第一次全体会议公报》。

【“两个责任”落实】 2016年，市委组织制定年度落实党风廉政建设党委主体责任、纪委监督责任“两个责任”清单，以层层“签字背书”方式强化责任意识；建立落实“两个责任”网上考核考评系统，细化量化考评指标及评分细则。市委、市政府领导与分管(联系)的区县、开发区党委(党工委)、市直部门党组(党委)书记签订《2016年度党风廉政建设主体责任书》。市四家班子领导履行“一岗双责”，抓好职责范围内党风廉政建设。开展党风廉政建设述职评议活动和责任双报告、约谈等活动，增强党委(党组)书记落实主体责任意识。开展落实“两个责任”监督检查，纳入年度绩效考评；问责履行“两个责任”不力领导干部131人。市委派出党风廉政建设巡查组，对12个区县、3个开发区、20个市直重点单位开展专项巡察，发现问题线索399条。市纪委、县纪委、乡纪委清理分工、兼职及参与议事协调机构率100%，明确聚焦主业主责和从严监督执纪具体要求；加强机制体制的创新，出台《县区纪委书记、副书记等三个提名考察办法》，探索实行派驻机构片区管理制度；与区县纪委、派驻纪检组签订《2016年度党风廉政建设监督责任书》；制定《南宁市贯彻落实监督执纪“四种形态”实施办法(试行)》，划出“四种形态”(党内关系要正常化，批评和自我批评要经常开展，让“咬耳扯袖”“红脸出汗”成为常态；党纪轻处分和组织处理要成为大多数；对严重违纪的重处分、作出重大职务调整应当是少数；严重违纪涉嫌违法立案审查的只能是极少数)10个刻度，细化每个刻度具体指标。全市各级党委(党组)、纪检监察机关运用“四种形态”处理党员干部5080人次。

【中央八项规定精神落实】 2016年，市委针对干部作风问题新动向、新表现，聚焦干部群众关心、关注的热点和难点问题，狠抓严管党员干部作风漂浮、情趣低俗、玩心过重等突出问题，对公款接待、公款旅游、公车私用等问题开展明察暗访20多次，查处违反中央八项规定精神案件180件，给予党纪、政纪处分298人；公开曝光、通报典型案例137起、246人。对涉及民生的资金监管、财政供养人员“吃空饷”、党员干部“走读”、会所歪风、干部违规多占住房、超标准办公用房、违规超范围发放绩效工资等问题开展专项整治。开展落实中央八项规定精神“回头看”活动，自查自纠问题100余个。执行党政机关厉行节约反对浪费有关规定推进公车改革，规范“三公”经费[政府部门人员因公出国(境)经费、公务车购置及运行费、公务招待产生的消费]管理，市本级“三公”经费开支逐年下降。

【纪律审查】 2016年，南宁市各级纪检监察机关受理信访举报案件6579件，立案2561件，比上年同期增长245.40%；处分2254人，增长235.40%；移送司法机关处理50人，增长117.30%。立案查处县处级干部23人、科级干部314人，“一把手”104人，市级、区县、乡镇(街道)三级纪委立案分别增长44%、136.20%、537.10%。开展领导干部问题线索大起底、大清理，排查、清理问题线索143条；对干部存在一般性问题、苗头性问题进行谈话提醒或打招呼251人次；警示谈话或函询922人次；批评教育或通报、通报批评574人次；诫勉谈话、责令退出违纪所得、作出口头或书面检查470人次。实施市委巡察工作，分两轮派出5个专项巡察组，对12个区县、3个开发区、20个涉及民生领域的市直单位开展党风廉政建设专项巡察，发现问题线索339条，转立案47件，提出整改问题意见319个。

【“四风”和腐败问题查处】 2016年，南宁市从严查处发生在群众身边的干部办事态度生硬、表情冷漠、互相推诿、吃拿卡要、欺压百姓等“四风”问题，严肃查处雁过拔毛、小官大贪等“苍蝇式”腐败问题。全市各级纪检监察机关立案1768件，给予党政纪处分1520人、问责615人；收缴违纪款3000多万元，向470多名群众退还违纪款230多万元。

【扶贫领域监督执纪问责】 2016年，市纪委出台《关于在精准扶贫工作中加强纪律监督的意见》，加强对扶贫对象的识别、扶贫重点的确定、扶贫资金的使用等环节进行纪律监督。各级纪检监察机关通过公开接访、主动下访、夜访以及数据比对等方式，查找扶贫政策的落实、扶贫资金的使用、扶贫项目建设等方面存在的突出问题线索，对12个区县、3个开发区、20个市直单位开展扶贫领域专项巡察4轮，发现问题线索433条，转立案47件；提出整改问题337个。重点整治贪污挪用救济物质、截留私分扶贫款、优亲厚友和虚报、冒领扶贫资金等突出问题，严查从快处理扶贫领域违纪案件1139件，给予党纪、政纪处分1021人，通报、曝光典型问题1206起。

【基层廉洁工作站建设】 2016年，南宁市打通全面从严治党“最后一公里”(一件事情最后的关键性一步)，出台《南宁市推进基层廉洁工作站建设的实施意见》，在全市12个区县各行政村(社区)试点推进廉洁基层工作站建设，建造老百姓家门口的“纪委”，建成基层廉洁工作站196个；组织梳理社区、行政村“微权力”清单406项；基层党风廉政建设监督网络格局初步建立。

【警示教育】 2016年，南宁市通过警示教育会、案例剖析会、观看警示教育片、领导干部带头上廉政党课等形式开展系列警示教育活动近600次，教育培训党员干部30万人。组织2.80万名党员干部到警示教育基地接受警示教育。创作廉政公益广告35件，廉政漫画45幅。在南宁电视台开办“南宁廉史镜鉴”栏目，对南宁历朝历代清官廉史进行点评；

6月15日，南宁市在上林县召开查处发生在群众身边的“四风”和腐败问题违纪款清退现场会
林世才提供

在南宁纪检监察网开设“在线访谈”栏目，邀请20余位领导干部、专家学者围绕作风建设、扶贫领域监督执纪问责等主题开展访谈10次；编印《忏悔与剖析》《南宁古代清官廉史》《南宁风纪》等警示教育读本和专刊近2万册；开展廉洁家教家风活动，向全市党员干部发放“廉洁家书”7万封；建立健全全市廉政文化精品库，组织拍摄《借钱》《梦醒》《一封迟来的匿名信》《老规矩》4部廉政微电影；开展“一地一特色”廉政文化创建巩固提升活动，打造马山县“三宝促廉，和谐马山”，武鸣区“清风满壮乡”少数民族廉政文化等12区县廉政文化品牌；组织开展“正风肃纪扬清风·惩罚拍蝇顺民心”文艺会演139场次，观看20万人次；组织101名处级领导干部进行任职前廉政法规知识测试。

【“两重两问”工作】 2016年，南宁市围绕扶贫攻坚、“美丽南宁”建设、扬尘污染治理、服务“两会”和“园博会”（园艺博览会）“两路三桥”（滨河东路、滨河西路，迎宾路桥、通达桥、十号线桥）、为民办实事工程、企业“降本减负”、五象新区开发建设及迎接自治区成立60周年大庆重点建设项目等重点工作、重大项目开展监督检查、问责问效，派出人员监督检查1.95万人次，发现问题3.35万个，发出督办、挂牌督办函2218份，约谈责任单位70个、责任人419人；问责457人，其中市本级给予党政纪处分11人，问责、组织处理34人。通过南宁电视台电视问政、《南宁日报》、南宁电视台等新闻媒体曝光通报问题325个。

【电视问政】 2016年，南宁市通过南宁电视台直播《向人民承诺——电视问政》节目10期，上线接受问政单位负责人133人次。节目聚焦“四风”与腐败、食品安全、精准扶贫、城市治理、生态乡村、民生热点、政务服务、社会保障、行政执法等领域存在的问题131个，收到市民反馈问题4325个（市民现场热线电话1104个、通过网络反映问题3221个）。市民反映的问题全部得到回应或解决，问责95人；平均收视率1.49%。“南宁问政”APP手机客户端注册用户2.90万人。《人民日报》、新华社、中央电视台、《新京报》等全国300多家媒体关注南宁电视问政节目；《中国日报》英文版、《环球时报》英文版发表整版报道。先后有山东省、安徽省等地政府和电视台前来学习经验。继续开办《电视问政》衍生节目《问政观察室》，以“新闻+访谈”的形式对《电视问政》节目中所涉及问题深刻剖析存在问题现象的根源，紧追问题整改措施、时限。12月，推出“问政先锋2016年度人物”评选活动。　（林世才）

民主党派与工商联

中国国民党革命委员会南宁市委员会

【概　况】 2016年，中国国民党革命委员会南宁市委员会有青秀区、江南区、兴宁区、西乡塘区4个总支部，基层支部20个；党员403人（新发展16人，具有高级、中级专业技术职务任职资格236人），其中经济界126人，科技、教育界86人，医卫界67人，行政机关90人，其他34人。党员中任民革广西区委会常务委员1人，自治区政府参事1人；当选自治区人大代表1人，市人大代表5人，城区人大代表4人；担任自治区政协委员2人（常委1人），市政协委员20人（常委3人），城区政协委员31人（常委6人）；当选城区副区长2人，城区政协副主席1人；受聘担任各级特邀监察员、执法监督员、行风评议员12人。召开民革南宁市第十三次代表大会，选举产生新一届民革市委会领导班子。民革市委会被民革中央评为民革全国机关工作先进集体。

【思想建设】 2016年，民革市委会组织党员深入学习贯彻中共十八届三中、四中、五中、六中全会精神和习近平总书记系列重要讲话精神，深入开展坚持和发展中国特色社会主义学习实践活动；开展骨干党员、新党员培训，加强民革传统教育。门户网站更新报道100余篇、图片50余张；被民革中央网站、自治区民革网站、市政务信息网采用18篇（张），《广西民革》采用22篇，市级以上统战、政协杂志采用5篇；出版民革南宁市第十二届委员会五年工作图片册《团结奋进，胜绩满载》。

【中国国民党革命委员会南宁市第十三次代表大会】 2016年5月9日至10日在明园新都大酒店召开，出席代表109人。听取和审议黎琳代表民革南宁市第十二届委员会向大会作《同心同德　砥砺奋进，努力开创民革工作新局面》工作报告；通过民革南宁市第十三次代表大会决议；选举民革南宁市第十三届委员会委员25人，常务委员9人；选举产生民革南宁市第十三届委员会领导班子，黎琳当选主任委员，夏洋、曾庆钻、华荣春、韦隽群当选副主任委员。任命陈洁为民革南宁市委会秘书长。

【参政议政】 2016年，民革市委会完成《发展农村电子商务》重点课题调研，4项调研成果被市商务局采用，列入南宁电子商务发展计划；民革青秀总支部参与中共青秀区委重点课题调研，《互联网金融助力精准扶贫》《关于做好网络新媒体人士统战工作的研究》获城区重点课题调研二等奖。参加中共南宁市委、市政府、市政协专题协商会6次；向市政协十届六次会议、市政协十一届一次会议提交提案42件，其中集体提案12件、个人提案30件。被市政协评为优秀提案1件；《关于加快创业创新孵化平台建设的建议》《关于加快发展南宁旅游与运动休闲服务业的建议》《关于南宁市大力推进政府和社会资本合作模式（PPP）项目开展的建议》《关于南宁市建设第二条快速环道的建

9月25日，民革市委会、中共青秀区委统战部、民革青秀总支部开展“观故居，走多党合作之路”活动　唐祯泽提供

议》等提案被列为重点督办提案、专题协商提案；各支部、党员上交提案、建议90多件；报送社情民意、统战信息120多条，被采用30多条。

【社会服务】 2016年，民革市委会开展“同心”社会服务活动5次，帮扶贫困户15户50人，帮扶资金4万余元；为精准扶贫点隆安县都结乡陇割村、那桐镇下邓村15户特困户捐赠生活用品价值1万余元；节日慰问老党员及患病党员120人次；为昆仑关“同心·爱国主义教育”基地建设捐款2万元。青秀区总支部为伶俐镇独岭村贫困户赠送食品和生活用品价值2万余元；青秀区四支部为邕宁区百济镇红星村、横县那阳镇宝华村3户特困户赠送4000元慰问金及物品；西乡塘区总支部为秀安护老院赠送棉被50床；江南区总支部为苏圩镇德隆村、延安镇敬德村特困户及特困学生赠送生活用品、学习用品价值5000元，为延安镇敬德村贫困户赠送电风扇、面条等生活物品价值5000元，为80余名村民义诊；兴宁区总支部在昆仑小学创建“同心·助学”服务点，利用支部党员优势开展支教活动。

【对台工作】 2016年，民革市委会学习贯彻中共中央对台工作方针政策，特别是习近平总书记系列对台重要讲话精神，重点开展涉台参政议政工作。关注台湾局势变化，提交涉台信息、反映社情民意情况6条，获中共南宁市委采纳2条。民革市委会组织党员走访驻邕台商，举办台情报告会、学习会，为中共南宁市委涉台工作提供决策参考。开展纪念孙中山诞辰150周年“观故居，走多党合作之路”活动，参加活动党员200人次；组织党员到昆仑关战役遗址祭奠抗战英烈；开展“博爱牵手·关爱抗战老兵”活动，慰问抗战老兵30人，发放慰问金2万余元。民革市委会被民革中央评为“民革全国祖统工作先进集体”。 （唐祯泽）

中国民主同盟南宁市委员会

【概　况】 2016年，中国民主同盟南宁市委员会辖兴宁区、江南区、青秀区、西乡塘区4个基层委员会，邕宁区、良庆区、武鸣区、横县4个总支部；支部31个；盟员687人（新发展21人、具有中级以上专业技术职务任职资格535人），其中教育界、文化界、科技界、医卫界等577人，行政界、经济界、法律界、新社会阶层等68人，其他界别42人。盟员平均年龄55岁。盟员当选全国人大代表1人，自治区人大代表2人，市人大代表7人，区县人大代表5人；担任自治区政协委员2人，市政协委员18人（副主席1人），区县政协委员35人（副主席1人、常委9人）；受聘担任各级特邀监察员、执法监督员、行风评议员16人。召开民盟南宁市第十四次代表大会，选举产生新一届民盟南宁市委会领导班子。

【思想建设】 2016年，民盟市委会学习宣传贯彻党的十八届六中全会精神；深入开展坚持和发展中国特色社会主义学习实践活动；召开机关专干学习会议，举办学习全国“两会”精神报告会；举办人大代表和政协委员培训班，参政议政暨宣传信息工作培训班，新任市委委员培训班，新盟员培训班4期；组织盟员参观百色起义纪念馆。民盟市委会网站发布信息200多篇；编印内部刊物《南宁盟讯》3期；报送“统战理论政策研究成果创新和统战实践创新成果”论文16篇，获二等奖2篇、三等奖2篇；报送“2016年民盟西部城市盟务工作会议”参会论文6篇，获典型发言1篇；报送“发挥人民政协作为爱国统一战线组织的作用理论研究”论文16篇，被采用3篇；报送民盟广西区委“议政建言”征文24篇，获二等奖1篇、三等奖2篇、优秀奖4篇；报送“民盟中央基础教育论文”征文3篇，获采用1篇。民盟市委会被民盟中央评为坚持和发展中国特色社会主义学习实践活动先进集体。

【中国民主同盟南宁市第十四次代表大会】 2016年5月6日至7日在南宁市政协多功能报告厅召开，出席代表120人。大会学习中共十八届五中全会精神，中共中央统战工作会议精神和2016年中共南宁市委统战工作会议精神；听取和审议崔建国代表民盟南宁市第十三届委员会向大会作《开拓创新、砥砺奋进，为推动南宁市多党合作事业发展再作新贡献》工作报告；通过民盟南宁市第十四次代表大会决议；选举民盟南宁市第十四届委员会委员27人，常务委员9人。选举产生民盟南宁市第十四届委员会领导班子，潘永钟当选主任委员，林海、谢桂荃、黄振飞、冯青能当选副主任委员。任命覃勇为民盟南宁市委会秘书长。

【参政议政】 2016年，民盟市委会完成《关于加强南宁市创新人才队伍建设的建议》重点课题调研；开展“广西农产品流通模式现状与构建”“广西农业机械化发展战略研究”“新常态环境下创新人才体系的建设”等课题调研；完成立项课题7项，其中与民盟广西区委合作完成立项课题3项、委托课题1项。向市政协十届六次会议和十一届一次会议提交大会发言材料4份；提案86件，其中集体提案16件、委员提案70件；被市政协评为优秀提案4件。报送反映社情民意信息97条，被采用5条，其中获市领导批示2条；理论文章入选2016年《人民政协理论研究论文集》3篇。

【社会服务】 2016年，民盟市委会在西乡塘区万力社区、兴宁区望州南社区、江南区新锦社区、良庆区那马社区、邕宁区清泉中学建设“同心”实践基地5个。组织同心书画院书法家、盟员书法家到万力社区、望州南社区开展写春联活动；与市文联到万力社区、新锦社区、望州南社区开展文艺表演、诗歌朗诵活动；与市政协、市中小学校外教育活动中心向清泉中学赠送价值5000多元科技书籍，与民

5月6日至7日，民盟市委会召开第十四次代表大会　覃紫斌提供

盟邕宁总支、民盟二中支部在清泉中学开展中考考前心理辅导讲座，赠送中考备考资料；组织教师到新阳中路学校、坛洛中学等学校开展示范课交流；与市教育局开展民盟远程教育“烛光行动·千校计划”主题讲座；与北京四中网校南宁分校联合开展“翻转教学”主题讲座及“数字化校园平台”操作培训，促成市第八中学、市第十四中学、清泉中学与北京四中网校数字校园合作；促成市天桃实验学校与贵州毕节市实验学校结对帮扶，纳入民盟中央“百校帮百校”品牌工程。民盟良庆总支部到那马镇坛良小学举办“建设坛板，珍爱我家”大讲坛活动；民盟武鸣支部与企业开展“慰问贫困母亲”活动，向双桥镇造庆村 20 位贫困母亲捐助价值 3 万元慰问品；民盟江南基层委员会在新锦社区、凤凰社区开展健康咨询活动、急救技能培训等服务，免费为群众测量血压 220 多人次，健康咨询 100 人次；发放健康宣传资料 250 多份。民盟市委会被民盟中央评为民盟社会服务工作先进集体 。（覃紫斌）

中国民主建国会南宁市委员会

【概 况】2016 年，中国民主建国会南宁市委员会有直属总支部、青秀区总支部、兴宁区总支部、西乡塘区总支部、江南区总支部 5 个；支部 18 个（新成立良庆支部）；有会员 471 人（新发展 14 人，转入 1 人、转出 4 人、去世 2 人，净增 9 人），其中在职会员 341 人（公有经济界 76 人、新社会阶层 152 人、其他 113 人）；具有高级、中级专业技术职务任职资格 230 人。会员中任民建广西区委会委员 4 人（常委 1 人）；当选全国人大代表 2 人，市人大代表 3 人，城区人大代表 6 人（人大副主任 1 人）；担任自治区政协委员 3 人（常委 1 人），市政协委员 18 人（常委 4 人），城区政协委员 28 人（政协副主席 1 人、常委 4 人）；受聘担任各级特邀监察员、执法监督员、行风评议员 7 人。召开民建南宁市第十二次代表大会，选举产生新一届领导班子。

【思想建设】2016 年，民建南宁市委会组织会员学习贯彻中共十八届五中、六中全会精神和习近平总书记系列重要讲话精神，深入开展坚持和发展中国特色社会主义学习实践活动。举行纪念中国民主建国会成立 70 周年庆祝表彰大会，民建会员近 200 名参加。召开机关专题学习会，学习中国共产党成立 95 周年纪念大会精神。参加市政府召开的脱贫攻坚民

6 月 23 日，民建市委会、中共南宁市委统战部、会员企业在南宁市福利院举行“同心·思源工程”——“健康饮水进万家”公益慈善活动　邓承杰提供

主监督工作座谈会；举办人大代表、政协委员履职能力提升培训班，培训 50 余人；联合民进南宁市委会、九三学社南宁市委会举办骨干成员培训班，培训 80 多人。加强理论建设，提交统战论文 6 篇，实践创新成果文章 2 篇，宣传信息 50 余篇；被《南宁统战信息》采用 28 篇；广西电视台、南宁电视台等报道重大活动 7 次；《南宁日报》《南宁晚报》刊登相关信息 32 篇；门户网站信息更新 70 余篇。

【中国民主建国会南宁市第十二次代表大会】2016 年 5 月 9 日至 10 日在南宁市明园新都大酒店召开，出席代表 92 人。大会听取和审议卢秋凌代表民建南宁市第十一届委员会作《凝心聚力　求真务实　开创南宁民建工作新局面》工作报告；审议通过《民建南宁市第十一届委员会工作报告》《民建南宁市第十二次代表大会决议》；大会选举民建南宁市第十二届委员会委员 25 人，常务委员 4 人；卢秋凌当选主任委员，杨屹、梁明志、蔡家雄、蒋延荣当选副主任委员，甘善泽、黄超、罗诗明、梁永发当选常务委员。任命杨屹为民建南宁市委会秘书长（兼），梁勇为副秘书长。

【参政议政】2016 年，民建南宁市委会开展《关于南宁市落实国家非公经济发展政策执行情况研究报告》重点课题调研；向民建广西区委会议政调研课题投标 12 篇，其中《中国产能转移与国家一带一路战略匹配方案研究》《推进困境企业重整和僵尸企业清理的实践与研究》《关于推动一二三产业与文创产业融合，打造文创品牌与园区发展的研究》《畜禽养殖废弃物综合利用技术示范与推广》4 篇课题中标；向全国人大十二届四次会议提交议案、建议 14 件；向自治区政协十一届四次会议提交提案 4 件；向市人大十三届七次会议提交议案、建议 13 件；向市政协十届六次会议提交提案 31 件（集体提案 8 件、个人提案 23 件）；向市政协十一届一次会议提交提案 17 件（集体提案 5 件、个人提案 12 件）；梁明志代表民建南宁市委会作《关于推动一二三产业与文创产业融合，打造南宁文创品牌与园区发展的建议》大会发言；《关于大力发展货权金融，让资本安全进出实体经济的建议》被自治区、市两级政协评为重点督办提案和优秀提案；《关于加快南宁市公务用车拍卖处置步伐的建议》被评为优秀集体提案，《关于加强向人民承诺电视问政节目问责力度的建议》被评为优秀个人提案；《关于大力发展广西非国有博物馆的建议》获自治区政协重点督办和自治区主要领导批示提案；报送社情民意 107 条，被采用 14 条，获领导批示 8 条。

【社会服务】2016 年，民建南宁市委会邀请有关部门走访会员企业，进行上市辅导；举办“民建讲坛建华课堂——企业困境重整官第一期”培训班，参加培训企业近 100 家，培训 160 余人；举办“创新创业、潮涌北部湾”为主题的“同心·2016 北部湾投融资暨创新创业”论坛；开展“同心·服务科技创新型会员企业”活动，走访会员企业 2 家；“同心”品牌建设示范基地——广西北部湾书画院赴海南举行北部湾海洋海岛艺术采风全国巡展；赴青秀区琅西社区开展《物业管理条例》普法讲座；向武鸣区太平镇都太村 48 户贫困户捐助 60 份慰问品，价值 8220 元；为武鸣区上江希望小学安装太阳能路灯 6 盏；举行民建“同心·思源工程”——“健康饮水进万家”公益慈善活动，为南宁市区县社会福利院、敬老院、村委（社区）等机构捐赠安装净水器 300 台，价值 100.80

万元;为武鸣区城东小学、那溪小学捐赠慰问品,价值约1万元;开展"新一千零一夜"睡前故事民建壹方慈善项目实施及回访。 (邓 行)

中国民主促进会南宁市委员会

【概 况】 2016年,中国民主促进会南宁市委员会有兴宁区、青秀区、江南区、西乡塘区、邕宁区、良庆区6个总支部,支部34个;会员533人(新发展18人,具有中级、高级专业技术职务任职资格452人),其中教育界348人,科学技术界、医药卫生界、文化艺术界、新闻出版界等46人,经济界45人,法律界9人,人大、政府、政协、党派、司法、工商联等机关61人,社会团体4人,其他20人。会员当选自治区人大代表2人,市人大代表6人,区县人大代表6人;担任自治区政协委员3人,市政协委员22人(副主席1人、常委3人),城区政协委员45人(副主席1人、常委9人);担任政府部门副处级(实职)及事业单位、群团副处级(实职)6人;担任政府、政协、党派机关及群团部门正、副科级(实职)27人;受聘担任各级特约监察员9人。会员被评为全国模范教师1人,全国优秀教师1人,自治区特级教师6人,自治区劳动模范1人,自治区先进工作者1人,自治区"三八红旗手"1人,南宁市劳动模范2人,南宁市专业技术拔尖人才2人,南宁市巾帼建功标兵1人。召开民进南宁市第十一次代表大会,选举产生新一届领导班子。开展"创星争旗"活动,民进市委会被民进广西区委评为红旗支部4个、十星级支部15个。

【思想建设】 2016年,民进市委会学习贯彻中共十八届六中全会、中央统战工作会议和习近平总书记系列重要讲话精神,深入开展坚持和发展中国特色社会主义学习实践活动。召开专题学习会3次,领导班子深入基层走访会员;创新干部培训形式,联合民建南宁市委会、九三学社南宁市委会举办骨干成员培训班;举办新会员学习班,推荐骨干会员参加学习培训120人次;开展"不忘合作初心,继续携手前进"专题教育活动,组织会员参加"不忘初心,同心同行"南宁市统战系统书画摄影作品征集工作,选送作品20件;举办首期"我身边的良师"教师发展沙龙讲座;承办南宁民进和大连民进友好市委会主题活动,接待外地民进组织莅邕学习交流、考察调研。基层各总支部开展"乘地铁看东站,感受南宁新变化"等主题活动。推进统战理论研究和宣传工作,开辟会刊、网站学习专栏,创建微信公众号,增设电子会刊,出版专题板报5版,改版《南宁民进》,全年编印4期;组织会员参与市统战理论政策研究和实践创新成果申报,上报论文30篇,获一等奖2篇、二等奖3篇、三等奖4篇;向民进广西区委会上报论文40篇,获一等奖1篇、二等奖3篇、三等奖7篇,民进市委会获组织奖;报送宣传信息132篇,被《人民政协报》《团结报》、新华网、中国政协网、民进中央网等采用63篇,自治区、市级媒体刊物采用55篇;微信公众号推送信息47篇;编辑出版《统战理论成果汇编》《议政调研成果汇编》《服务五象新区教育发展资料汇编》及画册《第十届委员会工作回顾》1200本。

【中国民主促进会南宁市第十一次代表大会】 2016年5月9日至10日在南宁饭店召开,出席代表99人。大会听取和审议黄均宁代表民进南宁市第十届委员会向大会作《同心同行尽责有为 为首府勇当广西"两个建成"排头兵献计出力》工作报告;通过民进南宁市第十一次代表大会决议;选举产生民进南宁市第十一届委员会委员27人、常委9人、主任委员1人、副主任委员4人。黄均宁当选主任委员,李华汉、陈蓉、黄海燕、张杏当选副主任委员。任命李孔敏为民进南宁市委会秘书长。

【参政议政】 2016年,民进市委会开展"参政议政工作主题年"活动,制定《民进南宁市委会2016年参政议政(主题年)活动方案》,召开年度议政调研工作会议;加强参政议政队伍建设,调整充实经济科技、文化教育和社会法制3个专委,表彰2015-2016年度参政议政工作先进个人;履行民主监督职能,参加政党协商、专题协商、重点提案督办和征求意见座谈会等14场次;协助市纪委开展查处"四风"和腐败问题专项整治,参与巡查调研12人次;协助市委统战部、市检察院开展预防非公有制经济领域职务犯罪,承担"非公经济从业环境"专题调研任务,组织律师参与宣讲活动;参与党风廉政建设、电视问政专项监督活动。做好重点课题调研,组织专家深入市贫困区县、湖南、贵州等地调研,形成《南宁市农村劳动力转移若干问题研究》重点课题调研报告,课题成果转化为市政协十一届一次大会发言内容;兴宁区、邕宁区总支部联合开展"寻找邕江母亲河的文化遗址"主题信息调研活动。基层组织、工委申报立项和验收课题15个,形成调研报告15篇,调研成果20件;申报、承担民进广西区委会课题4个,获推荐至民进中央课题1个;课题成果被民进广西区委会列为自治区政协十一届四次会议集体提案4个,其中《关于建立和完善我区众创公共服务体系的建议》《关于广西社区矫正问题的建议》获自治区领导批示、督办。向市政协十届六次会议提交大会发言2份,集体提案14件、小组提案4件、个人提案14件;大会发言《降成本,优环境,进一步加快我市产业园区发展》获中共市委主要领导批示;《关于加快五象新区建设发展的建议》等2件提案获优秀提案,《关于建立和完善我市众创公共服务体系的建议》等6件提案获市领导领衔督办。向市政协十一届一次会议提交大会发言2份,集体提案10件、个人提案14件;集体提案《关于将运动休闲产业打造成为邕江两岸开发利用新亮点的建议》《关于加快构建我市立体交通体系的建议》入选市政协

8月6日至12日,民进市委会课题组到贵州省贵阳市白云区牛场布依族乡小山村蔬菜专业合作社调研 刘瀚钟提供

"加强城市规划建设管理"专题协商会发言。报送反映社情民意信息98条，被各级信息刊物采用58条，民进中央采用2条，自治区政协采用1条，民进广西区委会采用20条，中共南宁市委采用24条，市政协采用1条，获领导批示1条。民进市委会被民进中央授予"民进全国参政议政工作先进集体"称号，被民进广西区委会评为民进市级组织参政议政工作、信息工作、参政党理论研究工作先进单位，获市民主党派、工商联信息工作先进单位二等奖。

【社会服务】 2016年，民进市委会开展"同心·扶贫解困"行动，联合民进大连市委会开展推进少数民族地区脱贫攻坚调研活动，赴上林县、马山县开展调研，形成专项调研报告；联合市供销社到横县石塘镇瑶埠村开展春节慰问贫困户活动；联合广西民进、华益读书会为良庆区那陈镇那蒙小学引进"爱心书屋"，募集捐赠图书1005册。江南区五一支部开展"同心·助残献爱心"和"中秋送温暖"活动，发动会员企业、爱心人士为社区22名残疾人家庭资助36.96万元，为6名贫困学生捐赠助学金7200元；组织会员参与所在单位精准扶贫工作，定点帮扶贫困户260户。推进"同心助教·服务五象"教育实践基地建设，资助2万元改善"同心在线"网络教育课堂硬件设施；召开南宁、大连"同心在线"网络课堂教学暨工作推进座谈会，指导五象中学与大连教育学院附中开展"同心在线"网络交流课4场。青秀区总支部指导五象中学开展教育科研选题和课题论证；组织专家为五象中学、市第四十四中、市第四十六中等学校毕业班学生举办考前心理辅导讲座。开展文化惠民活动，联合民进广西区委会、南宁孔庙、兴宁区、江南区、西乡塘区总支部等基层组织，深入社区、贫困村举办"春联万家""幸福影像"系列微公益活动，全年开展"春联万家"活动9场次，义务为群众写春联2800多幅；基层组织、会员开展送教育、送医疗、送法律服务等"三下乡"活动，为苏圩镇、伶俐镇等12所乡镇中学近4000名学生举办辅导讲座，赴江南区、兴宁区、良庆区、邕宁区、隆安县为基层群众开展普法讲座、法律咨询、义诊等20场次，惠及群众3000人。

（刘瀚钟）

中国农工民主党南宁市委员会

【概　况】 2016年，中国农工民主党南宁市委员会辖青秀区、兴宁区、西乡塘区、江南区、邕宁区、良庆区6个总支部（撤销良庆区支部；成立良庆区总支部，辖良庆区医卫支部、综合支部），支部31个（新成立高新区支部，隶属西乡塘区总支部）；党员611人（新发展30人，具有高级、中级专业技术职务任职资格454人），其中医药卫生界330人、教育界93人、财税界42人、科技界21人、文化出版界10人、法律界8人、国有经济23人、非公经济16人、机关54人、其他14人；本科学历301人，研究生以上学历79人（博士3人、博士在读1人）。党员中有自治区人大代表1人，市人大代表8人，区县人大代表8人（副主任3人、常委1人）；自治区政协委员3人（常委1人），市政协委员22人（常委4人），城区政协委员39人（副主席1人，常委6人）；担任党委、政府部门处级实职7人、科级56人；受聘担任各级特邀监察员、执法监督员、行风评议员等9人。召开农工党南宁市第十二次代表大会，选举产生新一届领导班子；提拔担任副处级领导职务2人。

【思想建设】 2016年，农工党市委会学习贯彻中共十八届六中全会精神，深入推进坚持和发展中国特色社会主义学习实践活动。加强后备干部队伍建设，选派骨干党员15人分别参加自治区党委统战部、南宁市委统战部举办的党外骨干干部培训班、党外年轻科级干部培训班；推荐党员42人分别参加农工党广西区委在广西大学举办的基层组织负责人和新党员培训班；在重庆大学举办新任市委会委员、新一届人大代表、政协委员及骨干党员综合能力提升班，培训37人；开展基层组织"为所在单位建良言"活动，培训近40人。与中共南宁市委统战部、台盟南宁市支部、南宁市台联会、广西区博物馆等部门联合主办"钱币见证台湾自古就是中国领土·台湾历代钱币专题展"，展出台湾历代钱币800多枚，题材、规模均为国内首次，是南宁市统战系统开展爱国主义教育的新载体、新形式，南宁电视台、南宁电台、《南宁日报》等新闻媒体对开幕式和展览情况进行报道，人民网、人民政协网、光明网等新媒体进行转载。编印《南宁农工》4期；门户网站和微信公众号发布、更新信息75篇；市属媒体刊登（播出）宣传稿件15篇。向上级部门报送宣传信息80篇，被农工党中央网站采用20篇，《广西农工》、农工党广西区委会网站采用53篇，《南宁统战信息》等采用23篇。

【中国农工民主党南宁市第十二次代表大会】 2016年5月7日至8日在南宁市明园饭店大礼堂召开，出席代表105人。学习中共中央统战工作会议精神和中共南宁市委统战工作会议精神；听取和审议袁曼虹代表农工党南宁市第十一届委员会向大会作题为《适应新常态创造新业绩　为南宁在全区率先全面建成小康社会而献计出力》工作报告；审议并通过农工党南宁市第十二次代表大会各项决议；选举农工党南宁市第十二届委员会委员26人，常务委员9人。选举产生农工党南宁市第十二届委员会领导班子，黄玉燕当选主任委员，黄宗贵、金轮、谭伟军、周小军当选副主任委员，胡敏、周建伟、何雪映、黄章明等9人当选常务委员。任命唐江华为农工党市委会秘书长。

【参政议政】 2016年，农工党市委会完

11月24日，农工党市委会组织骨干党员到重庆市参观农工党中央机关旧址陈列馆

严用明提供

成《南宁市疾病应急医疗救助管理情况的调查》重点课题调研，承担农工党广西区委会协商课题《着力提升孵化器的服务功能，打造新创业新载体》和农工党广西区委会招标课题《提升"小微"排污企业治理水平》；总支部、专委会完成《关于南宁市临床用血现状的调查》等调研报告7篇。农工党市委会及党员中各级人大代表、政协委员向各级人大、政协"两会"提交议案、提案、意见、建议累计107件，提交《进一步加强南宁市对科技项目支持力度的建议》《关于南宁市邕江综合整治与开发利用的建议》《关于运用快检技术加强我市食品安全监控体系的建议》等集体提案10件，个人提案52件；其中集体提案《关于加强我市中小学安全教育的建议》和委员提案《关于进一步强化南宁市场食品安全监控和防范的建议》被评为市政协十届五次会议优秀提案，集体提案《关于加强我市养老服务工作的建议》《关于南宁市邕江综合整治与开发利用的建议》被评为市政协十届六次会议优秀提案。报送反映社情民意信息153条，被自治区党委统战部采用4条，农工党广西区委采用18条，中共南宁市委办公厅、市政府办公厅采用15条；其中《建议规范我国脐带血库建设发展》被中共中央统战部《零讯》采用，《关于规范我国脐带血库建设发展的几点建议》被农工党中央采用，《对我区医疗服务县乡一体化改革的建议》被自治区党委办公厅采用。

【社会服务】 2016年，农工党市委会开展"同心"品牌建设活动12次，受益群众近万人。在市残疾人活动中心、中尧路社区分别开展第28届"国际科学与和平周"、第9届"中国环境与健康宣传周"活动，为群众提供法律知识讲座、健康知识讲座、义诊咨询和派发家常非处方药品等服务，受益群众350人；与党员企业广西泰格瑞农业科技有限公司联合主办"南宁农工·环境与健康区域创新论坛"，邀请香港浸会大学计算及理论研究所万翔博士主讲《复杂疾病的大数据挖掘》，部分党员医疗专家、相关科技企业技术骨干40人参加；在马山县林圩镇三中建立"同心"支教基地，为近300名学生进行中考考前心理素质培训；开展扶贫调研，向20名优秀贫困学生捐赠帮扶款3000元，帮扶物资价值1.20万元。 （严用明）

中国致公党南宁市委员会

【概　况】 2016年，中国致公党南宁市委员会有兴宁区、江南区、西乡塘区、青秀区、邕宁区、良庆区6个总支部，直属支部1个(武鸣华侨投资区)，支部15个，其中青秀总支部下辖支部4个，其余总支部下辖支部2个；党员383人(新发展11人、区委会转入1人、去世5人)，其中科技、教育界110人，经济界91人，医药卫生界66人，文化出版界5人，党政机关界93人，其他8人；具有中级以上专业技术职务任职资格311人；大学以上学历249人；侨海关系(含港澳台属)208人；任市人大代表8人，区县人大代表7人(副主任2人、常委3人)，自治区政协委员3人(常委2人)，市政协委员17人(副主席1人、常委3人)，区县政协委员38人(副主席2人、常委10人)；受聘担任各级特邀监察员、执法监督员、行风评议员5人。召开致公党市委会第九次代表大会，选举产生新一届领导班子。成立新一届老龄党员联谊工作委员会。

【思想建设】 2016年，致公党市委会以坚持和发展中国特色社会主义学习实践活动为主线，深入学习领会中共十八届六中全会和习近平等中共中央领导同志的重要讲话精神。开展机关和基层组织支委集中学习，把握治国理政新理念新思想新战略；举办新任委员和人大、政协"两会"代表、委员履职参政能力培训班；组织党员赴致公党上海市静安区委会开展回访交流；前往青岛市、烟台市等地开展党务活动交流与学习；组织骨干党员到红八军纪念馆开展"纪念红军长征胜利80周年"专题活动；征集文学作品讲述"中国梦·侨海情"和致公好故事。编印会刊《南宁致公》2期、换届专刊1期；累计编辑报送宣传信息66篇，上传稿件、图片337篇次；编辑《致公党南宁市委会简史》和杰出党员人物稿件。

【中国致公党南宁市第九次代表大会】 2016年5月11日至12日在南宁市明园新都酒店召开，出席代表97人。听取和审议张渊代表致公党南宁市第八届委员会作题为《同心同向、携手奋进，致力推动首府现代化建设新跨越》的工作报告；通过《中国致公党南宁市第九次代表大会决议》；选举致公党南宁市第九届委员会委员25人、常务委员9人。选举产生致公党南宁市第九届委员会领导班子，蒋晓筠当选主任委员，董俊荣、梁红英、张健威、谢珺当选副主任委员。任命林辉为致公党南宁市委会秘书长。

【参政议政】 2016年，致公党市委会被致公党中央定为参政议政联系点；开展《加快南宁市蔗糖产业市场化转型对策研究》重点课题调研；联合侨联界别政协委员赴南宁市邕宁区五合华侨林场开展侨情调研活动。向自治区政协十一届四次会议提交联名提案《关于完善南宁市区城市交通设施的建议》，被列为自治区政协重点提案，由自治区党委常委、南宁市委书记王小东督办，被评为自治区政协优秀提案；向南宁市政协十届六次会议提交大会发言2份，集体提案9件、委员提案10件，其中集体提案《关于加快推进生态乡村建设的建议》《关于完善南宁市住宅小区业委会及物业管理的建议》引起媒体关注和社会热议，被南宁电视台、《南宁晚报》报道；向南宁市政协十一届一次会议和十四届人大一次会议提交大会发言材料2份，集体提案5件、个人提案12件，致公党

8月2日，致公党市委会《加快南宁市蔗糖产业市场化转型对策研究》课题组到崇左市调研 李　茜提供

市委会市人大代表8人、市政协委员19人参会，蒋晓筠代表致公党市委会作题为《实施“互联网＋精准扶贫”，助推南宁市全面完成脱贫攻坚工作》的大会发言，提出“改变传统扶贫方式，依托互联网信息技术实施‘互联网＋精准扶贫’”的建议，引起媒体关注报道。《关于加快推进南宁市义务教育均衡发展的建议》《关于吸引高层次留学人才在邕创业推动现有产业转型升级的建议》《关于深化南宁市行政审批制度的建议》《关于有效解决“停车难”问题的建议》4件提案被列为市领导重点督办提案，获优秀提案表彰2件。报送社情民意76篇，被中共南宁市委、市政府办公厅信息刊物采用9篇，获领导批示2篇；绿色通道获市领导批示7篇；《关于“营改增”后国税部门对建筑安装企业加强管理的建议》被中央统战部和致公党中央信息刊物《建言策》采用；《关于对东葛路横断面进行改造的建议》《关于解决南宁市农村低保政策落实不到位的建议》等获中共南宁市委、市政府领导批示。致公党市委会被评为南宁市统战信息工作先进单位。

【社会服务】 2016年，致公党市委会以“精准扶贫、精准脱贫”为主线，建设“同心”品牌示范基地，拓展社会服务外延。机关、基层组织和个人参与扶贫公益等社会服务活动12次，捐助资金物品82万余元，惠及群众1500余人。联合市侨联、市第二医院、南宁市侨心慈善基金会等，赴宾阳县思陇镇马岭村开展“送医送药下乡义诊”活动，义诊贫困户村民150人，捐赠药品。青秀区总支部到横县开展捐资助学活动2次，向横县中学、横县职业教育中心品学兼优贫困生52人发放助学金6.50万元；邕宁区总支部依托“企业＋基地＋贫困户”产业链模式，在蒲庙镇华康村、广良村、联团村开展产业帮扶脱贫行动，打造以辣木、花生种植为核心的种养循环经济示范点，精准脱贫600户；良庆区总支部实施教育精准脱贫，结对帮扶贫困大学生3人，资助校园生活启动金、帮助申请助学金等，直到学业完成实现就业；江南星光支部开展公益慈善捐赠，到贫困村慰问贫困户和贫困学子；武侨支部联合百威英博啤酒（南宁）有限公司赴武鸣区锣圩镇清凤村开展“献爱心·送温暖·助力扶贫”走访慰问活动，走访困难群众22户，捐赠慰问金500元，发放慰问物品价值约5000元，为清凤小学捐赠文体用品，向贫困学生13人捐赠球鞋；与武鸣区锣圩镇清凤村5户贫困户精准对接，指导转移就业脱贫。　　　　（李　茜）

九三学社南宁市委员会

【概　况】 2016年，九三学社南宁市委员会有基层委员会2个，支社12个（新成立邕宁支社），基层组织14个；社员344人（新发展16名），其中工程技术界133人、医药卫生界74人、政府机关54人、教育界32人、财政经济界22人、农林界12人、党派机关8人、科学研究界3人、法律界3人、其他3人。具有中级、高级专业技术职务任职资格311人。社员当选自治区人大代表1人，市人大代表8人，城区人大代表8人；担任自治区政协委员2人，市政协委员18人（副主席1人、常委3人），城区政协委员30人（常委8人）；受聘担任各级特邀监察员、执法监督员、行风评议员8人。召开九三学社南宁市第八次代表大会，选举产生新一届领导班子。九三学社市委会被九三学社中央组织部评为九三学社组织建设先进集体。

【思想建设】 2016年，九三学社市委会深入学习贯彻中共十八届五中、六中全会精神，开展坚持和发展中国特色社会主义实践活动；召开理论专题培训学习会7次，培训社员360余人次；开展“履职能力建设年”主题活动，南宁市“十三五”规划解读辅导，提案、社情民意信息选题与写作培训；联合民建市委会、民进市委会赴湖南大学举办骨干社员培训班；组织骨干社员、机关专干参加九三学社广西区委会及中共南宁市委统战部组织的社情民意信息专题培训18人次。围绕“爱国、民主、科学”主题开展“四个一”（编印一本《九三学社南宁市委员会2007—2016》画册，举办一次摄影书画展，召开一次纪念九三学社市委会成立30周年座谈会，写一篇“我与南宁九三共成长”心得体会）活动。报送理论研究文章30篇，获奖15篇；报送宣传信息稿件78篇，被采用56篇次；在《南宁日报》、南宁电视台宣传报道9次；编印《九三南宁》5期。获九三学社广西区委会“履职建设年活动”一等奖、南宁市统战信息工作一等奖。

【九三学社南宁市第八次社员代表大会】 2016年5月10至11日在南宁锦华大酒店召开，出席代表81人。听取和审议梁鸿代表九三学社南宁市第七届委员会作《同心同德谋发展　群策群力谱新篇》的工作报告，审议并通过九三学社南宁市第八次社员代表大会各项决议。会议选举产生九三学社南宁市第八届委员会委员25人、常务委员9人；梁鸿当选九三学社南宁市第八届委员会主任委员，廖建山、苏春蓉、王冬梅、杨海翔当选副主任委员。任命邓华为九三学社南宁市委会秘书长。

【参政议政】 2016年，九三学社市委会完成撰写《推进我市城市管理体制改革的建议》重点课题调研报告；参加南宁市“十三五”规划专题协商会、意见征求会等会议；提出增加五象岭建设保护，城市适度东扩，支持横县、宾阳县撤县设县级市，探索建立南宁市排污权、碳排放权初始分配制度等意见建议；在“为我市科学编制‘十三五’规划建言献策”专题协商会上，围绕推进城市基础设施建设、工业和农业产业发展、探索建立环境保护新机制等方面提出建议；被采纳建议4条。向

5月25日，九三学社市委会与良庆支社、南宁－东盟国际五金机电城在良庆区那陈镇七齐小学开展“同心·精准帮扶助学励志”主题活动　　刘潇潇提供

市政协十届六次会议、十一届一次会议提交集体提案11件,个人提案110件;分别作大会专题发言《关于加快推进我市碳排放权、污染物排放权交易工作的建议》《整合优质文化资源提高南宁文化软实力》,书面发言《关于推进我市城市管理体制改革的建议》《关于加快我市智慧医疗建设的建议》,其中《关于推进我市城市管理体制改革的建议》被列为中共南宁市委员会重点督办1号提案,《关于运用信息技术推进现代农业发展的建议》《关于推进我市城市管理体制改革的建议》获市政协优秀提案奖。社内各级政协委员、人大代表提交提案、议案、意见建议110多件;报送社情民意信息51条,被采纳19条,获领导批示3条。九三学社市委会被九三学社广西区委会评为信息工作先进集体一等奖、理论研究征文优秀组织奖。

【社会服务】 2016年,九三学社市委会加强"同心"实践基地建设,总结"探索一套工作流程、培育一支骨干队伍、凝聚五种关键力量"的"115唐历工作法",申报市级"同心乡村"示范点,入选九三学社中央《九三学社市级组织有关工作案例选编》。联合南宁水利电力设计院、邕江防洪排涝工程管理处,慰问邕宁区那楼镇中山村、西乡塘区衡阳街道中华中路社区的贫困户、退伍军人、老党员27人;联合中共武鸣区委统战部组织书法家到武鸣区甘圩镇唐历村开展送春联下乡活动,为唐历村困难群众捐赠大米、植物油等生活物品;与九三学社广西区委会、中共武鸣区委统战部到唐历村开展送医送药义诊活动,为群众诊治53例,免费发放价值3000多元药品;为唐历小学捐款3.20万元;联合南宁水电设计院到马山县周鹿镇双联村开展送科技、送书籍下乡活动,发放科技图书300余册,为双联村文化室捐赠价值1万元的复印机1台;组织双联村委干部到西乡塘区"美丽南方"示范点,兴宁区沙平蔬菜产业示范区参观学习;到邕宁区那楼镇中山村调研精准脱贫,为村委捐赠价值1.30万元的办公设备。九三学社市委会友爱支社联合南宁水利电力设计院,为那楼镇中山村50多名留守儿童赠送价值3500元的学习用品;青秀基层委为南阳镇新光村贫困户捐赠慰问品及慰问金2000元;江南支社为延安镇敬老院赠送慰问品,并开展义诊活动;良庆支社联合企业家为那陈镇七齐小学贫困师生捐赠价值3000余元的慰问品,联合青秀二支社、青秀三支社资助4名贫困学生每人每年1600元,直至小学毕业。推进"法律服务非公经济"系列活动,九三学社市委会联合市检察院、青秀区检察院到南宁市全州商会及部分非公企业调研,探索成立三方共建服务非公有制经济健康发展的长效联络机制;青秀区基层委、青秀区检察院、全州商会签订《非公企业职务犯罪预防共建协议》;青秀区基层委开展"服务非公企业,助力健康发展"专题活动。 (刘潇潇)

南宁市工商业联合会

【概　况】 2016年,南宁市工商业联合会(总商会)有区县商会12个,乡镇(街道)商会110个,直属商会29个(含异地商会16个);会员9763个(人),其中企业会员2275个、团体会员191个、个人会员7297人(原工商业者老会员81人)。会员当选自治区人大代表4人,市人大代表31人,区县人大代表31人;担任自治区政协委员12人,市政协委员67人,区县政协委员415人。

【参政议政】 2016年,市工商联完成中共南宁市委重点课题《关于南宁市民营企业参与"一带一路"建设的建议》调研报告;开展中小微型企业监测,组织开展企业参与全国工商联上规模民营企业调研;开展广西民营实体经济综合性调研,形成调查问卷196份、企业典型事迹材料6份;组织企业参与成本与负担问题调查和促进民间投资第三方评估调查;开展关于构建"亲""清"新型政商关系调研,形成调查问卷及典型材料;与市发展和改革委员会、市工业和信息化委员会、市财政局、市统计局等部门合作编撰《2015年南宁市非公有制经济发展报告》。在市政协十届六次会议上作《关于加快南宁市电子商务发展的建议》专题发言;提交《关于放开异地商会登记注册限制的建议》《关于加快南宁市电子商务发展的建议》《关于深化改革充分释放南宁市民营经济活力的建议》《关于调整经济适用住房项目地下停车位销售管理政策的建议》《关于引导民营资本投资助推南宁旅游业发展的建议》集体提案5件;在市政协十一届一次会议上作《关于十三五期间南宁市民营经济发展的建议》专题发言;委员提交《关于深化改革充分释放南宁市民营经济活力的建议》《关于引导民营资本投资助推南宁旅游业发展的建议》提案,被列为市政协十届六次会议重点提案并被评为优秀提案。会员中各级人大代表提交议案39件(市人大代表议案12件、区县人大代表议案27件);各级政协委员提交提案245件(自治区政协委员提案7件、市政协委员提案45件、区县政协委员提案193件)。

【招商引资】 2016年,南宁市总商会推进海外联络,接待市总商会驻印度尼西亚雅加达市、泰国曼谷市、越南河内市、菲律宾马尼拉市、德国柏林市和莱比锡市、奥地利克拉根福市、澳大利亚墨尔本市等联络处负责人到南宁市考察学习17人;组织市总商会驻德国莱比锡市联络处负责人、加拿大广西总商会会长、瓦努阿图广西总会商会长一行7人到马山县考察广西祖昌门业有限公司,促成祖昌门业与德国Carla FidesGmbH&Co.KG公司达成初步合作意向;接待马来西亚霹雳州霹雳中华总商会副总会长、印度尼西亚中小企业商会会长一行7人,商讨筹备2017年霹雳中华总商会110周年庆典及霹雳旅游年相关事宜。组织200多人参加中国五金

6月24日,市工商联举办南宁·香港果蔬交流座谈会　李照刚提供

机电产业高峰论坛，20家会员企业分别参加越南、泰国的投资政策专场介绍会；推荐8家会员企业参加自治区商务厅关于推荐与文莱合作企业和项目的活动；组织会员企业参加广西农业投资项目推介洽谈会暨第二届农业科技成果展示对接会，“泰享买”泰国美美购物节；为非公经济人士500余人办理第13届中国－东盟博览会入场证件；组织非公经济人士400余人参加斯里兰卡、巴西、柬埔寨等国家专场投资推介会。接待贵港市、河南省开封市、广东省佛山市、重庆市涪陵区等地工商联考察团83人，与安徽省合肥市工商联、湖南省株洲市工商联签订友好商会协议；接待亿利资源集团、新奥集团、万达集团等企业负责人到南宁市进行投资考察；配合市政府赴浙江省杭州市、上海市开展招商推介活动，参加企业28家；与市外事侨务办公室、市国际贸易促进会及东盟国家驻邕领事机构联合举办“绿城植树传友情，交流联谊促合作”——南宁市民营企业家与驻邕东盟六国领事机构外交官植树联谊活动，东盟国家驻邕领事馆人员、南宁市民营企业家代表70人参加；举办南宁·香港果蔬交流座谈会，促成香港环球农产集团有限公司与广西金福农业有限公司合作，打开红心火龙果香港销售渠道；促成东盟国际经济战略合作促进会会长企业与李宁公司销售业务合作，广西沿海高利科技有限公司与印度公司合作。

【服务会员】 2016年，市工商联推行走访商会及会员企业制度，为荣和集团、广西跨世纪集团、美家国际家居建材广场等会员企业协调解决困难。加强与金融部门合作，缓解非公企业融资难问题，与柳州银行、国海证券股份有限公司、国海良时期货有限公司、广西北部湾股权交易所股份有限公司等金融机构联合举办银企座谈会、投融资专题培训会，为民营企业争取融资贷款服务，为会员融资3.20亿元。组织非公经济人士参加培训班、专题讲座，培训1500余人；举办投融资专题培训班，培训200余人；举办当前经济形势暨税收“营改增”政策专题培训班，培训500余人；组织企业100余家参加“企业困境重整官”公益讲坛；安排民营企业家55人赴浙江省宁波市举办以“民营企业传承交接”为主题的南宁市民营企业家浙江宁波家业长青学院培训班；与中共南宁市委统战部、厦门大学管理学院联合举办《大周期背景下的投融资机会与策略》讲座，培训200人；组织非公经济人士100人参加广西民营企业“绿色经济、绿色发展”政策研读班学习；与南宁市盈嘉教育咨询有限公司联合举办“移动互联网助力传统企业转型升级”专题讲座，培训200人；与中共南宁市委统战部举办南宁市非公经济人士培训班，培训64人；举办第23期助企工程培训班，培训300人。为非公经济人士申报专业技术任职资格提供材料审核服务3832人次，其中初级517人次、中级2353人次、高级602人次、重新确认与转正定职360人次。

【光彩事业】 2016年，市工商联发动商会、非公企业向宾阳县思陇镇黄冠村、洋桥镇凌达村捐款30万元，捐赠价值10万元电视机、生活用品等；组织民营企业参与全市就业工作，与市人力资源和社会保障局、市教育局、市总工会联合举办“2016年全国民营企业招聘周”活动，在市人才市场、广西财经学院、市人力资源市场举办民营企业专场招聘会3场，进场招聘民营企业253家，提供就业岗位7500多个，达成就业意向5200多人；组织28家企业参加广西知名民营企业促进贫困地区大学生就业专场招聘会，提供岗位547个。 （李照刚）

人民团体

南宁市总工会

【概 况】 2016年，南宁市总工会下辖区县、开发区总工会13个，工会工作委员会6个，产业工会4个（驻会产业工会3个），乡镇（街道）总工会33个，乡镇（街道）工会工作委员会92个，基层工会涵盖法人单位3.38万个，工会会员137.40万人。市总工会获2016年自治区工会工作先进单位特等奖。

【组织建设】 2016年，市总工会开展集中建会行动，突出抓好农民工聚集的开发区（园区）、大型在建项目、家政服务业、25人以下非公有制企业等重点区域和行业的工会组建。全市企业法人单位建会新增1811个，比上年同期增长6.32%；新增工会会员8.48万人，增长6.70%。各区县总工会创新方式方法开展工会组建工作，横县总工会、宾阳县总工会、隆安县总工会成立金融工会联合会；马山县总工会在配合县委、县政府开展精准扶贫的同时，深入乡镇种养专业合作社，发动种养专业合作社成立工会组织。

【技术创新】 2016年，市总工会组织各级工会开展以“践行新理念，建功‘十三五’”为主题的“五比五赛”（赛工程质量、比技术创新，赛工程进度、比科学管理，赛劳务管理、比团队和谐，赛文明施工、比安全生产，赛节能降耗、比经济效益）劳动竞赛，主要围绕南宁市在建的重点项目、服务业、科技创新和技术进步、提高职工整体素质等四个方面内容开展劳动竞赛；开展职工“百项技术创新成果、百条合理化建议”评比活动，激发职工创新潜能和创新活力。全市参赛的企事业单位1.99万家，参赛职工129.40万人，企事业单位、职工参赛面均90%以上。其中：国有及其控股企业481家，参赛职工1.67万人；规模以上非公有制企业831家，参赛职工1.44万人。同时开展劳模技术标兵创新工作室创优提质工作，对90家市级劳模技术标兵创新工作室进行验收。申报创建新的市级劳模创新工作室5个，自治区级劳模创新工作室1个。组织各创新工作室围绕企事业单位生产工作中的重点、难点，开展技术创新活动110次，提出合理化建议360多条，完成技术攻关、技术改造、发明创造项目170多项，转化成果140多项。

【评先活动】 2016年，市总工会做好2016年全国、广西五一劳动奖章、奖状的评选推荐，评上全国工人先锋号2个、全国五一劳动奖章2名，广西五一劳动奖状5个、广西工人先锋号8个、广西五一劳动奖章13名；在《南宁日报》《广西工人报》等新闻媒体宣传2016年全国五一劳动奖章获得者徐华、广西五一劳动奖章获得者舒燕的先进事迹。各级工会组织结合行业性、区域性经济建设重大工程和重点工程项目建设开展“安康杯”竞赛活动，全市参赛单位1.97万个，参赛职工129.39万人，参赛班组16.85万个，单位、职工参赛率均90%。表扬2015年度南宁市“安康杯”竞赛优胜单位50个、优胜班组50个、优秀组织单位50个、优秀组织个人50人。

【就业服务】 2016年，市总工会开展就业服务，会同市人社局、市扶贫办、市妇联共同组织开展以“搭建供需平台，促进转移就业”为主题的“春风行动”专项活动，组织专场招聘会55次，为4.49万人提供免费服务。跨地区组织劳务输出3526人次，成功介绍农村劳动者就业9981人次。组织职业技能培训932人、家政服务培训194人，组织参加创业培训135人。开展以“鼓励创业创新，提高就业质量，服务基层职工，促进科学发展”为主题的“就业创业援助月”活动。组织专场招聘会38次，为3.42万人提供免费就业服务，跨地区组织劳务输出3771人，介绍就业6923人，组织823人参加职业技能培训（其中享受培训补贴405人，家政服务培训 183 人),接待就业创业等咨询 2.05 万人,为 1802 人提供劳动维权、法律援助服务。市人社局牵头,市总工会、市教育局、市工商联分别在南宁市人才市场、广西财经学院相思湖校区、南宁市人力资源市场开展"2016 年南宁市民营企业招聘周"活动,免费为求职者、招聘单位进场参加应聘和招聘活动。发挥工会培训教育阵地的作用,帮助困难群体、下岗失业人员、农民工、困难职工家庭高校毕业生实现更高质量就业,开展"送培创工程",组织 4400 多名下岗失业职工、困难职工及子女、农民工、困难职工家庭高校毕业生参加技能培训、创业培训(包括电商创业培训)、家政培训,70% 以上学员获人力资源和社会保障等部门认定的初级以上资格证书,就业率 60% 以上。组织 3161 名在岗农民工接受职业技能提升培训。

【民主管理】 2016 年,市总工会指导各级工会严格按照建家条件、要求和标准,深入开展创建合格"职工之家""会员评家"和"三亮"(工会组织亮牌子、工会主席亮身份、职工之家亮品牌)活动,把基层工会建设成为"组织健全、维权到位、工作规范、作用明显、职工信赖"的"职工之家",全市基层"职工之家"建设合格率 91%;开展"会员评家"活动的覆盖面 90.12%;在非公企业工会中开展"三亮"活动的覆盖面 90.50%。全市各级工会组织在指导基层建会的同时建立职代会制度。在中小型非公有制企业比较集中的乡镇、街道、社区推动建立区域性、行业性职代会制度。全市已建工会组织的国有及控股企业、事业单位职代会建制率巩固在 100%;已建工会组织的非公有制企业职代会建制率 90.02%。举办全市企业民主管理职工代表培训班 1 期,培训区县工会干部、企事业基层工会主席 100 多人。

【职工职业技能大赛】 2016 年,市总工会举办职工职业技能大赛,以"勇当排头兵、建功'十三五'"为主题,分市级、区县级、行业企业三级联赛,在现代制造业、现代服务业、新兴产业、非公企业、行业协会几大阵营开展。设 28 个赛区 31 个工种,在机械智能、无人机装配和应用、电子商务、建筑、公安、机关服务、社会民生服务、区县域特色经济等领域组织开展岗位练兵、技术比武、劳动竞技等。其中"警务实战应用射击""无人机装配和应用技能""跨境电商技能""养老服务员"等技能比赛在社会上引起广泛关注和点赞。大赛历时 4 个多月,来自 500 多个企事业单位 20 多万职工参加比赛,1500 名选手参加复赛,评出获奖选手 246 人,团体名次奖 37 个、优秀组织单位 6 个,获南宁市"技术标兵"荣誉称号 31 名,被评为南宁市技术能手 18 人,可破格申报技师职业资格 12 人,可晋级申办高级工职业资格 36 人,可晋级申办中级工职业资格 542 人。市总工会组队参加广西职工状元大赛,获得团体第三名,获奖 19 人,其中获第一名、第二名各 1 人,第三名 3 人,第四名 4 人,1 人被推荐为"广西五一劳动奖章"候选人。组队参加广西第三届农民工技能大赛决赛,获一等奖、二等奖、三等奖各 5 人,被推荐为"广西五一劳动奖章"候选人 5 人。

【职工权益维护】 2016 年,市总工会在自治区率先实行《工会劳动法律监督意见书》《工会劳动法律监督建议书》"两书制度",发出《工会维权意见书》2 份,工作经验在《广西工人报》上发表推广。市总工会困难职工帮扶和维权中心接待、协调处理职工来信来访和 12351 热线求助事项 194 件,涉及 4135 人。提供政策法规咨询 1092 人次;提供法律咨询援助服务 2434 人次;协调处理、解决其他信访求助事项 609 人次,帮助职工(包括农民工)追回被拖欠工资、生活费、经济补偿金 95 万元。职工信访总量比上年同期下降 20%,信访事项办结率 100%。建立广西首家市级劳动人事争议仲裁院工会仲裁庭,并受理首起案件。全市工会法律服务律师 23 个站(点)打造"1 小时法律服务圈",提供法律援助、调处劳动纠纷案件 136 起。全市企业 3.41 万家开展工资集体协商,增长 3.50%,覆盖职工 66.47 万人,增长 12.50%。其中 46 家世界 500 强企业签订集体合同,建制率 100%。

【安全生产】 2016 年,市总工会建立和完善安全生产领导机构,加强对基层工会安全生产指导,组织开展"安全生产月"系列活动、安全生产主题调研、应急预案演练等,依法参与安全生产事故处理。探索工会参与职业病防治工作模式,研究成果在《中国工运》上发表推广。组织"七五"普法宣传,提高职工法律意识、安全意识。全市各级工会结合实际,通过发放宣传资料、举办有奖知识问答、邀请专家讲课和专家现场答疑解惑等形式,开展《职业病防治法》宣传周活动,发放宣传资料 15.21 万份,举办研讨会、座谈会等 770 场次,借助单位微信公众平台、GPS 分控系统信息平台发信息宣传,利用 LED 屏滚动宣传 25.80 万条(次)。组织全市各级工会以"强化安全发展观念,提升全民安全素质"为主题,以树立红线意识、加强安全法治、落实安全责任、普及安全知识为重点开展"安全生产月"活动,发放《安全生产法》法律法规等宣传资料 18 万份,开展宣传日咨询活动 5600 场次,参加宣传活动的职工 11 万人。邀请安全教育专家举办安全知识讲座 8890 场次,参加学习职工 22 万人。为企业职工义诊 195 次,接受职业健康检查 2.90 万人。播放安全警示教育片 1.06 万场次,出版安全生产宣传专题报刊 480 期、版报 1.67 万块。参与市安监局等单位组织的安全事故处理 12 起。

【职工帮扶】 2016 年元旦、春节期间,全市各级工会慰问困难职工、农民工、困难劳动模范 3587 人,发放慰问款物 268.45 万元;对 113 户特困职工进行日常生活救助,发放特困职工日常救助款 44.34 万元。年内,组织开展"送清凉"慰问活动,走访企业和工地 98 家,慰问农民工 4.37

7 月 28 日,市职工职业技能大赛紧急警情应对射击比赛在市公安局特警支队训练馆举行
市总工会提供

万人，发放防暑降温物品97.30万元。开展"金秋助学"活动，资助困难职工和困难农民工子女433名入学，发放助学金101.15万元。组织开展对困难职工摸底排查、建档立卡工作，对全市在档困难职工1479户建档立卡。对医疗、助学、特困职工生活救助标准进行调整，临时医疗救助标准上限由5000元提高至1万元，金秋助学大学新生救助标准由3000元提高至4000元，特困职工日常生活救助标准由每户每月300元提高至400元。做好职工新的互助保障，完成职工互助保障参保11.20万人，上缴互助费783.70万元；受理补助申请64例，发放互助保障补助金7.80万元。继续做好旧保障计划的给付，给付471例，发放保障金615.19万元。推动"惠工行动"，发行桂盛·工会南宁市民卡5.70万张。新签约南宁市工人文化宫、广西工人疗养院、广西一心医药集团、南宁利客隆超市、南宁百货大楼等特约服务单位10家。

【职工文化】 2016年，市总工会用社会主义核心价值观引领职工群众，组织开展"中国梦·劳动美""我们的节日"主题活动，以"五一""国庆"、中国共产党成立95周年、红军长征胜利80周年为契机，组织开展升国旗仪式、经典诵读、职工摄影展、书画展、职工微视频作品征集、演讲比赛、体育竞赛、文艺演出等活动，参与职工100万人次。市总工会门户网站开通上线，网站包含市总工会、区县总工会的全部职能业务，可满足每天10万人次访问量，实现网上网下互动融合。新建市级职工书屋示范点14家、自治区级职工书屋示范点6家、全国级职工书屋示范点2家、电子书屋6家，全市职工书屋总数243家。 （师　吕　赵振奎）

共青团南宁市委

【概　况】 2016年，共青团南宁市委员会下设基层团委有711个，基层团工委46个，团总支部524个，团支部8062个；有专职团干1863人，团员34.73万人。年内，团市委加强基层组织建设、共青团干部培养，开展农村青年培训、青年志愿者行动、青少年事务等工作。加大宣传力度，各级媒体报道有关团工作212篇(条)，其中自治区及以上媒体报道47篇(条)、市级媒体报道165篇(条)。

【基层组织建设】 2016年3月9日，在南宁市委党校召开共青团南宁市十八届三次全委(扩大)会议，团市委委员、候补委员、全市区县、市直机关、开发区团(工)委和乡镇、街道团组织负责人及优秀青年代表300多人参加。5月4日，组织召开以"青春助力扶贫，奋勇争当排头兵"为主题的南宁市纪念"五四"运动97周年座谈会。"五四"青年节期间，表彰"南宁市优秀共青团员"196人、"南宁市优秀共青团干部"194人、"南宁市五四红旗团委"114个、"南宁市五四红旗团支部(总支部)"100个、"团干之星"10人、"团员之星"10人。推进"青空间"青少年综合服务平台，南宁市六城区建有"青空间"42个，投入使用35个；比上年同期新增建设10个，新增投入运营6个。青少年综合服务平台点按照"团干部＋社工＋志愿者"的模式配备人员，每个服务平台由1名专兼职团干部统筹管理，配备3名以上专职社工(示范性服务平台5名以上)，每名青少年社工组建或联系1支不少于10人的志愿者服务队开展工作，分布在全市35个"青空间"有185名青少年事务社工。团市委制定2016年发展团员计划，合理分配各区县、学校、系统的团员发展人数，调控初中、高中阶段学生入团数。

【共青团干部培养】 2016年，团市委组织深入实施"青春引擎"全员培训计划，组织200名基层团干部参加2016年南宁市基层团干部"青春引擎"全员培训班，组织基层团委书记等70多人到自治区外高校举办培训班，通过上课、参观等形式拓宽基层团委书记视野，提高团务工作水平。组织机关科级、处级干部开展网络学习和自主选学培训21人。

【农村青年培训行动】 2016年，共青团南宁市委启动市、区县、乡镇三级"青春致富大讲堂"暨农村青年脱贫"特种兵"培训活动，通过培训一批有能力带动脱贫的"特种兵"，推动贫困地区经济发展多元化，加快推进脱贫步伐。培训通过邀请青年企业家和各职能部门专业技术人才组成讲师团队，并以行业聚集性、地域特殊性、产品多元性等为划分依据，有针对性地举办规模化种养殖、电商创业等培训班，网格化开展青年创业就业技能"精准"培训。全年举办培训班16期，培训农村青年脱贫"特种兵"1536人。

【青年就业创业服务】 2016年3月，团市委以"扬帆逐梦百企同舟"为主题，联合市人社局在南宁人才市场举办青团"帮助青年就业"专场招聘会，组织60家以上用工单位进场招聘，提供就业岗位2000余个，涉及市场营销、电子商务、财会类、人力资源类、管理类、文秘类、综合性服务类等，包括管理岗位、技术岗位、销售岗位等，达成用工初步意向近400人。4月，团市委在高新区创青春Ptc(创青春众创孵化器)创业园建立南宁市青年创业孵化基地，青年创客园总面积约1000多平方米。为创客提供免费办公场地、项目启动资金、成功企业家"一对一"指导初创企业帮助其成长，对有潜力的项目进行直接投资、企业家沙龙，导师领投，对接政府落实扶持政策，建立互联网微创平台，定期在各大高校组织路演。5月，组织南宁市青年企业家协会12家用工单位发布招聘信息，提供就业岗位160多个，专门服务贫困村青年就业。联合广西教育学院开展"青春扶贫、携手同行"——服务青年就业进高校专场招聘会。通过宣传发动，有32家企业根据自身公司用工需求，现场推出招聘岗位1020多个，现场为530多人(贫困村青年70人)提供就业见习机会，达成用工初步意向87人，促进贫困村青年就业创业。年内，开展"三个百场"创业创新沙龙和电子商务创业培训，开展百场沙龙进社区10场，电商培训1000多人次。联合市商务局、市非公经济组织和社会组织党工委、市人社局开展"2016年南宁市电子商务创业大赛暨2016广西电子商务创业大赛南宁赛区"活动，走进15所高校进行宣传，有近350个团队参赛。与市人社局、邮政储蓄银行、市财政局推进城市青年小额贴息贷款，推出"创业担保贷款""大户小贷助"农场主要发展项目；市青年电子商务协会民办非企业组织承接政府采购服务项目，投标政府购买的19.80万元"商圈青年就业创业、交友项目"，服务青年创业。

【青少年事务】 2016年，团市委落实预防青少年违法犯罪工作人员1360人(专职人员136人、兼职人员1224人)，全市落实专项经费326.37万元；各级团组织参与重点青少年群体专项排查7.60万人(闲散群体1132人、不良行为群体856人、服刑人员群体524人、流浪群体3人、农村留守群体7.30万人)。全市25岁以下犯罪青少年948人，占犯罪总数16.96%，犯罪率比上年同期下降2.53%；18岁以下犯罪青少年327人，占犯罪总数5.85%，下降1.22%；犯罪未成年人在校生24人，占总数0.45%，下降0.47%，全市青少年罪犯占全部罪犯比率整体上呈现稳步下降趋势。开展"共青团与人大代表、政协委员面对面"主题活动，密切联系人大代表、政协委员，提交有关青年电商发展的相关意见、建议、提案。"3·5"学雷锋日、"6·26"国际禁毒日、"12·1"世界预防艾滋病日"12·4"宪法日，组织青少年事务社会工作者、禁毒志愿者等人员深入社区、学校、广场等公共场所，举办防艾、禁毒等青少年法制宣传教育活动150余场次,发放宣传资料3万份,受益青少年3.60万人次。完善市、城区、社区(村)三级青少年事务社工管理体系,深化"团干+社工+志愿者""岗位+项目"的模式。市财政局将团市委建议的青少年综合服务类继续纳入政府购买服务目录,并加大投入,以200万元购买南宁市青少年社会事务工作项目,为城区6岁~25岁青少年提供学业辅导、就业指导、成长自护教育、法制宣传教育、心理健康教育、禁毒宣传教育、陪伴成长教育等服务的基础上,延伸重点青少年群体监测、关爱留守儿童、青年社会组织培育扶持、进城务工青年城市融入、青年电商创业就业、志愿者服务以及社工专业督导人才培养等服务,进一步拓宽服务群体覆盖面。

【青少年服务台建设】 2016年,团市委继续加强"12355"青少年服务台建设,整合多方社会资源,为青少年提供服务,全年服务近1000人次;"12355"青少年维权、心理咨询服务热线接听青少年心理咨询来电502次。其中:处理心理问题154例,法律咨询88例,家庭教育及关系46例,学习问题41例,青春期成长困惑31例,人际关系烦恼22例,性心理16例,情绪情感问题14例;面询需求5个、其他85次。

【青年志愿者行动】 2016年,团市委组织动员青年志愿者2.20万人,为2016年全国跳水冠军赛暨里约奥运会选拔赛活动、"为爱Hi跑"大型明星领跑助力奥运全民马拉松南宁站公益活动、第十一届南宁国际半程马拉松比赛暨第三十四届南宁解放日长跑活动、第13届中国-东盟博览会、中国-东盟商务与投资峰会及2016南宁国际民歌艺术节活动、青秀山风景区红绿蓝志愿服务活动、南宁市服务中国2016亚洲国际集邮展览志愿服务活动等大型活动提供志愿服务6万多人次。开展"整洁畅通有序大行动"志愿服务活动,深入开展文明交通劝导、大行动宣讲教育、清洁卫生等志愿服务,至11月,开展志愿服务活动458场次,累计上岗志愿者7.77万人次,劝导教育不良行为1.51万人次,8月,建立志愿服务注册平台——"邕i志愿"志愿服务记录微信平台,利用移动端网络技术,依托"南宁青年圈"微信公众平台,登记记录志愿者累计志愿服务时长、查询志愿服务历史、下载志愿服务证书。制作"邕i志愿用爱志愿"宣传视频,在高校活动、志愿服务活动中宣传"邕i志愿"志愿服务记录微信平台。至年末,有1.12万人注册并完成志愿服务时长累积认证,累计志愿服务总时数4万小时,有4000人下载志愿服务证书。开展为期一年每月2至3次志愿服务活动,定期邀请企业方参与活动,并给予活动的指导;将活动信息照片上传青春志愿南宁网站,对活动的开展进行宣传;及时反馈问题,做好项目评估和整改。进一步完善首届志愿服务洽谈会后续工作,保障志愿服务事业的规范化运行,签约36个项目在实施过程中执行"定期报告、阶段性报告和结题报告"制度,对没有及时落实经费,没有及时开展活动或活动内容形式有待提高的项目进行评估和整改。12月3日,在航洋南广场继续举办第二届南宁市志愿服务项目交流洽谈会。有来自全市及自治区100多个团队参会,有60个优秀志愿服务项目进行展示,有40多家机构和项目达成合作意向,合作资金22万元。

12月3日,共青团南宁市委在航洋南广场举办第二届南宁市志愿服务项目交流洽谈会

团市委提供

【青少年活动中心活动】 2016年,团市委组织开展"我是向上向善好队员"——南宁市青少年"学雷锋、讲文明、树新风"主题活动,"红领巾相约中国梦——童心永向党,争做好队员"2016年南宁市少年儿童庆"六一"主题活动,"传承红军长征精神·做向上向善好队员"南宁市青少年纪念红军长征胜利80周年主题活动等教育引导活动。组织开展第二十三届"希望之星"青少年文化艺术节系列活动,唱着山歌去飞翔——壮乡童谣音乐会等青少年文化艺术活动;组织开展青少年社会公益服务活动,2016"希望的声音"大型公益音乐活动以"唱响童真,传播希望"为主题,面向南宁市五县七城区421个贫困村少年儿童,设立10万元的公益梦想基金用于贫困村小学的建设,本次活动超过300名贫困儿童参赛。打造"流动少年宫"公益活动品牌,开展2016年流动少年宫走进隆安县、马山县造华小学、马山县平山村小学、横县陇西小学、兴宁区昆仑镇黄宣村小学、西乡塘区金陵镇中心小学、石埠街道永安村小学、坛洛镇同富小学、坛洛镇合志小学开展义教帮扶、手拉手结对、素质拓展体验、文艺交流展演等活动。组织开展青少年体验实践活动,开设素质拓展营、科普体验营、创意体验营、体育竞技营、艺术展示营、成长夏令营6个分营,开展系列活动42场(次),近1万人次参加体验活动。全市超过1万名青少年在中心参加春季、暑假、秋季学期开设的器乐、舞蹈、书法、美术、科技、体育、少儿英语等培训项目50多个。

【希望工程活动】 2016年,团市委开展2016年希望工程"圆梦行动",有15名学子获得企业家"一对一"帮扶完成四年的学业。8月23日晚,举办南宁市希望工程"圆梦行动"十周年电视公益晚会,来自南宁市社会各界爱心企业及爱心个人、受助大学生及学生家长、市青年企业家、市各级团组织及爱心市民代表等400人参加。市希望工程"圆梦行动"筹资127.20万元,资助224名贫困大学新生顺利入学。宾阳县百威英博希望小学得到百威英博投资(中国)有限公司捐资50万元,宾阳县人民政府财政配套资金55万元,建成一栋建筑面积700平方米的三层教学楼。横县新福镇白沙希望小学获得嘉康利(中国)日用品有限公司向捐款25.13万元用于改善教育教学环境。联合爱心企业广西强荣爱心基金会为横县、宾阳县、马山县、上林县、隆安县、江南区、邕宁区、良庆区、武鸣区的33所贫困村学校建设"温暖浴室"。 (冯媛媛)

南宁市妇女联合会

【概 况】2016年,南宁市妇女联合会下辖区县妇联12个,开发区妇联(妇委会)3个;有乡镇(街道)妇联128个,社区妇联370个,村妇代会1361个,2015年,探索“妇改联”试点建设村妇联12个。市级党政机关、科教文卫等事业单位妇委会543个,直属管理事业单位市妇女儿童活动中心1个,女性联谊会协会4个(南宁女企业家协会、市离退休女干部联谊会、市家庭教育指导中心、市巾帼志愿者协会)。有市、区县、乡镇(街道)专职妇联主席112人(兼职28人),乡镇(街道)执委591人,村(社区)专职妇联(妇代会)主席(主任)1743人。年内,市妇联获“全国妇联系统先进集体”称号、广西妇联工作创新成果展示一等奖、南宁市绩效考评一等奖等11项荣誉。

【妇女儿童权益维护】2016年,市妇联重点围绕《反家庭暴力法》实施、农村妇女土地经营权确权、禁毒防艾等主题开展宣传。承办自治区《反家庭暴力法》宣传暨“三八”妇女维权活动,联合市委政法委举办《反家庭暴力》知识讲座等,开展反家暴宣传咨询、开设宣传展板、微课堂,发放《反家庭暴力手册》,播放《反家庭暴力》动漫宣传片,在《南宁晚报》开设1期“你的心声我们倾听你的权益我们关注”为主题的妇女维权专题栏目等方式宣传,推动妇女维权意识增强。在武鸣县双桥镇伏林村成立首个南宁市妇女儿童法制宣传园。联合禁毒办在市妇女儿童活动中心建立市妇女儿童禁毒教育基地等。开展维权、普法安全常识等知识培训班、法律课、法律宣传1004期,受益妇女儿童21.60万人。利用全市18个法律援助中心妇联工作站,开展妇女儿童法律援助初审。丰富实事维权手段,扩大和提升“妇女儿童维权岗”“妇女驿站”“5503320”、12338妇女儿童维权热线、“妇女儿童维权志愿服务团”“妇女儿童法制宣讲团”“惜缘工作室”“反家暴联动机制”等“岗站线团室制”立体化维权工作机制,加强对困难妇女群众的法律援助服务,反映妇女儿童呼声,维护合法权益。全年接到来电、来信、来访1163件,信访调处率98%以上。

【妇女干部培养】2016年,市妇联在市委党校、四川大学举办科级女干部综合提升班,培训58人。实施农村妇女干部“领头雁”素质提升工程,争取自治区、市、区县专项培训经费45万元,全市举办基层女干部培训班28期,培训村“两委”女干部1501人。选派市妇联系统35名领导干部,分别参加广西女领导干部研讨班、广西党外中青年干部培训班、广西少数民族女干部培训班、自治区基层女干部培训师资、自治区新任妇联主席、副主席培训班等学习。拓展女性人才交流平台,指导帮助女企业家协会、城乡女能人协会、家庭教育研究会等女性社会组织建设,持续举办邕城女性大讲坛、“女性创业之旅”、交流座谈会等“四支队伍”活动,举办培训班、交流活动133场次。

【妇女就业创业服务】2016年,市妇联创新开展“产业到家牵手妈妈”巾帼脱贫行动,打造“壮乡巧娘”工作品牌,注册商标,探索搭建集“展示+培训+研发+联企+工作站+网销”六位一体妇女就业创业平台,举办“壮乡巧娘”妇女手工作品展,接待国内外各界妇女参观7批次。建设“壮乡巧娘手工编织培训基地”,打造基层“壮乡巧娘”工作站7个,帮助有就业意愿的妇女实现家门口就业。利用南宁市2016年为民办实事工程之“扶持创业促进就业项目”开展妇女创业小额贴息贷款项目,完成放贷105笔,贷款840万元。做好巾帼扶贫小额信贷的宣传发动,协同市扶贫办、市财政局、广西农信社南宁办事处等部门做好在建档立卡贫困户中有妇女的农户发放扶贫小额信贷,为10.90万户建档立卡贫困户开展评级授信,2.18万户贫困户获扶贫小贷,获贷金额9.75亿元。开展“巾帼科技示范基地”创建活动,依托巾帼农业科技示范基地安置贫困妇女就业,带动妇女返乡创业,培树自治区、市级巾帼科技示范基地23个,落实扶持资金44万元。组织南宁女企协为市妇联定点帮扶村邕宁区新江镇新乐村捐资20万,牵线广西北部湾现代农业有限公司与新乐村签订帮扶协议,为新乐村引进食用菌种养项目,帮助建档立卡贫困户实现增收脱贫。召开妇女创业就业、家政推介、职业技能现场展示洽谈会等近128场次,免费发放宣传材料65.20万份,提供免费服务27万人次,介绍女性就业2.50万人。

【巾帼家政业发展】2016年,市妇联发挥南宁市农民工服务中心妇联分中心的作用,把女农民培训工作纳入市政府农民工培训计划,获500万元经费,自主开展“壮乡巧娘”手工编织、家政服务、育婴师职业技能、广西特色小吃烹饪、“圆梦她经济”妇女创业技能培训,受益妇女6670名。开展“巾帼家政培训大篷车进村进社区”活动,在全市范围内,特别以贫困县、贫困村为重点区域,组织南宁市5家家政龙头企业深入村屯组织开展家政咨询报名、家政培训、家政技能展示、家政互动等为主要内容的活动69场次,其中在27个贫困村开展29场次的培训活动,服务群众1.40万人,培训妇女6010人,其中建档立卡妇女2620人。

【巾帼建功创先活动】2016年,市妇联以“巾帼文明岗”创建为抓手,发动各行各业妇女踊跃参与岗位练兵、技能比武、劳动竞赛等活动,在本职工作中创新创优,创造新业绩。推荐评选表彰妇女先进集体、个人,表彰市级三八红旗手标兵10名、三八红旗手50名、三八红旗集体30个。其中:先进集体、个人1个获全国级表彰,12人获自治区级表彰;命名市级以上妇女儿童维权岗29个。组织全市家

9月28日,市妇联在兴宁区澳华社区开展反家暴普法宣传活动,妇联工作人员向社区群众讲解反家暴普法知识 市妇联提供

庭参与第十届全国五好文明家庭评选表彰活动，王芳家庭获得全国五好文明家庭标兵称号，2个家庭(黄忠智与黄连冬)同时获“全国五好文明家庭”“全国最美家庭”称号。

【“儿童家园”建设项目】 2016年，南宁市认真实施自治区政府2016年为民办实事工程，三级财政投入621.38万元，按照“七个有”标准(有一个带头人、有一个活动场所、有一份章程、有一套制度、有一个帮扶对象、有一系列互助活、有一本台账)，完成建设儿童家园261个。拓展儿童家园活动内涵，加强对“儿童家园”的建设、管理、使用指导，确保建成的儿童家园正常运转。拓展儿童家园活动内涵，在暑假期间开展“万名大学生志愿者服务千所‘儿童家园’活动”，组织返乡大学生志愿者1500人，服务儿童家园317所，受益儿童11万人次。

【农村妇女“两癌”救助项目】 2016年，市妇联重点实施妇女“两癌”(乳腺癌、宫颈癌)免费普查与救助，做好马山县、上林县、武鸣区、邕宁区、横县、宾阳县、隆安县和西乡塘区8个项目区县的宣传发动，开展“两癌”知识讲座50多期，宣传咨询活动300多次，受益人群1.60万人。健全“两癌”患病妇女信息库管理，收集上报864名“两癌”的患病贫困妇女信息，上网填报，申请救助。争取“两癌”专项经费70万元，慰问70名患“两癌”的贫困母亲。

【“朱槿之约”志愿服务品牌】 2016年，市妇联配合市文明办宣传志愿云系统，组织广大巾帼志愿者在南宁志愿者网注册登记人数20万人。拓展妇女、儿童、家庭领域志愿服务活动内容，推动妇联作为政府购买主体向社会力量购买服务，组织开展妇女儿童家庭领域公益服务项目创意“金点子”征集活动，征集金点子30个，评出优秀创意5个。发动妇女参与公交站点文明礼让乘车劝导、“我们的节日”、家庭应急救护志愿服务培训、“邻里守望·姐妹相助”巾帼主题志愿服务等活动。9月，代表广西在全国妇联巾帼志愿服务工作推进会上作典型经验交流发言。南宁市“朱槿之约”巾帼志愿服务队被评为全国优秀志愿服务队，宾阳县中华镇“代理妈妈”荣登“中国好人榜·助人为乐”好人，并被命名为首批“全国志愿服务示范团队”。

【两规划实施】 2016年，市妇联推进《中国妇女发展纲要(2011—2020)》《中国儿童发展纲要(2011—2020)》实施，优化妇女儿童发展环境。迎接国家两纲中期评估督导。做好妇女儿童发展规划实施的指标统计监测评估，将妇女儿童发展目标任务纳入地区国民经济和社会发展规划，将普惠妇女儿童的实事项目纳入其中。开展自治区级“儿童工作资源中心”项目，选择武鸣区10个儿童之家开展试点。

(黄家玉　周燕丽)

南宁市文学艺术界联合会

【概　况】 2016年，南宁市文学艺术界联合会设办公室、组织联络部、文学艺术研究室3个职能部室，机关编制16名；辖区县文联12个，下属二层事业单位2个(南宁文学院、南宁书画院)；市属文艺家协会11个(市作家协会、市戏剧曲艺家协会、市音乐家协会、市美术家协会、市舞蹈家协会、市摄影家协会、市书法家协会、市电视艺术家协会、市文艺理论家协会、市民间艺术家协会、市文艺志愿者协会)，产业文联2个(市质量技术监督系统文联、市公安局文联)；会员4158名。至年末，市文联完成24个文艺村、49个文艺户的创建，获省(自治区)级以上奖项的作品132部(件)，编辑出版文集、专著36部。

【特色活动】 2016年，市文联开展系列特色鲜明的主题文艺活动。1月18日，市文联与防城港市文联联合主办“一个承载梦想的地方”2016南宁—防城港摄影作品巡回展，展出艺术精品200幅。3月30日，市文联与青秀区党委政府在青秀区南宁市老年人活动中心演艺中心联合主办“美丽南宁·春满青秀”文艺精品大展演，全市各区县文联负责人、各市属文艺家协会负责人、部分乡镇文联组织负责人、青秀区相关单位干部职工、群众参与约1000人。7月22日，在自治区图书馆举办“庆祝建党九十五周年、纪念长征胜利80周年南宁市美术书法摄影作品展”，展出作品152幅。10月9日，在柳州市举办的“‘美丽南方共画发展’珠江西江经济带·粤桂黔高铁经济带城市美术作品邀请展”，市美协选出代表南宁市最高水平的20幅国画精品参加联展。11月8日，在广西工人文化宫举办“贵阳—南宁书法篆刻联展”。11月15日，南宁市以“深入生活、扎根人民”为主题美术摄影展在南宁市江南区江西镇锦江村委麻子畲坡“美丽南方·名人旧居博物馆”举行，展出作品45幅。12月6日，举办“长春·南宁书法篆刻交流展”，为南宁市对外文化艺术交流搭建交流互动平台，促进南宁书法篆刻艺术的繁荣和发展。配合自治区打造“美丽南方”文化品牌的重要部署，推动“美丽南方”文艺精品创作，文联组织文艺家到百色市隆林县、西林县等地采风，创作出一批文艺作品；12月9日，有8幅优秀美术作品被选入由中国美术家协会、中国美术馆、广西文联主办“美丽南方·广西——中国美术作品展”，在中国美术馆展出。12月10日，在市政协活动中心举办“纪念红军长征胜利80周年书画展”，展出作品130幅。12月12日至17日，组织市属文艺家协会部分文艺骨干“重走长征路”采风创作，赴贵州省黔东南州参观黎平会议会址等红色革命纪念地。年内，市文联推进区县创建全国、自治区“特色文艺之乡”，挖掘优秀传统民俗文化，打造地方文化名片，推动基层文艺事业发展；宾阳县“广西书法之乡(炮龙艺术)、广西特色文艺之乡(陶瓷艺术)”，马山县“广西特色文艺之乡(壮族民歌)、广西特色文艺之乡(会鼓)”，邕宁区“广西特色文艺之乡(八音艺术)”，良庆区“广西特色文艺之乡(山歌)”，武鸣区“广西特色文艺之乡(山歌)”获广西文联命名。

【特色品牌】 2016年，市文联继续打造首府文艺品牌，提升“绿城作家群”“绿城玫瑰”女作家群。3月5日，市作协举办“绿城玫瑰”成立5周年雅集活动，组织“绿城作家群”开展文学交流、采风活动。继续打造名刊《红豆》杂志，刊发12期杂志约180万字原创作品；启动“文学进校园”活动，成功举办《红豆》系列校园文学创作全国征文大赛，参与总人数757人，学生获奖作品人数467人，其中特等奖4人、一等奖15人、二等奖20人、三等奖95人、三等奖以上134人、优秀奖333人。市文联各属文艺家协会打造“绿城画韵”工笔画家群、“绿城翰墨”书家群、“绿城乐风”音乐家群等“绿城”系列文艺品牌，推动人才培养和精品创作，提升协会综合实力和影响力。拓展“绿城文学公益讲堂”内涵，组织市属其他文艺家协会参与，打造首府特色公益品牌“绿城文艺讲堂”。市摄协、市音协、市舞协、市书协分别主办的“艺联摄影公益讲堂”、声乐公益讲座、舞蹈编导技法培训班、“书法成长课堂”等公益讲堂开讲，受益群众8000人次。

【千村万户文艺惠民工程】 2016年，南宁市文联继续创新开展“千村万户文艺惠民工程”，把以往定期的“送”文化变为常态的“种”文化，开展“深入生活、扎根人民”主题实践活动和文艺志愿服务活动，加大"美丽南宁"文艺精品创作力度，推动基层文艺事业繁荣发展。元旦、春节期间，在中国文联文艺志愿服务中心、广西文艺志愿者协会的支持下，市文艺志愿小分队来到隆安县布泉乡、上林县镇圩瑶族乡、马山县古寨瑶族乡等乡镇、社区、村屯、学校 60 多个，开展"我们的中国梦·文化进万家""送欢乐下基层"——新春文艺惠民系列活动，开展慰问演出、书写赠送春联、免费拍摄赠送"全家福"等活动，文艺志愿活动聚焦扶贫攻坚。9 月 28 日，市文联承办自治区基层文联工作现场会；来自自治区文联系统约 200 名代表、与会人员到良庆区那马镇坛良村坛板坡、邕宁区新江镇新江社区那蒙坡，观摩"千村万户文艺惠民工程"文艺村、文艺志愿服务基地、文艺创作基地建设等。年内，市文联完成 24 个文艺村和 49 个文艺户的创建。组织文艺小分队深入社区、村屯、学校对基层文艺队辅导，坚持每月开展一次"到人民中去"为主题的文艺惠民活动；组织南宁市文艺志愿者 2000 多人次深入基层，开展主题文艺活动 200 多场；结合市乡村学校少年宫项目，市文联从全市乡村学校少年宫中选取 20 所，根据他们的不同需求，组织文艺志愿者为农村孩子开展音乐、舞蹈、美术、书法、民间文艺等志愿辅导 40 次。

【文艺成就】 2016 年，市文联及所属 11 个文艺家协会获省（自治区）级以上奖项的作品 132 部（件），编辑出版文集和专著 36 部。其中：市作协作家王勇英出版《花语风声》《雾里青花泥》专著 2 部，《雾里青花泥》入选 2016 年中宣部优秀作品工程一等奖；市书协被评为 2016 年"万名书法家送'万福'进万家"先进集体；武鸣区武鸣中学、城厢镇第三小学，西乡塘区华西路小学、衡阳路小学 4 所学校获得"广西兰亭学校"命名；市书协刘小静、杨嘉寿获自治区政府主办的自治区最高水平艺术展览——第四届"广西书法篆刻作品展"书法类优秀奖（最高奖），李勋海、赵振华、唐礼武获篆刻类优秀奖（最高奖），杨嘉寿作品入展中书协主办的第八届中国书坛新人新作展（不设奖次）；市美协罗晶晶的工笔画《白裤瑶纺织人物长卷图》获国家艺术基金 2016 年度立项资助创作；市摄协会员尹庆南的摄影作品《一路一带广西出发》获"美丽南方·广西"第十届广西摄影艺术展览创意类一等奖；市音协程露影演唱的歌曲《风送春暖过漓江》获中国文联、中国曲艺家协会主办第九届中国曲艺牡丹奖新人奖，文化部主办第十七届群星奖入围奖；歌曲《壮锦的传说》（麦展穗词、何镇国曲）获广西文联、广西音协主办的广西音乐金钟奖；市舞协举办"舞蹈编导技法培训班"2 期，举办 2016 南宁市"朱槿花杯"舞蹈大赛；王竹编导群舞《骆越先歌》参加文化部主办第十一届全国优秀舞蹈节目展演，为广西唯一入选的作品；市舞协选送的《茉莉花开》代表南宁市参加"美丽南方·广西故事"2016 广西百姓健康舞蹈展演，获第一名；市剧协的大型邕剧《玄奘西行》入选 2016 年国家艺术基金大型舞台和作品创作资助项目，莫伦《爱心船夫》《米洛甲》入选小型剧（节）和作品创作资助项目，在大型剧目和小型剧（节）目的申报上实现新突破；大型邕剧《三进士》首次晋京演出圆满成功；市民协组织民间文艺家参与"2016 中国壮乡·武鸣三月三歌圩暨骆越文化节"开幕式和大型文艺晚会《山海向歌》的演出；市视协"春天的旋律"跨国春晚入选国家广电总局"丝绸之路影视桥"项目，评为"全国十佳春晚"；由彩剧《兵变 1929》获第七届广西文艺创作铜鼓奖；市理协会员梁肇佐《壮族歌圩调查研究》获第七届广西文艺创作铜鼓奖。

1 月 23 日，市文联在金湖广场举办新春文艺惠民活动。图为书法家为市民书写春联

陈　峰　摄

【市文联九届三次全委会议】 2016 年 3 月 23 日，在南宁市滨湖路市政协多功能厅召开第九届三次全委会，听取和学习市委主要领导讲话，通报委员变动情况，听取、审议《南宁市文联九届三次全委会工作报告》，参加会议 70 多人。（李　雁）

南宁市归国华侨联合会

【概　况】 2016 年，南宁市归国华侨联合会设办公室、经济联络部，核定机关编制 12 个，行政编制 16 名。南宁市有归侨侨眷 12 万多人，其中新老归侨 2 万多人，主要分布在 4 个华侨农（林）场（武鸣华侨农场、白合华侨农场、浪湾华侨农场、五合华侨林场）和市、城区机关、医教文卫及企业单位；有南宁籍或与南宁有渊源的海外华侨华人、港澳台同胞近 100 万人，分布于世界五大洲 80 多个国家和地区。市辖区内有县级侨联 3 个，社区、华侨农林场（含分场）、厂矿企业侨联 13 个，侨联小组 168 个。市侨联直属团体会员 16 个，下辖 4 个华侨农林场（广西－东盟经济技术开发区、邕宁区五合华侨林场、隆安华侨管理区、武鸣白合华侨农场）。

【海内外联谊】 2016 年，市侨联开展"走出去、请进来"，拓展海外联谊。组建土耳其、南非访问团。派出 1 名科级干部随团出访老挝、柬埔寨和马来西亚。组织以市侨联主席蒋晓筠同志为团长的"慰问团"出访中国香港、中国澳门，慰问驻港澳兼职副主席、委员和部分港澳顾问，同时为"南宁市侨心慈善基金会"募捐。慰问和募捐活动在港澳两地侨界引起热烈反响。承办"2016'亲情中华·梦牵绿城'夏令营南宁营"活动，邀请 40 位泰国华裔青少年参加活动，他们在广西华侨学校内学习中文口语、中国礼仪、少数民族舞蹈、中国传统工艺"纸浆画"、中国传统糕点制作等，同时到市区开展重阳节慰问归侨老人活动，参观考察广西－东盟经济技术开发区，游赏青秀山中泰友谊园、世界文化遗产花山崖壁画群、游德天跨国瀑布等。通过本次活动，增强对祖籍国民族文化的认同，激发营员们学习中华文化的兴趣。邀请友好社团——法国中法实业商会胡会长一行到南宁市区和上林县、马山县进行扶贫助学考察。商会为南宁市侨心慈善基金会捐款10万元。全年,南宁市各级侨联组织接待来自美国、加拿大、澳大利亚、新西兰、瓦努阿图、英国、德国、法国、匈牙利、泰国、马来西亚、菲律宾等等国家(地区)的海外客人61批800多人次。

【依法护侨】 2016年,市侨联召开纪念《中华人民共和国归侨侨眷权益保护法》颁布25周年座谈会,区县、开发区及各联谊校友会侨联负责人30多人参加。各级侨联负责人在会上介绍贯彻落实《保护法》及开展维护侨益工作的相关情况并结合学习体会、工作经历进行座谈交流。南宁市各级侨联举办侨法宣传活动20场次,开展侨法有奖知识竞赛9场次,印发侨法宣传资料6000余份,参与群众8000余人,营造人人学侨法、知侨法、守侨法、用侨法、依法爱侨护侨助侨的良好氛围。继续执行法律义务咨询轮值制度,为侨界群众做好法律服务。组织法顾委成员深入10多家侨商企业开展服务侨企活动,为侨企提供法律咨询和服务。法顾委专门召开专题会议,研究处理重要信访3件:美籍华人反映在邕发生遇袭的案件、印尼归侨要求帮助维护其投资合法利益的案件、美籍华人请求协助办理遗产继承问题案件。及时向市委、市政府汇报华商水晶城商铺经营纠纷问题。邕宁区对侵占五合华侨林场国有土地张村村民依法采取强制措施,将林场600余亩被侵占土地悉数交还到归侨、侨眷职工手中,有效保护林场归侨、侨眷职工的合法权益。

【为侨服务】 2016年春节、"七一"、元旦期间,市侨联开展"送温暖"活动,市各级侨联走访慰问侨界群众700多人次,发放慰问金及慰问品36.10万元。危地马拉侨领黄章茶捐赠30万元用于邕宁区那楼镇罗马村谭龙坡的文化广场等公共设施建设。通过自治区侨联侨爱心基金会、市侨心慈善基金会开展扶困助学活动,为三侨生和家庭困难的归侨、侨眷优秀学生发放助学金4.36万元。广西－东盟经济技术开发区实施"寡居困难老归侨扶助工程",对17名无退休金难侨老人每月给予200元～300元生活补助金,全年发放5.40万元。邕宁区开展归侨、侨眷技能培训班4期,培训120人;组织归侨、侨眷参加就业推介会4次,推介归侨、侨眷237人次;帮助12户特困归侨侨眷办理低保。隆安浪湾华侨农场为企业发布招工信息212条,为20多家企业推荐1000余工人(其中归侨、侨眷推荐就业450人)。举办广西印支难民农业种植培训班一期,拓宽农场职工的就业渠道。浪侨小学改造项目,完成4000平方米教学楼建设。3月30日,市侨联九届五次全委(扩大)会议暨南宁市"侨心"慈善基金会成立大会召开,南宁市"侨心"慈善基金会正式成立。至年末,基金会收到来自海内外侨界人士爱心捐款201.47万元;"六一"儿童节期间,基金会向广西－东盟经济开发区第二小学的125名归侨、侨眷子弟捐赠总价值1.50万元的文体学习用品、零食等,给孩子带去节日祝福。向上林县白圩镇爱长村智诚小学良水庄教学点的25位孩子送去书包、篮球等文体用品。与市第二医院一起到市侨联扶贫点开展"精准扶贫送医送药下乡义诊活动"。在隆安浪湾华侨管理区开展"侨心向党生态浪侨"——庆祝中国共产党成立九十五周年活动。组织40多名归侨、侨眷参观自治区、市规划馆。继续实行法律义务咨询轮值制度,为侨界群众做好法律服务,并将"上访"变"下访",主动到基层、到归侨、侨眷家中听取意见,解疑释惑,做好侨界维护稳定、信访工作。处理重要信访件5件,处理率100%。重点督办美籍华人乔立华和印度尼西亚归侨梁芷霞的信访件以及市中级人民法院撤销自治区侨办金洲路4号市场运作职工住宅楼项目问题等。

(廖嗣松)

南宁市科学技术协会

【概　况】 2016年,南宁市科学技术协会下辖市科学技术咨询服务中心、市科技馆,区县科协12个,市级学会、协会40个,企事业科协68个,院士专家工作站6个,科普示范学校70个,青少年科学工作室90个,青少年创新实践工作站11个。创建全国科普示范县1个,市级科普示范乡镇28个,市级科普示范街道11个,市级科学素质建设示范村108个,科普示范社区62个(国家级6个、自治区级9个),科普惠农服务站86个,社区科普益民服务站41个,农村专业技术协会118个(国家级优秀农技协25个、自治区级优秀农技协24个、市级优秀农技协69个),科普示范基地88个(国家级15个、自治区级11个),科普教育基地15个(国家科普教育基地6个、自治区级教育基地8个)。市科协获2016年广西"十月科普大行动"先进单位,被中国科协等9部门表彰为《全民科学素质行动计划纲要》"十二五"实施工作先进集体。

【科普活动】 2016年5月,市科协在邕宁区蒲庙镇联团村开展主题为"科普惠农,扶贫攻坚"的志愿服务活动,组织专家深入村屯、社区开展科普宣传活动,提高群众科学文化素质。开展"百名专家进百村(社区)"志愿服务活动378场,参加活动专家213人,参与群众1.87万人次。9月24日,在广西科技馆举行全国科普日暨"十月科普大行动"活动启动仪式。协调各成员单位开展科普活动3105场次,参与活动10万多人,受益群众37.90万人。市科协被评为广西"十月科普大行动"先进单位。12月15日中国科协会员日,市科协在《南宁日报》刊登"致全市科技工作者的慰问信",向全市广大科技工作者致敬;宣传南宁市科协会员单位投身精准扶贫工作的经验慰问科技工作者代表20名。联合广西科协进社区开展科技活动周城市科普行活动,参加群众500多人,发放科普宣传资料400多份。市科协、市委组织部联合举办"科普远程教育活动月"活动,在全市1800多个远程教育终端站点铺开科普活动,组织基层党员干部、社区居民、城镇劳动者到远程教育终端站点集中收看科普电教片,受益群众10多万人。联合市科技局、市委宣传部等单位在隆安县那桐镇举行全国科技活动周南宁活动启动仪式暨科技文化卫生"三下乡"活动。以文艺表演、有奖问答、科技服务及成果展示等方式,向群众开展科普宣传,发放《居民安全突发事件防范与自救》《食品安全行动计划》等科普宣传资料,把科普知识和实用技术送到群众手中。

【学术交流】

院士专家报告会　2016年6月15日,市科协邀请中国工程院戴尅戎院士作题为《大规模定制理念在医学领域的应用》的报告,聆听报告科技工作者200人。

南宁市第六届学术年会　6月16日,市科协举办主题为"科技创新与工业4.0"的第六届学术年会,设工业4.0下的物联网人才培养创新模式论坛、3D打印与数字化医疗论坛、农业科技创新与智能机械论坛等10个分会场学术交流活动,邀请新加坡国立大学工程学院土木与环境工程系教授DavidChuaKimHuat、清华大学长江学者颜永年教授、中德工业4.0联盟中国代表处首席代表刘勇军、广西航空航天铝合金材料与加工研究院副院长赵解扬等专家分别作专题发言,市科协所属学会、协会、研究会,企业、事业科协,区县科协,高校、科研院所科技人员等200多人参加。

海外社团座谈会　9月7日,市科协召开海外社团座谈会,有中国旅美金融协会、海外华人高新技术协会、欧美科技产业联盟等8家海外社团参加，就加强市科协与海外科技社团的交流与合作进行探讨。

南宁·东盟人才交流活动月　9月8日，市科协承办2016年南宁·东盟人才交流活动月开幕暨第三届南宁市海外高层次人才与项目对接会；30名海外高层次人才携32个项目与南宁市80多家企业进行深入交流洽谈，促成广西博世科环保科技股份有限公司、广西红豪淀粉开发有限公司等企业与海外高层次人才签署合作协议；市科协与欧美科技产业联盟签署《共建南宁市（加拿大）海外引智工作站合作协议》，与海外华人高新技术协会签署《海外人才交流合作框架协议》。

海智之旅　2月26日至27日，市科协邀请瑞士有机农业研究所所长乌尔斯·尼格里教授一行到南宁考察，与广西田园生化股份有限公司进行项目合作洽谈。9月25日，瑞士中国学人生命科学学会副会长、瑞士农业有机研究所中国事务专员王启燕博士到访市科协，与市科协王洲主席洽谈协会合作事宜。

南宁市自然科学优秀论文评选　开展2015年度南宁市自然科学优秀论文评选，评出获奖论文33篇，其中《碳酸法糖厂药用辅料生产实践探索》等3篇论文获一等奖，《壳聚糖水杨酸盐的制备及其对荔枝保鲜的应用》等10篇论文获二等奖，《南宁分离株A(H3N2)流感病毒神经氨酸酶遗传变异及蛋白结构分析》等20篇论文获三等奖。

青年科技奖项评选　3月15日，市科协开展第五届南宁市青年科技奖项评选活动，对韦淇峰等10名获奖人进行通报表扬。

“讲理想、比贡献”活动优秀项目评选　市科协联合市科技局、市工信委等单位，开展2015-2016年度“讲理想、比贡献”活动评选，评选出广西南南铝加工有限公司等先进集体5个，皇氏集团股份有限公司乳品研发中心等创新团队5个；创新标兵5名，优秀组织者5名。

【科技培训】　2016年，市科协分别在南宁市区、马山县举办技辅导员培训班，培训中小学校科技辅导员、科技教育工作者300多人。培训班特邀广西青少年科技教育专家甘海鸥老师，中国青少年社会教育“银杏奖”突出贡献奖获得者、全国“十佳优秀教师”、长春师范大学客座教授李金华等授课。12月26日，召开2016年南宁市学会、协会、企（事）业科协业务培训暨工作经验交流会，所属学会、协会、企事业科协理事长、秘书长120多人参会。会议邀请广西民间组织管理局副局长刘宏、广西科协调研员陈启浩分别就《社会组织的发展》《如何撰写决策咨询专报》做专题培训。

【青少年科技活动】　2016年3月18日至20日，第31届广西青少年科技创新大赛在广西科技馆举行，南宁市选送参赛作品88个，有84个参赛项目获奖，其中获一等奖31个、二等奖20个、三等奖33个，获自治区优秀科技辅导员2人，科技教育创新优秀学校1所，市科协等6个单位获广西青少年科技创新大赛基层赛事优秀组织单位奖。4月28日，南宁市青少年科技教育活动领导小组联席会议暨南宁市青少年科技教育工作会议在南宁市中小学校外教育活动中心召开，区县青少年科技教育活动领导小组成员单位分管领导参加校园科普联合行动。8月13日至19日，市科协组织参加第31届全国青少年科技创新大赛，南宁市有16个项目获奖（一等奖5个、二等奖4个、三等奖6个、优秀创意奖1个）；市科协获全国基层赛事优秀组织单位。9月20日至22日，市科协组织开展“校园科普联合行动”，邀请中科院科普演讲团走进全市15所中小学校作科普报告会，参与学生3000多人。9月25日，市科协、市文明办、市教育局、市科技局、团市委主办，市青少年活动中心承办，南宁市青少年科技辅导员协会协办的第四届广西青少年科学节南宁市活动启动仪式；在南宁市青少年活动中心（明秀宫）举行，启动仪式进行机器人舞蹈展示、伞降水火箭等科技项目表演，参与现场活动青少年2000多人。11月27日，市科协在南宁市科技馆举办以“创新、体验、成长”为主题的2016年南宁市青少年科技创新大赛作品评比、展览。活动收到参赛作品987个，评出获奖作品614个（一等奖110个、二等奖216个、三等奖288个）。

【科普阵地建设】

市科技馆建设　2016年8月10日，市委常委、副市长张卫在市政府办公楼16楼会议室召开协调会，研究推进项目建设有关问题。市发展改革委、市城乡建委等11个单位相关负责人参加；8月23日，布展公司进场施工。

青少年科学工作室建设　市科协深入各学校调研，开展第八批南宁市学校青少年科学工作室创建，新建青少年科学工作室5个；增拨经费30万元对开展活动成效显著的市第二中学等5个（前三批）学校青少年科学工作室继续加强建设。

院士专家工作站建设　2016年11月17日经市科协培育指导，成立华蓝设计（集团）有限公司院士专家工作站。

企（事）业科协建设　市科协新建广西汇泰环保科技有限公司、广西恒茂农业科技有限公司、华蓝设计（集团）有限公司、广西天朗节能环保投资有限公司、南宁市三华太阳能科技股份有限公司、南宁巴比树文化传媒有限公司6家企业科协。

“海智计划”南宁工作基地建设　市科协在南宁市申能达科技孵化基地有限公司、市策划协会、南宁学院、广西南宁隆吉维特生物科技有限公司、市三华太阳能科技股份公司授牌成立海智基地工作站5家。

农技协建设　市科协加强基层科普组织建设，以培育农技协、科普示范社区、科普惠农服务站、科普益民服务站为抓手，促进科普基础薄弱区县科普组织建设，在全市区县培育农技协12个。

（肖重虎）

南宁市社会科学界联合会

【概　况】　2016年，南宁市社会科学界联合会有下属学会12个、协会4个、研究会7个；团体会员35个，个人会员2.60万人。内设机构2个（办公室、学会部），工作人员10人。开展课题立项资助52项，参与研究专家学者250多名。完成《武鸣“三月三”歌圩发展研究》《南宁壮族文化广场建设研究》《基层党的作风建设研究》3个课题研究，完成《南宁市基层哲学社会科学发展情况调研报告》调研课题并报送市委宣传部；承办自治区2016年社会科学普及联合大行动启动仪式，制作科普板报80多块，现场提供咨询服务200人，参与群众2500多人，编写印制2万多份资料。4月19至20日，举办2016年市县级社科联第一期主席、秘书长业务培训班，培训50多人。参与开展科普进社区、下乡活动进10场次；开展10月科普大行动活动科普活动3场次。审批学会开展活动20多场次，现场指导活动6次；组织学会参加全国大中城市社科联工作会议1次；指导区县社科联开展科普活动20多场次；组织南宁市参加自治区第十四次社会科学研究优秀成果评选活动。组织、指导参与自治区社科奖申报，南宁市获一等奖1项、二等奖4项、三等奖7项。与市委党史研究室联合开展“纪念中国共产党成立95周年暨中共南宁地方组织成立90周年座谈会”；组织开展征文活动1次。获国家一般课题立项1项，自治区规划重点课题1项、普通课题5项,自治区社科联专项课题立项1项。

【会员管理与服务】 2016年,市社科联印发《2016年学会管理考评细则》,加强对各学会、协会、研究会活动的指导。做好学会年审,指导、协调、监督所属学会、协会、研究会做好年检。协调处理学会、协会、研究遇到的困难和问题。指导所属协会南宁市营销协会开展与业务主管单位脱钩。规范学会对外交流活动,加强与国安、国保局的联系,认真审核学会对外学术交流和对外课题研究项目,确保学会对外活动合法合规。

【社会科学普及】 5月26日,自治区社会科学普及联合大行动启动仪式在马山县会鼓广场举行,自治区社科联、市社科联主办,马山县委、县政府承办。自治区社科联副主席姚兵、副巡视员刘俊、科普部主任马文,市社科联党组书记、主席谭耀武,马山县委书记唐咸兴,以及马山县干部职工、社会各界群众、区县社科联代表,市属学会、协会、研究会代表1800多人参加。市社科联组织区县社科联,市属学会、协会、研究会开展科普进社区、下乡活动10多场次。6月30日,在西乡塘区新阳街道办万力社区开展“2016年南宁市社会科学普及进社区活动”,市属社科类学会、协会、研究会代表,西乡塘区部分机关单位、新阳街道办、万力社区代表,以及南宁市各区县社科联代表,社区居民等300多人参加。9月14日,在上林县大丰镇城南社区开展2016年区市县社科知识进村进社区活动,上林县近20个单位及200多名社区群众参加活动,发放宣传资料1000多份,接受群众咨询500多人次。11月4日,在新竹社区联合开展科普进社区活动,制作16块板报进行展摆,组织10多个单位、部门的人员现场提供咨询服务,发放宣传资料3000多份。6月30日,市社科联组织社科专家在西乡塘区万力社区举办南宁市党的基层组织建设报告会,有200多人参加。10月24日,市社科联与隆安县社科联、隆安县科协在隆安县联合开展“隆安县2016年社会科学知识宣传活动”。10月24日,市社科联与隆安县社科联、隆安县科协联合开展2016年隆安县“十大科普大行动”科普广场暨科普知识进社区活动,展出科普知识展板26块,发放《生态文明公民读本》《居民安全突发事件防范与自救》等宣传读本、宣传单500余份(册)。10月29日,与武鸣区社科联、武鸣区山歌协会联合开展武鸣区社科知识科普山歌会,参与群众600多人。 (李国燕)

中国国际贸易促进委员会南宁市支会

【概 况】 2016年,中国国际贸易促进委员会南宁市支会接待来自泰国、柬埔寨、印度尼西亚、比利时、西班牙、意大利、巴西、韩国、中国香港等10多个国家和地区的商务代表团及客商10批次34人次,接待中国商业联合会、商业行业分会、机械行业分会、电子信息行业分会、会展财富杂志社,北京、天津、辽宁、黑龙江、宁夏、沈阳、大连、长春、哈尔滨、郑州、济南、呼和浩特、大庆、钦州、海口等20多个省、市贸促会、贸促机构50多人。走访重庆、贵州、哈尔滨、成都、西安、厦门、景德镇、中国香港、中国澳门等10多个省、市,派员出席第十一届世界贸促机构大会,带领企业到越南、柬埔寨、老挝、埃及、摩洛哥、以色列等国家和中国香港地区进行商务访问和考察。举办及参加23场经贸洽谈及展览会;为会员企业组织3场关于进出口政策、世贸中心管理、贸易投资等专业知识培训;新发展会员企业3家;编印“南宁贸促信息”12期2200多份,向市委信息办、市政府信息办上报经贸信息83条,被采用7条。

【经贸活动】 2016年,市贸促会组织企业参加“第二届21世纪海上丝绸之路博览会暨第十八届海峡两岸经贸交易会”、2016世界贸易中心协会华语地区年度工作会议、第十七届中国国际机电产品博览会、广西鸿达易通集团下属公司开业典礼等自治区(国)内外重大经贸活动,推荐并联系帮助企业参加泰国商务部举办的2016泰国食品展,安排工作人员兼职翻译随同,展后赴东盟相关国家洽谈外贸和投资项目,开展经贸活动。3月17日上午,市贸促会组织多家企业参加印度驻广州总领事馆在南宁举办的印度－中国贸易投资旅游推介会。3月22日,市贸促会组织多家企业参加由加拿大安大略省政府主办,加拿大驻广州总领事馆、广西贸促会、南宁市城乡建设委员会共同承办的“广西－安大略省建筑产品、规划设计研讨会暨企业对接会”。5月14日,市贸促会组织相关企业旁听2016丝绸之路国际商协会(西安)圆桌会。5月19日至22日,市贸促会受广西贸促会的委托率领南宁、桂林、梧州、河池贸促会及5家企业一行21人的经贸代表团前往青海省西宁市参加“2016中国(青海)国际清真食品及民族用品展览会”。6月,市贸促会组织企业参加第五届中国(广州)国际食品食材展览会,拜会香港贸发局驻广州办事处首代何俏媚女士。6月2日,市贸促会组织相关人员参加(南宁)2016中国－东盟产能合作高层论坛。6月3日至6日,市贸促派员参加第十一届东亚(烟台)国际食品交易博览会及同期举办的2016亚欧国际进口商品博览会暨韩国名品展、2016首届微商产品展洽会。6月3日,市贸促派员参加南宁第十三届中国－东盟商务与投资峰会联络官会议。6月15日至19日,市贸促会受邀参加第二十七届中国哈尔滨国际经济贸易洽谈会。8月25日,市贸促会受邀参加广州第十一届泛珠三角区域合作与发展论坛暨经贸洽谈会。9月10日,市贸促会承办中国贸促系统会展联盟第九届会议在南宁召开。9月10日下,市贸促会在南宁举办中美、巴西海外项目推介会。9月14日上午,市贸促会在南宁举办西班牙客商与会员企业经贸交流会。9月29日上午,市贸促会与泰国驻南宁总领事馆商务处在南宁举办企业对接洽谈会。10月18日至22日,市贸促会派员参加第十三届中国景德镇国际陶瓷博览会。10月20日,市贸促会组织相关企业举办“南宁国际商会意大利市场开拓交流会”。10月20日至22日,南宁市贸促会派员随广西贸促会、自治区投资促进局、玉林市政府组织的广西代表团参加第二十一届澳门国际贸易投资展览会(MIF)。10月28日,市贸促会、南宁国际商会组织会员企业参加广西国际商会在贺州市举办的年度第三次理事活动日活动。11月3日,市贸促会应邀带领企业参加成都第十六届中国西部国际博览会。11月23日至25日,市贸促会组织相关企业参加厦门2016(第九届)中国国际日化产品原料及设备包装展览会。

【对外交流与合作】 2016年2月19日,市贸促会邀请印中中小企业商会执行主席、南宁国际商会海外顾问刘新华介绍近期印度尼西亚商贸情况。2月24日,协助黑龙江贸促会组织企业参加2016年候鸟(旅居)式养老宣传推介活动。4月2日,邀请南宁国际商会比利时顾问陆映延女士介绍近期欧洲的形势与社会环境。5月13日、9月18日、10月14日,接待韩国客商李在炯一行,为其在南宁市的商务活动牵线搭桥。9月,促成“金边—南宁航空货运航线项目”在第十三届中国－东盟博览会上签约。11月30日,接待到访的香港贸发局驻广州办事处首代、南宁国际商会香港顾问何俏媚女士和香港贸

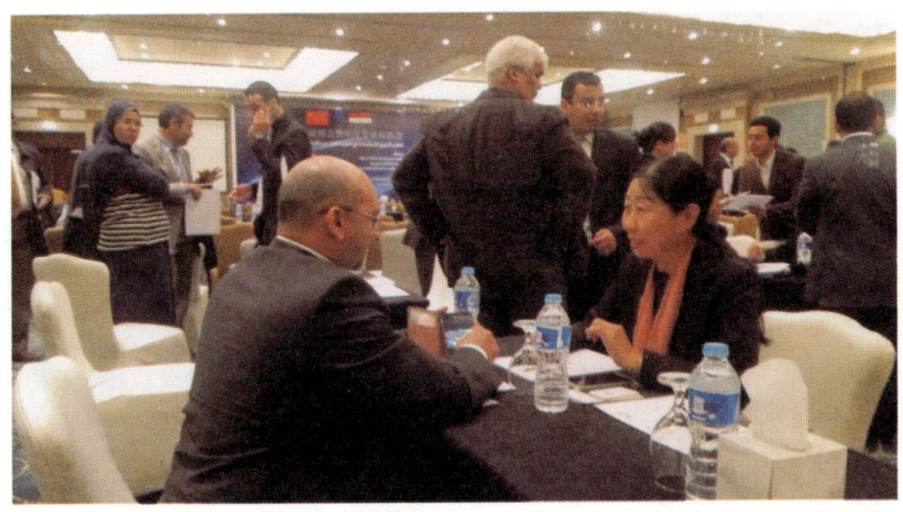

11月22日至30日，市贸促会组织3家会员企业随广西贸促会、中国贸促会对摩洛哥、埃及两国进行经贸考察 市贸促会提供

发局刊物及电子商贸部高级经理吴镇荣一行。

利用外部资源，拓展外联网络、对外联络渠道，深化与华侨华商、国内外商协会、贸促机构及世贸中心机构的合作，不定期与东盟国家驻邕领事馆和商务联络中心、国外商协会以座谈会、举办活动等互动交流，进一步密切关系、增进友谊，为服务南宁市企业走出国门打下基础。1月8日晚，参加缅甸联邦共和国独立六十八周年招待会。3月22日至31日，随南宁市经贸代表团对越南、柬埔寨、老挝三国进行商务访问。3月31日，与市外侨办、市工商联、东盟国家驻邕领事机构在美丽南方休闲农业示范区联合举行“绿城植树传友情，交流联谊促合作”——南宁市民营企业家与驻邕东盟六国领事机构外交官植树联谊活动。5月26日，为济南市贸促会寻找越南的生产企业。6月2日至5日，在广州与香港贸发局驻广州代表处首代、南宁国际商会香港顾问何俏娟女士座谈。11月22日至30日，组织3家会员企业随广西贸促会、中国贸促会对摩洛哥、埃及两国进行经贸考察，并出席在摩洛哥举办的第十一届世界贸促机构大会。11月24日至29日，与南宁市外事侨务办公室组成南宁市经贸代表团前往以色列进行商务考察并拜访当地企业。11月29日，与市外事侨务办组成的南宁市经贸代表团前往中国香港，参加香港贸发局设计及创新科技博览会和香港贸发局国际中小企业博览会。

【会员管理与服务】 2016年，市贸促会通过组织企业出访、参展、培训、投融资洽谈会等各种渠道发展国际商会会员，发展优秀会员3家。1月7日至10日，组织企业参加2016年进出口政策及海外市场说明会。1月21日，市贸促会（南宁国际商会）接待前来调研的广西贸促会李旭香副会长一行人。3月15日，南宁国际商会作为理事单位派代表出席广西国际商会第五次会员代表大会、广西国际商会五届一次理事会议。4月，会同市商务局、市国税局联合举办“南宁企业‘东盟行’贸易投资大讲堂——越南专场培训”。3月25日，联合南宁海关、南宁世贸中心组织30多家企业50多人举办“2016海关关税政策培训班”。4月15日下午，南宁国际商会召开二届四次理事会。6月22日至24日，市贸促会参加在重庆举行的2016世界贸易中心协会华语地区年度工作会议暨第四届世界贸易中心管理培训班。10月12日，市贸促会接待前来调研的广西贸促会副会长丁元龙一行。11月，市贸促会参加在北京举行的第四届国际调解研讨会。12月9日上午，南宁国际商会召开二届五次理事会议。12月9日上午，在维也纳国际酒店举办2016南宁国际商会会员大会暨企业项目产品信息推介交流会。12月22日，市贸促会作为理事单位派员出席北京中国国际商会第八届会员大会暨2016年年会。向会员企业编发“南宁贸促信息”12期2200多份，发布经贸信息260条，提供咨询30余次，利用网站、微信公众平台为企业提供信息服务。

（王颖谊）

南宁市残疾人联合会

【概 况】 2016年，南宁市残疾人联合会有区县、开发区残联组织15个，乡镇（街道）残联组织127个，村（社区）残疾人协会1705个；乡镇（街道）兼职理事长127人，选聘残疾人专职委员1783人；残疾人53.20万人（占全市总人口7.23%）。市残联坚持以推进残疾人保障体系、服务体系“两个体系”建设为主线，继续承办自治区社保惠民工程——重度残疾人护理补贴项目和残疾人托养“阳光家园计划”补助项目，开展残疾人康复、就业、培训、教育、扶贫等工作，保障残疾人合法权益，组织开展残疾人文化体育活动。

【社保惠民助残工程】 2016年，南宁市将为全市4970名贫困智力、精神和重度残疾人提供集中托养、日间照料及居家托养服务补助的“阳光家园计划”列入市政府为民办实事项目，市本级残疾人托养“阳光家园计划”项目补助资金745.50万元，自治区项目补助资金287万元，中央财政补助资金124.50万元。市财政一次性补助每人1500元。3月8日，市民政局、市残联、市财政局联合下发《关于印发2016年南宁市困难残疾人生活补贴和重度残疾人护理补贴发放方案的通知》，明确补贴对象、补贴标准及经费筹集等。全年困难残疾人和重度残疾人生活补贴审核享受人数64374人（重度残疾人45055人、困难残疾人19319人）。

【残疾人康复】 2016年，南宁市为450名低视力患者验配助视器，为肢体残疾人配发辅助器具364件，为200名智障儿童提供抢救性康复救助服务；成人残障者救助项目分3次对100名符合救助条件的患者进行复筛，筛查出适配患者85名，为56名患者配发成人助听器，筛查假肢矫形器患者200多名，完成假肢装配40例。协调推进市本级康复托养基地项目，项目位于邕宁区八鲤片区公曹路北面，净用地4.03公顷。对3000名精神病患者提供门诊常规免费服药，对150名肇事肇祸精神病患者住院提供医疗救助每人4000元。完成8884名残疾人精准康复任务，并为需求康复的残疾人建档立卡，入户调查填写《残疾人精准服务手册》。3月3日第十六个全国“爱耳日”期间，开展全国“爱耳日”宣传教育活动，现场免费为45名听障患儿发放文具，鼓励参与康复训练。创新开展设立残疾人康复指导站试点，在上林县11个乡镇卫生院和市第八医院设立社区康复指导站12个。

【残疾人就业】 2016年，市残联开展专项扶持就业援助活动，提供残疾人就业岗位近100个；加强高校残疾毕业生就业，参加高校残疾人毕业生网上双选会1次，高校残疾毕业生实现就业15名；开展贫困残疾人个体户和灵活就业人员基本养老保险补贴的审核发放，发放666人；扶持残疾人进行个体就业创业80名；完成123名残疾人职业能力评估、就业指导，成功就业14人;完成151名残疾人进行求职登记;年度盲人按摩培训50人(盲人中级保健按摩项目25人、盲人初级保健按摩25人);扶持盲人按摩店2家,每家扶持资金5000元,带动就业人员7人;对4462户要注销或者变更的企业进行残疾人就业保障金的审核,累积补缴入库1483万元。

【残疾人教育】 2016年,市残联下达残疾儿童学前教育经费11.70万元,提高残疾幼儿入园率;开展广西广播电视大学残疾人远程高等教育阳光班招生,录取新生8人(本科2人、专科6人)。全市考上高中、中职中专和大专以上院校的残疾考生88人,考上高中、中职中专和大专以上院校的残疾人子女306人,补助资金84.45万元。落实残疾人教育资助优惠政策,自治区"阳光助学计划——特殊教育学校学生资助项目"资助资金60多万元,资助特教学校学生每人400元。

【残疾人文化体育】 2016年,南宁市媒体刊登、播放残疾人工作新闻21篇(次),上报自治区残联工作信息60多篇次,推荐5篇新闻稿件参加自治区2014-2015年度残疾人事业好新闻的选评,其中1篇被自治区残联推送参加全国评选。有17名运动员参加国家、自治区级残疾人田径、游泳、乒乓球、射箭等项目集训。其中2人参加2016年巴西里约残奥会获2金1银2铜,盲人田径运动员刘翠青获女子T11级400米金牌、T11-13级4×100米金牌、T11级200米银牌、T11级100米铜牌,游泳运动员黄超文获男子SB2级50米蛙泳铜牌、S3级200米自由泳第五名。刘翠青获2016年劳伦斯最佳残疾人运动员提名奖。全市组队参加自治区残疾人青少年体育锦标赛,夺得9个第一、10个第二、5个第三。

【残疾人权益维护】 2016年,南宁市对405户残疾人家庭完成无障碍改造;接待残疾人来访10人次,处置来信7件次;配合"市三车办"对非法营运"三车"(残疾车、人力三轮车、机动三轮车)进行整治;组织12385热线话务员培训1期,培训30人;督促指导各区县做好残疾人驾驶汽车培训报名、体检,全年获得驾驶证残疾人20名。

【残疾人扶贫】 2016年,南宁市建档立卡的贫困残疾人2.89万人,其中持二代残疾人证的2.43万人,非持证4558人。残联系统党员、干部联系帮扶1户~2户农村贫困残疾人家庭稳定实现脱贫目标。开发就业岗位,全年新增残疾人就业1440人,按比例就业222人,农村种养殖1035人,个体就业80人,公益性岗位就业9人,辅助性就业28人,灵活、居家就业66人。全年投入380万元用于残疾人扶贫基地建设。下拨培训经费338.74万元,职业技能培训残疾人2716人(城镇残疾人660人、农村残疾人2056人)。开展石漠化集中连片特困地区残疾人扶贫试点,投入资金54.75万元,在上林县、马山县、隆安县对155户有创业愿望和劳动能力的农村贫困残疾人进行创业帮扶。完成"党员扶残温暖同行"项目任务数2200户,资助标准为每户1000元,帮助扶持对象掌握种养殖、家电维修、电子商务等1门~2门致富实用技术,平均每户实现增收2000元以上。春节期间,全市走访慰问贫困残疾人5200户,送去慰问金、慰问品近105万元,其中市本级慰问贫困残疾人776户。

【基层残疾人组织建设】 2016年,市残联开展残疾人调查,发放《南宁市市级各单位在编残疾人就业信息采集表》700多份,在全市机关、企事业单位开展全面调查,建立南宁市优秀残疾人干部、残疾人人才信息库。推荐6个单位和个人参加全国残疾人工作先进集体、先进个人评比,市残疾人工作委员会被评为全国残疾人工作先进单位,市聋人协会主席张雪峰被评为全国残疾人工作先进个人。在自治区自强模范、自治区扶残助残先进集体、自治区扶残助残先进个人、残疾人之家、自治区残联系统先进工作者、自治区残疾人工作先进单位六类评先当中,区县、开发区推荐上报先进单位(个人)46个。开展"残疾人之家"挂牌工作,全市50%村(社区)挂牌成立"残疾人之家"。

【残疾人综合服务设施】 2016年,市残疾人活动中心提供服务4.31万人次,其中残疾人1.68万人次。残疾人女子坐式排球训练、聋人篮球训练日常训练的残疾人1265人次;组织827人开展残疾人手工串珠训练班、飞镖培训班、书法培训班等;协助开展文艺游园、残疾人艺术团文艺排练等活动。 (张 捷)

9月17日,南宁市盲人运动员刘翠青(左)在里约残奥会参加田径T11级400米比赛中夺冠

市残联提供

南宁市红十字会

【概 况】 2016年,南宁市红十字会辖区县红十字会12个、二层事业单位1个,有专职干部51人;有基层组织687个,团体会员单位222个,会员3.30万人(2015年会员人数是统计高校人数,2016年数据由自治区管辖),志愿者7641人。全市红十字会系统募集款物428.88万元,为受灾群众、其他困难人群发放救济款物389.73万元,救助困难群众6289人次。

【基层组织建设】 2016年,南宁市有创建基层组织示范点50个,建立一批基层组织规范、活动特色鲜明、服务平台巩固、会员和志愿者作用明显的红十字会示范点。9月7日至12日,市红十字会在浙江大学举办南宁市红十字领导能力提升专题培训班,培训理事单位、区县红十字会、基层组织负责人65人。在隆安县屏山乡群力村、横县那阳镇那市社区、宾阳县陈平镇高田社区开展"博爱家园"项目,在青秀区、西乡塘区开展"博爱社区"项目，在隆安县、横县开展“中央彩票公益金”资助养老机构项目。

【红十字志愿服务】 2016年，市红十字会举办志愿者骨干培训班3期，培训120多人；在西乡塘区美丽南方景区江左盟拓展主题园建立南宁市红十字会志愿服务培训基地。市造血干细胞志愿服务队提出的“造干之家，温暖万家”项目入选市优秀志愿服务项目，取得民族广场的南宁市志愿服务站管理权。青秀区、武鸣区、横县红十字会新成立赈济救援、心理救援、造血干细胞队伍等志愿队伍。市红十字造血干细胞志愿服务队队长黄腾发获南宁市五星志愿者、全国无偿献血志愿服务终身荣誉奖，入选广西优秀志愿者；市红十字应急救护志愿服务队水上分队志愿者郭慧莹入围全国20位优秀红十字志愿者。

【红十字青少年工作】 2016年，市红十字会创建市级红十字会示范学校，将横县职业教育中心、西乡塘区明天学校、兴宁区燕子岭小学、江南区平西小学4所学校列入重点培育的市级示范校。在南宁第一中学、第五中学、市第一职业技术学校、市民主路小学、市人民东小学等学校，开展红十字运动基本知识、防灾避险安全教育。在市第四中学等4所直属学校开展应急救护培训进校园活动，培训红十字青少年1万人以上。投入经费10万元推动红十字文化进校园，联合市教育局，组织以老教师艺术团为主的表演队伍，编排红十字内容的节目在市属学校进行巡演。

【宣传活动】 2016年，市红十字会与南宁新闻网合作，对市红十字会官方网站进行改版，投入经费15万元建设市红十字会捐赠信息平台，提供在线捐赠功能，募捐信息公示，公益项目认捐及其他公益服务捐赠等。开通市红十字会官方微信平台，向公众发送传递重要信息。与南宁电视台合作，打造时长约12分钟的市红十字会宣传片。投入30万元在备灾救灾中心服务中心筹建市红十字会文化展示厅，利用中国红十字会总会下拨的30万元建设红十字生命健康教室。5月7日上午，在市民歌湖广场开展由广西红十字会、市红十字会联合主办的世界红十字日暨中国防灾减灾日主题宣传活动。自治区副主席黄日波、南宁市副市长唐斌出席，自治区及市属红十字志愿者、社区群众以及新闻媒体记者300多人参加。活动现场，市红十字蓝天救援队在民歌湖上进行溺水救生和被困转移的救援演练，市红十字应急救护志愿服务队水上分队志愿者在现场展示心肺复苏、人工呼吸等急救方法，用曾经在邕江边救起上百名溺水群众的亲身经历，宣传应急救护知识和技能。

12月28日，市委宣传部主办，市红十字会、中国造血干细胞捐献者资料库广西管理中心承办，南宁电视台协办的南宁市百例造血干细胞捐献成功宣传活动在南宁电视台8号演播厅举行　　杨启武　摄

【社会募捐】 2016年，南宁市各级红十字会收到社会各界爱心捐赠的款物价值428.88万元，其中接收上海市普陀区红十字会捐赠价值110万元的衣物，青秀区红十字会接收城区精准扶贫捐赠款物价值96.46万元。

【人道救助】 2016年，博爱送万家活动中，全市各级红十字会发放爱心款物价值83.87万元，慰问困难家庭3190户。执行中国红十字会、自治区红十字会的救助项目，受理白血病患儿7名、先天性心脏病患儿9名、“健康母亲行动”患者6名和器官捐献困难家庭7户的救助申请审核，发放救助金29万元。开展大病救助，全市各级红十字会从社会募捐专项款救助身患重病患者25人，拨付救助款37万元。开展贫困助学，为44名来自汶川地震灾区在广西高校就读的四川籍学生发放助学金14.20万元；将上海市普陀区红十字会捐赠价值110万元的衣物发放到上林县、马山县、隆安县3个国家级贫困县的学校。

【备灾救灾】 2016年，市红十字会备灾救灾服务中心采购10万元的家庭包及30万元大米、食用油代储物资，充实救灾物资储备品种、数量。加强广西红十字（南宁）赈济救援队志愿者队伍建设，采购10万元的赈济救援队装备和潜水服等专业救援装备，举办模拟实战功能演练1期。投入20万元建设综合训练塔和训练架，打造赈济救援队综合演练基地。

【应急救护培训】 2016年，南宁市万人应救护培训纳入市政府为民办实事项目，投入资金118.40万元，计划开展培训370期，培训1.85万人。全市开展培训425期，培训3.17万人，分别完成总体目标114.86%、171.12%。举办市直机关公务员培训班6期，上门培训市直单位6个，培训红十字救护员1146人。组织全市3万人参加全国红十字防灾避险知识竞赛，宣传、普及防灾避险知识。市红十字会组队参与自治区首届农村（社区）红十字应急救护技能大赛，获三等奖。为区县培训应急救护师资50名，配备心肺复苏模拟人24个，印制培训教材、宣传资料一批。

【无偿献血与造血干细胞捐献】 2016年，市各级红十字会协助市中心血站开展无偿献血宣传活动，普及无偿献血知识人数6.50万人。完成自治区下达900人份造血干细胞血样采集，成功捐献造血干细胞3名。11月7日，广西瑞康医院护士蓝芸在广西医科大学第一附属医院成功捐献造血干细胞，成为南宁市第100例，广西第217例，中华骨髓库第6069例造血干细胞捐献者，市人大常委会主任、市红十字会副会长黎琳到场慰问；市红十字会联合市委宣传部在南宁电视台举办南宁市百例造血干细胞捐献成功纪念活动。

【遗体与人体器官捐献】 2016年，南宁市完成器官捐献登记17例，遗体捐献登记18例；完成器官捐献19例，捐献肝脏8个、肾脏19对、眼角膜3对；完成遗体捐献6例。　　（郑　静）

责任编辑　周　红　覃庆梅
唐祯麟　覃涓铌

法治

地方立法

【概　况】2016年,南宁市人民代表大会常务委员会进一步完善立法工作机制,建立立法专家库;邀请自治区人大常委会法制工作委员会专家提前介入立法工作,聘请立法顾问50名。换届前后分别举办基层立法联系点负责人培训班,培训1835人。委托横县、宾阳县、上林县、马山县、兴宁区、武鸣区等基层立法联系点就《南宁市西津国家湿地公园保护条例(草案)》《南宁市大明山保护管理条例(草案)》《南宁市昆仑关保护管理条例(草案)》征求意见;首次在基层立法联系点开展法规实施宣传试点,在西乡塘区明秀社区等地宣传《南宁市养犬管理条例》《南宁市城市供水节水条例》等法规。颁布施行《南宁市城市轨道交通管理条例》《南宁市地方性法规制定条例》《南宁市水库管理条例》《南宁市西津国家湿地公园保护条例》《南宁市城乡容貌和环境卫生管理条例》地方性法规5件及《关于修改〈南宁市市政设施管理条例〉等八件地方性法规的决定》(包括《南宁市市政设施管理条例》《南宁市城市房地产交易管理条例》《南宁市河道与堤防建设管理条例》《南宁高新技术产业开发区管理规定》《南宁市城市桥梁管理条例》《南宁市展会管理条例》《南宁市城市绿化条例》《南宁市城乡规划管理若干规定》八件地方性法规)。废止地方性法规1件《南宁市暂住户口管理条例》。审议《南宁市地方性法规制定条例》《南宁市不可移动文物保护条例(草案)》《南宁市昆仑关保护管理条例(草案)》《南宁大明山保护管理条例(草案)》等法规6部。其中表决通过《关于废止〈南宁市暂住户口管理条例〉的决定》《南宁市国家湿地公园保护条例》上报自治区人大常委会。开展市中小学(含幼儿园)用地保护、五象新区管理、水土保持管理、机动车排气污染防治、诚信体系建设、校园安全管理立法调研6项。注重发挥人大代表作用,致函市人大代表征集年度立法计划项目建议,组织代表参与法规的立项、调研、论证、审议过程。首次采取委托第三方评估和执行部门自行评估相结合的方式,评估现行地方性法规40件,其中提出建议不做修改22件,修改17件,废止1件。

【法规颁布】2016年1月15日,自治区第十二届人民代表大会常务委员会第二十一次会议批准《南宁市城市轨道交通管理条例》,2月1日起施行。3月31日,自治区第十二届人大常委会第二十二次会议批准《关于修改〈南宁市市政设施管理条例〉等8件地方性法规的决定》和《南宁市地方性法规制定条例》,并于即日起施行。5月25日,自治区第十二届人大常委会第二十三次会议批准《南宁市水库管理条例》,7月1日起施行。9月29日,自治区第十二届人大常委会第二十五次会议批准《南宁市西津国家湿地公园保护条例》,11月1日起施行。11月30日,自治区第十二届人大常委会第二十六次会议批准《南宁市城乡容貌和环境卫生管理条例》,2017年1月1日起施行。

(市人大常委会办公厅)

政府法制

【概　况】2016年,南宁市政府法制办公室完善依法行政制度体系建设,加强行政执法监督,推进各级部门依法行政;突出城市建设、城市管理、服务百姓方面的立法和干部管理政策制度建设,逐步建立起与国家法律相配套的城市治理法规和政策体系。有现行地方性法规42部,政府规章74部,政府规范性文件500多件。南宁仲裁委员会受理仲裁案件603件,结案574件;涉案标的15.94亿元。

【推进依法行政】2016年,南宁市贯彻执行《中共中央和国务院法治政府建设实施纲要(2015-2020年)》;4月5日,市政府印发《关于做好2016年法治政府建设工作的通知》,部署法治政府建设。县政府、开发区管委会和市级各部门履行向市政府和同级党委及人大常委会报告年度依法行政工作情况;市政府分别向市委、市人大常委会和自治区政府报告法治政府建设情况。5月16日,市依法行政工作领导小组听取市政府依法行政工作报告,审议依法行政考核结果和获依法行政工作优秀的单位、集体、个人名单。推行依法行政考核末位约谈制,1月6日印发《南宁市人民政府办公厅关于推行依法行政考核末位约谈制度的意见》。8月11日,常务副市长约谈2015年依法行政考核中排名末位的2个单位主要负责人。10月15日,市法制办代表市政府与中国政法大学法治政府研究院签订法治政府协同创新框架协议,中国政法大学副校长、市政府法律顾问马怀德教授参加签约仪式。11月8日至17日,市政府法制办组织法治政府建设考评小组与市行政执法监督员43人,赴59个被考评单位进行现场检查,青秀区政府等57个单位评为优秀,横县政府、市金融办公室2个单位评为良好。市政府法制办为政府重大行政决策事项出具合法性审查意见148件,参加涉法事务会议471次,对涉法事务提书面法律审查意见967件(次);对市城管局、市文新出版广电局、市商务局等部门请求实施从事城市生活垃圾经营性服务审批、文物保护单位拍摄许可、取消酒类流通备案登记事项等有关承接、取消行政审批事项等9项进行合法性审查;配合市政务办做好市级部门(第一批16个单位)的行政权力运行流程合法性审查。发表法治动态信息865篇。

【政府立法】2016年,市政府办公厅印发《南宁市人民政府办公厅关于印发2016年政府立法工作计划的通知》。4月13日,市人大常委会、市政府联合召开市立法工作会议。10月,市法制办向行政机关、社会团体、社会公众征集2017年立法项目意见。组织开展《南宁市昆仑关保护管理条例(草案)》《南宁市不可移动文物保护条例(草案)》2件地方性法规草案项目审查,并报送市人大常委会审议;配合市人大常委会开展地方性法规立法调研,派员参加校园安全管理、五象新区管理、大明山管理、诚信体系建设、水土保持、中小学幼儿园用地保护等人大专题调研。出台《南宁市重大行政决策程序规定》《南宁市建设工程质量和安全生产管理办法》《南宁市行政规范性文件管理办法》3件政府规章,完成《南宁市安全生产监督管理办法(修订)》《南宁市人民防空管理规定》2件政府规章的合法性审查,制定《南宁市城市园林绿化条例实施细则(修订)》《南宁市散装水泥和预拌混凝土管理规定(修订)》2件政府规章;组织开展《南宁市预付卡消费争议处理办法》《南宁市中小学生课外托管机构管理办法》2件政府规章制定备选项目的起草;进行《南宁市食品流通追溯管理办法》《南宁市网络预约出租汽车经营服务管理办法》《南宁市相对集中行政许可实施办法》《南宁市相对集中行政处罚实施办法(修订)》《南宁市人民政府关于委托五象新区规划建设管理委员会实施行政管理的决定》5件政府规章调研。委托高等院校及组织政府部门对《南宁市餐厨垃圾管理办法》《南宁住房公积金管理办法》《南宁市公共用品清洗消毒卫生管理办法》《南宁市物业专项维修资金管理办法》《南宁市粮食流通管理办法》《南宁市建设工程造价管理办法》政府规章开展立法后评估,提升立法成效。市法制办报请市政府审定《南宁市规章制定办法》,制定《南宁市法制办公室委托立法工作制度》《南宁市法制办公室立法工作会议制度》2件;将所审改的立法项目草案通过南宁政府法制网或报纸等媒体向社会公开征求意见;委托第三方中南大学法学院、广西大学法学院起草《南宁市五年(2016-2020年)立法规划》《南宁市校外午托管理办法(草案)》《南宁市生活垃圾分类管理办法》3件;组织编印《南宁市地方性法规、规章和规范性文件汇编(2015)》。

【行政执法监督】 2016年,市政府印发《关于开展南宁市2016年行政执法职责履行情况自查工作的通知》,将行政执法主体履职纳入法治政府建设考评指标。7月至9月,组织人员到邕宁区、良庆区、高新区、横县、隆安县调研,进行行政执法案卷评查,规范执法案卷制作;市级41个行政执法部门自查自评行政许可案卷788份、行政处罚案卷528份、行政强制案卷85份、行政征收案卷96份、行政确认案卷49份、行政检查案卷277份,区县和4个开发区(新区)自查自评行政执法案卷1.38万份;集中抽查38个市级单位行政执法案卷106份,实地抽查良庆区、高新区、横县、隆安县行政执法案卷100份;印发《评查通报》,案卷评查纳入法治政府建设考评指标。6月14日印发《南宁市关于做好行政执法公示制度实施工作的通知》,通过门户网站公开部门机构职能等执法信息近600条。试运行市网上行政执法电子监察系统,将其纳入市电子政务工程建设范围;6月至11月,34个市级部门通过系统办理一般程序案件459件、结案311件。从市人大、市政协、兴宁区北宁社区居委会、市物业管理协会、南宁电视台等单位选出行政执法监督员27名,报市政府审定、公布。邀请行政执法监督员10名,参与年度法治政府建设考评,指导区县乡村清洁执法;7月7日印发《南宁市关于规范乡村清洁执法工作的通知》,9月,组织开展乡村清洁执法人员培训班,培训324人;11月30日、12月1日,监察青秀区伶俐镇、西乡塘区金陵镇乡村清洁执法,印发检查通报,督促整改。

【行政执法人员专项清理】 2016年,南宁市完成行政执法人员专项清理,保留持有国务院部委颁发执法证件的行政执法人员2101名、持有自治区行政执法证件人员7031名、持有自治区行政执法证件与国务院部委行政执法证件双重证件人员852名;清理退休、转岗没有具体从事执法及未在职在岗的持证人员1017人,收回执法证784件;清理持行政执法证的辅助执法人员3567人,收回执法证2854件。

【行政复议应诉】 2016年,市政府接待来访群众1065人次,收到行政复议申请357件,受理319件、不予受理15件,告知当事人选择其他方式解决纠纷23件;在审理复议案件中,引入专家论证机制。现场勘察基层案件4件,召开案件听证会3件。审结行政复议案件218件(含上期结转)。其中:决定维持135件,驳回申请10件,撤销34件,责令重新履行10件,确认违法3件,调解终止结案26件;调解结案率11.92%。5月19日印发《关于进一步规范行政复议案件被申请人提交答复和证据材料的通知》。7月,完善《南宁市行政复议案件受理工作技术规范》,制定、完善《南宁市行政复议案件办理程序规定(暂行)》《南宁市重大复杂疑难案件集体讨论规定(暂行)》《南宁市行政复议案件归档查阅规则(暂行)》《行政复议听证审理规定》《行政复议听证会程序》等制度。落实行政机关负责人出庭应诉制度,9月至10月,副市长张卫、陈颖、眭国华以行政机关负责人身份到市中级人民法院出庭,分别参与市政府作为被告的行政诉讼案件3件。市法制办代市政府出庭应诉行政诉讼案件136件,指导市政府部门出庭应诉行政诉讼案件168件;代市政府参加自治区政府行政复议案件审理31件。进行行政复议案件报备,对1起报备不规范不予受理案件下发建议书。上报市政府要求加刻行政应诉专用章并扩大复议专用章的使用范围,行政应诉和应诉复议流程均少3天以上。

【依法行政能力建设】 2016年,南宁市举办市政府常务会议学法活动3次,学习《法治政府建设实施纲要(2015-2020年)》《广西壮族自治区法治政府建设实施方案(2016-2020年)》和《农田水利条例》,市政府常务会议组成人员11人参加学习,区县、开发区、市级部门主要负责人约60人视频同步学习。5月11日至13日,市法制办组织举办市政府法制工作业务培训班,培训区县、开发区法制办及市级部门法制机构业务骨干130人。6月20日至25日,在中央党校举办"全面推进法治南宁建设领导干部培训班",区县、开发区、市级部门分管法制工作的处级领导及法制机构、执法队伍领导等50多人参加;举办轨道交通行政执法人员培训班,培训256人,通过考试231人、通过率90%,均领取行政执法证;举办市行政执法人员培训班,培训2700余人;组织参加自治区行政执法资格(续

2016年,市法制办组织新任领导干部参加任职前法律知识考试　　市法制办提供

职)考试,参加2504人,通过2305人,平均分居自治区第一,考试通过率92%。11月25日至12月25日,组织新提拔的1586名科级以上领导干部分批进行任前法律知识考试,通过1376人。

【仲裁事务】 2016年,南宁仲裁委员会受理仲裁案件602件,标的额15.62亿元,仲裁收费842.94万元;进入全国仲裁机构受案第一梯队(年受案500件以上),居自治区各仲裁委员会前列。完成新(续)聘仲裁员工作,有仲裁员300名。11月26日,第三届南宁仲裁委员会第三次全体委员会议审议通过新修订的《南宁仲裁委员会章程》《南宁仲裁委员会仲裁规则》《南宁仲裁委员会仲裁员管理办法(试行)》《南宁仲裁委员会仲裁费用收取办法(试行)》《南宁仲裁委员会办案费用支出办法(试行)》5件;讨论通过《南宁仲裁委员会增聘、续聘仲裁员名单》《关于在南宁仲裁委员会秘书处内设机构,中增设"金融仲裁院"的报告》等。12月,市仲裁委员会编印《仲裁指南》1550本、《仲裁员管理办法》400本、《仲裁员办案常见问题指南》400本。办结仲裁案件574件(以裁决书结案467件,调解书结案75件,经调解撤诉32件)。 (黄莉莉)

公　安

【概　况】 2016年,南宁市有县级以上公安机关18个,其中市公安局1个,公安分局11个,县公安局6个;有直属支队20个;关押场所22个,其中看守所10个,收容教育所1个,拘留所7个,戒毒所4个;有人民警察训练学校1所。市公安局内设政治部、纪律委员会、办公室、科技信息化处、机要保密处、后勤管理处、装备处、计划财务处、审计处、研究室、指挥中心、宣传处、信访处、对外联络处、劳动教养管理委员会审批办公室、机关党委16个机关处(室);全市设派出所197个。有在编公安民警7826名,其中市公安局和兴宁区、江南区、青秀区、西乡塘区、邕宁区、良庆区6个城区分局5902名,武鸣区和横县、宾阳县、上林县、马山县、隆安县5个县公安局1924名。聘请警务助理1471名。市森林公安分局、市消防支队的组织人事关系不归属市公安局管理,市公安局仅作业务指导。市公安局高新分局等27个单位获自治区级以上表彰或奖励;全市公安机关立一等功1人、二等功13人、三等功285人,获嘉奖1414人;集体获二等功5个、三等功55个,嘉奖80个。获2016年度自治区"十佳社区民警"1人、获2016年度广西第二届"最美警察"1人。全市公安机关违纪违法被立案审查62件62人(移送检察机关3件3人,移送市纪委3件3人,市公安局纪委立案36件36人,县级及县局纪委立案23件23人);协助市纪委对公安机关7名处级干部、15名科级干部开展谈话函询;梳理2013年以来科级领导干部违法违纪线索80多条,函询民警96人(科级51人、科级以下民警45人);现场督察43次,发现并要求整改的问题116个,网上督察巡查8592次;受理投诉209件,办结94件;禁闭民警4人,停职4人;维权14次,刑事拘留诬告民警1人,行政拘留1人;问责扣分547人次,扣警示分853分。

【接警处警】 2016年,市公安局联动中心受理报警119.42万起,比上年下降8.35%。其中:警情类报警36.30万次(抢劫、抢夺警情报警820次),上升5.35%;受理求助7.02万次,提供咨询31.27万次;骚扰电话3.52万次;无效报警40.18万次,无效报警率33.64%。处警14.74万次、出动警力29.47万人次,分别上升3.90%、3.90%。1月至5月(后交特警支队),出动警力38.21万人次,其中城区分局警力4.80万人次、特警1.08万人次、武警1.53万人次、交警1.45万人次、辅警29.34万人次,出动车辆3.15万辆次;街面巡逻盘查可疑人员29.05万人次,抓获犯罪嫌疑人249人,救助群众1.55万人次。6月至12月,特警支队投入巡逻警力2.73万人次,车辆9000辆次,盘查3000余人。

【治安管理】 2016年,南宁市受理治安案件6.68万起,查处6.39万起,涉案2.40万人,分别比上年下降18.60%、19.65%、12.68%。开展"打黄赌·铲源头""断链"等专项行动,查处"黄赌"3521起、行政拘留8547人;打击卖淫嫖娼违法犯罪及故意传播艾滋病行为,查处传播性病案件4起、逮捕4人。组织开展旅馆业"实名制"暗访测试12次,发现违反旅馆业"实名制"规定37家次,责令限期整改29家次,下发停业整改8家;首次对未落实实名制的2家宾馆各罚款10万元、对各酒店主管人员罚款2000元(各1人)、对前台服务员罚款500元(各1人);通过旅馆业治安管理信息系统抓获网上在逃违法犯罪嫌疑人186人、吸毒人员71人、登记核查涉疆人员1144人次。开展成品油气管道安全管控,出动警力1681人次、出动车辆299辆次、与管道企业联合检查48次、调处违章占压事件4件、排查安全隐患4处,责令企业整改安全隐患4处,发放整改通知书3份。推进物流寄递业安装手机APP终端以及采购信息采集终端规范管理,录入警务网上服务平台寄递物流场所1008家、5608人,实名制系统安装率100%;上传信息21.38万条。采集娱乐、洗浴、按摩场所信息521家、从业人员信息1835人,检查娱乐场所852家次,责令停业整顿3家;罚款3人,强制戒毒2人,行政拘留95人,刑事拘留7人。

【刑事案件侦查】 2016年,南宁市刑事案件立案6.80万起,破案1.40万起,分别比上年下降3.66%、上升31.74%,现案命案破案率98.89%;逮捕犯罪嫌疑人7466人,刑事拘留9272人,分别上升11.82%、下降10.67%;"两抢"(飞车抢夺、抢劫)发案率下降35.71%。开展缉枪治爆、"神剑1号"专项行动,推广使用广西爆破作业安全监管信息平台,开展以危险化学品为重点的大排查及爆破作业人员网上培训考核,作出行政许可2029份;排查涉爆单位1049家、涉案8256人,爆破作业现场(点)240个,剧毒、易制爆危险化学品从业单位144家;收缴枪支2162支、子弹3.32万发、炸药938千克、雷管1.92万枚、黑火药564千克、易制爆化学品6740千克;销毁废旧炮弹111枚、雷管17.97万枚、枪支1972支、管制刀具4035把、索类爆炸物1376米、炸药9.93吨。在"神剑2号"专项行动中打掉盗抢骗犯罪团伙168个,抓获656人,破案309起;报送自治区"打黑办"认定恶势力团伙165个,涉案587人,破获案件152起;转办自治区"打黑办"涉黑恶线索7条,办结3条。5月20日至11月24日,开展"神剑2号"打击盗窃电动自行车专项行动,抓获1016人、刑事拘留811人(逮捕671人),破案506起,打掉团伙18个,缴获被盗电动自行车978辆。开展食药打假"利剑"行动、"蓝天清水"行动和打击走私非法经营成品油等系列专项行动;食品药品案件立案41起,侦破22起,刑事拘留53人,取保候审7人,逮捕21人;环境污染案件立案9起(行政案件5起、刑事案件4起),刑事拘留12人,逮捕4人;非法经营成品油刑事案件立案5起,行政案件立案2起,抓获17人,取保候审5人,查处窝点9个,扣押柴油130吨,涉案金额80万元。侦破公安部督办的"6·26非法买卖血液案""韦某某非法经营疫苗案""广西大明茶厂生产销售有毒有害食品案""广西覃公馆健康产业投资有限公司生产、销售有毒与有害食品案"等案件。开展烟草"雷霆""国门利剑2016"、侵权假冒、农资打假等专项行动,侦破涉假案件94起,抓获91人(刑事拘留69人、行政拘留18人、逮捕9人),查扣非法卷烟一批,案值约50万元;查处非法经营卷烟案1起,查扣非法烟丝7吨，卷烟盘纸13吨，案值约75万元。破获公安部督办的非法经营卫星电视地面接收设施案1起，抓获7人，逮捕7人，上网追逃6人（国际红色A级通缉令1人），查扣户户通广播设备1966个，高频头876个，解码器127个。破获兴宁区五塘镇友爱村坛洛坡绑架小学生杀人案、青秀区金浦路STRA酒吧特大抢劫案、“3·28”青秀区凤翔路蓝山上城小区入室抢劫杀人案、“4·20”横县新福镇彭岭村委大岭村特大杀人案、“4·25”良庆区大塘镇团结路杀人焚尸案、“6·14”宾阳县武陵镇上马村特大杀人案，摧毁非法追债黑恶势力团伙2个、打掉“7·30”特大涉枪贩毒涉恶团伙。

【经济犯罪侦查】 2016年，市公安局经济犯罪案件立案1520起，涉案资金130亿元，破案573起，刑事拘留1351人，逮捕568人，移送起诉736人。开展打击传销清查整治行动280次，清查出租房8950间；传销犯罪案件立案143起，破获148起，查获涉案人员3709人，打掉团伙28个，捣毁窝点312个；侦破“5·16涉案超4000人、涉案资金5亿元的特大传销活动”等大案要案。4月，南宁市成立自治区首个反虚假信息诈骗中心，冻结涉案账号1350余个，冻结涉案资金5600万元，封停电话号码1100余个，劝阻群众上当受骗550人次，挽回损失近1100万元，协助自治区内止付账号800余个；抓获1224人，破案986起，打掉诈骗团伙165个，捣毁犯罪窝点203个；抓获“扑克牌”逃犯200人，抓获公安部电信诈骗A级逃犯6名；联合浙江省公安机关破获公安部督办“3·14”利用微信冒充公司老板诈骗财务人员案，侦破“罗氏兄弟非法获取计算机信息系统数据专案”等一批重特大案件。破获涉案300多万元的乌厘花园系列银行卡伪卡盗刷案，破获涉案114.91万元的李广艺、黄辉夫非法持有假币案，捣毁宾阳县新桥镇边黄寨水库特大新型网络诈骗犯罪窝点。

【禁毒斗争】 2016年，南宁市破获毒品案件6960起（重特大案件193起、一般贩毒案件1024起、毒品治安案件5743起），查处涉毒人员1.09万人，逮捕1188人，刑事拘留1337人，强制隔离戒毒3034人，社区戒毒与康复1447名，缴获毒品79.97千克（海洛因5.98千克、合成毒品73.99千克）。5月20日至8月30日，开展“禁毒百日攻坚战”，破案530起，比上年上升190.70%，其中重特大案件93起、上升97.90%，逮捕543人、上升212%，缴获毒品30.97千克、下降64.10%；查处吸毒人员3448人，上升108.50%；强制隔离戒毒人员1112人，上升85.64%。整治南宁市三秀村片区、上尧片区、亭子片区、埌东片区、埌西片区及横县百合镇、宾阳县黎塘镇等毒品问题较为突出的地区；扫除零包贩毒网络；整治村镇、街道23个，整治娱乐场所1690多家次，捣毁野外“嗨场”18处；破获零星贩毒案件967起，抓获零星贩毒人员1357名，捣毁零星贩毒团伙24个。

【禁毒宣传】 2016年，南宁市组织实施“6·26”禁毒宣传工程，开展中小学校禁毒专项活动，建立36个毒品预防教育场所（市级基地2个、区县基地12个、区县禁毒园地22个）；在10个中等职业学校建立毒品预防教育基地，市第四十七中学、第五十四中学、仙葫学校、翡翠园学校建立禁毒园地；完成市毒品预防教育基地工程建设；青秀区创建“全国毒品预防教育示范区”；举办禁毒文艺活动17场次，播放禁毒影片100多场次，编发短信100万条，印发《南宁市毒品预防宣传手册》《举报毒品奖励通告》16万份。悬挂禁毒横幅600余幅，张贴标语800余张，出版板报200多板，印发资料10万余份，发表宣传文章73篇（中央级媒体3篇、自治区级媒体30篇、市级媒体40篇）；组织中小学生参观禁毒展览1.30万余人次。

【监所督查】 2016年，南宁市加强监所督导检查，实现监管场所无安全事故。22个监管场所（10个看守所、7个拘留所、4个戒毒所、1个收容教育所）新收羁押人员2.75万人。其中：看守所新收在押人员1.19万人，强制隔离戒毒所新收戒毒人员4807人，拘留所新收拘留人员1.08万人。市公安局监管支队到监所指导检查470人次，完成第二看守所、第四看守所全部在押人员迁至第一看守所，第二强制隔离戒毒所全部戒毒人员迁至第二看守所的任务。

【人口管理】 2016年，南宁市严管户口证件，登记收发无遗失。分发户口簿9.84万本、户口迁移证2.80万张、户口准迁证6000张；二代身份证受理、审核、上传制证信息75.17万条，“绿色通道”办理二代身份证12.54万张，发放分局临时身份证制证材料3.62万张，发放军人身份证1026张，办理自治区内跨市身份证3.30万张；清理重复户口679人。建成及试运行智能户政大厅网页版、手机APP安卓版、微信版（武鸣分局、华投分局除外），为市内户籍人口、拟迁入人口提供互联网在线申报、在线受理、在线查询、在线预约等服务；实现在线办理出生登记，公民身高、血型、文化程度、服务处所、职业等一般登记项目的变更、更正，死亡注销，迁出省外，市外人员大学本科及以上学历入户，市外迁入南宁市城镇的夫妻投靠、子女与父母相互投靠，房屋所有权证购房入户等九大业务事项。智能户政服务大厅网站访问量3.98万人次，群众实名注册3116人，受理网上申报户口事项474笔，办结134笔。

【道路交通管理】 2016年，南宁市有机动车186万辆（汽车124万辆、摩托车56万辆、校车490辆）。办理机动车注册登记18.20万辆、年检69.40万辆、报废1.02万辆；“营转非”大客车、危险货物运输车、大型公路客车、大型旅游客车、校车5类重点车辆检验率、报废率分别为94.50%、99.80%。道路交通事故立案752件、死亡360人、受伤801人、直接财产损失557.49万元，比上年分别下降6.82%、下降0.28%、下降3.14%、上升14.83%。交通刑事案件立案439件（交通肇事132件、

12月8日至9日，市委常委、政法委书记杨维超（左一）到宾阳县指挥开展打击治理网络新型违法犯罪“神剑—斩钉”集中统一专项行动　　市公安局提供

危险驾驶 307 件),刑事拘留 107 人,取保候审 298 人,逮捕 132 人,移送起诉 337 人,侦破死亡逃逸事故 17 起。实施市交通管理指挥中心平台一期工程、市中心城区智能交通系统升级工程等 5 个项目,完成 44 个路口仿真建模,新建高空视频监控点 46 个、高清球机 121 套、卡口设备 9 套;实现市区接处警电子派单,受理报警救助 13.93 万起(事故类报警 12.24 万起、交通秩序类报警 5256 起、举报与反映 4237 起、求助与查询 7425 起);联网接入缉查布控系统卡口 194 处,发布预警 150 万条,拦截布控车辆 1.16 万辆;在全国率先试点应用机动车号牌选号系统,通过互联网预选号牌及公安网随机选号“50 选 1”,统一号码资源、号牌发放、号池监管;推出“警邮车管下乡”服务,增设 30 台交通违法交款 POS 机,实施异地考证补证换证、放宽残疾人驾车条件、优化老年人体检等举措;在全国创新推出“以学促管、学罚结合”电动自行车管理模式,公安部、自治区公安厅分别召开现场会总结推广南宁市电动自行车管理“南宁经验”。

【消防安全管理】 2016 年,市消防部队出警 3.06 万起,出动车辆 5.71 万辆次、警力 32 万人次,抢救被困人员 9908 人,疏散 1.50 万人,抢救财产价值 8.70 亿元。发生火灾 2146 起,死亡 23 人,受伤 31 人,直接经济损失 1552.70 万元,无重大特大火灾事故发生。排查城中村 53 个、建筑 12 万余栋(建筑底层停放电动车并设充电处的 6.50 万栋),设置充电处与楼梯间的防火分隔 2608 处,安装简易喷淋 1.29 万个、点式报警 6081 个、超细干粉 756 套、消防卷盘 1399 套、智能充电系统 1.30 万套,电动车火灾由月均 18 起降至月均 3 起。开展易燃易爆危险品、“高地大化”(超高层建筑、地下空间和地铁、大跨度空间、石油化工单位)及人员密集场所专项整治,排查易燃易爆场所 540 家、超大城市综合体 17 家、超高层建筑 129 家,检查单位 4.22 万家;发现火灾隐患或违法行为 2.18 万处,督促整改 2.08 万处,下发责令改正通知书 1.92 万份,下发行政处罚决定书 1164 份,下发临时查封决定书 603 份,责令“三停”(停业、停电、停止施工)单位 262 家,罚款 555.63 万元,拘留 21 人。建成社区微型消防站 20 个、重点单位微型消防站 1077 家,完成率 51%;新增消火栓 718 具;消防控制室建设达标率、值班操作人员持证上岗率分别为 95%、92%。

【出入境管理】 2016 年,南宁市接待出入境办证群众 70 多万人次,受理出入境申请 59.43 万证次(内地居民 58.88 万证次、境外人员 5529 证次),比上年增长 33.70%。其中:护照申请 17.83 万证次,内地居民往来港澳通行证及签注 33.28 万证次,大陆居民赴台湾通行证及签注 7.74 万证次,港澳单程证 220 证次;台湾居民通行证补换发证件 241 证次,一次有效台湾居民通行证台胞证 41 证次;受理外国人签证 310 证次,停留证件 628 证次,居留许可 3869 证次,外国人出入境证 356 证次,出入境通行证 84 证次。审批中国公民出入境证件申请 45.38 万本次。制作中国公民签注数据 19.29 万条,回复使馆核查 25 人次,发函、回函 355 份;发现涉嫌双重户籍人员 26 人次,发现涉嫌冒用他人身份办证 2 人次;发证 24.27 万本次(自助发证机发证 23.68 万本次)。复核外国人签证 565 人次、居留许可 3864 人次、中华人民共和国出入境通行证 84 本。查获“三非”(非法入境、非法居留、非法就业)人员 631 人,侦办“三非”案件 273 件。其中:查获非法入境案 165 件,拘留审查 547 人,罚款 2 人,遣送出境 631 人;非法居留案 92 件;非法就业案 2 件;其他行政案件 12 件;侦办偷越国(边)境案 2 件,抓获犯罪嫌疑人 9 人,刑事拘留 9 人。侦查终结的 2 起偷越国境案提请兴宁区人民检察院审查起诉。接待报备单位 463 个次,接收新增报备 7141 人;修改 4689 人,撤销 4298 人;协助核查存疑的身份信息、持证情况及出入境记录 5560 人次,列控不准入境外国人 10 人,报备不准出境人员 243 人,撤销报备 20 人,内控人员 71 人,宣布证件作废 96 本,注销 69 名国家工作人员遗失证件 69 本。

【公安信息化建设】 2016 年,南宁市开展北部湾经济区跨市异所二代身份证受理及居民身份证指纹离线采集系统、公安监所监控联网指挥平台、特警基地(警校二期)工程配套信息化、禁毒预防教育基地信息化、市公安局监督管理信息化系统项目等项目前期申报工作。开展“智慧警务”一期项目中警务云、信息中心机房二期、移动警务云平台等项目的前期设计及审批。推进轨道交通警用通信及监控系统建设,完成轨道交通 1 号线警用通信系统、火车东站南广场警用通信系统建设,开展 2 号线警用通信系统的设计规划和方案制定。完善社会监控报警联网系统三期第二阶段建设,提高全市公安机关互联网工作效能。市公安局承办为民办实事工程项目“公共交通安全防范视频监控网”建设,基本完成 500 个公交站点视频监控前端、500 个无线 WIFI 数据采集点建设;完成警用 350 兆 PDT 数字集群系统建设;完成市区范围 19 个 PDT 数模一体 8 载频基站和五县一区 6 个 4 载频基站建设;城区、县城实现警用 350 兆 PDT 数字集群系统运行。升级及合成作战研判中心,串并案件线索 125 串,串并案件 410 起,抓获 60 人。5 月,市公安局通过合成作战平台研判获得信息并精准定位,30 小时内侦破涉案金额 3400 万元的特大抢劫案。

【实名制联网门禁报警系统试点】 2016 年,南宁市在 4 个城中村、1 个住宅小区、92 套房子进行试点实名制联网门禁报警系统,实时采集常住人口信息 1940 人,流动人口 4892 人。该系统 2015 年在青秀区埌西村第七组试点,创新流动人口和出租屋管控模式,使基础信息采集由依靠民警“脚板入户、人力采集”转变为“终端自动采集、系统推送数据”模

7 月 21 日,南宁公安“智慧警务”启动　　市公安局提供

式，破解流动人口、出租屋信息采集难、管理难的问题。

【案件选介】

“1125”毒品制造案　2016年2月27日，南宁市侦破公安部督办的“1125”毒品制造案。捣毁非法制造麻黄素（一类易制毒化学品）窝点2个，抓获犯罪嫌疑人12人（市公安局抓获7人、云南警方抓获2人、福建警方抓获3人），缴获制毒原料麻黄素1928千克（市公安局缴获1208千克、云南警方缴获720千克）、溴代苯丙酮3400千克，扣押涉案车辆5辆、涉案资金41.80万元，缴获制毒工具一批。“1125”专案是年度自治区最大的毒品案件之一；案件侦破获公安部禁毒局、自治区公安厅肯定。

乌厘花园系列银行卡伪卡盗刷案　2016年5月5日，市公安局接到自治区转来涉嫌伪卡盗刷案线索：2月25日，受害人在市桂雅路绿海云天小区房间内，其1张建设银行信用卡被盗刷15.69万元。市公安局通过梳理、排查警综系统中市辖区内的银行卡犯罪案件，发现涉嫌伪卡盗刷案件20起，涉案金额300多万元，决定并案侦查。12月，破获市乌厘花园系列银行卡伪卡盗刷案，摧毁银行卡伪卡盗刷链条，抓获犯罪嫌疑人21人，缴获作案POS终端机15台、银行卡125张、小汽车4辆，破获案件40余起。

捣毁特大新型网络诈骗犯罪窝点　2016年8月，宾阳县打击网络诈骗工作组在追捕公安部A级逃犯廖某某时，发现宾阳县宾州镇廖寨4名网络诈骗案逃犯出现。经研判分析，认为他们有在宾阳县周边山区继续设点诈骗嫌疑。组织专案组以跟踪盯梢、传统摸排以及利用无人机在山里高空侦察等方式，发现以绰号“九哥”为首的网络诈骗团伙在宾阳县新桥镇边黄寨水库附近深山里设点搭设帐篷，进行网络诈骗。9月22日，专案组50多名突击队员在宾阳县黄寨水库附近的深山中捣毁一处特大网络诈骗犯罪窝点，抓获犯罪嫌疑人9人，查获电脑52台，涉对公账户6套，缴获摩托车14台，阻止一起数额3000多万元的预谋诈骗案件发生。

（黄静洁）

检　察

【概　况】2016年，南宁市人民检察院辖区县检察院12个及茅桥地区人民检察院（派出机关）。6月30日，武鸣县人民检察院撤销，武鸣区人民检察院设立。12月，市两级检察院在编879人（检察干部822人、工勤人员57人），具有检察员以上法律职务512人（检察员379人、检察委员会委员77人、副检察长42人、检察长14人），助理检察员77人。其中，市检察院在编157人（检察干部145人、工勤人员12人），具有检察员以上法律职务100人（检察员83人、检察委员会委员12人、副检察长4人和检察长1人），助理检察员6人。自治区检察院确定市两级检察院首批员额制检察官313人，其中市检察院62人。市两级检察院提请市、区县人大常委会任免法律职务35人，完成12个区县检察院检察长的选举、任命。青秀区检察院与市检察院办理的韦某某、蒋某某抢劫案，西乡塘区检察院与市检察院办理的朱某某等人运输毒品案，获“全国检察机关优秀刑事抗诉案件”；获最高人民检察院业务机构评为业务竞赛标兵、能手3人；获最高人民检察院政治部通报表扬2人。获评广西检察机关反贪污贿赂精品案件2件、优质案件5件；获评广西检察机关职务犯罪预防精品检察建议2件、优质检察建议1件，精品案例分析1件、优质案例分析1件，精品预防调查1件、优质预防调查1件，优质惩治和预防职务犯罪综合报告1件，自治区精品惩治和预防职务犯罪综合报1件；获评广西检察机关精品刑事立案监督案件2件、优秀刑事立案监督案件1件，精品纠正漏捕案件1件，优秀纠正漏捕案件2件，精品检察建议书2件，优秀检察建议书2件；获评广西检察机关公开审查刑事申诉精品案件1件、优秀案件1件；获评广西检察机关公诉部门化解社会矛盾精品刑事案件3件；获评广西刑罚交付执行法律监督精品案1件。23个单位集体、20名检察干部获市级以上领导机关表彰。其中：8个单位获最高人民检察院表彰，3个单位集体获自治区检察院、自治区妇女联合会命名为“自治区妇女儿童维权岗”，7个单位获自治区检察院确认为自治区检察机关“文明接待室”，3个单位获确认为自治区检察机关“文明接待示范窗口”，2个先进单位获自治区检察院政治部、行政装备处表彰；获自治区检察院评为业务竞赛标兵7人、业务竞赛能手4人，获评为自治区公诉标兵2人、自治区优秀公诉人1人，获自治区检察院政治部评为自治区检察机关档案工作先进个人4人，获评为自治区检察机关检务保障工作先进个人2人。1个集体获自治区检察院记二等功，7人获自治区检察院记个人二等功、2人获自治区检察院记三等功。

【司法体制改革试点与检察改革】2016年，市两级检察院推动司法体制改革试点和检察改革，江南区检察院、上林县检察院、市检察院作为广西司法体制改革的试点单位，遴选员额制检察官100名。至年末，自治区检察院确定南宁市两级检察院员额制检察官313名（按市两级检察院核定编制总数35%确定）。员额制检察官根据权力清单、司法责任制独立行使法律职权，独立承担司法责任。江南区检察院、上林县检察院实行“大部制”改革，将原有16个内设机构整合为反贪污贿赂局、刑事检察部、诉讼监督部、业务管理部、政治监察部、检务保障部；江南区检察院设置未成年人检察部。

【刑事检察】2016年，市两级检察院继续试点公安派出所刑事侦查活动监督改革，在41个刑事案件发案率高的派出所设立刑事侦查活动监督检察官办公室，在10个派出所设立检警联系点，在11个派驻乡镇检察室设立侦查监督检察官办公室。建立刑事侦查活动巡查及座谈沟通制度，检查派出所案件808件938人，口头纠正、书面纠正侦查活动违法分别为7件、6件，监督立案侦查18件20人，监督撤销刑事案件34件37人。监督公安机关立案侦查破坏环境资源犯罪案件18件31人，监督后批准逮捕6件8人、提起公诉5件7人、法院作有罪判决7件8人（含积存）；监督公安机关立案侦查危害食品药品安全犯罪案件2件3人，监督后批准逮捕2件2人。对不应当立案侦查的案件，要求公安机关说明不立案理由148件，公安机关主动立案108件179人，通知公安机关立案15件21人，公安机关执行通知立案15件21人；经立案监督的案件批准逮捕13人，起诉70人，法院作有罪判决51人。对不应当立案而立案案件，要求公安机关说明立案理由267件，公安机关主动撤销案件247件，通知公安机关撤销案件10件，公安机关执行通知撤销案件8件。建议行政执法机关移送涉嫌犯罪案件12件15人，公安机关立案侦查7件10人。对不构成犯罪、犯罪证据不足及无社会危险性的犯罪嫌疑人，不批准逮捕2846人；纠正公安机关遗漏提请批准逮捕162件196人。受理羁押必要性审查614人，提出释放或变更强制措施建议542人，案件承办部门采纳538人；受理公安机关申请延长侦查羁押期限115人，批准114人，不批准1人。向公安机关提出书面纠正侦查活动违法185件。监督公安机关遗漏移送审查起诉149件206人。纠正侦查活动、审判活动中阻碍辩护人、代理人行使诉讼权利违法行为21件；审查逮捕阶段听取辩护人意见37件51人，审查起诉阶段听取辩护人意见40件50人。要求公安机关补正、解释证据涉及刑事案件64件66人。提出刑事抗诉26件47人，撤回抗诉2件2人;法院改判16件36人、发回重审1件、维持原判4件。立案复查不服法院生效刑事裁判的申诉32件,决定不予抗诉17件,提请抗诉8件,提出再审检察建议2件,法院再审改判1件。

【审查逮捕】 2016年,市两级检察院提前介入公安机关侦办案件,引导、监督公安机关侦查取证。批准逮捕危害公共安全犯罪案件223件257人、破坏市场经济秩序犯罪案件256件493人、侵犯公民人身权利和民主权利犯罪案件561件795人、侵犯财产犯罪案件2394件3011人、妨碍社会管理秩序犯罪案件1511件2040人。对不构成犯罪的320人、无社会危险性的628人(含75周岁以上老年人3人)、犯罪证据不足1831人,决定不批准逮捕。促使119名轻微刑事犯罪案件犯罪嫌疑人与被害人达成刑事和解。改进审查逮捕方式,从书面审查转向听证审查,就37件51人是否应当批准逮捕听取辩护律师意见,不批准逮捕的案件向公安机关书面说明理由。市两级检察院受理审查逮捕6561件9356人,批准或决定逮捕5014件6670人;不批准逮捕、决定不逮捕1664件2836人,其中不构成犯罪320人、犯罪证据不足1831人、无社会危险性628人、其他56人。公安机关申请改变不批准逮捕决定的复议,维持原决定7件26人;复核逮捕决定,维持原决定5人,改变原决定2人。

【审查起诉】 2016年,市两级检察院起诉危害公共安全犯罪案件828件873人,侵犯公民人身权利、民主权利犯罪案件643件938人,破坏市场经济秩序犯罪案件227件400人,侵犯财产犯罪案件2492件3209人,妨碍社会管理秩序犯罪案件1524件1953人,起诉贪污贿赂犯罪案件100件131人,渎职侵权犯罪案件13件19人。向市中级人民法院起诉广东省委原常委、广州市委原书记万庆良受贿案。退回公安机关补充侦查1次的案件2313件3811人,退回补充侦查2次的案件960件1712人。审查起诉阶段促成刑事案件当事人达成和解73件95人。兴宁区检察院与兴宁区法院、兴宁区司法局、市公安局兴宁分局联合出台《刑事案件速审速判工作机制实施细则(试行)》,推进刑事案件繁简分流。市两级检察院受理审查起诉6989件9298人,受理审查不起诉8件10人;提起公诉5830件7526人;不起诉430件716人,其中符合法定条件28件42人(含无犯罪事实16件25人),犯罪情节轻微225件406人,犯罪证据不足177件268人;附条件不起诉未成年被告人1件1人;依法排除非法证据3人;起诉改为不起诉29件31人,撤回起诉25件25人。参加审理适用普通程序的刑事案件1988件,适用简易程序的刑事案件3602件。提出量刑检察建议1772件,法庭采纳1022件。

【贪污贿赂案件查办】 2016年,市两级检察院保持惩治贪污腐败高压态势,突出查办大案要案、群众身边的职务犯罪案件。与129家机关单位建立信息源共享机制,建成南宁市职务犯罪侦查信息库,可查询信息1.50亿条。4个指定居所监视居住的场所,获自治区检察院颁发使用证。立案侦查自治区林业科学研究院原副院长袁铁象(正处级)受贿案、自治区教育厅原教材发展中心原主任李宁(正处级)受贿案、桂林市公安局原副局长孙书庚(正处级)受贿案、上林县人大常委会原主任吴伟山(正处级)受贿案、桂林市公安局交警支队原政委唐笔(正处级)受贿案、南宁化工股份有限公司原董事长陈载华(正处级)受贿案等要案;根据上级检察院指定立案侦查桂林市人大常委会原副主任蒙永福(副厅级)受贿案。立案侦查工程建设领域贪污贿赂犯罪案件29件30人,公安交警系统职务犯罪案件12件13人,园林系统职务犯罪案件7件7人,教育领域职务犯罪案件15件15人,征地拆迁、保障性住房领域犯罪案13件14人,工程建设项目领域犯罪案29件30人,新农村建设、惠农资金管理等涉农领域犯罪案17件23人,社会管理、执法司法领域犯罪案18件22人,医疗卫生领域犯罪案8件9人。立案侦查行贿案件42件43人。在侦查阶段就4名犯罪嫌疑人刑事处理听取辩护律师意见。市两级检察院受理职务犯罪案件线索329件,初查92件116人;立案142件182人(大案131件144人,要案22件24人;副厅级1人,正处级14人,副处级9人;贿赂犯罪案件102件114人);侦查终结141件181人;移送不起诉7件8人,撤销案件9件10人(因立案标准提高而撤案)。决定不起诉20件32人,起诉99件130人。法院判决93件116名贪污贿赂案件被告人有罪。侦查贪污贿赂犯罪案件,挽回经济损失940.27万元。

【渎职案件查办】 2016年,市两级检察院重点查处群众反映强烈、新闻媒体曝光的渎职侵权大案要案。立案侦查党政机关科级干部渎职犯罪18人,司法领域渎职犯罪案件7件7人,行政执法领域渎职犯罪案件5件5人,惠农扶贫领域渎职犯罪案件9件13人。贪污贿赂犯罪与渎职侵权犯罪并案侦查10件10人。市两级检察院受理渎职侵权案件线索103条,初查38件,立案侦查30件40人;侦查终结25件35人,移送起诉25件35人;起诉15件22人,不起诉7件12人;法院判决生效27人。侦查渎职侵权犯罪案件,挽回经济损失205.50万元。

【职务犯罪预防】 2016年,市两级检察院将职务犯罪预防纳入市县两级党政绩效考核;对拟选任为市人大代表、政协委员的152名非公有经济领域人士进行廉洁综合评价。联合市委统战部开展非公有经济领域职务犯罪预防,举行职务犯罪预防巡回宣讲21场。继续在南宁轨道交通工程、广西艺术中心等重大工程建设项目开展专项预防。与市委宣传部、市工商行政管理局、市城市管理局等部门联系,把职务犯罪预防公益广告纳入市区公共宣传。10月起,在有关单位及广告公司的30块户外大型电子屏及495台楼宇电视联播市检察机关制作的职务犯罪预防公益宣传片。开展扶贫领域职务犯罪专项预防;邀请自治区人大代表评选惠农扶贫领域职务犯罪预防优秀项目。市两级检察院开展职务犯罪预防调查368件,分析预防案例401件,提出整改、预防检察建议150件,通过检察建议推动建立制度20件。开展警示教育、宣传活动1005次,参与1.42万人。接受、答复行贿犯罪档案查询11.35万次,经查询发现有犯罪记录的单位43家、个人238人。

【监所检察】 2016年,市两级检察院适应监所检察(刑事执行检察)需要,与南宁监狱共同完成在押人员服刑改造信息的互联互通试点;检察机关、监狱机关、审判机关建成刑罚执行网上协同平台,实现减刑假释、暂予监外执行的网上资源联通共享;与社区矫正部门建成社区矫正信息共享平台,社区矫正执行检察从专项检察向日常检察转变。加强羁押必要性审查,扩大审查案件的数量规模;加强刑罚交付执行监督,开展判处实刑未交付执行专项清理;深化财产刑执行监督试点成果,将财产刑执行与减刑假释审查、社区矫正监管等级挂钩。作为广西减刑假释、暂予监外执行检察监督关口前移工作试点单位,对875名"特殊岗位的罪犯"建立台账,列入监督评估对象。派员出席法庭审理减刑假释案件121件,邀请人大代表、政协委员和有关单位代表到庭旁听法院审理减刑假释案件,监督和评议检察院依法履责。对强制医疗执行机构市第五医院、横县精神病医院实施法律监督,纠正强制医疗执行违法5件5人。年内,市两级检察院预警久押不决案件31件50人,清理久押不决案件1件1人,没有发现超期羁

10月17日，市检察院举行不起诉案件复查公开听证会，首次通过律师协会指派律师以第三方听证员身份听证 市检察院提供

押案件；审查监狱提请减刑5448人，假释13人，纠正提请不当228人；审查减刑裁定7986人，假释裁定17人；派员出席法庭审理减刑、假释121人，检察发现减刑裁定不当914人，书面提出纠正917人（含积存）；办理社区矫正执行监督案件311件，监督指定居所监视居住执行27人；办理财产刑执行监督案件141件，纠正刑罚未交付执行案件212件。办理发生在监管场所的犯罪案件，立案侦查监管干部职务犯罪案件5件6人，办理服刑罪犯又犯罪案件2件2人。办理在押人员控告申诉案件128件。

【控告申诉检察】 2016年，市检察院、兴宁区检察院、青秀区检察院、江南区检察院、邕宁区检察院、武鸣区检察院、马山县检察院、横县检察院、上林县检察院、隆安县检察院建成综合检务服务中心，运用广西检察机关控告申诉检察信息管理系统，提供一站式服务。探索律师参与化解、代理涉法涉诉信访案件的实务操作，市检察院在市内首次通过律师协会渠道邀请3名律师作为听证员，以第三方身份出席刑事申诉案件公开听证会，对南宁国美电器有限公司不服西乡塘区检察院就林炜钦非国家工作人员受贿一案作相对不起诉决定进行听证。建立远程视频接访机制，运用远程视频系统接访处理22件28人。加强对法院生效刑事裁判的法律监督，提出刑事抗诉3件，提出刑事再审检察建议2件。市两级检察院受理来信来访1910件；受理举报线索621件，举报中心初核18件，移送职务犯罪侦查部门立案侦查8件；检察长接待群众来访189件，批示处理155件；审查受理民事行政审判监督案件464件；办理阻碍辩护人、诉讼代理人行使诉讼权利22件；受理不服检察机关处理决定的刑事申诉案件37件，办结26件，维持原决定21件，改变原决定5件；受理不服法院刑事判决裁定的申诉案件48件，办结46件，不予抗诉35件，提出检察建议2件，提请抗诉8件，提出刑事抗诉3件，法院开庭审理1件、改判1件；受理国家赔偿申请20件，决定赔偿22件（含积存），支付赔偿金68.60万元；受理国家司法救助155人，给予140名生活困难的刑事被害人或家属发放司法救助金96.30万元；办理上级检察院和同级党委、政府、人大常委会交办案件35件。

【民事行政检察】 2016年，市两级检察院健全多元化民事行政诉讼监督格局，市检察院可登录“广西壮族自治区打击侵权假冒领域行政执法与刑事司法衔接信息共享平台”，查询行政执法信息。与市公安局、市国土资源管理局、市城乡建设委员会、市工商行政管理局、市环境保护局、市城市管理局、市食品药品监督管理局建立信息联络机制、工作联系制度。开展“基层民事行政检察工作推进年”活动，行政违法行为监督、行政非诉执行活动监督、民事行政执行监督等专项活动。市两级检察院受理民事行政申诉案件531件，审查终结153件，提请民事抗诉28件，提出再审检察建议8件，提出民事抗诉3件，不支持监督申请103件，终止审查10件，其他1件。法院采纳再审检察建议127件（含积存）。提请自治区检察院抗诉的案件，自治区检察院审结32件（含积存），采纳27件；法院审结7件，改变判决3件。发出纠正民事行政审判活动违法的检察建议153件，法院采纳6件；发出纠正民事行政执行违法的检察建议38件，法院采纳91件（含积存）；发出督促行政机关、国有企业依法履行职责的检察建议37件，单位采纳34件。疏导当事人服判息诉153件。

【未成年人检察】 2016年，市两级检察院加强未成年人司法保护，深化落实涉嫌犯罪的未成年人羁押必要性审查、分案起诉、法律援助、合适成年人到场、亲情会见、快速办理等专门方式，做好教育、感化、挽救工作。兴宁区检察院首次对外地籍未成年人实施附条件不起诉异地帮教，联合兴宁区团委制定“合适成年人参与未成年犯罪嫌疑人刑事诉讼实施办法”，规范合适成年人参与涉罪未成年人权利保障。青秀区检察院与城区司法局、关心下一代工作委员会等部门推进涉案未成年人帮教，规范训诫等非刑罚处置措施运用。市两级检察院受理公安机关提请批准逮捕未成年人涉嫌犯罪案件287件470人，批准逮捕198件311人，不批准逮捕95件112人（没有犯罪事实23人、没有社会危险性64人、证据不足18人、其他7人）；纠正遗漏提请批准逮捕未成年人10人。受理审查起诉未成年人涉嫌犯罪案件281件431人，提起公诉223件317人，决定不起诉11件16人（没有犯罪事实1人、证据不足2人，犯罪情节轻微13人）；附条件不起诉1人。书面纠正未成年人案件侦查违法行为31件。对提请批准逮捕的470名涉案未成年人开展不羁押可行性评估。审查逮捕、审查起诉阶段，促成13名涉案未成年人与被害人达成刑事和解。审查广西未成年犯管教所提请减刑596人、提请暂予监外执行1人，发现提请不当13人，书面提出纠正11人。救助生活困难的未成年被害人或其近亲属36人，发放国家司法救助金21.15万元。

【人民监督员制度】 2016年，市两级检察院推行人民监督员制度改革，建立人民监督员微信联络群，向人民监督员通报检察工作新动态，协助市司法局开展人民监督员培训。检查2011年至2015年职务犯罪不起诉、撤销案件259件，确认案件全部进入人民监督员监督程序。市两级检察院接受人民监督员监督案件39件39人（不起诉33件33人、撤案件6件6人），人民监督员评议办结37件37人，同意办案部门处理意见34件34人。人民监督员不同意办案部门意见3件3人，检察院没有采纳。

【检察技术】 2016年，市两级检察院实施电子政务外网数据中心建设，完成电子政务外网接入电子检务数字中心，改造视频接访系统。受理技术案件1717件，其中技术协助695件，检验鉴定73件，文证审查948件；办结1045件(法医临床检验鉴定2件、法医临床文证审查456件、法医病理文证审查58件、文件检验鉴定9件、文件检验文证审查3件、痕迹检验文证审查1件、声像资料技术协助58件、电子证据技术协助127件、电子证据检验鉴定9件、司法会计检验鉴定8件、司法会计文证审查3件、心理测试技术协助18件、同步录音录像技术协助246件、其他技术协助50件)。出具证据材料664件。同步录音录像时长2933.37小时，同步录音录像技术协助司法办案246件。

(蒙　旗)

【案件选介】

朱某某等人运输毒品抗诉案　朱某某，男，户籍地广西博白县松旺镇。阙某某，男，户籍地广西博白县新田镇。庞某，男，户籍地广西浦北县平睦镇。2013年6月2日，朱某某、阙某某、庞某在青秀区某酒店共同吸食毒品后，朱某某与一名绰号"合江东华"的男子达成毒品交易合意，由朱某某向"合江东华"购买毒品K粉。朱某某、阙某某、庞某驾车至西乡塘区龙腾路，阙某某从卖家手中拿走两大包毒品K粉后，3人被公安人员抓获。公安人员当场从小轿车上查获2包毒品K粉可疑物(净重1975.23克，经鉴定为氯胺酮)。9月9日，市公安局西乡塘分局将朱某某等人运输毒品案移送西乡塘区检察院审查起诉。2014年3月21日，经两次退回补充侦查，西乡塘区检察院以朱某某等人运输毒品犯罪向西乡塘区法院提起公诉。12月18日，西乡塘区法院判决，以犯非法持有毒品罪，判处朱某某有期徒刑7年6个月，并处罚金1万元；判处阙某某有期徒刑1年7个月，并处罚金2000元；判处庞某有期徒刑1年7个月，并处罚金2000元。西乡塘区检察院认为：一审判决以非法持有毒品罪定罪处罚存在错误，导致量刑畸轻，应认定运输毒品犯罪；朱某某是主犯，依法应当在15年有期徒刑、无期徒刑或者死刑的刑罚幅度内量刑，并处没收财产；阙某某、庞某从系犯，依法应当在7年以上有期徒刑的刑罚幅度内量刑，并处罚金。12月25日，西乡塘区检察院向市中级人民法院提出抗诉。2015年1月5日，市检察院支持抗诉；市中级人民法院判决，以犯运输毒品罪，判处朱某某有期徒刑15年，并处罚金2万元；判处阙某某有期徒刑7年，并处罚金3000元；判处庞某有期徒刑7年，并处罚金3000元。2016年4月21日，最高人民检察院公诉厅通报，朱某某等人运输毒品抗诉案获评全国检察机关优秀刑事抗诉案件。

翁某诈骗犯罪案　翁某，女，住南宁市邕宁区某单位宿舍。2011年2月起，翁某以其名下13本房产证作抵押，向张某某、颜某某等人借款一千多万元。后张某某、颜某某发现，翁某提供的房产证全系伪造，遂报案。市公安局邕宁分局认为案情特别重大、复杂，需继续初查，不予立案侦查。2012年12月30日，张某某、颜某某等人向邕宁区检察院申请监督公安机关立案侦查。邕宁区检察院向市公安局邕宁分局发出《要求说明不立案理由通知书》。2013年1月4日，市公安局邕宁分局对本案立案侦查，9月5日向市检察院移送审查起诉。2014年3月19日，市检察院以翁某涉嫌集资诈骗罪向市中级人民法院提起公诉。2016年1月18日，市中级人民法院判决：翁某犯诈骗罪，判处无期徒刑，剥夺政治权利终身，并处没收个人全部财产。检察机关未抗诉，被告人翁某不上诉，判决生效。12月23日，获自治区检察院政治部、侦查监督处评为自治区检察机关刑事立案监督精品案件。

交付罪犯吴某服刑案　吴某，男，户籍地广西博白县沙河镇沙河村。2010年1月7日，吴某等5人在市共和路实施抢劫，获赃款4.60万元。2010年3月12日吴某等5人被公安机关抓获，3月23日被依法逮捕。8月20日，吴某因患有严重疾病，不符合收押条件，公安机关为其办理取保候审。12月8日，青秀区检察院将吴某等5人涉嫌抢劫犯罪一案向青秀区法院提起公诉。2011年6月23日，青秀区法院以抢劫罪判处吴某有期徒刑10年；7月4日判决生效。青秀区法院欲将吴某送往看守所收押，但看守所以吴某患有严重疾病为由拒绝，吴某遂逃匿躲避服刑。2016年4月起，全国开展集中清理刑罚交付执行的专项活动，青秀区检察院将吴某躲避服刑列为重点案件进行监督，建议青秀区法院办理相关手续，公安机关将吴某列为网上追逃罪犯进行抓捕。青秀区法院采纳。8月31日，市公安局青秀分局将吴某列为网上追逃人员。青秀区检察院跟进监督。12月6日，公安机关将吴某抓捕归案，移交青秀区法院收监执行。12月30日，获自治区检察院监所检察处评为自治区检察机关刑罚交付执行监督精品案件。

给予服刑人员黄某某提请减刑案　2016年8月，市茅桥地区检察院收到南宁监狱给予提请呈报服刑人员黄某某减刑一年的申请。经审查，黄某某因组织、领导黑社会性质组织等罪于2007年11月被判处有期徒刑20年，并处罚金1.50万元，但尚有1.30万元未缴纳。茅桥地区检察院认为黄某某具有履行能力应履行财产刑，不适宜给予呈报法院裁定减刑，遂向南宁监狱作出暂缓呈报法院裁定减刑的检察意见。南宁监狱采纳。茅桥地区检察院检察官劝说且协助黄某某履行财产刑。2016年10月，黄某某家属向法院缴纳1.30万元罚金，财产刑执行完毕。12月，南宁监狱再次提请给黄某某呈报减刑1年，获茅桥地区检察院同意。

督促良庆区卫生监督所依法履行职责案　2015年9月14日，南宁莫伟内科诊所的从业人员郭某违反有关法律规定，在没有执业医师、护士和资格认定的医学技术人员在场的情况下单独执业，擅自开展静脉用药业务，导致患者农某当场死亡。良庆区检察院在办理该案中，发现良庆区卫生监督所没有依法履行监督管理职责，存在行政不作为的行为，2016年8月1日，良庆区检察院向良庆区卫生监督所发出督促履行职责的检察建议。良庆区卫生监督所采纳。8月1日至30日，良庆区卫生监督所检查医疗机构189家(民营医院2家、个体诊所187家)，立案查处个体诊所11家(吊销医疗机构执业许可证2家、罚款9家)，对一批个体诊所不良行为给予惩戒性记分。

(刘艳红　梁　飞　蒙　旗)

审　判

【概　况】2016年，南宁市中级人民法院辖区县法院12个，法庭25个；市两级法院编制1507名，在编1502人，其中法官994人。市中级人民法院设政治部、办公室、监察室(纪检组)、审判管理办公室、立案庭、刑事审判第一庭、刑事审判第二庭、未成年人案件审判庭、民事审判第一庭、民事审判第二庭、民事审判第三庭、民事审判第四庭、行政审判第一庭(赔偿委员会办公室)、行政审判第二庭、审判监督庭、执行工作局(执行庭)、研究室、司法行政装备管理科、司法警察支队19个机构，编制265名，在编257人，其中法官189人。年内，市两级法院实行法官员额制改革，员额制法官编制666名，实际入额法官600人，无法官助理，司法行政人员233人。其中，市中级人民法院员额制法官编制119名，入额法官111人，无法官助理，司法行政人员53人。市中级人民法院办公室被最高人民法院评为全国法院先进集体，兴宁区法院被最高人民法院评为全国法院党建工作先进集体。市中级人民法院立案庭被全国老龄工作委员会办公室、最高人民法院、最高人民检察院、公安部、民政部、司法部联合授予"全国老年法律维权工作先进集体"称号。

江南区法院获共青团中央、最高法院授予2014—2015年度“青少年维权岗”称号。宾阳县法院广西郑某某销售盗版音像制品案专案组获国家版权局有功单位一等奖，市中级人民法院广西博大书店销售盗版图书案专案组获国家版权局有功单位二等奖。市中级人民法院被最高人民法院政治部、人民法院新闻传媒总社评为2016年度在司法宣传工作中做出突出成绩的人民法院。市中级人民法院课题组《关于政府信息公开案件审理情况的调研报告》被最高人民法院办公厅评为第三届全国法院行政审判优秀调研成果(报告类)三等奖。市中级人民法院黄华莹等4人获国家级表彰奖励，市中级法院等34个集体、201人次获自治区级表彰奖励，242个集体、305人次获地市级表彰奖励。

【审判管理与司法改革】 2016年，南宁市开展“司法体制改革推进年”活动，制定《南宁市中级人民法院首批入额法官初选工作方案》、考试考核实施细则，市中级人民法院、江南区法院、上林县法院三个试点法院完成首批员额法官遴选；市两级法院完成员额法官遴选，600名法官入额，入额比例向一线倾斜、向案件多的法院倾斜；江南区法院司法体制改革获南宁市优秀改革创新项目。市中级人民法院制定《南宁市中级人民法院审判职责暂行规定》，探索审判团队模式，坚持院庭长放权与监督管理统一，院庭长审结案件2.48万件，占已结案件38.48%。市中级人民法院制定成员单位工作职责、联动细则，推进反家暴防控；西乡塘区法院率先成立自治区首个“反家暴合议庭”，发出“人身安全保护令”9份，借助城区综治网格化管理平台保障执行，无一违反；江南区法院、良庆区法院被列为全国首批家事审判改革试点法院；良庆区法院设立广西首个反家暴庇护中心、探视中心，家事巡回法庭调解家事纠纷案件263件；江南区法院首创的家事调查员制度获最高法院专文向全国推广；市两级法院家事审判改革在最高人民法院、全国妇联召开的座谈会上介绍经验；市中级人民法院反家暴联动机制改革项目、良庆区法院家事审判改革项目均被评为南宁市优秀改革创新项目。探索各类案件实行繁简分流机制改革，实现简案快审、繁案精审。自治区繁简分流改革试点单位江南区法院、兴宁区法院、宾阳县法院成立速审、速执团队，江南区法院速执团队结案数量占执行结案总数42.10%；兴宁区法院速审团队法官人均结案271.60件，平均审理周期28.99天，缩短87.41天；西乡塘区法院建立轻微刑事案件“诉讼快审通道”，轻案快办适用率24.97%。

【刑事审判】 2016年，市两级法院受理刑事案件7221件，审结6349件。严惩“两抢一盗”、故意杀人等危害社会治安犯罪，审结蓝山上城抢劫、故意杀人案；严惩涉众型经济犯罪，审结传销、非法吸收公众存款、集资诈骗案件75件；严惩危害食品安全犯罪，审结韦某某等16人生产、销售不符合安全标准食品罪案；审结广东省委原常委、广州市委原书记万庆良受贿案，审理职务犯罪案件137件172人；严厉打击网络诈骗犯罪，审结全国首例全链条新型电信网络诈骗案等案件117件143人，生效判决均不适用缓刑；判决适用非监禁刑838人，比上年同期上升21.98%，其中未成年人犯罪案件适用缓刑58人；审结减刑、假释案件5675件，结案率100%。落实以审判为中心的刑事诉讼制度改革，确保无罪者不受刑事追究，依法宣告无罪2人，裁定准许公诉机关撤回起诉案件27件。

9月30日，市中级法院公开宣判广东省委原常委、广州市委原书记万庆良受贿案

市中级法院提供

【民商事审判】 2016年，市两级法院受理民商事案件6.99万件，审结4.84万件，调解撤诉化解民商事纠纷1.80万件。落实民商事审判“六个原则”(落实产权保护、尊重契约自由、坚持平等保护、坚持权利义务责任统一、诚实守信、坚持程序公正与实体公正相统一)，审结金融借款合同纠纷案件4151件、标的92亿元。市中级人民法院指导基层法院审理涉及跨世纪酒店、巨东公司等群体性纠纷系列案件11批664件。宣告广西有色金属集团有限公司破产，妥善处置“僵尸企业”。裁定受理南宁市首例执行转破产案件，解决阳朔县法院68件案件执行难问题；召开新闻发布会通报涉及食品药品安全民事案件典型案例；审结家事案件5709件；审结知识产权案件666件。创设涉东盟案件合议庭，建立司法协助专办员制度，审结涉外案件77件。

【行政审判】 2016年，市两级法院受理行政诉讼案件2143件，审结1265件。行政机关负责人出庭应诉案件214件。审慎处理土地征用、房屋拆迁等行政争议案件，审结涉及五象新区13个重点工程项目系列案。市两级法院协调原告撤诉行政争议案件96件。江南区法院“行政诉前联调工作室”挂牌。2月2日，市中级人民法院首次就“两违”(违法用地、违法建设)行政案件审判向市政府、12个区县政府、3家开发区管委会等单位发送《全市2013—2015年“两违”案件行政审判白皮书》，提高南宁市行政机关整治“两违”法治化水平。

【信访、申诉与再审】 2016年，市中级人民法院接访735批次963人次，比上年减少173批次290人，批次下降19.05%，人数下降23.14%。院长接待日及全市联合大接访活动接访15次，接访106批次204人，比上年减少33批次1人，批次下降23.74%，人数下降4.90%。接听电话4676余次；拆阅转办信件790余次，比上年增加530件次，增幅203.85%。市中级人民法院新收申诉、申请再审案件147件，旧存6件，累收案152件，比上年下降32.14%；累结案144件，下降33.94%；结收案比94.74%，下降2.55%。符合听证并公开听证民事申请再审案件126件，听证率100%。未结案件8件均在审限内。市中级人民法院收到本院提审或自治区高院指令再审案件12件，自治区、市检察院抗诉案件4件，均及时制作裁定书后转交办理。年内，市两级法院审理再审案件290件(民事271件、刑事17件、行政2件)；审结再审案件 236 件(维持 60 件、改判案件 49 件、发回重审 8 件、调撤 10 件、驳回起诉 4 件、其他 105 件),结案率 81.38%。市中级人民法院审理再审案件 90 件(旧存 19 件、新收 71 件),其中民事再审案件 80 件,刑事再审案件 8 件;审结 70 件(维持 38 件、改判 18 件、发回重审 8 件,调撤 4 件、驳回起诉 2 件),结案率 77.78%。

【国家赔偿与司法救助】 2016 年,市两级法院审理国家赔偿案 29 件,其中市中级人民法院受理案件 14 件,受委托出庭自治区高级法院应诉 1 件,审结 11 件、未结 3 件。市两级法院完成救助案件 166 件,救助 224 人,救助款项 130 万元。

【案件执行】 2016 年,市两级法院受理执行案件 2.19 万件,执结案件 1.94 万件,比上年上升 57.61%,执行标的 201.26 亿元。落实"用两到三年时间基本解决执行难问题"的部署,组建执行团队 120 个,出台措施 26 项。开展"执行清案月""秋冬会战"等活动,发布失信被执行人名单 1.22 万人,拘留 352 人,罚款 43 人,判决拒执罪 19 件 27 人;将公职人员不履行债务情况向纪律、人事主管部门通报 14 人次。移送公安机关立案后,涉嫌犯拒不履行判决、裁定罪的 53 名涉案被执行人主动履行义务。采用"无人机"参与执行,预估执行风险;利用网格化管理平台,解决找人难问题;联合支付宝查询财产线索,扩大查找财产范围。创新执行宣传平台,在法院官网、微博、微信、电台、地铁站、机场、公交车、村屯宣传执行。南宁市法院执行工作经验在自治区法院执行工作现场会上,获自治区高级法院肯定并在全区法院推广。

【阳光司法】 2016 年,南宁市依托司法公开"四大平台"(中国审判流程公开网、中国裁判文书公开网、中国执行信息公开网、中国庭审公开网),构建阳光司法机制。开通阳光司法网,当事人可在线查询案件流程、执行信息、裁判文书等信息。在中国裁判文书网公布裁判文书 5.82 万份,居自治区首位。对涉诉财产实行现场与网络同步联拍,市中级人民法院拍卖 14 宗,成交金额 3.48 亿元。通过"两微一网"(市中级人民法院官方微博、微信,阳光司法网)发布法院信息 2457 条,庭审直播案件 1687 件、录播案件 281 件。市两级法院举行新闻发布会 57 次。市中级人民法院官方微博、微信在人民网全国政法系统"双微"排行中,居全国法院前二十名,获最高人民法院、人民法院新闻传媒总社通报表扬。

【司法监督】 2016 年,南宁市法院执行市人大及其常委会决议,办理市本级人大常委会审议意见、代表相关建议,向市人大常委会专题报告审判监督情况。市中级人民法院接到并办结人大代表建议 2 件;邀请人大代表、政协委员到院视察、旁听庭审、监督执行和参加活动,向代表、委员赠阅《南宁法官》《另眼看法》等书籍,主动报告法院重要工作动态,接受人大及政协监督;办理提案 7 件并回复;邀请检察长列席审委会讨论案件 12 次;开展法院开放日活动 42 次;选任人民陪审员 845 人,参与审理案件 2.41 万件。

【便民利民诉讼机制建设】 2016 年,南宁市为辖区重点工业园区企业提供产权司法服务。市中级人民法院联合南宁高新区管委会等部门召开座谈会,指导企业提升知识产权保护意识;江南区法院建立服务南宁经开区经济社会发展工作机制,定期走访企业;横县法院建立企业法治帮扶工作组,为六景工业园区企业提供法律服务;邕宁区法院成立重大项目案件审理小组,专门审理涉及邕宁新兴产业园区重大项目案件;良庆区法院成立南宁五象新区指挥部法官工作站,为破解五象新区征地拆迁中的法律难题提供服务;青秀区法院发挥"城市管理巡回法庭"作用,推动青秀区创建"南宁市城市管理示范区";武鸣区法院完善"归侨侨眷维权岗",处理涉侨案件。开展公益律师驻点服务,引入第三方参与化解和代理涉法涉诉信访案件。开展特色巡回审判,依托"消费维权巡回法庭""交通巡回法庭""家事巡回法庭"等专门法庭,推行调解"民俗"化,兴宁区法院"族老"调解、马山县法院"贝侬"调解案件近 300 件。宾阳县法院武陵人民法庭探索建立 4 个"1+3"工作模式,即全体讨论 +"三评查"(审批质量评查、庭审能力评查、裁判文书评查),全程调解 +"三联合"(诉讼调解与人民调解衔接配合、法检民行联席调解、法官村干部联合调解),全心服务 +"三理念"(便民、近民、利民三个服务理念),全员争先 +"三建设"(设力争先榜、加强思想政治建设与司法能力建设相结合、促进干警交流平台建设),连续 5 年无改判、无重审、无再审、无上访。建立青少年法制教育基地,送法进校园 121 次,创建"未成年人零犯罪学校",受教育学生 10 万人次;回访帮教涉案未成年人,回访帮教率 100%,未成年人、青少年犯罪率逐年下降。参与市"平安医院"创建;宾阳县法院、良庆区法院分别开展打击电信网络诈骗、传销法律宣传。打造"一站式"便民诉讼服务平台,开通 12368 诉讼服务热线,为 2665 名当事人提供诉讼咨询、案件查询等服务;马山县法院、江南区法院获"自治区法院诉讼服务中心建设先进集体"称号;江南区法院科技法庭通过 QQ 远程视频,与在国外的当事人完成案件庭审;马山县法院巡回审判常态化,审判案件 495 件;落实司法救助制度,为符合规定的当事人免、减、缓诉讼费 860 余万元,发放司法救助资金 377.80 万元,救助 452 人。开展精准扶贫助农脱贫,贫困户对市中级人民法院帮扶满意度 98.65%,隆安县法院开展"扶贫日"帮扶活动。

【审判队伍建设】 2016 年,南宁市开展法院庭审评比、裁判文书竞赛、裁判文书评查等活动。宾阳县法院审结的罗仁胜、罗仁成假冒 QQ 好友网络诈骗案被最高

11 月 20 日,市、区县两级法院 110 名应试人员在南宁考区参加广西法院系统法官入额考试
市中级法院提供

人民法院列为全国九大典型电信诈骗案例之一。举办或组织法官培训90批次，培训1.30万多人次。出版干警原创文集《功夫在庭外》；开展司法研究，出版《一线司法理论与实证研究》（第四卷）。市中级人民法院获自治区法院司法警察技能大比武竞赛第一名，获自治区法院调研工作及优秀司法统计分析评比先进组织奖，市中级人民法院及7个基层法院获自治区法院学术研究工作优秀组织奖。市中级人民法院机关选派干警参加国家法官学院、广西法官学院专项培训51人次；组织干警参加业务培训3003人次；组织通过司法考试的干警参加预备法官培训10人次。

【案件选介】

施某某受贿案　2010年至2014年，被告人施某某利用其担任广西壮族自治区纪委第二纪检监察室副主任的职务便利，为他人谋取不正当利益，索取、非法收受他人财物922万元（其中500万元未遂），数额特别巨大。2016年4月13日，市中级人民法院判处其有期徒刑11年，并处罚金40万元。宣判后，被告人施某某未上诉。

韦某某等人生产、销售不符合安全标准食品案　2009年至2014年，韦某某等16人在上林县收购死因不明的家猪，解剖后拿到市场销售或制成熟食销售。2016年1月，上林县法院以生产、销售不符合安全标准食品罪分别判处各被告人有期徒刑4年至1年1个月，并处罚金2万元至4千元。被告人上诉，市中级人民法院依法驳回上诉，维持原判。

翁某某集资诈骗罪、苏某某非法吸收公众存款案　2005年起，被告人翁某某虚构国海证券从业人员身份，以投资证券、房地产及经营粮油生意需要大量资金为幌子，以高额利息为诱饵，直接或通过中间人向他人借款，被告人苏某某帮助翁某某以高额利息为诱饵向他人吸收资金。2005年至2012年12月，翁某某向264名被害人非法集资1.89亿元，已归还5255.72万元，1.36亿元未能归还。2016年1月18日，市中级法院作出一审判决，以集资诈骗罪判处翁某某无期徒刑，剥夺政治权利终身，并处没收个人全部财产；以非法吸收公众存款罪判处苏某某有期徒刑8年，并处罚金20万元。被告人翁某某、苏某某均未上诉。

陈某某等人信用卡诈骗、侵犯公民个人信息案　2015年12月至2016年1月，被告人罗某某、罗某先后4次向被告人刘某某购买手机木马病毒程序工具，以发短信的方式非法获取公民个人信息544组；以有偿方式向被告人邱某某、陈某某多次购买公民个人信息、银行账号并盗刷被害人银行卡；与被告人陈某某约定，由罗某某、罗某向陈某某提供非法获取的公民个人信息，再由陈某某利用这些信息冒充被害人身份，通过网络购物的方式购买商品后出售，得款后共同非法牟利；让被告人罗某以充值手机话费的方式套取电信诈骗所得赃款2万余元。此外，被告人陈某某单独作案，通过冒充被害人身份网络购物的方式，盗刷被害人银行卡账户9万余元。2017年1月24日，宾阳县法院作出一审判决，以信用卡诈骗罪、侵犯公民个人信息罪等罪名分别判处涉案被告人有期徒刑7年至有期徒刑1年不等的刑罚。部分被告不服提起上诉。

滕某某等诉市政府房屋拆迁行政征收行为违法及行政赔偿系列案　系列案件56件，涉案人数众多，涉及南宁五象新区多个工程项目，各原告因不服市政府在收回原南宁市柳沙园艺场国有农场土地使用权过程中的房屋拆迁行政征收行为提起诉讼，要求国家赔偿总金额6527.90万元。9月，市中级人民法院一审驳回各原告起诉。

黄某等申请执行广西金地股份有限公司借款纠纷等关联案件　关联案件113件，申请执行标的约58亿元，先后查封南宁五象新区核心区土地14宗，面积91.33公顷。2012年以来，市中级人民法院协调分布于全国6个省的众多案件当事人及政府各个职能部门，推动涉案被查封土地的处置，配合市政府完成14宗土地范围内计52.67公顷土地的征收，为政府节约征收费用超10亿元。2016年，通过法院拍卖程序处置5宗土地使用权，加快五象新区开发建设。（潘伟坚）

司法行政

【概　况】2016年，南宁市司法行政系统有市司法局1个、区县司法局12个、开发区司法局2个，乡镇、街道司法所127个；市司法行政系统编制561名（市司法局73名，区县司法局146名，乡镇、街道司法所342名）；全市司法行政机关在职517人（市司法局66人，区县司法局137人，乡镇、街道司法所314人）。有公职律师办公室2家，律师事务所148家，执业律师1405人、公职律师18人；基层法律服务机构57家，基层法律服务工作者398人。全市有803家政府部门、企事业单位聘请律师担任法律顾问，1084个村（社区）聘请律师、基层法律服务工作者担任法律顾问。有公证处8家、执业公证员31人；司法鉴定机构5家，执业司法鉴定人46名。市司法行政系统有60个单位、108名个人获市级以上表彰，其中南宁市法律援助中心被国务院农民工工作领导小组评为全国农民工工作先进集体，被司法部评为第五届法律援助工作先进集体，市依法治市工作领导小组办公室获“2011－2015年全国法治宣传教育先进普法依法治理办公室”称号，青秀区获“2011－2015年全国法治宣传教育先进集体”称号；武鸣区、上林县、横县依法治县办公室获“2011－2015年自治区法治宣传教育先进集体”称号。

【法治宣传教育】2016年，南宁市印发《关于在全市公民中开展法治宣传教育的第七个五年规划（2016－2020）》，市依法治市领导小组成员由27个增至41个。开展“三类重点对象”（领导干部、青少年、农民）法治宣传教育。组织3000多名科级以上领导干部参加法治南宁讲堂，1586名新提拔领导干部参加法律知识考试、合格1376人，10余万干部职工参加年度普法考试；开放14个青少年法治教育示范基地，选聘747名法治副校长，培训普法骨干、法治副校长100多名；开展农民法治宣传教育，通过农村电子法治宣传栏、法治文化教育基地定期更新发布法制宣传信息。建立完善南宁普法网、普法微信微博，与南宁人民广播电台合办《说法讲堂》普法栏目，扩大社会知晓率。组织“12·4”国家宪法日、美丽南宁·清洁乡村等法制宣传，开展主题宣传180多场、“法律六进”（法律进机关、进乡村、进社区、进学校、进企业、进单位）活动800多次，推出微电影、微视频等作品66部，发放宣传资料20万份，受教育群众超过30万人次。

【人民调解】2016年，南宁市成立自治区首家保险行业人民调解委员会，有调解员26名，调解保险纠纷8件，调解成功5件；成立物业纠纷人民调解委员会15个，调解物业纠纷91件，调解成功82件。成立西乡塘区“美丽南方”、江南区扬美古镇、上林县、横县中华茉莉园、马山县等旅游纠纷人民调解委员会11个，调解纠纷5件，调解成功5件。西乡塘区成功调解“3·13”火灾事故、“8·28”重大交通事故、“8·30”工地致人死亡事故、“10·10”触电身亡等一系列重大事故。南宁市开展纠纷排查2.93万次，调解纠纷3.25万件、调解率100%，调解成功3.15万件、成功率97%；防止民间纠纷引起自杀案件42件47人，防止民间纠纷转化为刑事案件118件2435人，防止群体性上访153件4103人，防止群体性械斗

126 件 1.05 万人。

【社区矫正】 2016 年,市司法局开展“社区矫正基层基础建设加强年”活动,社区矫正中心建设完成率 100%。完成社区矫正信息化升级改造,完善服刑人员信息档案,增加指纹报到功能,实现联机指纹、头像采集及全市社区矫正大数据整合。成立市社区矫正工作突发事件应急处置领导小组及应急处置队,投入 20 万元配备应急装备。开展社区矫正培训 5 次,培训 399 人;执法检查 2 次,无脱管漏管现象。至年末,全市在册社区矫正人员 1804 人,新接收社区矫正人员 1235 人,解除矫正人员 1234 人,累计再犯罪率 0.15%,无重大恶性案件发生。

【安置帮教】 2016 年,市司法局加强服刑人员信息核查和释放前衔接,重点对象接送率 100%。推动过渡性安置基地建设,横县设立宝强建材(砖)厂、横县钢灿钢构公司安置帮教基地 2 个。全市衔接刑满释放人员 2772 人,安置 2747 人,安置率 99.10%;帮教 2749 人,帮教率 99.20%;重新违法犯罪 10 人,重新违法犯罪率 0.36%。

【公证事务】 2016 年,南宁市有桂南公证处、德芳公证处、武鸣公证处、横县公证处、宾阳公证处、上林公证处、马山公证处、隆安公证处 8 家公证处,办理公证 1.98 万件,比上年增加 8%;公证收入 559.46 万元,接待咨询 4.75 万余人次。桂南公证处等 5 家公证处完成自治区公证机构规范化建设,超额完成自治区目标。桂南公证处为大型企业开辟办证绿色通道,涉及标的超过 100 亿元。现场监督公证市限价普通商品住房公开摇号等数十次。开展上门办证服务,办理法律援助公证 300 多件,减免收费 37 万余元。

【律师事务】 2016 年,南宁市完善司法行政管理与律师协会行业管理“两结合”管理体制。全市有公职律师办公室 2 家,律师事务所 148 家、执业律师 1405 人、公职律师 18 人;有律师事务所 135 家、律师 1266 名,法律援助中心 10 家、法律援助律师通过年度考核 32 名。803 家政府部门和企事业单位、1084 个村(社区)聘请律师担任法律顾问。建立 60 名律师参与的涉法涉诉信访案件人才库,205 名律师参与信访接访 127 批 269 人次,19 名律师被推选为各级人大代表和政协委员。律师办理案件 1.60 万件,其中代理刑事案件 2124 件、民事案件 7335 件、行政案件 600 件,办理非诉讼法律事务 1914 件,办理法律援助案件 4002 件。

【基层法律服务年审】 2016 年,南宁市开展基层法律服务年审注册、执业行为监督管理。开展基层法律服务所、法律工作者年度检查、执业注册,进行基层法律服务所、基层法律服务工作者信息采集。全市参加年审注册的基层法律服务机构 57 家,基层法律工作者 398 人,均通过。

【法律援助】 2016 年,市法律援助中心扩大法律援助网络,在市信访局、市农民工办公室等增设法律援助工作站 10 个;压缩法律援助案件审批时限,52% 的案件实现当日受理当日指派;加强对弱势群体和特殊人群的法律援助,受援人群中农民工占 34%、妇女占 29.92%;案件和接待咨询零投诉,胜诉率(含部分胜诉)89.66%,代理和辩护意见采纳率(含部分采纳)90%。全市法律援助机构受理群众咨询 1.90 万人次,办理法律援助案件 4924 件,受援人数 4953 人,挽回经济损失 6619.61 万元。

【国家司法考试】 2016 年,南宁考区报考国家司法考试 5926 人,比上年增加 1235 人、增长 26.33%,占自治区参加考试人数三分之一。设考点 7 个,考场 198 个;首次启用考务安全管理系统、手持机等新设备,落实司法部“考卷安全、考场安全、考试安全、人员安全”要求,未发生违纪事件,通过国家司法考试 901 人,符合授予资格条件 635 人。

【司法鉴定】 2016 年,市司法局做好新增司法鉴定机构、司法鉴定人及鉴定机构、鉴定人的变更、延续、注销等申请初审,完成鉴定机构、鉴定人名册编制。市司法局登记管理的司法鉴定机构有市金盾司法鉴定所、市第五医院司法鉴定所、市阳光法医物证司法鉴定所、市社会福利医院司法鉴定所、南宁狮山机动车检测有限公司 5 家,执业鉴定人 46 名,办理鉴定事项 5912 件(诉讼鉴定 1249 件、非诉讼鉴定 4663 件)。

【公共法律服务体系建设】 2016 年,南宁市为民办实事工程之一的 12 个区县公共法律服务中心、104 个公共法律服务工作站建成,总投资 3040 万元(市司法局公共法律服务平台 880 万元,区县法律服务中心、法律服务工作站 2160 万元)。9 月,市公共法律服务中心(投资 2164 万元)建成并对外服务。全市各级公共法律服务中心统一外观标识,均按标准设置“一平台六中心”(公共法律信息化平台,公共法律中心、法治宣传教育中心、法律援助中心、社区矫正中心、人民调解中心、安置帮教中心)。市司法局拨款 102 万元,帮助区县解决公共法律服务建设经费。12 月,南宁市公共法律服务平台投入运行,“12348 司法行政公共服务平台”升级改造完成投入使用;市、区县、乡镇(街道)三级公共法律服务网络初步形成。全市以政府购买服务方式,开展“一村(社区)一法律顾问”工作;高新区、兴宁区、青秀区分别投入 6 万元、14.20 万元、13.80 万元实现村(社区)法律顾问全覆盖。全市以“四个一”(配备一个专职人员负责,出台一套方案,建立一本台账,设置一个固定场所办公)规范村(社区)法律顾问工作,1084 个村(社区)聘法律顾问,覆盖率 61.60%;新增 300 个村(社区)法律顾问示范点,157 家示范点聘任律师担任法律顾问,占比

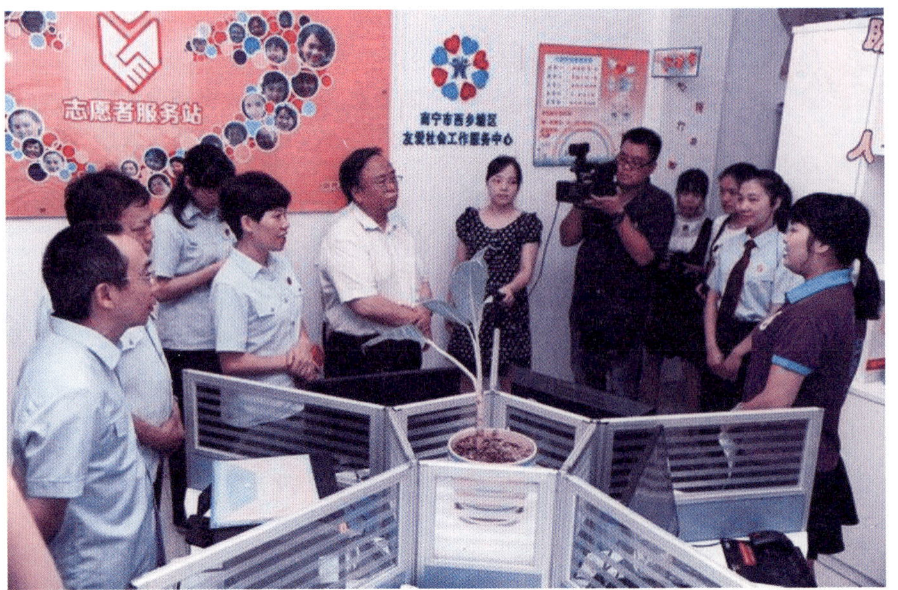

5 月 16 日,最高人民法院审判委员会专职委员杜万华(右五)一行到西乡塘区司法社工服务站调研 市政法委提供

超50%。全市开展法制宣传2935场次、法律咨询6141人次;办理法律援助案件362件;代理法律事务921件;为村(居)委会提供法律建议、意见,草拟、审核法律文书823件;化解民间矛盾纠纷377件。

(陈 超)

社会治安综合治理

【概 况】 2016年,南宁市有各级社会治安综合治理委员会及办公室各16个。其中:市社会治安综合治理委员会及办公室各1个;区县、开发区社会治安综合治理委员会及办公室各15个。有乡镇(街道)综治办1792个。全面深化平安南宁建设,打击各种违法犯罪,推进南宁市经济社会持续健康发展,促进社会大局和谐稳定。

【社会治安防控体系建设】 2016年,南宁构建"七位一体"(指挥调度、情报研判、视频监控、网络巡查、卡口检查、巡逻防控、反恐处突有机结合)立体化社会治安防控体系,优化指挥调度、警情研判机制;完善警用地理信息系统、三级勤务响应工作制度,严格落实21个重点部位"1分钟"快速反应机制,配备52辆新型武装巡逻冲锋车,实现巡逻防控"一体化展示、可视化指挥、扁平化调度"目标。有警务工作站103个,配备警力3019人;设置视频监控探头7.19万个,招聘助警1471名,实现"一村一警";加强群防群治队伍建设,建立专职巡防队伍1382支1.05万人;建有乡镇(街道)综治办1792个,占乡镇(街道)总数100%;建有治保组织1382个,人民调解组织1922个,分别占应建数100%。推进平安建设,创建平安县(市、区)10个,平安乡镇(街道)127个,平安村(社区)1739个。

【流动人口与特殊人群管理】 2016年,南宁市登记在册外来流动人口84.02万人,列管出租房屋80.86万套(间),累计办理流动人口居住证131.36万张。组织对全市范围内高危人员、困难群体、重点人群开展排查,录入全国重性精神病人信息管理系统的人员3268人,其中有肇事肇祸前科严重精神障碍患者154人;录入全国非正常上访重点人员信息系统的人员230人,其中A类9人、B类221人。衔接刑释解教人员2772人,安置2747人,刑释解教人员重新犯罪率0.36%;新接收社区矫正人员1235人,解除矫正人员1234人;有社区矫正人员1804人,社区矫正人员重新犯罪率0.15%;推进社区戒毒、社区康复启航工程,组织开展社区戒毒、帮助吸毒人员康复1447人。

【城乡综治网格化管理与信息化建设】 2016年,南宁市成立社会治理网格管理中心,建立应急巡防队。全市所有街道、社区、城中村及各县乡镇完成"大网格"建设,有网格8623个,网格员7050多名;网格手机7000多部,录入实有人口数据730多万人;实有房屋173万套,实有数据录入率95%以上;其中流动人口88万人,特殊人群1.60万人,重点场所1万个;有大学、中学、小学1866所,通过网格手机传递矛盾纠纷调解及信息70多万条,办结率98%;建成平安信息平台、开通电脑账号6389个,移动账号6099个,综治视联网接入点196个;实现各层级视频会议、视频接访、远程指挥。投入4000多万元,在重点整治地区增加设置2000多个视频监控探头,在偏小、边远、分散地区和"三无"(无物业管理,无主管部门,无人防物防的院落、楼栋)小区视频覆盖率90%。6月27日,全国综治和平安建设信息化工作现场推进会在市委政法委网格管理中心召开,中央综治委副主任、中央政法委副秘书长、中央综治办主任陈训秋,自治区党委常委、政法委书记温卡华,市长周红波及全国50多个主要城市的代表出席;参观西乡塘区西乡塘街道和万秀村网格中心;市综合信息化建设经验在全国推广。

1月21日,南宁市启动社会治安立体化巡逻防控。图为公安干警巡逻

市公安局提供

【矛盾纠纷排查化解】 2016年,南宁市建立完善矛盾纠纷调解机制,开展矛盾纠纷排查2.93万人次;人民调解组织调解矛盾纠纷3.24万件,其中调解成功3.14万件,调解率100%,调解成功率97%;防止民间纠纷引起自杀案件42件47人,防止民间纠纷转化为刑事案件118件2435人;防止群体性上访153件、涉及4103人,防止群体性械斗126件、涉及1.05万人。市医疗调解委员会调解医疗纠纷184件,达成协议137件;市调解委员会调解交通纠纷444件,调解成功435件;市物业纠纷人民调解委员会调解物业纠纷91件,调解成功82件;人民调解委员会劳动争议委员会调解劳动争议70件,调解成功70件。

【青少年犯罪预防】 2016年,南宁市中级人民法院在全市推广建设少年司法工作站,为涉诉未成年人提供专业服务;依托建立青少年法制教育基地,通过法律讲座、"法制宣传周"、模拟法庭、"护蕾行动"等多种形式,送法进校园121次,帮助学校开展"未成年人零犯罪学校"创建活动,受教育学生10万人次;注重涉案未成年人回访帮教,回访帮教率100%,保持未成年人犯罪率、青少年犯罪率逐年下降的趋势。

【校园及周边环境治理】 2016年,南宁市开展"护校安园"活动,推进校园安全"防护网"建设。组织出动警力1.91万人次、警车5088辆次,开展校园周边治安整治行动396次,检查学校2506所,发现安全隐患134处,清除、整改安全隐患134处;开展法制教育活动960次,安全演练369次;排查校园内部矛盾纠纷85次,化解涉校矛盾纠纷53件;接到学校涉校矛盾纠纷通报3件。逐校配备派出所责任领导943名、责任民警1145名;商定治安重点管控学校33所,建立校园警务室504个。责任校警接受法律咨询305次、救助143人。

(傅荣华 黄静洁)

责任编辑 谢萍萍

军 事

中国人民解放军广西南宁警备区

【概　况】 2016年,中国人民解放军广西南宁警备区贯彻党中央、中央军委和习近平主席决策指示,落实军委国防动员部、广西军区工作部署,抓好举旗铸魂、备战打仗、安全稳定等工作。邕宁区、横县人武部党委被广西军区党委评为先进团级单位党委;横县、马山县人武部被广西军区评为全面建设先进团级单位。受军以上单位表彰6人,立三等功5人,获嘉奖干部、战士23名,10名战士被评为优秀士兵。

【思想政治建设】 2016年,警备区学习贯彻党的十八届六中全会精神和习近平主席系列重要讲话精神,组织党委中心组带机关4个专题理论学习,开展"两学一做"学习教育和改革强军主题教育活动,肃清郭徐流毒影响,开展"三新""12个重大是非问题"讨论,坚定官兵听党指挥、维护核心、看齐追随的信念。加强党委班子和干部队伍建设,强化党内监督,严肃党内生活,发挥党委核心领导作用。开展党风廉政专题教育和"反间防谍"警示教育,严格涉密岗位重点人员政治考核,确保部队高度集中统一和纯洁巩固。加强干休所建设,做好老干部服务保障。

【战备训练】 2016年,警备区适应领导指挥体制改革新要求,设立首长作战值班室,严格落实战备值班制度,确保改革期间作战指挥不断链、不断档。开展作战问题研究,专题组织战备工作集训;常态落实首长机关训练,抓民兵军事训练"四落实",组织集训6期、演练5次、考核4次,提升部队遂行任务能力。完成神舟十一号飞船返回舱应急搜索备勤等重大任务。

【部队管理】 2016年,警备区贯彻依法治军、从严治军要求,开展"条令月"活动,学习贯彻"六个规范性"文件和"一个措施两个办法",开展作风纪律教育整顿2次、组织车辆驾驶安全教育2次、组织专题安全教育3次,增强官兵法治思维、法纪观念和安全意识,规范部队管理。召开安全形势分析会6次、召开安全稳定工作电视电话会议3次,开展安全隐患排查整治4个回合,组织安全检查3次,保密检查4次,纠治安全隐患。开展"百日安全"活动,落实安全教育、安全训练、隐患排查等各个环节,确保部队安全稳定。

【民兵预备役】 2016年,警备区坚持"四个拓展",走开"四个路子",编组基干民兵,充实国防动员专业保障队伍。贯彻"柳州会议"精神,编实配强营区常驻民兵应急分队,应急处突能力有效提升。指导农村公路水毁抢通应急演练、水上交通应急救援演练、国民经济动员和信息动员专业保障队伍训练演练,组织市国防动员委员会以上带下进行国防动员指挥网上研讨演练,提高综合动员能力。军地相互协调配合、多级同时发力,完成年度征兵任务。

【城市警备纠察】 2016年,警备区发挥警备职能作用,加大城市警备力度,坚持每日上路执勤,节假日、敏感时期加大检查、纠察密度,扩大检查区域。重点检查军容着装不整、军车违章和打击假冒军人军车。查扣假冒军车1辆、协调处理涉军事故纠纷5起、通报驻邕部队违章军车130辆次。

【综合保障】 2016年,警备区强化预算管理,严格经费审批,提高财务管理效益,警备区本级、14个团级单位家底经费全部达标。开展财务清理整治,抓好军委专项审计整改,纠治不合理开支,规范财务管理秩序。推进南宁市国防教育训练基地建设和警备区综合楼建设,抓好民兵武器仓库备勤楼、士官公寓楼改造,指导良庆区人武部抓好新营院建设。推进全面停止有偿服务,可控托底项目全部停止。清查核对退役报废武器,确保武器装备底数清、技术性能良好。抓好看管队伍业务培训,开展装备操作、警卫技能、登记统计等学习训练,确保武器装备管理正规有序。

【拥政爱民】 2016年,警备区参加抢险救灾、维护社会稳定。全年组织官兵、民兵3万余人次,参加抗洪抢险、森林灭火、"两会""三月三"歌圩及重要敏感时段安保执勤等任务,维护社会稳定。响应南宁市委号召,参与生态乡村建设、精准扶贫攻坚等任务,建立扶贫联系点13个,帮扶贫困户106户,资助贫困学生157人,投入资金383.97万元,协调爱心企业捐助和争取上级划拨扶贫资金470多万元。

南宁警备区领导人

职务	姓名	军衔
司令员	沈　彪	大校
政治委员	杨文件	大校
副政治委员	韦正义	大校
参谋长	雷云久	大校
政治部主任	经启国	大校
后勤部长	刘庆寿	上校

（刘建军　林　猛）

6月,南宁警备区举行人武专武干部集训　　南宁警备区提供

中国人民武装警察部队南宁市支队

【概　况】 2016年,中国人民武装警察部队南宁市支队坚持看齐追随维护核心、任务牵引按纲抓建、实战施训维稳备战、突出提升质量层次、夯基固本厚实底蕴,圆满完成任务,部队安全顺利。南宁市支队

党委被武警党委表彰为先进师旅团级单位党委；五大队获“基层建设标兵大队”；一大队获“基层建设先进大队”；十一中队获“基层建设标兵中队”称号；8个中队获“基层建设先进中队”；五大队、十一中队立集体三等功，1人立二等功、53人立三等功。

【思想政治】 2016年，南宁市支队落实从严治党要求，开展“两学一做”学习教育，研究出台《学习贯彻习主席系列重要讲话七项措施》，细化“九个一”配合活动，把“两学一做”学习教育引向深入；贯彻民主集中制，落实各项组织制度规定，践行“三严三实”要求，加强跟帮培训，增强各级党组织的能力。用习主席讲话精神武装头脑，“五原五促”学习方法贯穿全程，抓实“七项措施”“九个一”配合活动。用“四个教育”铸魂育人，开展“迈向第一方阵”大讨论和“谈心关爱”活动，严格落实“日人员思想分析”“案例1+1”，坚定官兵信念。制定完善选人用人、重大经费开支、大项目工程建设、大宗物资采购等措施实施细则。开展“周末育才”“1+X特色文化”，率先在总队建成互联网军营网吧，完成机关营院武化建设和11个中队荣誉室改造，主题教育设计评比获武警广西总队第一；新闻报道和“四会”（会搞思想调查和计划安排教育，会运用现代化教学手段备课讲课，会做思想工作，会进行心理教育疏导）政治教员比武获第二。

【执勤训练】 2016年，南宁市支队严格训练“八落实”，组织考比拉抗、野营拉练、“魔鬼周”“创破纪录”等训练，支队在武警广西总队军事训练交叉考核中获第二名，21名官兵被评为“极限训练勇士”“强军百名小老虎”；抓实战备建设，召开战备会议；落实勤务制度，完成中心工作任务，连续23年实现执勤无事故；建强执勤阵地，完成第二轮“五防一体化”建设；正规勤务秩序，规范两警联勤和“两看”勤务信息化建设；完成“两会”安保、亚邮展等临时勤务487起。

【安全管理】 2016年，南宁市支队贯彻武警广西总队党委“稳，首在稳心、要在定力、重在统筹、根在基层”的指示，坚持“稳”字当头、依法管理，严格落实总队“十条铁规”“八条硬性规定”，制定南宁市支队《经常性管理十五个不准》，纠治管理教育的宽、松、软等问题；强化部队严守纪律、令行禁止的意识。贯彻安全工作8个规范，组织安全大检查，开展3次安全工作“回头看”，治理安全隐患，确保部队安全稳定。

【基层建设】 2016年，南宁市支队制订《贯彻落实总队纲要培训15条措施》，落实“六跟五帮”“分片联建”，拓展“三下一上”；每日备勤督导，每月网上培训，每季“一过三评”，全年注重“五带”。注重问题导向，突出质量层次，提升工作标准，打牢部队建设基础。完成机关营院武化建设、11个中队荣誉室的改造。

【后勤保障】 2016年，南宁市支队开展训练演练，建好战备库室，配齐战备物资，完成保障任务；支队在武警总部卫生能力建设考评中受到通报表扬。强化依法管理，完成服务武警广西总队财务观摩培训现场会各项任务；在总队财务管理业务会审中获优秀单位，在南部战区审计中得到认可。完善基层中队“四项设施”建设，抓好“1126”“6211”组伙模式，深受官兵欢迎。

武警南宁市支队领导人

支队长	庞湘华(副师)	大校
第一政治委员	唐　斌(兼)	二级警监
	(副市长、公安局局长)	
政治委员	崔洪玮(副师)	大校
副支队长	李慧谋(正团)	上校
	黄世同(正团)	中校
副政治委员	甘　泉(正团)	上校
参谋长	赵　强(正团)	上校
政治部主任	张冠军(正团)	上校
后勤部部长	陈秀峰(副团)	中校

（徐作彪）

2月3日，担负春运期间执勤任务的武警南宁市支队官兵在南宁火车东站外巡逻

武警南宁市支队提供

广西陆军预备役步兵师高炮团

【概　况】 2016年，广西陆军预备役步兵师高炮团学习贯彻党的十八届五中、六中全会精神以及习近平主席系列重要讲话精神，以强军目标为统领，坚定举旗铸魂、聚焦备战打仗、从严治军治党、持续转改作风；部队全面建设取得新的进步。高炮团“两学一做”学习教育和“两个经常性工作”经验做法被广西军区转发推广；13个营连成建制拉动考核名次列全师前列。

【思想政治建设】 2016年，高炮团党委以习近平主席系列重要讲话精神为指导，组织团以上党委中心组成员带领机关开展专题理论学习4次，强化部队听党指挥、看齐追随的思想根基。把改革强军主题教育和“两学一做”学习教育相结合，在部队开展“新体制新职能新使命”和“政治工作生命线作用”大讨论，围绕“坚定理想信念、明确政治方向”“坚持根本宗旨、发挥党员作用”等专题进行讨论；组织官兵进行现实思想问题调研，利用预任军官集训、应急训练和“七一”活动等时机给官兵上专题党课，召开专题民主生活会；借助地方平台抓好“融合式”教育。

【战备训练】 2016年，高炮团把军事训练作为部队的中心工作，做好军事斗争各项准备。组织机关和各营连修改完善作战方案、战备方案、应急预案及配套计划150余份。在编组中把专业对口、素质过硬的转业退伍人员编进来，优化部队结构，团所属单位“四率”达上级规定的标准。按照岗位能力素质指标体系，突出首长机关和现役干部常态化训练、预任预编官兵专业训练和分队成建制训练，组织首长机关训练8期，参加人数142人次，预任官兵集训12期，参加人数1100余人次，并同步开展指挥所快速动员演练。12月，高炮团被广西军区评为“军事训练一级团”。

【部队管理】 2016年，高炮团探索新形势下部队管理特点和规律，落实安全形势分析、重大活动风险评估等制度，做到每月有部署，每季度有检查，整改有成效。开展条令月活动，学习贯彻《共同条令》《安全条例》等6个规范性文件。发挥安全、政法、保密三大委员会功能作用,抓好法治宣传教育、作风纪律整顿和管理督查,针对季节性事故特点,及时组织官兵进行安全常识教育。落实各类战备值班、营区应急值班制度,提高部队官兵安全防范意识。完善营院安全设施建设,新建大门智能门禁系统,配齐反恐防暴器材,保持营区应急分队常态戒备,确保营院安全;在机关办公楼建成涉密电子信息集中管控系统,实现“个人不留密、终端不存密、外出不泄密”目标,防止失泄密问题发生;每季度对各类库室、训练基地等进行安全隐患排查,及时消除安全隐患;开展“百日安全”活动,对照“17个防范重点”,围绕“人车枪弹密、水火电钱航、酒油黄赌毒、涉外涉地方”等重点领域、重点部位,组织“八个一遍”清理整治,筑牢安全防线。

【基层建设】 2016年,高炮团党委以《军队基层建设纲要》为指导,抓基层、建基层。全团所有营级、连级单位全部达到“三室一库”“两室一库”标准、基本设施配套完善、战备物资器材和资料齐全的要求;抓好基层预建党组织建设,落实预建党委(支部)每季度1次理论学习日、每半年1次基层组织生活、每年1次班子成员集训。3月,迎接上级营连部建设情况检查,所有营级、连级全部达标且优秀率90%以上,其中6个单位被评为基层营连部建设先进单位;4月,对各营连进行点验、拉动,到点率90%以上;12月,1个营、3个连被师评为全面建设先进单位。高炮团在广西军区两个经常性工作研讨会上作为先进单位代表介绍经验。

【综合保障】 2016年,高炮团围绕“打仗打保障”的观念,建立健全运行机制,组织后勤装备保障,提高部队完成多样化军事任务后勤保障能力。购置更新后勤装备物资器材和维护保养装备器材,对仓库进行综合整治,规范管理。开展财务管理情况检查,严格预算编制,压减公务消费支出。组织召开承租方协调座谈会,解读相关政策法规,建立常态化协调机制,推进全面停止有偿服务。完成通用装备预征预储需求精算,探索“力量统合、军民融合、修训结合”的维修路子,装备完好率、配套率保持在规定的标准。利用预编修理所平台对老旧装备进行装备维修和整治,确保装备性能良好,保障部队的战备、训练顺利推进。

广西陆军预备役步兵师高炮团领导人

团长	韦辉	上校
政治委员	黎海燕	上校
参谋长	敖国旗	中校
政治处主任	匡立余	中校
后勤和装备处处长	郭建红	少校

(高炮团)

人民防空

【概　况】 2016年,南宁市人民防空办公室贯彻第七次全国人民防空会议精神,履行“战时防空、平时服务、应急支援”使命任务,强化人防融合式发展,全市人防事业保持平稳发展。市人防办获自治区人防通信装备操作比武竞赛单位团体一等奖、短波电台操作和空情接收自动化处理系统安装与操作项目2个第一名;连续六年被自治区人民防空办公室评为年度人民防空工作目标管理达标先进单位;5月召开的第七次全国人民防空会议上,南宁市被评为全国人民防空先进城市。

【战备训练】 2016年,市人防办围绕国家人防办制定的《人民防空训练与考核大纲》要求,按照“战训一致,按纲施训,大胆创新,训出效果”的训练思路,提高人防平战转换、预警报知、整体防护、应急救援、指挥控制、综合保障的能力;完成南宁市人防地下指挥中心升级改造,加强对江南人防指挥所、青秀区人防指挥中心维护管理,指导武鸣区完成地面应急指挥中心指挥信息系统建设,保障人防指挥枢纽的战备能力;坚持人防战备24小时值班制度,确保空情接收、人防通信畅通;组织开展警报器管理业务培训,并集中5天时间对全市警报器进行检测;开展机动指挥信息系统、北斗导航定位系统、空情自动化接收处理系统、短波电台和指控系统等装备器材使用与训练,参加自治区人防通信保障联合演练(中片区)百色市的考核活动,组织人防机动指挥系统野外训练和野外电台专项训练,参加自治区人防通信装备操作比武竞赛并取得优异成绩;与南京陆军指挥学院合作举办《人民防空训练与考核大纲》试训2期,培训100余人,为自治区地级市首次赴军事院校集训;组织全市“9·18”防空警报试鸣暨人口疏散隐蔽演练活动,全市约30万名中小学生、社区群众、机关事业单位干部职工参加演练。

【防护工程】 2016年,市人防办建立重大项目业务审批会议制度,健全“一站式”窗口服务机制,受理人防行政审批事项361项,按时办结361项,按时办结率100%。办理结建审批67项、竣工备案42项、防空地下室易地建设75项,收缴人防易地建设费4210万元;做好轨道交通项目人防工程建设的协调、审批及验收,完成轨道1号线人防验收,解决新华街、火车站人防工程回建问题;加大人防执法力度,完成人防工程现场检查607项(次),出动人防执法监察人员1310人次,现场核查面积306万平方米;组织开展人防工程普查,推进《南宁市“十三五”人防建设规划》编制;推进南宁市本级南阳镇花雨湖人口疏散基地建设,完成兴宁区、江南区、青秀区、西乡塘区、邕宁区、良庆区等疏散地域建设任务。

【平战结合】 2016年,在地铁施工征用部分人防工程的情况下,开展大型公共人防工程的开发利用,新华街、人民东路地下人防工程平战开发运行顺利;做好到期合同的续租,改进服务质量,及时帮助租户解决问题;地铁施工征用的新华街二期中庭广场移交市人防办,火车站站前广场地下人防工程启动平战开发招投标;全年收取人防工程使用费929万元;组织人防工程安全大检查6次,投入维护经费134万余元,进行防水堵漏、主体抢险、管道疏通、设备维修、系统更新改造等人防工程维护施工18项,排除人防工程安全、洪涝隐患。

【宣传教育】 2016年,市人防办推进人防宣传教育“五进”活动。制定人防宣传教育“五进”工作方案,与市教育局联合下发初级中学人防知识教育工作要点。全市有248所初级中学开设人防教育课,并在五县七城区建立示范社区、示范学校24个;征订发放《人防知识》挂图300套,征订《中国人民防空》杂志6000余册,《人防科普知识》1万册;人防教育展示厅、地面指挥中心接待社区干部、中小学生、兄弟单位参观学习29批1700余人次;利用“百名科长上热线”、南宁人防政务网、微博、微信、手机短信等形式,以人防知识、人防工程项目审批流程等为主要内容开展人防宣传教育;推进《南宁市人民防空管理规定(修订稿)》审定及立法,聘请广西民族律师事务所律师为市人防办法律顾问,协助解决日常法律事务。

【准军事化建设】 2016年4月13日至15日,市人防办集中3天时间开展军事训练,邀请经验丰富的部队教官现场施训,训练稍息、立正、步伐等基础动作,最基本的着装、仪容、敬礼等队列养成,加强干部职工的思想政治素质、作风纪律,规范工作秩序。

【新大纲施训】 2016年11月13日至26日,市人防办组织市人防系统100余人到南京陆军指挥学院进行《人民防空训练与考核大纲》全脱产集中培训,采取课题集中授课、现场教学的形式,利用南京陆军指挥学院的人防教育改革经验、专业的人防业务知识和人防教学经验,授课课目包括人民防空建设形势与发展重点、现代空袭与城市防护、人防训练组织与实施、人防工程规划建设管理与战时运用、重要经济目标防护、人民防空行动、识图用图、疏散掩蔽行动等。 (乐清林)

责任编辑　李敬江

经济

分类经济

国有经济

【国有企业概况】 2016年,南宁市国有企业保持旺盛增长势头,新登记84家,注册资金10.03亿元,累计1331家(企业法人442家),注册资金43.45亿元。国有企业按产业结构分:第一产业142家(企业法人51家),占10.67%,注册资金3.96亿元,占9.32%;第二产业319家(企业法人147家),占23.97%,注册资金9.37亿元,占21.56%;第三产业870家(企业法人244家),占65.36%,注册资金30.12亿元,占69.32%。（市国资委）

2016年南宁市国有经济行业分布情况

行业分类	数量(家)		注册资本(万元)
	总量	企业法人	
农、林、牧、渔业	142	51	39632
采矿业	15	2	2010
制造业	177	94	57868
电力、热力、燃气及水生产和供应业	48	29	2807
建筑业	79	22	31006
批发和零售业	278	51	36363
交通运输、仓储和邮政业	155	17	17293
住宿和餐饮业	43	26	3263
信息传输、软件和信息技术服务业	8	5	100214
金融业	13	2	457
房地产业	41	35	60544
租赁和商务服务业	86	15	2818
科学研究和技术服务业	137	26	5663
水利、环境和公共设施管理业	13	4	3939
居民服务、修理和其他服务业	37	29	15008
教育	8	8	1545
卫生和社会工作	1	1	3
文化、体育和娱乐业	22	15	1357
其他	28	10	52739
合计	1331	442	434529

（张　鲁　廖成琇　韦　婷）

【南宁城市建设投资集团有限责任公司】 南宁城市建设投资集团有限责任公司是市属国有企业集团,注册资本58.62亿元,资产总额846.61亿元,旗下有12家子公司,托管南宁市基础工程总公司。2016年,公司城建计划项目,完成投资83.26亿元;自治区、市层面统筹推进重大项目,累计完成投资76.86亿元;教育基建项目,累计完成投资1.26亿元,其他重点建设项目有吴圩国际机场第二高速公路、良庆大桥、玉象路二期工程、玉洞大道拓宽工程、南宁国际会展中心改扩建工程、民族大道维修整治项目、沙井—南站立交桥、平乐—玉洞立交桥主桥、南宁佛子岭路综合管廊(广西首条综合管廊)、亭洪路西延长线(五象大道延长线—江南大道)、蓉茉大道北延长线(柳南高速—昆仑大道)、南宁农产品交易中心配套道路、公共自行车租赁项目四期等。实现营业收入36.20亿元,比上年增长64.38%;实现利润1.94亿元,增长21.74%;实现工业总产值4.73亿元,下降36.68%;完成年度投资91.77亿元的92.39%;完成融资69.54亿元,其中城建项目融资17.69亿元,棚户区改造项目融资51.85亿元。

【南宁威宁投资集团有限责任公司】 南宁威宁投资集团有限责任公司是市属国有企业集团,注册资本81.08亿元,资产规模256亿元,净资产127亿元,旗下子公司16家。2016年,公司签订融资合同金额59.60亿元,注册发行短期融资券10亿元,注册发行中期票据15亿元,债券融资成本下降至3.68%;归集资金30亿元,发放借款34亿元,系统内担保总额37.73亿元;中标广西文化艺术中心项目,合同金额54.95亿元,项目建设融资23.55亿元;重点建设项目有"老南宁三街两巷"历史文化街区改造项目,累计投资1.25亿元;南宁市图书馆项目开工,广西文化艺术中心项目主体结构封顶,市国家档案馆(含市方志馆)建筑单体、广西体育中心海绵改造工程竣工;年内营业收入51.10亿元,比上年增长10.37%;利润2.78亿元,增长3.18%;上缴税费3.40亿元,增长26.24%;固定资产投资43.20亿元,增长45.17%;城建计划投资25.90亿元,增长93.80%;获授信155亿元,融资39.11亿元,增长46.11%;资产总额256亿元,净资产127亿元,国有资产保值增值率超105%。获"2014-2015年度广西优秀企业",入围"广西企业100强""广西服务业企业50强""2016中国服务业企业500强"。

（南宁威宁投资集团）

【南宁建宁水务投资集团有限责任公司】 南宁建宁水务投资集团有限责任公司是市属国有企业集团,旗下有8家子公司。2016年,公司以水务业为主体、以环保业务和房地产业务为两翼,供水及污水处理项目累计完成投资10.05亿元,环保和水环境治理项目累计完成投资16.18亿元,房地产开发和经营性物业项目累计完成投资5.30亿元。通过商业贷款、发行短期融资券、发行公司债券等多渠道筹措资金23.50亿元,其中银行流动资金贷款8.70亿元,项目贷款2.30亿元,发行短期融资券2.50亿元,公司债券10亿元。资产总额187.06亿元,净资产55.85亿元,营业收入25.91亿元,比上年增长10.18%;工业总产值11.52亿元,增长5.44%;应交税费2.94亿元,增长48.83%;完成固定资产投资31.52亿元,增长14.11%,获"2014—2015年度广西优秀企业""2015年度南宁市'安康杯'竞赛优胜单位""2015年度南宁市住房保障工作表现突出单位"称号。(韦小柳)

【南宁交通投资集团有限责任公司】 南宁交通投资集团有限责任公司是市属国有企业集团,旗下有5家全资子公司、7家控股子公司,参股广西右江水利开发有限责任公司、南宁白马公共交通有限公司2家公司。2016年,公司通过开辟国家专项建设债券股权融资、政府购买服务试点项目等新的融资渠道,结合存量银行贷款、BT、股权融资等融资手段,新增融资15.18亿元。其中:良玉大道综合管廊项目、南宁市公共停车场项目(一期)、南宁国际物流基地平花河上游段排水干渠工程通过国家专项建设债券股权融资方式获专项债券资金1.41亿元;邕江综合整治和开发利用工程(清川大桥—五象大桥段)、江湾路一期、振邦路二期签订政府购买服务合同,签订项目贷款合同14.78亿元(项目总投资28.21亿元)。重大工程建设有广西郁江老口航运枢纽工程,完成年度投资3.35亿元,累计完成投资57.80亿元;南宁市邕宁水利枢纽工程,完成年度投资18.36亿元,累计完成投资29.24亿元;邕江综合整治和开发利用工程(清川大桥—五象大桥),8月开工,完成年度投资1.87亿元;12月31日,南宁凤岭综合客运枢纽站主体工程开工建设。经营管理项目主要有江滨、亭子2座便民加油站和五一公交、三屋、望州3座加气站,年内建成并投入运营;邕江水上旅游项目,12月基本完工;新开公交线路5条,优化调整线路12条,新增投入空调公共汽车275辆,拥有营运公共汽车1675辆,出租汽车450辆;市民卡项目开放市民卡服务网点448个,累计发卡180万张,新开通刷卡乘地铁、购买广西药用植物园门票、广普医药连锁3家药店刷卡消费及特殊人群优待功能等,实现市区内2800多辆出租汽车刷卡支付打车费,市民卡手机APP"邕城市民宝"上线公测;另与中国电信广西分公司合作发行手机市民卡。实现营业收入10.14亿元,利润总额5924万元,完成固定资产投资38.43亿元。

(吴　霜)

【南宁轨道交通集团有限责任公司】 南宁轨道交通集团有限责任公司是市属国有企业集团,注册资本金14.20亿元,旗下有12个全资子公司、7个控股子公司,有职工4327人。2016年,公司实现营业收入11.61亿元,比上年增长13.40%;实现利润1.42亿元,增长17.70%;完成固定资产投资137.24亿元,增长28.10%;完成融资总额90.87亿元。在建(营运)地铁有:地铁1号线,6月28日1号线东段开通试运营,12月28日全线开通试运营,总客运量528.80万人,日均客运量2.89万人,运营列车3.72万列,安全运营231.94万千米,客流最大的车站为朝阳广场站、火车东站、广西大学站;地铁2号线完成全部车站主体工程,区间隧道全部贯通,完成车站附属出入口、风亭56个(总104个),玉洞站—福建园站实现长轨通,秀灵主变电站实现送电;地铁3号线完成20座车站主体围护结构(总23座车站),11座车站主体完工,盾构施工累计完成1.11万米,6条区间隧道贯通;地铁4号线6月30日开工建设,在建车站14座,其中10座车站主体围护结构封闭。

(南宁轨道交通集团)

【南宁产业投资集团有限责任公司】 南宁产业投资集团有限责任公司是市属国有企业集团,旗下企业43家,其中全资企业12家、控股企业12家(含上市公司1家)、参股企业10家、授权企业7家、其他企业2家,注册资本38亿元,资产总额246亿元,在职员工1.11万人。2016年,公司实现营业收入71.54亿元,比上年增长20.36%;利润1.48亿元,增长123.22%;税金6.67亿元,增长119.32%;工业总产值76.36亿元,增长62.51%;资产总额238.81亿元、增长4.80%,负债总额160.74亿元、增长5.50%,资产负债率67.31%;所有者权益78.07亿元,增长3.30%。旗下较大子公司经营情况:南宁糖业股份有限责任公司营业收入28.89亿元、减少7.98%,利润1522万元、减少67%,税金1.24亿元、减少14.90%;南宁凤凰纸业股份有限责任公司完成主要债务清偿,收到土地预收储补偿金5.50亿元,开支4.80亿元;广西南南铝加工有限公司营业收入26.16亿元、增长152%,利润565万元,工业总产值38.14亿元、增长238.95%,税金1175万元、增长27%,固定资产投资7002万元;南宁广发重工集团公司工业总产值3.11亿元、增长17.47%,营业收入2.96亿元、下降11%,利润-2962万元、下降22%,税金505万元、下降6%;南宁锦虹棉纺织有限责任公司销售收入5.88亿元、增长1.33%,利润320万元、增长6.70%,税金2777万元、增长68%;南宁南机环保科技有限公司营业收入7630万元、下降15.52%,利润80万元、下降6.98%,税金247万元、增长38.76%,固定资产投资8.07万元、增长151.40%;南宁同达盛混凝土有限公司销售收入1.93亿元、减少15.69%,利润2201万元、增加8%,税金1388万元、增长19%;南宁振宁开发有限责任公司营业收入2.80亿元、下降6.68%,利润4000万元、增长7.53%,税金4260万元、下降36.55%;南宁振宁商贸投资管理有限公司含税租金收入5699万元,增长24%;南宁壮宁工贸园有限责任公司营业收入1987万元、增长4.80%,利润9712万元、增长4958.33%,税金1157万元、增长129.11%;南宁统一资产管理有限责任公司营业收入1328万元、增长20.29%,利润699万元、增长28%,税金352万元、下降53.93%。年内,清理停产、半停产、连年亏损且扭亏无望"僵尸企业"27家,拟清算注销、关停并转14家(正在实施9家),拟实施重组特困企业3家,维持现状10家;公司获"2014—2015广西优秀企业"称号,连续第二年上榜广西百强企业前50强。(郑北杰)

【南宁大地飞歌文化产业集团有限责任公司】 南宁大地飞歌文化产业集团有限责任公司是市属国有企业集团,旗下子公司有南宁国际会议展览有限责任公司、南宁大地飞歌文化传播有限责任公司、南宁民族影业文化娱乐有限责任公司、南宁天恒电影有限责任公司、南宁市新华书店有限责任公司、南宁市演出公司。2016年,公司实现营业收入2.49亿元,利润1638万元,固定资产投资414万元;重点建设项目有会展中心改扩建工程,其中B、C地块项目完成建安产值9.05亿元,9月建成使用,A地块预计2018年8月完工。举办大型活动有:1月9日,在南宁国际会展中心举办第三届"大地飞歌·炫歌一堂"2016新年音乐会;9月12日,在广西体育中心体育馆举办第十八届南宁国际民歌艺术节2016本色花山·大地飞歌晚会;10月14日,在崇左市行政中心广场举办大地飞歌巡演第一站"本色花山·大地飞歌"庆祝左江花山岩画文化景观申遗成功文艺晚会;6月至12月,在南宁、柳州、钦(州)北(海)防(城港)3个赛区举行2016大地飞歌"银龄之声"老年独唱大赛海选及总决赛;承接展览54场,活动11场,会议443场,其中新增8000平方米以上展会8个,8000平方米以下展会5个;配合做好中国－东盟博览会、中国－东盟商务与投资峰会服务,主场搭建标准展位1780个、设置功能区和服务区28个、装搭室内外指示牌87个、完成42场会议活动现场服务,安排摆渡车820多班次,

接送观众9000多人次，首次提供青年志愿者123人服务。 （杨青林）

【南宁金融投资集团有限责任公司】 南宁金融投资集团有限责任公司是市属国有企业集团，2015年5月6日挂牌成立，注册资本15亿元，资产总额26.43亿元，有全资子公司7家、控股公司6家、参股公司6家，受托管理3只政府引导基金及1家国有企业。2016年，公司实现营业收入6579万元，增长11.08%；实现利润2102万元，下降0.90%；税金625万元，下降38.24%；完成固定资产投资51万元。先后处置市、区县公车19批次1815辆，成交率92.51%，平均溢价119%；上线发行“南宁金交企贷”系列融资项目68期，融资3.65亿元，发行车贷项目12期，融资433万元；开展代理贴现、议付票证类业务及代收代付业务、代理贴现业务，交易额11.26亿元；开展公共事业类企业担保382笔，在保余额15.57亿元，担保放大倍数5.51倍，发放贷款3.96亿元，贷款余额1.85亿元；成立南宁股权交易中心，累计挂牌企业1220家，为企业融资4.35亿元，托管企业19家，总托管股份89.60亿股。 （南宁金融投资集团）

集体经济

【概 况】 2016年，南宁市集体经济企业新登记17户，注册资金89万元，累计1699户（企业法人764户），注册资金8.67亿元。按产业结构分，第一产业30户，注册资金1162万元，占1.77%，其中企业法人23户，占1.34%；第二产业361户，注册资金4.61亿元，占21.25%，其中企业法人299户，占53.22%；第三产业1308户，注册资金3.94亿元，占76.98%，其中企业法人142户，占45.44%。

【集体经济行业分布】 2016年，南宁市集体经济行业分布：农、林、牧、渔业30户，注册资本1162万元，分别占总数1.77%、1.34%；采矿业8户，注册资本421万元，占别占0.47%、0.49%；制造业285户，注册资本2.81亿元，分别占16.77%、32.47%；电力、热力、燃气及水生产和供应业14户，注册资本221万元，分别占0.82%、0.26%；建筑业54户，注册资本1.73亿元，分别占3.18%、20.01%；批发和零售业1046户，注册资本2.19亿元，分别占61.57%、25.30%；交通运输、仓储和邮政业35户，注册资本3798万元，分别占2.06%、4.38%；住宿和餐饮业47户，注册资本2346万元，分别占2.77%、2.71%；信息传输软件和信息技术服务业9户，注册资本1453万元，分别占0.53%、1.68%；金融业4户，注册资本498万元，分别占0.24%、0.57%；房地产业8户，注册资本2215万元，分别占0.47%、2.56%；租赁和商务服务业39户，注册资本1874万元，分别占2.30%、2.16%；科学研究和技术服务业17户，注册资本1547万元，分别占1%、1.79%；水利、环境和公共设施管理业2户，注册资本3万元，占总户数的0.12%；居民服务、修理和其他服务业49户，注册资本2120万元，分别占2.89%、2.45%；教育14户，注册资本786万元，分别占0.82%和0.91%；文化、体育和娱乐业5户，注册资本12万元，占总户数的0.29%；其他33户，注册资本800万元，分别占1.94%、0.92%。

（张 鲁 廖成琇 韦 婷）

股份制经济

【概 况】 2016年，南宁市股份制企业新登记395户（公司法人30户），注册资本162.51亿元，其中有限责任公司368户（其中法人独资一人公司109户、国有独资公司30户），注册资本162.36亿元；股份有限公司27户，注册资本1500万元。全市股份制企业累计9452户（公司法人4962户），注册资本820.21亿元，实收资本584.28亿元。其中：有限责任公司8744户（公司法人4926户），注册资本804.42亿元，实收资本571.34亿元；股份有限公司708户（公司法人36户），注册资本15.80亿元，实收资本12.95亿元。公司制企业和注册资金分别占全市内资企业（总数1.34万户）70.55%、93.02%。按产业结构分：第一产业217户（公司法人170户），注册资本12.65亿元，实收资本10.64亿元。其中：有限责任公司206户（公司法人164户），注册资本11.84亿元，实收资本10.12亿元；股份有限公司11户（公司法人6户），注册资本8200万元，实收资本5200万元。第二产业1226户（公司法人774户），注册资本207.76亿元，实收资本157.84亿元。其中：有限责任公司1154户，注册资本205.99亿元，实收资本156.07亿元；股份有限公司72户，注册资本1.77亿元，实收资本1.77亿元。第三产业8009户（公司法人4015户），注册资本598.04亿元，实收资本584.28亿元。其中：有限责任公司7384户（公司法人3883户），注册资本584.83亿元，实收资本426.04亿元；股份有限公司625户（公司法人132户），注册资本13.21亿元，实收资本10.96亿元。

【股份制经济行业分布】 2016年，南宁市股份制企业分布：农、林、牧、渔业217户，注册资本12.65亿元，分别占总数2.30%、1.54%；采矿业40户，注册资本1.30亿元，分别占0.42%、0.16%；制造业587户，注册资本109.11亿元，分别占6.21%、13.30%；电力、热力、燃气及水生产和供应业58户，注册资本9.34亿元，分别占0.61%、1.14%；建筑业541户，注册资本89.78亿元，分别占5.72%、10.95%；批发和零售业3409户，注册资本84.53亿元，分别占36.07%、10.31%；交通运输、仓储和邮政业319户，注册资本20.77亿元，分别占3.37%和2.53%；住宿和餐饮业138户，注册资本2.76亿元，分别占1.46%、0.34%；信息传输软件和信息技术服务业504户，注册资本15.13亿元，分别占5.33%、1.84%；金融业1352户，注册资本74.98亿元，分别占14.30%、9.14%；房地产业393户，注册资本79.65亿元，分别占4.16%、9.71%；租赁和商务服务业981户，注册资本236.90亿元，分别占10.38%、28.88%；科学研究和技术服务业372户，注册资本17.80亿元，分别占3.94%、2.17%；水利、环境和公共设施管理业57户，注册资本5.68亿元，分别占0.60%、0.69%；居民服务、修理和其他服务业269户，注册资本31.74亿元，分别占2.85%、3.87%；教育17户，注册资本0.21亿元，分别占0.18%、0.03%；卫生和社会工作12户，注册资本20.76亿元，分别占0.13%、2.53%；文化、体育和娱乐业84户，注册资本3.48亿元，分别占0.89%、0.42%；其他102户，注册资本3.64亿元，分别占1.08%、0.44%。

（张 鲁 廖成琇 韦 婷）

个体经济

【概 况】 2016年，南宁市新登记个体工商户6.51万户，从业人员14.81万人，注册资金70.48亿元；注销8.85万户（城镇注销6.77万户，农村注销2.08万户）。累计有个体工商户29.02万户，从业人员74.53万人，注册资金270.40亿元。其中：城镇个体工商户20.32万户，从业人员42.62万人，注册资金189.63亿元，分别占70%、57%、70.13%；农村个体工商户8.71万户，从业人员31.91万人，注册资金80.77亿元，分别占30%、42.81%、29.87%。按产业结构分，第一产业4573户，从业人员1.44万人，注册资金15.37亿元（城镇3201户、从业人员1.01万人、注册资金10.76亿元，农村1372户、从业人员4316人、注册资金4.61亿元），分别占总数1.58%、1.93%、5.68%；第二产业1.03万户，从业人员4.28万人，注册资金11.24亿元（城镇7231户、从业人员1.53万人、注册资

2016 年南宁市个体经济行业分布情况

行业分类	户数	从业人员(人)	资金数额(万元)
农、林、牧、渔业	4573	14386	153673.0
采矿业	44	470	2946.0
制造业	9785	40561	101465.0
电力、热力、燃气及水生产和供应业	69	161	1269.0
建筑业	431	1589	6756.0
批发和零售业	183354	387422	1553174.5
交通运输、仓储和邮政业	6722	8129	256695.0
住宿和餐饮业	42514	155551	329905.2
信息传输、软件和信息技术服务业	621	1405	5856.0
金融业	12	33	154.0
房地产业	27	76	343.0
租赁和商务服务业	4570	13029	41220.0
科学研究和技术服务业	497	1571	3987.0
水利、环境和公共设施管理业	19	67	224.0
居民服务、修理和其他服务业	33960	110332	189998.0
教育	37	164	1276.0
卫生和社会工作	1814	6026	16489.0
文化、体育和娱乐业	1095	4102	37372.0
其他	70	199	1245.5
合计	290214	745273	2704048.2

金 7.87 亿元,农村 3098 户、从业人员 2.75 万人、注册资金 3.37 亿元),分别占 3.55%、5.74%、4.16%;第三产业 27.53 万户,从业人员 68.81 万人,注册资金 243.79 亿元(城镇 19.27 万户、从业人员 40.09 万人、注册资金 171 亿元,农村 8.26 万户、从业人员 2.87 万人、注册资金 72.79 亿元),分别占 94.87%、92.33%、90.16%。

【个体贸易业】 2016 年,南宁市个体贸易业新登记 3.67 万户,从业人员 7.28 万人,注册资金 4.18 亿元;注销 5.31 万户(城镇注销 4.13 万户,农村注销 1.19 万户);累计有从事个体贸易业 18.34 万户,从业人员 38.74 万人,注册资金 155.32 亿元(城镇个体贸易业 12.84 万户、从业人员 27.13 万人、注册资金 108.80 亿元,农村个体贸易业 5.50 万户、从业人员 11.61 万人、注册资金 46.52 亿元),分别占总数 63.18%、51.98%、57.44%。

【个体社会服务业】 2016 年,南宁市个体社会服务业新登记 1.03 万户,从业人员 2.73 万人,注册资金 7.13 亿元;累计有从事个体社会服务业 4.21 万户,从业人员 13.49 万人,注册资金 29.09 亿元。其中:城镇个体社会服务业 2.94 万户,从业人员 6.31 万人,注册资金 20.37 亿元;农村个体社会服务业 1.26 万户,从业人员 7.18 万人,注册资金 8.72 亿元。按从业类型分,居民服务、修理和其他服务业 3.40 万户、从业人员 11.03 万人,注册资金 19 亿元;租赁和商务服务业 4570 户、从业人员 1.30 万人,注册资金 4.12 亿元;卫生和社会工作 1814 户,从业人员 6026 人,注册资金 1.65 亿元;文化、体育和娱乐业 1095 户、从业人员 4102 人,注册资金 3.74 亿元;信息传输、软件和信息技术服务业 621 户、从业人员 1405 人,注册资金 0.59 亿元。

【大学生从事个体经济】 2016 年,南宁市吸收高校毕业生从事个体经济 17 人,其中申办个体工商户 16 人,工商行政管理机关依法给予免收登记费用。

【港澳居民个体工商户】 2016 年,南宁市新登记港澳居民个体工商户 1 户,从业人员 2 人,注册资金 5 万元;累计有港澳居民个体工商户 16 户(全为香港居民),从业人员 39 人,注册资金 212 万元。其中:从事零售业 10 户,从业人员 26 人,注册资金 91 万元;餐饮业 4 户,从业人员 10 人,注册资金 110 万元;理发及美容保健服务 1 户,从业人员 1 人,注册资金 10 万元;汽车、摩托车维修与保养 1 户,从业人员 2 人,注册资金 1 万元。

【台湾居民个体工商户】 2016 年,南宁市有台湾居民个体经营 18 户,从业人员 69 人,注册资金 231 万元。其中:从事零售业 8 户,从业人员 35 人,注册资金 111 万元;餐饮业 10 户,从业人员 34 人,注册资金 120 万元。

【小型微型企业】 2016 年,南宁市有小型微型企业 1.84 万户(小型企业 8626 户、微型企业 9785 户),从业人员 13.39 万人(小型企业 7.45 万人、微型企业 5.93 万人),注册资本 110.56 亿元(小型企业 101.08 亿元、微型企业 9.48 亿元),营业收入 381.27 亿元(小型企业 295.59 亿元,微型企业 85.68 亿元),资产总额 669.67 亿元(小型企业 522.45 亿元,微型企业 147.22 亿元)。按组成形式分:国有企业 445 户,从业人员 4350 人,注册资本 3.32 亿元,营业收入 17.18 亿元,资产总额 22.89 亿元;集体企业 555 户,从业人员 5767 人,注册资本 2.61 亿元,营业收入 111.92 亿元,资产总额 115.30 亿元;有限责任公司 7532 户,从业人员 6.02 万人,注册资本 90.78 亿元,营业收入 184.54 亿元,资产总额 271.09 亿元;股份有限公司 140 户,从业人员 1008 人,注册资本 1384 万元,营业收入 2955 万元,资产总额 1.69 亿元;合伙企业 209 户,从业人员 3082 人,注册资本 1.73 亿元,营业收入 9453 万元,资产总额 1.35 亿元;个人独资企业 9480 户,从业人员 5.90 万人,注册资本 9.94 亿元,营业收入 62.47 亿元,资产总额 205.06 亿元;其他企业 50 户,从业人员 549 人,注册资本 2.05 亿元,营业收入 3.93 亿元,资产总额 52.30 亿元。按产业分:第一产业 4824 户,从业人员 2.76 万人,注册资本 18.71 亿元,营业收入 70.32 亿元,资产总额 122.52 亿元;第二产业 2366 户,从业人员 2.01 万人,注册资本 43.26 亿元,营业收入 101.81 亿元,资产总额 137.30 亿元;第三产业 1.12 万户,从业人员 8.61 万人,注册资本 48.58 亿元,营业收入 209.14 亿元,资产总额 409.85 亿元。

(张　鲁　廖成琇　韦　婷)

2016 年南宁市私营企业行业分布情况

行业分类	户数	其中:分支机构	投资者(人)	雇工(人)	注册资本(出资金额)(万元)
农、林、牧、渔业	8705	698	13487	31745	2905534.00
采矿业	432	20	823	2675	180795.00
制造业	6130	460	14434	48223	1948423.00
电力、热力、燃气及水生产和供应业	353	105	1097	1404	796331.00
建筑业	9861	1207	19828	37359	5632224.00
批发和零售业	82666	7798	184452	348344	17221617.50
交通运输、仓储和邮政业	3339	606	6686	13134	1105483.00
住宿和餐饮业	3130	643	5655	10843	572379.00
信息传输、软件和信息技术服务业	6328	448	12142	23263	1639174.00
金融业	866	237	1999	3969	2144003.00
房地产业	5198	831	11931	23135	3396161.00
租赁和商务服务业	32273	2526	73856	127968	27669462.94
科学研究和技术服务业	15382	751	33103	62201	7381262.00
水利、环境和公共设施管理业	399	88	958	1896	224388.00
居民服务、修理和其他服务业	4423	747	8730	19653	695360.00
教育	283	48	526	1040	49057.00
卫生和社会工作	192	23	382	703	98771.00
文化、体育和娱乐业	1935	88	4347	8288	711156.00
其他	851	379	1389	2565	99914.00
合计	182746	17653	395825	768408	74471495.44

私营经济

【概　况】 2016 年,南宁市私营企业新登记 4.10 万户,投资者 7.11 万人,雇工 9.06 万人,注册资本(认缴出资金额)2728.72 亿元;注销 5050 户;累计有私营企业 18.28 万户(分支机构 1.77 万户),投资者 39.58 万人,雇工 76.84 万人,注册资本(认缴出资金额)7447.15 亿元。按产业结构分,第一产业 8705 户,投资者 1.35 万人,雇工 3.17 万人,注册资本 290.55 亿元,分别占总数 4.76%、3.41%、4.13%、3.90%;第二产业 1.68 万户,投资者 3.62 万人,雇工 8.97 万人,注册资本 855.78 亿元,分别占 9.18%、9.14%、11.67%、11.49%;第三产业 15.73 万户,投资者 34.62 万人,雇工 64.70 万人,注册资本 6300.82 亿元,分别占 86.06%、87.45%、84.20%、84.61%。按地域分:城镇私营企业 12.79 万户,投资者 27.68 万人,雇工 53.79 万人,注册资本 5138.25 亿元;农村私营企业 5.48 万户,投资者 11.90 万人,雇工 23.05 万人,注册资本 2308.90 亿元。按组成形式分:私营独资企业 1.04 万户(分支机构 254 户),投资者 1.02 万人,雇工 3.58 万人,出资额 123.17 亿元;私营合伙企业 828 户(分支机构 47 户),合伙人 3971 人,雇工 5609 人,注册资本 117.03 亿元;私营有限责任公司 17 万户(分公司 1.61 万户),投资者 37.95 万人,雇工 72.26 万人,注册资本 7133.59 亿元,实收资本 968.33 亿元;私营股份有限公司 1473 户(分公司 1269 户),投资者 2142 人,雇工 4404 人,注册资本 73.36 亿元,实收资本 14.52 亿元。

【私营企业经营规模】 2016 年,南宁市私营企业注册资本户均 407 万元,规模较大的私营企业增值迅速。年内私营企业注册资本 100 万元~500 万元的 8 万户,500 万元~1000 万元的 1.96 万户,1000 万元~1 亿元的 1.01 万户,1 亿元以上的 499 户;私营企业集团 26 户。

（张　鲁　廖成琇　韦　婷）

外商与港澳台商投资经济

【概　况】 2016 年,南宁市外商与港澳台商投资企业新登记 142 户,投资总额 1.65 亿美元,注册资本(认缴出资金额)7696.79 万美元,其中外方认缴 6934.72 万美元,本期注销 24 户,累计注销 832 户,累计吊销 380 户。累计有外商投资企业 1693 户,投资总额 87.59 亿美元,注册资本(认缴出资金额)46.51 亿美元,其中外方认缴 39.23 亿美元。

【外商与港澳台商投资企业结构】 2016 年,南宁市外商与港澳台商投资企业按组成形式分:中外合资企业 261 户,投资总额 26.03 亿美元,注册资本(认缴出资金额)15.11 亿美元,其中外方认缴 8.26 亿美元;中外合作(法人)企业 35 户,投资总额 3.38 亿美元,注册资本(认缴出资金额)2.70 亿美元,其中外方认缴 2.45 亿美元;外商独资企业 468 户,投资总额 57.36 亿美元,注册资本(认缴出资金额)28.05 亿美元;外商投资股份有限公司 2 户,投资总额 8139.47 万美元,注册资本(认缴出资金额)6406.65 万美元,其中外方认缴 4603.71 万美元;普通合伙人外商投资企业 2 户,注册资本(认缴出资金额)19.23 万美元,其中外方认缴 10.73 万美元;有限合伙外商投资企业 1 户,注册资本(认缴出资金额)32.50 万美元,其中外方认缴 32.34 万美元;外商投资企业分支机构 924 户。按资金来源分:亚洲 571 户,

2016 年南宁市外商与港澳台商投资企业经济结构情况

项目	第一产业	第二产业	第三产业	合计
户数	44	272	1377	1693
投资总额(亿美元)	2.56	25.21	59.82	87.59
注册资本(亿美元)	1.50	12.60	32.41	46.51
外方认缴(亿美元)	1.43	10.26	27.53	39.22

投资总额71.74亿美元,注册资本(认缴出资金额)37.35亿美元,其中外方认缴31.33亿美元;非洲2户,投资总额2200万美元,注册资本(认缴出资金额)930万美元,其中外方认缴890万美元;欧洲41户,投资总额3.05亿美元,注册资本(认缴出资金额)1.59亿美元,其中外方认缴1.22亿美元;拉丁美洲39户,投资总额6.92亿美元,注册资本(认缴出资金额)4.40亿美元,其中外方认缴4.17亿美元;北美洲82户,投资总额2.52亿美元,注册资本(认缴出资金额)1.73亿美元,其中外方认缴1.22亿美元;大洋洲31户,投资总额3.14亿美元,注册资本(认缴出资金额)1.34亿美元,其中外方认缴1.19亿美元。亚洲571户中,中国香港地区330户,投资总额63.38亿美元,注册资本(认缴出资金额)32.78亿美元,其中外方认缴23.44亿美元;中国澳门地区13户,投资总额1.88亿美元,注册资本(认缴出资金额)1.12亿美元,其中外方认缴9830万美元;中国台湾地区118户,投资总额1.79亿美元,注册资本(认缴出资金额)8916万美元,其中外方认缴6762万美元;日本、韩国、亚洲其他国家(地区)110户。

(张 鲁 廖成琇 韦 婷)

农民专业合作社与家庭农场

【农民专业合作社】 2016年,南宁市农民专业合作社新登记1194户,成员2990个(农民成员2899个、非农民成员75个、企业单位成员16个),出资总额10.99亿元(货币出资10.56亿元、非货币出资4352万元)。累计有农民专业合作社3695户,成员2.96万个(农民成员2.86万个、非农民成员929个、企业单位成员107个、事业单位成员10个、社会团体成员8个),出资总额56.22亿元(货币出资52.59亿元、非货币出资3.63亿元)。按出资总额分:100万元~500万元946户,500万元~1000万元108户,1000万元~1亿元62户,1亿元以上3户。按业务范围分:从事农业生产资料购买493户,农产品销售469户,农产品加工80户,农产品运输43户,农产品贮藏115户,与农业生产经营有关的技术信息服务544户,种植业618户,养殖业448户,其他2942户。

【家庭农场】 2016年,南宁市新登记家庭农场210户,累计有家庭农场657户。

(张 鲁 廖成琇 韦 婷)

投资开发与经济协作

固定资产投资

【概 况】 2016年,南宁市固定资产投资完成3824.73亿元,比上年增长13.60%。其中:基础设施建设投资882.16亿元,增长6.52%;工业投资999.60亿元,增长3.97%;房地产开发投资854亿元,增长29.95%。固定资产投资施工项目1.04万个,增长18.20%。其中:投资额5000万元以上项目868个,下降37.01%;投资额1亿元以上项目679个,增长28.60%。新开工项目9058个,增长20.08%。其中:投资额5000万元以上项目300个,下降57.98%;投资额1亿元以上项目214个,下降46.58%。竣工投产项目7582个,增长4.42%。其中:投资额5000万元以上项目167个,下降79.46%;投资额1亿元以上项目110个,增长8.91%。

【自治区层面统筹推进重大项目】 2016年,南宁市新开工自治区层面统筹推进重大开工项目117个,完成投资118.32亿元,完成年度计划100.96%。主要项目有:南宁浮法玻璃有限公司浮法玻璃生产线整体搬迁升级改造项目,总投资12.88亿元,完成投资3.50亿元;邕江综合整治和开发利用工程项目(清川大桥—五象大桥),计划投资27.74亿元,年内完成投资2.06亿元;南宁明安医院项目,总投资21亿元,完成投资5000万元;广西职业技能公共实训基地(一期)总投资3.72亿元,完成投资1.50亿元。续建项目212个,累计完成投资528.43亿元,完成年度计划134.94%。主要项目有:南宁轨道交通3号线一期工程,计划投资2.50亿元,完成投资1亿元;南宁国际会展中心升级改造工程,计划投资74亿元,完成投资15亿元;南宁教育园区基础设施建设项目(一期)计划投资20.42亿元,完成投资8亿元;南宁市邕宁水利枢纽工程计划投资62.89亿元,完成投资15亿元;南宁禾田信息港项目计划投资15亿元,完成投资2.50亿元。竣工项目73个,累计完成投资166.41亿元,完成年度计划126.49%。主要项目有:广西和正康乐城一期工程,总投资10亿元,完成投资1.50亿元;郁江老口航运枢纽工程,总投资59.32亿元,完成投资6亿元;南宁市南湖—竹排江水系环境综合整治工程补水工程,总投资2.78亿元,完成投资1.70亿元;南宁吴圩国际机场第二高速公路,总投资39亿元,完成投资8亿元;南宁市昆仑大道扩建工程(三塘下丹桥—五塘收费站),总投资14.95亿元,完成投资5亿元。

【区县与开发区投资】 2016年,南宁市7个区5个县3个开发区固定资产投资总额3578.76亿元,比上年增长12.91%。其中:横县245.77亿元,增长12.63%;宾阳县244.23亿元,增长13.65%;上林县41.66亿元,下降26.14%;马山县38.10亿元,增长10.80%;隆安县53.48亿元,下降22.08%;青秀区789.65亿元,增长18.44%;兴宁区251.41亿元,增长8.68%;西乡塘区211.96亿元,下降24.05%;江南区204.36亿元,增长18.87%;邕宁区176.18亿元,增长37.36%;良庆区333.35亿元,增长42.78%;武鸣区199.39亿元,增长13.74%;南宁高新技术产业开发区396.49亿元,增长10.17%;南宁经济技术开发区236.14亿元,增长16.85%;广西－东盟经济开发区156.59亿元,增长14.77%。

【投资结构】 2016年,南宁市固定资产投资总额3824.73亿元。按产业结构划分:第一产业投资144.48亿元,比上年增长25.85%,占固定资产投资3.78%;第二产业投资1030.77亿元,增长4%,占26.95%,其中工业投资999.60亿元,增长3.97%,占26.14%;第三产业投资2648.49亿元,增长17.14%,占69.25%,其中房地产投资988.10亿元,增长25.76%,占25.83%(住宅投资597.52亿元,增长26.21%,占15.62%)。按投资构成划分:建筑工程2238.05亿元,增长9.73%,占58.52%;安装工程323.62亿元,增长36.99%,占8.46%;设备、工具、器具购置793.63亿元,增长16.28%,占20.75%。按经济类型划分:国有经济投资1222.99亿元,增长9.14%,占31.98%;集体经济投资73亿元,下降27.01%,占1.91%;私营个体投资1913.68亿元,增长11.31%,占50.03%。按社会行业划分:农林牧渔业投资144.48亿元,增长25.85%,占3.78%;采矿业投资24.85亿元,下降35.74%,占0.65%;制造业投资880.30亿元,增长5.48%,占23.02%;电力、燃气及水生产和供应业投资94.44亿元,增长7.10%,占2.47%;建筑业投资31.16亿元,增长4.99%,占0.81%;批发和零售业投资207.66亿元,增长6.53%,占5.43%;交通运输、仓储及邮政业投资366.83亿元,增长12.42%,占9.59%;住宿和餐饮业投资48.70亿元,增长21.17%,占1.27%;信息传输、计算机服务和软件业投资107.11亿元,增长141.14%,占2.80%;金融业投资41.60亿元,增长91.91%,占1.09%;房地产业投资152.22亿元,增长

18.42%，占3.98%；租赁和商务服务业投资159.57亿元，增长24.59%，占4.17%；科学研究、技术服务和地质勘查业投资58.72亿元，增长9.82%，占1.54%；水利、环境和公共设施管理业投资385.50亿元，下降4.83%，占10.08%；居民服务和其他服务业投资22.77亿元，下降8.97%，占0.60%；教育投资119.27亿元，增长9.60%，占3.12%；卫生、社会保障和社会福利业投资42.75亿元，增长16.52%，占1.12%；文化、体育和娱乐业投资62.27亿元，增长8.11%，占1.63%；公共管理和社会组织投资19.46亿元，下降40.91%，占0.51%。

【投资来源】 2016年，南宁市全社会固定资产投资资金来源总计4483.02亿元，比上年增长15.49%。其中：上年末结余资金364.40亿元，增长28.69%，占资金来源总数8.13%；本年资金来源4118.62亿元，增长14.45%，占91.87%。本年资金来源中，按来源渠道分：国家预算内资金231.41亿元，下降0.13%，占本年资金来源5.61%；国内贷款417.39亿元，增长14.40%，占10.13%；债券3.52亿元，增长1682.53%，占0.08%；利用外资1.61亿元(外商直接投资0.99亿元)，占0.03%；自筹资金2559.63亿元，增长7.64%，占62.14%；其他资金来源905.03亿元，增长45.85%，占21.97%(定金及预付款404.19亿元，增长65.76%)。

【民间投资】 2016年，南宁市民间投资完成2460.97亿元，比上年增长15.64%，占全市固定资产投资64.34%，对全市固定资产投资增长贡献率72.71%，拉动全市固定资产投资增长8.70个百分点。

(黄凯婧)

扶贫开发

【概　况】 2016年，南宁市有国家扶贫开发工作重点县3个(马山县、隆安县、上林县)、自治区扶贫开发工作重点区1个(邕宁区)、贫困村421个，建档立卡贫困户10.94万户、贫困人口40.65万人。年内，市、区县(开发区)投入扶贫资金80.76亿元，针对性开展产业帮扶、转移就业、异地安置、医疗救助、生态补偿扶贫、教育扶贫、社会保障扶贫，实现邕宁区和104个贫困村摘帽、2.93万贫困户11.47万贫困人口脱贫，全市建档立卡贫困户减少至8.01万户，贫困人口减少至28.94万人。

【产业扶贫】 2016年，南宁市坚持宜种则种、宜养则养、宜林则林、宜工则工、宜旅则旅和一、二、三产业融合发展为原则，培育特色产业，促进创业就业，拓宽贫困对象产业脱贫增收渠道，提高脱贫致富能力。全年投入2.88亿元，扶持优势特色产业项目1429个，带动贫困户6.95万户人口25.79万人(其中2016年脱贫3.63万户13.94万人)，引进或培育新型经营主体941个(龙头企业104个、专业合作组织837个)。其中：隆安县引导广西金穗农业集团有限公司、广西富凤农牧有限公司、广西凤翔集团公司、广西汇生牧业发展有限公司、广西华夏本草医药有限公司等农业龙头企业，开展“龙头企业＋合作社(基地)＋农户”经营，带动贫困户发展香蕉、肉牛、肉鸡、中草药等优势特色产业；上林县以广西山水牛农业有限公司为龙头企业，采取“党支部＋公司＋合作社＋贫困户”模式培育发展山水牛养殖；马山县以农民专业合作社的形式，组织贫困户入社、入股，建立马山县构树育苗与种植、黑山羊养殖产业扶贫示范基地和四季金银花生态园种植基地；邕宁区通过南宁桂柑果业科技发展有限公司、南宁振企农业科技有限公司、广西田野创新农业科技有限公司等农业龙头企业带动，培育发展晚熟杂交柑、自花授粉火龙果、台湾番石榴、百香果等特色水果和常年蔬菜、中药材、家禽、生猪、肉牛、肉羊等优势产业。

【转移就业】 2016年，南宁市针对部分贫困户劳动力技能欠缺实际情况，探索实施“创业培训＋创业项目＋职业技能＋公司销售”的创业培训方式，开展订单式就业技能培训，培训贫困劳动力4635人。开发乡村公益性岗位100多个，安置贫困劳动力就业1731人；召开贫困劳动力专场招聘会114场，帮助贫困劳动力转移就业1.19万人。建设贫困县农民工创业园，建成马山县农民工创业园、隆安县农民工创业园，扶持贫困人口创业1066人。

【易地搬迁】 2016年，南宁市计划投资28.55亿元(其中马山县、上林县、隆安县、邕宁区、良庆区5个区县融资20.16亿元)，建设移民安置点21个，搬迁1.06万户4.37万人，其中建档立卡贫困户9400户3.96万人。完成投资23.65亿元，投资完成率82.84%；项目用地411公顷，建设住房1.06万套，竣工1803套，住房竣工率17.02%；搬迁入住2126人，搬迁入住率4.86%。

【生态补偿扶贫】 2016年，南宁市贫困区县植树造林7000公顷，森林抚育1.57万公顷，为贫困区县提供植树造林和抚育劳动工日47.20万个，可为林农带来5667.80万元劳务收入(按平均每个劳动工日120元计算)。投入987万元用于上林县、马山县、隆安县3个贫困县贫困人口生态护林员补助，聘用生态护林员1629人(上林县539人、马山县500人、隆安县590人)，占三县贫困人口0.66%，涉及203个贫困村(上林县65个、马山县75个、隆安县63个)。三县生态护林员护林报酬标准分别为每月453元、665元、417元，每名生态护林员管护面积分别为200公顷、300公顷、214公顷。

【教育扶贫】 2016年，南宁市投入奖、助、免、补资金1.48亿元，资助建档立卡贫困户学生16.20万人。其中：资助家庭经济困难大学新生入学2900人，补助农村义务教育家庭困难寄宿生生活费6.12万人，免除普通高中学费9500人，免除中等职业教育学费7300万人，免除建档立卡贫困户幼儿保教费1.43万人，其他资助6.68万人。开展农村中等专业实用人才培训2095人(2014级947人、2015级1148人)，获毕业证书615名；新型职业农民中等职业教育招生261人；开展农村“两委”干部大培训，培训新农村建设示范村党组织书记、农村新经济社会组织负责人和种养大户600人；开展2015年新型职业农民培育认定，获认定382人；开展2016年新型职业农民培育认定前培训，培训1570人。实施“雨露计划”，为符合条件的2.58万人提供补助资金1717.12万元，其中普

贫困村“空店”模式

2016年，马山县贫困村第一书记创建“空店”科技精准扶贫新模式：在马山县东、中、西部选取6个贫困村进行“空店”精准扶贫试点，75个贫困村“空店”全覆盖挂牌运营。成立县级“空店”精准扶贫服务中心、75个贫困村收购点，配备摄像监控、成立微信工作群；在县级服务中心，利用彩屏中央监视器，视频连线广西“空店”资产管理有限责任公司总部、社区“空店”线下店、75个贫困村“空店”收购点，实时观看交易、收购情况；利用“水滴”直播网络平台，通过手机APP终端，连接贫困村(社区)“空店”，实时了解供需情况。安排专项经费100万元解决75个贫困村“空店”经费困难问题，保障贫困户在“空店”模式中资金安全。至12月14日，马山县实现交易额15.74万元，参与农户462家，实现贫困村“空店”运营全覆盖。

(陆惠华)

通高校本科学历教育补助学生1320人，发放一次性补助661万元；中高职学历教育资助学生2450人，发放补助367.50万元；对2015年中、高职续培生实施第二年资助，资助2111人316.65万元。开展贫困村农民实用技术培训1.86万人，经费105万元；完成短期技能培训192人，发放补助47.80万元；审核通过以奖代补356人，发放补助款10.90万元；补助中期就业技能培训759人，发放补助208万元。

【医疗救助扶贫】 2016年，南宁市投入1646.87万元，给予参加新型农村合作医疗保险(新农合)的贫困人口补贴，受益人口40多万人。其中：农村五保供养对象、农村低保对象、计生家庭户参加新型农村合作医疗保险的，个人缴费部分全额补贴；其他贫困人口按60%的比例补贴。8月1日起，提高建档立卡参合贫困人员住院(含重大疾病)、特殊病种门诊报销比例5个百分点；2016年新农合大病保险筹资标准由25.96元提高至30元，建档立卡贫困对象大病保险起付线降低至2800元、大病保险赔付比例提高5个百分点。利用新型农村合作医疗保险基金为参合贫困人员购买大病保险，可使大病患者在获得新农合保障的基础上再增加大病保险赔偿，防止贫困户因病致贫、因病返贫。

【社会保障扶贫】 2016年，南宁市给予农村低保15.15万人(其中建档立卡贫困人口12.13万人，占农村低保总人数的80.06%)，发放农村最低生活保障金3.17亿元；给予贫困人口医疗救助(民政)4792人，支出救助资金1000.80万元；给予扶贫对象临时救助819户次2431人，支出救助资金281万元。落实自治区贫困残疾人资金260万元扶持农村贫困残疾人；市本级财政投入120万元建设"阳光助残"扶贫基地，扶持1400户农村贫困残疾人开展种养殖服务。

【扶贫基础设施建设】 2016年，南宁市投入4.32亿元，建设通屯道路1308千米，项目1009个(贫困村项目810个、非贫困村项目199个)；投入资金5840.91万元，建设贫困村农村饮水安全项目133处；投入资金2.09亿元，改造农村危房1.11万户；探索开展"互联网+"扶贫工程，建设县级电商服务中心4个，农村电商产业园5个，完成村级服务站(体验店)1100个，在贫困村设立电子商务进农村服务点90个；投入资金1708万元，建设"村屯绿化"扶贫示范村75个；建设农村电网改造升级项目1984个，投资5.90亿元(非南宁市财政投入)。此外，建设贫困村有线电视村村通工程117个，建设贫困村村级公共服务中心68个。

【扶贫资金】 2016年，南宁市建立健全财政资金投入机制，规定市、区县财政将年度扶贫资金预算单列，一般公共财政预算收入当年增量部分优先用于精准脱贫，并根据贫困人口和脱贫目标安排扶贫支出。市本级及上林县、马山县、隆安县按当年一般公共预算收入增量的20%以上增列专项扶贫预算，邕宁区按当年一般公共预算收入增量的15%以上增列专项扶贫预算，其他区县按当年一般公共预算收入增量的10%以上增列专项扶贫预算。整合现有专项资金，统筹当年公共财政预算增量、中央和自治区转移支付资金以及历年结转结余资金，市、区县将当年清理回收存量资金中可统筹使用资金的50%以上用于扶贫开发。市行业部门每年安排的涉农项目资金原则上50%以上投向贫困区县，区县行业部门每年安排的涉农项目资金原则上50%以上投向贫困村。年内，全市筹集和安排财政专项扶贫资金18.08亿元用于扶贫开发，其中中央和自治区资金7.71亿元，市(含开发区)资金3.37亿元，区县资金2.15亿元，自治区财政发行地方政府债券用于扶贫开发资金2.46亿元，本年度受赠资金1400万元，本年度盘活存量资金中统筹使用于扶贫开发的资金1.03亿元，扶贫专项资金结转结余1.22亿元。

【精准帮扶"三包"】 2016年，南宁市按照"领导帮扶区县、乡镇，单位到村、干部到户、责任到人、措施到位"的原则，实行厅级以上领导干部到12个区县、100个重点乡镇包抓扶贫工作；228个自治区直、市直、区县单位，各负责帮扶1个贫困村；从市、区县行政机关、企事业单位选派421名干部到贫困村任第一书记，并为421个贫困村配备422名扶贫专干，全市落实4.56万名帮扶干部结对帮扶贫困户(市直部门干部6350名)开展"一帮一联"工作，精准帮扶到村到户到人。 (谭春兰)

招商引资

【概　况】 2016年，南宁市立足城市发展定位、产业发展需要，强化珠三角重点区域招商，提升长三角招商引资，加强京津冀招商尤其是广西－北京中关村合作。参与自治区重大招商活动，围绕电子信息、先进装备制造、生物医药等重点产业，金融、现代物流、生物医药等重点服务业，机器人、石墨烯、智能制造、节能环保生态产业等新兴技术产业，铝加工、轻工食品、新能源、加工贸易、智能制造、双创等产业，以项目对接洽谈为媒介和重点，策划、组织国内招商引资活动。全年自治区外境内实际到位内资682.90亿元，比上年增长11.69%，全口径实际利用外资7.70亿美元，增长9.83%；签约项目475个，总投资523.84亿元。其中：港澳台到位资金7.48亿美元，占实际利用外资97.18%，增长11.28%；欧美日韩到位资金2111万美元，增长70.44%；广东、北京、福建、浙江四省市到位资金443.22亿元，占全市自治区外境内到位内资64.90%。

【招商引资三年行动计划】 2016年8月，市政府办公厅印发《南宁市招商引资三年行动计划(2016－2018)》，提出开展立足工业主导产业招商引资、提升重点服务业招商引资、推进特色产业和特色园区招商引资、深化区域合作招商引资、吸引境外投资、优化营商环境六大专项行动任务。8月11日，市委、市政府召开全市加快开放发展加大招商引资工作会议，动员全市以更大决心、更强力度、更实举措，加强招商引资，加快南宁市开放发展。

【产业招商】

优势产业招商 2016年，南宁市围绕重点发展的优势产业，开展电子信息产业招商，与富士康签订科技产业园项目，投资总额上千亿元；开展先进装备制造业招商，引进南宁研祥智谷暨科技装备业商会东南亚总部集群、源正新能源汽车二期等项目；开展生物医药专题招商，签约海南葫芦娃项目、深圳标佳集团血液检测试剂项目，推进中核质子治疗中心项目；开展现代物流业招商，签约圆通速递项目；开展电子商务和信息服务业招商，推进Google AdWords(广西)体验中心项目；开展金融业招商，与华润置地签订《南宁市人民政府华润置地有限公司合作框架协议》《战略合作协议》，与重庆金交所、平安养老保险签署政府资产管理项目、智慧医保项目框架协议。

承接东部产业转移招商 以珠三角为重点区域，开展加工贸易招商，加强与深圳台商协会合作，赴深圳、东莞召开加工贸易专题招商会2次，对接加工高尔夫球具、自行车碳纤维车架、欧美节庆灯饰、高端厨具等企业；开展农业专题招商，赴香港举办南宁—香港农业招商引资洽谈交流会，达成一批港商农业投资意向(含合同)项目。

新材料技术产业招商 推进科天水性重大项目，洽谈引进广西石墨烯产业技术研究院项目，引进南宁市与哈工大机器人集团合作项目、安徽泸宁智能消防机器人项目、广西明匠工业4.0智能制造研发服务基地项目，推进机器人项目、通航产

业项目，北京胜洁科技有限公司的直升机总装园区项目落户南宁市伶俐通航小镇。

【国内招商引资】

“走出去”招商 2016年3月至12月，南宁市组织招商小分队赴北京、上海、重庆、广州、深圳、武汉、杭州、宁波、温州、河南等省市开展招商洽谈、宣传推介活动，拜访企业高层，推进招商引资项目落实。其中较大活动“走出去”招商11次，对接项目超过300个，签约引进南宁·中关村创新示范基地、猪八戒网江南创意城、明匠工业4.0智能制造基地等重大项目。

“请进来”招商 邀请全国台企联常务副会长、深圳市台商协会总会长陈合泰、祺景（上海）光电科技股份有限公司董事长杨新宇、谷歌大中华区渠道事业部华南区西南区高级经理朱夏、中国机械工业联合会顾问贾成炳、北京三益能源环保发展股份有限公司董事长时军、颐高集团副总裁孙力、凯灿贸易（深圳）有限公司董事长蔡谋灿、深圳台商协会南山联谊会会长陈辉鸿等人，以及北京胜洁科技有限公司、上海明匠智能系统公司、中关村集团、海尔集团公司的企业家、负责人等，到南宁市考察投资环境，洽谈飞利浦·祺景LED联合生产基地、伶俐通用航空机场直升机总装园区、明匠4.0广西智能制造基地、Google AdWords（广西）体验中心、南宁·中关村创新示范基地、微软认证高级技术教育实践中心等项目，助推项目落实。

【委托招商】 2016年，南宁市创新委托招商模式，与上海康桥工业园达成委托招商意向，双方互派人员开展合作交流；与深圳市台商协会南山联谊会签订招商合作（共建）协议及委托招商服务协议，引进台企创办的承接产业转移服务平台2个（两岸科技产业快车服务中心、两岸科技产业转移搭桥中心），破解台企招商困局，与深圳标佳、凯灿、思维特优、台湾金奖一条根等台商企业达成落地意向，项目涉及生物医药、电子信息、加工贸易、农业等领域，其中标佳生物集团生物仪器、试剂生产项目签订入区协议。

【平台招商】

自治区经济贸易投资洽谈平台 2016年，南宁市借力自治区经贸投资洽谈活动平台，开展深耕广东驻点招商大行动，签约项目3个，催生约50家企业和商协会投资意向；开展拓展江浙沪招商大行动，签约颐高、明匠、中通快递、渔光互补光伏发电等项目4个；利用在香港举行深化桂港合作恳谈会平台开展招商，签约香港电子业商会、华润置地、香港农本方等项目3个。

展会平台 利用展会平台扩大招商，积极参会参展，先后组织参加中国－东盟博览会、中国－东盟商务与投资峰会、2016中国·天津投资贸易洽谈会暨PECC国际贸易投资博览会、2016丝绸之路国际博览会暨第20届中国东西部合作国际贸易洽谈会、首届绿色发展论坛暨2016西宁城市发展投资洽谈会、第四届丝绸之路经济带城市合作发展论坛会活动、第十一届泛珠三角区域合作与发展论坛暨经贸洽谈会等多个全国性大型展会，借助经贸活动推动区域合作和专题招商，其中第十三届中国－东盟博览会、中国－东盟商务与投资峰会期间，邀请世界500强企业11家、中国500强企业18家、行业100强企业17家参会，签约项目35个。加入“中德工业城市联盟”，赴德国参加2016年汉诺威工业博览会及系列经贸交流活动，推进中德联盟城市间“强强联合、优势互补、互利共赢”的格局。

创新示范基地平台 推动中关村发展集团公司在南宁市设立创新示范基地——南宁·中关村创新示范基地，引入专业化招商运营团队——北京中关村信息谷，打造以信息技术做支撑，以智能制造产业为主导、领军企业聚集的创新生态系统，年内引进上海明匠、哈工大等18家世界500强和创新行业龙头企业入驻。

【招商引资服务】 2016年，南宁市完善招商引资重点在谈项目协调推进工作机制，由市领导牵头推进服务年度列入自治区统筹推进的重点项目和南宁市重大在谈项目；完善项目服务机制，结合企业发展壮大的需要，依法依规个性化定制项目公共服务；创新重大项目监督机制，实行重大招商引资项目进展动态管理、月报制度，充分发挥《项目专报》的动态监督作用；落实重大招商引资项目快速落地机制，解决项目推进过程中遇到的困难和问题。年内，经市政府评审认定，协调推进的快速落地重大项目落地7个。 （王书荣）

对外经济合作与利用外资

【利用外资情况】 2016年，南宁市直接利用外资（广西全口径）7.70亿美元，比上年增长9.83%；外商投资企业申报373家，增长5.10%。利用外资呈以下特点：

大项目支撑 外资到位1000万美元以上的大项目有：南宁（中国－东盟）商品交易所有限公司、南宁荣和华府房地产开发有限公司、广西融资租赁有限公司、华润怡宝饮料（南宁）有限公司、南宁中海宏洋置业有限公司、南宁绿地鸿恺置业有限公司、华润置地（南宁）有限公司、南宁绿地信源置业有限公司、南宁绿地颖恺投资有限公司、广西巨星医疗器械有限公司、广西华润红水河水泥有限公司、亚联财小额贷款有限公司、南宁大西洋置业有限公司等13个，投资总额7.53亿美元，占实际利用外资97.79%。

外商投资以房地产业为主 房地产业到位外资5.95亿美元，占到位外资77.26%；其他依次是制造业6144万美元、占7.98%，金融业4635万美元、占6.02%；其余为科学研究、技术服务和地质勘查业，水利、环境和公共设施管理业，批发和零售业，卫生、社会保障和社会福利业，信息传输、计算机服务和软件业等行业。

外商投资来源以香港为主 中国香港地区到位外资7.47亿美元，占97.08%；其余为维尔京群岛1944万美元，韩国164万美元，中国台湾地区80万美元，萨摩亚60万美元，美国3万美元。

【国（境）外招商引资】 2016年，南宁市加强境外招商引资。3月，组团赴越南、老挝、柬埔寨开展经贸合作活动，在老挝和柬埔寨召开企业家座谈会，拜会中国驻越南大使馆、老挝中国合作委员会计划与投资部、柬埔寨卫生部等政府机构、工商会团及知名企业，推介南宁市投资环境，促进产业园区产能合作。4月，组团赴德国参加2016年汉诺威工业博览会及系列经贸交流活动，拜访奥地利克拉根福湖畔科技园、德国梅青根市相关企业，参加中德工业城市联盟成立大会及首次工作会议，宣传南宁市投资环境，推介南宁市先进装备制造业及电子信息招商项目。5月，组团赴中国台湾地区开展经贸交流活动，在台北市和高雄市举办推介会，拜访屏东天明科技园区、台湾原生植物园区、花莲寿丰乡农会、清境农场、台湾内湖科技园区发展协会、台湾股权投资协会等，推介南宁市投资环境，邀请台湾企业和相关协会负责人来南宁考察投资；组团赴越南河内，考察鸿海科技集团手机生产基地及配套生产项目、韩国三星生产基地及富士康越南北宁省生产基地，了解手机生产项目产能、产量、投资规模及相应的人才、研发、上下游产业链、物流成本等情况，推动富士康手机生产基地落户南宁市。7月，参加自治区组团赴日本、中国香港开展以电子、食品、汽车、物流、临海工业等重点产业的宣传推介、项目对接活动，拜访日本国际贸易促进协会及相关企业，考察香港华润啤酒、香港新世界等企业，举办广西重点招商项目小型推介会，对接洽谈合作项目；派员考察西班牙穆尔西亚大学，赴冈比亚开展友城交流活动，推介南宁市投资环境，加强经贸联系、投资合作与人文交流。8月，参加自治区政府组团赴香港开展“深化桂港合作恳谈会系列经贸活动”，拜访华润集团、华城控股、国泰君安等香港知名企业，签订南宁市政府与香港电子业商会战略合作框架协议、南宁市商务局与香港农本方中医药诊疗中心有限公司战略合作框架协议等3个，对接洽谈培力药业集团高新区扩建工程项目、香港新世界集团南宁新世界国际中心项目等5个。10月，组团赴奥地利、德国开拓发展与奥地利、德国友城在城市、产业合作、环境保护方面的合作，拜访奥地利克拉根福·阿尔卑斯·亚得里亚大学的湖畔科技园、德国巴伐利亚奥迪工厂、梅青根市奥特莱斯城HOLLY集团等企业；派员随自治区商务厅组团赴日本开展投资促进活动，对接南宁市与日本泰格产业株式会社投资汽车零件制造项目、日本中达汽车有限公司销售门店在谈投资项目，拜访日本贸易协会及相关商会，共同举办中国(广西)－日本投资合作交流对接会，宣传推介南宁市投资环境及重点招商项目。

（张　剑）

【外商投资企业生产经营情况】 2016年，南宁市外商投资企业申报373家，投资总额80.47亿美元，注册资本38.42亿美元，其中外方出资29.90亿美元，实缴实收资本25.19亿美元。销售(营业)收入683.57亿元，比上年增长24.64%；利润总额48.70亿元，增长36.03%；纳税总额38.36亿元，增长17.52%；从业人数6.13万人，其中外籍人数269人。外商投资企业经营状况总体发展良好，销售(营业)收入100亿元以上的有南宁富桂精密工业有限公司1家，销售收入238.37亿元；10亿元～25亿元的有广西红水河水泥股份有限公司、华润置地(南宁)有限公司、南宁富泰宏精密工业有限公司、丰达电机(南宁)有限公司、广西来宾法资发电有限公司、南宁双汇食品有限公司、南宁中达桂宝汽车服务有限公司、广西丰林木业集团股份有限公司8家。利润总额1亿元以上的有12家；5000万元以上的有24家；1000万元以上的有63家。纳税总额1亿元以上的有10家；5000万以上的有20家；1000万元以上的有53家；500万元以上的有73家。

由于有些外资企业刚起步，行业竞争激烈，原材料市场价格涨幅较大，用工成本增加，生产成本提高，受经济大环境影响，订单少，销售收入下降，房地产项目近尾声，收入少、管理费用支出大等原因，部分外商投资企业经营亏损。

（李兴古文）

【东盟国家投资情况】 2016年，东盟十国中除老挝外，有其余九国94家企业在南宁市投资，投资领域涉及电子、信息、轻工、食品、化工、基础设施、房地产、商贸物流以及农副产品深加工、其他航空运输辅助活动等，投资总额11.03亿美元，注册资本5.27亿美元，实际利用外资4.31亿美元。其中：新加坡企业38家，以制造业、房地产、商贸业、其他航空运输辅助活动为主，投资总额2.37亿美元，注册资本1.95亿美元，实际利用外资1.56亿美元；马来西亚企业28家，以制造业、餐饮业、商贸业为主，投资总额7.99亿美元，注册资本2.91亿美元，实际利用外资2.46亿美元；泰国企业10家，以制造业、房地产、农牧业为主，投资总额3872.20万美元，注册资本2205.20万美元，实际利用外资1641万美元；印度尼西亚企业6家，以房地产、仓储业、制造业为主，投资总额1524万美元，注册资本852万美元，实际利用外资575万美元；越南企业4家，以商贸服务业为主，投资总额64万美元，注册资本64万美元，实际利用外资13万美元；文莱企业3家，以房地产为主，投资总额249万美元，注册资本180万美元，实际利用外资170万美元；柬埔寨企业2家，以房地产为主，投资总额187万美元，注册资本131万美元(外商出资额38万美元)，实际利用外资66万美元；菲律宾企业2家，以房地产为主，投资总额667万美元，注册资本667万美元，实际利用外资339万美元；缅甸企业1家，以房地产为主，投资总额167万美元，注册资本129万美元，外商出资额32万美元，实际利用外资33万美元。

【外资审批与管理】 2016年，南宁市将提高行政审批效率、加快推进项目建设、改进政务服务水平作为加强和改进外资审批与管理的重点，加快建立权责明晰、行为规范、运转协调、廉洁高效的内部管理机制，提升外资审批水平。全年新批设立外商投资企业49家，办理外资企业设立及变更审批事项135项，未发生超时限办结和企业投诉、申请听证、行政复议、行政诉讼等情况。

CEPA服务贸易备案　6月1日，实施《〈内地与香港、澳门关于建立更紧密经贸关系的安排〉服务贸易协定》(CEPA服务贸易)，港澳服务提供者在内地全境投资对港澳开放的服务贸易领域，公司设立及变更的合同、章程审批改为备案管理，备案后按内地有关规定办理相关手续。南宁市外资主要来自香港，实施CEPA服务贸易备案制后，放宽港澳外资准入门槛，简化审批手续，对招商引资产生积极影响。

外商投资企业设立及变更备案　10月8日，南宁市根据商务部发布的《外商投资企业设立及变更备案管理暂行办法》，对不涉及国家规定实施准入特别管理措施的外商投资企业设立及变更事项，由审批改为备案管理，办理时间由90天缩减至3天，准备提交的材料精简至6件，企业只需通过专门备案系统在线填报和提交备案申请材料，备案机构对填报信息的完整性和准确性进行核对，符合条件可在3个工作日内完成备案。涉及国家规定实施准入特别管理措施的，按照《外商投资产业指导目录(2015年修订)》执行；涉及目录限制类和禁止类以及鼓励类中有股权要求、高管要求的领域，继续实行审批管理；外国投资者并购境内非外商投资企业，适用《关于外国投资者并购境内企业的规定》，其中涉及上市公司的，适用《外国投资者对上市公司战略投资管理办法》。

网上审批大厅　建立集信息公开、便民服务、网上办事、效能监察于一体的南宁市网上审批大厅网络平台，外商投资审批政务服务事项全部实现网上申报和预受理。同时开通基于移动客户端的网上审批大厅平台，手机下载并安装南宁市网上审批大厅APP，即可通过手机快捷申报业务，掌握办事进度。

缺项受理　6月，出台《南宁市政务服务中心企业投资项目“容缺后补”制度(试行)》，对涉及外商企业投资项目的19项非主审要件事项实行“容缺后补”缺项受理，允许某些审核材料在规定时间内暂时缺少，实行非主审要件缺项受理和审批，减少企业往返时间，减轻企业负担。

（蔡　伟）

【外企管理与服务】 2016年初，市投资促进局对全市有资金存量的外资项目进行分析和筛选，摸清年内可进资的项目及资金存量，做好实际利用外资预测。组织5个服务小组深入企业开展调研和座谈，通过实地走访、座谈交流了解企业生产经营中存在问题、增资扩股意愿、政务服务需求等方面情况，对企业的问题和意见进行梳理，制定针对性解决措施，重点对部分外资存量较大的企业开展贴心服务，同时督促指导区县、开发区加强服务，一线解决企业在扩大生产经营中遇到的问题，跟踪外资到位情况，及时统计上报外商投资企业及其外资到位情况，督促企业规范企业管理，按时按规定进资到位。第十三届中国－东盟博览会期间，为160多家外企280名代表办理专业观众证，组织企业代表参加“中国－东盟博览会”各场投资促进活动，让企业了解国内外投资贸易合作新动态，参与工程承包、资源开发、能源环保、先进技术、园区招商、金融服务等领域的洽谈活动。

（李 兴 古 文）

【重大项目快速落地机制】 2016年，市政府办公厅发布实施《南宁市推进重大招商引资项目快速落地实施意见》，提出帮助企业解决实际问题，定期每季度召开项目推进会议，协调解决项目实际问题，促进项目快速落地的机制，将广西建筑现代化产业园、华润新能源西乡塘风电场、水性高分技术、无毒环保材料研发生产基地、香港卫视·丝路城邦、正大宾阳2400万羽肉鸡食品加工、中民筑友（广西）绿色建筑科技园、南宁五合国际重型机械物流园等7个项目列入市重大招商引资快速落地机制。 （钟 锋）

【中国－东盟博览会及中国－东盟商务与投资峰会经贸活动】 2016年9月11日至14日，第十三届中国－东盟博览会、中国－东盟商务与投资峰会在南宁市会展中心召开，市四家班子领导分14批次会见149家生物医药、电子信息、机械制造、金融、电子商务等产业的国内外知名企业负责人，宣传推介南宁市发展机遇与投资环境，促进南宁市与国内外企业的交流与合作。9月11日举办“2016南宁市投资贸易洽谈会暨重大项目签约仪式”，有华润集团、中国平安集团、恒丰银行总行、武汉农村商业银行、兰州科天投资控股、哈工大机器人集团、德力西集团、上海明匠智能制造公司等300家知名企业和商协会负责人出席会议；现场签约24个重大项目（内资项目19个、外资项目5个），活动期间累计签约项目35个（内资项目28个、外资项目7个），签约总投资306.29亿元，签约项目涉及电子信息、机械装备制造、生物制药、新能源新材料、服务业等领域，其中金融项目、电子商务项目超过历年；签约项目投资方主要来自粤港台地区；在自治区层面签约项目11个（内资项目9个、外资项目2个）。其中：运德旅游与越南广宁长禄股份签订的运输、旅游及商贸项目列自治区层面签约重大外资首位，启迪乔波—南宁冰雪小镇项目列自治区层面签约重大内资项目第一位。组织参加“中国企业投资东盟金融合作洽谈会”“柬埔寨国家推介会”“2016年中国－东盟商会领袖高峰论坛系列活动”“第13届中国－东盟博览会支持商协会大会暨企业家交流会”等招商洽谈活动。各区县、开发区根据各自产业定位和优势，积极组织多种形式的投资推介活动。 （张 剑）

区域经济合作

【概 况】 2016年，南宁市围绕“一带一路”及“高铁经济带”发展战略，发挥南宁市作为“一带一路”有机衔接重要门户城市作用，实施南宁市加快外经贸发展三年行动计划，拓展“一带一路”“东盟渠道”效应，务实开展多区域经济合作，提升南宁市在区域经济合作中的重要程度。2016年，实现外贸进出口额416.01亿元，比上年增长14.10%，其中与东盟国家进出口额56.94亿元，增长18.90%；自治区外境内实际到位内资682.90亿元，增长11.69%，全口径实际利用外资7.70亿美元、增长9.83%。

【面向东盟融入“一带一路”】 2016年，南宁市编制完成南宁市参与建设“一带一路”实施方案，实施南宁市加快外经贸发展三年行动计划，提升外向型经济发展水平。打造连接国内外市场的跨境贸易电子商务综合商务服务体系，引进世界500强企业谷歌体验中心、德国SAP、杭州聚贸、阿里一达通等知名跨境电商项目；承办并服务第十三届中国－东盟博览会、中国－东盟商务与投资峰会，第九届泛北部湾经济合作论坛暨中国－中南半岛经济走廊发展论坛；建成南宁综合保税区一期并通过国家联合验收组验收，引进中国邮政东盟跨境电商监管中心项目。与东盟国家深化科技、教育、文化、体育、卫生、旅游等领域交流合作，组织企业赴越南参加第十三届中国－东盟博览会越南展、中国－越南技术与投资对接会，达成合作协议14项，签约金额2620万元，采集合作需求5项；与泰国、越南等东盟国家开展职业技术人才培训教育，推进“留学绿城”计划；举办第四届中国－东盟（南宁）戏剧周，建立中国－东盟（南宁）戏剧交流协作机制，连续八年举办“春天的旋律”跨国春节晚会；做活东盟体育文章，举办南宁东盟国际龙舟邀请赛、中国南宁－东盟国际棋牌邀请赛、TIF国际女子网球巡回赛·南宁站比赛等系列重大国际体育赛事；加快推动南宁市中医民族医走向东盟，达成朱琏针灸国际研究基地建设海外二级基地意向；加快建设区域性国际旅游目的地，举办“南宁·东南亚国际旅游美食节”，加大境外旅游营销力度，加强区域旅游合作。

【北部湾经济区区域合作】 2016年，南宁市加大南宁高新区、南宁经开区、东盟经开区、六景工业园区4个北部湾经济区重点产业园区基础设施建设，搭建区域开放合作平台，强化招商引资，推动园区经济发展，全年园区工业总产值2091.81亿元，比上年增长19.54%，固定资产投资830.22亿元，增长12.77%，财政收入88.90亿元，增长4.80%。深入综合配套改革，加快南北钦防同城化步伐，促进经济区内人流、物流、资金流、信息流、技术流等生产要素快速流动和自由流动，户籍方面实现身份证、驾驶证、普通护照、住房公积金贷款在经济区四市（南宁市、北海市、钦州市、防城港市）异地办理；通信方面实现资费和服务同城化；金融方面设立北部湾经济区重大产业发展（南宁）引导基金，取消异地差异化收费项目；交通方面实现高速公路不停车电子收费通行，不同交通方式换乘可刷卡消费；社保方面实现定点医疗机构异地就医刷卡直接结算；口岸方面推行关检合作“三个一”和“六市一关”通关模式。创建开放合作平台，争取自治区5000万元专项资金支持，建成南宁综合保税区，10月18日通过国家海关总署等部委联合验收。完成五象新区建设国家级新区路径课题研究，10月26日向国务院上报五象新区建设国家级新区方案；参与推动自由贸易试验区创建，完成中国（北部湾）自贸试验区南宁片区建设研究课题，向自治区政府报审中国（北部湾）自贸试验区南宁片区方案。

【泛珠三角区域经济合作】 2016年，南宁市从交通基础设施互联互通、产业合作、旅游合作、参与城市联盟建设等方面加强泛珠三角区域经济合作，提升南宁市与广东、湖南、四川、贵州、福建等省市交通互联互通水平，完成云桂铁路南宁至百色段、湘桂铁路柳州至南宁铁路电气化改造工程，全线开通黎钦铁路（横县段）；协助推进柳南高速公路改扩建、贵港至隆安高速公路建设；加快南宁港规划修编，实现2000吨级船运直达粤港澳，老口航运枢纽完成土建工程并蓄水通航，邕宁水利枢纽项目推进；建成南宁吴圩国际机场第二跑道。引进富士康、源正汽车、海王集团、研祥集团、佳微电子、美鹏机械设备等一批粤企来邕投资。其中：东盟经开区引进广西科天水性科技产业园项目，总投资60亿元，填补广西家装市场水性环保材料的空缺；南宁高新区引进上海明匠智能系统有限公司、Google Adwords（南宁）体验中心项目等企业（项目）；南宁经开区引进海南葫芦娃药业集团儿童用药生产基地项目，总投资6亿元。旅游合作方面与广州市、佛山市、茂名市、湛江市、深圳市建立旅游合作关系，与梧州市、贵港市、云浮市等建立两省七市旅游联盟。参与粤桂黔高铁经济带建设，与粤桂黔高铁沿线12个市(州)共同签署《贵广、南广高铁沿线城市战略合作框架协议》。应邀加入由佛山市政府发起的中德工业城市联盟；参与由佛山市发起的在粤桂黔高铁经济带合作试验区(广东园)设置商务联络处工作，促进粤桂黔高铁沿线12个市(州)的政企合作。

8月25日，第十一届泛珠三角区域合作与发展论坛暨经贸洽谈会在广州市举办，这是《国务院关于深化泛珠三角区域合作的指导意见》出台后，"9+2"(福建、江西、湖南、广东、广西、海南、四川、贵州、云南等省区及香港、澳门特别行政区)各方共同举办的第一次重要活动，也是固定在广州市举办的第一次泛珠大会，以"深化泛珠合作与自贸区创新推广"为主题，开展主旨论坛、主题对话、商务交流、专业论坛、经贸洽谈和实地考察6项主要活动。南宁市组织经贸代表团出席大会，与各省市参会代表进行深入交流，与会各方达成进一步深化泛珠三角区域合作，坚持促进9省区一体化发展，深化与港澳合作，构建经济繁荣、社会和谐、生态良好的泛珠三角区域等共识。

【其他经济区域合作】 2016年，南宁市参加京津唐经济带、长三角经济区区域经济合作，组织经贸代表团及招商小分队参加3月在天津市举办的2016中国·天津投资贸易洽谈会暨PECC国际贸易投资博览会，参观考察天津经济技术开发区、搜狐视频总部、天津港保税区、天津空港经济区、天津(空港)欧洲贸易中心，加强与环渤海地区发达城市的沟通联系，拓展双方在经济贸易、投资促进、经济技术等方面的交流与合作。参加5月在杭州市、上海市开展的招商推介活动，在西安市举办的2016丝绸之路国际博览会暨第20届中国东西部合作国际贸易洽谈会；参加8月在西宁市举办的首届绿色发展论坛暨2016西宁城市发展投资洽谈会，9月在新疆举办的第四届丝绸之路经济带城市合作发展论坛会活动，开展招商宣传推介活动，采集合作需求。(黄凯婧　彭金红)

财政·税务

财　　政

【概　况】 2016年，南宁市财政系统包括市财政局和横县、宾阳县、上林县、马山县、隆安县、兴宁区、江南区、青秀区、西乡塘区、邕宁区、良庆区、武鸣区、南宁高新技术产业开发区、南宁经济技术开发区、广西－东盟经济技术开发区、青秀山风景名胜旅游区16个区县(开发区)财政局，有在职干部1911人。其中：市局273人，区县(开发区)财政局1638人；大学专科以上1771人，占总数92.70%；具有专业技术职称任职资格801人，占41.92%；中共党员1040人，占54.42%。全年组织财政收入613.83亿元，完成年度任务101.15%，比上年增长7.22%，其中全市一般公共预算收入312.76亿元，完成年度任务99.92%，增长5.29%。全市一般公共预算支出587.07亿元，完成预算96.17%，增长11.46%。

【财政收入】

一般公共预算总收入　2016年，南宁市一般公共预算总收入814.64亿元，其中一般公共预算收入312.76亿元、上级补助收入246.48亿元、上年结余收入41.48亿元、调入资金28.35亿元、调入预算稳定调节基金52.15亿元、地方政府一般债券转贷收入133.42亿元。

一般公共预算收入　一般公共预算收入312.76亿元，完成年度任务99.92%，比上年增长5.29%。其中：税收收入232.91亿元(增值税47.84亿元、增长87.73%，营业税26.42亿元、下降51.40%，企业所得税34.70亿元、增长18.30%，个人所得税9.84亿元、增长9.81%，其他税收收入114.11亿元、增长3.07%)；非税收入79.85亿元，增长12.34%。

市本级一般公共预算总收入　市本级一般公共预算总收入615.63亿元，其中一般公共预算收入169.70亿元、上级补助收入246.48亿元、下级上解收入15.68亿元、上年结余收入13.38亿元、调入资金5.84亿元、调入预算稳定调节基金47.91亿元、地方政府一般债券转贷收入116.64亿元。

市本级一般公共预算收入　市本级一般公共预算收入169.70亿元，完成年度任务107.41%，比上年增长7.88%。其中：税收收入124.57亿元(增值税20.98亿元、增长77.77%，营业税9.99亿元、下降52.88%，企业所得税15.45亿元、增长24.04%，个人所得税4.47亿元、增长10.12%，其他税收收入73.68亿元、增长4.63%)；非税收入45.13亿元，增长17.99%。

【财政支出】

一般公共预算总支出　2016年，南宁市一般公共预算总支出775.49亿元，其中一般公共预算支出587.07亿元、上解上级支出8.11亿元、地方政府一般债务还本支出132.08亿元、补充预算稳定调节基金48.23亿元。收支相抵，年终滚存结余39.16亿元(含专款结转)。

一般公共预算支出　一般公共预算支出587.07亿元，完成预算96.17%，比上年增长11.46%。其中：教育支出97.93亿元，完成预算98.90%，增长6.01%；社会保障和就业支出66.25亿元，完成预算97.07%，增长15.88%；医疗卫生与计划生育支出57.85亿元，完成预算97.92%，增长9.25%；节能环保支出21.71亿元，完成预算90.14%，增长7.49%；农林水支出60.17亿元，完成预算95.65%，增长10.91%。

市本级一般公共预算总支出　市本级一般公共预算总支出596.97亿元，其中一般公共预算支出204.10亿元、上解上级支出8.11亿元、补助下级支出239.47亿元、补充预算稳定调节基金25亿元、地方政府一般债务还本支出116.62亿元、地方政府一般债券转贷支出3.67亿元。收支相抵，年终滚存结余18.66亿元(含专款结转)。

市本级一般公共预算支出　市本级一般公共预算支出204.10亿元，完成预算93.85%，增长8.86%。其中：教育支出25.30亿元，完成预算94.75%，下降11.95%；社会保障和就业支出18.69亿

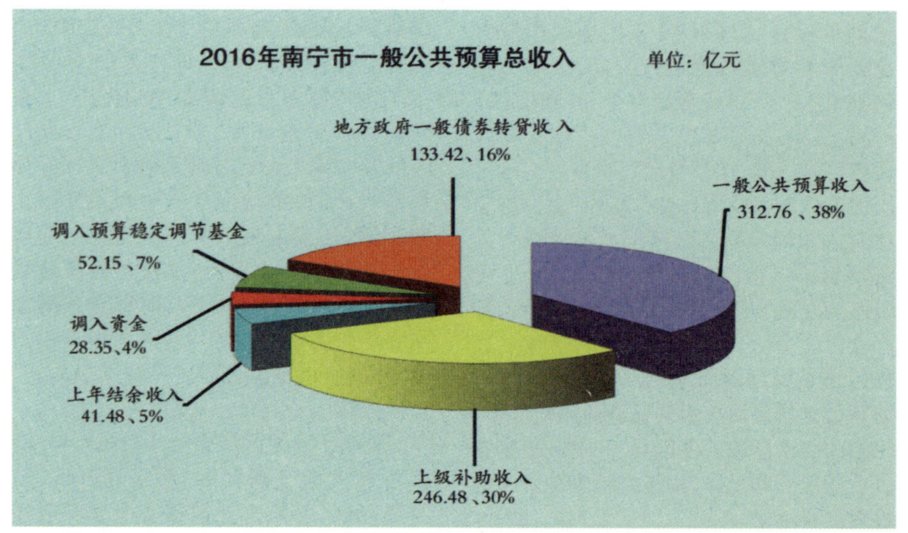

元，完成预算96.03%，增长26.26%；医疗卫生与计划生育支出13.69亿元，完成预算94.95%，增长12.20%；节能环保支出14.70亿元，完成预算95.92%，增长26.24%；农林水支出6.87亿元，完成预算92.97%。市本级年初预算安排的扶贫专项资金通过转移支付补助各区县，相应减少市本级一般公共预算支出，增加区县收入和支出，剔除不可比因素后同口径增长15.73%。

市本级预备费　市本级财政一般公共预算安排预备费2亿元，全年动用0.18亿元。支出主要项目：手足口病防控专项工作经费122万元，南广铁路地质灾害治理工程项目经费549.78万元，柳南铁路右侧滑坡地质灾害应急抢险治理工程项目经费100万元，平里静脉产业园生活垃圾焚烧发电项目高切坡地质灾害治理工程第二期工程项目经费255.65万元，会展路边坡地质灾害治理工程项目经费742.91万元。

市本级“三公”经费　市本级财政一般公共预算安排的“三公”经费支出0.60亿元，比上年减少0.29亿元，下降32.58%。其中：公务接待费0.07亿元，下降20.50%；因公出国（境）经费0.06亿元，下降0.49%；公务用车购置及运行维护费0.47亿元，下降38.01%。

【预算稳定调节基金和预算周转金】2016年，未动用预算周转金安排项目支出，动用预算稳定调节基金安排一般公共预算支出47.91亿元。其中：年初预算动用预算稳定调节基金18亿元，统筹用于市本级一般公共预算支出；安排9.70亿元用于偿还到期的市本级一般债务本金支出；安排7.10亿元用于偿还到期的市本级一般债务利息支出；安排5.11亿元用于轨道1号线项目建设支出；安排3亿元用于增加农工商集团注册资本金；安排5亿元用于体制、调整工资及均衡性转移支付补助支出。市本级将一般公共预算超收收入11.71亿元以及净结余13.29亿元补充预算稳定调节基金后，市本级预算稳定调节基金结余26.95亿元、预算周转金结余5.91亿元。

【地方政府债券】2016年，自治区政府批准，核定转贷南宁市地方政府债券规模240.64亿元（其中市本级地方政府债券规模222.47亿元）；市本级地方政府债券资金中，含地方政府置换债券204.67亿元、地方政府新增债券17.80亿元（新增一般债券7.80亿元、新增专项债券10亿元）。

年内，市本级置换债券204.67亿元主要用于：偿还经2014年清理甄别确认市本级负有偿还责任的2016年到期、部分2017年及以后年度的债务本金180.08亿元，转贷城区、开发区24.59亿元；新增一般债券7.80亿元主要用于：轨道交通1、2号线项目支出2亿元，教育基本建设项目支出2亿元，良庆区保障房建设项目支出1亿元，邕宁水利枢纽主体工程项目支出1亿元，扶贫开发项目支出0.80亿元，东盟文化园配套道路项目支出0.40亿元，蓉茉大道北延长线工程项目支出0.30亿元，仙葫大道跨南北高速公路分离立交桥改造工程项目支出0.30亿元；新增专项债券10亿元主要用于：完善五象新区物流基地中片区路网项目支出3亿元，轨道1号线项目支出2亿元，民族大道修复工程项目支出2亿元，南宁教育园区项目支出1.50亿元，邕江综合治理项目支出1.50亿元。

【政府性基金】

南宁市政府性基金　2016年，南宁市政府性基金预算总收入437.94亿元。其中：当年政府性基金预算收入283.63亿元，完成预算102.93%，比上年增长27.02%；上级补助收入4.71亿元；上年结余收入42.38亿元；债务转贷收入107.22亿元。全市政府性基金预算总支出383.94亿元。其中：当年政府性基金预算支出222.95亿元，完成预算93.82%，增长10.06%；上解上级支出36.76亿元；调出资金27.01亿元；地方政府专项债务还本支出97.22亿元。收支相抵，年终滚存结余54亿元。

市本级政府性基金　市本级政府性基金预算总收入395.42亿元。其中：政府性基金预算收入263.36亿元，完成预算104.70%，增长26.61%（其中土地出让收入251.45亿元，完成预算104.77%）；上级补助收入1.76亿元；上年结余收入24.46亿元；债务转贷收入105.84亿元。市本级政府性基金预算总支出368.79亿元。其中：政府性基金预算支出133.13亿元，完成预算97.67%，下降22.76%；上解上级支出36.76亿元；补助下级支出98.07亿元；调出资金4.50亿元；债务转贷支出21.42亿元；地方政府专项债务还本支出74.91亿元。收支相抵，年终滚存结余26.63亿元。

【市本级国有资本经营预算】2016年，市本级国有资本经营预算收入1.76亿元，其中利润收入0.67亿元、股利股息收入0.19亿元、其他国有资本经营预算收入0.90亿元。市本级国有资本经营预算支出1.76亿元，其中国有资本经营预算支出0.42亿元、调出资金1.34亿元。

【市本级社会保险基金】2016年，市本级社会保险基金预算收入83.48亿元，完成预算107.65%，比上年增长28.31%。其中：机关事业单位养老保险基金收入10.69亿元（2016年新增险种）；失业保险基金收入3.82亿元，下降24.87%，失业保险缴费率由2%调整至1%；城镇职工基本医疗保险基金收入32.26亿元，增长10.27%；工伤保险基金收入1.53亿元，增长14.94%；生育保险基金收入2.07亿元，增长22.12%；新型农村合作医疗基金收入28.54亿元，增长16.03%；城镇居民基本医疗保险基金收入4.57亿元，增长47.52%。市本级社会保险基金预算支出66.69亿元，完成预算92.31%，增长36.01%。其中：机关事业单位养老保险基金支出10.69亿元；失业保险基金支出3.25亿元，增长34.55%；城镇职工基本医疗保险基金支出24.50亿元，增长12.09%；工伤保险基金支出0.73亿元，增长26.92%；生育保险基金支出1.87亿元，增长32.04%；新型农村合作医疗基金支出22.87亿元，增长12.64%；城镇居民基本医疗保险基金支出2.78亿元，增长12.80%。收支相抵，市本级社会保险基金当年收支结余16.79亿元。市本级社会保险基金年末滚存结余98.01亿元。

【财政收支预算执行】2016年，南宁市组织财政收入完成613.83亿元，比上年增长7.22%，占自治区财政收入总量25.01%。非税收入占一般公共预算收入25.53%，比自治区平均占比低7.89个百分点。年内，优化财政支出结构，统筹整合财政资金，集中有限财力保障民生支出和重点支出；加强对“三公”经费、会议费、培训费等一般性支出的管理，市本级一般公共预算安排的“三公”经费支出下降32.58%；建立健全盘活财政存量资金长效机制，清理收回财政结转结余、预算单位银行账户结余等资金25.03亿元，财政结转结余资金规模下降43.63%；加快预算下达和预算执行进度，提高提前下达转移支付预计数比例，全市一般公共预算支出执行率96.17%。

【实体经济推动产业转型升级支持】2016年，市本级安排1.85亿元科学技术研究与开发资金支持推进“国家创新型试点城市”“国家知识产权试点城市”建设，支持南宁·中关村创新示范基地的建设；支持科学研究与技术开发计划项目413项，总投资12.04亿元，新增广西创新企业7家，自治区级重点实验室和工程技术研究中心4家，市级高新技术企业304家；统筹安排工业发展资金6.70亿元、滚动安排7亿元工业土地储备资金和3亿元工业园区基础设施建设使用资金，设立产业发展基金;扶持第三产业发展,统筹整合市本级各类服务业专项资金9亿余元,用于加快金融服务、现代物流、信息和电子商务、旅游、商贸、文化、养老等现代服务业发展,推动形成以服务经济为主的产业结构;做好新办微型企业资本金补助工作,补助微型企业123户,拨付资本金补助资金0.03亿元;助力中小企业融资,安排“两台一会”中小企业融资平台(南宁市中小企业服务中心为融资平台,南宁市南方担保公司为担保平台,南宁市企业信用协会为推介平台)配套资金0.60亿元、中小企业流动资金贷款贴息0.20亿元、增加南方担保公司注册资本金0.38亿元,降低企业融资成本,服务企业800多家,带动金融机构对中小企业贷款余额32.82亿元;扶持农业产业发展,市本级安排11.98亿元,安排市本级农业综合开发专项资金1.18亿元,开展农业综合开发项目建设。

【民生保障和改善】 2016年,南宁市民生支出433.95亿元,比上年同期增长13.02%,占一般公共预算支出73.92%,较上年提高1.15个百分点。保障为民办实事工程,筹措资金88.48亿元用于自治区和南宁市为民办实事项目;支持教育优先发展,统筹安排教育支出25.30亿元;安排专项资金扶持民办教育,完善贫困学生帮扶政策,资助家庭经济困难学生,支持贫困地区教育事业发展,提高各类经费保障标准,统筹安排地方政府债券资金3.50亿元及通过对武鸣区地方政府债券给予贴息等方式支持南宁教育园区基础设施建设;提高城乡居民医疗保险及新农合财政补助标准,各级财政补助标准从每年人均380元提高至420元,全市落实城乡居民医疗保险财政补助资金23.61亿元,落实就业专项资金1.71亿元,推进就业和双创工作;支持文体事业发展,注资广西文化艺术中心PPP项目2亿元,统筹安排各级文化惠民工程资金0.57亿元用于村级公共文化中心、送戏下乡、民歌湖周周演等群众文化项目。安排0.33亿元“中国杯”国际足球锦标赛专项经费用于比赛申办和组织经费,支持全民健身等群众性体育活动开展;统筹整合各类涉农资金80.76亿元投入扶贫开发,推动金融扶贫改革,获农发行专项贷款额度24亿元支持南宁市农村交通基础设施建设,创新涉农保险服务,开展农业保险示范点建设,落实市本级农业保险保费补贴资金93.05万元。

【城建项目资金筹措】 2016年,南宁市筹融资497.95亿元,重点支持民族大道改造提升、轨道交通1号线至4号线、五象新区“三纵三横”主干路网、邕江综合治理开发等项目建设。年内,南宁市获自治区发行转贷南宁市的政府债券资金240.64亿元,其中置换债券211.56亿元、新增债券29.08亿元;开展国家海绵城市、国家节能减排财政政策综合示范城市等建设;推进南宁市海绵城市示范市和国家节能减排财政政策综合示范城市建设,市本级落实海绵城市等示范市配套建设资金3.30亿元;设立南宁海绵城市建设发展基金,入选全国地下综合管廊试点城市;创新财政支持方式,有19个项目采用PPP模式推进,其中5个项目纳入财政部PPP项目示范名录,3个项目纳入自治区示范目录;南宁城市发展基金成功落地,完成第一批子基金方案评审,成立母基金公司;探索政府购买重大项目建设服务试点,出台《南宁市政府购买重大公益性建设项目服务试点操作规程》;探索通过政府购买土地收储涉及的拆迁安置补偿服务,推进政府购买征地拆迁和开发整理服务试点。

【财税体制改革】 2016年,纳入市本级统筹使用的产业发展专项资金13.03亿元,统筹比率34%;强化预算绩效管理,首次实现部门预算及预算绩效目标齐公开,实现南宁市财政预算绩效管理全覆盖;推进国库管理改革,完成财政专户清理整顿,撤销财政专户157个,收回财政专户资金6.78亿元上缴国库;加强国库集中支付改革,完善预算执行动态监控机制,推进动态监控分析报告制度,国库集中支付资金实现市、县、乡三级全覆盖。

(马利芳)

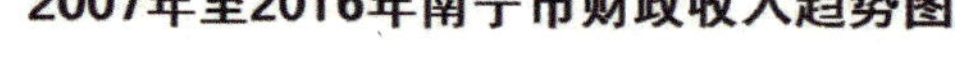

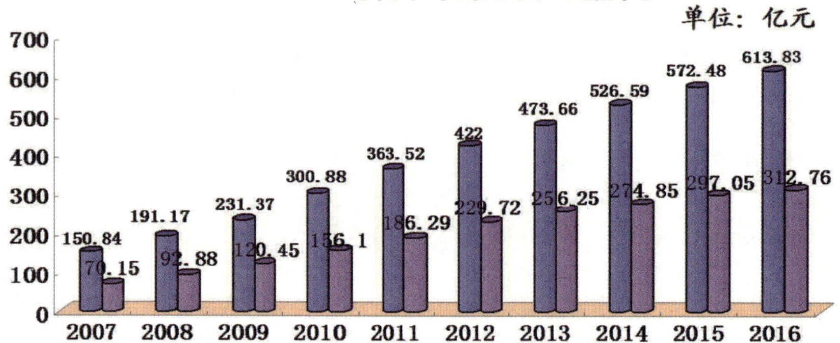

国家税务

【概　况】 2016年,南宁市国家税务局机关设办公室、政策法规科、督察内审科、货物和劳务税科、所得税科、进出口税收管理科、国际税务管理科、征收管理科(大企业税收管理科)、税收风险分析监控中心、财务管理科、纳税服务科、12366呼叫中心、收入核算科、人事科、教育科、监察室、机关党办、离退休干部科18个科室;设稽查局、车辆购置税征收管理分局2个直属机构;设第一稽查局、第二稽查局、第三稽查局;设信息中心、机关服务中心、票证中心3个事业单位。下辖城区国税局7个、县国税局5个、开发区国税局3个,全系统在职人员1567人。市国税局税务登记户数33.74万户,其中单位纳税人19.96万户,个体纳税人13.74万户。增值税纳税人32.71万户,一般纳税人4.54万户,非个体小规模纳税人14.67万户,个体小规模纳税人13.47万户。营业税改征增值税纳税人14.54万户。消费税纳税人379户,企业所得税纳税人13.64万户。年纳税额1亿元以上的户数25户。纳税金额前10名企业:广西中烟工业有限责任公司58.63亿元、广西电网有限责任公司12亿元、广西壮族自治区烟草公司南宁市公司11.40亿元、华润置地(南宁)有限公司5.80亿元、广西北部湾银行股份有限公司3.77亿元、国家开发银行股份有限公司广西壮族自治区分行3.18亿元、广西壮族自治区农村信用社联合社2.76亿元、广西电网有限责任公司南宁供电局2.76亿元、广西嘉和置业集团有限公司2.44亿元、上海浦东发展银行股份有限公司南宁分行1.81亿元。市国税局获国家级荣誉1项、自治区级荣誉12项、市级荣誉33项。

【国税收入】 2016年,市国税局组织市口径税收收入(含代征地税收入)281.27亿元,比上年同期增长24.65%,完成市政府必保目标任务(281亿元)100.10%。全市平均预测率97.60%,超过自治区国税局考核标准(95%)2.60个百分点。收入总量占全市财政收入45.70%。落实税收优惠政策和结构性减税政策，办理减免税金132.38亿元。

【税收征管】 2016年，市国税局推进税收征管改革，将涉税事项划分为纳税服务事项、基础管理事项、风险管理事项、法制事务事项，依托金税三期系统，完善新的岗责体系和业务流程，推进分类分级管理，实现征管方式转变。推行《全国税收征管规范(1.2版)》，国地税服务融合、执法整合和信息聚合，实现国地税合作制度化、规范化。配合工商部门落实“六证合一”、个体户“两证整合”制度改革，12月起，个体经营户凭“两证整合”营业执照办理涉税事项，不再领取税务登记证，接收“两证整合”纳税人信息1855户。

货物和劳务税管理 抓好深化行政审批制度改革事中事后管理相关工作，全部取消减免税行政审批，实行一次性备案管理。落实优惠政策，每月统计资源综合利用、跨境服务等优惠政策执行情况。

大企业管理 开展大企业个性化服务，对26家大型建筑企业开展营改增政策辅导和行业调研，采取座谈方式对中国移动、中国联通、中国电信、中国铁塔股份有限公司4家大型企业铁塔及相关资产转让涉税处理提出指导性意见及建议。开展税企高层互访，引导广西顺丰速运有限公司等12家大企业签订《税收遵从协议》。加强大企业风险管理，启动对14家行业龙头企业的联合税收风险应对，核查补征税款232.65万元。开展对中国移动、中国联通、中国电信等企业铁塔资产转让业务专项评估，查补入库增值税2395.91万元。

所得税管理 组织企业所得税入库70.53亿元，比上年同期增收7.36亿元，增长11.65%。

出口退税管理 为409家出口企业办理退(调)库，金额为7.89亿元(退税额6.27亿元，免抵税额1.62亿元)，同比减少1.78亿元，下降18.45%。实施出口退(免)税企业分类管理工作，完成2016年出口企业管理类别初次评定工作。评定企业2772家，其中一类企业10家、二类企业115家、三类企业2509家、四类企业138家。

车购税管理 办理纳税申报车辆13.67万辆，增加8765辆，增长7.87%；征收车购税15.19亿元。市民享受减半征收车购税优惠额3.54亿元，占应税税额23.30%。执行2015年10月1日至2016年12月31日购置的1.6升及以下排量的乘用车减半征收车辆购置税的优惠政策。加强与公安车管所合作，建立车辆信息交换机制，防止持假车辆购置税完税证明办理车辆入户，打击偷逃车购税行为。

国际税收管理 对股息红利、利息、现代服务行业等税源项目采取重点监控措施，非居民税收收入总额2.37亿元，增长1.14亿元，增幅92.62%。为纳税人办理服务贸易等项目对外支付税务备案269份，支付金额折合人民币16.83亿元。办理非居民企业享受税收协定待遇减免税69家次，减免企业所得税5125.09万元。关联申报率98.44%，按要求通知17家企业提交年度关联交易同期资料，立案调查1家。

税收风险管理 围绕风险较高的涉税事项，完善指标模型、运用数据、开展风险分析识别和风险应对，防范化解风险。追缴入库税款7.82亿元，其中增值税1.38亿元、消费税17万元、企业所得税6.44亿元，滞纳金6881.67万元、罚款134.03万元，调减留抵进项税额1553.26万元，冲减前期多缴税款3053万元，减少弥补亏损金额2.88亿元。

【优惠政策落实】 2016年，市国税局落实小微企业增值税税收优惠政策，通过媒体、网络、设立“小微企业纳税申报专窗”、开设小微企业政策培训班等多种途径宣传、解读优惠政策、执行口径；提升纳税服务质效，引导小微企业办理涉税事宜。管辖应享受已享受小微企业增值税优惠政策纳税人户数161.86万户次(个体工商户118.05万户次、企业和非企业性单位43.81万户次)，小微企业全部享受小微企业增值税优惠政策，免税额22.73亿元。

【依法治税】 2016年，市国税局办理规范性文件审查和报备3件。落实行政审批改革，开展行政审批督查工作；对所得税优惠事项全部实行备案管理；在办税服务厅前台即时办结所有优惠备案事项。参与地方法治机制建设，化解税务行政处理难题。开展法制税务示范基地创建，经开区国税局获“广西法制税务示范基地”称号。成立法律顾问室、公职律师办公室，5名干部获批为公职律师。办理涉及合同审查、法律咨询等服务180多项。4月，组织全市系统各级单位(部门)对近2年来执法项目开展自查，自查面100%，督察发现涉及税收执法类问题38户次，下达执法督察结论文书10份。挖掘金税三期核心征管系统数据疑点，以异常数据为切入点，开展执法疑点数据信息的比对与案头分析，组织下派700条疑点数据，组织15个单位开展核查，发现问题631条，筛选问题命中率90.14%。落实税收执法责任制，全系统执法过错责任追究88人次，其中批评教育78人次，通报批评1人次，责令书面检查9人次。

【税务稽查】 2016年，市国税局实行“统一选案、交叉检查、集中审理、分级执行”的税务稽查扁平化管理改革，立案410件，其中虚开增值税专用发票案146件；实现稽查查补入库4.61亿元，比上年同期增长14.96%。选案准确率、入库率100%，立案查补入库收入占入库总额比例20.09%。

大案要案检查 查办符合重大税收违法案件标准的案件125件，查实虚开发票24367份，开票金额23.02亿元，增值税额3.91亿元。对217户走逃(失联)受托协查，核实存在问题发票8640份，发票金额8.65亿元，增值税额1.30亿元。与市公安局、市中级人民法院、市检察院联合，成立南宁市打击虚开增值税专用发票违法犯罪活动和打击出口骗税违法犯罪活动领导小组，查办“11.26”案，联手捣毁贩卖虚假增值税发票团伙1个，抓获犯罪嫌疑人13人。

重点税源企业抽查和随机抽查 开展国家税务总局2015年重点税源企业随机抽查(2015年11月起)、自治区国税局2016年重点税源企业税收抽查以及糖烟药批发行业、旅游行业专项整治。检查企业472户，立案检查23户，存在涉税问题23户；组织企业自查、辅导自查449户，存在涉税问题111户；立案检查、企业自查入库税款、滞纳金及罚款2.40亿元。

打击发票违法活动 与地税、公安等部门联合检查发票违法企业201户，查处非法发票1690份，查补税款2395.83万元。自查辅导408户，自查补税9984万元。公安机关立案22户，查获犯罪嫌疑人18人，移送起诉2人，治理发票违法信息网站登载信息1个。

金税协查 收到受托协查1551件，增长208.35%；涉案企业2079户，增长299.81%；涉及协查发票2.57万份，增长504.52%；涉案金额36.36亿元，增长125.67%；涉案税额5.93亿元，增长117.78%。其中直接确认虚开的企业352户，涉及发票6554份，涉及金额16.08亿元，涉及税额2.68亿元。全国各地来人来函协查193件，586人次，涉及被查企业616户，增长95.56%。在金税协查系统发起委托协查7起，涉及企业7户，涉及发票174份。发票协查选票准确率95.04%，协查函按期回复率

100%,涉案发票协查合规率100%。

检举案件　举报中心受理涉税电话咨询、举报近1000个,分析处理检举案件92件,其中本级直接受理案件61件,自治区国税局交办案件15件,市国税局相关部门转办10件,外单位转办6件。结案51件,在查案件41件,发放检举奖励案件3件。查补税款、罚款、滞纳金46.35万元。

【税收信息化建设】 2016年,市国税局按照"营改增"业务的变化,补充PC机(个人计算机)160台、打印机36台、金税盘120块;推进"互联网+税务"行动落实,征集重点应用项目,准备本地特色项目,推进"自助代开发票"项目,在全市32台自助办税终端推广使用代开发票。做好增值税发票风险管理,推广风控管理软件及网上申报黑名单模块功能。开发稽查双随机平台,利用信息化手段对辖区内的全国、省、市重点税源企业建立税务稽查对象分类名录库。推进数据分析应用,为纳税评估、税务稽查提供疑点纳税人资料,完成涉税数据查询、税收分析235项(次)。

【纳税服务】 2016年,市国税局新增办税窗口127个,新开辟"营改增"绿色通道专窗24个,配备临时应急窗口15个,15个基层局设置"营改增"专区,全市设置"营改增"专区18个。培训纳税人10多万户次,纳税人培训面100%。推广南宁国税纳税服务微信公众号、"广西税务12366"微信公众号,南宁国税纳税服务微信公众号推出预约办税服务、微信变更税务登记服务,关注人数2.39万人;"广西国税12366"公众号全年受理纳税人申报29万户次。"广西国税12366"微信公众号、"广西国税"微信订阅号粉丝量超过15万。扩大"同城通办"范围,外出经营税收管理证明报验环节、异地出租不动产跨区税源登记、预缴申报等"营改增"新增业务均实行同城通办。新增自助办税终端59台,有效分流"营改增"后前台业务量,全市有自助办税终端183台。自助办理发票认证63.44万份,发票领用714.51万份。引导纳税人利用办税便利通开展网上申报、网上申请代开增值税专用发票代开和外管证开具业务,纳税人网上申报比例94.78%,受理增值税专用发票代开申请5861份,外管证开具申请2625份。纳税人通过12366纳税服务热线来电总量64.66万次,转接人工52.43万次,其中人工受理接听45.62万次,接听率87.01%。在线QQ受理咨询7.64万次。

国地税合作办税　市国税局、市地税局有联合办税大厅2个,异址办公的全职能办税服务厅12个,国税在地税设立窗口22个,受理税务登记信息补录、纳税申报、发票管理、税收优惠事项受理、税收证明5大类业务,地税在国税设立窗口22个;互设自助办税终端办税服务厅10个,国税在地税服务厅设终端14台,地税在国税服务厅设置终端7台,建24小时自助办税服务厅7个,其中国税自助终端数量19台,地税自助终端数量14台。市国税局与市地税局合作举办纳税人培训班6期,培训600人。

纳税信用　市国税局与地税局合作,完成全市15余万户纳入信用评价管理企业的纳税信用等级评定,其中参加2015年度纳税信用等级评定的企业49051万户,参评比例32.38%(其中初评为A级的纳税人1950户,占3.98%;B级14432户,占29.42%;C级27681户,占56.43%;D级4988户,占10.17%)。通过办税服务厅电子屏及门户网站公布纳税信用A级企业名单;开展"银税互动"活动,让企业以"纳税信用"换"银行贷款"。根据纳税人申请开展纳税信用补评、复评,受理纳税信用补评60户次,纳税信用复评231户次。

【税收宣传】 2016年4月,市国税局以"聚焦营改增试点　助力供给侧改革"为主题开展系列税收宣传活动,包括国地税联合召开南宁市税收宣传月启动仪式暨"营改增"政策发布媒体通气会、"千企万人晒承诺　税宣走进朋友圈"活动、南宁市国地税联手组织漫画展宣传"营改增"活动、国地税联合播出公益宣传片、"纳税信用等级评定"活动及税法宣传进校园、进村屯活动等。税收宣传月期间,国税系统组织召开税企座谈会85次,走访纳税人800多户,发放征求意见建议表1万多份;印发宣传资料10万多份;出版宣传板报25期;悬挂宣传横额70多幅,张贴宣传画800多幅;在新闻媒体发表税收宣传文章200多篇,在各级电视台播放税收新闻20余条;举办纳税人培训班45期,培训1万多人次;发送税收宣传短信10万多条。

【营改增】 2016年5月1日起,市国税局推进"营改增"试点,建筑业、房地产业、金融业、生活服务业营业税纳税人全面纳入"营改增"试点范围。南宁市新增"营改增"试点行业涉及的纳税人户数9.06万户,占自治区总户数36.94%。5月1日,广西沃顿国际大酒店有限公司开出南宁市全面推开营改增试点后第一张增值税发票;6月1日,南宁市三建建筑安装工程有限责任公司第六分公司申报增值税成功,成为南宁市全面推开"营改增"试点后首户申报并扣缴税款的营改增企业。市国税局"营改增"增值税入库81.01亿元,其中新增四大行业(建筑业、房地产业、金融业、生活服务业)"营改增"增值税入库60.97亿元,占"营改增"收入75.26%;5月至12月,四大行业税负下降,其中建筑业下降4347.40万元,房地产业下降1.13亿元,金融业下降1.40亿元,生活服务业下降14.53亿元。

【"走出去"企业服务】 2016年,市国税局开展"走出去"企业境外投资情况调查,首次建立南宁市"走出去"企业清册,全市有对外实际投资企业44户,涉及的国家、地区主要是越南、柬埔寨、印度尼西亚、美国、中国香港,其中大部分投资集中于东南亚地区,境外投资总额32亿元,涉及20多个行业。4月,市国税局联合市商务局、市贸促会共同举办"南宁企业'东盟行'贸易投资大讲堂"宣传活动越南专场,50多户"走出去"到越南投资的企业参会。

【增值税发票虚开虚抵专项整治】 2016年,市国税局建立虚开虚抵打击防控常态化机制,开发发票风险分析管理应用平台,引入电子底账系统数据分析平台等,对风险企业采取录入风险企业信息和"黑名单"信息、停止供应发票等措施,发送发票核查信息,阻断其上下游企业虚开、虚抵发票的违法行为;经过8月至12月的整治,挽回各类税款损失1.59亿元,遏制增值税专用发票虚开虚抵发票违法犯罪活动的高发态势。

【商贸企业增值税一般纳税人风险管理】 2016年,市国税局作为加强商贸企业发票管理工作的试点单位,制定商贸企业增值税一般纳税人风险管理实施方案;先后对青秀区、高新区、兴宁区、西乡塘区国税局等单位进行调研,完成风险管理指导意见、操作指南、风险管理平台建设方案、51个风险指标体系的制定,加强纳税人发票发放和使用管理。在全市所有增值税纳税人中推行实名办税制度。　(黄　玥)

地方税务

【概　况】 2016年,南宁市地方税务局设机关科室(中心)13个、直属机构7个(税务服务中心1个、直属税务分局2个、开发区局4个)、城区局7个、县局5个,税务所(税务分局)64个。有1人被授予"省(区、市)税务局先进工作者"国家级称号;34人次分别被授予"广西地税

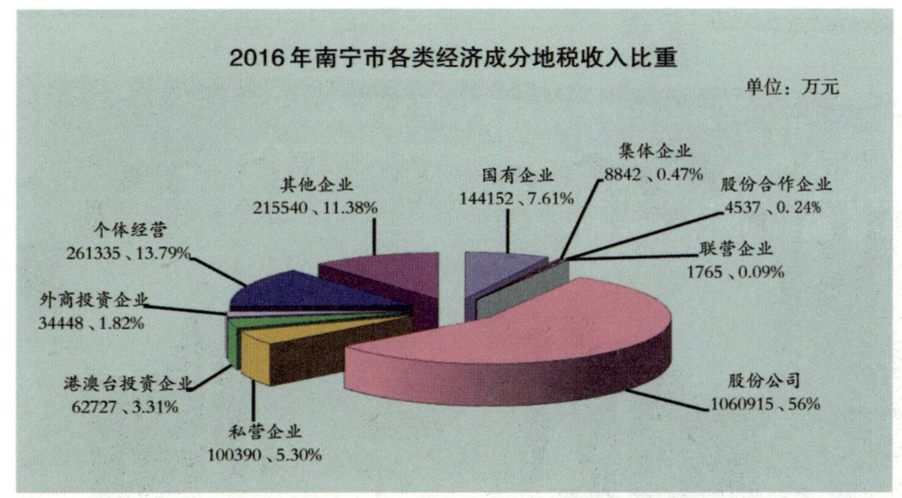

系统‘十佳’”“金税三期工程优化版推广工作先进个人”“业务大比武”各类岗位能手、“南宁市技术标兵”等地厅级称号。

【地税收入】 2016年，市地税局组织税收收入207.27亿元，比上年同期减收22.52亿元，下降9.80%。其中：自治区地税局口径税收收入196.80亿元，减收22.26亿元，下降10.16%，剔除“营改增”影响同口径增长13.12%；代征的工会经费、残疾人就业保障金、地方教育费附加、文化事业建设费、水利建设基金、价格调节基金收入10.47亿元，下降2.37%。市政府口径税收收入195.24亿元，减收22.14亿元，下降10.19%，剔除“营改增”影响同口径增长12.75%。

税收收入总量在自治区地税排名第一，同口径增幅排名第四，占自治区税收收入比重22.77%；在南宁市财政4个征收单位中总量排名第二，对市财政收入贡献率31.80%。5月，增幅达年度最高增长点；6月起，全局税收增幅直线回落；10月，出现负增长。剔除2015年同期营业税数据后按同口径计算，收入保持两位数增长。各税种11增2减，两个所得税、契税增长明显。11个税种保持正增长，企业所得税受稽查查补等一次性因素影响，同比增收6.85亿元，增长24.31%；工资薪金个人所得税增长带动税种征收，个人所得税增长12.94%；土地出让金入库同比增长拉动契税整体增长12.08%。营业税主要受“营改增”因素影响，耕地占用税受2015年一次性税收拉高基数影响，均出现负增长。第三产业税收比重提高，产业税收结构趋于优化。第一、二、三产业税收分别完成0.22亿元、39.58亿元、156.27亿元，分别增长3.18%、下降28.18%、下降4.52%，其中第三产业税收在三大产业中的占比逐月提升，提高4.95%。租赁和商务服务业成为拉动税收增长的行业新动力。受“营改增”因素影响，支柱行业房地产业、建筑业出现减收，房地产业、建筑业分别实现税收94.71亿元、25.81亿元，分别减收4.29亿元、13亿元，下降4.34%、33.49%。两个行业税收在全局占比61.47%，下降1.90%。租赁和商务服务业实现增收4.62亿元，增长28.11%，成为支撑税收收入的第三大行业。

开展千户集团、百户集团信息采集工作，推行重点税源集约化管理。重点税源企业缴纳地税收入114.73亿元，占全市总收入58.76%；优化企业所得税汇算清缴手段，通过汇算清缴入库11.04亿元，增长130%。企业所得税、个人所得税分别增收6.85亿元、2.75亿元，增长24.31%、12.94%，其中工资薪金个人所得税增长25.11%，增收3.15亿元；抓好所得税促收核查、两税比对清理核查、风险管理清票核税、新增欠税催报催缴、个税代扣代缴税款催报催缴、房产税、城镇土地使用税专项清理、重点行业、重大项目税收征管和提质增效专项工作，入库3.42亿元；组建风险管理工作团队，推进税务风险评估和涉税鉴证，确认、核增并入库税款1.80亿元；形成“政府领导、地税主管、部门配合、社会参与、信息化支撑”的社会综合治税体系，综合治税入库税款24.50亿元。

【税收管理】 2016年，市地税系统实现“营改增”平稳过渡，涉及纳税户9.23万户，占自治区总户数34.60%；清理营业税纳税人1.48万户，清理入库税款3.32亿元；整合梳理征管流程和岗责，以良庆区地税局和横县地税局作为试点，实行分级分类管理，优化人力资源配置，充实风险监控、分析、评估岗位力量；8月至12月入库资源税4026.17万元，减少687.83万元，降幅14.59%，资源税清费立税和不增加企业负担的改革目标初显成效；国地税合作深化共赢，启动南宁市国地税信息交换联动机制，国地税双方共享内部涉税信息84.26万条；共同认定非正常户9847户，办理设立登记6.34万户，联合完成对618户大企业开展风险管理，增加税款1.59亿元；联合为49户“走出去”企业提供服务管理措施，建成国地税联合办税服务厅2个，新增31个能办国税业务的窗口；整合税务、工商、质检的信息，各有关部门向税务部门提供涉税信息11.80万条，利用涉税信息6.20万条，入库税款24.50亿元。南宁市综合治税成员单位由25个增至50个。

【依法治税】 2016年，市地税局加强执法督察，通过“广西地税内控机制及疑点核查信息管理平台”推送的疑点数据，核查出问题数据540条，补征税款5.29万元，加收滞纳金0.23万元；做好规范性文件清理工作，对市地税局自2010年7月1日以后制定的所有税收规范性文件进行合法性自查，清理税收规范性文件58份，确认现行有效文件7份，全文失效废止文件13份，部分条款失效废止文件38份；与市中级人民法院、市国税局联系，就法院拍卖、变卖被执行人房地产时产生的地方税费扣缴问题达成一致，通过法院拍卖入库税款1671.40万元。

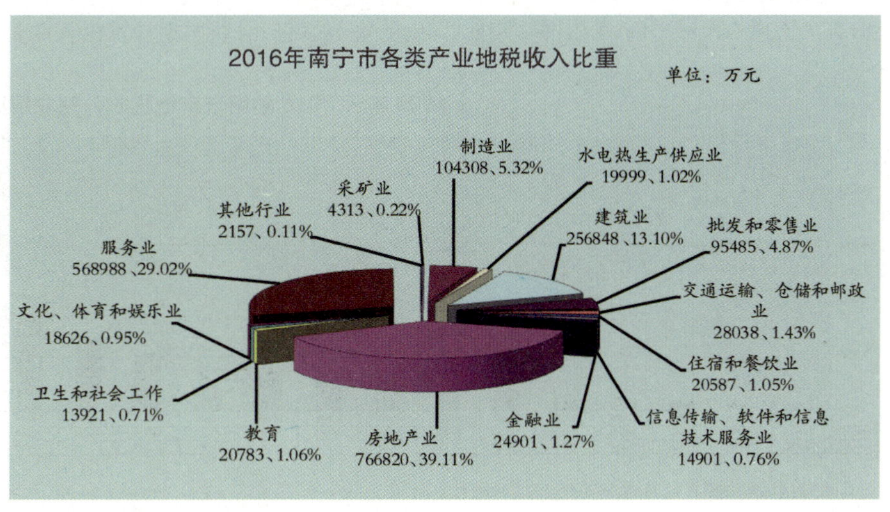

【纳税服务】 2016年,市地税局推进行政审批制度改革,以"优化流程、减少环节、缩短时限、减轻负担"为目标,清理非行政许可审批事项,保留行政许可事项3项,将后续管理融入金税三期系统运营,实现办理涉税事项制度化、日常化;开展"便民办税春风行动"活动,在推广涉税事项"同城通办"的基础上,全局16个办税服务厅为纳税人提供自治区通办,涉及税务登记办理、税收优惠备案、证明办理及涉税查询、宣传咨询服务等四类21项涉税业务。建设24小时自助办税点,建成16个24小时自助办税服务点,网点全面覆盖各区县、开发区地方税务局。推行二维码一次性告知,线上线下同步开展纳税人学堂,开展税法宣传、纳税辅导。在2016年度全国纳税人满意度测评中,市地税局在全国省会城市地税系统中排名比上年提升4名,在自治区地税局组织的2015年度纳税人满意度和服务需求调查得分中名列第六。开展信用等级管理,完成2015年度纳税信用评价工作,审核符合条件的4.70万户企业纳税人,联合评价出A级纳税人1689户、B级纳税人1.46万户、C级纳税人2.70万户、D级纳税人3570户。推进社会信用体系建设,与中国银行、建设银行、工商银行等15家金融机构联合开展"银税互动"活动。推行"互联网+预约办税"服务,开发完成预约办税系统项目,纳税人可通过市地税局网站、微信预约或手机APP进行存量房涉税业务的预约、预填单、退税申请及取消预约,平均只需2至3分钟即可办理业务,实名预约办税全网通服务约400人次。

5月1日,自治区地税系统全面推开"营改增"试点启动仪式在南宁市地税局举行
市地税局提供

2008年至2016年南宁市地税收入占全市财政收入比重

单位:万元

年份	2008年	2009年	2010年	2011年	2012年	2013年	2014年	2015年	2016年
全市地税收入	674755	835538	1205170	1420910	1573692	1775271	1939044	2174726	1952424
全市财政收入	1911682	2313664	3008756	3635205	4219941	4736652	5265900	5724782	6138300
比重%	35.30%	36.11%	40.06%	39.09%	37.29%	37.48%	36.82%	37.99%	31.81%

【税收宣传】 2016年,市地税局联合区内媒体,对"营改增"开展集中宣传,在《南宁日报》等刊发专题报道;聚焦国地税合作,联合市国税局举办媒体通气会3次、税收宣传活动3场;首次借助微信公众号及朋友圈开展"晒税收承诺"活动,首次依托人民网平台,采用网络同步直播"地税开放日"活动,网络直播关注人数超过75万人次;与广西电台930私家车广播合作,制作广播剧、税收卡通连环漫画、动漫短片;运行"南宁地税"微信公众号平台,实现线上线下全开放。

【信息化建设】 2016年,市地税局联合南宁市房产局共同开发全国首创的"互联网+自助办税"系统,将每笔业务办理时长由11分钟降至3分钟内,效率提升4倍;系统受理增量房业务4.39万户次,征收税款5.14亿元,为纳税人自动减免税款4.88亿元;获国家计算机软件著作权专利,并被国家税务总局评选为"互联网+"应用软件类优秀项目。推进"互联网+纳税服务"建设。实现"纳税情况自助查询和税收完税证明打印""涉税事项告知查询和打印""办税记录查询""系统安全控管"4项功能升级。开发"互联网+移动办税平台",平台主要由"涉税信息查询""掌上办税服务""咨询互动"3大板块构成,可为纳税人提供16项功能服务。开发完善"互联网+预填单"功能,纳税人通过互联网在线交互与手机短信验证,实现网络预填单,提高办税服务质量。 (简 煦)

1996年至2016年南宁市地税收入完成情况

单位:万元

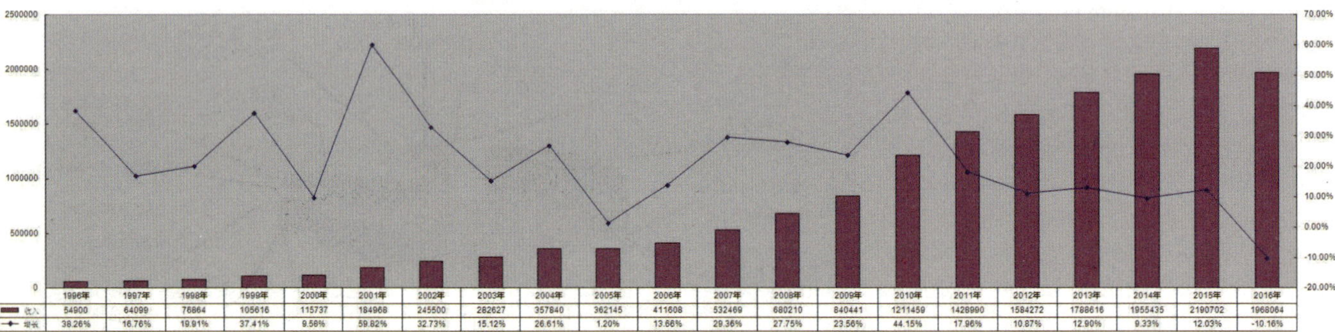

	1996年	1997年	1998年	1999年	2000年	2001年	2002年	2003年	2004年	2005年	2006年
收入	54900	64099	76864	105616	115737	184968	245500	282627	357840	362145	411608
增长	38.26%	16.76%	19.91%	37.41%	9.58%	59.82%	32.73%	15.12%	26.61%	1.20%	13.66%

	2007年	2008年	2009年	2010年	2011年	2012年	2013年	2014年	2015年	2016年
收入	532469	680210	840441	1211459	1428990	1584272	1788616	1955435	2190702	1968064
增长	29.36%	27.75%	23.56%	44.15%	17.96%	10.87%	12.90%	9.33%	12.03%	-10.16%

说明:数据按照自治区地税局统计口径统计。

金 融

银 行

【概 况】 2016年,南宁市驻市银行有央行分支机构1家(中国人民银行南宁中心支行);政策性银行2家(国家开发银行、农业发展银行);国有商业银行5家(工商银行、农业银行、中国银行、建设银行、交通银行);股份制商业银行8家(光大银行、浦发银行、华夏银行、兴业银行、中信银行、招商银行、民生银行、广发银行);城市商业银行3家(广西北部湾银行、柳州银行、桂林银行);外资银行4家(星展银行、南洋银行、汇丰银行、东亚银行);资产管理公司4家(华融资产管理公司、长城资产管理公司、东方资产管理公司、信达资产管理公司);非银行机构3家(北部湾金融租赁公司、南方电网财务公司广西分公司、广西交通投资集团财务有限责任公司);农村合作金融机构91家(农村商业银行26家、农村合作银行16家、农村信用社联社49家);新型农村金融机构39家(村镇银行36家、农村资金互助社3家);邮政储蓄银行广西区分行1家,自治区农村信用联社1家。广西辖区银行业金融机构营业网点6238个,从业人员9.17万人。广西银行业金融机构资产总额33075.49亿元,比上年增加2739.56亿元,增长9.03%。各项存款余额25477.80亿元,增加2684.26亿元,增长11.78%。贷款余额20640.54亿元,增加2521.15亿元,增长13.91%。 (申 恒)

【中国人民银行南宁中心支行】 2016年,中国人民银行在南宁市设分支机构7个(省会中心支行,武鸣区、宾阳县、横县、隆安县、马山县、上林县支行)。南宁金融机构本外币各项存款余额9055.88亿元,比上年增加647.15亿元,增加7.70%,下降7.58个百分点。金融机构本外币贷款余额9853.31亿元,增加1232.17亿元,增长14.29%,增速比上年同期下降0.84个百分点。推进跨境人民币贷款、本外币全口径跨境融资、跨境双向资金池、个人经常项下跨境人民币结算、创新境外机构开立人民币账户,发展跨境融资,支持沿边金融综合改革试验区企业开展跨境人民币贷款业务,支持区内符合条件的企业和金融机构开展本外币跨境融资业务。从2014年11月沿边金融综合改革试验区跨境人民币贷款业务试点开始至2016年12月,南宁市有8家企业,从境外融入跨境人民币资金22亿元。2016年11月,人民银行南宁中心支行与外汇局广西分局联合主办广西全口径跨境融资推介会。南宁市相关企业开展全口径跨境融资业务5笔,签约金额3.73亿美元,提款3.38亿美元;深化跨国公司外汇资金集中运营管理改革试点进展,南宁市有3家企业获跨国公司外汇资金集中运营备案资格;建立审批绿色通道,支持境外机构在境内开立人民币银行结算账户,南宁市为61个境外机构开立91个人民币单位银行结算账户。开展投资和重大项目银政对接活动,达成贷款意向600亿元,推动设立"资金池""风险补偿基金"15个,为小微企业提供超过23亿元资金支持,助推南宁经济转型升级;促成自治区出台债券融资奖励政策,帮助广西法人机构获债券承销商资格,以及代理上海黄金交易所业务实现零突破;按季开展利率定价行为评估,引导金融机构合理确定存贷款利率水平。提出构建"创建一个精准扶贫的对接平台,完善一套全面惠农的服务体系,形成一套立足长远的保障机制"的金融扶贫"广西模式",在全国率先自主研发金融扶贫大数据管理平台,实现金融扶贫信息"精准对接、精准采集、精准评估"三大核心功能。推进农村"两权"(农村承包土地经营权、农民住房财产权)抵押贷款试点,拓宽农业经营主体融资渠道,指导南宁市土地经营权抵押贷款试点地区武鸣区制定实施方案,组织武鸣区金融机构出台农村"两权"抵押贷款操作办法,联合南宁市人民政府深入武鸣区开展试点工作座谈会,推动武鸣区贷款业务实现零突破;南宁市武鸣区承包土地的经营权抵押贷款余额1370万元;建设广西金融风险监测预警数据库二期,推进沿边金融综合改革试验区金融生态环境评估,前移风险监测关口;实施存款保险差别费率机制,组织南宁市投保机构缴纳保费2533万元;实施执法检查随机抽查,完成对交通银行广西区分行的综合执法检查和各项专项执法检查,对违法违规行为累计处罚100万元;开展互联网金融风险专项整治,协助打击防范电信网络新型违法犯罪,整治支付无证经营;配合有关部门就57个洗钱上游犯罪线索开展调查454次,涉及金额1172亿元;改善农村支付服务环境,实现"三个助推"(实现支付服务覆盖南宁市全部村,助推金融精准扶贫;推进金融综合服务站与农村电商联动建设,促进农村地区商品和资金加速流转,助推传统农业转型升级;推广网上支付、移动支付等新兴支付方式,助推城乡金融服务均衡发展)。南宁市农村地区建设助农服务站点1989个;ATM、POS终端设置数量分别为1315台、1.20万台;推进国库信息化建设,成功上线财关库银横向联网系统,上线运行电子退税业务,出口退税业务办理时间从1个多月缩短至3个工作日,率先在全国实现房地产交易"互联网+自助办税"模式。优化外汇管理,提升投融资贸易便利化,简化外汇管理工作流程,降低涉外企业经营成本,提升南宁市境外投融资、贸易便利化;12月,出台《外汇促进降低广西实体经济企业成本的工作意见》,发挥金融外汇支持作用,降低实体经济企业成本。与中马钦州产业园区建立战略合作关系,加强金融支持园区发展等方面合作;允许银行为企业办理差额的远期结汇业务,满足企业外币资产避险需求。简化A类企业货物贸易外汇收入管理,降低企业收结汇资金成本,允许中资企业外债结汇,便利中资企业特别是民营企业和小微企业灵活使用外债资金;实施外债资金意愿结汇管理,对资本项目收入实施统一的负面清单管理模式,满足境内企业经营与资金运作需要,促进跨境投融资便利化;允许银行办理货物贸易外汇收支时,为合规性、信用记录良好的企业提供电子单证审核服务;开展外汇管理法规清理,废止或宣布失效外汇管理法规23件。 (唐明知)

【中国工商银行股份有限公司广西区分行营业部】 2016年,中国工商银行股份有限公司广西壮族自治区分行营业部辖一级支行10家,经营性网点115个,员工2353人。全辖本外币存款余额1004.04亿元,比上年增加40.27亿元。其中:储蓄存款余额440.80亿元,增加25.67亿元;对公存款余额523.71亿元,增加25.73亿元。本外币贷款余额917.94亿元,增加82.49亿元;推进大零售工程建设,利用多媒体等渠道宣传"百惠联名卡""长隆联名卡""手机信用卡""环球旅行卡"等明星产品;与南宁住房公积金管理中心开展合作,在南宁住房公积金管理中心区直分中心网站链接业务办理,为用户提供更多服务选择;通过"融e联""融e行""融e购"等平台,为客户提供高效便捷的互联网金融服务;加快线上收单支付市场转型,推广二维码扫码支付业务,为广大商户提供更精准、快捷的结算功能,做好"互联网+"金融服务。支持列入国家"一带一路"的重点规划建设项目,强化双核驱动、三区统筹,推动开放型经济发展。研究小微企业经营特点与运行规律,厚"贷"小微,促进小微金融业务发展。与中国工商银行股份有限公司广西壮族自治区分行营业部海外分支机构,代理行内外联动,营销出口买方信贷,跨境资金池等重点产品,实现业务多元化发展。抓好客户服务品质提升、客户投诉管理、网点服务效率提升等重点工作。推进网点布局优化,完善网点服务流程;优化调整网点的布局和智能化改造,加快网点向轻型化、智能化、小型化等方向转型,构建多元化、规模化、立体化的网点服务体系。强化资产质量管控责任传导,推进不良资产快速处置,资产质量管控实现新突破。11月,获中国企业文化研究会“2016年企业文化创新优秀单位”称号。（马　欢）

【中国农业银行股份有限公司广西区分行营业部】 2016年,中国农业银行股份有限公司广西壮族自治区分行营业部(以下简称农行广西区分行营业部)辖14个一级支行(城区8个、县域6个),员工2407人;对外营业网点158个(城区107个,县域51个)。发放贷款367.50亿元,比上年增加104.79亿元;本外币各项贷款余额721.42亿元,比上年增加40.10亿元;本外币各项存款余额1013.73亿元,增加64.96亿元。南宁国贸支行营业室被中国银行业协会评为全国银行业文明规范服务百佳示范单位,南宁五象支行、南宁江南支行获自治区农行精神文明建设工作先进单位,南宁右江花园支行获2016年度广西区分行“青年文明号”称号,南宁金洲支行获2015-2016年度广西青年文明号。服务重点区域建设,服务中国－东盟商品交易中心、中国－东盟信息港南宁核心基地及南宁综合保税区等一批园区项目建设;重点服务高新区、经开区、东盟经开区、新兴产业园区等国家级、自治区级园区的产业升级改造项目;服务“1+3”重点区域(五象新区、空港经济区、武鸣区和三塘—五塘片区)核心产业项目建设。全年累计向重点区域投放贷款161.94亿元,占全辖贷款投放总量63.20%;服务重点行业发展,重点服务“双高”糖料蔗基地建设,助力糖业“二次创业”,累放糖业贷款26.29亿元;累放林业贷款13.38亿元。服务交通运输、电力、水利、生态环保、旅游业、房地产等17个行业领域;以基础设施、金融扶贫、产业升级为三大关键点,服务基础设施、棚户区改造、水利、旅游等项目建设;服务重点企业发展,投放法人贷款205.53亿元,其中重点支持南宁土地储备中心、南宁轨道交通2号线建设、南宁铁路局等重点客户、重点项目。强化“三农”服务,农行广西区分行营业部涉农贷款余额194.47亿元,比上年增加14.32亿元。抓好“三农”重点领域金融服务,针对连接农村地区的交通主干通道建设、能源和环境设施建设、农村电网升级改造、重大水利建设等项目,做好综合性金融服务;加强现代农业金融服务,加大对传统糖业、林业和其他农业产业化龙头企业等的支持力度,推动“十百千工程”,支持优质农民专业合作社、专业大户和家庭农场。对南宁市国家级、自治区级龙头企业的服务覆盖率分别为92.30%、84.60%;投放农户贷款6.78亿元,支持专业大户、家庭农场等新型农业经营主体848户,贷款余额3.55亿元;拓宽“三农”服务渠道,市辖区内设立惠农通服务点2113个,点均交易25笔,布放电子机具2606台,覆盖102个乡镇、1316个村,覆盖率分别为100%、67.48%,农村基础金融服务基本实现“村村通”。推动电商扶贫新模式,加快“e农管家”等推广应用,享受农行广西区分行“e农管家”服务的农村商超、农资店27户;推进金融精准扶贫,以集中连片特困地区为重点,通过实施减费让利政策,对贫困地区小微企业和农户贷款给予适度利率优惠。在上林县、隆安县、马山县3个扶贫重点县贷款余额41.92亿元,比上年增加6.02亿元,增幅16.76%,高于全行贷款增速,贷款存量占当地金融机构30.12%,同业排名第二;加大对贫困地区的信贷支持力度,通过龙头企业辐射、专业合作社帮扶、专业大户带动等方式,带动建档立卡贫困人口增收致富。推进金融创新,提升服务功能,利用债务融资工具拓宽融资渠道,为政府直属企业拓宽融资渠道,降低企业融资成本,满足企业直接融资的需求。承销债务融资工具37亿元,占四大行份额45.12%;推进跨境人民币产品创新、贸易融资产品创新和衍生交易创新,围绕“一带一路”、沿边金融改革机遇,满足客户内外贸多样化金融需求。跨境人民币结算业务量36.87亿元,国际结算业务量14.38亿美元,国际贸易融资业务量10.76亿美元,分别增加21.99亿元、2.66亿美元、8.11亿美元;加强产品创新,开拓多元化融资渠道。通过产品推介会等方式向南宁市内优质企业推广新兴融资模式,引导客户突破传统融资渠道束缚;参与各级政府职能部门业务系统信息化建设。通过推广上线财政国库支付电子化、非税收入收缴电子化、交通罚没款自助代缴、金融社保IC卡、公积金实时联网结算、公共资源招投标等一批信息化系统,构建包括网上银行、掌上银行、自助终端、柜面在内的“全天候”服务渠道;推广“住房贷”“农民安家贷”“薪保贷”“房抵贷”“家装贷”等拳头产品,发展小额消费和经营信贷业务。发放个人类贷款50.72亿元。推进网点布局优化和运营体系优化,完成标杆网点导入及固化工作,打造标杆网点。开展营业部网点营销创意大赛,以网点“厅堂营销环境创意、厅堂微型沙龙创意、微电影、外拓营销优秀方案”等项目PK形式,提升网点产能;开展“服务体验提升年”活动,提升网点服务营销能力,提高客户满意度;打造优质电子银行使用环境,开通网银＋掌上银行＋短信银行全渠道,开通面向生产企业、销售行业、农村超市的电子商务平台,提供一站式电子银行服务。建成自助银行27个,现金自助设备802台、自助服务终端354台、转账电话机3945台;打造安全银行,完成安防设施规范化治理、改造,增强物防、技防能力。堵截外部各类欺诈事件34起,堵截涉案资金65万余元,配合协助公安机关抓获网上逃犯、欺诈嫌疑人9人。反电信诈骗累计受理公安部门冻结银行卡1068张,冻结金额5476万元,为受骗群众挽回巨额经济损失。（曾　敬）

【中国银行广西区分行】 2016年,中国银行广西区分行辖属机构网点245个,在岗职工5590人,其中南宁辖区设网点65个,

1月17日,中国银行广西区分行与广西浙江商会战略合作签约仪式举行

中国银行广西区分行提供

职工1896人，连续13年担任中国－东盟博览会主办银行。中国银行广西区分行本外币各项存款余额1520.44亿元，比上年增加95.55亿元，增幅6.71%；本外币各项贷款余额1239.27亿元，增加72.86亿元，增幅6.25%。办理国际贸易结算135.20亿美元，市场份额39.53%；办理跨境人民币业务结算487.90亿元，市场份额40.56%，保持国际结算与跨境人民币业务领域广西市场份额第一。中国银行广西区分行加速互联网金融发展，提高银行卡业务对全行收益、主营业务指标的贡献度。银行卡非息收入增长2.38%，占全行非息收入33.22%，提升0.51个百分点。信用卡消费额增长6.55%，信用卡分期交易额同比增长59%，外卡收单持续保持四大行市场份额排名第一。凭借快速的信用卡新增非零额度客户增长率，获中国银联颁发的“广西银联信用卡活跃度优胜奖”等3项年度优胜奖。中国银行广西区分行多渠道支持小微企业发展，推进小企业降本增效工作，通过小企业无还本续贷融资产品“中银接力通宝”、给予“民品民贸”小企业贷款基准利率支持等方式，为小企业减费让利约1200万元。加大对广西文化产业的金融支持力度，与广西广电影视传媒发展有限责任公司合作开发“中银影视通宝”产品，为电视剧《冯子材》提供贷款支持，助力广西影视文化产业发展。创新打造企业文化宣传新阵地，搭建“八桂微青春”微信平台。在全行实施“基业长青”“定岗培养”“外派交流”等青年员工培养项目。在南宁城区管辖支行先行先试“榜样讲堂”活动，通过“身边的人讲身边的事，身边的人讲自己的事，身边事教身边的人”，营造“崇尚榜样、学习榜样、争做榜样”的良好氛围。助力精准扶贫，建设“公益中行”APP品牌；派出扶贫队员到帮扶村屯驻点工作，4月，中国银行广西区分行获评2014－2015年度全区“美丽广西”乡村建设(扶贫)工作先进后盾单位，驻村扶贫职工黎良生获“优秀贫困村党组织第一书记”称号。开展员工志愿活动、公益慈善活动，志愿员工人均参与社会责任活动超500小时。推进惠民金融服务工程，为南宁轨道交通1号线沿线18个站台提供自助银行服务。

（潘知营）

【中国建设银行广西区分行】 2016年，中国建设银行广西区分行有机构网点370个，员工7164人。一般性存款日均余额2610亿元，日均新增263亿元，比上年增长11.20%；各项贷款余额2152亿元，新增202亿元，增长10.30%；不良贷款额12.97亿元，不良贷款率0.60%，逾期贷款15.19亿元。实现经济增加值25.80亿元。企业存款日均余额1423亿元，新增158亿元，增长12.49%；对公非贴贷款余额1193亿元，新增94亿元，增长8.55%。新增对公结算账户1.60万户，增长15%；折算后对公有效客户新增8073户，增长5.60%。储蓄存款日均余额1186.80亿元，新增105.10亿元，增长9.70%；个人贷款余额786亿元，新增106亿元，增长15.60%；个人有效客户折算后新增112.10万户，增长12.10%；个人客户日均金融资产突破1500亿元。个人住房贷款新增101亿元；快贷客户5.90万户，新增10亿元；住房资金归集余额349亿元，新增49亿元；住房公积金贷款余额252亿元，新增58亿元。实现中间业务净收入20.80亿元，四行占比31.60%。六大重点中间业务产品实现中收11.10亿元，占比53.50%。全口径外汇存款余额5.89亿美元，比年初新增1.34亿美元，增长29.30%。全年累计办理国际结算78亿美元。其中办理跨境人民币结算314亿元，新增12亿元，增长3.90%。外汇中间业务收入实现1.24亿元。处置不良贷款16.41亿元，核销资产现金回收2673万元；创新运用不良资产证券化工具提升资产质量，个贷不良率降低0.13个百分点。深化综合金融服务，推进全渠道转型。新增现金类自助设备103台、离行自助银行42个；投产智慧柜员机1357台，迁移率63.60%；减柜255个，柜面操作人员转岗351人；搬迁低效网点6个，完成低效网点转轻型10个；组建综合营销团队428个；电子银行活跃用户125.80万户，其中手机银行活跃用户破百万，净增39.40万户，增幅66%；善融商务实现总交易额23.40亿元，增长2倍；“龙支付”品牌上线，打造结算支付新优势；针对商圈、交通、社区等领域，探索并形成8种推广模式，完成7个大类、52个支付结算生态圈建设。全年完成产品创新计划62项，43项原创产品进入总行可移植创新产品库，18家兄弟分行提出26项移植需求。支持21世纪海上丝绸之路建设综合金融服务方案获总行“产品创新奖”；交警罚没款跨行缴费平台被总行列入移植创新典型案例；同业中率先引进外债满足中资企业人民币资金需求、办理同业首笔存单质押同业投资业务；办理自治区首笔区域客户发行境外债券业务、首笔县域第三方直接融资业务、分行首笔政府债务置换基金业务；完成电票服务通、国内信用证供应链金融通、跨行收款快线等产品创新；自主创新“助销贷”“N+1”订单贷等。建立与审计部门联动整改工作机制，加强监督检查和审计发现问题的跟踪整改和问责；梳理一级行规章制度与规范性文件793个，修订35个、清理废止157个；成功防范和堵截外部侵害风险事件140起，涉及金额466万元。

（彭瑞娟）

【广西北部湾银行】 2016年，广西北部湾银行设一级分支机构12家(南宁辖区3家、辖区外9家)，持牌小微专营机构1家(小企业金融服务中心)，营业网点75个，社区、小微支行14家；自助设备555个，社区银亭101个，离行式自助银行51家(南宁辖区24家，辖区外27家)；在广西区内设立村镇银行3家，营业网点11个。实施普惠金融，对教育卫生类行业新增授信8.59亿元，在广西发放金融社保卡21万张，网上银行客户51.68万户，手机银行客户27.65万户，电子银行渠道替代率95.32%；投放小微企业贷款130亿元，服务小微企业客户6.20万户，拉动小微企业就业人员约80万人；是广西唯一具备区域性跨境人民币业务平台中间代理行资格的城商行，国际结算量完成近21.11亿美元、外汇中间业务收入完成约1374.37万元、结售汇交易量超12.70亿美元。在英国《银行家》杂志公布的2016年全球银行1000强排行榜中，排名第481，在广西银行业中率先挺进全球银行500强。在中国企业联合会发布的“2016中国服务业企业500强”排行榜中，排名第365。中国《银行家》杂志社举办的中国商业银行竞争力排名发布会上，获唯一的“最佳进步城市商业银行”“老百姓最喜欢的城市商业银行”(位列第三)。在自治区工业和信息化委员会、广西企业与企业家联合会联合发布的“2016年广西企业100强”中位列第42、“2016年广西服务业企业50强”中位列第17。获中国金融认证中心颁发的“区域性商业银行最佳手机银行业务创新”等。资产总额1346.20亿元，负债总额1235.34亿元，净资产总额110.86亿元，在广西法人金融机构中首超百亿；存款余额754.28亿元，贷款余额521.66亿元；实现营业总收入43.13亿元，拨备前利润9.02亿元，净利润5.23亿元；上缴税金7.05亿元；核心一级资本充足率12.26%，资本充足率13.25%。

（卢宣蓉）

【南宁市区农村信用合作联社】 2016年，南宁市区农村信用合作联社(简称南宁市区联社)隶属广西壮族自治区农村信用社联合社(简称自治区联社)管理，经营规模和各项业务实现跨越式发展，各项存款余额、贷款余额、盈利水平及纳税额连续11年排在自治区农合机构之首。南宁市区联社有营业网点62个、在岗员工694人，综合实力位居南宁市辖区金融机构前列，连续四年位列广西纳税百强企业。各项存款余额364.61亿元，比上年增加10.35亿元。各项贷款余额274.47

亿元,增加14.23亿元,其中涉农贷款余额150.93亿元,增加10.37亿元;小微企业贷款余额149.38亿元,增加14.77亿元;各项贷款发放181.54亿元,收回167.31亿元。实现经营利润6.08亿元。资产总额413.26亿元,负债总额375.16亿元,净资产38.10亿元,分别增加13.57亿元、11.07亿元、2.50亿元。资本充足率12.68%,不良贷款率2%,拨备覆盖率165.80%,拨贷比3.31%,贷款损失专项准备缺口为0,主要监管指标均达监管要求。发展普惠金融,构建营业网点、离行式自助服务区(点)、社区金融服务点"三位一体"服务渠道。全年新增营业网点1个,总数62个;新增离行自助银行服务区(点)38个,累计建成131个;开设南宁市区联社首家社区金融服务点。全辖投入自助设备576台,新增120台,升级79台CRS(自动循环存取款机)钞箱循环功能,辖内自助设备开机率由年初75.38%提升至92.10%,自助设备动账交易1091.70万笔、金额225.18亿元,分别增加51.77%、41.28%。在江南客运站和安吉客运站布设18台自助售取票设备,在广西医科大学第一附属医院布设20台医疗自助服务机,在辖内20个营业网点布设自助发卡机等。利用政府贴息、风险补偿金等扶贫政策,推进扶贫小额贷款工作。6月,抽调精干力量成立金融精准扶贫工作小组,前往坛洛镇、金陵镇、江西镇等乡镇集中办理精准扶贫贷款手续。通过简化贫困对象评级授信指标,对辖内2212户符合条件的贫困户进行评级授信,完成率100%,实现信用档案和评级授信"两个全覆盖"的任务目标。授信总金额9076万元,发放扶贫贷款1275户,金额5604.90万元。帮助创收能力较弱的贫困户采用委托经营的方式将贷款资金投入到涉农龙头企业、农民专业合作社等市场主体中参与分红创收,助力脱贫致富;9月,出台《贫困户购(建)房贷款实施优惠政策》帮助贫困户改善居住条件。拓展桂盛·南

2016年南宁市金融机构本外币信贷收支情况

单位:亿元

项目	余额	同比增长(%)	项目	余额	同比增长(%)
一、各项存款	9055.88	7.70	一、各项贷款	9853.31	14.29
(一)境内存款	9036.32	7.69	(一)境内贷款	9589.24	14.53
1. 住户存款	2951.12	8.55	1. 住户贷款	2297.42	24.72
(1)活期存款	1657.49	13.94	(1)短期贷款	273.38	0.02
(2)定期及其他存款	1293.62	2.34	消费贷款	146.48	15.87
2. 非金融企业存款	3756.66	9.69	经营贷款	126.90	-13.61
(1)活期存款	2266.82	22.75	(2)中长期贷款	2024.04	29.03
(2)定期及其他存款	1489.83	-5.59	消费贷款	1762.69	31.61
3. 广义政府存款	1791.40	-5.30	经营贷款	261.35	13.95
(1)财政性存款	236.93	54.78	2. 非金融企业及机关团体贷款	7291.82	11.66
(2)机关团体存款	1554.47	-10.59	(1)短期贷款	1419.84	1.63
4. 非银行业金融机构存款	537.15	50.84	(2)中长期贷款	5266.84	12.18
(二)境外存款	19.56	11.26	(3)票据融资	553.64	43.68
二、金融债券	40.00	-42.86	(4)融资租赁	21.40	43.12
其中:境外发行			(5)各项垫款	30.11	-21.11
三、卖出回购资产	19.30	83.81	3. 非银行业金融机构贷款		
四、借款及非银行业金融机构拆入	10.64	27.33	(二)境外贷款	264.06	6.22
五、联行往来(净)	1024.17	-37.72	二、债券投资	711.63	-43.55
六、应付及暂收款	148.14	-14.64	其中:境外债券		
七、各项准备	268.21	3.95	三、股权及其他投资	425.82	68.43
八、所有者权益	346.56	2.37	四、买入返售资产	54.39	-36.64
其中:实收资本	91.24	0.10	五、存放非银行业金融机构款项	6.80	-36.64
九、其他	306.73	-159.48	六、联行往来(净)		-58.54
			其中:境内存放二级准备金	508.54	
			七、金银占款		16.39
			八、中央银行外汇占款		
			九、应收及预付款	75.47	-2.75
			十、投资性房地产	0.37	-1.99
			十一、固定资产	91.84	12.23
资金来源总计	11219.63	7.92	资金运用总计	11219.63	7.92

说明:机构包括中国人民银行、银行业存款类金融机构、银行业非存款类金融机构。

宁市民卡行业应用，在可搭乘公交车、出租车及租赁公共自行车的基础上，实现刷卡直接过闸搭乘地铁功能，桂盛·南宁市民卡发卡量97.97万张，新增25.89万张；精选14个营业网点配合自治区联社新产品开发的试点，e挎包移动银行、V盾手机银行、桂盛·信用卡等新产品正式上线。办理广西农合机构首笔自营结售汇业务和预付款汇出业务，可承接包括美元、港币、欧元、日元及英镑在内的汇款业务、即期结售汇业务以及托收业务；12月，在全国银行间市场采用报价发行方式发行首期规模为人民币2亿元的同业存单，并在发行当日被成功认购，开启同业市场直接融资新模式。年内，在由《金融电子化》杂志社组织的“十二五中小银行安全管理与技术防范应用成果奖”评选中，获“技防工程建设奖”。被市公安局评为“2016年度全市单位内部治安保卫工作先进集体”。6月29日，南宁市区联社获“2015年打击整治假币违法犯罪专项行动先进集体”称号，并得到公安部、人民银行总行联合发文通报表彰。11月，南宁市区联社员工韦婷作为广西金融系统代表选手，参加在西安市举办的“全国金融系统银行证券保险综合业务技能竞赛”，获银行类手工技能项目优秀奖。（廖英奇）

证 券

【证券经营】 2016年，南宁市有基金管理公司1家（国海富兰克林基金管理有限公司），证券分公司18家（招商证券股份有限公司广西分公司、大通证券股份有限公司广西分公司、海通证券股份有限公司广西分公司、国泰君安股份有限公司广西分公司、申万宏源证券有限公司广西分公司、中国银河证券股份有限公司广西分公司、国信证券股份有限公司广西分公司、太平洋证券股份有限公司广西分公司、东北证券股份有限公司广西分公司、世纪证券有限责任公司广西分公司、国开证券有限责任公司广西分公司、安信证券股份有限公司广西分公司、兴业证券股份有限公司广西分公司、平安证券股份有限公司广西分公司、天风证券股份有限公司广西分公司、西部证券股份有限公司广西分公司、中泰证券股份有限公司广西分公司、九州证券股份有限公司广西分公司），证券营业部68个，投资者开户122.50万户，比上年增长9.46%，托管证券市值1143.74亿元，减少11.35%。南宁市证券经营机构代理证券交易总额14968.14亿元，减少42.12%，其中A股交易10678.10亿元，B股交易5.37亿元，基金交易1849.50亿元，债券交易6.20亿元，债券融资回购73.83亿元，债券融券回购2344.86亿元，其他证券交易10.28亿元。南宁市基金管理公司管理27只基金产品，其中5只股票型基金，14只混合型基金，5只债券型基金，1只货币市场基金，2只QDII基金（在一国境内设立，经该国有关部门批准从事境外证券市场的股票、债券等有价证券业务的证券投资基金），基金总份额为188.28亿份，基金资产净值为201.36亿元；基金管理公司总资产6.99亿元，增长5.59%；净利润0.94亿元，减少2.08%。

【期货经营】 2016年，南宁市有2家期货分公司（国海良时期货有限公司广西分公司、华信期货股份有限公司华南分公司），21家期货营业部。代理期货交易量4843.63万手，比上年同期增长25.15%；代理期货成交额21134.91亿元，减少52.19%；投资者开户数4.13万户，增长42.41%；实现营业收入6727.92万元，增长3.24%，实现净利润－812.57万元。

【上市公司】 2016年，南宁市有A股上市公司13家，新增1家，分别为广西绿城水务股份有限公司、南宁八菱科技股份有限公司、百洋产业投资集团股份有限公司、南宁百货大楼股份有限公司、广西五洲交通股份有限公司、南宁糖业股份有限公司、广西桂冠电力股份有限公司、广西丰林木业集团股份有限公司、南宁化工股份有限公司、广西博世科环保科技股份有限公司、皇氏集团股份有限公司、阳光新业地产股份有限公司、广西广播电视信息网络股份有限公司。实现营业收入278.24亿元，净利润38.89亿元，平均每股收益0.19元，平均净资产收益率5.77%；年末总资产990.73亿元，比上年同期增长5.66%，总股本130.66亿股，增长14.82%，总市值1286.27亿元，减少3.26%，总资产、总股本、总市值三项指标分别占广西全部36家上市公司的31.39%、35.88%、34.18%。（陈思宇）

保 险

【概 况】 2016年，南宁市有法人保险公司1家，自治区级保险分公司38家，财产险公司22家、人身险公司16家；保险公司地市级分公司、中心支公司18家，支公司及营业部116家，营销服务部176家；保险代理公司法人机构20家、分支机构123家，保险经纪公司分支机构27家，保险公估公司法人机构1家、分支机构6家。各保险公司实现原保险保费收入147.36亿元，比上年同期增长19.05%，占自治区总保费31.41%，居自治区首位。其中：财产险公司保费收入62.52亿元，增长12.89%；人身险公司保费收入84.83亿元，增长24.04%。财产险公司的车险业务仍是保费增长的主要动力，全市车险保费收入45.16亿元，增长13.62%；保证保险保费收入2.03亿元，增长33.29%；农业保险保费收入1.61亿元，增长65.56%。人身险公司的寿险保费收入67.85亿元，增长26.21%；意外伤害保险保费收入3.80亿元，增长10.63%；健康险保费收入13.19亿元，增长17.74%。全年南宁保险业支付赔款、给付保险金53.28亿元，增长19.62%。其中：财产险公司支付赔款、给付保险金30.75亿元，增长5.69%；人身险公司给付保险金22.53亿元，增长45.86%。

【保险监管】 2016年，中国保险监督管理委员会广西监管局创新发展跨境保险，完善跨境保险服务网络。发展出口信用保险，服务自治区1063家出口企业，支持出口金额20.55亿美元，对一般贸易渗透率超48%，居系统前列。引进保险资金，保险资金在广西新增投资超过400亿元，通过签订战略合作协议等方式，保险资金意向投资广西金额3300亿元。推动小额贷款保证保险扩面，小额贷款保证保险在11个地市落地，支持小微企业融资1.60亿元。成功举办第二届中国－东盟保险论坛，加强与东盟各国及“一带一路”沿线国家和地区的交流合作。推动科技保险、首台（套）重大装备保险落地。服务“三农”发展，广西农业保险保费收入同比增长超40%，增速位居全国第二。扩大农业保险覆盖面，农业保险产品除中央补贴险种之外，开发芒果、香蕉、田七、海水养殖等18种特色农产品险种，全年为农业生产提供风险保障826.70亿元；优化农业保险产品体系，运用“保险＋期货”的形式，开展糖料蔗价格指数保险试点，获财政部、农业部、自治区多方认可；科学拟定桑蚕、烟叶等农业保险产品的保额、费率和保险责任，提升承保能力；加强理赔标准体系建设，完善基层服务网络，提升农业保险服务质量。服务大健康产业发展和养老服务业综合改革试验区建设，推动健康险业务发展。推动大病保险提质增效，出台《广西大病保险经营情况报告制度》，大病保险基本实现“一站式”即时结算，指导相关保险公司开发医疗行为监控系统、远程会诊系统，提升大病保险的服务能力；推动商业保险经办基本医保纳入广西“两保合一”（城镇居民基本医疗保险和新农合合一）政策，推进大病保险承办和基本医保经办一体化试点，个人税收优惠型商业健康保险试点，6家保险公司开展试点业务，承保747人。推广公路和农村地区快处快赔机制，在14个设区市、31个县(市、区)及1条高速公路启动快处快赔机制，设置服务中心81个，处理事故案件14.80万起；发展诉讼财产保全责任险、食品安全责任险、医疗责任险，校园方责任险、养老机构责任险、承运人责任险实现应保尽保，提升保障额度，环境污染责任险、安全生产责任险、建筑工程质量责任险试点前期工作准备就绪。

【保险扶贫】 2016年，广西保监局通过深入巴马县、凭祥市、龙州县等边远贫困地区、贫困村和贫困农户开展保险扶贫调研，走访地市党委、政府10个，介绍保险扶贫做法；联合自治区金融办、扶贫办，将广西保险服务精准扶贫助推脱贫攻坚全区电视电话会议开到省(区)、市、县三级相关政府部门和保险机构，促进地方政府提高运用保险工具服务脱贫攻坚的主动性。争取保险服务脱贫攻坚政策支持，推动自治区出台系列支持保险扶贫的政策措施，自治区出台建档立卡贫困户购买政策性农险个人自交保费全免的优惠政策；8个地市出台针对建档立卡贫困户降低大病保险起付点、提高赔付比例等优惠措施；自治区出台财政专项扶贫资金补贴贫困户投保借款人意外伤害保险政策。广西保监局从农业保险扶贫、大病保险扶贫、产业保险扶贫、补位保险扶贫和定点帮扶等方面制订“2+12”系列措施，完善保险扶贫支持政策体系。做好定点帮扶工作，广西保监局和行业7家省级分公司对口帮扶自治区7个县的13个村，保险机构联系帮扶贫困村125个，确定“一帮一联”户1431户；构建扶贫帮困长效机制，建立“一帮一联”工作机制；汇聚行业扶贫力量，推动各市场主体向总公司沟通汇报，争取总部资源倾斜，从产品开发到人力物力支持，全方位支持广西定点帮扶工作，中国人寿保险(集团)公司2014年至2016年连续投入2115万元，在龙州县、天等县开展对口帮扶工作；开展帮扶活动，利用扶贫日等专题活动发动行业捐款捐物，价值近150万元。

【保险行业监管】 2016年，广西保监局强化车险理赔服务地方标准执行，推动《政策性甘蔗种植保险理赔服务质量规范》《人身保险理赔服务质量规范》纳入地方服务标准立项；指导各行业协会持续开展车险查勘理赔服务、人身保险服务测评，通过向社会通报测评结果等形式，加大信息披露力度，推动保险公司提升服务能力；在全行业开展技能竞赛，提升从业人员服务技能和服务水平，全年保险行业劳动技能竞赛覆盖自治区9个地市，覆盖面64%，有16人获自治区级“五一劳动奖章”“广西技术能手”称号。加强与广西消费者权益保护委员会、中国银行业监督管理委员会广西监管局的协作，借助广西消委会平台发布消费提示，联合银监部门规范银保渠道业务，从源头上控制消费投诉案件；完善行业消费投诉处理体系，印发《关于加强保险行业协会消费者权益保护工作的指导意见》，指导自治区14个保险行业协会设立保险消费者权益保护中心；争取自治区工商局、广西消委会支持在协会设立保险消费维权联系点，在3个行业协会设立人民调解委员会，全年受理案件50件，调解28件、成功率56%；制定《广西保险公司消费投诉处理管理办法(试行)》，强化保险公司投诉处理主体责任。加强客户信息真实性管理，修订出台《广西机动车辆保险客户信息真实性管理办法》，将个人代理、直销、专业及兼业代理渠道业务全部纳入回访范围，提升车险客户信息真实性，车险客户信息真

2016年南宁市上市公司情况

序号	公司名称	总股本(万股)	总市值(万元)	总资产(万元)	净资产(万元)	营业收入(万元)	净利润(万元)	每股收益(元)	净资产收益率(%)
1	广西绿城水务股份有限公司	73581.09	889595.38	754231.36	279789.79	119512.91	28996.77	0.39	10.81
2	南宁八菱科技股份有限公司	28333.12	860476.72	247266.08	207232.99	87839.65	12852.72	0.45	6.31
3	百洋产业投资集团股份有限公司	17600.00	403040.00	191420.12	112159.77	206852.51	6724.01	0.34	5.91
4	南宁百货大楼股份有限公司	54465.54	551191.22	224262.33	106185.22	220715.52	-3427.64	-0.06	-3.16
5	广西五洲交通股份有限公司	83380.15	473599.27	1141864.21	305460.67	128978.46	19062.51	0.27	7.47
6	南宁糖业股份有限公司	32408.09	580428.96	669903.19	160644.54	358881.97	2003.66	0.06	1.19
7	广西桂冠电力股份有限公司	606336.75	3698654.20	3955085.51	1513524.28	856498.34	290607.77	0.43	20.07
8	广西丰林木业集团股份有限公司	46891.20	440777.28	220787.81	179513.35	124908.78	9034.47	0.19	5.10
9	南宁化工股份有限公司	23514.81	315098.51	96643.79	23111.64	7174.21	-1955.96	0.03	2.33
10	广西博世科环保科技股份有限公司	14247.84	580314.40	229756.61	101905.75	82896.91	6122.23	0.49	11.84
11	皇氏集团股份有限公司	83764.00	1182747.73	520245.09	289972.04	244643.07	32720.01	0.35	10.77
12	阳光新业地产股份有限公司	74991.33	672672.24	980093.70	369220.70	63955.50	-43889.10	-0.62	-15.20
13	广西广播电视信息网络股份有限公司	167102.62	2214109.77	675789.31	345199.40	279528.39	30044.97	0.20	11.53

2016年驻南宁市保险公司名录

财产保险公司(35家)

北部湾财产保险股份有限公司 中国人民财产保险股份有限公司广西分公司 中国太平洋财产保险股份有限公司广西分公司 中国平安财产保险股份有限公司广西分公司 华安财产保险股份有限公司广西分公司 天安保险股份有限公司广西分公司 中国大地财产保险股份有限公司广西分公司 安邦财产保险股份有限公司广西分公司 都邦财产保险股份有限公司广西分公司 阳光财险保险股份有限公司广西分公司 渤海财产保险股份有限公司广西分公司 太平财产保险有限公司广西分公司 永诚财产保险股份有限公司广西分公司 华泰财产保险股份有限公司广西分公司 鼎和财产保险股份有限公司广西分公司 天平汽车保险股份有限公司广西分公司 中国人寿财产保险股份有限公司广西分公司 中银保险有限公司广西分公司 紫金财产保险股份有限公司广西分公司 北部湾财产保险股份有限公司广西分公司 中华联合财产保险股份有限公司广西分公司 华农财产保险股份有限公司广西分公司 中国出口信用保险公司南宁营业管理部 中国人民财产保险股份有限公司南宁市分公司 中国太平洋财产保险股份有限公司南宁中心支公司 中国平安财产保险股份有限公司南宁中心支公司 中国大地财产保险股份有限公司南宁中心支公司 天安财产保险股份有限公司南宁中心支公司 太平财产保险有限公司南宁中心支公司 永诚财产保险股份有限公司南宁中心支公司 阳光财产保险股份有限公司南宁中心支公司 鼎和财产保险股份有限公司南宁中心支公司 安邦财产保险股份有限公司南宁中心支公司 中国人寿财产保险股份有限公司南宁市中心支公司 渤海财产保险股份有限公司南宁中心支公司

人寿保险公司(22家)

中国人寿保险股份有限公司广西分公司 中国太平洋人寿保险股份有限公司广西分公司 中国平安人寿保险股份有限公司广西分公司 新华人寿保险股份有限公司广西分公司 泰康人寿保险有限责任公司广西分公司 平安养老保险股份有限公司广西分公司 太平人寿保险有限公司广西分公司 中国人民人寿保险股份有限公司广西分公司 信诚人寿保险有限公司广西分公司 民生人寿保险股份有限公司广西分公司 合众人寿保险股份有限公司广西分公司 生命人寿保险股份有限公司广西分公司 阳光人寿保险股份有限公司广西分公司 泰康养老保险股份有限公司广西分公司 太平养老保险股份有限公司广西分公司 农银人寿保险股份有限公司广西分公司 中国人寿保险股份有限公司南宁分公司 中国人民人寿保险股份有限公司南宁分公司 中国太平洋人寿保险股份有限公司南宁中心支公司 新华人寿保险股份有限公司南宁中心支公司 太平人寿保险有限公司南宁中心支公司 富德生命人寿保险股份有限公司南宁中心支公司

实率超76%;指导广西保险行业协会建立并启用广西人身保险失效保单信息查询平台,成为全国范围内第一个也是唯一一个失效保单信息查询平台。开展“亮剑行动”专项检查,严查销售误导、违规承诺赠送等违规行为;开展消费投诉处理和小额理赔情况督导检查,提高各保险公司保险理赔和投诉处理服务水平;开展服务评价,制定《广西保险公司消费投诉处理评价办法(试行)》,对各保险公司投诉处理情况实施季度评价,对各保险公司服务创新项目及重大负面事件进行评估,提升保险服务质量。全局接到有效投诉186件,比上年下降74%。

【保险风险防范】 2016年,广西保监局推进区域市场退出试点实践,落实《广西辖区保险公司分支机构市场退出管理指引》,建立保险分支机构评价标准体系,对1317家机构开展全面评价,有31家机构主动退出,劝导退出19家,被责令整改20家;深化EA门店(独立代理人专属门店)改革试点,支持华泰产险在自治区范围内扩大试点模式范围,华泰产险专属代理门店在广西运营82家,实现保费收入8031万元;制定《行政处罚查处分离工作办法》《稽查工作委员会工作规程》《行政处罚工作委员会工作流程》。对2家省级保险公司和1家中介法人机构开展监管抽查,查实问题11项,涉案金额72万元;开展互联网专项整治,组织37家辖内省级保险公司、67家专业保险机构、6.40万从业人员开展风险排查工作,发现风险隐患35项;从严处理投诉举报案件,全年受理投诉举报案件46件,对39家次保险机构启动现场调查,打击招投标违规、违规赠送等突出问题。修订完善《广西车险市场非现场监测制度》,加强对商业车险市场情况监测,根据监测指标的异动情况,进行窗口指导,对问题严重的机构配合中国保监会开展费率回溯,严防车险市场违规行为反弹;制订人身保险公司分支机构风险等级监测评估制度,建立投诉台账定期分析和风险异动提示机制,建立《广西人身险公司分支机构分类监管评价暂行办法》,正式启动实施差异化监管机制,探索建立“偿二代+广西特色”的分支机构分类评价体系;探索建立中介机构经营评价体系和实行差异化评价,推进中介市场分类监管。防范非正常满期给付和集中退保风险,通过强化风险预测,制定风险地图,加强对特殊节点的风险管控和应急演练,及时处置苗头性事件,对个险营销团队负责人开展知识测评,提升基层保险机构非正常满期给付和集中退保风险防控水平;严防司法案件风险,完成对财产险、人身险业务风险点分类归整,整理47项280个案件风险点、排查要点;全行业排查赔案11万多件,发现保险欺诈可疑赔案1.10万多件,涉案金额3亿多元,减损挽损近2亿元,联合公安部门侦破公安部督办的涉案金额2000多万元的森林保险欺诈案;开展SARMRA(第二代保险公司偿付能力风险评估)风险评估。(何腾华)

经济管理与监督

宏观经济管理

【经济调节与监测预测】 2016年,南宁市深入贯彻中央、自治区和南宁市稳增长政策措施,分解落实自治区安排的发展目标任务,配合国务院督查组,自治区党委、政府督查室做好稳增长政策督查落实,开展民间投资、稳增长、41条降成本等政策措施落实情况以及重大项目建设推进情况督查,促进政策落实和经济社会发展。市发改委牵头开展规划、课题研究22项,编制发改要报55期,编制完成“十三五”规划纲要并推进落实,推动全市19个“十三五”重点专项规划衔接和报审;牵头研究、制定地区生产总值、固定资产投资等7项主要经济指标分解和实施方案;探索经济运行分析监测新办法,搭建并试运行宏观经济运行监测平台,做好全市经济运行形势的监测与分析。2016年第一季度,南宁市国内生产总值(GDP)增长5.50%,是1996年以来最艰难的开局,经过后三个季度努力,全市经济总体增长7%。

【年度计划编制】 2016年2月,市发改委编制完成《南宁市2015年经济社会发展计划执行情况与2016年计划草案报告》,经市十三届人大七次会议审议通过;开展经济社会发展计划执行情况调研,完成南宁市2016年上半年国民经济和社会发展计划执行情况报告。

【专项投资计划】 2016年,南宁市编制下达城市建设投资计划2期,项目989个(建设项目521个、前期项目449个、经费开支项目19个),年度投资429.20亿元(建设项目投资400.40亿元、经费开支项目24.80亿元、前期经费安排4亿元);编制下达市本级财政预算内资金基本建设投资计划,项目46个,资金3.60亿元;编制下达市本级财政预算内资金教育基本建设投资计划,项目149个(中小学校建设项目119个、学前教育项目14个、职业教育学校建设项目16个),资金14.74亿元(市财政资金11.64亿元);编制下达市农业领域投资计划,项目涉及农田水利前期工作投资、小型农田水利建设、标准化健康养殖、贫困地区通屯水泥道路、农产品标准化生产示范基地建设等,计划投资8.58亿元(市财政资金5.92亿元);编制下达市节能减排财政政策综合示范市专项资金项目计划,项目94个,计划投资139.94亿元;编制下达市信息服务业发展专项资金项目支持计划,安排专项资金1513万元,支持项目16个;编制下达南宁市2016年国家电子商务示范城市建设市级财政专项资金支持计划,安排专项资金1000万元,支持项目8个;编制下达南宁市电子政务建设项目投资计划,安排项目30个,计划投资9000万元。

【专项规划编制】 2016年,南宁市编制完成《南宁市国民经济和社会发展第十三个五年规划纲要》("十三五"规划纲要),2016年2月20日经市十三届人大七次会议审议通过;开展"十三五"规划纲要宣传、形势报告、巡回宣讲、干部培训等,营造良好舆论氛围;9月,印发《南宁市国民经济和社会发展第十三个五年规划纲要实施方案》,对规划落实提出安排部署。市发改委组织做好规划纲要与19个专项规划的衔接,印发《关于加强南宁市"十三五"专项规划衔接工作的通知》,及时跟踪各重点专项规划进展情况,督促牵头责任部门加快编制和报审进度;有序推进"多规合一",牵头负责《"美丽南宁"战略规划》编制,组织编制《南宁市"十三五"新型城镇化规划》。

【重点项目管理】 2016年,南宁市投资规模1亿元以上、自治区层面或市级层面统筹推进重大项目444个,总投资5177.62亿元,年度计划投资623.74亿元,完成投资798亿元,完成年度任务127.94%。其中:新开工项目106个,年度计划投资109.20亿元,完成110.97亿元,完成年度任务101.62%;续建项目198个,年度计划投资387.73亿元,完成522.83亿元,完成年度任务134.84%;竣工投产项目66个,年度计划投资126.81亿元,完成164.20亿元,完成年度任务129.48%;前期项目74个,总投资928.61亿元。

【资金筹措】 2016年,南宁新技术产业建设开发总公司发行企业债券2期,筹措资金10亿元,用于建设南宁－东盟农业科技开发企业总部基地、南宁国家火炬计划软件产业基地生物工程技术中心(生物工程技术中心A区)、南宁高新区富通电子产品物流园等项目。其中:第1期债券总额5亿元,7年期,票面利率4.28%;第2期债券5亿元,7年期,票面利率3.82%,发行利率创自治区7年期企业债券历年最低。

(黄凯婧)

统　计

【概　况】 2016年,南宁市统计局设13个科室,行政编制41名,在职39人;有数据管理中心、普查中心2个事业单位,事业编制30名,在职26人。市统计局完成全市主要经济指标统计、上报、监测任务,编发经济信息、报告和分析等101篇,编印出版《2016年南宁统计年鉴》《南宁市情统计手册》《统计公报》等统计数据宣传产品2000多册,为全市重要报告、会议提供及核对数据上万笔。连续6年获自治区统计工作综合评比一等奖。

【统计改革】 2016年,市统计局推进核算方法改革,落实新修订的季度地区GDP核算方案,强化核算数据与专业数据、部门数据的衔接,提升GDP核算数据质量;落实国家、自治区服务业统计改革部署,完善服务业企业统计名录库,强化数据审核评估,每季度对全部在库企业进行审核评估1次,总体合格率99%以上,年内新入库企业48家,累计526家;建立服务业统计基础的长效机制,加强数据质量控制与评估机制、考评奖励机制;开展投资统计改革,做好企业上报数据审核验收、部门协作、调查研究、业务培训和制度完善等工作;推进就业失业统计改革,强化就业失业统计基础工作,改进数据采集手段,加强数据的审核、检查和评估,严格督导检查,组织开展劳动力调查业务培训2期,培训400人;深化人口变动统计改革,严格按照人口变动调查制度要求,强化过程控制,完善调查员管理、操作规程、岗位职责等方面的制度和规范,确保统计数据准确无误;推进能源统计改革,完善现有能源统计基础数据采集方法,巩固和完善能源统计核算方案,做好2005年至2014年历史数据修订和衔接;实施新产业、新型业态、新商业模式统计监测,对全市新产业、新业态和新商业模式进行调查研究;开展电子商务、商业综合体、网上零售的统计监测,监测规模以上电子商务平台15家,商业综合体4家,网上零售企业1253家。

【统计培训】 2016年,市统计局组织开展统计年报、统计季报专业培训30期,培训2000多人次;举办乡镇(街道)统计人员业务培训26期,培训2000多人次;结合统计工作年报布置会、乡镇统计人员培训会、基层企业统计人员和企业负责人统计知识培训班等,开展统计普法培训14期,培训4200人次;开展第三次全国农业普查培训17期,培训1300多人次。

【统计数据质量】 2016年,市统计局加强统计数据质量控制,从源头狠抓统计数据质量,现场抽检单位67家,对基础名录库信息更新不及时、企业统计基础工作不规范的区县提出整改意见;开展"四上"(规模以上工业企业、房地产企业和资质等级以上建筑业企业、限额以上批发零售业、住宿和餐饮业规模以上服务业企业)企业及投资项目单位统计数据质量检查,合计检查企业、单位350家;继续实行统计数据质量分级负责制,加强对各专业企业数据的审核评估,把数据质量责任真正落实到岗、落实到人;建立健全完备的数据审核评估体系,严格执行国家统计制度和数据质量控制评估办法,完善以地区生产总值核算为龙头,各专业统计数据为基础,相关部门指标数据和行政记录为重要参考的数据审核评估体系;强化部门统计,召开国民经济核算部门联席会议3次,协调解决统计工作跨部门重大问题4个;业务指导国民经济核算部门4次。

【统计服务】 2016年,市统计局强化重大经济统计研判,把经济运行中的重点难点问题、经济热点焦点问题作为统计工作的重点,密切关注GDP、固定资产投资、工业增加值、消费品零售额、能耗等核心指标的走势,在年中、季度、月度加以分析、研究,并向市政府及有关部门提出研究成果,累计编发经济信息、报告和分析等101篇,其中《我市国有控股企业利润大幅下滑应引起重视》获自治区党委常委、市委书记王小东批示;加强GDP核算数据监测,组织召开国民经济核算联席会议3次。编发统计信息,每季度开展统计新闻发布1次,编印出版《2016年南宁统计年鉴》《南宁市情统计手册》《统计公报》等统计数据宣传产品2000多册,编辑《南宁经济动态月报》《南宁工业动态月报》

《南宁投资动态月报》《广西区辖各市信息交流月报》各12期；在统计门户网站上主动公开统计信息1000多条；以来函回复、电话咨询、网站答复等形式受理公开数据咨询约1000次，为全市各种重要报告、会议提供及核对数据约1万笔。完成南宁市“十佳乡镇”考评，小康社会统计监测与核心指标完成进度、短板指标差距及影响因素等专题分析，第三次全国经济普查年度非公经济增加值试算，依法治税相关监测任务，“营改增”后服务业企业经营情况监测，第十三届中国－东盟博览会承担的统计调查任务。

【统计执法】 2016年，市统计局开展市、区县执法人员专项学习培训14期，培训2000余人。全面清理整顿违反统计法精神的文件、做法，检查单位363家，发现违法行为并立案查处63家。 （赵 旭）

审 计

【概 况】 2016年，南宁市审计局设12个科室（含机关党总支），编制66名，在职63人，辖二层事业单位南宁市公共投资审计中心（参照公务员法管理，副处级），有区县审计局12个，编制167名，在职161人。全市审计计划项目309项，查出违规金额8.39亿元，管理不规范金额284.61亿元，处理处罚11.50亿元，其中，市本级审计计划项目140项，查出违规金额6.63亿元，管理不规范金额262.29亿元；完成政府投资工程结算审计1.36万项，金额138.67亿元，核减工程款18.07亿元；移送司法机关、纪检监察部门等部门处理线索15件；提交审计专报、信息22篇，被自治区审计厅、市政府采用37篇次，获市领导批示14篇。市审计系统获自治区审计厅“2015年全区财政扶贫资金审计优秀项目二等奖”1项，2015年度广西审计机关计算机审计成果演示会三等奖1项，“2015年度AO实例评选”一等奖2项、二等奖2项、三等奖7项，“全区2016年度优秀审计项目评选”三等奖1项、表彰奖1项，入选审计厅“全区优秀审计案例网络培训课件”案例4项，“南宁市部分县（区）2013年农村危房改造项目资金专项审计调查”“南宁市水库移民资金使用情况专项审计调查”“南宁市城市公共道路停车收费管理使用情况专项审计调查”被评为（自治区）审计厅2016年市、县表彰审计项目；市审计局获市政府“南宁市2015年度依法行政工作表现优异的单位”表彰。

【区县审计】 2016年，南宁市区县审计机关完成审计项目177项，其中预算执行情况审计52项，专项资金审计32项，行政事业审计62项，固定资产投资审计25项，经济责任审计76项；审计查出问题金额21.10亿元，应上交财政2.68亿元；核减工程投资金额10.54亿元，审计移送处理事项6件，涉及金额51万元。

【预算执行审计】 2016年，南宁市预算执行审计项目50项（市本级10项），审计发现部门预算编制、财政财务收支管理、资产管理、“三公”经费和会议费管理、公务卡结算等方面涉及问题金额75.06亿元（市本级57.98亿元），市审计局采用信函、电话询问、检查组督查等方式强化审计整改，并将审计整改情况列入南宁市绩效考评体系，推进完善预算管理体制。

【重大政策跟踪审计】 2016年，南宁市重大政策跟踪审计重点关注财政税收、金融、产业、民生等方面政策落实情况，重点审查简政放权、重大建设项目推进、盘活存量与优化结构等，抽查政府重大投资项目14个，审计或延伸审计（调查）单位70个，出具重大政策措施落实情况跟踪审计（季度）报告4份，审计发现问题26个，查出问题金额4.34亿元，其中违规金额0.26亿元，管理不规范金额4.08亿元，移送案件2件，形成审计信息2篇。年内，整改问题12个，整改金额1.50亿元。

【政府投资工程审计】 2016年8月，市审计局印发《关于规范南宁市政府投资审计工作的通知》，做好重大工程项目跟踪审计，促进规范管理，提高资金使用效益；9月，在宾阳县召开南宁市政府投资审计业务暨党风廉政建设现场交流座谈会，加强投资审计领域廉政风险防控。年内，市本级跟踪审计南宁轨道交通建设项目、邕宁水利枢纽工程项目，审计金额261.78亿元，发现问题涉及金额27.62亿元；市区（县）公共投资审计中心完成政府投资建设项目结算审计1.36万项，涉及金额138.67亿元，核减工程款18.07亿元，其中市级审结项目348项，金额30.07亿元，核减工程造价3.14亿元。

【农业与资源环保审计】 2016年，南宁市涉及资源环保审计项目110项，查出问题129个，违纪违规金额2062.18万元，管理不规范金额2.15亿元，上缴财政资金147万元，减少财政拨款1913.80万元，归还原资金渠道资金71.38万元，发现虚列工程结算造价1913.80万元；开展自然资源资产审计，发现问题17个，查出违规金额1.50亿元，管理不规范金额1.73亿元，问题涉及土地、水资源及环保等方面。

【经济责任审计】 2016年，服务好市县换届工作，市审计系统采用集成式、分类审计等方式，开展领导干部经济责任审计项目187项（市本级111项），涉及单位56个，查出违规金额5.85亿元，管理不规范金额91.89亿元，移送事项4件，提交审计要情3份。

【行政事业审计】 2016年，市审计机关结合财政财务收支审计和领导干部经济责任审计项目，审计行政事业单位87个，发现虚列开支、扩大开支范围、改变资金用途等问题，要求问题单位整改；加强对学校、市直部门二级预算单位年度预算执行、资金管理使用等方面的审计监督。

【民生项目审计】 2016年，南宁市完成自治区审计厅统一组织实施的2015年南宁市保障性安居工程跟踪审计、全国基本医疗保险基金和医疗救助资金审计、县域扶贫资金审计，开展“美丽广西·生态乡村”活动财政专项资金审计调查、南宁市优质高产高糖糖料蔗基地建设资金管理使用情况审计调查等项目21项，发现问题金额89.87亿元，上报审计信息专报8篇，向有关部门移送案件2件；完成2015年南宁市保障性安居工程跟踪审计，检查安居工程项目150个，延伸调查190个村402户农村危房改造家庭，发现部分区县项目未严格执行基本建设程序、项目建设管理不到位、违规享受保障待遇、违规领取农村危房改造补助资金等问题，向相关部门移送案件1件。

【企业审计】 2016年，南宁市开展企业审计21项，查出问题金额138.19亿元；市本级审计结合8家国有企业负责人经济责任审计，重点关注企业国有资产经营管理现状、是否存在国有资产流失、管理漏洞等，查处一批违纪违规问题，推动企业依法规范管理。 （吴丽霞）

物 价

【概 况】 2016年，南宁市推进价格改革，加强价格调控监管，提升价格服务水平，保持全市价格总水平基本稳定，全市居民消费价格指数101.4，低于自治区、全国水平；落实降低企业成本措施，取消收费22项，免征企业收费21项，停征价格调节基金，全年减轻企业负担4.54亿元；推动行政处罚信用信息公示，公开行政处罚信息11项、权力清单17项、责任清单13项，编制行政权力运行流程24项、廉政风险点85个。

【价格改革】 2016年，市物价局承接自治区下放城市供水价格、轨道交通票价等权项12项；取消液化石油气价格干预措施和差率控制、提价申报等价格干预措施，实行市场调节价管理；放开民用爆破器材、医院制剂等定价权13项，实行市场调节价；放开供电营业性收费，放开道路班车客运票价。推行物价收费清单制度，清理行政事业性收费项目、经营服务性收费项目，编制《行政事业性收费目录》《涉企行政事业性收费目录》《南宁市本级政府定价的经营服务收费目录清单》《南宁市本级政府定价的涉企经营服务收费目录清单》《南宁市本级政府定价的行政审批前置经营服务收费目录清单》，在南宁政务信息网公布。

【价格调控】

价格目标责任制度 2016年，南宁市实行控价目标责任制，将价格调控目标任务分解到区县及物价、商务、工商、粮食、农业(含水产畜牧)、财政等市直部门，定期研判市场价格运行情况并对控价目标完成情况进行通报，全市居民消费价格总水平呈低位运行态势，居民消费价格总指数上涨1.4%，低于预期调控目标1.6个百分点，构成总指数的八大类商品和服务价格呈“六升二降”格局，其他用品和服务、衣着、教育文化和娱乐、食品烟酒、医疗保健、居住类价格分别上涨4.2%、2.9%、2.6%、2.5%、1.6%、0.5%，生活用品及服务、交通和通信类价格分别下降0.4%、1.8%。

价格调节基金 1月，南宁市征收入库价格调节基金3541万元。2月1日起，不再向社会征收价格调节基金，改由财政预算安排，受益企业5000多家。

农副产品平价销售 全市有平价商店35家，每天以低于市场价15%的价格销售平价蔬菜15种约1000万千克。1月下旬低温严寒天气期间，市物价局组织35家平价商店开展“2元叶菜”销售，每天选择5个蔬菜限时限量限价销售，每500克2元~3元，差价从价格调节基金补贴，销售总量23万千克，补贴476万元。

价格监测 市物价局对生活必需品、农副产品、工业生产资料、工业消费品、重要能源、重要服务、房地产等行业和领域的商品和服务价格进行监测；开展特殊时期应急监测，监测1月份严寒天气期间粮、油、肉、禽、蛋、鱼、蔬菜等44类居民生活必需品价格并实行日报制度，应对12月食盐价格放开并启动日常监测。全年监测数据22万条，形成价格调研文章4篇，价格监测信息29篇，价格形势分析报告12篇，发出重要价格监测预警2次。

价格信息发布 市物价局通过门户网站、新闻媒体向社会发布市场价格信息。在门户网站定期公布全市农贸市场每日主要农副产品平均销价，发布分析报告；在《广西新闻网》《新闻夜班》《当代生活报》等主流媒体发布价格动态信息36次，向新闻媒体发布农副产品价格监测数据5万条。

【价格管理】

医药价格 2016年，市物价局牵头对公立医院药品零差率销售、医疗服务价格、医保支付方式进行综合测算，提出公立医院综合改革医疗服务价格调整实施方案；加强医疗服务价格监管，收到市属医疗机构提交新增医疗服务项目价格申请45份，核定市第一人民医院乳管镜检查项目等6项医疗服务项目价格，落实新增医疗服务项目价格管理政策；规范公立医疗机构病房床位价格管理，核定并调整市第二医院等5家医疗机构的住院病房床位价格。

交通客运价格 南宁市轨道交通(地铁)客运票价政策，起步价2元乘6000米，超过后按“递远递减，里程分段累进计价”计价，其中南宁地铁1号线全程票价6元；确定地铁对抚恤补助对象、伤残国家工作人员、现役军人、残疾人、老年人、中小学生、儿童等群体优惠及公交换乘优惠政策；规范港口收费计费办法；转发交通运输部、国家发改委《港口收费计费办法》并要求市属港口企业严格按规定收费；批复29条公交线路票价，其中2元价28条，4元价1条；会同交通主管部门出台汽车客运站服务收费管理政策。

供水价格与污水处理收费 核定大王滩水库供水企业非农业用水价格、供五象湖公园非农业用水价格，指导横县、马山县开展城镇供水价格调整听证，对居民生活用水实施阶梯价格制度；调整污水处理费收费标准，1月1日起停止征收价格调节基金，污水处理费收费标准由每立方米1.17元调整至1.14元(核减价格调节基金每立方米0.03元)。

电 价 3月7日，对高能耗的通用硅酸盐水泥生产企业生产用电实行基于可比熟料(水泥)综合电耗水平标准的阶梯电价政策；对已建成小水电实行差别上网电价，加强新建、技改、重建小水电定价管理。7月1日，调整居民生活用电阶梯电量电价，每户年用电第一档电量从小于等于2300千瓦时提高至小于等于2760千瓦时，电价维持不变；第二档电量为2760千瓦时至4440千瓦时(原为2300千瓦时至3700千瓦时)，电价在第一档基础上每千瓦量加0.05元；第三档电量为大于4440千瓦时(原为大于3700千瓦时)，电价在第一档电价基础上每千瓦时加0.30元。

保障性住房价格 对廉租住房、公共租赁住房、经济适用住房、拆迁安置住房、危旧房改造住房、棚户区改造住房、农民回建房等保障性住房实行优惠政策，按降低10%后每平方米90元的标准执行；调整安吉华都、鑫利华花城经济适用住房项目高层和小高层住宅最高销价，涉及住宅建筑面积20.68万平方米，销售收入约5.48亿元；核定凤岭佳园拆迁安置房项目住宅有限产权最高销价，涉及建筑面积10.51万平方米，销售收入3.42亿元。

景区门票价格 批复上林县大龙湖景区、鼓鸣寨景区、霞客桃源壮乡旅游度假区景区门票价格、游船和观光游览车价格，启动大龙湖景区门票价格定价程序。

3月24日，市物价局检查昆仑关旅游风景区价格执行情况　　市物价局提供

4月20日，大王滩旅游风景区门票中准价格由17.40元调整至15元，允许上下浮动15%；八桂田园门票价格由10元调整至6元；昆仑关景区门票价格由30元调整至13元。

养犬管理服务费　1月1日，调整养犬管理服收费标准，由原来的第一年300元、第二年200元，降为每年150元，并对盲人、70岁以上孤寡老人等特殊群体饲养犬只减免。每头45元至48元。

教育收费　加强中小学教材价格管理，要求市属中小学和城区（开发区）物价局督促所属中小学严格执行自治区核定的中小学教材价格，不允许收取未经自治区核定公布的教材用书、赠送教科书及辅助性教学资源等费用；制定、调整市第一中学、市第五中学等8所公办中学学生宿舍住宿费、热水费收费标准，重新核定市第二中学中外合作办班、市第十四中学国际高中课程实验班学费收费标准。

【价格服务】

价格认证　2016年，市物价局做好涉案财物价格认定，办理价格认定业务3725宗，认定标的8.54亿元。其中：刑事案件价格认定3212宗，认定金额8210.11万元；行政执法类案件价格认定18宗，认定金额547.35万元；税财物价格认定495宗，认定金额7.67亿元。

价格成本调查监审　完成生猪、糖料蔗等13个常规调查品种成本数据分析上报；完成301路公交车票价、青秀山风景区门票价格、安吉华都二期经济适用住房销价、江南肉联厂、绿城水务南宁污水处理分公司、横县东冠自来水公司供水价格等成本项目监审16个，核减成本3.90亿元，核增成本2414万元；完成“3A”以上景区门票价格成本调查监审29家，完成15家制糖企业2015-2016榨季制糖成本审核。

行政事业收费统计　开展行政事业性收费情况报告、统计，2015年度全市行政事业性收费收入18.71亿元，比2014年度降低1.16%。

【降本减负】

降低企业用电成本　2016年1月1日、6月1日，市物价局二度下调一般工商业用电价格，全年平均每千瓦时降低0.0174元；6月1日，降低大工业用电价格，每千瓦时降低0.0024元；9月1日，电解二氧化锰生产用电价格统一执行电炉铁合金用电价格；调整企业减产停产期间用电价格政策，每年度可申请暂停用电次数由2次增至4次，每次暂停时间由不少于15天减至7天，一年累计暂停时间由不超过6个月延长至10个月。1月1日，用户自建两路及以上多回路供电用电户，按供电费标准70%执行。5月1日，新投产的大工业用户达产前基本电费按实际运行容量收取，新增电力用户免交临时接电费用。10月1日起，基本电价执行国家发展改革委办公厅规定价格；落实丰枯水期季节性电价政策，对5月至12月，由自治区主电网供电、受电变压器总容量315千伏安及以上的大工业用电（不含化肥、蔗糖、农药、农膜生产、污水生活垃圾处理企业及发电企业启动调试阶段用电），实行丰枯水期季节性电价。6月1日至12月，调整丰枯水期季节性电价，2月1日起按扣减价格调节基金标准后执行。

取消与减免收费　取消收费22项，免征企业收费21项。1月1日，取消人才集体户口管理服务费，取消收费员培训收费、行政事业性收费综合年审费等12项地方行政事业性收费，将疾病检验收费等4项行政事业性收费调整为经营服务性收费并实行市场调节价。4月1日，对企业免征城市园林绿化补偿费、城市绿化用地面积补偿费。4月25日，取消燃气综合治理服务费、房地产权属档案查询服务费等经营服务性收费9项。4月29日，免收企业厂区范围内为生产配套非生活配套建筑的人防工程易地建设费。5月1日，全部免征国内植物检疫费、新兽药审批费等18项行政事业性收费。

降低部分涉企收费　4月29日，减半收取工业用地土地使用权交易服务费和涉企白蚁防治费；5月1日，降低特种设备检验、计量检定收费标准9项。每年减轻企业和社会负担1500万元以上。

规范市场调节收费　协调有关部门降低“测绘费”“项目用地地形电子图费”“用地测量费”“控制点测量费”“地质灾害危险评估费”收费标准；配合市水利局引导水土保持评估社会服务机构降低服务机构水土保持评估费收费标准。

【价格监督检查】　2016年，市物价局组织开展教育收费、药品价格、景区门票价格、餐饮行业价格、商品房销售价格、“三车”（指人力车、摩托车、非法营运残疾人机动轮椅车）停放保管收费、机动车年审代办业务收费、清明节殡葬服务价格、燃气价格、普通住宅小区物业服务收费、公路客运价格、降本减负、涉企收费等检查，其中，“降本减负”专项检查重点检查市交通运输局、市气象局等18个单位，取消、调整、免征免收或降标收费项目50项；开展商品房销售价格行为专项检查，出动检查人员320人，检查楼盘112个，房地产中介43家。全年查出涉嫌价格违法单位29个，涉嫌价格违法金额290.58万元。市12358价格举报系统受理投诉举报6537件（咨询4363件、投诉1888件、举报283件，意见建议3件），比上年下降16%，价格举报主要在停车收费、物业管理、商品零售、交通运输、房地产价格等，其中电商价格投诉举报103件，增长10.44倍，成为投诉举报新热点，市物价局对价格举报投诉件进行调查处理并反馈。

【价格宣传】　2016年5月《中华人民共和国价格法》实施18周年，市物价局联合自治区物价局、《南国早报》开展价格服务进社区活动；联合市信访局市长公开电话办公室到邕宁区那楼镇那文村开展12358、12345热线电话宣传活动；参加南宁电台“百名科长上热线”活动，与南宁电台联合开展“我与物价面对面”专题访谈4次，在《南宁日报》《南宁晚报》《南国早报》等媒体刊登物价报道100篇。

（滕宗良）

工商行政管理

【概　况】　2016年，南宁市工商行政管理局内设11个科室，下辖高新分局、经开分局、东盟分局、专业市场管理分局、登记注册分局和经济检查支队、22个工商所，编制344名，在职341人。全市新登记市场主体12.79万户，注册资本2991.73亿元，注册外币资本1.65亿美元；累计市场主体49.17万户，注册资本8655.51亿元，注册外币资本87.59亿美元；吊销“僵尸企业”1.68万户，个体工商户297户，私营企业1.29万户；查处反垄断与反不正当竞争简易处罚案件1187件，一般程序案件3801件，罚没款1116.55万元；创建“诚信经营·放心消费”示范点10个，新建消费维权站28个，累计消费维权服务站872个，受理消费者咨询、投诉、举报5.77万件，为消费者挽回经济损失1332.10万元；培育广西著名商标85件，累计有效商标3.80万件，广西著名商标182件，广告企业287家。获“南宁市2015年度依法行政表现优异单位”称号，被自治区工商局评为工商系统“法制工商”建设“优秀”等次。

【市场主体登记】　2016年，南宁市继续落实商事制度改革，实施市场准入、退出便利举措，新发营业执照9423份，个体工商户“两证整合”营业执照5266份，新登记市场主体12.79万户、注册资本2991.73亿元，注册外币资本7696万美元。其中：内资企业500户，注册资本172.64亿元；外商投资企业142户，注册资本6934万美元；私营企业4.10万户，注册资本2728.72亿元；个体工商户6.51

万户,注册资本70.48亿元;农民专业合作社1194户,出资总额19.99亿元。全市累计内资企业1.34万户。其中:企业法人6204户,注册资本881.73亿元;外商投资企业1693户(分支机构924户),投资总额87.59亿美元,注册资本39.23亿美元;私营企业18.27万户,注册资本7447.15亿元;个体工商户29.02万户,资金数额270.40亿元;小型微型企业1.84万户,注册资本110.56亿元;农民专业合作社3695户,出资金额56.22亿元。

【企业年度报告】 2016年,市工商局落实国务院《企业信息公示暂行条例》,成立年报工作督查组10个,走访敦促企业做好年报;制定《开展企业退出(吊销)机制试点工作方案》,以未参加2012年度年检,2013年、2014年度年报的企业、个体工商户为重点,清理登记后六个月无理由未开业、住所无法找到、留存通讯无法联系的业户,吊销1.68万户,列入"企业经营异常名录"企业4.56万户。全市应参加2015年度年报企业16.16万户,年报13.84万户,年报率85.66%;应参加2015年度年报个体工商户28.80万户,年报20.16万户,年报率69.99%;应参加2015年度年报农民专业合作社2743户,年报2484户,年报率90.56%。

【市场监管】 2016年,市工商(质监)部门加强农资市场及消费品市场监管执法,抓好农贸市场规范化管理和文明诚信示范市场创建活动,在自治区率先建成"商品监管通"系统,查处市场违法经营案件353件,案值109.71万元,罚没金额79.47万元。

农贸市场监管　开展乡镇农贸市场规范化管理,牵头制定《南宁市乡镇农贸市场规范化管理指导意见》《南宁市"美丽南宁"乡村建设活动乡镇农贸市场示范创建评比工作方案》,规范农贸市场经营秩序、环境卫生、经营行为、市场管理员行为等,评出广西－东盟经开区里建农贸市场、青秀区刘圩农贸市场、马山县加方农贸市场等十佳乡镇农贸市场;投资40万元,制作公益宣传视频短片6部,在公共场所滚动播放,利用"南宁工商"微信公众号平台,播发宣传短信120万条;投入经费30万元,整治农贸市场环境卫生1099次,出动人员2547人;开办培训班53期,培训495人次;灭蝇灭蚊面积17.78万平方米,评选示范点40个;创新现代化远程监控——"天眼"工程,128个市场(全市320个)安装3405个高清摄像头,实行视频监控,其中69个重点市场与工商部门远程视频监控中心联网,建立"市场—街道办(工商所)—城区工商局(开发区工商分局)—市工商局指挥中心四级联网远程视频监控体系"。

农资市场监管　利用"农资市场监管信息"系统板块,厘清全市农资经营主体16814户,开展保春耕、护夏种、促秋播农资打假专项活动,对流通环节种子、肥料、农药、农膜等农资商品质量监督检查,检查农资市场177个,农资经营企业143家,农资经营户3862户,抽查化肥样品248个,不合格28批次,农药样品25个,不合格4个批次,立案查处案件231件,案值83.82万元,罚没款44.16万元;指导农资经营户创建放心农资示范店42家。

电动车与汽车市场监管　组织开展电动车整车及配件销售店集中整治,重点打击无照经营、超范围经营、经营假冒伪劣电动车及电动车配件的违法违规经营行为,抽查电动车销售店35家物品23个批次,不合格16批次,蓄电池3组,立案查处案件10件,案值4.01万元,罚没款4.04万元。开展查处销售非法拼装、改装汽车等违法经营,检查汽车经营主体450家,立案查处汽车市场违法经营案4件,罚没款1.60万元;受理汽车类消费投诉338件,涉及金额2561.24万元,调解72件,为消费者挽回经济损失308.07万元。

粮食市场监管　秋粮收购期间,开展粮食市场监管,打击无照经营、超范围经营及掺杂造假、欺行霸市等扰乱市场秩序的违法行为,检查粮食市场207个,检查粮食经营户5970户,检查粮食加工和饲料生产企业135户,依法取缔无照经营个体工商户6户。

查处违法经营野生动物　严格执行野生动物及其产品市场准入管理制度,开展集贸市场非法贩卖野生动物专项整治,检查农贸市场355个,检查经营户1.09万户,查获野生田鸡11千克,蛇类15千克,红毛鸡12千克。

旅游市场监管　开展重大节庆旅游市场监管,重点加强市场主体监管,取缔无照经营,检查旅游景区107处,旅行社282家,接受旅游消费咨询65次,受理消费者投诉1件、处理举报1件,为消费者挽回经济损失2000元。

网络市场监管　市工商局设网监科,专业分局设网络工商所,区县工商质监局、分局设专(兼)职网监机构,有17支网络监管执法队,业务人员659名;开展网络市场专项整治行动,摸清全市网络经营主体,其中网络交易平台274话,网店10.14万家,网站4212个;制定《2016网络市场监管专项行动工作方案》,开通"南宁市网监在线",公布"电子标识申请、网络市场交易动态、市场主体信用查询、网络维权、消费警示"5个功能模块,发布更新信息50余条,网上检查经营性网站、网店7663个,实地检查265个,发现网络交易违法线索113条,办结网络案件58件(广告类46件、商标类4件、不正当竞争类2件、合同类2件、产品质量类3件、其他1件),罚没101.73万元,行政约谈13次,责令整改网站20个;在网络交易平台设立"消费维权服务站",受理网络消费问题516件(咨询386件、投诉106件、举报24件),实地检查网站172家,为消费者挽回经济损失5万元;开通"12315微信公众号",接受关注量5337个,咨询4487件,投诉202件,举报36件。

9月30日,南宁市"六证合一"营业执照首发　张　鲁　摄

【消费维权】

"诚信经营、放心消费"示范点创建　2016年,市工商局以民族大道、朝阳商业

10 月 12 日，国家工商总局、自治区工商局领导到南宁市江南富宁新兴苑小区调研“无传销社区”创建　　张 鲁 摄

中心商圈 10 家大商场为重点，创建南宁放心消费中心商圈；创建美丽南方放心旅游、乐村淘放心网、放心建材、放心电子、放心校园、放心社区、放心消费街、放心市场等放心消费示范点 10 个，对放心消费示范商场（门店）实行统一称谓、统一标识、统一制度，参与商户 3500 户，志愿者 1.20 万人，印制《南宁诚信经营放心消费工作手册》2 万册。

“五进”维权服务站　继续扩大消费维权“进企业、进农村、进学校、进商场、进社区”活动，新建消费维权服务站 28 个，累计 872 个；建成消费维权教育基地 10 个，开展消费教育大讲堂 11 场次，受教育消费者 1200 人；开展“五进”消费维权服务日、网购消费维权服务等主题宣传 65 场次，发放维权宣传册子 4.35 万册，播发维权宣传微信、短信 120 万条次，制作并播放《老年消费维权宣传短片》等消费维权短片 5 部。

消费维权执法　抽查红木家具、家电、汽配、装修、建材、电线电缆等 13 种商品、样品 430 批；发挥 12315 指挥中心和“五进”维权服务等消费维权执法平台作用，全年接到消费咨询、投诉、举报 5.77 万件（咨询 4.90 万件、消费投诉 7376 件，举报 1343 件），处置、反馈率 100%，消费者满意率 96%，为消费者挽回经济损失 1332.10 万元；“五进”维权服务站受理消费者投诉 4773 件，金额 410.02 万元，和解 4476 件；查办消费维权案 427 件，罚没款 139.52 万元。

【双培双促】 2016 年，市工商系统根据农村经纪人分布广、分散经营等特点，坚持课堂教学与实践培训相结合，集中与分散培训相结合，普遍与重点培训相结合，对一般农村经纪人开展经济林果、畜牧养殖等技能培训，对党员经纪人增加法律意识，诚信意识和社会责任感培训，提高带领群众脱贫致富的信心和技能；开展“合同帮农”“品牌富农”“权益保农”等活动，引导农村经纪人发挥资源优势，因地制宜选择经济项目和经营范围。投入培训经费 9.57 万元，举办示范培训 2 期，其他培训 13 期，培训农村经纪人 1250 名。

【合同管理】

合同格式条款整治　2016 年，市工商系统重点检查和整治旅游、汽车、房地产等行业合同格式条款，约谈企业 116 家，行政指导 135 次，发放整改通知书 22 份，纠正涉嫌违法违规格式条款 60 条，查处利用合同格式条款侵害消费者合法权益案件 65 件，立案查处 38 件，罚款 16.83 万元。

动产抵押登记　全年动产抵押登记 428 份，金额 47.22 亿元；借贷合同 428 份，金额 47.22 亿元。其中：内资企业 408 份，金额 46.40 亿元（私营企业 229 份，金额 28.69 亿元）；外商投资企业 1 份，金额 3850 万元；个体工商户 19 份，金额 4315 万元。变更登记 8 份，变更主债权金额 2230 万元；注销登记 230 份，注销主债权金额 26.07 亿元。其中：内资企业 218 份，注销主债权金额 25.40 亿元（私营企业 64 份，金额 5.04 亿元）；外商投资企业 1 份，金额 3850 万元；个体工商户 11 份，金额 2845 万元。

“守合同重信用”企业公示　开展“守合同重信用”企业公示活动，并对公示企业的合同管理制度、合同使用情况、合同履约情况进行监督指导。全市申请参与公示活动企业 149 家，获 2016 年度自治区级“守合同重信用”企业 113 家。

【商标管理】 2016 年，市工商局制定《南宁市工商局加强商标品牌服务工作方案》，在市工商局成立商标品牌服务联盟，区县工商质监局（分局）成立服务站，工商所成立服务队，汇集专家学者，商标协会和代理机构，形成南宁市工商系统商标品牌服务三级联动网络。与广西商标协会、广西知识产权研究院协作组织开展“互联网 + 商标”专题培训，参加企业 100 家；与宾阳县政府举办“商标兴企，品牌强县”论坛 1 期。年内，全市申报注册商标 2366 人，培育广西著名商标 85 件，累计有效商标 3.80 万件、广西著名商标 182 件、全国驰名商标 3 件；立案查处商标侵权案 243 件，案值 110.31 万元，罚没款 112.53 万元。

【广告管理】 2016 年，市工商局召开互联网金融行业广告专题座谈会，对南宁市 46 家互联网金融企业，100 多名代表开展普法宣传；对互联网金融企业、非融资性担保公司等 8 种金融企业进行执法检查，出动执法人员 3500 人，车辆 46 辆，检查互联网金融企业 700 余家，检查广告 6200 余条，立案 4 件，结案 2 件，罚款 1.57 万元；运用行政约谈指导方式，召开互联网金融行业广告专题约谈会、市级媒体广告约谈会等约谈会 4 次，对南宁电视台等媒体发出行政指导告诫书 10 份；依托国家工商总局广告监测平台，检测广告 20.23 万条，发现市属大众媒体发布虚假违法广告 332 条，165 条次违法时长 16.12 万秒，比上年分别下降 92.17%、93.98%、95.18%；查处大众媒体类广告案 114 件，罚没款 99.50 万元；立案查处医疗保健品广告、房地产违法广告案 247 件，罚没款 189.35 万元。

【公平交易执法】

反不正当竞争执法　2016 年，市工商系统根据国家工商总局《关于集中整治公用企业限制竞争和垄断行为的通知》精神，开展反垄断与反不正当竞争执法，调查处理虚假宣传、商业欺诈、商业诋毁、商业贿赂等违法行为，查处简易处罚案件 1187 件，一般程序案件 3801 件，罚没金额 1116.55 万元。其中，不正当竞争案件 25 件，无照经营案 903 件。

打击传销　深入宣传揭露传销的危害性，出动宣传车 68 辆，发放宣传资料 3 万余份，张贴宣传画 954 套，悬挂横幅 91 条次，在 6400 余辆出租车顶棚滚动播放打击传销标语，通过手机短信发送宣传教育内容，广泛发动群众防范、揭露传销活动，接到群众举报涉传案件 187 件，出动执法人员 1127 人次，检查出租屋、旅社等场所 3011 处次，查获一批涉传书刊、酒类,教育遣返涉传人员2952人;制定《南宁市开展创建“无传销社区(村)”试点工作方案》,从整治出租屋、理顺流动人口管理入手,建立规范社区(村)管理机制和多部门联动机制,从源头上挤压传销活动空间。全市3703个社区(村)(317个社区、1386个行政村)没有发现传销活动。

规范直销　更新直销企业名录11家,完成28家申请直销经营资格或直销开放区域的企业经营情况初审,受理、监管南宁市直销企业分支机构会议报备25次,检查直销企业11家,直销服务网点58个,非直销服务网点、店铺、经销商94个;举办全市规范直销企业培训暨直销企业守法经营约谈会议,约谈直销企业8家次。

打击走私贩私　出动执法人员1072人,执法车379辆,检查超市122个,仓储36个,农贸市场128个,经营户1210户,查处经销无合法来源进口商品案件3件,案值1.50万元,查获无合法来源证明进口大米224袋(11.20吨)。

扫黄打非　查处承印复制政治性非法物及淫秽色情、侵权盗版的印制企业、文化经营场所,出动执法人员750人,检查高校及周边复印店576家,发现无照经营5家,超经营范围2家;组织80名执法人员参加全国集中销毁侵权盗版及非法出版物(广西南宁分会场)活动,现场公开销毁盗版光碟及其他非法出版物5万条(件)。（张　鲁　廖成琇　韦　婷）

质量技术监督

【概　况】2016年1月,南宁市质量技术监督局完成质监行政体制改革,编制53名,实有51人;有区县工商和质量技术监督局12个。年内,起草、参与研制的石墨烯广西地方标准发布5项,获自治区党政主要领导批示。联合广西特检院按时保质检验完成南宁轨道交通1号线特种设备419台,抽查工业产品样品631批次,强检计量器具2.84万台,强制检定率98.57%;市政务服务中心窗口办理审批事项1.18万项,群众满意率100%,服务及时率100%;立案查处行政执法案件157起,捣毁窝点1个,没收假冒伪劣产品货值24万多元,挽回经济损失21.56万元;12365投诉举报电话人工接听电话1317件,提供咨询服务1169件,接到申诉举报信息148件,受理133件,未受理不符合受理条件15件;办结133件,办结率100%,满意率100%。南宁市获国家质检总局批准创建“全国质量强市示范城市”,创建国家级标准化示范试点项目5个,获“广西名牌产品”32个,获“广西服务业品牌”企业15家。

【计量监督管理】2016年,市质监局组织开展“免费检定计量惠民,促进城乡和谐发展”活动,免费检定市区主要集贸市场115家,乡镇卫生院52家,免费检定衡器1.58万台(套);开展春节前计量专项监督抽查,农产品收购用汽车衡专项监督检查,农药、化肥、电线电缆等生产企业定量包装商品净含量国家计量监督专项抽查,加工农副产品、保健食品、化妆品及月饼的生产(销售)企业商品包装专项监督抽查,在用出租汽车计价器计量专项监督检查,市辖区内县级国家法定计量检定机构监督抽查各1次;加强“医用三源”(医用辐射源、医用超声源、医用激光源)强制检定管理和能源计量,检定“医用三源”690套,推进节能减排落实。六类强检计量器具(农产品收购用汽车衡、燃油加油机、出租汽车计价器、医用三源、眼镜配置用计量器具、城区主要集贸市场固定摊点结算用衡器)检定2.84万台,强制检定率98.57%。

【质量强市战略】

质量强市　2016年,市质监局按照市政府《关于全面推进质量强市工作的意见》《南宁市创建全国质量强市示范城市工作方案》《南宁市创建全国质量强市示范城市工作考核办法》等政策措施,实施质量强市战略。经自治区实施质量强桂战略工作领导小组办公室审核推荐,3月,市政府向国家质检总局提交创建“全国质量强市示范城市”申请,10月,赴北京参加国家质检总局“争创全国质量强市示范城市申诉论证会”,12月,国家质检总局正式批准南宁市创建“全国质量强市示范城市”。

品牌战略　南宁市继续实施品牌战略,组织企业参加自治区主席质量奖活动,南南铝业股份有限公司、南宁糖业股份有限公司、广西路桥工程集团有限公司、青秀山风景名胜旅游开发有限公司4家企业入围自治区主席质量奖现场评审;开展第二届市长质量奖评选活动,引导激励企业加强质量管理,提升产品质量,其中广西金雨伞防水装饰有限公司、南宁富桂精密工业有限公司、广西博世科环保科技股份有限公司、南宁青秀山风景名胜旅游开发有限责任公司获第二届南宁市市长质量奖。市质监局围绕有色金属加工、电子信息、装备制造、食品加工、农产品等重点优势产业培育打造品牌产品,获广西名牌产品32个,占自治区新获广西名牌产品数量的26.67%,累计广西名牌产品93个,列自治区第一位;获广西服务业品牌企业15家,占自治区获奖总数28.85%,累计广西服务业品牌25个,列自治区第一位。

【标准化建设】2016年,市质监局牵头制作《以标准化为抓手引领香蕉产业新发展》农业标准化示范区专题宣传片,在第五届中国－东盟质检部长会议期间播放;创建青秀区国家级美丽乡村建设标准化试点、横县国家农业综合标准化示范县、武鸣区国家蔬菜种植综合标准化示范区、上林县国家有机茶栽培与加工综合标准化示范区、广西药用植物园国家级旅游服务业标准化试点5个国家级标准化示范项目,通过国家标准委考核验收;开展“标准化+”行动,通过专家现场审定的广西地方标准27项,其中19项获自治区质监局批准发布实施;起草、参与研制《石墨烯三维构造粉体材料生产技术》等5个石墨烯系列广西地方标准,实现科技创新成果转化为标准,得到自治区党政主要领导批示;联合市交通运输局制定城市

4月29日,市质监局到隆安县开展“执法打假护春耕,质监利剑惠民生”农资打假下乡宣传活动　　市质量技术监督局提供

轨道交通运营服务和运营评价两个规范，填补广西轨道交通领域地方标准的空白，促进南宁轨道交通运营管理标准化和规范化；组织企业主动向社会声明公开产品标准，有287家企业声明公开国家、行业、企业标准1390项，占自治区总数36%。

【地理标志产品保护】 2016年，市质监局加强地理标志产品保护的监管、培育和申报。6月，印发《关于全市组织开展2016年度地理标志产品专项监督检查工作的通知》，组织开展地理标志产品专项监督检查，8月，市政府办公厅印发《关于印发南宁白砂糖地理标志产品保护申报工作实施方案的通知》启动南宁白砂糖地理标志产品保护申报，12月，自治区质量技术监督局立项。年内，横县茉莉花、横县茉莉花茶2个地理标志产品入选2016年中国品牌价值评价榜，"横县茉莉花茶"品牌强度830、品牌价值132.11亿元，"横县茉莉花"品牌强度787、品牌价值48.41亿元。

【特种设备安全监察】 2016年，南宁市在用特种设备52701台（电梯29937台、锅炉2640台、压力容器9904台、起重机械7866台、大型游乐设施161台、厂内专用机动车辆2193台），压力管道791千米、气瓶102万余只。市质监局举办特种设备安全监察员培训班，培训370人次，通过特种设备安全监察员考核209人，全市累计特种设备安全监察持证人员215人。按照属地管理原则，与区县工商质监部门（开发区质监分局）签订特种设备安全责任状，层层落实责任；加大技术服务，做好突发事件应急防范，实现重大活动和节假日期间特种设备零事故；开展特种设备专项检查和现场监察6次，出动执法人员1958人，检查单位929家，检查设备5278台，责令立即整改隐患69处，下达限期整改指令书18份并督促整改如期完成，特种设备安全形势总体稳定，新装特种设备注册登记率100%。

【工业产品质量安全监管】 2016年，市质监局强化工业产品质量源头监管，严格获证产品质量安全监管，对可能危及人体健康和人身财产安全、获工业产品生产许可证的产品（化肥、农药、人造板、电动自行车、电线电缆、水泥、冷轧带肋钢筋、危险化学品）、消费者反映可能存在质量问题的产品及其包装物等进行产品质量监督检查，从源头上把好产品质量关；加强获证企业获证条件后续监管，督促企业落实质量安全主体责任；组织开展产品质量日常监督检查，加强对抽检不合格产品的处理；抽检生产企业336家，抽查样品631批次，合格601批次，不合格30批次，合格率95.20%。

【机动车安检机构监管】 2016年，南宁市获机动车安全技术检验资格许可的安检机构41家，联网开展检验业务安检机构39家。市质监局对开展检验工作的39家安检机构进行质量诚信等级评定，评出A级8家，B级31家。

【法制质监建设】 2016年，市质监局加强法制建设，完善《南宁市质量技术监督局重大执法决定法制审核制度》《南宁市质量技术监督局执法全过程记录制度》《南宁市质量技术监督局行政负责人出庭应诉制度》等制度；加强规范性文件管理，严格执行《广西壮族自治区规范性文件监督管理办法》和南宁市规范性文件"三统一"（规范性文件统一登记、统一编号、统一发布）制度要求，梳理、报备市质监局规范性文件；完善重大行政决策程序制度，抓好《南宁市重大行政决策程序规定》贯彻实施，严格决策法定程序，强化重大行政决策合法性审查；推进依法行政，开展普法宣传教育、科普知识进社区、"质量月"等活动，利用门户网站做好行政执法信息公开，向社会公示行政执法权限、执法依据、权力运行流程，强化社会监督；做好案件立案、处罚审核把关，全年审理一般程序案件27起，无行政复议案件、行政诉讼案件发生。

【执法打假】 2016年，市质监局加强12365举报投诉系统应用建设，调查、处理投诉人所反映的问题；重点开展农资"质检利剑"专项执法，絮用纤维制品质量专项检查，空气净化器、电饭煲、智能马桶盖、智能手机、儿童纸尿裤、儿童玩具、婴幼儿童装、厨具、床上用品、家具10类重点消费品专项执法打假行动，出动执法人员5040人次，检查企业2128家，查处案件211起。其中，联合隆安县、马山县工商与质监部门开展农资打假下乡活动，查处案件16起，案值10.29万元；组织开展"阳光纤检"进校园絮用纤维制品及纺织服装产品质量专项检查行动，查处案件1起，案值2.50万元；联合市工商局启动"双随机"（依法实施质量技术监督检查时随机抽取被检查对象，随机选派执法检查人员）检查机制，解决巡查监管制度存在的监管精准度与基层监管执法工作人员责任大的矛盾问题。 （陈 瑜）

安全生产监督管理

【概 况】 2016年，南宁市安全生产监督管理局（南宁市安全生产委员会办公室）坚守"发展决不能以牺牲安全为代价"红线，加强安全生产体制机制，完善隐患排查治理体系，推行行政执法装备规范化，配备移动执法终端，乡镇安全生产监管、国土资源管理、村镇规划建设、环境卫生、环境保护"四所合一"改革完成47个，组建乡镇国土规建环保安监站，加挂综合行政执法队牌子，解决乡镇安监部门受委托执法主体资格问题；乡镇、街道办等基层非在编安监员津贴标准由每人每月至少50元提高至100元，从事矿山等井下安全监管监察兼职人员可浮动至300元。全市安全生产形势总体稳定，全年发生生产安全事故386起、比上年下降3.74%，受伤198人、增加39.44%，死亡176人、下降1.12%，直接经济损失5018.60万元、增加32.85%；发生较大生产安全事故2起、下降80%，未发生重大以上生产安全事故；重点行业领域安全生产形势稳定，煤矿、危险化学品、烟花爆竹等行业连续2年保持"零死亡"。年内，市安监局职责清单被国家安监总局、自治区安委会作为深化安全生产体制改革先进经验在全国、自治区推广；南宁经济技术开发区安监局的谢树海被人社部、国家安监总局授予"全国安全生产监管监察系统先进工作者"称号。

【安全生产监管职责清单】 2016年，南宁市全面落实监管部门的监管职责，把安全生产监管职责列入市发改委、市工信委、市食药监等23个行业主管部门的"三定方案"（定机构、定职能、定编制），从源头上厘清并落实部门的安全生产监管职责。理顺个别行业、领域职责不清或重叠等问题，扫清安全生产监管盲区，由工信部门负责指导全市工业企业、中小企业安全生产管理，履行机械、冶金、有色、石化、电力、资源再生利用、建材、轻工、纺织等行业安全生产管理职责；由市城乡建委主管石油天然气管道保护，履行指导、监督和依法查处危害管道安全违法行为等职责。协调组织安委会成员单位调整并公开包含安全生产监管职责在内的权力和责任"两张清单"，按照"法无授权不可为，法定职责必须为"的原则，接受社会监督，形成安全生产职责倒逼机制。

【安全生产问责追责】 2016年7月1日，市委、市政府出台《南宁市安全生产"一票否决"实施办法》，强化安全生产红线意识、底线思维，对履职不力导致发生安全生产责任事故的，否决单位、负责人参与评先评优、晋级晋职资格；因主体责任落实不到位发生安全生产责任事故的企业，否决其申请市级政策性扶持资金资格。年内，市委书记、市长分别主持市委常委会2次、政府常务会2次，听取安全生产情况汇报；市政府组织召开自治区防范重特大事故会议及南宁市防范重特大事故会议4次;市领导批示安全生产工作190次,带队检查督导32次,市安委会开展约见警示61次,约谈208个单位644人;市安委办审查安全生产履职事项55批,涉及642个单位193人次,否决因发生生产安全责任事故参加评先资格单位28个,因对生产安全事故负有责任被给予党纪政纪处分8人,行政处罚单位138个、个人13人,罚款393.53万元。

【安全生产"黑名单"管理】 2016年9月28日,市政府印发《南宁市安全生产"黑名单"管理制度》,将安全生产监督管理部门依法处理的11种行为,列入"黑名单"管理、南宁市信用信息系统管理,定期在市级新闻媒体发布;列入"黑名单"管理的企业,在项目政策性资金扶持和新增项目的核准、用地审批、证券融资、工程招投标、采矿权的取得、政府采购、财税政策扶持、银行贷款等方面受到限制。

【安全生产风险管控】 2016年12月9日,南宁市在自治区率先以市政府规范性文件的形式出台风险分级管控办法,将矿山、危险化学品、烟花爆竹、城镇燃气、建筑施工、交通运输、公众聚集场所、民用爆炸物品、工业企业确定为全市安全风险分级管控重点行业,通过综合评估企业行业固有风险、环境风险和管理风险,把企业整体风险等级分A、B、C、D等级(即蓝、黄、橙、红4个等级),风险等级由低至高,实行动态管理,严格规划控制,建立预防预警、联防联控和联合执法检查机制等,严密关注危险化学品重大危险源、轨道交通建设及运营、城市大型公交枢纽、客运场站、大型城市综合体、地下空间经营场所、劳动密集型企业等新型业态、城市管理风险。

【安全生产行政执法】 2016年,市安监局全面排查,摸清全市高危行业企业底数及分布情况,梳理近两年来隐患整治不力、事故多发企业名单,确定重点监管执法对象和年度执法计划;推行安全生产"双随机"执法制度,采取暗访暗查、专项执法、专家会诊、警示教育等方式强化对重点监管企业的执法检查。全年检查企业10552家,发现隐患4069项,整改3761项,制作现场检查记录5810份,责令限期整改指令书849份,整改复查意见书718份,行政处罚案件超过120万件,处罚金额超过1.50亿元。

【高危行业安全生产整治】 2016年,市安监局矿山重点整治无主尾矿库、采石场"掏底"和"一面墙"开采,关闭无主尾矿库7座,查处不按设计方案开采采石场17个;危险化学品重点整治黑加油点、油气管道周边乱建乱挖乱钻问题,取缔黑加油站点13个,处理油气管道周边乱建乱挖乱钻5起;烟花爆竹重点开展"三库四防"(中转库、药物总库、成品总库,防爆、防火、防雷、防静电)、生产企业违法转包分包、退出烟花爆竹生产企业遗留危险物品专项整治行动;职业卫生重点开展陶瓷生产、耐火材料制造企业粉尘危害专项治理,粉尘危害重点岗位劳动者个人防护用品配备率,企业负责人、职业卫生管理人员、接触粉尘劳动者培训率,粉尘危害定期检测率,接触粉尘劳动者职业健康检查率100%;建筑施工重点开展预防高处坠落、轨道交通等重大市政基础设施工程专项整治,对事故单位厉行停工整顿、停止工程报监报验、约谈企业总部主要负责人、驻邕全体管理人员强制集中培训等措施;道路交通重点开展"两客一危"(旅游包车、三类以上班线客车,运输危险化学品、烟花爆竹、民用爆炸物品的道路专用车辆)、校车和农村道路交通专项整治,严厉打击烟花爆竹生产企业"三超一改"(超范围、超定员、超药量,改变厂房用途)和疲劳驾驶;市政方面重点开展建筑渣土吸纳场整治行动;消防安全重点开展电动车和城中村用电安全专项整治,推动朝阳商圈火灾隐患专项治理。年内,全市危险化学品行业连续12年实现零死亡事故,烟花爆竹领域连续2年保持零死亡,宾阳县非法生产爆竹从业人员转移就业;非煤矿山发生1起事故、1人死亡,生产经营场所火灾明显下降并连续2年保持零死亡。

【安全生产标准化建设】 2016年,市安监局围绕"一级、二级抓巩固,三级抓提升"思路,在非煤矿山、危险化学品、烟花爆竹、交通运输、建筑施工、冶金、轻工、商贸、电力、水利10个重点行业领域开展安全标准化提升行动,新增标准化企业30家(二级6家、三级24家),全市有达标企业1347家(一级32家、二级67家、三级1248家)。

【重点隐患排查治理】 2016年,市安监局继续完善安全隐患排查治理信息化系统,完善5大高危行业和8大工贸行业32类隐患排查标准;全市注册安全隐患排查治理信息化系统并运行管理的企业10107家,自查、自报安全隐患15242处,自改隐患14427处,隐患整改率95%。健全完善市、县两级重大事故隐患挂牌督办机制,重大隐患整治实行行政首长负责制;全年督办安全隐患整改142处(市级15处、县级127处),全部完成整改并销号。安排财政专项资金评估非城镇燃气类重大危险源35处,采集安全管理基础数据,量化评估监控系统配置及运行状况,测算重大危险源安全距离、外部安全防护距离、应急条件等,绘制分布图,建立风险分级管控数据库。

【安全生产教育培训】 2016年,市安委会成员单位举办消防、危险化学品、矿山应急救援器材和职业卫生检测器材展示、演示,开展全市安全生产警示教育活动,组织观看《生命不能重来》《隐患直击》等警示教育片,受教育33万多人;继续推进驾驶员培训路考前文明交通教学体验活动、整洁畅通有序大行动志愿者活动、"文明行车、礼让斑马线"活动,开设电动自行车违法行车现场学习教育、工地安全文明施工体验,查处电动车交通违法191万起,形成电动车管理"南宁经验";组建安全生产宣讲团到机关、企业、学校宣讲27场,受教育3153人。4月25日至5月1日,开展"健康中国,职业健康先行"巡回宣讲活动,巡讲单位1000家。全年举行新闻发布会3场,邀请中央驻邕、自治区、市20多家主流媒体60多人次的新闻记者参与报道,在自治区各大网站、报刊上发表报道30多篇;在《南宁日报》开设"安全生产之窗"专栏10期;在南宁电台开设"安全生产之声"专栏,播出新闻专题报道45期135条,录播专题访谈4期、播放公益广告1080次。发放《安全生产法》宣传折页、安全七折扇(印有安全知识)、安全扑克(印有道路交通安全、消防安全、紧急避险等知识)、企业安全生产知识手册等10万份。加大安全生产培训,安全生产培训列入市级干部教育培训主体班必选课程;市安监局与北京大学联合开办安全监管能力提升班,培训50人;举办安监系统人员培训班3期,培训240人;举办"安监论坛"专题培训班4期,培训800人;组织开展"三种岗位人员"(企业主要负责人、安全管理人员、特种作业人员)安全培训,培训3.29万人(特种操作人员2.48万人),新发特种操作上岗证1.44万本,年审1.38万本;举办烟花爆竹、危险化学品、非煤矿山、尾矿库等高危行业安全管理人员培训班158期,培训8135人,新发安全管理上岗证1387本;开展农民工安全生产专题培训班45期,培训3500人。区县及市直有关单位通过"三微一门户"(微博、微信、微网、门户网站)开展安全生产宣传,搭建安全生产政民互通互动平台。6月17日,南宁经济技术开发区举办"安全咨询日文艺晚会"活动,辖区企业代表、群众800余人参加,发放宣传资料2000多份,解答群众咨询100多次。

【重大活动与节假日安全保障】 2016年,全国、自治区人大、政协会议期间,春节、清明、五一、端午等重大节假日，南宁市组织开展区县、开发区和各重点行业领域大检查、督查活动20余次，对煤矿、地采矿山、烟花爆竹、危险化学品生产或储存仓库严格检查，强化节日值班值守，严格落实值班制度，确保重大活动、重大节日期间生产安全。

【应急管理与应急救援演练】 2016年，市安监局坚持"预防为主，预防与处置相结合"，深化"一案三制"体系（应急预案，应急体制、机制、法制）建设，开展安全生产应急管理专项督查1次，督促企业修订完善应急预案8个；投入20万元，加快全市应急管理信息平台建设；指导支持广西田园生化股份有限公司、上林县祥龙矿业实业有限公司分别组建南宁市危化救援中队、南宁市矿山救护中队，依托中国中铁股份有限公司、中国铁建股份有限公司、中国建筑工程总公司等施工单位组建轨道施工"两专一特"（两个专业化应急抢险队伍、一个特种作业队伍）救援队伍；组建南宁市安全生产综合应急志愿者队伍和南宁市危化应急志愿者队伍。4月20日上午，在南宁轨道交通1号线埌东客运站开展突发火灾事故综合演练、拥挤踩踏人员疏散演练、反恐演练，市政府领导、自治区应急办、自治区交通运输厅等20多个单位500多人参加。7月6日，在西乡塘区吉兴西路举行"广西2016年危险化学品道路运输突发事件应急演练"。

（桂朝仙）

食品药品监督管理

【概 况】 2016年，南宁市食品药品监督管理局内设科室15个，行政编制72名，在职66人，下设二层事业单位有稽查支队（市食品药品安全投诉举报受理中心，参照公务员法管理，编制74名）、南宁市食品药品检验所（南宁市药品不良反应监测中心，编制43名）、南宁市食品药品安全信息与监控中心（编制8名）、南宁市食品药品监督管理局审评认证中心（编制6名）。区县（开发区）设食品药品监督管理机构15个，编制222名，在职221人；稽查大队（二层事业单位）15个，事业编制263名，在职205人；横县、宾阳县、上林县、马山县、隆安县5个县及武鸣区设检验机构各1个，事业编制47名，在职36人；1395个村（社区）配置安全协管员或信息员1701名。全市注册登记的食品、药品、保健食品与化妆品、医疗器械（"四品一械"）生产经营单位14.43万家。其中：食品生产企业1104家（小作坊备案2350家），食品流通企业4.70万家，餐饮企业4.10万家；药品生产企业60家，药品流通企业2427家（零售企业2300家、批发企业89家、连锁总部38家）；医疗器械生产企业72家，经营企业1875家；保健食品生产企业9家，保健食品经营企业3.25万家；化妆品生产企业12家，化妆品经营企业1.82万家。年内，市食药监局创新食品药品监督管理机制，建立健全市、区县（开发区）、乡镇（街道）三级食品安全委员会及其办公室，与农业部门、卫计委、南宁出入境检验检疫局建立联席协商、联合巡查、信息共享机制，在市公安局治安警察支队设立常驻联合执法办公室、食品药品违法犯罪信息研判室，召开联席（联合执法）会议10次；完善"12331"投诉举报热线，受理3191件，比上年增长31.30%，咨询1531件，增长27%；开展创建食品安全城市活动，加强食品安全综合协调与保障，被自治区食品药品监督管理局评为"两会"食品药品安全保障先进集体、自治区食品药品监督抽检工作先进单位。

4月20日，南宁市在地铁1号线埌东客运站开展突发事件综合应急演练　市安监局提供

【食品安全城市创建】 2016年5月，国务院食品安全委员会办公室将南宁市列入国家第三批食品安全城市创建试点。6月，南宁市市、区（县）同步启动"尚德守法共治共享食品安全"食品安全宣传周活动，18个市直单位、20家企业、150人参加启动仪式，14个部门举办"部门主题日"系列活动。7月，市政府出台《南宁市创建国家食品安全城市工作方案》，明确提出完善食品安全监管责任、源头治理、监督执法、风险防控、应急处置、企业主体责任、诚信体系、社会共治"八大体系"，将南宁市创建成为国家食品安全城市，马山县创建成为市级食品安全县创建试点单位。10月，南宁市开展2016年"全国安全用药月"广西科普宣传活动，展示假劣药品60余种，发放宣传资料3000余份，接收群众咨询800余人次；南宁市通过自治区创建广西食品安全城市试点工作中期评估。

【食品监管】 2016年，市食药监局以节日消费大宗食品获证企业为重点，食品生产环节重点开展乳制品、大米、食用油、肉制品、饮用水、酒类、腐竹、米粉、粽子等食品专项整治，抽检米粉原浆、成品148批次，合格146批次，不合格2批次（残留二氧化硫、脱氢乙酸过量）；开展食用植物油生产经营企业及小油坊深化治理"回头看"行动，快检1013批次，不合格17批次；监督抽检174批次，不合格21批次；检查肉制品生产企业43家（停产16家），检查覆盖率100%，下达《责令改正通知书》10份，抽检产品20批次，合格率100%；抽检白酒（小作坊）样品245批次，不合格2批次（甜蜜素、糖精钠过量），合格率99.20%；抽检月饼产品样品138批次，合格137批次，合格率99.30%；检查豆制品生产企业

26家，下达《责令改正通知书》4份。食品流通环节重点开展乳品及含乳饮料、散装食品、校园周边食品安全、肉类及走私冻品、水产品市场、无中文标识标签食品专项整治，检查全市校园周边食品经营户3732家，责令限期整改464家；检查农贸市场872个，检查猪肉、牛肉、鸡鸭及冻品销售摊点5253个；出动执法人员1163人次，检查禽类经营者1888户，检查市场206个，发放宣传材料500多份，抽检“三黄鸡”等50个批次，未检出呋喃唑酮代谢物；出动执法人员220余人次，突击检查超市、食品经营户300余家，查扣无中文标签标识的越南酸奶230盒；调研网络销售食品行为销售平台及销售者35家。

【餐饮服务监管】 2016年，市食药监局根据自治区食品药品监督管理局下发的《餐饮服务食品安全监督量化动态等级评定标准》，组织开展餐饮服务食品安全量化分级评定，评出A级单位1621家，B级单位22877家、C级单位12223家，量化分级量数占全市总数95%；推广A级单位经验做法，加大C级单位食品安全风险隐患检查督促，“每月一查，每查必改”。继续推进餐饮服务单位“明厨亮灶”工程，完成明厨亮灶改造11015家，占24%；开展餐饮服务食品安全示范创建活动，创建示范街59条。开展春秋季开学、中高考期间，学校食堂及校园周边食品安全专项整治行动，出动执法人员1.56万人次，检查学校食堂1.05万家，检查学校周边餐饮服务单位5962家，责令整改1080家。以食品“三小”(小作坊、小餐饮、小摊贩)为重点，开展夏季食品安全专项大整治、大排查活动，检查餐饮服务单位2509家，其中小餐饮1837家；查处违法添加罂粟壳等非食用物质行动，监督抽检食品222批次。保障重大活动食品安全，完成中国－东盟博览会及自治区、南宁市人大政协会议等重大活动餐饮服务食品安全保障274起，保障19.55万人次，未发生食品安全事故。

【药品监管】 2016年，市食药监局开展中药饮片生产、特殊药品、药用辅料专项检查，检查生产企业189家，发现无证生产案件1件，提请自治区食品药品监督管理局收回药品GMP证书(药品生产质量管理规范证书)7家；开展基本药物、疫苗、特殊药品及其复方制剂、冷藏冷冻药品、终止妊娠药品、促排卵药品、中药饮片专项检查，“双随机”跟踪检查药品批发企业30家，药品零售企业60家，撤销药品经营许可证1家，收回药品经营企业GSP证书(药品经营质量管理规范证书)15家。

【医疗器械监管】 2016年，市食药监局出动663人，开展非法制售和使用注射用透明质酸钠行为专项整治，检查辖区内使用透明质酸钠企业232家，责令整改7家；出动人员45人，开展定制式义齿生产企业原材料专项检查，检查企业23家，下达整改通知书7家；开展医疗器械流通领域经营行为整治，出动执法人员582人次，检查企业863家，下达整改通知书217家，在市食药监局网站公布未提交自查报告的企业147家；完成自治区级医疗器械监督抽样31批次，完成医疗器械不良事件报告1212例；对辖区内医疗器械生产企业进行分类分级管理，对无菌医疗器械生产企业每季度检查1次，发现问题的下达整改要求并跟踪，对整改不到位或存在严重违法违规的企业依法查处，查处医疗器械违法案件49件，结案41件，罚没入库金额92.43万元。

【保健食品化妆品监管】 2016年，市食药监局开展保健食品、化妆品生产企业换发《食品生产许可证》《化妆品生产许可证》工作，换证保健食品生产企业10家、化妆品生产企业14家；重点加强对以会议(讲座)形式销售保健食品行为的监督检查，出动人员790人次，检查保健食品、化妆品企业117家的271个品种；开展以灵芝、鱼油、蜂胶等为原料的保健食品、营养素补充剂检查“蓝健行动”，开展进口化妆品专项检查，重点检查进口化妆品专营企业，美容美发场所、宾馆酒店，和平商场、裕丰商场、交易场等大型化妆品批发集市，农院路化妆品经营户聚集片区等，收集上报化妆品不良反应监测报告表401例。

【监督抽检】 2016年，市食药监局完成自治区食品药品监督管理局下达的监督抽检任务。其中：食品生产环节抽检1534批次，合格1458批次，合格率95.05%；乳制品生产企业产品抽检563批次，合格563批次，合格率100%；食品流通环节抽检3602批次，合格3545批次，合格率98.40%；餐饮环节抽检238批次，合格率100%；药品流通环节抽检200批次，合格197批次，合格率98.50%；药品生产环节抽检387批次(中药饮片生产企业167批次、特殊药品生产企业14批次、医疗机构制剂生产企业75批次、其他药品生产企业131批次)，完成年度任务102%；医疗器械抽检31批次(有源器械6批次、无源器械25批次)，完成年度任务129%；保健食品抽检85批次，完成年度任务100%；化妆品抽检75批次，检出不合格产品6批次，进行立案查处。完成自治区食药监局移交给的国家监督抽样12批次。

【农贸市场农残检测】 2016年1月1日，市农委负责的农贸市场农残检测、60个农贸市场检测室及相关检测设备移交市食药监局。市食药监局安排91名聘用检测人员，引导全市农贸市场开办单位履行食品安全主体责任，建立食用农产品追溯制度、食品安全管理制度、食用农产品检查制度、质量安全协议制度、自检制度等，推动各大农贸市场和大型超市自建农残检测室，配备农残检测人员并开展检测，全市110个农贸市场建立检测室，实现农产品批发零售市场农残检测全覆盖。全年抽检农贸市场蔬菜样品94.78万份，合格率99.90%。

【食品药品市场整顿】 2016年，南宁市开展联合执法12次，查扣鸡爪、猪肚、牛肉等冻品210多吨，立案1296件，罚没金额1017万元，查处“黑骨藤长寿茶”“覃公本草茶”等国督、自治区督案件，向公安机关移送食品涉嫌犯罪案件20件，提供涉嫌犯罪案件线索6件。

【食品药品检验检测】 2016年3月，南宁市建成食品检验室(自治区地市首个)，配备大型精密仪器近200台，检验项目由208项增至249项，新覆盖食用油脂及其制品、酒类、食用农产品、生活饮用水、乳制品、保健食品六大食品种类。7月至12月，完成样品检验64批次，出具检验检测报告53份。 (梅　倩)

国有资产监督管理

【概　况】 2016年，南宁市人民政府国有资产监督管理委员会监管企业14家，企业资产总值2281.25亿元，比上年增长11.26%；净资产805.04亿元，增长9.60%；营业收入222.41亿元，增长21.67%；利润11亿元；税费18.24亿元，增长15.39%；国有资产保值增值率101.61%，实现保值增值。

【国资国企改革】

企业改制　2016年，南宁市出台《南宁市人民政府关于调整南宁市国有企业改革职工经济补偿金标准的通知》《南宁市人民政府办公厅印发关于进一步推进南宁市党政机关事业单位和群团组织与所属企业脱钩工作实施意见的通知》《南宁市人民政府关于国有企业发展混合所有制经济的意见》《南宁市国资委监管企业发展混合所有制经济试点工作方案》，继续深化国资国企改革，完成南宁市蔬菜公司、南宁技术交流站、南宁侨虹新材料有限公司等单位公司化、股份制改制；

加快停产、半停产、连年亏损且扭亏无望的"僵尸企业"资产处置,调查全市90多家"僵尸企业"经营状况、人员及资产负债情况,起草处置方案,稳妥推动处置,清算注销中房翡翠城房地产公司、城铁房地产公司;加强破产企业职工安置,安置南宁市柳沙企业有限责任公司职工,广西赖氨酸厂职工安置方案通过职工大会审议。发展混合所有制经济,通过招商引资、增资扩股、股权转让等途径发展混合所有制;至年末,合资组建混合所有制企业3家,市属国有资本持股比例分别为37%、45%、50%。深化企业整合重组,建宁水务集团接收武鸣区供水有限总公司国有供水资产,威宁投资集团完成酒店旅游板块资源整合,南宁沛宁资产经营有限责任公司转让康乐股份股权2526万股,南宁凤凰纸业有限责任公司依法加快关停实物资产处置、土地收储相关工作,中房地铁物业公司兼并元丰物业、创宁恒远物业。

建立现代企业制度　探索职业经理人制度,在威宁投资集团进行试点,面向全社会选聘旗下南宁威宁酒店投资股份有限公司副总经理、南宁五象山庄酒店管理有限公司管理团队8个岗位经理人;规范国有企业董事会,起草《关于市国资委监管企业全面推行规范董事会建设的指导意见(试行)》《试点企业外部董事管理办法(试行)》《董事会选聘经理层成员工作的指导意见(试行)》,在威宁投资集团下属公司开展董事会选聘企业经营班子成员试点。

推进资本证券化　南宁糖业股份有限公司落实广西糖业二次创业决策部署,设立25亿元规模"南宁糖业产业并购基金",收购取得英联糖业5家广西糖厂控制权;广西绿城水务股份有限公司发行10亿元公司债券;南宁侨虹新材料公司申请到新三板挂牌上市(2017年1月获挂牌资格),培育上市后备企业有南宁威宁市场发展有限责任公司、南宁威宁邻家投资股份有限公司、广西中房置业有限责任公司、南宁南机环保科技有限公司、南宁七彩虹印刷机械有限责任公司5家。

【国资监管】 2016年,市国资委健全国资监管制度体系,废改立规范性文件5个;开展监管集团公司法律现状专项调研,出台《企业总法律顾问管理办法》,调整充实法律中介机构备选库至30家,继续在威宁投资集团推进企业总法律顾问试点。完善业绩考核与财务监督,出台《南宁市深化国有企业负责人薪酬制度改革的意见》,完成国有企业九大集团2015年度经营业绩考核和企业领导人员薪酬核算;完善收入分配监管,推行工资总额预算管理,完成年度工资总额审批;完成监管企业对外捐赠、福利发放和企业负责人履职待遇监督管理。依法依规审核投资事项,完成南宁糖业节能升级技改、蔗区双高基地水利化、侨虹新材料公司境外股东股权收购、金控大数据公司、南糖产业并购基金等投资项目审核,投资金额6亿元。健全和完善外派监事会监督检查制度,出台《南宁市国资委监管企业子公司监事会工作指导意见》,构建监事会监督检查成果运用闭环。加强企业改制、国有产权转让及国有资产处置涉及的审计、评估管理,完成资产评估值63.80亿元,评估增值16.19%。加强监管企业国有资本经营预算,组织监管企业申报国有资本经营收益8492万元,完成预算收入155.62%。

【国企社会责任】 2016年,市国资委监管企业发挥国企在投资拉动中的骨干作用,加大基础设施、重点民生服务和战略性新兴产业投入,建成吴圩机场第二高速公路、良庆大桥、玉象路二期工程等重点城建项目,开通轨道交通1号线,实现广西文化艺术中心项目主体结构封顶,广西郁江老口航运枢纽工程项目主体工程竣工,合计投资283.09亿元;通过发行短期融资券、中期票据、企业债券、公司债等方式筹措项目建设资金,合计融资额264亿元;放大国有资本引导作用,通过设立投资引导基金、产业引导基金及各专项子基金,带动大量社会资本为南宁市培育大产业、大项目,其中南宁城市发展基金第一批子基金额度330亿元,用于邕江两岸治理、轨道交通建设、城市基础设施、海绵城市建设等重点领域。　(秦　庆)

海　关

【概　况】 南宁海关业务管辖范围为广西全境,面积23.67万平方千米;辖区地处沿海、沿边、沿江,海岸线1595千米,陆路边境线1020千米,直达港澳内河600千米;关区监管口岸26个(一类口岸14个、二类口岸8个、边地贸口岸4个),监管边民互市贸易点25个。2016年,南宁海关设处级海关13个,缉私分局11个,派驻机构3个,总关机关设局、处、室18个,管理事业单位3个;有干部职工1930人,其中海关关员1480人,缉私警察450人。南宁海关开展"国门利剑2016""南宁—昆明"行动等打私联合专项行动;全年监管进出口货运量1亿吨,货值3455.50亿元;监管进出境运输工具33.60万辆(架/艘/次),进出境人员1193.30万人次;海关税收净入库173.23亿元;减免税款3.27亿元,增长5.23%;立案查办走私违法犯罪案件992件,案值33.37亿元,涉税3.65亿元。

【通关监管】 2016年,南宁海关将"把好国门"作为第一要务,强化物流、边境贸易、加工贸易、行邮展品等通关监管。

物流监管　推进国际贸易"单一窗口"建设,简化手续、便利通关,关检合作"三个一"(一次申报、一次查验、一次放行)100%,报关单实现全域覆盖;完善通关一体化改革,优化出口货物监管流程,实现辖区铁路出口货物启运地申报、查验、放行手续,口岸海关验封放行;深化物流监管作业制度改革,完善物流平台一期建设,加快发展广西跨境电子商务,南宁综合保税区、钦州保税港区跨境电商进口项目进入实施阶段;推进与东盟海关的通关执法合作,签订《南宁海关加强与越南边境海关通关执法合作实施方案》。年内,下发《南宁海关风险布控工作指引》《南宁海关选择查验工作指引》《关于明确布控查验有关工作的通知》等文件,从制度层面规范关区布控、选查、查验作业,提升监管效能;加大查验设备投入,在7个隶属海关15个业务现场配发执法记录仪用于查验全程录证;开展机动核查52次,开展危化品监管大排查、大化解活动与监管场所专项整治活动。全年监管进出口货物1亿吨、货值3455.50亿元;监管进出境运输工具33.60万辆;进出境人员1193.30万人次;进口通关时间22.72小时,低于全国平均的25.56小时。

边境贸易监管　深化边民互市通关作业无纸化改革,实现全程电子化、审单自动化、查验"双随机"、核放智能化;制定边民互市贸易出口商品目录,开展边贸小口岸及互市规范执法专项整治活动;与检验检疫部门制定关检互市"三个一"作业方案,与边民结算中心、地方部门等实现互市信息共享、管理互助。全年监管边民互市贸易进出口总值666.90亿元,比上年增长88.70%。

行邮展品监管　开发建设"空港旅客智能便捷通关系统""国际邮检综合信息平台",推动旅检规范化管理,指导南宁吴圩国际机场新航站楼监管现场;探索"互联网+关邮E通",组织开发邮递物品信息化系统,参与新国际邮政互换局规划设计;开展"国门利剑2016""国门雷霆""清源2016"等系列活动,开展扫黄打非、查缉毒品等重点违禁物品行动;服务第十三届中国-东盟博览会,监管东盟十国、日本、韩国、斯里兰卡、希腊等国家及中国台湾地区展品(食品、工艺品、日用品为主)415票233吨,价值42.62万美元。全年监管印刷品音像制品28.10万件、邮递物品、邮政快件36.10万件,非邮政快件36.10万件,查获违禁印刷品、音像制品765件,毒品2.37千克,枪支7件,弹药3457发。

加工贸易监管　支持海关特殊监管区域和保税监管场所"保税+"业态发展,推广自贸试验区海关监管创新制度,境内外维修、保税展示交易等方面初步发展,南宁综合保税区通过验收,运行广西加工贸易综合服务平台。全年加工贸易、保税物流进出口881.10亿元,占广西外贸进出口额27.80%。

【征收税款】2016年,南宁海关落实国家进口税收政策,坚持依法征管、应收尽收,强化税收测算及重点税源调研;拓展税收监控领域,加强税政研究、税收政策执行情况绩效评估;推进税收征管创新,做好自报、自缴试点。全年南宁关区加贸内销征税6.81亿元,比上年增长77.80%,稽核查追补征税2801万元,缉私补税46.24万元,税收净入库173.23亿元,减免税款3.27亿元。

【打击走私】2016年,南宁海关立足非设关地打私与海关监管现场打私"两个战场",依托各级地方执法部门协同联动,构筑一线边境管控、二线市场整治、三线外运堵截与刑事打击相结合的"大协同""多锁链"反走私社会治理新格局;开展"国门利剑2016"联合专项行动、打击粮食走私"南宁—昆明"行动,查获走私大米8.71万吨;打击生猪、冻品、毒品、枪支弹药、濒危物种及其制品走私,查办涉案生猪32.50万头、冻品2.61万吨、毒品13.42千克、枪支26支、弹药5490发、穿山甲83只、玳瑁109只;查获违禁印刷品、音像制品765件,查获知识产权侵权违法案件206件、案值1372万元;依托"缉私战区"平台,精准打击走私全链条,立案侦办"GN"(行动代码)系列重特大走私犯罪案件26件,案值27.68亿元,涉税3.57亿元,打掉违法犯罪团伙25个。加强与边防、海警等部门合作,深化"走村、进屯、入户,促和谐"反走私群众工作,与越(南)方开展边境联合缉私行动。全年立案查办走私违法犯罪案件1135件,案值37.13亿元,涉税4.93亿元。

【海关统计与服务】2016年,南宁海关创新统计数据管理,获海关总署要情采用22篇次,国办采用2篇次,自治区领导批示5篇;支持广西推进国际进口贸易促进创新示范区申报,支持自治区跨境电商、市场采购、外贸综合服务企业等新业态发展,落实自治区"加工贸易倍增计划",支持大型生产型企业开展加贸及保税业务,支持海关特殊监管区域和保税监管场所"保税+"业态发展,海关特殊监管区域整合优化方案获总署认可;落实国家税收优惠政策,减免税款3.27亿元,比上年增长5.23%;适用原产地优惠措施受惠金额14.83亿元,增长16.03%。

【风险管理】2016年6月,南宁海关构建实施关区风险情报联合研判机制,组建南宁关区风险情报研判小组,防控业务风险,研判布控查发货运渠道案件7件,货值780万元;加强知识产权海关保护,推进"清风行动",查获知识产权侵权违法案件206件,案值1372万元;加强关区验估集约化管理,开展优化布控查验专项整治,制定风险布控、选择查验工作指引,创新批量复审模式,关区预定式布控查验有效性呈逐步提升的趋势,下半年进出口查验率降低20.01%,查获率上升82.84%。

【稽查与后续管理】2016年,南宁海关以推进企业信用管理和注册登记改革为重点,实地认证高级认证企业21家;落实企业主动披露制度,引导企业守法自律,主动递交报告企业66家,补税入库820.50万元,增长35.70%;推进AEO(经认证的经营者)"关关互认",与广州海关企业协调员互通互利互助,密切关企合作关系;推进常规稽查"双随机""机动稽查",规范稽查执法行政自由裁量权,制定中介机构质量综合评估指标,严把准入退出关,引入中介机构参与稽核查。(黄伟文)

2016年南宁海关主要业务情况

指　　标	单位	2016年	2015年	增长(%)
进出口报关单总数(结关)	张	282492.00	270291.00	4.5
进口	张	87539.00	92366.00	-5.2
出口	张	194953.00	177925.00	9.6
进出口货运量	万吨	10024.00	10168.00	-1.4
进口	万吨	8371.00	8375.00	0.0
出口	万吨	1652.00	1793.00	-7.8
进出口总值	亿元	3455.53	3770.61	-8.4
进口	亿元	1902.74	1809.53	5.2
出口	亿元	1552.79	1961.07	-20.8
边境小额贸易进出口总值	亿元	799.26	1059.94	-24.6
进口	亿元	34.84	44.57	-21.8
出口	亿元	764.43	1015.37	-24.7
集装(标准)箱总数	箱次	432166.00	382235.00	13.1
集装箱箱载货物	万吨	484.88	448.49	8.1
监管运输工具总数	辆艘架	336194.00	348576.00	-3.6
其中:进出境汽车	辆	277009.00	290581.00	-4.7
进出境火车	节	16348.00	13200.00	23.8
进出境船舶	艘	8188.00	8627.00	-5.1
进出境飞机	架	12166.00	11853.00	2.6
境内转关运输工具	辆艘架	22483.00	24315.00	-7.5
新增注册企业	家	1604.00	1434.00	11.9
注册企业	家	10235.00	8096.00	26.4
进出境人员	万人次	1193.29	1028.75	16.0
进境人员	万人次	596.76	514.52	16.0
出境人员	万人次	596.54	514.23	16.0
邮、快递总数	万件	179.93	133.96	34.3

指　　标	单位	2016 年	2015 年	增长(%)
其中：邮递物品	万件	49.35	38.47	28.3
快件	万件	130.58	95.50	36.7
快件货值	万元	23735.67	17895.87	32.6
快件计征税款	万元	3514.63	1643.77	113.8
实有加工贸易企业	个	615.00	586.00	4.9
手册设立数量	份	240.00	232.00	3.4
手册设立金额	万美元	461086.50	406322.90	13.5
经批准内销补税	万元	68118.70	38334.40	77.7
走私犯罪立案案数	起	132.00	114.00	15.8
走私犯罪立案案值	万元	312912.00	376441.00	−16.9
立案案件偷逃税额	万元	41773.10	33369.00	25.2
抓获犯罪嫌疑人	人	408.00	340.00	20.0
走私犯罪结案案数	起	98.00	111.00	−11.7
走私犯罪结案案值	万元	270378.80	388719.60	−30.4
结案案件偷逃税额	万元	21397.70	34210.20	−37.5
缉私部门查处走私行为立案案数	起	565.00	854.00	−33.8
缉私部门查处走私行为立案案值	万元	8206.00	11448.40	−28.3
查处走私行为立案案件偷逃税额	万元	2791.10	3047.70	−8.4
缉私部门查处走私行为结案案数	起	561.00	1032.00	−45.6
缉私部门查处违规立案案数	起	421.00	475.00	−11.4
缉私部门查处违规立案案值	万元	40569.30	35495.80	14.3
缉私部门查处违规结案案数	起	352.00	406.00	−13.3
税收入库	亿元	173.23	195.71	−11.5
关税入库	亿元	20.46	25.87	−20.9
进口环节税入库	亿元	152.78	169.84	−10.0
上缴罚没收入	万元	4246.40	8281.60	−48.7
减免税审批货值	万美元	26618.10	36562.50	−27.2
审批减免税	万元	34028.30	31635.90	7.6
审批减免关税	万元	8468.70	9378.80	−9.7
审批减免进口环节税	万元	25559.60	22257.10	14.8

出入境检验检疫

【概　况】 2016 年，南宁出入境检验检疫局（含广西出入境检验检疫局南宁保税物流中心办事处，简称“南宁检验检疫局”）创新通关业务改革，优化行政审批手续，服务地方经济发展，受理出入境货物报检 9966 批次、货值 5.31 亿美元，比上年同期分别增长 5.45%、4.47%。其中：出口商品 6449 批次、货值 4.15 亿美元，分别增长 11.93%、16.25%；进口商品 3114 批次、货值 0.99 亿美元，分别下降 5.84%、26.67%。

【通关业务改革】 2016 年，南宁检验检疫局继续创新通关业务改革，推行通关便利化措施，将进境粮谷、出口木质包装及竹木草制品、供港活猪等大宗传统业务纳入信息化全程实时监管；正式上线运行 ECIQ 系统并纳入全国检验检疫通关一体化体系，全年“三通两直一体化”（通报、通检、通放，出口直放、进口直通，区域通关一体化）报检模式货物 3591 批次，无纸化报检 90%，实现电子转单凭条企业自助打印系统全覆盖。

【原产地签证服务】 2016 年，南宁检验检疫局签发原产地证书 9808 份，签证金额 5.73 亿美元，为外贸企业享受进口国关税减免优惠约 1735 万美元；引导铝深加工业、电子信息业、机械装备造业、食品工业等重点企业利用原产地证融入“一带一路”国家战略。其中为南南铝集团旗下 3 家企业签发铝型材优惠原产地书签证金额 9115 万美元，为企业享受进口国 3%~7% 的关税减让、优惠 460 万美元。

【进出口商品检验检疫】 2016 年，南宁检验检疫局完成进出口机电轻工类、食品添加剂类产品检验监管 3607 批，货值 1.72 亿美元。其中：制糖机械设备首次顺利出

6 月，南宁出入境检验检疫局开展食品同线同标同质业务培训

南宁出入境检验检疫局提供

口苏丹,货值20万欧元;检验进口成套设备26批次,货值639万美元(含南宁地铁项目288万美元进口设备从通关、到货开箱、安装、调试直至试运行全程跟踪服务)。

【进出口食品检验检疫】 2016年,南宁检验检疫局检验放行出口食品979批,货值3396万美元,分别增长104%、212.9%。探索进出口食品监管新模式,推行内外销“同线同标同质”监管方式,搭建“同线同标同质”信息公共服务平台,方便企业营销,南宁市3家企业入驻该平台,销售增加2850万元;开展采信第三方认证,助推企业开拓东盟市场,广西东蒙乳业公司作为自治区首家通过采信第三方认证获出口备案资格的食品生产企业,全年出口东盟冰淇淋产品1.14万吨,货值2345万美元,成为出口增长新亮点。

【国际邮包检验检疫】 2016年,南宁检验检疫局查验进境邮包40.06万件,发现禁止入境物111批次,截获双钩异翅长蠹等有害生物12种16次;开展“美丽中国绿蕾护航”专项行动,截获植物种子、种苗21批次72千克。

【中国–东盟博览会检验检疫服务】 2016年9月11日至14日第13届中国–东盟博览会举办期间,南宁检验检疫局检验检疫与监管来自东盟十国、斯里兰卡、日本、韩国、希腊等国的入境参展品305批,同比增长7%;货值39.40万美元,增长11%。其中:抽样检测食品化妆品193批次,实验室检测314项次,检出不合格参展食品10批;动植物查验16批展品或木质包装,截获有害生物8目19科25种(检疫性有害生物四纹豆象1种1批次、飞机草1种1批次)。

【服务跨境电商发展】 2016年,南宁检验检疫局服务中国–东盟(南宁)跨境电子产业园建设,支持南宁综合保税区的建设,整合南宁综合保税区现有跨境电商监管仓,开发完善监管服务平台中检验检疫功能模块,促进南宁市跨境电商监管服务平台建设,10月18日通过南宁保税物流中心升格为南宁综合保税区的验收;支持广西邮政在南宁综保区开展进出境邮件及跨境电子商务业务,推进进出境邮件及跨境电商监管仓建设。 (龚秀泽)

海事管理

【概　况】 2016年,南宁海事局下设横县、邕宁、隆安、左江4个海事处,邕江、龙州2个办事处;辖区内通航河流12条,通航里程1111千米(干流784千米、支流327千米);有船水库14座,渡口141道(南宁市83道、崇左市58道),装卸码头(含自然坡岸)90个;有航道上跨河桥梁55座,过江管线129条,船闸4座,取水口25处;有船区(县)15个、有船乡镇80个、有船行政村223个;从事水运生产企业56家(海运公司8家、登记海船64艘,内河航运公司48家、登记船舶3418艘);有南宁港(国家二类开放港口)、隆安港、中心城港、六景港、横县港、崇左港。监管港口货物吞吐量2116万吨,安全发送水上旅客503万人次。获“全国交通运输文化建设优秀单位”称号;局政务中心获“全国交通运输行业文明示范窗口”称号。

【海事安全管理】 2016年,南宁海事局围绕“平安交通”建设,抓隐患、抓源头、抓现场,确保辖区海事安全,全年辖区水域发生水上交通事故8起(小事故),未发生一般等级及以上水上交通事故,未发生负有直接监管责任的水上交通事故、船舶污染事故,水上安全形势总体稳定;召开2016年南宁市渡运安全管理工作会议,推动全市渡运工作,运行渡运安全监管“1125”体系(即广西海事局提出的统一建设渡运安全监管信息系统1个平台、明确渡运安全检查1个标准、打造内部和外部2条管理链,建立健全隐患排查与治理、预警预控、联动执法、安全培训和教育及安全保障5种机制);开展“打非治违”、渡运安全月、砂石船专项整治等活动,完成广西海事局砂石船整治“双百分之八十”目标;深化“四类重点船舶”(客运、危险品、易流态化固体散装货物运输、砂石四类船舶)安全监管,强化船舶、船员及危防管理,加大隐患排查治理力度,检查船舶7594艘次,渡口1558道次,水库80座次,检查水工项目150项次;强化巡航执法,优化通航环境,巡航5919.50小时、6.52万海里,电子巡航发现、处理船舶违法违章行为29起;组织审查通航安全影响评估报告7项,发布航行通(警)告35份;保障辖区群众水路安全出行。

【海事搜救应急处置】 2016年,南宁海事局严格执行24小时值班和重点时段领导带班制度,加强预警预控;加强与气象、水文、航段部门联系,掌握、发布相关信息;争取地方政府支持,落实年度水上搜救中心搜救经费60万元(南宁市30万元,崇左30万元)。全年接警11次,组织搜救行动11次,救援人员58人,搜救成功率100%;救援船舶18艘,获救率100%;发布安全预警信息157次19万余条。

【海事服务】 2016年,南宁海事局加强辖区港航经济重点发展项目的现场监督管理,做好第十三届中国–东盟博览会、第十八届南宁国际民歌艺术节、南宁国际龙舟邀请赛及辖区民俗节庆涉水活动项目的监管保障,助推崇左市左江花山岩画申请世界文化遗产保护成功;局政务中心出台“绿色通道”“容缺受理”管理制度,规范窗口受理职责行为,提高政务办理效率,获“全国交通运输行业文明示范窗口”称号;部署落实2016年防汛防台工作,为辖区水利、消防等部门培训冲锋舟船员100多名,并协调培训机构减免培训费用;与11所学校开展“水上交通安全知识进校园”活动,向学校、学生发放教育读本800份,4000多名师生接受水上交通安全知识教育。 (邓　华)

7月10日,南宁海事局与市妇联共建水上交通安全教育家庭实践基地,组织社区流动留守儿童参加“中国航海日海巡船艇对外开放活动” 市妇联提供

责任编辑　陈洪毅　钟婉悦

产业

农业

综述

【概况】2016年，南宁市农牧渔业总产值、第一产业增加值分别为689.03亿元、400.67亿元，分别比上年增长3.98%、3.90%。其中：农业产值382.81亿元，增长5.19%；林业产值30.17亿元，增长12.01%；畜牧业产值212.69亿元，下降0.41%；渔业产值28.25亿元，增长6.54%；农林牧服务业产值35.11亿元，增长7.47%。占农林牧渔业的比重分别为：农业55.55%，上升0.03%；林业4.38%，下降0.10%；畜牧业30.87%，上升0.56%；渔业4.10%，下降0.06%；农林牧服务业5.10%，下降0.43%。农村居民人均可支配收入11398万元，增长9.50%。农作物播种面积97.71万公顷，增长0.72%。其中：粮食播种面积43.67万公顷，总产量223.40万吨，面积、产量居自治区第一；蔬菜播种面积23.23万公顷、产量517.69万吨，分别增加5.40%、6.48%；糖料蔗种植面积13.56万公顷，与上年持平，产量1055.73万吨，增加2.65%；水果种植面积12.24万公顷、产量233.82万吨，分别增加3.36%、9.30%；西(甜)瓜种植面积4.77万公顷、产量123.40万吨，分别增加1.62%、1.31%；桑园面积4.07万公顷、蚕茧产量9.17万吨，分别增加0.95%、4.88%。完成山上造林绿化1.90万公顷，义务植树306.93万人次、植树1035.70万株；森林面积105.43万公顷，活立木蓄积5199.60万立方米，森林覆盖率47.66%，森林火灾受害率控制在0.048‰；林业有害生物成灾率0.40‰。累计建成沼气池50.60万座，适宜建池农户入户率71.20%；完成固定资产投资121.06亿元，实现林业总产值(林业一产、二产、三产的产值)738.79亿元。肉类产量65.04万吨，减少1.32%，禽蛋产量3.95万吨，增加14.67%；牛奶产量5.05万吨，增加0.45%；生猪出栏417.41万头，减少3.80%；家禽出栏1.40亿羽，增加1.94%；牛、羊出栏率增长6.10%、11.90%。水产品产量26.12万吨，增加2.65%。实施农产品示范基地建设项目120个，其中粮食安全保障项目21个，农产品标准化及特色经济作物产业提升示范项目28个，蔬菜基地建设项目22个，禽畜标准化生态养殖建设示范基地32个，水产标准化生态养殖建设示范基地17个。建设"双高"(高产量、高糖分)糖料蔗基地223个、1.11万公顷。种植晚熟杂交柑橘0.67万公顷、自花授粉火龙果0.47万公顷，面积均居自治区第一；引进、推广水稻新品种104个，玉米新品种27个，蔬菜品种52个；完成超级稻示范推广14.33万公顷，玉米"一增三改"(增加种植密度，改平播为套种，改粗放用肥为配方用土，改人工种植为机械化作业)技术示范推广3.37万公顷，粮食间套种0.71万公顷，推广测土配方施肥46.08万公顷，农作物病虫专业化统防统治10.73万公顷，绿色防控15.07万公顷，推广节水技术16.48万公顷。农机总动力465万千瓦，新增农机装备3600多台。农业耕种收综合机械化水平增至56.30%，完成机耕面积83.88万公顷、机播(插)面积24.05万公顷、机械灌溉作业面积5.60万公顷、机械施肥面积10.34万公顷。动物疫情平稳，无区域性重大动物疫情发生。持续开展农业标准化建设，推进"三品一标"(无公害农产品、绿色食品、有机农产品和农产品地理标志)，绿色农产品认证个数41个，无公害农产品认证个数57个，国家地理标志农产品认证个数5个。实施水利工程2832项，完成水利固定资产投资40.38亿元。列入中央水电增效扩容改造的19个电站完工验收，水利项目竣工验收1045个，其中农村饮水安全工程1028个、水库除险加固工程11个、小型农田水利工程6个，占验收项目总数79.29%。续建6座病险水库(水闸)除险加固，解决15.33万人饮水安全问题；完成中小河流护岸16.61千米，治理河道长度8.49千米；完成渠道硬化819千米，清淤渠道2049.58千米；新增灌溉面积1093.33公顷，恢复

2016年南宁市获广西绿色食品认证企业

企　业	产　品	批准产量(吨)	绿色食品编号	备　注
广西横县西津矿泉水有限公司	饮用天然矿泉水	5000	LB-38-1403201356A	地市县级龙头企业
横县中奇精米厂	北滩大米	1700	LB-03-1407202393A	地市县级龙头企业
广西农垦糖业集团良圻制糖有限公司	白砂糖(一级)	65000	LB-12-1503201336A	
武鸣区润宇生态农业有限公司	红心火龙果	6280	LB-12-1601200277A	
武鸣区罗波镇天马村伟成果蔬种植专业合作社	百香果	250	LB-18-1612206905A	
广西金穗农业投资有限责任公司	香蕉	105923	LB-18-1606202878A	国家级龙头企业
	火龙果	150	LB-18-1607203529A	
广西滨地生态农业投资有限责任公司	香蕉	11346	LB-18-1604201762A	
广西隆安昌隆农业科技开发有限公司	大米	5168	LB-03-1508203323A	

续表

企　业	产　品	批准产量(吨)	绿色食品编号	备　注
广西桃花岛现代农业科技有限公司	黄瓜	15	LB-15-1504202257A	
	大白菜	45	LB-15-1504202255A	
	豇豆	15	LB-15-1504202263A	
	辣椒	10	LB-15-1504202260A	
	苦瓜	20	LB-15-1504202259A	
	豌豆	5	LB-15-1504202261A	
	淮山	20	LB-15-1504202256A	
	芥菜	30	LB-15-1504202258A	
	竹笋	30	LB-15-1504202262A	
	菜心	20	LB-15-1504202254A	
广西南宁碧湾园生态农业开发有限公司	油麦菜	400	LB-15-1412205927A	
南宁糖业股份有限公司	白砂糖	92000	LB-12-1607204130A	国家级龙头企业
	白砂糖	79000	LB-12-1607204133A	
	白砂糖	105000	LB-12-1607204132A	
	白砂糖	171000	LB-12-1607204131A	
广西香果人家农业投资有限公司	百香果	800	LB-18-1601200483A	
广西金茶王油脂有限公司	油茶籽油(压榨一级)	385	LB-10-1407202810A	
广西南宁市绿滋宝农业科技公司	红心火龙果	1500	LB-18-1405201328A	地市县级龙头企业
南宁振企农业科技开发有限公司	火龙果	2500	LB-18-1412206767A	
广西力拓农业开发有限公司	香丝苗大米	1628	LB-03-1607203172A	
	泰皇茉莉香米	704	LB-03-1607203173A	
	紫砂香黏米	1060	LB-03-1607203175A	
	状元油黏米	1232	LB-03-1607203174A	
广西现代农业科技示范园	农科院葡萄	600	LB-18-1405202988A	
广西好日子生态农业投资有限公司	葡萄	600	LB-18-1510204702A	
	香蕉	2470	LB-18-1411207622A	
	贡柑	500	LB-18-1611206891A	
广西桂洁农业开发有限公司	沙糖橘	1500	LB-18-1611206892A	
	沃柑	1800	LB-18-1510204673A	
	茂谷柑	2000	LB-18-1510204674A	
广西农垦糖业集团金光制糖有限公司	白砂糖	68000	LB-12-1305202179A	地市县级龙头企业

2016年南宁市获广西无公害产地认定情况

产　地	产　品	产地规模(公顷)	证书编号
广西无公害武鸣区森蕾草公司蔬菜产地	苦瓜、丝瓜、毛节瓜、黑皮冬瓜、辣椒等	40.00	WNCR-GX12-10004
广西南宁市武鸣无公害小皇后柑橘生产产地	皇帝橘、沙糖橘、马水橘	40.00	WNCR-GX13-10038
广西南宁市无公害葡萄提子产地	葡萄	30.10	WNCR-GX13-10039
广西南宁市无公害蔬菜产地	菜心、芥蓝、学斗、白菜籽	90.00	WNCR-GX13-10025
武鸣区龙眼生产基地	龙眼	5000.00	WNCR-GX04-10055
武鸣区粮食生产基地	稻谷、玉米	13760.40	WNCR-GX06-10052
广西武鸣区陆斡镇桥东村蔬菜基地	菜心、南瓜	200.00	WNCR-GX07-10008

续表

产　地	产　品	产地规模(公顷)	证书编号
广西武鸣区太平镇番茄产地	番茄	600.00	WNCR-GX07-10009
广西宾阳县宾州镇无公害蔬菜产地	青瓜、彩椒、水瓜	14.00	WNCR-GX13-10040
广西壮族自治区无公害宾阳县廖平油梨示范园	油梨	53.00	WNCR-GX11-10012
广西无公害东湖农场蔬菜产地	胡萝卜、辣椒、西瓜	189.70	WNCR-GX09-10016
广西横县南方茶厂无公害茶叶产地	茶叶	333.30	WNCR-GX14-10013
广西无公害南宁市横县顺来茶业产地	茶叶	36.70	WNCR-GX14-10014
广西无公害横县润达蔬菜产地	豆角、青瓜、丝瓜	114.00	WNCR-GX13-10027
马山县乔利乡蔬菜生产基地	四季豆、法国豆、苦瓜、番茄、菜椒、叶菜类	860.00	WNCR-GX04-10049
广西隆安县无公害火龙果产地	火龙果	40.00	WNCR-GX14-10032
广西无公害隆安优质米产地	大米	106.60	WNCR-GX13-10012
南宁市蔬菜研究所蔬菜生产基地	四季豆、毛节瓜、野菜、甜瓜等	3.33	WNCR-GX04-10030
南宁市兴宁区三塘镇蔬菜(西瓜)生产基地	叶菜、瓜类、豆类	783.67	WNCR-GX04-10048
南宁市兴宁区五塘镇蔬菜(西瓜)生产基地	叶菜类、瓜类蔬菜、豆类和西瓜	843.67	WNCR-GX04-10025-3
广西无公害南宁市嘉和城碧湾园农产品产地	白菜、菜心、菠菜等	6.67	WNCR-GX13-10026
广西南宁市兴宁区三塘无公害南瓜生产基地	南瓜	200.00	WNCR-GX10-10013
南宁市江南区蔬菜生产基地	叶菜、豇豆、瓜类	2593.00	WNCR-GX04-10025-4
南宁市江南区西瓜生产基地	西瓜	5726.65	WNCR-GX04-10026-4
南宁市金陵镇三联村蔬菜生产基地	菜心、白菜、芥菜、芥蓝、茄瓜、苦瓜、蒲瓜、豆角、辣椒	200.00	WNCR-GX04-10018
广西无公害南宁市那楼淮山产地	淮山	666.70	WNCR-GX12-10005
广西无公害南宁市邕宁田野西番莲产地	西番莲、火龙果、杧果、番石榴等水果	600.00	WNCR-GX15-10017
广西无公害南宁市邕宁蔬菜产地	菜薹、蕹菜、食用甘薯叶、叶芥菜、苦麦菜、普通白菜、芥蓝、黄秋葵、黄瓜、节瓜、番茄、茄子、菜豆等	36.67	WNCR-GX14-10026
南宁市邕宁区蔬菜生产基地	叶菜、豆角、瓜类	1077.00	WNCR-GX04-10025-1
南宁市良庆区蔬菜生产基地	大白菜、瓜类、豆角、茄子	837.00	WNCR-GX04-10025-6
南宁市良庆区蔬菜生产基地	叶菜、瓜类、豆类、茄果类、根茎类	1866.00	WNCR-GX07-10002
南宁市良庆区菠萝生产基地	菠萝	1176.70	WNCR-GX07-10001
广西无公害南宁市东盟经济开发区蔬菜产地	蕹菜等	54.00	WNCR-GX14-10031
广西无公害南宁市东盟经济开发区火龙果产地	火龙果	66.67	WNCR-GX14-10037
广西无公害南宁市东盟经济开发区博元蔬菜产地	菜薹、甜玉米、黄秋葵、豇豆	75.00	WNCR-GX14-10038
广西南宁华侨投资区无公害西甜瓜产地	西甜瓜	17.60	WNCR-GX09-10004

改善1.65万公顷。防御21号台风“莎莉嘉”等暴雨天气10次,减免受灾人口131.08万人,减淹农作物12.93万公顷。完成《南宁市水利发展“十三五”规划》编制。“双高”糖料蔗基地水利化建设完成7106.67公顷,通过验收4286.67公顷。“旱藕新品种‘南藕一号’的选育和大面积推广”项目获市科技进步一等奖。

（廖锦鹏）

【农业灾害】 2016年1月,南宁市普遍出现低温天气,最低气温-1℃~3℃,甘蔗受灾面积2386.67公顷;蔬菜受灾面积780公顷,主要分布在江南区、邕宁区、横县、马山县、隆安县;木薯受冻面积约1万公顷,占种植面积的30%,主要分布在武鸣区、隆安县;约5.33万公顷香蕉受寒潮影响;火龙果受灾面积1333.33公顷,主要分布在邕宁区、良庆区;畜牧业未受太大影响;鱼塘受灾面积13.27公顷,水产品受灾损失23.30吨,鱼种10万尾,主要是罗非鱼,直接经济损失约20万元。9月中旬至10月中旬,降雨量明显偏少,大部分区县持续高温少雨,局部地区出现重度气象干旱。马山县农作物受灾面积2186.67公顷(水稻180公顷、玉米1620公顷、甘蔗286.67公顷、其他作物100公顷),其中成灾1653.33公顷、绝收160公顷,减收粮食0.29万吨、甘蔗0.48万吨,直接经济损失729万元。

（梁克非）

【生态综合示范村建设】 2016年,南宁市按“产村互动、农旅融合”模式实施青秀区长塘镇天堂村巴兰坡、西乡塘区石埠街道办忠良村一队、邕宁区百济镇红星村坛里坡、横县校椅镇石井村委汶塘村、宾阳县武陵镇理化村委绿留村、马山县古零镇乐平村水锦·民江屯6个生态综合示范村建设。总投资2.95亿元(市级专项建设经费6000万元、区县筹集资金1.40亿元、引进企业资金9534万元、群众自筹188.32万元),实施农民住房改造、"三化"(道路硬化、村庄绿化、饮水净化)工程、村庄基础设施、公共服务设施、生态改造、污水处理、产业发展、乡风文明等项目199个,其中村庄建设项目155个、产业发展项目25个、其他项目19个。村庄建设项目完成新建、改扩建农民住房91户3.09万平方米,农村房屋外立面改造591户、改造面积26.39万平方米;新扩建通村(屯)路10.54千米、屯内道路硬化92.66千米,新建、改建路灯448盏,新建停车场停车位717个,新改扩建村级公共服务综合楼5幢、建筑面积5111平方米(党员培训中心、会议室、展示厅、综合服务站、图书室、计生服务室等);新建改扩建污水雨水排放管道17.43千米,日处理污水615吨,新扩建供电设施3座、电力线路20.95千米;新改扩建垃圾处理设施117座(处)、公厕8座、公共活动场所1.05万平方米、健身设施22处;种植绿化树木1.38万株,绿化灌木花草3.53万平方米;改造池塘13.46公顷;新建文化景观、壁画17处、景观廊亭桥10处。产业发展项目完成流转土地673.33公顷,引进规模企业8家,连片规模产业化经营面积593.99公顷;区县扶持21家农家乐和采摘园,建设游客服务中心4个及农耕民俗文化展示馆、景观休闲亭廊、观景台、游步骑行道、拱桥曲桥等旅游休闲设施。完成其他项目19个。健全示范村"一组两会"制度建设,配备相应场所、设施、书籍及制度上墙,制定"村规民约"。示范村率先完成土地承包经营权、集体土地所有权、宅基地使用权等确权登记。至年末,6个生态综合示范村获评市级生态综合示范村。 (马 战)

【"清洁田园"专项活动】 2016年,南宁市组建"清洁田园"工作队1168个9397人,进村25.35万人次,农民参与104.57万人次,村屯有保洁员约2万人,培训114.19万人次,清捡田园面积14.05万公顷,回收农药瓶162.85万个,清捡秧盘农膜等废弃物498.46吨,清洁技术推广面积46.37万公顷,清洁田园示范点190个,投入资金824.51万元。发放资料214.26万份,制定"村规民约"的自然村1.26万个。开展"田间地头顺手捡"集中行动,定点设置垃圾桶,全市农业生产垃圾废弃物基本清除。回收秸秆总量752.32万吨,其中肥料化用量304.44万吨、饲料化用量101.33万吨、原料用量31.75万吨、燃料用量120.77万吨、其他用量194.03万吨。开展禁养区限养区、饮用水水源地划定及西江"一干七支"(西江干流,左江、右江、红水河、柳黔江、秀江、桂江、贺江)等流域的畜禽养殖污染摸底调查,举办生态养殖培训班24期,培训1917人次;创建19个自治区级现代生态养殖示范场。关停或拆除禁养限养区域内养殖场1460户,拆除面积42.77万平方米,地方财政补偿2511.06万元,清理生猪存栏量38.47万头。列入市畜禽养殖污染减排计任务的17家畜禽规模养殖场完成粪污处理设施建设。 (覃凤云)

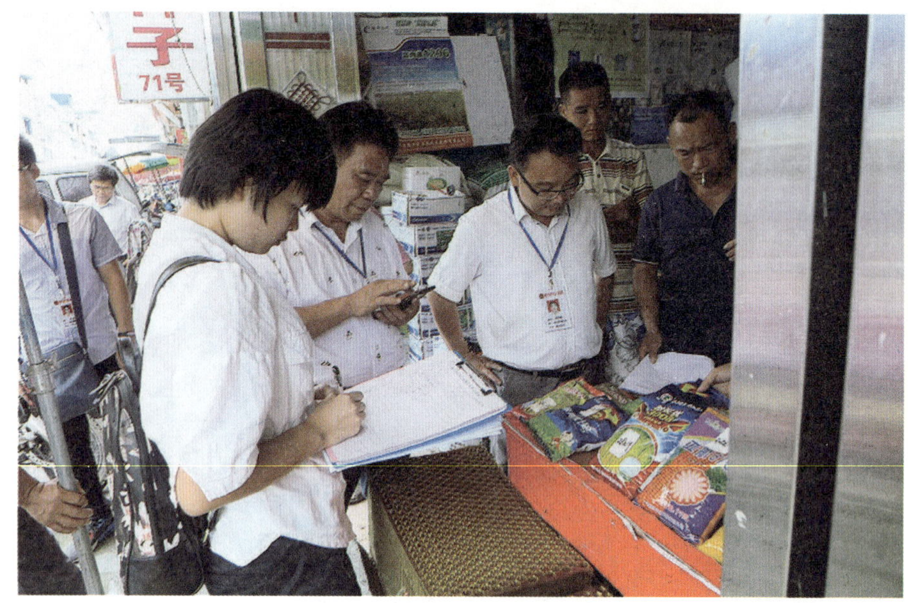

7月5日,市农委开展涉嫌经营未经审定水稻品种违法行为市场检查 市农委提供

【农业对外合作】 2016年,南宁市与东盟各国建立农业合作关系企业20多家。重大合作项目南宁柬埔寨绿色农业生态科技展示基地项目在建,位于柬埔寨磅通省,总投资2000万元。项目建设展示基地66.67公顷,整合实施广西科技厅国际合作项目1个、市科技国际合作项目2个,引进52个新品种、23项新技术在柬埔寨落地,从柬埔寨引进新品种12个,培训柬埔寨人员532人次。 (梁克非)

【农业综合执法】 2016年,南宁市动物卫生监督所、南宁市农业行政综合执法支队、南宁市渔政渔港监督管理站、南宁市农机安全监理所4家单位整合组建为南宁市农业综合行政执法支队(南宁市动物卫生监督所),原南宁市植保植检站的植物检疫执法监管职能划归新组建的市农业综合行政执法支队,负责农业领域综合行政执法,承担渔政渔港监督管理、渔业船舶检验、动物防疫监督管理、农机安全监理等工作。南宁市组织农资打假专项治理,出动执法人员1.03万人次,整顿市场1839个次、检查企业1.32万家次、查处案件65件,查获假劣种子3173.50千克、肥料2.49吨、农药1462.56千克(禁限用高毒农药1177千克),价值18万多元;开展区县肥料、农药质量监督抽查,完成肥料质量监督抽检218个、农药质量监督抽检337个,打击品种套牌侵权、未审先推等违法行为;未发生因假劣农资引发的重大农业生产安全事件、农产品质量安全事件。开展"瘦肉精"、兽用抗菌药物、畜禽屠宰、生鲜乳违禁物质、水产品违法添加禁用物质五类专项整治行动,发放、张贴、悬挂宣传资料11.22万份,举办培训班98期,培训3255人次,签订动物防疫与动物产品安全责任告知书4659份,出动执法人员1.42万人次,出动执法车辆5312车次,督检1.01万个次。下达责令限期整改通知书或监督意见书397份,办理动物卫生监督案件128件,罚款28.35万元。全市116个乡镇、1540个村、2987个规模养殖场均开展动物产地检疫,开展面100%;动物产地检疫申报受理率、到场实施检疫率均100%。开展产地检疫生猪201.63万头(检出并无害化处理病猪462头),牛3.98万头(检出并无害化处理病牛3头),羊2.61万头,禽7574.44万羽(检出并无害化处理病禽9805羽),其他动物4万只。对列入统计范围的150个畜禽屠宰场(点)派驻官方兽医实施检疫,受检率100%。开展屠宰检疫生猪302.23万头(检出并无害化处理病猪1270头),牛羊7.37万头(检出并无害化处理病畜21头),禽430.04万羽(检出并无害化处理病禽1445羽),其他3030只。组织开展生猪屠宰"扫雷行动",查处屠宰违法案件11件。打击私屠滥宰,开展打击行动864次,打击私宰窝点49个次,没收活猪39头,没收销毁生猪产品1.51吨。例

行监测及乡镇监测(定性)检测蔬菜水果样品13.60万个,合格13.59万个、合格率99.91%;色谱法检测样品1000个,合格978个、合格率97.80%。完成水产畜牧产品监测农业部任务278份(水产品80份、畜禽产品168份、兽药30份),合格率99%;自治区例行监测任务2852批次。其中:水产品例行监测144批次、县级快速检测260批次;畜牧产品例行监测任务170批次、县级快速检测1610批次、畜禽产品兽药残留监控60批次;畜禽产品风险监测41批次;完成"瘦肉精"专项监测567批次。完成自治区下达的检测任务105%,抽样总合格率100%。完成市本级任务2.47万批次,其中水产品例行监测236批次、畜牧产品动物组织300批次、畜禽产品兽药残留监控160批次、屠宰环节现场快速检测2.10万批次、养殖环节现场快速检测3000批次。均未发现阳性样品。

【农业示范区建设】 2016年,南宁市启动自治区、市、县、乡镇四级示范区创建。新建市级示范区12个,市级以上示范区38个;第三批广西现代特色农业(核心)示范区5个,自治区级示范区10个,居自治区第一;第一批自治区县乡两级现代特色农业示范区36个(县级、乡级各18个);102个乡镇(除良庆镇外)启动创建乡级以上示范区103个。新建12个市级示范区中,新增优质稻示范区2个、水果类示范区4个、草食动物类示范区2个、渔业类示范区1个、家禽示范区1个、生态休闲农业类示范区2个,投入资金13.86亿元(含生态综合示范村)。其中:市级以上财政投入1.92亿元,区县配套及整合涉农资金2.17亿元,撬动企业、农民专业合作社等社会资本投入9.77亿元。核心区建设面积2746.67公顷,引进企业54家,农民合作社62家,安排农民就业1556人,带动农户6971户,农民人均年可支配收入1.23万元。 (苏洁霞)

【农业信息化发展】 2016年,南宁市农业信息网站迁入市政府网站群管理,发布市级以上部门信息7099条;开展网上农产品节活动2次,发布农产品网上产销信息2561条。建成休闲农业电子地图;推进南宁农业综合管理服务平台、农村土地经营权确权登记管理信息系统项目设计;梳理农委政务资源条目53个、完善750多个数据项;建设市农业基础数据库系统,实现农业同质数据统计分析。开展横县校椅镇汶塘村信息进村入户试点工程建设,为全面推开信息进村入户积累经验。举办市农业信息员培训班,培训49人。 (李亦清)

农业科技

【农业科普宣传】 2016年,南宁市组织开展全国科技活动周南宁市活动及市科技文化卫生"三下乡"活动,开展果蔬产品农药残留检测演示、动物疫病防控知识宣传等。组织科技人员到马山县开展科技下乡技术咨询,接受咨询300人,发放技术资料430份。组织开展科普知识进校园活动,通过发放资料、展览演示、现场讲解、互动操作、问卷答题等形式,向教师学生进行无公害蔬菜、有机食品及绿色食品及蔬菜质量安全科普宣传。 (陆琬佳)

【新技术新品种引进与推广】 2016年,南宁市分别引进水稻、玉米、蔬菜新品种104个、27个、52个,建立食用木薯新品种华南9号、华南12号等示范基地3.33公顷,辐射推广种植266.67公顷;推广粮食间套种0.71万公顷,绿色防控15.07万公顷。推广节水栽培技术16.48万公顷,其中示范推广水稻节水栽培清洁田园技术207.27公顷,实现比对照平均每亩增产46.47千克、节水86立方米,总节水2.67万立方米。示范推广水稻集中育秧技术7.21万公顷、水稻"三控"(控肥、控苗、控病虫)技术5.29万公顷、水稻水气平衡栽培技术5.27万公顷、超级稻14.33万公顷、玉米"一增三改"技术示范3.37万公顷。完成"稻鸭""稻鱼"等套种示范片3个,示范面积134.67公顷,辐射带动341.33公顷。 (廖锦鹏)

【蔬菜新产品研发与试验】 2016年,南宁市开发玉茎石斛、叶用太子参、黑糯4号玉米、大叶红枸杞蔬菜等6个作物新品种,示范面积145.67公顷。其中黑糯4号玉米是菜粮兼用型品种,在马山县、隆安县等石漠化地区推广124公顷,产值744万元,亩产值3000元。市蔬菜研究所与广西一亩地农业科技有限公司合作开发"A字形全智能雾培大棚立体种植技术",种植面积、亩产量均为普通栽培4倍;采用"A字形全智能雾培大棚立体种植技术"生产玉茎石斛保健蔬菜新品种,年亩产值12万元。申报育苗发明专利1项,申报制定广西蔬菜标准化栽培技术规程2项;申报获批科技项目4个,获自治区、南宁市验收3个。签订技术成果转让协议1个。 (陈喜萍)

【病虫害防治】 2016年,南宁市农作物有害生物总体发生程度中等偏轻,病虫害发生总面积179.10万公顷次,其中水稻面积45.90万公顷次,玉米10.20万公顷次,甘蔗20.40万公顷次,果树13.70万公顷次,蔬菜18万公顷次;农田鼠害发生面积24.10万公顷次。实施病虫害防治总面积118万公顷次,挽回损失97.50万吨,总体防效87.50%。实施绿色防控示范面积15.07万公顷次,其中生态调控(抗病虫品种、优化品种布局、健康种苗、改善水肥管理等)3.87万公顷,理化防控(杀虫灯、诱虫色板、性诱食诱、防虫网、毒饵站、套袋等)4.27万公顷,生物防控(赤眼蜂、生物源农药、植物源农药、农用抗生素等)6.93万公顷。有专业防治组织29个,高效植保机械293台套,从业人员1684人,统防统治全覆盖。5月至6月,自治区早稻中后期病虫防治现场会、自治区早稻田间管理暨水稻一体化生产技术现场会和农业部全国绿色防控现场会在宾阳县召开,自治区各地市植保站站长、植保无人机与绿色防控产品生产企业代表250多人参会。粮食作物专业化统防统治覆盖率30%,主要作物绿色防控技术覆盖率20%。实施香蕉枯萎病防控试验示范项目,设试验基地10个。严格柑橘种苗市场管理,严禁到疫区调苗,防柑橘黄龙病扩散。 (黄树生)

【土壤肥力改造】 2016年,南宁市恢复与发展冬种绿肥、推广秸秆还田、增施有机肥料、中低产田改良、酸化土改良等技术,提升土壤有机质,培育高产稳产农田。投入财政资金1408万元(中央农业专项转移支付资金360万元,市、区县财政1048万元)。绿肥种植面积2.47万公顷(专用绿肥8147公顷、兼用绿肥1.65万公顷)。推广秸秆还田47.02万公顷,还田量248.22万吨,其中主要作物水稻22.18万公顷、105.28万吨,玉米7.53万公顷、38.66万吨,其他作物17.31万公顷、104.28万吨。施用有机肥料49.90万公顷、323.84万吨,其中绿肥施用2.47万公顷、40.05万吨,禽畜粪尿30.37万公顷、209.97万吨,人粪尿10.29万公顷、58.85万吨,商品有机肥6.76万公顷、14.97万吨。实施中低产田改良4.39万公顷(瘠薄培肥型改良1.15万公顷,干旱灌溉型改良1.44万公顷,通过施用石灰、碱性肥料、有机肥、土壤调理剂及种植绿肥等改良酸性土1.40万公顷,其他0.40万公顷)。实施测土配方施肥47.37万公顷(水稻22.05万公顷、玉米6.65万公顷、甘蔗8.03万公顷)。采集土壤样品2347个、植株样品182个、化验样品3245个(含往年样品),完成元素等检测1.45万项次,完成肥料试验19个。 (黄武杰)

【科教兴农】 2016年,南宁市举办农民技术培训班488期,田间培训544次,发放资料33.18万份,培训农民6.70万人次(贫困户人口4608人次),开展种养培训1.86万人次(贫困户人口1.19万人次)。在西乡塘区、邕宁区、武鸣区、横县、宾阳县、上林县、马山县、隆安县8个区县实施基层农技推广体系改革与建设补助项目;确定水稻、甘蔗、蔬菜、桑蚕、水果、玉米、木薯、花生、茉莉花9个主导产业;推广测土配方施肥技术、"三避"(避寒、避雨、避晒)栽培技术、水肥一体化技术、抗旱节水农业技术、农作物病虫害绿色防控技术、农业清洁生产技术;选出科技示范户2119户;建设农业科技试验示范基地102个,其中区县级24个、乡镇级78个;成立区县级专家组18个,遴选乡技术指导员295名,实行技术指导包村联户制。

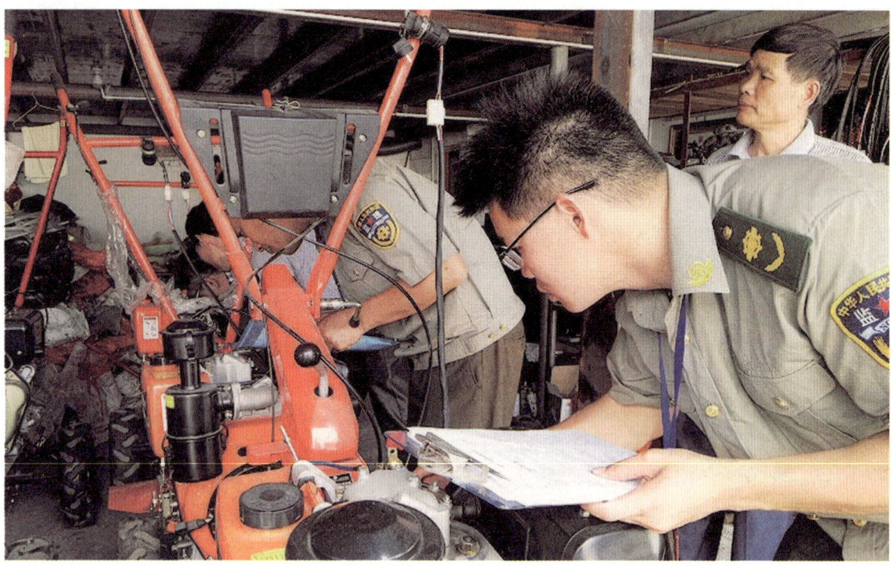

5月5日,南宁市开展农机安全检查　　市农委提供

【农业职业教育与技能培训】 2016年,南宁市实施农村中等专业实用人才教学培训,有615名学员获毕业证书。新型职业农民中等职业教育录取261人,其中农村经济管理专业90人、畜牧兽医专业80人、现代农艺专业91人。选取横县、宾阳县、上林县3个县的村屯作为农村实用人才创业培训项目示范村,培训150人。组织邕宁、武鸣、横县、宾阳、上林、马山、隆安7个区县开展新型职业农民培育,培训1560人。其中邕宁区生产经营型培训班200人,武鸣区160人(生产经营型桑蚕班80人、大棚哈密瓜班80人),横县208人(果桑班100人、红薯班58人、水稻班50人),宾阳县生产经营型柑橘班234人,上林县290人(生产经营型柑橘班70人、蜜柚班50人、养鸡班70人、专业技能型柑桔班50人、桑蚕班50人),马山县200人(生产经营型种植班180人、社会服务型管理班20人),隆安县268人(生产经营型粮食班78人、畜牧养殖班40人、蜂产业班50人、社会服务型村级动物防疫班50人、农机班50人)。开展新型职业农民培育认定前培训,参训1560人。

【农业科技队伍建设】 2016年,南宁市组织农业科技队伍培训396期,印发资料5.80万份,培训总人数2.36万人次。安排配套经费16万元(市本级6.40万元、区县9.60万元),开展新一届村"两委"(村民委员会、党支部委员会)干部培训,培训629人(新农村建设示范村党组织书记129人、农村新经济社会组织负责人200人、种养大户300人),完成培训任务104.80%。投入经费155.44万元,开展种养大户、新型农村经营主体党员骨干等专项培训,完成党员种植能手专项培训1.66万人、新型农村经营主体专项培训1691人,其中党员4900人;培训基层农技人员741人,组织19人到区外培训;参加自治区基层农技推广体系改革与建设补助项目县基层农技人员培训242人,参加市、县培训480人。举办扶贫种养技术集中培训班4期,培训种养能人、农技人员、贫困村第一书记600多人。　（陆琬佳）

农业机械化

【概　况】 2016年,南宁市有农机总动力65万千瓦(农业部取消农用载重汽车、机动运输船、农用运输车3项指标);有拖拉机35.05万台,插秧机6189台,深耕机具8703台(套),深松机具有5021台(套)。推广甘蔗收获类机械、甘蔗种植机、玉米脱粒机、喷雾喷粉机、太阳能杀虫灯、果蔬烘干机等农机具。新增农机装备3600多台。南宁市农业委员会被评为自治区农机购置补贴工作市级先进单位,武鸣区农业局、西乡塘区农林水利局被评为自治区农机购置补贴工作县级先进单位。

【农机化作业水平】 2016年,南宁市农业耕种收综合机械化水平56.30%,比上年增长6.12%;农机作业总产值41亿元,增长5.50%。完成机耕83.88万公顷、机械深耕(深松)17.75万公顷、机播(插)24.05万公顷、机收40.45万公顷、机械灌溉作业5.60万公顷、机械施肥10.34万公顷。粮食烘干1.08万吨,跨区作业7.54万公顷。检修农机具44.18万台(套)。

【农机深松(深耕)整地作业】 2016年,南宁市将培育农机专业合作社作为推广农机深松整地作业的重要措施,对登记在册的深松作业户进行调查摸底,优先扶持发展深松机和大马力拖拉机,确保农机深松整地作业补贴落实到户。11月2日,在横县良圻农场召开市农机深松整地作业补助试点现场培训会,培训农机人员100多人。全年完成农机深松整地作业面积1.51万公顷,占任务数102.52%。

【农机产品质量监督】 2016年,南宁市开展农机产品质量集中整治与专项检查,出动车辆17辆次、人员163人次,检查整治区县农机销售企业73家,检查方向盘拖拉机、手扶拖拉机、柴油机、微耕机、大型与中型拖拉机、联合收割机、水稻插秧机等十大类型农机产品1699台(套),价值2099.96万元。发现无推广鉴定证章20台、推广证章失效21台、安全标识不齐全1台、安全防护装置不齐全116台、"三无"(无生产日期、无质量合格证、无生产厂家)产品1台,责令"三无"产品停止销售,责令经销企业对证章失效、警示标志不合格等产品限期整改。

【农机技术推广应用】 2016年,南宁市投入经费40万元,在隆安县、宾阳县示范推广水稻生产全程机械化;投入29.38万元,在武鸣区、横县、宾阳县示范推广新机具新技术。武鸣区鸣冠农机专业合作社承担自治区"双高"基地生产全程机械化区域服务中心试点项目,项目资金300万元。南宁市承担自治区新品种新技术农机化示范推广项目2个(广西－东盟经济开发区博园生态有限公司蔬菜生产机械化技术示范推广、广西南草北调农业有限公司牧草生产机械化示范推广),资金各15万元。

【农机购置补贴】 2016年,南宁市继续将发放购置农机补贴列入为民办实事项目,发放通知书1.31万份,受益农户1.23万户,补贴机具1.35万台(套),补贴资金

9262万元(中央补贴7188.44万元、自治区补贴1625.40万元)。中央和自治区资金结算总额7251.90万元,结算占使用总额82.28%。拉动农民(企业)投入资金购买机具近2.50亿元,财政资金引导效果1:2.83。 (尹桂芳 李 霞)

【农机安全管理】 2016年5月17日,由农业部主办,自治区农机局、南宁市政府承办的全国农机事故应急处置演练在邕宁区蒲庙镇举行,参加400多人。9月至12月,南宁市开展农机安全生产隐患排查及专项整治,出动执法人员1.54万人次,检查农机具4.72万台次,纠正违法违章1792次;办理拖拉机牌证注册登记,彻查变型拖拉机及已核发的"2005式"拖拉机号牌,逐台录入"全国变型拖拉机信息管理系统";完成拖拉机年检3.32万台,新机入户1471台,新考拖拉机驾驶证2088人;开展农机安全宣传1162次,出动宣传车1878台次,发放宣传材料48.85万份,受教育224.08万人次。无立案农机事故发生,农机安全生产态势平稳。

(李 芳)

【农机技术培训】 2016年,南宁市通过水稻全程机械化示范基地、甘蔗"双高"基地、深松整地示范推广培训会、村"两委"干部农机培训班、基层农技推广人员和科技示范户培训班,农机校、农机培训机构通过定点培训和送教下乡等形式,培训农机技术人员1.32万人(农机管理人员336人、农机技术人员1453人、农机监理人员241人、农机操作员4421人、其他6772人)。

【农机服务】 2016年,南宁市有农机化作业服务组织432个,服务人员7192人,农机户28.41万户(拥有农机原值50万元以上的农机户有50户、241人),其中农机专业户1.57万户、8.46万人;有农机化中介服务组织33个、服务人员618人,农机维修网点774个、维修人员1871人,农机专项修理点205个、维修人员429人。维修拖拉机12.40万台次、联合收割机3044台次、运输机械6.33万台次、水稻插秧机793台次、其他农机具25.06万台次,农机修理收入2921万元。农机销售以个体经营为主,农机经销企业40家、从业235人,农机经销点424个、从业833人,农机供油站(点)6个、从业25人。

【农机专业合作社】 2016年,南宁市有注册农机专业合作社169个,其中示范性农机合作社17个,社员总数2268户,从业50.83万人,机具数量3.79万台(套)。有大型拖拉机1万多台、联合收获机3965台(水稻联合收割机3886台),配套农机具(大型号1.72万台套,小型号14.24万台套),作业服务面积4.93万公顷,收入8871万元。

2016年南宁市农机购置补贴资金使用情况

单位:万元

区县(开发区)	中央补贴分配资金	中央补贴使用资金	省补分配资金	省补使用资金	中央补贴结算资金	中央补贴使用比例	省补使用比例	中央补贴结算比例
兴宁区	175.82	139.83	4.00	4.00	136.98	79.53%	100.00%	77.91%
江南区	330.00	279.12	40.00	39.55	264.48	84.58%	98.86%	80.15%
青秀区	415.00	289.06	15.00	14.86	230.49	69.65%	99.03%	55.54%
西乡塘区	1015.00	908.19	390.00	370.59	844.95	89.48%	95.02%	83.25%
邕宁区	100.00	99.86	5.00	5.00	99.86	99.86%	100.00%	99.86%
良庆区	103.80	85.50	3.00	3.00	62.85	82.37%	100.00%	60.55%
武鸣区	2206.86	2155.12	910.61	906.70	1764.20	97.66%	99.57%	79.94%
南宁经开区	50.00	49.97	2.00	1.91	48.65	99.94%	95.25%	97.30%
广西－东盟经开区	85.00	73.10	11.00	10.71		85.99%	97.36%	
横 县	1400.00	1375.38	147.00	143.27	868.91	98.24%	97.46%	62.06%
宾阳县	1000.85	928.08	80.18	73.92	927.81	92.73%	92.18%	92.70%
上林县	356.38	350.02	19.71	15.71	251.33	98.21%	79.71%	70.52%
马山县	200.00	168.95	7.00	7.00	148.73	84.47%	100.00%	74.36%
隆安县	318.76	315.17	30.00	29.92	142.70	98.87%	99.72%	44.77%
合 计	7757.47	7217.32	1664.51	1626.11	5791.92	93.04%	97.69%	74.66%

(尹桂芳 李 霞)

农业综合开发

【概 况】 2016年,南宁市农业综合开发项目各级财政投入资金2.85亿元,其中中央财政资金1.03亿元、自治区财政资金5970万元、市级财政资金1.16亿元、区县级财政配套资金690万元。实施农业综合开发项目90个,其中土地治理项目26个、产业化经营项目54个、科技示范项目6个、国家农发中央部门项目4个。农业综合开发土地治理项目建设高标准农田8894.93公顷,粮食增产8838.60吨,糖料增产1.10万吨,蔬菜增产3.39万吨,其他农产品增产7530.40吨,新增种植业总产值1.24亿元,项目区农民收入增加总额4648.61万元。

【国家立项农业综合开发项目】 2016年,南宁市获批国家立项农业综合开发土地治理项目8个,总投资9600万元,比上年减少11.15%,其中中央财政资金6400万元、自治区财政资金2820万元、区县级财政配套资金380万元。获批国家立项农业综合开发产业化经营项目8个,总投资1.57亿元,其中中央财政资金1153.50万元、自治区财政资金110万元、县级财政配套资金 15 万元、项目实施单位自筹资金 1.45 亿元。

【自治区立项农业综合开发项目】 2016 年,南宁市获批自治区立项农业综合开发土地治理项目 3 个,总投资 1920 万元,其中自治区财政资金 1400 万元、市级财政配套资金 400 万元、县级财政配套资金 80 万元、群众自筹资金 40 万元。

【市级立项农业综合开发项目】 2016 年,南宁市市级农业综合开发土地治理项目立项 15 个,总投资 7905 万元,其中市级财政资金 7600 万元、区县级财政配套 230 万元,涉及江南区、西乡塘区、邕宁区、良庆区、武鸣区、横县、宾阳县、上林县、马山县、隆安县 10 个区县。市级农发产业化经营项目立项 46 个,安排财政资金 2218.50 万元,完成对项目区县财政部门及实施单位的批复。市级农发科技示范项目立项 6 个,安排财政资金 777 万元,完成对项目区县财政部门及实施单位的批复。

【项目验收】 2016 年,南宁市按照《国家农业综合开发资金和项目管理办法》《国家农业综合开发竣工项目验收考核评分试行标准》对 2015 年度土地治理项目、2016 年度实施市级产业化项目进行竣工验收考评,全市 2015 年各级农业综合开发项目实施情况较好,建设任务和主要经济指标基本完成,未发现县级财政配套资金不足额到位、滞留财政资金,以及挤占、挪用、抵顶项目资金的现象。11 月至 12 月,市农业综合开发办公室组织 4 家会计师事务所对 13 个区县农业综合开发项目进行验收核查。

【国家农业综合开发县资格申报】 2016 年,江南区、良庆区经申报获国家农业综合开发县资格。良庆区获国家农业综合开发土地治理项目 1 个,项目财政资金 450 万元,其中中央财政资金 300 万元、自治区财政资金 120 万元、城区财政资金 30 万元;江南区获自治区农业综合开发土地治理项目 1 个,项目财政资金 960 万元,其中自治区财政资金 500 万元、市级财政资金 400 万元、城区财政资金 60 万元。 (李欣怡)

农业产业化

【概　况】 2016 年,南宁市有农业产业化组织 2912 个,其中龙头企业带动型 210 个,中介组织带动型 1963 个,专业市场带动型 27 个。产业化组织与农户的联结机制中,合同关系 588 个,合作方式 1203 个,股份合作方式 165 个,其他方式 956 个;在合同关系中,订单关系 320 个,占合同关系 54%,订单总额 124 亿元,年履约订单成交额 108 亿元,订单合同履约率 87%。农业产业化组织带动农户 163 万户,其中订单带动农户数 89 万户;产业化基地种植面积 44.80 万公顷,牲畜饲养量 281 万头,禽类饲养量 1.01 亿只,养殖水面面积 5633.33 公顷,农户从事产业化经营增收总额 26 亿元。 (廖　芹)

12 月 30 日,南宁市农业龙头企业柑橘自动化清洗分拣流水线　　市农委提供

【农业产业化企业】 2016 年,南宁市有农业产业化重点龙头企业 204 家(新增市级 19 家;不合格被取消 8 家,其中自治区级 3 家、市级 5 家),比上年增加 11 家。其中:自治区级 38 家,占自治区 12%,列居自治区第一;国家级 14 家,占自治区 45%,列居自治区第一。实现年产值 451 亿多元,带动农户 163 万户增产增收。其中年产值 100 亿元以上企业 1 家、20 亿元以上企业 2 家;年销售额 10 亿元企业 9 家、年销售额 1 亿元企业 70 家。 (吕校成)

【农民专业合作社】 2016 年,南宁市有农民专业合作社 3467 家,新增 906 家(新增自治区级农民合作社示范社 9 家,市级农民合作社示范社 35 家)。市本级落实农民专业合作组织能力建设补助资金项目 32 个,扶持金额 600 万元。

【家庭农场】 2016 年,南宁市有注册登记家庭农场 614 家,新增 183 家。市本级落实南宁市家庭农场能力建设补助资金项目 31 个,扶持金额 300 万元。 (陈立生)

【农村土地流转】 2016 年,南宁市农村土地流转面积 10.04 万公顷,比上年增加 8533.33 公顷,流转耕地占农户承包地 31.50%,涉及农户 34.22 万户。3.33 公顷以上大面积连片、整合土地流转涉及承租的企业、合作社、家庭农场或专业大户等新型农业规模经营主体 3035 家,流转总面积 7.27 万公顷,其中 133.33 公顷以上连片流转土地的农业经营主体 49 家、9000 公顷。 (梁玉珍)

【农村土地经营权确权】 2016 年,南宁市开展农村土地承包经营权确权登记颁证,完成农户承包关系调查 87.54 万户,占承包总农户 85.76%;完成承包地块调查面积 32.18 万公顷,占集体耕地面积

2016 年南宁市新增农业产业化重点龙头企业

广西思源农业发展有限公司	上林县山水牛畜牧业有限公司
广西万川种业有限公司	南宁市兴荣牧业有限责任公司
广西南宁福象粮油有限公司	广西四野牧业有限公司
广西万家香农业发展有限公司	广西仁泰生物科技有限公司
广西至臻投资有限公司	南宁赛嘉种猪有限公司
南宁市九点国际贸易有限公司	南宁春晖农业科技有限公司
广西弄峰山铁皮石斛科技有限公司	武鸣区润宇生态农业有限公司
南宁振企现代农业有限公司	广西南宁市瑞南禽业有限责任公司
广西桂宝农业发展有限公司	南宁锦虹棉纺织有限责任公司
宾阳县鸿发米业有限公司	

75.46%;完成确权颁证耕地面积 22.48 万公顷,完成确权颁证农户数 66.60 万户,占承包农户总数 65.24%。 (陆叶青)

农工商企业

【概 况】2016 年,南宁农工商集团有限责任公司有直属机构 1 个(红星管理区),全资子公司 8 家(南宁市柳沙企业有限责任公司、广西南宁华顺房地产有限责任公司、南宁市秀和物业服务有限责任公司、南宁市罗文实业有限责任公司、广西北湖工业投资有限责任公司、南宁市神农大地现代农业有限责任公司、南宁市秀成置业投资有限责任公司、南宁市石埠实业有限责任公司),参股公司 1 家(广西云景房地产开发有限公司),授权管理企业 3 家(南宁市金谷隆粮油购销有限责任公司、南宁市名优水果业发展中心、南宁市扶贫开发中心);集团公司对市秀和物业公司、广西北湖工业投资公司、市罗文实业公司及项目部、红星管理区以独立子公司方式模拟运作,下达经营业绩考核指标;按市国资委考核要求,剔除转让"东方·皇城"营业收入 2.87 亿元、利润总额 4073 万元,实现营业收入 3 亿元,比上年增长 19.81%;利润总额 685 万元,增长 32.49%。

【项目建设】2016 年,南宁农工商集团公司向市国土资源局申请补办划拨市农工商产业大厦用地的出让手续,核定出让金额 8650 万元,基本完成主体工程装修;推进布拉格项目前期工作,与轨道公司协商将布拉格项目与地铁轨道项目共建,完成总平规划审批、项目地质勘探等,完成规划总平方案修改、递交市规划局再次公示;开发建设"美泉 1612"、屯里混凝土搅拌站等合作项目。加快处理合作项目遗留问题,市国资委批准"青湖中心"项目公司清算注销,基本完成项目遗留问题处理;"罗文 25 亩"产业用地项目前期费用补偿款分配到位,办理项目公司清算注销;法院开庭审理集团公司起诉广西云景房地产开发有限公司归还 1.13 亿元借款;经市国资委批准与受让方榄庆公司签订"东方·皇城"在建工程转让合同。推进南宁农产品交易中心项目,5 月 14 日确定项目与周边油库安全防护距离,11 月 25 日控股子公司——南宁农产品交易中心有限责任公司通过"招拍挂",投入 6.07 亿元竞买土地 53.27 公顷,项目一期工程全面施工;12 月 21 日项目总平获市规划局批复;累计完成投资 4.16 亿元。

【物业经营】2016 年,南宁农工商集团公司规范物业经营,聘请中介机构评估资产出租年租金;对不需进行年租金评估的,则通过市场调查及综合分析资产、市场行情等确定招租底价;资产出租均经过集体决策后报集团公司总经理办公会或董事会审批。全年采取进场公开招标或自主公开招标的方式对物业资产及农用地进行招租,其中公开进场招租 83 宗次、自主公开招租 427 宗次(主要是农贸市场摊位);出租物业面积 19.45 万平方米,租赁收入 4536.20 万元,比上年增长 4.09%。

【企业改制】2016 年,南宁农工商集团公司中止全资子公司市罗文实业公司与市石埠实业公司的合并;明确市秀和物业公司、广西北湖工业投资公司和市罗文实业公司整合重组,参照独立子公司方式模拟运作,下达经营指标考核;对下属停产、半停产企业情况进行摸底调查,南宁市宏柳园艺有限责任公司、扶贫中心、果业中心、南宁市郊区石埠粮油贸易中心 4 家企业处半停产状态,28 家企业停产多年。集团公司向市国资委报送金谷隆公司等 20 家企业职工分流安置方案,申请重新将这 20 家企业列入市特困企业范围。市政府同意安排资金,帮助企业列入市属特困的国有企业范围,实行职工分流安置;待职工分流安置完成后,再进行资产处置。柳沙企业公司基本完成职工分流安置,完成风险二级评估和经济补偿金测算,并上报市国资委审批;其下属的 5 家子公司、集团直接代管的 2 家企业已无专职人员,不存在需要安置人员,因相关资产处置困难较大,处置工作无进展。 (陆锡健)

种植业

【概 况】2016 年,南宁市完成粮食播种面积 43.67 万公顷,总产量 223.40 万吨,安排扶持专项资金 1500 万元,建设一批水稻、玉米高产优质生产基地;投资 4774 万元,新(扩)建蔬菜基地 22 个;建成高产高糖糖料蔗基地 223 个,面积 1.11 万公顷。在宾阳县古辣镇建设古辣香米产业示范区,带动建设 1 万公顷优质稻种植标准化基地;新建横县朝阳大垌优质水稻;隆安县雁江香米特色农业示范区。在横县、宾阳县、隆安县推进工厂化育秧(大棚育秧)、机插秧、机防、烘干等关键环节机械化。开展病虫统防统治、肥料统配统施、代耕代种、联耕联种等服务。推广高产优质抗逆水稻、玉米、大豆等品种 131 个;加快水稻集中育秧与机插秧、水稻合理密植和防早衰、玉米"一增三改"、耕地保护与质量提升等"十大主推技术"示范推广应用,完成超级稻示范推广 14.33 万公顷,玉米"一增三改"技术示范推广 3.37 万公顷,完成粮食间套种 7066 公顷,推广测土配方施肥 46.08 万公顷,实施农作物病虫专业化统防统治 10.73 万公顷,绿色防控 15.07 万公顷,推广节水技术 16.48 万公顷;种植蔬菜、糖料蔗、木薯、西(甜)瓜、中药材等经济作物,种植面积分别为 23.23 万公顷、13.56 万公顷、3.25 万公顷、4.77 万公顷、1.06 万公顷,产量分别达到 517.69 万吨、1055.73 万吨、38.30 万吨(干片)、123.40 万吨、12.60 万吨;种植茶叶(茶园面积)2274 公顷,产干毛茶 4000 吨;种植食用菌 2585 公顷,产量 22.40 万吨;发展水果桑蚕生产,水果种植 12.24 万公顷,桑园 4.52 万公顷,产量分别为 233.82 万吨,鲜茧 9 万吨。青秀区、上林县推广稻田养鱼、养鸭等生态栽培模式;武鸣区在旱地发展"西瓜 + 马铃薯",在幼龄果园套种马铃薯或田埂间种大豆等旱粮作物;横县、隆安县发展种植富硒优质稻;青秀区、宾阳县发展有机水稻;横县推广玉米一年三熟制,亩产值超 2000 元;宾阳县、马山县推广"玉米 + 大豆""水稻 + 玉米""超级稻 + 莲藕"等模式,实现稳粮、增产、增收。

【稻谷生产】2016 年,南宁市引导种粮大户与农民合作社开展代耕、代种等服务,推广应用水稻生产机耕、机插、机防、机收、机运、机烘干等"十大主推技术",水稻播种面积 28.71 万公顷,比上年减少 2.56 公顷;亩产 370.80 千克;总产 159.67 万吨。主要种植 Y 两优 1 号、丰田优 553、中浙优 1 号、中浙优 8 号、甬优 6 号、特优 582、桂农占等品种;杂交稻有两优 1 号、满香优、特优 7571、中广香 1 号、桂育 9 号等品种。

【玉米生产】2016 年,南宁市在武鸣区、横县、马山县、隆安县发展优质杂交玉米生产,适度发展鲜食甜玉米、功能玉米。玉米播种面积 10.69 万公顷,比上年减少 3%;单产每亩 339.80 千克,增产 0.51%;总产量 54.46 万吨,减产 2.50%。推广玉米套种大豆、套种木薯、套种花生等种植模式。主推太平洋 99、正大 999、迪卡 008、瑞恒 269、金玉 506、蠡玉 16、桂糯 518、桂单 22、桂单 30、桂单 0810、桂单 166、桂单 688 南校系列、长城系列等品种。

【豆类生产】2016 年,南宁市豆类播种面积 2.49 万公顷,比上年增加 0.14%;亩产 102.13 千克,增产 5.58%;总产量 3.81 万吨,增产 5.75%。

【薯类生产】 2016年,南宁市薯类播种面积1.77万公顷,比上年减少0.99%;亩产202.88千克,减产5.14%;总产量26.86万吨,减产6.08%。以公司(企业)、种植大户为主体连片开发,采用"果薯套种""蕉薯套种"等种植模式,马铃薯播种面积6420公顷,减少3.76%,总产量2.70万吨,减产0.26%。主推荷兰15号(费乌瑞它)、合作88、大西洋、丽薯6号、桂农薯、内蒙古系列等品种。

【油料生产】 2016年,南宁市发展高产优质油料新品种,推广桂花17、桂花21、梧油7号、桂花红35、桂花红95、桂花772等品种。花生良种覆盖率80%以上。油料作物播种面积5.25万公顷,比上年增长0.19%;总产量15.53万吨,增产5.02%。其中:花生播种面积5.13万公顷,减少0.08%;总产量15.46万吨,增产5.10%。花生种植面积、产量均居自治区第一。

(田乙凤)

【蔬菜基地建设】 2016年,南宁市财政资金重点扶持节水灌溉、水肥一体化管网、蔬菜废弃物无害化处理等设施设备的建设,扶持特色蔬菜新优品种,培育品牌、产品认证等。新(扩)建蔬菜基地22个,分布在兴宁区、西乡塘区、邕宁区、武鸣区、横县、宾阳县、隆安县、上林县8个区县,建设面积522.20公顷,总投资4774万元(市政府投入财政资金2000万元,项目业主自筹资金2774万元)。其中:扶持贫困地区蔬菜基地建设项目12个,扶持资金1024万元;安排贫困村项目7个(西乡塘区1个、武鸣区1个、上林县5个),财政补助510万元,其中脱贫摘帽贫困村项目2个,财政补助237万元。

【蔬菜生产】 2016年,南宁市蔬菜播种面积23.23万公顷,产量517.69万吨,分别比上年增长5.40%、6.48%,居自治区首位。辣椒、南瓜、冬瓜种植面积超1.33万公顷,大白菜、甜玉米、普通白菜、芥菜等种植面积超1万公顷。推进武鸣区青芸景、百岳程,隆安县兆丰、清水湾,兴宁区铭丰等企业规模化、标准化蔬菜基地建设,广西希望田野农业科技发展有限公司、广西百岳程农业投资有限公司、隆安县丁当镇兆丰种养专业合作社等获无公害农产品产地认定证书;广西百岳程农业投资有限公司生产的芥蓝、菜薹和广西农垦国有东湖农场生产的胡萝卜获无公害农产品认证证书;广西绿霖食用菌科技有限公司生产的杏鲍菇获有机产品认证证书。

【食用菌生产】 2016年,南宁市食用菌种植面积2585公顷、产量22.40万吨,分别比上年增长6.77%、9.27%,其中横县种植面积占全市食用菌种植面积80%。种植双孢蘑菇、杏鲍菇、秀珍菇、凤尾菇、香菇、木耳、平菇、茶新菇等,其中双孢蘑菇产量占全市食用菌总产量70%。杏鲍菇种植以广西－东盟经开区绿霖食用菌厂、南宁经开区涵田食用菌厂为主;秀珍菇以兴宁区、邕宁区、横县、宾阳县、上林县、隆安县等区县为主;木耳以兴宁区、邕宁区、武鸣区为主;草菇以横县、隆安县为主。自治区下达南宁市食用菌优势产业基地建设项目2个,分别是广西涵田生物科技有限公司杏鲍菇工厂化种植及深加工项目、广西仁泰生物科技有限公司双孢菇工厂化智能温控栽培示范项目,每个项目获扶持资金30万元。市政府投资136万元,在上林县白圩镇爱长村、巷贤镇木字村、西燕镇云灵村3个贫困村建设食用菌生产基地。

【糖料蔗生产】 2016年,南宁市种植糖料蔗面积13.56万公顷,与上年持平;产量1055.73万吨,比上年减少2.80%。种植新台糖22号、粤糖93/159、桂柳05136、粤糖60号、粤糖00/236号、桂柳2号、福农39号、桂糖29号、桂糖42号等品种。承担自治区农业厅支持建设糖料蔗良种繁育项目2个(广西－东盟经开区二级甘蔗良种繁育基地、横县三级甘蔗良种繁育基地)。示范推广糖料蔗良种良法种植技术,引进推广早熟、高产高糖、宿根性好的甘蔗品种。推广机械化种植、地膜覆盖、深耕深松、中耕培土、节水灌溉、测土配方施肥、病虫害综合防控技术等。

【"双高"糖料蔗基地建设】 2016年,南宁市建成高产、高糖糖料蔗基地223个、面积1.11万公顷,其中武鸣区65个、3673.33公顷,横县54个、2713.33公顷,宾阳县39个、2020公顷,隆安县37个、1333.33公顷,江南区21个、966.67公顷,广西－东盟经开区7个、351.33公顷。"双高"糖料蔗基地开展"四化"(经营规模化、水利现代化、良种良法化、生产机械化)建设,平整土地开工面积1.13万公顷,实施滴灌、喷灌等高效节水灌溉设施和水、肥、药一体化技术,种植粤糖93/159、桂柳05136、新台糖22号、桂糖29号、桂糖42号、桂糖43号等品种,均符合自治区品种要求,平均亩产6.38吨,糖分14.17%,基地均实现机耕,部分基地实现机种、机收。

(黄兰芳)

【木薯生产】 2016年,南宁市木薯种植面积3.25万公顷,产量38.30万吨(干片),产值3.83亿元,分别比上年减少10.60%、7.50%、7.90%。面积、产量居自治区第一。面积、产量减少原因是农村土地经营权流转和近年来木薯收购价格持续低迷,农民改种其他效益高的经济作物所致。木薯种植基地主要分布在武鸣区和隆安县等。主要栽培品种为华南205、南植199木薯。开展保健食用型木薯引进,从中国热带农业科学院引进"华南9号"食用鲜薯,推广木薯间(套)种玉米、花生、西瓜、甜瓜、南瓜等栽培模式,间(套)种生产面积1.08万公顷,提高木薯地种植效益。

【茶叶生产】 2016年,南宁市茶园面积2274公顷,采摘面积2125公顷,分别比上年增长6.90%、1.10%;干毛茶总产量0.40万吨,比上年增长5.70%;总产值1.66亿元,增长5.73%。主要集中在武鸣区、横县、上林县,主要栽培福云六号、水灵一号、南山白毛、福鼎大白等品种。有毛茶初级加工企业和农民专业合作社30多家,精制茶加工企业180多家,茶叶加工以绿茶为主,少部分为红茶、黑茶、乌龙茶等品种。主要有广西"古鼎香"牌六堡茶、横县圣种牌南山六堡茶和南山白毛茶、横县金花牌六堡茶、横县茉莉花茶、横县周顺来茉莉花茶等品牌。其中横县茉莉花茶、南山白毛茶获国家质量技术监督局地理标志产品证明商标。广西南山白毛茶茶业有限公司、广西金花茶业有限公司开展有机茶园认证,进行岩茶、六堡茶等茶叶研发及生产加工,分别在横县那阳镇南山和莲塘镇圣山打造茶叶产业生态示范区。横县那阳镇南山白毛茶产业示范区、横县莲塘镇佛子圣茶谷茶叶产业示范区分别被广西现代特色农业示范区工作厅际联席会议办公室评为广西2016年县、乡级现代特色农业示范区;横县圣山茶园有机茶叶标准化示范基地建设获2016年南宁市农产品标准化及特色经济作物产业提升示范项目,自治区、市财政对横县2个茶产业示范区和圣山有机茶园建设给予190万元资金奖励、补助。

【茉莉花(茶)生产】 2016年,南宁市茉莉花种植面积4930公顷,产量7.50万吨,分别比上年增长5.10%、6.50%。横县为南宁市茉莉花主产区,是中国、全球最大的茉莉花生产基地,从事茉莉花种植的花农7万户、33万人;茉莉花生产占全国花茶产量份额70%以上,全世界总产量60%以上,主要用于窨制花茶。横县被国家林业局、中国花卉协会命名"中国茉莉之乡"。横县南方茶厂富硒茉莉花茶标准化基地建设获市农产品标准化及特色经济作物产业提升示范项目,在横县校椅镇石井村中华茉莉园建设33.33公顷富硒茉莉花标准化基地，总投资266万元，其中市财政扶持资金100万元。通过引进种植良种茉莉花、利用富硒有机肥进行土地改良提升土壤肥力，建设供水灌溉设施及水肥一体化滴灌系统；开展富硒茉莉花产品认证，并获广西富硒农产品协会认定为“富硒茉莉花茶”。

【西(甜)瓜种植】 2016年，南宁市西(甜)瓜种植面积4.77万公顷，产量123.40万吨，产值15.51亿元，分别比上年增长1.62%、1.31%、11.60%。西瓜种植面积4.13万公顷，产量111.43万吨，约占西(甜)瓜总面积87%、总产量90%。主要分布在江南区、西乡塘区、武鸣区、良庆区、横县等区县，江南区、经开区西瓜连片种植面积1.30万公顷，是全国西瓜主要主产区之一。西瓜主要栽种小麒麟、黑美人、小富、花无籽等品种；甜瓜种植面积6412公顷，产量12万吨，比上年分别增长10.60%、8.60%，主要分布在青秀区、西乡塘区、武鸣区等，主要栽种广蜜1号、丰甜1号、珍珠香瓜等品种的薄皮甜瓜及北海1号厚皮甜瓜。广西－东盟经济开发区采用大棚栽培模式种植厚皮甜瓜240公顷，是广西最大的大棚厚皮甜瓜生产基地。

【中药材生产】 2016年，南宁市发展中药材种植，推进良种繁育、标准化种植、产业扶贫种植基地建设，中药材种植面积1.06万公顷，比上年增长24.80%；产量12.60万吨，与上年基本持平；产值8.31亿元，增长3.90%。其中道地中药材种植规模在自治区排名前列的有：金银花4465公顷，穿心莲3800公顷，牛大力820公顷，葛根430公顷，铁皮石斛175公顷。采取“公司(合作社)＋基地＋农户”产销一体化模式。建设南宁市中药材种植示范基地，补助300万元扶持南宁市神祝农业公司、邕宁区那楼镇广泽和青秀区辉雄中草药种植合作社在良庆区、邕宁区、青秀区建设牛大力生产示范基地100公顷；补助200万元扶持上林春棚农业公司、万花筒农业公司和马山盛世农民专业合作社在上林县、马山县建设何首乌、龙脑樟、葛根等中药材种植示范基地120公顷，促进优质、特色中药材集约化、规模化种植。 (周冠群)

【桑蚕生产】 2016年，南宁市桑园面积4.52万公顷，发种230万张，鲜茧产量9万吨，农民养蚕收入35.37亿元。桑园面积新增423.33公顷，比上年增长0.95%；养蚕新增5万多张，增长2.27%；鲜茧产量增加0.50万吨，增长4.88%；农民售茧收入增加6.82亿元，增长23.90%。小蚕共育率87%，方格簇推广普及率62.80%。举办桑蚕技术培训班102期，培训农民8200多人次，发放技术资料1.21万份。其中贫困乡镇培训班44期，培训贫困、残疾农民4500人次。全市缫丝加工企业19家，缫丝机组7.34万绪，与上年持平；生丝产量5166吨，增长14.17%，生丝质量基本达到4A级以上，市桂合丝业有限公司的生丝质量部分达6A级，缫丝企业产值23.67亿元，比上年增加8.76%。上亿元的缫丝企业有5家，增加1家。开展蚕桑多元化利用，发展桑枝食用菌、蚕沙制造生物肥及沼气、桑叶茶、桑果汁、桑果酒、蛹虫草等，产值上亿元。加大桑蚕产业转型力度，种植果桑面积最大片的超过67公顷。 (宋桂荣)

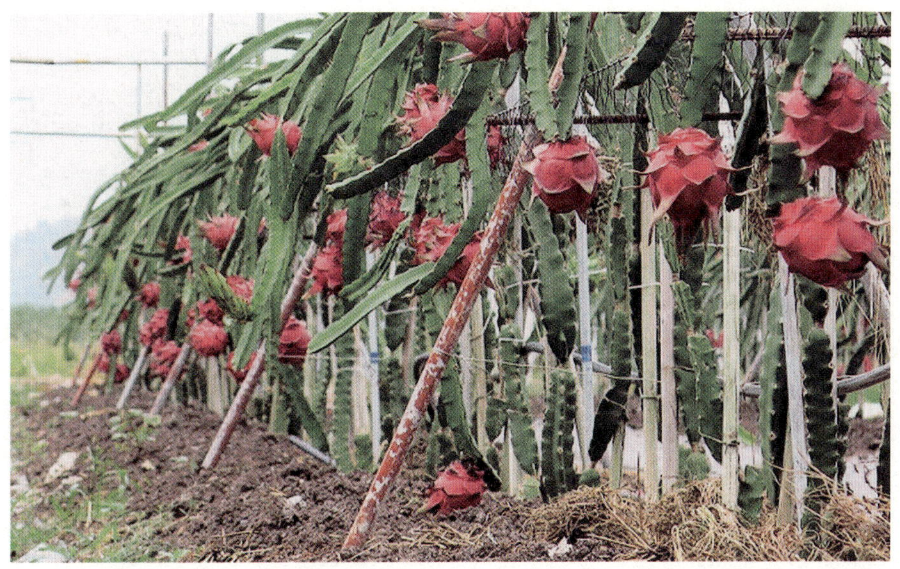

6月，青秀区长塘镇百果园火龙果丰收　　市农委提供

【水果生产】 2016年，南宁水果种植面积12.24万公顷，比上年增长3.36%，总产量233.82万吨，增长9.30%，总产值67亿元。其中：香蕉种植面积6万公顷，产量160万吨，产值33亿元；火龙果种植面积4866.67公顷，产量5.60万吨，产值3亿元；柑橘种植面积1.91万公顷，产量22.30万吨，产值10.30亿元；龙眼种植面积1.25万公顷，产量8.90万吨，产值5.40亿元；荔枝种植面积1.03万公顷，产量4.40万吨，产值2.20亿元；其他水果种植面积1.56万公顷，产量32.62万吨，产值13.10亿元。有千亩以上的香蕉种植企业45家，百亩以上的香蕉种植企业、大户151家；千亩以上的火龙果种植企业12家，百亩以上的火龙果种植企业、大户45家；千亩以上的柑橘种植企业23家，百亩以上的柑橘种植企业、大户264家。举办全市水果培训会、培训班7期，培训农民技术骨干300多人。在中国果业品牌(西安)大会上宣传推广国家地理标志登记保护的“南宁香蕉”区域公共品牌；“南宁香蕉”代表广西参加第十四届中国国际农产品交易会省部长联合推介品牌农产品活动。与中国果品流通协会共同举办第一届中国火龙果产销对接峰会，会上成立南宁火龙果产销联盟，推动南宁火龙果产业持续健康发展。 (粟继军)

【那楼淮山获国家农产品地理标志认证】 2016年11月2日，农业部公告2016年第三批农产品地理标志登记产品，邕宁那楼淮山成为国家级农产品地理标志登记保护产品，是邕宁区首个通过国家农产品地理标志登记保护的产品。划定的地域保护范围是邕宁区那楼镇、新江镇、百济镇、中和乡4个乡镇28个村(社区)，地理坐标为东经108°25′～108°51′，北纬22°23′～22°45′。 (覃燕萍)

林　　业

【概　况】 2016年，南宁市完成山上造林绿化1.90万公顷，义务植树306.93万人次、植树1035.70万株；森林面积105.43万公顷，活立木蓄积5199.60万立方米，森林覆盖率47.66%，森林火灾受害率控制在0.048‰；林业有害生物成灾率0.40‰。累计建成沼气池50.60万座，适宜建池农户入户率71.20%；完成固定资产投资121.06亿元，实现林业总产值738.79亿元。全市林权抵押贷款涉及林地面积0.82万公顷，贷款余额9445.25万元。

【植树造林】 2016年，南宁市完成山上造林绿化1.90万公顷；全民义务植树306.93万人次、植树1035.70万株；中幼林抚育5.70万公顷；国家石漠化治理试点工程封山育林3825公顷。实施“美丽

南宁·生态乡村”村屯绿化专项行动，绿化村屯6161个，其中自治区级示范村447个、一般村5714个。优化调整树种结构，完成桉树更新改造1263.84公顷。

【国有林场】 2016年，南宁市有国有林场10个，其中市属林场1个(南宁市丁当林场)，9个区县管辖林场(横县石塘林场、横县镇龙林场、宾阳县黎塘林场、马山县光明山林场、马山县永州林场、隆安县礼智林场、邕宁区八里亭林场、良庆区南州林场、武鸣区朝燕林场)。经营管理面积60.65万公顷，其中林地46.53万公顷，活立木蓄积量224.70万立方米。国有林场完成荒山造林266.67公顷、迹地更新840公顷、幼林抚育2853.33公顷，实现木材产量8.62万立方米、松香产量2.10万吨、松节油0.21万吨，林业产业总产值2.25亿元。开展国有林场改革，编制《南宁市国有林场改革实施方案》，完成试点林场市丁当林场、武鸣区朝燕林场主体改革，市丁当林场为公益二类事业单位，编制64名，后勤服务控制数6名；武鸣区朝燕林场为公益一类事业单位，编制223名，事业编制实行动态管理，最终目标88名。

【森林资源与林地管理】 2016年，南宁市森林面积105.43万公顷，活立木蓄积量5199.60万立方米，森林覆盖率47.66%。开展林木采伐、木材运输管理清理整顿，将育林基金征收标准降为零。森林采伐限额蓄积量529.09万立方米，许可采伐林木蓄积量345.44万立方米，占森林采伐限额蓄积量65.29%。开展高尔夫球场清理取缔、打击非法占用林地与破坏天然林地等专项行动，获国家林业局和自治区林业厅批准建设项目占用征收林地117宗，面积921.51公顷。列入自治区级以上重点公益林补偿面积33.23万公顷，其中国家级33.01万公顷，自治区级2206.67公顷；落实签订管护合同30.76万公顷，占任务92.56%。

【政策性森林保险】 2016年，自治区下达南宁市政策性森林保险任务46.91万公顷，其中公益林30.72万公顷、商品林16.19万公顷。南宁市完成投保面积32.29万公顷，其中公益林投保28.74万公顷，商品林投保3.55万公顷。

【自然保护区】 2016年，南宁市有森林和野生动物类型自然保护区6个，总面积5.16万公顷，分别为广西大明山国家级自然保护区、广西龙虎山自治区级自然保护区、广西龙山自治区级自然保护区、广西三十六弄—陇均自治区级自然保护区、广西弄拉自治区级自然保护区、南宁市良庆区那兰鹭鸟市级自然保护区。实施《南宁市自然保护小区规划(2013—2020年)》，新建自然保护小区12个，总面积3069.70公顷。

【湿地保护】 2016年，南宁市湿地总面积6.30万公顷(为8公顷以上含8公顷的面状湿地和平均宽度10米以上、长度5千米以上的线状湿地)，其中自然湿地2.51万公顷，占湿地总面积39.76%，人工湿地3.80万公顷，占60.24%。有国家湿地公园试点2处(横县西津国家湿地公园、南宁大王滩国家湿地公园)，湿地公园内湿地总面积5419.93公顷。横县西津国家湿地公园完成界碑界桩埋设，完成保育区湿地保护与恢复工程竣工验收；11月1日，《南宁市西津国家湿地公园保护条例》施行。大王滩国家湿地公园落实市财政资金752万元，开展总体规划、环评、详规、可研编制及评审等前期工作；落实市财政资金2672万元，推进水库环境综合整治与国家湿地公园建设，实施生态护岸、生态示范、水土保持等工程，更新改造林用地112公顷。

【森林资源保护】 2016年，南宁市开展陆生野生动物经营场所执法检查、森林公安机关缉枪治爆等打击涉林违法犯罪专项行动，刑事案件立案391件，破获216件(重大案件40件、特大案件28件)，取保候审129人，刑事拘留142人，逮捕105人，直接起诉111人；受理行政案件1005件，查处996件，收缴木材9129.88立方米；查获国家级保护野生动物480条(只)、自治区级保护野生动物3310条(只)，收缴象牙制品33件、穿山甲鳞片4738克、涉案菜谱156本。

【森林防火】 2016年，南宁市发生林火63起(一般森林火灾52起、较大森林火灾11起)，过火面积305.13公顷，受害森林面积39.69公顷，森林受害率控制在0.048‰。无重大、特大森林火灾发生及人员伤亡事故发生。

【山林纠纷调处】 2016年，南宁市排查出跨市、跨区县山林纠纷案件93件(跨市山林纠纷45件、跨区县山林纠纷48件)。有14件跨市、19件跨区县山林纠纷案件列入自治区2016年至2017年重点矛盾纠纷调处案件。召开山林纠纷调处工作会议38次、质证会2次，开展现场调查、勘验18次，向市政府提交行政裁决纠纷案件意见书1件(次)，调取证据6次。接待来访群众28批次、98人次，处理群众来信9件。

【林业产业】 2016年，南宁市有木材经营加工企业2197家(新办木材加工企业219家)。其中：家具加工(销售)企业74家，锯材加工(销售)企业87家，细木工板1家，其他类44家，旋切单板加工企业11家；新办(含新增)年生产能力3万立方米及以上胶合板加工企业2家。全市林业产业总产值738.79亿元。其中：第一产业产值247.60亿元；第二产业产值411.92亿元(木材加工业产值272.734亿元、造纸业产值87.97亿元、林产化工业产值13.76亿元)；第三产业产值79.28亿元。

【林业招商引资】 2016年，南宁市加快推进林板家具一体化和林浆纸一体化发展，引进木地板、木家具、木门窗等木材精深加工项目，促进产业转型升级。完成林业固定资产投资121.06亿元。广西－东盟经开区引进科天集团在园区内建设广西科天水性科技产业园，项目主要投资木地板、木家具、纤维板、生态板、胶合板等，林业项目协议投资额12.50亿元。引进新建企业13家，协议投资额1.14亿元。

【森林旅游】 2016年，南宁市有森林公园7处，总面积7079.74公顷。其中：国家级森林公园2处(良凤江国家级森林公园、横县九龙瀑布群国家森林公园)；自治区级5处(朝燕森林公园、七坡森林公园、五象岭森林公园、老虎岭森林公园、金鸡山森林公园)。有林业自然保护区6处(大明山国家级自然保护区、龙虎山自治区级自然保护区、龙山自治区级自然保护区、三十六弄－陇均自治区级自然保护区、弄拉自治区级自然保护区、南宁那兰鹭鸟市级自然保护区)，总面积5.22万公顷。自治区林业厅和自治区旅游发展委员会授予南宁市“森林人家”牌匾5家，分别是凤凰谷景区、上林县下水源庄、南宁怡景生态园、南宁市良凤江国家森林公园(菩提山庄)、大明山国家级自然保护区(天坪站旅游区)。评定国家A级森林旅游景区6家，其中国家5A级景区1家(南宁青秀山风景旅游区)，国家4A级景区3家(广西大明山国家级自然保护区、南宁良凤江国家森林公园、龙虎山自治区级自然保护区)，国家3A级景区2家(横县九龙瀑布群国家森林公园、南宁市凤凰谷景区)。森林旅游收入4014.90万元，接待旅游人数298万人次；森林公园投入建设资金4990万元。

【林下经济】 2016年，南宁市实现林下经济产值47.46亿元。获自治区专项资金205万元，投入市级专项资金300万元，建设林下经济示范项目16个(自治区级5个、市级11个)，发展金花茶、草珊瑚、牛大力等林下种植中草药项目及林下养鸡等示范项目。

2016年南宁市现代林业产业龙头企业

序号	企业	地址	备注
1	广西华劲纸业集团有限公司	南宁市良庆区良庆镇	国家农业产业化龙头企业、自治区现代林业产业龙头企业
2	广西丰林木业集团股份有限公司	南宁市江南区白沙大道22号	国家农业产业化龙头企业、自治区现代林业产业龙头企业
3	广西高峰林浆纸业(集团)有限责任公司	南宁市青秀区东葛路107号	第一批自治区现代林业产业龙头企业
4	广西天利恒种业有限公司	南宁市青秀区金湖路26-1号东方国际商务港A座13层	第一批自治区现代林业产业龙头企业
5	广西全通投资集团有限公司	南宁市江南区金凯路12号南宁经济技术开发区工业园内	第三批自治区现代林业产业龙头企业
6	广西壮族自治区南宁良凤江国家森林公园	南宁市江南区友谊路78号良凤江	第四批自治区现代林业产业龙头企业
7	国营武鸣区朝燕林场	武鸣区城厢镇五海路朝燕林场贮木场	第五批自治区现代林业产业龙头企业
8	广西东正集团有限公司	南宁市青秀区民族大道143号	第六批自治区现代林业产业龙头企业
9	广西乐林林业开发有限公司	隆安县华侨管理区富侨大道	第六批自治区现代林业产业龙头企业
10	广西国旭林业发展集团股份有限公司	南宁市西乡塘区邕武路13号	2012年广西现代林业产业龙头企业

【农民林业专业合作社】 2016年，南宁市有农民林业专业合作社89家，入社农户2538户，累计投入建设资金3.08亿元，经营林地面积0.79万公顷，实现销售收入2.59亿元。

【林业科研】 2016年，南宁市开展国家马尾松良种基地建设，推进松树松种子园、育种园、实验林的管理和基因库扩建等。开展松类杂交育种研究、家系采脂试验、马尾松种子园病虫鼠害综合治理及应急防控技术研究与示范、林下种植油茶、林下种植草珊瑚、林下种植金花茶、林下种植中草药、香椿优良品系及丰产栽培技术推广示范、濒危珍贵树种示范基地、乡土树种种源收集及繁育、台湾桤木种质创新与可持续经营关键技术研究、桉树与竹柳对比试验、牛大力种源试验及丰产栽培技术研究与示范、核桃引种栽培试验、辣木引种栽培试验、松树与红叶楸扦插繁殖技术研究、格木初级种子园营建17个科研课题项目。其中:马尾松种子园病虫鼠害综合治理与应急防控技术研究与示范项目通过自治区科技厅成果登记;香椿优良品系及丰产栽培技术推广示范项目通过自治区林业厅现场查定;林下种植中草药项目通过南宁市验收。新申请科研课题5项，市级科技项目立项2项，与广西林科院合作获自治区科技厅立项1项;完成市科协软课题《南宁市海绵城市建设项目植物品种的应用》调研报告1篇，发表科技论文7篇。完成繁育马尾松良种苗100万株，繁育火力楠良种苗30万株。

【林业有害生物发生面积与分布】 2016年，南宁市林业有害生物新发生面积5034.29公顷，成灾面积268.94公顷，主要病虫害为马尾松毛虫、桉蝙蛾、大袋蛾(南大蓑蛾)、油桐尺蛾、焦艺夜蛾、桉树枝瘿姬小蜂、桉树溃疡病、桉树紫斑病、八角炭疽病、板栗疫病、桉树青枯病等。马尾松毛虫新发生550.64公顷，主要发生在武鸣区、马山县、横县;桉蝙蛾新发生473.70公顷，主要发生在武鸣区、隆安县、马山县、宾阳县;大袋蛾(南大蓑蛾)新发生283.37公顷，主要发生在西乡塘区;油桐尺蛾新发生272.67公顷，主要发生在武鸣区、马山县、上林县、宾阳县，成灾90公顷，成灾区域为上林县三里镇、乔贤镇、塘红乡以及宾阳县和吉镇、中华镇、露圩镇;焦艺夜蛾新发生116.49公顷，主要发生在武鸣区;桉树枝瘿姬小蜂新发生36.46公顷，主要发生在武鸣区、马山县;红火蚁、椰心叶甲零星发生在城区公共绿地、公园;红棕象甲零星发生在隆安县;桉树溃疡病新发生61.45公顷，主要发生在武鸣区、隆安县、马山县，成灾12.27公顷，成灾区域为马山县光明山林场;桉树紫斑病新发生581.19公顷，主要发生在武鸣区、隆安县、马山县;八角炭疽病新发生233.33公顷，主要发生在上林县，成灾166.67公顷，成灾区域为上林县西燕镇;板栗疫病新发生83.93公顷，主要发生在隆安县;桉树青枯病新发生面积58.69公顷，主要发生在马山县、江南区。

【林业病虫害防治】 2016年，南宁市有森防检疫站8个，其中武鸣、宾阳、马山、横县、隆安为国家级中心测报点。南宁市投入林业有害生物防治经费106.60万元，监测调查面积9063.40万亩次，实施防治作业面积3628.60公顷。其中应用白僵菌、阿维菌粉等无公害农药实施防治作业面积3626公顷;实施种苗产地检疫1525.20公顷、木材调运检疫签证296.90万立方米。林业有害生物实际成灾面积268.94公顷，成灾率0.40‰。开展春、秋两季松材线虫病普查，松材线虫病监测调查面积646.60万亩次，发现和清除枯死松木193株，采集141个样本进行检验，未发现松材线虫。基本完成第三次全国林业有害生物普查。区县完成6轮以上的外业调查，调查863条线路，涉及114个乡镇(林场)、1508个村，调查小班4690个;完成调查点8552个，设置标准地7971个，调查代表面积1183.07公顷;调查苗圃241个、木材加工厂72个、古树名木103株、四旁绿化树1.37万株;采集各类病虫害标本2914份(昆虫标本2548份、病害标本318份、有害植物标本48份);整理有效影像资料1844张(昆虫影像资料1287份、病害影像资料460份、有害植物影像资料97份)。

【农村能源建设】 2016年，南宁市有农村能源管理推广机构48个(市级1个、县级14个、乡级33个)，管理人员168人(市级9人、县级81人、乡级78人)。累计建成农村户用沼气池50.60万座，适宜建池农户入户率71.20%。完成广西一遍天原种猪有限责任公司沼气工程;续建广西武鸣维尔利能源环保有限公司多元原料混合废液制备生物天然产业化试点工程、广西普乐福畜牧科技有限公司武鸣生猪标准养殖场大型沼气工程;开工建设宾阳县大桥永利养猪场沼气池工程、南宁市志创农牧有限责任公司龚懋慧托佩克猪养殖场沼气工程、广西南宁康泰畜牧养殖有限责任公司沼气工程;完成兴宁区三塘镇六村亘奇坡农村有机垃圾沼气化处理、隆安县那桐镇下邓村养殖粪污集中处理、宾阳县新桥镇新黄农村公厕沼气净化处理、宾阳县宾州镇七星村委平天村农村能源综

12月6日,广西一遍天原种猪场有限公司沼气工程现场　　市园林绿化局提供

合示范4个自治区财政投资项目。

(植菊芳)

畜牧业

【概　况】 2016年,南宁市实现牧业产值212.69亿元,比上年下降0.41%,占农林牧渔业比重30.87%;牧业农民人均纯收入1004元,增长9.80%。肉类总产量65.04万吨,减少1.32%;禽蛋产量3.95万吨,增长14.67%;牛奶产量5.05万吨,增长0.45%。生猪出栏417.41万头,减少3.80%;家禽出栏1.40亿羽,增长1.94%;牛出栏25.09万头,增长4.19%;羊出栏28.05万只,增长10.22%。生猪存栏417.50万头,下降3.78%;家禽存栏6559.06万羽,增长3.56%;牛存栏75.50万头,增长3.38%;羊存栏31.71万只,增长3.16%。

【畜禽产业转型升级】 2016年,南宁市生猪价格总体呈高位运行,生猪价格5月初最高,玉米、豆粕等大宗原料价格较同期偏低,猪粮比持续上升,养殖效益好,每头猪利润800元至1000元,养殖户补栏积极性高。家禽生产依托龙头企业,采取"公司+基地+农户"等多种模式,提高生产效率。全市有家禽养殖龙头企业8家、屠宰加工企业3家,"公司+农户"标准化规模养殖小区512个。

【畜禽标准化示范场创建】 2016年,南宁市组织6家养殖场创建标准化示范场,其中生猪养殖场2家、肉牛养殖场4家。至年末,累计有畜禽规模养殖场通过农业部畜禽标准化示范场30家,自治区级标准化示范场22家。

【生态养殖】 2016年,南宁市开展饮用水源保护区畜禽整治行动,整治清理规模场3家、非规模场30家。组织全市禁养区限养区划定和饮用水水源地及西江"一干七支"等江河流域的畜禽养殖污染摸底调查,安排畜禽标准化生态养殖示范项目32个,市财政补助1500万元,支持建设畜禽标准化栏舍、粪便污水处理及综合利用、防疫消毒、病死畜禽无害化处理设施;采取粪肥还田、制取沼气、制造有机肥等方法,综合利用畜禽养殖废弃物。完成投资4216.84万元,完成工程进度94%,竣工项目19个。督促区县承担减排任务的规模场建设粪污处理设施,建立和完善生产记录表、粪污处理设施相关文件及建设合同、畜禽粪便销售证明、运输记录、粪便销售合同、土地承包合同、粪便受纳土地合同等养殖减排档案。至年末,列入南宁市畜禽养殖污染减排计划任务17家规模化畜禽养殖场全部完成粪污处理设施建设。举办生态养殖培训班24期,培训1917人,创建自治区级现代生态养殖示范场19家。区县、开发区重新核实统计禁养区内畜禽规模养殖场基本情况。

【食草动物养殖】 2016年,南宁市羊出栏28.05万只,比上年增长10.22%;牛出栏25.09万头,增长4.19%;牛奶产量5.05万吨,增长0.45%。在青秀区、武鸣区、横县、宾阳县、隆安县5个区县发展节粮型草食动物养殖。中央财政投入980万元,实施南方草地畜牧业发展项目2个;市财政投入925万元,带动总投资1.27亿元,建设草食动物标准化养殖基地20个,建造标准化栏舍4万平方米,配套饲草加工车间、雨污分流设施、粪污处理和防疫消毒设施、牧草种植等。完成牛杂交配种5.20万头(本交4999头、人工授精配种4.70万头);生产杂交牛犊3.75万头(含本交);完成牛品种改良工作计划任务数106%;引进良种公羊41只,种公羊存栏5427只(良种公羊4053只),全年杂交配种17.12万窝次,生产羔羊15.53万只。

【生鲜乳管理】 2016年,南宁市50头以上规模奶牛养殖场(小区)有15家(个),存栏黑白花奶牛5742头、奶水牛2286头;牛奶产量5.05万吨。设生鲜乳收购站(点)10个(奶企奶站6个、养殖场奶站2个、合作社奶站2个),有生鲜乳运输车辆13辆。开展生鲜乳专项整治行动2次,出动人员312人次,检查奶牛养殖场22家次、运输车56辆次,奶站36个次;完成监督抽样任务1633批次,其中例行监测113批次、快速检测1520批次,主要检测生鲜乳中的三聚氰胺、β-内酰胺酶、皮革水解蛋白、碱类物质、青霉素残留、四环素残留等情况,检测合格率99.94%。

(黄　琦)

【畜禽强制免疫】 2016年,南宁市分别免疫生猪、牛、羊牲畜口蹄疫721.53万头、66.59万头、29.93万只,分别免疫鸡、鸭、鹅高致病性禽流感1亿羽、3170.56万羽、58.18万羽,免疫生猪猪瘟、高致病性猪蓝耳病分别为730.12万头、609.48万头,免疫家禽鸡新城疫9678.50万羽,免疫羊小反刍兽疫12.67万头。组织供应各类兽用疫苗2.19亿毫升(万头、万羽份),发放2.21亿毫升(万头、万羽份)。发放消毒药13.79吨,储备7.48吨。储备一次性防护服704套、口罩400个、手套1240副、动物尸体袋3145个、喷雾器18台、采样箱5个、冷藏箱(包)12个。上报家畜免疫副反应死亡猪22头、牛10头、羊2只,核发补贴6.64万元。全市无重大动物疫情发生。

【动物疫病监测】 2016年,南宁市春季完成禽流感抗体检测980羽份,抗体合格率99.40%;新城疫抗体检测570羽份,合格率98.30%;O型口蹄疫抗体检测475头份,合格率93.60%;猪瘟抗体检测270头份,合格率91.50%;亚I型口蹄疫抗体检测200头份,合格率91.50%;平均抗体保护率96.70%。秋季完成禽流感抗体检测980羽份,抗体合格率99%;新城疫抗体检测570羽份,合格率91.80%;O型口蹄疫抗体检测475头份,合格率79.40%;猪瘟抗体检测270头份,合格率95.60%;亚I型口蹄疫抗体检测205头份,合格率92.20%;平均抗体保护率92.70%。完成重大动物疫病免疫抗体血清监测5065份,抗体平均合格率23.60%;完成H7N9感染性抗体检测

2538份，未检出抗体阳性；完成动物疫病病原学检测9836份，未检出病原学阳性样品。上级业务部门采样任务完成采送样品3586份。

【人畜共患病监测】 2016年，南宁市完成奶牛“两病”（布鲁式病菌、结核病）监测。检测猪、牛、羊“布病”血清1.05万份（猪450份、奶牛8000份、羊2000份）和奶牛结核病8000份，对“布病”或结核病阳性牛、羊按规定进行无害化处理。向上级业务部门送检狂犬病犬血清和组织样各100份，开展宠物犬狂犬病抗体检测103份次，其中抗体阳性99例，抗体阳性率96.10%。

【动物检疫】 2016年，南宁市有生猪屠宰检疫申报点110个，正常开展电子出证工作申报点85个，实施比例77.27%；123个动物产地检疫申报点在溯源网上注册备案，正常开展电子出证工作的申报点121个，产地检疫电子出证实施比例98.37%。全市116个乡镇、1540个村、2987家规模养殖场（猪1230家、牛78家、羊56家、禽类1570家、其他53家）开展动物产地检疫，开展面100%。动物产地检疫申报受理率、到场实施检疫率均100%。开展产地检疫生猪203.54万头（检出并无害化处理病猪638头），牛4.13万头（检出并无害化处理病牛3头），羊1.92万头，禽8062.86万羽（检出并无害化处理病禽8677羽），其他4万头（只）；列入统计范围的畜禽屠宰场（点）150家（生猪110家、牛羊32家、家禽3家、其他5家），动物卫生监督机构全部入驻实施检疫，屠宰场（点）受检率100%。开展屠宰检疫生猪302.58万头（检出并无害化处理病猪1272头），牛羊7.51万头（只）（检出并无害化处理病畜21头），禽431.23万羽（检出并无害化处理病禽1638羽），其他5.26万头（只）。全市16个动物卫生监督机构办理动物卫生监督案件128件。自治区、南宁市、武鸣区共投入经费110万元（自治区52万元、南宁市43万元、武鸣区15万元），完成武鸣区13个动物检疫申报点规范化建设改造。

【病死动物监管】 2016年，南宁市生猪养殖监督无害化处理病死猪6.71万头，补助经费537万元。在武鸣区召开病死动物监管工作现场会，在全市范围内推荐武鸣经验。开展病死猪无害化处理补贴发放情况专项督查，加强对养殖环节病死动物无害化处理补助申报监管。

（李开鹏）

【兽药安全监管】 2016年，南宁市检查兽药生产企业、经营企业、诊疗机构及养殖场1152家，查处案件18件，查获假劣兽药产品0.82吨，货值金额5.30万元，罚没金额17.30万元；完成兽药质量抽检76批，检验合格率94.70%。　（林　贤）

渔　业

【概　况】 2016年，南宁市水产品产量26.12万吨，比上年增长2.65%，淡水产品产量居自治区第一。水产养殖面积2.75万公顷，减少3.70%。其中：池塘养殖面积1.18万公顷，增长2.59%；山塘、水库养殖面积1.40万公顷，减少1%；河沟养殖面积1532公顷，减少10.70%；其他养殖面积257公顷，增长29.80%。组织市渔政站开展执法48次，查处电鱼等违规捕捞案件29件；印发《南宁市水产养殖禁养区划定方案》；开展邕江网箱清理，拆解网箱3747个。

【渔业产业化生产】 2016年，南宁市投入1000万元，改造渔业基地基础设施，扶持建设标准化生态养殖示范基地和以生态黄沙鳖、淡水虾、泥鳅养殖为主的特色渔业示范基地17个，其中贫困区县、贫困村项目7个，安排资金425万元，占市财政计划投资42.50%。自治区下拨340万元用于开展稻田综合种养业示范，在武鸣区、横县、宾阳县、上林县、隆安县等地开展稻鱼种养示范面积66.07公顷。投产示范稻田、稻鱼综合种养产值较之前单纯种稻提升约38%。

【水产品安全监测与管理】 2016年，南宁市组织开展专项检查行动4次；完成664份水产品质量安全例行监测抽样任务，检测合格率100%。

【渔船监管与执法】 2016年，南宁市开展执法和安全检查行动289次（市级安全专项整治行动6次），排查渔船1200余艘次，发现安全生产隐患58处，完成整改58处。区县与渔船船主签订安全生产责任书，签订率100%；开展渔民安全培训3期、培训400人次，发放安全生产宣传单8000多份。完成渔船年度检验1680艘。全年未发生渔业安全生产事故。

（黄剑峰）

水　利

【概　况】 2016年，南宁市实施水利工程2832个，完成水利固定资产投资40.38亿元；列入中央水电增效扩容改造的19个电站完工验收；水利项目竣工验收1045个，其中农村饮水安全工程1028个、水库除险加固工程11个、小型农田水利工程6个，占验收项目总数79.29%。续建6座病险水库（水闸）除险加固，解决15.33万人饮水安全问题；完成中小河流护岸16.61千米，治理河道长度8.49千米；完成渠道硬化819千米，清淤渠道2049.58千米；新增灌溉面积1093.33公顷，恢复改善1.65万公顷。防御21号台风“莎莉嘉”等暴雨天气10次，减免受灾人口131.08万人，减淹农作物12.93万公顷，减少经济损失31.39亿元。完成《南宁市水利发展“十三五”规划》编制。“双高”糖料蔗基地水利化建设完成7106.67公顷，通过验收4286.67公顷。

【水利工程建设】 2016年，南宁市完成投资8277万元，水利工程建设完工174个；解决15.33万人饮水安全问题，其中建档立卡贫困人口2.34万人。投资2087.18万元，提前完成承办的自治区为民办实事饮水净化示范项目34个，11月21日至28日通过市级验收，区县、开发区2.89万农村人口受益。自治区投入资金350万元，完成横县大寨降水库与凤凰水库、宾阳县塘来水库与饭铺塘水库、马山县六花水库、邕宁区派丰水库6座水库进库道路建设，修建道路6.44千米。列入中央水电增效扩容改造的19个电站完工验收，水利项目竣工验收1045个，其中农村饮水安全工程1028个、水库除险加固工程11个、小型农田水利工程6个，占验收项目总数79.29%。

中央财政小型农田水利建设项目 结转2015年度项目5个，完成投资1.60亿元、完成率98.86%。其中：横县完成投资3431.13万元，完成率95%，受益灌溉面积1686.67公顷；上林县完成投资3635.92万元，完成率100%，受益灌溉面积1853.33公顷；隆安县完成投资3656.08万元，完成率100%，受益灌溉面积1513.33公顷；马山县完成投资2846.77万元，完成率100%，受益灌溉面积1753.33公顷；江南区完成投资2015.52万元，完成率100%，受益新增糖料蔗高效节水灌溉面积733.33公顷。2016年度项目5个，完成投资5873万元、完成率75.20%。其中：青秀区完成投资972万元，完成率61.78%实，实施面积840公顷；西乡塘区完成投资1329.85万元，完成率82.10%，实施面积673.33公顷；宾阳县完成投资150万元，完成率23.39%；上林县完成投资1062万元，完成率93.74%，实施面积454.07公顷；马山县完成投资2359.15万元，完成率83%，节水改造灌溉面积1840公顷。

“双高”糖料蔗示范基地高效节水灌溉项目　结转2014年项目39个，实施面积2666.67公顷。其中：江南区项目3个，200公顷；武鸣区项目20个，1000公顷；横县项目5个，333.33公顷；宾阳县项目7个，522公顷；上林县项目1个，100公顷；隆安县项目3个，500公顷。39个项目完成设计、审批，开工建设38个，完成投资4582.56万元；完工验收18个，市级核验1个。结转2015年项目110个，实施面积6020公顷。其中：江南区项目9个，1266.67公顷；武鸣区项目40个，1666.67公顷；横县项目20个，966.67公顷；宾阳县项目24个，900公顷；上林县项目11个，666.67公顷；隆安县项目6个，533.33公顷。落实资金1.61亿元，委托设计110个，完成初步设计110个、审批109个，开工65个，完成投资3602.25万元。横县、宾阳县、隆安县进入项目评审阶段。

农田水利建设项目　南宁市2016年至2017年度冬春水利建设计划投资8.21亿元，完成投资6.13亿元、完成率74.51%。出动机械台班73万个，投入劳动工日641万工日，完成土石方量开挖506.32万立方米；加固城区堤防6.34千米，新修建防渗渠道227.98千米，渠道清淤2049.58千米，新增高效节水灌溉面积6153.33公顷。市级财政投入农田水利建设4.49亿元，比上年增长13%；落实配套资金5673万元，推进中央、自治区农田水利建设项目建设；安排市本级农田水利项目8个批次，项目总投资3.92亿元，建设农田水利项目工程624个，农村饮水受益人口18.15万人，渠道防渗配套234千米，新增、恢复、改善灌溉面积1.39万公顷，高效节水灌溉面积1253.33公顷。

水库(水闸)除险加固工程　续建3座中型水库除险加固工程，总投资7788.42万元，完成投资5105.98万元、完成率65.56%。其中：隆安县布良水库完成投资2116万元，占批复总投资97.29%，工程完成待验收；武鸣区暮定水库完成投资1050万元，占29.77%；马山县大朗水库完成投资1939.98万元，占93%。新开工横县云表水库除险加固工程下达投资1000万元，12月25日开工建设。全市238座规划内一般小(2)型病险水库除险加固工程下达投资3.63亿元，其中中央投资1.02亿元、地方投资2.61亿元；13座新出险小型病险水库除险加固工程下达投资2413.21万元，其中中央投资2146万元、地方投资267.21万元；均基本完成建设任务。续建3座中型水闸除险加固工程，总投资5717万元，完成投资5028万元，完成率87.95%。其中：武鸣区明秀水闸累计完成投资1450万元、完成率89.40%，西江水闸累计完成投资2457万元、完成率91.20%；横县清江水闸完成投资1121万元，完成率80.01%。列入中央水电增效扩容改造工程的19个电站完工验收，考评合格，通过水利部、财政部抽检。

防洪工程建设　邕宁区防洪工程(一期)一段至四段完成收尾，蒲庙老城区蒲庙大桥至三星店堤段Ⅰ标，龙岗老城区崇柏岭至八尺江大桥堤段Ⅰ标、Ⅱ标完工验收；邕宁区防洪堤工程(一期)第五段(蒲庙新城区堤段)拟调至邕宁区防洪堤二期工程实施，开展前期工作。邕宁区龟山堤治理工程项目概算总投资2.52亿元(征地费1.14亿元)，累计下达投资1.30亿元，其中中央资金7009万元、自治区资金3500万元、市级资金2500万元；累计完成投资1.80亿元，占计划总投资71.65%；年度累计完成投资9460.85万元，完成率105.10%。仙葫半岛堤工程项目概算总投资1.68亿元，累计下达投资8000万元，其中中央4500万元、自治区2000万元、市级1500万元，累计完成投资7439万元，完成率44.21%。隆安县城区河道治理工程下达投资4500万元，其中中央资金2700万元、自治区配套资金900万元、市县配套资金900万元；项目分14个标段同时实施，主体工程完工，累计完成投资3455万元。

10月13日，邕宁水利枢纽工程施工现场　　市水利局提供

【水土保持管理】　2016年，南宁市实施小流域水土保持综合治理工程和水生态修复，改善贫困地区生态环境。实施中小河流治理工程16个，累计治理河道总长14.23千米，加固堤防3.16千米，新建堤防3.29千米、护岸45.96千米。其中：承接自治区为民办实事项目3个，累计完成河堤及护岸建设长度6千米(武鸣区锣圩河社区河段2.30千米、完成投资300万元，双桥河社区河段2.10千米、完成投资250万元；宾阳县新桥河宾州镇宝水江城北河段1.60千米，完成投资600万元)。审批生产建设项目水土保持方案294个，涉及水土保持责任防治范围3695公顷，弃土(渣)量4145万立方米，验收生产建设项目12个。开展生产建设项目监督检查524次，提出限期整改意见29份；调查处理水土保持案件32件，立案查处2件。对贫困县水土保持工程投入779.40万元，实施上林县马安小流域、马山县板老河国家水土保持重点工程，治理水土流失面积16.81平方千米。

【水资源管理】　2016年，南宁市实现邕江饮用水水源地达标建设和封闭管理；启动邕江饮用水水源地取水口上移前期工作。用水总量37.35亿立方米(不含直流火电冷却用水量4.26亿立方米)，比控制目标低1.43亿立方米；工业增加值996.73亿元(按2015年价)，比上年下降8.38%；农田灌溉用水有效利用系数0.479，比考核目标0.475高0.004；全市重要江河湖泊水功能区水质达标，17个重点水功能区监测点达标，列入考核的郁江横县—贵港、清水河宾阳—来宾2个跨设区市交界河流交接断面水质水量合格；城区15个主要饮用水水源地水质监测达标率100%；新增对48个规模以上入河排污口、市区18条内河入邕江汇合口和9个区县河流交界断面水质监测。完成449个1000人以上农村饮用水水源保护区划定；完成西乡塘区金陵镇、邕宁区马峦江，宾阳县露圩镇、邹圩镇饮用水水源保护工程建设；开工建设马巢河—凤凰江连通运河综合整治工程；实施市区内河湖泊黑臭水体整治;启动水生态文明城市建设试点验收迎检,委托第三方编制试点评估报告,待水利部验收。征收水资源费2381万元,下达取水许可证取水计划655套,录入台账取水许可证713件;办理新增或延续取水许可129件(套),其中市本级核发南宁大沙田供水公司、10个重点中型灌区等18个新发、变更、延续项目的取水许可证,完成污水处理厂入河排污口设置审查9项。安排取水许可计量监控监测点248个,监控取水量4.13亿立方米;安排市级重点取水许可计量监控点,实现规模以上取水户计量全程监控;将月用水量在1000立方米以上的用水单位纳入计划管理范围,下达3340个计划用水单位用水计划在《南国早报》公告。城区供水管网长度2775.36千米,其中新建60千米,供水量4.81亿立方米,漏损量5750万立方米,管网漏损率11.96%。完成城市生活节水重点工程"南湖公园南门景观工程""国际会展中心提升工程"建设,年节水量42万立方米;完成 "埌东污水厂提标升级改造工程(南湖－竹排冲水系环境综合整治工程子项目补水工程)"建设,年替代水量9000万立方米。完成市水资源承载力评价、地下水利用与保护规划、"十二五"节水型社会建设终期评估编制并通过自治区技术审查,编制《南宁市水资源保护规划报告》。

【抗洪救灾】 2016年,南宁市遭受10次洪涝灾害,89个乡镇(街道)受灾,受灾人口18.80万人,因灾死亡4人;因灾倒塌房屋255间,转移人口159人;农作物受灾面积1.43万公顷,成灾面积3680.90公顷,绝收440公顷,因灾减产粮食1.10万吨;直接经济损失7864.37万元,其中农业损失4976.47万元、水利损失489.54万元。洪涝灾情属于较短期、局部性灾情,属受灾较轻年份;入汛稍早,大多数江河4月下旬出现第一场明显的洪水过程;郁江上游控制站南宁水文站6次洪水均未超过警戒水位,且都低于历年最高水位均值,全年水位最高值70.25米,属于偏枯水年景。超警戒水位的监测河段2个,其中郁江邕宁河段超警1次,清水河邹圩河段超警1次。年初,全市水库有效蓄水量11.31亿立方米,占有效库容67.80%;2月中旬至5月下旬9.14亿立方米,为全年最低值;9月12日有效蓄水量11.71亿立方米,为年内最高值。

6月3日至9日,上林县、横县、宾阳县、青秀区、良庆区、武鸣区、兴宁区、马山县、邕宁区、江南区受灾,受灾人口6.60万人,因灾死亡2人,紧急转移安置235人;农作物受灾面积2267.07公顷,成灾面积571.79公顷,农作物绝收96.33公顷,毁坏耕地23公顷,因灾死亡大牲畜2头,倒塌农房45户91间,严重损坏农房14户39间,一般损坏房屋4户7间;直接经济损失885.31万元。8月5日至15日,邕宁区、良庆区、武鸣区、横县、宾阳县、上林县、马山县、隆安县受灾,受灾人口6.38万人,因灾死亡1人,紧急转移147人;农作物受灾面积3984公顷,成灾面积2900.89公顷,绝收155.63公顷;倒塌房屋47户88间,严重损坏房屋19户37间,一般损坏房屋15户20间;直接经济损失2904.09万元。10月22日,青秀区、江南区、良庆区、邕宁区、宾阳县、横县、隆安县、上林县8个区县受灾,受灾人口4.08万人,因灾死亡1人,因灾伤病2人,紧急转移安置52人(分散安置);农作物受灾面积5265公顷,成灾面积533.03公顷;倒塌农房18户42间,严重损坏农房5户9间,一般损坏农房1户1间;直接经济损失1016.19万元。

期间,南宁市完善"预警到乡、预案到村、责任到人"防汛体系建设,加强地质、山洪灾害多发区和隐患点监测巡查。启动气象灾害(台风)三级应急响应2次,市防汛抗旱指挥部启动防御台风三级应急响应2次,城市防洪、洪涝灾害IV级应急响应各1次。全市实行24小时防汛值班、领导带班制度,完成748座水库、水利工程防汛备汛检查;发送预警短信3.50万条次,举行防汛抢险应急演练2次;全市23个低洼易涝路段设置积水警示标志,安排人员提前蹲点守候,疏通管道约68千米,清掏进水井7393座,安装防坠网2.10万多个,排查治理景区事故多发点段、危险路段,加强对满水陆(桥)、边坡塌方、邻水临崖等危险路段的巡查,严禁车辆冒险通行;关闭无安全保障的旅游景区及水上旅游项目,要求渔船作业人员台风期间停止作业,各养殖点加固拦网。全市减免受灾人口131.08万人,减淹农作物面积12.93公顷,减少直接经济损失31.39亿元。

【抗旱救灾】 2016年,南宁市受前期降雨偏少、时空分布不均影响,春耕与4月份局部地区受旱,但未对群众生活生产、农业生产造成大的影响。受旱程度、面积均为历年较小,属轻旱年份。9月,部分地区降雨量较往年同期大幅度偏少,农作物、经济作物受旱严重。10月13日,马山县、上林县、邕宁区受旱,受旱人口7.67万人,造成人口2259人、大牲畜882头饮水困难;农作物受灾面积2.74万公顷,成灾面积1.89万公顷,绝收面积1005.80公顷,直接经济损失1002.44万元。投入抗旱人数19.65万人,投入抗旱机电井1000眼,泵站825处,机动抗旱设备5.20万台(套),装机容量26.90万千瓦,机动运水车辆0.90万辆次;投入抗旱资金660万元,抗旱用电258万度,抗旱用油1234吨;抗旱浇灌面积1193.33公顷,解决人畜饮水困难1.73万人、0.83万头。

【水行政执法】 2016年7月1日,《南宁市水库管理条例》施行(2015年11月20日市第十三届人民代表大会常务委员会第三十一次会议通过,2016年5月25日广西壮族自治区第十二届人民代表大会常务委员会第二十三次会议批准)。完成邕江河道水政管理监控系统项目前端监控站点建设32个,全线分布高清摄像头120个,建立后台视频监控智能应用系统、邕江河道视频监控中心;配合开展邕江两岸开发整治,复查砂场27座;与市港航、横县、隆安县、马山县水政监察大队开展联合执法巡查20余次,查处非法采砂案件58件、非法采砂船舶9艘,罚款24.80万元。组织开展邕江河道巡查365人次,制止水事违法违章事件26起,发出《整改通知书》29份,发出《责令停止水事违法行为通知书》54份,发出《限期清除妨碍行洪障碍物告知书》51份,发出《限期清除妨碍行洪障碍物决定书》29份,发出《限期拆除违法建筑物通知书》2份,拆除违章搭建房屋330平方米,拆除构筑物40立方米。开展生产建设项目水土保持专项执法检查524次,下发限期整改通知书29份,查处水土保持案件32件,罚款23万元,征收水土保持补偿费177.28万元。查处水资源案件5件,罚款8.46万元。协商解决水事纠纷1起。开展在建水利工程质量与安全督查120次,下发整改通知53次,受理办结行政审批事项218件。

【龙潭水库综合整治】 2016年5月23日,南宁市印发《关于印发南宁市龙潭水库饮用水水源地专项整治工作方案的通知》;5月31日,江南区环保局对涉嫌违法排污的南宁市敬东养猪场进行立案调查。8月,江南区政府到德恒生物科技有限公司养猴场调查摸底登记其建(构)物及存栏养殖食蟹猴情况,严禁养殖场再新引进食蟹猴养殖,对繁育种猴进行隔离养殖,原则上不再新繁育幼猴仔,并对原有的猴子登记造册;严禁新建猴舍、配套设施及对现有猴舍进行改建、扩建;做好搬迁测算及评估。9月,库区市敬东养猪场、市世丰养殖场、市合心养殖场、莫世明养殖场4家养猪场养殖栏舍拆除,龙潭库区涉及江南区范围畜禽养殖场清理完毕。东方红饲料有限公司罗村猪场完成搬迁。市德恒生物科技有限公司养猴场完成搬迁1800多只食蟹猴,清空2栋猴舍,完成养猴场建筑物及配套设施资产评估、搬迁评估。

【大王滩国家湿地公园试点建设】 2016年,南宁市累计投入1亿多元开展大王滩环境综合整治及湿地保护与恢复建设。6月21日,市大王滩水库管理处加挂“广西南宁大王滩国家湿地公园管理处”牌子。完成《南宁大王滩国家湿地公园保护条例(草案)》列入立法计划;完成《广西南宁大王滩国家湿地公园环境影响报告书(送审稿)》环评网站公示;《广西南宁大王滩国家湿地公园湿地保护与恢复工程项目可行性研究报告》通过自治区林业厅评审。划定大王滩国家湿地公园试点建设边界;落实市财政资金752万元,开展总体规划、环评、详规、可研编制及评审等;落实市财政资金2672.04万元,开展库区园区工业污水、水面环境、库岸养殖、库汊拦坝、农林业种植、库区生活污水、违法违规捕鱼等综合整治,实施生态护岸、生态示范、水土保持工程等。中央财政安排林业补助资金300万元,完成《2016年中央财政林业补助资金—广西南宁大王滩国家湿地公园湿地保护与恢复项目实施方案》并通过评审。开展宣传、演出活动20多场次,发放宣传资料5000多份,建立永久性宣传牌20多块,出版黑板(墙)报4期,张贴宣传标语(横幅)100多条。对项目区已建立的9个雨量监测站(点)、2个水文监测站的水文、气象、雨量监测,委托广西绿保公司按月检测项目区内10个断面水质;委托广西新桂公司按季度检测重点区域水质;建立双鱼良、新桥、那花3个监测管理站。聘请广西大学、广西林业勘测设计院等机构开展野生动植物监测。拆除库汊拦坝664座,改造林用地112公顷。采用复合型生态浮岛净化技术,构建水生态循环系统,治理取水口水域水生态,改善新桥库汊取水口水质及周围环境。改造功能区交通道路,美化沿坝路段安全防护栏,安装太阳能路灯,实施库岸护坡生态治理,建设标准公共厕所。

【小型水利工程管理体制改革】 2016年9月,马山县作为广西小型水利工程管理体制改革试点县通过自治区验收,完成水利工程确权2670个,其中小型水库51个、人饮工程831个、小水电站5个、山塘1783个;85%以上工程明确工程产权,90%以上工程落实工程管护主体和责任,90%以上的工程落实管护经费;涉及公共安全的工程,明晰产权、落实管护主体、责任和经费的工程数量占比不低于95%;相关利益方对改革满意度93%;发证率100%。将改革前41个村屯自行管理工程收归国营水管所管理,解决涉及公共安全的水利工程51个中小型水库管护主体、安全责任问题。其他区县(开发区)开展改革,出台改革实施方案、成立改革领导小组,启动摸底调查。 (卢明发)

【水库移民】 2016年,南宁市涉及移民搬迁的大中型水利水电工程51座(处),有大中型水库移民11.54万户46.08万人;分布在五县七城区和南宁高新区、南宁经开区,涉及96个乡镇、499个村民委员会、3268个村民小组;核定登记大中型水库移民后期扶持人口指标40.07万人。

库区维稳 处理群众来信来访31件、人(来信18件、来访13批36人),比上年下降11.40%,办结率100%;办理上级交办信访件6件,办结率100%。开展政策法规宣传活动4次,发放《水库移民政策法规百问百答》等书籍1.66万册,接受群众现场咨询1100多人次,累计受教育移民5540多人。开展水库移民项目社会稳定风险评估441项,涉及投资2.27亿元。

移民安置 累计完成邕宁水利枢纽工程库区淹没征地实物指标分解到户636.63公顷、签订征地补偿协议607.18公顷;专项设施复改建或一次性补偿项目完成复核,进入实施阶段;防护工程完成招投标9段,完成库区规划淹没征地图斑、图幅完善;完成3段新增坍岸防护工程水下部分抢建,完成投资1807.39万元;完成跨江电力通信线缆迁改建设。完成14处跨江电力通信线缆迁改,通过验收并运营,完成投资2014.56万元。

大中型水库移民后期扶持政策 编制完善区县后期扶持“十三五规划”;核定后期扶持人口自然减员2.15万人。10月20日,发放2015年第四季度、2016年第一至第三季度后期扶持补助资金2.40亿元,受益移民40.07万人。至年末,落实发放第四季度后期扶持资金。

水库移民新村建设 完成自治区下达南宁市为民办实事水库移民新村建设工程项目162个,完工率100%,完成投资1.13亿元,完成投资率100%,受益人口5.55万人(受益移民5.20万人)。

基础设施建设 自治区安排南宁市大中型水库移民基础设施建设项目39个,总投资2433.50万元,其中21个项目完成,18个项目(投资1238万元、建设规模24.42千米)在办理建设手续。完成市本级财政水库移民基础设施建设项目74个(村屯道路项目69个、人饮工程项目5个),总投资3578万元(市级资金3000万元、区县配套254.10万元、群众自筹308.90万元)。完成水库移民“村屯绿化”示范点建设项目80个,累计种植苗木1.65万株,完成投资1806万元;完成大中型水库移民分散居住旧房改造项目10个,补助资金20.40万元。

水库移民教育培训 开设种养技术和低压电工、焊接工、汽车修理、月嫂等工种培训班,培训水库移民6295人次,其中依托学校培训水库移民1063人,依托社会培训机构组织培训移民5232人次;转移就业716人。

水库移民脱贫攻坚建设 完成自治区下达南宁市水库移民脱贫攻坚建设通屯道路项目55个、125千米,总投资3443.50万元,解决29个移民贫困村、22个村民小组、3.22万人行路难问题。

水库移民增收 完成水库移民收入

5月19日,市人大副主任温守荣(前中)在大沙水库移民村检查指导 陈有定 摄

倍增计划项目39个，计划扶持资金491万元。其中："一村一品"项目7个，扶持移民资金395万元；微型企业项目32个，扶持资金96万元。推行移民信贷扶持贴息试点，安排水库移民信贷扶持贴息资金350万元。 （市水库移民局）

工 业

综 述

【概 况】2016年，南宁市实施"工业强市"战略，推进工业结构调整、转型升级，工业经济实现"十三五"平稳开局。全部工业总产值完成3628.07亿元，比上年增长8.68%；全部工业增加值完成1063.14亿元，增长5.60%。规模以上工业总产值完成3537.05亿元，增长8.83%，规模以上工业增加值完成1028.55亿元，增长5.70%。工业增加值占GDP比重28.71%。工业投资完成999.60亿元，增长3.97%，总量自治区排名第一；技术改造投资完成771.55亿元，增长13.03%，总量居自治区第二。规模以上工业企业954个，增长1.81%。全市工业园区实现规模以上工业总产值3007.07亿元，增长11.08%，占全市规模以上工业总产值85.02%。南宁高新技术产业开发区、南宁经济技术开发区、广西－东盟经济技术开发区完成产值1913.96亿元，占全市比例54.11%，比重提高3.88个百分点，平均增长17.24%。七城区产值平均增长1.59%，五县平均下降2.04%。电子信息、机械装备制造、生物医药三大重点产业完成规模以上工业产值1328.70亿元，增长16.29%，总量占全市37.57%，比重上升2.41个百分点。产值超亿元企业633家，完成产值3393.05亿元，增长11.78%，对全市规模以上工业增长的贡献率124.57%；产值超10亿元企业53家，其中富士康南宁公司产值突破320亿元，成为全市首家产值超300亿元企业。规模以上万元工业增加值能耗0.47吨标准煤，下降5.76%。

【工业主要经济指标】2016年，南宁市全部工业总产值完成3628.07亿元，比上年增长8.68%，其中完成规模以上工业总产值3537.05亿元，增长8.83%。完成全部工业增加值1063.14亿元，增长5.60%，其中完成规模以上工业增加值1028.55亿元，增长5.70%。规模以上工业企业954家（轻工业企业437家、重工业企业517家）；实现主营业务收入3280.56亿元，增长8.51%；实现利润211.20亿元，增长4.15%；规模以上工业企业从业人员平均人数24.11万人。 （王 艳）

【重点产业规划】2016年，南宁市工业和信息化委员会编制印发《南宁市工业和信息化发展"十三五"规划》，明确今后5年南宁市工业和信息化发展的总体思路，提出发展目标、发展路径、主要任务及保障措施。组织编制《南宁市铝加工业发展"十三五"规划》《南宁市电子信息产业发展"十三五"规划》《南宁市生物医药产业发展"十三五"规划》《南宁市机械装备制造业发展"十三五"规划》《南宁市食品加工业发展"十三五"规划》《南宁市清洁能源产业发展"十三五"规划》《南宁市工业园区发展"十三五"规划》《南宁市战略性新兴产业发展"十三五"规划》《南宁市传统优势产业转型升级发展"十三五"规划》《南宁市生产性服务业发展"十三五"规划》10个重点产业专项规划，作为对《南宁市工业和信息化发展"十三五"规划》的补充和延伸。 （曹春晓）

【技术改造投资】2016年，南宁市完成工业投资999.60亿元，比上年增长3.97%；其中制造业投资完成880.30亿元，增长5.48%。全市完成技术改造投资771.55亿元，增长13.03%。（统计口径变更）工业投资和制造业投资总量居自治区14个地市第一，技改投资居自治区14个地市第二。电子信息、机械装备制造（含铝深加工）、生物医药三大重点产业投资占全市工业投资38.12%，提高1.97个百分点；总量增长9.64%，比全市工业投资增速高5.67个百分点。企业重点对产品升级、智能化等方面进行技术改造，明匠智能制造、哈工大智能机器人、广西石墨烯研究院落户高新区。

【工业项目建设工程】2016年，南宁市实施"工业项目建设工程"，推进100个新开工和50个续建重点工业项目建设，新项目开工86个，其中亿元项目58个；续建项目复工44个，其中亿元项目40个；投产42个，其中亿元项目27个。全市"工业项目建设工程"项目完成投资125.23亿元，累计完成243.07亿元。富士康南宁科技园千亿元电子信息产业园、南南电子汽车新材料精深加工、南宁源正全铝车身新能源汽车生产基地、南宁中车轨道交通装备（一期）、皇氏乳业华南中央工厂、华润怡宝健康饮品广西生产基地、海王集团南宁保健品产业园、研祥集团＆科技装备业商会东南亚总部集群、南宁八菱科技股份有限公司乘用车中冷器生产线、南宁燎旺车灯有限责任公司生产基地技改等项目有序推进。广西南南铝加工有限公司高端铝材产品进入航空航天、高铁、地铁、轮船、汽车、IT等领域，成为苹果电

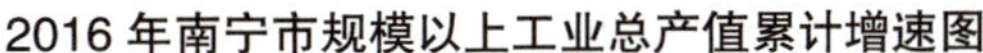

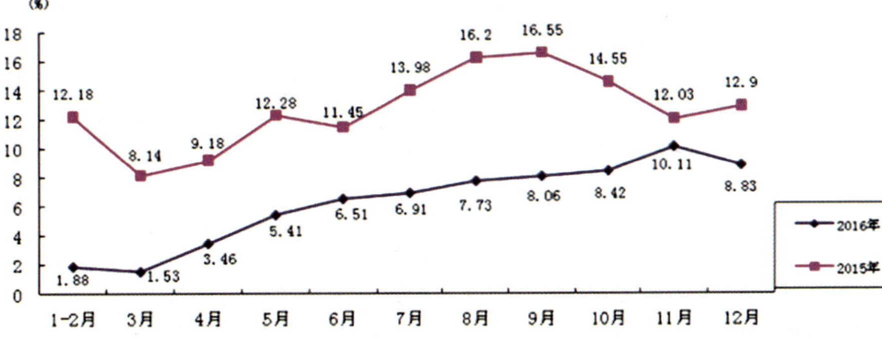

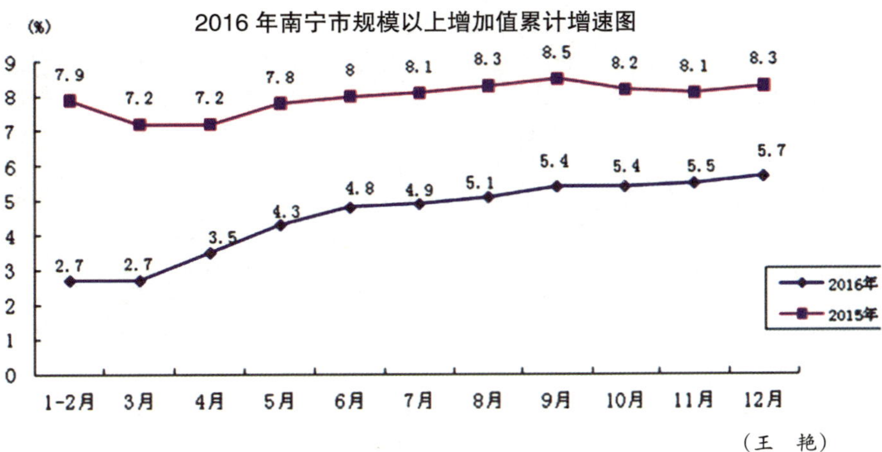

（王 艳）

2016年南宁市主要工业产品产量情况

产品名称	计量单位	产 量	比上年增长 ±%
成品糖	吨	928732	-14.70
罐头	吨	85211	-15.80
软饮料	吨	2123323	7.30
啤酒	千升	366854	-18.20
卷烟	万支	3623500	-1.70
纱	吨	34156	4.80
配混合饲料	吨	6193326	13.90
人造板	立方米	9263230	11.00
纸浆	吨	250319	-8.20
机制纸及纸板	吨	216865	-18.90
水泥	吨	15781957	-3.40
平板玻璃	重量箱	5200647	-15.60
铝材	吨	382905	33.80
小型拖拉机	台	119369	-2.90
电力电缆	千米	2410489	13.30
乳制品	吨	191827	7.30
合成复合肥料	吨	1385894	-6.38
塑料制品	吨	926605	17.40
商品混凝土	立方米	28666779	5.45
发电机组(发电设备)	千瓦	51100	-43.30
配电或电器控制设备	台(套、面)	351577	56.93
家用电风扇	台	322214	-11.20

子产品、特斯拉、宝马、美国HEIL、西飞国际、中车、比亚迪等国内外知名企业的供应商。源正新能源汽车下线全铝车身新能源客车超过400台，实现“南宁公交南宁造”；中车轨道装备完成13列地铁车辆制造，实现“南宁地铁南宁造”；南宁制造业开始由中低端向中高端转型升级。 (曾小妮)

【技术创新与新产品开发】 2016年，南宁市工业完成技术创新项目410项，完成技术开发总投入11.33亿元。认定南宁市工业新产品123个，3年有效期内的南宁市工业新产品428个；获认定自治区工业新产品100个，占自治区获认定工业新产品总数40%，3年有效期内的广西工业新产品259个，数量居自治区之首。广西南南铝加工有限公司获2015年度南宁市技术创新标杆企业奖，南宁燎旺车灯有限责任公司、广西南宝特电气制造有限公司获2015年度南宁市技术创新优秀企业奖；广西田园生化股份有限公司“0.06%噻虫胺颗粒剂(药肥)”、广西南南铝加工有限公司“钎焊式用铝合金箔双铸造组织热轧复合坯料”2个产品获2015年度南宁市新产品优秀成果奖一等奖；南宁燎旺车灯有限责任公司“五菱CN200型多功能跨界车系列灯具”、广西捷佳润科技股份有限公司“智能高效节水滴灌设备”、南宁八菱科技股份有限公司“挂耳式密封圈乘用车散热器”3个产品获2015年度南宁市新产品优秀成果奖二等奖；广西壮族自治区化工研究院“特微分子右旋糖酐铁注射液”、广西申能达智能技术有限公司“太阳能高温热泵系统”、广西昌弘制药有限公司“双花草珊瑚含片”、广西南宝特电气制造有限公司“S13-M.RL系列立体三角形卷铁芯节能环保型三相变压器”、广西新晶科技有限公司“超微细无毒无公害磷硅酸铝钙系列防锈颜料”5个产品获2015年度南宁市新产品优秀成果奖三等奖。新认定市级企业技术中心13家，市级企业技术中心总数累计83家；新认定自治区级企业技术中心9家，自治区级企业技术中心总数累计80家，居自治区之首。广西田园生化股份有限公司、广西博世科环保科技股份有限公司2家企业认定为国家技术创新示范企业；广西南南铝业股份有限公司、南宁八菱科技股份有限公司2家企业认定为广西技术创新示范企业，广西技术创新示范企业累计8家。广西金雨伞防水装饰有限公司的“西牛皮XINIUPI及图”认定为中国驰名商标，南宁市的中国驰名商标拥有数累计4件；广西顺来茶业有限公司“周顺来”等71个工业企业产品商标认定为2016年广西著名商标，3年有效期内的广西著名商标累计143个。广西南南铝箔有限责任公司“南南牌铝及铝合金箔”等30个工业产品被认定为2016年广西名牌产品(新增27个、复评3个)，3年有效期内的广西名牌产品86个。广西源正新能源汽车有限公司、广西昌弘制药有限公司、广西祖昌门业有限公司列入全国工业品牌培育试点企业。南宁市有10家工业企业拥有国家认可实验室，1家工业企业拥有国家重点实验室(明阳生化)。南宁市有61个项目获自治区工业和信息化委员会立项，其中7个项目获自治区产业化资金扶持，扶持资金560万元。全市有48个新产品新技术研发项目通过自治区工信委鉴定验收(技术达到国内领先水平22项、达到国内先进水平23项)，技术水平达到国内先进的项目占93.75%；37项市级新产品、新技术项目通过鉴定(技术达到国内领先水平19项、达到国内先进水平16项)，技术水平达到国内先进的项目占94.60%。 (农 湉)

【亿元工业企业建设】 2016年，南宁市产值超亿元工业企业有633家，占规模以上工业企业66.35%；产值超百亿元工业企业2家(富士康集团产值首次突破300亿元，广西中烟工业有限责任公司南宁卷烟厂产值超过100亿元)，产值50亿元～100亿元工业企业2家，产值20亿元～50亿元工业企业16家，产值10亿元～20亿元工业企业33家，产值5亿元～10亿元工业企业105家。亿元企业完成产值占全市95.93%，比上年上升2.53个百分点，平均增速11.78%，高于全市2.95个百分点，对全市规模以上工业增长的贡献率124.57%。南宁市选择一批年产值10亿元以上的传统骨干工业企业和产值增速较快的新兴重点工业企业进行培育发展，在技改贴息、技术创新补助、融资推介、土地供给等方面给予优先倾斜和扶持；健全和完善服务企业和企业减负长效机制，帮助亿元企业协调解决征地、拆迁、融资、煤电油运等方面的困难和问题，重点支持55家企业进入亿元企业行列。市四家班子领导带队成立服务队23个，联系服务重大工业项目21个、重点工业企业21家，召开现场会及专题会议8次，现场调

研45次，帮助工业项目和工业企业解决困难和问题49项。（廖 斌）

【中小工业企业扶持】 2016年，南宁市中小工业企业完成工业总产值2736.75亿元，比上年增长8.64%，占全市工业总产值75.43%。南宁市“两台一会”（以南宁市中小企业服务中心为融资平台，南宁市南方担保公司为担保平台，南宁市企业信用协会为推介平台，共同搭建起中小企业贷款平台）中小企业贷款平台，累计直接解决中小工业企业流动资金贷款120.67亿元，比上年增加28.24亿元，增长30.55%，服务800多家中小企业，贷款余额32.82亿元；审核批准230户中小企业进入融资项目库、132家企业纳入重点中小企业池。建立成长型中小企业融资需求项目库；组织银企座谈会13场，到区县、开发区开展融资需求现场联合调研，收集300户中小企业贷款需求信息，贷款需求总额40亿元。互联网金融服务“助融贷”解决平台小微企业小额短期贷款需求，解决296家（笔）企业5.42亿元的短期、急用资金缺口；向北部湾产权交易所推荐10户企业挂牌，向浙商证券、国开证券推荐5户企业，争取为企业在新三板市场融资；与南宁市“两台一会”平台合作的金融机构13个，助保贷合作银行6个，委托贷款业务合作银行12个，担保公司6个。投入中小企业公共服务平台建设和运行资金8.02亿元（含“两台一会”中小企业贷款平台配套资金8000万元、南宁市中小企业集群网网站维护费用90万元、中小企业公共服务平台建设资金100万元、中小企业培训资金50万元）。市工信委与市财政局联合下发《关于开展2016年南宁市稳增长中小企业流动资金贷款贴息申报工作的通知》，组织77家企业申报，涉及贷款额度约14亿元，主营业务收入超100亿元，对35家企业（贷款额度6.67亿元）给予总额1999.67万元的流动贷款贴息，缓解中小企业的融资贵难题。市工信委编制《南宁市小微企业创业创新基地城市示范实施方案》《南宁市产融合作试点城市实施方案》，分别申报国家小微企业创业创新基地示范城市、产融合作试点城市；组织全市中小企业（担保公司、银行）申报2016年自治区中小企业发展（农产品）专项资金、脱贫攻坚项目、自治区担保风险补偿金、自治区小企业贷款风险补偿金，审核推荐51个项目申请各项补助扶持资金7849.06万元。南宁市有34个中小企业（项目）获自治区中小企业专项扶持资金4911.72万元（含3000万元自治区中小企业信贷引导资金）。

（莫逸云）

食品工业

【概 况】 2016年，南宁市食品工业有规模以上企业212家（农副食品加工业131家、食品制造业36家、饮料制造业43家、烟草制品业2家）。规模以上食品工业企业实现工业总产值851.87亿元，比上年增长6.61%，占全市工业总产值24.08%；实现主营业务收入781.18亿元，增长3.36%；利润总额45.76亿元，下降13.35%。主要食品工业产品产量：成品糖92.87万吨，下降14.70%；乳制品19.18万吨，增长7.30%；软饮料212.33万吨，增长7.30%；啤酒36.68万千升，下降18.20%；卷烟362.35亿支，下降1.70%；配混合饲料619.33万吨，增长13.90%。

农副食品加工业完成工业产值484.43亿元，增长5.29%；工业增加值107.28亿元，增长4.13%；主营业务收入443.06亿元，增长1.60%；利润总额18.45亿元，下降7.14%，从业人员平均人数2.59万人。食品制造业完成工业产值103.19亿元，增长9.61%；工业增加值27.60亿元，增长6.81%；主营业务收入109.49亿元，增长12.58%；利润总额9.47亿元，增长10.37%，从业人员平均人数8331人。饮料制造业完成工业产值146.02亿元，增长15.04%；工业增加值42.54亿元，增长8.24%；主营业务收入129.23亿元，增长15.41%；利润总额11.21亿元，下降7.88%，从业人员平均人数1.12万人。烟草制品业完成工业产值118.23亿元，增长0.07%；工业增加值94.60亿元，下降0.11%；主营业务收入99.40亿元，下降9.69%；利润总额6.63亿元，下降45.62%，从业人员平均人数1349人。

【技术改造与投资】 2016年，南宁市食品工业完成投资155.72亿元，比上年增长15.58%，占全市工业投资比重10.38%。主要续建项目：华润怡宝饮料（中国）有限公司总投资6亿元的健康饮品广西生产基地项目；南宁统一企业有限公司总投资4.40亿元的统一食品二期饮料系列产品生产项目；广西皇氏集团股份有限公司总投资4.20亿元的皇氏乳业华南中央工厂项目；广西巴马丽琅投资有限公司总投资2.01亿元的生态科技饮品生产建设一期项目；南宁富莱欣生物科技有限公司总投资2亿元的保健食品生产研发基地项目；广西铂洋香蕉股份有限公司总投资2亿元的年产10万吨香蕉浆、3000吨香蕉粉项目；南宁淮南王豆奶有限责任公司总投资1.50亿元的年产10万吨豆奶生产项目；广西南山白毛茶茶业有限公司总投资1.35亿元的年产4000吨茶叶系列产品加工异地搬迁技术改造项目。新开工项目：南宁市储备粮管理有限责任公司总投资7.90亿元的万象粮油食品加工仓储基地项目；正大集团总投资4亿元的正大广西3000万羽肉鸡屠宰加工项目；广西思蜜缇食品有限公司总投资2.02亿元休闲食品生产项目；广西石埠乳业有限责任公司总投资1.20亿元的蛋白饮料、谷物饮料加工迁建项目；广西横县北京张一元茶业有限责任公司总投资1.20亿元的年产4000吨茉莉花茶技改项目；广西和盈农牧有限公司总投资1.02亿元的饲料生产及配送项目。

【技术创新与产品开发】 2016年，南宁市食品工业中列入自治区技术创新项目14个：广西中烟工业有限责任公司的基于大数据分析的精准营销决策支持方法研究项目，基于主数据分发管理的企业数据集成资源服务平台项目，近红外光谱技术在进口烟叶替代中的研究及应用项目，广西烟草叶组配方物理保润性能应用技术研究项目，烤烟原料吸湿的化学物质基础研究及其应用项目，基于科研数据的研发管理信息平台项目，海洋生物减害材料在真龙高端卷烟中的应用项目，打叶复烤、片烟仓储的质量控制分析及查询评价系统与软件开发应用项目，卷烟物理指标检测一致性研究与应用项目；广西农垦糖业集团良圻制糖有限公司的甘蔗渣磷酸法生产木糖新技术研究项目、制糖过程磷酸添加系统研发项目；广西华兴食品有限公司的鸭肉去腥护色的方法研究项目、鸭子屠宰后冷干方法研究项目、应用于家禽脱毛的食品级脱毛蜡回收再利用的方法研究项目。通过自治区认定的企业技术中心有广西壮牛水牛乳业有限责任公司技术中心、广西农垦糖业集团良圻制糖有限公司技术中心；通过南宁市认定的企业技术中心有广西南山白毛茶茶业有限公司技术中心、南宁市万宇食品有限公司技术中心。认定为自治区工业新产品的有广西中烟工业有限责任公司的真龙（起源）、真龙（龙天下）、真龙（清云），皇氏集团股份有限公司的摩拉菲尔醇养、利乐砖大红枣酸乳、爱壳包益生菌原味酸奶，南宁富莱欣生物科技有限公司的钙维生素D叶酸咀嚼片、纤纤片、钙镁维生素D咀嚼片（成人型）、钙镁锌咀嚼片、天天素颗粒、多种维生素矿物质片（孕晚期）、钙加维生素C咀嚼片、钙铁锌硒咀嚼片、螺旋藻颗粒、多种维生素矿物质片（乳母期），广西恩度高科技股份有限公司的冻干芒果南瓜派、冻干草莓香芋派、冻干苹果胡萝卜派、冻干番石榴、冻干枸杞、冻干豌豆,广西高源淀粉有限公司的环保型醋酸酯淀粉、乙酰化二淀粉磷酸酯,广西南宁人人想食品有限公司的无硫淮山干(粉)、原味香蕉干,广西南山白毛茶茶业有限公司的南山红茶、圣种六堡黑茶、南山岩茶。认定为市级工业新产品的有南宁富莱欣生物科技有限公司的小麦胚芽油天然维E软胶囊、祛黄褐斑片、复合海洋鱼低聚肽粉、复合玉米低聚钛粉、复合大豆蛋白玉米低聚钛粉,广西云康健健康管理股份有限公司的回春态牡蛎压片糖果、牡蛎精粉颗粒,广西恩度高科技股份有限公司的冻干草莓香芋派、冻干苹果胡萝卜派、冻干芒果南瓜派、冻干番石榴、冻干山竹、冻干枸杞、冻干豌豆,广西南山白毛茶茶业有限公司的圣种黑茶、南山红茶、南山岩茶,广西海莱香食品有限公司的玉筋鱼、鳕鱼片、带鱼、章鱼足片,广西中烟工业有限责任公司的真龙(凌云)。认定为广西名牌产品的有横县南方茶厂的莉香牌茉莉花茶、广西华兴食品有限公司的华兴牌肉鸭、广西五丰粮食集团有限公司的骏驰牌小麦粉(复评)。评为“广西著名商标”的有:广西南宁市宾阳县聚丰米业有限公司的“帝之享”,广西顺来茶业有限公司的“周顺来”,广西晨康力食品股份有限公司的“壮乡黑”,广西商大科技股份有限公司的图形商标,广西南宁新源泉饮料有限公司的“五象泉”,广西南宁市武鸣区津源工贸有限公司的“大明山”,南宁糖业股份有限公司的“明阳”“云鸥”“古府”,广西华盛集团廖平糖业有限责任公司的“宝蕾”,广西银雪面粉有限责任公司的“黎雪”,广西农垦茶业集团有限公司的“大明山”,广西高源淀粉有限公司的“高源”,横县南方茶厂的“莉香”,广西农垦明阳生化集团股份有限公司的“明阳”,南宁富莱欣生物科技有限公司的“富莱欣”,广西汇生牧业发展有限公司的“桂西牛”,广西春江食品有限公司的“春江”,广西富丰集团有限公司的“富丰”,广西康佳龙农牧集团有限公司的“红心”,南宁市泽威尔饲料有限责任公司的“泽威尔”,广西云彩桥食品饮料有限公司的“云彩桥”,广西中烟工业有限责任公司的“真龙”等商标。 (刘巧稚)

制糖工业

【概　况】 2016年,南宁市有糖厂15家,分属5家制糖企业公司(集团);其中国有及国有控股糖厂8家,民营投资及控股糖厂7家。制糖企业日榨蔗能力9.03万吨,主要产品有白砂糖、赤砂糖、酒精、蔗渣浆、机制纸、复合肥等。2015/2016年榨季生产期自2015年11月19日南宁糖业股份有限公司伶俐糖厂开榨开始,至2016年4月8日广西农垦糖业集团良圻制糖有限公司收榨完毕结束,历时142天,比上榨季短10天。2015/2016年榨季,南宁市有15家糖厂开榨生产,全市日榨蔗能力9.03万吨,比上年减少0.29万吨,下降3.11%;机制糖产量71.72万吨,减少22.98万吨,下降24.27%。全市平均白砂糖单位产品生产成本每吨4585.57元,增加820.76元,增长21.80%;白砂糖单位含税成本每吨6297.89元,增加1086.86元,增长20.86%;白砂糖含税平均售价每吨5662.11元,增加734.20元,增长14.90%;实现工业总产值(现价)41.30亿元,减少4.92亿元,下降10.64%;实现工业增加值14.04亿元,增加7.05亿元,增长100.86%;完成工业销售产值37.05亿元,减少7.72亿元,下降17.24%;实现利税总额−6286.15万元,减少1.65亿元,下降161.76%;万吨蔗税利−9.91万元,减少22.85万元,下降176.58%;利润总额−2.74亿元,减少1.77亿元,下降182.47%;全市15家开榨糖厂有11家亏损,亏损企业比上榨季增加3家。7月31日,在第二十八届全国糖业质量工作会议上,南宁市制糖企业生产的多个食糖产品在参赛的281个样品的质量综合评定中位居前列。年内,南宁糖业股份有限公司生产的亚法一级白砂糖产品在全国质量评比中实现十四连冠,碳法一级白砂糖连续11年获全国碳法糖质量评比第一。

【糖料蔗生产】 2016年,南宁市蔗区分布在全市12个区县、南宁经济技术开发区、广西－东盟经济开发区等地的约100个乡镇和约20个农场,其中武鸣区、江南区、横县、宾阳县、隆安县为广西500万亩糖料蔗生产重点区县。全市糖料蔗种植面积9.73万公顷,比上年减少3.24万公顷,减幅24.95%;进厂糖料蔗数634.33万吨,减少153.77万吨,减幅19.51%;平均工业单产每亩4.35吨,增加0.30吨,增幅7.40%;甘蔗平均含糖分12.95%,减少0.71个百分点,减幅5.20%。全市平均甘蔗成本每吨500.95元,增长56.22元,增幅12.64%;平均甘蔗价款每吨457.97元,增长51.56元,增幅12.69%。糖料蔗主要优良品种有:粤糖93/159、桂柳05136号、桂糖29号、桂糖42号、粤糖60号等。

【糖料蔗收购】 2016年,南宁市糖料蔗收购量634.33万吨,价格继续执行自治区统一普通糖料蔗收购首付价政策,糖料蔗收购价格继续采取蔗糖价格挂钩联动、二次结算的管理方式。每吨普通糖料蔗收购价格450元与每吨一级白砂糖平均含税销售价格5967元挂钩联动,食糖销售价格超过每吨5967元的部分,在糖料蔗收购首付价的基础上,蔗糖挂钩联动价格按6%的联动系数进行二次结算,当食糖销售价格低于每吨5967元时,蔗价不再进行二次结算,蔗农不需将多得的蔗价款退还制糖企业。糖料蔗实行优良品种加价、劣质淘汰品种减价政策,在普通品种糖料蔗收购首付价450元的基础上,粤糖93/159、桂柳05136号、桂糖29号、桂糖42号、粤糖60号5个优良品种每吨加价30元,桂糖12号、桂糖16号、里建1号、工氏1号、台糖98/0432、西大引11号6个劣质淘汰品种每吨减价50元,粤糖94/128、新台糖28号2个劣质淘汰品种每吨减价20元。南宁市2015/2016年榨季糖料蔗价款不再进行二次结算,制糖企业按自治区和南宁市物价部门规定的首付价与蔗农结算首付蔗价款,收购的普通糖料蔗按每吨450元的价格与糖料蔗生产者结算蔗款,3个月内兑付完毕。

【技术改造与投资】 2016年,南宁市糖业技术改造项目主要有:总投资1656万元的南宁糖业股份有限公司明阳糖厂蔗场液压翻板卸蔗系统及压榨机双辊喂料器装备技术提升应用项目,年内,建成投产;总投资1288万元的广西农垦糖业集团良圻制糖有限公司良圻现代特色农业综合示范区配套工程良圻制糖有限公司技术改造升级项目,年内建成投产;总投资1222.34万元的广西马山南华糖业有限责任公司马山南华红糖工业化生产技术研究和应用项目,年内建成投产;总投资1202.30万元的南宁糖业股份有限公司伶俐糖厂制糖装备升级及2#锅炉节能提标清洁燃烧技术创新示范项目,年内建成投产;总投资1057.50万元的南宁糖业股份有限公司香山糖厂自动化升级改造项目,年内建成投产;总投资876.76万元的南宁糖业宾阳大桥制糖有限责任公司节能降耗升级改造项目,年内建成投产;总投资808.5万元的南宁糖业股份有限公司东江糖厂清洁高效绿色制糖技改项目,年内建成投产;总投资2500万元的广西农垦糖业集团金光制糖有限公司5万头高档肉牛养殖及屠宰深加工项目——高档肉牛育肥场及制糖副产品饲料加工车间建设工程项目。

【技术创新与新产品开发】 2016年,南宁市制糖业技术创新和产品开发项目主要有:总投资409.39万元的广西力源宝科技有限公司蔗糖产业智能化施肥管理公共信息平台建设及示范推广应用项

2015/2016 年榨季南宁市主要制糖企业情况

序号	企业名称	工业总产值（万元）	工业销售产值（万元）	利税总额（万元）
1	广西华盛集团廖平糖业有限责任公司糖厂	30663.00	21898.70	4252.59
2	广西农垦糖业集团良圻制糖有限公司	29607.23	29607.23	4228.28
3	广西南宁东糖新凯糖业有限公司	15696.31	15696.31	1726.64
4	南宁良庆东糖糖业有限公司	18075.57	18075.57	1701.87
5	横县东糖糖业有限公司	47360.10	47360.10	1381.86
6	广西农垦糖业集团金光制糖有限公司	24186.00	23897.00	1297.58
7	南宁糖业股份有限公司明阳糖厂	78549.10	66875.90	648.21
8	广西马山南华糖业有限责任公司	6335.79	3065.36	−1306.99
9	上林南华糖业有限责任公司	16168.03	12974.57	−1665.22
10	南宁糖业股份有限公司东江糖厂	31663.80	31249.75	−2306.10
11	南宁糖业股份有限公司伶俐糖厂	41946.34	41652.7	−3161.66
12	隆安南华糖业有限责任公司(含南圩糖厂、那桐糖厂)	10156.25	10519.42	−3958.98
13	南宁糖业宾阳大桥制糖有限责任公司	23987.59	8531.99	−4239.83
14	南宁糖业股份有限公司香山糖厂	38623.14	39097.14	−4884.40

目，年内建成投产。至年末，南宁市制糖业有南宁糖业股份有限公司技术中心、广西农垦糖业集团良圻制糖有限公司技术中心两家自治区级企业技术中心；有南宁糖业股份有限公司的“明阳”“云鸥”“古府”“大明山”，广西农垦糖业集团良圻制糖有限公司的“涌泉”，广西华盛集团廖平糖业有限责任公司的“宝蕾”等广西著名商标。

【糖业兼并重组】 2016 年 7 月 15 日，南宁糖业股份有限公司出资 2.50 亿元与广西农村投资集团有限公司等自治区直属企业及相关金融机构一同发起设立南宁南糖产业并购基金，带动社会资本 25 亿元，开展糖业资产投资、并购、整合等业务。9 月 12 日，南宁南糖产业并购基金(有限合伙)与英糖中国控股有限公司(简称“英联糖业”)正式签署股权转让协议，南宁南糖产业并购基金以总价 16.80 亿元购买英联糖业持有的在广西境内的广西博宣食品有限公司 70% 股权、广西博爱农业科技发展有限公司 70% 股权、广西博华食品有限公司 70.94% 股权、广西博庆食品有限公司 60% 股权。南宁糖业股份有限公司通过实施兼并重组，蔗源及产能得到扩充，榨蔗量及产糖量约占全市总量 60%，日榨能力由 3.80 万吨提高至 9 万吨，综合实力位列广西第三。

(唐亚亚)

卷烟工业

【概 况】 2016 年，广西中烟工业有限责任公司设办公室(外事办公室)、董事会办公室、综合计划部、企业管理部、法律与改革部、财务管理部、审计部、人力资源部、思想政治工作部(原名政治思想工作部)、监察部(原名纪检监察部)、安全管理部(人民武装部)(原名安全保卫部)、国际业务部、生产管理部、市场营销中心、技术中心(互联网研究中心)、物资采购中心、物流中心、信息中心、后勤服务中心、广西烟草工业教育培训中心、规范管理办公室(10 月设立的议事协调机构)南宁卷烟厂、柳州卷烟厂部门 23 个，南宁卷烟厂、柳州卷烟厂为不具有独立法人资格的卷烟生产厂；10 月，撤销内部管理监督和整顿规范市场经济秩序工作领导小组办公室(整顿办)、投资管理部。广西中烟公司下辖全资子公司 2 家、控股公司 12 家；总资产 192.33 亿元，其中固定资产(净值)28.99 亿元、流动资产 128.94 亿元，资产负债率 29.94%；有从业人员 3093 人(在岗员工 3093 人)。年内，广西中烟公司获国家烟草专卖局颁发“2016 年省级工业公司税利增长任务特别奖”“行业科学技术进步奖二等奖”；获工业和信息化部授予“2016 ‘互联网+’企业采购标杆企业”称号；“真龙”(海韵细支)烟标设计获中国十大烟标评选委员会颁发的 2015 年度中国十大烟标“最佳装潢设计奖”；南宁卷烟厂获共青团中央、安全监管总局授予“全国青年安全生产示范岗”称号。

【原料保障】 2016 年，广西中烟公司采购烟叶 73.25 万担，其中上等烟叶调拨量 38.53 万担，中部烟叶调拨量 59.48 万担。公司采购进口烟叶 4.04 万担，比上年增加 1.15 万担。规范烟叶分选和加工复烤作业流程，针对分选和加工环节存在的问题召开复烤点评会，加大加工过程中重点环节巡检力度，通过加工质量评价→生产工艺调整→加工质量跟踪→再评价→再调整的 PDCA(计划、执

10 月 15 日，“微助八桂”互联网＋精准扶贫公益项目启动仪式在广西电视台演播厅举行，广西中烟公司捐赠 90 万元 蒋军辉 摄

行、检查、纠正)模式,紧扣润叶、打叶、复烤3个关键工段,保障执行工艺标准。完成烟叶精片选14.38万担、普选34.36万担、普精选0.76万担,烟叶复烤加工47.38万担。公司修订完成《烟用材料采购管理标准》,对烟用材料分类、采购、质量跟踪管理以及其他采购的控制等内容提出明确要求,材料组织供应与卷烟生产基本同步;完成公司自主品牌及合作品牌36个规格的商标共108种材料改版,库存旧版材料消化完毕,未造成浪费损失。全年完成烟用材料采购1.02万批次,采购金额28.34亿元(公开招标金额18.15亿元);完成零配件采购1682批次,采购金额7641.52万元(招标采购金额6546.07万元)。

【卷烟生产】 2016年,广西中烟公司生产卷烟(含合作生产、出口烟)738.67亿支(147.73万箱),比上年下降5.80%。其中:一类卷烟34.82亿支(6.96万箱),增长14.96%;二类卷烟149.73亿支(29.95万箱),下降21.60%;三类卷烟424.80亿支(84.96万箱),增长0.36%;四类卷烟78.10亿支(15.62万箱),下降6.05%;五类卷烟51.22亿支(10.24万箱),下降9.25%。生产出口卷烟品牌"真龙"0.67亿支(0.13万箱),增长8.10%。合作品牌卷烟生产367亿支(73.40万箱),其中与江苏中烟工业有限责任公司合作生产卷烟品牌"南京"35亿支(7万箱),合作生产浙江中烟工业有限责任公司的卷烟品牌"利群"93.53亿支(18.71万箱)、"大红鹰"32.50亿支(6.50万箱)、"雄狮"20.97亿支(4.19万箱),合作生产广东中烟工业有限责任公司的卷烟品牌"双喜"185亿支(37万箱);与安徽中烟工业有限责任公司合作生产卷烟品牌"真龙"25亿支(5万箱)。公司有自主品牌"真龙""甲天下"2个、26个规格。生产"真龙"系列卷烟320.46亿支(64.09万箱),增长4.15%。其中:"真龙"高价位卷烟生产量0.34亿支(0.07万箱),下降46.69%;"真龙"高端卷烟生产量13.98亿支(2.80万箱),下降6.27%;"真龙"细支卷烟生产量8.25亿支(1.65万箱),增长108.45%。生产"甲天下"系列卷烟50亿支(10万箱)。万元产值综合能耗9.08千克标准煤,万支卷烟综合能耗2.49千克标准煤。烟叶、滤棒、盘纸平均消耗分别为每万支6.87千克、2520支、595米。水、电平均消耗分别为每万支0.12吨、10.27千瓦时。公司三项费用(经营费用、管理费用、财务费用)率7.86%,增加1.14个百分点。

【卷烟经营】 2016年,广西中烟公司卷烟销量(含合作生产、出口烟)756.07亿支(151.21万箱),下降5.09%。其中:一类卷烟35.24亿支(7.05万箱),增长13.63%;二类卷烟149.64亿支(29.93万箱),下降21.55%;三类卷烟424.78亿支(84.96万箱),下降0.22%;四类卷烟94.55亿支(18.9万箱),增长1.66%;五类卷烟51.86亿支(10.37万箱),下降7.63%。销售出口卷烟0.66亿支(0.13万箱),下降4.35%。"真龙"系列卷烟销售337.21亿支(67.44万箱),增长5.22%,其中自治区内销售287.22亿支(57.44万箱),自治区外销售49.98亿支(10万箱);"甲天下"系列卷烟销售50.64亿支(10.13万箱),其中自治区内销售50.14亿支(10.03万箱),自治区外销售0.50亿支(0.10万箱)。实现卷烟销售收入201.42亿元,下降9.65%;实现税利139.76万元,下降18.54%;利润总额13.43万元,下降45.95%。自治区内"真龙"一类卷烟增长18.70%,14个地市均实现正增长;"真龙"一类卷烟年销过万箱的地市升至3个;10元价位以上"真龙"在同价位市场中占有率38.40%,上升3.70%。自治区外结构规模市场扩张,"真龙"二类以上卷烟销量增长23.26%;"真龙"二类以上卷烟1000箱以上规模省级市场数7个,增加2个,500箱~1000箱规模市场数量9个,增加3个。

【技术改造】 2016年,广西中烟公司投入技术改造资金3.13亿元。重点技改项目:南宁卷烟厂"十二五"技术改造项目完成卷包工房地坪施工、滤棒成型区改造及厂区工程等,新建膨胀烟丝工房完成勘察、设计、监理、施工、业主五方预验收,膨胀烟丝生产线完成整线验收;项目全部建设内容完成,11月进入竣工验收阶段。柳州卷烟厂"双喜"卷烟品牌专用生产线技术改造项目的一期工程污水处理站、动力中心工程通过五方验收,片烟醇化库区试运行,综合管理楼具备交付使用条件,污水处理站完成项目结算;二期工程制丝工房进入主体结构工程施工阶段,标准库房进入土建工程收尾阶段,香糖料库、香糖料调配站完成建设工程规划许可证核发、施工报建。武鸣区红岭南区新增2.47公顷建设项目和物流中心库建设项目进入项目技术方案审查、规划报建、施工图设计阶段。

【技术创新】 2016年,广西中烟工业有限责任公司技术中心有科技研发人员109人(博士11人、硕士38人,高级专业技术职务任职资格20人、中级专业技术职务任职资格47人)。完成真龙(祥云、龙天下、佳韵)等6个产品的质量提升改进;实施真龙(海韵、鸿韵、珍品)等重点规格的分类配方维护。完成3款常规电子烟与2款特色电子烟的定型,常规电子烟关键部件均采用自主专利技术材料,外观材质采用纳米载银抗菌材料,储油棉采用改性介孔高分子材料,储油量和导油速度较普通电子烟提升1倍;细支电子烟的电池材料减少存放过程电量损失,使用周期更长;特色电子烟加装有害物质吸附材料,降低烟气中有害挥发性成分含量,危害更低。技术中心开展科技计划研究项目103项(对外合作项目76项);参与《烟草重要香料作用阈值研究》等行业重点项目5项,承担省部级及以上项目24项;《卷烟配方设计香味预测模型构建及应用技术研究》等21个项目通过省部级鉴定验收;《真

10月1日至7日,广西中烟物资采购中心人员对精片选后的烟叶进行质量抽检

潘武宁 摄

龙品牌"烘焙甜香"品类创新的关键技术研究》成果获行业2016年科学技术进步二等奖；主持或参与制定省部级及以上标准11项，其中牵头在研国家烟草总公司标准2项，参与新版《卷烟工艺规范》标准修订，参与国家标准修订1项。公司拥有专利授权241项（发明专利79项）；2016年获授权专利45项（发明专利21项）；获计算机软件著作权登记10项。广西中烟公司专利技术创新能力位列广西企业第十六，专利申请总量位列南宁市企业第一。检测中心通过国家实验室复评审与扩项评审，卷烟7项有害成分检测获CNAS（中国合格评定国家认可委员会）认可，CNAS认可范围涵盖"卷烟、烟用香精香料、烟草及烟草制品、醋酸纤维滤棒、烟用接装纸、烟用内衬纸、卷烟条与盒包装纸印刷品、三乙酸甘油酯"8大类产品110个参数能力；检测中心承检能力达到12类样品573项指标，实现行业监管、监控的质量安全指标全覆盖。年内，对220多批次生产过程数据、700多批卷烟产品、2000多批烟用添加剂、1600多批烟用材料实施监督检查，公司产品质量稳定，全年无质量事故发生。

【多元化经营】 2016年，广西中烟公司直接、间接投资企业14家（不含参股烟叶复烤公司），其中直接投资全资公司2家（广西中烟天成投资管理有限责任公司、广西真龙物流有限责任公司），间接投资全资、控股公司12家，分别为广西真龙实业有限责任公司、广西海韵之友物业服务有限责任公司、柳州海韵之友物业服务有限责任公司、北海永丰房地产有限公司、北海真龙国际大酒店有限责任公司、广西天海互联网产品二维码有限公司、广西真龙彩印包装有限公司、广西真龙天瑞彩印包装有限公司、广西天海信息科技有限公司、深圳市科炬互联网有限公司，北京天海互联咨询有限公司（2016年投资成立）、广西天海隆典当有限责任公司（2016年投资成立）。经营范围涉及卷烟辅料、物流、投资管理、物业、酒店、互联网、企业管理咨询等。年内，广西中烟公司所属多元化企业累计实现营业总收入16.45亿元，实现税利4亿元（利润3.17亿元）。

【广西中烟工业有限责任公司南宁卷烟厂】 2016年，南宁卷烟厂有从业人员919人。生产卷烟品牌有"真龙""利群""大红鹰""雄狮"，生产卷烟362.35亿支（72.47万箱），比上年下降1.69%。其中：一类烟34.36亿支（6.87万箱），二类烟112.23亿支（22.45万箱），三类烟154.50亿支（30.90万箱），四类烟60.10亿支（12.02万箱），五类烟1.16万支（0.23箱）。万支卷烟生产综合能耗2.50千克标准煤，万支卷烟平均消耗烟叶7.07千克、滤棒2525.79支、盘纸598米。 （周丽霞）

纺织工业

【概　况】 2016年，南宁市有规模以上纺织工业企业25家（纺织业21家，纺织服装、服饰业4家），从业人员8459人。规模以上轻纺企业实现工业总产值39.37亿元，其中纺织业37.89亿元，比上年下降10.34%；纺织服装业1.48亿元，下降16.87%。实现主营业务收入44.51亿元，下降2.65%；利润总额2.78亿元，上升94.43%。生产纱3.42亿吨，增长4.80%。

【技术改造与投资】 2016年，南宁市纺织工业完成投资14.02亿元，比上年增长10.16%。主要产品新增生产能力桑蚕丝（规模以上）6.10万绪；列入2016年南宁市工业项目建设工程重点项目的有投资2.50亿元广西桂合集团丝绸生产加工项目。

【技术创新与产品开发】 2016年，南宁市纺织工业中认定为南宁市工业新产品的有：南宁锦虹棉纺织有限责任公司的仿派力司用缎竹纱、民族风盘扣服饰用纱、玉蚕丝仿真丝纱、炫彩法兰绒用花线、抗皱绚丽花灰纱—R1/R黑11.8tex赛络紧密纺纱、民族系列白棉布（增白漂白棉布）、民族红蓝布、少数民族服饰品针织带用纱—R40S赛络紧密纺针织纱；上林海润丝业有限公司的弹力包覆丝。横县桂华茧丝绸有限责任公司的金花茶牌生丝获"2016年广西名牌产品"称号。

造纸工业

【概　况】 2016年，南宁市有规模以上制浆造纸及纸制品企业52家，从业人员8768人。规模以上造纸企业实现工业总产值106.82亿元，比上年上升5.41%，占全市比重3.02%；其中，纸浆制造产值下降14.55%，纸制品制造产值增长12.87%；实现主营业务收入94.10亿元，上升1.46%；利润总额4.45亿元，上升79.24%。产值超十亿元的企业有南宁市嘉宝纸业有限公司。主要产品产量：纸浆25.03万吨，下降8.20%；机制纸及纸板21.69万吨，下降18.90%。

【技术改造与投资】 2016年，南宁市造纸及纸制品工业完成投资31.04亿元，比上年增长29.40%。列入2016年南宁市工业项目建设工程重点项目的有金红叶纸业（南宁）有限公司投资1.60亿元，年产3.50万吨生活用纸及纸制品项目。金红叶纸业（南宁）有限公司的清风牌面巾纸获"广西名牌产品"称号。

印刷工业

【概　况】 2016年，南宁市有印刷企业467家；实现工业总产值43.40亿元，比上年增长3.10%；实现收入40.90亿元，增长2.20%。有印刷工业规模以上工业企业20家（超亿元企业5家），实现规模以上工业总产值23.80亿元。

【技术改造与投资】 2016年，南宁市印刷工业完成投资22.41亿元，比上年下降27.59%。主要建设项目有：广西大快纸品包装有限公司的高档包装产品生产项目总投资2.18亿元，完成投资2.04元；南宁市顺兴包装有限公司的食品、药品包装袋生产项目，计划投资8000万元，完成投资9500万元，项目部分投产。 （朱丹江）

化学工业

【概　况】 2016年，南宁市有规模以上化学工业企业136家，其中亿元企业84家，新增1家。规模以上化学工业企业实现工业总产值445.15亿元，比上年增长10%，占全市规模以上工业总产值12.60%。其中：化学原料及化学制品制造业完成工业总产值264.90亿元，增长4.61%；橡胶和塑料制品业完成工业总产值174.01亿元，增长19.98%；石油加工业完成工业总产值6.14亿元，增长0.13%。实现主营业务收入425.44亿元，增长8.51%，占规模以上工业企业主营业务收入12.90%；完成利润33.30亿元，增长5.67%，占规模以上工业企业利润总额15.78%。主要产品产量：塑料制品92.66万吨，增长17.41%。

【技术改造与投资】 2016年，南宁市化工行业完成投资44.46亿元，比上年增长1.41%，占全市工业投资比重4.45%。投资项目主要有：广西强荣实业有限公司年产10万吨涂布浆状重钙项目，总投资2.50亿元，进入试产阶段；广西威日矿业有限责任公司年产50万吨元明粉项目，总投资4.20亿元，完成投资1.40亿元；金德管业集团广西生产项目，总投资1.50亿元，完成投资6800万元，计划建设管材生产线35条、生产管件注塑机60台，年产

PPR 全塑管 1 万吨以上;广西浙鼎塑胶科技有限公司塑料制管生产项目,计划总投资 8000 万元,完成 5530 万元;南宁盛之杰包装制品有限公司年产 7 亿个 PET 瓶坯项目,总投资 5000 万元,7 月投产。

【技术创新与产品开发】 2016 年,南宁市化工行业开发自治区级新产品 14 个,主要有广西壮族自治区化工研究院 4 个、广西田园生化股份有限公司 2 个、南宁飞日润滑油有限公司 2 个等;开发南宁市级新产品 22 个,主要有广西壮族自治区化工研究院 7 个、广西新晶科技有限公司 5 个、广西多得乐生物科技有限公司 3 个等。广西青龙化学建材有限公司、广西南宁德源胶粘剂有限公司技术中心获批为南宁市技术中心。新增广西名牌产品 6 个,主要有广西亚多漆业有限责任公司的水性涂料、水性腻子,广西巨星科技有限公司的工业射线胶片,广西金雨伞防水装饰有限公司的 CPS 反应黏结型湿铺防水卷材,南宁耀天新材料技术有限公司的电缆保护套管等。新增“中国驰名商标”1 个,即广西金雨伞防水装饰有限公司的防水卷材、非金属建筑图面材料、混凝土建筑构件所注册的“西牛皮”商标;新增“广西著名商标”8 个,主要有广西绿桂装饰材料有限公司的“绿桂”、广西易多收生物科技有限公司的“易多收”、广西物宝农业科技集团有限责任公司的“物宝”、广西八桂塑胶有限公司的“桂标管道”等。

建材工业

【概　况】 2016 年,南宁市有规模以上建材行业企业 109 家,其中亿元企业 75 家,新增 6 家。规模以上建材行业企业实现工业总产值 255.56 亿元,比上年下降 1.12%,占全市规模以上工业总产值 7.23%。其中:非金属矿物制品业完成工业总产值 246.65 亿元,下降 0.82%;非金属矿采选业完成工业总产值 8.91 亿元,下降 8.65%。实现主营业务收入 235.48 亿元,增长 0.16%;实现利润 20.89 亿元,下降 15.97%。主要产品有水泥、水泥制品、平板玻璃、镀膜玻璃、玻璃纤维、砖、砂、石材、粘土矿、排水管、水泥压力管、水泥电杆、水泥枕轨、商品混凝土、建筑陶瓷、高温耐火材料、防水卷材等。主要产品产量:水泥 1578 万吨,下降 3.45%;商品混凝土 2866.70 万立方米,增长 5.45%;平板玻璃 520 万重量箱,下降 15.65%。

【技术改造与投资】 2016 年,南宁市建材工业完成总投资 101.13 亿元,比上年下降 4.36%,占全市工业投资 10.12%。新开工的投资项目主要有:南宁浮法玻璃有限责任公司玻璃生产线整体搬迁升级改造项目,主要建设 700t/d 超白玻璃生产线 1 条、100t/d 超薄超白电子玻璃生产线 1 条,计划总投资 12.28 亿元,完成投资 1.04 亿元;广西云燕特种水泥建材有限公司特种水泥搬迁改造项目,通过产能等量转换建设 4×60 米新型转窑特种水泥生产线 1 条及配套设施,总投资 5.70 亿元,完成投资 6506 万元;广西华润红水河水泥有限公司混凝土掺和材技改项目,计划总投资 8646 万元,完成投资 8646 万元;广西中进建设工程有限公司年产 60 万立方环保型商品混凝土搅拌站,总投资 1.05 亿元,完成投资 7892 万元;南宁市锦固水泥制品有限责任公司年产 80 万米水泥压力制管系列生产项目,建设水泥压力制管生产线 8 条,彩砖、沿路石生产线 8 条等,总投资 8800 万元,完成投资 6045 万元。新投产项目主要有:广西嘉丰水泥制品有限责任公司 60 万方预拌混凝土搅拌站项目,总投资 1.15 亿元,5 月投产;广西四合工贸有限责任公司年产 110 万吨水泥粉磨站系统节能技术改造项目,总投资 1.09 亿元,6 月投产;广西城投浩晨实业有限公司 60 万方预拌混凝土搅拌站项目,总投资 1.28 亿元,11 月投产;广西嘉晟混凝土有限公司年产 60 万立方米混凝土搅拌站项目,总投资 9050 万元,12 月投产。

【技术创新与产品开发】 2016 年,南宁市建材工业开发自治区级新产品 1 个,即广西云燕特种水泥建材有限公司的硫铝酸盐基海洋工程水泥,总投资 5.70 亿元;开发南宁市级新产品 4 个,主要有广西横县恒丰建材有限公司的蒸压加气混凝土砌块专用砌筑砂浆、蒸压加气混凝土砌块专用抹灰砂浆等。广西福美耀节能门窗有限公司、广西三维铁路轨道制造有限公司技术中心获批为自治区级技术中心。新增广西名牌产品 4 个,主要有广西云燕特种水泥建材有限公司的白色硅酸盐水泥、广西华润红水河水泥有限公司的普通硅酸盐水泥、广西弘毅诚信幕墙门窗有限责任公司的铝合金门窗等;新增“广西著名商标”1 个,即广西横县桂通水泥制品有限公司混凝土建筑构件,水泥管,水泥电杆所注册的“GUITONG”商标。

【散装水泥生产与应用】 2016 年,南宁市有散装水泥生产企业 12 家,供应量 1021.73 万吨,水泥散装率 62.53%;生产预拌混凝土 2152.90 万立方米,比上年增加 81.16 万立方米,增长 3.77%;生产预拌砂浆 5.45 万吨,增加 1.61 万吨,增长 16.14%。

铝加工业

【概　况】 2016 年,南宁市有规模以上铝加工企业 9 家(电线电缆企业 1 家、铝生产和深加工企业 8 家)。铝加工业完成规模以上工业总产值 207.32 亿元,增长 14.61%;实现主营业务收入 167.39 亿元,增长 16.02%;实现利润总额 6.20 亿元,增长 2.98%。主要产品产量:铝材 38.29 万吨,增长 33.80%;电力电缆 241 万千米,增长 13.33%。

【技术改造与投资】 2016 年,南宁市铝加工行业完成总投资 9.78 亿元,占全市工业投资 0.98%,比上年增长 14.03%。重点投资项目有:广西浩天实业有限责任公司的环保低压电缆生产项目,总投资 2.25 亿元,完成投资 4220 万元;南宁市家友电线电缆厂的电线电缆生产项目,总投资 1.30 亿元,完成投资 8000 万元;南南铝业股份有限公司的南南电子汽车新材料精深加工项目,9 月 2 日开工建设,计划总投资 24.60 亿元,完成投资 1.25 亿元,主要建设智能制造精深加工中心、汽车新材料制造中心、电子新材料制造中心三大制造中心,形成总规模年产电子零组件 1 亿件、汽车零组件 250 万件及各类家用电器及热传导铝制零组件 2 万吨、绿色节能工程新材料精加工产品 14 亿平方米、汽车新材料系列产品 6 万吨、电子新材料系列产品 4 万吨等产品制造能力;南宁银杉电线电缆有限责任公司生产区旧厂房改造项目,占地 6.73 公顷,计划总投资 7.80 亿元,完成投资 1.60 亿元,建设标准厂房 7 栋、综合楼 1 栋,年产电线电缆产品 5 万吨;广西源正新能源汽车有限公司的全铝车身新能源汽车生产基地项目,年产全铝车身新能源客车、常规客车 2 万辆及纯电动乘用汽车、低速功能型专用汽车 3 万辆。计划总投资 11 亿元,2015 年 2 月 28 日开工建设,2016 年 5 月一期项目投产。

【技术创新与产品开发】 2016 年,南宁市铝加工业开发的自治区级新产品主要有广西南南铝加工有限公司 8 个产品。开发的市级新产品主要有广西南南铝加工有限公司 9 个产品。

机械工业

【概　况】 2016 年,南宁市机械制造业有规模以上企业182家，产值亿元以上企业134家，其中5亿～10亿元以上企业33家，10亿～20亿元企业5家，20亿元以上企业4家。规模以上机械工业企业实现工业总产值704.79亿元，比上年增长28.98%，占全市规模以上工业总产值19.93%。机械工业实现主营业务收入659.89亿元，增长20.48%；实现利润总额45亿元，增长9.17%。其中：规模以上电气机械和器材制造业实现工业总产值235.16亿元，增长18.20%；规模以上专用设备制造业实现工业总产值139.72亿元，增长12.25%；规模以上金属制品业实现工业总产值107.34亿元，增长21.17%。铁路、船舶等运输设备制造业增长最快，达到45%以上增幅；金属制品业、仪器仪表制造业、汽车制造业、电气机械和器材制造业有20%左右的增长；专用设备制造业保持10%以上增长；通用设备制造业是机械装备业中唯一负增长的行业。主要产品：汽车、手扶拖拉机、摩托车及零配件、柴油机、矿山机械、建筑机械、水泥生产设备、制糖成套设备、水轮发电机组、电缆线缆、搅拌机、印刷机、减速机、压缩式垃圾专用运输车、压缩式垃圾中转站、环保设备、电器设备、仪器仪表设备、各种汽车零部件和铝加工产品等。主要产品产量：发电设备5.11万千瓦，减少43.32%；小型拖拉机11.90万台，减少2.93%；配电或电器控制设备35.16万套，增长56.93%。

【技术改造与投资】 2016年，南宁市机械装备制造业完成投资271.46亿元，占全市工业投资比重27.16%，比上年增长11.44%。主要投资项目有：南宁诺博科技有限公司的医疗移动终端设备生产建设项目，总投资5.18亿元，完成投资2.27亿元，年产诺博医疗无线工作站2万台、医疗平板电脑1.50万台、医疗掌上电脑1.50万台；南宁常春集装箱制造有限公司的年产1.50万个集装箱制造基地项目，总投资2.20亿元，完成投资0.58亿元；南宁美斯达矿山机械设备有限公司的履带移动式破碎筛分设备项目，总投资3.30亿元，完成投资0.55亿元，进口履带移动式破碎筛分设备生产线3条，年产履带移动式破碎系统1000台和履带移动式筛分系统500台。新投产项目主要有：南宁中车轨道交通装备有限公司的轨道交通装备项目（一期项目），计划总投资2.50亿元，1月投产；广西新峰钢构有限公司的年产10万吨钢结构产品项目，总投资2.34亿元，6月投产；南宁市钢之泰轻钢彩板有限公司的年产10万吨钢结构及3万吨彩钢板项目，总投资3.30亿元，12月部分投产；广西景典钢结构有限公司的六景二期技改及产业升级项目，新建钢结构加工车间、预制装配式混凝土生产车间、原材料仓库及成品仓库等，计划总投资3.68亿元，完成投资1.68亿元，部分投产。

【技术创新与产品开发】 2016年，南宁市机械工业开发自治区级新产品27个，主要有南宁燎旺车灯有限责任公司7个产品、广西南宝特电气制造有限公司6个产品、广西玉柴专用汽车有限公司4个产品等；开发南宁市级新产品31个，主要有南宁燎旺车灯有限责任公司13个产品、广西南宝特电气制造有限公司8个产品等。南宁一举医疗电子有限公司、广西宏发重工机械有限公司、广西阳工电线电缆有限公司技术中心3家企业获批为自治区级技术中心；南南铝业股份有限公司、南宁八菱科技股份有限公司获“广西技术创新示范企业”称号。新增广西名牌产品10个，主要有广西电控电气集团有限公司的高压/低压预装式变电站、低压配电箱、动力柜4个产品，广西桂越电力科技有限公司的电表箱（配电板）、低压成套开关设备等。新增“中国驰名商标”1个，即南南铝业股份有限公司的“南南”商标；新增“广西著名商标”12个，主要有广西广缆科技集团有限公司、广西电控电气集团有限公司、广西思屋电气集团有限公司、广西华南电气有限公司等企业商标。

（农　刚）

生物医药工业

【概　况】 2016年，南宁市生物医药工业有规模以上企业45家，从业人员平均人数1.16万人。规模以上医药制造企业实现工业总产值145.15亿元，比上年增长9.25%，占全市工业总产值的比重为4.10%；实现工业增加值45.98亿元，增长3.40%；主营业务收入130.60亿元，增长15.10%；利润总额10.19亿元，增长14.43%。

【技术改造与投资】 2016年，南宁市生物医药工业完成投资55.93亿元，比上年增长6.49%，占全市工业投资比重5.60%。通过技术改造，中成药新增年生产能力0.60万吨。主要续建项目有：南宁海王健康生物科技有限公司总投资10亿元的海王集团南宁保健品产业园项目，广西南宁百会药业集团有限公司总投资5.23亿元的“百会”品牌系列中成药、西药生产项目（一期），广西昆泽药业有限公司总投资3.06亿元的年产4.80亿袋非PVC高科技医用软装输液生产线项目，广西华辰药业有限公司总投资2.50亿元的中草药保健食品生产项目，广西苗瑶壮医药发展有限公司总投资2.40亿元的强寿药业生产基地项目，广西柳州医药股份有限公司总投资2亿元的中药饮片生产基地项目（一期），广西广明制药有限公司总投资1.10亿元的GMP技改扩建项目（二期）。新开工项目有：南宁诺博科技有限公司总投资5.18亿元的医疗移动终端设备生产建设项目，广西万寿堂药业有限公司总投资3.60亿元的年产90万件中西成药、1万吨中药材提取加工项目，培力（南宁）药业有限公司总投资3.50亿元的年产5000吨中药配方颗粒GMP生产基地异地改造项目，广西恒拓医药投资集团有限公司总投资2.80亿元的清川仁源制药生产楼建设项目，广西华永丰科技有限公司总投资2.30亿元的医疗器械生产项目，广西修正医药科技有限公司总投资2.19亿元的南宁修正健康产业基地项目，广西鸿博药业有限公司总投资1.81亿元的鸿博中成药、化学药及壮药药品生产基地建设项目，南宁天天乐药业投资有限公司总投资1.60亿元的中药品生产项目，广西南宁荣康医药投资有限公司总投资1.15亿元的中成药生产项目。

【技术创新与产品开发】 2016年，南宁市生物医药工业列入自治区技术创新项目计划的有：广西麦克健丰制药有限公司的川贝罗汉止咳片的研究开发项目、双金痛立停胶囊的研究开发项目，南宁一举医疗电子有限公司的50千瓦单桥式高频高压发生器研发项目、50千瓦充电储能箱研发项目，广西盈康药业有限责任公司的中药黄根片治疗慢性肝炎和肝纤维化的临床前研究项目、癣宁搽剂质量标准的提升研究及产业化开发项目，南宁市净雪皇生物工程有限公司的“蛭血通肠溶胶囊”药用原料菲牛蛭中高活性粗提物的应用研究项目。通过自治区认定的企业技术中心有：南宁一举医疗电子有限公司技术中心、广西盈康药业有限责任公司技术中心；通过南宁市认定的企业技术中心有：广西丽原生物股份有限公司技术中心、南宁市净雪皇生物工程有限公司技术中心、广西大海阳光药业有限公司技术中心。认定为自治区工业新产品的有：培力（南宁）药业有限公司的白芍配方颗粒、当归配方颗粒、党参配方颗粒、甘草配方颗粒、黄芪配方颗粒、麦冬配方颗粒、山药配方颗粒、太子参配方颗粒、薏苡仁配方颗粒、浙贝母配方颗粒，南宁一举医疗电子有限公司的数字化医用X射线机摄像系统、数字化医用高频X射线机,广西昌弘制药有限公司的双花草珊瑚含片;认定为市级工业新产品的有:南宁一举医疗电子有限公司的数字化医用X射线摄影系统,广西麦克健丰制药有限公司的抗感解毒颗粒(无糖型),培力(南宁)药业有限公司的党参配方颗粒、黄芪配方颗粒、黄芩配方颗粒、山茱萸配方颗粒、薏苡仁配方颗粒、浙贝母配方颗粒。评为“广西著名商标”的有:广西盈康药业有限责任公司、南宁生源中药饮片有限责任公司、广西普大动物保健品有限公司的图形商标;广西昌弘制药有限公司的“昌弘”、广西大海阳光药业有限公司的“海珍珠”、广西圣保堂健康产业股份有限公司的“圣保堂”、广西麦克健丰制药有限公司的“健丰”。　(刘巧稚)

电子信息产业

【概　况】 2016年,南宁市电子信息产业有规模以上企业226家,从业人员平均人数2.40万人。实现主营业务收入599.06亿元,比上年增长14.55%。其中电子信息制造业实现收入478.76亿元,软件业实现收入120.30亿元(不含中国电信、中国移动、中国联通三大运营商)。2016年电子信息产品制造业工业产值478.76亿元,占全市规模以上工业比重13.54%;南宁富桂精密工业有限公司、丰达电机(南宁)有限公司、南宁富泰宏精密工业有限公司分别位居南宁市电子信息产品制造业企业的前三。富士康集团旗下的南宁富桂精密工业有限公司、南宁富宁精密电子有限公司、南宁富泰宏精密工业有限公司生产的有(无)线网络通信设备、数字机顶盒产品,丰达电机(南宁)有限公司生产的各类音响元器件,广西申能达智能技术有限公司生产的智能IC卡读写设备等达到国内先进水平,部分产品拥有自主知识产权,形成较有发展潜力的产业基础。全市软件业主营业务收入比上年增长17.40%,占自治区比例85%以上,软件企业的数量和实现收入均居自治区之首。

【技术改造与投资】 2016年,南宁市电子信息产业完成投资53.65亿元,比上年增长4.32%;占全市工业投资比重5.37%。有4个新开工项目和7个续建项目列入2016年南宁市“工业项目建设工程”重点工业项目。新开工的项目主要有:信息产业电子第十一设计研究院科技工程股份有限公司的十一科技南宁电子信息产业园项目,总投资12亿元,完成投资6.23亿元,项目结算中心主体完工;厦门弘信创业工场投资集团股份有限公司的移动互联产业园区项目,计划投资30.80亿元,完成投资1.50亿元,计划建设45万平方米专业厂房及配套厂商生产区(硬件)、软件及内容服务产业区(软件)、“iTech Tower”数据中心、商务中心、研发中心、融资租赁服务中心;广西四通电子科技有限公司的四通精密模具及光学仪器生产基地项目,总投资2.10亿元,总建筑面积5万平方米,完成投资1.11亿元,计划建设精密注塑车间,精密模具车间等;城建集团有限公司、富士康集团有限公司的富士康南宁科技园千亿电子信息产业园项目,在南宁富士康科技园A、C、D区共123.33公顷土地建设项目,在C、D1区建设现代智能制造基地,在D2区建设现代智能仓储物流基地,总投资100亿元,年内,B厂区建成投产。

续建项目主要有:南宁禾田信息港项目计划投资15亿元,占地3.40公顷,完成投资4.77亿元,含技术研发中心、软件测试中心、软件工程招标中心、数据中心、人才交流与评测中心、研究开发实验室、产品技术展示厅、设备房及银行等配套服务区;厦门弘信电子科技有限公司的弘都电子信息科技园项目,计划投资4亿元,包含移动互联、电子商务和文化创意产业等,完成投资6000万元,项目完成办结土地证、环评、总平单体审查、建设工程规划许可证、报建登记、施工图备案等;广西鸿盛达科技有限公司的鸿盛达南宁高新区芯片加工出口基地项目,计划投资2.20亿元,完成投资1520万元,项目已投产,年产芯片90万片;南宁市研祥装备科技有限公司的研祥集团 & 科技装备业商会东南亚总部集群项目,总投资约30亿元,完成投资7.70亿元,建设约50万平方米的厂房及办公等配套设施,建成后首批引进骨干企业30家,项目A区7栋配套服务用房及1栋产品检测中心、C区20栋研发厂房等完成竣工验收;广西宾阳天祥电子有限公司的电子生产基地项目,计划投资1亿元,完成投资1.20亿元,建设综合楼1栋、生产车间3栋,完成大部分主体工程,购置半自动绕线设备、自动接脚机、自动涂装机等电感生产线;南宁市富宁投资有限公司的电子信息标准化厂房项目,总投资3.30亿元,完成投资8005万元,完成主体建设面积21万平方米,完成17栋厂房(11栋交付使用、6栋完成竣工验收);上海斐讯数据通信技术有限公司的斐讯南宁电子产品生产加工、商留综合服务园区项目总投资40亿元,完成投资5902万元,完成项目备案、环评批复、规划许可证、单体方案等手续。

【技术创新与产品开发】 2016年,南宁市电子信息产业有15个项目获自治区级立项扶持,下达资金总额550万元。南宁市勘察测绘地理信息院、广东中冶地理信息股份有限公司、佛山市城市规划勘测设计研究院、南宁市规划信息技术中心开发的“高分辨率卫星影像用于城市级地理信息产品快速生产及应用中的关键技术”,广西中烟工业有限责任公司开发的“基于集群式企业一体化协同的多系统集成平台开发与应用”,广西广播电视监测中心开发的“基于云技术架构的广播电视与新媒体监测监管平台”,南宁市城规地理信息技术中心开发的“基于GIS技术、云计算城市智慧规划的解决方案及应用”4个项目获广西科学技术进步奖三等奖;广西壮族自治区经济信息中心开发的“广西电子政务外网平台构建及关键技术集成创新”项目获2016年度广西科学技术进步奖二等奖;广西申能达智能技术有限公司开发的“智能控制加热柜热泵系统”、广西金中软件有限公司开发的“基于Android　IPTV机顶盒USB视频监控运营云平台”,广西海蓝数码科技有限公司开发的“基于视频流量检测的全路网时间断面动态交通状况分析系统研发及应用示范”,南宁市勘察测绘地理信息院、武汉大学开发的“基于南宁CORS的移动终端精确定位研究”,广西南宁市精祥仪表有限责任公司开发的“视距挖掘机操作助手系统研发”5个项目获南宁市科学技术进步奖三等奖;南宁市城规地理信息技术中心开发的“基于云计算、物联网城市地下管线数据处理及共享平台研究与应用,南宁市交通运输信息管理中心、南宁市勘察测绘地理信息院开发的“城市交通地理信息关键标准研究、制定及集成创新应用”,南宁市勘察测绘地理信息院、广东中冶地理信息股份有限公司、广东中达规谷地信科技有限公司开发的“智慧城市建设关键技术与应用创新”3个项目获南宁市科学技术进步奖二等奖。

(乔　可)

清洁能源工业

【概　况】 2016年,南宁市工业节能降耗完成年度目标任务,全市规模以上万元工业增加值能耗0.47吨标准煤,比上年下降5.76%,超额完成自治区下达年度下降2.50%、南宁市下达年度下降5.50%的节能目标任务。全年工业行业淘汰落后(化解过剩)产能钒冶炼0.12万吨、平板玻璃180万重量箱。广西华润红水河有限公司、华电南宁新能源有限公司等6家企业完成年度实施清洁生产审核计划。

【工业节能减排】 2016年,南宁市与自治区工信委签订年度工业节能、淘汰落后产能目标责任书,将目标任务分解下达并与各区县、开发区和相关企业签订年度目标责任书;实行节能目标问责制,按照《南宁市工业节能目标责任考核办法》规定,评价考核年度工业节能目标完成情况和节能措施落实情况。在工业企业推广应用燃煤锅炉(窑炉)改造、热电联产、余热余压利用、电机系统节能、能量系统优化等重点节能工程,推进获得各级节能技术改造财政资金奖励项目建设,确保项目如期建成投产并发挥节能效益。组织企业申报2016年工业节能技术改造财政资金奖励项目,有2个项目获工业节能技术改造财政奖励资金82万元,项目全部完成后可实现节能量5435吨标准煤,拉动投资1.03亿元。市财政安排奖励资金10万元,对通过核查验收的淘汰落后产能企业进行奖励;按照政策规定落实失业保险待遇和《劳动合同法》,指导企业向解除劳动关系的职工支付经济补偿金等措施,保障由于淘汰落后产能所形成失业人员的基本生活,确保社会稳定。南宁市根据《南宁市木薯淀粉酒精产业发展规划(2013-2020年)》《南宁市木薯淀粉酒精产业整合实施方案(2013-2015年)》要求,调整优化全市产业结构布局,取缔不符合产业政策要求的造纸、木薯淀粉酒精企业,关停环保排放不达标和整改无望的企业。淘汰整合西乡塘区、武鸣区、隆安县等区县淀粉生产企业,提高产业集中度。组织各区县、开发区开展对造纸、氮肥、制药、制革等行业现状调研,指导企业制定切实可行的清洁生产技术改造实施计划。推进高新区低碳工业园区建设及广西-东盟经开区、南宁经开区循环化园区改造。高新区完成国家低碳工业园区试点工作进展情况阶段性评估;广西-东盟经开区计划实施重点循环化改造项目35个,总投资22.56亿元;南宁经开区计划实施循环化改造项目26个,总投资45.99亿元。推进制糖、木薯淀粉、火电、建材(新型干法旋窑水泥)、林板等重点工业行业开展循环经济建设,组织开展循环经济实施情况评估考核和示范企业(园区)认定申报。印发《2016-2017年南宁市城市建成区燃煤工业小锅炉(烟囱)整治工作方案》,全市累计88家企业开展工业锅炉煤改气,年内,完成40家;累计用于"煤改气"用户使用的市政管线47.80千米;对实施完成"煤改气"的47家工业企业"煤改气"工程项目给予财政补贴2158.20万元。实施《南宁市电机能效提升实施方案(2013-2015年)》《广西壮族自治区配电变压器能效提升奖励实施细则》,要求全市年耗电1000万千瓦时以上重点用能企业制定并实施电机节能改造计划及淘汰落后方案;督促全市年耗电3000万千瓦时以上重点用电企业制定并实施配电变压器能效提升计划及淘汰落后方案,加快淘汰落后机电设备;对17个电机能效提升奖励项目和26个配电变压器能效提升奖励项目开展现场核查,全市更换在用旧电机功率总数4.27万千瓦,更换在用配电变压器总容量630千伏安;推荐企业申报国家机电产品再制造试点,完成南宁市国家再制造试点验收。编制《南宁市节能环保产业发展规划(2016-2020年)》《南宁市清洁能源产业发展"十三五"规划》,打造南宁生态产业园,推进南宁市国家级高技术生物产业基地、武鸣区生物燃气生产基地建设。 (黎平平)

饲料工业

【概 况】 2016年,南宁市有饲料获证生产企业107家(年产值亿元以上企业36家),有生产许可证126张(获双证企业18家、获三证企业1家)。其中:配合饲料、浓缩饲料、单一饲料生产许可证75张,添加剂预混合饲料生产许可证35张,饲料添加剂生产许可证16张。南宁市饲料生产总量619.33万吨,比上年增长13.90%,其中:配合饲料产量503万吨,占总产量81.22%;浓缩饲料产量11.10万吨,占1.79%;预混合饲料及添加剂105.23万吨,占16.99%;占自治区产量一半以上,年产值219.71亿元,增长16.68%;从业人员超过1.20万人。

【饲料安全监管】 2016年,南宁市抽检饲料产品、原料抽样检测样品280批次,其中有1批次禽饲料样品黄曲霉毒素B1不合格,合格率99.64%;抽检的280批次饲料标签全部合格;出动执法人员216人次,查处饲料生产企业违法行为3起,立案3起,罚没金额2.74万元。(黄 琦)

供电业

【概 况】 2016年,广西电网有限责任公司南宁供电局设职能部室15个、专业管理所(中心)9个、供电分局5个,职工2089人;有县级供电企业8个,职工3983人;供电面积包括南宁市及百色市平果县,供电人口730万,供电客户237万户。南宁电网有35千伏及以上变电站198座,主变压器349台,变电总容量12915.15兆伏安。其中:500千伏变电站1座、主变压器1台(3台单相变压器);220千伏变电站14座、主变压器34台;110千伏变电站61座、主变压器205台;35千伏变电站118座、变压器209台。有35千伏以上输电线路4513.31千米,其中500千伏线路5条306.03千米,220千伏线路76条2421.17千米(电缆0.99千米),110千伏线路132条1585.52千米(电缆95.38千米),35千伏线路24条200.59千米(电缆3.60千米)。全年实现安全生产365天。

【电网规划与建设】 2016年,南宁供电局完成"十三五"配电网规划修编;完成《南宁市保底电网规划研究报告》编制;完成《青秀区配电网网格化规划》研究,形成"网格化规划指导意见";开展"十三五"配电自动化规划,实现一、二次系统协同发展。与市发改委、市城乡建委、市规划局分别合作发布《南宁市加快电网建设管理办法》《南宁市推进市政道路同步建设电力管沟管理规定》《南宁市电力管沟设计指引》,均属广西首个同类型文件。开展《南宁市"十三五"城市地下电力管线规划》,对电力管线逐项梳理,确保地下电力管线规划与"十三五"配电网规划、南宁市综合管廊专项规划有效衔接。协调建立市政府组织编制各级电力专项规划机制,开展《变电站及高压走廊布局规划》《南宁电网专项规划选址选线专项研究》《南宁市开闭所布点详细规划》《南宁市电力管沟指引》4项专项规划研究,规划的成果由市政府主导审查及批复,相关内容纳入城乡发展总体规划和土地利用总体规划。联合市城乡建委共同发布广西首个《南宁市城中村电网改造实施方案》,搭建"五方"(市级政府、城区政府、街道办、村委、南宁供电局)联动机制,制定"一区一案""一村一案",解决城中村供电问题。率先促成广西电网有限责任公司与市政府签署"十三五"电网发展框架合作协议,明确25项重点工作任务,电网项目纳入市统筹推进重大项目范畴。区县、开发区均对应成立电网规划建设领导小组,政府主导模式实现市县两级全覆盖。全年完成电网基建投资19.30亿元,其中主网完成投资4.44亿元;35千伏及以下配网工程完成投资3.21亿元,投产项目245个;35千伏及以下农网工程完成投资11.65亿元,投产项目892个。投产项目3个,即220千伏施恩送变电工程、佛子岭路扩建110千伏琅南线和琅东凌架空线改电缆下地工程、110千伏良圻变电站扩建工程。

【供电保障】 2016年,南宁供电局按照"一风险一预案"模式,整合主网、配网调度及客户端应急处置预案205份，提高事故处置能力；编制关键设备清单、管控措施计划表及应急预案，完成保供电任务；完成三年运行方式研究和保底网架梳理，系统排查出14项威胁南宁电网安全运行底线的诱因，提出48项风险管控措施用以指导电网的规划、建设和运行维护。应对五级以上电网风险108项、三级以上配网风险77项，“马雷线停电”“雷村站母线轮停”电网风险管控实现在电网负荷五创新高的情况下无拉闸限电。试行变电二次作业精益化，提升二次风险管理。在广西首次明确和规范二次风险管理业务流程及标准，被作为经验范本在自治区推广应用。完成全国“两会”、中国－东盟博览会、国家航天发射任务等重大保供电任务127项(一级保供电任务4项、二级保供电任务123项)，投入保供电人员2.30万人次，出动车辆5000多辆次，保供电任务完成率100%。

【供电服务】 2016年，南宁供电局完成768家100千伏安以上业扩工程项目送电，新增容量96.11万千伏安。成立服务队9个，对接南宁市服务企业重大项目服务队，对南宁市153个重点项目实行局领导跟踪服务机制，促进正式报装77个、接火送电38个，业务办理时间平均缩短3天。推进南宁江南万达广场投资有限公司、南宁市第三中学(初中部)、广西长长路桥建设有限公司等受限问题解决落实，涉及业扩项目23项，报装容量7.50万千伏安。整治978个重过载及低电压台区，重点整治宾阳10千伏三塘线、武鸣区宁武镇东王村及双桥镇造庆村政府扶贫点项目，解决46个公共变压器台区低电压问题。对302户用电秩序较差的烂尾楼、棚户区及城乡结合部等区域开展低压户私拉乱接、线路凌乱问题专项整治，促进18个居民区电动自行车充电点完成技术改造，消除充电安全隐患。推广南方电网统一服务平台，实现微信、支付宝等远程便捷缴费，非现金缴费率99.36%、远程服务比例89%。城市综合电压合格率99.52%；完成售电量188.33亿千瓦时，综合线损率5.04%。第三方客户满意度82分，安全生产风险管理体系评级达到四钻四星90分。

【用电管理】 2016年，南宁供电局完成南宁网区2016年重要客户梳理报审，“两个合格率”(重要客户电源、自备应急电源)分别提升至98%、100%，组织修编、完成“一户一册”现场评审。实施一级重要客户分类管理，制定《重要及重点关注客户延伸服务指导意见》。组织安监、系统、设备、输电所、变电所、分局等部门以“双盲”(不预先告知演练时间与地点、不预先告知事件类型)形式联合完成自治区党委、自治区政府、广西电视台、自治区人民医院等8户一级及以上特别重要客户的应急演练；组织各分局完成21户其他一级重要客户现场演练。完成《重要客户用电风险管理手册(自治区党委)》编制、运用，实现输、变、配、客户内部四级风险联合管控。实现需求侧节约电量5274万千瓦时，其中客户侧节约电量2193万千瓦时，节约电力13.20兆瓦。开展客户节能培训2期，节能宣传17次，走访客户54户，出具节能诊断报告35份，为企业提出有效节能建议96条，推动客户实施节能改造项目5个。

【电费电价管理】 2016年，南宁供电局对管辖区内客户电价执行情况进行审核监督，按自治区物价局出台的电价文件执行用电收费。主要有：《广西壮族自治区物价局关于降低燃煤发电企业上网电价和一般工商业用电价格的通知》，自治区一般工商业用电价格每千瓦时降低0.015元，除居民生活和农业生产以外的其他用电征收的可再生能源电价附加标准由每千瓦时1.50分钱提高至1.90分钱，6月1日起执行；《广西壮族自治区物价局关于2016年5－12月部分市暂时恢复执行丰枯水期季节性电价的通知》，5月1日至12月31日，南宁、柳州、桂林等9个市范围内由自治区主电网供电的受电变压器总容量在315千伏安及以上的大工业用电(不包括化肥、蔗糖、农药、农膜生产、污水生活垃圾处理企业生产用电及发电企业在启动调试阶段用电)暂时恢复执行丰枯水期季节性电价；《广西壮族自治区物价局关于免收临时接电费用，降低高可靠性供电费用和改进基本电费计费方式有关问题的通知》，将新增电力用户免交临时接电费用的执行时间延长至2017年12月31日，2016年1月1日起至2017年12月31日，对用户自建的两路及以上多回路供电(含备用电源、保安电源)用电户，按现有高可靠性供电费标准的70%执行；《广西壮族自治区物价局关于降低我区工商业用电价格的通知》，4月20日起取消化肥用电优惠，6月1日起化肥生产用电执行大工业电价标准，自治区一般工商业用电价格每千瓦时降低0.24分；《广西壮族自治区物价局关于调整居民生活用电阶梯电价政策有关问题的通知》，7月1日起，调整居民年度阶梯各档电量：第一档电量为每户年用电量2400千瓦时；第二档电量为2400千瓦时〈每户年用电量3840千瓦时；第三档电量为每户年用电量〉3840千瓦时；《广西壮族自治区物价局关于调整2016年6－12月部分市丰枯水期季节性电价的通知》，自治区工商业电价自6月1日起进行调整，决定对暂时恢复执行丰枯水期季节性电价政策的南宁市等部分城市6月至12月执行电价作相应调整；《广西壮族自治区物价局关于转发国家发展改革委办公厅关于完善两部制电价用户基本电价执行方式的通知》，10月1日起，自治区基本电价执行方式按国家发展改革委办公厅相关规定执行；《广西壮族自治区物价局关于2016年11－12月部分市大工业执行基准电价的通知》，对暂时恢复执行丰枯水期季节性电价政策的南宁市等部分城市11月至12月执行基准电价。

9月11日，保供电人员巡视检查南宁国际会展中心展馆用电情况　　陆冬琦　摄

【营销稽查】 2016年，南宁供电局发布《南宁供电局2016年营业普查工作方案》，提出年中及年末考核指标。由营销部组织，企管部律师、警电联动中心民警、

辖区派出所民警、分局用电检查人员开展联合行动查处复杂违约用电案例。南宁网区核查电价执行、计量装置配置与运行及查处违约、窃电499宗，追补电量977.76万千瓦时。（余泓夫）

二轻集体工业

【概　况】2016年，南宁市二轻集体工业联社管理的集体所有制工业企业有南宁市手表厂、南宁市制鞋厂2家；成员单位33个，新增3个，从业人员2000多人。

【企业改革改制】2016年，市二轻联社继续推进市制鞋厂旧改解困，多次与西乡塘区政府协调研究职工安置解决办法，向市政府提交《关于南宁市制鞋厂房屋征收补偿和职工安置的情况报告》，市政府同意将市制鞋厂土地收益金从830万元减免至200万元左右；与市制鞋厂债权人协商偿还债务；派工作组指导、监督市制鞋厂依法依规开展房屋征收和职工安置的各项准备工作，加快落实工厂房屋征收补偿及职工安置目标。

【市手表厂生产经营】2016年，南宁市手表厂有从业人员528人。完成工业总产值2011万元，比上年减少62.60%；完成销售收入2232.26万元，减少46.60%；入库产量32.21万只，减少57.80%；实现利润266万元，减少82.94%。1月，成立新产品研发中心，投入资金增购设备，形成4台加工中心生产线，缩短产品的生产周期，减少工装模具的生产和人工成本；研发NN7007、NN2863、NN3816、NN3817表，1月、7月分别对NN7007、NN3816表进行样机鉴定，进行小批量试制；设计研发双露摆机芯；与深圳威创达公司研发SP2006表，8月批量试制，12月小批量装配。8月，与衡阳瑞合精密仪器有限公司签订HY（型号）零件外协加工合同；12月，批量生产。重新修订完善《南宁市手表厂安全生产管理制度》《南宁市手表厂安全生产应急预案》《南宁市手表厂各职能部门、各级人员安全生产职责》《南宁市手表厂剧毒化学品安全管理制度》等制度，全年未发生安全责任事故。更新污泥压滤机，电镀污水处理水样检测结果数据达标，符合国家电镀污水排放标准。市手表厂获广西壮族自治区总工会、广西壮族自治区安全生产监督管理局授予2015年度自治区"安康杯"竞赛优胜单位称号；获南宁市总工会、南宁市安全生产监督管理局授予2015年度南宁"安康杯"竞赛优胜单位称号；获南宁市总工会对2015年度市属企事业单位工会重点工作目标考核特等奖。

【工艺美术行业管理】2016年，市二轻联社组织申报自治区级工艺美术大师（高级工艺美术师）创作组14个；组建南宁市工艺美术精品创作组12个，对精品创作、以师带徒过程进行指导、考核，拨付10万元精品创作前期补助经费。推荐南宁市9名成绩突出的工艺美术从业人员申报"第七届广西工艺美术大师"，黄剑、李晶辉、刘雪山（女）、梁紫童（女）、廖桂龙获"广西工艺美术大师"称号。举办"南宁市工艺美术培训班"，培训近60人；在渡河公文化传播中心、杜鹃工作室、武鸣区纳福彩绣手工坊，开办以增强民间手工艺人员的生产技艺、创新本领的技能技艺提高班。制定《南宁市工艺美术精品创作补助经费管理暂行办法（试行）》《南宁市工艺美术企业参加专业展览（销）会补助经费管理办法（试行）》《发展吸纳服务成员单位工作经费使用暂行办法》。推荐南宁市笔补天公陶艺有限公司等7家企业申报"南宁市文化产业示范基地"并获命名，占全市获命名企业35%，是工艺美术企业首次获得市文化产业示范基地命名。促成南宁市国家级大师谭湘光、省级大师王建阳、黄冬鹏、钟昀睿、李玟翰、蓝淋等入驻南宁职业技术学院、南宁学院开设"大师工作室"。组织17个单位参加全国专业展会，获国家级"金凤凰奖"2银（坭兴陶"编织幸福"、陶艺"广西之壶"），4铜（錾铜"父亲母亲"、毛线钩编"爱我广西"、邕州陶"龙腾九州国运昌盛"、玉雕"王者归来"）；"百花杯"奖3金（坭兴陶"鼓声之'美'"、老煤竹"壮乡神韵"、雕塑"女士"），5银（坭兴陶"壮娃"、雕塑"城予系列"、朱漆葫芦套杯"福禄寿喜"、坭兴陶"福在眼前"镂空壶、坭兴陶"昭君出塞"），7铜（翡翠"求贤"、红木工艺家具"壮音古乐茶台"、翡翠"好猫"、剪纸"和美壮乡"、对刀"花山壮刀"、小叶紫檀"明镜台"、染织壁挂"陌上尘"）；获自治区"八桂天工奖"23金25银26铜，"八桂天工奖"金奖数量升至自治区第一；参展参评品种30多个，提供展位补助16.50万元。

【特色区域授名】2016年，市二轻联社挖掘培育区县发展特色产业潜力，结合区县特色产业聚集态势、规模调研情况，将横县峦城镇"家具木器生产加工"、宾阳县武陵镇"牛角梳"两个特色产业区域列入授名储备，向自治区二轻集体工业联社申报作为2017年特色产业区域授名储备项目。（张夏芸）

交通邮政业

铁路运输

【概　况】2016年，南宁市境内铁路有湘（湖南）桂（广西）、黎（塘）湛（江）、南（宁）昆（明）、邕（南宁）北（海）、南（宁）防（城港）、黎（塘）钦（州）、南（宁）广（州）、云（云南）桂（广西）、柳（州）南（宁）客专等9条通车铁路（湘桂、黎湛、南昆为国家铁路，南广、南防、黎钦、邕北、云桂、柳南客专为合资铁路）。境内铁路总里程775.90千米（不含复线），其中湘桂铁路境内全长175.40千米，黎湛铁路境内全长12.50千米，南昆铁路境内全长75千米，南防铁路境内全长75.50千米，黎钦铁路境内全长44.60千米，邕北铁路境内全长66.30千米，云桂铁路南宁至百色段境内全长101千米，柳南客运专线境内全长106.10千米。铁路职能机构、单位有：南宁铁路局机关行政部门35个，党群部门8个、公安部门驻南宁2个（公安局、公安处）。铁路局机关附属单位驻南宁41个，铁路局局属单位驻南宁25个，其中运输单位11个、运输辅助单位2个、非运输单位12个。境内国家铁路运输单位发送旅客2557.01万人，发送货物260万吨，到达货物348.23万吨；完成客货运输收入29.69亿元。南宁车站被中共中央评为2016年全国先进基层党组织并连续保持"全国敬老文明号"称号；南宁客运段党委获"全国铁路先进基层党组织"称号。

【客货运输】2016年，南宁车站管辖南宁客运站、南宁东客运站，旅客发送量2427.20万人，日均发送6.63万人，比上年增长18.40%，其中南宁东站发送1281.50万人，增长39.10%，10月1日旅客发送量创下单日12.60万人历史新高；运输收入完成24.38亿元；实现连续安全生产8969天。南宁客运段担当列车138对，其中普速列车34对、动车组104对，完成客车工作量78.42万千辆千米，增长7.43%；担当临客223列，旅游专列32列，加挂扩编1.13万辆，军用车359辆次。安全运送旅客9503.70万人（动车5241.80万人，普速车4261.90万人），增长14%。车补收入1.85亿元，增加3154.26万元，增幅20.50%。南宁车务段发送旅客453.80万人，增长15.80%；运输收入2.43亿元，增长29.30%。南宁货运中心货物发送611.05万吨，运输收入8.37亿元，其中货运收入7.49亿元。

【机车运用与检修】 2016年，南宁机务段配属机车362台，其中电力机车151台，内燃机车211台。承担电力机车中修、C4修、C1-C3修以及电力、内燃机车小、辅修工作。完成机车牵引总重711.80亿吨千米，机车总走行6.76万千机千米，机车日车千米440千米，机车日产量102.20万吨千米，技术速度49.20千米/小时，平均牵引总重3101吨/列。机车检修完成电力机车中修(C4修)71台，C3修40台，C2修68台，C1修142台；小修29台，辅修29台；内燃机车小修294台、辅修100台；机车整备6.10万台次。综合能耗完成721.17吨标煤，新鲜水实际消耗27.99万吨，化学需氧量排放量2326千克，二氧化硫排放量完成344千克。

【客车运用与检修】 2016年，南宁车辆段配属客车1742辆，动车组88组(704辆)，代管邮政车4辆。担当图定客车35对、104对运用任务。动车组完成一级修9782组，二级修2004组，走行千米28.93万千辆千米，比上年增长23.63%；平均运用率74.23%，位列全路第7；百万千米故障率0.53%，位居全路第4。实现动车开行3周年、安全运行3周年。普速客车段修1042辆，增长25.20%，段修生产量创历史新高。库列检检修21.69万辆次，客车运用率年平均76.78%，继续保持全路前列。全年完成741列临客、旅游专列，170列军运等特殊任务。

【货车检修】 2016年，南宁南车辆段担负湘桂、南昆、黎湛、益湛、河茂、南防、田靖等铁路干线车辆检修，安全管辖里程1740千米，安全保证区段4537千米。完成国铁货车段修7299辆，比上年增长1.40%；临修6079辆，增长7.80%；临修破损车整治1732辆，增长29.30%；自备车厂修91辆、段修894辆，分别下降3.20%、增长16.10%；换装A41X型安全阀、换装脱轨自动制动装置、缓解阀拉杆座整治"三项"改造分别完成506辆、673辆、1929辆。货车厂、段修一次性交验合格率分别为100%、99%。列检工作量完成11.19万列，536.76万辆；TFDS检测完成4.59万列，219.73万辆。

【铁路维修】 2016年，南宁工务段管辖正线铁路1656千米，站特线铁路565千米，道岔1829组；桥梁480座、隧道56座、涵渠2970座。其中，高速铁路752.13千米，站特线铁路115.23千米，道岔405组(正线道岔208组，站特线道岔197组)。高速铁路严格执行"精确修、准确修"。检测出各类动态病害2243处、静态病害4414处，严格按照作业审批制度动道维修，建立动道作业档案。动检车平均扣分从0.29降至0.17，TQI(轨道质量指数)从4.41降至4.13。配合大机捣固铁路340.88千米，道岔综合维修捣固67组，钢轨廓形打磨185.40千米，打磨道岔73组，人工整组打磨道岔14组。普速铁路加强设备结构性病害整治。完成清筛道岔31组、更换失效枕木3053万根、更换再用P60钢轨23.28千米、维修新轨8千米、更换伤损钢轨1902根、整组更换道岔24组、锈蚀螺栓拔锚8.30万颗、更换锈蚀轨距挡板11.10万块、更换失效胶垫12.10万块、清挖翻浆8102孔、打磨道岔922组、无缝化铝热焊2126头(含胶结)。更换加强型弹条扣件5.20万套，完成测量数据精确捣固349千米，道岔大机精确捣固46组。轨检车均分较去年降低0.90分。完成隧道、桥梁、涵渠病害整治768座，桥隧劣化率降低5.10%；整修限高防护架48座，新增公路铁路并行地段防撞栏92处1.16万米，修复高铁栅栏399处、普铁栅栏3132处，安装防止大牲畜上道设施52处。开展南宁东至南化站高铁沿线绿化美化工作，修建花圃，种植乔灌木2861株，铺设草皮1610平方米，补植苗木96株，管护花圃28万平方米。

【电务维修】 2016年，南宁电务段信号方面管辖2403.71千米(含复线1201.06千米)线路，195个站、场(含机务运用车间、折返段)信号设备，换算道岔5.61万组。其中：普铁管辖1631.40千米，5个驼峰场及133个站(场)车站和区间信号设备、机车信号设备、TDCS微机监测设备及LKJ列车监控装置等，换算道岔3.99万组；高铁管辖772.31千米，55个站、场(含中继

2016年南宁市境内国家铁路火车站运输完成情况

项目 车站	旅客发送量（万人）	货物发送量（万吨）	货物到达量（万吨）	运输收入（万元）
南宁	2427.20	0.12	0.22	244602.21
南宁南		63.41	221.22	25214.00
黎塘	39.48	123.20	55.01	12996.49
宾阳	90.33			4924.53
六景		21.43	26.34	3382.00
邕宁		2.82	1.16	305.16
屯里		43.58	15.49	4480.50
金鸡村			2.31	
隆安		5.44	26.48	968.80

2016年南宁市境内铁路车站分布情况

湘桂铁路	黎湛铁路	南昆铁路	南防铁路	黎钦铁路	南广铁路	邕北铁路	柳南客专	云桂铁路
黎塘	凤鸣	扬美	那罗	横州	南宁东	五象南	宾阳	南宁西
稔竹		南武康	吴圩	大崇	五塘	大塘	五塘	隆安东
沙江		定顿	大王滩	飞龙	宾阳		南宁东	
六景		那桐	宁村	王洞岭				
伶俐		双邓	大元					
邕宁		连安	那铺					
玉洞		隆安	百浪					
沙井		雁江	大拟					
屯里								
南宁东								
南宁								
南化								
南宁南								
金鸡村								
江西村								
维罗								

站)车站和区间信号设备、LKJ列车监控装置、CTCS2列车运行控制系统及CTC调度集中设备等,换算道岔1.62万组。通信方面管辖里程1676千米线路,担负102个站(场)、换算6.41万皮长千米、折算3.08万换算道岔组工作量通信设备养护维修任务。其中:普铁里程1254千米,91个站(场);高铁里程422千米,11个站(场)。工电联合道岔整治1189组,其中普铁道岔892组,高铁道岔297组。信号专业绝缘不良电缆整治516芯,应急电缆贯通整治159个站、80个区间。百色普速场电缆地下接头整治6处。通信专业整治光电缆绝缘不良及光衰耗大28处,更换绝缘不良及光衰耗下降较大光电缆4.88千米,通信机房地线整治13处,通话柱专项整治33处,完善客票物理双路由20个站。列控车载设备整治,升级200C、200H、300S型设备,对CTCS-3级列控车载设备加装10套动车组接口监测系统5组。对高、普铁站电源屏、轨道电路集中监测电气特性报警上下限设置、标调188站。完成年度大修项目34项,更新改造项目46项。

【水电供应】 2016年,南宁供电段担任南广、柳南客专、南昆客专、南昆、南凭、黎南、黎湛、河茂、益湛、田靖铁路2396.30运营千米牵引供电及生产生活供水供电。完成牵引供电受电量3.91亿千瓦时,比上年上升2.99%,供电量3.74亿千瓦时,下降0.45%;牵引供电损失率4.24%,高于局定指标0.03%;功率因素0.98,上升1.88%;完成电力受电量1.93亿千瓦时、供电量1.81亿千瓦时,分别增加3.83%和4.67%;力率99%,下降1%;负荷率78.99%,上升2.91%;变压器利用率36.43%,上升1.34%;电损率6.36%,下降0.74%;供水量1655.61万吨,下降0.40%;水损18.77%,下降0.70%;净水合格率100%、消毒水合格率100%;完成路外售电收入3989.58万元、路外售水收入1665.20万元,水电费回收率99.12%。完成大修工程14个、更改工程完成组固31个,完成与铁建挂钩工程项目1650万元。

【通　信】 2016年,南宁通信段管辖湘桂铁路柳州至崇左、柳南客专铁路柳州至南宁、南昆铁路江西村至平果、南昆客专铁路南宁至平果、来合铁路来宾至合山、南环铁路邕宁至南宁南,主要管理接入网、传输网、数据网及其承载GSM-R、防灾监控、应急通信、综合视频监控、会议电视、电源及环境监控系统,管辖运营里程1008.89千米,通信设备换算5.75万皮长千米(不含闭电2776.26皮长千米)。完成年度维修任务。

【物资保障】 2016年,南宁铁路局物资供应段受理全局2.14万种9.84万笔物资需求保障计划,通过计划采购单上报物资管理处采购3.60万笔,供应7.36万笔,金额6.04亿元,其中招标采购成交2.18亿元,中标物资节约4.70%,节约采购成本1076万元。供应机车、空调车及工务部门柴油16.70万吨,金额8.06亿元。重要物资保障供应合格率100%。

【房产生活服务】 2016年,南宁铁路局房产生活段负责全局高铁、普铁干线车站生产办公房建设、维修和产权产籍管理,15个行车公寓、59栋职工单身宿舍日常管理和服务。所辖房产建筑设备1393.90万公顷(含住宅748.60万公顷),营业里程4982千米。全年巡查高铁房产建设设备9757人次,发现问题1687个,督促施工单位问题整改380个;巡查普铁房产建筑设备5.09万栋件、站区1231个,出动人员8137人次,发现问题1735个,报修解决1159个、整修处理232个。开展专项整治,检查涉及军事运输车站38个,整治设备病害16处;组织铁路沿线易松动脱落构件安全隐患,站台限界隐患,高铁站房、雨棚及旅客通道漏水排查,完成房产建筑设备大修计划31件、1215.60万元,生活后勤保障设备维修890件、2337.60万元,更改项目20个、521.30万元,住宅维修329件、1409.50万元。接待乘务员84.60万人次(含外局)。

【信息技术应用开发】 2016年,南宁铁路局信息技术所完成信息系统升级400余次,排除生产信息系统突发故障184件;完成新线建设相关设计、施工、招标文件及其他项目规划、管理制度审查等19项。完成信息系统更新改造项目18个,项目金额9427万元。重点研发"南宁铁路局货运营销决策支持系统""南宁铁路局安全环境信息系统",在地图技术应用、开发模式等方面取得突破,在全局范围正式使用,《货运营销综合评价系统》获铁路总公司科技进步三等奖。研发"南宁铁路局物流信息平台二期"等信息管理项目23个。完成局客票系统、铁路运输管理信息系统等其他系统计算机维修服务。完成机关办公设备维修服务3794单、客服系统设备维修服务2331单。

【铁路运输安全生产】 2016年,南宁铁路运输单位、运输辅助单位加强安全管理,落实安全责任,运输安全保障能力增强。各单位无责任行车事故天数为:南宁站8969天,南宁客运段980天,南宁车务段1226天,南宁货运中心1205天,南宁机务段483天,南宁车辆段31天,南宁南车辆段2183天,南宁工务段11天,南宁电务段4745天,南宁供电段67天,南宁通信段1849,物质供应段2872天,房产生活段2011天。

【铁路建设】 2016年,柳南客运专线引入南宁枢纽工程完成竣工财务决算,清理概算批复55.74亿元,完成投资54.67亿元,工程预留5305.90万元,概算节余5324万元。云桂铁路引入南宁枢纽工程完成投资5756万元。南宁铁路局下达2016年更新改造投资计划8项,分别为南宁东单身宿舍、南宁铁路地区单身宿舍之一、南宁东站行包房、南宁东站运营综合生产用房、南宁东行车公寓、南宁南站货场无联锁道岔连锁改造、南宁东站实名制检查优化改造、南宁东站2号、4号变电所工业空调,完成投资6400万元。

(徐海涛)

公路运输与管理

【概　况】 2016年,南宁市交通运输局管辖农村公路总里程9910.10千米,其中县道总里程1655.99千米,乡道总里程2400.73千米,村道总里程5787.24千米,专道总里程66.13千米;通畅率100%。有道路客运企业25家(不含子公司、分公司),其中一级客运企业4家,二级4家,三级7家,四级2家,未定级8家。驻地在城区内23家,县域2家。营运客车3494辆,总客位15.86万个,多为中高级客车;建有72个等级客运站(国家一级客运站6个,二级14个,三级9个,四级37个,五级6个),各县城均有二级客运站,部分乡(镇)建有等级客运站。营业性道路运输客运量2165万人,客运周转量41.81亿人千米,比上年分别下降3.95%、4.23%。开通公路客运班线761条,涵盖自治区内各市县及周边省市。有货运经营业户1.16万户,其中危险货物运输企业38家,普通货运企业4170余家(有100辆以上车辆的企业177余家)。有登记在册营运货车11.92万辆,总吨位73.11万吨,持有道路运输从业资格证12万人。完成货运量2.87亿吨,增长7.25%;货运周转量515.75亿吨千米,增长5.93%。

【农村公路建设】 2016年,南宁市建设农村公路项目140个,建设里程339.01千米,桥梁518.50延米,计划总投资3.41亿元,完成投资1.03亿元。其中:贫困地区村通沥青(水泥)路项目2个14.40千米,计划总投资1080万元,已开工2个,完工1个,完成投资855万元,占计划总投资的 79.20%;非贫困地区村通沥青(水泥)路项目 3 个 4.90 千米,计划总投资 294 万元,已开工 3 个,完工 1 个,完成投资 250 万元,占计划总投资的 85%。贫困地区优先通达窄路基、路面加宽项目 10 个 61.10 千米,计划总投资 1249 万元,已开工 10 个,完工 5 个,完成投资 774.50 万元,占计划总投资的 62%;非贫困地区优先通达窄路基、路面加宽项目 13 个 67.70 千米,计划总投资 1718 万元,已开工 13 个,完工 9 个,完成投资 1333 万元,占计划总投资的 77.60%。贫困地区农村公路县乡联网路项目 4 个 36.30 千米,计划总投资 1.21 亿元,年度计划总投资 9009 万元,已开工 2 个,完成投资 590.50 万元,占计划总投资的 4.90%;非贫困地区农村公路县乡联网路项目 5 个 55.70 千米,计划总投资 1.03 亿元,已开工 1 个,完成投资 130 万元,占计划总投资的 1.30%。贫困地区渡改桥和新建桥梁项目 3 个 233 延米,计划总投资 1244 万元,已开工 1 个,累计完成投资 10 万元,占计划总投资的 0.80%;非贫困地区渡改桥和新建桥梁项目(不含伶俐大桥)4 个 215.50 延米,计划总投资 1086 万元,已开工 2 个,完成投资 20 万元,占计划总投资的 1.80%。连通工程以奖代补项目 33 个 85.81 千米,计划总投资 4932 万元,项目完成投资 4932 万元,占计划总投资的 100%;路网结构改造(危桥改造)项目 4 个,桥梁 70 延米,计划总投资 93 万元,已开工 4 个,完成投资 57.50 万元,占计划总投资的 61.80%;路网结构改造(安防)项目 38 个,处治隐患里程 67.50 千米,计划总投资 906 万元,已完工 22 个,完成投资 528.70 万元,占计划总投资的 58.30%;养护大中修项目 19 个,计划总投资 2025 万元,已完工 9 个,完成投资 862 万元,占计划总投资的 42.60%;续建项目 44 个,完成投资 9868 万元。

【农村公路养护】 2016 年,市交通运输局继续推进农村公路管理养护,全市纳入公路统计年报的农村公路 9496 千米,县道优良路率 44.10%,乡道优良路率 33.30%,专用道优良路率 33.60%,村道优良路率 26.10%。全部完成自治区公路管理局下达的路况养护任务指标。自治区下达南宁市养护工程项目 61 个(含危桥改造、安保工程、大修工程),计划总投资 3024 万元,完成投资 1448.20 万元,占计划投资的 47.90%。落实农村公路生命安全防护工程项目管理,处治隐患里程 171.61 千米,计划投资 1071 万元。年内已全部开工建设,完成投资 940 万元。

【路政管理】 2016 年,市交通运输局以全面推进路政管理工作"程序化、规范化、信息化、科技化"建设为中心,以转变和提升执法服务理念为重点,加强执法队伍建设。组织交通路政行政执法证换证培训 1 期,核报执法培训年度换证培训摸底 2 次;加强公路路巡路查,办理许可项目 6 件,查处涉路案件 10 件,案件查处率办结率 100%。

【公路安全生产】 2016 年,市交通运输局持续加强公路安全生产监督管理,组织区县对管养范围内重要县乡村路路况、路基边坡及排水设施、桥梁和在建工程进行全面排查,投入应急抢险人员 500 多人次,出动巡查车、装载机、挖掘机等应急保障车辆(机械)140 辆(台)次,检查公路 5640 千米,桥梁 470 座,处理安全隐患 180 处,保障公路畅通。

【公路应急管理】 2016 年,市交通运输局公路管理部门贯彻落实市应急管理工作的决策部署,应对汛期突发事件,组织开展南宁市农村公路防汛应急救援演练,做好应急值守和信息汇总上报,进一步提高公路应急救援能力。做好突发事件信息报送,坚持各项值班制度,保证通讯畅通。

【交通运输行业质量信誉考核】 2016 年,市交通运输局全面实施道路运输行业经营与服务精细化管理,完成客运行业、货运行业、驾培行业、维修行业的质量信誉考核工作。全市 50 家客运企业中获得 AAA 级的有 37 家,AA 级 13 家。全市 28 家道路危险货物运输企业中获得 AAA 等次的有 15 家,AA 等次 12 家,A 等次 1 家;50 辆车以上的 221 家道路普通货物运输企业中获得 AAA 等次的有 60 家,AA 等次 118 家,A 等次 33 家,B 等次 10 家。85 家驾培机构中获得优秀等次的有 32 家,良好 38 家,合格 15 家。全市申请参加考核的 283 家维修企业中被核定为 AAA 级的有 102 家,AA 级 93 家,A 级 89 家,B 级 65 家(不合格)。通过开展质量信誉考核工作,全市道路运输行业服务意识和质量得到提升。

【公路运输市场监管】 2016 年,市交通运输局通过加大行业调控引导,推动行业健康稳定发展。主动适应高铁化新常态下道路客运的变化,引导和支持发展旅游客运,指导企业制定建设和发展旅游集散中心项目方案,引导企业走规模化、集约化、品牌化发展道路;推动行业重组,实现转型升级,完成南宁市第三运输公司与广西超大运输集团有限责任公司道路旅客运输业务的整合;引导货运企业走规范化、集约化的力度,构建国际货运通道,推进甩挂运输多式联运的创新运输模式,加快投资建设国际物流园区,集聚效应初显;中蒙俄货运通道实现试运行,中越货运协议推进"中港—越"直通车平稳开行,促进中国－东盟自贸区发展的各项国际和国家政策,为发展甩挂运输提供良好的市场环境,南宁市有 2 家货运企业成功参加全国甩挂运输试点;283 家二类以上机动车维修企业通过新国标《汽车维修业开业条件》达标核查。

【运政投诉处理】 2016 年,市运政投诉中心接到有关道路运输方面的群众来电 1456 个,其中立案受理投诉案件 58 件,均在自接到投诉 10 个工作日内结案,结案率 100%。因协助乘客找回失物或协调赔偿事宜,获乘客电话表扬 18 次,为投诉人挽回经济损失 5.20 万元。陈诉申辩室运政法规咨询岗接待来访群众 1100 多人次,处理申诉案件 361 件。

【驾驶员培训管理】 2016 年,南宁市有驾培机构 109 家,其中一级驾培机构 9 家、二级 53 家、三级 47 家;全部使用计时培训系统开展教学。有 39 家驾培机构实行先培训后收费的新型培训服务模式;有 99 家驾培机构通过"两个新国标"验收,"回头看"复核均达标。全市 7419 名驾驶员参加道路运输从业资格证考试,有 6943 人考试通过,通过率 93.36%;有 1752 人参加客运驾驶员继续教育,通过考核 1690 人,通过率 94.31%。

【春运旅客运输】 2016 年春运期间,南宁市日均投放客车 3970 辆,总座位 16 万座,开行 27.81 万个班次(加班 3817 个班次,包车 146 个班次),完成客运量 436.98 万人次,比上年减少 27.81%。春运 40 日内,南宁市客运运力供给充足,车辆档次提升、应急运力储备到位,道路客运企业服务能力和客流高峰期旅客疏运能力提高,未发生明显旅客滞留现象。

【站场基础设施建设】 2016 年,市凤岭综合客运枢纽站完成投资 10 万元,市明阳客运服务中心完成投资 1300 万元。44 个便民候车亭项目(自治区运管局项目 35 个、市交通运输局项目 9 个)全部竣工,总投资 180 万元。货运南站和玉洞物流港分别完成固定资产投资 1.40 亿元和 2.60 亿元,形成以快速环道为主轴,货运南站、玉洞物流港、华南城等龙头货运站场(货运枢纽)均匀分布的格局,初步建成南下可达东盟,北接俄罗斯的区域货运枢纽,开通贯通欧亚大陆终点(荷兰鹿特丹)的陆路多式联运通道。

【公路运输安全生产】 2016年，市交通运输局继续开展"安全生产年"活动，推进安全生产大检查和隐患排查治理，落实企业安全生产主体责任，强化源头管理。全年组织专题会6次；检查企业571家(次)；与企业签订安全与维稳责任状232份；组织专题演练3次；培训企业人员260余人次；发放宣传资料5000多份；排查纠正安全隐患231处，约谈相关单位15家。全市道路运输发生死亡事故42起，死亡46人，受伤38人。事故起数比上年下降6.66%，死亡人数下降20.68%，受伤人数上升8.57%。

【公路运输行业节能减排】 2016年，市交通运输局完成万家企业节能减排考核。列入国家万家节能低碳行动的企业34家，其中获评优秀等次2家，良好10家，合格21家，不合格1家。指导有关企业建立燃油消耗检测、能源消耗统计台账，制订车辆燃油定额考核制度，核查统计客车335辆，牵引车及货车3347辆，确保新入户的车辆燃料消耗量符合国家要求。淘汰黄标车1.79万辆，其中营运黄标车1.26万辆，完成自治区黄标车淘汰任务的121.02%；已淘汰黄标车和老旧车(含非营运)2.93万辆，完成国家黄标车和老旧车淘汰任务95.19%。

水路运输

【概 况】 2016年，南宁市有水路运输企业56家，港口(码头)企业49户，服务企业38家，船舶管理企业4家；有运输船舶1330艘、总净载重量115.56万吨、载客量1.04万客位，其中沿海船舶55艘、净载重31.14万吨，远洋船舶29艘、净载重5.63万吨。水路运输完成货运量3486.50万吨，比上年增长7.02%；完成货运周转量171.90亿吨千米，增长9%。港口吞吐量1312万吨，增长30.69%；集装箱吞吐量580TEU，增长33.64%。水路基础建设完成固定资产投资33.33亿元，为年度目标任务128.25%。其中，新开工3个港口码头项目完成4093万元，3个枢纽船闸工程和1个航道工程完成27.08亿元，疏港交通项目完成2.60亿元，护岸绿化工程完成2.12亿元，船舶技术改造投资完成1.12亿元。

【水路运输基础设施建设】 2016年，市交通运输局组织开展水路运输基础设施建设。南宁港隆安港区浪湾作业区一期工程完成规划、土地预审等12项前置论证，岸线申请通过自治区交通厅审核，准备报交通部审批；南宁港鹤笋码头完成初步设计、施工设计，完成3个泊位建设，投资额5000万；南宁港民生码头、蒲庙码头完成3个200客位旅游码头建设，年吞吐量设计量60万人次；5月，建成六景转运站作业区铁路中转站水铁联运功能建设，增强南宁港口水铁联运能力，形成铁路、港口有效对接的水运格局；落实港口锚地建设资金400万元，建成800×100米、600×100米牛湾作业区、六景作业区锚地，缓解通航压力；完成民生旅游码头、浪湾码头移交前准备工作；完成1座便民码头建设任务，优化、完善渡口、渡船的硬件设施，保障群众出行安全。

【水路运输行业监管】 2016年，市水路运输行业监管部门采取措施，加强水路运输行业监管，踏勘、核查水路运输企业33家，水路运输辅助业38家，运输船舶1106艘，踏勘率100%，核查合格率100%；推进内河船舶标准化工作，完成船舶生活污水防污染改造2艘，老旧运输船舶拆解37艘，新建液化天然气动力示范船2艘；完善各项规章制度，编制《南宁港口总体规划》上报稿，报送市政府；规范行业管理，制定《水路运输辅助业诚信管理制度》；推进交通沿线绿化美化工作，南宁港完成种植土回填6300立方米，路牙铺设6850米，草皮种植2.95万平方米，投资额197万元；开展扬尘污染专项整治，加大对港口、码头堆场扬尘污染的督查力度，检查企业31家次、出动执法车辆31车次，执法人员135人次，发现隐患45处，现场责令整改45处，督促2家港口企业投入790万元完成技术改造；与南宁海事局签署共建合作协议，在水运安全联合检查、信息互通、岸上管理人员证件管理、无线远程监控系统共享等领域加强协调合作；2月，组织相关单位完成水运工程施工和设计企业信用评价；推进右江1000吨级跨江缆线整治，第一批14条跨江缆线整改完毕；加强航道监管，指导和监督相关区县业务审批；加快交通执法工作船建造，11月交付使用；加强拖轮防汛基地管理，启动Ⅵ级预案3次，联合相关部门开展邕江专项整治7次，配合水政、市政管理出航9次。

【水路运输安全生产】 2016年，南宁港航部门通过建立健全安全机制和安全管理措施，开展安全监督检查，举办安全知识培训，开展安全生产月、专项整治等活动，保持港航安全生产零事故、零损失、零伤亡，保证水运行业安全生产稳定。与区县港航(航务)管理部门、市区36家港航企业签订责任状，强化重点领域安全专项整治，深化"打非治违"工作，签订率100%；督促区县完成乡镇运输船舶四级安全生产责任制签订，把好源头管理；召开行业安全生产工作例会4次，定期开展季度执法大检查，组织安全大检查5次，出动检查人员62人次，检查水运企业55家(次)、检查港口企业10家(次)、水运工程建设工地6处(次)、乡镇渡口14处(次)、检查运输船舶68艘(次)，发现并限期整改安全隐患8处；推进企业安全生产标准化，3家港口企业全部完成，50家水运企业通过36家；加强应急保障工作，完成各类应急预案修编，组建市人防专业队船舶运输大队(50人)，为突发事件提供设备抢修、水上运输和航道、物资装卸等水路交通保障；准确把握航道、天气变化情况，及时通知、提前预警、防范，做好行业安全服务。

【水路运输行业节能减排】 2016年，南宁港航部门加强行业节能减排，对300总吨位以下老旧船舶进行检测，有280艘老旧船舶需要拆解，已拆解60艘；新建标准化客圩渡船6艘/240客位；推广新型能源船舶建造，建成2艘/5893载重吨液化天然气示范船，在建20艘/33000.50载重吨液化天然气船。

城市公共交通

【概 况】 2016年，南宁市有公交企业6家，在营公交汽车3327辆(4320.30标台)。其中：空调公交车2834辆，占比85.20%；清洁能源与新能源公交车356辆，占比70.81%。公交线路173条，线路总长度3371.49千米，平均长度19.49千米。公交场站总面积65万平方米，公交候车亭2100多座，每万人公交车拥有量15标台；公交站点500米覆盖率100%；日均公交客运量120.30万人次。公交车辆营运总里程2.001亿千米，客运量4.39亿人次。有出租汽车企业11家，营运车辆6720辆，驾驶员1.33万人，均实行公司化经营，建立和完善符合现代企业要求的管理制度，全部通过ISO质量管理体系标准化国际认证。市区出租汽车日均行驶里程275.64千米/车，日均有效里程185.63千米/车，日均营运次数28次，客运量1.03万人次。已开工建设1至4号线轨道交通线路，开工里程105.56千米，完成投资262.57亿元。轨道交通1号线东段(南湖站—火车东站)6月28日正式通车试运营，12月28日全线贯通。开行试运营列车3.83万列次，运营里程41.64万列千米，总客运量641.93万人次，日均客运量3.43万人次。

【交通运输综合行政执法】 2016年11月24日，南宁市交通运输综合行政执法支队正式挂牌。形成交通运输行业审批、监管、执法相互配合、相互监督、相互促进的格局。执法支队联合城区、开发区、市交警支队等相关部门开展"5+3"("5"即市内五大客运站，"3"即南宁火车站、南宁东站和吴圩机场)重点场所打击非法营运专项整治行动，打击出租车汽车行业非法营运专项行动，打击南宁吴圩国际机场非法营运专项整治行动，扬尘整治行动及车辆超限超载治理行动，实现重点场所执法全覆盖，稳定交通运输市场，净化运输市场环境。查处违法违章案件1171件，其中非法营运出租车108辆，小客车(含小轿车、面包车)47辆，电单车176辆，货车680辆，客车64辆，超限超载96辆。保证客运行业、货运行业、出租车行业规范、有序、稳定运行。

【公共汽车营运与管理】 2016年，南宁市公交为民办实事项目完成公交站点优化改造28座，其中公交站点完成港湾式改造10座，占比35.71%；建成并投入使用公交站点电子站牌100套；提高公交线网的通达深度和覆盖面，新增公交线路10条，优化调整公交线路25条；引入第三方考核机构对公交线路开展2015年度服务质量考评，通过对162条公交线路进行考核，行业平均得分95.47分，比上年提高5.81分；组织开展2015年度公交企业质量信誉考评，从运输安全、服务质量、社会责任、企业管理、文明体系创建等方面进行考核，6家企业全部通过。接收处置数字化城管转来公交设施缺损(含小广告)案件1464件，处置公交投诉、信访案件2464件。其中：市长公开电话转来涉公交案件496件；网络政民互动涉公交案件145件；"12328投诉热线"转来涉公交事件1585件；社会监管员转来涉公交投诉8件，未发生漏办、误办、延误。

【出租汽车营运与管理】 2016年，市交通运输局深化改革，推动传统出租汽车行业转型升级。推动南宁市网约车新政出台，制订《南宁市人民政府关于深化改革推进出租汽车行业健康发展的指导意见(征求意见稿)》《南宁市网络预约出租汽车经营服务管理实施细则(征求意见稿)》《南宁市关于查处非法营运时对私人小客车合乘认定的意见(征求意见稿)》，11月2日正式向广大市民征求意见，结合社会各方意见对新政修改完善；取消巡游出租汽车经营权有偿使用费，督促各巡游车企业从承租司机每月承租金中予以免除；推进出租汽车加载更新市民卡计价器，有2600多辆出租汽车更新升级出租汽车一体机，覆盖率38.70%；采购更新油气双燃料出租汽车982辆，累计保有量3813辆，占总量56.70%；对11家出租汽车经营企业、1.47万名驾驶员开展2015年度出租汽车服务质量信誉考核，企业AAA级达标率100%，驾驶员AAA级达标率85.80%。

【城市公共汽车安全生产】 2016年，市交通运输行业加强安全监督管理。坚持"安全第一、预防为主、综合治理"的方针，严格落实企业安全生产主体责任，加强安全生产宣传教育和源头管理，全市公交企业安全生产标准化建设完成100%；提高公交驾驶员和从业人员的安全意识和责任意识，安全学习和继续教育率100%；定期开展路检路查及安全隐患排查，强化源头管控，将安全生产保障措施落到具体环节，有效预防和减少运输安全事故的发生；加强公交汽车路检路查力度，全年明察暗访3万多辆次，发现问题1634辆次，督促所属公交企业落实整改措施，整改率100%；配合民族大道、轨道建设等重点工程建设，协调交警支队、项目业主、施工单位、南宁交投、公交企业等相关单位做好公交站点迁改，减少对周边居民出行的影响；定期开展公交行业安全生产应急演练，通过演练提高应急管理水平和应急处置能力，规范应急处置行为，减少人员伤亡和财产损失。

【城市公共交通信息化建设】 2016年，市公交为民办实事项目选择在民族大道、滨湖路、东葛路、佛子岭路等重点路段建设数字化公交站点，建成智能公交电子站牌100多套，改善市民出行条件，进一步提高公交行业信息化。开通"12328"全国统一交通运输服务监督电话，为市民提供规范、有效的交通运输方面咨询和投诉服务。开通"95128"全国统一出租汽车约车服务热线，为乘客提供方便、快捷、准确约车、叫车服务和出租汽车失物查询等服务。

【城市公共交通基础设施建设】 2016年，新建公交场站9座(滨湖北、金阳、步江、沙井、体育中心、平乐玉洞立交、白沙亭江立交、白沙友谊立交、白沙星光立交)；启用滨湖北公交首末站、金阳公交车场、步江公交首末站、沙井公交首末站4座公交场站，开通W7路及W10路纯电动新能源公交示范线。公交场站总面积比上年增加11.50%。推广使用清洁绿色能源，建成公交充电桩75座，提高绿色公交线网覆盖范围、优化公交线网布局。首条快速公交(BRT)线路(南宁火车东站至南宁火车站)设17对站点，全线主体建设完工，进入调试及试运营准备阶段。

【城市公共汽车节能减排】 2016年，南宁市在公交行业推广新能源与清洁能源应用，新购置新能源与清洁能源公共汽车566辆，建成75座公共汽车充电桩和配套设施，为新能源公交车上路运营提供后勤保障；排查治理公交车辆尾气污染，按照公交车尾气污染专项治理总原则"停一批、修一批、换一批"的要求，查处冒黑烟车辆68起，责令被查处车辆所属企业限时整改；组织各公交企业开展燃油消耗信息的申报，对上报的车辆信息和车辆燃油消耗数据进行审核；淘汰营运"黄标车"262辆，基本消除公交车"冒黑烟"现象，纳入交通运输万家企业节能目标考核范围的公交企业节能量3300吨标准煤，节能减排效果明显。 (农嘉欢)

航空运输

【概　况】 2016年，南宁吴圩国际机场在"增运力、谋合作、拓市场"等方面精准发力，推动运输生产持续发展。全年飞行航线160条，其中国内航线126条，国际航线29条，地区航线5条。新开通南宁—凯里、南宁—大理、南宁—珠海—梅州、南宁—马来西亚沙巴、南宁—越南芽庄等航线45条。通航城市102个，其中国内城市73个，国际城市24个，地区城市5个。新开通通航点21个，其中国内通航点16个，国际通航点5个。运营南宁航线航班的航空公司有南方航空、深圳航空、东方航空等航空公司50家，其中内地航空公司30家，中国港澳台地区及国外航空公司20家，停场飞机最高峰33架次。完成旅客吞吐量1156万人，比上年增长11.20%。南宁吴圩国际机场概念书屋获自治区新闻出版广电局授予"八桂特色书店"称号。南宁吴圩国际机场消防支队获2016年中国民航机场消防战斗员岗位职业技能大赛团体优胜奖。

【市场经营】 2016年，南宁吴圩国际机场旅客吞吐量突破1000万人次。8月18日，机场日旅客吞吐量3.82万人次，航班起降298架次，创历史新高。年内，南宁吴圩国际机场与南方航空、深圳航空、北部湾航空等30多家航空公司及济南、福州、天津等9家机场商洽，合作开发新航线。与深圳航空公司建立战略合作协商会机制，共同推动南宁航空市场持续发展，驻场飞机增至7架次；与北部湾航空公司签订合作协议，确定共同打造南宁机场成为面向东盟门户枢纽机场，保障中转航班旅客项目、引进运力达成合作，驻场飞机增至13架次。重新引进西部航空和华夏航空，增飞南宁—济南、南宁—郑州、南宁—铜仁、南宁—荔波航线；新引进越南越捷航空、马来西亚国际航空、文莱皇家航空等7家外航，开通南宁至越南芽庄、马来西亚沙巴、文莱斯里巴加湾等航线航班；加密增飞南宁至北京、昆明、上海等重点干线航班；完善南宁机场航线航班结构，将南宁—北京航班加密至每日9班～10班，平均每2小时1班，“空中快线”逐步形成；每日增飞南宁—昆明航班1班～2班次，将从南宁起飞的时间安排在上午10点，解决南宁无早班机飞往昆明的短板。机场公司与东方航空、祥鹏航空、越南航空、泰国皇雀航空、汶莱皇家航空、柬埔寨吴哥航空达成协议，新增、加密及恢复东盟各国首都航线、国内城市经停南宁往返东盟国家的航线，稳定地区航线航班，全年新开南宁—越南芽庄、南宁—马来西亚沙巴、南宁—文莱斯里巴加湾、昆明—南宁—印度尼西亚雅加达、昆明—南宁—印度尼西亚巴厘岛等7条定期国际航线，加密南宁至香港、老挝万象、新加坡、泰国暹粒等航班，恢复南宁—泰国清迈、南宁—泰国普吉航线。第13届东盟博览会期间，开通南宁至所有东盟10国首都之间的直飞包机航线，实现东盟国家“首都通”。

【绿色机场建设】　2016年，南宁吴圩国际机场成立能耗应急小组，加强对机场各单位的能耗检查，发现问题向当事单位提出整改意见；完善计量器具改良，实时监督机场能源消耗情况；加强供水设备日常维护与管理，定期检查和维护，发现故障及时维修，杜绝滴漏现象；强化油耗管理措施，采取“一车一卡”、限制加油车牌号、加油品种等措施，监控各单位车辆加油情况；督促有关部门拆除空载变压器，实施节能改造以优化用电设备设施。能耗与上年相比，减少用水43.92万吨、用电45.39万度、用油13.93万升。

【安全管理】　2016年，南宁吴圩国际机场建立健全安全生产长效机制，制定《南宁机场2016年安全工作方案》、修订《南宁机场安全责任书考核标准》《南宁吴圩国际机场航空安全保卫方案》；召开机坪运行安全研讨分析会，加强机坪运行监管，严格问责制度，确保机坪作业人员资质达标、设施设备稳定可靠；加强外来物防范，对航空器作业保障车辆、设备定期进行检修；坚持开展外来物徒步排查活动，有效减少安全隐患；贯彻落实《民用机场运行安全管理规定》中鸟害防治相关工作制度、要求，组织驻场空军部队、民航广西空管分局召开军民鸟击防范工作会，制定防范措施；加强宣传和员工培训力度，杜绝不符合要求的锂电池货物装上航班；开展《中华人民共和国反恐怖主义法》学习培训、2015年航空安保审计问题整改；开展消防专项检查、知识培训和实战演练活动，确保机场消防保障能力提升。

【服务工作】　2016年，南宁吴圩国际机场创建特、优级航班放行保障标准，让始发、早到航班的实际起飞时间短于计划起飞时间，保证准点起飞。精准设置旅客登机广播时间点，确保载客170名以下的航班在10分钟内全部通过登机口，比常规耗时缩短3分钟～5分钟，在国内机场中处于领先水平。制订《南宁吴圩国际机场2016年“民航服务质量提升”专项行动方案》，按照“明显转变、显著提升、全面创优、打造精品”4个阶段逐步实施，为旅客提供温馨、舒适、便捷的乘机环境。开展“温馨空港行，细微见真情”活动，推出引导精品服务、残疾旅客快速便捷检查通道、完善母婴室配备物品、增设长途运输候车区等服务举措。协调南宁机场口岸办公室和联检单位将联检开办时间由原来的航班起飞前90分钟提前至120分钟，方便旅客通关。推出“小蜜蜂装卸团队”、灾害性天气预警、机位分配、概念书屋候机体验厅等特色服务，打造真情服务品牌。

（许　康）

轨道交通建设运营

【概　况】　2016年1月31日，南宁轨道交通3号线首个车站（庆歌路站）实现主体结构封顶。2月1日，1号线东段完成“三权”（指挥权、使用权、管理权）移交；10日，1号线（东段）进入综合联调阶段；20日，1号线（东段）开始空载试运行。4月15日，1号线实现全线“轨通”；3号线（庆歌路站）实现双盾构始发，进入盾构施工阶段。5月26日至29日，1号线东段顺利通过开通试运营基本条件评审验收。6月8日，2号线开始铺设轨道；28日，1号线东段开通试运营；30日，4号线全线土建动工建设。7月3日，1号线西段实现“电通”。7月5日，1号线西段（石埠站至南湖站）接触网热滑试验圆满成功。8月1日，1号线全线开始综合联调；20日，1号线西段完成“三权”移交工作，并全线开始空载试运行；市银象立交桥二期工程主体结构完工。8月24日，3号线首个盾构区间（广西规划馆站—庆歌路站区间左线）实现贯通；27日，2号线秀灵主变电站主体结构封顶。10月29日，广西规划馆站至庆歌路站区间右线贯通，3号线实现首个区间双线贯通。11月28日，3号线市博物馆站全部附属结构（4个出入口、2个风亭，全线第1个附属工程完工的车站）完成；30日，1号线西段暨全线试运营基本条件通过专家评审。12月28日，1号线全线开通试运营，是南宁市开通的第1条地铁，也是广西开通的第1条地铁、五个少数民族自治区第1条地铁，它的开通标志着南宁进入地铁时代。

【1号线建设与运营】　2016年，南宁轨道交通集团组织运营分公司和建设分公司等部门，完成1号线东段“三权”及1号线全线移交接管工作，有序开展联调、试运行及应急演练，完成20天跑图，各项指标均达标；配合完成1号线南湖站—火车东站段、1号线全线试运

12月28日，南宁地铁1号线全线通车　　南宁轨道交通集团提供

营评审工作，6 月 28 日东段顺利开通试运营，12 月 28 日全线顺利开通试运营。东段初期运营时间为 7：00—19：00，后期延长至 7：00—20：00，行车间隔 8 分钟，列车运行图兑现率 99.99%，运行图正点率 99.99%，总客运量 528.80 万人次，日均客运量 2.89 万人次，期间开行试运营列车 3.72 万列次，安全运营 231.94 万车千米。全线开通试运营后，试运营时间改为 6：30—22：00，列车行车间隔 8 分钟，每日图定开行列车 260 列次。列车运行图兑现率 100%，列车正点率 99.98%；日均客运量 22.53 万人次，12 月 31 日达到峰值(43.10 万人次)；期间，未发生 5 分钟以上晚点，未发生通过、抽线、下线、清客、救援等事件，未发生因设备故障、客运组织不利造成的晚点事件。客流主要集中在商业区域、交通枢纽及大学院校临近车站，客流最大的三个车站为：朝阳广场站、火车东站、广西大学站。全年南宁地铁完成投资 123.45 亿元，其中 1 号线 49.21 亿元。

【2 号线建设】 2016 年，南宁地铁 2 号线(玉洞站—西津站)全长 21 千米，设 18 座车站，工程概算 155.46 亿元。2 号线全部车站主体工程建设完成，区间隧道全部贯通；车站附属出入口 72 个，其中完成 25 个，占比 35%；风亭 34 个，完工 12 座，占比 35%；区间附属除南—朝区间 2 号泵房和 2 号联络通道未完成外，其余均完成，盾构区间完成 99.70%；铺轨完成 70%；玉洞站至福建园站实现“长轨通”；秀灵主变电站 12 月 23 日送电成功。金凯主变电站一至三层砌体完成，一、二层抹灰完成；2 号线东延线工程完成初步设计评审。全年 2 号线完成投资 37.70 亿元。

【3 号线建设】 2016 年，南宁地铁 3 号线一期工程(科园大道—平乐大道)线路长 27.90 千米，北起科园大道站，南至平乐大道站，设车站 23 座。完成 20 个车站主体围护结构，围护结构完成 96%，剩余 3 座车站(小鸡村、长堽、东葛)受征地拆迁影响未能如期完成。完成 11 座车站主体，完成车站主体结构总量 72%。盾构施工全面展开，完成 11.12 千米，占区间总长度 23%，6 条区间隧道贯通；全线设有 98 个出入口，其中完成 4 个出入口，占比 4%；设有 58 座风亭，完成 2 座，占比 7%；新增 7 台盾构机入场施工，车站附属工程开始施工。全年 3 号线完成投资 28.24 亿元，累计 42.61 亿元。

【4 号线建设】 2016 年，南宁地铁 4 号线一期工程沿那洪大道、五象大道敷设，西起洪运路站，东至龙岗站，线路全长 24.60 千米，均为地下线；设车站 19 座，其中换乘站 4 座；设置车辆段 1 处；主变电站 1 座。6 月 30 日全面开工建设，10 座车站主体围护结构封闭，开始土方开挖作业，完成车站主体围护结构 68%。全年 4 号线完成投资 8.29 亿元，累计 9.88 亿元。

（南宁轨道交通集团）

邮政业

【概　况】 2016 年，中国邮政集团公司南宁市分公司设邮政储蓄网点 118 个、邮政营业网点 197 个，有员工 2600 余人，行业从业人员 3 万人，服务面积 2.20 万平方千米，服务人口 740.23 万人。有城市投递段道 855 条，路线长度(单程)4275 千米；农村投递路线 452 条，路线长度(单程)1.20 万千米；城市汽车投递段 63 条，农村汽车投递段 3 条。新增投递汽车 87 辆，累计 190 余辆；电动三轮车 306 辆，累计 450 余辆。新增投递移动通信设备手持终端 309 台，增至 1280 台。投递服务覆盖乡镇 102 个、村 1395 个。完成“村邮乐购”服务点建设 1258 个，升级新增 558 个，“电商进万村”新增 178 个。邮政全行业完成业务总量 23.06 亿元，比上年增长 61.41%；实现业务收入 23.95 亿元，增长 44.25%。全年快递业务量排全国第 47 位，快递业务收入排全国第 42 位。邮政业业务收入和增幅继续排在自治区首位。

【快递业务】 2016 年，南宁市有许可快递企业 157 家，分支机构 437 家，规模以上快递服务企业业务量和业务收入分别完成 1.14 亿件、17.10 亿元，比上年增长 88.29%、59.98%。规模以上快递业务总量：同城完成 2427.05 万件，增长 120.45%，占比 19.53%；异地完成 8911.90 万件，增长 81.15%，占 79.09%，国际及港澳台完成 68.76 万件，增长 81.44%，占 1.38%。规模以上快递业务收入：同城完成 2.33 亿元，增长 186.13%，占 13.65%；异地完成 9.08 亿元，增长 16.14%，占 53.12%；国际及港澳台完成 6182.38 万元，增长 35.58%，占 3.61%；其他业务完成 5.07 亿元，增长 128.47%，占 29.62%。

【邮政普遍服务】 2016 年，市邮政分公司以“便利店”商铺为载体，提供村级邮件、报刊的接收、保管和转交服务，建成村邮站 250 个。鼓励企业根据实际需求和服务能力，逐步叠加报刊征订、邮票预订、邮(快)件代收寄、水电燃气代缴费、飞机、火车票预订以及普惠金融等服务“三农”业务。做好旺季生产服务保障，以不误全网、重要节点不爆仓、保畅通、保安全、保平稳为目标，坚持服务与安全并重的理念，完成旺季投递工作。市邮政普遍服务实现业务收入 9580.08 万元(不含机要业务)，比上年增长 1.60%。

【邮政代理金融】 2016 年，市邮政分公司建立有集团级转型示范网点 5 个、省级转型示范网点 35 个，代理金融新增储蓄余额比上年增长 11.57%。加快实施“渠道下沉”战略，发力自助银行建设和运营，在全国邮政代理金融中第一个试点运营自助设备集中配钞项目，首年运行金融离行自助设备集中管理离行自助点 32 个，自助设备 74 台。实行离行自助设备集中运营管理后，离行自助设备运行质量大幅提升。完成汇兑业务 36.78 万笔，减少 18.68%。

【函　件】 2016 年，市邮政分公司函件业务在政、商讯通、钢架广告、墙体广告等媒体广告平台基础上，创新开发互联网新媒体、LED 流动媒体等新产品，举办以“嘉年华”、商演等新型会展类活动，广告媒体平台功能及服务能力大幅提升。完成函件业务 1516.28 万件，比上年减少

1 月 5 日，中国邮政全国发行《丙申年》特种邮票 1 套 2 枚　　卢一方提供

14.76%。

【包裹寄递】 2016年，市邮政分公司实施包快事业部改革，设立独立的包裹业务局，与投递局合署办公，推进“营揽投一体化”工作，全辖设包裹营揽投部27个，其中城区22个，普邮投递部11个，专职营揽投人员增至270人。通过构建市内小转趟网，筹建分拨中心，南宁行政区域内(含六县)邮件实现当日收寄、次日送达。完成包裹寄递业务11.01万件，比上年减少43.57%。

【集　邮】 2016年，市邮政分公司管理的市集邮协会有会员1.50万人。1月5日，中国邮政全国发行《丙申年》特种邮票1套2枚。南宁市金浦集邮网点举行该套邮票首发式，同步在6个邮政网点开售。图案“灵猴献瑞” “福寿双至”象征亲情，寄托着阖家团圆、福寿双至的吉祥寓意。由黄永玉再次执笔，为中国邮政第四轮生肖邮票的开篇之作。开展新邮首发、大师见面会等活动30多场；在南宁集邮网销售厅专区上架产品21款，实现销售额40余万元；组织开展《丙申年》《第三十一届奥林匹克运动会》《2016年二十国集团杭州峰会》等纪特邮票销售。市邮政分公司承接中国2016亚洲国际集邮展现场服务、参展商服务，邮展期间，市邮政分公司招商项目257个，接待观众13万人次。集邮产品销售额5200余万元。

【报刊征订】 2016年，市邮政分公司抓好畅销报刊、精品图书等营销，开发校园市场，组织图书巡展等营销活动。针对不同受众及订户属性，开展杂志推荐试读活动，发放《中国国家地理》《农家理财宝典》《南都周刊》等试读刊物5万份。完成报纸订销6696.95万份，比上年减少0.72%；完成杂志订销605.32万份，减少15.81%。

【电子商务】 2016年，市邮政分公司电子商务业务依托农村邮政渠道，推动电商和快递下乡；在农村尝试线上线下融合发展，建设农村配送网，初步建成“以农村支局为点、邮政综合服务点(离行自助点、代办点)为射线、外拓服务为网”的农村“电商+金融+寄递”平台。建成县级运营中心1个，“电商进万村”新增178个。新增邮乐购站点558家，站点总数1258家，村覆盖率93.70%。在全市102个乡镇设立手续合规快递网点96个，网点覆盖率94.12%，比上年增长70%。开展以横县甜玉米、上林大米、马山红薯为代表的电商精准扶贫项目，横县电商包裹市场占有率60%以上。

【分销业务】 2016年，市邮政分公司实施分销业务转型，由原来的以农药、化肥、种子等为代表的农资产品销售为主，向工业品、农产品等多样化业务发展。依托“村邮乐购”网点，举办县域订货会，邀约邮乐购店主1100人次；组织化肥预收预订、圩日促销活动，销售化肥约1500吨。

【行政执法】 2016年，南宁市有邮政许可企业173家，比上年增加19家；分支机构578个，增加292个。市邮政部门在建立“双随机(随机抽组执法人员，随机抽检检查对象)”检查制度基础上，坚持“突出重点，点面结合、全面覆盖”的常态化执法方向。加强与市公安局、国家安全局、工商局、海关、烟草专卖局等部门工作联系，建立联合监管机制，形成定期沟通、联合检查及协同办案等机制，依法严厉打击利用邮件、快件实施涉恐涉暴、涉毒涉私、涉黄涉非、侵权假冒等违法犯罪行为；与市应急办、市公安局、市劳动监察部门、媒体等联合制定处置快件积压、扣件等寄递服务阻塞专项应急预案。全年开展市场检查484次，检查单位503家，出检1376人次，查处违法违规行为112次，下达行政处罚57次，罚款28.60万元。南宁邮政“12305专线”受理邮递消费申诉，处理申诉5278件，为消费者挽回经济损失32.70万元。　　（毛　威　李培正）

商贸服务

商业贸易

【概　况】 2016年，南宁市实现社会消费品零售总额1980.36亿元，比上年同期增长10.80%，高于全国(10.40%)、自治区(10.70%)增速，总量居自治区第一。外贸进出口总额62.86亿美元，增长7.09%，进出口总额、增速排自治区前列。其中：出口31.90亿美元，下降2.19%；进口30.95亿美元，增长18.69%；贸易顺差0.95亿美元。全市货物运输量3.24亿吨，增长7.20%；规模以上快递服务企业累计业务量、业务收入分别完成1.14亿件、17.10亿元，分别增长88.29%、59.98%。新增备案的境外投资企业超19家，中方对外协议投资额8.20亿美元，增长10.81%。重点企业电子商务交易额2201亿元，增长22%，推动南宁高新技术产业开发区国家电子商务示范基地、中国－东盟跨境电子商务产业园建设，发展跨境电商、农村电商、社区电商等重点项目建设。南宁市商务局获自治区商务工作一等奖。

【消费品市场发展特点】 2016年，南宁市消费品市场企稳回升，社会消费品零售总额增速较上年回升0.30个百分点，增速逐季回升。限额以上商贸企业发展呈加快趋势，各月累计增速比上年同期提升，实现消费品零售额952亿元，增长9.96%，限额以上消费品零售总额占社会消费品零售总额48.07%，提高0.64个百分点。2015年新增的164家限额以上商贸企业实现零售额58.87亿元，增长112.91%，对全市限额以上消费品零售总额贡献率36.21%。消费升级类商品销售快速增长，建筑及装潢材料类、电子出版物及音像制品类、中西药品类、日用品类、体育和娱乐用品类、汽车类、服装鞋帽和针纺织品类商品零售额分别增长443.20%、44.60%、14.20%、15.60%、19.30%、13.30%、12.50%，石油及制品类商品零售额小幅增长4.50%。批发、零售、住宿、餐饮4大行业发展平稳。批发业实现销售额2936.06亿元，增长12%；零售业实现销售额1987.12亿元，增长14%；住宿业实现营业额45.12亿元，增长7%；餐饮业实现营业额201.76亿元，增长14%。

【农贸市场建设】 2016年，南宁市完成乡镇圩亭农贸市场建设改造项目26个(横县8个，宾阳县5个，隆安县、青秀区、江南区、西乡塘区、邕宁区各2个，马山县、良庆区、武鸣区各1个)，其中列为市政府为民办实事项目18个，服务业发展引导资金扶持项目8个。市财政投入扶持资金1378万元，完成中心城区农贸市场建设改造项目3个(兴宁区、西乡塘区、经开区各1个)。

【市场运行监测】 2016年，南宁市商务局加强市场运行监测，掌握市场动态。统计监测城乡市场，落实专人负责生活必需品市场、重要生产资料市场、重点流通企业监测系统及应急商品数据库的数据催报，报送率98%以上。完善市、区县、企业三级监测体系，基本实现市级商务部门统筹，区县级商务部门协同开展市场运行监测，企业按时、按质、按量上报市场运行监测数据。掌握蔬菜、肉类、鸡蛋等生活必需品的价格变化，核查样本监测企业报送数据，维护商务预报南宁平台运行，分析并发布市场运行情况。加强节假日市场保供和监测，组织保障春节、国庆黄金周等重大节日市场供应，对春节、清明节、五一劳动节、端午节、中秋节、国庆节等重大节日,启动日报制度,安排人员值班监测市场运行情况,向自治区商务厅和市委、市政府报告当天消费品市场运行情况。做好生猪活体和冻猪肉储备管理,会同市财政局检查验收承储单位储备数量、储备设施、经营状况等,委托自治区畜牧产品质量监督检测中心公检生猪活体储备,完成自治区下达储备任务。加强生活必需品应急管理,修订应急预案。开展汛前检查,区县、开发区商务主管部门组织商贸企业做好防汛、生活必需品应急保供,启动应急响应,实行领导带班和24小时值班制度。

【市场体系建设】 2016年,南宁市商务局以商贸项目建设为重点,推进"多规合一"(将国民经济和社会发展规划、城乡规划、土地利用规划、生态环境保护规划等多个规划融合到一个区域上,实现一个市县一本规划、一张蓝图)、农村电商、社区电商等工作,完善流通市场网络体系。参与"多规合一",推进《南宁市城市商业网点规划》等行业规划体现到全市各片区控制性规划调整中。发挥青秀区楼宇经济示范区效应,培育兴宁区、西乡塘区楼宇经济,加强对朝阳商业中心、埌东—凤岭商业中心等楼宇的引导,打造楼宇经济聚集区,配合出台商贸会展集聚区认定办法。发展农村电商和社区电商等重点项目建设。促进二手车便利交易,完善二手车交易登记管理,优化服务流程。

【电子商务发展】 2016年,南宁市商务系统落实《南宁市进一步加快电子商务产业发展的若干意见》《加快推进南宁市跨境电子商务产业发展的工作方案》,电子商务在传统企业的应用普及程度提高;餐饮、住宿等传统企业转型升级,采用第三方平台或自有平台、微信等开展O2O(线上线下一体化)业务,至年末,南宁市企业网店有6500多家(阿里巴巴、天猫、淘宝认证企业数量),淘宝平台发货地为南宁的商品超100万个。全年重点企业电子商务交易额2201亿元,比上年同期增长22%。推动南宁高新区国家电子商务示范基地、中国－东盟跨境电子商务产业园建设。南宁市与中国邮政集团广西分公司签订《南宁市政府与广西邮政关于推进电子商务合作框架协议》,建设广西邮政东盟跨境电商监管中心、建设农村电商服务平台和打造电子商务示范县、建设社区电商服务平台及建设南宁邮政电子商务产业园。德国思爱普公司(SAP)的Ariba跨境电商平台、浙江聚贸电子商务有限公司、阿里巴巴一达通外贸综合服务平台、谷歌广西体验中心、中厚产业园等电商企业落户南宁市。

跨境电子商务 南宁跨境电商综合服务平台完成进口模块改造,获海关总署同意接入海关跨境电商进口统一平台,完成二期项目建设。7月20日,自治区商务厅出台《关于推广应用南宁跨境贸易电子商务综合服务平台的通知》,南宁跨境电商综合服务平台获批面向广西推广。南宁百货美美购南宁跨境商品直购体验中心、南宁邮政保税进口商品直销店、南宁华南城"丝路国际"跨境电商体验中心、北部湾港务集团"一步跨境购"体验店等跨境商品直购体验中心开业。完成中国邮政东盟跨境电商监管中心设备安装、调试和配套监管查验房等基本建设,总面积1.20万平方米。完善中国－东盟(南宁)跨境电子商务产业园基础设施,规划建设中国－东盟电子商务产业园、青秀区南宁市跨贸中心、五象新区电商小镇等重点电子商务产业集聚区,拟定规划编制、招商优惠政策等。编制完成《南宁市关于进一步促进跨境电子商务发展的若干意见》《南宁市跨境电子商务发展规划(2016-2020)》报市政府审定,印发《加快推进南宁市跨境电子商务产业发展的工作方案》。

"万企千店"电子商务推广工程 市商务局开展南宁市"万企千店"电子商务推广工程(对南宁万家以上中小企业进行电子商务培训,扶持千家以上传统企业、中小企业在网上开店),扶持300家企业在第三方电子商务平台开设网店,引导社会力量开展电子商务培训30余场。淘宝特色中国南宁馆、京东中国特产南宁馆正式上线运行,百香果、茉莉花茶、芒果等广西特产通过电商渠道销往自治区外,熊孩子、卓上、盟展鳄鱼等广西本土电商品牌成长。市商务局与市委组织部、市非公经济党工委和社会组织党工委组织开展南宁市"党旗领航电商扶贫暨万企千店电子商务推广工程培训"活动,举办培训班8期。

农村电商发展 市商务局制定《南宁市商务局发展农村电子商务支持精准脱贫工作方案》,在90个贫困村设立电子商务进农村服务点,引进阿里巴巴("农村淘宝")、中国邮政集团公司南宁市分公司("村邮乐购")等运营商发展农村电商。建设以农村邮政支局所为中心,以实体渠道为节点,通过投递交通工具衔接农村电商寄递终端投递网络。支持顺丰、阿里菜鸟等专业物流企业,开展农村电商物流配送业务。横县、宾阳县成功申报2016全国电子商务进农村综合示范县,其中横县作为自治区县域电子商务发展大会举办地,其电商发展经验做法在自治区推广,并作为南宁市唯一的产业扶贫典型材料上报国务院扶贫办。马山县、上林县、隆安县电子商务产业园列入2016年南宁市电商进农村产业扶贫财政资金扶持项目,总投资512万元。至年末,建县级电商服务中心3个、农村电商产业园5个,完成村级服务站(体验店)近1000个。其中:横县设有村级电商服务点农村淘宝94个,村邮乐购152个,乐村淘223个;宾阳县村邮乐购110个,昆仑八桂35个;上林县村邮乐购90个;马山县村邮乐购70个;隆安县村邮乐购83个。

社区电商发展 推进南宁利客隆连锁超市、Today(今天)连锁便利店、宁家连锁便利店、天天果园等传统流通企业,结合自营的实体社区小超市、便利店,主题专营店,建设企业电子商务(微信)平台开展社区电子商务。提供生鲜农产品订购、免费外送、电话卡、电影票务、代洗衣服、代订机票火车票等服务。有广西爱店汇网络有限公司,便捷24网超,广

4月30日,南宁跨境商品直购体验中心在南宁百货文化宫店投入运营　　市商务局提供

8月,横县陶圩镇六秀村上莫村(屯)的农村淘宝服务站工作人员分类包装新鲜的百香果,通过农村淘宝平台销往全国各地　　市商务局提供

西海蓝数码科技有限公司的食无限外卖订餐系统、家家鲜生活网、智慧社区便民系统,以及广西顺丰嘿客,南方微社区,易菜篮等电商企业开展同城O2O商业服务。“易菜篮”开发小区100多个,建立站点150个,有会员客户2万多名;“农夫的菜”自建线上微商城(租赁第三方软件)和APP开发,分拣中心及农残检验中心,建成实体店19家(社区电商O2O配送点),每店会员2000人至3000人,单店日均营业额6000元,日均客单数400单。

【2016年南宁市电子商务创业大赛】2016年4月29日至7月9日,市商务局、市人社局、共青团南宁市委、南宁市非公经济组织和社会组织党工委共同主办,广西金岸网络科技有限公司承办。比赛历时3个月,7月9日南宁市电子商务创业大赛暨2016广西电子商务创业大赛南宁赛区决赛在南宁市国际会展中心举行。主题为“创业成就梦想,电商引领未来”,其中学生团队项目195个,电商扶贫项目超55个,重点突出电商扶贫和青年创业两大主题。参赛人数超2000人,参赛团队479个。选拔推荐60个参加自治区决赛,获自治区决赛一等奖8个、二等奖13个、三等奖39个,5个团队进入“圆梦点将台”环节。

【二手车便利交易】2016年,市商务局完善二手车交易登记管理,发动有形二手车交易市场5家完善备案手续;取消设立旧机动车鉴定评估机构审批项目;配合市环保局开展黄标车、老旧车提前淘汰,出台工作方案、补贴政策;指导督促广西车船回收公司依规开展老旧车更新以及车辆报废拆解。

【消费购物活动】

2016南宁消费购物节　2016年5月12日至6月30日,市商务局主办,南宁日报社承办的2016南宁消费购物节举行。5月12日,在南宁航洋国际城举行开幕式。主题为“绿城南宁　购物天堂”。结合母亲节、儿童节、端午节、父亲节及年中大促等重要节点,联合南宁百货大楼、百盛百货、梦之岛百货、华润万家超市、南城百货超市等商家开展促销,设置百货、超市、家电、餐饮、汽车、电商、IT通讯、家居建材、专题展销、区县特色活动、旅游休闲等主题活动。结合南宁消费购物节,《南宁晚报》全新推出“老友乐游”品牌栏目,组织读者走进马山县、横县、上林县的旅游景区,进行时令花果采摘主题游。期间,马山县周鹿斗牛狂欢节、马山里当瑶族乡——20年华诞典暨民族风情旅游节、“中国旅游日”南宁主会场暨上林生态旅游养生节、中国·隆安“那”文化旅游节暨“四月八”农具节等活动首次融入消费购物节主题活动。

2016南宁欢乐消费季　12月23日至2017年2月15日,市商务局主办,新浪广西承办的2016南宁欢乐消费季活动举行。主题为“跨年盛宴　乐购南宁”,涵盖圣诞节、年终大促、元旦、春节、元宵节、情人节等重要消费热点,涉及百货、超市、家电、年货展销、餐饮主题、家居建材、电商等多个行业,南宁百货、梦之岛百货、华南城、西关新天地、沃尔玛、南城百货、华润万家等购物场所参与并开展系列让利活动。期间开展区县、开发区特色活动,百货辞旧迎新主题活动,超市年货主题活动,餐饮迎新团圆主题活动,家电主题活动,汽车及汽车相关用品主题活动,电商主题活动,建材家居主题活动,年货展销活动,跨年狂欢抽奖活动10大主题活动。参与商家86家,实现销售额11.70亿元,比上年增长15%。

2016南宁电商购物节　12月23日至31日,市商务局主办、新浪广西承办的2016南宁欢乐消费季暨电商购物节举行,为南宁首次举行电商购物节。12月23日,在南宁梦之岛百货·水晶城店举行开幕式。主题为“网购狂欢　乐淘南宁”,设广西农特优产品优惠购、特色产品跨境淘、南宁家装建材·家具家电享乐购、南宁电商平台好货狂欢购4大主题活动。期间,举办南宁特色网购商品展,60多家广西本土知名电商平台和电商企业参与,推出超值优惠价、特价秒杀、满减、满赠、优惠券派发、幸运抽奖等促销活动。活动期间大量消费者在线上、线下购物消费,带动电子商务交易额5000万元。

【主要商业街区】2016年,南宁市特色商业街区主题突出,市区商业街经营的商品涉及服装、电动自行车、汽车汽配、餐饮、装饰装潢、茶叶、盆景石艺等,也有以文化、休闲为主题的民歌湖餐饮酒吧区、金汇如意坊、唐人文化园等特色商业街区。

百货与超市街区　南宁市城区百货、超市街区主要集中在朝阳商圈、埌东—凤岭商圈及民族宫商业街区。从经营档次看,南宁梦之岛百货、南宁百货大楼、南宁万象城、青秀万达广场等主要经营中高档次百货商品为主,北京华联、南城百货、沃尔玛、人人乐、华润万家等百货、超市经营中档次百货商品为主,交易场、和平商场、大和平商场、大和平华西商业城等经营大众化百货商品为主,构成南宁市服务相对完善的百货销售网络,基本能够满足市民对百货商品的消费需求。

美食商业街　有中山路小吃一条街、长湖路餐饮一条街、民歌湖现代艺术酒吧街、青秀山东南亚美食街、东门海鲜国际美食广场、厢竹海鲜城、江北大道酒吧一条街、淡村美食城、邕州老街文化旅游美食一条街、水街特色小吃街、明秀路青岛啤酒吧一条街等。

商业步行街　兴宁路、民生路是南宁市历史传统商业街。兴宁—民生路步行街范围包括兴宁路、民生路西段,两侧骑楼沿街立面具有“南洋建筑”风格,主要经营服装、餐饮、鞋帽、眼镜、箱包、工艺品等项目。

装饰材料一条街　位于人民路(人民—解放路口至人民商厦距离约600米)的两边,聚集众多装饰材料商家,1985年起初步形成人民路装饰材料一条街。

电子科技信息产品一条街　位于青秀区星湖路,西起七星路,东至园湖路,长1200米。是自治区最大的电子信息产品

5月12日,2016南宁消费购物节在南宁航洋国际城开幕　　市商务局提供

集散地,主要经营电脑、服务器、交换机、打印机等系列硬件设备及MP3、数码相机等产品,形成以南宁电子科技广场、永通电脑城、星湖电脑城等专业市场为核心,集计算机销售、电子产品销售及其耗材销售、网络系统集成、软件应用研究与开发、电子元器件的制造为一体的电子产品制造、销售、技术服务商业街区。

通讯商品一条街　位于青秀区东葛路。是南宁市手机及配件、电话机等通讯产品销售企业、维修店最密集的街道,汇集有王者数码通讯手机城、三明通讯广场、蜂星电讯(南宁总店)、中仁通讯、海印电器、通讯总汇南宁分场、鑫辉通讯等众多大型手机卖场。

汽车销售一条街　位于江南区白沙大道,是自治区规模最大的汽车销售一条街,集聚奔驰、宝马、捷豹、陆虎、丰田、本田、三菱、日产、别克、海南马自达、捷达、富康、宝来、大众等国内外著名汽车品牌,面向广西、辐射西南地区及越南汽车市场。

10+1商业大道　位于江南区亭洪路,长2.86千米,共39栋楼,建筑面积13万平方米,是一条具有东南亚风情特色和具备现代化商业服务配套设施的多功能商业街,集商贸、商务、物流、餐饮、文化、休闲、娱乐、旅游、运动、购物十大功能于一体。亭洪路的茶叶一条街是自治区最大茶叶批发零售集散地,专业街长2.86千米,有茶商400多家,以六大系列100余品种的茶叶销售,以及茶具、茶台、根雕工艺品、茶叶包装及机械设备等销售为主。

唐人文化园　位于西乡塘区唐山路36号,是利用20世纪70年代修建的原南宁市手扶拖拉机配件厂、汽车配件三厂和柴油机配件厂的厂房和库区进行兼并改制和重新改建而成。唐人文化园2008年12月建园,园区店铺有350多家,主要经营古董字画、根雕艺术、红木家具、瓷器杂项、古玉铜器、香茗咖啡、主题酒吧、餐饮娱乐、文化培训等。

南宁中国－东盟国际商务区商业街　位于南宁中国－东盟国际商务区内的东盟各国商务联络部(办事处)基地园区,由越南园、老挝园、印尼园、文莱园、日本园、泰国园、新加坡园、缅甸园、韩国园、马来西亚园10国风格的住宅和商务服务设施组成的商业建筑群,称为“一心五街12园区”。2011年10月20日正式落成启用。是集特色商品销售、餐饮、旅游及文化娱乐和开展国际商务活动的交易平台。

邕州老街　位于江南区江南大道白沙大桥下(荣和新城后),邕江南岸。2007年初建成开街。长1.80千米,有仿明清建筑风格的商业店铺350多家,主要经营古玩、奇石、书画、花卉盆景、根雕、手工艺品、家具等。

如意坊(邕州阁)　位于青秀山风景区附近,建筑面积5.20万平方米,有商铺800多家,以经营古玩字画、茶文化、奇石珠宝、花鸟鱼虫、特色餐饮经营为主。第一期工程2007年12月1日交付使用。

民歌湖休闲酒吧街区　位于青秀区金浦路中段、民歌湖畔。2010年建成并投入试行,2011年11月开街营业。街区包括A、B、C、D、E、F、G区及地下演艺厅等8个片区19栋主体组成。总建筑面积约2万平方米。主要业态包括酒吧、咖啡厅、美食坊、茶庄、KTV等。

江南水街　位于江南区五一东路19号,占地面积3.67公顷,总建筑面积约9万平方米,一期项目2012年8月开业,2015年元旦举行开街仪式。突出广西少数民族建筑特色,以经营百货、超市、酒店娱乐、休闲、美食、小吃为主,集购物、休闲、展示、文化旅游等于一体的具有浓郁地方特色的旅游商业街区。(市商务局)

社会服务业

【概　况】2016年,南宁市社会服务业新登记2.33万户,注册资本(金)150.45亿元、722.09万美元。主要涵盖信息传输、软件与信息技术服务业,租赁与商务服务业,居民服务、修理与其他服务业,卫生与社会工作私营性服务业,文化、体育与娱乐业5个行业;社会服务业累计9.06万户,注册资本(金)3451.45亿元、5.41亿美元,从业人员41.42万人。其中:内资企业2184户,注册资本(金)324.08亿元;外商投资企业434户,注册资本(认缴出资)5.41亿美元;私营企业4.52万户,注册资本(出资金额)3081.39亿元,从业人员27.93万人;个体工商户4.21万户、资金数额29.69亿元,从业人员13.48万人;小微企业823户,注册资本(金)8.46亿元。

【信息传输、软件与信息技术服务业】2016年,新登记1847户,注册资本(金)64.75亿元、32.34万美元;累计7709户,注册资本(金)189.99亿元、9150万美元,从业人员3.68万人。其中:内资企业531户,注册资本(金)25.30亿元;外商投资企业161户,注册资本(认缴出资)9150万美元;私营企业6328户,注册资本(出资金额)163.92亿元,从业人员3.54万人;个体工商户621户,资金数额5856万元,从业人员1405人;小微企业68户,注册资本1872万元。

【租赁与商务服务业】2016年,新登记1.11万户,注册资本(金)1232.24亿元、689.75万美元。累计3.90万户,注册资本(金)3020.30亿元、3.87亿美元,从业人员21.49万人。其中:内资企业1141户,注册资本(金)240.96亿元;外商投资企业239户,注册资本(认缴出资)3.87亿美元;私营企业3.23万户,注册资本(出资金额)2766.95亿元,从业人员20.18万人;个体工商户4570户,资金数额4.12亿元,从业人员1.30万人;小微企业755户,注册资本(金)8.27亿元。

【居民服务、修理与其他服务业】2016年,新登记9165户,注册资本(金)21.99亿元。累计3.88万户,注册资本(金)121.98亿元、1890万美元。其中:内资企业382户,注册资本(金)33.45亿元;外商投资企业21户,注册资本(认缴出资金额)1890万美元;私营企业4423户,注册资本(出资金额)69.54亿元,从业人员2.83万人;个体工商户3.40万户,资金数额19亿元,从业人员11.03万人。

【卫生与社会工作经营性服务业】 2016年,新登记422户,注册资本(金)26.04亿元。累计2020户,注册资本(金)32.29亿元,从业人员7111人。其中:内资企业14户,注册资本20.76亿元;私营企业192户,注册资本(出资金额)9.87亿元,从业人员1085人;个体工商户1814户,资金数额1.65亿元,从业人员6026人。

【文化体育与娱乐业】 2016年,新登记744户,注册资本(金)22.61亿元。累计3159户,注册资本(金)78.47亿元,4393万美元,从业人员1.67万人。其中:内资企业116户,注册资本(金)3.61亿元;外商投资企业13户、注册资本(认缴出资金额)4393万美元;私营企业1935户、注册资本(出资金额)71.12亿元,从业人员1.26万人;个体工商户1095户、资金数额3.74亿元,从业人员4102人。

【批发与零售业】 2016年,新登记5.36万户,注册资本(金)764.49亿元、3925万美元。累计27.85万户,注册资本(金)1996.22亿元、6.67亿美元,从业人员92.02万人。其中:内资企业5050户,注册资本(金)90.67亿元;外商投资企业493户,注册资本(认缴出资)6.67亿美元;私营企业8.27万户,注册资本(出资金额)1722.16亿元,从业人员53.28万人;个体工商户18.34万户,资金数额155.32亿元,从业人员38.74万人;小微企业6952户,注册资本(金)28.07亿元。

【交通运输、仓储与邮政业】 2016年,新登记2512户,注册资本(金)34.15亿元。累计1.12万户,注册资本(金)161.48亿元、1.56亿美元,从业人员2.79万人。其中:内资企业535户,注册资本22.93亿元;外商投资企业41户,注册资本(认缴出资)1.56亿美元;私营企业3339户,注册资本(出资金额)110.55亿元,从业人员1.98万人;个体工商户6722户,资金数额25.67亿元,从业人员8129人;小微企业588户、注册资本(金)2.33亿元。

(廖成琇 张 鲁)

【拍卖业】 2016年,南宁市辖区有合法拍卖企业156家,拍卖从业人员721人,其中拍卖师142人。主要经营项目有工商行政管理、海关和司法机关等罚没的物品、抵债物品、无主物品、闲置物品、积压物品、生活资料、艺术品、房地产、无形资产、银行不良资产、土地使用权、生产经营权、股权、市政设施广告经营权等。举办拍卖会1529场,拍卖总成交额84.17亿元,其中房地产成交28亿元,土地使用权成交35.10亿元,机动车成交1.47亿元,农副产品成交5.87亿元,股权、债权、产权成交4.10亿元,无形资产成交5.54亿元,文物艺术品成交0.50亿元。

【典当业】 2016年,南宁市辖区有合法典当企业81家,典当分支机构2个,从业人数619人;资产总计8.67亿元,负债总计1098.93万元,主营业务收入3447.82万元。

(市商务局)

住宿与餐饮业

【概 况】 2016年,南宁市住宿与餐饮业新登记1.28万户,注册资本25.56亿元、32万美元。累计4.68万户,注册资本(金)92.65亿元、1.28亿美元。其中:内资企业240户,注册资金3.32亿元;外商投资企业136户,注册资本(认缴出资金额)1.28亿美元;私营企业3130户,注册资本(出资金额)53.24亿元;个体工商户4.25万户,资金数额32.99亿元;小微企业788户,注册资本(金)3.10亿元。全市住宿业实现营业额45.12亿元,增长6.91%;餐饮业实现营业额201.76亿元,增长14%。

(廖成琇 张 鲁)

【桂菜经营】 2016年,南宁市餐饮业经营的桂菜系列主要由桂北风味菜、桂东南风味菜、桂西风味菜、滨海风味菜和少数民族风味菜,以及各种风味小吃组成,桂菜有微辣、带甜、有酸、新鲜的特色,风味独特,别具一格。南宁、梧州、玉林等地方风味菜讲究鲜嫩爽滑、用料多样,常以岭南瓜果入菜,如玉林三宝(牛巴、牛腩、牛肉丸)、菠萝焗饭,梧州纸包鸡,南宁腰卷、邕州鱼角、猪肚鸡,荔浦芋头鸭等;少数民族风味菜多就地取材,讲究实惠,制法独特,具有浓郁的乡土气息,如客家皇蒸鸡、壮乡田螺猪手等;桂北风味(桂林、柳州等地)品味醇厚、色泽浓重,擅长以山珍野味入菜,如桂林黄焖鸡、酿三宝等。桂菜原料采用鱼、鸡、虾、蟹、猪、牛、羊等,素料有芋头、马蹄、莲藕、竹笋等,在佐料上采用豆腐乳、辣椒酱、白酒、黄皮酱、柠檬等,烹调方式采用扣、蒸、炖、酿、焖、炒、炸,成为以清甜、鲜香、脆嫩风味特色。成菜讲究粗物细作,形量协调,香气蕴藉,色彩清丽的广西风味菜。代表菜有巴马烤整猪、苗家竹板鱼、侗乡竹笋肉、瑶山泥巴鸡、壮家粉芭肉、毛南烤香猪、京族花衣蜇皮、脆皮扣肉、脆皮狗肉、白切狗肉、纸包鸡等。明园新都大酒店(位于兴宁区新民路)、西园饭店(位于江南区星光大道)、荔园山庄(位于青秀区青山路)、南宁饭店(位于兴宁区民生路)等为代表的饭店、酒店经营桂菜。

【2015南宁消费美食季】 2016年1月22日,市商务局主办,南宁日报社、南宁餐饮行业协会共同承办的2015南宁消费美食季在南宁青秀万达举行闭幕仪式。活动2015年11月启动,设定餐饮名店让利优惠活动和体验式消费、桂菜名厨创新展演赛、桂菜烹饪操作规范论坛、“2015南宁消费美食季·十佳桂菜主题餐厅”评选活动、“2015南宁消费美食季·十佳夜宵餐厅”评选等主题活动。有100多个商家和连锁餐饮门店参与折扣让利,吸引超过300万人关注和参与。期间举办的桂菜创新展演赛吸引南宁的名厨参加,创新菜品200多道。创新菜品多以常见的本地食材为主,菜品的制作烹饪技巧多样,制作的菜品多数以绿色养生为主。例如,用五谷杂粮的丰富自然色拼出一幅盘中画;用荔浦芋头和土猪肉做食材,再加上大厨的刀工,打造一幅竹林深处有人家的画卷;还有把鱼肉加工制成鱼肉泥,再制作出一幅金色麦穗装扮的田园景象。最终,以大厨韦家师制作的“金汁麦穗”为代表的26个菜品获2015南宁消费美食季桂菜创新展金奖。同时评出“2015南宁消费美食季·十佳桂菜主题餐厅”“2015南宁消费美食季·十佳夜宵餐厅”。

“2015南宁消费美食季·十佳夜宵餐厅”获奖名单:

都市小镇、夜宵遥餐厅、钟氏昌记美食、后宫私房餐厅、菌王天下、邱家川粤食府、老表记、鼎美风味餐厅、永淳山珍火锅店、厨盟夜宵店

“2015南宁消费美食季·十佳桂菜主题餐厅”获奖名单:

菌食上酒楼、桂小厨、丫丫厨娘时尚柠檬鸭主题餐厅、博雅风味馆、六福大酒楼、兴安家宴、广西嘉和酒店商务有限公司(温泉谷水岸食舫餐厅)、漓江人风味餐厅、聚友会餐厅、渔得水食庄

【南宁桂菜餐馆】

味江南邕城家宴 位于青秀区民族大道华润万象6楼(青秀路口),主要菜品有柠檬鸭、梅子猪手、邕城醉鲈鱼;很多菜偏酸偏甜,典型的南宁口味。

甘家界柠檬鸭 位于青秀区园湖南路(靠近夏威夷酒店)、青山路(青山菜市斜对面、仙葫大道西段近金中环大酒店)、东葛路90号,西乡塘区秀厢大道辅道、新阳路、友爱北立交桥西侧,兴宁区高峰林场,武鸣县等。主要菜品有柠檬鸭、鸭血汤,其中柠檬鸭是南宁的特色菜。

南宁肥仔饭店 位于青秀区金湖北路梦之岛广场2楼(埌东店),西乡塘区

人民西路(海鲜酒家店)、衡阳西路(衡阳店)、大学路(大学店),江南区星光大道明利广场2楼(星光店)、江南区南建路(江南店)。主要菜品有芋头夹、极品牛双脆、龙哥金牌鸡、金牌靓烧鹅、猪脚、老板酱捞粉。是一家老牌菜馆。

瑶王府　位于青秀区东葛路荣和中央公园商业广场2楼、江南区星光大道滨江公园内、西乡塘区相思湖东路西湖东郡内、青秀区茶花园路南湖翠园2楼、青秀区植物路45—3号。主要菜品是桂北瑶族的特色菜,除恭城油茶外,还有金牌猪脚、黑米豆腐、腊肉、熏鱼、血肠等。

老友王　位于青秀区青山路金汇如意坊美食街。主要菜品有老友炒鸭、老友干捞粉。为南宁味道。

味道制造　位于青秀区竹溪大道29号。主要菜品有恭城油茶、全州醋血鸭、石锅鹅肝酱茄子。为新派桂菜。

漓雨村私房菜　位于青秀区东葛葛村路口欧来酒店北一楼、祥宾路、星湖北二里、古城路4号大板一区内(古城店),兴宁区民生路绿都商厦1楼。主要菜品有旱蒸剑骨鱼、全州醋血鸭、麦田守望者、原味木盒豆腐。

绿岛阳光　位于江南区白沙亭江路、青秀区民族大道万象城4层、青秀区东葛路店。主要菜品有酸汤肥牛、生炒东兰乌鸡、老友鱼、桑拿牛肉、巴马香猪。主要经营桂菜。

八桂坊　位于青秀区祥宾路满江红大酒店3楼。主要菜品有巴马香猪、鹅肠。是桂菜系饭店,桂南的菜品比较多。

金龙寨　位于青秀区滨湖路53号(公务员小区正门旁)、东葛路92号、天桃路。主要菜品有桂林田螺酿、糯米排骨、拔丝芋头、石锅漓江河虾、旱蒸剑骨鱼。以桂北风味为主。

明桂御膳坊　位于西乡塘区安吉路1号(友爱北立交桥旁)。主要菜品有孜然辣酱鱿鱼王、西芹百合炒腰果、巴马黑水豆腐、御膳桂花肠驰名琵琶鸭、壮乡香芋格。主打民族风。

邕城小福楼　位于青秀区新民路6号永嘉名店对面、星湖路北一里。主要菜品有花甲螺、纸包鸡、海鲜粥。

沙头醋血鸭馆　位于青秀区思贤路51号。主要菜品有炒油渣、牛排、醋血鸭、红油桂林米粉。主要是桂北菜。

阿谋美食　位于青秀区古城路21号。主要菜品有烧鸭、豆腐、铁板肥牛。主营民族美食。

诚如金餐厅　位于西乡塘区衡阳西路南铁二街路口。主要菜品有流沙包、雨花石肥牛、小刀鸭、碳烧肉、砂锅四季豆、卤水拼盘。

桂林仔　位于西乡塘区秀厢大道5号、兴宁区公园路6号、青秀区星湖路46—6号、江南区星光大道34号江南·香格里拉商业广场、兴宁区济南路21号。主要菜品有桂林米粉、泉水鸡。菜肴口味偏辣,典型的桂林菜。

文家油茶　位于青秀区长湖茶花园路口。主要菜品有醋血鸭、油茶。

桂小厨　位于青秀区金湖路61号梦之岛百货水晶城店二层、东葛路18—1号、民族大道万象城4楼、青秀万达广场屋内步行街,兴宁区青云街18号,江南区白沙亭江路口20号。主要菜品有捣松花蛋、猪脚、石墨豆腐汤、鸭脚煲等。

【传统食品】

老友面(粉)　南宁传统小吃。20世纪30年代,一位食客经常去中山路一间小吃店就餐,久而久之,客主成为朋友。有一次,食客外感风寒卧床不起,店师傅听说后便给食客做了一碗面,放上酸笋、辣椒、豆豉、姜、葱等,食客吃完后大汗淋漓,全身感觉舒畅放松,连打一串喷嚏后风寒痊愈,高兴之下给小吃店送去"老友常来"牌匾,"老友面"因此得名。制作方法:先将精面粉加适量水和鸡蛋反复搓揉,用竹杠反复压打成面片,精切成细条(现在用机器压榨成湿面条,极少再有人工制作),再以爆香的蒜泥、豆豉、辣椒、酸笋、碎肉、醋、骨头汤等配料与之烹煮而成。其特点是酸、辣、咸、香味兼备,有祛风散寒、通窍醒食、兴奋精神的作用。主料用米粉则称"老友粉"。20世纪50年代起,一直由南宁第二饮食公司主营老友面(粉),位于中山路的中山饮食店最为著名,老友面又称"中山老友面",香港《文汇报》、广东《羊城晚报》和《南宁晚报》等媒体曾对其作专题介绍。该公司制作的老友面　1997年12月在首届全国烹饪协会举办的中华名小吃比赛中被认定为"中华名小吃",同年在广西传统美食比赛中被评为广西大众化优良风味小吃。2008年11月,南宁老友粉被列入第二批自治区级非物质文化遗产名录。

米　粉　南宁传统食品。清末民初,粤商来邕兴办餐饮业时从广东引进,称沙河粉。制作方法:选用大米淘净浸透加水磨浆,掺入用开水冲兑的适量熟浆拌匀(或用适量米饭与米一同磨浆)放入金属托盘(米浆仅铺过盘底),蒸成薄片,折叠切成条,叫作切粉;在舀米浆入托盘后加入碎肉、葱花、香菇末、碎虾米等配料,蒸煮后卷成筒状称卷筒粉,在梧州及广东一带叫肠粉;将用布滤干成粉团的米浆煮至五成熟,放在石臼中舂成软硬适度有韧性的稠浆(现代多用机械搅拌)用粉榨器就着沸水锅压榨入锅煮熟,叫生榨粉。切粉、生榨粉在食用时用沸水烫热加入骨头汤称汤粉,配以肉类的称肉粉,不配肉称素粉。肉粉又依据不同肉类称为猪肉粉、牛肉粉、鸡肉粉、牛腩粉、鸡杂粉、杂烩粉等。用油炒的称炒粉。

干捞粉　南宁传统小吃。兴于清末民初,因其食用时仅以叉烧、卤水凉拌,不加入汤水而得名。制作方法:取切粉置于捞篱内放入开水锅中汆一下,装碗后加入叉烧或牛锅烧、焯过水的绿豆芽、炸黄豆或炸花生仁,淋上用10多种配料熬成的酸甜卤水及少许熟花生油拌匀即可食用。味道鲜美、清滑可口。

炖粉糕　广东、广西传统小吃。南宁水上居民和沿江居民流行。制作方法:将大米淘净,兑水磨成米浆,分成几盆调入可食用的红、黄色素,用浅陶盆置锅中分层匀入米浆,先蒸一层原色米浆,待第一层蒸熟后,再依次分别加入黄色、红色米浆,反复依次加入各色米浆,每层约0.20厘米厚直至蒸满盆,在面上洒入些碎肉、花生仁、葱花即可,称夹层炖粉糕。如在蒸煮各色米浆至中间层加入绿豆沙再依次加入各色米浆蒸煮,则称夹心绿豆炖粉糕。中间加入芋头碎粒,则称芋头炖粉糕。色泽美观、软滑可口、老少皆宜。

宾阳酸粉　宾阳县传统小吃。制作方法:精选上好的晚稻大米,经24小时浸泡并淘洗,用土制的石磨磨浆。经过7天时间反复的漂浆,期间,根据气温的不同进行不定时换水。蒸制时采用大铛木盖浮托法蒸米粉,蒸熟一条折叠一条并抹上一层花生油。配菜有叉烧、炸波肉、炸牛肉巴、炸灌风肠、炸花生或黄豆和腌制的新鲜黄瓜。调味品主要是将陈皮、八角、葱条等10多种香料用纱布包好,加水、盐、蚝油、味精等加温煮制卤水。再用糖、盐、米醋调制糖醋至酸甜适口。切好米粉放在碗内,叉烧等配料平摊在米粉上,再放些鲜红的生辣椒、蒜茸、香菜,浇上卤水及糖醋,加些花生油即成。爽滑可口、酸甜适中、柔嫩香脆。

凉　粉　南宁传统消暑小吃。制作方法:将凉粉果中的白色粉粒加工榨出液体,加热冷却后形成晶莹透明的晶体,将熬过的红糖水加入,捣碎晶体作凉拌吃。清凉甜爽。

粉　虫　南宁传统小吃。始于清代。制作方法:用黏米洗净浸透、磨成稀稠适宜的米浆,滤成湿粉团置锅内煮至半熟,起锅揉搓至软硬适度有韧性的粉团,然后搓成条状,扯下小段在专用竹箕背搓几下,成虫状,置于蒸笼蒸熟。如搓粉时加入少许可食用色素,如花米红、姜黄等,则做出的粉虫色彩好看又诱食欲。配以猪肉、牛肉或杂烩做成"炒粉虫"粉虫汤"。形似虫草,食之韧软。

粉　饺　南宁传统小吃。清末民初

面市。南宁解放前以“粉角九”的粉饺最出名。制作方法:选用黏米浸透磨成稀稠适度的米浆,滤成湿粉团置沸水中煮至半熟,加入适量薯粉(生粉),将粉团反复搓揉至有韧性,搓成条状擀成薄片饺皮,包入拌食盐、香油、味精、五香粉的碎猪肉、虾米、香菇、马蹄或凉薯末合成的馅心,置托盒蒸熟。食用时配以黄皮酱、海鲜酱、豉熟油及少许葱花、芫荽之类的佐料。饺皮韧软、爽滑,馅料鲜甜味美。

粉 利　南宁季节性传统食品。始于明末清初。民间以其寓意“吉利”,故在冬至、春节期间最为旺销。制作方法:将浸透的大米加水磨成浆,滤成湿米粉,搓揉成团,放入沸水锅蒸至半熟,置于案板揉搓至有韧性,搓成直径4.50厘米的圆条状,切成段,置笼屉蒸熟。蒸熟的粉利须入水保存,以防干裂。食用时切成片,配以各种肉类制成“炒粉利”“粉利汤”亦可打火锅“烫粉利”。粉韧爽口,味道鲜美。

油炸粽　南宁传统小吃。始于清末民初。尤以亭子雷四婆的油炸粽最出名。制作方法:将糯米淘洗浸透,捞起沥干,取100克至150克加少许绿豆,用粽叶包成长12厘米、宽7厘米、厚5厘米扁形粽子,置锅中煮熟,然后捞起晾干,剥去粽叶,放到烧滚约180度的油锅内炸至外皮色泽金黄即可。外皮酥脆、色泽金黄、内部松软、香脆可口。

蕉叶糍　南宁传统小吃。相传始于宋朝。民间多在中元节制作。制作方法:选用糯米淘净浸透磨浆,用布袋滤干成湿粉团,经搓揉捏成长条状,用经热水烫软洗干净并刷上食油的芭蕉叶把粉团包好,置蒸笼蒸约20分钟即可食用。可制成咸甜两种。做甜味的方法是:将糖煮成浓浆,加入猪油与湿米粉搓匀;咸味的即在湿粉中加入些许盐搓匀,或包入炒干的横县头菜末、碎猪肉、花生之类的咸馅。蕉叶清香、糍粑软韧、清甜可口。

艾 糍　南宁传统小吃。也称艾粑粑,一般多在清明前制作。民间有“吃了野艾糍,春耕倍添劲”的说法。艾糍是由艾草或白头翁草和入糯米糕制作而成,艾草长在田边或房前屋后的空地上,容易找。用白头翁草做出来的粑糍颜色比艾草做的浅,味道更清香且有韧性。制作方法:摘下野生的艾草或白头翁草嫩叶用石灰和水泡浸两三天以去污(白头翁草洗净即可),然后洗净捞起剁碎(越碎越好),加入赤砂糖和水,煮艾叶或白头翁草碎成糊,将其和入糯米粉中,艾糍外衣即成;炒花生舂碎后拌入赤砂糖、炒过的白芝麻(味甜而不腻且香)作馅;将馅包入已和好的艾叶糊的面团中(像包汤圆一样)压扁,把摘来的新鲜柚子叶或芭蕉叶剪成巴掌大小洗净(再放些油入热水中煮煮更好),再给每个包好的艾糍附上一小片柚子叶或芭蕉叶,环状放入蒸笼蒸15分至20分钟即可食用。艾草味辛,气味特别,具有较多功效。《本草纲目》记载:艾草性味苦、辛、温,入脾、肝、肾;艾以叶入药,性温、味苦、无毒、纯阳之性、通十二经,具回阳、理气血、逐湿寒、止血安胎等功效,被称为“医草”。因此常吃艾糍有利健康,尤其适合女性食用。白头翁草具有清热凉血、解毒的功效,且气味比艾草清香,适合肠胃湿热的人食用。

凉 粽　中国传统夏令小吃。古称角黍,《初学记》引晋周处《风土记》载:“仲夏端午,烹鹜角黍。”“进筒粽,一名角黍,一名粽。”《续齐谐记》载“屈原五月五日自投汨罗而死,楚人哀之,每逢至日,以竹筒贮米,投水祭之。”说明最迟在晋代,民间已有端午节包角黍之俗。大约在清代传入南宁并从角锥体改为圆柱体,从角黍改称凉粽。现仍流传于南宁市各地。制作方法:将糯米浸透,拌入少许枧水,用几张竹叶包成条状,用细线捆扎牢,置沸水锅煮熟。食用时除去竹叶,蘸以糖浆。粽身晶透,入口脆滑有竹叶清香。

猪肉绿豆粽　南宁传统风味食品。始于唐宋时期。制作方法:将去皮肥猪肉洗净切条,加入佐料腌制半天待用;绿豆磨碎淘洗去皮,选用大糯米淘净沥干,将粽叶若干张洗净摊开,放上适量糯米,在中间开凹沟,放入绿豆和一条腌制猪肉,再盖一层绿豆,加一层糯米覆盖好豆、肉,然后包起,中部微突隆,用粽绳扎牢,置沸水锅中煮半天左右即可。其特点是软、沙、香。民间在春节吃的粽子称大粽,品种多,一般每个重0.25千克,大的重几千克甚至10多千克,称枕头粽;品种根据所包裹配料的不同,有板栗肉粽、绿豆肉粽、饭豆肉粽、虾米粽、蟹肉粽、腊肠粽、牛肉粽等。

五色糯米饭　传统食品。制作方法:分别将旱米果、香饭花或姜葱、枫叶或枫树皮、红蓝草捣烂加水加热制成大红色、黄色、黑色和紫红色液体,将糯米分别浸泡在各色液体中,待米粒通体染上颜色后滗去余汁,分别入甑蒸煮,出甑后再将各色熟饭放入大铁锅中搅匀,便呈黑、红、紫、黄、白5种色彩。饭色油光鲜亮,互不沾染。饭质嫩软,气味清香。

黄花饭　壮族食俗。一般在农历2月至3月,特别是二月初二春社节祭社时制作。制作方法:先将黄花树的黄花置锅中加水煮沸,水变黄,滤去渣,留水蒸饭即成黄花饭。此时天气回暖,细菌繁殖,易得病,吃黄花饭,对预防肠胃疾病有一定作用。

豆蓉糯饭　传统食品。民国初年,南宁早市常见卖糯米饭的小摊设在街头,供人们“食过早”(即吃早餐)。制作方法:摊档主将大口陶盆放在箩中,盆内盛满糯米饭,饭旁放着绿豆蓉;不论冬夏,盆底均置一炭炉,盆上放着一钵油炸糯米锅巴,另一钵则放着一块块卤熟的半肥瘦肉或腊肠。出售时档主用双手将糯饭捏好,夹入绿豆蓉、油炸锅巴或猪肉或腊肠在糯饭中间,捏成饼状,沾上香酥芝麻、葱花、生晒豉油,放在一块清洁的荷叶上,顾客即可拿着食用。味清淡可口,柔软香甜,油而不腻,可谓色香味俱全。

瓦煲饭　传统食品。传说由广东传入后形成南宁特色。制作方法:选优质米入沙煲,采用转炉煮饭,炉的一半有火,一半无火。先用猛火烧沸,然后转到无火焗饭。由于瓦煲较厚受热散热较慢,受热均匀,故煮出来的饭不硬、不烂、不焦,饭香纯正。焗饭时,将配好佐料的肉类菜蔬,铺陈于饭面,饭熟菜熟,味道鲜美。有香菇瘦肉饭、鱿鱼猪肉饭、猪肝饭、排骨饭、腊味饭、虾仁米饭等10余种,饭热菜香。

八仙粉　风味小吃。制作方法:选用带有韧性的新鲜切粉,煮粉前先在热锅里盛入大半碗猪骨熬成的上汤,汤沸后放入鱼饺、肉片、熟鹌鹑蛋、香菇、黄花菜、鱿鱼、鸡肉丝、瘦猪肉片、鱼片、新鲜嫩蔬菜等各两三件,猛火煮沸片刻,再倒入200克切粉,待锅中汤水再沸后加少许香葱、香油、盐、味精等调味,即可装碗食用。配料多、营养丰富、搭配合理、粉韧爽口、味道鲜美。

八宝饭　风味小吃。制作方法:选用优质的香糯浸洗后用竹箕滤干水,置蒸笼或饭甑蒸熟,倒在盘里加些猪油、白糖拌匀,然后将少许蜜枣、杏仁、莲子、冬瓜糖、桂圆肉、葡萄干、蜜饯等干果放入碗内摆好,再将一些干果拌入饭中,盛入碗里压实,中间压成窝状,放些豆蓉馅,再用糯饭盖住压平,重新置蒸笼内蒸三四十分钟即可。食用时把碗里的八宝饭扣于碟中,浇上少许用糖和菱粉调制的芡汁,饭软味甜,食而不腻。

酿苦瓜　特色家常菜。制作方法:选用中粗直的青嫩苦瓜,洗净切成每节长圆寸的瓜筒,掏出瓜瓤,将猪肉与花生仁剁成肉泥,与浸透的糯米、猪油、盐、香葱、香料拌匀作馅,填入瓜筒中,置锅中蒸熟即可上碟食用。既有苦瓜的清香,又有肉馅的鲜美,味道甘甜可口。

炒田螺　传统风味小吃。流行于南宁城乡。制作方法:将田螺置清水盘中养数日,常换水,让田螺吐尽泥污,然后洗净外壳的泥苔,用刀敲碎螺尾顶尖,剥去螺盖后入锅,加入少许食油、姜、盐、酒等配料爆炒片刻,以除去腥味,再加些水煮至熟透,最后加入紫苏、假蒌、香葱、蒜苗、酸笋、啤酒及适量油、盐调味拌匀,便可上桌食用。多在夜市小吃档供应,食客享用时用口吸吮,有声,别有情趣,民间谓之吮田螺。螺肉滑脆,汤味鲜美,诱人食欲,并有滋阴降火的功效。

粥　品　传统食品。南宁人喜欢吃粥,而料粥相传于清末民初从下江(梧州以下)引进。过去,常有商人用小船游弋在河面上兜售用河鲜为主料烹制的粥品,称"艇仔粥"。在市面上则以"谟觞粥"店最出名。制作方法:选用上好大米,明炉微火煮至米烂待用。食用时可根据口味,明火现煮配制成猪肉粥、牛肉粥、鸡肉粥、鱼片粥、猪杂粥、鸡杂粥、皮蛋瘦肉粥、三鲜粥、猪红粥等,上碗时加入姜丝、葱花、胡椒粉即成为美味粥品。粥品稠滑、味道鲜美。

鱼　扣　邕宁区蒲庙镇那路村一道传统的特色菜肴。制作方法:选择 500 克左右的鲮鱼做原料。将活鱼洗净,去头、去皮,取鱼肉,把鱼肉剁成泥(也可用绞肉机绞)倒入盆里摔打 20 分钟后,(以把一小块鱼泥投入水中能浮上来即可),然后加入适量的食盐、胡椒粉,拌均匀后待用(用作包鱼扣的皮)。接着制作鱼扣馅。鱼扣馅使用瘦猪肉、虾米、香菇、马蹄、花生、芝麻、头菜、葱等 8 种材料。把花生、芝麻用文火炒香,把其他馅料剁碎,加入适量的生粉和少许鱼肉泥(使蒸熟的鱼扣切开时馅不容易散开)、舂碎的花生、芝麻,搅拌均匀后即成鱼扣馅,把馅包入先前制作好的鱼肉泥中即制成鱼扣(包好的鱼扣形状像只大包子),再把鱼扣放入烧开的锅里煮 30 分钟,待鱼扣从锅底浮到水面即可捞起,趁热滴上几滴老抽抹匀,冷却后,将鱼扣放入油锅里炸至表面金黄后捞起冷却,切成片状装盘,再放入蒸笼蒸 20 分钟即可以上桌(蒸得越软越好吃)。因鱼扣采用鱼做主料,有着"年年有余"的寓意,又因它的形状是圆形的,有"团团圆圆"的象征,是该村逢年过节必备的菜肴。

脆皮扣　良庆区、邕宁区的特色菜肴。制作方法:选上好皮薄的五花肉 1000 克,清洗干净,改刀切成 500 克一块的大块,取干净的锅,放入改刀后的五花肉,加入冷水,放入姜块葱条和酒,猛火烧开,改小火煮 20 分钟,捞出放在盘中,然后在肉皮上均匀地抹上盐和大红浙醋;取炒锅,垫上锅箅,将抹好醋的肉皮向下放到锅中箅子上。然后倒入花生油,至泡到猪皮但不超过猪皮为好,盖上锅盖,大火烧制,待油发出爆炸声后,关至中小火,炸 40 分钟,待皮炸到金黄时即可捞出,切片食用。脆而有韧性,肥而不腻,遇汤皮亦不变软。

高峰柠檬鸭　起源于武鸣县一带的一道特色菜,尤以武鸣县高峰境内酒家饭店最优故得名。制作方法:将鸭宰后洗净、去内脏切成块,入锅用猛火炒至六成热,再将切成丝的酸辣椒、酸姜、酸柠檬、醋头、酸梅、生姜、蒜泥等佐料入锅同炒,拌匀后改文火至八成熟后加入豆瓣酱同炒至熟透,淋上适量香油即可出锅上碟。味道酸辣适度,肉质鲜嫩入味爽口。

横县鱼生　横县传统食俗。制作方法:将 1.50 千克 ~ 2.50 千克重的活鲩鱼杀死去皮,把鱼两侧面的肉削除出来,用卫生纸包好吸干水分,将鱼肉切成"双飞"薄片,摆在盘里。然后用冷开水将生姜、紫苏、鱼腥草、柠檬叶、大头菜、洋葱等佐料洗干净,甩干水分后切成细丝,指天椒、蒜瓣、酸头等切成片。将酱油、花生油、酸醋、胡椒粉等放入小碗搅匀作调料。食用时各取少许青料、姜丝、花生米和酸头,连同蘸了调料的鱼生片一起吃。其特点是味鲜可口。卫生部门检查发现,鱼生片有寄生虫,食者易患肝吸虫病,提倡不食鱼生。但横县不少群众食鱼生已成习惯。

酸　肉　壮族传统食品。流行于隆安县邕天(南宁至天等)公路南面的都结、同乐、普权、新风、达利、平养、平荣、荣朋等村屯壮族聚居区。制作方法:把猪肉(最好是五花肉)的皮面置锅中煮成金黄色,加入蒸熟的玉米粉(小米粉更好)、精熟盐(每千克猪肉掺 60 克至 70 克以不太咸为宜),经反复搓揉,至肉变软后置瓷罐中密封,两个星期后肉即变酸,便可吃用。开罐后,要在三五天内吃完,否则时间长了,酸肉会变质生虫。放装罐时,用小罐为好,也可用小食品袋来装,装量以一餐吃完为宜,用绳子绑好袋口密封。可把若干袋一起放进一个大罐里腌制,吃用时按量取出即可。酸肉有两种吃法:一是切片后即吃,这种吃法能保持原味,稍酸,多吃不腻;二是把黄豆或玉米炒熟和酸肉一起吃,这种吃法香味可口,食欲倍增。用酸肉下酒或佐玉米粥,风味独特。一般家庭逢年过节时宰一头肥猪,把猪肉全部腌酸,作为常备肉食。如有贵客光临,就用酸肉来招待。

羊　酱　又叫"羊精""羊瘪"。马山县东部山区瑶族的一道特色菜肴。制作方法:羊杀好后,将羊的一段细嫩的小肠割下,分绑两头,入锅用油煎至小肠爆裂、黄熟,内溶物溢出后,加水煮 10 分钟,将小肠捞起滴水沥干,切成小块,再放入锅中,配以适量的羊血和剁碎的羊肉、羊杂以及盐、姜、辣椒等佐料制成。羊酱汤,汤色幽绿,其味甘苦。因羊吃百草,小肠内溶物为羊分解草料后尚未吸收的养分,据说有健胃的功效,民间称之为医治疾病的"百草药""长寿药"。

羊　红　传说此菜肴为环大明山地区周边各土司的宴席菜。制作方法:用刚宰杀的黑山羊鲜血和炒好的羊内脏(俗称"羊下水""羊杂"),加上香菜、花生等佐料制成,装盘后样子像一盘红"豆腐",味鲜美异常。

清水羊肉汤　马山县特色菜。制作方法:将黑山羊羊肉砍块,放入有清水的锅中烧开去除血水,沥水后用清水洗净,再倒进放有枸杞、花菇、红枣、生姜等开沸的锅中煮熟后,蘸料汁即可吃。蘸料配方是羊肉店独特配制的秘方,并以新鲜香椿嫩芽为主料,使蘸料具有山野清香的风味。肉香浓郁,无膻味。

腊　肉　南宁传统风味食品。制作方法:冬天腊月时人们将新鲜猪肉搓适量的盐放在盘里腌到二月,用菜叶清洗除去肉表里油腻盐质,然后串挂起来,风干即成腊肉。人们选择腊月做腊肉是因为天气比较寒冷干燥,猪肉不易变质腐烂。

糯米血肠　壮族普遍喜爱的传统食品,壮语称为"楞棒"。制作方法:把蒸到半熟的大米或糯米趁热拌上鲜猪血以及各种香料,紧紧灌入洗干净的猪肠内封口蒸熟即成。食用时可切成片,或用油煎炸,或用甑蒸热。色泽油亮,异香扑鼻,味道鲜美。

(书　弄)

【南宁吃货节】 2016 年,在南宁国际会展中心举办吃货节 2 次。1 月 1 日至 3 日,南宁大地飞歌文化产业集团有限公司主办,南宁国际学生用品交易展览有限责任公司、南宁日报社承办的 2016 南宁吃货节举行,设展位 100 多个,有吃雪花冰创世界纪录、超级点子王粉丝见面会等配套活动,参观人数 10 万人次。6 月 17 日至 19 日,南宁大地飞歌文化产业集团有限公司、广西电视台都市频道主办,南宁国际会展公司、南宁国际学生用品交易展览有限责任公司承办的 2016 夏季南宁吃货节举行。展览面积约 2700 平方米,有雪花冰、卤鸭翅、冰冻板栗等夏季食品,宾阳酸粉、水街粉饺等广西本地美食,肉夹馍、凉皮等外地美食小吃;期间,举行"包王"吃包子挑战赛、嗑瓜子比赛、西瓜太郎斤手掌比赛、超级点子王粉丝见面会等配套活动,参观人数 5 万人次。

(南宁国际会展公司)

茶　业

【概　况】 2016 年,南宁市有 10+1 商业大道茶叶批发市场、横县西南茶城 2 个成品茶叶批发零售专业市场和茶立购茶城 1 个大型茶叶交易中心。主要经营名优绿茶、茉莉花茶、六堡茶、普洱茶、黑茶，紫砂制品，东南亚锡制品、瓷器和玻璃器皿等茶具以及茶床、茶台等木制、根雕工艺品。

【10+1 茶叶批发市场】 位于江南区亭洪路“南宁 10 ＋ 1 茶叶一条街”，全长 2.86 千米，沿街有富有东南亚建筑风格的楼房 39 栋，总建筑面积 13.70 万平方米。集商贸物流、休闲娱乐等功能于一体，广西南宁茶叶批发市场、北京华联江南店、广西茶网、南宁茶业商会等品牌商家、网络、行业协会进驻，是广西茶业批发零售重要集散地。入驻茶商 400 多家。市场汇集茶叶六大系列近百个品种，包括中国茶王——大红袍、福建安溪铁观音、云南普洱、浙江龙井、台湾红茶、乌龙茶、信阳毛尖、湖南黑茶、广西本地的六堡茶、横县茉莉花、金花茶、凌云白毫茶、昭平将军峰、西山茶、三江茶、灵山茶、西林茶、覃塘毛尖及越南茶、斯里兰卡红茶等，还有来自全国各地的紫砂制品乃至东南亚锡制品、瓷器和玻璃器皿等茶具，茶船、茶台、木制根雕工艺品、茶叶包装及茶叶机械设备等。

【横县西南茶城】 西南茶城位于横县县城内，是国内最大花茶专业交易市场，也是全国绿茶（茶胚）吞吐量最大的茶叶专业市场。西南茶城是由茉莉花交易市场、茶叶市场和成品茶市场组成，占地 4.50 万平方米，建筑面积 2.20 万平方米。原产地茶商入场经营，直销横县茉莉花茶、安溪铁观音、云南普洱茶和全国各地名茶。有来自福建、云南、贵州、湖北、浙江等全国各地的茶商。2016 年，成品茶市场有铺面 150 间，营业面积 3001.50 平方米，市场成交额 3.80 亿元；茶叶市场有铺面 77 间，营业面积 2929.64 平方米（不包括私人店面），交易量 3.10 万吨，成交额 32.50 亿元；茉莉花市场有 120 个摊销售点。占地面积 1.30 万平方米，市场成交量 3.85 万吨，成交额 5.40 亿元。

【茶立购茶城（原天鹰茶城）】 位于南宁华南城 4 号广场 3 楼，2005 年 8 月由广西南宁天鹰茶叶有限公司投资开办，是南宁市大型茶叶交易中心之一，经营面积 4 万平方米。2016 年，改由茶立购公司运营。入驻茶业品牌有大益茶业、八马茶业、武夷星茶业、下关普洱茶、广西农垦茶业、肖鸿黑茶等，销售总额 2 亿元。茶立购定期举办茶文化活动，采用线下体验、线上购买的茶业 O2O 模式。4 月 8 日至 11 日，第四届华南城春茶节在茶立购茶城举办，展览面积 4 万平方米、展位 300 多个，设有茶具区、茶文化展区、四大名陶之坭兴陶展区、奇石精品展区、专题活动区、大型电玩游乐区等。展示内容涵盖传统六大茶类、茶具、茶食品、根雕大板、茶工艺品，以及奇石、古玩、玉器、书画等。9 月 10 日至 14 日，第四届金秋茶文化节在茶立购茶城举办，展销茶叶、茶具、根雕工艺品、奇石、玉器等，举办文化文艺表演、猜灯谜等互动活动。 （市商务局）

食盐商业

【概 况】 2016 年，南宁盐业分公司在职职工 60 人，设综合办公室、市场销售科、市场管理科、财务科 4 个科室和沙井食盐配送中心，下辖黎塘支公司。销售范围包括南宁市七区五县及崇左市扶绥县。承担国家、自治区储备盐任务。全年盐品购进 4.42 万吨，盐品销售 4.48 万吨（食用盐销售 2.38 万吨、工业盐销售 6400 吨、加工业盐销售 2.25 万吨）。

【盐业专营】 2016 年，南宁市盐业分公司落实责任分解年度销售任务，主要经营“桂山”牌精制盐、日晒精盐、海晶盐和腌制用盐等，并推广销售绿色海藻碘盐、低钠盐、天然钙盐、加碘精纯盐以及沐浴盐、浴足盐、洗涤盐等多品种盐。按照“分类扩点、全面覆盖、物流支撑、方便客户”的原则，完善终端网络建设，扩大终端配送覆盖面，与南宁糖业云鸥物流公司、广西外运物流公司签约，负责公司盐品配送，解决配送运力不足问题。至年末，直接配送到位的食盐销售点客户 7862 个（零售终端客户 3971 个、加工用盐客户 977 个）。

【盐政执法】 2016 年，南宁盐业分公司开展常态化巡查与专项整治相结合，每月定期巡查食盐销售网点 4500 多个、市区农贸市场 120 多个以及边界重点乡镇市场。开展治理制贩假盐专项行动，出动执法人员 3000 余人次，联合执法 8 次，检查零售环节 445 户，检查用盐企业 202 家，抽查饮食摊点、机关、学校食堂 80 家，调查居民灶台 500 余户，发放宣传资料 2 万余份，查处盐业违法案件 38 起，查获私盐 25.25 吨。 （蓝雪萍）

烟草商业

【概 况】 2016 年，南宁市烟草专卖局（公司）辖（设）12 个区县烟草专卖局（营销部），从业人员 918 人。销售卷烟 137.50 亿支（27.50 万箱），比上年增长 0.90%；实现利税总额 19.37 亿元，增长 8.04%，其中税金 12.70 亿元、增长 25%，利润 6.67 亿元、下降 11.31%。企业总资产 20.89 亿元。

【卷烟营销】 2016 年，市烟草专卖局（公司）销售卷烟实现单箱销售额 2.79 万元，比上年增加 395 元，增长 1.44%。全国重点品牌卷烟销量实现 24.68 万箱，增加 4823 箱；销售 8 元以上真龙卷烟 8.81 万箱，增加 1.51 万箱，增长 20.70%。完善物流非法人实体化运作机制，加强物流费用管控和耗材管理，优化城网配送线路，物流费用总额下降 2.04%，单箱物流费用下降 2.91%。推进终端建设，累计打造现代终端 4816 户，占总客户数 16.50%。12 月 1 日至 2 日，全国卷烟营销网络建设现场会在南宁召开，市烟草专卖局（公司）在会上介绍网建工作经验。

【专卖管理】 2016 年，市烟草专卖局增强市场监管，推进自律互助小组转型升级，

6 月 17 日至 19 日，2016 夏季南宁吃货节在南宁国际会展中心举办　　姚宗秀 摄

强化零售客户规范经营、参与市场监管和明码实价的意识;探索“专销零+协办单位+社区”共管市场新方法,调动社会力量规范卷烟经营秩序;完善专销零信息互通反馈机制,推进无证户识别、治理工作。加强行政许可监督指导,规范许可证新办管理,优化证件后续监管,查处无证经营卷烟案件2204起,比上年增加532起,增幅31.81%。开展打击制售假烟和走私烟行动,查处涉烟违法案件2617起(其中5万元以上77起),查获非法卷烟5478.40万支、烟叶烟丝84.16吨、盘纸15.62吨、烟草机械19台(套);向公安机关移送处理人员92人,刑事拘留72人、逮捕34人、判刑18人。

【企业管理】 2016年,市烟草专卖局(公司)推进贯标对标、绩效考核、预算定额管理等。精益管理导入卓越绩效管理、优化绩效考核模式,企业标准化建设获自治区烟草专卖局(公司)推荐参加行业标准化示范单位评选。开展降本增效“五个一活动”,实现降本增效601.64万元。开展精益课题研究和QC小组活动,1项QC成果获全国烟草行业优秀质量管理小组成果发布三等奖。落实“营改增”政策调整,加强预算定额管理,承办全自治区烟草商业企业全面预算定额标准体系建设现场会。综合管理平台项目、涉烟互联网监管系统通过验收,开发一线人员移动办公平台和企业一卡通项目。强化企业安全生产主体责任,加强安全宣传教育,推进安全生产岗位达标。修订完善内管制度和流程,提升预警分析和异地核查水平,强化真烟非法流通治理,全年未发生真烟非法流出案件。累计民主公开事项3414条。审计监督财务收支、预算执行和基建项目,完成审计项目60个,提出审计建议38条。 (市烟草专卖局)

石油商业

【成品油经营管理】 2016年,南宁市有成品油批发企业12家,成品油零售企业398家(座),其中管理性公司12家,加油站386座(中石化南宁分公司加油站169座、中石油南宁分公司加油站62座、其他国有控股成品油企业加油站37座、社会办加油站118座)。成品油销售量124.10万吨(汽油84.03万吨、柴油54.18万吨),比上年增长11.36%。 (市商务局)

【中国石化销售有限公司广西南宁石油分公司】 2016年,中国石化销售公司广西南宁石油分公司下辖邕宁区、武鸣区、横县、宾阳县、上林县、马山县、隆安县7个县级分公司。主要经营汽油、柴油、天然气、润滑油(脂)、日用百货便利店、洗车服务、道路普通货物运输等。在营加油站169座,在用油库2座,通过西南管线下载成品油。

成品油市场供应 成品油销售95.81万吨,比上年增长3.24%;报表利润2.64亿元,增长28.44%;税金1.12亿元。成品油销售调价15次,时间分别为1月13日、4月26日、5月11日、5月25日、6月8日、7月21日、8月4日、8月18日、9月1日、9月18日、10月19日、11月16日、11月30日、12月14日、12月28日。年末,每升油品零售价格:89号(国V)车用汽油6.10元、92号(国V)车用汽油6.54元、95号(国V)车用汽油7.07元、98号汽油7.85元、0号(国V)车用柴油6.14元。

非油品业务 打造样板门店,推广“一店一政策”,提高门店运营水平,开展现场竞赛,抓基础品类商品销售,累计营业便利店160座,实现非油品营业额1.88亿元,增长31%,

加油站网点建设 完成新建项目1个、提量改造项目63个、台风受灾隐患整改项目41个、专项维修项目5个、隐患整改项目6个、续租加油站2座。

中石化加油IC卡发行 持续开展加油卡互动及与保险公司合作充值返利营销、网上营业厅、积分优惠返利等活动,开发维护持卡客户,扩大加油卡规模。累计发卡32.62万张,持卡消费比例67.30%。 (梁春微)

药品商业

【药品经营管理】 2016年,南宁市有药品流通企业2645家,其中药品零售企业2550家,批发企业95家;连锁总部37家。南宁市食品药品监督管理局办理药品零售经营许可审批1400件,麻醉药品和精神药品邮寄证明核发160件,进口备案5件,出具麻醉及精神药品运输证明3件;科研及教学所需毒性药品购用审批1件。加强药品经营管理,在流通环节专项检查特殊药品及其复方制剂,防止此类药品从购销渠道流失、被滥用或提取制毒,排查可能存在的易制毒化学品流弊事件和案件。专项突击检查中尧路、水街、伟康市场等中药材市场,打击中药饮片分装、售卖无标识中药饮片,抽验中药饮片30批次。检查18家基本药物配送企业80次,日常监督抽验基本药品200批次。拉网式检查药品经营企业违规销售终止妊娠药品情况,发放“禁止销售终止妊娠药品”宣传标语3000份。检查疫苗经营使用单位150家次,全部合格。

【药品GSP认证检查】 2016年,南宁市食品药品监督管理局选派检查员664人次开展药品经营质量管理规范(GSP)认证,现场检查企业327家,其中连锁总部8家、药品零售企业319家、技术审查材料324份,通过检查318家,整改后复核检查7家,不通过检查2家。首次认证通过率95%,整改后通过率97.20%,不通过率0.60%。规范药品流通市场秩序,以“双随机”(随机抽派检查员,随机抽取药品企业)方式完成30家药品批发企业和60家药品零售企业的GSP跟踪检查,撤销药品经营许可证1家,收回药品经营企业GSP证书15家。 (梅 倩)

粮食流通

【概 况】 2016年,南宁市归口粮食部门管理独立核算的国有(控股)粮食企业49家,从业员工875人。粮食企业总资产17.05亿元,总负债14.61亿元,资产负债率85.69%。全市国有(控股)粮食企业购进粮食34.55万吨(贸易粮,下同),销售粮食32.41万吨。年末,粮食库存17.99万吨,国有(控股)粮食企业实现粮油商品(产品)销售收入11.79亿元。市储备粮管理有限责任公司生产的“桂井”牌大米在第十四届中国国际粮油产品及设备技术展览会上获金奖。

【机构调整】 2016年3月9日,根据《南宁市人民政府关于调整政府工作部门的通知》,南宁市粮食局由南宁市人民政府工作部门调整为在南宁市发展和改革委员会挂牌。3月21日,《南宁市人民政府办公厅关于印发南宁市发展和改革委员会主要职责内设机构和人员编制规定的通知》将南宁市粮食局原有职能划入,增设粮食调控科、粮食监督检查科、粮食流通与科技发展科3个业务科。

【粮食安全保障】 2016年,市粮食局做好粮源的筹措、调拨、运输、加工和供应,增加市场粮食投放量,适时轮换销售各级储备粮,通过本地粮食收购和自治区外粮食采购,满足市场需求,保障粮食安全。国有粮食企业、重点非国有粮食经营企业购进粮食404.76万吨,销售(转化)粮食363.59万吨,全市粮食实现总量、购销、品种供求平衡,保证市场供应和粮食价格基本稳定;继续实施“粮安工程”(粮食收储供应保障工程),全市粮食流通基础设施建设项目11个,完成投资1.73亿元,新建粮食仓容7.25万吨,增加有效仓容。维修改造“危仓老库”粮食仓容22.77万吨,重点解决粮食仓库的隔热、防潮、密闭性能，安装电子测温、环流熏蒸、机械通风设备等；推广应用充氮气调储粮新技术，充氮储粮仓容5.60万吨；开展秋季粮油安全大普查，检查22家国有（控股）粮食企业存粮点92个，仓库903间，粮食仓容33.44万吨，检查库存粮食26.58万吨，油脂1304吨。22家国有（控股）粮食企业被评为“一符四无”（账实相符、无虫、无霉变、无鼠雀、无事故）粮仓单位。

【粮食库存检查】 2016年4月至5月，南宁市开展市、区县级储备粮以及国有粮食企业的商品粮库存检查，全面检查全市22家国有粮食企业83个存粮点的库存粮食，全市国有粮食企业粮食库存实物总量19.96万吨。市、区县所属国有粮食企业的地方储备粮以及国有粮食企业的商品粮库存数与保管账、统计账、会计账相符，库存数量真实准确；粮食品质良好，地方储备粮的质量合格率、品质宜存率均符合国家规定要求，库存粮食无发热粮、霉变粮以及严重虫粮、高水分粮等情况。市、区县国有粮食企业储粮安全防范措施落实到位，仓储作业安全防护设施符合技术要求，储粮药剂管理严格遵守有关制度规定；市、区县级储备粮的轮换符合要求；没有挪用农发行贷款、“买陈顶新”“先收后转”“低收高转”等问题。

【粮食直接补贴政策实施】 2016年，自治区下达南宁市对种粮农民实行直接补贴与储备粮订单收购挂钩的收购任务计划13.85万吨（邕宁区1.85万吨、武鸣区0.80万吨、横县1.90万吨、宾阳县6.30万吨、上林县2.40万吨、隆安县0.60万吨）。落实到农户的粮食数量一般每户在500千克以上，对有订单计划的村屯单户售粮数量不足500千克的，允许周边户联合推选一户代表与村委会签订售粮计划，每个联合户不超过10户农户。村委会将落实到农户的储备粮订单粮食收购计划张榜公示。收购粮食品种、价格为：普通早籼稻每千克2.68元，普通中、晚籼稻每千克2.78元，早籼优质稻和专用稻每千克2.82元，晚籼优质稻每千克2.98元。粮食直接补贴标准：对列入直补订单收购计划的粮食（不分品种），在自治区公布的收购价格的基础上，按每千克0.24元进行补贴。全市粮食部门收购农民订单粮食13.85万吨，签订粮食直补订单收购合同的5.74万户农民，获国家粮食直接补贴款3324万元。

【“农户科学储粮”工程实施】 2016年，南宁市按照农户自愿申请，农户自筹和自治区财政配套资金的方式实施“农户科学储粮”工程。农户在享受自治区财政补贴后，支付90元可以得到一个市场价450元、可装800千克粮食的标准“彩钢板组合粮仓”1套。全市1.20万户农民配置“彩钢板组合粮仓”，其中邕宁区0.30万户、横县0.50万户、宾阳县0.10万户、上林县0.10万户、马山县0.20万户。农民使用新型彩钢板组合粮仓后，粮食产后损失率从9.70%减少至3%。

【“放心粮油”工程专项检查】 2016年9月至10月，南宁市开展“放心粮油”工程专项检查，采取区县自查、市粮食局抽查和自治区粮食局复查的方式全面检查全市自2010年以来已建成的237家“放心粮油店”（含加盟店、专柜）容店面貌、种类证照、设施设备、商品质量和经营管理等方面情况。全市237家“放心粮油店”（含加盟店、专柜），工商营业执照、税务登记证等证齐全；各项制度均上墙公布；店面整洁、分类有放，明码标价，计量器具等相关设备符合国家标准。

【粮食产业化经营】 2016年，南宁市粮食企业发展粮食产业化经营，粮食部门参与粮食产业化经营种植面积11.12万公顷（签订“订单”面积2.31万公顷），实施生产、收购、加工、销售一体化的粮食产业化经营，收购优质稻8.40万吨，加工销售优质米5.87万吨，实现利润1205.80万元。市储备粮管理有限责任公司继续与广西农科院水稻研究所合作，投入10万元科研经费，推广种植贺穗有机稻、荷花香稻、桂香油粘稻、福稻银针丝苗、壮锦香稻等“桂井”牌新品种系列。在青秀区建立优质稻种子基地12.50公顷，在青秀区、武鸣区、宾阳县、上林县、良庆区、西乡塘区建立绿色食品优质稻基地650.50公顷。生产、加工“桂井”牌系列优质粮油3.20万吨，实现利润553万元；市军粮供应站加工生产“万田”牌系列优质7654吨，销售收入5840万元，实现利润201万元。区县国有粮食购销企业发展粮食产业化经营，实现利润451.80万元。

【粮油食品饲料加工】 2016年，南宁市纳入市粮食局日常统计范围的粮油加工企业84家（大米加工企业44家、食用植物油加工企业3家、饲料加工企业37家）。按企业性质类型分：国有及国有控股粮食企业5家、外商及港澳台商投资企业4家、民营企业75家。粮油加工生产能力分别为日处理稻谷4519吨、日处理花生10吨、日调配制成调和油30吨、日灌装小包装油脂133吨、日饲料生产能力1.70万吨。全年加工转化产品产量：大米23.43万吨、精炼食用植物油3910.6吨、饲料345.18万吨；粮油加工资产总额50.92亿元，其中大米加工企业12.32亿元、食用植物油0.65亿元、饲料加工企业37.95亿元；实现工业总产值126.93亿元，其中大米加工企业12.95亿元、食用植物油0.85亿元、饲料加工企业113.13亿元；产品销售收入130.16亿元，其中大米加工企业15.34亿元、食用植物油0.91亿元、饲料加工企业113.91亿元；利税6.46亿元，其中大米加工企业1.72亿元、食用植物油0.006亿元、饲料加工企业4.73亿元。

【粮食流通监督检查】 2016年，市粮食局开展粮食流通监督检查。5月至11月，专项检查29家政策性粮食收储企业2015年、2016年地方储备粮油轮换和政策性粮油收储业务，专项检查31家粮食经营企业粮食统计制度执行情况，作出警告处罚11家；开展粮油质量安全监督检查，抽取和检验检测收购环节稻谷样品110份、玉米样品50份，加工储存环节原粮稻谷监测样品539份、应急成品粮样品80份、食用植物油样品12份，掌握粮油在收购、加工、储存环节中的质量安全状况。开展粮食收购政策执行情况专项检查和粮食收购资格核查，出动行政执法人员1450人次，检查粮食经营者796家次，发现存在问题44家，警告17家、责令改正44家、暂停粮食收购资格2家、注销粮食收购许可证2家。 （陆兆强）

供销合作社

【概 况】 2016年，南宁市供销合作联社辖邕宁区、良庆区、武鸣区、横县、宾阳县、上林县、马山县、隆安县8个区县供销合作联社。市供销社有南宁冠昌资产经营有限责任公司、南宁市桂果香果品有限公司、南宁市冠腾综合贸易公司、南宁市冠邕农资有限责任公司、南宁市鸣欢烟花爆竹有限公司等出资企业5家，南宁市冠邕农资有限责任公司注册成立南宁市供销电子商务有限公司。南宁市国欢日用杂品有限公司、南宁市万拓再生资源有限责任公司、南宁市供达贸易有限责任公司、南宁市第二日用杂品公司、南宁市第二物资回收公司等5家原直属企业从市供销社分离。县级供销社社有企业34个、基层供销合作社78个。全系统有配送中心21个，专业市场7个、商场超市67个、农家店1505个。全年商品购进69.52亿元，比上年增长15.58%，商品销售79.64亿元，增长15.83%，利润3486万元，增长20.5%。获2016年自治区供销合作社系统综合业绩考核二等奖。

【综合改革试点】 2016年,南宁市供销合作社系统继续推进综合改革扩大试点,印发《关于深化供销合作社综合改革的实施意见》;市财政安排综合改革经费9.66万元,每年安排“新网工程”专项扶持资金300万元,安排资金504万元支持19个乡镇供销社为农综合服务站建设;解决地方政策性亏损挂账,全市系统原有地方政策性亏损挂账408.90万元,其中隆安县解决114.80万元,全市原有地方政策性亏损挂账实际余额294.10万元。落实国家对供销社有关扶持优惠政策,经开区吴圩供销社得到市财政土地出让金返还72.73万元,用于供销合作社安置职工、偿还历史债务等。

【农资商品供应】 2016年,南宁市供销合作社系统做好农资商品供应淡季储备,保证农业生产用肥、用药、用膜的需求。开展农资商品打假行动,指导系统内的农资市场和各个农资经营单位依法经营。全系统农资销售28.32亿元,比上年增长7.53%;化肥销售112.08万吨,增长19.48%;农药销售9354吨,增长14.23%;农膜销售2665吨,增长16.12%。

【农副产品购销】 2016年,南宁市供销合作社系统收购马铃薯、木薯、辣椒等农产品12.29亿元,比上年增长19.75%,帮助农民解决“卖难”问题,促进农民增收。实现商品交易量181.96万吨,商品交易额55.61亿元,分别增长3.17%、3.93%。

【再生资源回收】 2016年,市供销合作社原直属企业——南宁市万拓再生资源有限责任公司从供销社分离,其原有的沈阳路废钢铁市场和北湖、金桥再生资源集散交易市场等3个市场的回收额不再纳入市供销社本级的统计范围。全系统再生资源回收主要分布在区县及乡镇回收网点,废旧物资回收1.02亿元,比上年增长20.28%。

【“新网工程” 项目建设】 2016年,南宁市供销合作社系统申报、实施“新网工程”“综合改革”和农业综合开发项目。各区县供销社申报“新网工程”项目扶持资金8个,给予扶持项目7个(宾阳县3个、武鸣区4个),财政扶持285万元。宾阳县获自治区综合改革试点财政补助项目5个,补助110万元。广西烟农公司的广西新型柑橘产业融合项目申报全国总社农业综合开发项目,获中央财政补助500万元,自治区、南宁市财政配套资金250万元。市供销社全资企业——南宁冠昌公司参与南宁农产品交易中心项目建设,投资1500万元,占股份4.69%。

【农业产业化经营】 2016年,南宁市供销社系统建设县级综合服务中心、乡镇综合服务站和村级社区综合服务社,为城乡居民提供测土配方、用肥用药、信息咨询、农产品质量安全知识等服务。全市注册组建农民专业合作社联合社13个;领办农民专业合作社84个,入社农户9869户,带动农户1.59万户,初步形成“社农联合”“社社联合”局面。推进农村土地托管,全系统开展土地(半)托管服务面积250公顷。

【烟花爆竹经营管理】 2016年,南宁市鸣欢烟花爆竹公司设有鸣欢公司和横县、宾阳县、隆安县4家烟花爆竹配送中心,烟花爆竹销售额7248万元,比上年增长158.30%。

【社有资产管理】 2016年,市供销合作社按照《南宁市供销合作联社社有资产监督管理暂行实施办法》,由市社直属全资企业——南宁冠昌资产经营有限责任公司负责对市级社有资产经营和监管。监管经营性房产、通过对外出租实现的经营收入;经营监管全资、控股、参股公司并取得投资收益;监管社有资产占用单位的,收取资产占用费。房产物业租赁经营收入149万元、投资收益872万元。

(覃著辉)

物流业

【概　况】 2016年,南宁市推进物流集聚区建设和重大项目建设,扶持培育现代化物流龙头企业。全年完成货运量3.24亿吨,比上年增长7.20%;规模以上快递服务企业累计业务量、业务收入分别完成1.14亿件、17.10亿元,分别增长88.29%、59.98%。广西飞达物流有限公司、广西北港物流有限公司成为国家4A级物流企业,广西德邦物流有限公司、广西超大运输有限责任公司成为国家3A级物流企业。中国邮政执飞的南宁—南昌—南京全货机航线和顺丰速运执飞的南宁—深圳—杭州—南宁全货机航线实现常态化运行。南宁震洋物流有限公司与南宁铁路局、成都铁路局组织试行开通以南宁为货运物流中枢的东盟(越南)—中(南宁)欧国际列车的公铁联运新通道。

【物流园区】 2016年,南宁市围绕《南宁市区域性国际物流基地建设规划修编(2015～2020年)》,优化物流园区功能区布局。重点推进中国－东盟国际物流基地、金桥物流集聚区、南宁空港物流产业园等物流集聚区建设。

中国－东盟国际物流基地　位于五象新区西南部,是五象新区重要产业板块,规划总面积2900公顷,主要发展现代物流、保税物流、电子商务、大数据等产业。至年末,引进物流企业13家,其中南宁现代化建材加工及物流配送中心、招商局物流集团广西物流中心、南宁市大型粮食交易市场、广西南宁中央直属食糖储备库、中国东盟国际物流园区(南宁玉洞交通物流中心一期、二期)、南宁国际综合物流园三期(西南超市仓储配送中心)等项目在建或部分投入使用,广西国康力医药物流园、辉越物流中心、良庆区医药物流配送中心等项目开展前期工作。物流基地内设南宁综合保税区、中国－东盟电子商务产业园等重要功能区。其中,南宁综合保税区规划面积2.37平方千米,10月通过国家联合组正式验收;全年办理报关单6695票,办理保税业务报关单2715票;出入园区货物总重1.50万吨,总货值1.59亿美元。中国－东盟电子商务产业园完成规划,园区道路等基础设施项目在建。

金桥物流集聚区　位于兴宁区东沟岭新区、昆仑大道经济带,重点依托高端品牌汽车城、金桥农产品批发市场、苏宁电器物流中心、太华医药等,引导产业集聚群发展,推进集物流、办公、商贸、居住等功能于一体的片区建设。太华现代医药物流配送基地占地8.69公顷,总投资约2.86亿元,总建筑面积8万多平方米;至年末,建成全自动化立体仓库、半自动化高架仓库、自动分拣线、电子商务平台、综合楼及配套设施。苏宁广西管理总部及配送中心项目占地14.16公顷,仓储面积7.90万平方米,计划总投资4.30亿元,综合楼主体和1－2#大件库建成。南宁金桥农产品批发市场占地36.67公顷,总投资12.30亿元,建成运营,配套大型冷库、果蔬菜交易区、粮油交易区、冷链物流交易区、电子配送中心、农产品展销中心、综合服务大楼、信息服务大楼等设施。

南宁空港物流园　位于明阳一级路与友谊路交叉口西侧,计划总用地569.40公顷,设电商快递枢纽基地、保税物流中心、跨境电商贸易基地、东盟生鲜物贸基地4个区,计划总投资35亿元。引进广西邮政航空公路快递物流、安港现代电商、民生电商等产业项目,其中,广西平安现代工业产业园主体工程基本完工,正在办理竣工验收手续。民生电商(南宁)现代金融仓储项目一期总投资3.10亿元,占地 7.17 公顷。

沙井物流聚集区 依托南宁市火车南站编组站,建设成为多式联运、商贸物流、工业配套物流为主的综合服务型物流聚集区。布局在三津大道、定津路、沙井大道之间。规划总面积 700 公顷。园内重点建设项目有南宁华南城、广西海吉星农产品国际物流中心。

安吉物流集聚区 是西乡塘区范围内物流最主要集散地。布局在南宁市高速环道以南,秀厢大道以北,南宁高新技术开发区以东,北湖北路以西之间。规划总面积 500 公顷。主要企业有南宁市虎邱城北钢材市场、广西南大物流市场、南宁市荣宝龙钢材物资批发市场、吉运物流、德运通物流、玉柴物流、德邦物流、广西邮政、大商汇商贸物流中心等。广西虎邱东盟钢铁交易中心项目占地 12.16 公顷,总投资 6.30 亿元,完成项目备案、环评初审、用地预审和征地预公告。

【现代物流企业】

广西物资集团有限责任公司 是自治区政府直属的大型流通企业集团、中国 5A 级物流企业(广西首家仓储型 5A 级物流企业)、广西物流与采购联合会会长单位。集团总部位于青秀区东葛路 78 号。有全资子公司、控股及参股公司 35 家和广西物资学校, 员工 2100 多人;有物流园区 6 个、大型专业市场 14 家以及铁路专用线、内河港口码头等基础设施;主营业务有物流、机电、技术服务、贸易营销、资源、投资五大板块。2016 年,整合下属 8 家物流企业组建子集团公司——广西桂物储运集团公司。年内,货物销售量 867 万吨,吞吐量 491 万吨,实现营业收入 231.02 亿元,比上年增长 6.14%;利润 1.89 亿元,增长 13.66%;资产总额 138 亿元,增长 30.66%。公司在 2016 年中国服务业企业 500 强排名第 162、在广西企业 100 强排名第 15、广西服务业企业 50 强排名第 5、在中国重点生产资料流通企业中综合排名第 10;获中国流通领域社会责任贡献奖"中国物流行业先进集体""中国物流杰出企业奖""广西文明单位""广西优秀企业""广西诚信企业"等称号。

广西玉柴物流股份有限公司 位于高新区罗赖路 9 号(玉柴工程研究院)。为广西玉柴物流集团有限公司的控股子公司。公司自有及挂靠的货运车辆 3000 多辆,提供公路整车、零担的快运专线服务及配套的仓储、装卸、配送、分销及销售供应链等服务,在全国拥有 20 多万平方米的仓储面积。在职员工 971 人,主营业务收入 9.20 亿元,货运总量 258 多万吨。被评为 2016 年南宁市物流工作十佳企业。

广西超大运输有限责任公司 位于高新区总部路 1 号,是自治区唯一拥有客运、货运双一级资质的道路运输大型综合民营企业。公司资产总额 40 亿元,生产占地 177 万平方米,自有仓储面积近 40 万平方米;有下属企业及客、货运输站场 70 多个,并出资控股广西防城港超大公司、广西梧州超大金晖公司;有一级货运站 2 个、二级货运站 2 个、物流基地 5 个;有营运车辆 3685 辆,其中货运车辆 1200 多辆;建成南宁伶俐物流中心一期 2 栋标准通用仓库 1.20 万平方米;3 栋零担货运仓库 1.30 万平方米,南宁玉洞交通物流中心 1# 物流信息港 3.67 万平方米、2 号物流信息港 1.55 万平方米、商务配套用房 0.78 万平方米、1~2 号零担仓储楼 1.28 万平方米。2016 年,在岗职工 1560 人,营业收入 6.39 亿元;首次获批成为 3A 级物流企业;国家发改委、税务总局认定的全国物流重点企业,国家交通部确立的重点联系物流企业,被评为 2016 年南宁市物流工作十佳企业。

广西海吉星农产品国际物流有限公司 位于江南区壮锦大道 16 号,占地 38.27 公顷,总建筑面积约 69 万平方米。主要为客户提供交易集散、物流仓储、商业服务、电子商务四大板块业务。至 2016 年,水果批发市场一期、二期建成运营,粮油、干杂、蔬菜等其他品类配套到位;完成冻品交易区建设运营,建成商业地产项目一期海吉星·佳信广场 A 座开盘销售。先后被评为南宁市农业产业化重点龙头企业、广西商贸物流先进企业、广西示范性物流园区、广西骨干批发市场等。

南宁震洋物流有限公司 位于五象新区万科大厦。是自治区注册的唯一从事电子科技跨境物流供应链的一体化物流公司。有员工 200 人,自有车辆 100 多辆,仓储总面积近 1 万平方米,营业收入 8000 万元;开通往返中柬、中泰、中缅的陆运线路,拥有中越直通车、中蒙俄直通车执照、推进大湄公河次区域直通车;获得国家交通部批准建设"贯通欧亚大陆的公铁联运冷链物流通道示范工程",被评为 2016 年南宁市物流工作十佳企业。

广西德邦物流有限公司 位于安吉大道 47-6 号吉运物流中心。为德邦物流股份有限公司(5A 级物流企业)在南宁市投资成立的全资子公司,属于综合服务型第三方物流企业,从事普通货运、货物专用运输(集装箱)、大型物件运输(一类)、陆路货运代理(国家有专线规定除外)、企业信息咨询、装卸服务、国内快递、家具安装、承办国际货运代理服务(国家有专项规定除外)。在广西设立分公司 78 家,其中在南宁市有分公司 33 家,大型货物转运集散中心 1 个,分拨中心 4 个,专业运输车队 2 个(自有货车 90 辆)。2016 年,在岗员工 1353 人,总承运进出货量 8.40 万吨,营业收入 1.86 亿元;首次获批国家 3A 级物流企业,被评为 2016 年南宁市物流工作十佳企业。

南宁云鸥物流有限责任公司 位于经济技术开发区国凯大道 9 号。为南宁糖业股份有限公司的全资子公司,集仓储、运输、配送、糖和纸加工、销售、供应链服务为一体的大型综合型物流企业。2016 年,通过 ISO9001 质量管理体系认证,建立物流企业安全质量标准化管理体系,为安全质量标准化三级企业;在建食糖电子商务及后加工仓储智能配送中心占地 6.33 公顷,食糖标准仓库投入使用 6 栋;在岗员工 285 人,自有车辆 200 辆,年运输总量超过 400 万吨;经营标准食糖仓库面积约 5 万平方米,仓库年吞吐量超过 30 万吨;总资产 2.22 亿元,营业收入 3.57 亿元。被评为 2016 年南宁市物流工作十佳企业。

广西北港物流有限公司 位于良庆区银海大道 1219 号。是广西北部湾国际港务集团有限公司下属的国有全资子公司,注册资本 2 亿,总资产约 20 亿。有 6 家全资子公司及 7 家合资子公司,业务涉及集货物运输代理、报关报检、集装箱装拆箱及租船订舱、仓储配送、冷链物流、进出口贸易等。2016 年,开通昆明—北部湾港及福泉—北部湾港两条集装箱专列及北部湾港到广东沿海直航班轮;南宁保税物流中心建成投产;防城、玉林、柳州、桂林及四川自贡、贵阳、昆明物流园在建,年内,开行集装箱班列 241 列,发运集装箱 8927 组 /17854TEU。648 人完成公路货运量 2722.42 万吨,营业收入 58.46 万元,增长 27.18%;首次获批国家 4A 级物流企业,被评为 2016 年南宁市物流工作十佳企业。

广西先飞达物流股份有限公司 位于科园大道 68 号。从事整车零担、物货运输、特快配送、仓储配送、货运业务代理、代收货款等物流综合服务。配有各种运输车 500 辆,拥有的 20 万平方米物流仓储中心,服务网点 50 多个。2016 年,在岗员工近 3000 人,吞吐量 5.31 万吨,增长 75%;先飞达智能公共配送平台在建;首次获批 4A 级物流企业,被评为 2016 年南宁市物流工作十佳企业。

【2016 第三届南宁物流周】 2016 年 6 月 16 日至 6 月 21 日,由南宁市商务局主办,南宁物流协会承办的 2016 第三届南宁物流周举行。6 月 16 日,在南宁华南

城举行开幕式。主题为"'互联网+对话物流'助力广西物流产业在困境中前进",设专题讲座及主题演讲、物流基础知识学习及经验交流、物流企业转型升级创意大赛和市内市外参观考察等活动,广州志鸿物流有限公司、深圳凯东源物流有限公司、广西玉柴物流股份有限公司、广西宅配通配送有限公司、广西川福物流有限公司等近百家物流龙头企业、近3000人参加。

对外经济贸易

【概　况】 2016年,南宁市外贸进出口总额62.86亿美元,比上年增长7.09%,进出口总额、增速排自治区前列。其中:出口31.90亿美元,下降2.19%;进口30.95亿美元,增长18.69%;贸易顺差0.95亿美元。有进出口业绩的企业692家。其中:出口100万美元以上的企业158家,进口100万美元以上的企业54家;按企业性质分,私营企业571家、占总数83%,国有企业62家、占9%,三资企业59家、占8%。

【出口贸易】 南宁市出口贸易总额31.90亿美元。出口额较大的商品有电器及电子产品、计算机与通信技术、电子技术、集成电路、农产品、自动数据处理设备及其部件、未锻轧的铝及铝材、自动数据处理设备的零件、金属制品、运输工具、汽车。主要出口地为美国、日本、越南、泰国、韩国、印度尼西亚、荷兰和中国香港。机电产品作为南宁市外贸出口主导产品,出口额166.62亿元,比上年同期增长6.20%,占出口比重79%,提高4.50个百分点。其中:电器及电子产品类产品出口20.64亿美元,增长18.70%;机械设备类产品出口3.57亿美元,下降27.70%;金属制品类产品出口4852万美元,增长18.70%;;运输工具类产品出口3904万美元,下降56%;仪器仪表类产品出口637万美元,增长22.90%。

【进口贸易】 南宁市进口贸易总额30.95亿美元。进口额较大的商品有电器及电子产品、电子技术产品、集成电路、铁矿砂及其精矿、煤及褐煤、锰矿砂及精矿、农产品、计算机与通信技术产品。主要进口地是澳大利亚、日本、南非、马来西亚、巴西、韩国和中国台湾。

【与东盟国家贸易】 2016年,南宁市与东盟十国进出口贸易额56.94亿元,比上年增长18.90%。新增备案境外投资企业19家。中方对外协议投资额 8.20亿美元,增长11%。9家企业以独资、合作、并购形式投资"一带一路"沿线的3个国(柬埔寨、印度尼西亚、越南),中方协议投资总额3.50亿美元,占中方对外协议投资额43%;项目涉及油港口码头、专用铁路、公路、汽车制造及农业、林业、渔业、牧业等。

【对外贸易活动】

广交会　2016年9月,市商务局组织131家企业参加第一百一十九届、第一百二十届广交会,设展位245个,意向合同成交额1.16亿美元。参展的商品有机电产品、建材、日用品、工艺品、食品等。

广西(印度)商品博览会　8月17日至21日,中国广西(印度)商品博览会在印度孟买举办。广西丝绸(集团)有限公司、广西东方伟业进出口有限公司、广西欧恩特工贸有限公司、南宁鼓峰工贸有限公司、广西机设贸易有限公司、广西新发贸易有限公司、广西金恒丰贸易有限责任公司、广西吉天贸易有限公司、广西五矿桂翔矿产贸易有限公司、广西怡凯家居用品有限公司、南宁朗胜贸易有限责任公司、广西南宁羽华工贸有限责任公司、横县万力隆皮业有限责任公司、广西南宁市汇帮贸易有限责任公司、广西农垦明阳生化集团股份有限公司、广西南宁英泰商贸有限责任公司16家企业参展。参展商品包括木衣架、木柄、铁衣架、扫把杆、医疗设备、轻工工艺品、蚕茧蚕丝、丝绸面料、服装及制品、机械电子、五矿化工、纺织服装等。参展企业接待印度及周边国家的客商、观众300多人次,意向成交额1800万美元,其中广西吉天贸易有限公司成交服装250万美元。

出访越南、柬埔寨、马来西亚　10月至11月,南宁市经贸代表团一行6人访问越南、柬埔寨和马来西亚。代表团在越南胡志明市实地访问丰达电机在胡志明市设立的工厂,与丰达电机越南工厂、(越南)因特斯科国际商贸投资股份公司负责人磋商两地工厂开展加工贸易产能合作、推进越南—南宁国际多式联运合作等事宜,达成初步合作意向。代表团在柬埔寨暹粒省府暹粒市会见暹粒省柬华理事会及中柬农业促进中心负责人,访问福沃得柬埔寨公司总部,就开展双方"走出去"企业风险保障服务平台合作开展磋商,检查中柬农业促进中心项目建设情况;在金边市与加华集团董事长方侨生先生磋商两地跨境电商平台合作共建、拓展国际贸易融资服务、引导南宁企业投资金边市加华工业区等,初步达成合作意向。代表团在马来西亚砂拉越州古晋市(南市),开展投资推介活动,出席屠妖节文化活动;与砂拉越州副首席部长(Datuk Amar Douglas Uggah Embas, Deputy Chief Minister of Sarawak)及砂拉越州秘书长(Tan Sri Datuk Amar Haji Mohamadi bin Abdul Ghani, Sarawak State Secretary)等交流磋商,推动落实南宁(中国－东盟)交易所在砂拉越州设立分支机构、跨境贸易平台业务落地,双方企业合作开展棕榈油精炼加工、板材生产加工、石油等大宗商品贸易等事项;在吉隆坡市开展投资推

2016年南宁市对外贸易进出口主要国别(地区)

单位:万元(人民币)

名　称	进出口		出　口		进　口		比上年同期 ±%		
	累计金额	比　重	累计金额	比　重	累计金额	比　重	进出口	出　口	进　口
总　额	4162345		2111346		2050999		14.20%	4.30%	26.60%
一、各大洲情况									
亚洲	2747040	66.00%	1276661	60.47%	1470379	71.69%	4.50%	−6.10%	15.90%
北美洲	716335	17.21%	648392	30.71%	67943	3.31%	38.00%	33.80%	98.30%
欧洲	158938	3.82%	109571	5.19%	49367	2.41%	−14.00%	0.80%	−35.20%
拉丁美洲	155694	3.74%	42030	1.99%	113664	5.54%	17.60%	11.30%	20.10%
大洋洲	229010	5.50%	15682	0.74%	213328	10.40%	99.90%	16.60%	111.00%
非洲	155328	3.73%	19010	0.90%	136318	6.65%	136.40%	−6.10%	199.90%

续表

名 称	进出口		出 口		进 口		比上年同期 ±%		
	累计金额	比 重	累计金额	比 重	累计金额	比 重	进出口	出 口	进 口
二、区域(经济)组织									
东盟	569436	13.68%	278882	13.21%	290554	14.17%	18.90%	-2.30%	50.00%
欧盟	136052	3.27%	98435	4.66%	37617	1.83%	-17.10%	-3.70%	-39.30%
三、主要进出口国家(地区)									
香港	832870	20.01%	832767	39.44%	103	0.01%	-5.40%	-5.40%	864.20%
美国	684467	16.44%	632339	29.95%	52128	2.54%	41.00%	37.60%	99.80%
台湾	668216	16.05%	13780	0.65%	654436	31.91%	19.00%	35.40%	18.70%
澳大利亚	218652	5.25%	13797	0.65%	204855	9.99%	101.80%	13.30%	113.10%
越南	217050	5.21%	165452	7.84%	51598	2.52%	10.00%	-1.40%	75.00%
日本	206571	4.96%	75059	3.56%	131512	6.41%	5.00%	-18.00%	25.00%
南非	115259	2.77%	2724	0.13%	112535	5.49%	162.50%	48.40%	167.50%
泰国	109172	2.62%	68858	3.26%	40313	1.97%	25.30%	13.10%	53.60%
马来西亚	103128	2.48%	9048	0.43%	94080	4.59%	61.80%	-11.50%	75.80%
巴西	98598	2.37%	5521	0.26%	93076	4.54%	23.50%	11.50%	24.30%

2016年南宁市主要出口企业

单位:万美元

排 名	海关代码	名 称	累计出口	比上年同期
1	4501930462	南宁富桂精密工业有限公司	141083	3.99%
2	4501963844	广西鸿盛达科技有限公司	51119	1.58%
3	4501940192	丰达电机(南宁)有限公司	15203	-38.30%
4	4501910305	广西南南铝加工有限公司	6277	72.31%
5	4501960019	广西日星金属化工有限公司	5386	34.63%
6	4501910281	广西建工集团第一安装有限公司	5091	-10.00%
7	4501910265	广西明阳进出口贸易有限公司	4510	100117.56%
8	4501360461	广西南宁百洋食品有限公司	3676	23.42%
9	4501964282	广西卓尔丰实业有限公司	3450	3322.62%
10	4501960140	广西怡凯家居用品有限公司	3379	14.70%
11	4501930446	胜美达电机(广西)有限公司	2996	15.10%
12	4501940185	南宁富宁精密电子有限公司	2509	-10.25%
13	4501940043	龙昌日用品工业(南宁)有限公司	2506	36.67%
14	4501964065	广西东蒙乳业有限公司	2248	23043.17%
15	4501940155	南宁赢创美诗药业有限公司	2210	10.68%
16	4501940124	大赛璐(南宁)食品添加剂有限公司	1924	-19.42%
17	4501360003	南南铝业股份有限公司	1869	19.05%
18	4501930402	广西南南铝箔有限责任公司	1851	-49.00%
19	4501964840	广西速贸通商务服务有限公司	1799	
20	4501910153	广西丰润进出口贸易有限责任公司	1762	-12.19%

说明:主要出口企业出口合计金额260848万美元,占全市出口金额的81.77%。

介活动,访问马来西亚森达美集团、Adeq Sue 调味品有限公司、有利农业有限公司等马来西亚企业,推介南宁企业和商品。马来西亚企业家表示,愿意利用"中国-东盟博览会"平台扩展经贸合作渠道,参加中国-东盟博览会,与南宁市企业协商扩大代理合作事宜。

中国-东盟博览会　9月11日至14日,第13届中国-东盟博览会在南宁召开。市四家班子领导分14批次会见149家涉及生物医药、电子信息、机械制造、金融、电子商务等产业的国内外知名企业负责人,重点推介南宁发展机遇。9月11日,举办"2016南宁市投资贸易洽谈会暨重大项目签约仪式",近300家国内外知名企业和商协会负责人出席会议,集中签约国际经济合作项目2个、国内经济合作项目9个。两会期间,签约项目35个,外资项目8个,南宁市在自治区层面签约项目11个,外资项目2个;签约的投资项目涉及电子信息、机械装备制造、生物制药、新能源新材料、服务业等领域,其中工业项目占45.83%。签约项目投资方主要来自粤港台地区。

(市商务局)

会展业

【概　况】 2016年,南宁市有南宁国际会展中心、广西展览馆、广西博物馆、广西科技馆、南宁华南城会展中心等专业会展展馆5个,总面积21万平方米,备案专业展会107场,其中超过1万平方米的展会43场,占总数40%。内容涉及汽车、房地产、食品、茶产业、珠宝、邮票、婚庆、教育等。主要展会有第13届中国-东盟博览会、第13届中国-东盟商务与投资峰会、中国2016亚洲国际集邮展览、第七十一届中国教育装备展示会、第二十届南宁国际学生用品交易会暨2016中国·东盟(南宁)国际教育展览会、第六届中国(南宁)国际茶产业博览会暨紫砂、陶瓷、茶具用品展等,其中,中国2016亚洲国际集邮展览,参展国家(地区)60个,是近几年规模最大的亚洲国际邮展之一,提升"南宁渠道"影响力。区县、开发区举办节庆活动10场。南宁国际会展中心实施改扩建及周边市政交通完善工程,总投资约76亿元,总建筑面积约49万平方米,A、B区新场馆正式投入使用,获"2016年度中国会展业十佳品牌会展中心"。

【展览公司经营】 2016年,南宁国际会议展览有限责任公司开展场馆营销、自办及合作办展策划和物业经营,加强办展机构公关、合作和申办国内知名品牌展会。承接8000平方米以上展会8个:"中国2016亚洲国际集邮展览""第七十一届中国教育装备展示会""第五届全国测绘地理信息技术装备展览会""广西艺术学院作品展""2016首届广西新能源汽车电动车博览会""2016尚格广西(春季)汽车交易会""2016尚格广西(秋季)汽车交易会""绿野音乐会";8000平方米以下展会5个:"世界机器人展""中国东盟医疗展""动物学会年会展""渔具展""2016夏季吃货节"。全年承接展览54场、活动11场、会议443场,上缴财政收入4470万元,实现安全生产、消防安全、设备运行零故障。

7月29日,2016年南宁市"互联网+"创新创业大会暨首届创新创业周启动仪式在南宁国际会展中心举行
南宁国际会展公司提供

【南宁国际会展中心扩建及提升】 南宁国际会展中心实施改扩建及周边市政交通完善工程,总投资约76亿元,总建筑面积约49万平方米。改扩建工程内容为新建ABC和123地块、周边市政交通完善工程、慢行交通系统及竹溪大道跨线桥;旧场馆提升内容为原场馆的建筑工程、给排水工程、电气工程、消防工程、空调工程和智能工程的技术改造。2016年7月,A、B区工程竣工验收,9月正式投入使用。改扩建后的A、B区建筑面积约24万平方米,有2层展馆,展厅面积约3万平方米,可容纳约1500个标准展位;有以广西特色花卉茉莉花、紫薇花及牡丹花命名的贵宾接待休息厅3间;金桂花多功能厅建筑面积约3600平方米,可以同时容纳2500人开会;新闻中心连附属用房约1000平方米,包括可以容纳400人的新闻发布厅;会议厅室1000平方米,配套服务区2万平方米,餐饮区2000平方米,地下停车场可以容纳约2100辆车。

大型会议

【中国测绘地理信息学会2016年学术年会】 2016年11月10日至12日,中国测绘地理信息学会2016年学术年会、第六届全国测绘地理信息技术装备展览会暨全国测绘地理信息博览会在南宁国际会展中心举行。国土资源部党组成员、副部长,国家测绘地理信息局党组书记、局长库热西,广西壮族自治区党委副书记侯建国,自治区党委常委、常务副主席蓝天立等出席开幕大会。会议由国土资源部、中国科学技术协会、国家测绘地理信息局指导,中国测绘地理信息学会、中国仪器仪表行业协会主办,以"互联网+测绘地理信息"为主题,全国各地测绘地理信息学会、相关企业和港澳台地区的3800多名代表参加。颁发2016年测绘科技奖、优秀测绘工程奖、《测绘学报》优秀论文等9个奖项;举办测绘地理信息装备技术发展高端论坛、智慧生态创新时空互联暨大数据时代创新与发展、卫星定位与现代工程测量、无人机遥感组网观测高端论坛等11个论坛。

【第十二届中国实验动物科学年会】 2016年10月8日至11日在南宁国际会展中心召开,中国实验动物学会主办,广西实验动物学会承办,广西中医药大学协办。来自中国、日本、英国、澳大利亚等国内外实验动物科学工作者600多人参会,交流学科研究最新动态和进展以及综合性学术信息。颁发2016年中

12月2日至6日，中国2016亚洲国际集邮展览在南宁国际会展中心举行

南宁国际会展公司提供

国实验动物学会科学技术奖、2016年中国实验动物学会科学技术奖优秀青年人才奖、2016年中国实验动物学会终身贡献奖、2016年中国实验动物学会国际青年奖、第十二届中国实验动物科学年会优秀论文协和奖。

【中国风景园林学会2016年会】 2016年9月24日至26日在南宁国际会展中心举行，由中国风景园林学会主办，自治区住房和城乡建设厅、南宁市林业和园林局支持，南宁市风景园林学会承办。主题为"城市·生态·园林·人民"，来自全国各地风景园林专家学者1200多人参会。举办中国风景园林学会2016年会优秀论文评选、2016中国风景园林学会大学生设计竞赛、全国省级风景园林学会理事长联谊会等活动。

【2016年南宁市"互联网+"创新创业大会暨首届创新创业活动周启动仪式】 2016年7月29日在南宁国际会展中心举行，市政府主办，市科技局、青秀区政府承办。来自全国各地互联网产业发展研究、创新创业投资专家以及当地创业人士500人参加，就南宁市创新创业服务产业化发展前景、众创空间和孵化器发展趋势探讨。启动南宁市科技企业孵化器联盟，举办2016年首届南宁市创新创业大赛决赛。

商业展览

【第七十一届中国教育装备展示会】 2016年11月19日至21日，中国教育装备行业协会主办，自治区教育厅、市政府承办的第七十一届中国教育装备展示会在南宁国际会展中心举办。展览面积9万平方米，展位4600个，参展单位1000多家，参展观众12万人次。展出产品涵盖教学仪器设备、数字化教育信息技术、图书、教育软件、后勤设施装备、校园灯光设施、生活设备、学习用品等。

【中国2016亚洲国际集邮展览】 2016年12月2日至6日在南宁国际会展中心举行，国家邮政局、自治区政府、中国邮政集团公司、中华全国集邮联合会主办，市政府承办，展览面积2.15万平方米，展位243个，规模1300框，有60个国家（地区）的亚洲邮联成员组织、万国邮联以及国内29个省（自治区、市）集邮协会参展，观展人数13万。展会分竞赛性展区、珍邮展区、万国邮政联盟展区等9个区域。设开幕日、南宁日、青少年日、生肖日、闭幕日5个主题日。举办生肖邮票展、主题邮局展、中国邮政成立120周年图片展等活动。

【第二十届南宁国际学生用品交易会暨2016中国·东盟（南宁）国际教育展览会】 2016年7月8日至10日在南宁国际会展中心举行，市政府、中国国际贸易促进委员会广西分会主办，展厅7个，展览面积3.50万平方米，展位1128个，会议及配套活动32场，来自美国、泰国、马来西亚等1200多家国内外教育机构及企业参展，参展人数约5万人次。

【第六届中国（南宁）国际茶产业博览会暨紫砂、陶瓷、茶具用品展】 2016年11月4日至7日在南宁国际会展中心举办，深圳市华巨臣实业有限公司、深圳市茶文化促进会主办。展览面积2万平方米，展位1100个，参展茶企500家。展会设全国名茶区、普洱/黑茶区、台湾/国际区、工艺品/茶具区、紫砂区、茶文化舞台区6个展区，展品涵盖全国69个茗茶产区原产地的六大茶系茶品、紫砂、陶瓷、茶器具、茶服等。举办"茗星茶艺师第三届全国评选大赛·南宁赛区（决赛）"、茶文化讲座、亲子茶会、高端茶会等茶文化活动。

【第九届中国－东盟（南宁）国际汽车展览会】 2016年12月2日至6日在南宁国际会展中心举行，中国－东盟博览会秘书处、中国汽车流通协会、中国汽车工业国际合作有限公司、尚格会展股份有限公司主办。展览面积7万平方米，14个展馆及室外广场，参展汽车品牌近百个。 （南宁国际会展公司）

11月19日至21日，第71届中国教育装备展示会在南宁国际会展中心举行

南宁国际会展公司提供

旅游业

综述

【概况】南宁市是一个以壮族为主、多民族聚居的首府城市,风土人情、生活习俗、服饰装束、文化艺术等均保留着鲜明的壮族特色,具有浓郁的壮族风情和南亚热带风光特色,旅游资源丰富并相对集中在市区和各县县城附近,主要景观有流经南宁市地域的郁江、邕江、左江、右江、红水河两岸风光;有南湖、凤凰湖、金沙湖、大龙湖(世界十大岩溶水库之一)、西津湖、龙潭和大明山龙尾瀑布、横县九龙瀑布群等湖泊水景与瀑布景观;有青秀山、五象岭、昆仑关等绿色森林植被景观;有伊岭岩、金伦洞(广西喀斯特地貌最长、最大、最深的原始石漠山洞)等流水侵蚀地貌与岩浆侵蚀喀斯特地貌景观;有广西药用植物园(亚洲最大的药用植物园,现存植物3000多种)、金花茶公园(有全国乃至世界最大的金花茶基因库,种植20多种国家一级重点保护植物金花茶)、大明山自然保护区、龙虎山自然保护区、良凤江国家森林公园、老虎岭森林公园、五象岭森林公园、横县九龙瀑布群森林公园等动植物景观。有新石器时代的顶蛳山贝丘遗址、豹子头贝丘遗址、灰窑田贝丘遗址、唐智城垌古城垌遗址等古遗址;有始建于南明的兴陵和清代的新会书院、两湖会馆、粤东会馆、思恩府试院、邕江防洪古堤等古建筑;有始建于明代的龙象塔(20世纪80年代重修),清代的秀峰塔、文江塔、承露塔等古塔。有青秀山观音禅寺、水月庵,明清时期的伏波庙,宋代应天寺,清代五圣宫、北帝庙,以及天主教堂、基督教堂、清真寺等宗教建筑。有唐代智城碑、唐代六合坚固大宅颂碑石刻(被誉为岭南第一碑,从侧面反映当时少数民族地区政治、经济、文化状况,是广西较早用汉文记载少数民族文化生活事件的碑刻)、青秀山摩崖石刻、青龙崖石刻,明代灵水石刻,清代起凤山石刻、凿字山石刻、六公祠碑刻、雷婆岭摩崖石刻等古代摩崖石刻与古碑石刻;有中共广西省“二大”旧址、共青团南宁地委旧址、昆仑关战役旧址、桂南战役阵亡将士纪念亭、昆仑关战役博物馆、邓颖超纪念馆等近现代文物;有南宁国际会展中心(南宁市标志性建筑)、广西人民会堂、民族广场、江北大道、民族大道、地王大厦、广西体育中心等当代城市建筑。并保留“三月三”歌圩、炮龙节、春牛舞、师公戏、抢花炮、打扁担舞、壮族三声部民歌和那桐农具节、邕州老街庙会、蒲庙开圩纪念日、关公磨刀诞等具有壮族风情的地方文化习俗。

2016年,南宁市完成风景名胜及游览景区固定资产投资33.83亿元,比上年增长23.56%。全市有国家3A级以上景区45家(新增8家,其中新增4A级景区2家、3A级6家),全国及广西工农业旅游示范点24个,广西乡村旅游区35个(新增11个,其中新增四星级乡村旅游区4家,三星级7家),广西星级农家乐90家(新增21家,其中四星级农家乐2家、三星级19家,有2家由三星升级为四星),旅游星级饭店47家(新增三星级旅游饭店2家,新增金树叶级绿色旅游饭店1家,取消3家星级饭店);有出境游组团社35家,一般旅行社84家,旅行社分社59家,服务网点231个,在册各语种导游3466人。南宁市入围国家全域旅游示范区创建市,获“2016年度中国最美特色旅游目的地”称号、被评为全国旅游厕所革命先进市;邕宁区入选广西特色旅游名县创建县;上林县成功创建广西特色旅游名县。

【游客接待量】2016年,南宁市接待旅游总人数9555.16万人次,比上年增长16.38%。接待入境旅游者55.54万人次,增长8.73%;接待国内旅游者9499.62万人次,增长16.43%。其中,外国旅游者42.26万人次、香港旅游者4.49万人次、澳门旅游者2.98万人次、台湾旅游者5.82万人次。外国旅游者主要来自韩国(54348人次)、泰国(40656人次)、新加坡(39262人次)、马来西亚(30328人次)、印度尼西亚(27838人次)、菲律宾(26384人次)6个国家,总人数21.88万人次。入境游客在南宁过夜游客平均停留时间1.99天。旅游总消费918.67亿元和国际旅游(外汇)消费23.23亿美元。国内旅游消费903.24亿元,增长23.74%;国际旅游消费23.23亿美元,增长13.34%。旅游总消费918.67亿元,增长23.72%。

【旅游公共服务设施建设】2016年,南宁市旅游管理部门推动南宁国际旅游中心开工建设,新建、改建旅游厕所142座,对2015年建设的旅游厕所开展旅游星级评定;南宁市被评为全国旅游厕所革命先进市。推进智慧旅游管理建设,完成南宁旅游投资项目管理、南宁旅游应急指挥监控、机场大数据分析等系统建设,实现智慧旅游服务。景区监控系统成功接入公安局的“天网监控系统”,对景区周边实施实时监控。

【借力乡村旅游推进旅游扶贫】2016年,南宁市确定扶持60个扶贫村发展乡村旅游带动脱贫,完成30个旅游扶贫村规划编制和评审,上林县巷贤镇长联村旅游扶贫规划获评国家旅游局规划扶贫示范成果,邕宁区蒲庙镇华康村隆康种植合作社获评国家旅游局全国旅游扶贫示范项目。挖掘乡村特色旅游资源,推进星级乡村旅游区、星级农家乐创建,新增、升级广西星级乡村旅游区11家、星级农家乐21家、广西休闲农业与乡村旅游示范点8个,累计有广西乡村旅游区35个、广西星级农家乐90家、旅游星级饭店47家。市人民政府与自治区旅游发展委员会在马山县联合主办2016广西旅游扶贫就业专题招聘会(南宁)主会场活动,组织158家旅游及相关企业提供就业岗位5682个,有1384人与用人单位达成签约意向。市旅发委牵头承办2016“乐游广西——乡村旅游嘉年华”活动。开发旅游扶贫项目,开展“扶贫日”暨“脱贫攻坚　党员先行”活动,捐赠扶贫帮扶资金与物资,折合人民币约43500元;落实3个自治区旅游扶贫示范村旅游脱贫补助资金600万元,落实47个旅游扶贫村旅游规划补助资金94万元,旅游精准扶贫初见成效。

【特色旅游名县、名镇(乡)、名村建设】

2016年,邕宁区以创建广西特色旅游名县为契机,突出文化特色,加快发展乡村旅游,强力推进园博园、万达茂、百里秀美邕江等重大项目建设。上林县“三湖一寨一江一园”等重大旅游项目完成投资15亿元;实施壮乡民族风情民居风貌改造工程,形成独具壮族特色的建筑风貌;旅游公共服务体系逐步完善,建设6条旅游公路26.03千米;完善旅游咨询和标识系统,增设65块旅游交通标识牌,上林县东方国际旅游集散中心改造建设并投入运营。2017年1月24日上林县获评广西特色旅游名县。马山县弄拉生态旅游景区累计完成投资1330万元,完成旅游服务中心、购物长廊等旅游基础设施建设;水锦·顺庄旅游综合开发项目累计完成投资1720万元,完成主干道及观光栈道等基础设施建设,被评为国家3A级旅游景区;逐步完善重点旅游景区、乡村旅游区等基础设施建设,完成113处旅游标识的设计与安装,完成11座旅游厕所新建改建。　(周思伶)

景区开发建设

【概况】2016年,南宁市以创建国际养生休闲旅游目的地和全域旅游示范区为目标,推动重大旅游项目建设。广西上林县龙母湖国际生态文化旅游区、上林县鼓鸣寨养生旅游度假基地、广西上林云里湖现代农业观光园、横县印象玫瑰花庄园、广西壮都、广西天堂岭东盟文化旅游产业园项目一期6个项目入选自治区领导联系重大项目，东盟文化博览园等21个项目入选市领导联系重大项目。上林县“三湖一寨一江一园”建设取得新突破，云里湖景区获评3A级景区。继续实施景区提升工程，加大A级旅游景区的创建，指导和推动大明山风景区创建国家5A级旅游景区，昆仑关风景区、大龙湖风景区被评为国家4A级旅游景区，花雨湖生态休闲旅游区、云里湖景区、万古茶园景区、莲塘圣茶谷景区、水锦·顺庄旅游景区、狮山公园被评为国家3A级旅游景区。全市累计有国家3A级以上旅游景区43家。乡村旅游星级创建、特色旅游名县、名镇(乡)名村建设成效显著，新增广西乡村旅游区11个，邕宁区入选广西特色旅游名县创建县。　(周思伶)

【青秀山风景名胜旅游区】 国家5A级旅游景区。位于南宁市区东南部，邕江北岸，总面积13.54平方千米，核心景区面积6.43平方千米。景区以森林为主体，包括青秀山、凤凰台等10多座山峦，群峰起伏、林木青翠、岩幽壁峭、泉清石奇，被誉为“绿城翡翠，壮乡凤凰”“南宁生态地标，东盟友谊平台”。景区森林覆盖率约98%；有植物6200多种，其中国家一级重点保护植物92种、国家二级重点保护植物140种。有千年古寺、百年名塔、古道、董泉、箫台等人文景观和见证中国与东盟各国友好往来的友谊园、纪念林、首脑名树林、友好城市雕塑园、国树国花园等东盟元素景观景点，还有千年苏铁园，以及全国规模最大的城市亚热带植物群落，包括雨林大观、棕榈园、香花园、兰花园、广西珍贵树种展示园等精品园林景点。

2016年，青秀山风景名胜旅游区继续推进景区资源保护和基础园林绿化、环境保护等工作，完成新区基础绿化20多公顷，整合赏花资源，提升景区花节办展水平，完成郁金香、桃花节、金鱼草、兰花、玫瑰花、菊花等花展，景区一年四季花开不断，成为微信等新媒体的关注和转载热点；建设青秀山自然课堂、科普展示中心，组织开展植物认知、亲子DIY手工、科普秋游等科普教育活动，为学校开展“第二课堂”提供条件。完成风景区10个建设项目环评审批，加大对风景区生态环境的整治，组织开展景区大气污染整治、工地噪声整治、环境风险安全隐患排查等专项行动。推进征地拆迁工作，完成征地50.23公顷，签订房屋补偿协议61户，涉及房屋及附着物面积约55913.28平方米，补偿金额2764.32万元；完成迁坟680座，补偿金额175.15万元。年内，景区城建项目13个，其中前期项目7个(青秀山东门、南门区工程、桂花园、藤本园、竹园、四季花园、肉质植物园工程)，新建1个(樱花园景观工程)，续建项目5个(东盟文化旅游项目、青秀山北门区工程、青秀山兰园二期工程、营造林工程、森林植物园工程)。东盟文化旅游项目包括南宁东盟文化博览园、青秀山东盟文化中心、青秀山青环路停车场，计划投资28亿，累计完成投资22.56亿元(其中2016完成投资13.26亿元)。青秀山植物专类园工程包括桂花园、藤本园、竹园、四季花园及肉质植物园工程，樱花园计划总投资5600万元，完成投资2000万元，完成总体施工进度40%。青秀山北门区工程完成主门区景观、铺装及道路工程建设；海绵化改造工程完成东、西区停车场透水铺装以及道路绿化的建设，完成投资5951万元。青秀山营造林工程灌溉工程基本完工，待验收。道路景观、水体景观等分项工程完成工程量95%。海绵化改造工程开工建设并完成部分水体净化工程，完成投资380万元。

举办新春系列活动、桃花节、郁金香花展、玫瑰花展、美食节、广西电视台跨年嘉年华、970女主播大型相亲交友、健步走、悦跑、公益骑行等社会团体活动和社会公益活动，增强“游、娱、乐”要素；在青秀山官方微信平台组织开展“自拍大赛”“桃花节脱光活动”“一起来植树”等互动活动，风景区微信公众号阅读量、主题活动参与及点击量130万人次，风景区官方微信粉丝数量从年初的3200个增加到年底的14796个，增长3.6倍，入园游客持续增长。2月8日至3月15日，举办“郁金香花展”“兰花展”“多彩植物手工乐园”、新春美食配套展、迎春祈福等新春系列活动，购票入园游客量93.94万人次。2月13日至3月13日，举办青秀山第二十二届桃花艺术节以及“随手拍桃花节”有奖摄影活动、汉服表演秀等活动，购票入园游客68.67万人次。4月30日至6月5日，举办以“浪漫爱情”为主题的“五·一”玫瑰花展，展示30多个玫瑰品种15万株玫瑰，同时穿插布置5组园林小品，购票入园游客23.93万人次。9月10日至10月31日，举办兰花展、文化青山我先行、青秀山书院名家讲坛第四讲——张达平书画艺术作品展、多彩游乐园、自然课堂以及国庆美食配套服务等系列活动，购票入园游客39.87万人次。11月25日至12月20日，举办2016年青秀山菊花展，展示8万盆约60个品种的菊花，同时展出上百组菊花造型，购票入园游客23.35万人次。实现财政收入4.03亿元，比上年增长140.96%；风景区入园游客269万人次，增长10.08%；旅游经济收入8094万元，增长17.37%。获“全国绿化先进集体”“国家环保科普基地”和南宁市“市长质量奖”。　(何晓吟)

青秀山风景名胜旅游区兰园绚烂花田金鱼草盛开

南宁市青秀山风景名胜旅游区管理委员会提供

【大明山风景旅游区】 国家级自然保护区，国家4A级旅游景区。大明山位于南宁市区东北部，地处上林县、马山县、宾阳县、武鸣区交界处，距南宁市区76千米，北回归线横贯中心，平均海拔1200米，主峰龙头山海拔1761米，为桂中南第一高峰。1999年纳入联合国人与自然生态保护圈名录。2002年7月，经国务院批准为国家级自然保护区。保护区总面积1.70万公顷，有林面积约1.60万公顷，森林覆盖率与绿化率98.90%，负氧离子平均每立方厘米含量10万个以上，最高19万个以上，以多样性山地森林生态系统及珍稀濒危特有动植物资源为主要保护对象，是北回归线上植被保存最好的自然保护区和重要的生物基因库，被列为中国40个具有全球意义的保护区之一。有

5月31日,2016年大明山月月歌圩活动民族舞蹈表演现场

大明山风景旅游区管理委员会提供

维管束植物209科764属2095种,分别占广西植物区系列科、属、种的73.90%、43%和28%,其中有国家一级保护植物钟萼木1种,国家二级保护植物桫椤、格木、白豆杉、福建柏、观光木、马蹄参、紫荆木等18种,国家三级保护植物9种,特有种88种,仅局限于大明山的特有种30多种;有野生脊椎动物31目90科294种,其中:鸟类151种,哺乳类动物60种,爬行类动物42种,两栖类动物19种,鱼类动物22种。294种野生脊椎动物中,有国家一级保护动物黑叶猴、金钱豹、林麝、蟒4种,国家二级保护动物34种,国家濒危动物物种48种,国家保护有益动物196种;有昆虫1011种,大型真菌202种。四季景观以"春花、夏瀑、秋云、冬雪"著称,被喻为"北回归线上的绿色明珠"。盛夏之季月平均气温21.9° C,是人们消夏避暑的理想之地;冬季又常形成北回归线上罕见的积雪雾凇景观,是我国南方最南端的赏雪胜地。有大峡谷33个、瀑布108条,向游客开放的游道有览胜之旅、养生之旅、神奇之旅、休闲之旅、仙境之旅5条,主要景点有云龙佛光、橄榄大峡谷、金龟瀑布、飞鹰峰4个、和观景亭台41个、景点163个。

2016年,大明山风景旅游区实施建设项目59个,投资6000万元。其中竣工验收项目15个,施工建设项目15个,开展招投标程序项目2个,开展前期工作储备项目27个。市领导联系推进的项目:上山公路改造一期工程(三宝至天坪区上山公路改造)改造升级上山公路22千米—30千米路段,计划总投资1900万元,完成总工程量63%;天坪区供水管道项目主要建设内朝河谷拦水坝、全线三级水泵站等,计划总投资1900万元,完成总工程量63%;汉江桥工程计划总投资384.04万元,完成总工程量89%;朝阳林区防火道路(下山路)项目建设路线全长28千米,路幅宽6.5米,计划总投资1.7亿元,完成总工程量36%;入口区游客服务中心项目主要建设大门广场的旅游服务中心,包括游客咨询接待处、广播室、导游服务中心、票务中心、警务室、景区沙盘、展示厅等,总建筑面积4500平方米,总投资3100万元,完成总工程量20%;大门区危旧房改造项目建设200套公共租赁住房,总建筑面积1.27万平方千米,总投资4101.84万元,完成总工程量35%。4月,广西大明山旅游开发有限责任公司全额出资注册成立南宁大明山旅游服务有限公司、广西大明山国际旅行社有限公司。8月,组建以广西大明山旅游开发有限责任公司为母公司,南宁大明山运输有限责任公司、南宁大明山旅游服务有限公司、广西大明山国际旅行社有限责任公司为子公司的大明山旅游集团。4月8日至10日,举办2016年广西大明山三月三旅游活动和马山会鼓表演、壮族山歌秀、骆越文化及三月三民俗文化展、特色民族歌舞秀、太极拳表演、养生富氧健康行等系列活动,接待游客4450人次,门票收入30.22万元。6月至12月,每月1日分别举行以"唱支山歌给党听""八月山歌飘壮乡,大明歌圩庆丰收""东盟风情秀""壮瑶风情国庆狂欢节""壮乡故事山歌传""同唱文明道德 共享身心健康"等为主题的"山歌飞扬"大明山月月歌圩活动。全年接待游客5.85万人次,门票收入299.58万元。 (邓金春)

【昆仑关旅游风景区】 位于南宁市兴宁区与宾阳县交界处,即昆仑镇北约3千米的暗探山和领兵山的山隘上,距离南宁市区56千米。是中国的十大名关之一。景区以昆仑关为中心,由昆仑山、抵宝山、领兵山、之堪山、大象山、草帽山合围而成,面积约70公顷。景区内有1940杜聿明将军派工兵营修建的陆军第五军昆仑关战役阵亡将士墓园。昆仑关战役遗址文物保护单位主要有南牌坊、北牌坊、纪念塔、将士墓、纪念碑亭、古关楼、古驿道、中村正雄墓等文物建筑。在墓园的各个建筑上,同时保留着15位国民党军政要人的题词、题联或书刻碑文。2006年6月,昆仑关战役旧址被定为全国重点文物保护单位。2014年9月,昆仑关战役旧址被国务院公布为第一批80处国家级抗战纪念设施、遗址名录。

2016年3月8日,南宁昆仑关旅游风景区获批国家4A级旅游景区;12月20日,南宁昆仑关战役旧址被命名为"全国民族团结进步教育基地"。年内,景区继续加强昆仑关战役遗址石质文物保护和文物藏品征集,完成石质文物保护维修二期工程,进一步加强石质文物风化、微生物、酸雨的侵蚀等方面的防护,以及石质文物地基的加固。对昆仑关部分可移动文物藏品进行鉴定,有36件藏品被定为国家三级珍贵文物。昆仑关战役博物馆接受曾参加昆仑关战役的国民革命军第五军军长杜聿明的子女——杜致勇先

6月16日,2016年昆仑关民俗文化旅游节开幕　　昆仑关旅游风景区管理委员会提供

生和杜致廉女士捐献的杜聿明将军使用过的手表1块、印章1枚。昆仑关战役旧址项目争取到中央补助资金1180万元。昆仑关旅游风景区游客服务中心兼博物馆附属馆、给排水工程等项目列入南宁市2016年城市建设项目投资计划表(第一期)。昆仑关旅游风景区配套服务设施提升改造工程项目开工建设。6月16日至17日,举行2016年南宁昆仑关民俗文化旅游节,以“武威昆仑·祈福中华”为主题,结合当地民族文化“关公磨刀诞”、武术散打、地方戏曲表演、乡土民俗文艺演出等活动,进一步传承昆仑关历史文化,弘扬爱国主义精神,接待市内外游客10.60万人次。全年接待游客22.59万人次,旅游营业收入146.6万元(包括门票、纪念品、景区饭店等收入)。　(杜　芳)

【云里湖景区】 云里湖现代农业观光园系国家3A级旅游区,位于上林县大丰镇云里村,距县城6千米,距在建的来宾市至平果县高速公路上林互通段6.5千米,位于上林县城至上林互通二级公路的中间。云里湖生态旅游区是一个多功能综合性的旅游区,其旅游功能丰富多样,经营业态模式有“生态农业种植+乡村度假养生+珍稀植物游赏+文化活动项目”,收入与盈利模式有“门票+有机农产品销售+休闲度假设施经营+娱乐与商业经营”。项目列为自治区层面统筹推进重大项目,业主为广西上林云里湖现代农业发展有限公司。项目规划核心区151.2公顷,计划总投资12亿元,建设期为2013至2018年,以现代农业和生态观光为主要产业分为:云湖水岸娱乐区、城乡一体示范区、特色农业示范区、休闲度假养生区、珍贵树种博览区、传统文化祈福区,六大板块,采用“农户+公司+园区”的经营模式,即农户通过土地流转的方式,以承包经营的土地入股,参与公司共同开发现代观光农业和休闲旅游。

【万古茶园景区】 国家3A级旅游区,位于上林县明亮镇万古村境内,又称万古茶场,隶属广西农垦国有大明山农场,原是1956年3月国家为安置转业官兵而建立的大明山茶场(现改名为大明山农场)万古分场,因种植茶叶而得名。有高产有机茶园面积近66.66公顷,边片分布在大明山余脉缓坡丘陵地带,茶园边缘鱼塘水库环绕,周边山林植被连绵不断,自然风光优美秀丽,空气清爽怡人,生态环境极佳。园内种有金萱、金牡丹、福云六号、龙井43等国家优良茶树品种,是广西农垦茶业集团主要生产基地之一,生产的“大明山”牌系列茶叶产品是中国名牌农产品、广西名牌产品。2010年万古茶园随大明山农场一起被自治区政府办公厅命名为“广西乌龙茶之乡”,2014年被列为“第八批国家有机茶栽培与综合标准化示范区”。万古茶园景区由入口服务区、茶园休闲区和康休度假区构成,已建成茶农村寨、茶香亭、茶文化长廊、茶园风光摄影平台、壮族老家茶壶、农垦文化茶园、古茶文化园、禅茶一味园等景区,游客可参与采茶、手工炒茶和品茗等互动节目。

【圣茶谷景区】 2016年,横县圣茶谷景区被评为国家3A级景区、广西四星级农家乐、全国三十座最美茶园。景区位于横县中部的莲塘镇佛子村圣山山脉,与西津水库相邻。景点有圣山庙,传说建于唐贞观八年(635年),每年农历八月十四是圣山庙会祭拜日;圣茶谷,集有机茶叶采摘加工体验、度假旅游、休闲娱乐为一体,圣山顶峰四周高,中间低,形成高山平原,藏风聚气,山上有千亩茶园,千亩青松,芦草翠绿,山花烂漫;游客可以观看连绵高山茶园、古香古色圣茶谷牌坊及茶圣陆羽雕像;前往圣山庙祈福求子,畅游圣湖钓鱼台、在圣山德胜阁多功能厅鸟瞰西津湖风光;千岛湖观景台可以看湖、观日、望月、听风、品茗、赏心;老松茶园是以多棵百年松树围绕的茶园,是最能体现圣山生态园特色的景点,可供游客拍照摄影;制茶观光工厂,游客可观察并亲自参与、学习手工制茶,游览茉莉花种植园并亲自采摘茉莉花;生态果蔬采摘园,游客可亲自到菜园、果园进行采摘活动,体验乡村生活。景区设游客中心、金花盛宴餐厅、制茶体验工厂、购物中心、停车场、商务会议厅、特色木屋别墅、世景阁观景台、露营区、篮球气排球场、茶叶采摘区等服务设施;休闲活动区设有娱乐室、篮球场、气排球场、钓鱼等度假、休闲娱乐活动的基本设施,景区旅馆可同时接待26人住宿、200人就餐,提供车位50个。

【水锦·顺庄旅游景区】 国家3A级旅游景区,马山县环弄拉自然生态旅游区的重要组成部分,位于马山县古零镇乐平村的大明山水锦峡谷内,景区总用地面积约105.87公顷,以峡谷自然生态景观为特色,枕高山,面流水,拥有自然、清新、原生态的旅游环境和私人订制式的休闲度假环境,是一个集现代休闲农业开发、现代农业科普展示、农家乐、水上娱乐、峡谷旅游、度假山庄、露营体验、攀岩、自行车环山巡游等多种配套服务功能为一体的综合性旅游景区,2016年投资1720万元,完成主干道及观光栈道等基础设施建设。

(周思伶)

旅游市场开发

【市场交流合作】 2016年,南宁市采取“走出去”“请进来”的办法,加大境外旅游营销力度,分别赴俄罗斯、英国、法国、德国、马来西亚、美国、加拿大参加旅游推广等活动,开拓南宁入境旅游新市场。利用印度、印尼等国家,中国香港、澳门特别行政区和青海、江西等省,广东省珠海、佛山等市,吉林省长春市,新疆维吾尔自治区乌鲁木齐市在邕开展旅游交流的契机,广泛进行旅游的信息交流,推介南宁的旅游产品。加强泛珠合作,推进“岭南风情”全域旅游新战略,参与筹备粤桂黔高铁经济带旅游产业联盟。参加第二届粤桂黔高铁经济带合作联席会议,组织专题旅游推介活动。市旅发委牵头承办2016“乐游广西——乡村旅游嘉年华”活动,选送企业参展30多家,向观展游客全面展现南宁乡村旅游的独特魅力。

【旅游促销】 2016年,南宁市打造旅游精品线路,运用多种媒体平台进行营销。重点针对高铁沿线城市加大宣传投放,与南宁铁路局合作,在南宁开往上海的动车上冠名“南宁旅游号”,与北部湾航空合作,在飞机上冠名“中国绿城南宁”号,让旅客在旅途中留下“绿城印象”。通过协办第十九届海峡两岸旅行业联谊会,全面推广南宁旅游。在《中国旅游报》《广西日报》《南宁日报》和新浪网、广西新闻网等媒体加大南宁旅游宣传报道;编辑出版南宁旅游专版74版,其中《中国旅游报》4版,《广西日报》20版,《南宁日报》50版;在南宁旅游微博、微信发送数千条宣传信息,阅读量3000多万人次,获全国市级旅游局官博影响力TOP10(前十名)。以市场为导向,打造和推出旅游精品线路,培育绿城南宁“马上大”(马山、上林、大明山)养生休闲线路,辐射带动周边旅游产业发展。组织开展绿城南宁南(宁)广(州)高铁旅游推广活动,前往广东云浮、肇庆、佛山、珠海4个城市开展宣传推广。市旅发委组织北部湾旅游联盟6个城市(南宁、崇左、钦州、玉林、防城港、北海)促销团赴长沙、南昌、杭州等开展旅游促销活动,推广北部湾及南宁旅游产品。

【航线开发】 2016年,南宁市国际航线开发领导小组和广西机场管理集团在保持传统的新加坡、马来西亚、泰国航线的基础上,进一步拓展老挝、越南等国家航线,恢复雅加达航线,开辟南宁至文

11月2日,“中国绿城南宁”号首航　　市旅游发展委员会提供

莱航线,实现东盟十国航线全覆盖,全年培育国际(地区)航线28条。南宁机场旅客吞吐量1156万人次,比上年增长11.50%,其中国际及地区航线航班客运吞吐量突破100万人次。　(周思伶)

旅游节庆活动

【概　况】 2016年,南宁市进一步打造中国国际养生休闲旅游目的地,加快建设南宁生态宜居城市。2016南宁月月旅游节活动围绕打造南宁“中国绿城、壮乡歌海、东盟风情、养生之都”特色旅游品牌,包装推出22个旅游、休闲养生、民俗文化、美食等主题的节庆活动,活动主题鲜明、各具特色、内容丰富多彩、形式新颖多样,为南宁旅游增添新亮点,营造良好旅游市场氛围。一月举办2016旅游开年仪式暨南宁月月旅游节活动启动仪式;二月举办青秀山风景区第二十二届桃花艺术节和宾阳百龙舞宾州炮龙节;三月举办“时尚兴宁·休闲乐园”2016年兴宁区乡村文化旅游节和花花大世界山水桃花节;四月举办2016中国壮乡·武鸣“壮族三月三”歌圩暨骆越文化旅游节;五月举办上林生态旅游养生节和2016年中国·隆安“那”文化旅游节;六月举办南宁昆仑关民俗文化旅游节和凤岭儿童公园“六一”儿童节快乐;七月举办2016龙虎山水上嘉年华活动月;八月举办2016中国(横县)茉莉花文化节;九月举办2016年邕宁壮族八音文化旅游节、2016年江南区第二届平话文化旅游节和南宁·东南亚国际旅游美食节;十月举办青秀区第三届民俗风情文化旅游节、2016年西乡塘区香蕉文化旅游节、良庆区“嘹啰山歌”民俗文化旅游节和2016广西大明山山地养生旅游节;十一月举办2016南宁购游节和第七届南宁·东南亚国际温泉养生旅游节;十二月举办中国黑山羊之乡——南宁·马山第十届文化旅游美食节。

【2016南宁月月旅游节暨旅游扶贫“献爱心”活动启动仪式】 2016年1月9日,南宁市举行2016南宁月月旅游节暨旅游扶贫“献爱心”活动启动仪式,拉开帮助贫困地区打造乡村旅游扶贫、支持贫困地区发展旅游产业、实现脱贫致富序幕。启动仪式后,市旅发委组织近500名爱心游客分赴上林、宾阳、隆安、马山4个县开展贫困村送温暖旅游扶贫活动,爱心游客向贫困村捐赠爱心物资和资金,走进农户家中访贫问苦送温暖。

【2016南宁购游节】 2016年11月26日,2016南宁购游节在民歌湖广场举办。主要活动有“‘99看南宁’游客体验特惠旅游”“‘快闪入园’白鹤观全天免费游”“‘一元门票’南宁旅游微信推广”“‘半点秒杀’微信摇一摇抽奖”“‘壮乡歌海’展现不一样的风情”“多重直播‘双微’联动大营销”“一元竞拍　现场问答”“福利竞拍、现场特卖　旅游产品推广特卖”“全域旅游　南宁成就全面展示”等。购物节汇集旅游、节庆、文化、表演、邮展、互动等多种元素,组织旅游企业整合优惠旅游产品,广西中国国际旅行社、南宁中国旅行社、广西运德国际旅行社、广西光大国际旅行社、广西金信国际旅行社等50多家旅行社和景区带来特惠产品让利展销,其中有上林农耕文化休闲游、马山诗画生态游、绿城观光休闲游、昆仑旅游黄金大道游、美丽南方休闲游5条精品路线。购游节这天,游客只需99元,就能选择一条南宁旅游精品线路,享受轻松休闲一日游。　(周思伶)

【中国壮乡·武鸣“三月三”歌圩暨骆越文化旅游节】 2016年4月8日至11日在武鸣区举行,主题为“美丽壮乡·踏歌追梦”;主要活动有28项(文化活动10项、体育活动8项、旅游活动6项、经贸活动4项)。文化活动包括歌圩活动开幕式,千人竹竿舞、千人武术、千人广场舞展演,《壮乡欢歌》文艺演出,广西第八届歌王大赛,“灵水歌圩”歌王对抗赛,武鸣县“昂逢逢”街舞大赛,“骆越风·壮乡情”第二届全国摄影大展,广西美术名家走进武鸣美术作品展,千人现场书法表演,校园民族文化活动,农村文艺会演等;体育活动主要有第30届武术散打擂台赛、狮王争霸赛、抛绣球比赛、抢花炮比赛等;旅游活动有骆越始祖王祭祀大典,“公交车与壮乡之旅”旅游推介会,伊岭岩壮族服饰展和壮民族文化特色展示活动,伏唐屯、大伍屯民俗乡村游和民间竞技活动等;经贸活动包括重大项目开(竣)工仪式、投资环境说明会及项目签约仪式、房产交易会等。4月9日,2016年中国壮乡·武鸣“壮族三月三”歌圩暨骆越文化旅游节投资环境说明会及项目签约仪式在春霞园酒店举行,签约广西师范学院武鸣新校区、南宁市育才双语实验学校武鸣新校区、年产100万平方米商品混凝土、颐高国际电子商务产业园等10个项目,项目投资总额50.68亿元。

(潘星环)

【宾阳炮龙节】 2016年2月16日至22日(农历正月初九至正月十五),宾阳炮龙节百龙舞宾州活动在宾阳县城举行。期间,舞炮龙表演赛在县城文化广场举行;来自县城各社区8条炮龙同台竞技,展示宾阳民间文艺多样化;炮龙节优秀非物质文化遗产展演活动在县城文化广场举行,来自宾阳县的精品龙、醒狮、壮锦等11支方队和特邀的邕宁壮族八音方队进行游行展演;县城炮龙老庙举办文艺巡游、传统戏剧演出、民间香客祭拜、炮龙开光等庙会活动;县城美食街举办美食展销活动;在县文化馆举办炮龙节书画摄影展。2月18日(正月十一)晚,在县城城东新区思远路主会场(凤凰湖公园北面)进行百龙舞宾州舞炮龙活动开幕式。炮龙节期间,有商协会5家,国内外企业30多家和国内外客商100多人参加宾阳县项目投资推介活动;2月18日举行的签约会,宾阳县与外地客商签约项目4个,总投资6.48亿元。

(卓家林)

【2016年“中国旅游日”南宁主会场活动暨上林生态旅游养生节】 2016年5月6日至30日在上林县举行。南宁市旅游

发展改革委员会，中共上林县委、上林县政府主办，主题是“旅游促发展·旅游带扶贫”。5月6日，在南宁举行“壮族老家·养生上林”旅游推介暨2016年上林生态旅游养生节媒体预约采访会。5月18日，在壮族老家剧场举行《霞客壮乡情》大型旅游文艺演出活动。5月18日至19日，举行“百千万”（百家旅行社上林踩线、百名记者集中采访活动，千名省外游客乐游上林活动，万名网友登陆上林旅游网关注上林旅游微信参与系列评选活动）旅游宣传推介系列活动。5月19日上午，在上林县云里湖景区举行开幕式活动，开幕式演出分为“风生水起美上林”“民族魅力源远流长”“孝、善、勤、乐上林人”“美上林 壮乡情”4个篇章。5月20日，在下水源举行“霞客行”健康徒步登山游活动。5月21日，在大龙湖景区举行环湖自行车越野赛，来自区内外上百名自行车手参赛；在县人民大会堂广场举行上林旅游企业扶贫专题招聘会。期间，在上林县龙湖新城东盟风情街（旅游名县特色街）举办上林县旅游商品商贸展，参展企业和商家近280家，产品1000多种，人流量11万人次，产品销售额860万元；举行上林特色民俗文化展演、上林特色美食展示、“长寿乡·慈孝情”系列壮族慈孝文化体验活动等壮族风情体验活动。（樊守辉）

【2016中国－东盟山地马拉松赛（马山站）暨马山第十届文化旅游美食节】 2016年11月5日至8日，在马山县举行。首届中国－东盟山地马拉松赛（马山站）赛场主要设在环弄拉生态旅游区，国家体育总局登山运动管理中心、中国登山协会、广西壮族自治区体育局主办，广西华奥体育文化发展有限公司、马山县威马投资发展有限公司承办，是自治区首次举办的国际专业山地马拉松赛事。比赛设立全程（42.19千米）、半程（21.10千米）、迷你（8千米）山地马拉松三大竞技项目，赛道地形富有变化和挑战，森林覆盖率高，吸引16个国家和地区运动员1085人参赛。期间，举办中国黑山羊之乡——马山第十届文化旅游美食节，结合赛事开展山地马拉松露营派对、嗨唱山野颁奖音乐会、奔跑创意市集等活动，在赛道途经的白山镇、古零镇、加方乡、古寨瑶族乡开展民俗旅游表演活动，打造“一赛一节”品牌。期间，累计接待游客18万人次，实现旅游消费1670万元；签约文化旅游扶贫产业项目8个，总投资19.60亿元。（陆惠华）

【中国·隆安“那”文化旅游节暨“四月八”农具节】 2016年5月14日，在隆安县那桐镇开幕。开幕式进行求雨表演、千人祭拜稻神、敬牛仪式等具有壮民族特色的“那”文化表演。12日至14日，开展商品展销促销活动12场次，交易额2.20亿元。（黄东明）

【2016中国（横县）茉莉花文化节】 2016年8月21日至24日在横县举行。横县是国家林业局和中国花卉协会命名的“中国茉莉之乡”，被新闻界和花茶界誉为“中国茉莉花之都”。中国（横县）“茉莉花节”可追溯到1993年横县举办的首届“花茶节”。2000年6月，横县被国家林业局、中国花卉协会命名为“中国茉莉之乡”。2010年起，中国（横县）“茉莉花节”每年8月在横县举办。文化节的主题是：好亿朵茉莉花。活动主要内容有茉莉花音乐节、“茉莉情韵”民俗文化展演活动、开幕式热场表演、壮族歌舞剧《百鸟衣》演出、“花乡歌台”活动、“花乡好声音”歌手大赛、书画名家作品展、长卷摄影艺术作品展，举行山歌对唱、歌舞，舞龙狮、凤凰、麒麟表演，花艺秀表演、横县非物质文化遗产项目制作技艺现场展示、民俗文艺展演等活动。全国各地300多名企业代表，香港、台湾茶叶行业代表，国内外知名茶叶专家学者、横县干部群众等1000多人参加开幕式活动。期间，横县与阿里巴巴集团合作，举办首届中国（横县）淘宝茉莉花文化节，组织横县17家企业、21种商品在农村淘宝网开展促销，线上活动成交额506.60万元。

旅游行业管理

【旅游饭店管理】 2016年，南宁市旅游管理部门配合南宁市海绵城市建设，推行饭店热水系统改造示范项目，召开全市各旅游星级饭店及意向升星饭店热水系统改造示范项目推进会，免费为饭店安装太阳能热水系统，通过推行绿色饭店评定，推动饭店行业节能减排降耗工作。推进万达文华酒店、南湖名都酒店、麦尔顿酒店、五象山庄服务提升。对维也纳系列酒店、广西名洋酒店、五象山庄、乡村大世界等饭店开展星评指导。麦尔顿酒店、乡村大世界被评为三星级旅游饭店，万达文华酒店被评为金树叶级绿色饭店。开展旅游星级饭店评定性复核，广西新华大酒店等11家三星级旅游饭店通过南宁市星评委复核，广西红林大酒店通过国家星评委五星级饭店复核。

【旅行社管理】 2016年，南宁市旅游管理部门扶持引导旅行社发展，做好旅行社业务规范管理指导，加强旅行社监管服务。全市新增出境旅行社9家，新设立旅行社18家，旅行社分社14家，服务网点82个，新增导游人员523人；累计有出境游组团社35家，一般旅行社84家，旅行社分社67家，服务网点243个，导游人员3847个。加大推进旅行社责任险统保示范项目和质量保证金缴纳力度，全市旅行社质量保证金缴存率100%，旅行社责任险统保示范率80%以上，旅游行业风险管控水平进一步提升。

【旅游安全管理】 2016年，南宁市旅游管理部门加强日常安全生产监督检查，重点针对元旦、春节、五一、十一等节假日和“两会”等重要节点，全面开展旅游安全大检查；联合市交通局、市交警支队、市国土局、市安监局等部门，开展汛期安全、道路交通和地质灾害隐患专项排查整治，进一步防范和杜绝安全事故发生。加强安全生产机制建设，完成旅游应急预案修订。

【旅游市场专项治理】 2016年，南宁市旅游管理部门全面推进旅游市场秩序监管随机抽查，建立健全科学的随机抽查

2016年3A级以上景区（点）

5A级景区（点）：南宁青秀山风景名胜旅游区。

4A级景区（点）：南宁大明山风景旅游区、嘉和城景区、九曲湾温泉度假村、广西药用植物园、南宁乡村大世界、人民公园、广西现代农业技术展示中心（八桂田园）、动物园、广西科技馆、广西民族博物馆、凤岭儿童公园、民歌湖景区、广西规划馆、伊岭岩风景区、花花大世界、良凤江国家森林公园、龙虎山风景区、金伦洞景区、金莲湖景区、昆仑关旅游风景区、大龙湖景区。

3A级景区（点）：南宁凤凰谷生态景区、南宁海底世界、南宁金花茶公园、云顶观光旅游景区、华南城景区、扬美古镇景区、大王滩风景区、农耕文化园景区、霞客桃源景区、鼓鸣寨景区、西津湖景区、九龙瀑布景区、中华茉莉园景区、白鹤观旅游景区、蔡氏书香古宅、狮山公园景区、花雨湖生态休闲旅游区、云里湖景区、万古茶园景区、莲塘圣茶谷、水锦·顺庄。

机制，实现旅游企业和执法人员双抽查，创新事中事后监管方式。全年开展旅游市场随机抽查32次，出动检查人员68人次，抽查旅游企业120家次。查处高新区愚公科技公司、东葛路嘉和自由空间的广西知情联谊会、广西艺术学院教师高层公寓楼广西艺术之星组委会等无资质经营旅游业务的旅游QQ群、网站所在场所，对存在轻微违规及管理失范行为的10家旅行社提出限期整改要求，对涉嫌未经许可经营旅行社业务经营点进行查封；对涉嫌未经许可非法经营旅游业务的个人进行拘留，及时、高效地查处实地检查中发现的违法违规行为，清理整治旅游市场乱象，进一步规范旅游市场秩序。开展旅游市场秩序自治区、市联合整治专项行动，重点整治未经许可经营旅行社业务、超范围经营、“不合理低价游”、不签订旅游合同、擅自变更行程、强制购物等违法行为，出动执法人员22人次；各旅行社承诺如实填报出境团队信息，以合理价格揽客经营，委派符合资质领队人员随团出游，按照旅游合同约定行程安排旅游活动，与当地合法旅行社签约；加强旅游活动期间的安全管理，共同维护出境旅游市场的健康发展。全年立案查处旅游违法经营行为9起，其中责令整改5起，行政处罚4起，没收违法所得4100元，处罚金12.50万元。

【旅游教育培训】 2016年，南宁市旅游管理部门组织导游人员年审网络培训，培训1997人；岗前培训2期，培训415人。市旅发委举办乡村建设精准扶贫旅游从业人员培训示范班2期，培训120人；指导12个区县培训乡村建设精准扶贫旅游从业人员3000人。组织旅游扶贫工作人员58人赴浙江大学专题培训南宁市乡村旅游和旅游扶贫，进一步提升农村旅游经营管理人员队伍的综合素养。

【文明素质教育】 2016年，南宁市旅游管理部门做好在重点场所的文明旅游宣传，使文明旅游宣传常态化。在景区、酒店、旅行社等场所设立文明游园标识、发放文明旅游宣传手册，利用LED屏长期滚动播放“文明旅游、理性消费”等公益广告。设立志愿服务站，组织志愿者开展志愿服务，促使游客自觉遵守文明旅游规定。依托16个旅游咨询服务中心发放文明旅游宣传资料，引导游客文明出行。开展“我推荐、我评议身边好人”活动、“文明旅游背包行”“文明旅游进景区”等文明有序大提升主题活动，培育文明旅游新风尚。抓好出境游组团社的行前教育，严格落实导游领队“一岗双责”。组织检查组对企业开展文明旅游宣传工作、培训责任、行前说明会、领队履行职责等情况进行督查，确保文明出境教育覆盖到每位出境人员。

（周思伶）

2016年南宁市星级酒店(47家)

名称	星级	评星时间	地址
广西沃顿国际大酒店	五星	2006年11月15日	民族大道东段88号
广西红林大酒店	五星	2009年3月10日	民族大道129号
明园饭店	四星	2001年9月28日	新民路38号
广西跨世纪大酒店	四星	2001年5月18日	民族大道东段111号
广西路桥瑞丰大酒店	四星	2001年6月19日	中华路17号
广西凤凰宾馆	四星	2004年4月26日	朝阳路63号
圣展酒店	四星	2008年6月6日	金湖路49号
喜相逢大酒店	四星	2008年9月	长湖路28号
世纪君悦大酒店	四星	2009年12月23日	金湖路71号
景都国际大酒店	四星	2010年12月13日	茶花园路31-1号
邕州饭店	四星	2014年12月8日	新民路59号
广西相思湖国际大酒店	四星	2014年12月24日	大学东路188号
广西怡养花园大酒店	四星	2015年9月16日	长岗路189号广西药用植物园内
上林天龙湾大酒店	四星	2015年11月18日	上林县大丰镇林康路17号
广西满江红大酒店	三星	2005年10月13日	祥宾路63号
万兴酒店	三星	2002年10月18日	北宁路42-1号
银河大酒店	三星	2000年9月29日	朝阳路84号
金禾宫大酒店	三星	2004年4月28日	桂春路13号
广西新华大酒店	三星	2004年10月21日	民族大道69号
富满地大酒店	三星	2004年8月18日	桃源路43号
广西风彩宾馆(原福彩宾馆2015年更名)	三星	2004年8月18日	葛村路23号
广西绿都大酒店	三星	2004年10月28日	七星路133号
华星酒店	三星	2004年10月21日	七星路125号
广西发改委培训中心	三星	2005年9月8日	葛村路1号
大王滩度假村	三星	2005年10月7日	良庆区那马镇大王滩风景区内
广西天妃商务酒店	三星	2005年10月7日	明秀东路238号
状元坡宾馆	三星	2005年10月8日	秀灵路77-1号
广西嘉年华大酒店	三星	2009年10月20日	民族大道135号
简约酒店	三星	2012年12月3日	桂春路11-1号
宾阳花园大酒店	三星	2013年11月28日	宾阳县广场路小区广场南路地段
广西宾阳县金世纪大酒店	三星	2013年11月28日	宾阳县商贸城城中大道西排21号
宾阳黎都大酒店	三星	2013年11月28日	宾阳县黎塘镇金龙大道2号
银林山庄	三星	2001年6月19日	邕武路23号

续表

名称	星级	评星时间	地址
横县横州国际大酒店	三星	2015年9月16日	横县横州镇茉莉花大道
手球训练基地上林大明山景兴山庄	三星	2015年11月6日	大明山风景旅游区
上林圣龙大酒店	三星	2015年11月6日	上林县政府路30号
上林翔源大酒店	三星	2015年11月24日	上林大丰镇明山大道
马山县易珑山庄	三星	2015年12月31日	马山县
麦尔顿酒店	三星	2016年12月10日	青秀区茶花园路8号综合楼一层、四至十层
威宁生态园乡村大世界	三星	2016年12月10日	邕宾路三塘镇
铁道饭店	二星	2000年6月5日	中华路84号
江南宾馆	二星	2000年12月18日	星光大道40号
迎宾饭店	二星	2002年2月28日	朝阳路71号
教育宾馆	二星	2004年8月18日	桃源路64号
广西百利佳宾馆	二星	2004年9月28日	桃源路57号
园湖饭店	二星	2004年10月21日	园湖北路27号
银都酒店	二星	2013年12月30日	江南区体育路6号
万锦大酒店	四星		星湖路27号
广西翔云大酒店(停业)	三星	1996年11月4日	新民路59号
振宁大酒店	三星	2007年12月10日	新阳路286号
广西运德旅游大酒店	三星	2012年6月8日	友爱南路12号
广西景湖假日大酒店	三星	2010年12月28日	星湖路59号
广西林苑宾馆	二星	2005年9月28日	华西路48号
迎宾楼宾馆	二星	2002年10月16日	江南路68号凤凰小区
海天宾馆(停业)	二星	2005年8月5日	桃源路40-1号
横县博宫丽晶大酒店(原牡丹大酒店)	二星	1998年5月23日	横县横州镇环城西路148号
广西阳光假日酒店	三星	2006年11月20日	中华路17-1号
广西大明家军供服务大厦	二星	2004年10月21日	中华路54号

信息业

信息化建设

【概　况】南宁市信息化建设由市发展和改革委员会负责。市发改委内设有数字化发展科、公共信息资源科、信息安全和网络管理科负责全市电子政务、公共信息服务、智慧城市、信息安全保护等内容建设和管理。2016年,南宁市加快新型智慧城市建设、电子政务、“互联网＋政务服务”信息惠民示范城市建设,加强信息资源整合共享,提高政府行政效能和公共服务水平,市政府门户网站在2016年全国政府网站绩效评估工作中获省会及计划单列城市《政府透明度》评估单项排名中第5名、网站建设总体排名第11名;南宁旅游微博粉丝50万人,位居全国旅游局微博累计影响力排名第13位。

【城市信息化建设】

“宽带南宁”战略与“互联网+”行动　2016年,南宁市推进城乡信息基础设施建设,长途光缆、本地网中继光缆、接入网光缆纤芯长度分别达到21万芯千米、29万芯千米、33万芯千米,移动电话基站数2.81万个(4G基站1.35万个),互联网宽带接入端口385万个(FTTH/O端口即光纤到户端口213万个),互联网出口总带宽2680G(兆字节);城市光网覆盖率98%以上,其中新建小区光纤高速宽带网络覆盖率100%,互联网宽带接入用户192万户,其中家庭宽带接入用户144万户,家庭宽带普及率67%;农村村级互联网宽带接入通达率98%,自然村互联网宽带接入通达率91%;3G网络实现城市地区连续覆盖,行政村覆盖率100%,100户以上自然村屯覆盖率90%以上。

“互联网+”城市管理　利用信息化手段搭建城市综合管理平台,建成建筑垃圾运输车辆GPS监控平台,实现监控执法数字化;整合规划、国土、气象、水文、公安等部门信息资源,建成防涝预警监控指挥平台,实现防涝预警发布、应急抢险、指挥决策、分析研判一体化;搭建餐厨垃圾智慧监管平台,构建居民餐厨垃圾监管、餐饮企业餐厨垃圾监管、地沟油监管、运输车辆监管、处置监管的餐厨垃圾多方监管机制;建设桥梁健康监测系统(一期),为桥梁维护管养提供科学依据;提升城市智慧照明系统,实现城市照明集中智能管理。

智慧城市与信息惠民示范城建设　社保领域制发行社会保障卡218.45万张,覆盖人口31.80%;市民持卡实现定点医院、药店异地就医刷卡即时结算;整合城乡居民基本医疗保险系统,实现养老、失业、生育、工伤、医疗五险统一征缴、异地就医即时结算;智慧社保“诊疗一卡通”在全市三甲以上医院推广,通过平台自助就医的患者3.50万人;拓展就业社保自助服务一体机功能,缩短百姓办事等待时间;对异地就医结算进行本地化改造,实现城镇职工基本医疗保险全区定点零售药店结算、普通门诊及住院异地就医结算及门诊慢性病异地就医结算;完善“南宁人社”微信公众号,增加即时互动功能和入口。教育领域加大教育信息化基础设施建设,全市中小学互联网接入率98.20%,1064所学校实现多媒体教室全覆盖(占总数64%),配备班班通1.74万间,覆盖率91%;有计算机教室的学校569所,计算机教室874间;有计算机3.44万台,小学生机比27∶1,中学生机比16∶1;全市653个教学点全部实现数字教育资源全覆盖,并依托国家教育资源公共服务平台及南宁教育城域网,实现学科资源互联互通。交通领域完成南宁市智能公交电子站牌系统(二期)建设,新增电子站牌100座,提供公交车换乘查询、市民卡查询、旅游资源查询、市民卡自助服务等服务;完成便民出行管理系统(一期)终验,搭建以“南宁便民交通”APP和智能公交电子站牌(一期部署50套)并行的便民服务平台,覆盖全市6家公共交通企业3106辆公共汽车、152条公交线路和5家一级客运站、所有南宁始发的公路客运班线及票务数据,11家出租车企业6720辆出租车,452个市民卡服务网点;建设交通运输监督服务电话“12328”服务系统平台,开通全国统一出租汽车约车服务电话号码“95128”,实现服务监督、投诉举报、咨询服务“一号通”。

智慧旅游　开通南宁旅游微博,粉丝50万多人;开通南宁旅游微信公众号,粉丝5万多人;继续完善南宁市智能化综合旅游服务平台,建设南宁智慧旅游网、“智慧乐游卡”,建成旅游公共资源库管理系统、旅游诚信管理系统、广西旅游应急指挥监控系统南宁站,收录旅游吃、住、行、购、娱资源数据5000多条。

肉菜流通追溯体系　建成并上线南宁市肉菜流通追溯体系,覆盖生猪屠宰、蔬菜批发、肉菜零售和消费等环节,纳入追溯体系建设范围的流通节点140个,实现市区生猪定点屠宰企业、大型连锁超市全覆盖,标准化农贸市场覆盖率50%以上。

市民卡工程　市民卡服务网点覆盖7个城区,累计设立服务网点448个,发行市民卡179.16万张;市民卡实现公交车、出租车、公共自行车、地铁等公共交通刷卡使用与换乘无缝对接,可用市民卡在指定地点缴纳水费、充值燃气卡、缴纳诊疗费用及加油、购票等小额支付等业务。

【电子政务工程】

信息共享工程　2016年,南宁市建成符合3级信息安全等级保护要求的电子政务内网云平台、电子政务外网云平台,理论计算能力2536核5072 Ghz(Ghz:频率单位,千兆赫兹),内存23040G(G:字节单位),集中式存储容量315TB(TB:百万兆字节),分布式存储容量350TB;建成符合B级机房建设标准的电子政务云平台数据中心机房,面积1200平方米,可容纳机柜242个,装配设备1500台～1600台,年内部署市一站式综合服务管理平台、市旅游信息网大明山旅游网、市司法局公共法律服务平台等应用系统31个。全面梳理市直各部门政务数据资源,确定开放属性,编制资源目录,梳理政务数据信息项1800多项,初步建立政务数据资源目录体系。做好全市电子政务线路升级及维护,完成200余家300条电子政务外网线路升级改造,统一升级至30M(M:网速兆),提高互联网出口带宽至2条500M、1条100M。

“互联网+”政务服务　整合行政审批和便民服务事项,实现行政审批和为民办事的“一站式”“一张网”服务;加快公安、民政、卫生和计划生育、社保、气象、城管、信用等政府内部信息资源的整合,推动政府信息资源集聚和共享应用;建设网上审批大厅项目,在五象政务办事大厅使用,实现市地震局、市教育局、市商务局、市发展改革委等42个部门215项(子项412项)政务服务事项的网上申报和预受理,占政务服务事项总数的49%。建设“多规合一”信息联动平台,实现发展改革、国土、规划、建设、环保、水利、交通等多个部门审批过程联通,年底完成项目初验。依托电子政务外网以及互联网建设南宁市公共法律服务平台,12月完成上线测试。打造公共气象服务平台(南宁气象官方微信服务平台),构建“智慧气象”,在南宁市政务中心、区县政务中心、重点服务单位安装多媒体气象信息查询触摸屏20块,方便市民查询;建设南宁市海绵城市气象监测服务系统、南宁市城市热岛效应监测系统,为城市内涝、城市热岛效应分析、海绵设施效果检验等项目等提供基础数据支持。开发公积金官方微博和公积金公众微信号,探索利用微信钱包功能办理公积金业务;与腾讯公司合作开发电子公积金卡。针对企业和群众需求推出南宁工商微信公众服务平台,为民众提供包括工商业务预约办理、政务公开、消费维权等内容服务。南宁政务网站公开信息量2.65万条,网站访问量365万人次,收到问题(包括单位信箱、在线咨询、效能投诉、依申请公开)6902个,回复处理　6743个,回复率96.44%;开展《向人民承诺——电视问政节目》10期,新闻发布会网络文字直播14次;整合升级网站办事服务功能,提供个人办事、部门办事、企业办事、热门办事等一站式、关联式的办事服务,在线预受理办事服务100多种,开设重点业务服务版块9个,提供办事指南、流程,在线受理等服务。

【信息化示范建设】

公安一站式便民网上服务平台　2016年,南宁市建成公安一站式便民网上服务平台,集网上办事、网上服务、网上管理、网上互动、网上监督、网上宣传于一体,可网上查询办理治安、交警、出入境、人口、消防、禁毒、网安等98项业务,服务群众592万人次,其中为群众提供办事服务15万次,查询服务177.90万次,警民互动服务3.60万次。建设“网上返赃平台”,录入公安机关破案后追缴回的财物,其中被盗抢电动自行车信息2000辆,分批次返还给失主涉案电动自行车1000余辆。7月8日,开通“智能户政服务大厅”,市民可通过网上提交材料,办理出生登记、亲属投靠迁入户口、购房迁入户口及户口一般项目变更等业务。

便民出行管理系统(便民出行综合服务平台)　涵盖公交、地铁、出租车出行绝大多数公交形式及线路,并预留出租汽车约车、驾驶员培训管理、维修企业查询、公用自行车网点查询、轨道交通出行、火车出行及飞机出行等便民服务功能接口。年内“南宁便民交通”APP下载16万次,日均应用访问量6万多人次。

两化融合示范项目　工业制造推进“互联网+”战略,重点支持生物医药、电子信息、铝加工、先进装备制造等主导产业和以智能制造、网络制造、工业大数据集成为重点的两化深度融合项目,组织申报自治区级两化融合项目16个,自治区“互联网+”制造业示范项目10个。其中“富士康智慧园区管理系统”等4个项目获自治区两化融合资金补助,皇氏集团“互联网+”智能化工厂、南宁富桂互联网+广西智造等4个项目列为自治区“互联网+”制造业示范项目。推进两化融合管理体系贯标试点和对标诊断,广西中烟工业有限责任公司和中建泓泰通信工程有限公司入选工信部第三批两化融合管理体系贯标试点,广西皇氏集团和南宁糖业2家启动2015年国家试点企业贯标工作,南宁市中小企业服务中心等4家单位列入国家两化融合管理体系贯标咨询服务机构推荐名单。建成两化融合公共服务平台及体验中心一期,用户可根据需求通过互联网直接访问南宁市两化融合公共服务平台进行网上体验、查看视频、获取软件服务。

【信息化人才培训】　2016年9月27日,市发改委联合市工信委举办2016年全市关键信息基础设施网络安全检查工作培训会,针对全市关键信息基础设施网络安全检查工作、信息安全检查指标填报要求及信息系统等级保护进行培训,区县、相关重点企事业单位180多人参加培训。10月12日至14日,市发展改革委举办南宁市一站式社会服务管理平台(一期)系统业务培训,市民政系统、市司法系统、青秀区政府、南宁经开区管委会、试点街道和试点社区80多人参加培训。10月至12月,市发改委联合市南宁市“美丽南宁”乡村建设领导小组办公室到区县开展“美丽南宁”乡村综合信息服务系统及乡村基础信息数据库项目用户培训,培训1900多人。

【农村信息化】 2016年，南宁市加快推进农村宽带信息网络全覆盖，组织申报工信部第二批电信普遍服务试点；建成农村综合信息服务站点60个，完成专线宽带网络接入，配备台式电脑、扫描打印一体机、办公桌椅等；实现有关村委信息网络的互联互通；建成“美丽南宁”乡村综合信息服务系统、“美丽南宁”乡村建设门户网站及乡村基础信息数据库，实现美丽乡村建设信息的网上填报、系统管理。完善南宁市农村气象综合服务系统（二期）采集及数据处理监控预警分系统、农业气象预报分系统、南宁气象为农服务手机APP等19项内容，提高农村气象灾害防御能力、农业气象服务能力。开展南宁市休闲农业地图查询系统一期建设，以商业版百度地图作为地图底图，利用Javascript（一种数据直译式脚本语言）、Html5（一种数据应用超文本标记语言第5代版本）等技术及百度地图开放API（应用程序编程接口），将农业休闲区域设施等信息整合到地图平台，方便市民农业休闲。南宁振企农业科技有限公司自主建设“八桂鲜果”电商管理平台，广西力拓农业开发有限公司、广西农垦永新畜牧集团有限公司良圻原种猪场、广西顺来茶叶有限公司等企业建立产品追溯系统，促进产品在电商平台上的销售，广西力拓农业开发有限公司、广西农垦永新畜牧集团有限公司良圻原种场、广西康佳龙现代农业科技有限责任公司、武鸣县润宇生态农业有限公司等企业探索通过物联网建设应用，促进生产管理。

【区县信息化】 2016年，南宁市按照统一标准、分级实施的原则，推进区县、开发区电子政务外网横向网络建设，横向网络包含区县党政部门、直属机构、特设机构、挂牌机构、政务服务中心等，全部整体接入电子政务外网网络并统一使用互联网出口，纵向实现乡镇全覆盖。青秀区完善城区政务民生信息基础设施，建设青秀“一张图”信息化服务项目，整合各类空间数据资源；推进智慧农贸市场建设，在凤岭、青山、飞凤、埌东商贸城、埌东海鲜综合等11个市场进行智慧农贸市场试点；建设幼儿园食品安全透明监管暨社会共治系统，接入系统的幼儿园70多家；建设改造“明厨亮灶”工程，参与的餐饮服务企业1487家。江南区逐步完善政务服务、教育领域等信息化设施，宽带和电话网络覆盖城区、乡镇（街道）和行政村。良庆区推进电子政务外网网络建设和政务数据资源共享，完成那马镇坛良村坛板坡综合示范村wifi覆盖建设工程。南宁经开区建成行政审批系统，将16个部门74项审批事项全部纳入。

【社区信息化】 2016年，南宁市建成南宁市一站式社会服务管理平台（一期）项目，以凤岭北社区、金阳社区、凤江社区为试点，整合市财政、公安、人社、民政、司法、住房、卫计、总工会、民委、残联等部门的业务数据资源及便民服务事项，构建面向社区管理、为民服务的一体化社区服务管理平台，将面向居民的便民服务事项下沉到试点社区实行“一站受理、一点办结”，变“群众跑腿”为“信息跑路”，提供便民服务事项58项。升级完善社区矫正移动监管平台，简化录入整理工作，全市社区接收社区服刑人员1235人，解矫1234人，在册1804人；累计接收社区服刑人员6569人，解除矫正4768人。

【信息安全】 2016年，南宁市按照《关于开展2016年全区网络安全检查工作的通知》要求，组织网络安全检查培训1次，参加单位100家；开展年度信息网络安全检查，其中单位自查187家、现场检查重点单位10家，形成检查报告，提出整改意见。加强网络安全日常监测与监管，不定期监测，重点行业和重点信息系统，发现问题及时督促整改，督促南宁政务信息网、南宁农民工之家、南宁经济信息网等多个网站进行安全整改，部署防篡改设备。加强重大活动期间网络安全和通信保障，加强网站及信息系统日常巡检，安排专人对网站信息系统进行24小时不间断值守，形成每日督查维护记录报告，确保活动期间网站及信息系统安全。组织人员对南宁国际民歌艺术节使用场馆、南宁国际会展中心、华南城、高铁南宁东站等重要场所等重要场所进行网络运营情况巡检，并安排技术人员值守，保障系统及网络信号正常运行；推行信息系统安全等级保护工作，将信息系统安全等级保护列入绩效考核指标，每年测评1次；检查全市定级备案为二级以上的信息系统；新增备案系统33个，开展安全等级保护检查，检查市信息网络管理中心、市发改委、市卫计委、马山县经济贸易和信息化局、南宁轨道交通集团有限公司、南宁中燃城市燃气发展有限公司等102个单位222个二级以上信息系统。　（黄凯婧）

通信业

【概　况】 2016年，南宁市通信业主要有中国电信股份有限公司（电信南宁分公司）、中国移动通信集团广西有限公司南宁分公司（移动南宁分公司）、中国联合网络通信集团有限公司南宁分公司（联通南宁分公司）3家公司，主要业务是移动通信、宽带业务（含光纤入户业务），年度通信业务收入约66.74亿元，其中：移动36亿元，与上年持平；电信南宁分公司主营收入19.74亿元，比上年增长1.75%；联通南宁分公司通讯收入11亿元，比上年持平。

【中国电信股份有限公司南宁分公司】 2016年，电信南宁分公司继续优化电信承包改革，加快电信4G发展，加强城市、农村光网改造，提高光网覆盖。电信城市光网覆盖率98.39%，电信乡村光网覆盖率95.75%；主营收入19.74亿元，比上年增长10.56%；净利润5.33亿元，增长3.33%；移动出账用户117.40万户，过网用户市场份额13.50%；宽带终端用户净增6.90万户，总数97.08万户；光纤到户

5月，国务院办公厅督察组到中国电信南宁分公司信息广场营业厅调查了解提速降费举措实施情况　　中国电信南宁分公司提供

用户净增 26.16 万户,总数 76.54 万户,宽带市场份额 66.62%,提高 4 百分点。

电信网络建设　城市公众类项目立项 1752 个,总投资 1.07 亿元,计划新增宽带端口 36.56 万线、新增覆盖用户 52 万户,实际完成业务交付 1400 项,新增宽带端口 26.13 万线、新增覆盖用户 38.51 万户,其中城市 B 改 H 小区(光纤入楼改成光纤入户)完工交付 680 个小区,新增宽带端口 18.24 万线。农村光网三、四期立项 1386 个、投资 2996 万元,新增宽带端口 5.62 万线、新增覆盖用户 16.90 万户。政企类工程立项 897 个,总投资 3054.79 万元,建设光纤 567 条,竣工 523 条,交付 515 条光纤,完成 92.24%;建设电路 416 条,竣工 351 条,交付 345 条,完成 84.38%。新建小区、商业楼宇、专业市场立项 233 个,同意电信接入 223 个,接入成功率 98.20%。以光纤到户模式建设项目 212 个,其中开发商投资、布放皮线光缆 202 个,电信提供材料、开发商布放皮线光缆 3 个,电信投资布放皮线光缆 7 个(主要是 2013 年前签约的在建项目)。年内,城市光网覆盖率 98.39%(城市小区光纤到户率 94.52%),乡镇光网覆盖率 100%,行政村、自然村光网覆盖率分别为 95.75%、61.63%(100 户以上自然村光纤到户率 95%);完成光网改网 17.52 万户,光网占 94.90%。

优化 4G 网络覆盖,累计开通基站 378 个,开通室分站点 32 个;开展城中村宏站、小微基站专项建设优化覆盖,完成地铁 1 号线全线 25 个站台及全部隧洞 CDMA/LTE(移动通信模式)信号覆盖;市区、行政村、自然村 4G 覆盖率分别为 93.05%、44.43%、26.61%;移动互联网感知优良率 92.37%。完成 2015 年 IPRAN 四期项目,安装 B 类设备 18 台,安装开通安装 A 设备 106 台。高新分局、坛洛模块局、宾阳分局、共和分局、朝阳分局相继完成端局退网,交换设备下电;完成 4 个 TDM 端局、2 个低级信令转接点(LSTP)下电退网,退网局点数完成进度 40%;迁移传统端局固话用户 8.26 万个,DSLAM 退网割接端口 1.09 万线,减容板卡 8606 块,现场拆板卡 6035 块;2M 端口减容 3.03 万个,节省电费约 5.50 万元。

电信业务　移动市场重点抓好后付费天翼、4G 终端销售,强化 4G 应用体验和流量经营,提升 4G 规模数量质量,新增天翼后付费 37.15 万户,提升 31.80%,后付费积分提升 56.90%;新增 4G 用户 56 万户,4G 套餐 83 万户,渗透率 64.40%。宽带业务重点抓好区域竞争小区,以"100 引领、50M 主流"高带宽全面推进光纤改造(新增宽带 1.85 万户),城中村加快民营合作(新增宽带用户 2.58 万),新增宽带用户 18.46 万户,新增宽带融合包年率 91.90%。落实"高清电视 + 光宽带"融合发展路径,新增"天翼高清"用户 16.80 万户,增长 199%,累计在网用户 26.90 万户。提升存量经营价值,移动业务完成存量 3G 签转 4G 套餐 16.70 万户,拉动收入 3100 万元,换卡 25.80 万户;宽带业务提速 24.50 万户,增收 4200 万元,20M 及以上用户占 62.70%,提升 50.80%;光网平移 17.57 万户,光纤到户用户占 79%。拓展新兴市场,培育厂商、电商等新业态,新建商圈厅 28 个、A/B 类旗舰店 10 个、社区厅 98 个、城中村旗舰店 36 个,代办渠道实体网点 1225 个,实体渠道有销量网点数 652 家,发展天翼后付费 35.70 万户。实施互联网 + 专项行动,签约南宁市政务云、农业云、互联网 + 教育等专项 27 家,保存激增收入 3000 万元;行业应用(不含物联网)拉动天翼新增 5.14 万户;聚焦重点行业完成物联网业务签 28 家,签约用户 5.27 万户,完成受理 2.60 万户;中标国海证券 IDC 机房、横县天网三期、南宁市公交站台视频监控系统等重大作息建设项目,签约金额 9400 万元;加强电子渠道运营,翼支付激活用户 27.50 万人次,交易金额 1.80 亿元,流量经营收入 5.61 亿元。

电信服务　强化装维划小承包责任包干,打造装维金牌服务,全年实现维护产品营销 98.8 万元,云堤产品营销 9 万元,维护产品收入 35 万。全面实施光网改造,每月宽带故障率从 13% 降低至 4.7%;落实宽带上门服务星级服务规范,针对钻金银 VIP 用户、50M 以上高带宽高价值用户、重复故障、易掉线用户,实施差异化主动上门服务、贴心服务,其中主动上门服务派单 7.50 万张,提供贴心服务 1.30 万起,百兆宽带用户 24 小时修障率月均 96.14%。开通政企客户业务电路 2816 条,政企客户业务开通履约率 100%,政企光纤项目 7 天及时率 82.58%,服务要客 1200 多人次,安装家庭综合网络设计 90 套,要客售后服务全部达标,服务零投诉。

电信保障　完成区级政企大客户的网点线路优化改造 63 个,完成 25 楼新建国海证券机房扩容工程。继续加强对校园网故障管控,提升高校 50M—100M 大带宽支撑能力。完成自治区第十一届政协会议、泛北部湾会议、全国综治办会议、2016 超级女声、中国 – 东盟国际博览会、亚洲国际邮展、东部战区绿色军营签约仪式等重要会议的前期网络建设及重点保障。会议电视召开 374 场,用户满意率 100%。平安南宁一期、二期、三期在线率保持在 98.33% 以上,较好完成节假日各重点场所电路、重点摄像头建设、保障,重点摄像头在线率 100%。　(许辉坚)

【中国移动通信集团广西有限公司南宁分公司】 2016 年,移动南宁分公司下设邕城、宾阳、横县、武鸣、上林、马山、隆安 7 个分公司,有员工 1885 人,有自有渠道 118 个,社会渠道 2603 个,交换机容量 1100 万门,客户规模 560 万户,移动通讯网络覆盖率 99.90%,业务收入 36 亿元,缴税超过 2 亿元。配合公安机关破获伪基站案件 55 起,缴获设备 54 套,抓获嫌疑人 47 人。获批为中国移动广西公司班组建设示范基地、企业文化示范单位、中国移动一星级企业文化示范单位。

移动业务　主要经营移动话音、数据、IP 电话和多媒体业务,具有计算机互联网国际联网单位经营权和国际出入口局业务经营权。互联网开通 24 小时网上服务厅,移动客户可在线享受话费查询、缴费记录查询、积分查询、业务办理、短信天地、服务厅导航、手机归属地查询等服务。提供 MAS(移动代理服务器)、ADC(如企信通、移动 OA、集团通讯录等)、集团彩铃、校园、车宝、互联网专线、数据专线、无线商话、综合 VPMN(虚拟专用移动网)、移动 400 等业务。为南宁市重大活动期间通讯保障 2 次,开通应急通信车 121 辆次。

市场运营　建立完善的 4G 客户闭环流程管理,加强 4G 换卡精确营销;加强全国资费迁移、流量套餐升档、细分客户流量激发营销,加快培育低流量客户上网习惯,逐步释放客户流量价值,年内流量收入超越语音业务收入;联合华为、OPPO、VIVO 等十大终端品牌建设品牌专区,引商入店;加强业务规范管理,新入网实名查验率 100%;以嵌入式廉洁风险防控体系建设为切入点,强化市场业务、基站建设、水电管理、采购管理等领域的管理,完成审计项目 364 个。

集团信息化应用　打造自治区人民医院 4G 医护工作站、北京承启通 IDC、自治区公安厅警卫局移动智能办公、南宁市 BRT 交通工程光纤通信等标杆型项目,实现行业新的突破。

网络运营　持续推进 4G 精品网专项工程,实现南宁地铁 1 号线全线网络信号覆盖。在自治区范围内率先开展网格化网络维护,扩大 4G 基站覆盖范围,推进传输资源优化,有线网络能力持续提升。　(杨　眉)

【中国联合网络通信集团有限公司南宁分公司】 2016 年,联通南宁分公司强力推进主营业务渠道转型、创新发展、存量营销试点,移动通信网络业务收入 11 亿元。综合绩效位居广西联通第一。

移动业务　推进卖场化改造及终端连锁化运营，对68个营业厅进行卖场化改造，对核心主流营收渠道实行差异化管理，局部试点派出驻店员协同发展。年内，实行差异化管理的核心连锁渠道的业务提升2.60%，终端合约业务提升5.80%，营业收入提升48%，手机终端合约业务提升41%，单厅产能提升41%；提升县、乡市场份额，开展多元化营销，全市布放自助取卡机112台，累计受理量1.50万户，日均发展突破200户。

宽带业务　优化营销架构，通过代理商包区制最大限度挖掘和激活现有存量小区资源，利用佣金政策打通营业厅、代办点等二级分销渠道，提升营销渠道末梢积极性；推进内外"宽带小区包区"，鼓励员工自主创业承包包区，包区发展量月均环比提升23.73%，包区代理商佣金涨幅81%。

网络建设　继续加大区域4G网络建设，新增4G基站958个，3G基站77个，4G室分289个；完成云桂、南广高铁和地铁1号线沿线网络覆盖建设，区域DT（数字处理技术）覆盖率98%，平均下载速率由53.87Mbps（兆比特每秒）提升至68Mbps，4G流量驻留比从75%提升至90%；持续打造精品宽带全光网络，完成光改宽带端口交付7.30万个，50M及以上高速端口占比从47%提升至61%；通过开展精品网攻坚，提升网络服务质量，移动网络质量投诉率由每万用户22.47次下降至15.31次，宽带修障及时率由94.40%提升至96%；重复申告率由13.10%下降至11.90%；通过网络资源主动优化调整，闲置资源整合盘活，新增4个10G波道传输资源，完成8个10G、16个G波道再利用，实现广西联通与广西电信承载网互联互通、IPTV交（互式网络电视）平台等业务的快速开通；通过MSTP（基于SDH模式的多业务传送平台）网络向分组网络逐步迁移，优化释放网络资源，降低成本。投资3000多万元，建设南宁地铁1号线广西联通覆盖项目，项目采用分布系统合作共建模式，安装设备500余套，实现全线25个站台区域及隧道内联通2G、3G、4G信号全覆盖。

客户服务　建立客户投诉处理双向机制，从源头加强管控、降低引发投诉风险；制定聚类问题处理的标准化流程，强化投诉工单处理规范性，提高投诉处理一次性解决率，提升投诉处理质量；建立反应快速、重点聚焦、解决及时的处理机制，其中移动网络聚焦网络弱覆盖、室分覆盖不足等热点投诉区域，宽带聚焦高价值小区，加强处理推动重复投诉次数多、投诉指数高区域，业务关注短板问题，推行短板问题项目管理责任制，强化源头治理与过程管控，推动实质性改善；搭建多维度、立体化的营业窗口及宽带窗口的服务考核体系，提高营业窗口服务质量；建立投诉处理人员帮扶机制，对效能落后人员实行一对一帮扶，提升投诉处理团队整体效能。全年申诉认定量比上年减少19件，下降10.40个百分点；重复投诉率3.95%，电话成功答复率73.10%。　（曾建强）

无线电监管

【概　况】2016年，南宁市无线电管理处强化无线电日常监测、频谱资源管理、频率协调、台站规范化管理和基础技术设施建设、保障无线电安全。新增空中平台无线电监测测向系统，增强快速查找非法电台和监测测向准确性，保障重大考试无线电安全19起，联合公安机头查处"伪基站""黑广播"12起。

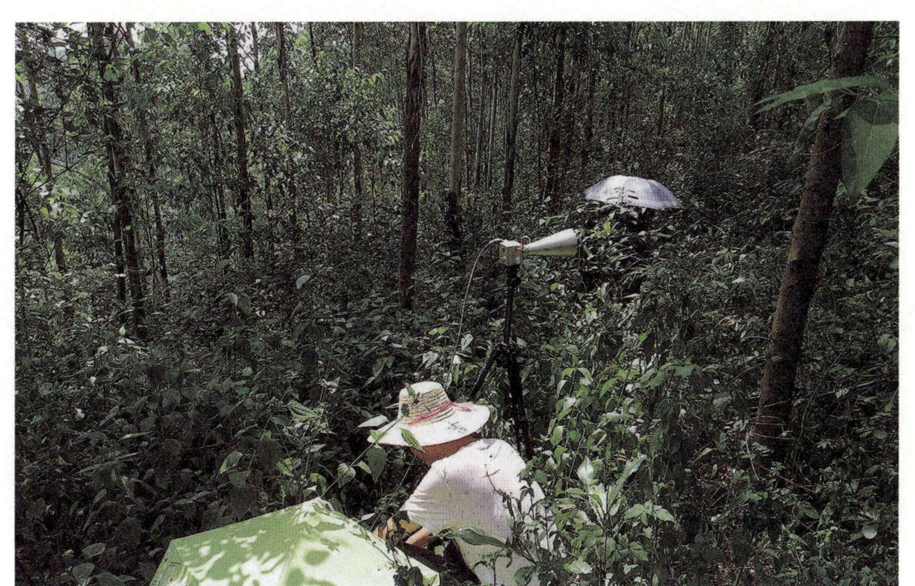

7月26日，南宁市无线电管理处为南宁气象局雷达站作电子环境测试

南宁市无线电管理处提供

【无线电监测】2016年，南宁市无线电管理处执行固定监测站和移动监测站相结合的日常监测制度，每月按时完成辖区内航空无线电导航和通信、对讲机频率、第三代移动通信、广播电视、2.5G频段固定业务、集群通信、点对多点微波、卫星无线电导航等重要业务和频段监听监测，对监测数据进行分析、比对，发现不明信号及时安排人员进行甄别、查找。无线电监测2.51万小时，上报国家监测中心监测月报告12份。

【无线电频率台站管理】2016年，南宁市无线电管理处受理无线电频谱行政许可项目审批71份，审批频率33个（组），审批公众移动通信基站6386个，对讲机、船舶电台等其他台站857个，核发电台执照857份。创新结合"互联网＋"方式，使用空中平台无线电监测测向系统进行排查，联合南宁市公安局刑侦部门查处"伪基站"6起、"黑广播"6起，查扣发射设备、电脑、远程控制器、天线、馈线等涉案物品；配合公安部门对查扣涉案"伪基站"设备进行技术鉴定，出具鉴定报告16份。

【无线电干扰查处】2016年，南宁市无线电管理处受理干扰申诉20起，查处电信运营商3G基站大面积受干扰、南宁铁路局GSM-R通信系统受干扰等案件，为横县气象局、南宁伶俐通用机场完成频率协调测试和电磁环境测试。

【业余无线电爱好者管理】2016年，南宁市无线电管理处组织业余无线电台操作技能（A、B）类考试3次，通过报名审核业余无线电爱好者96人，参加考试83人，46人合格，合格率55%。组织广西阳光无线电运动俱乐部代表南宁市参加国内外无线电运动，获亚洲矮小通讯铁杆赛多人多机组第一名、世界短波远征比赛亚洲区第十三名，全国"栏围场"短波通讯大赛多人多机组第二名。

【无线电安全保障】2016年，南宁市无线电管理处为全国硕士生招生统一入学考试、高考、全国司法考试、国家公务员录用考试等提供无线电安全保障19次，保障考点166个，派出人员140人次，车辆45辆次，启用技术设备62台（套），查获作弊案件3起，收缴作弊设备3套，实施无线电压制2起。　（覃　巍）

责任编辑　谢萍萍　梁　坤　卢景林　姚宗秀　班　铭　陈洪毅

城市规划建设与管理

城市规划

【概　况】2016年，南宁市规划管理局制定《2016年南宁市规划编制计划及规划信息化建设计划》，统筹安排全市各部门规划编制计划。完成规划项目51个，其中发展战略与概念性规划项目1个：《南宁空间发展战略规划》；重点片区、镇总体规划8个：《中国－东盟信息港南宁核心基地概念性总体规划》《南宁市大王滩水库总体发展规划》《南宁教育园区总体规划(2014–2030)》《南宁市五象岭总体规划(2015–2025)》《南宁高新技术产业开发区总体规划修编(2014–2020)》《南宁综合保税区总体规划(2015–2020年)》《南宁市吴圩镇总体规划(2015–2035)》《南宁市良庆区良庆镇总体规划(2016–2035)》；控制性详细规划13个：《控制性详细规划修编与城市设计三年攻坚计划》中3个控规单元、《南宁教育园区东片区控制性详细规划》《南宁教育园区西片区控制性详细规划》《南宁五象新区龙岗新坡湖片区控制性详细规划(修编)》《南宁五象新区玉洞北部控制性详细规划(修编)》《南宁五象新区玉洞西部控制性详细规划(修编)》《南宁市中国－东盟国际物流基地A片区控制性详细规划(修编)》《南宁市中国－东盟国际物流基地B片区控制性详细规划(修编)》《南宁市中国－东盟国际物流基地南片区控制性详细规划(修编)》《南宁综合保税区及配套区控制性详细规划》《南宁高新技术产业开发区相思湖西片区控制性详细规划》；专项规划项目16个：《民族大道(三岸收费站—邕江边畅游阁)修复整治工程概念规划》《南宁市"海绵城市"总体规划》《南宁市邕江综合整治和开发利用控制规划(修编)》《南宁市历史建筑保护总体规划》《南宁市综合管廊专项规划(2015–2030)》《南宁教育园区综合管廊专项规划》《南宁市三塘片区综合管廊专项规划》《南宁市城市排水(雨水)防涝综合规划(调整)》《南宁市社会公共停车场专项规划(2016–2018)》《五象新区停车系统专项规划》《五象新区慢性系统专项规划》《南宁五象新排水工程专项规划》《南宁市五象新区变电站及高压走廊布局专项规划》《南宁市五象新区110KV及以上电网建设三年行动计划》《五象新区路网调整专项规划》《南宁市五象新区供水专项规划》；城市设计项目4个：《三街两巷历史街区策划及城市设计》《白沙大道(壮锦大道至青山立交)与那洪、五象大道沿线(壮锦大道至平乐大道)城市设计》《南宁五象新区龙岗商务中心城市设计》《南宁市绿道网标识系统设计》；规划研究及其他类型项目12个：《南宁市"多规合一""一张图"编制指引》《良庆区那马镇八尺江以北银海大道西侧区域(3平方公里)路网规划研究》《南宁市快环综合整治工程项目规划研究》《南宁市江北片区(快环内)路网优化提升方案》《民族大道—滨湖路口及影响区域交通组织优化设计》《南宁市城市交通问题分析报告》《南宁市交通年度报告(2015)》《南宁五象新区那马镇新型城镇化综合改造规划(策划)》《南宁市2016–2020年村庄规划编制工作方案》《南宁市建筑风貌控制导则(修编)》《南宁市"城中村"外立面改造方案设计导则》《南宁城市交通规划建设管理大提升行动计划(2016–2020)》。年内，市规划局为民办实事项目完成公交站点优化改造二期工程方案批复，包含公交停靠站点30个；南宁市公共自行车租赁系统四期工程方案批复，包括购置租赁自行车5000辆，设置租赁站200个；规划审批人行天桥13座；审查新建、改建公园景区公共厕所项目15个，配合分局完成审批。

【南宁空间发展战略规划】2016年3月25日，南宁市第十三届人民代表大会常务委员会第三十四次会议批准施行。规划从城市空间、经济产业、社会文化、科技创新、环境保护、民族特色塑造等多个角度进行研究探索，提出建设"东盟国际门户""绿色文化名城"的发展目标。规划内容包括五大发展战略、城镇体系、发展规模、市域空间结构、中心城空间结构、产业发展等。发展规模中用地规模规划到2030年，中心城区为700平方千米～750平方千米；人口规模至2030年，市域人口为850万～950万人；中心城区人口650万～700万人。其中，中心组团为500万人，武鸣组团为90万～110万人，空港组团为35万～45万人，六景组团为40万～50万人。至2030年，形成宾阳、横县两个中等城市，人口规模为30万～50万人，其他重点综合城镇人口为5万～30万人。

【南宁教育园区总体规划(2014–2030)】2016年1月获市政府批准实施。南宁市城乡规划设计研究院编制。规划理念与战略包括产城融合、生态优先、以人为本、

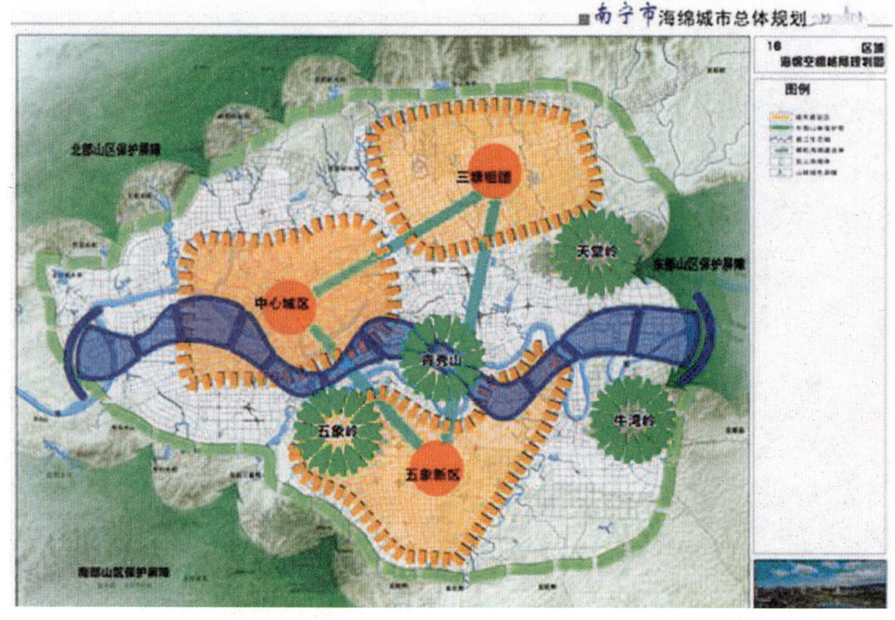

7月1日，南宁市海绵城市总体规划编制完成　　刘晓丽提供

资源共享。规划按“产学研”一体化发展和专类高等职业教育发展两种模式加强引导，同类型院校布局相对集中。规划目标：立足北部湾、面向东盟、服务大区域，整合资源、外引内潜、优化提升，构筑具有中国－东盟区域性和较强国际竞争力的高等教育、人力资源示范区和国际交流与合作高地，打造人力资源强区，教育、科研强市。发展定位：广西一流的大学园区，面向中国－东盟，南宁市北部“产、学、研”一体化发展的高级人才培养基地和科研、文化交流中心。发展规模：总规划用地面积3073.98公顷，其中东片区1217.75公顷，西片区1856.23公顷。总人口规模33万～37万人，其中学生16万～20万人。此外，还进行总体布局、综合交通规划、海绵城市规划。

【良庆区良庆镇总体规划(2016–2035)】 2016年6月17日获市政府批复。市规划管理局组织编制。规划期限2016年至2035年，其中近期2016年至2020年，远期2021年至2035年。规划范围东至桂海环城高速路，南至新外环高速路，西至那黄大道、平乐大道，北至五象大道，总用地面积28.86平方千米。规划近期城镇建设用地面积16.79平方千米，远期城用地面积27.32平方千米；近期规划人口16.24万人，远期23.44万人。良庆镇镇区性质为五象新区重要的产业服务基地，跨越农业，培育2.5产业，发展现代工业、商贸物流产业、高端服务业、文化旅游产业和休闲生态农业，具有良好人居环境的现代都市型服务板块，南宁市产业功能新一极。良庆镇镇区未来的发展形态结构为“三心、一带、三轴、三区”。“三心”即围绕中国－东盟信息港分别形成的文化传媒中心和金融创新中心，以及围绕良庆河、楞塘冲水系及轨道交通2号线形成的商业商务中心；“一带”即沿着良庆大道打造贯通镇区全域的南北向产业拓展带；“三轴”即分别沿着玉洞大道、规划快速路、振良大道形成的3条横向城镇发展轴；“三区”即自北向南分别打造成的3个功能分区，包括文化居住综合区、商业商务综合区、工业综合区。

【南宁市五象岭总体规划(2015–2025)】 2016年5月25日获市政府批复。中国城市规划设计研究院编制。规划范围：东部平乐大道、明辉路、玉象路，南部春阳路、东风南路、银岭路，西部银海大道、秀林路，北部建设路和五象大道围合的区域，总面积8.94平方千米。规划目标：将五象岭城市森林公园建设成为中心城区森林特征最突出的生态绿地之一；与青秀山风景名胜区共同构成纵贯中心城区的生态廊道，展示“中国绿城”风貌；以“邕南名胜、翠拥五象、花样新区、生态乐园”为主题，构建满足生态保护、市民休闲游憩的城市森林公园，形成融合历史文化、山林景观、多样空间和生态旅游等多元功能的城市公共空间。按功能分区分为森林观光区、生态休闲区、入口游览区和景观控制区，面积分别为632.79公顷、120.50公顷、26.52公顷、113.73公顷。将五象岭规划范围具体划分为核心保护区、现状控制区、综合利用区、外围协调区，对各个保护控制分区的开发强度、风貌、体量、高度控制等提出具体的建设控制要求。

【南宁市海绵城市总体规划】 2016年7月1日获市政府批复。市规划局组织编制。为国内首个编制的海绵城市总体规划。规划提出将建设“生态海绵城市、弹性海绵城市、活力海绵城市”的总体目标。规划范围分重点研究范围和协调研究范围两部分，重点研究范围为中心城区，规划面积约300平方千米；协调研究范围在重点研究范围的基础上外扩，包括外围3个重点镇(三塘镇、蒲庙镇、长塘镇)。规划基准年为2014年。规划远期期限与城市总体规划保持一致到2020年，并考虑长远2030年发展需求；近期建设规划期限5年。提出规划思路方面10个要点。规划定位南宁市建设成具有典型亚热带气候特征的，国内海绵城市建设水平一流的，集生态海绵、弹性海绵、活力海绵于一体的生态园林城市。规划南宁市中心城区海绵城市建设形成“一江穿城，三山环抱，四核镶嵌，三区互动，十八水系枕邕城”的格局。“一江”即邕江，“三山”即北部高峰岭、南部狮子岭、东部天堂岭，“四核”即五象岭、青秀山、天堂岭、牛湾岭，“三区”指现状高速环路内部的老城区、城市东北发展方向的三塘片区、城市南向发展的五象新区，“十八水系”指城区内18条内河。

【南宁市综合管廊专项规划(2015–2030)】 2016年3月22日获市政府批复。市规划局组织编制。规划范围为《南宁市城市总体规划(2011–2020年)》确定的中心城范围及三塘四塘片区、火车东站东侧屯里片和长塘五合片区，同时统筹指导城市新区的建设。在规划编制过程中，结合综合管廊工程特点、地下综合管廊试点城市申报要求及南宁市实际情况，因地制宜，遵循“经济的管廊”“生态的管廊”“智慧的管廊”“高效的管廊”4个理念，突出重点地开展综合管廊规划编制。规划建议纳入综合管廊的管线有：电力管线、通讯管线、给水管线、燃气管线和排水管线。近期将以PPP模式组织实施蓉茉大道北延长线(长堽路延长线—昆仑大道)地下综合管廊、金华路(高棠路—亭洪路)综合管廊、高棠路(壮锦大道—南建路)综合管廊和五象新区振邦路(玉洞大道—英岭路)地下综合管廊、新邕路(龙岗片区1号路—江湾路)地下综合管廊等试点项目5个，建设地下综合管廊19.80千米。在以上试点工程中将燃气管线、污水管线纳入管廊作为示范。规划引领，统筹考虑系统布局。大系统：全市统筹建设，一主八副，监控平台联网。执行共同入廊政策、管理办法；六个区域的综合管廊控制中心采用专用通信线路进行信息共享互通。小集中：分4大区——五象＋邕宁区、凤岭北＋三塘区、高新＋经开＋沙井＋中心老城区、吴圩空港新城区，内含子系统9个，大区便于分块管理，区内各子系统构成局部集中的管廊网络，发挥最佳效益。

【民族大道修复整治工程概念规划】 2016年2月2日获市政府批复。市规划局组织编制。规划确定民族大道“首府第一街”的总体定位，提出“新、齐、优、美、特、省、利”指导方针，以既有规划为基础进行深化，注重对细节的优化，系统性对民族大道进行优化与调整，考虑多种交通方式的综合效能发挥。规划范围为南宁市民族大道沿线(三岸收费站—邕江边畅游阁段)，规划范围321.24公顷。规划定位：壮乡广西第一街，绿城南宁第一路；城市崛起之轴，东西交通之轴，风貌感知之轴、绿色生态之轴。规划提出“一轴、五区、九节点”的结构。“一轴”即沿民族大道形成城市发展时光之轴；“五区”即根据时间发展阶段形成邕城故事、南国锦绣、金湖耀城、海丝彩韵、绿城欢颜5个区段，“九节点”主要节点有七岔路口、民族广场、南湖桥、金湖广场、万象城、埌东客运站；普通节点有民族园湖路口、南宁国际会展中心、东盟商务区等。改造提升分道路交通提升、绿化彩化提升、景观设施改造整合。建筑风貌改造以分段控制为原则，风格以民族与现代的结合；色彩以冷色调为底，暖色调为辅助；在建筑外立面加入壮乡元素。

【邕江综合整治和开发利用控制规划(修编)】 2016年3月3日获市政府批复。市规划局组织编制。规划范围为西起邕江老口水利枢纽，东至六律大桥的邕江两岸，邕江常水位至两岸防洪堤(道路)之间的用地，全长约85千米，面积2253.63公顷。规划定位：邕江定位涉及城市发展、功能定位、工程水利、文化景观等多方面的内容，实现从“工程水利河”向“活力带、发展带”转变，从“绿满邕江”向“城

9月2日,老口航运枢纽工程完成建设。图为主坝坝顶道路　　市城乡建委提供

市灵魂,多姿多彩"转变以及从"重形象"向"为民便民"三大转变,重新将邕江定位为"引领城市发展的主轴,展现城市个性与灵魂的窗口和名片,亲民便民的滨江活力文化休闲带,保障城市安全的母亲河。"规划结构:通过治水、建城、为民三大规划策略,细化、优化85千米邕江两岸的景观结构。功能结构:"一江、两岸、双核、四心、七段、多廊、十八园"。"一江",即邕江城市功能空间发展轴;"两岸",即邕江两岸功能景观带;"双核",即2个滨江城市功能景观核心;"四心",即4个功能中心;"七段",即水绿民俗生态段、泽国花海游乐段、科教产业花园段、邕城生活核心段、双湾城市过渡段、五象青秀新区段、绿野欢歌绿城段;"多廊",即多条纵向的河湖绿脉生态廊道;"十八园",即依托滩涂用地,打造18个城市滨江公园。

【城市排水(雨水)防涝综合规划(调整)】2016年1月12日获市政府批复。市规划局组织编制。规划主要根据新的城市总体规划和南宁十三五发展战略规划,以中心城区、五象新区为重点,统筹考虑各内河流域排水需求,在吸收和借鉴防洪规划、水城建设规划成果基础上,采用模块化设计,使雨水规划、防涝规划有机结合。规划范围包括新高速环内的城市建成区及发展备用地,总面积约900平方千米。规划基准年为2014年。规划期限与南宁市城市总体规划保持一致,为2014年至2030年,其中近期2014年至2020年,远期2021年至2030年。规划目标:发生城市雨水管网设计标准以内的降雨时,地面不应有明显积水;发生城市内涝防治标准以内的降雨时,城市不能出现内涝灾害;发生超过城市内涝防治标准的降雨时,城市运转基本正常,不得造成重大财产损失和人员伤亡。近期建设设施建议:根据规划区开发建设计划,合理进行雨水管网的配套建设;优先进行雨水主干管的建设和初期雨水处理设施建设,合理进行雨水支管的建设;结合道路建设,敷设雨水管网,避免重复投资。

【县城规划】2016年,《横县县城总体规划(2015—2030)》按横州、那阳、校椅、莲塘四镇"同城化"发展的空间格局完成方案设计;横县对横县中学新校区修建性详细规划、民族中学新校区等规划方案进行审查;组织专家评审横县碧桂园等32个规划方案。上林县召开县城总体规划修编专家评审会议,完成县级征求意见和专家评审,报市政府审批。马山县根据《马山县县城总体规划(2009—2030)》,完成县总体规划区内现状地形图1∶500测绘,马山县城西新区控制性详细规划、银峰商贸城修建性规划编制,马山县中医院新址修建性详细规划编制审核,合作板扶生态移民区、恒达汽车检测站迁移、人社局培训基地、县养老服务中心选址及规划,马山县城北新区产业安置小区等10个安置小区规划。隆安县县城总体规划修编修订稿报市政府审议。

【城建档案管理】2016年,市城市建设档案馆接收建筑类档案197个项目3.50万卷进馆,出具移交工程竣工档案证明195份,回收工程报建《建筑工程服务跟踪卡》173份。做好市规划局、市城乡建设委员会、市林业和园林局等审批档案接收和整理,接收市规划管理局机关、江南分局、良庆分局、高新分局、兴宁分局业务审批档案5批次约3万卷,接收五象新区规划业务审批档案3549卷,接收市园林管理档案1批次。市政档案基础业务工作方面,接收市玉洞大道K11+200～K13+200道路等项目65个,约5300卷,出具档案移交证明48份;对市五象大道—平乐大道立交工程等71个市政工程进行档案专项预验收。年内,接待来馆查档案人数3074人次(不包含自助查询人次),为城市建设、工程备案、房产办理、司法取证等方面提供凭证和依据。编辑制作反映南宁城市建设成就及风貌的系列画册《壮乡首府　魅力邕城——管网篇》《壮乡首府　魅力邕城——地标建筑篇》等。

【项目审批】2016年,市规划管理局核发规划设计条件134份,核发《建设项目选址意见书》162份,面积1698.53公顷;核发《建设用地规划许可证》133份,面积612.67公顷。核发储备蓝线图36份,收储用地总面积296.67公顷;核发出让用地蓝线图71份,总面积423.27公顷;推进市"三旧"(旧城镇、旧厂房、旧村庄)改造项目,核发蓝线图43份,用地面积405.93公顷。建设工程方面,核发规划总平面图88份、建筑设计方案126份、建设工程规划许可证876份;市政工程方面,受理包括道路、桥梁、出入口、电力、管线等建设项目514件,其中:市政工程规划许可证183份,市政工程设计红线275份,市政工程设计条件6份,市政规划总平审定9份,市政建筑设计方案41份,市政工程规划核实33份,办结率100%。审批建筑工程方案7个、公园设计方案21个、海绵化改造方案4个、南宁市邕江综合整治和开发利用护岸工程方案设计3个。市规划管理局所属10个分局核发《建设项目选址意见书》152份、《建设用地规划许可证》246份、《工程规划许可证》1819份、乡村规划许可证39份。

【违法案件处理】2016年,市规划管理监察支队对560个取得规划许可手续的建设项目进行批后跟踪管理。开展日常巡查320余次,查处企业违法建设行为39起、私人建房违法建设行为233起,罚没收入803万元;图斑核查806个;下发规划检查通知书53份、停工通知书30份、整改通知书4份、处罚告知书272份、处罚决定书264份。配合开展南宁市城市管理综合行政执法体制改革试点,市规划管理监察支队整建制撤销,行政处罚权移交或委托南宁市、城区城市管理综合行政执法机关执行。

【信访与提案办理】2016年,市规划管理局按季度开展"公开大接访"活动,所有信访件均及时办理并跟踪办理结果。办理信访件253件;办理自治区政协提案10件、市政协提案63件,自治区人大议案、建议、批评和意见6件,市人大建议、批评、意见和市政协提案54件,答复率100%,人大代表、政协委员满意率100%。

(刘晓丽)

勘　测

【概　况】2016年,南宁市勘察测绘地理信息院有在职职工294人,其中专业技术人员241人(教授级高级工程师3人、高级工程师48人、中级职称102人、初级职称88人)。承接工程3382项,生产收入超亿元。勘测成果合格率、勘测资料归档率、勘测产品数字化成图率均100%。市勘测院完成的《户外野炊地图套件(东盟版)》《百年中山路地图绘本》《青秀山景区旅游导览手册》获国家测绘地理信息局颁发的2016年优秀地图作品裴秀奖铜奖,"城市交通地理信息关键标准研究、制定及集成创新应用"项目获自治区科技进步三等奖、南宁市科技进步二等奖,"高分辨率卫星影像用于城市级地理信息产品快速生产及应用中的关键技术"项目获自治区科技进步三等奖,"智慧城市建设关键技术与应用创新"项目获南宁市科技进步二等奖。

【城市测量】2016年,市勘测院承担测量工程3169项,包括控制测量、地形测量、地下管线测量等。完成贵阳至南宁铁路客运专线(市区段)线位研究基础资料调查和收集、现场勘测,南宁轨道交通线GPS框架网、水准框架网、3号线、4号线复测及2号线东延线、5号线GPS控制网、精密导线网、二等水准网的建立测量,轨道交通2号线东延线、5号线地形测量。承接南宁市武鸣区、来宾市、东兴市等地区的地下管线普查、南宁市区照明接电线路改造工程专题普查、南宁市人防设施普查等专项普查。

【基础测绘】2016年,市勘测院结合低空遥感测量和传统测量优势,完成邕江两岸、顶蛳山、三塘镇、南宁高新技术产业开发区生态示范带、良凤江、贵阳至南宁铁路客运专线选线二塘段、五象新区等重点工程、重点区域的数据采集,累计完成70平方千米地形图、500平方千米正射影像图生产,获取重要节点全景影像图527个,为规划编制、重点工程建设提供前期数据。

【地理信息数据生产】2016年,市勘测院为市城市管理局"南宁市数字城管基础地理信息管理平台"、市住房保障和房产管理局"南宁市房产信息管理服务中心二、三维GIS数据管理平台"项目连续两年提供数据更新维护服务,更新基础电子地图数据19.34平方千米,更新部件数量11.60万个。完成青秀区"一张图"信息化服务系统和南宁市社会事业类项目服务与稽查管理系统两个平台建设。修编、更新2016年版《南宁市中心城区地图》《南宁市七城区地图》《南宁市地图》。新编《青秀区城区地图》《西乡塘城区地图》《五象新区地图》等最新行政区域地图及《2016年五象新区供水管网建设状态图》《蟠龙片区道路及其他配套工程项目图》《南宁市建成区黑臭水体分布图》等专题图55份,保证地图信息的现势性。

【工程地质勘查】2016年,市勘测院工程勘察专业承接工程237项。完成南宁市城市东西快速路工程西段、南宁市蓉茉大道北延长线(长堽路延长线——昆仑大道)工程、南宁市顶蛳山公园、南宁市快速公交(BRT)试点工程、宋厢路——平乐大道立交工程、南宁国际物流基地中片区北侧地块场地平整工程、南宁市第一中学五象校区(高中部)等地质勘查工程项目。

(莫惠荃)

重点工程建设

【概　况】南宁市城市重点项目主要有:城建计划项目,自治区、市层面统筹推进重大项目。两类项目有交叉部分,如轨道交通项目既属于城建计划项目,也属于自治区层面统筹推进重大项目。2016年,南宁市城建计划安排项目989个(建设项目521个,前期项目449个,经费开支项目19个),计划投资429.20亿元。自治区层面和市级层面统筹推进重大项目包括新开工、续建、竣工投产和前期工作(预备)4类501项(含增补),总投资5286.19亿元,年度计划投资640.34亿元,完成投资813.16亿元。

【城建计划项目】2016年,南宁市城建计划项目521个,完成投资402.70亿元,完成率100.57%。其中:五象新区项目70.15亿元,完成年度任务98.65%;邕江及内河整治项目39.71亿元,完成年度任务115.99%;轨道交通项目124.17亿元,完成年度任务119.77%;桥梁项目8.63亿元,完成年度任务133.36%;道路项目55.15亿元,完成年度任务68.11%;园林绿化项目26.11亿元,完成年度任务97.84%;公共建筑项目21.38亿元,完成年度任务215.33%;保障性住房及拆迁安置房项目17.17亿元,完成年度任务115.64%;市政配套设施项目25.87亿元,完成年度任务66.26%;专项计划项目14.35亿元,完成年度任务106.82%。

【自治区与市层面统筹推进重大项目】2016年,南宁市自治区层面、市级层面统筹推进重大项目包括新开工、续建、竣工投产和前期工作(预备)4类501项(含增补),总投资5286.19亿元,年度计划投资640.34亿元。其中:自治区层面100项,总投资2255.48亿元,年度计划投资269.36亿元;市级401项,总投资3030.71亿元,年度计划投资370.98亿元。自治区、市级层面重大项目完成投资813.16亿元,完成年度任务126.98%。其中:自治区层面327.86亿元,完成年度任务121.71%;市级层面485.30亿元,完成年度任务130.81%。区县、开发区自行增补市级重大项目完成投资131.55亿元,完成年度任务128.97%。自治区、市级层面重大项目开工117项,完成年度任务86.03%,完成投资118.32亿元,完成年度任务100.96%。其中:自治区层面19项(含2个预备项目提前开工),开工率90.48%,完成投资38.48亿元,完成年度任务115.90%;市级层面98项(含1个预备项目提前开工),开工率85.22%,完成投资79.83亿元,完成年度任务95.06%。自治区层面主要有南宁浮法玻璃有限公司浮法玻璃生产线整体搬迁升级改造、邕江综合整治和开发利用工程(清川大桥—五象大桥)、南宁明安医院、广西职业技能公共实训基地(一期)、年产20万套新能源汽车轻质合金车身及零部件轻量化(南南电子汽车新材料精深加工技术改造一期)等项目开工;市级层面主要有南宁市图书馆、广西国际壮医医院、广西新媒体中心、秀田小学五象校区、南宁市第九人民医院门诊综合大楼等项目开工。续建项目完成投资528.43亿元,完成年度任务134.94%。其中:自治区层面212.19亿元,完成年度任务122.16%;市级316.24亿元,完成年度任务145.13%。进展情况较好的项目主要有南宁现代化建材加工及物流配送中心一期(完成投资11.34亿元,占年度计划227%)、南宁轨道交通3号线一期工程科园大道—平乐大道段(完成投资28.24亿元,完成年度任务141%)。

【重大竣工项目】2016年,南宁市重大项目实现竣工投产73个,完成年度任务82.95%,完成投资166.41亿元,完成年度任务126.49%。其中:自治区层面项目竣工13个(含1个续建项目提前开工),竣工率92.86%,完成投资77.19亿元,完成年度任务123.58%;市级层面项目竣工60

个(含10个续建项目提前开工),竣工率81.08%,完成投资89.22亿元,完成年度任务129.13%。竣工项目主要有自治区社会化养老服务试点项目——广西和正康乐城一期工程、郁江老口航运枢纽工程、南宁市南湖—竹排江水系环境综合整治工程补水工程、南宁吴圩国际机场第二高速公路、南宁市昆仑大道扩建工程(三塘下丹桥至五塘收费站)、民族大道修复整治项目、宾阳县县城污水管网工程项目、广西-东盟经济技术开发区第三小学项目等。

【轨道交通建设】 2016年6月28日,南宁轨道交通1号线东段开通试运营;12月28日,1号线全线开通试运营,南宁迈入地铁时代。2号线车站主体结构全部完成,附属工程完成69%,盾构区间完成99.70%,机电设备安装及装修完成36.40%。3号线一期工程车站主体围护结构完成96%,土方开挖完成84%,主体结构完成70%,盾构区间完成20%。4号线一期工程完成主体围护结构68%,土方开挖完成14%。年内,轨道交通1号至4号线工程建设完成投资123.45亿元,完成年度任务120.10%。其中:1号线完成投资49.21亿元,完成年度任务155.50%,累计完成投资178.32亿元,占总概算198.89亿元的89.70%;2号线完成投资37.70亿元,完成年度任务100.80%,累计完成投资98.09亿元,占总概算155.46亿元的63.10%;3号线一期工程完成投资28.24亿元,完成年度任务110.50%,累计完成投资42.61亿元,占总概算206.81亿元的20.60%;4号线一期工程完成投资8.29亿元,完成年度任务101.80%;累计完成投资9.88亿元,占总概算174.09亿元的5.70%。

【民族大道修复整治】 2016年3月15日,南宁市民族大道维修整治工程道路施工。业主为南宁市城市建设投资发展有限责任公司。分一标、二标施工,一标(K0+000~K5+800)西起邕江畅游阁,东至自治区高级法院,施工单位为广西路桥工程集团有限公司;二标((k5+800~k10+888.14)西起自治区高级法院,东接原三岸高速路收费站,施工单位为南宁市政工程集团有限公司。建设内容包括拆除工程、旧路面的病害处理、排水工程改造、行车道改造、人行道改造、路缘石更换、沥青罩面、道路附属景观工程及电力管道、交通、照明、公共自行车管线预埋等,其中南湖以西路段由原双向6车道改扩为双向8车道,在鲤湾路、民族广场、麻村和南宁人大会堂4处增建人行地道。一标8月20日建成通车,总投资2.20亿元,年度计划投资2.13亿元,完成投资2.20亿。二标11月25日竣工验收,总投资2.87亿元,年度计划投资2.87亿元,完成投资2.82亿元。

【南宁吴圩国际机场第二高速公路】 2016年4月30日通车。道路起于吴圩国际机场航站楼,终点接银海大道玉洞大道交叉路口,分城市快速路段和高速公路路段,总长约22千米。2015年2月11日开工建设,业主为南宁市城市建设投资发展有限责任公司,施工单位为广西路桥集团公司、中铁五局集团有限公司、中铁七局集团有限公司等。建设内容包括道路工程、桥梁工程、绿化工程、交通工程、照明工程。城市快速路段东接玉洞大道与银海大道相交处的银灯立交桥,西接高速路段玉洞西主线收费站,长2.70千米,宽68米,双向8车道,设计行车时速80千米,辅道下穿主车道。高速路段长19.40千米,宽68米,起于吴圩国际机场北部,终点接城市快速路段,双向6车道,设计行车时速120千米,设置吴圩东服务区、玉洞西主线收费站各1处。全线设置桥梁19座,互通式立交3座(吴圩国际机场、明阳、玉洞西互通立交),过路通道76座。沿线景观体现壮乡建筑风格,以农村集中居住点和沿线村道作为景观提升改造重点,多层次种植苗木美化景观。总投资59.31亿元,年度计划投资41.79亿元,完成投资40.48亿元。

【良庆大桥】 2016年4月30日建成通车。桥梁南起规划五象新区4号路(丰庆路)与23号路(弘良路)交叉口,北至南北向的青环路,全长约3119米。2013年10月开工建设,业主为南宁纵横时代建设投资有限公司,施工单位为中铁十八局集团有限公司、中交第四工程局有限公司、中铁上海工程局集团有限公司等。主要建设内容分为主桥、五象大道立交桥和青环路立交桥,包括道路工程、桥梁工程、排水(雨水、污水)工程及附属照明工程、交通工程等。主桥采用单跨420米的地锚式叠合梁悬索桥,双塔、双索面,桥面宽38米,双向6车道;主塔采用高81米的混凝土门式塔。总投资22.35亿元,累计完成投资20.36亿元。

【玉洞大道拓宽】 2016年4月30日,玉洞大道拓宽工程(银海大道—玉象路、平乐大道—良庆大道)竣工通车。项目位于五象新区,属改扩建工程,西起银海大道,东至良庆大道,全长约4370米。在玉洞大道(道路红线宽60米)现状道路边线向南、北两侧各拓宽20米道路及10米绿化带,含银海大道—那黄大道段的综合管廊6800米,透水铺装、下沉式绿地、植草沟。2015年7月开工建设,业主为南宁纵横时代建设投资有限公司,施工单位为南宁市基础工程总公司(道路)、中铁十八局集团有限公司(综合管廊)。主要建设内容包括道路工程、排水(雨水)工程以及附属照明工程、交通工程,综合管廊主体工程、结构工程、监控工程、电气工程、消防工程及暖通工程。改造后道路从原宽60米双向8车道扩宽为120米双向16车道,路幅横断面120米,道路等级为城市快速路,设计行车时速80千米。总投资9.80亿元,年度计划投资4亿元,累计完成投资5.83亿元。

【南宁国际会展中心改扩建】 2016年8月,南宁国际会展中心主体建筑扩建工程

4月30日,良庆大桥建成通车　　市城乡建委提供

B区、C区投入使用。2015年3月开工建设，项目发起人为南宁纵横时代建设投资有限公司，施工单位为中国建筑第八工程局有限公司。主要建设内容包括市权属用地范围的场馆及配套设施(A、B、C及5号地块)和一期、二期旧场馆提升改造工程，B地块与地铁站连接通道，会展中心扩建C区地下停车场与石园路连接隧道，民族大道排水渠迁改，石园路(会展路—青秀路)，汇歌路跨线桥(1430×10米)，B、C地块展览器材采购，海绵工程(包括下沉式绿地，雨水收集利用设施，透水铺装)。年内，经改扩建，B地块单层面积3万多平方米，设证件大厅、地下商业区；C地块单层面积4万多平方米，设双层展厅、多功能厅、会议室和新闻发布厅，其中能容纳2500人的多功能厅是中国－东盟博览会开幕式举办地。总投资56.15亿元，年度计划投资9亿元，完成投资31.85亿元。

【沙井—南站立交桥】 2016年8月20日桥梁部分建成通车。2015年1月8日开工建设，业主为南宁市城市建设投资发展有限责任公司，投资方业主为广西南宁铁程投资有限公司，施工单位为中铁三局集团有限公司、中铁上海工程局有限公司等。建设内容包括桥梁工程、道路工程等。为“单苜蓿叶与半定向型组合式”的三层半全互通。东接白沙—壮锦立交桥，南至那历—金凯西路路口，西至南宁南站，北接沙井—亭洪立交桥，总占地37.16公顷，建设主线总长1029.84米，匝道桥14座总长2088.32米，人行天桥4座总长277.90米。南站大道主线长1808米，双向8车道，位于顶层；沙井大道主线长1524米，位于第二层。总投资9.90亿元，年度计划投资1.40亿元，完成投资3.10亿元。

【凤凰岭路改扩建】 2016年12月30日建成通车。道路北起青秀区佛子岭路，南至青环路。2014年12月开工建设，业主为南宁市城市建设投资发展有限责任公司，施工单位包括广西路桥工程集团有限公司、广西市政工程集团有限公司、中国建筑第五工程局有限公司等。建设内容为道路、排水、综合管廊、交通、照明、绿化等。总投资10.02亿元，年度计划投资2.30亿元，完成投资3.65亿元。

（梁善锋）

城市水环境治理

【概　况】 2016年3月30日，南宁市海绵与水城工作领导小组办公室挂牌成立，设在南宁市城市内河管理处。南宁市加强对城市水环境治理领导，重点抓好海绵城市建设，邕江(清川大桥—五象大桥)两岸整治开发，黑臭水体、内河流域治理3个项目。实施海绵城市建设项目142个，完成专项投资4.74亿元，完成率116%；实施邕江、内河整治项目77个，其中新建24个，续建28个，完成投资46.84亿元，完成率112%。

【海绵城市建设】 2016年，南宁市累计实施海绵城市项目189个，占海绵城市试点建设三年(2015—2017)计划93%，开工率、完工率分别为66.50%、42.40%，建成区域面积25.20平方千米，占示范区总面积54.60平方千米的45.80%；示范区24个内涝点完成整治；雨水得到资源化利用，青秀山兰园全年回用雨水2.20万吨，节省提水费120万元；石门森林公园接纳周边小区雨水，将雨水作为绿化、冲厕及浇洒用水的水源，全年回用雨水23.50万吨；那考河项目、石门森林公园、五象湖综合配套工程3个项目入选住房和城乡建设部首部海绵城市建设典型案例集，海绵城市建设的“南宁做法”得到肯定、推广。完善海绵城市建设技术规范，出台《南宁市海绵城市总体规划》，编制《海绵城市示范区控制性详细规划》；完成南宁市低影响开发雨水系统施工和竣工验收技术规程等海绵城市课题研究4项；将海绵城市建设理念和关键指标融入城市各专项规划修编、“两证一书”（建设工程规划许可证、建设用地规划许可证、选址意见书）审批内容贯穿城市规划建设管理全过程。

【那考河流域治理PPP项目】 2016年11月26日，南宁市竹排江上游植物园段(那考河)流域整治PPP项目完成建设进入3个月的试运行。2015年2月26日签订PPP项目协议，3月30日开工(建设期2年，运营期8年)。项目红线范围南起规划的茅桥湖东湖，沿线经过湘桂铁路、长堽路、厢竹大道、药用植物园、昆仑大道，北至环城高速路，治理河道全长6.35千米，总投资11.90亿元(含征地拆迁费用)。为南宁市首个流域治理的PPP项目。按照“控源、截污、内源治理、活水循环、清水补给、水质治理、生态修复”的技术路径，将流域内的河道污水直排口全部截流，将黑臭水体引入污水处理厂，运用膜生物反应器和生态深度处理技术等8道处理工艺，使水质达到一级A的排放标准，再经过生态湿地净化修复后成为河道的补充水源，解决分段治理模式水质水量不保等难题。通过河道治理、截污治污、河道补水、景观环境、海绵建设、信息化管理等措施，改变药用植物园段河道及其周边的环境状况，达到50年一遇行洪标准。河道两岸错落栽种大量桂花树和朱槿树，与民歌湖、药用植物园连成一片，成为国内最长的桂花景观的“湿地公园”。

【路面积水整治】 2016年，南宁市对市区内积水较为严重的道路采取地上与地下相结合、生态措施与人工措施相结合的方式，通过下沉式绿地、透水铺装等措施，减缓雨水径流，让雨水慢下来，分散开，降污染，错峰排水，缓解内涝。示范区的中马路、月湾路，示范区外的北湖路立交桥底、大学路的国际商务学院等积水点整治初见成效。建设市区内涝预警监测系统，实现防涝预警发布、应急抢险，指挥调度等防涝工作目标。

【住宅小区海绵化改造】 2016年，南宁市对27个住宅小区开展海绵化建设，完成裕丰英伦、香港花园等8个住宅小区

11月26日，全国首个水域治理PPP项目——南宁市竹排江上游植物园段(那考河)流域治理工程建成　　市城乡建委提供

的海绵化改造，包括下沉式绿地、绿色屋顶、透水铺装、雨水收集利用、雨水下渗系统等改造。对小区的道路、水电、绿化等基础设施进行改善，将小区现状部分硬化铺装或绿地改造成利于雨水渗、滤和自然积存的微型雨水花园或下沉式绿地，种植耐水性良好的绿化植物，提升绿化景观效果；通过绿地自然生态的"海绵"作用过滤、净化雨水杂志，涵养水土、美化小区环境。

【邕江综合整治与开发】 2016年，邕江(自治区党校至三岸大桥)段整治基本完工，除与滨江路、青山大桥交叉施工场地外，自治区党校至三岸大桥段堤岸全部实现绿化并开辟滨水游步道，邕江沿线完成整治堤段累计31千米；清川大桥—五象大桥段全线开工，完成投资3.90亿元，完成年度任务78%；2017年至2018年邕江综合整治工程PPP项目方案设计通过专家评审，完成PPP咨询机构采购。邕江上游宋村三江口至三津渡口、下游三岸大桥至六律大桥的水域船只清理完成，累计收购拆解船只1723艘、养殖网箱3747箱、排筏119艘，上岸安置船民、渔民600人，改善沿江环境秩序。

【城市内河管理】 2016年，南宁市城市内河管理处出动人员巡河2000余次，加强对18条内河的日常巡查，处置涉河违法违规案件121起。主汛期前完成朝阳溪、心圩江、凤凰江、亭子冲等内河淤堵河段的清淤清障。防汛信息指挥中心二期工程内河防汛监测预警系统建成启用，内河信息化管理常态化。住建部"海绵城市"、财政部"PPP模式"双试点样板工程——竹排江上游植物园段(那考河)流域治理PPP项目完成建设投入试运行。12月8日，沙江河流域综合整治PPP项目完成社会投资人采购，12月28日开工建设。水塘江、心圩江流域综合整治PPP项目加快推进前期工作，11月、12月获可行性研究批复，完成PPP实施方案初稿编制。

【内河黑臭水体治理】 2016年，南宁市将内河水体整治与海绵城市建设相结合，采取截污纳管、河道整治、清淤排水、景观绿化多项措施加强内河治理。纳入治理计划内河46段，黑臭水体长117.20千米。其中：建成区内37段，总长98.41千米；建成区外9段，总长18.80千米。黑臭水体主要分布在那考河、石埠河、西明江、可利江、二坑溪、朝阳溪、竹排江、那平江、凤凰江、亭子冲、水塘江、良庆河和楞塘冲13条内河。年内，整治消除黑臭水体的有那考河、朝阳溪下游等内河段，沙江河、良庆河、楞塘冲、凤凰江等河段正在治理，水塘江、心圩江流域治理PPP项目开展前期工作。南宁市建成区内43千米河段基本消除黑臭水体，达到住建部、环保部考核要求。

2016年，南宁市建成区内43千米河段基本消除黑臭水体。图为竹排江净化水质的生态浮岛和曝气装置　　市海绵水城办提供

【朝阳溪截污补水】 2016年，朝阳溪整治包括截污补水，根治水体黑臭。朝阳溪流域面积22.20平方千米，虽经多次治理，但水体仍然属于劣五类水质，某些溪段黑臭水体比较严重，流经市中心下游济南路91号至镇北桥段沿线有污水直排口13个。年初，整治从镇北桥至邕江入河口段的9个较难整治的污水直排口，6月完成。在朝阳溪流入邕江的河口处建成补水泵站，抽邕江水补进朝阳溪，7天至10天补水1次，每次补水量约6万立方米。经市环保监测站监测，补水后溪水水质明显好转，基本解决水体黑臭现象。

【老口航运枢纽工程】 2016年9月2日完成建设。是国家内河高等级航道"十二五"建设整治的重点项目。作为西江黄金水道建设、水环境治理项目列入自治区层面统筹推进的重大项目。工程具有航运、防洪、发电和改善南宁水环境四大主要功能。坝址位于左、右江汇合口下游4.70千米处的郁江上游段，为郁江流域规划梯级开发中第七个梯级。工程修建拦河坝、船闸、13孔泄水闸、水电站、鱼道及相应配套设施，按三级航道标准整治库尾航道123千米、里和坝下航道34千米。水库正常蓄水位75.50米，防洪总库容3.60亿立方米。8月，实现5台机组全部并网发电，电站总装机容量15万千瓦，年平均发电量6.40亿度。船闸等级三级，通航标准为2×1000吨级顶推船队，预留二线船闸位置。通过与百色水库联合调度，可将南宁防洪标准提高至200年一遇。年内，完成投资3.34亿元，完成年度任务216.90%，累计完成投资57.79亿元。

(蒋　鸣　陈　琳)

市政基础设施建设

【概　况】 2016年，南宁市市政基础设施建设加快推进，城市功能日臻完善。南宁地铁1号线全线通车，2号、3号、4号线建设稳步推进；南宁快速公交(BRT)1号线铺设基本成型。南宁国际会展中心改扩建、民族大道改造提升、良庆大桥、沙井—南站立交桥、南宁吴圩国际机场第二高速、玉洞大道拓宽、五象路二期工程、凤凰岭路改扩建等重大项目完成。东西向快速路、长堽路延长线、高速环道改快速路项目等城市道路及葛村路立交桥、望园路立交桥加快建设，青山大桥主桥合龙，建成邕武路高峰人行天桥、沙井南站立交桥东人行天桥、玉洞平乐立交西人行天桥、广西大学东门人行天桥及长虹路BRT快速公交等8座人行天桥。五象新区蟠龙、玉洞、龙岗等片区加速成型。

【南宁轨道交通1号线正式运营】 2016年6月28日，南宁轨道交通1号线东段(南湖—火车东站)试运行；12月28日，1号线全线贯通正式运营。为广西和全国5个少数民族自治区的第一条地铁。1号线从西端石埠站至东端南宁火车东站，全长32.10千米，沿途设站点25个。设广西大学站、火车站、朝阳广场站、金湖广场站、埌东客运站和火车东站6个换乘站，其中朝阳广场站、火车站作为1号、2号线换乘站设计为同站台换乘。年内,完成投资49.21亿元,累计完成投资178.32亿元,占总概算198.89亿元的89.70%。

【南宁快速公交(BRT)试点工程】 2016年3月,南宁快速公交(BRT)试点工程1号线开工建设;7月,长堽路、民主路、人民路及朝阳路段施工;年末线路铺设基本成型,总投资9.30亿元。线路起于南宁火车站,终点南宁火车东站,由朝阳路、人民路、民主路、长堽路、长虹路、站北七路6条道路组成,全线11.30千米,设置BRT标准站台16对,其中朝阳路设站2对,民主路设站4对,长堽路设站6对,长虹路设站4对,平均站距680米。采用路中站错位岛式站台(车辆双侧停靠)、路中对开侧式站点两种形式,站台宽度4米至6米,站台长度50米至110米不等。通过平面过街、立体过街方式进站,全线设过街天桥13座。是国内首条采用公私合作PPP模式投资建设运营一体化的BRT项目。

【佛子岭路综合管廊】 2016年8月31日建成使用,为广西首条建成的城市110千伏高压线。起于盘龙路,终点在吉祥路外的屯里油库附近,长3.33千米,布设在佛子岭路人行道下。采用内径2.50米预制圆管断面的建设形式,管道埋深2米至5米,可容纳1管直径600毫米的给水管、3回路110千伏电线、18回路10千伏电缆、12管孔通讯管线,是220千伏埌东变电站至南湖站、城东站、凌铁站的重要输电线路,供电面积10多平方千米。采用24小时封闭式管理。年内,完成110千伏高压线下地入廊,及路面架空缆线。计划总投资5700万元,完成年度投资450万元。

【五象新区设施建设】 2016年,五象新区基础设施建设完成投资281亿元,完成年度任务137.10%;引进重点项目41个,计划总投资474.02亿元,累计引进世界及国内500强企业38家,境外上市公司17家,金融机构11家;在建项目471个,比上年增长22.02%;房建类项目在建面积2436万平方米,增长24.22%;片区干道通车53条,总部基地金融街高层建筑主体结构封顶51.28%。五象新区总部基地、金融街、五象湖南边、蟠龙至龙岗片区沿江地带建设初具规模,主干路网基本建成。

【道路与桥梁建设】 2016年,南宁市开工建设道路238条,桥梁(含立交桥)17座;建成道路73条,桥梁(含立交桥)8座,主要有民族大道修复整治工程、凤凰岭路改扩建工程(凤岭北路—青环路)、长堽路延长线、良庆大桥、沙井—富乐立交5条(座)。道路项目完成投资55.15亿元,桥梁项目完成投资8.63亿元。年初,动工建设东西向快速路西段工程;4月30日,南宁吴圩国际机场第二高速公路建成通车,玉洞大道扩建通车,良庆大桥建成通车;8月30日,南宁凤凰岭路改扩建工程的凤凰岭北路至青环路建成通车,沙井—南站立交桥建成通车;10月,青山大桥主桥正式合龙,主体工程基本完工;12月28日,高新大道全线建成通车,为城市一级主干道,全长4.50千米,道路红线60米,主车道为双向6车道,设计行车时速60千米;完成民族大道与金洲路地下通道改造。

五象新区初具规模　　市城乡建委提供

【东西向快速路】 2016年初,东西向快速路西段工程开工建设。起于清川大道,终点民主路,线路全长10.16千米,主要建设内容为道路、桥梁、排水(雨水、污水)、照明、绿化、交通工程,建设投资35.22亿元。城市东西向快速路西起于清川大道,终点凤岭北路,线路全长13.33千米,双向六车道,设计行车时速80千米。计划总投资42.67亿元。分东西两段工程建设,东段路线全长3169米,建设投资7.45亿元,2014年11月动工建设,2015年12月底竣工。

【民族大道与金洲路地下通道改造】 2016年3月20日全部竣工开放使用。民族大道与金洲路地下通道2004年建成,经多年使用,通道结构老化,主体及出入口的顶棚出现不同程度的漏水和损坏,配套设施不足,遇雨出现水倒灌,甚至受淹。2014年,市政管理部门列入年度改造计划,但因改造的资金未落实等原因,2014年11月才封闭通行施工。2015年3月,完成通道内包括顶棚、钢扶手、照明、排水等设施的改造,正式恢复通行。通车后继续对通道出入口设施、上下阶梯扶手、通道内照明灯具等进行更新改造。

【地铁埌东客运站建成】 2016年3月,南宁地铁1号线的埌东客运站竣工。客运站位于民族大道与枫林路交叉路口,线路

8月31日,广西首条地下综合管廊——佛子岭路综合管廊投入使用　　市城乡建委提供

沿民族大道地下设置,呈东西向布置,为地下两层(局部三层),双岛四线车站,是1号线上的第23座车站,全线客运量最大的站点。2015年10月开工建设,主体结构采用铺盖法明挖顺筑施工,8个出入口分布在民族大道两侧。整体环境设计方案为“青秀邕州”,融入壮锦等元素,体现壮乡特色。车站天花板采用铝型材镂空形式装修,以黑色为底,白色的几何图形作为天花吊顶“镶嵌”其中,墙面安装搪瓷钢板,柱子为白绿色搭配,地面铺花岗岩等材料。站厅两侧分别摆放自动充值机12台。在非付费区配置有公共厕所及无障碍电梯1台。

城市供水供气

【城市供水】 南宁建宁水务投资集团有限责任公司担负南宁市城区供水任务。2016年,建宁水务公司完成售水量3.79亿立方米(不含南湖补水量),比上年同期增长3.59%;完成污水处理量3.34亿立方米,增长8.20%。营业收入25.91亿元,增长10.18%;利润总额3.84亿元,增长8.48%;工业总产值11.52亿元,增长5.44%;缴税2.94亿元,增长48.83%;完成固定资产投资31.52亿元,增长14.11%;实际筹措到位融资26.84亿元。至年末,集团公司资产总额187.06亿元,净资产55.85亿元,资产负债率70.14%;公司累计完成固定资产投资31.52亿元,其中城建计划项目完成24.42亿元,占下达指标103.45%。

【河南水厂改扩建】 河南水厂改扩建包括河南水厂扩建及配套的供水主干管改造。2014年开始实施,概算总投资3.70亿元。项目分南北两组,南侧一组日供水能力30万吨的改造2015年7月底建成。2016年,进行北侧一组原有给水处理生产线改造,扩容沉淀池、滤池,以及安装进水泵房高压设备等,8月完成扩容升级,经改扩建供水能力每日60万吨,供水量提高2倍,成为自治区供水规模最大的自来水厂。配套管道安装工程,从河南水厂到五象新区建设管径2米的输送自来水管道1条,将出厂的自来水输送到五象新区,管道全长14.85千米,12月竣工;配套过江供水管工程,3月10日开工敷设葫芦鼎过江供水管,7月26日完成下沉敷设内径1米,长336米“V”型供水管道1条,成为横跨邕江的第7条过江供水管道,年末完成南北两岸供水管道的连接;完成良庆供水加压站建设并具备通水条件,壮锦大道污水管工程主干道贯通。

【城市节水】 2016年,南宁市城市节水用水办公室将日用水在1000立方米以上的用水单位纳入计划管理范围,根据用水定额标准,编制下达3340家计划用水单位年度的用水计划,对计划用水单位申请增加用水量实行登记备案制。举办水平衡测试工作培训班,对重点工业企业和用水大户人员进行培训,培训120多人,南宁学院、南宁市第一医院等18个单位完成水平衡测试。推广使用节水新技术与产品,分两批向有关企业、公共机构及市民免费发放节水型水龙头1700件。围绕节水宣传周“坚持节水优先,建设海绵城市”的主题开展节水宣传进公园、进学校活动。4月,在全市小学开展2016年南宁市小学生节水宣传漫画征集活动,收集漫画作品1401幅;5月15日,在南湖公园举行城市节约用水宣传周启动仪式,现场展示节水宣传漫画,对征集的部分获奖作品颁奖(特等奖2名、一等奖10名、二等奖20名、三等奖30名、优秀奖78名),并给予奖励。推进节水型企业(单位)、节水型居民小区创建,命名南宁富桂精密工业有限公司、南宁学院、自治区委党校、自治区林业厅4个企业(单位)为“广西节水型企业(单位)”,华发新城小区、南宁华润·幸福里2个小区为“广西节水型居民小区”。

【污水处理设施建设】 2016年,南宁市建成污水管网112千米,超额完成年度计划;埌东污水处理厂出水提标改造工程竣工投入运行;自治区第一批22个镇级污水处理设施项目及高坡岭路污水提升泵站、凤岭北污水提升泵站、林里桥污水提升泵站等关键项目开工建设;良庆供水加压站具备通水条件;配合南宁园博园建设,关停清水泉泵站实施河南水厂至清水泉路口供水管道全线贯通;邕江取水口上移工程编制可研报告、进行方案设计。

【燃气供应】 2016年,南宁中燃城市燃气发展有限公司新增市政燃气主干支管94.61千米,完成投资2009.23万元;小区庭院管网建设完成447.46千米,完成投资6260.76万元,建成凤凰小区、传媒新城、华润24城等31个小区管网。中燃公司历年累计敷设市政燃气主干支管724千米,小区庭院管网3784千米。2012年启动的西气东输西二线高压燃气配套工程完成1座接收门站、2座高中压调压站、1座高压调压阀室、1座加气母站的建设和投产,南宁市的城市管道燃气均使用上长输气,安吉调压站年底实现供气。中燃公司高压管线完成敷设15千米,完成投资4500万元,“西气东输”北二线45千米全线贯通并具备供气条件。至年末,中燃公司敷设高压管线113千米,公司资产总额19.52亿元(流动资产5.91亿元、固定资产12.87亿元),年销售管道燃气1.84亿立方米,比上年增长21.16%。全市有液化石油气企业17,供气量7.42万吨,比上年同期减少1%。

【然气“北二线”工程】 2016年10月30日,中燃公司建设的天然气高压输配系统项目“北二线”主体工程完工, 12月正式通气。天然气“北二线”起于外环高速公路高峰收费站一侧,途经三塘镇10个村、五塘镇3个村、高新技术产业开发区2个村及2个国有农场,穿越高速公路5处,国道5条。“北二线”通气,使南宁的高压管网初步形成“C”型环状,全城东南西北中各个方面都有管网布点,每个片区都有充足的气源保障。天然气高压输配项目(含“北二线”主体工程)完成投资4.62亿元。

【燃气GIS系统建设】 2016年,中燃公司继续推进GIS系统(智慧燃气管网管理系统)建设,8月系统初验提出整改12项,年内全部整改完善并通过审核。完成小区及工商录入1400个、重大危险源录入230个,市政管网手动录入并编辑属性约300千米,阀门、凝水缸属性录入约3000个,完善GPS巡检系统功能。

【燃气管网迁改】 2016年,中燃公司配合城市市政道路桥梁建设管道迁改6910米,主要包括玉洞大道、中华园湖立交东西向快速路、民族大道、凤凰岭路、北湖东二里、凤岭20号路、秀灵快速环道、柳沙规划1号线、五象新区总部基地地下空间、仙葫大道、仙葫大道跨绕城高速桥、园湖南路、石门路、友爱路框架桥、邕江大学南路、西明江防洪闸、那平江防洪堤、凤岭16号路等路段,总投资469.09万元。

【燃气用户】 2016年,南宁市燃气开通居民用户8.27万户,比上年同期增加0.20万户,增长率2.50%;开通工商户1039家,增加579家;累计在用居民用户56万户,增长17.40%;在用商业用户2367家,增长42.50%;在用工业用户88家,增加25家。推进老旧小区、天地楼天然气配,至年末开发并通气已建成的老旧小区942个,覆盖用户23.30万户,累计开通13.20万户;继续对建设规模的天地楼居民用户(含城中村)进行开发,开发埌东三组九组、金象二三四区、凤凰城、罗赖村、高峰林场自建房、东南村四组、祥宾居民一区二区等项目40个。

【燃气行业管理】 2016年,南宁市开展燃气行业安全生产检查，检查市本级管理的天然气门站、调压站、储配站14个，液化石油气储配站17个，天然气加压站13个。强化燃气企业供气源头管理，将重心放在燃气企业的钢瓶运输车辆、燃气储配站、正规经营点是否存在给“黑点”提供气源等问题，从源头上杜绝不安全因素；加强瓶装液化气灌装质量、燃气质量的监督检查，查处缺斤少两、违规充装燃气的违法违规行为。开展执法检查119次，取缔“黑点”97个，查处燃气违法运营车辆28辆次，暂扣违法充装钢瓶3707个；处理热线投诉24起、网络投诉1起、电话投诉22起。对向没有取得燃气经营许可证的单位提供用于违规经营燃气的1名当事人进行立案查处。

旧城改造

【棚户区改造】 2016年，南宁市按照自治区住房和城乡建设厅下达的棚户区改造任务，优先安排历史文化街区、邕江两岸、轨道交通两侧、精品路线两侧、重点区域门户及其周边的改造项目。改造方式除传统拆除重建外，对一些住宅片区、配套不齐全、居住环境较差、房屋存在安全隐患难以拆除重建的老旧小区，采取市政府主导，区县政府实施，社会力量包建共建，居民参与的方式进行综合整治改造。推进使用棚改专项贷款的“以购代建”，指导区县、开发区通过政府组织团购，政府集中采购的形式进行安置。探索政府搭建服务平台，房地产开发企业到服务平台登记待售房源信息，征拆户持房票通过服务平台选购商品房的安置方式。3月29日，南宁市最大的棚户区改造项目——路桥锦绣城项目正式开工建设，计划投资超20亿元。望州路片区旧改项目完成项目征收面积3.42万平方米，完成率89%；签约165户，完成率80%。南宁市超额完成国家、自治区棚户区改造任务，开工改造项目2万套，占总任务101.00%，其中国家任务开工9482套，自治区新增任务开工1.05万套。货币化安置5580户，安置率59.00%。

【房屋征收(拆迁)】 2016年，南宁市旧城改造完成国有土地房屋征收面积57.33万平方米，完成年度任务103.86%；完成旧改项目成本核算8个，被征收单位19家，被征收户1140户，总金额18.46亿元；完成铁建项目验工计价5个，总价3403.92万元；审核征收补偿决定(行政裁决)申请材料61份，受理40份；组织征收(拆迁)当事人召开协商会38次，协商会后签约9个；向市城乡建设委员会报送提请作出补偿决定材料28份，作出补偿决定书24份，提请司法强制执行1份，到法定期限进入催告程序4个。接待群众来电信访86人次，来访45人次，信访问题复函8件，信访问题排查4次，处理信访遗留问题协调会10次。 (陈　琳)

城市防洪

【概　况】 2016年，市机构编制委员会核减市邕江防洪排涝工程管理处事业编制11名，编制由160名调整为149名。市邕江防洪排涝工程管理处在职156人，其中具有高级专业技术职务任职资格5人、中级24人、初级28人。南宁市有防洪堤57.95千米。其中：50年一遇洪水标准防洪堤江北21.40千米，江南15.96千米，沙江堤1.39千米；20年一遇洪水标准防洪堤12.53千米，白沙堤6.67千米。建成在用排涝泵站21座(投运机组106台，装机容量42491千瓦，排涝流量每秒392.16立方米)，防洪闸20座、交通闸29座，穿堤涵管37条、护岸19.37千米。防洪工程抵御超设防洪水61次，防洪效益385.92亿元。

【河道管理】 2016年，市邕江防洪排涝工程管理处公车改革后调整河道巡查方法，采用分段负责制，保证巡查效果。开展邕江河道日常巡查356人次，制止水事违法违章事件26起，发出整改通知书20份、水事违法通知书3份、对外发函19份。督促违规单位、个人拆除违章搭建房屋330平方米，拆除构筑物(砖砌围墙、砼柱等)40立方米，整治堤防管理范围内车辆乱停放89起。处理答复市长热线及数字化城管处置单48份。把邕宁梯级枢纽工程专项防洪闸改造工程协调及监管列为年度临河建设重点管理项目，协调配合各参建单位处理影响防洪安全问题。检查临河在建项目14次，发出整改单17份，发出通知、函等文件30份。安装邕江精品段文明提示牌17块。“世界水日”“中国水周”期间，组织人员到北大港低水码头、江北中堤堤外河道滩涂宣传水法规，清理整治邕江沿岸的占地种菜及白色污染。

【防洪工程建设】 2016年，市邕江防洪排涝工程管理处完成雅里村穿堤管应急加固工程、防洪堤大坑口段管涌应急加固一期工程验收，2016年各管理所运维项目、白蚁防治、防雷整改工程施工，2014年竹排冲、大坑、心圩、亭子管理所及2015年竹排冲、大坑、心圩、凤凰江管理所维修养护工程结算审核，邕江综合整治和开发利用精品示范工程(邕江一桥—桃源大桥段)亮化工程移交管理，2001年7月8日洪水水毁工程、江北中堤(雅里—中兴大桥段)岸坡、大坑旧泵站、西明江泵站岸坡4项除险加固工程决算审计，江南堤路园(三津—南站南侧路段)8标段剩余工程竣工验收和结算审核，江南堤路园(三津—南站南侧路段)10标段现状移交。协调解决凤凰江生态环境综合整治工程涉及的防汛物资仓库回建，竹排冲大院大门、场地恢复，石巷口泵站新开大门，白沙堤亭江泵站与金沙湾公司用地争议，沙江排涝泵站拖欠部分材料款等问题。配合江南区政府、富德村村委办理国有土地使用权调拨手续，办理富德村回建小区住宅楼房产证，协调完成富德村回建小区项目结算审核。

【防洪设施维修与保养】 2016年，市邕江防洪排涝工程管理处组织对防洪设施

6月汛期前夕，市邕江防洪排涝管理处工作人员检修防汛设施　　蒋　蓉提供

进行安全检查35次，查出各种影响防汛问题及防洪隐患130处，召开专题研究会对口落实，限期整改。向有关责任单位发送防汛函件35份，督促做好防洪准备。组织对所有防洪闸、排水闸、交通闸试关闭；完成水泵机组、启闭机、厂房吊车、电动葫芦等机械设备维修、保养145台次；检测、维护高低压配电屏180面次；检测、摇测各类电动机绝缘阻值136台次；维护配电开关箱105个次；维护、检测电力变压器18台次。实施临胜泵站技术改造、津头出水口蝶阀维修采购项目，支付费用40.13万元；更换亭子泵站11个机组出水管拍门；完成泵站起重机15台、电动葫芦30台补证、检修保养和验审；维修心圩江泵站6号、7号和8号3台机组排水管波纹补偿器；协调内河管理部门进行心圩江、亭子冲泵站进水前池清淤。

【防洪信息化建设】 2016年，市邕江防洪排涝工程管理处完成防洪信息安全三级等保配套整改设计、防洪联动预报报警二级保护改造配套项目设计，完成防泵站自动化设施设备维护服务，开展信息安全等级保护测评，建立健全自动化信息台账制度。检测泵站及防洪闸自动化LCU(现地控制单元)设备170台次，巡检各项类别采集终端20余次，检修自动化设备50台次。

【防洪排涝】 2016年，市邕江防洪排涝工程管理处举办电工进网、新进人员、机长、泵站运行、泵站自动化、电工技能等培训班8期，培训250人次。开展业务技能竞赛，参加103人次。发布雨水情信息6800份(条)。邕江出现2次超设防水位期间，出动780人次，车辆94辆次开展巡查处置；竹排冲、大坑口等13座排涝泵站开机运行，累计投入运行机组291台次，运行时间1196小时，总抽排水量2040万立方米；关闭防洪闸16座次、交通闸2座、穿堤管9处，确保安全度汛。

(蒋　蓉)

县城建设

【县城道路建设】 2016年，横县长安大道改造二期工程县检察院至横州大桥社区路段3.70千米道路扩宽，大桥社区十字路口改造，县检察院路口至横州镇五中门前的路灯安装、通电照明，大桥社区十字路口改造路段路灯照明完成建设。总投资6600万元，完成投资6200万元。宾阳县东环路(美食街至黎塘转盘)改造工程，总投资5687万元。建设内容包括马兰转盘至黎塘转盘现状二级公路改造为城市道路，长2.10千米，现状双向两车道拓宽为双向四车道；风景路规划红线宽36米；南梧二级路路口拓宽成56米；美食街至金城路渠化改造全长1354米。上林县大丰生态移民A、B标道路基础设施建设投资2.48亿元，完成投资1.05亿元；北归大道二期(皇周转盘至东方国际)道路扩建工程竣工，总投资6000万元。隆安县隆南大道改造工程(规划二路至消防大队，总投资约2810万元)、江滨路延长线工程(总投资约4000万元)开展前期工作。

【道路"白改黑"工程】 2016年，横县完成江滨路650米、江北大道1100米、公园路750米、淮海路—迎宣东路2850米、教育路250米等道路路基加固、沥青路面铺设和人行道改造。项目总投资4100万元。宾阳实施县临浦路沥青路面(总投资1700万元)、广源路沥青路面(总投资275万元)、昆仑路"白改黑"改造(总投资1700万元)、西环路工业品市场段沥青路面(总投资281万元)工程；昆仑路"白改黑"改造工程完成建设通车。

【市政基础设施建设】 2016年，横县县城取水口上移工程开工建设，总投资1.11亿元；江北大道迎宣门至槎江路段雨污分流工程、教育路横县中学南门至县人民医院段雨污分流工程竣工验收；横县茶厂直排口截污工程进入收尾阶段；8月20日，横州镇至校椅路灯建设(兴六高速公路横县连线二级公路亮化工程二、三期)全线亮灯，总投资2500万元，安装茉莉花造型新型节能LED路灯671套，总长13.20千米；科技馆和青少年活动中心封顶，完成投资8600万元，占总投资47%。宾阳县投入资金738万元进行东环路、西环路、广场照明、宾中路路灯电缆更换、内东环路楼宇亮化等6个照明项目建设，安装路灯照明478盏，内东环路沿街两侧景观楼宇亮化2000米，亮灯率97%以上。上林县县城污水管网程投入3950万元，建设长度23千米，年内完成建设12.50千米，完成投资2200万元；管道燃气特许经营项目储气加气站完成工艺数设验收，市政管道铺设8.50千米，总投资1.50亿元，完成投资1.40亿元。马山县规划对姑娘江进行生态化建设，概算总投资1500万元；天然气管网项目完成部分前期工作，签订特许经营协议书；实施城市公共卫生间建设、银峰商贸城道路与排水排污管道、城西排水大通道一、二标段建设、城区道路修缮、姑娘江河堤整治、翻板坝修建等工程。隆安县开工建设西宁水厂(计划总投资5833万元)、县城宝塔工业区供水工程(总投资546.86万元)、隆安县公厕项目(总投资约140万元)；污水处理厂技改项目6月开工，计划总投资4800万元，年内完成一期建设，完成投资590万元；县城新安装路灯灯杆40杆、线路1900米，总投资38.10万元。

【县城棚户区改造】 2016年，横县棚户区改造目标任务90户，全部完成开工任务；横州镇城司北路片区棚户区改造项目申请县农业发展银行贷款2亿元，横县农业局棚户区改造申请自治区国家开发银行贷款5000万元，均获银行贷款授信。宾阳县城东新区二期新廖村改造项目、广西煤炭地质局黎塘办事处改造项目均为国家开发银行贷款项目，分别计划投资4.16亿元、4676万元。上林县棚户区改造建设任务2850户，开工1450户，占任务50.80%。马山县县城所在地白山镇旧住宅区综合整治改造项目500户，9月中旬开工，计划投资2750万元。隆安县新开工建设棚户区改造项目1个40套，建设地点县城西路25号小区，建筑面积6400平方米，总投资1400万元。

(横县、宾阳、上林、马山、隆安五县地方志办)

村镇建设

【农村危房改造】 2016年，南宁市农村危房改造任务1.11万户，其中建档立卡贫困户危房改造任务3054户，总投资6.66亿元。按计划建档立卡贫困户完成时间为2016年12月，其他户为2017年5月。11月，市城乡建设主管部门提前完成任务，各级财政补助资金落实到位，其中，中央和自治区补助资金1.72亿元(中央补助资金8563.31万元，自治区配套资金8589.34万元)，市级配套补助资金3759.9万元，县级配套及农民自筹承担4.58亿元。

【新型城镇化建设】 2016年，宾阳县县城金城路、东环路、临浦路及工业品市场公厕工程开工，完成投资3000万元。百镇示范建设第二批项目的金陵镇、古零镇投资4643万元，完成投资3845万元，完成年度任务82.81%；第三批项目罗波镇、古辣镇、六景镇下达建设计划，其中罗波镇开工并完成投资678万元。少数民族乡建设工程第一批的古寨瑶族乡完成投资1403万元，完成年度任务93.53%；第二批里当瑶族乡、镇圩瑶族乡下达建设计划，开展前期工作。上林县的下水源村、宾阳县两岸村10月底完成特色名镇名村建设工程建设项目，上报自治区住建厅验收；下水源村完成投资1178万元，完成率100%；两岸村完成投资1278万元，完成率100%。2015年至2016年自治区下达基础设施和公共服务设施"两延伸"项目35个，完成29个，完成投资976.38万元，完成年度任务93%。南宁市新型城镇化示范县建设项目投资估算7.23亿元，计划2019年完成建设任务。

【村屯设施建设】 南宁市列入中国传统村落名录的江南区江西镇扬美村、同新村木村坡、同江村三江坡，横县平朗乡笔山村基础设施建设2015年列入中央财政支持范围。2016年，各村完成村屯保护性规划编制、建设资金落实、工程设计及招投标等前期工作并开工建设，总投资3496万元，完成投资1285.40万元，完成年度任务36.77%。自治区第一批2个乡土特色示范村（横县平朗乡双窑村长街屯、西乡塘区石埠街道老口村那告坡）建设完成投资1400万元，完成年度任务100%；2016年下达的第二批49个示范村完成招投标等前期工作，12个村开工建设，年度完成投资1341.40万元。自治区下达南宁市114个屯内道路硬化项目全部竣工。

【改厨改厕】 2016年，南宁市选择青秀区、武鸣区、马山县作为农村改厕改厨试点，青秀区、武鸣区采用三格化粪池或三联通沼气池，马山县采用双瓮漏斗式，每种类型1个村屯，约20户左右。完成全部试点建设。 （陈　琳）

市政市容管理

【概　况】 2016年，南宁市城市管理局围绕"治水、建城、为民"主线，推进"美丽南宁·整洁畅通有序大行动"、城市管理体制改革，推动城市管理走向城市治理。按照自治区、南宁市关于南宁市综合行政执法体制改革、关于调整城市管理综合行政执法机关行政处罚权范围的文件精神，南宁市从8月起将市区邕江河道（托洲大桥至六律大桥）管理范围内部分行政处罚权由城市管理综合行政执法机关行使，涉及水利、河道、环保、渔业管理等方面的法律、法规、规章规定。10月，市城市管理综合行政执法支队水上执法监察大队依法对未取得相关部门审批手续，擅自往江里倾卸泥土的当事人处以2万元罚款，是市区邕江水上综合执法移交市城管支队后开出的第一张罚单。11月，市城管支队机动大队历时两个多月的调查取证，对大学西路罗文大道路口西北侧的某豪华汽车4S店损毁绿化行为依法予以14.27万元罚款，是全市城管在毁坏绿化行为执法罚款金额最高的案件。南宁市（含武鸣区及五县）拆除违法建筑5248处，拆除违法建筑面积186.44万平方米，清理违法占地面积256.73万平方米。

【整洁畅通有序大行动】 2016年，市城管局协调、指导各城区、开发区、市直各职能部门开展占道经营、人行道车辆静态停放、违章夜市、"城中村"等专项整治行动13次，查处"五乱"（摊点乱摆、车辆乱停放、垃圾乱扔、广告乱贴、工地乱象）行为105.80万起。其中：摊点乱摆（含跨门槛经营）行为21万起，车辆乱停放行为16.90万起，垃圾乱扔行为3.60万起，广告乱贴行为63.30万起，工地乱象行为1万起。下发督办函110份，督查市容问题272个，处理群众投诉90件。

【市政设施维护】 2016年，南宁市计划实施市政道路"白改黑"工程42条，完成40条。完成道路、人行道维修26.73万平方米；完成市区190座桥涵、2个地下人行通道、6座隧道的日常养护；钢架结构防腐处理5330平方米，维修产值7019.26万元。5月，成功申报地下综合管廊试点城市，成为全国15个地下综合管廊试点城市之一。全市地下综合管廊建设项目开工12个，建成18.50千米，完成投资5.48亿元。其中试点城市建设项目开工6个，未开工1个，建成管廊7.40千米，完成投资2.48亿元。

【市区防内涝】 2016年，市城市管理部门清淤疏通排水管渠6.80万米，清掏进水井7393座，安装防坠网2.10万多个，提高管道行洪能力，消除新增易涝点和安全隐患。市区出现大范围强降雨天气10次，启动内涝预警4次，出动抢险人员6712人次，车辆945辆次。市管道路所有积水点在经过应急处置后一般1小时～2小时即消退。

【户外广告整治】 2016年，市城市管理局整治城区、开发区建成区范围的户外高杆广告牌、门店招牌、楼名楼标、墙体广告牌、LED电子屏、阅报栏及其他非交通指示牌。拆除市区范围内高杆6杆，拆除面积1802平方米；拆除违法设置户外广告、招牌1879块，拆除面积4.52万平方米。审核备案1212个点位道闸广告。5月10日，在市城管支队七楼会议室以公开竞价方式，对拆除违法广告物料（包括塑布铁皮角铁、铁管高杆、广告招牌）A、B标进行处置，A标广告物料61.17吨，起拍价3.43万元；B标广告物料48.39吨，起拍价2.71万元。广西南宁众成废旧物资回收有限公司分别以3.63万元和2.81万元的价格竞价成交。拍卖所得款项全部上缴市财政。

【照明管理】 2016年，南宁市有路灯7.76万盏（LED节能灯2.40万盏），其中市级管理维护5.26万盏，城区、开发区管理维护2.50万盏。有公共景观亮化节点53个，公共景观照明设施26.50万盏，亮化楼宇922栋。市城市照明管理部门完成路灯维修6501盏次，完成年度任务108.30%；景观亮化灯维修1.24万套，完成年度任务206.50%；路灯亮灯率99%。2月中旬，组织路灯维护工人30名，出动照明维护作业车10辆，清洗170多条市管道路的2万多杆路灯灯杆；完成南湖亮化提升二期工程、第二机场高速收费站入口绣球油漆翻新、南宁国际会展中心边坡标识

6月28日，南宁市餐厨车在收运餐厨垃圾　　董　强提供

(LOGO)反光膜更换调试等亮化工程。

【民族大道沿线美化亮化工程】 民族大道修复完善——沿线美化亮化工程,实施范围和规模包括民族大道沿线(民生广场畅游阁至三岸收费站)段沿线7座桥梁和两侧123处(174栋)楼宇夜景照明的改造提升,总投资1.27亿元(含凤岭立交桥)。项目计划至2020年分4期实施。2016年实施第一期,包括埌东汽车站、浩然风景、德瑞花园、汇东国际等25处66栋楼宇亮化及友爱南跨线桥、新民立交桥、青枫立交桥3座桥梁立交亮化改造的灯具系统安装、系统调试、亮灯工作,年内全部完工。施工人员拆除友爱南跨线桥、新民立交桥、青枫立交桥的旧灯具约500套、管线2245米;设计安装灯具1226套、管线约8000米。

【广场管理】 2016年,市城市管理局负责对金湖广场、民族广场、民生广场、朝阳广场、明秀广场5个市级广场进行维护和管理。市城市广场管理部门完成鲜花下地换种19.60万盆,完成金湖广场整改工程等维修项目14个,配合开展在各广场举办的公益活动22场次。5月12日,民生广场畅游阁正式对外开放。7月1日,南宁火车站站前广场整体移交至南宁铁路局管理。

【大桥管理】 2016年,南宁市市本级负责管养城市道路桥梁18座:西明大桥、清川大桥、中兴大桥、永和大桥、北大桥、邕江大桥、桃源桥、凌铁大桥、白沙大桥、葫芦鼎大桥、英华大桥、五象大桥、南宁大桥、良庆大桥、青山大桥、三岸大桥、龙岗大桥、蒲庙大桥,具体由市市政工程管理处和市大桥管理处负责管养;南宁铁路局负责管养铁路桥5座:新南宁邕江四线特大桥、邕江铁路大桥(拟部分拆除)、三岸邕江双线特大桥、新邕宁邕江特大桥、邕宁邕江特大桥;自治区高速公路管理局负责管养高速公路桥梁3座:托洲大桥、六律大桥、大冲邕江特大桥。年内,市城市管理部门劝阻桥区不文明行为340起,疏导交通89起,救助跳江人员8名,发现桥区设施受损、无证施工行为并报相关部门218起,清理桥区面积3.58万平方米,维修桥梁伸缩缝2.08万米,完成10座跨江桥梁安全监控系统项目,对市区65座桥梁开展病害整治、防锈防腐和喷涂施工,推进湘桂铁路部分路段废弃线桥移交拆除项目。

【城市生活垃圾处置】 2016年,南宁市有环卫专用车辆953辆、生活垃圾无害化处理场2座、公共厕所208座,其中三类以上公厕198座;道路清扫保洁面积5532.72万平方米,其中机械清扫面积3383.71万平方米;洒水降尘道路面积3098.80万平方米,其中一级、二级道路面积3068.60万平方米,一级、二级道路机械化清扫率88%。清运生活垃圾113.21万吨;生活垃圾无害化处理113.21万吨(日均处理3101.60吨),生活垃圾无害化处理率100%。7月28日,南宁市城南生活垃圾卫生填埋场渗滤液处理站升级改造工程项目开工,总用地面积2.50万平方米,构筑物总建筑面积2631.42平方米,渗滤液日处理规模680吨(进水量)。

【生活垃圾分类试点】 2016年,南宁市协调推进45个试点小区实施垃圾分类,开展全市试点小区垃圾分类巡回宣传、"八桂讲坛公益讲座"生活垃圾分类宣传活动,印发《南宁市生活垃圾分类设施配置及作业规范》,扩大生活垃圾分类宣传力度。试点区域居民参与率80%,居民分类投放正确率60%。

【餐厨废弃物资源化利用处理】 2016年,南宁市餐厨废弃物资源化利用和无害化处理厂收运处理餐厨垃圾8.11万吨、地沟油929.12吨,处理生活垃圾分类小区厨余垃圾1018.17吨。日均收运量224吨,全部实现无害化处理。南宁市餐厨垃圾智慧监管平台项目经验收投入运行,实现餐厨垃圾产生源头至处置终端全过程多角度监管功能。12月7日,南宁市餐厨废弃物资源化利用和无害化处理项目代表南宁市参加广州国际城市创新奖评选,与59个国家和地区171个城市的301个项目参评,获专家推荐,与广州市"如约巴士"项目成为获专家推荐奖的中国项目。

【建筑渣土管理】 2016年,南宁市城管执法队伍出动人员23.35万人次,查处泥头车违法案件6421起,扣押车辆3407辆次,处罚金额1224.54万元。对全市32家建筑垃圾运输企业3028辆泥头车强制安装GPS监控设备;对53个消纳场进行规范管理,其中经市城市管理局审批19个,城区审批34个。 (董　强)

建筑管理

【概　况】 2016年,南宁市列为自治区建筑产业现代化试点城市,出台《南宁市人民政府关于推进建筑信息模型(BIM)技术推广应用的实施意见》《南宁市人民政府关于加快推动装配式建筑发展实现建筑产业现代化的实施意见》,全面推进BIM技术适用和装配式建筑发展,进行建筑管理制度改革,促进建筑产业向信息化、工业化转型升级。全市建筑业实现增加值364.02亿元,比上年同期增长6.40%。建筑业增加值对南宁市地区生产总值增长的贡献率9.30%。全市建筑业有101家企业年产值超亿元,增加2家;其中10亿元以上的企业有24家,增加4家,产值合计877.89亿元,占全市建筑业总产值74.06%;产值100亿元以上企业3家,完成产值368.01亿元,占全市建筑业总产值31.04%,增加33.11亿元,增长9.89%,占全市建筑业产值增量21.60%。

【建筑市场整顿】 2016年,南宁市建筑管理部门通过项目日常巡查、拖欠工程款事件协调,以及上级部门和相关单位移交案件等多种途径,收集证据,扩大对工程"三包一靠"(分包、转包、内包、挂靠)违法行为调查范围。立案违法行为11起(项目7个),处罚金额314.49万元。实行网上建筑劳务信息登记,重点加强劳务企业人员持证及资质就位情况管理,对247家建筑劳务分包企业进行网上信息录入。加大对各施工项目建筑劳务分包的监管和服务,抽查项目15个,就检查中发现的问题约谈企业6家次,下发整改通知书10份。推进实名制管理,在建工程项目(包括房屋建筑和地铁轨道)安装实名制系统约120个,设备安装单位发放临时卡3.10万张、银行工资卡1000张;登记实名制系统运营商15个,开通实名卡关联金融卡的金融机构7家。

【工程款支付监管】 2016年,南宁市办理95家企业的农民工保障证书,出具无拖欠证明371份,办理169份建设单位、114份施工单位的退休农民工工资保障金申请;开展建设领域拖欠工程款、农民工工资专项整治行动,打击恶意欠薪、讨薪行为。

【工程质量安全管理】 2016年,南宁市重点开展预防高处坠落、坍塌、物体打击和消防安全等专项整治行动,加强重大活动及汛期建筑工地安全生产检查。市建管部门出动检查人员1.06万人次,下发整改通知书1452份、停工通知书316份,动态扣分422份,执行简易处罚903份,处罚金额90.30万元。发挥建筑工程稽查、监察职能,立案195件,审核142件(含跨年度案件),罚没款1515万元。

【百日治尘行动】 2016年3月起,南宁市决定开展为期3个"100天"的扬尘污染治理专项行动,重点对建筑工地、重点路段、企业堆场、消纳场集中整治。严管工地出口、消纳场入口两个"口",规定不

2016年，南宁市开展3个“100天”扬尘治理，“南宁蓝”成为城市名片

市城乡建委提供

管工地大小，均要有工地出入口的冲洗平台，将冲洗水槽设置10米长，不达标不允许施工；工地出入口两旁裸露的泥土铺草绿化，设置摄像监控。封闭整改全市50多个建筑垃圾消纳场，完成整改并验收合格后才能进行垃圾消纳；在城区边缘选择3个场地建造标准消纳场，全市消纳场均按标准消纳场进行改造和管理方式整改。在泥头车、建筑散料运输车主要行驶路线，设立联合执法卡点23个、流动巡查小组1个，设卡严查与流动稽查相结合，由城管、交警、交通等部门具体落实执法人员24小时轮班值守。出动联合执法人员1.42万人次、查处车辆2114辆次。南宁市散装水泥办公室对市区34个混凝土搅拌站进行专项整治，督促24个搅拌站对物料堆放进行密闭设施建设。6月，市区34个混凝土搅拌站完成整改整治。青秀区通过“青秀通”“随手拍”，市民在网上直接提供线索，实现“10秒钟响应”，提升扬尘治理效率。开展全方位专项督查3次，以督办整改传导压力，实现反应快、行动快、改善快“三快特征”，督查问题218件，完成整改157件。经百日治理，环保监测4月南宁市区空气质量优良率96.70%，5月、6月空气质量优良率100%。

【工地扬尘治理】 2016年，市城乡建委开展建筑工地扬尘污染治理“一号行动”，全面治理工地施工违规作业引起扬尘污染环境乱象，主要对易造成扬尘污染的工地建围墙、施工场地硬化、出入车辆冲洗、安装扬尘在线监控设备，随时发现问题及时整改。推进扬尘污染联防联控智能管理，实施扬尘在线监控系统项目，结合原有工地远程视频监督，要求新开工项目必须安装由环保部门核准的工地扬尘在线监控系统；大型土方作业必须配备雾炮车进行喷雾降尘；工地必须制定工地门口保洁制度，建立保洁专岗，严格落实工地现场文明施工各项规定，工地出入口要铺设钢板、麻袋、减速带；工地现场主干道必须用混凝土硬化或连续铺设钢板等硬化处理；工地外出车辆必须严格执行洗车程序，确保不带泥上路；加强地面冲洗和污水排放处理管理，保证工地出入口50米范围内干净整洁。施工单位在进行土方施工作业前，必须制定专项施工方案。施工工地现场堆置的裸土，必须利用防尘网或安全网覆盖；非当天施工作业区域，不准撤下裸土覆盖，实现工地黄土裸露部分分覆盖或绿化，散体物料全覆盖。

【建设工程招投标】 2016年，南宁市建设项目招投标办理单项交易1165项，造价506.18亿元。其中：公开招标892项，工程造价289.76亿元；邀请招标47项，工程造价33.23亿元；直接发包226项，工程造价183.19亿元。全面推行广西电子招投标开评标系统，依法调查和处理轨道一号线厨房设备采购、通信系统采购、五象大厦总部幕墙工程投诉处理纠纷。协助、配合南京市建委、福州市交通委、自治区住建厅等单位完成相关业务核查、调查。推行招标公告、招标文件标准化范本，统一、规范招标文件内容条款。11月，组织开展建设工程造价咨询、招投标代理机构执业情况监督检查，受检企业123家（含外省驻邕企业23家），不符合执业标准条件8家，没有准备检查材料1家，执业情况基本满足资质准入许可要求114家。

【墙体材料改革与建筑节能】 2016年，南宁市组织企业开展检验室建设示范工作，8家企业列入示范，获自治区补助资金30万元；对2家获自治区墙改办批复的企业落实定额补助，拨付补助资金51.60万元。自治区下达淘汰落后窑炉和黏土类烧结砖生产线任务113家，实际完成139家；减少实心黏土砖年生产量约25亿块标准砖，节约土地400公顷，节约能源50万吨标煤，减少二氧化硫排放0.90万吨。推广应用绿色建筑和可再生能源建筑，新建项目设计阶段新增绿色建筑128项，建筑面积1051.28万平方米，地源热泵技术应用面积24.36万平方米，太阳能热水系统应用面积313.37万平方米，太阳能光伏发电应用装机容量3404.56千伏。全年建筑节能量完成23.56万吨标煤，完成年度任务107%；建筑节能工程竣工验收项目397个（合计建筑面积578.78万平方米）均落实建筑节能强制性标准，可再生能源系统施工应用面积231.51万平方米。列为绿色建筑示范项目15个76.78万平方米，通过专家评审列为建筑节能一体化示范项目43个、可再生能源建筑应用面积215.18万平方米。拨付奖励资金3225.74万元。

【建设工程造价管理】 2016年，南宁市建设工程造价管理处参与吴圩国际机场第二高速公路、良庆大桥、南宁火车东站综合交通枢纽二期工程北广场主雕灯光工程、南宁博物馆项目建设智能化、南湖—竹排冲水系统环境综合整治工程子项目应急排涝泵站新增项目、南宁国际会展中心BC地块改扩建项目重要设备等8个项目询价。刊发《南宁建设工程造价信息》12期，发布钢材、水泥、混凝土、电线电缆材料价格约5000种，增加电缆桥梁、HDPE（高密度聚乙烯）双壁波放管、钢塑复合管等10余种近300个规格材料价格。做好营业税改增值税后的材料价格发布，第一时间发布各类材料的除税价格；深入相关企业调研，做好橡胶沥青混凝土价格测算及发布、预拌砂浆价格发布。对全市111家造价咨询企业开展执业情况检查；完善《南宁市房屋建筑和市政工程造价咨询企业信用评价管理办法（试行）》，市建设工程造价行业协会开展2016年度信用评价，有3A级企业8家、2A级企业54家、1A级企业18家。修改完善建设工程典型模板内容，旧工程向“营改增”工程转换。接待来人咨询658人，来电咨询1835人次，来函咨询13次，解答复函13份。

【行政执法专项检查】 2016年，市城乡建设行政主管部门重点在城乡保障性安居工程建设管理、建筑节能、建筑市场、工程质量安全、工程建设强制性标准实施、施工现场环境整治6个领域开展行政执法专项检查。一般程序立案查处建设违法违规案件178起，简易程序查处903起，下达停工通知316起、整改1450起，上缴罚没收入约1500万元；发出行政处罚告知书123份，作出行政处罚决定书103份。

完成“南宁市网上行政执法暨电子监察系统”行政处罚事项及基础数据的录入，录入行政处罚事项197项。落实行政执法公示制度，明确相关部门(单位)在落实行政执法公示制度方面的责任，行政执法行为的公示范围、标准和要求，提高执法透明度。（陈　琳）

房产管理

【概　况】 2016年，南宁市住房保障和房产管理局与国土部门共同推动不动产统一登记，在自治区率先实现不动产权证“新发旧停”。加强园湖路、滨湖路、五象新区等办证点建设，加快江南服务部建设。创新房产查档方式，全面减免房屋档案查询服务费。将各类住房保障资格审核权限下放，开辟重大项目绿色通道，提升办证效率和服务质量。完成房屋登记及查档业务53.20万宗、商品房预售许可审批344件、房地产资质审批464件，解决艺丰大厦、香格里拉二期等522户业主办证问题。白蚁防治所建成全国首个白蚁防治综合基地——南宁市白蚁防治科普基地，被住房和城乡建设部设立为“全国白蚁防治综合科研南宁基地”；编制完成《新建房屋白蚁预防技术规程》《房屋白蚁预防工程土壤化学屏障检测和评价技术规程》两项广西地方标准；论文《商品住房市场模拟预测模型及应用——以南宁市为例》获《当代经济》2016年度论文评选特等奖。

【房屋登记】 2016年，市住房局办结房屋登记业务53.27万宗，比上年同期增长24.74%。房屋初始登记816宗，增长10.74%，登记面积174.71万平方米；房屋转移登记10.32万宗，增长32.09%，登记面积986.11万平方米，交易金额592.68亿元；房屋抵押登记15.68万宗，增长32.90%，抵押房屋面积2135.86万平方米，抵押权利价值4341.98亿元；抵押注销登记4.96万宗；抵押预告登记8.73万宗，登记面积871.70万平方米；抵押预告注销登记注销976宗；核发《商品房预售许可证》392份，增长19.51%，预售总面积1010.74万平方米。核发《商品房现售备案证明》113份，下降18.70%，现售总面积407.77万平方米；发放《商品房合同登记备案证明》11.64万份，增长21.05%，备案总面积1058.51万平方米；注销《商品房合同备案》4471份。受理房屋交易审核和房屋类不动产登记业务12.06万宗，其中房屋首次登记301宗、房屋转移登记3.02万宗、房屋抵押登记5.28万宗、商品房预告登记3.01万宗、房屋限制登记3758宗、变更登记842宗、补换证登记2521宗、注销登记119宗，其他42宗。

【房屋安全监管】 2016年，市住房局完成房屋安全鉴定437栋建筑面积33万平方米，完成新建房屋白蚁预防施工1174万平方米，承接旧房白蚁灭治工程404个，复查1430个，面积3429万平方米。开展直管公房安全排查定级1.19万套面积64.66万平方米。发放房屋安全使用通知5.26万份，排除保障房、在建工地等安全隐患274处，腾空危旧砖木结构保障房78户，危改经费投入80多万元。

【房产资金监管】 2016年，市住房局规范商品房预售资金监管，存入预售资金监管账户133.58亿元，拨付重点监管额度预售资金70.35亿元；涉及房地产开发企业148家、商品房项目189个、楼栋864栋，预售面积1099.55万平方米。规范房产资金归集和使用，归集房屋维修资金12.19亿元，比上年同期增长19.51%，累计归集维修资金54.95亿元，拨付维修资金495.01万元，有130个物业小区、4.41万业主的物业共用部位、共用设施设备及时得到维修、更新和改造。归集房改资金2961万元，房改资金拨付1373万元。归集房改维修资金326万元，审核回拨房改维修基金134万元。收取经济适用房转全产权补缴相关价款3148.88万元，新销售经济适用房超标面积差价款7713.58万元。

【白蚁防治】 2016年，市白蚁防治所承接新建房屋白蚁预防工程项目316个，面积2910万平方米。其中：签订新建房屋白蚁防治合同书284份，面积2496万平方米；白蚁预防施工提前介入申请项目32个，面积414万平方米。保障性住房免费白蚁预防施工试点项目15个，面积150.80万平方米；竣工125个，完成施工面积1174万平方米。完成新建白蚁灭治工程1172个，承接旧房白蚁灭治工程404个，复查1430个，面积3429万平方米，签订白蚁灭治合同57份。实施新建预防现场监督312项，现场监督比例29.70%；实施回访复查和新建灭治现场监督267项，现场监督比例10.30%。取样检验175项，抽检率16.70%，出具检测报告175份，新建灭治工程项目电话回访次数1375次，回访率100%，满意率100%。

【执法监察】 2016年，市住房局推进多占公有住房清退，全市参加清退的机关企事业单位3288个、18.86万人，自查报告零违规18.77万人，清退863人违规多占住房869套，基本完成自查自纠清退任务。受理房地产开发经营类投诉120起，核查商品房预售批后项目262个，巡查商品房项目84个(次)；检查房地产中介机构73家、中介门店(销售现场)118家。与物价部门联合开展商品房市场价格联合执法检查，立案15起；配合开展“小产权房”专项整治及非法集资专项清理整治，立案查处违法案件21起，作出处罚决定15起，履行结案12起，罚款23.50万元。

【房管信息化】 2016年，市住房局研发上线南宁选房网，升级南宁市保障房综合平台、物业行业管理信息系统、白蚁地理信息系统，上线运行商品房预售资金监管系统、政策性住房管理综合平台等业务系统，推进住房保障项目管理子系统、存量房网签系统、房产标准数据库建设，启动永和苑等5个保障房智能化建设。6月，自主研发的南宁市商品房销售公示平台正式启用，开通公示平台开发企业113家，进入公示系统楼盘项目152个，是广西首个商品房销售公示平台。房产地理信息平台完成二维GIS数据外业约50平方米、调查更新三维模型约10平方米，为“以图管房”打基础。组建房产大数据分析专家库，与民政、国土等部门建立信息共享机制，实现婚姻登记信息、楼盘表及不动产落宗等信息共享；与地税部门共同研发房产交易税收征管一体化平台，查档和纳税效率提高。

房地产市场

【房地产开发投资】 2016年，南宁市房地产投资988.10亿元，比上年同期增长25.76%，完成投资任务113.44%，其中房地产开发投资854亿元，增长29.95%。新建商品房成交面积1239.53万平方米，增长27.30%；成交均价每平方米7536.32元，增长6.19%，其中商品住房成交面积1060.18万平方米，增长25.06%，成交均价每平方米7366.48元，增长10.92%。地税部门房地产业税收实现94.71亿元，增长2.99%，占地方税收收入48.51%；国税部门房地产业税收实现35.68亿元，增长312.35%，占地区税收收入12.72%；受营业税改增值税影响，国税部门房地产税收同比增幅较大，地税部门增幅减少。

【房地产去库存】 2016年，南宁市出台《南宁市人民政府关于认真做好房地产去库存促进房地产市场健康发展的通知》，鼓励非南宁市户籍居民家庭购买首套新建普通商品住房，调整房地产交易环节契税、营业税(增值税)优惠政策,加快棚户区改造货币化安置等,加快房地产去库存。年内,新建商品房累计可售面积1059.34万平方米,比上年底减少430.23万平方米,去库存周期10.30个月,其中新建商品住房累计可售面积558.69万平方米,减少137.25万平方米,去库存周期6.30个月,处于合理区间。

【房地产市场监管】 2016年,南宁市加强对未取得商品房预售许可证和已取得商品房预售许可证项目的管理,调整预售进度标准。存入预售资金监管账户133.58亿元,拨付重点监管额度预售资金70.35亿元,涉及房地产开发企业148家、商品房项目189个、楼栋864栋,预售面积1099.55万平方米;归集房改资金2961万元,房改资金拨付1373万元。收取经济适用房转全产权补缴相关价款3148.88万元,新销售经济适用房超标面积差价款7713.58万元。房产维修资金、房改资金、商品房预售资金等多项房产资金监管额度有130多亿元。

【小区综合整治】 2016年,市住房局投入1712万元,协调各城区、开发区整治改造无人管理的老旧居住小区128个。每月联合城区、开发区住建部门现场督查,督促管理单位及时整改落实,检查小区1500多个(部分小区多次督查),发出整改通知书、督办函500多份。联合市林业和园林局下发《关于规范南宁市住宅小区在绿化植物上晾晒衣物行为的通知》,组成检查组,联合整治在小区绿化植物晾晒衣物的行为25起。

【物业行业监管】 2016年,南宁市推行物业服务"四公开一监督"(公开物业服务人员姓名和岗位,公开物业服务内容和标准,公开物业服务收费价格,公开报修、投诉电话;主动接受业主监督)制度。依法查处物业服务企业人员配备不足、服务质量差、企业注册地无公司等问题,要求物业服务企业及时整治小区脏、乱、差等现象。抽查物业企业32家,物业小区87个。在物业行业建立守信激励、失信惩戒机制,加强物业行业信用管理,作为物业企业资质核定、创先评优、招标投标、日常监管的重要依据。组织开展物业管理从业人员培训和评选物业管理优秀住宅小区(大厦、工业区),将前期物业管理招投标工作推向市场。

保障性住房

【保障房建设】 2016年,市住房局将保障房配套的18条市政道路建设任务纳入责任状,确保保障性住房周边配套市政道路与项目同步交付使用。建成保障性住房2.37万套,完成率197.30%;新增危旧房改住房改造1830套,完成率100%,提前超额完成自治区下达的住房保障责任状目标任务。

【保障房分配】 2016年,市住房局主动到富士康、南南铝、市环卫处等16家大型企业和对公租房需求较大的单位开展政策宣传,帮助企事业单位解决职工住房困难。配合做好南部战区陆军机关租赁林里桥小区11号楼的工作。分配入住保障性住房1.80万套,完成率179.80%;新增发放租赁补贴2767户,完成率553.40%。组织2015年预分配的保障家庭办理入住手续,开展2016年公租房预分配,组织签订公租房租赁合同分配入住5404户,预分配保障家庭2002户。办理保障房业务4.87万份,完成公租房、经济适用房及限价房资格审核1万户,办结经济适用房转全产权5214户,销售经济适用房1397套、限价房151套。

【保障房管理】 2016年,市住房局依法查处租赁违规违约行为,追回租赁补贴5.73万元,收回保障性住房22套。开展经济适用房轮候户资格清理1009户,市本级经济适用房轮候家庭5669户,比上年同期下降40.80%。受理经济适用房回购申请102户,办结119户(含往年受理),支付回购款2400.43万元。 (宁怀庆)

住房公积金

【概　况】 2016年,南宁住房公积金管理中心新增归集住房公积金64.69亿元,比上年增长18.81%,完成年度计划57.17亿元的113.15%;提取住房公积金46.55亿元,增长17.26%,完成年度计划45.80亿元的101.64%;发放住房公积金个人贷款42.94亿元,增长44.64%,完成年度计划34.13亿元的125.81%;实现住房公积金增值收益3.59亿元,增长11.62%,完成年度计划3.37亿元的106.30%。年内,南宁市开展住房公积金异地贷款业务,异地贷款受理1078笔,申请贷款金额4.65亿元;成立住房公积金贷款服务部,实现住房公积金贷款业务"一站式"办理;推广住房公积金约定提取业务,实现新增住房公积金贷款职工全部使用约定提取方式;正式开通住房公积金官方微博、微信公众号,提供查询、咨询、信息发布等服务;完善12329热线电话服务功能,实现电话预约办理业务。

【住房公积金缴存】 2016年,南宁市出台《关于做好全市机关事业单位编外聘用人员住房公积金缴存工作的通知》,解决机关事业单位聘用人员缴存住房公积金问题,全市新增2.04万名国家机关、事业单位聘用人员缴存住房公积金。年内,全市实缴职工56.99万人,新开户职工12.22万人,净增职工9.32万人。

【住房公积金提取】 2016年,南宁市推广约定提取住房公积金业务,职工不需再到营业网点办理提取业务。约定提取额1.17亿元,提取人次0.82万人。修改出台《关于调整装修住房提取住房公积金事项的通知》,规范装修提取住房公积金行为。加大骗提住房公积金行为的打击力度,开通营业网点核查提取申请人在南

南宁市保障性住房项目之一——林里桥家园小区位于青秀区林里桥路　　宁怀庆提供

宁市行政区域内房产交易信息的渠道，防止骗提住房公积金行为。

【住房公积金贷款】 2016年，南宁市继续贯彻落实国家、自治区“稳增长”“去库存”部署，提高住房公积金资金运用率，住房公积金个人贷款率由2015年的66.68%提升至2016年的77.34%。筹备建立承办住房公积金业务银行进驻的住房公积金贷款服务部，建设银行、工商银行等7家受委托银行入驻，实现住房公积金贷款业务“一站式”办理，减少职工办事往返次数、办事环节，提高贷款办理效率。

【住房公积金缴存额度设定】 2016年6月27日，南宁市印发《关于调整2016年度南宁市住房公积金缴存基数和月缴存额上下限的通知》，2016年度(2016年7月1日至2017年6月30日)南宁市职工、单位住房公积金缴存比例各12%。2016年度南宁市职工住房公积金月缴存基数上限15955元，自治区及以上直管单位参照上级主管部门有关规定执行。2016年度单位、职工住房公积金月缴存额最高各1915元，合计3830元；月缴存额最低各70元，合计140元。 (杨 扬)

城市管理监督评价

【概 况】 2016年，南宁市城市管理监督评价中心以推进数字化城市管理信息系统整体升级为载体，开展“美丽南宁·整洁畅通有序大行动”、扬尘污染专项治理考评数据采集，加快城市治理考评体系建设，完善数字城管系统服务功能。采集数字城管信息数据37.65万件，其中“大行动”专项考评数据25.36万件；加强案件协调督办，协调解决责任不清的数字城管案件1117起；召开现场协调会16次；发送督办函255份。全面规划数字化城市管理信息系统整体升级改造，推动数字化城市管理加快向智慧化升级。受理城市管理问题37.65万件，比上年减少11.09%；立案26.29万件，减少9.80%。

【城市管理专项考评】 2016年，市城市管理监督评价中心承担市“大行动”工作目标专项考评部分暗访数据采集，针对城区(开发区)、市直部门及市属重点平台公司等不同考评对象分别建立3套考评模块，实现城市管理精准考评，打造“考评+”模式。完成城区(开发区)、市直部门及平台公司的考评12次，受理“大行动”考评数据51.30万条(包含关联数据)，审核申诉数据7.70万条，参与仲裁案件申诉处理陈述12次，报送城区(开发区)、市直部门、平台公司“大行动”考评分析报告26份。每月、每半年按时对城区、开发区、市直责任单位进行考核评价，拟制《数字化城市管理考核评价(月报)》12期、《数字化城市管理考核评价(2015年年报)》1期、《南宁市城市管理监督评价中心考评半年报(2016年上半年)》1期。

【扬尘污染治理专项考评试运行】 2016年7月20日，市城市管理监督评价中心启动扬尘污染治理专项考评。8月至12月，每月完成扬尘污染治理考评数据申诉处理、考评分数计算、出具考评结果报告、考评末位分析报告及联合执法卡点涉及宾阳县、隆安县、武鸣区违法情况的报告等材料，发送扬尘考评结果报告105份。11月，建成扬尘污染治理专项考评信息系统投入试运行，在6个城区及南宁高新技术产业开发区、南宁经济技术开发区、青秀山风景区、五象新区、市城乡建设委员会、市城市管理局等9个责任单位应用。至年末，上报扬尘考评数据1.88万条，审核扬尘考评申诉数据6100条，完成《关于南宁市扬尘污染治理专项行动考评工作试运行情况的汇报》等扬尘考评报告材料5份。

【城市管理问题采集】 2016年，市城市管理监督评价中心坚持“应采尽采、全面覆盖”的原则，加强城市管理问题采集。监督员队伍采集数字城管信息数据36.19万件，其中市“大行动”专项考评数据25.36万件，数字城管案件10.83万件。监督员队伍轮岗6次，每两个月跨城区、开发区轮岗交流。组建扬尘专项巡查小组9个，负责监督员工作网格外的扬尘数据采集，开展巡查20次，采集数据950条。

【城市管理问题受理】 2016年，市城市管理监督评价中心受理城市管理问题37.65万件，立案26.29万件(部件立案2.60万件、事件立案23.69万件)，部件与事件立案数比例1∶9，比上年减少9.80%。上报市“大行动”专项考评数据25.36万件，审核专项考评申诉数据7.70万条。

【城市管理案件督办】 2016年，市城市管理监督评价中心接收派遣处理案件26.23万件，日均案件718.60件；其中派遣处理“五乱”(广告乱贴、摊点乱摆、车辆乱停、垃圾乱扔、工地乱象)案件5.74万件，“12319”热线公众举报和投诉案件1.47万件，媒体曝光城市管理问题的案件1098件，精品路线、地铁施工区域案件4.61万件，处理被责任单位驳回的案件12.84万件。强化跟踪督办，下发督办函255份。协调处置责任不清的数字城管案件1117件。

【数字城管系统建设】 2016年，市城市管理监督评价中心完成数字城管系统整体升级改造项目前期工作，推进扬尘污染治理专项考评信息系统建设和应用，推进数字城管基础地理信息数据更新完善。完成数字城管地图更新，覆盖市区约325平方千米，划分为5471个万米单元网格和95个监督员巡查工作网格，普查城市部件96万多个。建设开通“南宁12319”官方微信平台，增设扬尘治理有奖举报微信服务功能等，拓展“互联网+城管”服务。

【数字城管基础地理信息数据及城市部件更新】 2016年，市城市管理监督评价中心对全市数字城管基础地理信息及城市部件信息数据实施更新维护。更新区域主要包括华南城片、江南那洪大道以南片区、邕武路高速环路往北至自治区林科院片区、五象新区片区、龙岗大桥南段片区、南宁学院片区、昆仑大道沿线等城乡接合部7个区域24.79平方千米的基础地理信息数据，以及7个区域96类部件11.52万个。更新内容包括全市最新路网、最新地下通道、过街天桥、高架立交桥、跨河桥、江河湖泊水系等数据，包含主干道名录库38条、次干道名录库74条。更新万米格网281个，更新城区2个，新增城区1个，更新街道范围4个。数字城管基础地理信息数据及城市部件更新项目被中国地理信息产业协会评为2016中国地理信息产业优秀工程铜奖。

【扬尘有奖举报】 2016年8月12日，市城市管理监督评价中心启动全市扬尘污染有奖举报。扬尘污染有奖举报案件类型分建设工地、建筑垃圾运输车辆、散料流体物料运输车辆、建筑垃圾消纳场、企业堆场等8类扬尘污染行为，奖励标准分为200元、500元、1000元、5000元，市民可通过“12319”热线电话、微信、电子邮件等方式举报扬尘污染行为。至年末，受理有奖举报案件229件，办结124条，其中有奖案件59条，处罚9万元，发放奖励金1.35万元。

【“12319”热线服务】 2016年，南宁市“12319”城市管理监督热线接到市民来电4.83万个，其中咨询3.90万个；受理立案9328件，结案9829件(含上年结转数)，结案率84.60%。针对来电案件处置情况开展满意度调查，回访市民2349人次，满意1713人次，满意度72.93%。

(市城市管理监督评价中心)

责任编辑 周 红

国土资源·环保·园林

国土资源管理

【概　况】2016年，南宁市落实新增建设用地指标2825.22公顷，用地报批获批3657.75公顷，盘活存量地3010.33公顷。完成31个整县推进高标准基本农田整治项目竣工验收。全市13个开垦项目获批复确认，新增耕地面积5987.76公顷，完成自治区下达年度补充耕地任务443.54%。耕地提质改造项目完成实施面积561.44公顷，其中11个项目获批复确认，新增水田295.41公顷。发现并制止土地违法行为1617宗，涉及面积589.14公顷，其中耕地142.36公顷。处置闲置土地154宗，涉及土地面积378.31公顷。完成征地面积3140.60公顷，完成年度任务112.53%。完成拆迁面积232.24万平方米。完成集体土地征地结算面积2292.61公顷。全市收储土地775.30公顷，移交土地308.08公顷。市本级组织国有建设用地使用权“招拍挂”公开出让活动77期，成交宗地119宗，成交土地面积505.38公顷，成交总额281.20亿元。有偿出让采矿权20宗（含武鸣区、横县、宾阳县、上林县、马山县、隆安县），收取采矿权价款2548.51万元。接待来访群众605人次，办结信访来信314件，受理信访复查案件9件、市长公开电话交办事项102件。开发上林县精准扶贫系统和手机APP，实现精准扶贫工作信息化管理。开展国土资源电子政务云平台建设，完成基于电子政务云平台部署多平台手持移动办公系统应用，实现政务办公由一维固定场所办公向二维网上办公、三维移动办公拓展，提高行政审批效率，获2016年中国地理信息科技进步三等奖。

年内，南宁市完成市本级乡镇“四所合一”（国土资源管理所、规划管理所、环境保护站、安全生产监督管理站合并成立国土规建环保安监站）改革。市辖乡镇（街道）29个国土资源管理所的人、财、物移交至对应的乡镇（街道）管理，通过签订委托书的形式，将原乡镇（街道）国土所的具体工作职责以职权委托的形式下放至乡镇（街道）。2月3日，南宁市国土资源信息中心更名南宁市国土测绘地理信息中心。3月7日，南宁市不动产登记中心成立，设转移登记部、抵押登记部、预告登记部、综合登记部、审核部、缮证部、办公室、财务部、咨询协调部、补办出让小组和园湖受理点、青秀受理点、五象受理点3个不动产登记受理点，行政编制35名。4月30日，南宁市国土测绘地理信息中心在市国土局综合办公大楼举行更名揭牌仪式。

【建设项目用地管理】2016年，南宁市国土资源局落实新增建设用地指标2825.22公顷，完成年度任务148.70%。全市有147个项目纳入自治区层面统筹推进重大项目，涉及新增建设用地9537.04公顷，保障109个重大项目用地，保障率74.15%，对具备用地报批条件的重大工业产业项目、重大民生项目、脱贫攻坚项目及自治区统筹推进重大项目应保尽保；全年国有建设用地供应面积3049.88公顷，其中城市基础设施、保障性安居工程等惠及民生项目用地2321.41公顷，占供应总量76.11%；依法依规开展14个建设项目涉及土地利用总体规划调整修改，其中6个获市政府批复，5个获自治区国土资源厅批复；审查上报128个批次和单独选址项目，上报用地总面积3868.35公顷；取得用地批复总面积3657.75公顷，完成年度任务203.21%，比上年增长35%。

【土地市场交易】2016年，南宁市组织本级土地“招拍挂”出让活动77期，出让宗地119宗，出让面积505.38公顷，比上年下降31.75%，成交金额281.20亿元，上涨31.37%，完成年度任务140.60%；完成土地出让收入入库额296.15亿元，超过市政府下达的256亿元土地出让收入任务，其中“招拍挂”出让收入入库额247.04亿元。印发《工业用地弹性年期出让和先租后让制度实施方案》，对已出让成交的21宗工业用地，减半收取交易服务费，减少收取160.32万元，减轻企业负担。

【耕地保护】2016年，南宁市推进永久基本农田划定，城市周边永久基本农田划定核实举证成果通过国土资源部和农业部联合审核，市级全域永久基本农田划定方案成果获自治区国土资源厅、自治区农业厅审查通过；起草《南宁市耕地保护共同责任制度》《南宁市耕地保护领导干部问责制度》《南宁市耕地和基本农田保护领导干部离任审计制度》，完善耕地保护配套制度；补充耕地5987.76公顷，完成自治区下达南宁市年度补充耕地任务443.54%；按照“占一补一”“以补定占”形式，调拨162个批次用地2544.05公顷耕地占补指标，连续17年实现耕地占补平衡；完成市本级表土剥离利用试点项目阶段验收，剥离耕

7月4日，南宁市开始在市区范围内全面受理房屋、土地不动产统一登记。图为市民在园湖受理点排队办理不动产统一登记业务　　杨　峰　摄

地面积69.48公顷，占年度供地中耕地面积11.02%，超额完成表土剥离考核任务。

【地籍管理】 2016年，南宁市完成2015年度土地变更调查与遥感监测及土地利用现状数据库更新，按时完成国土资源部下发的5225个遥感监测图斑外业核查、成果初报；完成南宁市中心城区20平方千米范围内城镇地籍调查；推进不动产统一登记政策修订，初步拟定不动产权籍调查、公有住房上市交易管理、继承及受遗赠不动产登记操作规则等相关政策文件。

【不动产登记】 2016年，市国土资源局完成不动产登记门户网站建设，实现新闻公告、办事指南等信息发布及在线咨询功能，推出南宁市不动产统一登记手机APP查询系统及微信查询平台，为不动产业务办理进度查询提供便利渠道，软件成果获国家计算机软件著作权。编制《南宁市不动产统一登记"新发旧停"工作方案》，7月4日在市区范围内全面受理房屋、土地不动产统一登记，完成不动产统一登记"停旧发新"目标任务。通过自主研发"中间库"，实现国土、房产两个部门的数据共享、融合和实时更新，实现房产交易审核与不动产登记"一个窗口进出"。武鸣区及五县全部按期完成不动产统一登记"停旧发新"，实现由不动产登记机构统一受理业务。按照《不动产登记暂行条例实施细则》《不动产登记簿册证》的要求、标准，完成登记业务所需受理材料清单的梳理，并对表、卡、簿、册进行统一编制；制定《南宁市不动产登记工作手册》，明确不动产登记的要求、流程等。每天登记办理量1200宗，部分登记业务办理时限整体提速率33%，其中抵押注销登记提速率69.70%。市本级受理房屋、土地不动产登记业务14.15万宗，完成登簿12.54万宗。

【征地拆迁】 2016年，南宁市印发《南宁市人民政府关于实施新一轮征地统一年产值标准工作的通知》《南宁市人民政府办公厅关于进一步加快征地拆迁工作管理加快推进项目建设的通知》《关于印发三岸、青山、凤岭等三个园艺场统征统储区域"以购代建"拆迁安置试点工作实施方案的通知》等规范性文件，保障集体土地征收补偿安置有章可循、有法可依。全市完成集体土地征收面积3140.60公顷，征地完成率112.53%；完成拆迁面积232.24万平方米；完成集体土地征地结算面积2292.61公顷，完成年度任务136.91%。其中：市本级完成征地面积2234.13公顷，完成年度任务106.85%，完成征地结算1455.18公顷，完成年度任务115.99%；市辖五县及武鸣区、广西－东盟经济技术开发区完成征地面积906.47公顷，完成年度任务129.50%，完成征地结算837.43公顷，完成年度任务199.39%。

【土地开垦整理】 2016年，南宁市完成江南区和邕宁区整县推进31个高标准基本农田土地整治项目竣工验收；完成2014年"双高"（高产、高糖）基地土地整治项目县级初验面积2250.40公顷(37个项目片区：武鸣区20个、江南区3个、横县4个、宾阳县7个、隆安县3个)，完成2015年"双高"基地土地整治项目县级验收面积2091.27公顷(44个项目片区：武鸣区17个、宾阳县21个、隆安县6个)；2016年"双高"基地建设任务1.10万公顷，落实实施面积1.08万公顷，涉及项目片区218个；有13个开垦项目获批复，确认新增耕地面积5987.76公顷，其中水田272.28公顷；完成耕地提质改造项目初验17个，实施面积561.44公顷，获批复确认项目11个，新增水田295.41公顷。

【土地储备】 2016年，市国土资源局编制《南宁市2016年土地收购储备计划》，联合市财政局等部门出台《南宁市关于政府购买土地征拆和前期开发整理服务工作方案》《南宁市实施政府购买土地收储服务工作试点方案》等规范性文件，明确购买服务的主体、购买服务内容、部门职责等。成立政府购买土地储备项目服务试点工作领导小组，规范工作程序和操作流程。全年收储土地775.30公顷，移交土地308.08公顷。

【国土执法监察】 2016年，市国土资源局会同有关执法部门开展国土资源执法监察。土地监察出动巡查8199车次、2.70万人次，发现、制止土地违法行为1617宗，涉及土地面积589.14公顷，其中耕地142.36公顷；矿产监察出动巡查554车次、3452人次，封填煤窑18井(次)，遣散违法人员406次，证据保全现场作业的大型车辆87辆，收缴罚款1564.13万元；处置闲置土地154宗，涉及土地面积378.31公顷，征收土地闲置费41.96万元；核查全市违法用地图斑1157个，涉及土地面积386.25公顷，核查全市矿产违法图斑26个。

【矿产资源管理】 2016年，南宁市完成市级矿产资源规划成果编制；探索净采矿权出让工作模式，在西乡塘区双定镇开展净采矿权出让试点，完成储量核实报告、开采设计方案编制、价款评估等采矿权出让前期工作；通过采取政府集中采购的方式确定矿产资源管理项目的评审机构，规范矿产资源管理项目评审模式；有偿出让采矿权20宗，收取采矿权价款2548.51万元，其中延续有偿出让(含变更)11宗，挂牌出让6宗，探矿权转采矿权3宗；应用实景三维自动化建模技术建立矿山三维模型，实现对矿山的储量估算和日常监管。

【地质灾害防治】 2016年，市国土资源局出台《南宁市地质灾害防治管理办法》，是自治区首个市级地质灾害防治管理办法；制定《南宁市国土资源局地质灾害防治管理工作标准化规范化建设指南》；开展学校地质灾害隐患专项排查，排查学校3245所，发现地质灾害隐患59处；开展全市汛前地质矿产灾害隐患督导检查，实地检查地质灾害点(治理点)50处、生产矿山14座；发布地质灾害气象风险预警信息155日(次)；落实财政投入地质灾害防治资金2448万元，申报上级补助资金606万元；全市验收通过地质灾害治理工程23处(市区3处、县20处)；执行汛期24小时值班和强降雨、台风等极端天气时应急值班制度，派出应急专家111人次，对67起地质灾害灾情、险情进行应急处置，组织群众安全转移撤离16次906人次；组织地质灾害应急演练8次，参演2511人次，开展防灾避灾知识宣传、培训活动18场次，参与3121人次，发放宣传材料1.40万份。

【地质环境保护】 2016年，南宁市开展矿山地质环境治理项目实施及资金使用情况专项督查；组织自治区地质遗迹专家对横县六景泥盆系地层标准剖面自然保护区环境问题整改及地质遗迹保护进行专项督导；审查通过矿山地质环境恢复治理与土地复垦方案33宗，收缴矿山保证金246.65万元，组织通过矿山地质环境恢复治理验收2处。

【测绘地理信息】 2016年，市国土资源局编制《南宁市基础测绘十三五规划》规范文本；建成自治区首个市级高精度现代三维测绘基准框架与服务体系，获2016年中国地理信息科技进步二等奖、南宁市科技进步二等奖。向市政府部门、企事业单位免费提供CORS(连续运行卫星定位服务系统)账号360多个，累计完成转换点坐标9.70万个，图形文件转换270多幅；建成自治区规模最大的市级CORS站网，在原有13座CORS基准站点基础上，新建10座市级CORS站，实现与自治区12座CORS基准站并网使用。数字南宁地理空间框架项目通过国家验收，建成地质灾害救援决策分析系统、规划国土"一张图"综合管理系统等13个示范应用系统，满足政府部门、企事业单位和社会公众对基础地理信息资源和地理信息服务的需求；开展无人机航测技术研究和应用，组建无人机航测大队，首次自主生产的无人机航飞影像数据覆盖市区1200平方千米；开展南宁市地图市场、地理信息保密、测绘资质检查，规范测绘地理信息市场。（莫厚杰）

环境保护

【概　况】2016年，南宁市大气治理方面实现"一升(空气质量优良率上升)双降(PM10、PM2.5下降)"。在自治区率先完成机动车尾气流动监测系统建设，建成广西第一辆集监测、执法、防控等多功能于一体的机动车尾气流动监测车。全市淘汰"黄标车"（排放物的排放标准达不到国Ⅰ的汽油车和国Ⅲ排放标准的柴油车的统称，贴有黄色环保标志)、老旧车3.41万辆，完成年度任务110.89%，提前3个月完成自治区下达的"黄标车"淘汰任务，连续3年超额完成"黄标车"、老旧车淘汰任务，淘汰量居自治区第一。1月至8月，市环境保护局牵头开展迎接中央环境保护督察，并通过督察。南宁市在自治区率先制定下达2016年主要污染物总量减排计划，二氧化硫、氮氧化物、化学需氧量、氨氮等4项减排指标完成年度节能减排示范市考核任务要求；启动环保督察试点和污染源"双随机"（随机抽出被查企业、随机抽出参查执法人员)新制度，首次将大练兵活动与专项执法督查检查相结合，完成环境监察稽查，运用移动执法系统开展现场执法检查。环境执法随机抽查经验做法在自治区推广。国际环境教育基金会授权环保部宣教中心授予南宁市位子渌小学"国际生态学校"称号，是南宁市第一所、自治区第三所获此称号的学校。

5月、6月、7月、8月、10月、11月，南宁市空气质量优良率100%；5月、6月、7月、11月，进入全国74个重点城市空气质量十佳，创下2013年南宁市实施空气质量新标准以来最好水平，"南宁蓝"成常态。市区空气质量达标天数比例(AQI优良率)95.10%，比上年提高6.30个百分点。PM10浓度排名自治区第11，提高3名；PM2.5浓度排名自治区第6，提高2名。5个地表水集中式饮用水源地水质监测中，62项水质指标中的主要指标均达标，地表水集中式饮用水源地水质达标率100%，全年未发生较大以上污染环境突发事件。1月，自治区环境保护厅、自治区人力资源和社会保障厅联合给市环保局、市环境保护监测站、西乡塘区环境保护局记集体二等功。

年内，市环保局撤销污染物总量控制科、污染防治科、行政审批办公室，设水环境管理科、大气环境管理科、环境保护综合监察科；环境影响评价管理科更名环境评价和监测管理科；市环保局相关审批和服务事项划转给市行政审批局，核减市环保局行政编制1名。市环保局设办公室、规划财务科、政策法规科、自然生态和农村环境保护科、环境评价和监测管理科、水环境管理科、大气环境管理科、环境保护综合监察科、核与辐射安全监督管理科、人事科；派出机构4个：南宁高新技术产业开发区分局、南宁经济技术开发区分局、广西－东盟经济技术开发区(南宁华侨投资区)分局、南宁青秀山风景名胜旅游区分局；行政编制42名(含分局编制8名)。直属事业单位5个：市环境保护监测站(市核与辐射安全监督管理站、市机动车排气污染管理中心)、市环境监察支队、市环境宣传教育中心、市环境信息中心、市环境应急与事故调查中心(市环保科研所、市固体废物管理中心)，事业编制188名，在编170人。市辖五县七城区设有环境保护局，编制281名，在编248人。

【环境空气质量】2016年，南宁市区(不含武鸣区)空气质量达标天数比例(AQI优良率)95.10%，空气质量为优149天、良199天、轻度污染17天、重度污染1天。空气优良率比上年上升6.30个百分点，优的天数增加12天。空气污染日中，首要污染物为细颗粒物、可吸入颗粒物、臭氧，细颗粒物为首要污染物的天数15天。空气质量超标日分布在1月(1天、细颗粒物)、2月(6天、细颗粒物)、3月(2天、细颗粒物和可吸入颗粒物)、4月(1天、臭氧)、9月(1天、臭氧)、12月(7天、细颗粒物和可吸入颗粒物)。重度污染日出现在2月春节大年初一，首要污染物为细颗粒物。

南宁市区(不含武鸣区)环境空气各项污染物年均值统计，二氧化硫、二氧化氮、可吸入颗粒物、细颗粒物分别为每立方米12微克、32微克、62微克、36微克。一氧化碳日均值第95百分位数浓度为每立方米1.30毫克，臭氧最大8小时平均值第90百分位数浓度为每立方米114微

2016年南宁市区空气质量日报(AQI)统计情况

质量级别	项目 质量状况	空气污染指数 (AQI)范围	出现天数		
			2016年	2015年	增　减
一级	优	0～50	149	137	12
二级	良	51～100	199	187	12
三级	轻度污染	101～150	17	27	−10
四级	中度污染	151～200	0	12	−12
五级	重度污染	201～300	1	2	−1
六级	严重污染	＞300	0	0	0
不满足数据有效性审核要求天数			0	0	0
优良率			95.10%	88.80%	6.30%

2016年南宁市环境空气质量在74个重点城市、省会城市(直辖市)及自治区内地市排名情况

排名 月份	在74个重点城市排名	在31个省会城市和直辖市排名	在27个省会城市排名	在自治区14个地市排名
1月	19	7	7	12
2月	29	8	7	12
3月	15	6	6	11
4月	12	3	3	9
5月	8	2	2	8
6月	9	2	2	8
7月	7	4	4	6
8月	21	8	7	10
9月	32	10	9	11
10月	43	12	9	14
11月	4	3	3	6

说明：环保部无2016年12月的排名。

克,二氧化硫、二氧化氮达到年均值一级标准,一氧化碳达到日均值一级标准,臭氧达到臭氧8小时平均二级标准,可吸入颗粒物达到年均值二级标准,细颗粒物未达到年均值二级标准,超标0.03倍。各主要污染物平均浓度除一氧化碳与上年持平外,其余均有不同程度下降,二氧化硫、二氧化氮、可吸入颗粒物、臭氧、细颗粒物分别下降7.70%、3%、13.90%、2.60%、12.20%。

武鸣区发布空气质量日报316期,其中优95天,良194天,轻度污染26天,重度污染1天;二氧化硫、二氧化氮、可吸入颗粒物、细颗粒物平均浓度分别为每立方米15微克、12微克、59微克、40微克,一氧化碳日均值第95百分位数浓度为每立方米2.20毫克,臭氧最大8小时平均值第90百分位数浓度为每立方米144微克;二氧化硫、二氧化氮、可吸入颗粒物、一氧化碳、臭氧均达到《环境空气质量标准》(GB3095-2012)相应二级标准,细颗粒物达不到二级标准。横县发布空气质量周报52期,其中17周为优、35周为良,二氧化硫、二氧化氮、可吸入颗粒物平均浓度分别为每立方米小于4微克、14微克、60微克。宾阳县发布空气质量周报52期,其中26周为优、26周为良,二氧化硫、二氧化氮、可吸入颗粒物平均浓度分别为每立方米5微克、17微克、53微克。上林县二氧化硫、二氧化氮、可吸入颗粒物平均浓度分别为每立方米小于4微克、7微克、66微克。马山县二氧化硫、二氧化氮、可吸入颗粒物平均浓度分别为每立方米小于4微克、15微克、49微克。隆安县二氧化硫、二氧化氮、可吸入颗粒物平均浓度分别为每立方米小于4微克、16微克、61微克。横县、宾阳县、上林县、马山县、隆安县的二氧化硫、二氧化氮、可吸入颗粒物3项污染物年均值达《环境空气质量标准》(GB3095-2012)二级标准。

南宁市区(不含武鸣区)布设的3个降水监测点收集降雨样品数171个,未出现酸雨,降水平均pH值6.25,酸雨频率与上年持平。市区整体酸污染程度继续保持在低水平。南宁市所辖的武鸣区、横县、宾阳县、马山县、隆安县均未监测到酸雨,其中横县酸雨频率比上年下降1.09个百分点;上林县收集降水样品129个,其中酸雨样品2个,酸雨频率1.55%,上升1.55个百分点。

【水环境质量】

主要江河水质 2016年,南宁市监测断面10个,其中清水河廖平断面为5月新增监测断面。根据《地表水环境质量标准》(GB3838-2002),按年均值评价,境内左江、右江、武鸣河、邕江、郁江等主要江河总体为二类、三类水质。左江上中、右江雁江、右江支流武鸣河叮当、邕江老口、水塘江、蒲庙、郁江六景、郁江平朗、南岸、清水河廖平10个断面三类水质达标率100%,总体水质与上年相比无明显变化。其中除水塘江、蒲庙、六景断面水质为三类外,其余7个断面水质为二类。根据自治区政府与市政府签订的《南宁市水污染防治目标责任书》,叮当、老口、蒲庙、六景、南岸、廖平6个河流断面纳入南宁市地表水考核范围,其中廖平断面从2018年开始考核;根据《广西壮族自治区人民政府办公厅关于印发广西水污染防治行动计划工作方案的通知》,左江上中断面考核城市为崇左市,右江雁江断面考核城市为百色市。年内,考核南宁市的5个断面均能达到自治区水质考核目标,与上下游交界的4个断面中,上游由百色市交接给南宁市的右江雁江断面,由崇左市交接给南宁市的左江上中断面均达到自治区二类水质目标考核要求,南宁市分别交接给下游贵港市的郁江南岸断面、来宾市的清水河廖平断面水质均达到或优于三类水质目标要求。

饮用水源水质 南宁市区(不含武鸣区)饮用水水源地每月监测1次。邕江三津、陈村、西郊、中尧、河南5个地表水集中式饮用水源地水源达标率100%,与上年持平。横县、上林县、马山县、隆安县在用水源均为地表水型,监测频次为每季度监测1次,武鸣区、宾阳县在用水源为地下水型,监测频次为每半年监测1次。除宾阳县有3个在用水源外,其余各县均为1个在用水源。县城饮用水水量达标率77.60%,其中横县、上林县、马山县、隆安县集中式饮用水源地水量达标率均100%,宾阳县98.70%。武鸣区因总大肠菌群超标,水量达标率为零。4月,宾阳县新宾供销有限责任公司水厂总大肠菌群超标2.30倍。4月、9月,武鸣区灵水总大肠菌群均超标,超标倍数分别为29倍、35.70倍。武鸣区、横县、上林县饮用水达标率与上年持平,马山县、隆安县、宾阳县饮用水达标率较上年有不同程度提升。

主要湖泊与水库水质 南湖在保证定期及时补水的情况下水质相对稳定,主要受总磷、五日生化需氧量指标偏高影响,总体水质为五类,与上年持平,综合营养状态指数62.20,属中度富营养状态,略有下降。民歌湖水质为劣五类,与上年持平,主要超标因子为总磷、氨氮、五日生化需氧量,综合营养状态指数70.80,属重度富营养状态,与上年持平。相思湖水质为劣五类,与上年持平,主要超标因子为氨氮、总磷、五日生化需氧量,综合营养状态指数65.60,属中度富营养状态,有所下降。内河湖民歌湖、相思湖受上游支流来水水质影响较大,由于上游支流未能完全实现截污,因此水质仍较难得到改善。五象湖水质为五类,较上年有所好转,主要超标因子为氨氮、总磷、五日生化需氧量,综合营养状态指数64.10,属中度富营养状态,比上年有所下降。大王滩、西津水库纳入南宁市地表水考核范围。按年均值评价,大王滩水库水质为三类,西津水库按河流型评价标准进行评价,水质为Ⅱ类,均能达到或优于水质考核目标。天雹水库、峙村河水库、西云江水库、老虎岭水库水质为二类。东山水库、凤亭河水库水

2016年南宁市主要湖泊水库水质综合营养状态指数

点位名称	2016年			2015年		
	水质类别	综合营养指数	级别	水质类别	综合营养指数	级别
南湖	五类	62.20	中度富营养	五类	63.80	中度富营养
五象湖	劣五类	64.10	中度富营养	劣五类	65.20	中度富营养
民歌湖	劣五类	70.80	重度富营养	劣五类	70.90	重度富营养
相思湖	劣五类	65.50	中度富营养	劣五类	69.00	中度富营养
大王滩水库	三类	48.50	中营养	三类	42.30	中营养
西津水库	二类	38.90	中营养	二类	46.60	中营养
龙潭水库	五类	56.90	轻度富营养	四类	57.10	轻度富营养
天雹水库	二类	37.50	中营养	三类	37.60	中营养
老虎岭水库	二类	38.60	中营养	三类	49.90	中营养
峙村河水库	二类	34.20	中营养	四类	43.50	中营养
西云江水库	二类	35.50	中营养	—	—	—
东山水库	四类	34.70	中营养	—	—	—
凤亭河水库	四类	29.70	贫营养	—	—	—

说明:西津水库按河流型标准评价。

2016年南宁市区域环境噪声与城市道路交通噪声情况

单位:分贝 dB(A)

序号	城　区	区域环境噪声值	城市道路交通噪声值
1	兴宁区	52.80	69.40
2	江南区	57.10	68.90
3	青秀区	53.30	69.00
4	西乡塘区	52.60	67.40
5	邕宁区	54.80	66.60
6	良庆区	57.60	68.30
7	武鸣区	54.10	66.60
全　市		54.20	68.30

质为四类,主要影响指标为石油类,超标原因为监测点位可能受到用于水库管理的燃油动力船只活动影响。龙潭水库水质为五类,1月至6月,龙潭水库因总磷、五日生化需氧量、化学需氧量超标,水质为五类,属中度污染,主要是受周边水产畜禽养殖废水排入的影响;7月,南宁市对龙潭水库周边的养殖场进行取缔、搬迁,龙潭水质明显改善,10月至12月平均水质为三类,属良好。按综合营养状态指数评价,凤亭河水库为贫营养,龙潭水库为轻度富营养,其余7个水库均属中营养状态。与上年相比,除大王滩水库综合营养状态指数有所上升外,其余水库综合营养状态指数均有不同程度下降。总氮单独评价时,大王滩水库、老虎岭水库、西云江水库、东江水库为三类,南湖、天雹水库为四类,西津水库为五类,民歌湖、五象湖、相思湖、龙潭水库为劣五类。粪大肠菌群单独评价时,大王滩水库、西津水库、天雹水库、老虎岭水库、龙潭水库、东山水库、凤亭河水库为三类,峙村河水库为四类,南湖、五象湖、相思湖、西云江水库为劣五类。

城市内河水质　南宁市18条主要城市内河中,八尺江水质由上年的五类好转为四类,四塘江继续保持四类水质,均属轻度污染。楞塘冲水质由上年的劣五类好转为五类,属中度污染。其余15条内河水质仍为劣五类,属重度污染。由于未能完全实现截污,内河沿岸大量生活污水及周边工业废水的排入,造成内河水质严重污染。影响水质的主要污染指标为氨氮、五日生化需氧量、总磷、化学需氧量、阴离子表面活性剂。其中马巢河、朝阳溪、亭子冲、水塘江、那平江、石埠河、大岸冲等多条内河主要污染指标浓度均下降,溶解氧指标向好,水质呈好转趋势。

【声环境质量】2016年,南宁城市区域环境噪声平均值54.20分贝,比上年上升1分贝,城市区域声环境质量总体达到国家考核指标要求,属较好水平。南宁市城市道路交通噪声昼间平均等效声级68.30分贝,下降0.60分贝;监测路段超标率21.70%,下降7.50%。道路交通噪声环境质量总体达到国家考核指标要求,属较好水平。南宁市功能区噪声达标率76.90%,下降2.60%。昼间噪声达标率94%,下降0.20%;夜间噪声达标率42.90%,下降7.10%;各类功能区昼间达标率高于夜间,工业区及交通干线道路两侧区域夜间达标率较低。南宁市区声环境1类、2类功能区昼夜噪声均达标;3类、4类功能区昼间噪声达标,但夜间噪声均超标。

【辐射环境质量】

电离辐射环境质量　2016年,南宁市区辐射环境质量良好,电离辐射保持在天然本底涨落范围内。市区γ(伽马)辐射空气吸收剂量率29个点位监测值范围(扣除宇宙射线响应值)为每小时14~87纳戈瑞,平均值(扣除宇宙射线响应值)为每小时41纳戈瑞,与上年相比无明显变化。

电磁辐射环境质量　南宁市区电磁辐射综合电场强度每米0.83伏,功率密度每平方米0.002瓦。10个监测点位的环境电磁辐射综合场强监测值均低于《电磁环境控制限值》(GB8702-2014)在30~3000兆赫兹频率范围的公众暴露控制限值。

【环境规划】2016年,市政府印发实施《南宁市环境保护"十三五"规划》。市环保局完成《南宁市环境保护"十二五"规划终期评估》编制和专家评审;开展《南宁市环境保护总体规划》编制技术采购;完成《南宁市环境污染第三方治理和运维实施规划》编制、专家评审。

【环境投资】2016年,南宁市获中央、自治区下达专项资金4952.40万元(含支持能力建设资金1322.40万元),市本级专项资金5811万元。完成2016年市本级环保专项资金项目2000万元资金20个项目申报及计划下达。

【污染物排放处置】

废水污染物排放　2016年,南宁市废水排放总量4.28亿吨,比上年增长5.64%。其中:工业废水3834万吨,下降46.74%;生活污水3.90亿吨,增加17.12%。废水中主要污染物化学需氧量(COD)排放量6.83万吨,下降36.29%。其中:工业排放0.82万吨,下降60.39%;生活源排放5.08万吨,与上年持平;农业大型养殖场排放0.93万吨。废水中主要污染物氨氮排放量0.75万吨,下降38.02%。其中:工业排放0.04万吨,下降71.54%;生活源排放0.68万吨,与上年持平;农业大型养殖场排放337吨。全市重点污染企业有工业废水处理设施157台(套)。工业污染物中,化学需氧量排放量的90.24%来源于农副食品加工业,造纸和纸制品业,酒、饮料和精制茶制造业,化学原料和化学制品制造业等;氨氮排放量的82.07%来源于酒、饮料和精制茶制造业,化学原料和化学制品制造业,农副食品加工业,造纸和纸制品业,纺织业等。

废气污染物排放　南宁市工业废气排放总量859亿标立方米,下降46.18%。二氧化硫排放量1.81万吨,下降54.06%,其中工业排放0.94万吨、生活源排放0.87万吨。氮氧化物排放量5.64万吨,下降10.33%,其中工业排放2.08万吨、生活源排放3.56万吨(含机动车排放3.46万吨)。烟(粉)尘排放量1.73万吨,下降48.66%,其中工业排放0.97万吨、生活源排放0.76万吨(含机动车排放0.30万吨)。全市重点污染企业有工业废气处理设施556台(套),其中脱硫设施98台(套)、脱硝设施33台(套),其余为除尘设施。工业污染物中,二氧化硫排放量80.65%来源于电力、热力生产和供应业以及非金属矿物制品业、化学原料和化学制品制造业、造纸和纸制品业等;氮氧化物90.77%来源于非金属矿物制品业,电力、热力生产和供应业,农副食品加工业,造纸和纸制品业,以及酒、饮料和精制茶制造业等;烟(粉)尘排放量84.47%来源于非金属矿物制品业,农副食品加工业,木材加工和木、竹、藤、棕、草制品业,造纸和纸制品业,电力、热力生产和供应业等。

工业固体废物处置　南宁市工业固体废物产生量170.08万吨,下降33.79%,综合利用量149.41万吨(含综合利用往年贮存量1.47万吨),处置量12.70万吨(含处置往年贮存量0.01万吨),贮存量9.45万吨,无倾倒丢弃;工业固体废物综合处置利用率94.44%。

医疗废物处置　南宁市实行医疗垃圾集中收运处置的医疗机构有2024家(点),覆盖市辖五县七城区。各医疗卫生机构及部分企业产生的医疗废物全部交给广西神州立方环境资源有限责任公司收运处置。收运、处置医疗废物1.07万吨,增长42.67%,医疗废物集中处置率100%。主要处置方式为焚烧处置、高温蒸汽灭菌。与周边的百色市、玉林市、钦州市等地市建立医疗废物应急处置联动机制,确保医疗废物安全、稳定处置。

城市生活垃圾与生活污水处理厂污泥处置　南宁市区生活垃圾产生量113.21万吨,增长5.40%,生活垃圾处理率100%,处置方式为焚烧、卫生填埋;生活污水处理厂污泥产生量16.90万吨,增长21.06%,污泥处置率100%,处置方式为生物制肥、生物堆肥、水泥窑协同处置(焚烧),主要委托污泥处置单位(金地公司、腾龙公司、华润水泥公司)处置。年内,城南生活垃圾填埋场逐步封场,南宁市平里静脉产业园——生活垃圾焚烧发电工程BOT(建设—经营—转让)项目投入试运营,垃圾处理模式将由原来的卫生填埋逐步转变为焚烧,市环保部门定期对已投入运营的生活垃圾填埋场进行监督性环境监测,确保填埋场渗滤液、废气及机械作业噪声等各项污染物排放指标达到国家标准要求。

危险废物处置　南宁市发出、接收危险废物转移商复函89份,完成危险废物转移事项289项,其中跨省转移6项,跨市转出14项,跨市转入90项,市内转移179项;发放转移联单466份。市环保局开展危险废物调查,组织人员1489人次,检查辖区内危险废物产生企业(单位)158家(工业企业68家、汽车维修行业企业90家)。南宁市有正常运营的危险废物经营单位3家,停产1家。广西神州立方环境资源有限责任公司为危险废物综合处置经营单位,处理危险废物1.91万吨;南宁市安明油脂有限责任公司、南宁市圣达净水材料有限公司分别为废物矿物油、废盐酸利用处置企业,均持有由自治区环保厅核发的危险废物经营许可证,分别处理废物矿物油3812.70吨、废盐酸991.19吨;南宁市绿峰环保科技有限公司为废显(定)影液利用处置企业,年初停产,下半年完成拆除,处理废显(定)影液772吨。

电子废物处理　市环保部门重点审核废弃电器电子产品拆解的规范性。广西桂物资源循环产业有限公司持有的《废弃电器电子产品处理资格证书》许可处理能力为每年处理电视机70万台、冰箱3万台、空调1万套、洗衣机5万台、微型计算机5万套。年内,拆解处理电视机30.58万台、冰箱1.84万台、洗衣机5万台、空调5605套、电脑1.10万套;产生拆解产物8394.12吨。

【主要污染物减排】　2016年,南宁市是财政部第三批节能减排财政政策综合示范市,年初通过财政部第一年(2015年)考核。南宁市环境保护委员会印发年度南宁市主要污染物总量减排计划,列入计划的水污染物减排项目46个(污水处理厂项目6个、畜禽养殖项目17个),结构减排关停项目23个,大气污染物减排项目44个(二氧化硫锅炉改造工程减排项目3个、氮氧化物锅炉脱硝项目6个、水泥脱硝项目6个、实施煤改气项目6个、结构减排关停项目23个)。所有项目均完成建设。经自治区考核,南宁市年度化学需氧量净减量3347吨,削减3.12%,氨氮净减量382.45吨,削减3.17%;完成财政示范市年度减排化学需氧量削减2.54%、氨氮削减3.17%目标任务。二氧化硫净减量1104吨,削减2.80%,氮氧化物净减量678吨,削减1.10%;完成财政示范市的二氧化硫新增量不超过0.94%、氮氧化物新增量不超过1.03%年度减排目标任务。4项主要污染物总量减排指标均完成自治区下达给南宁市的减排目标。

【污染防治】

大气污染防治　2016年,南宁市以PM10治理为重点,印发实施大气污染防治年度实施计划;在自治区率先启动编制《南宁市"十三五"大气污染防治实施计划》,并完成初稿编制。大气污染颗粒物源解析取得阶段性成果,初步摸清南宁市大气污染颗粒物主要来源。南宁市组织技术力量对全市11个环境空气质量自动监测点近三年的PM10数据进行分析,综合考虑气象、地形、三年数据趋势等因素,科学测算出11个空气质量自动监测站点2016年PM10的年度目标控制值及每个月的PM10目标控制值,以市政府名义下达给城区、开发区,确保南宁市年度控制目标按时保质完成。10月起,对城区、有关开发区的环境空气质量进行排名,通报有关职能部门开展大气污染防治主要工作情况;每周在《南宁日报》、南宁电视台通报各城区(不含武鸣区)、南宁经济技术开发区、南宁高新技术产业开发区、五象新区的环境空气质量优良率、PM10浓度值排名,燃煤锅炉淘汰、"黄标车"淘汰、工地扬尘整治、油气回收等重点任务建立台账,逐月更新动态。印发南宁市市区环境空气质量每周情况通报12期。

年内,南宁市节能减排财政政策综合示范市专项资金统筹安排补助资金1.48亿元,用于大气环境质量改善项目;中央、地方各级财政及企业自筹108.39亿元,投入大气污染防治。武鸣区与5个县完成空气自动站建设,空气自动站覆盖全市所有县和城区。市环保局官方网站发布未来24、48小时南宁市的环境空气质量情况,上报全国空气质量预报信息发布系统。出动巡查人员4054人次,劝阻秸秆焚烧点268处,处理焚烧点229处。指导全市各地在农作物秸秆综合利用技术上开展探索,重点支持秸秆综合利用技术的研究开发项目。

水污染防治　6月,隆安县污水处理厂技术改造项目开工建设,年内完成一期工程建设,新增处理能力每日1万立方米。9月2日,埌东污水处理厂出水提标改造工程竣工投产,四期扩建工程开展施工招投标手续;江南污水处理厂水质提标改造及三期扩建工程开展地质勘查、水土保持、初步设计等前期工作。年内,南宁市"十三五"期间第一批镇级污水处理设施22个项目开工建设,涉及江南区延安镇、江西镇,邕宁区那楼镇,良庆区那马镇、那陈镇、大塘镇、南晓镇,横县新福镇、马岭镇、那阳镇,宾阳县古辣镇、武陵镇、邹圩镇,隆安县南圩镇、乔建镇、丁当镇、雁江镇,上林县三里镇、西燕镇、乔贤镇、巷贤镇、明亮镇;市本级完成污水管网建设112千米,横县、宾阳县、上林县、马山县、隆安县完成污水管网建设29.30千米。至年末,江南污水处理厂处理污水1.86亿立方米,完成化学需氧量削减量2.43万吨、氨氮削减量3844.60吨,出厂水水质指标符合一级B的排放标准;埌东污水处理厂处理污水1.18亿立方米,完成化学需氧量削减量9734.84吨、氨氮削减量1390.45吨,出厂水水质指标为一级B标准,经提高标准处理后排放的水质达到一级A的排放标准;武鸣区污水处理厂处理污水1338.66万立方米,完成化学需氧量削减量1898.41吨、氨氮削减量144.79吨,出厂水水质指标符合一级A的排放标准;横县污水处理厂处理污水623.12万立方米,完成化学需氧量削减量833.29吨、氨氮削减量142.72吨,出厂水水质指标符合一级B的排放标准;宾阳县污水处理厂处理污水744.42万立方米,完成化学需氧量削减量770.71吨、氨氮削减量115.38吨,出厂水水质指标符合一级B的排放标准;上林县污水处理厂处理污水129.06万立方米,完成化学需氧量削减量39.96吨、氨氮削减量8.59吨,出厂水水质指标符合一级B的排放标准;马山县污水处理厂处理污水231.33万立方米,完成化学需氧量削减量193.22吨、氨氮削减量26.36吨,出厂水水质指标符合一级

B 的排放标准；隆安县污水处理厂（邕江水源地上游人工湿地处理污水工程）处理污水 455.24 万立方米，完成化学需氧量削减量 148.42 吨、氨氮削减量 25.94 吨，出厂水水质指标符合一级 B 的排放标准。

畜禽养殖污染防治 南宁市畜禽养殖规模场核算总数 1357 家，全市配备废弃物处理利用设施的畜禽养殖规模场 1074 家，配套设施比例 79.10%。根据 2014 年南宁市划定的畜禽养殖禁养区和限养区，全部完成禁养区内畜禽养殖规模场的关停和搬迁；完成南宁市防治畜禽养殖污染考核。

噪声污染防治 对市区建筑施工工地实施网格化监管，屡教不改的违法施工单位一律按高限处罚，列入环保“黑名单”系统。检查建筑工地 1550 多家次，建筑噪声排污费入库 3986 万元，比上年上升 63%；立案处罚工地 214 个，处罚金额 225.50 万元；受理噪声扰民投诉 1.03 万件，下降 11.40%。

重金属污染防治 南宁市完成“十三五”重金属污染防治规划编制；推动自治区重金属污染防治专项资金支持的西乡塘区原安吉冶炼厂历史遗留废渣安全处置项目实施，总投资 519.99 万元（自治区重金属专项资金 400 万元、城区配套资金 119.99 万元），将原安吉冶炼厂存放的约 3 万吨废渣转运到横县恒丰建材有限责任公司处理完毕。

【环保专项整治】 2016 年，南宁市将扬尘治理作为 PM10 防控的重中之重。南宁市“美丽南宁·整洁畅通有序大行动”指挥部办公室牵头，建设、城管、工信、环保、林园、交警、交通等部门主要参与，加强建筑工地扬尘污染控制、道路扬尘污染控制、“三车”（泥头车、混凝土搅拌车、散装物料运输车）专项整治、工业堆场和混凝土搅拌站专项整治及园林绿化工程扬尘整治等。开展扬尘污染治理 3 个“100 天”专项行动：第一个 100 天（3 月至 6 月）为集中整治阶段，第二个 100 天（6 月至 9 月）为巩固提升阶段，第三个 100 天（9 月至 12 月）为长效管理阶段。南宁市各建筑工地冲洗平台设置完善，完成道路硬化及围挡设置，消纳场管理标准细化，泥头车出入带泥、扬尘撒漏等现象减少，城市道路干净度提高。年内，南宁市未发现需取缔的“十小”企业（不符合产业政策的小型造纸、制革、印染、染料、炼焦、炼硫、炼砷、炼油、电镀、农药等严重污染水环境的生产项目企业）；淘汰木薯淀粉酒精小企业 7 家、钢铁企业 1 家，淘汰广西明珠矿业投资有限公司钒冶炼过剩产能约 1200 吨。

【雾霾治理】

产业结构调整优化 2016 年，南宁市发展和改革委员会联合工信、建设、国土、环保等部门制定《关于严格控制高耗能高排放项目投资审批的实施意见》，建立分级高耗能高排放项目联合审查制度；组织区县、开发区对钢铁、水泥、电解铝、平板玻璃、船舶行业进行调查清理，没有发现新建、在建违规项目。南宁市完成对 2 个淘汰落后产能项目的现场验收，完成自治区下达的淘汰落后产能钒冶炼 1200 吨、平板玻璃 180 万重量箱的年度目标任务。广西南宁凤凰纸业有限公司、南宁糖业股份有限公司蒲庙造纸厂停产关闭，南宁浮法玻璃有限责任公司搬迁至宾阳县。

煤炭管理与油品供应 控制煤炭消费总量，推广应用天然气、风能等清洁能源，实施企业燃煤锅炉改为燃天然气等清洁能源锅炉项目，以及进行煤炭洗选加工、散煤清洁化治理。执行《广西壮族自治区进一步推进成品油质量升级方案》，市发展改革委牵头，商务、环保、交通、质监、物价等部门配合，开展全市范围内国五号车用汽油、柴油推广。

燃煤小锅炉整治 市区建成区整治燃煤小锅炉 109 台，完成清洁能源改造 30 台。未发现新建违规燃煤锅炉项目。

工业大气污染治理 工业烟粉尘治理、燃煤锅炉和工业窑路除尘设施升级改造，国电南宁发电有限责任公司脱硝装置技改项目完成项目验收，华润水泥（南宁）有限公司一、二线窑头电改袋技改项目完成项目验收，民用管道煤气改造项目完成 1088 个锅炉（含炉具）投资，金额约 1300 万元。

工业挥发性有机物治理 市环保部门对南宁市石化行业、家具行业、表面涂装行业、包装印刷行业、电子行业开展全面调查，并开展无组织排放挥发性有机物管理，开展石化、有机化工、包装印刷等产生挥发性有机物污染的行业整治，督促企业强化源头预防和全过程污染控制，完善废气收集系统。南宁市挥发性有机污染物排放源主要来源于包装印刷行业、表面涂装行业、家具行业、电子行业，有包装印刷行业 22 家、表面涂装行业 13 家、家具行业 3 家、电子行业 3 家；主要挥发性有机污染物种类为印油、苯、甲苯、二甲苯、非甲烷总烃、油漆等。

城市扬尘污染控制 市环保部门组织扬尘治理示范工地现场观摩会，指导创建扬尘治理文明施工示范工地 15 个；在全市环境空气质量自动监测站点周边 2 千米以内的建筑工地均安装自动喷雾降尘系统；完成政府采购的 60 套扬尘防控设备安装，建设工地安装使用扬尘在线监控系统设备 204 套，全市建筑工地均推行使用喷淋降尘设施；排查和整治全市所有在建工地，对处于施工基础阶段、渣土运输量大的工程进行拉网式检查，重点把控工地围挡、施工场地硬化、出入工地车辆冲洗、裸土覆盖、门前保洁措施等关键环节，出动检查人员 9406 人次，检查工地 3869 个，下发整改通知书 1292 份、停工通知书 249 份、动态扣分通知 410 份。实施当场处罚 779 起，罚款累计 77.90 万元；对施工工地未采取有效防尘降尘措施造成扬尘污染的进行立案查处，查处建设项目 45 个，处罚款 217.55 万元。

对民族大道、白沙大道、快速环道、安吉大道、北湖北路等重点路段加大洒水降尘力度；利用专业设备，提高机械化清扫清洗作业率，主、次干道的车行道机械化清扫清洗率不低于 85%；出动环卫工人 155.40 万人次，车辆 36.40 万辆次；洒水降尘用水量 336.06 万吨，每日洒水次数不少于 5 次，在百日攻坚阶段及秋冬季每日不少于 8 次。11 月中旬，市环保局新购置的 3 辆雾炮车投入使用，加强扬尘防控、重污染天气应对。

开展泥头车专项整治，设置 24 个值守点实行 24 小时全天候值守；建设南宁市建筑垃圾运输车辆卫星定位与执法管理信息系统；重新核查全市所有建筑垃圾运输车辆密闭程度，密闭程度、标准达不到要求的不予审批换证；城管出动执法人员 23.35 万人次，查处泥头车违法案件 6421 起，扣押车辆 3407 辆次，处罚金额 1224.54 万元；对全市 34 家建筑垃圾运输企业 3028 辆泥头车强制安装 GPS 监控设备；对全市 53 个消纳场（市环保局审批 19 个、城区审批 34 个）进行规范管理。

机动车污染防治 出台《关于加快推进黄标车淘汰工作方案》；对南宁市所有列入改革范围的公务用车进行环保审核，属于“黄标车”及老旧车等国家要求淘汰的车辆一律办理报废拆解和注销登记手续，不得通过公车拍卖流入二手车市场，淘汰报废老旧公务用车 407 辆；继续实施“黄标车”提前淘汰补贴政策，落实补贴资金 6000 万元。9 月，完成自治区下达南宁市的淘汰“黄标车”目标任务，全年淘汰“黄标车”1.95 万辆，完成年度任务 131.52%；淘汰“黄标车”、老旧车 3.41 万辆，完成年度任务 110.89%。建成并运行机动车环保检测站 31 家（市区 22 家、县域 9 家），建成机动车简易工况法环保检测线 103 条（轻型汽油车检测线 51 条、轻型柴油车检测线 28 条、重型柴油车检测线 24 条）；在全市各机动车环保检测站和公安车辆管理工作站布设机动车环保检验合格标志核发工作站 31 个，新入户车辆领标率 100%，全市环保标志发标量 60.05 万个。至年末，南宁市 6 家公交企

业有在营清洁能源与新能源公交车2023辆,占在营公交车总数67.03%。

【农村环境保护】 2016年,南宁市实施农村环境连片整治示范项目,上林县获中央资金支持2000万元;以饮用水水源地保护为重点,指导区县、开发区完成全市449个1000人以上农村集中供水工程饮用水水源地划定。全市开展"美丽南宁·生态乡村"建设102个农村生活污水整治项目建设,计划投资7504万元(市财政补助资金3060万元、区县配套资金4444万元)。通过争取自治区农村环境综合整治项目,完成农村集中式污水处理设施及配套污水收集管网建设279套,分散式生活污水处理设施建成投入运行258座,覆盖47个乡镇216个行政村,受益人口约90万人。

【环境督察】 2016年1月,南宁市对青秀区、武鸣区、南宁经济技术开发区开展环境保护督察试点,督察采取查阅资料、走访调研座谈、现场检查、暗访、受理投诉举报等形式。7月至8月,中央环境保护督察组到南宁市督察,调阅材料20批次118项675份,南宁市全部按要求按时完成报送;办理中央环保督察组交办的375件群众投诉件,办结率100%,信息公开率100%。出版报送《中央环保督察南宁迎检工作专报》10期,"南宁环保"微信公众平台发布的有关中央环保督察工作信息得到环保部微信公众号"中国环境"的转载、关注。7月,市委、市政府实施《南宁市环境保护"一岗双责"目标责任制考评管理办法(试行)》,实现环境保护"一岗双责"目标责任制考评规范化、制度化。11月,市环保部门对区县、开发区和市有关部门开展督查,推进中央环保督察反馈意见阶段性整改、大气污染防治、黑臭水体整治、污水管网和集中处理设施建设等落实。

【排污申报登记与收费】 2016年,南宁市申报核定排污企业1142家;10月,开始对全市33家国控企业开展网上排污申报,网上申报企业均能按要求在系统上完成申报数据录入并提交市环保局审核。全市排污费入库金额6821.34万元(市级开单征收入库排污费金额4842.38万元、县级开单征收入库排污费金额1978.96万元),比上年增加47.62%。

【行政处罚与复议】 2016年,南宁市环境行政处罚案件立案714件(市本级277件、区县437件),作出行政处罚决定579件(市本级265件、区县314件),结案436件(市本级184件、区县252件),罚款金额4896.50万元(市本级521.78万元、区县4374.72万元);发生行政复议案件1起,维持原处罚决定;发生行政诉讼案4起,除1起未作出裁决,其余3起经西乡塘区法院作出判决,驳回原告的诉讼请求。将环境违法企业信息录入南宁市信用信息系统350多条,录入中国人民银行征信系统260多条。

【环境执法】 2016年,南宁市环境行政处罚立案714件,做出处罚决定579件,处罚金额4896.50万元;实施按日连续处罚案件为零,移送行政拘留9件(市本级5件、区县4件),限产、停产1件,查封扣押1件,移送涉嫌刑事犯罪1件。新修订的《中华人民共和国大气污染防治法》1月1日实施后,南宁市发生首例机动车环保检测造假案,涉案检测站被处以20万元罚款,并被责令限期整改。完成对全市排污单位和历年市级以上审批建设项目全面清查,确定市级环境监管污染源1316家(个),安装在线监控企业114家,落实随机抽查630多家(个);公开发布行政执法信息270多条。

【环境信访投诉】 2016年,市环保局完成自治区、南宁市交办的环境信访投诉案件。"12369环保举报平台"受理投诉1.41万件次,比上年下降18.84%;自治区环保厅转办75件,市长公开电话办转办215件,市委、市政府督查室转办48件,市信访局通过广西综合信访管理系统转办的信访件9件,办结率100%;环保微信举报平台受理投诉688件次,均调查处理。

【环保建议与提案办理】 2016年,市环保局办理自治区政协提案2件(均为会办),主要涉及城市大气、噪声污染防控等;办理市十三届人大七次会议代表建议12件(主办4件、协办8件),市政协十届六次会议提案11件(主办5件、协办6件),均办理完毕。

【环境监测】

环境空气监测　2016年,南宁市区有环境空气常规测点11个,分别是市监测站、自治区农职院、二十一中、北湖、大自然花园、英华嘉园、沙井镇街道办、仙葫、邕宁区政府、五象、石化技校,其中仙葫为对照点,邕宁区政府、五象、石化技校为市控点。在朝阳路与民族大道路口、民主路与友爱南路口设交通干线环境空气测点2个,每半年监测1次,每次连续监测2天。南宁市区11个环境空气常规测点均开展PM2.5的自动监测,实行24小时连续监测。

降水监测　南宁市设降水监测点位4个,分别为市监测站、罗文、青山、新江镇畜牧兽医站,其中市监测站、新江镇畜牧兽医站为国家控制站点,青山、罗文为自治区控制站点,逢雨监测。

地表水环境监测　南宁市在河流上设置的监测断面有:上游布设左江上中、右江雁江断面,均为自治区控制断面、城市交接断面;在右江支流武鸣河设叮当断面,邕江设白马断面,均为市控制断面。中游设监测断面3个,分别为老口、水塘江、蒲庙断面,其中老口为国家控制断面,蒲庙、水塘江为自治区控制断面。邕江国家老口水质自动监测站设在老口;三岸水质自动监测站设在蒲庙断面。下游在郁江中段平朗、六景道庄设市控监测断面,在郁江流出南宁市界前设南岸断面,南岸断面为国家控制断面,也为城市交接断面。以上断面除老口为对照断面外,其余均为控制断面。上中、雁江、老口、水塘江、蒲庙、六景道庄、南岸断面设左、中、右3条采样垂线,叮当断面设中间1条采样垂线,统一在水面下0.50米处采样。老口、上中、雁江、三岸、白马、南岸水质自动监测站每4小时开展1次共7个项目全自动分析,发布水质周报。

饮用水源环境监测　南宁市区地表饮用水源主要集中于邕江市区河段,分别是三津、陈村、西郊、中尧、河南5个水源地。在位于水源地的各水厂取水口上游100米处布设监测断面,设左、中、右3条采样垂线,均在水面下0.50米处采样。除溶解氧、粪大肠菌群项目采断面中间样分析外,其余项目则将3条采样垂线的综合水样进行分析。此外,还设备用水源天雹水库、峙村河水库、老虎岭水库、龙潭水库、大王滩水库的监测,每季度监测1次。

武鸣区、横县、上林县、马山县、隆安县主要饮用水源地布设点位各1个,宾阳县饮用水源地布设点位3个,地表水每季度开展水质监测1次,地下水每半年监测1次。

声环境监测　市区4种噪声功能区类型中布设监测点7个,每季度监测1次,每次连续监测24小时。南宁市区域环境噪声网格划分为650米×650米,网格总数241个,监控面积101.82平方千米,每年秋季监测1次;道路交通噪声测点135个,监测道路总长度139.75千米,每年秋季监测1次;市区两条主要交通干线设置交通干线噪声监测点2个,每半年监测1次,每次连续监测2天,每天交通平峰期及高峰期各监测1次。

横县、宾阳县开展功能区噪声监测、监测频率每季度1次。五县及武鸣区开展区域环境噪声和道路交通噪声的监测,监测频率为每年1次,在春季或秋季进行。

辐射环境监测　南宁市监测站设

置环境辐射自动监测站点——环境外照射自动监测站，主要用于对环境外照射X-γ剂量率做24小时不间断监测。市区设环境外照射监测点位29个，每季度监测1次；设环境电磁辐射监测点位10个，每半年监测1次。

重点污染源监督性监测　南宁市有国控重点污染源企业43家。其中：废水污染源11家、废气污染源6家、城镇污水处理厂12家、重金属企业9家、危险废弃物企业5家。国控企业1年监测2次，原则上每年开展不少于1次全指标监测，每个季度对企业的在线监测设备开展1次比对监测。

【核与辐射安全监督管理】 2016年3月、6月、9月，市环保局举办培训班3期。年内，完成64家核技术利用单位的放射源现场清查，检查核技术利用单位299家次，出具检查意见30份，督办通知28份，督促送贮废旧放射源52枚。实现南宁市核技术利用单位建立“一厂一案”、放射源“一源一档”，督促新、改、扩建核技术应用项目业主单位严格按照规定的程序依法申请办理辐射安全许可证，确保南宁市核技术利用单位持证率保持100%。南宁市有核技术应用单位306家，使用密封放射源205枚、射线装置7209台套；审批辐射类项目121个，受理辐射环境污染信访投诉案件97起，答复率100%。

【环境应急管理】 2016年，南宁市无突发环境事件发生。市环保局协调应急处理广西绿城水务股份有限公司生活污水污泥及历史遗留污泥的处置，促进南宁市污泥处置中心加快建设进程；协调广西绿城水务股份有限公司应急处置南宁市三峰能源有限公司生活垃圾焚烧发电工程项目渗滤液，解决城南垃圾填埋场因异味影响引发的社会舆情。4月，市环保局印发《关于转发环境保护厅办公室关于做好突发环境事件应急预案有关工作的通知》，要求区县环保部门组织修订本级政府、部门环境应急预案，编制突发水污染事件处置应急预案和重污染天气应急预案。10月13日至14日，市环保局在隆安县隆安华侨管理区开展南宁市区域突发环境污染应急综合演练。12月18日，南宁市环境应急物资储备项目通过验收，投入运行。年内，南宁市有58家环境风险企业编制突发环境事件应急预案报环保部门备案，并组织开展应急演练。

【环境信息化建设】 2016年，南宁市推进市环境应急指挥中心项目部署运行；与自治区环保厅、自治区政务中心对接，配合开通相关网络环境，协助部署广西环保三级审批系统南宁市端应用；完成南宁市机动车尾气流动监测系统、南宁市“黄标车”及老旧车排污监控和淘汰更新多部门管理综合信息平台、南宁市大气颗粒物污染分析环境监控中心项目、南宁市黄标车及老旧车限行和提前淘汰能力一期项目建设，推进南宁市“智慧环保”项目。市环保局门户网站设置南宁市环境空气质量实时发布系统，实时发布南宁市各个片区环境空气质量情况信息；网站更新信息5718条，比上年增长21%，访问量累计101.80万人次。

（市环保局）

园林绿化

【概　况】 2016年，南宁市林业和园林局内设机构13个：办公室、政策法制科（山林纠纷调处办公室）、规划建设科、绿化管理科（首府绿化委员会办公室）、营林科、林政资源管理科（林业改革发展科）、公园景区管理科、野生动植物保护与自然保护区管理科、产业科（科学技术与对外合作科）、森林防火科（市森林防火指挥部办公室）、计划财务科、行政审批办公室、人事科，在职在编48人。下属单位28个。其中：行政单位1个（市森林公安局）；事业单位27个，分别为南宁园博园管理中心、市绿化工程管理处、市林业科学研究所、市南湖公园、市人民公园、市动物园、市金花茶公园、市石门森林公园、市乡镇林业工作站（市林业技术推广站）、市森林病虫害防治站（市森林植物检疫站）、市农村能源工作站、市林木种苗管理站、市林政稽查大队、市野生动植物保护站（市野生动植物救护中心）、市生态公益林站、市五象岭森林公园、市园林规划设计院、市花卉公园、市狮山公园、市邕江北岸公园、市新秀公园、市邕江南岸公园、市体育休闲公园、市儿童公园、市江南公园、市五象湖公园、市丁当林场。全系统在职在编1400人，其中公务员（含参照公务员管理人员）153人，事业单位管理人员233人，专业技术人员442人；机关（含参照公务员管理单位）工勤人员26人，事业单位工勤人员546人。

4月，南宁市获第十二届中国国际园林博览会承办权，前期建设进展顺利。至年末，全市城市绿化及公园建设固定投资完成27.44亿元。完成山上造林绿化1.90万公顷，全民义务植树306.93万人次，植树1035.70万株。

【“中国绿城”建设】 2016年，南宁市建成区绿地总面积1.07万公顷，其中公园绿地、生产绿地、防护绿地、附属绿地、其他绿地面积分别为3696.05公顷、2.67公顷、845.38公顷、4675.02公顷、1485.44公顷，全市建成区绿地率、绿化覆盖率、人均公园绿地面积分别为37.12%、43.10%、12.01平方米。市林园部门推进生态宜居环境建设，重点实施公园建设和景观提升工程、滨水绿地“岸绿景美”工程、桥梁绿化景观工程、道路及后排绿地绿化建设和提升工程，不断提升“中国绿城”内涵。年内，南宁市城市建设项目投资计划（一期、二期）园林绿化项目实施29项，计划总投资26.68亿元，完成26.10亿元。民族大道修复整治工程—绿化整治工程、人民公园烈士碑体修缮工程、人民公园烈士碑广场改造工程、石门森林公园海绵化改造工程、市区道路超高土综合整治工程、市区道路黄土裸露整治工程、南宁市五

11月2日，西乡塘区位子渌小学举行“国际生态学校”授旗仪式

市环保局提供

象湖公园(海绵建设)工程等项目完工。完成政府购买重大公益性建设项目服务——邕江综合整治和开发利用工程(北岸:清川大桥—五象大桥),委托南宁交通投资集团有限责任公司建设凌铁大桥至五象大桥、清川大桥至北大桥六段滨江景观带,总长1.58万米,建设面积149.67万平方米,合同金额17.13亿元。完成南湖水质改善PPP项目实施方案及合同编制,完成2017年至2018年邕江综合整治和开发利用工程PPP项目咨询机构采购。

【海绵城市建设】 2016年,南宁市海绵城市建设工程项目有五象湖公园提升工程、南湖公园综合改造提升工程、民族大道修复整治工程—绿化整治工程等5个;前期准备项目有体育休闲公园海绵化改造工程,玉兰路、金菊路、丹凤路后排绿地绿化工程等5个;五象湖公园提升工程、石门森林公园海绵化改造工程、民族大道修复整治项目—绿化整治工程,南湖公园综合改造提升工程、南湖北大门及服务配套设施工程开工建设。

【街道绿化与养护】

鲜花下地工程　2016年,南宁市林园部门实施重要道路及节点四季鲜花工程,全年种植鲜花413万盆,完成投资1652万元。中国－东盟博览会、中国－东盟商务投资峰会期间,重要道路及节点累计种植时花93.10万盆,品种22个,完成年度任务114%。

园林绿化用地扬尘治理　完成242条道路绿化的扬尘治理、黄土裸露治理补种地被植物47.93万平方米,加设护栏2.20万米,硬质铺装1.83万平方米,建花池1027平方米;人工清理超高土4.56万立方米,绿化恢复11.26万平方米;冲洗绿化带和行道树长度2.20万千米、出动洒水车4.17万车次,冲洗水方32.50万立方米。

城市园林绿化养护及管理　完成东葛路、南梧大道、仙葫大道、星光大道、秀厢大道等122条道路的绿化养护社会化招投标,中标单位均进场养护;重点做好机场高速、民族大道等11条精品线路及会展中心边坡、荔园山庄周边道路植物的管养。制定春季绿化养护修剪方案,组织各养护所、社会化养护中标企业按照“整齐划一、层次分明、兼顾生态”的原则对管辖的道路进行春季大修剪,避免交通标志牌、监控摄像头被遮挡,修剪乔木3167株,涉及指示牌1203块、监控摄像头86个,使用人工1390工日、高空车59.50台班、5吨货车252台班、油锯380.50台班。

【公园建设】

南湖公园　2016年,接待来自越南、印度、中国台湾、中国香港、上海、重庆、巴彦淖尔等国内外考察团150批,接待游客24.36万人次。完成全园环卫社会化运作招投标;做好大型活动管理,有12场千人以上活动在公园举办;在10个固定岗亭和5个小卖店安装报警电话15部,公园保安与南湖派出所联合巡防,维护公园秩序。完成南湖公园环湖路改造工程,全长8.17千米,平均路宽7.60米。完成南湖北岸小麻村段便民通道工程建设;改建公厕1座;完成南湖公园北大门及服务配套设施工程服务配套楼主体、北大门主体建设、后广场绿化施工等;完成南湖公园海绵化综合改造工程可研报告批复、方案批复、招投标等前期工作,12月开工;完成南湖水质改善项目可研报告批复、水保批复等前期工作;修改完善南湖公园环湖景观亮化提升工程设计方案;完成南湖公园总规修编方案初稿编制。进行环湖路景观提升工程示范段绿化改造,进一步绿化美化公园环境,完成南湖公园南岸桥底、广场亲水步道、二期草坪、雾森、自治区党委围墙、滨湖广场主入口左侧、菩提园三岔路口、园内健身场地8处绿化景观提升工程建设。

人民公园　完成监控广播工程建设并投入使用,总投资300多万元;对公园主要区域实现监控网络和广播覆盖,安装室外音柱70多个、各式摄像机130多台;对入园游客量、人流密度以及噪音情况等进行实时监控和数据分析;投入改造费用100多万元加固、修补、更换公园内各项破损基础设施,安装绿化喷淋管;对公园内管理用房进行维修加固和荫生园玻璃房翻新维修;新建公厕2座,改建公厕1座;推进和实施公园总规编修公园基础设施完善项目提升改造工程(二期、三期、四期),厕所新改建工程、烈士碑修缮和广场改造工程达到预期建设目标;完成铺面招租及网点改造;整改提升公园标识系统、公共信息符号、废弃物管理;管控车辆入园,公园的整体环境面貌及游园秩序有较大改善,巩固4A级景区创建成果。接待游客800万人次。

动物园　实现经济创收9432.34万元,与上年基本持平;接待游客227.62万人,下降4.80%;美化动物馆舍151间,完善科普设施牌480块;年内最高峰展出动物馆舍33个,展出笼舍254间,展出区(运动场)103个,展出动物215种2497头(只、条);动物行为综合展出707场;成功繁殖动物28种126头(只、条),其中火烈鸟打破以往仅有产卵记录无繁殖记录历史,繁殖1只成活幼鸟,为广西首例;引进动物3种6只;输出动物8种22头(只);接收赠送或救护野生动物27种224只,动物疫情疫病零发生。新建公厕2座,改建公厕1座;修复园区游憩服务设施96处,完成园内广播的重新铺设与监控线路安装,游客服务中心更新便民服务设施34件;完成大草坪风车区、鸟语花香区、生态园、生态岛、荷花池、园中园、童趣园等23处景观提升;完成年度重要道路及节点四季鲜花工程4.52万盆的种植任务;完成25.28万平方米草坪打草任务;补种地被植物12种,铺设草皮1715平方米;完成179处1200平方米破损道路、广场的修补;投入卫生保洁1.06万人次,清运垃圾1412车1.13万吨。

金花茶公园　完成南宁市城建项

6月,市动物园首次成功繁殖火烈鸟　市林园局提供

目——公园环境改造提升二期(续建)工程的景观工程和雾森系统工程,建设“茗岸听风”“乐学坡”、儿童沙池等景点设施,安装造雾系统6套,覆盖面积8000平方米,总投资254万元;新建公厕1座,改建公厕1座;完成“智慧公园”子项目公园绿地广播系统40根音柱和安保监控系统23个红外线摄像头安装;完成四季茶花区大规格油茶景观和西门至儿童游乐区环路植物景观改造,恢复公园改扩建、新建的3座公厕周边绿化,整治公园黄土裸露面积4075平方米;移植茶花精品园区乔木60株,促进茶花采光和开花质量;在科研区和生产区新建育种荫棚337.20平方米,加盖避雨薄膜270平方米,改善公园茶花育种栽培环境;引进武鸣金花茶原种1个20株、越南金花茶原种10个294株、华东山茶品种33个283株;《金花茶杂交新品种选育项目》《金花茶组培实验室建设与关键技术研究》《南宁市金花茶青少年科技教育基地能力建设与示范项目》通过结题验收;金花茶杂交新品种“冬月”“金背丹心”获国家林业局授予的植物新品种权;研发的《一种金花茶组培繁殖方法》获得国家知识产权局授予的发明专利权;金花茶基因库入选首批“国家花卉种质资源库”,成为国家金花茶种质资源库,为广西入选的两家单位之一;参加2016(中国·大理)国际茶花大会暨2016(中国·大理)第十届茶花博览会,以金花茶、抱茎茶等广西特色植物布置《金茶自秀美,灿然绽山林》景点,获大会“最佳展位奖”和“参展优秀奖”;完成南宁市第五届茶花文化展,以“茶花竞放·扬帆起航”为主题布置小景5组,展出盆栽茶花300盆、地栽茶花1万多株、草本花卉2万盆;协助社会团体、机关学校、社区机构举办科普等活动12次,接待游客256.50万人次;完成2016年重要道路和节点四季鲜花种植工程146万盆,产值633.75万元,完成任务111.30万盆的131%。

石门森林公园　完成安装调试喷灌系统设备,南门边坡、东南雨水花园周边等区域局部绿化,投资696万元;完成新建改建公厕1座,建筑面积89.28平方米,投资约38万元;园内基础设施修缮,新增、修复园内游步道、护栏及路缘石38处,修补园内路面裂缝65处,修复截水沟盖板19块,加固康体设施维修15处,完成北门侧树池维修9处,改造、维修步级台阶12处,完成明湖东侧钓鱼台墙面等地墙面修补10处,完成北门、西门推拉杆翻新修复7处;开展黄土裸露区域植物补植,铺设草皮6000多平方米,补种麦冬等地被植物8000多平方米;修剪绿篱花灌木5次约1万平方米,修剪草坪6次约30万平方米;清除杂草6次,每次清除草坪杂草面积约15万平方米;施肥4次,用复合肥3吨、尿素500千克、磷肥5包、有机肥60立方米;进行病虫害化学防治16次,防治乔木5000株、灌木5000平方米;清理枯死乔木、灌木185株;做好防涝、防台风等防护措施,扶植因强降雨天气倒伏的树木56株。进行除“四害”药物投放50次;开展红火蚁专项防治、排查、36次。接待游客108.10万人次。

花卉公园　公园改造建设三期完成园路、值班岗亭、轻轨大树移植、车库等建设,完成投资539万元,占景观部分任务81%;新建公厕4座;承办南宁市2016年义务植树活动,在公园二期种植11个品种树木495株,与金花茶公园沟通,移植开花高大乔木34株至公园二期;协助市体育局安装健身器材30套,在幽兰苑安装景石66.40吨;完成公园游客服务中心建设并投入使用,完成园林科研大楼项目后续建设;完成园容园貌问题整改2254处;完成黄土裸露整治3700平方米,补植植物9.40万株;修剪乔木、灌木1.26万株,片植植物11万平方米,草坪26万平方米;施肥9.20吨;维修设施142万处,请专业施工队伍对公园露丛木栈道、木质结构花架进行防腐维护;清运垃圾398车;安装灭蚊灯65台;开展灭“四害”统一行动5次,消杀红火蚁、非洲大蜗牛、白蚁等危害性病虫9次。接待游客76.50万人次。

花卉公园温室花卉生产　　市林园局提供

狮山公园　协调推进人民公园、动物园、金花茶公园、花卉公园、滨江公园、新秀公园和狮山公园7个公园水体生态综合治理工程;开展公园松竹楼建设工程、公园竹文化建设一期工程及勤廉文化二期工程前期工作;新建公厕2座;公园四期建设工程建成鹭湖水域一座曲桥——荷净桥;园区道路部分完成苗木移植,2、3、4号线路基压实,1号线进行水稳层建设;成功创建国家3A级旅游景区,设立集休息厅、医务室、咨询和投诉接待室等多功能于一体的游客服务中心1处,增设母婴室2处和公园指路牌、导览牌、厕所说明牌及景点介绍牌,增设北大门门区宣传牌,维修更换园区破损路灯;投入经费约10万元,组织1.49万人次开展卫生大扫除,清理枯枝树叶及垃圾2200吨,治理黄土裸露1.20万平方米,清洗路面、广场2.10万平方米,投入人工1.64万工日;引进箬竹、方竹等品种17个,新增竹子景观1处,建成竹子繁育苗圃1200平方米;种植荷花6个品种203盆,翻盆种植红楼、艾江南、粉千叶等荷花80多个品种2426盆。接待游客130万人次。

邕江南岸公园　5月11日,南宁市滨江公园更名南宁市邕江南岸公园,经费管理形式由差额拨款调整为财政全额拨款。完成公园河岸岸坡加固及防护工程,累计投资约640万元;完成办公生活区入口大门及围墙改造;新建公厕1座;完成创3A景区方案审查,完善游客服务中心便民设施;完成公园安保环卫绿化养护招投标;休闲公园东区更换石凳56套,安装新式健身路径器材15套。

新秀公园　完成公园花圃平台、花圃排水沟槽改造,投入资金5万元,改造面积约500平方米;对鸟巢花海景点及盆景园区小花紫薇进行嫁接,完成紫薇桩嫁接140株,移植60株,矮化修剪615株,桩景初步成型;公园南门、东门分别新建2A

级旅游公厕1座。完善园内各区域硬化、铺装,总面积约1075平方米;完成公园绿化养护护栏约375米,对沙池约550平方米区域进行疏松并新增加沙粒约15立方米;配合南宁市西乡塘区商务和旅游发展局在公园打造“我们的价值观”宣传阵地;清理杂物、枯枝落叶及垃圾约435吨,完成黄土裸露整改约1000平方米;开展病媒生物防控,安放鼠屋80多个,投放鼠药约50千克,聘请专业机构多次进行全园灭蟑处理;组织3690人次开展大扫除,清洁路面、广场约2000平方米。

邕江北岸公园　5月11日,南宁市邕江滨水公园更名南宁市邕江北岸公园。开展园区修剪植物造型、片植灌木9次,修剪草坪4次,修剪草坪面积3.29万平方米;更换、种植乔木26株、灌木2.90万株,种植面积1560.90平方米,累计补种马尼拉草面积337平方米,补种地被植物1619平方米;打造便民服务温馨驿站2个,加强保安人员文明教育和业务培训,开展学习教育50次、服务礼仪培训1次,培训450人次;接待自治区外考察团5次250人;完成邕江滨水公园提升工程(北岸)设计方案;建设2A级公厕1座,完成主体建设;进行荔园饭店周边景观改造提升工程。

体育休闲公园　完成公园海绵化改造工程项目方案设计批复、初步设计批复、施工图备案等前期工作,总投资838.78万元;完成公园基础设施与C道路完善工程的方案设计修订,同步进行可研编制工作;推进公园二期场馆建设前期工作。对园区内7座小木桥和2个木质平台进行维护和修复;更换健身器材15套;更换山顶长廊座椅及柱头44处;对后山环山步道长18米、宽1.80米,面积32.40平方米的塌方点进行修复;修复青石板路100米,增设排水沉沙井1个;解决停车场公厕自来水给水系统;维护办公区门口公园自用水口;增设停车场护栏40米;更换山顶长廊破损构件178平方米;更换并打磨木质观景平台64平方米;维修凤岭南路排水沟60米;更换新垃圾桶23个,维修旧垃圾桶37个;新增标识牌和指示牌107块;完善公园服务站设施,粉刷志愿服务站墙壁,配备便民利民配套设施;组织安全生产大检查12次、安全专项检查7次,分别排查事故隐患33处、17处,全部整改完毕;开展地质灾害隐患点监测33次;完成第三期维稳监控系统建设,投入12.73万元;公园维稳监控系统累计投入60.63万元,实现全园监控覆盖,为游客提供安全的游园环境。

凤岭儿童公园　完成公园景观提升改造工程,综合服务房边坡黄土补植约1250平方米;用红花檵木、七彩朱槿、黄素梅、福建茶等完成地被增种、补植约590平方米。加强园内绿化景观提升,种植乔木979株、孤植177株,片植灌木1.45万袋,补种地被蟛蜞菊、麦冬和草皮3090平方米;清洗路面、广场8.60万平方米,整改黄土裸露1250平方米,清理枯枝落叶和垃圾387吨;喷药杀虫6次,绿地施肥5次,施肥料8.50吨、有机肥10吨;公园基础设施完善工程(一期)——月湾路内涝整改工程的绿化部分恢复提升工程由公园实施绿化项目代建。5月9日完工,种植大规格乔木321株、常规乔木1461株、灌木976株,栽植马尼拉草2900平方米。

江南公园　完成南宁市2016年城市建设项目计划建议表(一期)投资金额3200万元(前期经费477万元,现场施工费2700万元,配电设备采购23万元)。建设内容包括公园建设工程——景观工程完成建设投资额约1300万元,其中种植土方内运5.10万立方米,铺碎石8200平方米。公园建设工程(建筑工程)一期工程单体共46个,中标价1403.31万元,完成基础工程单体23个;公园红线范围内10千伏旱新II922线槎路支高压电线迁改工程完成投资金额178万元;江南公园铁路10千伏电力路线迁改工程完成投资金额466万元。

五象湖公园　五象湖公园提升工程(海绵工程)是年度城建计划重点项目(业主为五象湖公园),总投资1897.02万元,资金来源为海绵专项资金。建设内容主要为公园自身雨水消纳和客水消纳两大部分,包括绿化工程、景观工程、海绵设施工程、给排水工程、电气工程、雾森工程,在雨水处理流程中对雨水滞留、渗透及净化,最终实现雨水径流总量控制目标及径流污染控制目标。累计完成投资1493万元,种植乔木160株、灌木1880株、水生植物2.28万平方米、草皮2.40万平方米、雨水花园1434.40平方米、湿塘(含前置塘和雨水调蓄区)4844.77平方米、下沉式绿地1876.97平方米、植草沟352米、浅草沟748.80米、旱溪86.40平方米、中央水景梯级雨水花园及蓄水池1284平方米。

五象岭森林公园　5月26日,《南宁市五象岭总体规划(2015-2025)》获市政府批复。完成绿化养护项目总面积151.13公顷,8.36万株绿化树苗的外包养护;完成8500株降香黄檀、沉香等珍贵树种小苗木的养护;完成调整优化树种景观提升工程133.33公顷、12个树种共6.74万株景观苗木的总验收;完成复层林灌木层次林相改造总面积25.53公顷,总量5.04万株观赏和浆果类灌木、小乔木的种植任务;完成广西红椎良种丰产栽培技术示范项目20公顷总量2.55万株良种苗木的造林任务;完成试种2公顷共700株台湾桤木以及春季义务植树0.80公顷700株绿化树苗的造林任务;完成营造生物防火林带5.73公顷7872株耐火树种苗木造林任务;将年初下拨的5.17万元森林生态补助资金用于开辟1.48万平方米防火隔离带,补助资金公共支出部分用于购买森林生态效益补偿基金信息管理系统;1.68万元用于公园第一五象岭鼻子岭约1.33公顷的火烧迹地上试验种植700株台湾桤木。发现并制止非法捕(诱)猎野生动物事件5起,没收鸟笼4只,查获被捕鸟3只并放归大自然,查获捕兽夹5只、捕鸟网3张、蛇笼6只、捕蛇网4张、弹弓2只,警告、教育涉事人员15人次;拆除违规搭建16处80平方米,清理违规开垦种植农作物30平方米,发现公园规划范围内违建情况8起;广泛宣传发动,增强市民防火意识,组织人员进社区及林区周边村庄进行森林防火宣传2次,发放宣传资料3万份,悬挂森林防火宣传横幅41条;处置由外来人员用火不慎引起的公园林地火灾事故2起,均未造成人员伤亡;开展重大节日和特殊防火时段专项整治活动2次;公园规划范围内发现违法弃土10起;发现并制止违规乱倒垃圾事件11起,教育涉事人员21名,记录涉事车辆5辆,制止在公园林区内非法用火取暖、烧烤、焚烧垃圾事件12起。

【苗圃建设】 2016年,南宁市全面宣传贯彻落实新修订《中华人民共和国种子法》,举办《种子法》宣传暨退耕还林培训班和全市林木种苗工作会议,113人参加。2月至4月,林园部门开展自治区市县三级林木种苗质量与执法专项检查;深入苗圃开展林木种苗质量检查及执法活动;开展打击假冒伪劣林木种苗和植物新品种权保护专项行动5次以上;建立健全林木种苗生产经营许可行政审批的事中事后监督管理制度;核发《林木种子生产经营许可证》179本,全市办证苗圃744户,苗圃育苗面积3696.27公顷;苗木产量约4005万株。

【古树名木保护】 2016年,市林园局指导、监督区县、开发区对古树名木保护、管护,落实专项管护资金50万元,特别是做好汛期和台风期间的古树名木保护。9月起,南宁市开展第二次古树名木资源普查,培训技术骨干231名。12月,落实县级资金135万元、调查古树5591株(特级1株、一级50株、二级346株、三级4707株),准古树378株,名木109株。对97株古树名木进行复壮、救治,包括病虫害防治、施肥、断枝修剪、清理杂草等。修订《南宁市城市绿化条例实施细则》,出台《南宁市古树名木损失评估办法》。

【义务植树】 2016年,市林园局与市水利局联合组织市四家班子领导到各联系区县开展“兴水利、种好树、优生态、惠民生”主题活动。3月11日上午,首府绿化委员会、市林园局、团市委共同组织全市22家机关、企事业单位的干部职工、学校师生及热心家庭900多人在市花卉公园开展“2016年南宁市全民义务植树活动”,种植开花乔灌木495株,包括大花紫薇、蓝花楹、无忧花、洋紫荆、苹婆、仪花、八月桂、扁桃、红杏、红花檵木、木芙蓉11个品种。3月18日上午,与自治区绿化委员会办公室、团市委联合组织开展“美丽南宁·生态乡村2016年青少年植树活动”。

【园林规划修编】 2016年,南宁市开展城市园林规划编制,《南宁市海绵城市建设推荐植物》完成修编,《南宁市园林绿化发展“十三五”规划》向市发展改革委员会报备,《南宁市园林技术管理规定》完成初稿;组织南湖公园、人民公园、动物园、石门森林公园、狮山公园、新秀公园6个公园开展公园总体规划修编,完成人民公园、动物园、石门森林公园、新秀公园、南湖公园初稿编制,南湖公园、动物园、新秀公园的总体规划报南宁市规划管理局审查。

【园林科研】

绿化研究 2016年,市林园部门申请科研新项目6项(国家级1项、自治区级2项、地市级3项)。完成南宁市科技项目《草坪安全高效除草剂应用关键技术研究与示范》结题答辩,取得广西科技成果登记证书1项;完成《南宁市市树扁桃全冠移植关键技术研究》等3项市科技项目的实验;制定广西地方标准《大树移植技术规程》,申请实用新型专利1项、发明专利1项;在核心期刊发表科技论文3篇,其中论文《南宁市城区道路绿地红火蚁调查及防效初探》获2015年度南宁市自然科学优秀论文二等奖;完成《南宁市市花朱槿品种选育及示范应用》《南宁市常见园林植物病虫害原色图谱与防治》自筹项目的前期准备、资料收集。

动物研究 市林园部门申请科研新项目9项(国家级2项、自治区级2项、地市级5项),含合作申报1项;获准立项2项(《喀斯特石山灵长类的能量代谢进化适应对策》《郁江－陆生野生动物资源调查》),均为国家级,含合作申报1项;发表科技论文12篇。完成《南宁市动物园历年论文集》自筹项目的前期准备、资料收集。与广西野生动物救护中心合作的广西地方标准《野生动物疫病采样技术规程》《野生动物免疫程序技术规程》立项2项;推进国家级科研项目《禽流感、犬瘟热等重点野生动物疫病本地调查和防控》,自筹项目《南宁市动物园欧洲盘羊猪O型口蹄疫免疫效果监测及免疫程序研究》《圈养白虎犬四联免疫程序研究》《圈养东北虎犬四联免疫程序研究》《南宁市动物园几种珍贵涉禽流感免疫效果监测及免疫程序研究》5个项目的前期准备和样本采集检测,所监测的犬瘟热、口蹄疫、高致病性流感、小反刍兽疫等人畜共患病和动物烈性传染病都处于高保护力水平,说明动物园对烈性传染病的防控措施,抵御动物烈性传染病的侵袭。

花卉研究 市林园部门完成南宁市科技项目《金花茶杂交新品种的选育》《金花茶组培实验室建设与关键技术研究》及青秀区科技项目《南宁市金花茶青少年科技教育基地能力建设与示范》结题验收。其中,《金花茶组培实验室建设与关键技术研究》项目获发明专利1项,《金花茶杂交新品种的选育》项目获国家林业局新品种权保护办公室授权茶花新品种2个。向南宁市科技局申报《国外金花茶物种园建设及栽培繁殖技术研究》科学研究与技术开发计划项目。市金花茶公园收集越南金花茶物种4个,金花茶基因库入选首批“中国花卉种质资源库”。在正式期刊、学术会议上发表《不同处理方法对金花茶组培苗不定根发生的影响》《南宁市金花茶公园再育杂交新种——‘冬阳之海’》《金花茶炭疽病抗性分析》《多毛金花茶与毛瓣金花茶的区别》《金花茶组培快繁技术体系研究》《金花茶嫁接繁殖的理论和操作技术》论文6篇。

【筹办第十二届中国国际园林博览会】 2014年9月,南宁市启动申办2018年第十二届中国国际园林博览会。市委、市政府确定邕宁区的顶蛳山区域为园博园园址,以“生态宜居 园林圆梦”为办会主题,重点打造“生态的园博”“文化的园博”“共享的园博”三大特色亮点;完成园博园概念性规划方案、办会办展及后期运营管理方案、申办陈述报告等申办材料编制。2月23日,南宁市向住建部城建司递交材料;3月25日,在住建部组织召开的第十二届中国国际园林博览会申办城市评审会上,南宁市获总分第一,与第二名长沙市一起成为承办候选城市;4月8日,住建部组织专家组实地考察南宁市;4月21日正式确定南宁市为第十二届中国国际园林博览会承办城市。开展园博园的工程设计、可研、立项、勘查、环评等50多项前期工作,完成立项和可研批复,编制完成总体规划方案。园博会招商招展突出“精”“特”要求,制定招商招展工作方案及中华园、东盟园、丝路园等专项招展工作方案,采取责任领导、责任单位“一对一”定点招展。9月14日,自治区政府向意向招展城市发出邀请;12月,有20多个城市表达参展意向。11月10日,园博园场地平整及土石方工程开工建设;12月,累计完成挖填土石方48万方,收集种植土10万方,完成园博园主入口广场及周边场地平整。11月24日,总体规划方案通过园博会组委会第一次会议审议,建筑桥梁、绿化设计、矿坑生态修复等16个专项设计全面深化;用地征地拆迁交付场地186.67公顷;12月28日,园博园建设项目奠基;周边32个配套市政项目列入市本级城建计划,并与园博园同步建成使用,总投资约60亿元。

【园林园艺博览会展园】

第八届广西(玉林)园林园艺博览会南宁园 总面积8574平方米,总投资约500万元。3月开工建设,7月23日开园。展园以“槿园”为主题,以市花朱槿为主要设计元素,展示自治区各族人民团结凝聚、共同繁荣的面貌和“能帮就帮”的南宁精神。园博会南宁市获奖18项:室外城市展园南宁园“槿园”获造园艺术奖;插花艺术展获团体金奖1项、一等奖2项、二等奖2项和优秀奖2项;盆景展获金奖2项、银奖2项、铜奖5项和优秀奖1项。

第九届广西(钦州)园林园艺博览会南宁园 总面积5266平方米,总投资约500万元。6月1日开工建设,12月2日开园。展园以“邕剧·邕城”为主题,以“问戏—寻戏—赏戏—入戏”为主线,运用岭南传统园林的造园手法打造展示南宁的历史、民族文化、艺术成就等方面的平台,展现南宁独有的民族文化底蕴和地方特色。本届园博会南宁市获奖16项:城市展园南宁园获造园艺术奖;插花艺术展获团体金奖1项、二等奖2项、三等奖2项;盆景展获银奖4项、铜奖3项、优秀奖3项。

(市林园局)

责任编辑 梁 坤

教 育

综 述

【概 况】 2016年，南宁市有幼儿园、中小学、中等职业技术学校3290所(含区县)，在校生140.13万人，专任教师7.28万人。其中：幼儿园1633所，在园人数30.49万人，专任教师1.24万人；小学1276所，在校生61.67万人，专任教师3.24万人；初中257所，在校生26.07万人，专任教师1.71万人；普通高中85所，在校生13.13万人，专任教师8331人；中等职业技术学校29所(公办13所、民办16所)，在校生8.65万人，专任教师2134人；特殊教育学校10所，在校生1244人，专任教师327人。师生比例：幼儿园4.06%，小学5.25%，普通初中6.56%，普通高中6.34%，中等职业学校2.47%(不含非全日制在校生)。少数民族在校生比例：幼儿园51.03%，小学56.67%，普通初中57.78%，普通高中53.70%，特殊教育58.44%。校园面积、生均校园面积：小学1423.69万平方米、23.09平方米，普通初中1014.57万平方米、38.92平方米，普通高中592.06万平方米、45.10平方米，中等职业学校282.24万平方米、32.63平方米(校园面积不包括非产权校园面积)。义务教育普及程度(只含城区，不含区县，下同)：小学学龄儿童入学率100%，初中入学率100%，九年义务教育巩固率96.02%。

自治区驻南宁市中等职业学校有56所，在校生18.09万人。市辖区内有高等院校37所，全日制在校生40.21万人。其中：普通高等院校32所(本科院校14所、独立学院4所、高职高专院校18所)，全日制在校生38.80万人；成人高等院校5所，在校生1.40万人。有博士学位授予权院校3所，硕士学位授予权院校7所；在校研究生1.66万人。

全市教育经费总收入134.24亿元，比上年增加9.29亿元，增长7.43%，其中公共财政预算教育经费114.01亿元，增加8.50亿元，增长8.06%。教育经费总支出135.88亿元，增加12.49亿元，增长10.12%，其中人员经费支出54.46亿元，对个人及家庭补助支出24.99亿元，商品及服务支出20.58亿元，其他资本性支出23.41亿元，基本建设支出11.85亿元。

【学校基础设施建设】 2016年，南宁市教育固定资产完成投资126.19亿元，新建成并投入使用市第三中学五象校区、市第三中学初中部青秀校区、天桃实验学校翠竹校区、五象新区第一实验小学、滨湖路小学五象校区、玉兰路小学、民主路小学佛子岭路校区、林里桥中段小学、衡阳路小学五象校区、壮锦初级中学、翠湖路小学、那黄小学、隆安县宝塔小学共13所学校，增加学位2.63万个。全市“全面改薄”(全面改善贫困地区义务教育薄弱学校基本办学条件)开工项目1394个，占97%，竣工项目1200个，竣工率83.80%。完成1030所区县中小学校的改扩建任务，累计完成投资10.92亿，占总投资78.60%。设备采购资金2.92亿，采购设备280.01万台(件、套、册)，完成采购金额2.51亿，占设备投资86.30%。

【特殊教育】 2016年，南宁市有特殊教育学校10所，在校生1244人，专任教师327人。接受教育的特殊教育学生2482人(含小学、初中、高中、中职随班就读的残疾学生)。组织开展未入学义务教育适龄残疾儿童排查，对全市1500多名适龄残疾儿童进行排查，保障适龄残疾儿童接受合适教育的权利。组织开展“交通银行特教园丁奖”评选活动，10名特殊教育教师参加市级选拔，推荐1名教师参加自治区级评选。组织开展南宁市2016年特殊教育教师教学技能比赛活动，分培智教育、聋教育、盲教育3个比赛组，34名选手参赛，评出一等奖4名、二等奖10名、三等奖13名。组织8名教师参加2016年广西首届特殊教育教师教学技能大赛，获二等奖3名、三等奖4名。投入30万元专项经费开展特殊教育教师培训，提高特殊教育教师专业水平。组织开展南宁市实施特殊教育提升计划(2014年至2016年)专项督查，督促区县、开发区按时完成提升计划任务指标。组织特殊教育考察组赴桂林市、柳州市、玉林市学习考察。

【教师队伍建设】 2016年，南宁市印发《2016年南宁市教育系统师德教育活动方案》，开展以“学习徐华同志争当师德楷模”主题活动为主要载体的师德教育活动；组织开展“我身边的好老师(好同事)”征文评选活动，收到征文715篇，评出一等奖10篇、二等奖20篇、三等奖30篇、优秀奖40篇；开展“教师大家访、师爱进万家”活动，累计6.78万名老师参与家访，家访学生158.31万人次。印发《南宁市乡村教师支持计划实施方案(2015-2020年)》，提高集中连片特困地区乡村学校及其他地区教学点乡村教师待遇，每月生活补助最低标准从200元提高至300

9月，江南区翠湖路小学建成开学 市教育局提供

元。公开招聘录用教师2307人；认定教师资格2780人。实施农村义务教育阶段学校“特岗计划”和农村小学全科教师定向培养计划，区县招录特设岗位教师325人，定向培养农村小学全科教师125人。落实自治区中小学教师支教走教计划，安排“三区县”（边远贫困地区、边疆民族地区和革命老区）支教教师80人、走教教师90人，非“三区县”支教教师200人、走教教师200人。实施义务教育阶段校长教师交流轮岗，参与交流轮岗的校级领导330名、专任教师4017名，其中骨干教师1607名。推进“评聘结合”改革，建立与事业单位岗位聘用制度相衔接的职称制度，完成直属学校中小学教师职称过渡登记5731名；开展中小学正高级教师首次评审人员遴选推荐，全市有12名教师（拟）被评为正高级教师；协助南宁市职称改革工作领导小组办公室完成1202名中小学教师高级职称异地交叉评审。抓好“南宁市教师网络研修社区”建设，建设名师工作坊10个、示范校16个、学科工作坊40个，全部进入线上研修阶段。选派小学骨干班主任180名赴福州市开展素质提升培训；组织274名新任教师岗前培训、214名乡村教师参加小学紧缺薄弱学科专兼职教师培训、1.57万名教师参加信息技术应用能力提升培训。实施“国培计划”（中小学教师国家级培训计划）和“区培计划”（中小学教师自治区级培训计划）投入经费约1125万元，培训教师8952人。其中：“国培计划”投入经费约770万元、参训教师7327人；“区培计划”投入经费约355万元、参训教师1625人。全市中小学、幼儿园和中等职业学校、特殊教育学校的4.50万名教师、校长参加市级及以上培训。落实《南宁市教坛明星学科带头人教学骨干管理办法》《南宁市特级教师教坛明星学科带头人示范引领作用实施办法》，新成立市级特级教师工作室23个。有13名校长列为广西基础教育名校长领航工程培养对象，13名教师列为广西基础教育名师深蓝工程培养对象，遴选推荐教师22人为八桂教育家摇篮工程候选人。

【教育督导】 2016年，南宁市加大教育督导力度，督促区县政府加大对教育的投入，加强学校标准化建设，促进对中小学教师的配备。4月、11月，完成对西乡塘区、隆安县义务教育均衡发展市级复核，两区县通过自治区督导评估验收。9月、12月，督查西乡塘区、武鸣区、马山县义务教育均衡发展督导评估整改情况，指导做好迎接国家评估认定准备工作。12月，调研横县义务教育学校办学基本标准达标情况，具体指导横县迎接义务教育均衡发展督导评估。开展2016年南宁市示范幼儿园和南宁市示范乡镇（街道）幼儿园复查评估，复查评估幼儿园25所，通过复查评估23所。开展2016年南宁市示范幼儿园、南宁市示范乡镇（街道）幼儿园验收评估，新申报的12所幼儿园全部通过评估验收，其中4所幼儿园被评为南宁市示范幼儿园，8所幼儿园被评为南宁市示范乡镇（街道）幼儿园。兴宁区、马山县被国家抽取为全国义务教育质量监测的样本区县，配合教育部、自治区教育厅完成监测；兴宁区被自治区推荐为2016年国家义务教育质量监测实施县级优秀组织单位。开展全市教育信息化自查、校园欺凌专项治理实施工作专项督查、第二期学前教育三年行动计划暨特殊教育提升计划（2014-2016年）实施情况专项督查、国家课程计划执行情况专项督查等多项督查。

7月12日，广西汉字听写大赛在南宁学院举行　　市教育局提供

【语言文字工作】 2016年，南宁市指导宾阳县、隆安县对语言文字工作机构、人员配备、经费落实及教师持达标的普通话水平等级证书上岗率等情况进行检查，组织960多人次参加普通话测试，完成两县国家三类城市语言文字工作评估复评暨整改“回头看”活动。配合广西大学专家团队做好“中国语言资源保护工程”增补项目内容新录，重新调查南宁市区平话、白话，宾阳县城客话（平话），武鸣县城官话4种汉语方言，安排汉语方言发音人到广西大学现场采录。开展中小学贯彻落实《南宁市壮文社会使用管理办法》情况专项检查，对37所直属学校单位牌匾和公章进行翻译，完成单位牌匾、公章的壮、汉文整改。组织开展普通话普及情况调查，调查结果：掌握普通话的人口比例为84.70%；普通话的日常使用比例，城市88.20%、乡镇农村52.80%；普通话在教学语言中的使用比例98.60%；少数民族人口420.20万人，掌握民族语言的人口比例74.40%，掌握普通话的人口比例80.70%，普通话的日常使用比例60.30%，少数民族语言在教学语言中的使用比例1.10%。组织区县、开发区直属学校的语言文字工作管理者、语文教学骨干教师近1000人次参加国家、自治区举办的语言文字能力提升培训。联合自治区民族事务委员会、市民族事务委员会对西乡塘、安吉、金桥3个汽车客运站主站大楼的大型户外LED（发光二极管）壮汉双文单位标牌，车站候车厅的指示牌、宣传广告牌、告示、提示，汽车站辖区内的商铺、便捷酒店的社会用字进行检查。组织社会人员、高校大学生、中职学生普通话水平测试1万多人次。市普通话测试站入选自治区语言文字工作委员会办公室推行的普通话水平测试工作中引入“指纹认证系统”的试点单位，组织社会人员、在校生800多人测试。组织汉字听写比赛活动，200多所初中学校的学生上万人次参赛，评出特等奖1个、一等奖2个、二等奖3个、三等奖15个、优秀组织奖20个、优秀指导教师38名；广西大学附属中学代表南宁市进入自治区比赛获一等奖，市语言文字工作委员会办公室获优秀组织奖。举办校园中华经典诵读比赛，参赛节目73个，评出一等奖8个、二等奖16个、三等奖24个、优秀奖25个、优秀组织奖17个、优秀指导教师29名；选送8个节目参加自治区总决赛，获一等奖2个、二等奖5个、三等奖1个、优秀奖3个，市教育局获优秀组织奖。组织师生开展“社会主义核心价值观”主题民（童）谣诵读活动，评出一等奖29首、二等奖71首、三等奖132首，其中一等奖作品在南宁未成年人网络家园展播。承办广西汉字听写比赛

指导教师培训班,14个地市165名教师参加。协助云南省语委办开展国家语委"十二五"重大科研项目"民族地区中小学教师使用普通话教学状况研究"调查。开展语言文字法律法规宣传进社区活动,组织15个社区的居民453人次集中学习国家、自治区语言文字法律法规16期,印发资料500多份。开展第十九届全国推广普通话宣传周活动,发放推广普通话宣传资料5000多套。

【教育科研】 2016年,南宁市教科所组织开展"亲近母语,快乐阅读"实验学校儿童快乐阅读课题实验工作会议和实验成果评比展示、"前置性自主学习"课题组工作会议和课题组骨干教师团队研修活动,推进全国教育科学"十二五"规划课题"新课改视野下壮族地区开展儿童快乐阅读的策略研究"及人民教育出版社"小学数学前置性自主学习任务设计与实施的实践研究"的研究。配合自治区教育厅起草《2017年广西北部湾经济区四市同城初中毕业升学考试学科说明》,承办广西北部湾经济区四市初中学科骨干教师教学能力提升培训班。开展"南宁市高端教学人才巡讲活动"35场次,举办"追求高品质的教育——2016年南宁－东盟人才活动月基础教育高端论坛",举办义务教育"部编本"小学语文教材培训、义务教育"部编本"小学道德与法治教材培训等8个学科骨干教师培训班。组织市级"十三五规划"课题和市中小学学校文化建设专项课题的申报立项,评出规划课题325项、专项课题60项。组织中等职业学校教育教学改革项目申报,批准立项38项。开展2013年至2016年度南宁市中小学心理辅导室评估和优秀心理辅导员评比活动,评出示范心理辅导室19所、一级心理辅导室24所、二级心理辅导室43所,优秀专职心理辅导员54人、优秀兼职心理辅导员27人。市第一中学、市第十四中学、市第三十三中学、市南湖小学、市云景路小学被评为自治区心理健康教育特色学校。

【课程改革】 2016年,南宁市组织开展"学在西乡塘"特色学校校园文化建设成果展示,兴宁区教育教学改革阶段性成果展示等展示交流活动,推动小学教育教学改革深入开展。开展书法教学展示交流活动"语文阅读教学"等专题研讨,参加研讨活动教师3000多名。举办"聚焦学校文化建设,引领学校特色发展"上海—南宁两地校长主题论坛。组织中小学教师参加全国"一师一优课一课一名师"晒课活动,2.66万名教师参加,晒课2.98万节,获市级优课2113节、获省级优课794节、获部级优课170节。组织普通高中课程改革学科教材与课堂教学培训,来自南宁市、百色市、防城港市、河池市、北海市的3094名教师参加培训。第三届人民教育出版社课程教材研究所实验基地交流研讨会暨南宁市实验基地授牌仪式在南宁市举行。

【学科教学竞赛】 2016年,南宁市组织中小学教师参加国家级、自治区级学科教学竞赛,获全国一等奖14人次、二等奖7人次、三等奖2人次,自治区特等奖5人次、一等奖25人次、二等奖2人次、三等奖1人次。举办小学英语教师优质课比赛等,评出一等奖32名、二等奖47名、三等奖61名。指导小学各学科教师参加全国评比活动,获一等奖5项、二等奖3项、三等奖1项。开展中小学心理健康教育"微系列"作品评选活动,评出一等奖32部、二等奖76部、三等奖147部。举办第二届外语教学与研究出版社"掌上新标准"小学生英语听说技能大赛。组织"2016年南宁市中小学体育教师十项技能测评活动暨第三届全国中小学体育教师教学技能比赛",选拔6人组成广西代表团参加全国比赛,获团体总分二等奖2项、个人一等奖1项、个人二等奖5项。中等职业学校举办教师专业技能基本功比赛和信息化教学比赛,评出一等奖169名、二等奖397名、三等奖539名;参加国家级、自治区级职业院校技能大赛和信息化教学大赛,获全国一等奖1名、二等奖5名、三等奖8名,获自治区一等奖79名、二等奖102名、三等奖89名,其中市第六职业技术学校的林昌烨、陈宇浩获国家级"网络搭建与应用"赛项一等奖;参加第十二届自治区中等职业学校"文明风采"竞赛,获一等奖269名、二等奖723名、三等奖1256名。

【学校体育卫生艺术教育】 2016年,南宁市开展学生运动会等竞赛活动。举办第二届校园足球比赛,推动青少年校园足球运动发展;参加全国青少年健身操舞、啦啦操大赛,获全国特等奖16项、一等奖9项、二等奖6项;举办南宁市第九届中小学少数民族传统体育运动会;举办南宁市第十五届"新阳杯"小学生乒乓球比赛;组队参加广西第十一届学生运动会,获中学组篮球项目男子组冠军,足球项目男子组第三名、女子组第二名,排球项目男子组第二名,团体总分第二;组织初中毕业升学体育与健康考试,参加考试7.60万名。开展爱国卫生运动,清除卫生死角,中小学、幼儿园投入经费181.60万元,整治重点区域环境卫生4.86万次,清理蚊幼孳生地6.19万处,灭蚊面积650万平方米;防控寨卡病毒、手足口病、腮腺炎、水痘等传染病,开展食品卫生安全宣传教育,无校园群体性食品安全事件发生;在小学高年级开展预防艾滋病宣传教育,向中学新生发放预防艾滋病健康教育手册16万份。推进高雅艺术进校园,广西交响乐团、南宁市教师合唱团分别到学校开展交响乐、合唱进校园活动。举办南宁市第十八届中小学艺术节,参评作品3万多幅,参演节目169个;举办"不忘初心展翅未来"——南宁市中小学培育和践行社会主义核心价值观暨艺术节优秀节目文艺会演。组织参加全国第五届中小学生艺术展演,节目类获一等奖2个、三等奖3个,2篇论文获二等奖,1幅作品获一等奖;组织艺术教师参加广西中小学音乐教师"五项技能"基本功比赛,获全能一等奖5名、单项奖3名;参加广西中小

7月9日至15日,南宁市代表队参加全国啦啦操联赛总决赛　市教育局提供

学幼儿园教师教学技能竞赛，获音乐、美术一等奖、二等奖各3名；参加广西中小学美术教师优质课比赛，获一等奖7名、二等奖1名；参加第四届自治区中小学音乐论文评比，获一等奖10人、二等奖8人；参加音乐"优课"比赛，46人获奖。举办首次南宁市中小学农村专兼职音乐教师培训班。

【教育国际交流合作】 2016年，南宁市加强教育国际交流合作，市教育局及直属学校师生被邀出访3次42人次，邀请来访8次188人次，交流涉及韩国、美国、加拿大、德国等国家和地区10个。组织职业教育交流团一行6人赴德国、意大利开展职业教育交流，南宁市职业教育中心拟与德国职业教育联盟结对共建；组织基础教育交流团一行6人赴美国、加拿大开展基础教育交流；加强与美国费尔法斯克郡教育局、加拿大伯纳比市教育局在双语教学、学生管理方面的合作交流；市第十四中学师生代表团与韩国果川高中开展学生夏令营活动。

【校外教育活动】 2016年，南宁市教育局加强校外教育师资队伍建设，举办校外活动辅导教师培训20多期，培训3000多人次。创新校外教育育人模式，面向全市中小学生举办微电影、动画、语言、趣味英语等公益培训班50多期200多学时，参训学生2000多人次，设立学校公益培训点20个，惠及学生8000多人。开展读书教育系列活动，获广西"书香校园·阅读圆梦"网络征评选活动优秀组织奖、全国爱国主义读书教育活动组织特等奖。

【中小学生科学实践活动】 2016年，南宁市中小学生开展机器人、航空航天模型、车辆模型等科技实践活动和科普教育活动。组队参加在西安市举行的2016年首届青少年创客活动暨第七届青少年机器人活动，南宁市获VEXIQ项目小学组团体奖冠军，市位子渌小学获冠军，市衡阳路小学获亚军，市秀田小学获季军；组队参加第三十一届广西青少年科技创新大赛，获奖项目84个，获奖率95.50%，居自治区之首；组织指导南宁市3所学校7支队伍代表中国参加在美国路易斯维尔举行的2016年VEX机器人世界锦标赛，秀田小学获VEXIQ小学组技能赛冠军、衡阳路小学获亚军；组织参加广西中小学电脑机器人竞赛，获一等奖46个、二等奖43个；参加世界教育机器人大赛(WER)2016赛季中国赛区华南地区公开赛，获WER创新赛初、高中组第一名，积木赛中学组第一名，小学组第二名、第三名，并获WER创新赛高中组第三名；参加世界教育机器人大赛(WER)美国公开赛，获小学组冠军1个，中学组亚军1个，小学创意组第二1个；参加世界教育机器人大赛(WER)2016赛季世界锦标赛，获积木赛亚、季军，获微镜头特等奖、小灵感大创意特等奖、扩展任务金牌，市现代教育技术中心获"主席奖"。组队参加全国青少年航空航天模型大赛和车辆模型大赛，获金牌5枚、银牌4枚、铜牌5枚，名列自治区第一。市教育局被评为全国《全民科学素质行动计划纲要》实施工作先进集体。

【教育信息化建设】 2016年，南宁市财政投入1700万元，为200所农村义务教育学校400间教室配备"班班通"多媒体设备，全市1064所学校实现多媒体教室全覆盖，占全市中小学校64%。为569所学校配备计算机教室；为1623所学校接入互联网，接入率98.20%；为653个教学点实现数字教育资源100%全覆盖。选派10名教师参加自治区中小学信息技术与学科教学深度融合优质课展示评比，获一等奖7名、二等奖3名。

【家庭困难学生资助】 2016年，南宁市投入助学(含奖、贷)资金6.85亿元，受惠学生62.24万人次，其中资助建档立卡贫困户学生16.20万人次，发放和拨付建档立卡贫困户学生免、奖、助资金1.48亿元。实施自治区、南宁市为民办实事学生资助项目5个：农村义务教育家庭困难寄宿生生活费补助项目发放1.29亿元，资助21.89万人次；普通高中免学费项目拨付补助资金2214.18万元，免学费学生4.76万人次；中等职业教育免学费项目拨付补助资金1.11亿元，免学费学生10.53万人次；高等学校国家助学金项目发放2528.18万元，资助学生1.74万人次；大学新生资助项目市财政发放1200万元，资助学生3000人。实施其他教育阶段资助项目15个：学前教育阶段——学前入园补助金项目发放1319.38万元，资助幼儿2.80万人；学前教育阶段——免除学前教育保教费1021.96万元，资助建档立卡贫困户幼儿1.43万人；义务教育阶段——市财政义务教育阶段资助项目发放1136.25万元，资助学生2.02万人次；中等职业教育阶段——中等职业国家助学金项目发放2870.63万元，资助学生2.88万人次；中等职业教育阶段——自治区中等职业教育奖学金项目发放250.60万元，奖励学生1253人；中等职业教育阶段——南宁市中等职业教育奖学金项目发放300万元，奖励学生0.30万人；中等职业教育阶段——南宁市中职师范生生活费补助项目发放486.08万元，补助学生0.65万人次；普通高中教育阶段——普通高中国家助学金项目发放6499.86万元，资助学生6.74万人次；普通高中教育阶段——中国教育发展基金会滋蕙计划项目发放397万元，资助学生1985人次；普通高中教育阶段——建档立卡等家庭经济困难学生免除学杂费项目免除学杂费744.83万元，资助学生0.99万人；大学新生资助项目——自治区大学新生路费项目发放277万元，资助学生4465人；大学新生资助项目——中国教育发展基金会大学新生路费项目发放73.10万元，资助学生1226人；大学新生资助项目——"泛海助学行动"发放资助款419万元，资助建档立卡贫困户大学新生838人；生源地信用助学贷款项目贷款金额2.23亿元，贷款学生3.25万人；区县、学校自筹资金470.80万元，资助学生8754人次。

【青少年法治教育】 2016年，市教育局组织参加全国第二届青少年学生法治教育多媒体课件征集活动，报送作品42件，获二等奖1件、三等奖1件；联合市检察院启动为期三年的"法治进校园"巡讲活动；组织中小学校参与2016年国家宪法日暨教育系统宪法学习日活动；组织中小学生参加全国学生"学宪法讲宪法"演讲比赛，市天桃实验学校黄珏涵获全国初中组一等奖，市第三中学刘牧耕获自治区高中组一等奖；组织中小学生参加全国青少年学生法治知识网络大赛活动。

【学校安全稳定】 2016年，南宁市向中小学校发放反恐宣传单8万多张、反恐宣传挂图500多幅、反恐防恐宣传海报300多张、反恐知识手册1万份；反邪教挂图5000幅、反邪教板报150张；印发《中小学安全知识防护手册》《校园安全稳定工作日志》《中小学安全教育精彩一课优秀作品集》《学生安全教育挂图》等宣传图卡20万册；开展安全教育宣传活动416次，参与人数18万人次。以防汛安全为重点，组织"安全生产月""安全生产万里行"活动，开展校园危旧房屋专项排查治理，确保校园安全稳定。加强校园安全防范应对措施，强化青少年儿童防溺水、学生交通安全教育和管理。市第一中学、市第八中学获认定为首批"广西壮族自治区防震减灾科普示范校"。

【教育收费监督】 2016年，南宁市加大对中小学教育收费监督，签订《教育收费治理工作责任书》，落实规范教育收费责任制。制定春季、秋季中小学收费检查工作方案，检查全市2000多所中小学教育收费情况,其中公办中小学校检查率100%。南宁市治理教育乱收费局际联席会成员单位(市物价局、市财政局、市审计局、市文新出版广电局)对各级中小学校开展专项检查,规范中小学服务性收费、代收费管理。加强对义务教育学校的监督检查,重点检查招收择校生、通过跨区域招生乱收费、通过招收特长生乱收费、通过捐资助学与升学挂钩乱收费、公办学校以民办名义乱收费等违规行为。收到涉及教育乱收费信访件64起,办结64件。

【招生考试】 2016年,南宁市接纳招生考试考生报考20多万人次。报名参加全国普通高考56366人,参加普通高考统考42153人,其中市区24729人(含武鸣区5500人)、横县4904人、宾阳县6579人、上林县2469人、马山县2072人、隆安县1400人。报名成人高考16924人,其中市区11684人(含武鸣区1841人)、横县1165人、宾阳县1851人、上林县740人、马山县1028人、隆安县456人;全市成人高考报考高中起点升本科506人,高中起点升专科10011人,专科起点升本科6407人。报名参加中考76361人,其中市直属学校10922人、青秀区2200人、西乡塘区7641人、兴宁区2542人、江南区2635人、邕宁区4953人、良庆区4051人、南宁经济技术开发区1636人、南宁高新技术产业开发区661人、武鸣区5730人、横县11469人、宾阳县10541人、上林县3799人、马山县4254人、隆安县3327人。4月、10月,分别组织高等教育自学考试,报考5788人,报考科数1.45万科。组织高中学业水平考试2次。6月,学业水平考试全市报考20.95万科,其中市区11.90万科(其中武鸣区2.50万科)、横县2.62万科、宾阳县3.20万科、上林县1.25万科、马山县1.18万科、隆安县8038科;12月,学业水平考试报考21.97万科,其中市区12.47万科(其中武鸣区2.60万科)、横县2.71万科、宾阳县3.37万科、上林县1.30万科、马山县1.24万科、隆安县8824科。全市小学计划招生9.95万人,实际招生11.39万人;初中计划招生9.12万人,实际招生9.14万人;普通高中计划招生4.51万人,实际招生4.74万人。

【民办教育】 2016年,南宁市有民办学校1660所,在校生35.68万人,专任教师1.63万人。其中:幼儿园1519所,在园幼儿21.91万人,专任教师1.01万人;小学44所,在校生6.79万人,专任教师2820人;普通中学83所,在校学生5.03万人(初中60所、学生3.21万人,高中23所、学生1.82万人),专任教师2821人;中等职业学校14所,在校生1.95万人,专任教师495人。有民办文化教育培训学校252所。市教育局对局直属民办初中、普通高中、中等职业学校开展年度检查,检查学校30所,合格28所、不合格2所,未参加年检1所。全市民办教育发展专项资金安排设备购置经费1182.46万元、教师培训经费71万元,保障民办学校设备购置经费与教师培训,惠及民办幼儿园、中小学、中职学校62所,培训民办学校法人、校长、中层管理干部和骨干教师300人次。

【社区教育】 2016年,南宁市有社区教育学院1个、社区教育学校28所、社区教育基地132个,新增南宁市文学院(为市文联二层机构)为社区文学教育基地。推动社区教育培训活动常态化、规范化发展,审批社区教育培训活动项目1691个5653期,培训21万人次。举办2016年南宁市全民终身学习活动周活动,宣传发动近15万人次,培训近6万人次。民生街道、新竹街道、北湖街道被评为全国社区教育示范街道;西乡塘区通过教育部审批成为第六批全国社区教育实验区;市第一职业技术学校"广西美食大讲堂"、新竹社区"常青树老年学堂"项目被评为全国"终身学习活动品牌"。

【教育培训服务业管理】 2016年,南宁市印发《南宁市教育培训服务业发展实施方案》,市教育局联合市公安局、市工商局开展全市文化教育培训机构排查整治,维护教育者合法权益,促进教育培训市场健康发展。开展民办教育培训机构年审。有教育培训机构252家,文化教育培训16.80万人次。

基础教育

【学前教育】 2016年,南宁市有幼儿园1633所,在园人数30.49万人,专任教师1.24万人,校舍面积152.6万平方米;全市学前三年毛入园率95.30%。青秀区银蕾幼儿园、青秀区金梓幼儿园、江南区融晟幼儿园、经开区碧园南城故事幼儿园、隆安县幼儿园被评为自治区示范幼儿园,全市累计自治区示范幼儿园47所。加快推进学前教育普惠发展,新增多元普惠幼儿园121所,累计557所。市本级下达多元普惠幼儿园生均补助经费8800多万元,惠及幼儿园439所、幼儿20.48万人次。西乡塘区、青秀区被确定为自治区学前教育改革发展实验区。投入60万元,培训幼儿园园长、骨干教师400名。开展以"幼小协同,科学衔接"为主题的学前教育宣传月活动,营造有利于儿童健康成长的良好社会氛围。

【义务教育】 2016年,南宁市有小学1276所,在校生61.67万人,专任教师3.24万人,校舍面积552.40万平方米;初中257所,在校生26.07万人,专任教师1.71万人,校舍面积496.80万平方米。小学入学率100%,初中入学率100%,义务教育巩固率96.02%。深化集团化办学改革,推行"核心校+分校"办学模式,推动名校进新区,扩大优质教育资源供给,市天桃实验学校、市滨湖路小学、市民主路小学等优质学校在凤岭、五象新区均建立分校区。推进高新区义务教育学区制管理改革试点。10月,南宁市推进义务教育学区制管理改革考察组赴梧州市万秀区学习考察,并着手编制《南宁市全面推进义务教育学区制管理改革实施方案》。开展初中教学视导活动2次,参加教师6325人次。编制新一轮南宁市义务教育学校消除"大班额、大通铺"专项规划。

【农村义务教育学生营养改善计划】 2016年,武鸣区、横县、宾阳县、上林县、马山县、隆安县实施农村义务教育学生营养改善计划的学校(含教学点)春季学期1543所、受益学生39.20万人,秋季学期1498所、受益学生40.20万人;经费投入2.87亿元(中央资金1.91亿元、自治区资金5686万元、市本级资金3910.55万元)。

【高中教育】 2016年,南宁市有普通高中85所,在校生13.13万人,专任教师8331人,校舍面积289.40万平方米。高中阶段教育毛入学率95.13%。深化高中招生改革,自治区示范性普通高中指令性招生计划定向生名额录取比例从45%提高至50%。推进教育公平,对市教育局直属的27所公办普通高中约1.69万名高一新生进行平均分班,不设立重点班。印发《南宁市普通高中学校常规管理评估细则和评估方案》,对85所普通高中开展专项评估,进一步加强学校教育教学常规管理。推进高中新课改,提升普通高中毕业班教学视导质量,实现毕业班视导全覆盖。推进普通高中突破发展工程,市第一中学、市第二中学、市第三中学、市第三十三中学、市第三十六中学、市邕宁高级中学、市武鸣区高级中学、宾阳中学等8所学校被认定为第一批南宁市普通高中现代化示范学校，武鸣中学等6所学校被认定为南宁市特色高中，市第四十二中学、市第四十三中学被评定为自治区示范性普通高中市级储备学校；认定第二批南宁市普通高中现代化示范立项建设学校、南宁市特色高中立项建设学校、自治区示范性普通高中市级储备学校18所。广西希望高中通过自治区教育厅自治区示范性普通高中验收评估，南宁市累计有自治区示范性普通高中24所，居自治区第一。

【进城务工人员随迁子女就学】 2016年，南宁市政府修订进城务工人员随迁子女入学有关政策，印发《关于进一步加强进城务工人员随迁子女接受义务教育工作的通知》，要求区县政府和开发区管委会强化流入地政府责任，改善办学条件，增加学位，坚持以流入地为主、公办学校为主统筹安排进城务工人员随迁子女入学，降低进城务工人员随迁子女入学门槛，保障进城务工人员随迁子女入学需求。全市义务教育阶段学校接收进城务工人员随迁子女13.56万人，其中小学接收10.24万人、初中接收3.32万人。

【中小学道德教育】 2016年，南宁市持续推进中小学德育，实现全市所有学段、学科全覆盖。组织开展“文明校园”教育宣传，学习宣传《中小学生守则》，规范学生思想品德、言行举止。开展文明上网专题教育，举办“青少年文明上网”电脑制作比赛，规范学生上网行为。市教育局联合市文明办、市妇联开展“好家风好家训”征集评选展示，组织“社会主义核心价值观”主题民（童）谣诵读活动，开展“我说核心价值观”立体化宣传，开展南宁市未成年人“童心向党”合唱比赛，评选第四届南宁市美德少年125名，将核心价值观融入学生思想教育。市位子渌小学获“国际生态学校绿旗”称号。

中等职业教育

【概　况】 2016年，南宁市有中等职业学校29所（公办学校13所、民办学校16所），其中国家中等职业教育改革发展示范学校5所（市第一职业技术学校、市第四职业技术学校、市第六职业技术学校、市卫生学校、横县职业教育中心），广西中等职业教育示范特色学校7所（含国家级5所、市第三职业技术学校、广西南宁高级技校）；有在校生8.65万人，专任教师2134人。全市中等职业学校设专业大类18个、专业87个，其中自治区示范专业36个；专业覆盖农林、资源与环境、加工制造、交通运输、商贸与旅游、社会公共事务及医疗卫生等13个产业门类。市第一职业技术学校等10所学校增设“工程机械运用与维修”等专业15个。有自治区示范特色专业及实训基地24个。有20个职业教育示范特色专业及实训基地建设（新建、续建）列入自治区为民办实事工程，每个实训基地安排建设经费500万元。

【职业教育专业集团建设】 2016年，南宁市开展职业教育专业集团建设情况专题调研，重点调研名师成长工作室、“双师型”教师培训基地、人才小高地建设等情况。3月，南宁市职业教育专业集团名师成长工作室正式挂牌，其中市第一职业技术学校牵头建设南宁市中等职业教育商贸旅游专业名师成长工作室，市第三职业技术学校牵头建设南宁市中等职业教育电气技术专业名师成长工作室，市第四职业技术学校牵头建设南宁市中等职业教育交通运输专业、学前教育专业名师成长工作室，市第六职业技术学校牵头建设南宁市中等职业教育信息技术专业名师成长工作室，广西南宁技师学院牵头建设南宁市中等职业教育加工制造专业名师成长工作室，市卫生学校牵头建设南宁市中等职业教育护理专业名师成长工作室、口腔专业名师成长工作室，市职业教育中心牵头建设南宁市中等职业教育科研团队名师成长工作室。完成“双师型”教师培训基地的授牌，其中市第一职业技术学校与广西南宁桂景大酒店有限责任公司合作共建南宁市中等职业教育高星级饭店运营与管理专业“双师型”教师培训基地，市第三职业技术学校与南宁广深家电集团有限公司合作共建南宁市中等职业教育电气技术专业“双师型”教师培训基地，市第四职业技术学校与广西全越汽车服务有限公司、市德联车护汽车科技有限公司合作共建南宁市中等职业教育汽车运用与维修专业“双师型”教师培训基地，市第四职业技术学校与广西篮球协会、广西球类运动发展中心合作共建南宁市中等职业教育运动训练（篮球）专业“双师型”教师培训基地，市第六职业技术学校与神州数码网络（北京）有限公司、广西漫博通动画制作有限公司合作共建南宁市中等职业教育信息技术专业“双师型”教师培训基地，广西南宁高级技工学校与南南铝业股份有限公司合作共建南宁市中等职业教育加工制造专业“双师型”教师培训基地，市卫生学校与市第九人民医院合作共建南宁市中等职业教育护理专业“双师型”教师培训基地、与市口腔医疗中心合作共建南宁市中等职业教育口腔专业“双师型”教师培训基地，市职业教育中心与市职教大厦合作共建南宁市中等职业教育“双师型”教师培训基地。

【合作办学】 2016年，南宁市加强市属中等职业学校与高等职业教育的合作办学，公办中等职业学校90%的专业与区内高等职业院校开展合作办学。结合市区中等职业学校的办学资源优势和专业特点，研究确定城乡职业技术学校合作办学的对象，增强县职业技术学校的办学吸引力。其中，市第一职业技术学校对口帮

12月14日至16日，南宁市中等职业学校学生专业技能比赛在南宁市第一职业技术学校举行　市教育局提供

南宁年鉴

扶宾阳县、上林县职业技术学校,市第三职业技术学校对口帮扶武鸣区职业技术学校,市第四职业技术学校对口帮扶横县、马山县职业技术学校,市第六职业技术学校对口帮扶横县职业技术学校,南宁高级技工学校对口帮扶武鸣区、隆安县职业技术学校。指导合作办学院校根据《南宁市教育局关于印发南宁市职业院校合作办学方案的通知》,共同制定具体实施方案,签订合作办学协议。合作办学院校开展联合招生、联合培养,统一教学课程,统一教学计划,统一考核标准,共享教育教学资源,共享实训基地,共享科研平台,共同参与课题研究,定期举行教学科研合作交流以及教师业务培训活动。双方互派领导、教师到合作学校管理和教学,每学期互派两名以上专业教师到对方学校参加教育教学,共同推进城乡、中高职、公民办职业院校合作办学。

【招生送生】 2016年,南宁市中等职业技术学校全日制招生24097人;全日制全口径送生30682人(南宁市户籍初中毕业生就读自治区内中等职业学校人数)。

【升学与就业】 2016年,南宁市中等职业技术学校毕业生升入高职、本科院校就读3982名。中等职业技术学校毕业生就业率97%,就业方向多分布在第三产业、第二产业,其中到国家机关、企事业单位占就业总人数70%;本地就业占73%。为南宁富桂米粮工业有限公司输送毕业生1994人。

【县级中专综合改革】 2016年,南宁市依托信息技术、交通运输、文化艺术体育、商务旅游、加工制造和电气技术六大职业教育专业集团,开展市、县职业学校同专业联动办学,通过联合招生、联合教学、联合管理,提升县级职业学校社会影响力,吸引更多贫困家庭学生报读县级职业学校。重点支持县级中专办好涉农专业与特色专业,2015年、2016年县职业学校(含武鸣区)新增专业12个;武鸣区、横县、宾阳县职业学校的5个骨干和特色专业被列入自治区示范特色专业及实训基地建设计划。在自治区县级中专综合改革年度考评中,五县一区(含武鸣区)获奖补资金1300万元。其中:武鸣区职业技术学校获县级中专综合改革继续教育品牌建设学校和师资队伍建设奖,奖补资金250万元;横县职业教育中心获综合改革优秀奖,奖补资金500万元;宾阳县职业技术学校获综合改革优秀奖,奖补资金500万元;上林县职业技术学校获送生奖,奖补资金50万元。 (市教育局)

高等教育

【南宁学院】

概　况　南宁学院是南宁市人民政府、中国国民党革命委员会广西区委员会合作共办的国有民办二本高校,是国家应用技术大学试点高校,首批广西新建本科学校转型发展试点学校,全国非营利性民办高等学校联盟盟员,经教育部批准可向港澳台地区招收本科生。位于南宁市龙亭路8号,占地86.42公顷,建筑面积39.59万平方米。2016年,学院有专兼职教师709人。其中:具有高级专业技术职务任职资格227人,占专任教师32%;硕士研究生及以上学历353人,占49.80%;具有“双师型”教师247人,占34.80%。在校生1.92万人,其中本科生8257人、专科生5922人。教学科研仪器设备总值8240.72万元,藏书102.87万册。设教学与教辅机构15个:机电与质量技术工程学院、土木与建筑工程学院、交通学院、信息工程学院、管理学院、文学与艺术设计学院、会计与审计学院、中兴通讯工程学院、高博软件学院、思想政治理论教学部、公共教学部、创新创业学院、继续教育学院、网络信息中心、图书馆;设行政机构12个:学校办公室、人事处、教务处、学生工作处、财务处、后勤基建处、产学研处、发展规划处、质量评估办公室、招生就业办公室、审计处、国际交流处(港澳台事务办公室)。被评为2016年广西普通高校毕业生就业创业工作突出单位。12月27日,自治区学位委员会下文增列南宁学院为学士授权单位。

招生就业　在全国11个省(自治区)录取新生4512人(本科3250人、专科1262人),报到3972人(本科2868人、专科1104人)。自治区内本科、专科正式投档满足率均100%。广西二本文史类录取平均分434分,超自治区控制线34分;二本理工类录取平均分371分,超自治区控制线38分。专科文史类专业投档分数354分,超自治区控制线174分;专科理工类专业投档分数299分,超自治区控制线119分。2016届毕业生3480人,至8月27日3340名毕业生落实工作单位,就业率95.98%;有1429人通过培训取得SIYB创业培训合格证,6名毕业生入伍,16名毕业生自主创业。

教育教学　印发《南宁学院本科专业发展中期规划(2016—2020年)》《南宁学院本科专业建设管理办法》《南宁学院课程建设管理办法(试行)》等教学管理文件;成立南宁学院学位评定委员会,完成首批本科专业课程教学大纲编制,首批本科示范课程建设项目立项13门课程,遴选本科课程负责人97名,修订2016级人才培养方案。获批增设本科专业5个:经济与金融(经济学)、通信工程(工学)、软件工程(工学)、物流工程(工学)、环境设计(艺术学)。实施课程改革和专业建设,入围广西首批创优计划项目4个:“交通运输专业”获自治区创优计划项目特色本科专业,“轨道交通协同育人平台”“ICT产教融合创新基地”获自治区级协同育人平台,“高博软件学院大学生校外实践基地”成为自治区级大学生校外实践教育基地。自治区级教育教学改革工程项目立项20项,校级教育教学改革项目立项37项;立项资助出版应用技术大学教材建设项目3个:《中级财务会计》《信号基础设备》《C++语言程序设计——实训教程》;教师发表教改研究论文300多篇;高博软件学院争取到教育部数学教学专家指导委员会授权,获“学堂在线”SPOC平台搭建权利,实施《数据结构》等5门课程慕课教学实践。

师资队伍建设　录用教师64人,其中硕士33人、博士1人,有正高级专业技术职务任职资格2人、副高职称8人。引进来自企业的教师12名;实施人才培育工程,选派1名教师为广西高校青年骨干教师国内访问学者;实施教授培育工程,确定18名教师为教授培育对象;抓好教师职称晋升,申报职称65人,通过评审、认定等取得相应职称39人,其中高级专业技术职务任职资格6人、中级24人、初级9人;选派4名教师参评南宁市“首席技师”;加强“双师双能型”教师队伍建设,开展培训和社会实践84项;开始实施创新创业“金园丁工程”,遴选40名创新创业骨干导师进行重点培养,组织参加创新创业活动及学术交流活动,参加国家创业职业资格培训与考试,30名教师获国家二级创业咨询师资格。3名教师参加第二届全区高校青年教师教学竞赛,获二等奖2项、三等奖1项。

科研与社会服务　社会进校科研经费219万元,获各级科研项目立项37项(不含校级),其中省部级项目4项、厅级项目23项、市局级项目9项、横向项目(企事业单位、兄弟单位委托的各类科技开发、科技服务、科学研究等方面的项目,以及政府部门非常规申报渠道下达的项目)1项;校级科研项目立项88项(教授培育工程项目15项、校级科研项目55项、校级思政专项18项),资助经费127.90万元。申请专利122件,其中发明专利108件、实用新型专利14件;授权发明专利7件,授权实用新型9件。教师发表论文148篇，核心论文49篇，其中SCI(科学引文索引)论文3篇，EI(工程索引)3篇，CPCI(科技会议录索引)1篇。获校级以上科研成果奖14项。教师调研撰写的调查信息《应用技术大学辅导员面临科研困境》被中国科学技术协会领导批示，《地方大学涉农专业青年教师遭遇职业困境》被中国科协采用。南宁学院科协成为全国科技工作者状况调查站点，被广西科协评为“全区2015-2016年度AAA级优秀调查站点”。与邕宁区百济镇政府、南宁市清水泉生态农业有限公司、南宁市坛里现代生态农业专业合作社签订“校政企社”四方合作协议，合作建设坛里坡村史室暨南宁学院实习基地项目、生态示范村建设项目、坛里沃柑基地现代化农业产业、合作社立体种养规划管理项目、坛里坡农产品营销项目、电商服务点建设项目等；机电与质量技术工程学院科技团队与广西来宾万乡河牛业有限公司、广西八百里农业投资集团有限公司、来宾市畜牧站、广西来宾绿健牧业有限公司、来宾市东方万达电子科技有限公司5家公司签订合作协议；派出6名教师参加服务基层科技特派员项目，每月进驻贫困村开展技术智力精准扶贫。与广西论道网签署《新桂商研究院校企合作协议》，举办新桂商创新创业大讲堂(南宁学院站)5场，聘请8位广西知名企业家为客座教授定期来校讲学。加强“中国－东盟质量科学协同创新中心”建设，打造“中国东盟质量科学新型智库”，服务中国－东盟检验检测认证高技术服务集聚区，支撑广西“一带一路”有机衔接门户建设；邀请国家质量监督检验检疫总局人员到校，讨论四方(国家质量监督检验检疫总局干部教育中心、自治区质量技术监督局、南宁学院、广西质量技术工程学校)合作开展质量人才培养议题，计划建设国家质量监督检验检疫总局干部教育中心南方基地、中国－东盟质量人才培养基地、中国－东盟质量科学协同创新中心。

合作办学 4月28日，广东省建筑设计研究院广西分院、南宁学院广东省建筑设计研究院协同育人基地在南宁学院土木与建筑工程学院楼举行揭牌仪式。成立“中国－东盟质量科学协同创新中心”，并申报自治区级重点实验室；自治区质量技术监督局申请在南宁学院周边征地3.87公顷，纳入与南宁学院合作办学的办学资源。高博软件学院与深圳四方精创股份有限公司、苏州同思软件有限公司合作开办2个定向培训班；与广西三原高新科技有限公司、软通动力信息技术有限公司签署合作协议，构建自治区首家产学协合作“双创”示范基地；机电与质量技术工程学院分别与广州顶益食品有限公司、广西华信长欣旅游投资有限公司签订校企合作协议，共建“康师傅实训基地”“产学研基地”。

4月28日，南宁学院广东省建筑设计研究院协同育人基地、广东省建筑设计研究院广西分院揭牌仪式在南宁学院土木与建筑工程学院楼举行揭牌仪式 南宁学院提供

思想政治教育 参加2016年广西高校思想政治理论课青年教师教学基本功暨“精彩一课”教学大赛，获一等奖1名、二等奖2名。派出教师代表广西参加2016年桂粤琼赣滇五省(自治区)高校思政理论课青年教师教学基本功比赛，获三等奖。发放奖助学金1706.81万元，比上年增加298.21万元。其中，学生获国家奖学金14名、励志奖学金395名、自治区政府奖学金68名、国家助学金3966名，奖助学金受益面31.12%。校长奖学金发放83.58万元；勤工助学岗位由上年的546个增至602个，帮助家庭经济困难学生5457人次，发放勤工助学工资163.2万元。大学生心理健康咨询中心为4217名学生做心理健康普查并建立心理档案，接待来访咨询学生75人次，有效转介3名疑似精神障碍患者到有关部门。新招聘辅导员8名、学工干事1名，有一线专职辅导员47名、学工干事7名。首次制度化设立学生工作主题活动日；开展校级思政专项科研课题评选，立项18项；开展辅导员说课比赛及辅导员职业能力大赛，选送辅导员2名参加2016年广西第五届辅导员职业能力大赛，其中1名辅导员获二等奖(名列广西参赛选手第一)，并在全国高校辅导员职业能力大赛获三等奖。学生工作处党支部被，评为2016年广西高校先进基层党组织，学校团委获“2015年度广西五四红旗团委”称号。

对外交流与合作 与马来西亚公立大学达成合作共识；与台湾树德科技大学、台湾东南科技大学签订学术合作协议；与普利茅斯大学继续推进夏令营和冬令营项目；加强“一带一路”教育，走访泰国合作院校。受邀(国内唯一受邀高校)赴泰国参加泰国职业教育合作大会，并与泰国教育部职业教育委员会洽谈泰国公派留学生在南宁学院进行高速铁路专业人才培养事宜。“轨道交通留学生培养基地”列入市外事工作“十三五”重大项目。接待马来西亚驻南宁总领事馆总领事与马来亚大学、英国高等教育学会与国家创新创业教育中心、英国普利茅斯大学、马来西亚泰莱大学、中国台湾9所高校领导与中华两岸高等及职业教育交流合作协会5组海外来访团。选派2名学生赴马来西亚交流，3名学生赴台湾交流，1名教师赴澳门城市大学攻读博士学位，2名学生赴澳门城市大学攻读硕士学位，1名教师获广西高校优秀教师出国留学资格。南宁学院被列为南宁市人民对外友好协会理事单位。

技能竞赛 组织学生参与、开展各级技能比赛，获奖161项，其中国家级奖项19项、自治区级132项。在中国第二届“互联网＋”大学生创新创业大赛全国总决赛获铜奖1项，广西选拔赛获金奖2项、银奖3项、铜奖1项、优秀奖2项，学校获优秀集体奖，获奖成绩在广西高校里名列第六；参加第三届“大智慧杯”全国大学生金融精英挑战赛获二等奖2项、三等奖4项；参加全国大学生数学竞赛获三等奖

1 项;参加第八届大学生广告艺术大赛获全国三等奖 5 项,自治区三等奖 8 项;参加 2016 年"创青春"广西大学生创业大赛获银奖 4 项、铜奖 11 项;参加"泛珠三角中星杯"大学生计算机作品赛获银奖 1 项;参加全国大学生数学建模竞赛广西区赛获二等奖 1 项;参加第五届"贝腾杯"广西大学生创业实战大赛获三等奖 4 项;参加"安恒杯"首届南宁市网络安全攻防技术大赛获第二名。

校园文化建设　出版《鼎新》应用技术大学论文集,编纂出版《南宁学院年鉴》,启动编纂《南宁学院建设史》。以建党 95 周年、建团 94 周年、纪念长征胜利 80 周年等重要节庆日、纪念日为契机开展爱党、爱国、爱校专题教育实践活动 400 余项,参加活动 3 万多人次。组织教学科研、学生团体报告、讲座 9 场。获市级以上媒体宣传报道 44 次。整合学校官方网站、微信、微博、百度贴吧、易班、校讯通等新媒体资源,加强校园文化建设宣传。注册登记志愿者 6050 人,开展志愿服务活动 500 多次。组建 13 支团队 192 人赴广西各地市县开展暑期文化科技卫生"三下乡"社会实践活动,3 支团队获批自治区重点实践团队。

(南宁学院)

【南宁职业技术学院】

概　况　南宁职业技术学院是市政府举办、自治区政府与市政府共建的全日制综合性高等职业院校。占地 130 多公顷,校舍建筑面积 50 多万平方米。2016 年,设二级学院 10 个,具有招生资格的专业(含方向)93 个。在编在岗教职工 673 人,其中专任教师 510 人(具有高级专业技术职务任职资格占 143 人,硕士以上学位教师 277 人,"双师"素质教师 359 人)。有国家级教学团队 1 个,自治区级教学团队 7 个。教师中 1 人享受国务院政府特殊津贴,1 人获国家级"高等学校教学名师奖",1 人入选国家"万人计划"教学名师,4 人获自治区级"高等学校教学名师奖",1 人入选"广西十百千人才工程",1 人获"八桂名师",1 人获"广西优秀专家",2 人获聘南宁市特聘专家,24 人被授予南宁市新世纪科技与学术带头人。有全日制高职在校生 1.69 万人,成人继续教育学生 3382 人,实际录取新生 7064 名,新生报到 6102 人,毕(结)业学生 4996 人;至 7 月就业 4687 人,初次就业率 93.82%。完成《南宁职业技术学院专业发展规划(2016-2020)》及创新创业发展、师资队伍建设、"十三五"国际交流与合作办学、专业发展、智慧校园发展、实训基地"十三五"发展 6 项专项规划的编制。9 月,入选《2016 中国高等职业教育质量年度报告》服务贡献 50 强;10 月,中国东盟北斗应用创新服务基地在学校签约落户;11 月,中共中央政治局委员、中央统战部部长孙春兰到学校视察,肯定学校打造"五个好"(办学理念好、教学模式好、硬件设施好、学生就业好、办学质量好)的经验;12 月,被评为 2016 高职院校双创示范校。

师资队伍建设　学院在编在岗专任教师 510 人。出台《南宁职业技术学院全员素质能力提升工程总体方案(2016-2020)》《全员素质能力提升工程培养对象遴选和经费预算方案》《南宁职业技术学院高层次人才管理服务办法(试行)》等。引进人才 36 人,其中博士 1 人;选派 100 多人次参加出国进修、国内访学、攻读博士学位、基地培训、企业实践等各种培养培训,教师参训率 20% 以上。组织开展国家、自治区、南宁市各类项目申报 25 项,9 个项目 30 多人次获人才培养项目资助累计 70 万元,12 人入围南宁市新世纪科技和学术带头人培养人选。开展创新创业教育培训,成立民族技艺大师工作室。

专业与课程建设　学院具有招生资格的专业(含方向)93 个,覆盖交通运输、艺术设计传媒、财经、制造、轻纺食品、建筑、电子信息、旅游、公共事业、环保、气象与安全等 13 个专业大类,其中新增工业设计、大数据技术与应用和应用阿拉伯语 3 个专业,新增物联网应用技术(地理信息技术方向)、会计(东盟国际会计方向)2 个专业方向。建立多层面多维度专业教学工作诊断与改进制度、教学改革与绩效评价制度;完成教学督导信息管理系统、教学档案管理和教学检查信息系统的建设开发。在机电工程、建筑工程、商学院、财经等 7 个学院推广试用顶岗实习信息管理系统。利用金智、蓝墨等网络平台实施网络课程教学。以"互联网 +"为导向构建线上线下互通共融的教学模式,打造非遗学坊、人文活动周、精准扶贫等实践项目,建立侗族大歌传承基地、壮族嘹歌传承基地、密洛陀文化研究基地、舞狮技艺传承活动基地。采用微信公众号蓝牙模块技术打造"互联网 +"教学模式,探索人文课程的运行管理新模式,解决人文课程 3 万多人次学生相关模块的课程学习。

教育科研　科技专项经费投入 862.50 万元,比上年增长 77%,新组建科技创新研究(研发)机构 137 个,基层单位科技管理骨干 65 人。聘请 19 名自治区内外专家学者到校进行学术、技术讲座,开展科技培训 8 次,指导 240 名中青年教师申报科学项目和开展研究。组织培育、申报国家级、省部级、市厅级和校级科技项目 317 个,获立项 247 个(市厅级以上项目 65 个、校级应用型科技项目 182 个)。获广西第十四次社会科学研究优秀成果二等奖 1 项,南宁市第十三次社会科学研究优秀成果奖 17 项,南宁市自然科学优秀论文奖 2 项,教职工获发明、使用新型专利 10 项,出版专著 4 部。扩大创业园面积约 200 平方米,进驻创业公司(项目)25 个;开展"大学生创业论坛"讲座 20 多次;商学院"校内助农团队 + 田东学生创业公司 + 南宁毕业生创业团队"创业项目,帮扶 76 名学生孵化创业项目 22 个,创业班总销售超过 300 万元;被中国青年报授予"全国高职院校创新创业示范校"称号。

思想政治教育　开展"两学一做"学习教育。制定《南宁职业技术学院落实自治区党委第十三巡视组专项巡视反馈意见的整改工作方案》《整改任务清单》等,规范《南宁职业技术学院科技经费管理暂行办法》《南宁职业技术学院国内公务接待管理办法》《南宁职业技术学院招标采购管理办法》《南宁职业技术学院债权债务管理办法》《南宁职业技术学院合同管理办法(试行)》《南宁职业技术学院校企合作管理办法(试行)》等制度。组织开展廉政文化作品征集、预防职务犯罪专题讲座、廉洁主题演讲比赛、廉政论文征集及宣传板报倡廉洁等活动。做好辅导员队伍建设、精准扶贫助学、学生专项资助,组织开展"快乐健康成长在南职"为主题的心理健康教育活动,构建大学生心理健康实践教育工作体系。组织开展"决胜全面小康青春与我同行""青春建功十三五　携手共筑中国梦"、中国工农红军长征胜利 80 周年为主题的实践活动。建设青年网宣队伍,11 月广西共青团新媒体(南宁)中心在学校落户,与共青团南宁市委合作成立"南宁青年圈"。

招生与就业　学院单独对口网上报名 1.25 万人,网上交费 1.08 万人,比上年增长 22.87%。单独对口、统考招生实际录取新生 7064 名,实际报到 6102 人。毕业生 4996 名,建档立卡精准帮扶毕业生 770 人,为毕业生提供 1279 家用人单位 1.64 万个岗位需求信息,供需比为 1∶2.45。至 7 月,就业 4687 人,初次就业率 93.82%;其中建档立卡贫困户家庭毕业生就业率 98.96%,完成农村建档立卡贫困毕业生就业帮扶。被自治区教育厅评为 2016 年度全区普通高校毕业生就业创业工作突出单位。

技能比赛　组队参加 2016 年广西职

业院校信息化教学大赛,获一等奖3项、二等奖6项、三等奖6项;组队参加第十六届广西高校教育教学软件应用大赛,获一等奖1项、二等奖2项、三等奖2项;组队参加2016年广西高职院校技能大赛,获一等奖9项、二等奖15项、三等奖19项;组队参加全国职业院校技能大赛,获二等奖3个、三等奖10个。参加技能大赛获国家级奖项98项(一等奖23项、二等奖35项、三等奖40项),自治区级奖项100项(一等奖30项、二等奖30项、三等奖40项)。科技创意设计作品"全自动纸药盒折叠粘合机"获2016年"挑战杯——彩虹人生"全国职业学校创新创效创业大赛决赛高职组创意设计类一等奖;"机器人之家"创业项目获第二届中国"互联网+"大学生创新创业大赛广西选拔赛银奖;"绿植云服务"项目获2016"广西十大创意"大奖"最具创意互联网服务平台奖",获企业家300万元天使资金投资。

国际交流与合作 与国(境)外高校或政府机构签订合作协议或合作意向书7份;与4所学校开展合作办学,开展校级外事接待15次。选派全日制在校生91名赴东盟合作院校留学,接收东盟合作院校学生18名到学校短期学习交流;选派师生35人次赴国(境)外参加会议、学习交流;聘请外籍教师3名,派出教师1名赴国外进行汉语教育,1名教师以访问学者身份赴国外进行学术研究。酒店管理、商务英语、物联网应用技术等3个专业入选中国教育国际交流协会2016年"高端技能型、应用型人才联合培养百千万交流计划",与加拿大相关院校开展课程一体化、师生互派、学术交流等合作。

桂港现代职业教育发展中心 学院围绕《桂港现代职业教育发展中心发展规划(2016-2020年)》和《桂港现代职业教育发展中心2016年工作计划》,加大投入建设桂港现代职业教育发展中心。建立9大实训中心,其中包括与瑞士ABB集团合作建立的工业机器人应用创新中心,与美国GE集团合作建立的智能平台自动化系统集成实训中心,3D打印、新能源技术、信息新技术、移动技术等生产性实训基地。6月5日至9日,中心组织广西部分高职院校到香港参加亚洲教育资源展,香港特别行政区政府教育统筹局局长吴克俭先生给南宁职业技术学院颁发纪念奖牌;9月24日,中心主办"第二届(2016)桂港台职业院校学生烹饪技能大赛",来自香港职业训练局、台湾观光学院、台湾中州科技大学等7支代表队47名选手参赛;11月8日,中共中央

6月5日至9日亚洲教育资源展期间,中国香港特别行政区政府教育统筹局局长吴克俭(右)给南宁职业技术学院颁发纪念奖牌　　南宁职业技术学院提供

政治局委员、中央统战部部长孙春兰到学院视察桂港现代职业教育发展中心;11月14日,中心在南宁举办2016现代职业教育发展论坛,组织2批广西中高职骨干教师赴港培训,组织开展3期青年学生文化交流活动;桂港现代职业教育发展中心被列为自治区和南宁市"中国-东盟信息港建设重点项目",以及南宁市国民经济和社会发展、十三五规划重大工程项目,桂港澳台青少年文化交流和创新创业基地升格为国家级"港澳台青少年文化交流与创新创业基地"。

校企合作 实施校企合作项目114个,涵盖全校57个专业(方向),占专业(方向)80%,内容涵盖课程建设、基地建设、学生培养、师资队伍建设、科技社会服务等方面。校企开发课程114门,引入企业课程86门,与合作企业编写教材43种,制定教学标准45个。学院投入场地101.56万平方米,资金(含设备折算)4163万元,企业投入资金(含设备折算)3191万元,生产性项目年产值2306万元,生产性项目年收入3万元。与合作企业订单培养学生1479人,企业接收实习生实训64.72万人(时)、学生顶岗实习2406人、毕业生918人。企业支持学院兼职教师307人,学院到企业挂职锻炼教师74人。与企业合作科技项目经费1亿元,为企业培训员工1.64万天,校企对外服务收入69.20万元、对外公益服务9437人(天)。与富士康科技集团南宁科技园、微软(中国)等10余家知名企业合作,推动中国-东盟北斗应用创新服务基地落户学院,开展技术研发、工艺技术改造等,科研项目累计20多项,校企合作项目获专利授权和软件著作权登记30件,教育厅礼品系列、华虹集团丝巾系列、广西民族商务服和现代陶艺系列自主设计生产产品,技术交易金额累计1000多万元。完成校企合作项目的考核评估117项。

校园文化 实施《南宁职业技术学院校园文化建设三年(2014—2016)规划》。开展新年音乐会、"金葵奖"评选与颁奖等活动。宣传报道"南职故事",开展"成长故事"系列讲座和"道德讲堂"活动;开展劳模、技术能手、优秀毕业生等"校园行"活动。申报国家和自治区高校校园文化建设成果,《同一片蓝天同样的温暖——南宁职业技术学院十年倾力打造广西残疾人高职教育文化品牌》获2015年广西高校校园文化建设优秀奖;《心中的老校长》微电影获自治区教育厅"感动中国2015年度人物"莫振高同志先进事迹网络作品微电影、动画类作品三等奖。学校微信公众号微信推送文章访问量居全国高职高专院校前10名,获"2015年度全国十大最具影响力职业院校新媒体",居全国第4位。校级32个学生社团开展包括乐器演奏、球类、骑行旅游、戏剧小品吧、魔术表演等活动200余项。

社会服务 开办非学历培训助力民工再就业,开创残疾人特殊教育及建筑工匠农民工技能培训等多领域技能非学历教育,举办技能培训班1000多期,培训10万多人次。举办公益性培训服务,开设以"多彩生活"为主题的培训项目,免费为社区居民开办瑜伽、咖啡、调酒、化妆、礼仪、书法、声乐等寓教于乐的培训班。开设社区教育培训项目近50项,举办社区教育培训班近600期,培训2万多人次,被评为"2015年全国高等职业院校服务贡献50强"院校。 (兰海洋)

责任编辑 姚宗秀

科 学

科学技术

综 述

【概 况】2016年，南宁市组织实施产业重大科技专项17项；组织实施市本级科技计划项目413项。有高新技术企业304家，其中新增高新技术企业125家。每万人口发明专利6.72件，发明专利受理量1.32万件，发明专利授权量1711件。新建科技企业孵化器1家，获得备案国家级创客空间2个、自治区级创客空间3个，新增入孵企业61家、创业团队56个；新增自治区重点实验室1家，自治区重点实验室培育基地9家，自治区级工程技术研究中心3家，市级工程技术研究中心6家。引进、试验、示范推广农业新品种、农村实用新技术98项，研发农产品加工新产品、新技术48个(项)，研发农业新产品(新技术)20个(项)。实现全市421个贫困村每村选派1名科技特派员，覆盖率100%。科技创新获国家科学技术进步奖二等奖2项；获广西科学技术奖42项；获南宁市科学技术奖项目57项；获自治区科技成果登记368项，输出类技术合同认定登记448项，吸纳类技术合同认定登记1759项，实施科技成果转化655项，新增国家级技术转移示范机构1家，自治区级技术转移示范机构13家。“民族医药众创空间”获国家科技部批准为国家级众创空间，南宁高新技术产业开发区成为广西首家国家级科技服务业区域试点单位。

【创新驱动发展战略实施】2016年，南宁市实施创新驱动发展战略，深化科技创新体制机制改革，出台《关于深入实施创新驱动发展战略的实施方案》《南宁市科学技术发展“十三五”规划》《南宁市科技企业孵化器认定和管理暂行办法》《南宁市科技保险补贴资金使用管理暂行办法》《南宁市科技项目经费后补助管理办法(试行)》《南宁市加快科技服务业发展实施方案》《南宁市加快人才特区建设扶持建设科技企业孵化平台实施细则》《南宁市科技成果转化大行动(2016—2020年)》等创新驱动发展政策文件，提出“科技创新八大重点任务”(加快国家创新型城市创建、推动产业转型升级创新引领、推进企业创新主体地位提升、加快区域双创平台建设提升、深化科技创新体制机制改革、强化创新创业智力支撑、促进科技创新开放合作、加大科技创新投融资支持等)；提出30项具体落实措施，推动科技与产业、平台、金融、人才、民生和开放合作相结合，创建创新创业发展的良好生态环境。

【区域性科技创新体系建设】2016年，南宁市建设和完善以科技企业孵化器为主的科技孵化体系，提升区域科技企业孵化能力，建设能力突出、服务设施完备的科技企业孵化器、创客空间。对获得国家级、自治区级和市级科技企业孵化器认定的孵化器，分别给予500万元、200万元、100万元基础设施建设扶持资金。初步认定并重点扶持建设中国－东盟商品交易中心(华南城)、南宁广告产业园等12个集聚区，安排专项资金3500万元用于集聚区重点项目建设扶持，南宁·中关村创新示范基地、富士康南宁东盟硅谷科技园、研祥智谷集聚区一期工程等集聚区项目建设完成并正式运营，研祥智谷集聚区被授予“自治区科技服务业集聚区”称号；举办首届南宁市创新创业大赛广西捷佳润科技股份有限公司“智能水肥一体化管理系统”、虚拟医学转化研究团队“虚拟现实为基础的视神经修复模型研发及临床应用转化”、DataTop智慧数据团队“DataTop智慧数据(超级数据库分析系统3个选送项目进入全国各行业总决赛前六强，广西捷佳润科技股份有限公司获全国行业总决赛第三名。获备案国家级创客空间2个，自治区级创客空间3个；新建科技企业孵化器1家，新增入孵企业61家，创业团队56个。新增自治区重点实验室1家，自治区重点实验室培育基地9家，自治区级工程技术研究中心3家，市级工程技术研究中心6家；国家技术转移示范机构上海理工大学技术转移中心落地南宁。3月，科技部批准南宁高新技术产业开发区为自治区首家国家级科技服务业区域试点单位。

【知识产权管理】2016年，南宁市专利申请量1.83万件，其中发明专利1.32万件，实用新型3929件，外观设计1148件；专利授权量4127件，其中发明专利1711件，实用新型1956件，外观设计460件；有效发明专利拥有量4645件，每万人口发明专利拥有量6.72件。出台《南宁市专利事业发展“十三五”规划》《南宁市深入实施国家知识产权战略行动计划实施方案》《南宁市国家知识产权示范城市培育工作方案》等系列政策措施。实施

12月9日，全市创新驱动发展大会在南宁·中关村创新示范基地召开

市科技局提供

知识产权优势企业培育和知识产权贯标专项，鼓励南宁市企业申报自治区级、国家级知识产权优势企业，评审出20家企业抱团申报自治区知识产权优势企业培育专项，其中17家企业获专项项目经费306万元；筛选出5家企业立项开展市级优势知识产权企业培育，获市级科技经费支持项目经费100万元；3家企业获企业知识产权贯标新立项，获市级科技经费支持60万元；9家企业在获得自治区立项的基础上，另获市级配套经费90万元。开展专利“护航”行动，组织知识产权专项执法检查和联合执法检查10次，出动执法人员60人次，检查商品6000多件，立案涉嫌假冒专利46件，处理专利侵权案件3件。举办知识产权相关培训班，参训500多人。

【国家知识产权试点城市培育】 2016年，南宁市推进国家知识产权示范城市建设，出台《南宁市国家知识产权示范城市培育工作方案》等政策文件。西乡塘区获批准成为广西知识产权示范区，邕宁区和良庆区成为广西知识产权试点城区。有国家强县工程试点县1个、国家知识产权试点园区1个、广西知识产权示范区县4个、广西知识产权试点区县3个。有国家知识产权优势企业8家、广西知识产权运用示范企业1家、广西高价值专利培育示范中心1家、自治区知识产权优势企业培育单位59家、广西知识产权分析评议服务机构培育单位8家。广西南南铝加工有限公司“一种汽车热交换器用铝合金复合材料的制备方法”和量子高科(中国)生物股份有限公司“用固定化果糖基转移酶生产蔗果低聚糖的方法”2项专利获第十八届中国专利优秀奖。

【战略性新兴产业】 2016年，南宁市组织实施战略性新兴产业项目90项，总投资3.53亿元，科技投入2585万元；其中“CPS反应粘结型湿铺防水卷材”“冷冻法制备纳米碳酸钙工艺技术”等具有自主知识产权的科技创新成果取得突破，解决制约南宁市战略性新兴产业发展的关键性技术瓶颈。

【工业科技创新】 2016年，南宁市组织实施工业科技创新项目101项，科技经费投入2895万元，带动全社会投入科研经费2.72亿元。其中，围绕南宁市六大重点产业实施重大科技项目5项，围绕战略性新兴产业、高新技术企业培育、企业科技平台建设等实施科技项目96项。引导企业开展科技研发，带动南宁市企业在电子信息制造、先进机械装备制造、生物医药产业等重点发展领域，开展共性关键技术攻关。其中：市级重大科技项目“新型防治植物病毒病产品的产业化开发”，成功开发毒氟磷防治烟草、水稻等作物病毒病的综合使用技术和特效抗植物病毒剂产品，为国内植物病毒防治提供一种全新的防治药剂，建成年产能400吨的毒氟磷原药生产车间、年产1000吨的30%毒氟磷可湿性粉剂生产线1条。项目申请发明专利18件，实现销售收入1.09亿元，利税2364.16万元。

【农业科技创新】 2016年，南宁市实施农业科技项目78项，引进、选育、示范推广农业新品种98个、实用新技术48项，研发农业新产品15个、新技术5项。其中：实施三系杂交水稻、金花茶、台湾新兴优稀水果黄金果、无籽西瓜新品种“桂西瓜2号”等新品种引进、选育及高效安全生产技术研究与示范等项目，选育出优质农业新品种7个，并对21个适合本地的新品种进行示范推广；实施香蕉集约高效栽培、冬春季莴笋绿色标准化高效栽培以及黑山羊杂交改良及生态养殖、鳗鱼工厂化高效健康养殖等技术研究与示范项目4项；组织实施并研发新型饲料添加剂产品、母猪六阶段复合预混合饲料、花生食品、甘蔗施肥培土机、穿心式甘蔗剥叶机等农业新产品15个、加工新技术5项。

8月30日，国家技术转移示范机构上海理工大学(南宁)分中心揭牌

市科技局提供

【民生科技创新】 2016年，南宁市组织实施民生领域科技计划项目86项，科技经费支持1300万元，重点支持医药卫生、公共安全、防灾减灾等社会发展领域建设。其中：重点支持民族医药创新科技惠民平台——多灵壮药技术产业化建设打造的“民族医药众创空间”获国家科技部批准为国家级众创空间；支持医学重点学科和特色专科创新团队培育建设，立项支持南宁市脑卒中心网络建设、广西首家无痛医院平台建设等民生科技项目；投入科技经费100万元组织开展“艾滋病维持性血液透析患者生存期影响因素”等项目研究；投入科技经费150万支持公共安全关键技术的研究与示范等项目。

【科技节能与环保】 2016年，南宁市组织实施科技节能与环保项目12项，科技经费投入345万元。通过“利用木薯酒精废料生产复合微生物有机肥的研究与示范”“香蕉等秸秆与猪粪混合厌氧发酵制备沼气工艺的研究”“南宁稻田重金属镉超标综合生态修复技术研究与示范”等项目的实施，进行农业废弃物再利用和重金属生态修复等技术攻关，为“美丽南宁”建设提供技术支撑。实施“上林县生态循环肉牛产业化模式研究与示范”“稻虾综合生态种养模式在精准扶贫中的应用与示范”“奶水牛生态循环养殖技术集成研究及示范”等项目，探索高效生态农业生产模式，解决污染的同时提升经济效益。支持生态环境保护及污染综合防控适宜技术研究及应用示范，组织实施基于空气污染物危害性研究与评估的灵长类实验室服务平台建设、光伏驱动浮岛式水体修复系统的研究等项目6项，科技经费投入125万元。以“美丽南宁”“生态农业”等为主题，举办2016年南宁市农业生态科普巡讲(讲座)12场次，组织院校及科普单位专家深入农村宣传清洁、生态理念，引导农户发展生态农业、合理利用农业废弃物。依托全市421个贫困村科技特派员，指导农户利用农作物秸秆生产菌菇、饲料等，减少农业生产中的污染，就“生态乡村”相关内容培训村民1500多人次。

2016 年南宁市新认定高新技术企业

（125 家）

企业名称	证书编号
广西农垦明阳生化集团股份有限公司	GR201645000002
广西云科天泽科技有限公司	GR201645000006
广西龙讯互动信息技术股份有限公司	GR201645000008
广西鸿盛达科技有限公司	GR201645000010
广西南宁讯丰网络科技有限公司	GR201645000013
广西吉顺能源科技有限公司	GR201645000014
南宁同达盛混凝土有限公司	GR201645000015
广西紫云科技有限责任公司	GR201645000017
广西云科纵横科技有限公司	GR201645000019
广西路桥工程集团有限公司	GR201645000020
南宁金域医学检验所有限公司	GR201645000023
广西鑫百纳电气有限公司	GR201645000024
广西阳升新能源有限公司	GR201645000025
广西昌弘制药有限公司	GR201645000027
南宁钛银科技有限公司	GR201645000034
中国轻工业南宁设计工程有限公司	GR201645000042
广西云燕特种水泥建材有限公司	GR201645000045
广西电力线路器材厂	GR201645000047
广西拓瑞能源有限公司	GR201645000048
广西南宁侨盛木业有限责任公司	GR201645000051
广西银雁金融配套服务有限公司	GR201645000052
广西南宁高斯特科贸有限公司	GR201645000055
南宁正大畜牧有限公司	GR201645000058
广西筑波智慧科技有限公司	GR201645000062
南宁市高照电器有限责任公司	GR201645000065
广西润德信息科技有限公司	GR201645000067
广西红豪淀粉开发有限公司	GR201645000068
润建通信股份有限公司	GR201645000070
南宁市创勤信息技术有限责任公司	GR201645000071
南宁市跃龙科技有限公司	GR201645000076
广西鑫朗通信技术有限公司	GR201645000077
象翌微链科技发展有限公司	GR201645000078
广西达译商务服务有限责任公司	GR201645000079
南宁光波科技有限公司	GR201645000081
广西视虎科技有限公司	GR201645000082
广西惠康生物科技有限公司	GR201645000086
广西百源建设工程设计咨询有限公司	GR201645000088
南宁普传科技有限公司	GR201645000091
广西中海环境工程系统有限公司	GR201645000097
南宁市安和机械设备有限公司	GR201645000098
广西叶茂机电自动化有限责任公司	GR201645000103
广西南宁市桃源兽药厂	GR201645000105
广西盛达混凝土有限公司	GR201645000110
广西华宏威建设工程有限公司	GR201645000112
广西驿途信息科技有限公司	GR201645000125
广西广缆科技集团有限公司	GR201645000126
广西华讯信息技术股份有限公司	GR201645000129
南宁富莱欣生物科技有限公司	GR201645000130
广西侨旺纸模制品有限责任公司	GR201645000133
广西卡西亚科技有限公司	GR201645000134
南宁北亚联信客户关系管理信息技术有限公司	GR201645000135
华鸿水务集团有限公司	GR201645000138
广西盛鸿混凝土有限公司	GR201645000140
广西超星太阳能科技有限公司	GR201645000142
广西丰景园林建设工程有限公司	GR201645000143
广西冠铝幕墙装饰工程有限公司	GR201645000145
广西神达新能源有限公司	GR201645000147
广西路搏远科技有限公司	GR201645000150
南宁市鼎巨通信工程有限公司	GR201645000151
广西宾阳县荣良新材料科技有限公司	GR201645000152
广西中海发能源有限公司	GR201645000154
广西万维空间科技有限公司	GR201645000160
广西壮族自治区建筑材料科学研究设计院	GR201645000162
广西南宁天绿生物制品有限公司	GR201645000163
广西易联众信息技术有限公司	GR201645000164
广西深根园林工程有限公司	GR201645000165
广西汇丰生物科技有限公司	GR201645000171
南宁强国科技有限公司	GR201645000173
南宁培匀医疗设备有限公司	GR201645000174
广西南宁兰星新技术开发有限责任公司	GR201645000178
广西远长公路桥梁工程有限公司	GR201645000180
南宁南软科技发展有限公司	GR201645000182
南宁中诺生物工程有限责任公司	GR201645000185
广西锦翰环保科技有限公司	GR201645000188
广西景典钢结构有限公司	GR201645000193
广西益江环保科技股份有限公司	GR201645000194
南宁泰坦软件有限公司	GR201645000196
云海动力软件股份有限公司	GR201645000198

续表

企业名称	证书编号
广西大海阳光药业有限公司	GR201645000200
广西千年传说影视传媒股份有限公司	GR201645000206
广西合泰信息科技有限公司	GR201645000207
广西利泰电子技术有限公司	GR201645000214
广西南宁聚展电子科技有限公司	GR201645000223
广西昊华科技股份有限公司	GR201645000224
南宁宝莱医疗器械有限公司	GR201645000228
广西智瑞计算机技术有限公司	GR201645000231
广西天华高科技有限公司	GR201645000235
广西恒得润生物科技有限公司	GR201645000236
南宁博创信息技术开发有限公司	GR201645000237
广西路建工程集团有限公司	GR201645000240
广西南旭塑胶有限公司	GR201645000241
广西英拓网络股份有限公司	GR201645000243
南宁一举医疗电子设备股份有限公司	GR201645000244
广西优禾康生物科技有限公司	GR201645000247
广西农垦糖业集团良圻制糖有限公司	GR201645000250
广西新豪智云技术股份有限公司	GR201645000256
武鸣县红鹰肥业有限公司	GR201645000258
南宁市市民卡信息服务有限责任公司	GR201645000259
广西兴桂物流有限公司	GR201645000263
广西玮美生物科技有限公司	GR201645000264
南宁市桂福园农业有限公司	GR201645000265
广西华瑞电气有限公司	GR201645000266

企业名称	证书编号
横县南方茶厂	GR201645000269
广西数通电子有限公司	GR201645000271
南宁市微牙机电科技有限公司	GR201645000277
广西壮族自治区化工研究院	GR201645000278
广西森合高新科技股份有限公司	GR201645000284
广西中储粮仓储设备科技有限公司	GR201645000285
广西聚九通信科技有限公司	GR201645000286
广西盛天水泥制品有限公司	GR201645000290
广西力拓农业开发有限公司	GR201645000292
广西金穗农业集团有限公司	GR201645000302
南宁市迈越软件有限责任公司	GR201645000306
广西英顶科技集团有限公司	GR201645000311
广西耐飞科技有限公司	GR201645000317
广西华纳新材料科技有限公司	GR201645000319
广西大美能源投资有限公司	GR201645000320
广西蓝筹信息科技有限公司	GR201645000324
广西内联网络系统有限责任公司	GR201645000326
南宁七彩虹印刷机械有限责任公司	GR201645000327
一铭软件股份有限公司	GR201645000328
南宁火星人信息科技有限公司	GR201645000330
广西壮族自治区水利电力勘测设计研究院	GR201645000338
广西金洪混凝土有限公司	GR201645000340
广西佳微科技股份有限公司	GR201645000347

2016 年南宁市新增国家级、自治区级技术转移示范机构情况

单位名称	技术领域	机构类别	备注
广西壮族自治区技术市场	科技服务	国家级 / 自治区级技术转移示范机构	
中国科技开发院广西分院	科技服务	国家级 / 自治区级技术转移示范机构	
广西科技信息网络中心	科技服务	国家级 / 自治区级技术转移示范机构	
广西博士海意信息科技有限公司	科技服务	国家级 / 自治区级技术转移示范机构	
国家技术转移示范机构上海理工大学（南宁）分中心	科技服务	国家级技术转移示范机构	与南宁市科技企业孵化基地有限公司、广西博士海意信息科技有限公司合作
广西生产力促进中心	科技服务	自治区级技术转移示范机构	
南宁市金盟信息科技有限公司	科技服务	自治区级技术转移示范机构	
南宁市技术市场服务中心	科技服务	自治区级技术转移示范机构	
南宁新技术创业者中心	科技服务	自治区级技术转移示范机构	
广西北航工程技术研究院	科技服务	自治区级技术转移示范机构	

续表

单位名称	技术领域	机构类别	备注
广西智慧农业生产力促进中心	农业	自治区级技术转移示范机构	
广西壮族自治区农业科学院甘蔗研究所	农业	自治区级技术转移示范机构	
广西大学科技成果转移转化研究院	教育 / 科技服务	自治区级技术转移示范机构	广西大学内设机构
广西壮族自治区农业科学院	农业 / 科技服务	自治区级技术转移示范机构	广西农科院内设机构
广西壮族自治区化工研究院	化工 / 农业	自治区级技术转移示范机构	广西化工院内设机构
广西壮族自治区计算中心	科技服务 / 电子信息	自治区级技术转移示范机构	
广西壮族自治区建筑材料科学研究设计院	科技服务 / 建筑材料	自治区级技术转移示范机构	
广西东盟技术转移中心	国际科技服务	自治区级技术转移示范机构	
广西知识产权交易中心（北部湾产权交易所集团股份有限公司知识产权交易中心）	科技服务 / 产权交易	自治区级技术转移示范机构	
广西电子信息技术转移服务中心	科技服务 / 电子信息	自治区级技术转移示范机构	
南宁市科技成果转化服务中心	科技服务 / 知识产权服务	自治区级技术转移示范机构	
广西—东盟太阳能技术转移服务中心	科技服务 / 太阳能	自治区级技术转移示范机构	广西科学院应用物理研究所内设机构
广西博世科环保科技股份有限公司	环保工程 / 水处理	自治区级技术转移示范机构	公司内设机构
广西中知科创知识产权代理有限公司	科技服务 / 知识产权代理	自治区级技术转移示范机构	
广西国博科技有限公司	科技服务 / 太阳能	自治区级技术转移示范机构	

【高新技术产业】 2016年，南宁市有124家企业通过高新技术企业认定，高新技术企业总量净增30%；累计高新技术企业有303家，居自治区14个地级市首位。有7家试点企业获广西创新型企业认定，新增广西创新型企业10家。高新技术产业总收入1647.30亿元，创汇36.80亿美元，税收96.50亿元；高新技术企业总产值431.60亿元。

【科技合作与交流】 2016年，南宁市与中国驻越南、泰国等国大使馆科技组、以色列驻华大使馆等建立官方间联系，与中国香港、澳门CEPA服务贸易协议合作，与泛珠三角区域合作、粤桂黔高铁经济带建设等开展区域科技合作交流，与佛山市、湛江市、兰州市、西宁市等科技部门互访交流。聘任华中科技大学段正澄院士、清华大学陈悬教授等10名专家学者为南宁市人民政府科技咨询专家。参与中国－东盟技术转移中心、中国－东盟信息港建设，中国－越南技术与投资对接会、中国－东盟技术对接洽谈会新能源和节能环保专场等展览展会。组织参加第十一届中国北京国际科技产业博览会、中国国际高新技术成果交易会、广西第六届发明创造成果展览交易会、广西科技活动周活动。

【科技成果与应用】 2016年，南宁市制定《南宁市科技成果转化大行动实施方案(2016—2020)》，出台相关政策对符合条件的科技成果转化项目进行奖励。获自治区科技成果登记368项（包含专利成果登记），完成科技成果转化与示范推广项目55项。输出类技术合同认定登记448项，吸纳类技术合同认定登记1759项。有2项科技成果项目（广西博世科环保科技股份有限公司参与研发的“造纸与发酵典型废水资源化和超低排放关键技术及应用”、广西金陵农牧集团有限公司参与研发的“节粮优质抗病黄羽肉鸡新品种培育与应用”）获国家科学技术进步奖二等奖，42项科技成果项目获广西科学技术奖，57项科技成果项目获南宁市科学技术奖。

【科技中介服务体系建设】 2016年，南宁市科技文献信息共享与服务平台获2015年至2016年度AAA级（最高等级）认定，完成数据信息更新1008万条，利用平台资源优势为企业产出“五新”（新专利、新成果、新方法、新技术、新产品），提供信息查询咨询450多条（项）。组织241个项目申报南宁市科技型中小企业创新资金，其中电子信息79项，生物医药25项，新材料16项，光机电一体化25项，新能源与高效节能40项，农业科技56项。经专家评审获立项87项，立项金额1305万元。协助自治区科技情报研究所对获得国家创新基金立项的项目进行跟踪和监理，完成60项南宁市创新基金（资金）项目验收，合格率100%。输出类技术合同认定登记70项，合同总额4888.67万元，其中技术交易额3415.16万元；吸纳类技术合同认定登记395项，合同总额6.65亿元，其中技术交易额6.05亿元。

【科技示范试点建设】 2016年，南宁市创建农业特色产业示范区10个，下达科技项目14项，科技经费投入470万元。以广西农科院为技术依托单位，引进广西润展农业投资有限公司、广西胤龙生态农业开发有限公司等8家农业企业，建立花卉、瓜菜、葡萄和台湾水果4个示范基地，引进和开发农业新品种279个，新技术近20项，成功示范推广农作物新品种近40个，形成休闲观光农业旅游产业核心区266.68公顷，辐射带动面积680.34公顷，年总产值6000万元以上。3月，南宁高新技术产业开发区获科技部批准为第二批科技服务业区域试点单位，成为广西首家国家级科技服务业区域试点单位。年内，南宁高新区在自治区率先出台政策并推行科技保险试点，有13家科技企业参保，投保额6752万元。

科学技术研究与开发

【概　况】2016年，南宁市实施本级科学研究与技术开发计划项目413项，总投资12.05亿元，其中科技经费投入1.25亿元。按领域划分，实施工业科技项目107项，科技经费投入3035万元，带动全社会投入科研经费4.68亿元；实施农业科技项目78项，总投资1.24亿元，其中科技经费投入2425万元；实施社会发展科技计划项目86项，总投资1.87亿元，其中科技经费投入1300万元。按计划类别划分，实施重大计划专项17项，主要项目有“电子外观件用高端铝合金新材料的关键技术开发”“上林县生态循环肉牛产业化模式研究与示范”等，总投资2.09亿元，其中科技经费投入1110万元；实施重点研发计划项目212项，总投资4.97亿元，其中科技经费投入4465万元；实施科技脱贫产业专项30项，总投资6118.30万元，其中科技经费投入690万元；实施科技服务发展专项1项，总投资25万元，其中科技经费投入10万元；实施科技创新能力与条件建设项目8项，总投资3582万元，其中科技经费投入250万元；实施科技成果推广与产业化示范项目1项，总投资250万元，其中科技经费投入20万元；实施创新能力提升计划43项，总投资9710.50万元，其中科技经费投入1315万元；其他3项总投资1791.39万元，其中科技经费投入1791.39万元；实施科技型中小企业技术创新项目87项，涉及电子信息、生物医药、光机电一体化、新材料、新能源、资源与环境等领域，总投资1.90亿元，其中科技经费投入1305万元；实施专利质押融资贷款科技项目11项，总投资9440万元，其中科技经费投入353.61万元。

【工业科技项目实施】2016年，南宁市调研企业项目143项。实施工业科技创新项目101项，其中围绕南宁市六大重点产业实施重大科技项目5项(创新O2O双驱动服务电子商务移动云平台建设、基于云物联的人造板自动化生产监控系统开发与应用示范基地建设、E100新能源汽车灯具研发与产业化、智能多功能电量测试仪表的研发及产业化、电子外观件用高端铝合金新材料的关键技术开发)，围绕战略性新兴产业、高新技术企业培育、企业科技平台建设等方面实施建筑垃圾再生骨料混凝土路面砖的应用研究、造纸厂电效云端节能保护关键技术集成应用与设备研发、电动智能充电站(多功能非接触式IC卡电源控制器)的研发与应用、南宁伊岭工业集中区科技企业孵化器建设项目、南宁市科技企业孵化基地创新能力提升建设项目等科技项目96项；科技经费投入2895万元，带动全社会投入科研经费2.72亿元。组织开展2017年度南宁市科技项目申报225项，其中工业重大科技项目14项，科技创新平台建设26项，重点研发计划185项。

【农业科技项目实施】2016年，南宁市通过农业科技项目实施，选育、引进、示范推广农业新品种98个，引进、试验、示范推广实用新技术48项，研发农业新产品15个、新技术5项。主要实施三系杂交水稻、金花茶、台湾新兴优稀水果黄金果、无籽西瓜新品种“桂西瓜2号”等新品种引进、选育及高效安全生产技术研究与示范等项目，实施香蕉集约高效栽培、冬春季莴笋绿色标准化高效栽培、黑山羊杂交改良及生态养殖、鳗鱼工厂化高效健康养殖等技术研究与示范项目，实施并研发新型饲料添加剂产品、母猪六阶段复合预混合饲料、花生食品、甘蔗施肥培土机、穿心式甘蔗剥叶机等农业新产品。年内，南宁市实施农业科技专项78项，总投资12.40亿元，科技拨款2425万元。下达科技扶贫项目41项，投入扶贫科技经费1495万元，占涉农科技经费61.60%，投向邕宁区、上林县、马山县、隆安县4个贫困区县科技经费1293万元，项目实施核心区覆盖114个贫困村。

【社会发展科技项目实施】2016年，南宁市实施社会民生领域项目86项，总投资1.87亿元，科技经费支持1300万元。重点支持社会发展领域科技惠民平台建设，实施“食品安全监控创新体系研发与示范”重大科技专项，总投资430万元，科技经费支持80万元。支持民族医药创新科技惠民平台——多灵壮药技术产业化建设，总投资1.10亿元，科技经费支持80万元，项目结题验收115项。

【产学研合作项目实施】2016年，南宁市与清华大学、华中科技大学、厦门大学、上海理工大学等建立产学研合作关系，并继续强化与浙江大学、广西大学等既有合作伙伴关系。在装备制造、电子信息、生物医药等领域支持产学研合作项目94个，其中有“电子外观件用高端铝合金新材料的关键技术开发”“隆安优质肉牛产业扶贫科技示范基地建设——隆安现代养牛新技术的应用与示范推广”等重大项目7项，总投资4260万元，科技经费380万，年增产值1.15亿元，利税1663万元。

【科学技术财政支出】2016年，南宁市科学技术财政支出5.17亿元(含七城区五县)，其中市本级科学技术财政支出2.40亿元，占全市本级财政一般预算支出1.18%。市本级科学技术财政支出中，应用技术研究与开发支出1.85亿元。

科学技术普及

【概　况】2016年，南宁市以“广西科技活动周”“全国科技活动周”等大型活动为契机，以南宁市科普联席会议为组织协调平台，联合高等院校、青少年科技教育基地、科普教育基地、科研机构、科普场馆等举办一系列科学技术普及活动。全年开展科普活动121次，展出科普展板750多板，发放农业技术、资料介绍、知识问卷等各类资料6.20万册，直接受益群众20.30万人次。

【“三下乡”活动】2016年，南宁市组织市科普工作联席会议成员单位、区县及开发区科技部门、科研院所、企业等57家单位1000多人到马山县古零镇开展科普暨科技、文化、卫生“三下乡”活动，其中85名农村科技特派员开展技术培训、服务基层等活动76场次。区县、开发区开展科普暨科技、文化、卫生“三下乡”活动24场。上林县科普暨科技、文化、卫生“三下乡”活动展出宣传板报20幅，免费发放科普资料5000多份，接受科技咨询500多人次，给贫困村赠送桑苗1万多株、优质沃柑苗200株、实用新技术书籍1000多册；武鸣区25个部门到马头镇开展科技、文化、卫生“三下乡”活动，接受群众咨询6000多人次，为群众义诊3000多人次，为群众解决生产中的问题600多个，发放宣传资料和科技书籍1.50万份。

【科技培训】2016年，南宁市通过科技特派员下乡服务、电视台开设《农村科技新视界》专栏、科技项目实施带动、专家下乡巡讲等方式开展农业科技培训，举行实地培训1.27万场次，培训4.93万人次，举办电视培训15期。实施科技特派员服务贫困村，组织全市科技特派员全员培训2次，全市科技特派员入村服务1.25万次，开展实用技术培训1193场次，培训农户4.31万人次、技术人员1200余人，引进示范推广优新品种547个(次)、先进适用技术506项(次)，受益群众12.14万人。投入经费42万元，在南宁电视台开设《农村科技新视界》专栏，计划播出44期，实际开播15期，同时组织宾阳县、武鸣区等有条件的区县开展电视培训。组织专家开展以“农村

1月25日，市科技局举办南宁市贫困村科技特派员培训会　　市科技局提供

生态建设、农业特色发展”等为内容的科技巡讲12场次，培训1500人次，线上关注微信公众号300余人。

【科普活动】 2016年，广西科技活动周期间，南宁市精选白蚁防治、垃圾分类回收、血液科普知识、海洋软体动物——海贝科普展示4个项目参加自治区“科技走进百姓”体验活动，参加活动3500多人次，发放各类宣传资料7600多册。统筹安排具有科普性质的南宁学院、市气象台、市滨湖路小学等15家科研院所、示范基地和场馆向公众开放，接待参观群众9000多人次。全国科技活动周期间，组织43个市科普工作联席会议成员单位、科技型企事业单位及青少年科技教育基地开展活动121项，举办农业生态科普巡讲(讲座)12场次，展出科普展板750多板，发放农业技术及科普宣传小册子6.20万册，直接受益群众20.30万人次。

科技合作与交流

【国际科技合作与交流】 2016年，南宁市实施国际科技合作研究与推广应用项目6项，科技经费投入145万元。支持项目涵盖太阳能综合利用、罗非鱼品质推广、工业去污除尘技术推广、农作物栽培技术及水肥一体化应用等领域，涉及越南、老挝、印度尼西亚、柬埔寨、缅甸等东盟国家。推进国际科技合作与交流，南宁市与中国驻越南、泰国等国家大使馆科技组以及越南科学翰林院、越南农业遗传研究院等机构建立官方间联系，广西太阳能协会、南宁红菱能源科技有限公司等在柬埔寨、缅甸等国家科技部支持下开展业务，广西国博科技有限公司获授权在柬埔寨首都金边柬中技术专业中心设立办事处。通过清华大学两岸发展研究院主办的“一带一路”+现代农业国际高峰论坛，与以色列驻华大使馆、韩国东亚农业协会等建立联系，广西捷佳润科技有限公司、广西田园生化股份有限公司等在农业滴灌、水肥一体化、航空农业等现代农业领域与以色列开展合作；广西金雨伞防水装饰有限公司作为广西唯一获选企业参加第八届中德经济技术合作论坛，并与德国Infiana集团成功签约。参与中国－东盟技术转移中心、中国－东盟信息港建设，利用国家科技成果转化服务(南宁)示范基地等开展国际技术转移，组织企业参加中国－越南技术与投资对接会、中国－东盟技术对接洽谈会新能源和节能环保专场等展览展会。在中国－越南技术与投资对接会上，与越南企业达成合作14项、签约金额2620万元。广西博世科环保科技股份有限公司、广西万川种业有限公司等通过国际科技合作基地建设，产品大量销往印度尼西亚、越南等国。南宁市辖区内获批准建设的国家级国际科技合作基地9个、自治区级国际科技合作基地8个、南宁市国际科技合作基地9个。

【区域科技合作与交流】 2016年，南宁市融入广西与香港、澳门CEPA服务贸易协议合作、泛珠三角区域合作、粤桂黔高铁经济带建设等区域科技合作交流，与佛山市、湛江市、兰州市、西宁市等科技部门互访交流，推动区域间科技合作与技术转移。南宁·中关村创新示范基地与北京中关村信息谷资产管理有限责任公司、中国国际高新技术成果交易会组委会办公室举办“开放合作，协同发展”论坛，成功招商推介并建立合作关系。

【参加全国科技活动周】 2016年5月17日至21日，全国科技活动周南宁市活动启动仪式暨科技、文化、卫生“三下乡”活动在隆安县那桐镇举行，市科普工作联席会议成员单位及市青少年活动中心等37家企事业单位参加，部分服务于隆安县贫困村的科技型企事业单位及科技特派员到现场开展科技服务。活动发放科普进社区系列宣传册及技术资料3000多份，展出科普板报53幅，参与咨询、科普互动和健康检测服务1000多人次。

【参加第十九届北京科技产业博览会】 2016年5月19日至22日，南宁市组团参加第十九届北京科技产业博览会，参展的高新技术项目4个，均具有自主知识产权。期间，开展对接活动7场、签订合作

9月13日，印度尼西亚、马来西亚、柬埔寨科技部官员到南宁·中关村创新示范基地考察　　市科技局提供

协议2项、达成合作意向4项。南宁超伏电器研发的电网雷电灾害防治关键技术等成果获关注。

【参加深圳高交会】 2016年11月16日至21日，南宁市组团参加在深圳举行的第十八届中国国际高新技术成果交易会。广西明匠智能制造有限公司等5家企业携智能机器人、智能水肥一体化精细管理系统等6项科技新产品、新技术参会。

【参加广西第六届发明创造成果展览交易会】 2016年10月23日，第六届广西发明创造成果展览交易会专利推介与对接洽谈会在贵港市举行。南宁市组织55家企业(个人)61个项目参展。参展项目涉及先进装备制造、新材料、生物医药、节能环保等领域。南宁市达成交易总额约2.10亿元。其中专利转让和合作项目签约6项，合同成交额6000万元；专利拍卖成交2项，合同成交额160万元；技术转让与合作协议、意向5项，成交额7640万元；产品销售200万元，专利质押融资意向7000万元。

【参加广西科技活动周】 2016年1月8日至14日，第二十五届广西科技活动周期间，南宁市84个项目参加新技术新产品交流交易会和科技产品展销活动；涵盖工业、农业、生物医药、科技企业孵化器和院士专家工作站5个领域，达成合同协议或合作意向项目37个、总金额近1600万元，其中10万元以上的合同协议或合作意向项目23个，总金额1500多万元。组织开展科技成果转化对接活动7场，签订协议3项、合作金额1300万元，达成合作意向4项。精选4个项目参加自治区“科技走进百姓”体验活动，发放宣传资料7000余册，参加科普体验、知识问答等活动3000余人次。全市145名农村科技特派员下乡开展技术培训、服务基层等活动136次(场)，展出宣传板报50多幅，发放各种科普资料1万多份，接受科技咨询8000多人次。

【参加南宁市科技活动周】 2016年1月8日至14日，南宁市科技活动周与广西科技活动周同步举行。1月13日上午，南宁市科技活动周启动仪式暨科技、文化、卫生“三下乡”活动在马山县古零镇举行，市科普工作联席会议成员单位、区县及开发区科技部门、科研院所、企业等

2016年度南宁市获国家科学技术奖情况

项目名称	完成单位	完成人员	奖项	类别
造纸与发酵典型废水资源化和超低排放关键技术及应用	广西大学，江南大学，广西博世科环保科技股份有限公司，广东理文造纸有限公司，青岛啤酒股份有限公司，广西农垦明阳生化集团股份有限公司	王双飞、阮文权、宋海农、覃程荣、李文斌、樊伟、缪恒锋、黄福川、陈国宁、潘瑞坚	技术进步奖	二等奖
节粮优质抗病黄羽肉鸡新品种培育与应用	中国农业科学院北京畜牧医研究所，安徽农业大学，上海市农业科学院，安徽五星食品股份有限公司，广西金陵农牧集团有限公司	文杰、赵桂苹、耿照玉、陈继兰、郑麦青、李东、姜润深、黄启忠、刘冉冉、胡祖义	技术进步奖	二等奖

2016年度南宁市获广西科学技术奖情况

项目名称	完成单位	完成人员	奖项	等级
广西马尾松育种群体建立与应用	广西壮族自治区林业科学研究院、南宁市林业科学研究所、广西藤县大芒界种子园、环江毛南族自治县华山林场、横县镇龙林场、贵港市覃塘林场、广西壮族自治区国有派阳山林场、中国林业科学研究院热带林业实验中心	杨章旗、冯源恒、黄永利、梁远毅、覃开展、韦理电、覃富健、贾婕、谌红辉、卢开成、蒙青松、颜培栋	技术进步奖	一等奖
广适型优质两系超级稻新品种选育及推广应用	广西恒茂农业科技有限公司、江西科源种业有限公司、湖南杂交水稻研究中心	李永青、邓启云、汪海、黄春毓、唐华容、李伟荣、阳和华、刘伟定、张志英	技术进步奖	二等奖
林业有害生物灾害监测预警与应急防控关键技术研究与应用	广西壮族自治区林业有害生物防治检疫站、广西壮族自治区气象减灾研究所、广西城市猎人科技有限公司、广西生态工程职业技术学院、广西师范学院、南宁市森林病虫害防治站、桂林市森林病虫害防治检疫站	杨秀好、秦江林、李有海、罗基同、庞正轰、陆建波、雷秀峰、杨忠武、罗世念	技术进步奖	二等奖
百优系列软米型优质杂交稻品种的选育及产业化	广西壮族自治区农业科学院水稻研究所、广西南宁良农种业有限公司	阎勇、梁曼玲、陈彩虹、秦钢、陈雷、张宗琼、庞国群、蔡涛、粟学俊	技术进步奖	二等奖
北海野生稻优异种质创新及应用	广西壮族自治区农业科学院水稻研究所、广西大学、广西壮族自治区农业科学院作物品种资源研究所、广西博士园种业有限公司、玉林市农业科学院	梁云涛、陈达庆、陈成斌、杨培忠、蔡中全、梁心群、卢升安、潘英华、黄志	技术进步奖	二等奖
硅酮密封胶专用纳米碳酸钙的研制	广西华纳新材料科技有限公司	朱勇、颜干才、黄炜波、熊文、王权广、肖品东、黄安定、黄敏、刘振昭	技术进步奖	二等奖
甘蔗源功能性糖与多酚的创新利用及产业化	广西壮族自治区农业科学院农产品加工研究所、广西南宁泰诺生物工程有限公司	李丽、孙健、何雪梅、盛金凤、郑凤锦、刘国明、零东宁、廖章敏、李昌宝	技术进步奖	二等奖
CPS反应粘结型湿铺防水卷材的开发及应用	广西金雨伞防水装饰有限公司、广西壮族自治区产品质量检验研究院	卢桂才、朱方伍、郭文雄、伍盛江、陈立斌、赵晓岚、陆善庆、蒋强、韦冰	技术进步奖	二等奖

南宁年鉴

续表 1

项目名称	完成单位	完成人员	奖项	等级
人类疾病灵长类动物模型与安全性评价的研究与应用	广西南宁灵康赛诺科生物科技有限公司	岳峰、陶国现、张国栋、唐荣平、陆春玲、张周泉、甘云孟、周冰、梁敏	技术进步奖	二等奖
剑麻新品种选育和产业化技术集成示范应用	广西农垦国有山圩农场、广西职业技术学院、广西南剑生物科技有限公司	黄富宇、黄树长、张小玲、钟思强、廖冬晴、韦凤琳、韦艳明	技术进步奖	三等奖
香蕉优良品种“桂蕉1号”选育与产业应用	广西壮族自治区农业科学院生物技术研究所、广西美泉新农业科技有限公司、广西植物组培苗有限公司、武鸣县宁武—鸣红香蕉专业合作社	韦绍龙、韦弟、李朝生、李小泉、张进忠、黄素梅、覃柳燕	技术进步奖	三等奖
水稻用水乳剂产品开发及应用推广	广西田园生化股份有限公司	卢瑞、罗金仁、韦志军、刘玉生、李建新、陈捷、梁奕强	技术进步奖	三等奖
高产耐旱大豆品种桂夏3号和桂春11号选育及配套栽培技术研究与应用	广西壮族自治区农业科学院玉米研究所、广西壮族自治区农业科学院经济作物研究所、广西兆和种业有限公司	陈渊、梁江、汤复跃、韦清源、陈文杰、何鍅、李仕强	技术进步奖	三等奖
广西烟粉虱传双生病毒分子鉴定及防控关键技术研究与应用	广西壮族自治区农业科学院植物保护研究所、广西大学、南宁市园林科研所	蔡健和、秦碧霞、蒙姣荣、李战彪、林林、陈保善、罗恩波	技术进步奖	三等奖
大型种猪场猪瘟控制与净化集成技术研究和应用	广西农垦永新畜牧集团有限公司、广西农垦永新畜牧集团有限公司良圻原种猪场、广西梧州市新利畜牧有限公司、广西农垦永新畜牧集团格林饲料有限公司、广西农垦永新畜牧集团西江有限公司	伍少钦、肖有恩、吴志君、蒋志疆、韩定角、邓志欢、邓福昌	技术进步奖	三等奖
低烟型锑系复配阻燃添加剂新工艺及新产品的开发应用	广西华锑科技有限公司、广西大学、广西华锑化工有限公司	王涛、童张法、戴新、梁小良、石建荣、尹作栋、崔学民	技术进步奖	三等奖
水牛乳系列干酪综合生产技术集成及开发示范	广西壮族自治区水牛研究所、广西壮牛水牛乳业有限责任公司	曾庆坤、李玲、唐艳、杨炳壮、农皓如、诸葛莹、黄丽	技术进步奖	三等奖
二步法生产精制白砂糖核心工艺技术与应用	广西农垦糖业集团股份有限公司、广西农垦糖业集团防城精制糖有限公司、广西农垦糖业集团柳兴制糖有限公司、广西大学、广西壮族自治区标准技术研究院	马步、杨宇格、梁咏诚、梁逸、林荣珍、黄龙飞、陆砻俊	技术进步奖	三等奖
轨道交通列车远程故障诊断系统关键技术研究与应用	广西大学、河池学院、广西沿海铁路股份有限公司、南宁南车轨道交通装备有限公司	贺德强、苗剑、唐宏、刘建仁、刘旗扬、邓建新、郑战光	技术进步奖	三等奖
电动汽车充电站关键技术与成套装置及工程应用	广西电网有限责任公司电力科学研究院、长沙天恒测控技术有限公司、北京群菱能源科技有限公司	曾博、周新华、李刚、张进滨、韩帅、周毅波、吴丽芳	技术进步奖	三等奖
面向效能提升的变电主设备运维检修策略优化及应用	广西电网有限责任公司电力科学研究院、重庆大学、清华大学、广西电网公司钦州供电局、广西电网有限责任公司南宁供电局	郭丽娟、陶松梅、邹蓉蓉、张炜、王有元、张春、俸波	技术进步奖	三等奖
选矿过程智能控制集成装备关键技术研究及应用	广西冶金研究院有限公司、广西高峰矿业有限责任公司	黄应盟、潘莲辉、罗先伟、陆智、全柏飞、张美义、郭业东	技术进步奖	三等奖
高分辨率卫星影像用于城市级地理信息产品快速生产及应用中的关键技术	南宁市勘察测绘地理信息院、广东中冶地理信息股份有限公司、佛山市城市规划勘测设计研究院、南宁市规划信息技术中心	魏金占、张彭、周万里、莫文通、岳朝瑞、王文瑞、覃力	技术进步奖	三等奖
基于集群式企业一体化协同的多系统集成平台开发与应用	广西中烟工业有限责任公司	郭晓惠、梁海玲、任海艳、邱剑锋、周斌、汪倍贝、邓超	技术进步奖	三等奖
基于GIS技术、云计算城市智慧规划的解决方案及应用	南宁市城规地理信息技术中心	郭维宁、陈明、姚胜、莫忠荣、吴玉娜、韦波、唐敏	技术进步奖	三等奖
广西大石山区农村饮水安全工程关键技术创新与应用	广西壮族自治区水利科学研究院、玉林市水利电力科学研究院、广西绿康环保有限公司、北京碧水源净水科技有限公司	杨焱、李桂新、阮清波、赵木林、李剑锋、沈煜康、黄旭升	技术进步奖	三等奖
城市交通地理信息关键标准研究、制定及集成创新应用	南宁市交通运输信息管理中心、南宁市勘察测绘地理信息院	梁展凡、王劼耘、黄炳强、韦海和、陈龙、晏明星、严凯	技术进步奖	三等奖

续表 2

项目名称	完成单位	完成人员	奖项	等级
基于机器人智能扫描与图像识别的斜拉桥索塔病害检测与评估关键技术创新与应用	广西吉泰投资有限公司、重庆交通大学	周建庭、周勇明、谭洪河、杜子学、何华、邹前、蓝章礼	技术进步奖	三等奖
广西北山 MVT 铅锌矿三位一体勘查找矿关键技术应用	广西有色金属集团资源勘查有限公司、广西北山矿业发展有限责任公司	杨立功、刘湘华、何国朝、蒋桂新、董秀英、闭理楚、黄胜海	技术进步奖	三等奖
基于非常规资料的华南西部中尺度对流系统发生发展机制及暴雨预报技术研究	广西壮族自治区气象减灾研究所、广西壮族自治区气象台、广西师范学院、南宁市气象局	林宗桂、林开平、林墨、赵金彪、陈冰廉、林健玲、李玉红	技术进步奖	三等奖
广西农村分散式生活污水处理技术集成及工程应用	广西壮族自治区环境保护科学研究院、广西大学、广西汇泰环保科技有限公司	韩彪、宋红军、曾广庆、孙翔、梁茂林、赵伟、张维维	技术进步奖	三等奖
壮药配方颗粒生产工艺及质量标准的开发	培力(南宁)药业有限公司	唐玉梅、林广、宋景政、黄志权、陆东、韦红言、李海西	技术进步奖	三等奖
化学修饰多重复合变性淀粉关键技术研发及产业化应用	广西民族大学、广西农垦明阳生化集团股份有限公司	韦爱芬、潘瑞坚、朱其虎、谭学才、玉琼广	技术发明奖	二等奖
人源益生菌功能发掘与发酵乳高效应用技术	皇氏集团股份有限公司、扬州大学	顾瑞霞、伍云、谢秉锵、黄玉军、孙宁、陈霞、陈大卫	技术发明奖	二等奖
南亚热带木本花卉繁育技术创新与应用示范	广西壮族自治区林业科学研究院、南宁市云峰花卉有限公司、南宁绿潮园林绿化有限公司	龙定建、王华新、杜铃、廖美兰、李进华、林茂、唐道冥	技术发明奖	三等奖
超微细磷酸铁制备及应用	广西壮族自治区化工研究院、广西大学、广西新晶科技有限公司、广西三晶化工科技有限公司	阮恒、龚福忠、易均辉、黄尚顺、莫炳辉、韦桂群、李开成	技术发明奖	三等奖
轧辊类高刚度工件振动时效新方法及其推广应用	南宁市神华振动时效技术研究所、广西大学、钦州学院	李岩舟、杨胜锋、蔡敢为、潘宇晨、熊文府、杨坤、李艳	技术发明奖	三等奖
一种汽车热交换器用铝合金复合材料的制备方法	广西南南铝加工有限公司	朱玉涛、郑玉林、周文标、刘莹、彭自业、莫肇月	技术发明奖	三等奖

57 家单位 1000 多人参加，其中 85 名农村科技特派员开展技术培训、服务基层等活动 76 场次。各区县、开发区组织科普暨科技、文化、卫生下乡等贴近群众的活动 24 场。15 家科普单位和示范基地面向公众开放，参与人数 9000 多人次。

【市校企合作】 2016 年，南宁市立项支持市校企合作项目 94 项，总投资 2.34 亿元，其中科技经费投入 2481 万元。促成清华大学科研院、化学系、机械工程系与广西金雨伞防水装饰有限公司、广西机械工业研究院在建筑防水、机器人等领域合作 3 项；与华中科技大学、厦门大学、上海理工大学等高校建立合作关系，相关成果列入国家科技成果转化服务(南宁)示范基地综合信息服务平台目录，上海理工大学技术转移中心落地南宁，使南宁国家级技术转移示范机构上升至 5 家；聘任华中科技大学段正澄院士、清华大学陈恳教授等 10 名专家学者为南宁市人民政府科技咨询专家，为南宁智能制造、机器人、3D 打印、新能源汽车等产业发展提供科技咨询，促成清华大学长江学者李广涛教授与广西金雨伞防水装饰有限公司合作，筹建企业博士后工作站。

科技成果与应用

【科技成果管理改革】 2016 年，南宁市贯彻落实自治区事业单位科技成果使用处置和收益管理改革，南宁市勘察测绘地理信息院、南宁市蔬菜研究所、南宁学院、南宁职业技术学院、南宁市国土测绘地理信息中心五个单位列入改革试点单位；制定《南宁市科技成果转化大行动实施方案(2016—2020)》，出台促进科技成

5 月 18 日，清华大学天津高端装备研究院(机器人工程研究所)与广西机械工业研究院签订合作协议　市科技局提供

果转化和技术转移中介机构政策,对符合条件的科技成果转化项目按照交易额15%给予后补助,对其中5%用于奖励科技中介服务机构。

【科技成果登记】2016年,南宁市获自治区级科技成果登记368项。其中:工业类147项,农业类72项,社会发展类149项;计划内科技成果166项,计划外科技成果202项;南宁高新区90项,南宁经开区1项,兴宁区14项,江南区44项,青秀区85项,西乡塘区62项,邕宁区20项,良庆区3项,武鸣区4项,横县15项,马山县1项,其他29项。

【科技技术获奖】2016年,南宁市获国家级、自治区级、市级科学技术奖项目101个。其中,国家科技进步奖二等奖2个,广西科技奖42个(技术发明奖二等奖2个、三等奖4个,科技进步奖一等奖2个、二等奖9个、三等奖25个),获南宁市科学技术奖项目57个(科技重大贡献奖1个,科技进步奖一等奖5个、二等奖15个、三等奖30个,技术发明奖一等奖1个、二等奖3个、三等奖2个)。举办2014年度、2015年度南宁市科学技术奖励大会,111个获奖项目近3年新增产值53.04亿元,新增利润13.12亿元,创汇5989.51万美元。

【科技成果转化与示范推广】2016年,南宁市完成重点科技成果推广项目55项,其中"E100新能源汽车灯具研发与产业化"等工业科技成果转化与应用项目44项,总投资1.92亿元,科技投入经费1325万元。组织实施"马山县优质桑蚕种养及叠框式小蚕共育技术推广应用"等农业科技成果转化与示范推广项目11项,总投入4727万元,科技投入经费275万元。

气象工作

【概　况】2016年,南宁市气象局辖横县、宾阳县、上林县、马山县、隆安县5个县气象局及武鸣区、邕宁2个城区气象局;局内设办公室、人事教育科、业务管理科、政策法规科,下辖气象台、财务服务中心、气象科技服务中心、气象信息与技术保障中心、南宁国家基本气象站、高空探测站、新一代天气雷达站、生态与农业气象观测站,设地方机构2个(南宁市人工影响天气办公室、南宁市防雷管理中心)。全市有国家地面观测站8个,高空探测站1个,新一代天气雷达站1个,国家农业气象一级观测站1个,大气成分观测站1个,酸雨站2个,雷电监测站1个,DVB卫星接收站2个,卫星接收站7个,移动自动监测站1个,乡镇及城市加密观测站290个,GPS-MET基准站1个,电离层测高仪站1个。有干部职工124人,(市局68人,区县局56人)。市气象局被评为2016年度中国气象局重大服务先进集体。

【气　候】2016年,南宁市属气温偏高,雨量略偏多年景。各区县年平均气温22.3℃,比常年偏高0.6℃。全市平均年降水量1519毫米,比常年偏多8%,年日照时数1723小时,比常年偏多14%。汛期(4月至9月)全市平均降雨量1126毫米,比常年偏多25毫米,属正常年景。暴雨日数南宁市、武鸣县、宾阳县偏多3天,上林县偏多2天,其余大部分正常,暴雨过程呈现局地性较强的特点。年内,有4个台风(第3号台风"银河"、第4号台风"妮妲"、第8号台风"电母"、第21号台风"莎莉嘉")影响南宁市,数量属正常年份,但总体影响偏弱。全市1月底出现近30年来范围最大的一次降雪天气过程,2月初部分地方出现霜(冰)冻天气,3月出现倒春寒天气;4月至8月有8次高温天气过程,高温日数明显偏多;10月下旬,出现轻度寒露风天气。

【决策气象服务】2016年,南宁市主要遭受1次低温雨雪冰冻、4次台风和16次强降雨天气过程的影响,全市各级气象部门严密监测、提早预警、主动服务,所有重大天气过程均准确提前做出预报。启动重大报告8次、应急响应13次。完成"两会"等重大社会活动气象保障服务。向市委、市政府及有关部门发送气象服务信息,发布决策气象服务材料194期,提供气象短信99条,接收46万多人次。

【人工增雨作业】2016年,南宁市建成人工影响天气标准化作业站点7个。市政府与自治区人工影响天气办公室签订《2016年人工影响天气工作安全责任书》,与7个区县政府签订《2016年人工影响天气工作安全责任书》。市县两级人工影响天气工作部门组织人工影响天气作业14次,其中除尘降霾专项人工影响天气作业8次,累计增加降水量1982万吨,直接经济效益793万元。

【公众气象服务】2016年,南宁市气象部门发布预警信号785次,其中全网发布台风蓝色预警8次,暴雨红色预警21次,大雾红色预警2次;首席预报员接受新闻采访120次,与南宁广播电台进行专家连线25次;官方微博粉丝21.60万人,在全国气象部门微博排行榜保持前50名,微信用户1.50万人,比上年增长138%。开展科普"三下乡""3·23"开放等宣传活动18场次。召开新闻发布会6次,开通广西首个地市级气象官方头条号,年度媒体用稿量广西第一,由市气象局完成的全自治区首部以南极科考为题材的气象科普微电影《李静锋的南极日记》参加中国气象局内部评选获第一名。

【气象设施建设】2016年,南宁市高空气象探测站完成整体搬迁;南宁气象业务综合楼开工建设;人工影响天气基地项目建筑方案设计基本完成,已编制完成项目可行性报告初稿。邕宁区国家气象观测站迁建完成观测场建设。上林县气象监测预警中心、宾阳县气象局业务楼扩建改造完成主体和初装修,横县气象局新址业务楼开工建设。

【气象科普宣传】2016年,在广西科技活动周、"3·23气象日"、5月防灾减灾周及全国科技活动周期间,南宁市开展气象科普宣传活动23场,其中科教基地开放活动18次、科普"六进"(进学校、进农村、进企业、进社区、进机关、进广场)活动5场,举行科普讲座23场,利用新媒体宣传科普知识46篇,通过电子显示屏、官方微博、乡村科普宣传栏及发放宣传材料等方式扩大防灾减灾知识受众群,全年科普活动受众人数9000人,发放科普材料近万份。南宁市气象局获全国气象科普基地命名,市气象台以全自治区排名第一的成绩获评优秀科普教育基地,"气象科技影响生活"科普活动获自治区科技厅"2015年广西'十月科普大行动'优秀特色活动"。（张　薇）

水文工作

【概　况】2016年,南宁市水文水资源局、南宁市水环境监测中心(两块牌子一套人马)设办公室(人事科)、计划财务科、建设管理科、水情科、站网监测科(水资源评价科)、水质监测科6个科;在编67人,其中高级工程师10人,工程师18人。下辖南宁、隆安、武鸣、上林、宾阳、横县、马山中心水文站7个,包括20个水文站、17个水位站、233个雨量站、4个水质监测站、3个泥沙站、2个墒情站、4个地下水站和6个蒸发站。拥有《水文、水资源调查评价乙级证书》《资质认定计量认证证书》。年内,南宁市汛期洪水出现时间较早,结束时间正常,各河段4月下旬出现明显的涨水,至9月末基本结束汛期。各江河洪水场次偏少,7月主汛期基本未出现洪水。整个汛期,大河流右江隆安站有洪水3场、郁江南宁站有6场;中等河流清水河上林站有洪水5场、邹圩站有8场、武鸣河武鸣站有7场;小河站露圩站有洪水6场、镇龙站有8场。大江大河干流洪水小，小支流洪水大。主干流郁江控制站南宁站没有出现超警洪水，但小支流洪水却比较大，如郁江支流新江河、郁江支流良风江等均出现较大洪水，涨幅4.00米~6.00米。洪水受水利工程调节影响大。右江不仅受百色水库调度影响，同时还受沿河那吉航运枢纽、鱼梁滩、金鸡滩水利枢纽调度的影响。左江受到左江电站及山秀电站的影响。郁江则受西津电站及老口电站的影响。市水文水资源局完成水文测验、水文情报预报、水质监测、水文资料整编以及水毁工程的修复，在自治区水文系统年度综合评比中获优秀奖。存在的问题主要是部分水文站受新建水利工程影响严重，江河的自然流态大为改变，水位与流量关系也随之变化，严重影响水文预报的准确度，增加防洪决策的难度。

【水文测验】 2016年，市水文水资源局开展汛前准备，开展水位、流量、泥沙、降雨等项目测验。有7个国家基本水文站进行水位、流量、含沙量、降水量等项目观测，其中有流量测验任务站5个(南宁站、邹圩站、上林站、隆安站、镇龙站)，5个站用流速仪法施测流量167次、走航式ADCP施测46次、比测31次、水平在线ADCP施测12个月。有泥沙测验任务站3个(南宁站、隆安站、邹圩站)，3个站施测输沙率52次、施测单沙1053次。开展广西省界、南宁市界水资源水质、水量同步监测，为政府实施最严格水资源管理决策提供科学依据。1月至3月，各江河主要控制水文站的降水量与历年均值比较属正常年景。4月至9月，各江河主要控制站降水量1228.30毫米~1905.50毫米，汛期降水总量与历年同期相比，除隆安站偏少外，其余各站降水量均接近多年同期均值，属正常年景。

【水文资料整编】 2016年，市水文水资源局计有水位资料7站年、流量资料8站年、泥沙资料3站年、降雨量资料46站年、水温资料3站年、蒸发量资料6站年、岸温资料3站年，审查水文数据整编项目17项239站次，17.69万字组数。向自治区水文水资源局提交完整的水文资料成果，资料错情率低于万分之一，资料质量达到优秀等级。完成年度水资源公(简)报资料统计、上报。

【水文情报预报】 2016年，南宁市各测站的水情电报大部分是通过遥测、南宁水情报汛系统网络平台自动转发。1月至9月，交换水雨情信息78.88万条，其中水文(雨量)站错报5份，错情率控制在0.05‰以内，30分钟到报率96%。32个大中型水库站错报6份，迟报30份，漏报40份，大中型水库30分钟到报率95.60%。年内，辖区仅有郁江(邕宁段)、清水河(邹圩段)发生超警戒水位洪水。整个汛期，辖区内各江河发生需要发布洪水预报的洪水3场次，为有关防汛指挥部门发布预报5次，平均预报精度93.40%。向社会各界提供服务信息21份，启动应急响应4次，发布水情预警7期，水情快报6期，发送水雨情短信2.50万余条次。

【水质监测调查】 2016年，市水文水资源局对南宁市21个水功能区(全国重要水功能区17个、自治区级水功能区3个、市级水功能区1个)，1个城市重要饮用水水源地，6个跨设区市界河流交接断面进行水质监测，根据《地表水环境质量标准》(GB3838-2002)、《地表水资源质量评价技术规程》(SL395-2007)进行评价。评价结果：17个全国重要水功能区中有16个年度评价达标，个数达标率94.10%；评价河长417.30千米，达标河长411.50千米，河长达标率98.60%。3个自治区级水功能区年度评价全部达标，评价河长77.70千米，达标率100%。1个市级水功能区年度评价达标。南宁市邕江饮 用水源地水质类别为Ⅰ类~Ⅲ类，全年水质合格率100%。6个跨设区市界河流交接断面(清水河南宁—来宾、乔建河崇左—南宁、右江百色—南宁、左江崇左—南宁、郁江南宁—贵港、八尺江防城港—南宁)水质达标率均为91.70%。其中，清水河南宁—来宾、乔建河崇左—南宁、右江百色—南宁断面水质类别为Ⅰ类~Ⅲ类，水质达标率100%；左江崇左—南宁断面水质类别为Ⅰ类~Ⅲ类，郁江南宁—贵港断面水质类别为Ⅰ类~Ⅳ类，八尺江防城港—南宁断面水质类别为Ⅰ类~劣Ⅴ类，均有1个月水质类别未达管理目标。

【水文基础设施建设】 2016年，市水文水资源局完成固定资产投资603.10万元。完成广西水文防汛应急仓库在武鸣红岭开发区建设，建筑面积2145平方米(4层)，购置仪器设备53台，建设总投资(含累计投资)1734万元；改造隆安水文站生产业务用房210平方米，购置仪器设备43台，总投资145万元；建成广西水文防汛应急仓库工程，完成投资73万元；完成隆安站转职能强服务改革试点会商室改造，隆安、南宁站专用仪器设备购置；完成国家地下水监测工程帽子泉、甲泉、灵水、弄逼等建设项目4个，总投资40.37万元。完成中小河流水文监测系统项目25处水文(位)站，3处中心水文站建设工程资料档案验收和资产台账建账。 (蒙志豪)

防震减灾

【概　况】 2016年，南宁市地震局内设办公室、震害防御科、应急救援科、政策法规科、执法管理科、科技监督科、地震监测中心7个科室。编制27名(行政编制17名、事业编制10名)，在职25人。新建地震台站22个；落实自治区农房抗震改造任务，新(改)建农房5500户；投入17万元，创建、扶持地震安全示范社区、地震安全示范学校、农村民居地震安全工程示范户；市本级一般建设工程履行抗震设防要求行政许可224项；组织开展科普宣传活动80余次，发放应急手册、科普折页、地震知识书签等资料1万多份；应急救援处置发生在江南区吴圩镇的3.2级地震。南宁市地震局被评为2016年度全国防震减灾工作先进单位、获2016年度自治区防震减灾工作年度考核二等奖。

2016年南宁市各江河主要控制站汛期(4月至9月)及年最高水位

水位：米

河　名	站名	月份						今年最高水位	年最高水位多年平均值	2015年最高水位	警戒水位
		4	5	6	7	8	9				
镇龙江	镇龙	126.36	126.71	127.37	126.19	126.84	126.51	127.37	127.89	129.85	129.00
郁江	南宁	63.92	63.12	65.92	63.89	70.25	66.14	70.25	72.47	70.87	73.00
右江	隆安	75.00	75.39	78.18	75.78	78.12	77.21	78.18	84.46	84.68	85.00
武鸣河	武鸣	96.67	96.92	98.71	98.78	101.58	99.51	101.58	101.90	102.79	103.10
清水河	邹圩	85.52	86.19	87.08	85.13	88.39	86.24	88.39	88.95	89.00	88.00
清水河	上林	106.47	107.18	107.13	106.29	107.98	107.15	107.98	108.54	109.01	108.30
东班江	露圩	70.86	70.32	72.52	70.42	71.81	72.32	72.52	73.04	73.28	73.90

【台站建设】 2016年，南宁九塘地下流体观测站仪器升级改造完成并投入使用，标志着南宁市对地震前兆台站的水位、水温、气温、气压、降雨量等数据采集、传输由人工操作“数字化时代”正式迈入全自动“网络化时代”。4月，南宁市牵头的广西地震烈度速报与预警系统(南宁项目)开工建设，建设内容包括台站观测、通信网络、数据处理系统。11月，新建的22个地震台站主体工程全部完成。至年末，南宁市有地震台站34个，其中投入使用12个，未投入使用22个。

【监测预报】 2016年，市地震局强化台网不间断运行实时监测，实行24小时值班制度，保持震情畅通。加强区县地震台站维护管理，确保各台站安全、连续、可靠运行，提高台站观测记录质量。市地震局10个测震子台平均运行率95%以上，2个微观前兆台平均运行率98%以上。市地震监测台网中心监测到全球地震事件106次，其中国外17次，国内21次，自治区内44次，市内24次。国外最大地震为11月22日4时55分(北京时间)阿留申群岛海域发生的6.8级地震；国内最大地震为2月6日3时57分台湾高雄市发生的6.6级地震；市内测得的24次地震，最大(有明显震感)为2月1日9时28分江南区吴圩镇发生的3.2级地震，其他地震震级均在2.5级以下。9月23日，组织召开南宁市2017年度地震趋势会商会，做好2017年度南宁及南宁周边邻近区域地震趋势分析研判，把握全市未来地震趋势变化，为市委、市政府部署防震减灾及震情跟踪提供科学依据。

【抗震设防】 2016年，南宁市落实自治区农房抗震改造任务，增强新建、改建农房抗御地震灾害能力。新(改)建达到抗震设防要求的农房5500户。加强对全市抗震设防要求管理的确定监管及执法力度，市本级有224项一般建设工程履行抗震设防要求行政许可。投入17万元，继续加大地震安全示范社区、地震安全示范学校、农村民居地震安全工程示范户等创建、扶持力度。上林县东方国际社区、横县六景镇南局村经自治区防震减灾工作领导小组确定为自治区级地震安全示范社区；市第一中学、第八中学确定为南宁市首批自治区级防震减灾科普示范性学校；市红星小学、桂雅路小学，隆安县宝塔实验小学、上林县木山镇中学确定为市级防震减灾科普示范性学校。至年末，南宁市行政辖区内有地震应急避难场所(经防震减灾工作主管部门确定的)15个，总面积196.83万平方米。位于青秀区的南湖公园地震应急避难场所总面积36万平方米，为全市最大的地震应急避难场所。

【宣传教育】 2016年，市地震局依托“5·12”防灾减灾日、“7·28”唐山大地震纪念日等重点宣传时段，配合全国、全市科技活动周，南宁市十月科普大行动一系列科普平台，开展“防震减灾服务进企业、地震科普知识进学校、地震应急技能进社区、抗震设防技术进农村”活动。组织开展科普讲座、科普观影、科普展览等活动80余次，发放应急手册、科普折页、地震知识书签等资料1万多份。与市教育局联合，在全市中小学校进行地震应急专项演练加强防震减灾应急避险自救知识普及，受众百万人次。

【吴圩镇3.2级地震】 2016年2月1日上午9时28分，江南区吴圩镇(北纬22.64度，东经108.15度)发生3.2级地震，震源深度约6千米。地震事件发生在北西向百色—合浦断裂带与北东向的南宁—桂林断裂带附近，影响范围690平方千米，极震区面积8.70平方千米，震中距离南宁市区约25千米，距扶绥县约25千米。南宁市城区大范围有感，其中江南区江西、苏圩、延安3个镇和福建园、江南、沙井3个街道均有明显震感，高层建筑窗户抖动，人员站立出现摇晃；南宁吴圩国际机场附近路面、高楼出现开裂现象，部分农房沿坡处出现坍塌，无人员伤亡报告。 (蒙泳杉)

社会科学

社会科学研究

【概　况】 2016年，南宁市社会科学院设办公室、经济发展研究所、社会发展研究所、城市发展研究所、农村发展研究所、东盟研究所、科研管理所、《创新》杂志编辑部。在职人员35人，其中具有高级专业技术职务任职资格11人，中级14人；管理岗位人员4人；博士4人(含在读)，硕士14人。完成重点课题10项，院级课题研究11项；出版《创新》杂志6期，刊登文章88篇。9月，在全国城市社科院院长联席会上，市社科院再度被评为全国城市社科院先进单位。

【课题研究】 2016年，市社科院将《南宁市打造“千亿元产业”对策研究》《南宁市发展健康服务业对策研究》《南宁五象新区“人”的集聚问题对策研究》《南宁打造历史文化名城研究》《南宁市建立“大众创业、万众创新”新体制研究》《南宁城市地铁安全对策研究》《南宁提升城市治理能力对策研究》《南宁推进供给侧结构性改革研究》《南宁推进农旅融合发展研究》《加快建设“南宁都市圈”研究》10项课题确定为重点研究课题，各项课题均完成并通过专家评审。立项开展11项院级课题(《2015年南宁市经济运行状况研究》《2015年南宁市社会发展状况研究》《南宁市旅游精准扶贫对策研究》《从供给侧改革看保障性住房演变路经及前景》《南宁市与东盟国家旅游合作研究》《基于激励机制下的科研管理研究》《社科院学术期刊的社会功能及体现》《南宁市事业单位绩效考核研究》《充分发挥基层党员组织思想政治引领作用问题研究》)研究，9月完成结题评审。完成相关市直部门、区县委托的横向课题8个。年内，在南宁市第十三次社会科学研究优秀成果评选中，市社科院研究成果获奖11项，其中《农民收入倍增：南宁的实践、难点与路径选择》获一等奖，《南宁市统筹城乡综合配套改革研究》《现代学生心理疏导策略研究——以南宁市为例》《打造南宁智慧旅游城市研究》《网络舆情的应对研究——以南宁市为例》《多维度视域下支柱产业选择研究——基于南宁市的实证分析》《现代产业体系发展研究——以南宁市为例》等分别获二、三等奖。

【编书办刊】 2016年，市社科院出版《创新》期刊6期，刊登文章88篇。其中：独著或者第一作者为博士或高级职称84篇，占95.50%；自治区外具有正高职称或博士后独立署名专家稿27篇，占30.70%；基金项目支持文章53篇(国家级基金项目26篇、省部级基金项目12篇、其他基金项目15篇)，占60.20%。4月，《创新》被中国社会科学院中国社会科学评价中心《中国人文社会科学期刊评价报告(AMI)》引文数据库收录为来源期刊。申请将蓝皮书纳入“十三五”国家重点规划图书项目、社科文献出版社的“皮书系列”出版获批准。9月，《2016年南宁蓝皮书》(经济卷、社会卷)正式向全国发行。

【决策咨询】 2016年，市社科院将通过专家验收的2015年度9个重点课题(《南宁市参与滇桂沿边金融综合改革试验区建设研究》《构建城市基础设施和专用设施建设统筹协调工作机制，提升城市建设管理水平研究》《南宁市泥头车管理问题研究》《南宁市文化消费市场现状及发展趋势的分析研究》《加快创新南宁立体化社会治安防控体系建设研究》《公共治理下的南宁市智慧安全社区建设研究》《新型城镇化建设中南宁市加强乡村文化保护研究》《南宁市加工贸易倍增计划问题研究》《南宁市精准扶贫对策研究》)结集印刷,上报市委、市政府决策参考。落实报送信息年度任务责任制,被市委办、市政府办采用信息74条。服务决策,将《香港地铁经验介绍及对南宁地铁的启示》《关于发展提升南宁市农民合作社的几点建议》《湖北省农村精准扶贫特色做法及启示》《推进南宁市大众创业万众创新的思考及建议》《关于提升我市精准扶贫实效的几点思考》《关于促进南宁市农村青年创业的建议》《关于进一步加强农村空巢老人关爱工作的建议》《关于设立医务人员卡乡镇支付体系的建议》等课题及相关研究成果通过《领导参阅》报送市领导及相关部门参阅。

【理论宣传】 2016年,市社科院科研人员围绕重大理论和现实问题开展理论研究和理论宣传,在《广西日报》《南宁日报》《学术论坛》《新农业》等报刊上发表《"六个着力"开好局六项工作定基调》《着力以五大发展理念引领南宁市新型城镇化建设》《激活生态优势发展最大能量》《加快推进农村精准扶贫工作的对策建议》等理论文章、学术论文35篇。科研人员就经济社会发展中的热点问题接受《广西日报》、广西电视台、《南宁日报》等媒体采访30余次。市社科院农村发展研究所所长蒋秋谨接受中央电视台采访,对横县"罗凤村——以诚为美"的淳朴民风进行点评,东盟研究所覃丽芳博士多次作为广西卫视的特邀嘉宾,就东盟相关热点问题进行分析点评等。 (梁瑜静)

中共地方史研究

【概 况】 2016年,中共南宁市委党史研究室做好党史征编,启动课题编纂。开展党史宣传教育和资政育人,继续落实《广西领导干部学习党史国史制度》对领导干部每年读一本党史国史书籍要求,为市四家班子领导、市直各部门主要负责人以及离退休副厅以上领导订购《党史必修课》《坚定党的历史自信反对历史虚无主义》《红军长征史》3本党史图书;联合市委、市政府相关部门,共同完成南宁市人民公园革命烈士纪念碑修缮;开展"纪念中国共产党成立95周年暨中共南宁地方组织建立90周年"系列活动。全市党史系统在"广西党史网"登载党史信息36篇,在"中国共产党历史网"登载党史信息15篇。参与市乡村办组织的村史室和民俗民居示范点调查核实,2015年度村史室和民俗民居示范点建设调研与验收。

【党史资料征集】 2016年,市委党史研究室继续对《中共南宁历史》第二卷(1949—1978)史料查漏补缺。7月出版发行《南宁市大事记》(2014)年卷,全书27.50万字,配图200余幅。完成编纂《南宁市大事记》(2015)年卷送审稿。征集2016年度南宁市党史大事记资料,形成初稿。继续编辑《南宁兵变》丛书,开展新民主主义革命时期史料征集抢救,在自治区抢救征集工程第一次会议上,中共南宁市委党史研究室、中共横县委员会党史办公室作经验交流。完成新民主主义革命时期南宁市中国共产党的机要交通相关史料的征集,撰写《南宁市新民主主义革命时期党的机要交通综述》。

【课题研究】 2016年,市委党史研究室推进中央课题《中国工农红军滇黔桂边游击队革命斗争研究》南宁市课题组工作,按照中央、广西课题组部署,继续征集相关史料,形成阶段性成果,汇编成册。开展改革开放纪实专题研究,组织市级专题研究10篇,报送自治区课题稿件2篇。完成《中共广西区委执政纪事·2015》南宁市委工作纪要及相关专题稿件、图片的组织报送。

【纪念活动开展】2016年,市委党史研究室开展中国共产党成立95周年暨中共南宁地方组织建立90周年系列纪念活动。3月至6月,与市社科联联合在全市范围内开展"纪念中国共产党成立95周年暨中共南宁地方组织建立90周年"论文征集、评选活动,收到论文258篇,评选出一等奖10篇、二等奖30篇、三等奖40篇、优秀奖40篇。6月29日,举办"纪念中国共产党成立95周年暨中共南宁地方组织建立90周年"座谈会回顾中共南宁地方组织建立90年来的发展历程,并为征文活动获奖者颁奖。撰写在《南宁日报》刊发《栉风沐雨写春秋,砥砺奋进续华章——中共南宁地方组织成立90周年历程回顾》专题纪念文章;以及刊发《党的足迹在南宁》,记录1925年以来中国共产党在南宁的大事、要事。在南宁党史网开设专栏,介绍90年来南宁市各级党组织团结带领全市各族人民艰苦卓绝的斗争历程和建设发展奋斗历程。与市文化新闻出版广电局共同主办"永远的旗帜——纪念中国共产党成立95周年暨中共南宁地方组织建立90周年主题展"。

【区县党史编纂出版】 2016年,中共横县委员党史办公室编纂出版《中国共产党横县历史》(第一卷),内部出版《中国共产党横县地方组织创建简史》画册。中共上林县委党史研究室内部出版《中共上林县委执政纪事2015》《上林抗战》。中共隆安县委党史研究室编纂出版《隆安大事记》(2006—2015)、《中国工农红军滇黔桂边游击根据地革命斗争研究——隆安资料汇编》。 (于 杨)

地方志工作

【地方志工作概况】 2016年,南宁市地方志工作机构有市级机构1个,区县机构12个(独立常设机构4个、与党史研究室合署4个、挂靠政府办公室4个),有工作人员118人,其中聘用人员40人。南宁市人民政府地方志编纂办公室设秘书科、志书编审科、年鉴编辑科、地情信息科、馆藏资料管理科和机关党支部,编制21名(2016年5月增设馆藏资料管理科,增加编制3名),在编17人(机关后勤服务人员2人),其中具有高级、中级专业技术职务任职资格8人。《南宁市志1991-2005》修改完善工作如期推进;在编、待出版的区县志7部。区县年鉴在自治区率先实现"一年一鉴、公开出版"全覆盖。地方志工作纳入市机关绩效考评。市、县两级地情网站全部建成,处于自治区领先水平。《南宁通史》初稿完成评审。南宁市方志馆(广西首个地级市方志馆)项目通过竣工验收,南宁市数字方志馆(南宁地情资料全文数据库)项目通过市发展改革委、市财政局审核,列为前期准备项目。

【市志与区县志编修】 2016年,南宁市二轮志书编修,在编、待出版的市、区县志8部(市志1部、区县志7部)。其中:《南宁市志1991-2005》基本完成终审后的修改;《南宁市城北区志》送出版社审验出版;《宾阳县志1986-2005》《邕宁县志1991-2005》通过自治区地方志办公室审查验收;《横县志1986-2005》基本完成三级评稿后修改完善;《马山县志1986-2005》完成三级评稿;《上林县志1986-2005》完成初稿并形成三级评审稿;《兴宁区志》完成资料收集50%。12月22日至23日,《马山县志1986-2005》三级评稿会在马山县召开,为自治区地方志办公室出台关于地方志书三级评稿、审查验收、出版3个方面的新规定后,首部进行三级评稿的县级志书。

【市与区县综合年鉴编纂】 2016年,南宁市区县年鉴在自治区率先实现"一年一鉴、公开出版"全覆盖。市本级出版2016年卷综合年鉴1部;12个区县出版2015年卷综合年鉴5部,2016年卷综合年鉴2部,完成编纂2016年卷综合年鉴8部。市政府主办,市地方志办公室编纂的《南宁年鉴2016》被列为广西年鉴精品工程，广西人民出版社出版；为大16开精装设计，设类目38个，收录统计图表75个，随文配图573幅，172.30万字。随书光盘采用多媒体及全文检索技术，在南宁政务网、南宁地情网同步推出，并于第十三届中国－东盟博览会期间赠送参会嘉宾。

【地方志资料年报制度实施】 2016年，南宁市实施地方志资料年报制度有市本级和青秀区、武鸣区、隆安县。年内，市地方志办公室资料年报征集，收到2015年度资料年报121份。

【《南宁通史》初稿评审】 2016年，市地方志办公室与广西师范大学合作编纂的《南宁通史》完成初步统稿、修改完善，形成240万字的评审稿。内容涵盖政治、经济、军事、社会、文化、思想、教育、科技等方面，分为古代卷、近现代卷、当代上卷、当代下卷共三卷四册。9月，送交中国社会科学院学部委员陈高华等9位通史及多学科研究方面的专家、学者审读。12月9日至10日，在北京召开《南宁通史》初稿评审会；评审专家认为初稿资料详实、初具规模，从总体方面、谋篇布局、资料、文字、与中央文件精神保持一致等5方面提出修改意见，认为初稿需要进一步修改完善，达到国家出版标准后，方可提交出版。12月21日，中国新闻网刊发中央民族大学原副校长梁庭望教授撰写《〈南宁通史〉——呼之欲出的厚重史书》一文，评价《南宁通史》历史演绎脉络明晰、内涵丰富、构架工稳、多有创新，具有标杆性、国际性。

【《南宁地情手册2016》出版】 2016年6月，市地方志办公室、市档案局编纂的《南宁地情手册2016》，由广西人民出版社出版，全书22万字，内设"南宁速览""南宁聚焦""产业发展""社会民生""文化建设""区县概览""邕城纵览""生活资讯"8个栏目，从南宁地情的角度集中反映南宁市2015年经济社会发展大事、人文情况，增设"南宁聚焦"、南宁市"十二五"发展成效、生活资讯等内容，加大南宁地铁、公共自行车使用、南宁高铁、A级景区资讯等与百姓生活密切相关的生活资讯内容。

【《南宁体操世锦赛志》送出版社审验】 2016年，市地方志办公室完成《南宁体操世锦赛志》编纂和评审，12月根据专家意见修改后送出版社审验。全书60万字，设"组织机构""申办筹办""场馆建设与管理""竞赛""宣传报道与文化活动""保障服务""市场开发""世锦赛财务"8章，记述南宁体操世界锦标赛申办、筹办、举办的过程。

【地方志信息化建设】 2016年，市地方志办公室政务网更新信息184条，政府信息公开平台更新信息242条，南宁地情网更新信息194条(志鉴动态信息91条、其他103条)，南宁地情网点击量累计207万人次。南宁地情网新增"查处群众身边的'四风'和腐败问题专项工作""营造风清气正的换届环境""两学一做"专题教育栏目，宣传南宁市地方志办公室成立35周年和国务院《地方志工作条例》颁布实施10周年成果；南宁地情网搭载的志鉴编纂平台、办公OA系统运行稳定，实现办公、志鉴编纂无纸化，《南宁年鉴》编纂时间由4个月压缩至3个月完成编辑、分纂、总纂。开展网络"读志用志传志"，南宁地情网富有地方特色的南宁简介、南宁·北部湾、南宁·东盟、南宁视点、街巷故事、民风民俗、一周大事等栏目为社会读志用志提供便捷渠道，在同内容信息百度搜索中排位第一。全年南宁地情网点击量58万人次，网站访问量、栏目内容、实用性、更新频率等在广西地方志系统网站中名列前茅。6月，受邀在自治区地方志系统网站群建设培训班作"南宁地情网建设的实践与思考"经验介绍。

【依法治志】 2016年1月，南宁市人民政府公布南宁市人民政府地方志编纂办公室为具有行政执法主体资格的行政执法单位，是自治区首个具有行政执法主体资格的地市级地方志工作机构。3月，市地方志办公室举办全市依法治志暨业务培训班，培训90人。9月至10月，市地方志办公室15名工作人员参加自治区法制办组织的2016年行政执法培训，并全员通过行政执法考试；11月，15名工作人员获广西行政执法证，取得地方志行政执法资格。

【《地方志工作条例》宣传】 2016年，南宁市开展纪念国务院《地方志工作条例》颁布10周年系列活动，市、区县地方志工作机构撰写纪念文章，回顾《地方志工作条例》颁布实施10年来依法治志新业绩。5月18日，《南宁日报》第6版专版刊发市地方志办公室、武鸣区史志办公室、宾阳县地方志办公室、青秀区地方志办公室、良庆区史志办公室为纪念《地方志工作条例》颁布10周年撰写的文章。其中，《依法治志履职担责》从地方志工作机制逐步完善、方志文化繁荣发展、方志信息化建设成效显著、方志咨政服务功能不断增强等方面展现南宁市地方志事业发展。5月21日，南宁市参加自治区地方志办公室在南湖公园韦拔群纪念馆前广场举办的广西地方志成果展，发放宣传折页800多份、《南宁日报》50多份、《南宁地情手册2015》160册。

【地方志工作督查】 2016年，市地方志办公室对12个区县地方志工作实行分类督查，全面推进地方志各项工作落实。对已完成或基本完成二轮志书编修的青秀区、江南区、隆安县、武鸣区和西乡塘区、宾阳县，主要检查地方综合年鉴"一年一鉴、年内公开出版"、地方志资料年报制度实施情况，以及县级地情网站管理情况；对志稿已通过自治区终审、完成三级评稿的邕宁区、良庆区、横县，主要检查志稿的编修进度和县级地情网站管理情况；对还没有进行三级评稿的马山县、上林县、兴宁区，主要检查志稿编修进展、资料收集和县级地情网站管理情况，加强业务指导、帮扶。

【方志馆建设】 2016年11月，南宁市方志馆项目竣工验收，为广西首个地级市方志馆。方志馆馆藏收集、配用家具采购、物业管理服务采购等方案通过市政府审定并列入2017年部门预算；数字方志馆(地情资料全文数据库)项目通过市发展和改革委初步审核，列入前期准备项目。

【地方志工作纳入市级绩效考评】 2016年9月，南宁市将地方志工作完成情况纳入2016年度南宁市机关绩效考评，考评区县落实八到位(认识到位、领导到位、机构到位、编制到位、经费到位、设施到位、规划到位、工作到位)情况及市直机关完成《南宁市志》《南宁年鉴》、地方志资料年报情况；10月，市地方志办公室印发《关于开展2016年度地方志绩效考评工作的通知》；12月，开展全市地方志工作绩效考评，采集绩效考评数据，形成反馈意见，报市绩效办，由市绩效办形成最终考评分数或意见后反馈市直单位、区县、开发区。

【《南宁市实施〈全国地方志事业发展规划纲要(2015-2020年)〉细则》出台】 2016年7月，市地方志编纂委员会印发《南宁市实施〈全国地方志事业发展规划纲要(2015-2020年)〉细则》，提出未来5年南宁市地方志工作总体目标、主要任务和保障措施；强化顶层设计，运用法治思维破解地方志事业发展难题。(钟婉悦)

经济与社会发展研究

【概　况】 2016年，南宁市人民政府发展研究中心(简称市政府发展研究中心)为市人民政府直属相当正处级全额拨款事业单位。内设办公室、区域经济研究科、产业经济研究科、农村发展研究科、城市发展研究科、社会发展研究科、科研管理与信息科7个职能科(室),核定事业编制33名,在职25人(含工勤3人),退休人员2人。年内,完成重大重点课题研究报告8份;参与研究制定宏观规划5项、重要政策文件40余件;代拟市领导各类发言稿、访谈稿、理论调研文章、典型经验材料等重要文稿30余篇;整理全市城市工作会议等综合性会议材料20余件。组织南宁市专家咨询委员会办公室启动新一轮咨询专家选聘。

【重大重点课题调查研究】 2016年,市政府发展研究中心围绕南宁市重大课题、重点课题分别组织专家、研究人员赴柬埔寨、马来西亚、缅甸3个东盟国家开展课题调研,促成《南宁对接21世纪海上丝绸之路的现实战略构想》《打造面向东盟的“学在南宁”品牌》重大课题结题。10月,市政府2015年立项的3个重大课题(《决战终端,定局线上,把南宁打造成为中国－东盟国际贸易中心》《南宁市对接21世纪海上新丝绸之路的现实战略构想》《打造面向东盟的“学在南宁”品牌》)、5个重点课题(《南宁市加快中国东盟信息港建设对策研究》《南宁市利用PPP模式进行公共设施项目建设对策研究》《南宁市创建公交都市,提交城市公交运行水平研究》《南宁市构建互联网金融中心对策研究》《高铁时代推动南宁旅游转型升级对策研究》)全部结题,研究成果编印成册分发给相关单位;南宁市2016年重点研究课题8个(《南宁市推进产业精准扶贫方法和途径研究》《南宁市促进民营经济发展相关政策的效果评价及改进建议》《五象新区升级为国家新区:“负面清单”实施与政府管理创新研究》《南宁市“互联网+”发展模式和策略研究》《南宁市现代服务业集聚区建设研究》《南宁城市治理法治化研究》《南宁市基本公共服务均等化对策研究》《“一带一路”战略下我市开发区转型升级发展研究》)确定。

【政策文件撰写】 2016年,市政府发展研究中心牵头起草《中共南宁市委南宁市人民政府关于加强城市规划建设管理工作的实施意见》,参与起草《南宁市参与建设丝绸之路经济带和21世纪海上丝绸之路实施方案》;撰写《在南宁举办中国－东盟国际艺术节的可行性研究报告》《上林县“十三五”产业精准扶贫规划(2016－2020)》,研究撰写《创新驱动加快南宁高新技术产业集聚发展》;草拟《关于加强南宁新型智库建设的实施方案》;组织开展对全市2014年以来“稳增长、促发展”政策落实情况的系统梳理、评估;配合自治区第四调研组在南宁市开展稳增长相关调研,协助自治区发展研究中心完成《加快推进广西北部湾经济区国家高新技术产业带建设调研》《广西促进政产学研用协同创新对策研究》《广西推进国际产能合作的研究》等自治区重大调研课题、发展课题;参与撰写全国民族团结进步示范市验收材料、南宁市创新驱动发展汇报材料、供给侧结构性改革方向重点材料、PPP模式推进情况汇报等重要材料;协助并参与《宾阳县“十三五”相关规划》《关于广西(南宁)与深圳市开展创新驱动发展合作的建议》《关于广西(南宁)与深圳市开展创新驱动发展合作的建议》等重大政策咨询服务;参加中共南宁市第十二次代表大会换届报告提纲审议会议;参加《南宁市外事工作“十三五”发展规划》联审会议,对《南宁市外事工作“十三五”发展规划》提出修改意见;研究撰写《中共广西壮族自治区委员会广西壮族自治区政府关于实施创新驱动发展战略的决定》(征求意见稿)、《广西加大财政科技经费投入与改进财政科技经费管理的若干意见》(征求意见稿)、《南宁市建设延边金融综合改革试验区2016年工作要点(征求意见稿)》《广西壮族自治区人力资源和社会保障事业发展“十三五”规划》(征求意见稿)、《南宁市人力资源和社会保障事业发展“十三五”规划》(征求意见稿)、《南宁市城市公立医院综合改革工作方案》(征求意见稿)等政策文件的意见建议。

【文稿撰写】 2016年,市政府发展研究中心牵头起草市政府主要领导《关于南宁城市发展几个重大问题的思考》理论调研文章及充实发展问题课件,起草全市城市工作会议、开放发展暨招商引资工作会议市政府主要领导讲话稿,完成市政府主要领导在自治区开放发展大会暨招商引资会议上、在北部湾经济合作组织第九次成员大会暨第十四届广播电视交流与合作会议上、在粤桂黔高铁经济带合作试验区(柳州)广西园建设工作现场会暨第二届粤桂黔高铁经济带合作联席会议上的主题演讲和采访材料撰写;整理完成市政府主要领导在全国“两会”上接受新华社、《人民日报》社采访材料以及新华社广西分社记者“体验南宁市海绵城市建设”系列报道采访材料,提供《中华工商时报》关于边境战略支点城市采访提纲等多份领导讲话材料、采访材料。

【专家咨询委员会平台建设】 2016年,市政府发展研究中心完成第二届专家咨询委员会管理办法(修订稿)、课题管理办法和建议管理办法等制度文件;配合专家,继续完善宾阳县产业“十三五”规划、工业“十三五”规划、服务业“十三五”规划的相关工作,推动宾阳产业转型升级。年初,启动新一轮咨询专家选聘工作。3月,收到77名市直单位推荐、专家自荐的报名材料,包括中国工程院院士2人,国务院特殊津贴专家4人。最终确定第二届专家咨询委员会咨询专家56名。

(李雅欣)

5月11日,市志办专家到马山县志办督查并指导县志编修 姚宗秀 摄

责任编辑 方 明

文化·体育

文　化

综　述

【概　况】2016年，南宁市文化新闻出版广电局设17个科室，编制62名，在职56人；局属二层机构12个（市文化市场综合执法支队、南宁人民广播电台、南宁电视台、南宁广播电视技术中心、市群众艺术馆、市图书馆、市民族文化艺术研究院、市博物馆、市少年儿童图书馆、南宁孔庙管理所、市艺术剧院有限责任公司、南宁广播电视技术开发总公司暨南宁广电传播商务发展有限责任公司），在职人员1320人（在编534人，聘用786人）。南宁市有公共图书馆14个，其中市属馆2个、区县馆12个；市级群众艺术馆1个，区县文化馆12个，乡镇文化站102个，村级服务中心643个；文物保护单位243个（国家级5个，自治区级20个，市级、县级218个）。有国家级非物质文化遗产代表性项目7项，代表性传承人3人；自治区级非物质文化遗产代表性项目98项，代表性传承人42人；市级非物质文化遗产代表性项目148个，代表性传承人120人。有文化产业示范基地（园区）65个，其中国家级示范基地2个，自治区级27个，市级35个，自治区级示范园区1个。有自治区特色文化产业园区县2个；自治区特色文化产业（项目）示范区县5个；国家认定动漫企业5家，自治区级动漫骨干企业14家，动漫人才培养基地8个，广西动漫试验园区1个，市级动漫骨干企业7家。有文化经营场所2695家，其中艺术表演团体19个、歌舞娱乐场所277家、网吧575家。11月10日，市委、市政府出台《南宁市加快现代公共文化服务体系建设实施方案》，进一步明确南宁市公共文化的工作思路、具体步骤和办法。（刘婷婷）

【文化惠民工程】2016年，南宁市继续实施文化惠民工程。完成自治区为民办实事项目4项：125个村级公共服务中心全部开工建设；公共文化基础设施场所免费开放，下拨免费开放补助经费，开展免费开放活动；推进广播电视村村通工程项目实施，11月9个乡镇无线发射台站建成；419个农家书屋完成图书配送、上架。完成南宁市为民办实事项目4项：实施送戏下乡项目，组织市艺术剧院有限责任公司、市民族文化艺术研究院深入区县、开发区98个乡镇、17个街道办开展送戏下乡演出200场，完成率100%；推进扶持乡村社区业余文艺队项目建设，确定每年给予200支乡村社区文艺队每队5000元的经费扶持，由区县文体局组织专业人员对有关文艺队进行辅导、培训，投入演出经费454万多元，组织文艺队完成演出活动5841场，完成年度任务104.70%，观众35万多人次，组织区县开展扶持成果展演，举办全市扶持成果会演；南宁广播电视技术开发总公司组织专业队伍到210个城市社区、167个乡镇社区放映电影4645场，完成年度任务102.67%，观众人数10.30万人；实施戏剧进校园项目，市艺术剧院有限责任公司、市民族文化艺术研究院深入区县、开发区129所学校进行"儿童剧、卡通剧进校园"演出129场，市民族文化艺术研究院走进6所高校，举办"传统戏曲、精品剧目进高校"演出10场，受益学生12万人。10月，125个村级公共服务中心建设项目全部开工，其中重点、优先安排贫困村建设公共服务中心项目68个，超过总建设项目的50%。（雷　鸣）

【重大文化项目建设】2016年，南宁市推进广西文化艺术中心、市图书馆新馆、市群艺馆新馆、市民族艺术基地4个项目建设。广西文化艺术中心采用PPP模式建设，是1座有1800个座位的歌剧院、1200个座位的音乐厅、600个座位的多功能厅的综合建筑体；完成PPP项目合同签订、承继协议签订等工作；主体结构封顶及室外钢桁架搭建，周边动漫展示厅、艺术交流厅、文化展示厅、图书阅览室、人工湖等工程建设基本完成；累计完成投资16.29亿元，完成总投资29.45亿元的55.31%。市图书馆新馆用地2.80公顷，总建筑面积3.61万平方米，总投资4.18亿元；完成征地拆迁并开工建设。市群艺馆重建项目按计划推进综合楼建设，场馆配套剧场二次装修，舞台灯光音响完成招标并进场施工。市民族艺术基地项目用地1.29公顷，建设面积1.80万平方米，总建筑面积3.02万平方米，总投资约1亿元；项目按乙等剧场标准要求设计，包括剧场（600个座位）、综合楼、业务管理用房、地下室；8月12日竣工。（覃秋燕）

【精品文化工程】2016年，南宁市实施舞台艺术精品工程、电视艺术精品工程，重点提升已有精品的综合品质，扩大已有精品的社会影响力。市民族文化艺术研究院重点加强原创大型方言话剧《水街》

6月18日晚，中央民族歌舞团大型舞剧《仓央嘉措》在南宁人民会堂演出

市文新广局提供

的打磨、提升及巡演，组织《水街》话剧进区县、进基层、进高校开展系列活动，演出32场，观众2万人次。广泛收集专家、群众、高校师生的意见、建议，为剧目修改提升做准备。组织市属艺术院团，争取国家艺术基金资助，实施“壮族文化暨舞剧《妈勒访天边》交流传播推广”“大型粤剧《璎珞传》巡演”2大项目。3月，《春天的旋律·2017》跨国春节晚会项目启动，中新网、湖南卫视金鹰传媒、三沙卫视、香港卫视、澳门电视台、马来西亚嘉丽台、澳大利亚天和中文电视台、菲律宾菲中电视台、新西兰华人电视台等媒体在往年合作的基础上，继续参与晚会的制作和播出；湖南卫视国际频道、泰国泰华卫视以及印度尼西亚国家旅游部首次参与《春天的旋律·2017》项目。首次尝试“故事春晚”的做法举办晚会，选取5个真实事件，传递“向心凝聚”的华人家国情怀；安排各国和地区政要、民众进行电视拜年，提高晚会规格，增强晚会年味。12月，《春天的旋律·2017》跨国春节晚会入选“2016年度国家丝绸之路影视桥”工程重点扶持项目名录，成为全国323个报名项目中最终获支持的13个项目之一，并获100万元扶持经费。市委宣传部牵头确定相关迎接自治区成立60周年的精品创作计划，启动3部舞台艺术精品项目：市艺术剧院有限责任公司负责体现桂风壮韵、南宁风情大型舞剧《那》（暂名）；市民族文化艺术研究院负责体现邕州神韵的“一带一路”题材大型邕剧《玄奘西行》（暂名）、展现顶蛳山文化与壮族民族风情的大型邕剧《顶蛳山传奇》（暂名）；南宁电视台负责电视连续剧《朱槿花开》（暂名），进行剧本创作。3部舞台艺术精品全部通过市委宣传部创作立项，进行文艺采风。大型邕剧《玄奘西行》入选2016年度国家艺术基金大型舞台剧和作品创作资助项目。（张　静）

【文化产业建设】2016年，市政府出台《南宁市“十三五”文化产业发展规划》，重视指导和优化文化产业布局，并在文化产业骨干企业培育、原创动漫、电竞网游3个领域取得明显突破。南宁市文化产业项目入选自治区特色文化产业发展重点项目、国家级重点项目和国家、自治区文化产业发展专项资金申报储备项目的有10个；2个文化产业项目获2016年度中央文化产业发展专项资金200万元；4个文化产业项目获自治区文化产业发展专项资金240万元；4个动漫企业获自治区动漫产业发展引导资金200万元；1家文化企业获第六批自治区级文化产业创建示范基地；20家文化企业获第五批南宁市级文化产业创建示范基地。广西千年传说影视传媒股份有限公司打造的原创动画片《漂移岛之天空历险记》在中央电视台少儿频道播出，成为近年来首部登陆央视的广西产动画片；广西一铭软件股份有限公司、广西新影响华文文化创意股份有限公司、广西千年传说影视传媒股份有限公司3家文化产业骨干企业成功登陆“新三板”；南宁市良牙文化传播有限公司在南宁国际会展中心举办ChinaJoyCosplay嘉年华、EACA电竞动漫文化节等动漫主题展会。广西南宁市昇泰安电子商务发展有限公司制作完成原创MOBA类手机游戏《怪咖联盟》，在全球范围内的主要APP交易平台推广发行，与韩国、越南、中国台湾地区的游戏发行商签订代理发行合同，并在韩国同类题材游戏中稳居前三名；与市委宣传部合作研发1款结合社会主义核心价值观的游戏——《全民酷跑3D》，下载量217万次，日均在线16.50万人次。（卫受春）

【对外文化交流】2016年2月，南宁电视台联合马来西亚嘉丽台、菲律宾菲中电视台、澳大利亚天和中文电视台、新西兰华人电视台、湖南卫视金鹰传媒、中新网、三沙卫视、香港卫视、澳门电视台9家国内外、境内外媒体，推出“春天的旋律·2016跨国春节晚会”，晚会播出的信号辐射亚洲、欧洲、大洋洲、北美洲，覆盖观众1.50亿人；入选“国家丝绸之路影视桥工程”项目。2月13日，市艺术剧院有限责任公司赴澳大利亚班达伯格市，参加当地政府举办的中国春节庆祝活动。4月至5月，市艺术剧院有限责任公司到广东省广州市，上海市，浙江省宁波市，福建省福州市，广东省珠海市、顺德市、江门市，柳州市、桂林市、玉林市兴业县、南宁市等地巡演“壮族文化暨舞剧《妈勒访天边》”20场，开展主题影展20场、壮文化体验坊及剧目角色选秀活动5场，召开文化主题研讨会4场，开展主题艺术沙龙1场。市民族文化艺术研究院携大型印度题材粤剧《璎珞传》到浙江省金华市、东阳市、诸暨市，福建省泉州市、晋江市、石狮市，广东省广州市、深圳市，柳州市、贵港市、崇左市等地巡演42场，新华网、人民网、凤凰网、中国青年网、网易新闻、搜狐网、新浪网等对活动进行宣传报道。6月9日至15日，市艺术剧院有限责任公司赴俄罗斯圣彼得堡市、大诺夫哥罗德市开展体育旅游文化交流活动。7月19日至24日，市艺术剧院有限责任公司赴冈比亚班参加班珠尔市“7·22革命”纪念活动。10月18日至22日，市民族文化艺术研究院赴加拿大多伦多万锦市参加第23届全球华人粤剧文化节。12月3日至10日，市民族文化艺术研究院赴新加坡、柬埔寨开展2016年“文化走亲东盟行”活动，演出14场，观众近6万人。期间，开展大型粤剧《目连救母》演出4场、广西非物质文化遗产展示活动4场、艺术工作坊1次，召开文化交流座谈会1次，展示壮绣、壮医、渡河公、壮女赛巧、广西粤剧等南宁市非遗项目。

【中国－东盟（南宁）戏剧周】2016年9月17日至22日，南宁市举行中国－东盟（南宁）戏剧周活动，分金色殿堂·中国－东盟优秀艺术家专场展演、戏海扬帆·中国－东盟优秀剧目展演、中国－东盟国际学术研讨会、中国－东盟艺术展览、中国－东盟微电影展览、中国－东盟南派粤剧大赛6个板块。邀请越南、泰国、柬埔寨、马来西亚、菲律宾、新加坡、缅甸7个东盟国家的14个艺术团体和上海市、云南省、山西省、广东省、广西壮族自治区、中国香港、中国澳门等国内11个艺术团体携代表剧目参演，其中越南水上木偶戏、泰国孔剧、柬埔寨皇家芭蕾、中国昆曲、中国粤剧5大世界级非物质文化遗产项目首次参与。此外，建立北部湾经济区城市联动机制，首次在北海市设置分会场演出；建立中国－东盟（南宁）戏剧交流协作机制，与前来参加戏剧周的艺术团体签订《中国－东盟（南宁）戏剧合作交流机制意向书》。增设2013—2015年中国－东盟（南宁）戏剧周回顾图片展、“劳动人民的红线女”——文献图片展；出版《东南亚戏剧概观》《戏海扬帆－中国东盟戏剧周论文精粹》（2013–2015年度）。（张　静）

群众文化

【概　况】2016年，南宁市群众艺术馆位于江南区五一东路1号；是国家设立的公益性群众文化事业单位，设调研编辑部、辅导部、培训部、活动部和办公室，编制59名，在编50人，其中高级专业技术职务任职资格5人、中级23人。全市有区县文化馆12个，乡镇文化馆102个。组织开展“文化志愿春风行”活动，在上林县镇圩瑶族乡、横县六景镇、马山县古寨瑶族乡、良庆区南晓镇4个培训点辅导基层文艺团队30多个、培训2000余人次；定期派人员到全市10个艺术培训和辅导基地开展艺术培训服务，培训5000余人；开展“与明星同唱”南宁民歌湖百姓歌圩培训活动8场，培训群众1.50万人次；举办“新年音乐会”“圆梦之舞”2016年南宁市第二届交谊舞·国际标准舞团体赛、

"我们的节日"2016南宁市欢度元宵大型广场化妆舞会暨元宵花灯会、"元宵舞会""美丽南宁·文化伴你行"外来务工文化艺术节、青春艺术大赛、庆祝中国共产党成立95周年"唱支山歌给党听"大型广场文艺晚会、"唱响美丽南方·舞出百姓健康"2016年南宁市千人广场舞展演等30多场(项)大型主题文化活动;组织开展"百姓大舞台·想秀你就来"南宁民歌湖"周周演"百场群众文化活动,举办专场文艺演出135场。南宁市打造群众文化活动固定阵地的做法,引起国内有关媒体关注,获中宣部副部长景俊海肯定,指示"要多办、要长办"。民歌湖"周周演"入选2016年全国基层文化志愿服务活动典型事例。

【外来务工文化艺术节】 2016年是南宁市每年举办为期1个月的"外来务工文化艺术节"活动的第12年。4月,艺术节组织有关专家到农民工聚居地或工地送演出、送电影、送医疗、送技术及举办农民工卡拉OK大赛、农民工子弟书画展,建立农民工子弟艺术培训基地、工地图书流通站等,上万名外来务工人员参与。是广西唯一为外来务工人员专门举办的文化节,受到自治区文化厅及其他上级部门的表扬及媒体的报道。

【乡村社区和谐文艺大展演】 2016年5月至11月,市委、市政府主办,市委宣传部、市文化新闻出版广电局承办,南宁电视台、市群众艺术馆协办的南宁市第七届"美丽南方"乡村社区和谐文艺大展演活动举行。分"身边的感动"文艺专场,音乐类、戏曲(小品)类、舞蹈类比赛,"民星大舞台·百姓梦想秀"电视综艺栏目,优秀节目民歌湖展演,优秀节目区县巡演5大板块;其中文艺节目比赛环节从区县、开发区报名、海选、复赛到进行全市总决赛,历时5个月,层层选拔、层层展演,舞台设至乡村社区,人人参与。9月2日至4日,区县、开发区复赛选拔75个节目参加全市总决赛。"大展演"活动增设"身边的感动"文艺专场演出,组织基层巡演。11月20日至25日,举行第十三届南宁市社区文化艺术节活动,各社区100多个节目参加演出,分舞蹈、声乐2大类别进行评比,9个团体、个人分获一等奖、二等奖、三等奖;虎邱文艺队等20个团体、个人获优秀奖。

【民歌湖"周周演"】 2016年,市政府对民歌湖水上舞台及周边设施进行改造,购置安装LED显示屏,提升"百姓大舞台·想秀你就来"南宁民歌湖周周演百场群众文化活动演出品质。邀请广西各地市群众文化精品、专业剧团参与。开展专场文艺演出135场,参加演出人员、观众超过40万人次。

【"绿城歌台"系列群众文化活动】 2016年,第十八届"绿城歌台"围绕中央"一带一路"文化战略,推出18场文艺演出。其中:中心歌台连演6场,12个区县歌台各演1场共12场;每场观众平均4182人次。各歌台采取节目互换、由组委会统一邀请高质量的外国节目及自治区内优秀节目演出,观众近20万人次。

【"文化志愿春风行"培训】 2016年,南宁市开展"文化志愿春风行"培训,以上林县镇圩瑶圩乡、横县六景镇、马山县古寨瑶族乡、良庆区南晓镇4个培训点为重点全面铺开,辅导基层文艺团队30多个、参训2000余人次,将区县文化底蕴深厚、群众参与性较高且被列为全市"精准扶贫"重点的村屯作为"文化志愿春风行"的重点培训对象。定期派出人员到全市10个艺术培训和辅导基地开展舞蹈、声乐、电子琴、二胡、美术、书法等培训服务,累计受益人数5000余人。8月,推出"与明星同唱"南宁民歌湖百姓歌圩培训活动,邀请自治区知名声乐老师现场指导,为市民及歌唱爱好者免费提供声乐培训、展示平台;开展千人培训活动8场、培训群众1.50万人次。

【村屯社区文艺队扶持】 2016年,南宁市扶持200支村屯社区文艺队,投入演出经费454万多元;完成演出5841场,完成年度任务104.70%;观众35万多人次。区县文化行政部门组织扶持队伍进行汇报演出1场,选取优秀节目参加全市会演。 (姚 彧)

专业文艺

【概 况】 2016年,南宁市专业艺术单位有南宁市民族文化艺术研究院、南宁市艺术剧院有限责任公司2家。市民族文化艺术研究院保持市非物质文化遗产保护中心、市戏剧院两块牌子;有职工86人,其中具有正高级专业技术任职资格4人、副高8人、中级30人、初级13人、其他29人;开展专业演出302场次,其中文化惠民工程演出50场次,参与"戏剧进校园"公益活动演出42场次,其他指令性演出32场次。粤剧《璎珞传》国内巡演40场次,话剧《水街》演出30场次;新会书院"周周演"演出108场次。3月至6月,开展地方戏曲剧种普查,走访全市100多个村屯、500多名民间艺人,录制普查工作视频40多份,拍摄照片1300多张。督促指导区县(开发区)完成地方戏曲剧种普查,摸清地方戏曲剧种现状;普查数据显示,南宁市有粤剧、邕剧、彩调剧、采茶戏、师公戏、丝弦戏6个剧种,有剧团144个;各剧团每年演出3507场次,演出剧目700多个,从事或参与地方戏曲剧种演出人员3180人。市艺术剧院有限责任公司是专业艺术表演团体及具有独立法人资格的国有企业。公司设董事长办公室、党群工作部、行政办公室、人力资源部、财务部、市场营销推广部、创作中心、舞美工程部、话剧团、歌舞团,有职工188人,其中具有正高级专业技术任职资格4人、副高30人、中级69人、初级52人,一般职员33人。全年演出386场次。其中:文化惠民工程"送戏下乡"演出150场次,文化惠民工程"儿童剧目进校园"演出活

10月22日晚,大型民族歌舞秀《风情东南亚》在南宁民歌湖水上舞台参加"美丽南宁大舞台"艺术精品演出 市文新广局提供

动97场次；大型壮族舞剧《妈勒访天边》全国巡演20场次，大型民族歌舞秀《风情东南亚》演出6场次，大型舞剧《百鸟衣》演出1场次，“美丽南宁大舞台”艺术精品演出引进剧目5场次，出访澳大利亚班达伯格市、俄罗斯圣彼得堡市、俄罗斯大诺夫哥罗德市、冈比亚班珠尔市文化交流演出9场次；话剧《水街》演出25场次，其他指令性演出36场次；公益性演出10场次，商业性演出23场次；慰问部队演出4场；观众人数约39万人。8月，双人舞《火塘情》入选国家艺术基金年度资助项目；9月，群舞《骆越先歌》入围由文化部、湖北省政府主办的第十一届全国优秀舞蹈节目展演；有5个作品获省级奖励。

【艺术成果】

舞台艺术类　2016年3月，市艺术剧院有限公司的舞蹈《和·鞋》获自治区政府颁发的广西文艺创作铜鼓奖。7月在第六届广西戏曲青年演员比赛中，市民族文化艺术研究院的粤剧折子戏《火烧草料场》获二等奖，粤剧折子戏《别洞观景》《投江》获三等奖；黄俊成获优秀辅导员奖；市文新广电局获优秀组织奖。8月，市艺术剧院有限公司的双人舞《火塘情》入选国家艺术基金2016年度资助项目；市民族艺术研究院的邕剧《玄奘西行》入选年度国家艺术基金大型项目。9月，市艺术剧院有限公司的大型当代群舞《骆越先歌》，经文化部遴选，作为广西唯一入围的舞蹈作品参加由文化部、湖北省政府主办的第十一届全国优秀舞蹈节目展演。10月，市民族文化艺术研究院演员苏永良获首届广西曲艺展演曲艺新人奖。12月，在自治区文化厅举办的第三届广西青年舞蹈演员比赛中，市艺术剧院有限公司的双人舞《未了情》获一等奖，双人舞《情缘》获二等奖，独舞《一篓秋》获表演三等奖，独舞《孔乙己》获三等奖。

电视文艺类　1月，南宁电视台制作的电视剧《兵变1929》获第七届广西文艺创作铜鼓奖，填补10年来南宁市影视作品在该奖项的空白。2月，中国广播电影电视社会组织联合会、中国老龄事业发展基金会、中国人口文化促进会联合主办的第四届(2016)《我的长辈》微视频作品(国际)征集评析公益活动中，南宁电视台微电影工作室拍摄的微电影《古岳的鼓》获“评委会奖”“最佳导演奖”“最佳演员奖”；《爱在青秀》获“最佳纪录片奖”。在中国电视艺术家协会、电视文艺委员会、北京网络视听节目服务协会举办的2016春节节目、综艺栏目展评中，南宁电视台选送的《春天的旋律·2016跨国春节晚会》获春节晚会最佳作品奖、好作品奖，《创想空间“智”造2016——南宁网络迎新春晚会》获网络视听好作品奖。4月，在2015年度广西广播电视奖电视文艺优秀作品评比中，市文新广电局报送的《“情牵丝路大地飞歌·2015”第17届南宁国际民歌艺术节晚会》获2015年度广西广播电视奖电视文艺优秀作品电视综艺节目类一等奖，南宁电视台报送的《南宁市纪念中国人民抗日战争暨世界反法西斯战争胜利70周年文艺晚会》获电视综艺节目类二等奖；《逆风飞翔》获音乐电视类二等奖。11月在第四届亚洲微电影艺术节作品评比中，南宁电台、广西主角传媒联合摄制的微电影作品《一碗老友粉的温度》获“金海棠”好作品奖和优秀原创音乐奖。

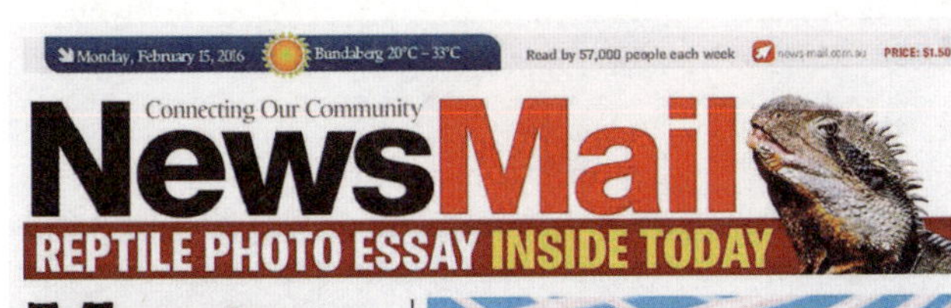
Monday, February 15, 2016　Bundaberg 20°C - 33°C　Read by 57,000 people each week　PRICE: $1.50

Connecting Our Community

NewsMail

REPTILE PHOTO ESSAY INSIDE TODAY

Mystery of lost medals solved

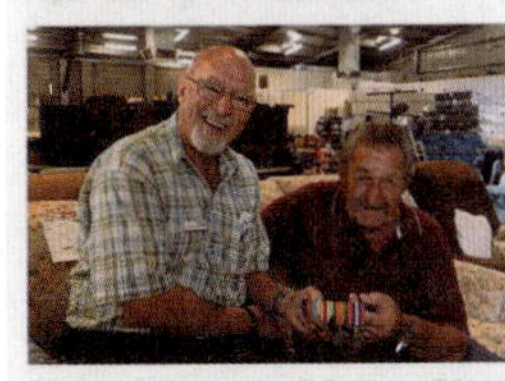
Owner of war medals found in Bundy was in British Navy: P3

Sister city visits to welcome Chinese year of the monkey

PAGE 4,5

Keith Pitt appointed assistant minister to Deputy PM Barnaby Joyce: P3

2月15日，市艺术剧院有限责任公司出访澳大利亚班达伯格交流活动刊登在《班达伯格市报》的封面　市文新广局提供

其他作品　市作协作家王勇英著作《雾里青花泥》获2016年度中宣部优秀作品工程一等奖；市书协的刘小静、杨嘉春书法作品参加自治区政府主办的第四届“广西书法篆刻作品展”获书法类优秀奖(最高奖)，李勋海、赵振华、唐礼武获篆刻类优秀奖(最高奖)；市美协罗晶晶的工笔画《白裤瑶纺织人物长卷图》获国家艺术基金2016年度立项资助创作；市摄协尹庆南作品《一路一带广西出发》获“美丽南方·广西故事”第十届广西摄影艺术展览创意类一等奖；市音协程露影演唱的歌曲《风送春暖过漓江》，获中国文联、中国曲艺家协会主办的第九届中国曲艺牡丹奖新人奖、文化部主办的第十七届群星奖入围，歌曲《壮锦的传说》获广西文联、广西音协主办的广西音乐金钟奖；王竹编导群舞《骆越先歌》作为广西唯一入选的作品，参加文化部主办的第十一届全国优秀舞蹈节目展演；市舞协选送的《茉莉花开》代表南宁市参加“美丽南方·广西故事”2016广西百姓健康舞蹈展演获第一名。

【演出活动】　2016年9月17日至22日，“中国－东盟戏剧周”在南宁举行；有7个东盟国家14个艺术团体以及国内11个艺术团体到南宁参与活动，开展演出活动29场、观众3万多人。

市民族文艺研究院演出活动　南宁市民族艺术研究院组织开展“送戏下乡”演出活动50场；开展“儿童剧、卡通剧进学校”活动32场，“传统戏曲、精品剧目进高校”活动10场。4月10日至10月28日，大型粤剧《璎珞传》赴浙江省金华市、诸暨市，福建省泉州市、晋江市、石狮市，广东省深圳市、广州市及广西各地市巡演42场。6月15日，排演的历史大剧《冲冠一怒为红颜》参加第七届羊城国际粤剧节演出。9月28至29日，大型邕剧《三进士》作为唯一代表广西的地方戏曲剧目，参加中央宣传部牵头组织，北京市委宣传部、北京市文化局主办的“南方戏曲演出季”会演，在北京天桥艺术中心剧场连演2场。10月18日至22日，艺术团赴加拿大多伦多万锦市参加第23届全球华人粤剧文化节交流演出；30日至31日，《风情东南亚》在海口市演出2场。12月3日至10日，派出由34人组成的文化交流演出团赴新加坡、柬埔寨开展2016年中国－东盟(南宁)戏剧周系列活动“文化走亲东盟行”活动，大型粤剧《目连救母》演出4场。

市艺术剧院有限公司演出活动　2月13日，市艺术剧院有限责任公司赴澳大利亚班达伯格市，参加当地政府举办的中国春节庆祝活动及文化交流演出2

场。4月10日至5月27日,大型壮族舞剧《妈勒访天边》完成在广东省广州市、珠海市、顺德市、江门市,上海市,浙江省宁波市,福建省福州市,南宁市、柳州市、玉林市、桂林市11个地市的全国巡演18场;举行壮族文化体验及剧目角色选秀活动5场。6月9日至15日,派出文艺演出队14人随南宁市政府代表团赴俄罗斯圣彼得堡市、大诺夫哥罗德市开展体育旅游文化交流活动,并参加第三届涅瓦龙舟赛暨夏季中国文化节及大诺夫哥罗德市“城市节”活动演出4场。7月19日至24日,派出文艺演出队5人随南宁市政府代表团赴冈比亚班珠尔市参加“7·22革命”纪念活动,演出3场;22日至23日大型民族歌舞秀《风情东南亚》在广东省肇庆市、深圳市演出2场。9月6日,舞蹈《骆越先歌》参加由文化部、湖北省政府主办的“第十一届全国优秀舞蹈节目展演”2场。12月30日至31日,引进百老汇经典笑剧《开心晚宴》在南宁剧场演出2场。市艺术剧院有限责任公司承办的“美丽南宁大舞台”举办精品演出活动8场;精品7部,其中南宁市精品剧目2部(市民族艺术研究院的大型方言话剧《水街》、市艺术剧院有限公司的大型民族歌舞秀《风情东南亚》),中外经典剧目5部(4月16日北海歌舞团的大型舞剧《碧海丝路》、6月18日中央民族歌舞团大型舞剧《仓央嘉措》、7月30日亚彬舞影工作室的舞剧《青衣》、9月17日《2016传奇萨克斯－肯尼·基世界巡回演奏会南宁站》、12月6日甘肃省歌舞剧院的大型民族舞剧《丝路花雨》)。参与南宁民歌艺术节期间“绿城歌台”演出18场。

(张　静)

文化市场管理

【概　况】2016年,南宁市有文化经营场所1093家,其中互联网上网服务营业场所(网吧)632家,娱乐场所302家,文艺表演团体24个,演出场所经营单位5家,音像制品经营单位130家;形成网吧、娱乐场所、演艺、美术品经营全面发展格局,文化市场经营场所数量、规模在自治区排名第一。南宁市文化市场综合执法支队隶属市文化新闻出版广电局;编制15名,在编15人;外聘3人。区县文化市场综合执法机构编制142名,在编125人(城区75人、县50人);聘用协管员44人。组织开展全市文化新闻出版广播影视行政执法案卷评查,做好驻市政务服务中心窗口相关行政许可事项的审批,完成窗口受理、办结行政许可业务141件,承诺件办结率和群众评价满意率均100%;12318(全国文化市场统一举报平台)受理群众举报72件,办结72件,办结率100%。市文化市场综合执法支队出动检查人员798人次,检查文化经营单位293家次,其中游艺娱乐场所6家次,歌舞娱乐场所27家次,网吧209家次,互联网文化单位1家次,书报刊经营单位30家次,印刷经营单位20家次。立案调查文化经营违法案件46件(网吧9件、印刷经营单位17件、出版物经营单位15件、互联网文化单位1件、网络出版服务2件、广电案件2件),结案46件;罚款9万元。市文化综合执法支队办理的广西博大书店销售盗版图书案,4月20日获国家版权局2015年度查处侵权盗版案件有功单位二等奖。

【文化市场“扫黄打非”行动】2016年,南宁市开展侵权盗版制品及非法出版物集中销毁活动,依法公开销毁5万余件盗版光盘及非法出版物。组织开展“4·26”世界知识产权日、“绿书签行动”“扫黄打非”进校园进课堂等宣传活动,提升社会各界版权保护意识;深化“扫黄打非”进基层,指导乡镇(街道)、村(社区)完善“扫黄打非”工作责任制;推进“扫黄打非”工作进景区,在全市37家3A级以上景区挂牌成立工作站;组织进行城乡互联网上网服务营业场所专项整治、净化社会文化环境;集中开展文化市场“健康暑期”等文化市场专项整治行动,采取“双随机”(随机抽取、随机对应)抽查方式,进行“清源”“净网”“护苗”“固边”和“卫地”(卫星、地面)设施整治以及中小学教育辅导材料印刷、发行的监管督查;出动执法人员4.28万人次,检查经营单位1.47万家次;收缴非法出版物、盗版制品7.44万件,拆除违法安装使用的卫星接收设施8650套。自治区新闻出版广电局对市文新广局在“卫地”整治中“加强属地管理,建立长效机制,严厉打击黑广播”的做法予以肯定,并要求自治区其他地市学习“南宁做法”;国家版权局与自治区版权局分别对市文新广电局、市文化市场综合执法支队查处侵权盗版案件工作给予表彰。

【文化市场监管】2016年,南宁市加强对文化艺术品市场监管,检查主要经营艺术品场所8家,检查覆盖率70%。加强营业性文艺演出监管,对6场大型文艺演出及广西音乐厅、南宁剧场等16场次涉外演出进行现场监管,确保演出全程安全有序;加强文化市场安全监管,做到日常巡查和重大节日、重大活动、重点时期的专项检查,保障文化市场安全稳定。组织开展文化市场排查整治行动,全市各级有关部门出动执法人员4.74万人次,检查经营单位1.62万家次;立案调查240件,警告经营单位203家次,责令改正95家次,责令停业整顿18家;办结案件279件,罚款67.95万元。开展县城、乡镇互联网上网服务营业场所专项整治,查处网吧违规接纳未成年人、不按规定核对登记身份证件、超时经营、闭门经营的行为;加强营业场所的安全生产监管,对存在安全隐患的营业场所及时整改。开展净化社会文化环境集中整治,通过听取汇报、查阅工作台账、实地暗访抽查等方式,全面检查全市15个区县、开发区开展净化社会文化环境集中整治行动的进展情况。出动执法人员3885人次,检查经营单位2672家次;立案查处违规经营的互联网上网服务营业场所20家次,责令改正25家;立案查处违规经营的娱乐场所2家,查处传播低俗信息的网站1家。开展文化市场“健康暑期”专项整治行动,集中检查文印店、文具店、超市、图书批发市场等销售中小学教育辅导材料的经营单位。开展“双随机”抽查,加强事中事后监管,规范文化市场综合执法行为。依托全国文化市场技术监管与服务平台,建立健全文化市场经营主体名录库和执法检查人员名录库;推进文化市场黑名单管理试点工作,依据《广西文化市场黑名单管理工作实施细则》,对2014年以来被吊销许可证的经营主体进行摸底排查,严格按照工作程序做好黑名单确认。全市有2家违规经营场所被吊销营业执照,并被纳入黑名单管理。

【互联网上网服务转型升级】2016年,南宁市推动互联网上网服务行业转型升级,进一步抓好政策引导,完善制度,规范管理;落实《南宁市推动上网服务行业转型升级工作方案》;做好转型升级试点场所的扶持和服务,明确试点场所的标准、认定方式、申报程序、退出机制和享受的优惠政策;引导转型升级试点场所参与公共文化服务,由市图书馆为试点场所免费提供书籍摆放;完成11家“图书小站”试点工作。全市完成上网服务营业场所转型升级21家;报文化部、自治区文化厅进行备案有80家,其中75家已完成转型升级。

(潘家亮　张启敏)

非物质文化遗产保护

【概　况】2016年,南宁市有市级非物质文化遗产保护中心1个,县级非物质文化遗产保护中心6个。有7个项目入选国家级非物质文化遗产代表性项目名录,116个项目入选自治区级非物质文化遗产代表性项目名录,148个项目入选市级非物质文化遗产代表性项目名录,区县级非物质文化遗产代表性项目名录近300个;四级名录体系建设完善。年内,入选第六批自治区级非物质文化遗产代表性项目名录18个;申报国家级非物质文化遗产代表性项目扶持资金,获财政部扶持资金310万元,用于全市壮族歌圩、邕剧、粤剧等项目的保护和传承;举办南宁民歌湖2016年"壮族三月三"活动、第十一届"文化遗产日"南宁市系列活动;推进壮族歌圩(南宁)文化生态保护区建设和非物质文化遗产传承基地建设。

【自治区级非物质文化遗产代表性项目名录申报】 2016年2月,南宁市政府下发通知,组织开展第六批自治区级非物质文化遗产代表性名录的申报;3月,组织人员指导区县按照评审程序填报申报材料;4月,组织专家论证会对申报项目进行评审论证,选出申报《南宁壮族高腔民歌》等32个项目;11月,自治区政府发文公布第六批自治区级非物质文化遗产代表性名录,南宁市的《南宁壮族高腔民歌》等18个项目入选。

【国家级非物质文化遗产代表性项目扶持资金申报】 2016年2月,南宁市政府组织市、县国家级非物质文化遗产代表性项目保护单位,申报国家级非物质文化遗产代表性项目扶持资金,获财政部扶持资金310万元,用于壮族歌圩、邕剧、粤剧等南宁市非物质文化遗产项目的保护和传承。

【"文化遗产日"活动】 2016年6月11日是中国第十一个"文化遗产日",南宁市在民歌湖举办"乡土南宁·探秘非遗"主题晚会;6月12日,分别在民歌湖、新会书院举办南风粤韵——南宁市地方戏曲展演专场晚会、世界非物质文化遗产中国古琴研讨会,观众5000多人次。

【壮族歌圩(南宁)文化生态保护区建设方案】 2016年,市文化新闻出版广电局草拟的《南宁市壮族歌圩文化(南宁)生态保护区建设(2016—2020年)工作方案》,在广泛征求意见的基础上进行完善;12月,市政府审核通过并正式印发,全面推进壮族歌圩文化(南宁)生态保护区建设。

【传承示范基地建设】 2016年,南宁市确定非物质文化遗产保护示范户19个,上林县渡河公生产性保护示范户等7个项目入选自治区级非物质文化遗产保护工作平台。

【非物质文化遗产课题研究】 2016年,南宁市文物部门完成南宁市科学研究与技术开发计划项目课题2项:《南宁壮族刺绣保护传承与开发利用研究》《南宁传统体育、游艺类非物质文化遗产保护与开发研究(壮族迪尺)》;完成文化部文化艺术科学研究项目《广西粤剧百年图史》课题研究。 (黄文波)

公共图书与图书经营

【概 况】 2016年,南宁市有公共图书馆14个,其中市级馆2个(南宁市图书馆、南宁市少年儿童图书馆),区县图书馆12个(兴宁区图书馆、江南区图书馆、青秀区图书馆、西乡塘区图书馆、邕宁区图书馆、良庆区图书馆、武鸣区图书馆、横县图书馆、宾阳县图书馆、上林县图书馆、马山县图书馆、隆安县图书馆);有新华书店8个,其中市本级1个(南宁市新华书店有限责任公司),县级7个。市级图书馆拓展服务范围,推进分馆、基层站点建设;建立12个"城乡一体化联合图书馆"四级网络试点,挂牌新建"互联网+"模式的"图书小站"1个;完成419家农家书屋的书籍配送、上架;建成并开放全市10家社区24小时自助图书馆,南宁市成为自治区首个实现24小时自助图书馆全城覆盖的城市。

【南宁市图书馆】 2016年,南宁市图书馆设办公室、采编部、外借部、期刊部、技术部、信息部、读者活动部、业务辅导部、物业管理部9个部门;有在职人员61人,其中高级专业技术任职资格2人、中级33人、初级19人,具有本科学历36人、硕士研究生及以上学历5人。设24小时自助图书馆、"启智书苑"少年儿童阅览室、市民阅读中心、文学借阅室、自然科学借阅室、社会科学借阅室、综合借阅室、特色藏书阅览室、参考文献阅览室、电子阅览室、残疾人阅览室、过报过刊阅览室12个窗口,阅览座位1258个;设自修室、静阅阁、多功能厅等读者活动场所。安排专项购书经费预算126万元,其中购买纸质文献116万元、占购书经费92%,购买数字资源10万元、占8%。新增图书1.02万种2.59万册,馆藏总量120.06万册。全年总流通量178.30万人次,其中文献外借11.14万人次、31.31万册次,电子书借阅4.62万次。新办理借书证1.04万张,累计有效证件6.56万张。新建馆外图书流通站7个,累计馆外流通服务站88个(分馆8个、图书流通站70个、24小时自助图书馆服务站10个)。举办读者活动166场次,吸引12.50万市民参与;解答咨询2893人次。

1月21日,建成并开放全市10家社区24小时自助图书馆,定期更新、交换补充各馆图书;自助图书馆自助办证5760张,图书借阅6.49万册次。启动"城乡一体化联合图书馆"四级网点试点,实现市图书馆与区域内13个公共图书馆、12个村级公共服务中心图书室的业务集群管理、一卡通用和文献通借通还,实现市、县、乡镇、村四级图书馆网络资源共享、服务共享、文献信息服务全覆盖。完成上林县西燕镇西燕社区、江南区江南街道办新屋村等10个建设点的图书调拨。4月,在市图书馆微信公众平台开通微支付服务功能。6月,在聚网咖古城店新建图书小站1个,首批投入200册图书。10月,在市图书馆微信公众平台开通二维码读者证功能,帮助读者实现电子证借阅。全市3个图书小站共上架图书800本。建设北部湾区域图书馆服务联盟,通过对interlib系统进行升级,实现南宁市图书馆与北海市图书馆、北海市少年儿童图书馆、合浦县图书馆的文献联合检索,"通借通还"试运

3月19日,市图书馆举办"绿城公益 文学讲堂"活动 市图书馆提供

南宁年鉴

行。市图书馆微信公众号发布图文 344 篇，制作微刊 95 期，微信公众平台累计关注人数 7868 人；官方微博发布博文 345 条，博文阅读 42.68 万次，粉丝互动 751 次。市图书馆申报的地方数字资源联建项目《南宁市非物质文化遗产文化专题片（一期）》（样片）制作完成，并上报文化部全国公共文化发展中心审查验收；完成南宁市非物质文化遗产名录 22 册书籍的数字化。举办读者活动 166 场，参与人数 12.50 万人次；与市文联、市作家协会、南宁文学院等联合组织"绿城讲坛""绿城访谈"活动，举办文学主题讲座 12 场。设立新馆建设办公室，协同有关部门、单位完成新馆建设项目的可行性研究报告、财政资金申请、招标等前期工作，12 月 29 日新馆正式开工建设。年内，获"2016 年出版界、图书馆界全民阅读年会"三等奖、中国图书馆学会浙江省"我爱我家·红色传承"微视频大赛三等奖、第二届广西壮族自治区服务业品牌。　　（杨粒彬）

【南宁市少年儿童图书馆】 2016 年，南宁市少年儿童图书馆有在职人员 23 人，其中高级专业技术任职资格 3 人、中级 12 人、初级 6 人、其他 2 人。设未成年人阅读中心，分少儿阅览区、中学生阅览区、教学参考室、图书外借库等。益智科普乐园设"小瓦特科普实验室""爱薇园绘本馆""爱薇园玩具图书馆"，有阅览坐席 757 个。加工分编入库中文图书 8769 种 3.15 万册（连环画、绘本、低幼读物 2241 种 7449 册），期刊合订本 405 种 1409 册，电子图书 14.90 万册（哪吒看书有声绘本 9000 册、行知国学电子图书 14 万册）。馆藏 60.37 万册（电子图书 16.33 万册）。接待借阅读者 48.87 万人次，图书外借（含联网分馆）23 万册、借书 3.81 万人次；新建 10 个分馆，为分馆（流通站）送书 21 次 1.52 万册次；新办读者借书证 6595 个。2 月，被命名为南宁市第三批民族团结进步创建活动模范单位。3 月 7 日，市少年儿童图书馆承担的南宁市科学研究与技术开发项目"南宁益智科普乐园建设"通过专家组验收。项目实施 3 年期间，举办科普展示和教育活动 270 场次，参与人员 8.87 万人次；指导小学生制作科普作品活动 179 场次，参与人员 1.14 万人次。8 月 6 日，与广西恒云文化有限公司共同承担的南宁市青秀区科学研究与技术开发计划项目"少儿科普基地建设与示范"通过专家组的验收。项目实施期间开展科普活动 16 场次，其中举办"少儿科普学堂"讲座 7 场次，"相约科普行"科普主题观察体验活动 5 场次，设计制作科普展示体验园，组织青秀区少年儿童观摹及动手体验 3 场次，举办"南宁青少年相约科普行"科普征文（画）大赛活动 1 场次；接待少年儿童 3.38 万人次。精选优秀征文 51 篇，印刷《少儿科普征文（画）优秀作品选》5000 册。完成自助图书馆第一期工程建设，5 月完成在馆 12 万册图书 RFID 图书标签粘贴及数据转换，7 月，3 台自助借还机、1 台自助办证机投入使用，实现未成年人阅读中心内的图书自助借还；面向未成年人开展数字资源推广活动 23 场次，受益儿童 790 人次。完成全馆无线网覆盖、带宽升至 100 兆，微信公众平台由"订阅号"升级为"服务号"，实现微信借还图书、活动报名。推进数字图书馆推广工程，完成电子阅览室数字阅读体验区 28 台云终端建设；推进联合图书馆建设，与政府社会工作机构和一些培训机构合作开展图书馆分馆（流通站）建设，新建 10 家分馆、4 个流通站、4 个流动书架。以"绿城蒲公英讲坛""爱薇园"等品牌活动为平台，开展活动 252 场次，受益 3.83 万人次。9 月，被中国图书馆学会授予 2015 年全民阅读先进单位。10 月，参加中国图书馆学会主办的 2016 "全国少年儿童阅读年"系列活动之"爱国情　中国梦"2016 全国少儿诵读大赛，获优秀组织奖；"亲子绘本阅读推广月"获三等奖。　　（周　明）

【农家书屋建设】 2016 年，南宁市文化新闻出版广电局对全市 419 个农家书屋进行出版物补充、更新，每个农家书屋配送图书 315 种 315 册、音像制品 2 种 3 张、月刊杂志 2 种，全部完成配送、上架；总码洋（图书出版发行部门全部图书定价总额）344.98 万元。开展元旦、春节期间农家书屋文化活动，各农家书屋结合实际开展免费赠春联、精品图书展阅、有奖竞猜游园等活动。联合市教育局利用暑期开展"我的书屋，我的梦"农村少年儿童阅读实践活动，开展爱国教育、科普安全教育、农家书屋小管理员培训、征文写作比赛等，收到区县选送小学组作品 265 篇、中学组 85 篇；评选出小学组 38 篇、中学组 17 篇优秀作品报送自治区新闻出版广电局。

【南宁市新华书店有限责任公司】 2016 年，南宁市新华书店有限责任公司有员工 296 人；经营总面积约 5 万平方米。经营网点有南宁书城新华店、南宁书城金湖店、南宁书城科园店、南宁书城邕宁店 4 个。实现图书销售总额 1.58 亿元；国有资产保值增值率 122.78%。在南宁书城各分店设立展台 100 多个，开展"书香南宁·书城悦读季"读书活动——"相约书城·读一本好书"第 21 个世界读书日图书大联展、"2016 世界读书日"重点图书展、"阅读季·书香为伴——2016 世界读书日""新理念新思想新战略——两会文件速读""聚焦'十三五'解读供给侧""享受品质生活享受一城书香""悦读季·与书为伴的时光""书香南宁·书城悦读季"读书活动——"书籍，是最好的礼物""读文艺品人生""读人文品经典""读休闲品生活""读美文提素质""读科普长知识"等主题图书展销活动，展销各类新书及音像制品 1 万多种；在南宁书城举办广西电视台都市频道《超级点子王》全媒体图书签售会暨点子家族见面会、亲子教育专家包丰源"孩子的问题都是父母的问题"主题亲子共读沙龙暨签售会、儿童文学作家王勇英"爱心图书赠阅"、杨红樱"读者见面会暨少儿图书签售会""爱的体现——早教手工"亲子手工、"数独左右脑开发"、毛笔书法、阅读与写作、少儿手工等主题读书沙龙活动 30 多场；邀请知名儿童文学作家郑春华、王勇英、王一梅到南宁市民族东小学、民主路小学、南湖小学、东葛路小学等 20 多所小学，开展"名家进校园——阅读分享见面会"公益讲座及图书展销等活动；销售图书 2 万多册。与机械工业出版社、北京大学出版社、译林出版社、江西教育出版社、黑龙江科技出版社等联合开展联展、回馈读者活动，开展"微商图书联展促销活动""改变做更好的自己从读书开始"图书展销、春季名著展销、"世界读书日'赣教悦读'活动"、买一赠一等活动，推出购书享受打折优惠、满百让利、买二赠一、抽奖等活动。发行《中国共产党章程》8078 册、《习近平总书记系列重要讲话读本（2016 年版）》5785 册、《没有围墙的大学——改变命运的知识》4006 册；发行《新华字典（第 11 版）》7441 册、《现代汉语词典（第 6 版）》5757 册。全年完成图书销量 12.85 万种、486.72 万册，销量在 300 册～500 册的图书 1168 种、44.58 万册，销量在 500 册～1000 册的图书 716 种、48.53 万册，销量在 1000 册以上的图书 498 种、155.46 万册。组织全体党员为横县陶圩镇杨梅村委小学捐款 2000 元；捐赠一批价值 6000 多元的教辅图书；为贫困户捐赠电视机 3 台。组织开展"学雷锋·爱心图书"捐书助学活动，发动员工和读者为希望小学捐赠图书 600 多册、价值 1.30 万元；开展"进社区·利民便民·学雷锋"主题活动，组织党员及员工志愿者走进社区 3 次，看望慰问孤寡老人、高龄老人、困难居民及学生，赠送被子、牛奶、麦片等慰问品和图书。

南宁书城新华店　位于新华路 15 号（民生路 80 号），是全国首家由企业自筹资金兴建的大型书城，全国新华书店系统

5月，市新华书店有限责任公司举办杨红樱读者见面会　　市新华书店提供

中率先使用BIMS图书营销管理系统进行图书进、销、存、调、退管理的书店；经营面积约6000平方米，经营图书10万多种、音像制品1万多种。销售图书10.67万种、247.62万册，其中社科类图书1.90万种、41.67万册，文学类图书0.79万种、22.12万册，科技类图书4.23万种、56.21万册，少儿类图书1.82万种、52.12万册，文教类图书1.93万种、75.50万册。

南宁书城金湖店　位于民族大道98-1号金湖广场南面，经营面积1.10万平方米，经营图书10万多种、音像制品1万多种。销售图书9.35万种、174万册，其中社科类图书1.47万种、32.41万册，文学类图书0.80万种、14.49万册，科技类图书3.62万种、51.43万册，少儿类图书1.70万种、37.10万册，文教类图书1.76万种、38.57万册。　　（谭继来）

文物·博物

【概　况】2016年，南宁市有文物、博物单位10个（市级3个，区县7个）：南宁市博物馆（南宁市文物考古研究所）、南宁孔庙管理所、昆仑关战役博物馆，横县博物馆（横县文物管理所）、宾阳县文物管理所、上林县文物管理所、隆安县文物管理所、马山县文物管理所、武鸣区文物管理所、邕宁区文物管理所；文物、博物单位在编人员68人，其中高级专业技术职务任职资格8人、中级27人。有重点文物保护单位243处，其中全国重点文物保护单位5处，自治区级文物保护单位20处，市级、县级文物保护单位218处。1月29日，南宁博物馆正式对外试运行，年接待观众53.40万人次；市博物管所辖邓颖超纪念馆接待团体146批次、观众27.20万人次，其中未成年人4.20万人次。

【文物调查】2016年，南宁市文物部门做好文物调查。3月，配合市邕江防洪排涝工程管理处实施的邕江综合整治和开发利用工程项目，对老口枢纽至邕宁枢纽段邕江北岸、南岸缸瓦窑村的文物分布情况进行全面调查，并就一些文物保护单位、文物点、文化遗址等的保护提出建议、意见。8月至11月，围绕骆越文化分布的重点区域——环大明山区域开展有关骆越文化、洞穴文化专题调查；对邕宁区浦津路旧房改造项目用地、邕江宾馆片区旧房改造项目、武鸣区宁武庄园遗址等地方的文物保护情况进行调查并提出意见和建议。完成南宁市第一次可移动文物普查的资料整理、汇总和存档，上报自治区普查办。

【文物考古】2016年，南宁市博物馆完成豹子头、石船头2个贝丘遗址的考古发掘。豹子头遗址发掘面积2080平方米，出土的文化遗物1287件，包括石器、骨器、蚌器、陶片以及水生动物遗骸、陆生动物遗骸等文化遗物。其中：石器615件，骨器56件，蚌器616件；出土陶片172袋；出土人类牙齿3颗，下颌骨1件。石船头遗址发掘面积550平方米，出土遗物105件，主要为石器、蚌器、骨器等，另有陶片，鹿、熊、豪猪、獾、鼬等陆生动物及鱼、龟、鳖、蛙等水生动物遗骨。

【文物维修与保护】2016年，南宁市文物部门组织实施多项文物维修与保护。对120件（套）馆藏文物进行定级，其中2件（套）被定为二级文物，54件（套）被定为三级文物；对550件（套）南宁市国际交流礼品和80件（套）历史文物进行整理、登记、拍照等数据信息采集、文物建档，分类入库；推进邕江两岸文物保护工程项目的实施，为建设单位出具文物保护意见，提出文物保护评审意见；申请将不可移动文物立法纳入南宁市人大立法计划，起草《南宁市不可移动文物保护条例（草案）》；配合做好“三街两巷”改造项目实施中相关文物保护工作，提出历史建筑保护意见；投入190多万元维修位于人民公园内的自治区级文物保护单位革命烈士纪念碑；投入150万元维修县级文物保护单位笔山花屋；投入30万元维修县级文物保护单位北帝庙；投入6万元完成市级文物保护单位南宁古城墙抢险维修；投入3.20万元组织对市级文物保护单位雷经天故居进行日常养护；投入2.80万元对市级文物保护单位桂南战役烈士纪念亭进行日常养护；调查区县所有石刻、碑刻，并对其中部分具有较高历史和艺术价值的碑刻进行拍照、测绘、记录、拓片和整理。

【文物征集与捐赠】2016年，南宁市博物馆通过捐赠、征集方式征集到历史文物或实物资料193件（套）。从民间收藏家手中征购一批中华民国时期出版的报纸、日本画报及1893年款缝纫机等老物件6件（套）。1月，市博物馆收到良庆区缸瓦窑村委会无偿捐赠的近代、现代老物件157件（套），包括陶器、瓷器、抗战武器及木质家具等；青秀区牛湾村陈氏家族捐赠明末至清代家族墓葬出土物件28件（套），包括铜发簪、铜钱、铜钉等；3月，市教育局干部捐赠清末“文华举人”牌匾1块，热心市民捐赠新中国成立后木箱1个。南宁孔庙管理所征集到明代至民国时期端砚、钵式炉、铁力木案台等文物27件（套）。

【文化遗产宣传】2016年，南宁市文物部门通过博物馆网站、微信平台、APP、报刊媒体等传播渠道，借助组织“5·18国际博物馆日”“中国文化遗产日”等活动，开展文化遗产、文物保护法规宣传。在重要节假日活动中，开展“我们的节日”系列活动，策划“红红火火过春节”“猜灯谜、吃汤圆、做灯笼”“话说清明”“畅游快乐童年”“粽情端午乐游南博”等系列教育活动80余场，参与观众3.50万人次。1月29日是南宁博物馆开馆日，市文物部门组织开展壮锦表演、马山刺绣、彩绘陶艺、任务卡、拍拍乐等活动。5月18日国际博物馆日，举行“博物馆与文化景观”主题论坛、召开全国文物工作会议精神座谈会，夜间开放活动主会场博物馆；举办骆越之旅文艺晚会、民间传统游园等系列活动。配合临时展览，举办青铜拼拼乐、汉服服装秀、五彩“羌姆”面具、“我的乡愁——纸盘画”“我的萌娃娃”等手工和课堂活动。暑假期间，举办

1月29日，南宁博物馆正式开馆试运行。图为专题馆红土情韵——卢权智红陶艺术展展厅一角　　市博物馆提供

彩绘脸谱、变废为宝、T恤DIY、香包制作、我的秘密唐卡、陶制“法螺”、可爱小僧人、黏土汉娃、汉代陶罐、“汉服礼仪小课堂”“唐卡的故事小课堂”“藏传佛教的起源小课堂”等活动。3月至10月，开展文物保护宣传进校园活动，将“编钟的纹饰与特征”“带份尊重走进博物馆”“近现代南宁历史”等课程送北京大学南宁附属实验学校、市桂雅路小学、市天桃实验学校、南宁市良庆区五象湖初级中学等学校。8月1日，开展“军民团结共庆八一”建军节活动，为绿城驻军某部队官兵送去“永远的旗帜——纪念中国共产党成立95周年暨南宁地方党组织成立90周年主题展”。开展博物馆小课堂之《博物馆日的由来》活动、“素描博物馆”写生活动；组织开展“跟着专家去考古”系列活动5期，参与群众200余人；利用新媒体开展南宁历史文化知识网上有奖竞猜活动；举办《孔子时代的礼乐文化》《合浦汉墓出土文物与汉代海上丝绸之路》《未来的十二个趋势》《壮锦的前世与今生》《中共南宁地方历史》5场学术报告会；展播纪录片《水问邕江》。

【顶蛳山遗址保护】 2016年4月，第十二届中国国际园林博览会确定落户南宁市，并选址邕宁区蒲庙镇八尺江畔的顶蛳山地块。市委、市政府作出“关于园博园建设和顶蛳山遗址保护同步建设，相得益彰，顶蛳山遗址保护及博物馆建设工作纳入园博园整体工作，同步推进”的决定；市文化新闻出版广电局开展顶蛳山遗址保护的宣传报道等工作。6月，南宁市《顶蛳山遗址保护规划》获国家文物局原则批复同意。7月，市委、市政府组建工作领导小组，开展顶蛳山遗址博物馆前期筹备工作，进行保护勘察设计，制定陈列布展方案，编制前期工作经费概算；组织相关人员外出考察学习；收集陈列布展资料，编写陈列大纲，开展文物征集等。配合做好邕宁防洪堤园博园段选线工作，将《邕宁防洪堤(园博园段)选线方案》报自治区文化厅并获原则同意。

【南宁博物馆新馆开馆】 2016年1月29日，南宁博物馆新馆正式开馆试运行。新馆位于五象新区龙堤路15号。2010年12月动工建设，总建筑面积3.08万平方米，其中展厅面积1.20万平方米；博物馆设5个常设展览，13个临时展览。年内，建设在南宁博物馆的南宁好人馆，完成招投标、形式概念设计方案，陈列大纲基本成型；配合做好美丽乡村建设、村史室建设，完成隆安县、兴宁区、西乡塘区100多个村史室建设指导。全年接待团体298批次、观众53.40万人次，其中未成年人13.90万人次。

【陈列展览】 2016年，南宁博物馆陈列展览分常设展览与临时展览2大部分。常设展览由邕容华桂——古代南宁历史文化陈列和邕城百年——近现代南宁历史文化陈列2个基本展、大地飞歌——南宁民歌艺术展、红土情韵——卢权智红陶艺术展、兵变1929等3个专题展组成。邕容华桂——古代南宁历史文化陈列分为“邕水先民”“骆越生晖”“汉制僚风”“宋城烽火”“西南门户”5个部分，展现南宁从远古时期至清代超过1万年的历史演变和社会、经济、文化发展历程；邕城百年——近现代南宁历史文化陈列分为“开埠通商”“南宁女儿”“桂系之治”“军民抗战”“万象待新”“涅槃新生”“多彩南宁”“携心铸梦”8个部分，展现邕城历经百年沧桑，社会不断发展，城市逐渐繁荣兴盛的历程；红土情韵——卢权智红陶艺术展展示南宁卢权智先生创作的红陶艺术作品；大地飞歌——南宁民歌艺术展主要展示南宁原生态民歌和历届南宁国际民歌艺术节，在国内首次尝试展演一体的展示方式；兵变1929分为“时局变幻”“小平来邕”“兵变举事”“丰碑”4个部分，展现邓小平领导南宁兵变的起因、经过与结果，再现南宁兵变前后历史。

南宁博物馆临时展览有13个。其中引进的展览6个：湖北省随州博物馆的“战国编钟——孔子时代的瑰宝展览”、北京民族文化宫的“雪域珍宝——藏传佛教文化展”、陕西历史博物馆的“泥火幻彩——唐都长安三彩精华展”、杭州博物馆的“瑞玉呈祥——杭州博物馆馆藏玉

11月2日，在上林县白圩镇狮螺村举行“送戏下乡”演出活动　　市文新广局提供

石精品展”、自治区博物馆的“这里的石头会说话——石质文物精品展”、广西文物考古研究所的“八桂汉风——广西出土文物精品展”；由市博物馆举办原创展览3个：“相交无远近　万里尚为邻——南宁国际友好交往礼品展”“永远的旗帜——纪念中国共产党成立95周年暨中共南宁地方组织成立90周年主题展”“我的乡愁——美丽南宁摄影展”；协助市民族事务委员会和市艺术研究院共同举办展览4个：“共同团结奋斗共同繁荣发展——南宁市创建全国民族团结进步示范市成果展”“民族团结进步美术书法摄影展”“中国－东盟(南宁)戏剧周回顾展(2013—2015)”“劳动人民的红线女展”。

【南宁孔庙】2016年，南宁孔庙管理所(南宁孔庙博物馆)设5个部室(党政办公室、宣教活动部、文物保护部、陈列研究部、安全保卫部)，在编15人，其中高级专业技术职务任职资格3人、中级6人、初级4人，研究生学历4人；位于青环路9号，是市儒学文化研究机构、文物保护管理单位。举办2016南宁市第四届新春文化庙会、2016中国－东盟(南宁)孔子文化周等大型活动4场，开展南宁市道德讲堂活动13场；为大学、中学、小学和幼儿园3万余师生举行开笔礼、成人礼、敬老礼、誓师大会等传统文化系列活动48场次；接待中外游客约28万人次，其中未成年人16万人次；提供免费讲解服务5万人次。

文物保护　南宁孔庙管理所对上林县南陔革命旧址、雷婆岭石刻、雷经天故居、桂南抗战将士纪念亭等文物保护单位制定维护方案并进行维修。12月，做好全国第一次可移动文物登记录入，全面完成可移动文物普查；建设馆藏文物信息数据库；受南宁市委统战部委托，对全市五县七区所有石刻、碑刻进行调查，并对其中部分具有较高历史和艺术价值的碑刻进行拍照、测绘、记录、拓片和整理，拓片60幅；组织专业人员在南宁市周边征集回一批明代至民国时期文物27件(套)，其中有清中晚期钵式炉3件，明到民国端砚7件(套)；受自治区文物局委托，继续开展广西士人调查，基本完成区内士人田野调查和《广西进士》编目工作，搜集到文献资料30余万字。

2016南宁市第四届新春文化庙会　1月30日至2月22日在南宁孔庙举办。在挖掘儒家文化与南宁本土民俗风情资源的基础上，通过文化展示、文化展演、趣味游艺和文化展销活动，开展春联派送、文化演出、文化集市3大类31小项活动，举行演出25场次、展览15场次；吸引群众与游客10万人次。

2016中国－东盟(南宁)孔子文化周活动　9月28日至10月6日在南宁孔庙举办。开展祭祀、展演、研讨、比赛、体验系列活动17场次，祭孔大典首次邀请老挝驻南宁总领事馆、柬埔寨驻南宁总领事馆的总领事参加；举办有东盟国家留学生参加的国学比赛；中外游客约5万人次参加；各大电视台、电台、报纸等媒体进行报道。

传统文化活动　开展“南宁孔庙·中华传统文化教育活动年”活动，举办传统文化系列活动48场次。大学、中学、小学及幼儿园3万余名师生参加，体验南宁孔庙的开笔礼、成人礼、敬老礼、誓师大会等传统文化活动。9月15日，与南宁电台联合承办中秋传统文化节，举行猜灯谜、相亲会烧番塔、拜月大典等活动，约1万多名游客参加。

道德讲堂　5月起，作为南宁市道德讲堂第二总堂，每月承办南宁市道德讲堂活动1次；全年举办13场，1000多人参加。

(黄文波)

档　案

【概　况】2016年，南宁市有市级国家档案馆1个，区县国家档案馆12个；城建档案馆1个，房产档案馆1个，国土资源档案馆1个。南宁市档案局(南宁市国家档案馆)设办公室、业务指导科、法规科、档案管理科、档案信息科5个科室，编制39名，在编26人。全市投入档案事业经费1.01亿元，市、区县两级国家档案馆新馆建设居全国省会城市前列，在全国档案局长(馆长)会议上受到国家档案局表扬。南宁市电子文件(档案)备份中心项目建设进入系统测试阶段，项目建设居自治区行业前列；全面推进全国数字档案室建设试点；依法治档获国家档案行政执法检查组肯定；全国农村土地承包经营权确权登记颁证暨精准扶贫档案工作经验获国家档案局肯定并现场推介；精准扶贫档案工作、城市社区档案工作被确定为自治区试点单位；开发区档案管理工作经验在自治区推广；在自治区率先颁布《南宁市关于加强和改进新形势下档案工作的实施意见》《南宁市档案管理办法》《南宁市档案事业发展“十三五”规划》。

【档案接收与利用】2016年，南宁市各级各类档案馆依法做好到期档案接收，全年接收档案507632卷(其中城建档案馆接收94024卷、房产档案馆接收347894卷、国土档案馆接收43038卷)，资料3732册。各级国家档案馆多渠道开展档案征集工作，征集档案1219件(张)，其中文件资料418份，声像档案764张(件)，实物档案37件。隆安县档案馆征集到反映隆安社会历史照片、视频等311件；青秀区档案馆征集到建国50周年《人民日报》开国大典套装丝绸报，粮食部1966年版全国通用粮票；上林县档案馆征集到民国23年版《上林县志》影印本，《上林唐城唐碑》等珍贵资料15本(册)；兴宁区档案馆征集到革命烈士证书19件。各级各类档案馆为社会各界提供档案利用服务，接待查档20.80万人次，提供利用档案33.68万卷。依法开放到期档案，完成1986年前(含1986年)到期档案划控鉴定开放，开放档案7817卷38953件。市档案馆启动《南宁党建档案》《南宁城市记忆档案》编纂，编纂史料19种168.20万字。做好政府公开信息查阅服务，执行《南宁市政府公开信息送交工作规定》，接收政府公开信息4668件。配置专门查阅室、监控设备、电脑、打印机、桌椅、档案资料目录柜等专用设备。

【档案安全管理】2016年，南宁市国家档案馆新馆建设项目完成主体验收，市、区县两级国家档案馆档案安全保管基地基本建成。继兴宁区、隆安县、上林县新馆建成投入使用后，江南区新馆建成并投入使用；宾阳县、邕宁区、横县、西乡塘区、武鸣区、良庆区、马山县7个区县新馆主体封顶，进入装饰安装阶段；青秀区新馆正在推进初步设计等前期工作。档案安全设施设备日臻完善，各类档案馆和机关、团体、企事业单位，乡镇(街道)，村委(社区)档案安全保管设施设备完善，档案实体和信息安全措施得到落实，全市无档案安全事故发生。

【机关档案】2016年，市档案局印发《关于做好2016年机关档案工作的通知》《关于对机关档案工作开展年度检查的通知》，与市食品药品监督管理局联合印发《关于进一步加强食品药品监督管理档案工作的通知》。对109个机关单位档案工作开展年度检查，评出优秀等级单位49个，合格等级单位60个；合格率100%，优秀率44.95%。市直机关单位(含二层机构)投入档案工作经费1488万元，各单位完成文件材料归档、整理1.44万盒113.52万件；完成率100%。全市有58个单位档案室通过相应等级认定。其中：市发展和改革委员会、邕宁区人民法院档案室通过自治区特级档案室等级认定，市人大常委会、政协南宁市委员会档案室通过市直机关一级档案室等级认定，市直机关工委、市机构编制委员会办公室、市科学技术局档案室通过市直机关二级档案室等级认定，市国土资源出让服务中心、市委政策研究室(改革办)档案室通过市直机关三级档案室等级认定;良庆区国家税务局档案室通过县直机关一级档案室等级认定,宾阳县统计局、宾阳县食药局、中共南宁市武鸣区委员会、马山县社保局、国家统计局马山调查队档案室通过县直机关二级档案室等级认定,武鸣区统计局、广西上林龙山自治区级自然保护区管理处、上林县社保局、横县民族宗教和外事侨务局、横县财政局横州镇财政所档案室通过县直机关三级档案室等级认定;南宁急救医疗中心、南宁市国土资源信息中心等38个单位档案室通过科技事业单位档案管理自治区级认定。

【企业事业单位档案】 2016年,南宁市档案局制订《南宁市企事业单位档案工作年度检查办法》,修订《南宁市企事业单位档案工作年度检查评分标准》,对全市16个系统9大集团269个单位(事业单位198个、企业单位71个)档案工作进行年检,评出合格等级事业单位137个、合格率97.50%;合格等级企业52个、合格率78.90%;优秀等级单位60个、优秀率22.30%。完成对林园系统、环保系统、南宁威宁市场发展有限责任公司等64个企事业单位文件材料归档范围和保管期限规定的审批。全市16个系统198个事业单位投入规范化管理经费1319.40万元、9大集团71个企业投入经费723.30万元。

【农业农村与社区档案】 2016年,西乡塘区、马山县农业农村与社区档案工作取得实效,分别为全国农村土地承包经营权确权登记颁证档案工作、全国精准扶贫档案工作会议提供现场参观点;区县开展农村五保供养、低保、精准扶贫、土地确权等建档工作,举办培训班18期,培训890人;124个乡镇、1395个行政村完成档案归档。

【重大项目档案】 2016年,南宁市各级档案部门加强对重大项目档案工作的监督指导。对自治区层面、市级层面、县级层面351个重大项目进行登记备案;南宁轨道交通等329个县级以上重大项目开展建档工作;培训重大项目档案业务人员800多人;南宁轨道交通地铁1号线等6个自治区级、市级重大项目通过档案专项验收。

【档案信息化】 2016年,南宁市各级国家档案馆投入档案数字化扫描经费287万元,完成扫描454万画幅;数字化率占馆藏总量32%。推进南宁市电子文件(档案)备份中心项目建设,完成软件基础开发平台、应用支撑平台、光盘备份平台和9个子系统建设;推进数据库建设,全市档案数据信息中心建设初具规模,拥有文件级目录数据826万条,全文数据1523万画幅。

【档案执法与宣传】 2016年,南宁市加强依法治档,印发《关于认真学习宣传贯彻落实〈南宁市关于加强和改进新形势下档案工作的实施意见〉的通知》;《南宁日报》全文刊登《南宁市档案管理办法》。各级档案部门重新编制权力清单流程,梳理档案行政审批事项;依法开展行政执法检查25次,专项检查18次。开展以“档案与民生”为主题的第四届“国际档案日”宣传活动,通过网络和板报宣传,展示民生档案工作成果。在《中国档案报》等刊物上发表文章148篇;指导全市订阅档案报刊、杂志1071份。全市开展档案普法宣传15次,举办培训班28期、培训2381人;161人参加普法考试。 (周心龙)

报 刊

【概 况】 2016年,南宁日报社做好中共南宁市委机关报《南宁日报》的编辑、发行和《南宁晚报》、南宁新闻网、金狮巷网及南宁日报社印刷厂的管理。有职工447人。其中:新闻专业人员195人,经营管理人员160人,印刷厂职工92人;具有高级专业技术职务任职资格10人,中级49人、初级114人。《南宁日报》周7刊,对开12版,彩色印刷,平均日发行量9万份;总印刷数3285万份,总印张9855万印张。《南宁晚报》周7刊,4开36版,彩色印刷,平均日发行量12万份;总印刷数4344万份,总印张1.95亿印张。南宁新闻网不断改版,形成官方网站、官方微博、官方微信、全景南宁、美丽南宁·腾讯视频V+等新媒体矩阵;微信粉丝量10万多人,多篇文章点击量突破10万次;在广西新媒体榜中稳居传媒类前5名,在中国网信办主管的《网络传播》杂志发布的中国新闻网站传播力榜中,南宁新闻网踞广西同类网站之首,官方微信居地方城市网站微信传播力榜10强。金狮巷网主要功能为广告信息储存、发布,商品销售的信息及销售平台。报社印刷厂设商印组、微信网店,采用数字印刷、网络印刷等新技术,承印的《南宁日报》连续被中国报业协会印刷工作委员会评为“精品级报纸”。《南宁日报》《南宁晚报》获“广西出版物产品质量优等品”;《南宁日报》获首届全国报刊编校技能大赛广西赛区团体一等奖。南宁文学院(《红豆》杂志社)编制15名,实有15人,其中高级专业技术职务任职资格2人、中级4人、初级4人。

【南宁日报社重要宣传报道】

市委十一届十四次全会报道 2016年1月15日,中国共产党南宁市第十一届委员会第十四次全体会议在南宁举行。《南宁日报》刊发社论:《奋力实现“十三五”良好开局 勇当广西“两个建成”排头兵》;《南宁晚报》、南宁新闻网组织力量报道,“两报一网”(《南宁日报》《南宁晚报》、南宁新闻网)刊发文章12篇,照片9幅。

3月24日,马山县白山镇民族村精准扶贫档案工作获国家档案局肯定 市档案局提供

南宁市人大与政协会议报道　2月16日至19日，中国人民政治协商会议第十届南宁市委员会第六次会议在南宁人民会堂举行；17日至20日，南宁市第十三届人民代表大会第七次会议在南宁人民会堂召开。"两报一网"分别成立专门采编小组进行全程采访；开设"2016年两会特别报道"专版（专栏）36个，采写、编发稿件485篇（含2篇社论），照片84幅。

重大项目与重大专题报道　推出《玉洞大道月底亮相120米路幅成南宁最宽道路》《吴圩机场第二高速公路月底通车》《腾飞之路——路桥建成通车惠民利民，极大地改善了市民出行现状》《新路·新桥·新体验·设计优良快捷畅通市民"尝鲜"逐项点赞》《攻坚克难奋力拼搏"南宁速度"令人惊叹》《以"工匠精神"参与良庆大桥建设》等专题报道；特设专版"南宁地铁来了"报道，刊发稿件14篇，图片20多幅。报道全市重大建设项目进展情况，追踪邕江西岸综合治理、五象新区路网建设、东西快速路建设、机场第二高速路建设、良庆大桥建设、民族大道维修整治工程建设、竹溪立交桥维修工程建设、国家地下管廊试点城市建设，城建、交通、产业、环保、民生等重大项目的建设进度。

"美丽南宁"系列报道　结合南宁市综合示范村建设，推出《传承俨俨乡风 记住浓浓乡愁》系列报道；围绕全市性的扬尘治理3个100天、居住小区规范管理、停车泊位管理、占道施工优化管理等专项行动，建设"诚信南宁""文明秩序礼让系列活动"等进行系统报道；对城市管理中出现的人行道车辆乱停放、建筑垃圾运输车辆撒漏污染路面、乱摆乱卖、跨门槛经营、违章设置户外广告以及建筑工地乱象、泥头车乱象、居民小区脏乱差等进行集中曝光；开设"聚焦精准脱贫"专版，全面解读相关脱贫政策，对创新脱贫举措、脱贫典型人物进行全方位报道；特别设"从'金惠模式'探析产业化扶贫之路"专版作系列报道。南宁新闻网推出200多个"美丽南宁·整洁畅通有序"大行动专版，报道字数超过20万字。

精神文明建设报道　推出"点赞南宁人"专栏专版，刊登稿件、图片近50篇（幅）。深化电视问政报道，开设"电视问政追踪"专栏，派出记者对电视问政中曝光的老百姓普遍关心的涉及民生的热点、难点问题进行追踪报道，督促相关部门整改。刊发《文化惠民成为南宁新常态》《"百姓迎春"展演力推"身边的明星"16支文化志愿服务团队歌舞送祝福》《我市24小时自助图书馆又添生力军"永不关闭的大书房"为读者遮风挡雨》等稿件；对"百姓大舞台·想秀你就来"民歌湖周周演系列文化活动进行持续报道。《南宁日报》全年刊发以宣传社会主义核心价值观、讲文明树新风、防火防灾、计划生育、"壮族三月三"节日等主题的稿件、照片250篇（幅），共96个版；《南宁晚报》刊发主题稿件、照片232篇（幅），共100个版。采写一批有影响力、有教育意义、在社会上引起广泛关注的稿件如《爱情不在·人情不灭》系列稿件、《帮帮忙！瓜农急销西瓜筹钱救儿命》系列稿件等，爱心读者、爱心企业多批次购买爱心西瓜或捐款，为困难瓜农筹8万元资助款。

【爱心公益活动】 2016年，南宁日报社组织社会力量开展爱心公益活动；筹集价值3万多元的爱心年货，慰问127户孤寡老人及贫困户。邀请200多名环卫工人吃爱心年夜饭；给家庭困难的孩子和孤寡老人送去棉衣、棉被、年货等爱心物资，帮助他们改善学习条件和生活环境。筹集爱心物资20多万元，慰问13所贫困小学，受惠贫困儿童及留守儿童2000多人。开展"快乐六一　与爱童行"爱心公益活动，将爱心送到马山县、都安县以及安琪之家，共有583名留守儿童和脑瘫儿童收到节日礼物。结合中秋节和《南宁晚报》60周年庆典，开展中秋送温暖活动，给200多个困难家庭送去每份价值250元的慰问品；给1所学校贫困生、留守学生及老师送去月饼、学习用具。做好定点帮扶贫困村宾阳县思陇镇昆仑村、武陵镇六蒙村的帮扶，开展春节送温暖、帮扶贫困户、联系贫困生、入户结对帮助、献爱心扶贫捐赠等活动，给困难党员、贫困家庭、贫困生送慰问品、慰问金价值3.50万元；组织近10名广西书画家到扶贫点举办现场笔会，将义卖书画作品所得款项2万元，捐助宾阳县武陵镇六蒙村委三叉村巷道路面硬化工程建设；报社职工捐款4万元，用于昆仑村贫困户建设村公共服务中心及购买电视机。　（邓家全）

【《红豆》杂志发行】 2016年，《红豆》杂志发行12期，每期刊发原创文学作品约5万字，刊出作品约60万字。杂志主要栏目有红豆头条、小说长廊、南宁名片、散文空间、诗歌部落、文化随笔等。《红豆》杂志以高品质作品跃升全国地级市文学期刊前列，被称为中国文学期刊"四小花旦"之一。南宁文学院举办第二届《红豆》文学奖评选，其中刘鹏艳的中篇小说《月城春》（2016年第9期）获年度小说奖；潘小平的散文《皖地风》（2016年第2期）获年度散文奖；马萧萧的诗歌《马萧萧的诗》（2016年第9期）获年度诗歌奖；李扬、李辉（泰国）的散文《古筝在宫廷里奏响》（2016年第3期）获年度世华文学奖（该奖只颁发给国际友人）；朱以撒的散文《砚边信手》、朱千华的散文《桂园十记》、陈启文的散文《脖子最硬的人》、赵瑜的中篇小说《咖啡馆长谈》、陈鹏的短篇小说《告密者》、龙仁青的短篇小说《转湖》等作品获得年度佳作奖。《红豆》文学奖的评选，进一步提升首府南宁在国内外的文化知名度。　（李　雁）

广播电影电视

【概　况】 2016年，南宁市（含驻市）有省级广播电台1家（广西人民广播电台），市级广播电台1家；省级电视台1家（广西电视台），市级电视台1家；县级广播电视台6家。南宁人民广播电台有4个广播频率，南宁电视台有4个电视频道；县级广播电视台分别开通电视频道1个，其中4家分别开通广播频率1个；南宁人民广播电台覆盖南宁市区及周边27个县（市），覆盖人口1000多万。市属有线电视用户90万户；市辖区电视综合覆盖率100%。市级广播电视播出机构有员工584人，其中具有高级专业技术职务任职资格19人、中级122人、初级443人。县级广播电视播出机构有员工252人，其中具有中级专业技术职务任职资格31人、初级146人。《电视问政》《政风行风热线》等栏目的影响力进一步扩大；南宁人民广播电台、南宁电视台全年开展大型活动300多场次。南宁人民广播电台被中央人民广播电台采用稿件3条；南宁电视台被中央电视台采用稿件105条。市文化新闻出版广电局局属各单位获省级以上（含省级）各类广播电视奖142个；县级广电部门获省级以上（含省级）各类广播电视奖17个。全市有37家数字影院（市区30家、市辖县7家）。年度电影票房3.81亿元，占自治区年度电影票房总额8.93亿元的42.60%，为自治区年度电影票房增幅居全国第二作出主要贡献。面向全市1394个行政村、210个城市街道社区、167个乡镇社区完成公益放映电影2.16万场。引导全市数字影院配合开展精神文明宣传，利用LED屏、电视屏等累计滚动刊播梦娃吉祥送美德、"帮帮侠"带你加入志愿云、禁毒、征兵等公益宣传短片67.64万次，营造良好的社会氛围。　（刘婷婷）

【南宁人民广播电台】 2016年，南宁人民广播电台（市文化新闻出版广电局下属事业单位）设总编室、综合部、全媒体新闻中心、新闻广播部、交通音乐广播部、

音乐广播部、汽车广播部、全媒体播控中心、全媒体广告中心、全媒体产业中心、全媒体研发中心11个职能部门,有干部职工115人,其中具有高级、中级专业技术职务任职资格36人。设有FM101.4综合广播(1014新闻台)、107.4交通音乐广播(1074交通台)、FM104.9乡村音乐广播(经典1049)、FM89.5故事广播(动感895)4套频率,覆盖南宁市区及周边27个县(市),覆盖人口1000多万人。播出稿件8.93万条,其中播出录音新闻3240多篇,上稿中央电台重点栏目3条,在广西电台播出稿30条。播出公益广告4.72万条次、3.37万分钟;经营收入2211.46万元。进行节目创新,对《云松说事》《新闻非常道》2个重点节目进行改造;经典1049节目整体结构改变,逐渐向半类型化音乐广播过度,收听率稳中有升。推出一批新锐节目;年初,1074交通台推出《非说不可》《开车去酒吧》《开撕啦》3档新栏目;《非说不可》栏目在上半年的总体收听率居全市排行前30位。动感895全面改版,定位为面向年轻听众的欧美流行音乐广播,重点推出《895行Dong派》和《音乐聚能量》2档直播节目,收听率提高。开展广播进社区活动,与11个社区达成合作关系,在新闻服务、民生服务和社区联动上开创广播新路。组织开展"十周考核、市场检验——南宁电台2016年节目考核"活动,对全台37个自办节目进行为期10周的收听率、收听份额的双指标考核,淘汰各频率失去市场竞争力末尾节目。组织举办"第三届创新、创优、创意大赛",参赛作品数60件,比上一届增长46%。推行首席主持人评选制度,对18位符合参评资格的主持人进行网络投票、评委打分及收听指标考核,评选出南宁电台首席主持人3位。推进媒体融合,完成全媒体制作中心一期建设;新建10个录音室及80平方米的全媒体制作区,容纳4个频率、南宁手机台工作,初步满足电台新媒体节目制作、电台音频节目制作需要。与山东轻快手机台合作,投资40万元筹建南宁手机台。年内,获省级以上作品评比奖项33个,其中11月选送的微电影作品《一碗老友粉的温度》获中国电视艺术家协会、中央新影集团等共同主办的第四届亚洲微电影艺术节"金海棠"奖的金海棠好作品奖、优秀原创音乐奖2个奖项;1074交通台"爱的后备箱"公益活动获2015首届全国交通广播公益活动"最佳商业号召力奖";南宁人民广播电台获中央人民广播电台新闻综合频率"2015年度中央人民广播电台新闻报道(供稿)突出贡献奖"。 (彭 翘)

【南宁电视台】 2016年,南宁电视台(市文化新闻出版广电局下属事业单位)设总编室、全媒体新闻中心、全媒体广告活动营销中心、影视娱乐频道、公共频道、节目部、新媒体部、人力资源部、办公室和全媒体研究中心10个部门;辖广西发扬文化传媒有限公司、南宁广电传播商务发展有限责任公司、南宁广播电视技术开发公司。有员工361人,其中具有高级专业技术职务任职资格8人、中级56人、初级156人。有电视频道4个,全天播出70.50小时;有自办栏目17个,全天播出约7小时;完成新闻直播101场次;播出公益广告1.80万条次。开办南宁唯一一家具有网络视频传播资质的网站"老友网"。据央视索福瑞收视数据显示:南宁电视台4个频道的年度总体本地收视率2.30%,比上年同期下降27.08%;市场份额9.76%,下降29.31%。实现经营创收1.08亿元。7月,组织实施"中国-东盟跨国采访行动",制作完成17集大型系列报道《南宁渠道丝路交响》和4期系列纪录片《丝路新语》;10期《向人民承诺-电视问政》引起国内外媒体关注;"南宁电视问政"跻身国内热搜词汇。与境内外媒体合作举办10年的《春天的旋律》入选中宣部对外传播"丝绸之路影视桥"项目。制定《公共频道改革发展策略——打造公共·LIVE多媒体融合的直播电视网台》方案,为公共频道的定位及发展确定方向。按照更年轻、更时尚的标准,对全台4个频道的整体形象进行设计包装;进行频道改版,其中新闻综合频道按照全新闻"新闻+服务"、都市生活频道按照"情感+法制"的定位对全频道节目作较大改动,全新改版的节目定于2017年1月1日正式推出。实施"活动营销年"策略,推出"2016喜看南宁新变化""菠萝岭社区新春元宵灯会"等活动。加快媒体融合,以"一云多屏""多屏互动"为发展方向,丰富各层次渠道的新媒体产品。调整新闻中心运行指挥部,搭建全媒体形式的记者移动新闻采编系统。南宁头条APP完成15万用户量目标,与"今日头条"平台等合作,在"今日头条"上的新闻阅读量1605万人次,影响力排名全国广电媒体排行榜前20位。获省级以上奖项81个,其中论文《城市电视台电视问政节目的探索与思考》获第二十六届中国新闻奖(2015年度)新闻论文三等奖;在中国电视艺术家协会、电视文艺委员会主办的2016春节节目、综艺栏目讲评中,《乐风尚—百姓大舞台》《创想空间"智"造2016——南宁网络迎新春晚会》《春天的旋律·2016跨国春节晚会》获奖;在第二十二届中国电视纪录片十佳十优作品评比中,《新沾雨露》获短片好作品奖,《故事》栏目获好栏目奖。 (夏启伟)

【南宁广播电视技术中心】 2016年,南宁广播电视技术中心设综合部、制作部、播出发射部、技术发展部4个部门;有员工103人,其中具有高级专业技术职务任职资格7人、中级22人、初级42人。完成设备更新改造17项,采购金额1358万元;完成全景演播室屏幕互控改造和演播室多个背景屏幕的改变,实现多区域主持人话题的转换与屏幕互动的配合运用;完成1号演播室的改造,运用虚实结合场景作为节目的创新手段之一。完成现场直播92场、录播43场,其中南宁2016国际半程马拉松比赛的直播采用微波、卫星、光纤、4G等多种结合模式,传送信号至广西电视台、南宁电视台播出;完成2016环海南岛自行车赛的直播,负责比赛9个赛段中5个赛段的直播任务,并制作起点终点信号转播系统,由中央电视台全程直播,其他赛段分段直播,制作信号实时分发全球合作转播媒体;完成春节、全国"两会",南宁"两会"等重要活动的直播转播任

11月30日,兴宁区举行扶持文艺队汇报演出 市文新广局提供

务。广播电视完成安全播出 2.60 万小时；无线电发射台完成安全播出 3.60 万小时，完成总停播率小于 0.30 秒 / 百小时指标。录制节目参加电视节目技术质量类评比，获国家级奖项 3 个：《2015 环海南岛国际公路自行车赛五指山——兴隆》获 2016 年电视节目技术质量奖金帆奖高清声音制作类二等奖，《大地飞歌 2015》《2015 环海南岛国际公路自行车赛五指山——兴隆》分别获 2016 年电视节目技术质量奖金帆奖高清综艺类三等奖、高清体育类获三等奖；获省级以上奖项 15 个；有关项目获省级科技创新奖 6 项，员工个人论文获创新优秀论文奖 4 篇。（黄国丽）

【南宁广播电视报】 2016 年，《南宁广播电视报》由南宁电视台主办；周报，每周三出版发行，出版 52 期。以“爱上生活”为主题，立足南宁电视台节目和影视资讯，拓展话题和视野，专注百姓民生及贴心话题，展示美食、旅游、健康、养生、娱乐、教育、影评、读书等方面。版面设计为心理版、美食版、健康版、服务版等文化宣传内容；开设微摄影、文化南宁、求真实验室等版块；开设封面萌娃、有奖问卷调查等活动，增强与读者互动。（冯兆强）

【重大宣传项目与大型活动】

“头条工程”报道　2016 年，南宁市广播电视媒体根据市委宣传部统一部署做好新闻报道“头条工程”，成立“头条工程”策划报道组，围绕市委、市政府的中心工作，分别以时政新闻栏目《1014 今早报》《南宁新闻》为主阵地，开展南宁市贯彻落实党的十八届五中、六中全会精神、推进“一带一路”建设、实施“四个全面”战略、开展精准扶贫工作等重大主题宣传；南宁人民广播电台策划播出《精心筹备，喜迎“两会”》《精彩开局十三五，勇当广西两个建成排头兵》《推动“六个着力”看落实》《聚焦脱贫攻坚战》、南宁·中关村双创示范基地宣传、《南宁大事件——地铁来了》等 27 个系列报道 198 集。南宁电视台策划播出《推动“六个着力”看落实勇当“两个建成”排头兵》《聚焦精准脱贫》《学习贯彻习近平总书记“七一”重要讲话精神》《大众创业在南宁》等 20 余个专栏，播发稿件 270 篇。

《政风行风热线》上线　南宁人民广播电台 1014 新闻台《政风行风热线》制作节目 130 多期，有 40 多个单位、160 多名科长（主任、总经理）、140 名副科长（副主任、副总经理、主任科员、科员）上线；接听群众电话 1350 个，其中投诉类 180 多个，投诉回复率 100%。发挥舆论监督作用，促进政风行风建设。

《电视问政》直播　市委、市政府主办，南宁市纪律检查委员会、市文化新闻出版广电局牵头负责，南宁电视台具体承办的大型访谈节目《向人民承诺——电视问政》全年开办 10 期，主题分别为关注“四风”与腐败问题、食品安全问题、精准扶贫工作、城市治理、生态乡村建设、民生热点问题、政务服务问题、社会保障问题、行政执法工作；直播当中反映问题 131 个，全部整改、落实；1104 个热线电话和 3221 个网络问题全部得到回应和解决。针对曝光问题，各级纪检监察机关对 95 人进行党纪政纪处分和问责处理，其中 1 人被移送司法机关。第一期节目“聚焦四风和腐败问题”，给上线领导集体送上“苍蝇拍”的做法引起广泛关注，节目播出后，各单位立行立改，当月问责处理 22 人，节目收视率 2.98%。人民网、新华网、中新社、新京报、环球时报、中国日报等国内主流媒体分别关注和报道，引发对电视问政节目的现象级讨论。突出节目看点，对节目的直播连线、场内外互动等环节进行创新。打造近 20 家中央媒体、自治区媒体和市属媒体组成的南宁电视问政媒体联盟，在一定程度上成为全国多地开办电视问政借鉴的一种模式。

中国－东盟跨国采访行动　7 月，南宁电视台联合中国新闻社（网）开展南宁市重要外宣项目“中国—东盟跨国采访行动”，采访行程 16 天，跨越越南、泰国、印尼、马来西亚 4 个东盟国家的 10 座城市，采访 40 余个机构近 60 位对象；制作完成 17 集大型系列报道《南宁渠道丝路交响》和 4 期系列纪录片《丝路新语》；报道策划的视角和立意以“一带一路”的“五通”（政策沟通、设施联通、贸易畅通、资金融通、民心相通）内涵为主线分 5 大篇章进行布局谋篇；以“南宁渠道”如何更好服务地中国周边外交为主题，分别在中新网视频首页重点推荐栏目中持续推广 1 周，所有节目同步在马来西亚嘉丽台、泰国东盟卫视、多伦多网上电视（TorontoTV）、迪拜中阿卫视等媒体完整播出，进一步传播南宁渠道影响力。

南宁地铁 1 号线开通宣传　6 月 28 日，南宁地铁 1 号线东段试运营。南宁电台、南宁电视台组织开展集新闻报道、广播电视直播为一体的大型宣传活动。南宁电台的主频率 1014 新闻台、1074 交通台策划特别节目《南宁大事件——地铁来了》直播仪式，启用“水滴直播”视频直播，直播历时 10.50 个小时；10 多路记者现场连线，及时发回动态报道，播报市民采访画面；直播室里，邀请社会学者作为嘉宾，探讨地铁来临给广西、南宁市带来的新机遇，给市民生活带来的变化等。南宁电视台组织大型直播，邀请国内其他少数民族自治区首府电视台的主持人参与直播，见证全国 5 个少数民族自治区首个地铁开通的历史性时刻。12 月 28 日，地铁 1 号线全线试运营，南宁人民广播电台、南宁电视台再度联合组织开展大型报道与直播。

精准扶贫工作宣传　南宁人民广播电台在新闻综合广播栏目开设“聚集脱贫攻坚战”专栏，报道全市各级各部门精准扶贫精准脱贫工作部署、进展动态、重大成效、先进典型等，组织开展“走基层——扶贫攻坚乡村行”主题采访活动，派出采访小组深入扶贫第一线进行报道。播发消息、录音、专题稿 147 篇（条）。南宁电视台以《南宁新闻》为主要播出平台，报道全市精准扶贫工作的动态和亮点，开设《聚焦精准扶贫》《聚焦脱贫攻坚战》等专栏，推出《扶贫攻坚抓紧抓准抓到位》《走基层·扶贫故事》《扶贫攻坚工作解读》《走基层·第一书记扶贫记》等系列报道，播发扶贫报道 500 多条；推出《扶贫故事》专栏，解读政策，挖掘和报道脱贫攻坚工作中感人故事，每周 2 期节目在《南宁新闻》《新闻夜班》播出；通过老友网及“两微一端”播出；全年《扶贫故事》制作播出 32 期。

“两会”宣传　中国－东盟博览会、中国－东盟商务与投资峰会、南宁国际民歌艺术节举办期间，南宁人民广播电台、南宁电视台统一开设《两会时刻》《2016 大地再飞歌》专栏，推出系列报道；“两台”播发“两会”新闻稿件分别为 105 篇、191 篇，播发民歌系列活动新闻稿件分别为 83 篇、143 篇。南宁人民广播电台联合北京音乐台和全国卫星音乐广播协作网等 26 家省市电台进行《第 18 届南宁国际民歌艺术节 2016“本色花山·大地飞歌”晚会》大型直播，节目覆盖广播媒体、互联网站等全国各地 7 亿听众。9 月 10 日至 14 日，南宁电视台推出集新闻、专题、服务资讯、大型访谈、大型活动直播为一体的大型直播特别节目《盛会大看台》，全方位介绍“两会”各项活动和民歌艺术节系列活动；制作大型高端互动访谈节目《对话·商机》3 期。9 月 11 日，《新闻夜班》“大地飞歌”晚会直播前的特别节目取得 2.70% 的高收视效果。

公益广告制作播出　进一步加大公益广告制作、播出的力度，南宁人民广播电台 4 个频率密集播出“讲文明树新风”“新长征路上”“纪念长征胜利 80 周年”“庆祝祖国成立 67 周年”“无偿献血、预防艾滋病”“谨防网络诈骗”“电动车充电防火”“消防知识普及”“征兵宣传”“安全生产”“反家暴”“关注网络安全”等公益广告;每天在重点时段和栏目中播放公益广告 60 条(次)以上,播出公益广告 4.72 万条次、3.37 万分钟,其中制作廉政公益广告 6 条,播出 3310 次、1120 分钟。南宁电视台引进、播出各类公益宣传片 86 条,其中自制宣传片 44 条;加大讲文明、廉政建设、消防知识、禁毒工作、禁烟宣传、防艾知识等公益宣传片排播数量和频次,每天在 4 个频道的播出次数、黄金时段次数均超过国家文明委以及市委宣传部规定的要求,全年播出公益广告 1.80 万多条次。

【影视制作】 2016 年,南宁电视台电视剧生产收回本金近 1700 万元,实现利润 190 万元。《兵变 1929》获第七届广西文艺创作铜鼓奖;作为影视及广播文艺组的电视剧类获奖作品,弥补 10 年来南宁市影视作品在该奖项的空白。参与投拍的《继父回家》《生死连》《戴流苏耳环的少女》等电视剧相继在卫视平台播出,电视剧《炮神》在中央电视台 8 套黄金剧场播出。

【广播电视媒体与新媒体融合发展】 2016 年,南宁人民广播电台打造微信、微博、App、水滴直播、手机台等平台,多角度、多维度、多终端地延伸和拓宽传统广播的传播路径;微信粉丝数 21.16 万人,微博粉丝数 22.66 万人。微信订阅号《南宁 1074 交通台》搭建受众公共应急平台,提供路况服务,凸显 1074 交通台在市政府应急体系建设中的特殊地位;“吃香喝辣”APP 组成媒体、用户与相关商家同步交互、共同生产内容的融合型平台,实现收听节目、分享经验、推广产品结合,有 100 多家商家加入吃香喝辣联盟;各频率均建立视频直播生活秀平台“水滴直播”,粉丝数 208.15 万人,利用这个平台,进行“南宁地铁开通全程直播”“第 13 届中国－东盟博览会”“2016‘本色花山·大地飞歌’晚会”等多项重大活动的视频直播,在线观看人数超过 164 万;媒体融合品牌“南宁手机台”,与山东轻快手机台合作创建的平台曾入选 2015 年国家财政部“中央文化发展专项资金国家重点项目”,具有无需下载、打开快速、操作简易、多渠道进入、多平台聚合等特点。项目 11 月启动,投资 40 万。完成全媒体制作中心建设第一期工程,新建 10 个录音室及 80 平方米的全媒体制作区;6 月,整体工程验收;12 月,完成广播设备政府采购和安装。

南宁电视台以“一云多屏”“多屏互动”为发展方向。对南宁唯一具有网络视频传播资质的媒体老友网,首页及内容进行较大调整。对当天发布的《南宁新闻》,安排专人负责编辑上网,将《南宁新闻》稿件、视频推送至市委网站后台;南宁头条微信公众号 APP 进行 3.0 改版,新增社区功能,年内实现 6 万粉丝量,在广西新闻媒体微信公众号排行榜前十位,通过资源互换等方式,推广南宁头条 APP,新闻阅读量 1605 万人次,影响力排名全国广电媒体排行榜前 20 位;搭建全媒体形式的记者移动新闻采编系统,为记者采编客户端及配套的管理后台,为搭建全媒体时代生产调度中心奠定技术基础;新闻采编客户端中的新闻报题、观众爆料的选取与审核均在手机上实现,对多种来源的“爆料”实现数据统一收集、管理,并可通过 GPS 采集记者定位,满足突发新闻报道快速响应;将南宁电视台微信公众号、微博、老友网以及南宁头条客户端等多传播渠道进行整合,形成多元传播态势,解决手机视频直播的电视呈现问题。系统建设获 2016 年度广西广播电视技术创新奖。3 月,初步建成北部湾文化传媒云技术平台一期工程,云平台上的网络电视播控一期工程项目、视频流媒体处理云服务等配套项目陆续建成,区县视频资源上线,助力视频分享时代实现一云多屏的全媒体传播。南宁电视台初步实现新闻内容的电视屏 + 网站 + 手机客户端 + 微信 + 微博统一管理后台,初步形成一个以视听互动为核心、融网络特色和广播电视特色于一体的区域化、多终端的新媒体公共服务平台,拥有网站、网络电视台、APP 应用、微信微博矩阵等多种新媒体业务。

(夏启伟)

【电影放映单位选介】

金逸红星电影城 位于兴宁区兴宁路步行街 59 号(3 楼)。有放映厅 6 个,其中 1 号厅为双机 3D 影厅。将所有影厅由原来主动式 3D 设备更换为被动式 3D 设备;候影大厅休息区配有桌椅报刊、杂志、小卖部、中央空调、手扶电梯、升降电梯,高靠软座,英国进口宽银幕,美国杜比环音系统。

南宁万达电影城(悦荟店) 位于兴宁区悦荟广场 B 座第三层。2004 年开业,是万达集团投资建造的广西第一家具有世界一流标准的多厅影院。有影厅 6 个(IMAX 影厅 1 个、6FL 全景厅 2 个),1361 个座位。广西首家 IMAX 影院,每个影厅内高度超过 9 米,阶梯式座椅排距达 1.20 米。

幸福蓝海国际影城 位于兴宁区民主路 20 号(南宁百货跨境购 3 楼)。江苏幸福蓝海影视文化集团打造的连锁影院品牌,是广西首家按照五星级标准建立的智慧科技影城;总面积近 5000 平方米,有专业影厅 9 个,其中杜比全景声 ATMOS 巨幕影厅 2 个、进口 MX4D 影厅 1 个。

星美国际影城 位于南宁百货大楼新世界购物中心 3 楼。有影厅 4 个(含 3D 厅),影厅内配备环绕立体声音响、全进口超高清金属银幕及数字放映设备。2016 年新增候影休息区娱乐设备(K 歌机、娃娃机、便民手机充电桩)。

南宁橙天嘉禾江南影城 位于南城百货江南购物中心第四层。隶属橙天嘉禾集团,广西最大前厅;内设大、中、小 3D 数字影厅 7 个,可容纳 1000 名以上观众。影厅均采用国际专业视听设备,坐席采用全方位大坡度观影视野设计。

南宁横店影城 位于江南区五一东路 19 号江南水街。有 3D 影厅 6 个,含 1 个 358 座的双机 4K 巨幕厅,是江南区最大的影厅。影城装修参照星级影院标准,采用国际领先的巴可放映机设备。

南宁万达影城青秀店 位于青秀区东葛路延长线 118 号青秀万达广场 2 号门 5 层。设多功能影厅 15 个,可容纳 2700 多人观影,是万达院线集合全球最新电影科技和服务打造的观影体验“新概念”中国航母级影院。影城有中国首家 MediaMationMX4D 动感影厅、最佳视听感受杜比影厅、最佳视效 IMAX 厅、6FL 全景厅 6 个、VIP 厅 1 个、儿童主题影厅 1 个,其余为 RealD3D 影厅,配备 6 台 4K 高清放映设备。

南宁沃美影城 位于青秀区民族大道 136 号(南宁华润万象城 L5 层)。有放映厅 9 个,有全球第五块中国巨幕放映厅及目前最佳音质杜比全景声。影城设 1700 余个座位,选用符合美国标准的数字放映机和数字音响系统,实现数字化放映、数字化预播及管理。

民族影城 位于青秀区民族大道 150 号(中国－东盟商务区核心区域内)。是集电影、娱乐、美食、休闲为一体,以电影为主题的大型文化综合娱乐城。有 IMAX 影厅、VIP 贵宾厅、4K 全景巨幕厅、4K 巨幕厅等专业影厅 9 个,引进英国哈克尼斯高增益金属银幕、法国 3D 数字设备、美国先进的 4K 科视数字放映机。

中影国际影城(南宁青秀航洋城店) 位于青秀区民族大道 131 号(会展航洋购物中心城第五、第六层)。有原生版杜比全景声中国巨幕,设影厅 7 个、座位 1188 个,所有影厅一字水平布置,内设购票、卖品、休息、电影衍生品购物区等场所。

南宁新星时代电影大世界 位于青秀区新民路与七星路交汇处华星时代广场第五层、第六层,是浙江时代院线旗下“时代电影大世界”品牌连锁影院之一,是一家按五星级标准建设的现代影院；影院经营面积和配套设施近8000平方米，设放映厅10个；由中国美院根据国际一流声像标准设计，按国家五星级现代影院标准建设。2016年，改造激光厅8个，成为南宁首家多厅激光放映厅。

南宁中影国际影城（水晶城店） 位于青秀区金湖路61号（水晶城第三层）。有影厅4个。影城按照五星级标准建设，采用国际上数码视听设备包括巴可2K数字放映机、杜比数码SRD、DTS等系统还原设备、美国QSC功放系统、德国施耐德高端镜头以及金属巨幅银幕等。

星湖影城 位于青秀区星湖路1号。占地2000平方米；有影厅4个，是集电影、购物、餐饮、娱乐、休闲的现代影城。

实验电影院 位于青秀区建政路17号，是自治区下属国有控股电影企业；有影厅3个，影院配备进口数字放映设备、金属银幕、采用多声道高保真立体声环音系统、JBL功放及JBL音箱。

南宁泰和影城 位于青秀区民族大道49-2号（新梦之岛第五层）。有影厅4个，全部采用索尼4k数字放映机等电影软件设施；宽视角玻珠金属银幕；设VIP贵宾影厅，配置真皮、具有电动可调式功能的沙发座（躺）椅。

南宁橙天嘉禾盛天地影城 位于青秀区中越路8号（盛天华府负一层）。有全数码影厅6个，有VIP专属影厅（内置可调式单人真皮沙发）、吧台、休息区及特殊定制服务，率先采用会所式经营模式；是广西唯一地下大型影院。

广西南宁广湛影院 位于青秀区双拥路东一巷25号（又一城商场第四层）。有影厅4个，采用索尼4K超清放映机和超清金属荧幕；是大型综合性场所，为南宁第一家加盟大地院线的非大地影院集团直营影院。

南宁华纳数字影城 位于西乡塘区西明商业广场A座四楼。有国际化标准3D放映厅5个，采用数码立体声音响，超大银幕；是深圳时代华纳影业集团旗下的分影城之一；影城以“青春45°”为主题，按照国际五星级影院标准，影厅兼具单位观影包场、会议包场、生日聚会等功能。

南宁安吉万达影城 位于西乡塘区高新大道55号（万达广场第四层）。有影厅10个。增加芝华士头等舱IMAX厅、儿童厅、VIP厅等特色影厅，电影衍生品专营店。

晶钻影城 位于西乡塘区大学东路118号，有影厅9个；是广西首家最大银幕IMAX影城和全国首家进驻豪华酒店的IMAX星级影城。

金视华艺国际影城 位于良庆区玉洞社区的银海大道和玉洞大道交界处瑞和购物公园2楼。有1个10米高的巨幕厅，影厅内配备杜比全景声、进口JBL音响、全金属高增益银幕、索尼4K双机高清放映机。

爱维星影城 位于武鸣区兴武大道167号（恒宁·太阳物中心第三层）。配备1个杜比（DolbyAtoms）全景声巨幕厅和4个主题风格厅，三光路玲珑3D、超视距曲面金属银幕，矩阵式环绕音响系统及超视网膜放映设备，影院内设购票，卖品，休息，星迷咖啡厅等场所。

南宁横县大地影院 位于横县宝华中路太阳广场3楼。有影厅5个、座位410个，采用索尼放映设备。2月8日开业。

宾阳时代电影城 是国内首家星级标准县级影城，是宾阳县第一家数字影城；有3D影厅5个。

上林战神影院 位于上林县大丰镇澄洲路23号（锦林大厦5楼C区）。影院面积1100平方米，有3D观影厅3个，采用三台巴可2K放映设备，为上林县第一个数字影院。

马山县星海影城 位于马山县体育馆1楼。设放映厅3个，配置超大银幕，并安装国际知名品牌数字放映机和原声音响，满足2K数字影片和3D数字影片的放映需求。影院对周边的环境进行装修和改造，并规划扩建出108平方米的群众观影休息区。

隆安县思宇世纪影城 位于隆安县恒源市场3楼。占地1500平方米，有数字化电影厅4个，使用索尼4K放映设备，是隆安县首家超三星级标准建造的数字化影城。 （赵 颖）

新闻出版管理

【印刷发行】 2016年，南宁市文化新闻出版广电局组织全市467家印刷企业参加年度核验，其中通过年度核验424家、不予年度核验42家，注销1家。南宁市印刷企业全年资产总额56亿元，比上年下降7.40%；销售收入40.90亿元，增长2.20%；工业总产值43.40亿元，增长3.10%；工业增加值10.20亿元，与上年基本持平。有规模以上重点印刷企业（年印刷工业总产值超过5000万元）20家，其中超亿元企业5家；工业总产值累计23.80亿元。广西民族印刷包装集团有限公司、南宁市金美印刷包装有限公司2家企业入选年度广西印刷产值十大企业。组织全市997家出版物发行单位参加年度核验，其中通过年度核验820家，暂缓年度核验149家，不予通过年度核验28家。全市出版物发行单位资产总额103.20亿元，销售总额50.80亿元，营业收入61.50亿元。

【中小学教辅材料印刷发行监管】 2016年，市文化新闻出版广电局在春季、秋季学期开学前后，组织文化市场执法人员对全市文印店、文具店、超市、图书批发市场等销售中小学教育辅导教材的经营单位进行集中专项检查，利用圩日整治农贸市场无证销售出版物的行为；会同市教育局、市物价局做好学校教辅教材的征订，加强对学生的教育，让学生从思想上认识到假冒伪劣教材的危害，主动使用正版教材；联合开展进校教辅检查，采取听学校领导汇报、问学生、访问教师、看学生书包、向学生家长了解、随机抽查学生的教辅材料等方法，规范学校教辅资源管理。 （施 鹏）

【“讲文明树新风”公益广告监管】 2016年，市文化新闻出版广电局在“讲文明树新风”公益广告制播管理上，要求各播出机构贯彻中央精神，主动承担引导公众形成良好生活秩序和公共道德基本准则的社会责任，讲好南宁故事、传播好南宁声音、阐释好南宁特色。南宁人民广播电台、南宁电视台每天在4个频道（频率）的播出次数、黄金时段播出次数均超过国家文明委及市委宣传部要求。其中南宁人民广播电台播出“讲文明树新风”公益广告3.92万条次，南宁电视台播出“讲文明树新风”公益广告1.80万多条次；加强网站、手机等新媒体同步刊播。建立长效机制，指导南宁人民广播电台、南宁电视台制定年度公益广告宣传规划和工作安排；扶持优秀作品，组织参与国家新闻出版广电总局“优秀公益广告扶持项目”活动，发动社会力量参与公益广告创意制作，为“文明南宁”的建设营造良好的舆论氛围。

【印刷行业转型升级】 2016年，市文化新闻出版广电局推进力海·强达产业园建设，广西艾佳制版印业有限公司、广西瑀田包装制品有限公司等14家以绿色印刷包装为主导的高科技绿色环保印刷企业正式签约入驻园区；9月，力海·强达产业园被自治区新闻出版广电局设立为中国-东盟绿色创意印刷产业园南宁园区；11月23日，正式开园运营。组织印刷企业参加第五批市级文化产业示范基地评选，南宁彩帕纸品制造有限公司获“第五批市级文化产业示范基地”命名。

（张震宇 韦春燕）

体　育

竞技体育

【概　况】2016年,南宁市籍运动员参加国际体育比赛,获金牌25枚、银牌28枚、铜牌16枚;参加全国体育比赛,获金牌150枚、银牌152枚、铜牌134枚;参加广西各单项青少年锦标赛,获金牌216枚、银牌170枚、铜牌123枚。审批国家二级运动员99人、B级气排球裁判员335人。

【参加体育比赛】

2016年全国青少年举重锦标赛　2016年6月22日至30日在江西省新余市举行。南宁市派出9名运动员(4男5女)参加9个级别的比赛,获金牌5枚、银牌6枚、铜牌6枚。

2016年"体彩杯"全国高水平后备人才基地举重锦标赛　9月3日至8日在湖南省吉首市举行。南宁市选派11名运动员参赛,获金牌6枚、银牌9枚、铜牌11枚。

全国跳水锦标赛　9月21日至27日在广东省广州市举行。南宁市籍运动员黄小惠在女子1米板、3米板比赛中,获金牌各1枚。

广西青少年单项锦标赛　7月至8月,广西青少年锦标赛各项目比赛先后在柳州市、百色市、防城港市等地举行。7月,南宁市代表队参加蹦床、射击、田径、摔跤、技巧、网球、羽毛球、艺体、跳水、水球、体操、举重12个项目结束比赛,获124枚金牌、86枚银牌、57枚铜牌;8月,参加自治区青少年锦标赛拳击、武术套路、射箭、跆拳道、女子足球、蹼泳、女子柔道、乒乓球、游泳9个项目比赛,获得金牌86枚、银牌70枚、铜牌73枚。

第25届世界技巧锦标赛　3月30日至4月4日在福建省莆田市举行。南宁市籍运动员张智云与队友合作获团体技巧第3名。

第19届世界蹼泳锦标赛　6月27日在希腊举行。南宁市籍运动员许艺川获女子100米器泳第2名、女子100米蹼泳第3名、女子200米蹼泳第7名;同时,与队友合作分获女子4×100米蹼泳接力、女子4×200米蹼泳接力2个项目第2名,并打破女子4×100米蹼泳接力的世界纪录。

第31届奥运会跳水比赛　8月15日,在里约热内卢奥运会跳水项目女子3米板决赛中,南宁市籍运动员何姿获银牌1枚。

第31届奥运会羽毛球比赛　8月18日,在里约热内卢奥运会羽毛球女子双打决赛中,南宁市籍运动员唐渊渟与队友合作获第4名。

2016年蹼泳世界杯总决赛　9月11日在俄罗斯托木斯克州举行。南宁市籍运动员许艺川获女子100米器泳第2名、女子200米蹼泳第7名;与队友合作获女子4×100米蹼泳接力第1名。

【第十一届"举城杯"举重锦标赛】2016年12月16日至18日,南宁市第十一届"举城杯"举重锦标赛在市体育局综合训练二馆(举重馆)举行。市体育局、市教育局、市体育总会主办,南宁吴数德举重学校、南宁市举重协会承办。赛事设置A类、B类比赛,A类针对专业举重运动员,各县体校及南宁市青少年业余举重训练网点中经过举重专业训练的学生参加;B类针对业余举重爱好者和运动员,驻市高校学生、市民参加。有各区县体校、训练网点、驻市高校代表队及个人等20支队伍、202名运动员参赛。

2016年南宁市籍运动员荣誉榜

姓名	时　间	地　点	比赛名称	项　目	名次	备　注
许艺川	2016年6月27日	希腊	第十九届世界蹼泳锦标赛	女子蹼泳接力4×100米	2	破世界纪录(2分36秒47)
				女子蹼泳接力4×100米	2	
				女子蹼泳接力4×200米	2	
				女子蹼泳200米	7	
				女子蹼泳100米	3	
				女子蹼泳100米	2	
	2016年9月11日	俄罗斯托木斯克	2016年蹼泳世界杯总决赛	女子蹼泳100米	2	
				女子蹼泳200米	7	
				女子蹼泳接力4×100米	1	
唐渊渟	2016年8月11日至20日	巴西里约	第三十一届奥运会羽毛球比赛	女子双打	4	
	2016年1月19日至24日	马来西亚	马来西亚羽毛球大师赛	女子双打	2	
	2016年2月8日至13日	泰国	泰国羽毛球超级赛	女子双打	2	
	2016年3月8日至13日	英国伯明翰	全英羽毛球锦标赛	女子双打	2	
	2016年4月5日至10日	马来西亚吉隆坡	马来西亚羽毛球公开赛	女子双打	1	
	2016年5月5日至12日	江苏昆山	尤伯杯世界羽毛球女子团体锦标赛决赛	女子双打	1	
	2016年5月30日至6月5日	印尼雅加达	印度尼西亚羽毛球公开赛	混合双打	3	
				女子双打	2	

续表

姓名	时间	地点	比赛名称	项目	名次	备注
唐渊渟	2016年6月7日至12日	澳大利亚悉尼	澳大利亚羽毛球公开赛	混合双打	1	
				女子双打	3	
	2016年2月15日至21日	印度	亚洲羽毛球团体锦标赛	女子双打	1	
张智云	2016年3月30日至4月4日	福建莆田	第25届世界技巧锦标赛	团体	3	
	2016年2月8日至14日	比利时	技巧世界杯比利时皮尔斯站	女子双人全能	6	
黄小慧	2016年11月20日	日本东京	2016年亚洲游泳锦标赛	女子3米板	1	
				女子双人3米板	1	
黄明淇	2016年3月26日	卡塔尔多哈	体操世界杯单项挑战赛多哈站	男子跳马	1	
古柏森	2016年3月14日至20日	加拿大	加拿大国际体操邀请赛	男子团体	2	
				男子全能	2	
				男子鞍马	5	
				男子双杠	5	
	2016年4月5日至12日	加拿大	国际体操泛太平洋比赛	男子团体	2	
				男子全能	4	
				男子自由体操	4	
				男子单杠	8	
鲁　恺	2016年3月29日至4月3日	印度新德里	印度羽毛球公开赛	混合双打	1	
	2016年4月19日至24日	江苏	中国羽毛球大师赛	混合双打	5	
	2016年5月30日至6月5日	印尼雅加达	印度尼西亚羽毛球公开赛	混合双打	3	
				女子双打	2	
鲁　恺	2016年6月7日至12日	澳大利亚悉尼	澳大利亚羽毛球公开赛	混合双打	1	
				女子双打	3	
	2016年9月20日至25日	日本东京	日本羽毛球公开赛	混合双打	3	
	2016年9月27日至10月2日	韩国首尔	韩国羽毛球公开赛	混合双打	5	
	2016年10月18日至23日	丹麦	丹麦羽毛球超级公开赛	混合双打	4	
	2016年12月4日至18日	阿联酋迪拜	迪拜羽毛球总决赛	混合双打	5	
	2016年4月26日至5月1日	武汉	亚洲羽毛球锦标赛	混合双打	5	
玉玲珑	2016年6月27日	格鲁吉亚	世界青年举重锦标赛	53公斤级	2	抓举91公斤
				53公斤级	2	挺举115公斤
				53公斤级	1	总成绩206公斤
谭卓凡	2016年3月25日至29日	福建莆田	第9届世界青少年技巧锦标赛	男子四人	6	
刘　宇	2016年11月20日	日本东京	2016年亚洲游泳锦标赛	男子水球	3	
莫明东	2016年10月1日	越南岘港	2016年亚洲沙滩运动会	男子水球	3	
雷振瑞				男子水球	3	
李俊佑	2016年7月25日	印尼雅加达	2016年亚洲青少年水球锦标赛	男子水球	2	

群众体育

【群众体育活动】

冬泳邕江活动　2016年1月1日，南宁冬泳邕江活动在邕江一桥下水域举办。市体育局、市体育总会主办，市体育管理培训中心、广西游泳协会、市冬泳协会承办。南宁市、柳州市、北海市、梧州市、百色市、玉林市等地及自治区外的冬泳爱好者约2500人参加。

第八届广西体育节　南宁市活动8月8日至11月18日举办。8月8日，第八届广西体育节暨第二届广西全民健身运动会开幕式在南宁市南湖公园“三月三”欢歌广场举行，自治区、南宁市的有关领导及各界干部群众约7000人参加；之后，组织开展“全民健身　健康广西”百万群众健身走(跑)、全民健身项目展示、体育嘉年华等活动。体育节期间，南宁市举办全民健身活动77项次，参加活动近5万人，吸引群众近90万人次观看。

【民族体育】2016年，南宁市获自治区少数民族传统体育示范项目支持，主要有南宁市第四十一中学被评为广西十大少数民族传统体育竞技项目训练基地，西乡塘区龙舟保护传承示范基地、马山县加方乡壮族打扁担保护传承示范基地被评为广西十大民族传统体育保护传承示范基地，武鸣区被评为广西十大民族传统体育示范县(市、区)，马山县、隆安县那桐镇被评为广西十大民族传统体育特色之乡；马山县民俗文化展示馆，宾阳县炮龙陈列馆被评为广西十大民族传统体育传承馆。选派5支队伍66人参加4月7日至10日在崇左市、柳州市举办的广西“壮族三月三”民族体育欢乐节活动。花炮队、珍珠球队分获二等奖；陀螺队分获男子团体、女子团体，女子个人三等奖；高脚竞速分获4×100米混合接力三等奖，男子100米、2×200米接力三等奖，女子100米、2×200米接力三等奖；板鞋竞速分获4×100米混合接力二等奖，男子60米、2×200米接力三等奖，女子2×200米接力三等奖。

【农村体育】2016年，南宁市利用传统节庆，因地制宜地开展具有各自特点的农民体育健身活动。较有特色和影响的活动有：第四届城乡万人气排球南宁赛区比赛、西乡塘区双定镇迎春拔河比赛、马山县周鹿镇周水村周下屯板鞋比赛等，吸引众多农村体育爱好者参与。利用中央、自治区、南宁市三级政府资金，投入建设乡镇农民体育健身工程、农民体育健身工程暨“两项工程”村级篮球场、健身路径、乒乓球台等一批农村体育场地和设施。

【老年人体育】2016年，南宁市举办“广西体育彩票共享杯”第十五届南宁市中老年人迎春秧歌比赛、第十三届南宁市老年人气排球比赛、2016年广西西南三市(区直)老年人门球比赛、第七届南宁市老年人门球甲级队比赛、“中国体育彩票杯”第十二届南宁市中老年人重阳节门球比赛、2016年中南协作区老年体育协作会暨老年人门球比赛、“中国体育彩票杯”第三十二届南宁市中老年人“重阳节”太极拳(器械)比赛等多项老年体育赛事和活动，约4000人次参加。组队参加2016年第三十届全国十城市老年人网球比赛、2016年广西老年人民族健身操交流活动、2016年广西老年人乒乓球交流活动、自治区乡镇老年人社会体育指导员培训班、“体彩杯”第二十五届中南协作区老年人网球比赛、2016年全国老年人健身球操教练员培训班、2016年首届全国柔力球双拍双球培训班、2016年“泰迪杯”健身球操第二届全国邀请赛等比赛和交流活动。分获2016年第三十届全国十城市老年人网球比赛男子组双打团体第一名、女子组双打第二名、领导组双打第八名，2016年广西老年人民族健身操交流活动民族健身操交流赛优胜奖、2016年广西老年人乒乓球交流活动第二名、“体彩杯”第二十五届中南协作区老年人网球比赛优胜奖。开办骨干培训班3期，培训436人。其中：举办二级门球裁判员培训班，培训241人；2016年全国老年人气排球教练员、裁判员培训班，有来自广东省、河南省、贵州省、福建省、江西省、云南省、广西等地100名学员参加；南宁市中老年人第八套柔力球规定套路辅导员培训班，培训95人。10月28日至11月30日，选派20名各项目老师分组下乡，在横县、宾阳县、上林县、马山县、邕宁区等区县举办南宁市老年人体育下乡、进社区活动；分别开展民族健身操、陈式太极拳、汉族健身操、健身球操、壮族健身操项目技能培训，培训学员1050人次。

【社团体育】2016年，南宁市有单项体育协会31个，体育俱乐部86个，晨晚练站530个，老年体育协会1812个；各区县居委会、社区和行政村普遍建有全民健身活动站点。通过开展培育、创造平台、政府购买服务等渠道，发挥体育社会组织的作用，逐步将办赛办活动的公共服务职能向体育社会组织转移。年内，体育社会组织举办的大型赛事和活动主要有：南宁市第二届全民健身运动会、第四届广西城乡万人气排球赛南宁赛区决赛、2016年广西“拔群杯”篮球赛南宁赛区预赛、2016年“我爱足球”中国足球民间争霸赛广西赛区比赛暨广西足球民间争霸赛南宁市海选赛、第十五届南宁市中老年人迎春秧歌比赛、第十三届南宁市老年人气排球比赛、第七届南宁市中老年人门球甲级队比赛、2016年南宁啦啦操公开赛、“羽林争霸”2016红牛城市羽毛球赛南宁站等。各区县开展基层社会体育指导员培训，培训对象向基层站点、基层健身队伍、广大农村地区倾斜；培训、审批二级社会体育指导员517人，全市有各级各类社会体育指导员总数2.30万人，超额完成每千人拥有2名社会体育指导员的目标要求。

【社区体育】2016年，南宁市开展系列体育进社区活动。6月至7月的每个周末，组织人员到青秀区凤岭北社区、江南区二

1月1日，元旦冬泳邕江活动　市体育局提供

桥南社区等14个社区免费为社区居民开展太极拳、健身操(舞)、气排球、足球、腰鼓等运动项目技能培训。6月至8月,在南宁市各大社区举办社区全民健身运动会,项目设气排球、广场舞、拔河、定点投篮、足式保龄球等;同时,在运动会开赛前开展全民健身志愿行活动。10月至11月,在横县、宾阳县、上林县、马山县、邕宁区等的社区开展太极柔力球、民族健身操等项目的教学和交流活动。

【妇女体育】 2016年,南宁市利用举办元旦冬泳活动、端午节龙舟比赛、气排球比赛、解放日长跑比赛等活动,组织全市妇女参加50多项市级赛事活动;安排妇女1880人进行免费的国民体质测试;组织和倡导妇女参与全民健身活动,以及坚持日常锻炼,营造全民健身氛围。

【南宁市体育系统全民健身展示活动】 2016年3月12日至13日,南宁市体育系统全民健身展示活动在市体育场举行。设气排球、羽毛球、拔河、民间体育4个项目,区县文化新闻广播体育局、市体育局组织15个代表队、238人参加。青秀区代表队获羽毛球、气排球比赛冠军,市体育局2队、横县代表队分获民间体育项目、拔河比赛冠军,武鸣县、横县、宾阳县、马山县、兴宁区、江南区、青秀区、西乡塘区、邕宁区、市体育局2队、市体育局3队获优秀组织奖,所有参赛队均获体育道德风尚奖。

【城乡体育设施建设】 2016年,中央、自治区、南宁市三级政府投入资金2175万元。其中:国家安排中央集中彩票公益金930万元;自治区财政安排475万元;南宁市财政投入约350万元,体彩公益金安排420万元。在南宁市建设335个体育场地和设施项目;建设面积10.08万平方米。其中:利用国家安排中央集中彩票公益金930万元,建设项目39个(社区多功能运动场3个、农民体育健身工程乡镇项目12个、笼式足球场1个、拼装式游泳池1个、农民体育健身工程行政村项目22个);自治区财政安排资金建设全民健身工程项目23个(社区多功能运动场1个、全民健身中心1个、全民健身路径14套、贫困村篮球场建设项目7个);南宁市财政投入资金建设健身路径器材100套,南宁体彩公益金扶持区县新建体育设施项目173个(健身路径67条、标准篮球场19个、乒乓球场85片、公共体育场1个、风雨篮球场1个)。组建和培养27支运动队、70名社会体育指导员。

【国民体质监测】 2016年4月至7月,南宁市开展国民体质监测活动。全市完成检测4720人。其中:市本级完成检测20岁至69岁在职机关公务员、企业人员和退休人员400人;12个区县各完成检测360人共4320人;并将材料上报自治区国民体质监测中心。监测活动中,工作人员还向市民宣传科学健身理念,针对不同人群的健身方式提出个性化的建议,为群众健身运动提供科学指导。

【南宁市体育运动学校新校开工建设】 2016年9月2日,南宁市体育运动学校新校(同时挂牌南宁东盟国际体操武术学校、南宁吴数德举重学校)正式开工建设。新校址位于天河路以南,临仙路以东,投资10.90亿元、占地21.93公顷。新校项目计划2017年完成一期工程主体建设,2019年12月全部竣工投入使用。新校拟设置教学班67个。其中:中专18个、初中15个、小学24个、幼儿园10个。

(黄永铁　陈雪芬)

承办体育赛事

【ITF国际网球女子巡回赛·南宁站比赛】 2016年4月16日至24日在南宁市广西体育中心举行。国家体育总局网球运动管理中心、市体育局等主办,中国、美国、俄罗斯、英国、意大利、瑞典、泰国、日本、韩国、印度尼西亚等15个国家和地区的100余名职业球员参赛。中国选手张恺琳获女子网球单打冠军,中国选手刘畅与泰国选手汪天彩组合获双打冠军。

【2016年全国跳水冠军赛】 2016年5月7日至13日在南宁市广西体育中心游泳跳水馆举行。国家体育总局游泳运动管理中心主办,广西壮族自治区体育局、南宁市人民政府承办,广西水上运动发展中心、南宁市体育局、南宁威宁投资集团有限责任公司协办。赛事设3米跳板,10米跳台,男、女个人全能,男女双人3米跳板、双人10米跳台,男、女团队,男、女混合全能等17个项目;有20支队伍、403人参加比赛,其中运动员257人,教练员83人。南宁市籍运动员何姿分获女子双人3米跳板、女子个人3米跳板第一名,吴春婷获女子3米跳板第一名。

【WBO重量级洲际拳王争霸赛】 2016年6月24日,2016(中国·南宁)WBO(世界拳击组织)洲际拳王争霸赛在南宁市广西体育中心体育馆举行。WBO世界拳击组织、WPBU世界职业拳击联盟主办,南宁市体育总会、广西君威体育文化产业有限公司、中国国际拳击产业集团股份有限公司承办。中国、印度尼西亚、泰国、印度、菲律宾、英国6个国家10名拳王参赛;比赛设洲际拳王争霸赛2场、国际排名赛3场。经过5场对决比赛,产生向静(中国、获WBO东方蝇量级洲际金腰带)、孙想想(中国、获WBO亚太轻量级青年洲际金腰带)、LanLewison(英国、获WB0亚太重量级洲际金腰带)3位WBO洲际金腰带得主。

【第十二届南宁·东盟国际龙舟邀请赛】 2016年6月11日在南湖下湖举行。市体育局、市体育总会主办,市体育管理培训中心、市龙舟协会承办。设4个组别8个项目:国际公开组22人龙舟200米、500米直道竞速;国际公开组12人龙舟200米、500米直道竞速;绿城组22人龙舟200米、500米直道竞速;绿城组12人龙舟200米、500米直道竞速。62支队伍(国际公开组33支队伍、绿城组29支队伍)、1270人参赛。印度尼西亚队获国际公开组22人龙舟200米直道竞速、国际公500米直道竞速第一名;缅甸队获国际公开组12人龙舟200米直道竞速、500米直道竞速第一名;雪花勇闯天涯队、西乡塘区坛洛镇下楞村中华巷1队分获绿城组22人龙舟200米直道竞速、500米直道竞速第一名;易乐宝队、广西民族大学队分获绿城组12人龙舟200米直道竞速、500米直道竞速第一名。

【2016年中国－东盟棋牌国际邀请赛】 2016年10月15日至20日在南宁邕江宾馆举行。市体育局、市体育总会主办。赛事有第十二届中国南宁－东盟围棋国际邀请赛、第十一届中国南宁－东盟桥牌国际邀请赛和第八届中国南宁－东盟象棋国际邀请赛3项。围棋国际邀请赛设团体赛、个人赛2项,有12个国家的17支队伍、53名运动员参赛。泰国队获团体冠军,泰国队KRITJAMKACHORNKIAT获男子个人冠军,中华台北队林虹冰获女子个人冠军;桥牌国际邀请赛参赛设公开队式赛、名人双人赛、公开双人赛3项,有4个国家的18支队伍、100名运动员和教练员参赛,广州队获公开队式赛冠军,叶建平、黄勇标获名人双人赛冠军,吴振波获公开双人赛冠军;象棋国际邀请赛有4个国家、140多人参赛,江苏象棋大师程鸣获公开组冠军,越南河内队黎海宁获国际组冠军。

【第七届中国·东盟国际山地自行车越野公开赛】 2016年10月23日在南宁市

10 月 16 日，中国－东盟国际棋牌邀请赛中，中国围棋名将马晓春与东盟国家棋手进行车轮战　　市体育局提供

美丽南方景区(水上运动基地)举行。市体育局、市体育总会主办。比赛设全民健身大众组(16 岁 ~50 岁)、女子公开组(16 岁 ~50 岁)、男子公开组(16 岁 ~50 岁)3 个组别；越南、老挝、缅甸、中国等国家和地区的 600 名业余顶尖骑手和爱好者参赛。道卡斯(中国)车队的梁力麒获全民健身大众组第一名，凯路仕烈风车队的封宽杰获男子公开组第一名，代表个人参赛的何冲获女子公开组第一名。

【2016 年全国女子手球超级杯赛】 2016 年 11 月 5 日至 9 日在南宁市体育场一馆举行。国家体育总局手曲棒垒球运动管理中心主办，市体育局承办。有来自上海市、江苏省、安徽省、广西壮族自治区 4 支队伍参赛，江苏队获第一名。

【2016 年全国摩托艇锦标赛】 2016 年 11 月 11 日至 13 日在南宁市西乡塘区美丽南方太阳谷体育园水上休闲运动基地举行。国家体育总局水上运动管理中心、中国摩托艇运动协会、广西壮族自治区体育局、南宁市人民政府主办。设竞速赛、障碍赛、花样赛和拉力赛 4 个赛事，广西壮族自治区、安徽省、北京市、上海市等省(区)市的 20 多支摩托艇赛队、100 多名运动员、100 多艘赛艇参赛。天津体育学院的王晓伟获男子立式竞速赛冠军，天津体育学院的岳霓欣获女子立式竞速赛冠军；北京弘健的张博涵获男子坐式竞速赛冠军；安徽队的杜晨获女子坐式竞速赛冠军；武汉体育学院的王梓童获男子立式障碍回旋赛冠军；江西队的叶欣妍获女子立式障碍回旋赛冠军；广西队的何晓桥获男子坐式障碍回旋赛冠军；安徽队杜晨获女子坐式障碍回旋赛冠军；湖北队的李超凡分获立式、坐式花样赛冠军；湖北队的李超凡获立式拉力赛冠军；安徽队的田一申获坐式拉力赛冠军。

【第十一届南宁国际半程马拉松比赛】 2016 年 12 月 4 日，“天地明珠杯”第十一届南宁国际半程马拉松比赛暨第三十四届南宁解放日长跑活动在南宁举行。中国田径协会、广西壮族自治区体育局、南宁市人民政府主办，市体育局、市体育总会、广西发扬文化传媒有限公司承办。比赛和活动设半程马拉松、10 公里跑、迷你马拉松、老年人健身走 4 个项目。有埃塞俄比亚、肯尼亚、乌干达等 19 个国家和地区的 2 万名运动员、长跑和健身爱好者参加。埃塞俄比亚的 MOSINETGEREMEWBAYIH、ETALEMAHUZELEKEHABTEWOLD 分获男子、女子半程国际组冠军；施扬合、岑玉琴分获男子、女子半程市民组冠军；越南的 NGUYENVANLAI、中国的刘敏分获男子、女子 10 公里冠军。

【2016 年中国－东盟城市足球邀请赛】 2016 年 12 月 18 日至 22 日在南宁市体育场举行。市体育局、市体育总会主办，市体育管理培训中心、广西龙桂达体育发展有限公司承办。有泰国陆军联足球俱乐部、柬埔寨金边皇冠足球俱乐部、越南南定足球俱乐部及广西龙桂达足球俱乐部 4 支职业队伍参赛，越南南定足球俱乐部获冠军。

【2016 年南宁·国际气排球邀请赛】 2016 年 12 月 10 日至 11 日在南宁市工人文化宫球馆举行。市体育局、广西社会体育运动发展中心、市体育总会主办，市社会体育发展中心承办。赛事设 45~60 岁的男子、女子甲组和 24~44 岁的男子、女子乙组，有来自新加坡、老挝、中国等国家的 60 支队伍参赛。广西睿添富队、湖南师范大学队分获男子甲组、男子乙组冠军；安徽省合肥庐阳女队、南宁体彩队分获女子甲组、女子乙组冠军。　　(韦如梦)

对外体育交流

【出访参会与交流】 2016 年 4 月，南宁市体育局组成调研组分赴广州市、成都市、贵阳市、昆明市等地，围绕竞技体育、青少年体育、体育产业、体育人才及体育外事交流等方面进行学习考察，借鉴体育事业发展经验，为科学系统谋划未来五年南宁市体育工作借鉴参考。6 月 9 日至 14 日，应中国驻俄罗斯圣彼得堡总

12 月 4 日，南宁国际半程马拉松比赛　　市体育局提供

领馆、俄罗斯圣彼得堡市体委、俄罗斯大诺夫哥罗德市外事旅游委的邀请，南宁市代表团赴俄罗斯参加圣彼得堡市“第三届涅瓦龙舟赛暨夏季中国文化节”和大诺夫哥罗德市“城市节”，开展龙舟交流、文化演出及旅游推介活动。代表团运动队在圣彼得堡会晤圣彼得堡市体委水上运动学校校长玛丽娜，并参观学校。会晤中，市体育局副局长高翔介绍南宁市体育运动项目的开展情况，表示南宁市将根据该校开设的水上运动项目加强合作，并邀请俄罗斯圣彼得堡水上运动学校派队参加南宁市每年举办的国际龙舟邀请赛。隆安县的龙舟队与广州市、成都市及圣彼得堡赛艇协会的5支专业龙舟队共同参加300米直道竞速赛。7月13日，“中国杯”国际足球锦标赛签约仪式暨新闻发布会在北京举行，自治区体育局局长李泽，南宁市市长周红波，市委常委、副市长陈颖等领导参加。此项赛事是落户中国的首个国际足球正式比赛，是国际足联批准的国际足球A级赛事；首届“中国杯”国际足球锦标赛将于2017年1月9日至16日在南宁市举办。9月5日至7日，南宁市组成考察组赴辽宁省沈阳市，考察学习2018年世界杯亚洲区预选赛中国—伊朗比赛，为做好主办2017年“中国杯”国际足球锦标赛筹备积累经验。期间，参观沈阳奥体中心各个功能区块，重点了解比赛草坪的种植、日常养护；与万达体育召开对接会，商讨广西体育中心草坪改造等；了解国家队的接待事宜，并现场观摩比赛时草坪、现场秩序维护、安全保卫、公共服务等情况。9月22日至24日，北部湾城市体育局长座谈会在广东省湛江市召开，市体育局派员参加，就加强北部湾城市间体育交流与合作、举办北部湾城市运动会及第一届北部湾城市运动会进行商讨，并就建立北部湾城市体育行政部门沟通联络机制问题基本达成一致意见。11月下旬，应百色市、桂林市、北海市的邀请，南宁市体校先后组织竞技项目队、田径项目队、女足项目队分别到3个城市进行交流比赛。12月7日，2017年“中国杯”国际足球锦标赛在北京召开新闻发布会，自治区副主席黄伟京、自治区体育局副局长谢强、南宁市副市长张卫等领导出席，会上正式对外发布“中国杯”的会徽、奖杯、参赛阵容、票务等相关信息。12月8日，2018年世界羽毛球单项锦标赛和2019年“苏迪曼杯”世界羽毛球混合团体锦标赛的申办陈述会在北京举行，南宁市组成申办陈述团参加。通过视频展示、口头陈述和问题解答等形式，介绍南宁风土人情以及近年举办国际大赛的成功经验，并对举办好赛事做出庄重承诺。南京市、武汉市也参加申办陈述。12月20日，中国羽毛球协会公开征集结果公告，同意南宁市承办2019年“苏迪曼杯”世界羽毛球混合团体锦标赛。

【来访与业务交流】 2016年1月7日至8日，中国足球协会青少部唐峰副主任到南宁考察设立国家青少年足球训练基地事宜。3月22日，浙江省杭州市体育局调研组一行7人到南宁市调研赛事组织运行、市场开发、体育产业等，并走访李宁体育园。4月5日，国际体操联合会主席布鲁诺·格兰迪、秘书长安德烈·圭斯布勒在国家体育总局体操运动管理中心主任罗超毅陪同下，到南宁市进行友好访问；南宁市市长周红波会见布鲁诺·格兰迪先生一行，格兰迪主席建议南宁市承办国际体操联合会个人单项世界杯系列赛；国家体育总局体操运动管理中心亦推荐南宁市承办比赛。4月20日，国家体育总局游泳运动管理中心跳水部部长李军到广西体育中心跳水馆检查2016年全国跳水冠军赛暨里约奥运会选拔赛场地，对跳水馆的各项设施按竞赛标准要求提出整改意见和工作要求。4月29日，贵州省贵阳市体育局、防城港市文化委员会学习考察组分别到访南宁市，贵阳市体育局一行10人实地考察南宁市体育产业项目——美丽南方，并与市体育局就体育产业发展情况进行交流；防城港市文化委员会一行6人重点围绕龙舟赛办赛经验，与市体育局有关人员进行座谈交流。7月6日至7日，浙江省温州市体育局考察团一行7人到南宁市调研体育产业工作，实地考察李宁体育园，并就体育产业工作经验、发展规划、运动休闲项目布局、当地特色做法及创新举措等与市体育局座谈交流。7月7日，中国台湾地区花莲县足球协会一行24人到访南宁市，与市足球协会就开展青少年足球活动进行座谈，花莲县青少年足球队还与市小太阳足球俱乐部进行1场足球友谊赛。8月23日至26日，全国友好城市老体协协作会在南宁市举办，成都市等19个城市近200名代表参会，协作会以“贯彻落实国家十二部门文件精神，促进老年健身活动的开展”为主题，交流探讨各友好城市老体协工作的实践经验。12月18日，中国广西国际青年交流学院与中国香港永恒教育基金组织的香港青少年学习访问团到南宁市体育运动学校进行体育观摩学习活动。12月23日至24日，国家体育总局国家后备人才基地专家组一行5人到南宁市体育运动学校检查，查阅备检材料，实地检查各训练场馆和教学楼的设施设备情况，与教练员和文化教师代表进行座谈、听取意见。

（黄佳思）

体育产业

【体育产业政策落实与服务】 2016年5月，南宁市制定印发《南宁市加快发展体育产业促进体育消费实施方案》，建立体育产业发展部门联席会议制度，通过具体措施、办法推动产业发展。10月，经专家评审、验收，通过《南宁市体育产业总体发展规划(2016—2025)》，在自治区率先完成体育产业专项规划编制，为体育产业健康发展提供政策保障、科学指导。按时完成1489家体育经营企业统计调查及数据审核上报；加强对广西体育中心等大型体育场馆的管理指导，对获得中央大型体育场馆免费低收费开放资金补助的体育场馆进行专项督查，继续加强李宁体育园建设指导和管理。

【体育产业发展】 2016年，南宁市在自治区率先成立体育产业协会，36家体育产业骨干企业成为协会委员，填补体育企业信息交流平台的空白；召开以体育产业协会为主体的南宁市加快体育产业发展促进体育消费工作部门联席会议暨体育产业发展研讨推介会；建立体育产业项目库项目106个。推荐城市围棋联赛、桂超联赛、中国－东盟城市足球邀请赛、全国摩托艇锦标赛等13项赛事申报自治区体育产业品牌赛事发展专项资金；推荐8个项目申报自治区体育产业引导资金。李宁体育园被评为全国体育产业示范单位；广西城市围棋联赛被评为全国体育产业示范项目、2016中国体育旅游精品赛事；南宁太阳谷体育园、美丽南方2个景区被评为2016年中国体育旅游精品景区；南宁太阳谷—卡丁车—马场线路被评为2016年中国体育旅游精品路线；中国－东盟山地马拉松系列赛(马山站)被评为全国山地马拉松最美赛道。摩托艇、卡丁车、赛马、拳击、山地自行车、山地户外等时尚、新潮的休闲运动兴起，满足群众多元化的健身需求。南宁市手球训练基地总收入1551万元，比上年同期增长6.30%；南宁市体育场接待市民健身及训练48万人次，总收入426万元；面积近1.50万平方米的体会文化运动商贸城建设稳步推进。

【体育彩票】 2016年，南宁市把体育彩票销售任务分解到12个区县，区县利用重大节假日及重大赛事活动开展体育彩票销售和宣传，树立良好公益形象，不断提高销售额。体育彩票销售额完成8.659亿元，比上年同期增长53.30%，占自治区销售总量近三分之一，为全民健身筹集体彩公益金8913万元。（黄永铁）

责任编辑　李敬江　李志楠

卫生·计生

卫　生

综　述

【概　况】2016年，南宁市卫生和计划生育委员会设职能科室25个，行政编制75名（含市爱卫办6名）；直属事业单位22个，分别为南宁市第一至第九医院、市红十字会医院、市中医医院、市妇幼保健院、市卫生监督所、市疾病预防与控制中心、南宁中心血站、市卫生学校、市计划生育服务中心、江南片妇幼保健院、南宁急救医疗中心、市卫生信息中心、市计生宣教信息中心、市药具管理中心；代管市医药学会、市计划生育协会等群团组织，共计1.18万人。年度绩效职能指标设置一级指标4项，二级指标10项，三级指标26项，分值1000分。承接自治区、南宁市为民办实事项目8项，所有指标、项目均按时超额完成。人口计生工作连续第13年获自治区先进单位，市卫计委被评为自治区文明单位。

市辖区有卫生计生机构4488个（含计划生育技术服务机构、村卫生室），其中医院105个（公立医院57个、民营医院48个），基层医疗卫生机构4202个（乡镇卫生院123个，社区卫生服务中心41个，社区卫生服务站51个，门诊部、诊所和医务室2405个，村卫生室1582个），专业公共卫生机构164个（疾病预防控制中心17个、专科疾病防治所1个、健康教育所1个、妇幼保健院9个、急救中心1个、采供血机构5个、卫生监督所15个、计划生育技术服务机构115个），其他卫生机构17个。有医疗卫生机构床位4.31万张，比上年增加2038张，增长4.96%；每千常住人口医疗卫生机构床位6.10张，增长3.74%。医院床位3.25万张，增加1200张，其中中医民族医院床位7042张，增加553张；民营医院床位3193张，增加453张；乡镇卫生院床位7538张，增加820张；社区卫生服务中心304张。市属医疗机构床位2.83万张，其中医院1.85万张、卫生院7538张、社区卫生服务中心304张，增加1329张。有卫生人员7.72万人（含乡村医生3264人、卫生员342人），增加4035人，增长5.51%；每千常住人口卫生人员10.94人，增加0.46人。有卫生技术人员6.12万人，增加3821人，增长6.66%；每千常住人口卫生技术人员8.67人，增加0.45人。执业医师和执业助理医师2.19万人，增加1876人，增长9.37%。其中：中医类执业医师和执业助理医师3805人；每千常住人口执业医师和执业助理医师3.10人，增加0.23人；每千常住人口中医类执业医师和执业助理医师0.54人。注册护士2.68万人，增加1867人，增长7.49%；每千常住人口注册护士3.79人，增加0.22人。乡镇卫生院卫生人员8966人，增加277人，增长3.19%；乡镇卫生院卫生技术人员7590人，增加279人，增长3.82%；乡镇卫生院执业医师和执业助理医师2177人，增加105人，增长5.07%；乡镇卫生院注册护士2850人，增加161人，增长6%。市属医疗卫生机构卫生人员5.30万人，增加5.77%；卫生技术人员4.17万人，增加7.28%；执业（助理）医师1.55万人，增长10.40%；注册护士1.72万人，增长8.13%。

【卫生基建项目建设】2016年，南宁市获中央投资卫生项目7个（县级综合医院2个、县级妇幼保健院1个，乡镇卫生院4个），总建设规模6.23万平方米，总投资3.58亿元（中央补助1.01亿元）。至年末，在建项目5个，未开工项目2个。

【卫生计生采购项目】2016年，南宁市市级卫生计生采购项目252个，其中自筹采购项目40个，部门集中采购项目212个。完成部门集中采购项目210个，年采购资金2.21亿元（部门采购预算资金1.58亿元、自筹资金6266.67万元）。至年末，部门集中采购成交金额1.48亿元，财政性资金采购预算执行率97.90%，节约资金1020.41万元，节约率6.50%。

【医疗服务】2016年，南宁市辖区医疗卫生机构完成总诊疗人数4416.26万人次，比上年增加147.51万人次；医疗机构住院人数148.00万人，增加10.37万人，其中医院住院人数101.78万人。市辖区医院病床使用率90.03%；出院者平均住院10.10日；医师人均日担负诊疗人数6.90人次，日担负住院病床2.50床；医疗机构门诊病人人均医疗费161.80元，住院病人人均住院费8430.10元。市卫生系统开展“进一步改善医疗服务行动计划”“平安医院”及护理、药学、检验、输血、医院感染等专项督查工作1次，对全市39家二级以上医疗机构进行医疗质量检查；35家公立医疗机构均开展临床路径工作，15万多份病例纳入临床路径管理，完成率87.39%。有36家二级以

4月7日，金洲卫生院为居民举办世界卫生日知识讲座　　市卫生计生委提供

上医疗机构开展双休日及节假日门诊值班，推行检验检查结果互认制度。

【社区卫生服务】2016 年，南宁市有社区卫生服务机构 102 个，其中社区卫生服务中心 44 个（政府办 10 个、公立医院办 25 个、社会办 9 个），社区卫生服务站 58 个（政府办 4 个、公立医院办 18 个、社会办 36 个）；从事社区卫生服务的医务人员 2157 人。5 月，出台《南宁市社区卫生服务提升工程实施方案》，从“完善社区卫生服务机构设置规划，开展社区卫生服务机构星级认定，全面推进社区首诊、双向转诊和签约服务，引导和规范全科医生执业注册、稳定全科医生团队，发展中医药民族医药服务，加强信息技术应用”6 个方面，加强社区卫生服务网络建设。达到一星级以上标准的社区卫生服务机构占 50%，达到二星级以上标准占 20%。

【国家基本药物制度实施】2016 年，南宁市 22 家县级公立医院和 123 个乡镇卫生院、1384 个村卫生室、60 个政府及公立医院举办的社区卫生服务机构，全部实施国家基本药物制度并执行“零差率”销售政策，其他城市公立医院按规定比例优先配备使用基本药物。

【卫生应急保障】2016 年，市卫生计生委制订《2016 年南宁市建设 14 个乡镇卫生院急救示范点暨为民办实事项目实施方案》，出台《南宁市卫生计生系统手足口病联防联控方案(2016 版)》，修订《南宁市突发事件紧急医学救援应急预案》《南宁市突发公共卫生应急处置预案》；明确突发事件“分级管理”的基本原则，规范突发事件处置信息发布、响应等级、问责责任等相关规则。组织开展卫生应急综合演练活动，强化卫生应急处置能力，参与自治区国民经济动员医疗卫生专业保障队伍演练活动暨“桂动 -16”国民经济动员战地救护演练活动；参与在东海某海域由国家国民经济动员办公室和海军共同组织国家海上卫生动员中心具体实施的“海疆召唤 -2016”海上医疗救护拉动演练；参与在宾阳县举办的 2016 年南宁市突发公共卫生事件卫生应急技能比赛、综合演练；10 月 28 日至 31 日，卫生应急队员 46 人赴百色市开展跨地市拉练活动，内容包括义诊、战地医疗救护技能培训、“海疆召唤 -2016”经验交流、急行军、紧急避险、疏散隐蔽、传递口令、医疗救护、野外宿营及野外生存技能训练。12 月 15 日至 16 日，281 人参加在上林县举办的南宁市突发生活饮用水污染事件卫生应急综合演练。12 月 19 日至 21 日，市 32 家急救网络医院的 120 余人参赛人员在南宁市乡村大世界举行 2016 年南宁市院前急救医疗网络医院（急救站）急救技能竞赛。市卫生计生委牵头组织实施，完成 2016 年市政府为民办实事项目——按照“6 个 1”（添置一批院前急救设备，配置一台具有抢救监护功能的救护车，培训一批基层卫生院急救业务骨干，升级一批急诊抢救治疗场所，健全一套院前急救管理规范、工作流程和规章制度，完善一个基层医疗机构急救网络）标准建设 14 个乡镇卫生院急救示范点。完成第十九届海峡两岸旅行业联谊会、全国跳水冠军赛暨里约奥运会、“两会”、2016 亚洲国际集邮展览、第十一届南宁国际马拉松比赛等 28 项重大活动的医疗卫生保障。

【基层医疗卫生机构综合改革】2016 年，南宁市围绕“保基本、强基层、建机制”的工作重心，以健康南宁建设为核心，推进基层医疗卫生机构综合改革，提升基层医疗卫生机构服务能力和服务水平。实施国家基本药物制度，实行药品零差率销售；实行“定编定岗不定人”的用人新机制，招聘权限下放区县政府，并为符合条件的人员开通绿色通道；建立稳健的财政补助机制。落实乡镇卫生院基本药物零差率销售、基本工资、基本公共卫生服务、重大公共卫生项目、绩效工资、经常性收支缺口补助制度；探索医联体发展新模式；出台《南宁市进一步加强乡村医生队伍建设实施方案》，完善乡村医生养老、退出机制；落实“托低不限高”的绩效工资分配制度。

【基本公共卫生服务项目实施】2016 年，南宁市按照人均 45 元的标准，筹措基本公共卫生服务项目财政补助资金 3.11 亿元（中央筹措资金 2.49 亿元，自治区筹措资金 3898.65 万元，南宁市筹措资金 607.43 万元，区县、开发区筹措资金 1716.35 万元）；资金到位率 100%。累计建立电子健康档案 562.36 万份（人），规范化电子建档率 81.34%。累计发放健康教育宣传资料 887.74 万份，更新宣传栏 3315 期，播放音像资料 15.29 万次，播放时间 78.39 万小时；举办知识讲座 3173 次，开展公众健康咨询活动 2696 次。对高血压患者实施健康管理 32.31 万人，高血压健康管理率 31.15%；规范管理 26.35 万人，高血压规范管理率 81.54%。对糖尿病患者实施健康管理 8.54 万人，糖尿病健康管理率 17.65%；规范管理 6.95 万人，糖尿病规范管理率 81.43%。65 岁及以上老年人 56.58 万人，累计开展健康管理 36.84 万人，老年人健康管理率 65.10%。

【医学科研成果】2016 年，南宁市医疗卫生单位获科研项目立项 134 项，其中获省部级科研课题立项 6 项，厅级科研课题立项 83 项，市科学研究与技术开发计划项目 45 项。获广西医药卫生适宜技术推广奖项 31 个，其中二等奖 8 个、三等奖 23 个；获市科学技术进步奖项 24 个，其中一等奖 2 个、二等奖 5 个、三等奖 17 个；获奖论文 14 篇，其中市自然科学优秀论文一等奖 1 篇、二等奖 4 篇、三等奖 8 篇，广西第七届青年学术年会论文三等奖 1 篇。

【继续医学教育培训】2016 年，南宁市承办继续医学教育项目 98 项，其中国家级继续医学教育项目 5 项，自治区级继续医学教育项目 93 项。举办市级继续医学教育项目培训 37 期；参加继续医学教育培训人数 1.88 万人，培训 15.89 万人次。组织参加基层医疗卫生机构人员全科医师转岗培训 35 人，其中乡镇卫生院 18 人，社区卫生服务中心 17 人。组织县级医疗卫生机构 51 名医务人员参加自治区“万名医生肿瘤学培训班”项目培训。

【信息化建设】2016 年，南宁市二级以上公立医院有 23 家建立医院信息系统(HIS 系统)，13 家建立检验信息系统(LIS 系统)，8 家建立医学影像存档与通讯系统(PACS 系统)，26 家建立收费系统，5 家开展全结构化病历书写系统，15 家开展半结构化病历书写系统；有病历书写质控管理功能的医院 9 家，有电子化临床路径管理功能的医院 4 家，有抗菌药物分级、权限管理功能的医院 11 家。南宁市急救医疗调度指挥平台建成并投入使用，覆盖南宁急救医疗中心、七星急救站、红会急救站、秀厢急救站等急救站点；现场急救人员可通过无线网络将病人实时情况以图片、视频等方式传输至调度中心及接诊医院，达到高效、快捷、有效、系统的效果。南宁中心血站建设现代血站管理信息系统，包括医院输血管理系统与医院报销血费管理系统两大子系统，有 48 家驻邕医院使用医院输血管理系统进行网上订血及临床输血管理，9 家驻邕医院使用医院报销血费管理系统为献血者办理血费直报业务，减少血液报废数量，提高血液产品安全性。

【行政复议与行政诉讼受理】2016 年，南宁市卫生计生委收到行政复议申请 1 件，受理 1 件，维持原行政处罚决定 1 件。收到行政诉讼案件 2 件，其中一审胜诉 1 件，另 1 件法院未开庭审理。举行行政处罚听证会 3 次。

【行政执法人员专项清理】2016 年，南宁市卫生计生委对已经取得有效《广西壮族自治区行政执法证》的行政执法人员进行全面清理，保留持证人员 120 人，收回退休、转岗等人员的执法证件 14 个，注销从事执法工作的工勤编制人员行政执法证件7个。

【执法案卷评查】 2016年，南宁市卫生计生委组织开展执法案卷评查，评查行政许可案卷、行政处罚案卷120宗。其中，市卫生计生委办理的《黎某为他人进行非医学需要的选择性别的人工终止妊娠案》《某电器有限责任公司生产销售无"涉及饮用水卫生安全产品卫生许可批件"的涉及饮用水产品案》被评为自治区优秀案例。

【权力清单与责任清单调整】 2016年，南宁市卫生计生委修改调整行政权力事项13项。其中：行政许可1项(增加子项目内容)，行政征收5项(取消)，行政检查1项(取消)，行政裁决1项(取消)，其他行政权力5项(取消4项、名称修改调整1项)。市卫生计生委原保留权力事项110项，取消11项、修改调整2项后，保留权力事项99项。其中：行政许可8项，行政处罚18项，行政强制13项，行政征收12项，行政给付2项，行政检查18项，行政确认9项，行政奖励13项，其他行政权力6项。市卫生计生委的责任事项42项，事中事后监督管理制度19项，未作调整。市卫生计生委在全面清理行政权力事项的基础上，优化114项行政权力运行流程。

医政管理

【医疗安全管理】 2016年，市卫生计生委印发《2016年南宁市卫生计生系统深入开展创建"平安医院"工作方案》。5月31日，联合市综治办、市公安局和市司法局召开驻邕二级、三级医疗机构"南宁市2016年深化平安医院创建工作座谈会"，座谈平安医院创建工作。市卫生计生委等9个部门联合下发《关于印发南宁市严厉打击涉医违法犯罪专项行动实施方案的通知》《南宁市严厉打击涉医违法犯罪专项行动小组成员名单的通知》，7月起在全市范围内开展为期1年的严厉打击涉医违法犯罪专项行动。做好医患纠纷调解及信访处置。市级36家二级以上医疗机构中有29家建立警务室并开展"三防"(人防、物防、技防)系统建设，其中25家医疗机构"三防"系统建设达标，达标率86.21%；34家二级以上医疗机构参加医疗责任保险。市卫生计生委对委属13家医疗机构和3家其他公立医疗机构进行医疗服务质量与医疗安全、执业安全、器械和药品安全、临床用血安全等方面的全面检查。开展手足口病、寨卡病毒等传染病防控监督，指导各级医疗机构预检分诊、医院感染管理、医疗救治。7月，市第九医院通过等级医院复评。

【医疗纠纷处理与医疗事故鉴定】 2016年，南宁市有31家二级以上医疗机构建立独立的医患纠纷调解室，配专职工作人员33人；处理医患纠纷188起；产生赔偿34起，赔偿金额54.49万元；市、县医疗纠纷人民调解委员会调解237起，调解成功179起，成功率75.50%。市医学会开展医疗事故技术鉴定64件，其中由市卫生计生委直接受理并委托开展医疗事故技术鉴定22件、法院委托和直接申请的鉴定34件，鉴定结果为医疗事故11件。

【药品集中分类采购】 2016年，南宁市所有公立医疗卫生机构全面执行以政府为主导，以自治区为单位的药品网上集中分类采购政策。基层医疗卫生机构药品订单总额2.75亿元，配送到位金额2.57亿元，到位率93.45%；县级及县级以上医疗卫生机构药品网上集中采购订单总额14.26亿元，占全部药品采购总额92.29%，达到自治区全部药品采购总额90%以上的目标要求。

【医疗机构药事管理】 2016年，市卫生计生委开展抗菌药物临床应用专项整治，市医疗机构贯彻《处方管理办法》《抗菌药物临床应用指导原则》，科学制定专项整治工作方案并组织实施；各医院建立抗菌药物临床应用管理支撑体系，做到合理检查、合理用药、因病施治。做好医疗机构使用麻醉药品的监管，严把麻醉药品准入关；举办麻醉药品临床使用与规范化管理培训班2期，培训1300人。

【医院感染管理】 2016年，市卫生计生委组织开展县级医院、基层医疗机构、卫生计生委所属公立医疗机构的医院感染专项督导，督查委属二级以上公立医疗机构16家；县医院和基层医疗机构48家(县医院7家、基层医疗机构41家)；编印《医院感染管理工作手册》，发行1000多本；推动医院感染管理信息化建设并做好医院感染信息上报。针对手足口病防控形势，市卫生计生委制订下发《关于做好2016年秋冬季传染病医疗机构防控救治工作的通知》《南宁市卫生计生委关于印发南宁市寨卡病毒病医疗救治方案的通知》等，建立南宁市手足口病医疗救治专家分片联系制度，成立南宁市医疗救治专家组。5月，举办南宁市医院感染管理培训班，培训203人。10月，印发《关于做好2016年秋冬季传染病医疗机构防控救治工作的通知》，要求卫生行政部门及医疗机构确保各项防治措施有效落实。

【护理管理】 2016年，市卫生计生委加强护理服务提升，召开全市护理质控委员扩大会议(例会)4次；二级以上公立医院开展优质护理服务覆盖率100%；南宁市第四人民医院感染科护士长杜丽群获第四十五届"南丁格尔"奖。5月8日，组织举办南宁市"2016年护士节纪念活动暨表彰大会"，组织护理人员参加自治区卫生和计划生育委员会举办的庆祝活动。8月22日至24日，组织21名专家分7个小组，依据"优质护理服务评价细则(2014版)"对市属三级专科及二级医疗机构(含3家二级民营医疗机构)进行督导检查。6月、9月，市护理学会、市护理质控中心分别举办广西继续医学教育项目《2016年南宁市基层医疗机构护理骨干培训班》《男护士灾害应急救护技能

12月1日，卫生执法人员在南宁市五一路协和医院开展执法检查　市卫生计生委提供

培训班》《南宁市护理质量与安全管理培训班》3期,培训1200余人次。

【医疗应急救助】 2016年,由市卫生计生委牵头,与市公安局人口管理支队、市民政局、市人力资源和社会保障局、市新型农村合作医疗办公室等部门联合制定出台《南宁市卫生计生委南宁市公安局关于印发南宁市疾病应急救助对象身份核查机制实施方案的通知》《关于印发南宁市疾病应急救助对象无力支付医疗费用身份核查机制实施方案的通知》,救助311人次,累计支出救助资金203.41万元;审核交通事故受害人社会救助申请材料13份。

【"服务百姓健康"大型义诊】 2016年9月5日至11日,市卫生计生委组织区县卫生局及市属12家医疗机构337名医师、27名药剂师、184名护士到贫困地区、公共场所、城乡医院对口支援县级医院开展"服务百姓健康行动"大型义诊活动,为群众义诊8426人次,其中为抗战老战士义诊47人次;发放宣传资料3.86万份,举办医学大讲堂,参加人数5011人次,减免患者费用1.30万元。

疾病预防控制

【传染病疫情报告】 2016年,南宁市无甲类传染病疫情发生。乙类传染病报告发病率257.63/10万,死亡率7.54/10万,病死率2.93%(发病1.80万例,死亡527人)。无传染性非典型肺炎、脊髓灰质炎、人禽流感、流行性出血热、乙脑、炭疽、流脑、百日咳、白喉、血吸虫病和人感染H7N9禽流感的发病和死亡报告。乙类传染病报告发病率与上年相比略有下降(−5.17%),主要是麻疹、肺结核、艾滋病、梅毒和伤寒+副伤寒等病种发病率下降;死亡率有所上升(+25.99%),主要是艾滋病、狂犬病和肺结核报告死亡率上升。乙类传染病发病率居前五位的病种依次为:病毒性肝炎、结核病、梅毒、淋病和艾滋病;病死率前三位的病种依次为:狂犬病、艾滋病和肺结核。丙类传染病报告发病率1077.55%,死亡率0.10/10万,病死率0.01%(发病7.53万例,死亡7人)。丙类传染病占法定传染病总数80.70%,手足口病(发病6.40万例)占法定传染病总数68.64%。全市有传染病诊疗机构249家,传染病诊疗机构网络正常运行率100%。年内,报告传染病卡片12.83万张,及时报告12.82万张,及时报告率99.91%;审核卡片12.66万张,及时审核12.66万张;报告突发公共卫生事件57起(较大事件2起、一般事件47起、未分级事件8起),无特别重大、重大事件发生。接收预警信号数4134条,排除4050条,疑似事件数84条。

【免疫规划】 2016年,南宁市常规免疫冷链运转12次以上。适龄儿童建卡14.55万人;人口出生上卡率19.90‰。基础免疫接种情况:卡介苗接种率99.44%,乙肝疫苗接种率99.46%,乙肝疫苗首针及时接种率96.17%,脊灰疫苗接种率99.08%,百白破疫苗接种率99.25%,麻疹类疫苗(含麻疹、麻风、麻腮风疫苗)接种率99.21%,A群流脑接种率99.09%,A+C群流脑接种率95.55%,甲肝疫苗接种率99.24%,乙脑疫苗接种率99.12%,白破疫苗接种率98.89%。4月至5月,横县对8月龄到14岁儿童开展麻疹强化免疫活动,目标儿童接种率96.91%,达到预期目标。年内,全市报告麻疹病例6例,发病率0.086/10万;报告急性弛缓性麻痹(AFP)病例37例,报告率2.87/10万;无脊灰野毒株引起的脊灰病例;完成495人次的预防接种异常反应的调查处理。

【结核病防治】 2016年,南宁市政府将为传染性肺结核病人免费治疗纳入为民办实事项目。自治区卫生计生委将南宁市隆安县定为广西结核病防治医防合作标杆;7月,在隆安县召开有广西49个市级、区县医院有关人员参加的结核病医防合作工作现场会,推广隆安县医防合作经验。年内,全市以乡镇为单位实施现代结核病控制策略(DOTS策略)覆盖率100%;登记活动性肺结核病人4900例,发现新涂阳肺结核病人1146例,治愈上年登记的新涂阳肺结核病人887例,治愈率90.05%(887/985);发现肺结核病人1317人,累计治愈上年纳入为民办实事项目肺结核病人1218人,治愈率92.69%(1218/1314);市政府投入经费75万元,为所有项目肺结核病人提供免费检查和治疗。肺结核病人发病率得到有效控制,按发病日期计算的结核病发病率79.37/10万(5545例),比上年同期的100.19/10万下降20.82个百分点。全市乡镇、社区卫生机构转诊疑似肺结核患者4005人,总体到位3369人,总体到位率84.12%;县级以上结防机构通知乡镇、社区卫生机构管理肺结核患者5624人,实际管理5271人,管理率93.72%;乡镇、社区卫生机构上年同期管理已治疗肺结核病患者4676人,其中规则服药人数4243人,规则服药率90.74%。

【手足口病防控】 2016年,南宁市报告手足口病发病6.40万例,其中重症1380例,死亡7例;发生突发疫情18起;手足口病危重病例的病原以EV71型肠道病毒为主;手足口病病原学监测检测结果显示,优势病原体上半年为CoXA16、下半年为EV71。

【艾滋病防控】 2016年,南宁市开展艾滋病筛查189.84万人次(筛查率25.70%),比上年同期下降9.87%(筛查率下降2.80%);报告艾滋病感染者/病人1515例,下降4.54%。经性传播途径是南宁市艾滋病传播的首要途径,其中异性传播为主;经静脉吸毒传播逐年减低,经男性同性性传播比例上升明显(西乡塘区、青秀区、江南区);新报告病例以农民、中老年为主,感染人群分布广,部分乡镇存活数集中(横县、宾阳县、隆安县个别乡镇);疫情已由高危人群向一般人群扩散、城镇向周边农村地区扩散。

【碘缺乏病防治】 2016年,南宁市疾病预防控制中心完成碘盐监测3600份,合格率94.95%;合格碘盐食用率94.56%,碘盐覆盖率99.58%,无碘食盐率0.42%;达到国家消除IDD(碘缺乏病)标准。5月15日,市卫生计生委组织相关单位开展"坚持科学补碘,建设健康中国"为主题的宣传活动,发放防治宣传资料4.82万份,接受相关知识咨询1.10万人次。

【狂犬病防治】 2016年,南宁市报告狂犬病发病4例,发病率0.057/10万;病例暴露后均没有进行规范伤口处置和接种疫苗。市疾控中心专业人员多次赴疫情高发地区开展狂犬病防治知识宣传;加强医务人员培训,举办狂犬病防控技术培训班1期,培训170多人。

【血吸虫病防治】 2016年,南宁市连续28年无本地血吸虫病例报告,武鸣区、横县、宾阳县全年查螺面积322.96万平方米,宾阳县、武鸣区未发现残存螺点及新螺点;横县原有钉螺面积114.91万平方米,未发现阳性钉螺;对螺点实施药物灭螺,灭螺面积8.29万平方米;重点监测2207人,未发现有感染血吸虫病患者报告。

【重点疾病监测】

鼠疫监测 2016年,南宁市疾病预防控制中心采集鼠血400份,鼠疫F1抗体检测结果均为阴性;动物监测50份,结果均为阴性;鼠类内脏鼠疫杆菌培养200份,未培养出鼠疫杆菌。

疟疾监测 完成未外出居民血检5909人次,未检出疟原虫阳性者;流动人口血检1372人次,检出疟原虫阳性35例(恶性疟25例、间日疟3例、卵形疟5例、混合感染2例),所有病例得到及时、全程治疗,无继发二代病例、死亡病例报告。

霍乱监测　完成监测标本4149份,其中重点人群517份,医院腹泻病人2953份,外环境679份,所有标本检测结果为阴性。

流感哨点监测　完成流感监测采集标本2040份,检测出阳性232份。其中:B型流感病毒阳性122份,甲型H1N1流感病毒阳性79份,季节性H3N2流感病毒阳性31份。

出血性大肠埃希菌　O157:H7监测　完成采集标本1088份,其中腹泻病人粪便标本449份,动物粪便标本402份,苍蝇标本58份,食品标本179份;标本检测结果均阴性。

手足口病监测　完成监测手足口病轻症病例855例,检测出阳性732例(其中EV71阳性237例,CoXA16295例,其他肠道病毒200例)。

人禽流感监测　完成采集标本187份。其中:外环境标本152份,职业暴露人群血清标本35份。外环境标本检测结果阳性25份。其中:禽流感病毒H5亚型核酸阳性7份,禽流感病毒H9亚型核酸阳性7份,禽流感病毒H5、H9亚型核酸同时阳性1份,禽流感病毒(非H5、H7、H9)核酸阳性6份,甲型流感病毒核酸阳性4份。

人间布鲁氏菌病监测　完成采集职业人群血清标本217人份,布病抗体检测结果呈阳性13份。报告布病例18例。

登革热监测　完成监测发热病人血清标本532人份,检测结果登革病毒IgM抗体阳性2份。报告境外(印度尼西亚)输入性病例1例。

农村卫生

【新型农村合作医疗】 2016年,南宁市新型农村合作医疗参合农民521.42万人,参合率99.67%,完成参合率达到97%以上的目标任务。筹资标准由2015年的每人每年470元提高至540元,其中各级财政补助标准由2015年的每人每年380元提高至420元。全年新农合筹资总额至28.35亿元。各级财政补助资金到位21.89亿元,到位率100%。

全市有637.90万人次参合农民获医疗费用补偿,补偿基金21.38亿元,基金使用率75.93%。推进提高重大疾病保障,保障病种27种。5.13万名患者获重大疾病保障,保障金额3.71亿元。推进城乡居民大病保险,通过"一站式"理赔的案件1808件,赔付金额618.17万元。获大病保险赔付的案件中,赔付金额在10万元以上的案件有48件,其中补偿金额最高为33.02万元。落实新农合精准扶贫政策,自8月1日起调整提高建档立卡参合贫困人员住院(含重大疾病)、特殊病种门诊报销比例,相应各段报销比例提高5个百分点;将新农合大病保险筹资标准由25.96元提高至30元,建档立卡贫困对象大病保险起付线降低至2800元、各段大病保险赔付比例在原有基础上增加5个百分点。推进支付方式改革,完善控费机制。至年末,开展手术2605例。

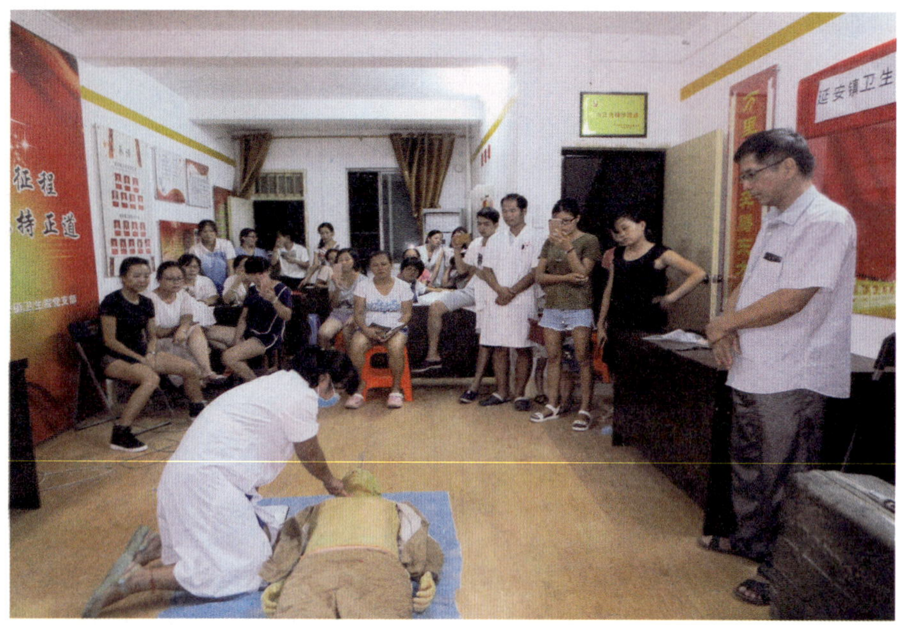

8月29日,江南区延安卫生院开展基层岗位大练兵活动　市卫生计生委提供

【基层医疗卫生机构标准化建设】 2016年,南宁市推进基层医疗机构标准化建设,改善基层医疗工作条件和就医环境。实施乡镇卫生院标准化建设项目4个:上林县木山乡卫生院业务用房建设,镇圩瑶族乡卫生院设备购置,马山县白山镇卫生院业务用房建设,金钗镇卫生院设备购置。社区卫生服务中心能力建设项目3个:兴宁区朝阳社区卫生服务中心采购DR、彩色B超,西乡塘区新阳中兴社区卫生服务中心、上尧社区卫生服务中心采购DR。自治区投入健康小屋建设项目资金500万元,市财政投入专项资金200万,实施健康小屋建设项目,涉及28家社区卫生服务中心。其中:兴宁区4家,青秀区11家,江南区3家,西乡塘区8家,良庆区2家。

【基层医疗卫生人员培训】 2016年,南宁市出台《南宁市进一步加强乡村医生队伍建设实施方案》;组织全市在岗乡村医生分批次到南宁市卫生学校进行为期3个月的封闭式培训;培训基层医疗卫生队伍在岗人员1万多人次;全科医生转岗培训210人,乡镇卫生院全科医生培训314人次。

【卫生对口支援】 2016年,南宁市安排33家市级、区县二级以上医疗卫生机构对口帮扶37家乡镇卫生院,各支援单位派出工作队3人至5人,共派出129人(副高以上职称11人、中级职称55人、初级职称63人次)到受援卫生院开展驻点工作;每批工作队驻点时间不少于6个月。驻点工作队通过开展多种形式的帮扶活动,提升对口支援乡镇卫生院的综合能力,开展临床帮带,病例讨论,巡回医疗,专题讲座;免费接收人员进修培训1239人次(长期培训14人次、短期培训1225人次);门诊接诊1.39万人次;推广新项目和适宜新技术43项;扶持基础设施建设,建设特色科室7个。对派出医疗卫生人员到乡镇卫生院进行帮扶的支援单位,中央财政、自治区财政给予资金补助93.72万元,全部拨付到位。

中医·民族医

【中医医院管理】 2016年,南宁市卫生计生委部署二级、三级中医医院开展"中医医院开展持续改进活动",年末通过自治区二级、三级"中医医院持续改进活动"检查评估,巩固提升各级中医医院的综合服务功能。强化中医"名科"建设。推进市中西结合医院"朱琏针灸国际研究基地"项目工作,完善辖区内7个二级中医院基地建设,筹备海外中医院基地建设。开展中医优势病种临床疗效研究和评价,形成诊疗方案并推广应用。完成2个(市中医医院脑病科、市中西医结合医院针灸科)国家中医药管理局中医临床重点专科和1个(武鸣县中医医院壮医推拿科)中医临床重点专科培育项目的评估考核。

【中医科研课题申报】 2016年，南宁市加强中医民族医特色的诊疗手法等研究，开展医疗机构申报各级中医类科研课题，获立项18项(市中医医院6项、市中西医结合医院7项、市第一医院1项、市第二医院1项、武鸣区中医医院3项)。

【中医药文化科普】 2016年，南宁市卫生计生委结合"壮族三月三"组织全市中医医疗机构开展以普及中医药、壮族瑶族医药知识为主题的科普宣传活动，组织动员市、区县共10家医疗机构参与，累计派出科普和义诊人员106人次，其中有全国著名老中医、广西著名中医等中医药专家、壮族瑶族医药专家；累计举办科普讲座13场，开展义诊17场次，制作宣传展板23幅及中医药、壮族瑶族医药宣传片1集，发放宣传资料4208份；接待群众咨询4671人次。

【中医药壮瑶医药产业发展】 2016年，全市中医药和民族医药制造业产值完成93.43亿元，比上年增长11.43亿元；中药材种植面积1.05万公顷，增长3201.60公顷。

【中医药服务能力建设】 2016年，南宁市所有社区卫生服务中心、乡镇卫生院、社区卫生服务站和89.49%以上的村卫生室都能提供中医药及民族医药服务，有85.70%的县级中医医院达到二级甲等中医医院水平。完成19个社区卫生服务中心和乡镇卫生院"中医馆"建设；选派市县专家440人次，入驻乡镇23个；举办专题培训127场；入村指导并开展义诊和宣教活动49场次；对1392个村卫生室和社区卫生服务站共1392名村医进行培训，培训率100%；进行村医培训操作考核，合格率100%。落实国家基本公共卫生服务中医药健康管理服务项目，为65岁以上老年人体质辨识26.07万人次，为0岁至3岁儿童中医药健康调养19.79万人次，目标人群覆盖率分别为50.86%、58.11%，分别超出国家目标任务10.86%、18.11%。

【中医重点专科建设】 2016年，南宁市卫生计生委推进市中西结合医院"朱琏针灸国际研究基地"项目，完善辖区内7个二级基地建设，筹备海外基地建设。完成2个国家中医药管理局中医临床重点专科(市中医医院脑病科、市中西医结合医院针灸科)和1个中医临床重点专科培育项目(武鸣县中医医院壮医推拿科)省级中期评估考核。

【基层中医改革试点】 2016年，南宁市继续将武鸣区中医医院作为中医药、壮医药服务县乡一体化试点，实现城区中医医院中医药、壮医药人员占医药人员比例不低于60%的试点改革目标。13个镇卫生院中医门诊量6.32万人次，比上年同期增长25.50%，开出中药饮片处方1.61万张，增长161.50%；开处中医非药物疗法处方1.13万张，增长34.10%；群众门诊次均费用和住院次均费用与自治区平均费用相比处于较低水平，住院患者个人自负费用比例从医改前41.67%下降至31.82%。

妇幼保健

【孕产妇保健】 2016年，南宁市分娩产妇数9.86万人，活产9.93万人；建卡人数9.85万份(人)，早孕建册率99.24%，超过自治区92%以上的项目要求；产前健康检查5次以上有9.73万人，产前健康管理率98%，超过自治区90%以上的目标要求；实施孕产妇系统管理9.59万人，系统管理率96.58%，超过自治区85%以上的目标要求；产后访视人数9.76万人，访视率98.26%，超过自治区90%以上的目标要求；住院分娩活产数9.93万人，住院分娩率99.99%，超过自治区99.90%以上的目标要求。

【儿童卫生保健】 2016年，南宁市活产9.93万人，新生儿访视人数9.83万人，访视率98.99%，均达到自治区要求的大于90%以上的目标；全市有0岁至6岁儿童75.01万人，实施健康管理人数70.44万人，管理率93.91%，达到自治区要求的85%以上；0岁至6岁儿童系统管理人数67.23万人，管理率89.63%。其中：城市儿童人数35.05万人，系统管理31.22万人，管理率89.09%；农村儿童39.97万人，系统管理36.01万人，管理率90.10%，均达到自治区要求的大于85%以上的目标。全市婴儿死亡361人，死亡率3.64‰；5岁以下儿童死亡500人，死亡率5.03‰。没有新生儿破伤风发生报告。

【贫困危重孕产妇医疗救助】 2016年，南宁市继续将救助贫困危重孕产妇列入为民办实事项目，通过实施孕产妇保健管理和健康教育，举办各级妇幼人员专题培训班，建立健全城乡村妇幼三级保健管理网络和产科急救网络等措施，对贫困危重孕产妇进行救助。全年抢救危重孕产妇1327人，抢救无效死亡26人；抢救成功率98.04%，孕产妇死亡率9.30/10万，控制在自治区孕产妇死亡率平均低于22/10万的目标要求。救助贫困危重孕产妇79人，发放救助金155.88万元，资金到位率100%。西乡塘区、兴宁区、良庆区、上林县、隆安县、马山县孕产妇死亡率为零。

【降消农村住院分娩补助】 2016年，南宁市实施降消农村住院分娩补助项目，提高孕产妇住院分娩率、降低孕产妇死亡率、消除新生儿破伤风。全市分娩产妇9.86万人，住院分娩活产9.93万人，住院分娩率99.99%；孕产妇死亡10人，孕产妇死亡率9.30/10万，控制在自治区要求控制在22/10万以下；没有新生儿破伤风发生；其中农村户籍产妇住院分娩活产7.24万人，获住院分娩补助7.38万人，补助率101.89%；各区县补助金额3024.80万元，补助率达到自治区要求的80%以上，完成全年补助任务数(7.48万人)98.68%。

11月18日，邕宁区中医医院开展为老年人体质辨识服务　　市卫生计生委提供

【农村妇女增补叶酸】 2016年,南宁市继续实施农村妇女增补叶酸项目,全市新增免费叶酸服用妇女12.04万人,完成年度任务11.13万人的108.23%;新增应服用人数12.07万人,免费叶酸服用率99.79%,达到自治区要求80%以上;比上年上升1.86%;叶酸服用依从人数11.95万人,依从率99.25%,比上年上升2.61%,达到自治区要求70%以上;完成增补叶酸知识调查6.17万人,知晓人数6.09万人,目标人群增补叶酸知识知晓率98.75%,比上年下降0.04%,达到自治区要求的90%以上;服用叶酸个案《广西妇幼卫生信息管理系统》录入率96.95%。围产儿神经管缺陷发生8例,发生率0.60/万,比上年下降25%。

【农村妇女"两癌"普查试点】 2016年,西乡塘区、邕宁区、武鸣区、横县、宾阳县、上林县、马山县、隆安县是南宁市农村妇女宫颈癌、乳腺癌免费检查项目试点区县。马山县宫颈癌筛查任务1万人,实际完成1万人,完成率100%,其中阴道镜检查人数53人,病理检查人数15人,确诊宫颈癌2例,宫颈病变治疗3人;马山县HPV检查任务5000人,实际完成5000人,完成率100%,HPV阳性385人,TCT检查异常38人,阴道镜检查异常12人,组织病理检查12人,检查出CIN1、CIN2及CIN3癌前病变共5人,确诊宫颈癌2人,宫颈病变治疗7人;乳腺癌检查任务数1万人,实际完成1.02万人,完成率102.26%,病理检查人数0人。武鸣区宫颈癌筛查任务1万人,完成1.10万人,完成率110%;其中阴道镜检查人数132人,病理检查人数85人,确诊宫颈癌0例,宫颈病变治疗29人;乳腺癌检查任务数1万人,实际完成1.34万人,完成率133.55%,病理检查人数4人,治疗4人。邕宁区宫颈癌筛查任务6000人,实际完成6000人,完成率100%,其中阴道镜检查人数55人,病理检查人数26人,确诊宫颈癌4例,宫颈病变治疗0人;乳腺癌任务数6000人,实际完成9220人,完成率153.67%,病理检查人数1人,治疗1人。上林县宫颈癌筛查任务6000人,实际完成6000人,完成率100%,其中阴道镜检查人数46人,病理检查人数43人,确诊宫颈癌0例,宫颈病变治疗5人;乳腺癌任务数6000人,实际完成1.08万人,完成率180.73%,病理检查人数0人。隆安县宫颈癌筛查任务3070人,实际完成3070人,完成率100%;其中阴道镜检查人数113人,病理检查人数1人,确诊宫颈癌0例,宫颈病变治疗0人;乳腺癌筛查任务1.20万人,实际完成6443人,完成率53.69%,病理检查人数15人,治疗15人。宾阳县宫颈癌筛查任务数7470人,实际完成5120人,完成率68.54%,其中阴道镜检查人数2490人,病理检查人数38人,确诊宫颈癌0例,宫颈病变治疗16人;乳腺癌筛查任务数2.50万人,实际完成7565人,完成率30.26%,其中乳腺X检查人数35人,病理检查人数21人,治疗15人。横县宫颈癌筛查任务数9090人,实际完成2018人,完成率22.20%,其中阴道镜检查人数1607人,病理检查人数0人;乳腺癌筛查任务数2.50万人,实际完成2.35万人,完成率94.11%,病理检查人数4人,治疗4人。西乡塘区宫颈癌筛查任务数7260人,实际完成1556人,完成率21.43%,其中阴道镜检查人数449人,病理检查人数27人,治疗27人;乳腺癌筛查任务数1.50万人,实际完成3867人,完成率25.78%,病理检查人数4人,治疗4人。针对检查出疾病的人员提出治疗性的指导意见、建议及跟踪随访。阳性个案均按要求录入《国家重大公共卫生服务项目妇幼卫生项目管理系统》。

【婚前医学检查】 2016年,南宁市12个区县的婚育综合服务中心运转正常,为新婚对象提供免费婚检服务。年内,结婚登记人数8.87万人,免费婚检人数8.73万人,免费婚检率98.36%,其中12个区县的免费婚检率均达到自治区85%以上绩效考核要求。所有婚检对象进行地中海贫血、HIV、梅毒的筛查,筛查结果为:HIV阳性64例、梅毒阳性110例、地中海贫血初筛双阳夫妇2751对。

【产前筛查及新生儿疾病筛查补助】 2016年,南宁市分娩产妇数9.86万人,活产9.93万人,产前筛查孕产妇8.68万人,筛查率82.00%,达到自治区65%以上的项目指标要求,其中农村户籍孕妇建卡6.41万人,补助5.06万人,补助金额581.74万元;全市机构活产13.55万人,新生儿疾病筛查13.11万人,筛查率96.77%,达到自治区93%以上的绩效考核要求,其中农村户籍住院分娩活产7.23万人,补助7.28万人,补助金额395.02万元。

【地中海贫血防控】 2016年,南宁市婚前检查中地中海贫血筛查8.71万人,孕妇地中海贫血筛查13.99万人,有4475对已孕双阳夫妇,有4351对已孕双阳夫妇进行地贫基因诊断,有4888对符合基因诊断补助条件,其中有2497对是孕期进行基因诊断获得补助,有2391对在婚检时发现双阳进行基因诊断获得补助,基因诊断补助率100%,达到自治区要求70%水平,补助经费488.60万;有1300例符合产前诊断补助,有1300例获得补助,农业户籍补助率100%,达到自治区要求70%以上,补助经费239.90万元。确诊为中间型或重型地贫胎儿191例,终止妊娠190例,干预率99.48%。在出生缺陷监测种类排序中,地贫2010年排序第一位,2016年排序第四位。重型地贫活产1人,比2009年下降98.28%。

卫生监督

【卫生行政许可】 2016年,南宁市卫生计生委承接自治区卫生计生委下放行政许可审批职责2项(消毒产品卫生许可、护士执业注册)。清理规范市卫生计生委

3月10日至11日,南宁市地中海贫血防控知识培训班在凤凰宾馆举办

市卫生计生委提供

许可权力清单，保留医疗机构设置放射诊疗项目职业病危害预评价报告审核、防护设施设计审查和竣工验收；放射源诊疗技术和医用辐射机构许可；公共场所、供水单位和涉及饮用水卫生安全的产品、消毒产品生产企业卫生许可；医疗机构设置审批、执业登记；医师护士执业注册；母婴保健、计划生育服务机构和人员执业许可；母婴保健、外籍医师（外国医疗团体）在华短期行医审批等行政许可7项。保留行政权利2项（新建、改建、扩建一、二级病原微生物实验室备案，医疗机构麻醉药品、第一类精神药品购用印鉴卡核发）。所有审批事项平均比承诺办理时限提速63.51%，实际办理比时限提速91.94%。接待群众现场或电话咨询8000多人次，受理各类行政许可事项7168件，办结7170件，所有受理审批事项全部在承诺时限之前办结，提前办结率100%。发放各类证（批）件1.04万份。年内，市卫生计生委政务服务窗口有3个季度获“优质服务竞赛流动红旗”，19名同志被评为优质服务标兵和优质服务岗。

【卫生行政处罚】 2016年，南宁市卫生监督所立案90起（简易程序9起、一般程序71起、听证程序10起），结案87起，结案金额50.14万元；罚没金额50.14万元；警告51起，吊销执业证书2起；行政强制执行案件1起，行政复议案件1起，行政诉讼1起。其中《黎某为他人进行非医学需要的选择性别的终止妊娠手术案》《某电器有限责任公司生产销售无“涉及饮用水卫生安全产品卫生许可批件”的涉及饮用水产品案》2起执法案例，分别获“全国卫生计生监督执法优秀典型案例”“全国卫生计生综合监督行政执法微课大赛”三等奖。

【食品安全检验监测】 2016年，南宁市卫生监督所食品安全检验计划监测食品样品27类74种3912份，完成监测3933份，监测完成率100.54%，有现行有效国家限量标准3293份，合格2922份，合格率88.73%。

【医疗机构监督】 2016年，南宁市卫生计生委监管医疗机构252家，其中自治区下放监管权限非营利性三级医院21家，市级非营利性一级、二级医院43家，民营医院25家，门诊部25家，医务室112家，诊所20家，采血机构6家；母婴保健技术服务医疗机构56家。组织监督执法人员1001人次，监督检查医疗机构267家次，覆盖率100%。查办各类医疗机构违法违规案件134件，其中超范围开展诊疗案件36件，使用非卫生技术人员案件39件，未经批准擅自从事母婴保健技术服务案件1件，其他案件58件；总案值48.49万元。没收金额3.05万元，其中处罚款120户次、金额44.30万元；警告57户次，吊销《医疗机构执业许可证》36户；责令停业整顿6户次。查处无证行医案件100件，总案值63.78万元；没收金额15.14万元，罚款金额47.13万元；移送公安机关案件4件。监督医疗美容服务的医疗机构37家。其中：二级以上公立医院12家，营利性医疗美容专科医院1家，医疗美容门诊部6家，医疗美容诊所18家。查处违法使用非卫生技术人员从事医疗美容服务的案件1起。

【放射卫生监督】 2016年，南宁市卫生计生委监督检查放射诊疗机构243家，监督覆盖率100%。放射诊疗机构的有效《放射诊疗许可证》持证率100%；《大型医用设备配置许可证》持证率100%。应审核放射诊疗建设项目职业病危害放射防护预评价项目368项，实际审核286项；建设项目职业病危害放射防护设施应实施竣工验收368项，实际验收286项；有放射工作人员2203名，其中有2170人进行职业健康检查、放射卫生培训和个人剂量监测，体检率、放射卫生培训率和个人剂量监测率98.50%；检测出的2名职业禁忌症均能按要求调离放射工作并妥善安置；577台放射诊疗设备中有567台进行状态检测和放射诊疗工作场所防护检测，检测率均98.26%；放射工作场所入口处等“当心电离辐射”警告标志设置率100%；各项放射卫生防护管理制度建立率92.50%；放射安全与防护工作管理委员会设立率92.60%；医务人员特别是申请X射线诊断检查的临床医师对《医用X射线诊断受检者放射卫生防护标准》等标准应用知晓率90.70%；放射个人防护用品按标准配备率98.30%；落实放射防护措施，放射工作人员、患者及公众获得有效防护率91.80%；放射卫生档案规范建档率90%以上。

【公共场所卫生监督】 2016年，南宁市卫生计生委完成公共场所卫生重点监督检查，抽检41家（包括学校游泳池）123份水样，全部项目合格37家，合格率90.24%；抽检游泳池水水样82份，合格77份，合格率93.90%；抽检浸脚池水样41份，合格40份，合格率97.60%；对57家公共场所单位顾客用品用具抽检233份样品，合格206份，合格率88.41%；对44家公共场所室内空气质量抽检396份样品，合格率100%；对10家公共场所的集中空调通风系统抽检100份样品，合格率100%。立案46起，结案42起，结案率91.30%；结案金额16.57万元。

【生活饮用水卫生监督】 2016年，南宁市设置56个生活饮用水卫生监测点，市卫生监督所对全市13家水厂、11家二次供水单位和32个管末梢水按丰水期、枯水期的要求进行监督监测，按季度进行监测，各个季度水质监测合格率分别为96.40%、91.10%、89.10%、91.10%。指导和督查区县14家乡镇卫生监督协管站、17家乡镇水厂的水质处理，具备一定制水工艺的水厂有14家，配备消毒处理设备的11家，能正常运转的6家，设置水质化验室的7家，能开展水质自检工作的有2家，具备检验人员资质的有3家，能按要求对当日水质检测结果进行登记的2家，从业人员持有效健康证明的有10家。年内，立案10起，结案8起；处罚金额3.40万元。

【学校卫生监督】 2016年，南宁市对中小学校教学环境卫生、传染病防控、生活饮用水卫生等进行综合性卫生监督检查，对12所学校管道分质直饮水进行卫生监督抽检，抽检36份水样，合格率100%；对12所学校游泳场馆进行卫生监督抽检，共抽检36份水样，合格率97.22%；对10所学校共30间教室照明进行卫生监督抽检，合格率16.70%；运用简易程序对8所违反《学校卫生工作条例》行为的学校予以警告。开展国家卫生计生委项目——学校卫生监督信息公开试点工作，在“全国学校卫生监督信息公开工作研讨会”“全区推进学校卫生监督信息公开试点工作骨干培训班”作经验交流。

【职业卫生监督】 2016年，南宁市卫生计生委对管理的6家职业健康检查机构、职业病诊断与鉴定机构、职业病报告管理机构进行日常督查，督查覆盖率100%；监督信息直报率100%。

【消毒产品卫生监督】 2016年，南宁市卫生计生委监督检查餐饮具集中消毒单位92家次，监督覆盖率400%。抽检消毒餐饮具样品1928份，合格1915份，合格率99.30%。结合“3·15”主题，采取邀请电视、电台、报纸等媒体记者现场参与执法行动的媒体互动方式，开展2016年“3·15”消毒产品健康维权专项执法活动，在全市范围内开展为期3个月的“药店销售抗抑菌制剂类消毒产品专项监督执法行动”；重点检查药店销售的消毒、产品标签、说明书是否符合《消毒产品标签说明书管理规范》等，检查药店245家。

【传染病卫生监督】 2016年，南宁市卫生计生委监督检查医疗废物和医院污水

南宁年鉴

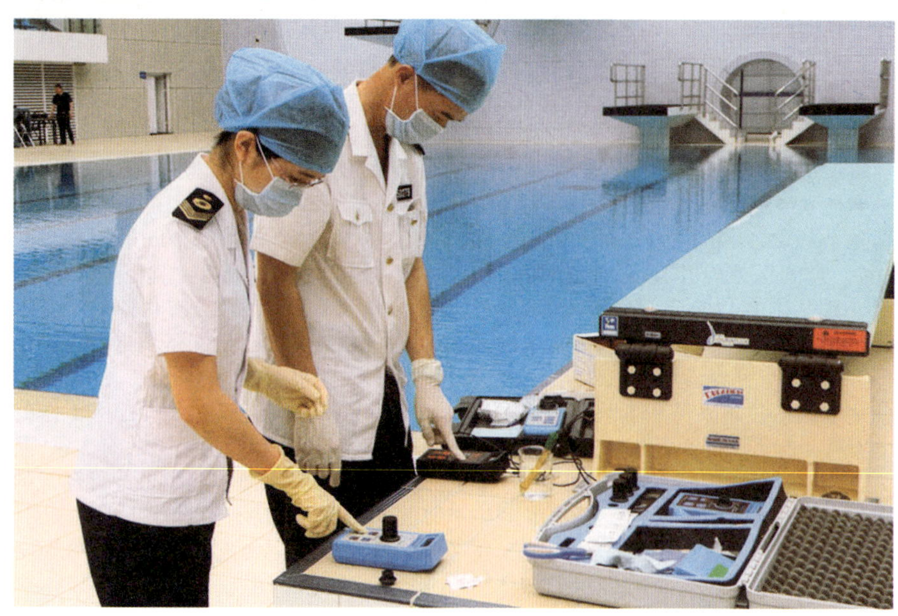

2016 年全国跳水冠军赛暨里约奥运会选拔赛卫生安全保障工作卫生监督员在进行跳水池水快速检测　　市卫生计生委提供

处置情况专项检查 345 家次(含各级各类医疗机构、疾病预防控制机构、采供血机构);监督检查辖区内 15 家医疗机构。其中:自治区级医疗机构 4 家,市级医疗机构 4 家,县级医疗机构 3 家,乡镇卫生院 4 家。对 1 家公安派出所的职业暴露防控组织机构、报告流程、发生暴露后采取的措施,对 35 名医务工作者(医生 3 人、护士 30 人、检验技士 2 人)和 1 名公安实习民警职业暴露预防相关知识的普及程度、掌握程度等进行卫生监督检查。3 月 24 日至 25 日,市卫计委组织 13 个督查小组,全市 212 家次(含乡镇卫生院、社区服务中心)的疫苗接种、疫苗流通、预防接种等管理进行专项督导检查,对检查中发现预防接种环节存在问题的 5 家单位提出整改建议,并下达卫生监督意见书、责令限期整改。

【食源性疾病主动监测】 2016 年,南宁市卫生计生委计划监测食源性疾病病例 3960 例,完成监测 4868 例病例,完成年度任务 122.93%。对 1558 例进行致病菌检测,检测出携带致病菌有 221 份,检出率 14.18%;监测食源性疾病暴发 19 起,暴露 1405 人,发病 135 人,住院 80 人,罹患率 9.61%;死亡 1 人,死亡率 0.71‰。

【卫生监督应急保障】 2016 年 3 月,南宁市卫生计生委制订《2016 年南宁市建设 14 个乡镇卫生院急救示范点暨为民办实事项目实施方案》,为示范点提供建设依据。5 月,出台《南宁市卫生计生系统手足口病联防联控方案(2016 版)》,实行“12345”手足口病防控模式,为预防爆发手足口病建立健全长效管理机制。定期开展南宁市急救网络医院院前急救工作检查,提升医院院前急救能力。健全突发事件医疗卫生应急救援长效管理机制,修订出台《南宁市突发事件紧急医学救援应急预案》《南宁市突发公共卫生应急处置预案》,明确突发事件分级管理的基本原则,规范突发事件处置信息发布、响应等级、问责责任等相关规则。组织实施市政府为民办实事项目,为 14 家乡镇卫生院急救示范点按照“6 个 1”(即添置一批院前急救设备;配置一台具有抢救监护功能的救护车;培训一批基层卫生院急救业务骨干;升级一批急诊抢救治疗场所;健全一套院前急救管理规范、工作流程和规章制度;完善一个基层医疗机构急救网络)标准进行配置;在广西体育中心举行 14 辆救护车的交车仪式。完成第十九届海峡两岸旅行业联谊会、全国跳水冠军赛暨里约奥运会选拔赛、“两会”、2016 亚洲国际集邮展览、第十一届南宁国际马拉松比赛、中共南宁市第十二次代表大会等 28 项重大会议和重大活动的医疗卫生保障;对 53 家接待宾馆和南宁国际会展中心、广西壮族自治区体育中心、广西展览馆等重点活动场所的空气质量及生活饮用水水质进行现场快速检测。检测监测点 486 个、样品 3232 份,监测项目包括 CO、CO_2、温湿度、照度、风速、可吸入颗粒、甲醛、军团菌、致病菌等空气质量指标,对挥发性有机气体、NH_3、H_2S、SO_2、Cl_2 等急毒气体进行卫生监测。

血液采供

【血液采集】 2016 年,南宁市献血人数 13.18 万人次,比上年同期增加 3642 人次,增长 2.84%。其中:全血采集 12.25 万人次,增加 2239 人次,增长 1.86%;机采血小板采集 1.63 万人份,增加 3087.50 人份,增长 23.40%;互助献血人数 1.99 万人次,占总献血人数 15.12%,下降 29.92%。团体招募 5.15 万人次,增加 2.48 万人次,增加 92.95%。血液采集总量 21.72 万 U (52.74 吨),增加 1.46 万 U,增加 6.71%。其中全血采集 19.62 万 U,增加 1.21 万 U,增加 6.14%;机采血小板采集 2.10 万 U,增加 2516.5U,增加 11.98%;互助献血量 3.32 万 U,减少 58149U,减少 63.65%,占总采血量 15.29%。采血招募中,城市居民献血占 84.35%,下降 2.02%;农村居民献血占 15.65%,增加 2.02%;团体献血占 39.06%,增长 18.24%;街头献血占 45.82%,增加 11.68%;固定献血者比例 30.21%,上升 5.39%;献 200ml 率 28.07%,下降 7.32%,献 300ml 率 22.69%,增加 0.80%;400ml 采集 5.98 万人次,占 48.86%,增加 9053 人次,上升 6.62%。

【临床供血】 2016 年,南宁中心血站向

12 月 23 日,广西机电职业技术学院单日千人献血现场　　市卫生计生委提供

临床提供去白红细胞 19.10 万 U，比上年同期增加 6148.50U，增长 3.33%；冰冻血浆 19.53 万 U，减少 4555.50U，下降 2.28%；机采血小板 1.62 万人份，增加 3053 人份，增长 23.23%；冷沉淀 3.69 万 U，增加 8764U，增长 31.18%。

【血液检验】 2016 年，南宁中心血站对 13.15 万份血液标本进行 HBV、HCV、HIV、TP、ALT 检测，比上年同期增加 2866 份，增长 2.20%；合格 12.90 万份，合格率 98.10%；不合格 2514 份，不合格率 1.90%。不合格项目中 HBsAg+ 占 33.37%，抗 -HCV+ 占 10.62%，抗 -HIV+ 占 7.68%，抗 -TP+ 占 10.98%，ALT38.19%；核酸标本检测 17.33 万份，阳性 264 例；HIV 初筛阳性标本 193 份。

【血液制备】 2016 年，南宁市中心血站制备成分血 33.05 万袋。其中：去白红细胞 20.04 万 U，比上年同期增长 6.86%；新鲜冰冻血浆 1898.32 万毫升，增长 23.11%；普通冰冻血浆 1038.48 毫升，下降 0.98%；冷沉淀 3.63 万 U，增加 7149U，增长 24.54%；其他血液成分制备：冰冻加甘油保存红细胞 96U，冰冻解冻去甘油保存红细胞 73U，洗涤红细胞 1803 袋。血液隔离与放行、贴签、包装的正确率 100%，无质量投诉。

【无偿献血宣传】 2016 年，市中心血站组织开展宣传无偿献血知识等活动，发放宣传资料 22 万余册，宣传海报 400 张，挂横幅 60 余条，制作宣传展板约 70 块；在各类媒体刊发、播放无偿献血相关知识和新闻报道 636 篇次；到全市各中小学校和社区开展血液知识专题讲座，发放血液科普宣传资料 5000 份、血型趣味漫画 1800 本，接受咨询 2500 余次；在广西电视台公交车移动频道每天黄金时段投放无偿献血公益广告 2 次，广西电台 930 频道每天黄金时段播放无偿献血音频广告 1 次，普及和提高民众无偿献血的知识及意识；利用短信、微博、微信等新传媒平台对无偿献血进行广泛性宣传，发布微博、微信 600 多条，关注人数 4 万余人；提供网上献血点查询、在线咨询、血液科普、知识问答等功能服务。通过各类主题活动，宣传无偿献血知识，扩大公益影响力；举办南宁市首届“献血者家庭风采大赛”，为献血者提供展示平台；启动“血脉相连——妈咪宝贝安心计划”，关注孕产妇用血安全；启动“一袋血的爱心之旅”项目，打造亲子教育品牌；举办“献血者百人公益相亲趴”，圆单身献血者脱单梦；举办广西首个外国留学生主题献血活动；开展“医务人员献血月”活动、“6·14 世界献血者日”庆祝活动、“公务员献血月”系列活动等。

【献血服务】 2016 年，市中心血站免费用血报账 1775 人次，比上年同期减少 354 人，下降 16.63%；免费用血金额 168.30 万，减少 35.20 万元，下降 17.29%；献血者常规回访 1200 多人次；接听解答献血者电话及现场咨询 2.30 万人次；补办献血证 600 人次。开展献血者满意度调查，调查 6.20 万人次，满意率 97.79%；对 962 名 ALT 不合格献血者进行短信反馈，对 1551 名其他不合格献血者进行电话反馈；电话回访献血不良反应 932 人次，其中 3 人次发生较重献血反应，均及时送往医院治疗，并进行跟踪回访，每位献血者都恢复良好。发送慰问、感激、献血间隔提醒等短信 126 万多条；组织献血者联谊活动 4 次。

【血液质量管理】 2016 年，市中心血站完成对去白全血、悬浮红细胞、去白悬浮红细胞等 8 种血液成分共计 1375 袋次的质量抽检，抽检合格率 98.76%，较上年(98.46%)略有上升；完成对血袋、机采耗材、检测试剂(ELISA、血型、ALT)、一次性使用卫生用品等共 294 批次的质量抽检和资质审核，合格率 99.70%；完成包括大容量冷冻离心机、冷链设备等在内的关键设备质量检查 1080 台次；完成采血秤、温度计、微量加样器、天平、砝码等一般使用计量器具比对校准 582 台次；完成对采血车、捐血点、成分制备室、储血冰箱、血液运输箱等染菌数监测 640 频次。对于质量管理工作，定期做好对采供血关键科室的日常巡检；编制质量月报 11 期；修订 2012 版质量体系文件。 （肖裕翰）

爱国卫生运动

【概　况】 2016 年，南宁市爱国卫生运动委员会办公室以“加快推进健康南宁建设，打造国家卫生城市升级版”为重点，继续抓创卫“每月一考核”长效管理、健康教育、病媒生物防制、基层卫生创建工作，开展“爱国卫生月”“无烟日”“除四害统一行动周”“周末大扫除”和“城乡环境卫生整洁行动”等群众性爱国卫生运动。打造国家卫生城市升级版，开展健康社区(小区)建设示范项目，推进“细胞”工程建设；开展无烟日劝阻吸烟、控烟宣传、控烟联合执法检查活动，通过自治区无烟机关单位创建考核验收。贯彻落实全国爱国卫生电视电话会议精神，开展“清洁家园、灭蚊防病”爱国卫生运动，启动“健康南宁·除四害行动”入户作业行动，组织全市统一开展灭害活动，防控寨卡病毒。结合“美丽南宁”乡村建设，开展城乡卫生综合整治，完成年度卫生村镇、卫生先进单位创建目标。提升宾阳县、横县、隆安县巩固自治区卫生县城成果；马山县、上林县通过国家卫生县城考核验收，完成农村无害化卫生厕所建设 1500 座。

【国家卫生城市巩固提升】 2016 年 1 月 26 日，南宁市被全国爱卫会重新确认国家卫生城市，获“国家卫生城市”二连冠。巩固首府南宁创卫成果，南宁市实行“每月一考核、每季一考评、每年一评比”制度，市创卫办、市“大行动”办(市“美丽南宁·整洁畅通有序大行动”指挥部办公室)、市乡村办(市“美丽南宁”乡村建设领导小组办公室)、市文明办、市“两重两问”办(市重点工作重点项目监督检查问责问效领导小组办公室)五办联创，定期对各城区、开发区和市直重点责任部门开展巩固提升创建国家卫生城市工作现场考评，形成“每月一考核”结果通报各城区(开发区)、每季度考核结果刊登媒体通报全市。开展城乡环境卫生综合整治、专项整治，推进 3 个“100”天扬尘污染治理专项行动，开展农贸市场公厕专项整治，加大“五乱”(乱摆设摊点、乱停放车辆、乱扔弃垃圾、乱张贴广告、乱搭建工地)案件查处力度，年内，全市派城管执法人员 92.80 万人次，出动城管执法车辆 17 万辆次，查处“五乱”案件总数 91.10 万起，其中乱摆卖(含跨门槛经营)行为 17.90 万起，在人行道违法停车案件 14.80 万起，乱扔垃圾行为 3.20 万起，户外广告管理查处案件 54.30 万起，工地乱象行为 0.90 万起。加强市政公用基础设施维护管理，推动垃圾分类处置等，巩固提升国家卫生城市。

【健康教育与健康促进】 2016 年，市爱卫办加大健康教育宣传力度，印制 6 种宣传挂图 12 万张，2 种宣传折页 5200 份，宣传手册 3 万本，银铂张贴的禁烟标识 1.80 万个；向区县爱卫办发放宣传海报 3 种 3900 张，折页 3 种 4.20 万份；宣传引导市民保护环境、讲究卫生，自觉养成良好的文明卫生习惯。组织市爱卫会各委员单位、无烟机关创建单位、市属各卫生计生机构，各城区爱卫办等单位干部职工，参加由自治区爱卫办在仙葫广场举办的广西首届“无烟生活健康人生”戒烟竞赛活动，参加活动 1000 人，参与义诊咨询 500 多人；8 月 25 日，在自治区无烟机关无烟单位创建活动总结表彰会上，7 人分别获戒烟竞赛一、二、三等奖。召开爱国卫生运动执法工作推进会，报告南宁市贯彻落实《南宁市爱国卫生条例》《南宁市控制吸烟规定》执法情况，牵头组织在全市机关服务窗口、网吧、汽车客运站范围内开展控烟联合执法检查活动。联合江南区政府,在香格里拉广场举办“南宁市第29个世界无烟日主题宣传日”现场活动,组织青年志愿者在主要公共场所开展劝阻吸烟及控烟宣传活动,参与活动630人次。会同市疾控中心开展全市2015年度中央补助地方健康素养促进行动项目、创建自治区级无烟机关单位项目督导工作;组织参加在邕州饭店分别举办的2016年广西健康素养和烟草流行监测技术和中央补助广西健康素养促进行动项目启动会暨技术培训班2期,培训220人;组织人员对全市基层医疗卫生机构健康教育、控烟、健康素养促进行动项目等工作进行督导;全市12个(自治区人力资源和社会保障厅、自治区体育局、自治区产品质量检验研究院、南宁市交通运输局、南宁市总工会、南宁市江南区政务服务中心、南宁市经济技术开发区行政审批局、南宁市西乡塘区人民政府、南宁市邕宁区民政局、南宁市上林县财政局、南宁市良庆区国家税务局、南宁市武鸣区国家税务局)自治区无烟机关单位创建通过自治区爱卫办考核验收。打造“健康细胞”工程,印发《2016年度南宁市建设健康社区(小区)工作实施方案》;创建健康社区(小区)9个。8月22日晚上,在南宁民歌广场举行以“传播健康理念,共建健康广西”为主题的2016年健康中国行——走进广西主题宣传周活动启动仪式。9月,组织考核验收8个(青秀区金湖社区、西乡塘区万力社区、兴宁区澳华花园、邕宁区红星社区、良庆区金象社区、江南新兴苑小区、高新区梧桐苑社区、经开区凤江社区)2015年度南宁市健康社区(小区)示范单位;全部通过市级考核验收并授予“2015年南宁市健康社区”牌匾。11月6日,副市长崔佐钧带队赴杭州市参加国家卫计委、全国爱卫办召开的“健康城市健康村镇建设座谈会暨健康城市试点启动会”,会议确定广西南宁市等38个城市作为全国健康城市建设首批试点城市;11月21日至24日,副市长张卫代表南宁市参加在上海国际会议中心召开的第九届全球健康促进大会,在健康大会市长论坛作经验交流发言。12月7日至9日,派员参加自治区爱卫办在百色市举办的2016年健康促进县区暨调查数据录入技术培训班。

【病媒生物防制】 2016年,市爱卫办在西乡塘区友爱广场开展广西“清洁家园、灭蚊防病”春季爱国卫生运动启动仪式,组织人员对各区县、开发区开展“清洁家园灭蚊防病”春季爱国卫生运动情况进行督查;召开“灭蚊防病,健康你我”爱国卫生月活动工作会议,对第28个全国爱国卫生月活动进行部署,通报春季爱国卫生情况。协助自治区爱卫办在人民公园举办广西第28个爱卫月暨2016年健康中国行活动启动仪式,发放除“四害”药物(氟鼠灵蜡丸10吨、粘鼠板1万张、杀虫水乳剂5900千克、杀虫悬浮剂1.09万千克、杀蟑颗粒剂180箱、杀虫粉剂1000千克);组织全市开展统一除“四害”行动,动员市民开展全市爱国卫生运动。制定《2016年“健康南宁·除四害行动”入户作业实施方案》,市政府出资支持,各级爱卫办组织协调,专家进行技术指导,各街道、社区具体实施;群众自愿参与,专业人员上门服务,为市民免费提供除害防病服务,累计入户作业17.59万户。成立南宁市服务第十九届海峡两岸旅行业联谊会病媒生物防制工作后勤保障小组,制定《南宁市服务第十九届海峡两岸旅行业联谊会病媒生物防制工作方案》,保障第十九届海峡两岸旅行业联谊会场馆病媒防制。开展病媒生物防制及环境卫生专项督查,为“两会”、2016年自治区第十一次党代会主会场及各定点接待酒店、餐饮服务单位做好会议服务保障。组织专家对马山县开展无烟机关创建活动暨病媒生物防制技术培训,培训200人。

【基层卫生创建】 2016年,南宁市申报市级卫生单位313个(卫生单位28个、卫生村274个、卫生镇乡11个),全部通过市爱卫会审定命名;申报自治区级卫生单位254个,其中卫生单位30个、卫生村212个、卫生镇(乡)12个,均通过自治区爱卫办考核鉴定,分别获命名“自治区卫生先进单位”“自治区卫生村”“自治区卫生镇(乡)”。对宾阳县、横县、隆安县巩固自治区卫生县城进行年度检查,巩固提升创卫成果。3月,完成2015年度南宁市市级农村改厕任务1300座考核验收;制定《南宁市2016年农村改厕工作实施方案》,农村改厕任务1500座,市本级财政投入资金160万元。10月,马山县、上林县创建国家卫生县城工作通过全国爱卫办技术评估,进入命名阶段。

(黄玲玲)

计划生育

【概　况】 2016年,南宁市区间出生人口102694人,人口自然增长率8.17‰;其中政策外多孩出生2407人,政策外多孩出生率2.34%;出生人口性别比为111.72,均控制在自治区下达责任指标范围内。建档立卡贫困计划生育家庭脱贫率48.36%,比任务指标高13.36个百分点。区间为流动人口免费提供技术服务率98.64%,比任务指标高3.64个百分点;1月至11月,全市免费孕前优生健康检查目标人群覆盖率82.54%,比任务指标高2.54个百分点;产前筛查率88.77%,比任务指标高18.77个百分点;对计划生育家庭奖励扶助政策兑现率100%;全员人口数据库信息准确率96.20%,比责任指标高1.20个百分点。

【卫生计生目标管理】 2016年,南宁市率先与自治区同步完成“市、县、乡镇、村”四级卫生计生机构整合和改革,首次将卫生工作内容纳入人口和计划生育目标管理责任制进行合并考核。市委、市政府区县、开发区和30个市直部门签订目标管理责任状;组织开展综合督查2次、半年考核1次、年终考核1次;年末,市委、市政府派出9个考核组,对12个区县、3个开发区、30个市直部门的党政线、卫生计生线、部门线进行考核评估,评估结果全部合格,并通过自治区考核验收达标。市委办公厅、市政府办公厅对2016年度卫生计生工作先进单位进行通报表扬。获(党政线)卫生和计划生育目标管理责任制考核一等奖单位为西乡塘区、横县、邕宁区、武鸣区、良庆区、上林县;二等奖单位为经开区、马山县、青秀区、兴宁区、广西东盟经开区、宾阳县、隆安县、江南区、高新区。获(部门线)卫生和计划生育目标管理责任制考核一等奖单位为市委办公厅、市政府办公厅、市委组织部、市委宣传部、市发展改革委、市财政局、市人社局、市卫生计生委、市公安局、市法制办、市总工会、市妇联、南宁日报社;二等奖单位为市政法委、市编委办、市中级人民法院、市统计局、市教育局、市科技局、市城乡建设委、市农委、市住房局、市民政局、市交通运输局、市林园局、市文新广电局、市食药监局、市工商局、市扶贫办、团市委。获(卫生计生线)卫生和计划生育目标管理责任制考核一等奖单位为邕宁区、西乡塘区、宾阳县、青秀区、上林县、兴宁区;二等奖单位为武鸣区、隆安县、经开区、横县、江南区、良庆区、马山县、高新区、广西东盟经开区。获卫生和计划生育工作创新奖单位为上林县、青秀区。在自治区2016年人口计生目标管理责任制考核中,南宁市卫生计生委、邕宁区卫生计生局、武鸣区卫生计生局被评为广西人口计生工作先进单位;横县、上林县、西乡塘区被评为广西计划生育优质服务先进(示范)单位;兴宁区、青秀区、武鸣区被评为2014—2016年全国计划生育优质服务先进单位。

【诚信计生示范单位创建】 2016年,南宁市加强村级卫生计生工作,市财政安排后进转化经费150万元，在全市25个贫困村开展诚信计生示范单位的创建、评估和验收，并向自治区卫计委申报先进单位；9月，自治区进行验收评估。江南区获“2016年度广西诚信计生县级示范单位”称号。按照国家创建计划生育优质服务县区的要求，市财政给14个区县、开发区(除东盟开发区)下拨42万元创建经费，指导区县开展创建工作，重点对符合申报条件的兴宁区、青秀区、武鸣区、邕宁区4个城区进行验收评估。兴宁区、青秀区、武鸣区获2014—2016年全国计划生育优质服务先进单位。

【性别比综合治理】 2016年，南宁市区间出生人口9.40万人，其中男婴4.96万人，女婴4.44万人。出生人口性别比111.72，比自治区下达的指标(117)低5.28个百分点。市县两级政府将性别比综合治理纳入卫生计生目标责任考核和绩效考评内容；投入出生人口性别比综合治理工作经费累计330万元，开展打击“两非”(非医学需要的胎儿性别鉴定、非医学需要的选择性别的人工终止妊娠行为)承诺活动，统一制作打击“两非”宣传提示牌3700块，在全市各医疗保健机构的妇产科病房、计划生育门诊、B超检查室及个体诊所、卫生院和村卫生室等张贴，加强对“两非”事前监督；设置公益广告牌、户外固定宣传栏和宣传牌537块，张贴宣传标语2807条；开展关爱女孩、打击“两非”和性别比治理方面的宣传活动，组织区县结合节假日、纪念日活动开展广场文化、街道文化、社区文化、乡村文化宣传活动134场次，印制发放关爱女孩、综合治理性别比和打击“两非”等宣传资料23万份；2月，组织宣传部门、广播电视等部门联合举办南宁市第五届“十大阳光女孩”颁奖晚会。至年末，组织开展联合整治“两非”专项行动55次，检查医院185家，个体诊所1276个，药店1063个，其他单位67个；立案查处“两非”案件26件，结案18件；处理责任医疗机构7个，责任人员16人；罚款16.43万元。开展市级出生人口性别比综合治理专项督查活动1次，各区县每季度开展1次联合督查整治；在卫生计生目标管理责任制半年、全年考核中，重点检查区县开展性别比综合治理情况；全程跟踪各区县、相关部门工作进展情况，及时提出预警；实施对3个区县下达专项督办书，对10个区县27个单位进行性别比治理约谈11次。

【计生家庭特别扶助】 2016年4月，市政府出台《南宁市计生家庭特别扶助办法(试行)》，对计生特殊家庭扶助进行扩面提标；经审核及资格确认，符合国家部分农村计划生育奖扶政策的对象有7157人、计划生育特殊扶助对象1603人，兑现国家奖扶、特扶资金2664.59万元；符合55周岁至59周岁广西农村部分计划生育家庭扩面奖扶对象3022人，兑现奖励资金4.32万元；符合广西农村计划生育家庭奖励扶助对象1666人，兑现奖励扶助金192.42万元；符合南宁市农村计划生育奖励扶助对象3383人，兑现奖励扶助金263.19万元；符合市级计划生育特别扶助对象2102人，兑现特扶金1206.90万元；计划生育利益导向政策兑现率100%。

【计生家庭养老护理】 2016年，南宁市计生家庭养老照顾护理工作实现全覆盖，市、县两级组织开展计生家庭养老照顾护理技能专题培训班58期。为789名计生家庭老年人提供养老照顾护理服务。有733名计生家庭老年人获得医疗服务；17名老年人获得住院医疗补贴或减免费用；16人获得住院护理补贴；225人获居家或机构养老补贴。围绕“文明、健康、优生、致富、奉献”主题，开展创建幸福家庭活动示范市、示范县、示范乡镇、示范街道建设。实施江南区新家庭计划培训和青秀区青少年健康发展教育等项目建设，帮扶和救助一批计划生育家庭；结合“5·14母亲节”“5·15国际家庭日”“5·29协会活动日”等纪念日，市卫生计生委在马山县、青秀区开展创建幸福家庭和幸福工程救助贫困母亲宣传服务活动2场，各级计生协会和区县卫生计生部门结合实际，开展30多场次形式多样、群众喜闻乐见的宣传服务活动和医疗卫生与养老服务相结合工作。6月，南宁市被确定为国家级第一批医养结合试点城市；10月，市卫生计生委与市民政局联合召开全市医养结合试点工作会议，部署医养结合试点建设，确定南宁市14个医养结合试点单位，其中试点城区2个(良庆区、江南区)，试点单位12个(包括医疗机构、养老机构、养老服务企业、房地产开发企业等)。

【生育服务制度改革】 2016年，南宁市实施全面两孩政策。市、县、乡、村开展全面两孩政策培训583期，培训2984人次；印制发放全面两孩政策宣传小册子6万份，向群众宣传计划生育政策，推进生育服务证制度改革，提升服务能力；依法明确生育登记对象和再生育对象。1月25日起，生育服务证办理按《自治区卫生计生委办公室关于进一步规范生育服务证办理工作的通知》执行。年内，全市办理生育登记7.26万份，审批发放《再生育证》1263本。

【流动人口管理】 2016年，南宁市卫生计生委开展流动人口卫生计生关怀关爱宣传服务，1月27日，南宁市2016年“健康与你我同行”暨流动人口农民工关怀关爱宣传服务活动在上林县明亮镇举行。年内，全市区县、开发区投入专项资金225万元，开展义诊活动248场，为3.34万人次进行义诊，为返乡流动已婚育龄妇女免费提供生殖健康检查10.33万人次，免费发放避孕药具30万份；开展慰问空巢老人、留守妇女、留守儿童4.28万人次，为流动计生特困家庭送温暖571人；为适龄儿童预防接种和疫苗查漏补种2.75万人。推进流动人口基本公共卫生计生服务创新和均等化试点，重点武鸣区、西乡塘区两个自治区试点单位。西乡塘区在万秀村流动人口基本公共卫生计生服务均等化试点中，通过“人性化宣传、网格化管理、信息化共享、签约化服务、多元化活动”五位一体的运行机制，保障流动人口健康权益和生育权益，提升流动人口基本公共卫生计生服务均等化工作水平。完成流动人口卫生计生动态监测调查。全市有8个区县(含2个开发区)、26个镇(街道)、80个村(社区)共100个样本点确定为全国流动人口动态监测样本单位，南宁市各监测调查点历经编抽样框、编调查对象花名册、调查员培训、入户调查、录入上报调查数据等几个阶段工作，于6月上旬完成国家卫计委交给南宁市流动人口卫生计生动态监测调查工作。

【人口计生行政执法】 2016年，南宁市全面实施两孩政策后，市政府将社会抚养费征收的执法依据和标准是否公开，执法是否依法规范等内容列入全年4次的计生目标管理责任状考核中；对群众反映存在乱罚款、乱征收的问题，经核实确实存在的，坚决在责任状中扣分，并要求及时整改。至9月30日，依法立案计生案件5.71万件，征收社会抚养费2959.31万元。其中：征收当年违法生育案件社会抚养费520.15万元，征收历年违法生育案件社会抚养费2439.16万元。社会抚养费区间年征收金额较上年大幅下降。

【基本公共卫生服务项目实施】 2016年，南宁市新生儿访视人数9.83万人，访视率98.99%；对0岁至6岁儿童实施系统管理人数6.72万人，管理率89.63%；产前健康检查5次以上有9.73万人，产前健康管理率98.00%，超过自治区产前健康管理90%以上的目标要求；孕产妇系统管理人数9.59万人，系统管理率96.58%，超过自治区孕产妇系统管理率85%以上的目标要求；产后访视人数9.76万人，访视率98.26%。 (肖裕翰)

责任编辑 方 明

社会生活

城市应急联动服务

【概　况】南宁市城市应急联动中心2013年列入公安序列,由市政府管理,机构规格不变,维持相当正处级;与市人民政府应急管理办公室、市公安局指挥中心实行三块牌子一套人马的管理体制,内设办公室、政治处、接处警科、指挥调度科、应急平台技术科、信息科、技术保障科、应急协调处置科、应急管理科9个科室。2016年,市城市应急联动中心有在编人员81人;接听报警求助电话119.42万个,其中110事件24.96万起、119事件0.84万起、120事件6.11万起、122事件14.15万起,处理有效警情36.30万起;组织有关单位和人员参加自治区和南宁市重大应急演练;完成第十三届中国－东盟博览会和南宁国际民歌艺术节、第十二届南宁·东盟国际龙舟赛、第七届南宁·东盟国际山地自行车赛、南宁"解放日"马拉松长跑比赛的应急处置任务;为有关单位提供通信使用对讲机1600台次,指挥调度警力29.47万人次;通过广西公安动态信息研判系统收集动态信息1.76万条,分发、流转有价值信息2.75万条;撰写《公安动态信息直报汇总》365篇、《110警情每日通报》365篇、《110警情动态每周分析专刊》52篇,印发《公安动态信息直报》1173期。

【城市公共安全管理系统】2016年,南宁市城市公共安全管理中心立体指挥技术保障项目试运行,在原有110指挥调度系统的基础上通过优化与调整,对全市路面巡逻民警进行点对点下达110出警指令;加强精准打击现行违法犯罪的力度,提高110接处警的处置效率和反应能力。

【应急管理】2016年,南宁市深化基层应急管理规范化建设,完善基层应急管理组织机构,建立市级、区县、乡镇(街道)三级应急管理组织体系;健全应急保障体系,指导全市125个乡镇(街道)建立应急救援队伍;开展全市应急预案清理和修订,指导市安监局、市卫生计生委、市交通运输局、南宁供电局等部门开展完成安全生产事故灾难、突发公共卫生事件、城市洪涝灾害应急抢险等预案修订;推进应急平台建设,实现应急平台与武警水电第一总队第三支队互联互通。

【应急协调处置】2016年,南宁市建立和完善突发事件应急处置机制,统筹开展市级重点综合应急演练;与有关部门共同牵头组织实施轨道交通1号线东段运营突发事件、轨道交通工程建设突发事故、轨道交通反恐防暴、突发生活饮用水污染事件卫生、区域突发环境污染、超大面积建设突发火灾应急救援、防空警报试鸣暨人员疏散7个市本级综合应急演练,参加演练20.20万人次;现场处置"雨雪冰灾事故""4·2电车火灾事故""6·3高坡岭路在建轨道交通1号线(东段)百花岭站内涝事故""8·28广昆高速客车翻车交通事故""10·19兴宁区322国道七塘路段5人死亡交通事故""10·21银海大道825号南宁市港港汽车销售有限公司发生钢架结构棚倒塌事故"6起突发事件;开展突发事件定期会商分析,分析每月全市突发事件基本情况、发展态势,编辑出版《南宁市突发事件定期会商分析报告》12期。

【应急知识普及】2016年,南宁市开展应急科普宣传教育活动,举办应急管理培训班2期、应急平台系统应用培训1次,培训区县、开发区和市直部门应急管理人员108人;印发应急知识宣传资料1万册,免费发放至社区(村屯)、学校等基层单位;在市电视台、市政务信息网站、市城市应急联动中心网站滚动播放应急视频,日均受教育人数170万人次。(尤丽榕)

婚姻·家庭

【婚姻登记】2016年,南宁市民政局办理结婚登记57377对(内地居民登记56948对、涉外登记429对);离婚登记15445对(内地居民登记15403对、涉外登记42对);补领登记证11790件(内地居民11774件、涉外16件),合格率100%。协调档案管理部门,督促区县开展婚姻登记历史数据补录,兴宁区、青秀区完成补录。通过政府购买的方式首次使用市财政资金3万元购买婚姻家庭辅导服务。

【收养登记】2016年,南宁市开展收养登记评估试点,通过政府购买服务的方式对在南宁市范围内申请收养福利机构孤儿、弃婴等儿童的家庭开展收养家庭评估,评估家庭27户。全市办理收养登记272例(内地居民收养271例,涉港澳台、华侨收养1例),合格率100%。(李群峰)

【家庭教育】2016年,南宁市妇联推进家庭教育指导服务体系建设,制定家庭教育"十三五"规划,将社会主义核心价值观融入家庭教育之中。深化"争做合格家长,培养合格人才"家庭教育大讲堂活动,举办家庭教育报告会136场次,帮助4.08万家长提高科学教子能力。动员社会力量,开展"正面管教"亲子沟通分享会、"代理家长""爱心妈妈""亲情热线"等社会关爱行动,构建留守儿童关爱教育监护网络。开展特色家庭主题实践活动,举办"我爱我家·同悦书香"——亲子阅读活动、"童心构筑梦想　学习创领未来"儿童论坛比赛、"倾听花开的声音—希望"作品展等活动,受益儿童3400人。

【家庭文明建设】2016年,南宁市各级妇联以"妇女之家"为阵地,开展寻找"最美家庭"活动。联合市委组织部、市直机关工委、市文明办,创新开展以"家和万事兴　共筑中国梦"为主题的"扬清廉家风　寻最美家庭"廉政家庭文化建设活动,向全市机关干部印发《廉政家书》的倡议书。举办专题宣讲会,围绕"勤政廉政、夫妻和睦、尊老爱幼、科学教子、邻里互助、清洁生态"24字文明家风,倡导妇女干部树立清廉家风,构筑反腐倡廉的家庭防线。组织妇女参加自治区"家和万事兴　共筑中国梦"——最美家庭(家园)女性摄影作品比赛,征集作品230多幅,获奖作品150多幅。联合市文明办、市教育局开展"好家风　好家训"征集评选展示活动,在南宁市桂雅路小学、凤岭北社区等地开展"好家风好家训"进校园、进社区活动。

【"儿童家园"建设项目】2016年,实施自治区政府2016年为民办实事工程,自

7月至8月，市妇联开展“万名大学生返乡志愿服务千所儿童家园”活动。图为志愿者给“儿童家园”孩子们讲故事　　市妇联提供

治区、市、县三级财政投入621.38万元，建设“儿童家园”261个。加强对“儿童家园”的建设、管理、使用指导，确保建成的“儿童家园”正常运转。暑假期间开展“万名大学生志愿者服务千所‘儿童家园’活动”，组织返乡大学生志愿者1500人，服务“儿童家园”317所，受益儿童11万人次。推动建立关爱队伍，开展常态化关爱活动。

【“三留守”人员关爱工程】 2016年，市妇联开展“扶贫济困送温暖”系列活动。向社会征集“爱心妈妈”“代理家长”等志愿者，帮助留守流动儿童健康成长；元旦、春节和“六一”节期间，开展“关爱留守儿童”主题服务活动，给农村留守儿童带去木偶剧，送去蛋糕、校服、学习用品；组织爱心企业、爱心妈妈深入农村，与留守儿童共同过节10多次；组织“五老”志愿者（离退休老干部、老战士、老教授、老专家、老模范）开展关爱活动。关注困难妇女、特困母亲、流动留守妇女儿童、空巢老人等群体，争取政府专项慰问资金，吸收和引进爱心项目，组织各级妇联慰问困难妇女、特困妇女干部、特困母亲、留守（孤残）儿童等2095人，慰问金与物资价值143.48万元，参与慰问的妇联干部、爱心人士3000多名。

【星级“妇女之家”创建】 2016年，市妇联强化“妇女之家”覆盖与服务，新命名四星级“妇女之家”50个、五星级“妇女之家”207个，从市级评定为五星级的“妇女之家”中推荐上报8个单位为自治区级示范“妇女之家”。联合市直机关妇工委召开南宁市直机关“妇女之家”建设活动现场会，探索在市直机关成立“妇女之家”。深化农村“妇女之家”服务内容，组织广大妇女群众投身“美丽南宁·生态乡村”建设。

【助力“美丽南宁”建设】 2016年，市妇联组织发动妇女党员干部、社会爱心人士（机关、企事业单位）、社区居民、三八红旗手、巾帼文明岗岗员及128个乡镇街道的清洁乡村“巾帼志愿者”服务队深入社区、村屯开展“生态乡村”巾帼宣传、清洁乡村巾帼志愿服务、巾帼绿色家园创建、巾帼素质提升等“四大行动”，帮助妇女群众树立生态环境意识，巩固环境卫生整治成果，推动妇女发展绿色生态农产品产业，推进南宁市生态经济、环境绿化美化、“三清洁”活动和农村女性素质提升等建设。市妇联获“美丽南宁”乡村建设活动2016年上半年度市直重点责任单位“优胜二等奖”。　（黄家玉　周燕丽）

劳动就业

【概　况】 2016年，南宁市实施“扶持创业促进就业”为民办实事项目，突破创业担保贷款“户籍限制”“反担保难”“办理时限长”等瓶颈，办理时限从2个月缩短至20日；扶持创业1.34万家（户），发放财政贴息贷款1743笔，放贷1.53亿元；实现城镇新增就业7.82万人。推进创新创业载体建设，新认定创业孵化基地12家，其中众创空间型创业孵化基地8家；开展“南宁市创业大赛”等10项“邕城创业行”活动。市劳动保障监察部门为3.08万名劳动者追发工资待遇5.22亿元；创新建立多元化矛盾纠纷处理机制，设立广西首个劳动人事争议仲裁院工会仲裁庭；实施劳动合同和集体合同制度，完善协调劳动关系三方处理机制。市人社局被人社部、工商总局评为全国清理整顿人力资源市场秩序专项行动取得突出成绩单位。

【就业再就业】 2016年，南宁市帮助城镇失业人员再就业1.63万人，就业困难人员再就业4178人；城镇登记失业率2.62%，比控制数4%低1.38个百分点。组织开展高校毕业生就业网络联盟招聘周、双向选择洽谈会、送岗位送服务进校园等活动，提供就业岗位15.65万个；开展“就业援助月”“春风行动”“民营企业招聘周”等就业服务专项活动，提供就业岗位超25万个；服务富士康等劳动密集型重点企业招工5300人；落实“支持农村劳动力转移就业培训”为民办实事项目、“农民工职业技能提升培训计划”“绿城南宁产业工人培训三年行动计划”，开展职业培训5.36万人。参加广西第三届农民工技能大赛8个决赛项目，获一等奖5个。

【人力资源市场管理】 2016年，南宁市办理人力资源服务许可53家（新申请许可24家、申请延续变更许可29家），办结率100%。完成经营性人力资源服务机构年审76家，其中年审合格70家，年审不合格依法注销人力资源服务许可证4家，许可证有效期届满未申请延续自然失效2家。组织定点人力资源服务储备机构为富士康等劳动密集型重点企业输送劳动用工1.46万人。

【三支一扶】 2016年，南宁市报名参加“三支一扶”（大学生在毕业后到农村基层支农、支教、支医，扶贫）1048人，参加笔试816人，参加面试233人，录用大学生76名。7月，33名2014届“三支一扶”大学生服务期满，在自治区人社厅召开的2014届“三支一扶”大学生服务期满表彰大会上，市人社局、武鸣区人社局、青秀区人社局被评为“三支一扶”先进单位；青秀区人社局刘雅婷被评为“三支一扶”优秀工作者。

【劳动关系】 2016年，南宁市劳动合同签订率94.70%，涉及职工63.14万人，其中农民工劳动合同签订率89.70%，签订人数20.92万人；集体合同签订率86%，涉及职工76.42万人次。依法受理审批行政许可357件（劳务派遣行政许可255件、特殊工时行政许可102件）。审批集体合同备案企业33家。

【劳动保障监察】 2016年，南宁市各级劳动保障监察机构检查用人单位4.59万家（户），书面材料审查用人单位3.59万家（户）；劳动保障违法案件立案794件，结案838件(含上年度结转),其中举报投诉案件立案713件,结案755件;劳动保障监察举报投诉案件法定期限结案率100%;追发劳动者工资待遇5.22亿元,涉及劳动者3.08万人;督促缴纳社会保险费3.36万元,督促补签劳动合同1.21万人;对63个严重违反劳动法律法规的用人单位给予行政处理、处罚,将105件涉嫌拒不支付劳动报酬的案件移交司法机关处理,公安机关立案87件。

【农民工权益保障】 2016年,南宁市加强农民工综合服务中心建设,改进服务方式,帮助农民工解决遇到的问题和困难。登记接待、服务、受理农民工及其他群众咨询投诉540人次,为266名农民工讨回工伤、受伤事故赔偿269.83万元。市司法局、市法律援助中心在市农民工综合服务中心挂牌成立南宁市法律援助中心、南宁市农民工办工作站。市农民工综合服务中心会同市总工会、团市委、市妇联、市法律援助中心、西乡塘区石埠街道办等单位,在石埠街道文化广场举办南宁市农民工综合服务中心2016年"喜迎五一暨维护农民工权益宣传"文艺会演活动,参加活动约300人。

【劳动人事争议仲裁】 2016年,南宁市各级劳动人事争议仲裁机构处理人事争议案件6249件,其中立案受理5394件,案外调解465件,不予受理390件。结案5317件,其中仲裁结案3131件,调解结案1319件,当期结案率92.70%。南宁市启动劳动人事争议调解组织建设专项行动。建立大中型非公企业劳动争议调解委员会500个,商会(协会)劳动争议调解组织3个,乡镇街道劳动就业社会保障服务所(中心)劳动争议调解组织129个,组建率100%;机关事业单位劳动人事调解组织60个,人民调解委员会劳动争议调解窗口124个。

【职业技能培训】 2016年,南宁市开展职业培训5.36万人。重点实施"支持农村劳动力转移就业培训"为民办实事项目和"农民工职业技能提升培训计划",为农村劳动者开展多渠道、多层次、多形式的技能培训,提高就业创业能力。实施"绿城南宁产业工人培训三年行动计划",整合培训资源,引导培训机构与企业主动对接;加强校企合作,通过在岗培训、脱产培训、业务研修、岗位练兵等多种方式,为企业一线生产员工开展岗位技能培训和技能提升培训;实施职业培训支持精准脱贫,根据对贫困劳动力建档立卡的培训需求,精准开展职业培训,促进贫困劳动力实现技能脱贫。做好技工院校结对帮扶贫困家庭"两后生"(初中、高中毕业生未继续升学)职业培训,2192名"两后生"在驻邕技工院校就读。

【高技能人才队伍建设】 2016年,南宁市推进高技能人才队伍建设,组织开展首届首席技师评定活动,评定南宁市首批首席技师28人;加强高技能人才阵地建设,评定南宁市高技能人才培训基地建设项目2个、南宁市技能大师工作室5个;依托广西石化高级技工学校、广西南宁高级技工学校、广西交通技师学院等技工院校、广西电子高级技工学校等机构,开展数控技术类、机械装备制造类等职业(工种)技师高级技师培训,为企业培养一批技术技能型、知识技能型、复合技能型人才。新增高技能人才4336人(高级工3762人,技师、高级技师574人)。

【技工教育】 2016年,南宁市深化技工教育改革,提高办学层次。广西南宁技师学院通过深化教研教改,推进专业建设,加强国际教育合作、校企合作,强化学生教育管理和校园文化建设等措施,推进招生和就业;招生4843人,完成招生任务161.40%;毕业生实际就业2361人,就业率98.50%。 (方 敏)

社会保障

【社会救助】 2016年,南宁市民政局发放低保、五保资金3.17亿元,惠及170万人次;医疗救助13.40万人次,救助资金5860.45万元;临时救助救济6188人次,救助资金752.60万元;救助流浪乞讨人员11.52万人次。配合市综治办、市卫计委、市公安局等部门做好市肇事肇祸等严重精神障碍患者救治救助。南宁市救助1.52万人次,其中未成年人388人次,跨省接送215人次。开展反家暴工作,指导市救助管理站加强反家暴临时庇护场所的建设、管理,为14名家暴受害人提供帮助。

【城乡低保】 2016年7月1日起,南宁市城区(开发区)城市低保补助标准由每人每月290元提高至310元;农村低保补助标准由每人每月130元提高至150元,各县城乡低保补助标准不低于自治区规定的城市每人每月300元、农村每人每月140元的补助标准。8月1日起,城区(开发区)、横县、宾阳县农村居民最低生活保障标准由每人每年3100元提高至3500元,上林县、马山县、隆安县农村居民最低生活保障标准由每人每年2800元提高至3200元。年内,发放城市低保6.50万户次、11.10万人次、4175.24万元,月人均补助376元;发放农村低保53.50万户次、135.10万人次、1.89亿元,月人均补助140元。

【特困供养】 2016年1月1日起,南宁市农村五保供养补助全部以货币形式发放,城区(开发区)集中供养标准由每人每月不低于300元提高至不低于500元,分散供养每人每月不低于400元;县集中供养标准由每人每月不低于230元提高至不低于400元,分散供养每人每月不低于300元。发放农村五保22.93万户次、23.80万人次、8614万元。投入67.50万元为全市散居特困供养人员购买人身意外伤害保险。开展五保村(敬老院)规范化整治,通过拆除(撤并)、升级、转型、改造、公建民营等方式对全市742家五保村和110家敬老院进行整治;投入110万元开展敬老院卧室设备标准化建设,为8个入住率高、管理规范的敬老院统一标配床铺、衣柜、床头柜等室内设备。

【医疗救助】 2016年,南宁市救助13.40万人次,救助资金5860.45万元。其中:资助参合参保支出1835.14万元;住院救助支出3979.11万元;门诊救助支出46.20万元。建立艾滋病社会救助"一站式救助机制",通过"一站式救助平台"将生活困难的艾滋病患者家庭纳入低保、孤儿救助范围。完成医疗救助系统数据库搬迁,完善市医疗救助系统。

【流浪乞讨人员救助】 2016年,南宁市做好低温冷冻天气期间,流浪乞讨人员救助管理。1月22日至28日,全市各级民政部门及所属救助管理机构街面劝助868人次,送救助站救助126人,发放衣物1106套,发放鞋袜508双、棉被365床、食物574份。与市打拐办召开协调会,推进生活无着流浪乞讨人员身份查询和照料安置。12月,召开2016年全市救助管理工作会议,布置全市"寒冬送温暖"专项救助,做好"两会"流浪乞讨人员救助管理等工作。 (甘丹妮 李群峰)

【基本社会保险】 2016年,南宁市为全市企业减少社保成本4.93亿元,审批稳岗补贴6348.60万元;全面超额完成年度征缴任务,"城镇五险"(养老保险、医疗保险、失业保险、工伤保险、生育保险)征收129.92亿元,其中生育保险参保55.53万人、保费征缴收入2.07亿元;年度各项社保基金均实现当期收支结余。全市社保基金滚存结余220.65亿元,比上年同期增加33.32亿元、增长17.79%。实施"全民参保登记计划",全市社保参保694.30

万人次(不含新农合);完成企业退休人员养老金“十二连调”,月人均2104.80元。在自治区率先打造“智慧医保”平台,推进定点医疗服务监管智能化、精准化。将“按项目参加工伤保险”作为建筑单位核发施工许可证的前置条件,突破制约建筑业工伤保险参保瓶颈问题,全市新开工建筑项目参保率100%。南宁经验做法得到全国推进建筑等高风险企业参加工伤保险座谈会肯定并向全国推广。

【基本养老保险】 2016年,南宁市城镇职工基本养老保险参保125.74万人(企业108.10万人、机关事业单位17.64万人),城镇职工基本养老保险费征缴收入78.83亿元。全市城乡居民社会养老保险参保210.20万人,参保率93.24%,享受待遇64.20万人。28.42万名符合条件的企业退休人员基本养老金调增,月均基本养老金调至2104.80元,月平均增加151.30元。5月起,市参保企业职工基本养老保险缴费比例由20%降至19%,南宁经济技术开发区、明阳工业园区、生态产业园区的参保企业职工基本养老保险缴费比例按政策降低至14%;7月起,南宁高新技术产业开发区、广西－东盟经济技术开发区、江南工业园、南宁综合保税区参保企业职工基本养老保险缴费比例按政策从16%降至14%;良庆经济开发区、六景工业园、仙葫经济开发区、黎塘工业园、宝塔工业园、伊岭工业区、象山工业园参保企业职工基本养老保险缴费比例按政策降至16%。

【城镇基本医疗保险】 2016年,南宁市城镇基本医疗保险参保191.48万人(职工医保93.19万人、居民医保98.29万人),城镇职工基本医疗保险征缴收入31.50亿元。城镇居民医保财政补助标准由年人均380元调至420元。将职工医保和城镇居民医保统筹基金年度最高支付限额分别提高至28.10万元、15.84万元,城镇居民医保政策范围内门诊和基层医疗机构住院费用支付比例分别为55%、80%以上。64.78万城镇居民参加城乡居民大病保险,拨付保费1833.66万元,实现城乡居民大病保险对城镇居民医保所有缴费参保人员全覆盖。5月起,市企业缴纳的城镇职工基本医疗保险费费率由8%降至7%。

【失业保险】 2016年,南宁市失业保险参保52.34万人,失业保险费征缴收入3.65亿元。5月起,失业保险费率由2%降至1%,其中用人单位缴纳失业保险费率由1.50%降至0.50%,职工缴纳失业保险费率0.50%。全市企业减少缴纳失业保险费1.65亿元,惠及参保单位1.60万家,参保职工50万人。南宁市扩大失业动态监测范围,全市参加就业和失业动态监测的企业由252家扩大至322家,覆盖用工人数由20.50万人扩大至22.30万人。

【工伤保险】 2016年,南宁市工伤保险参保59.01万人,工伤保险费征缴收入1.47亿元。创新制定工伤认定简易程序,工伤认定承诺办结时限由42个工作日缩短至11个工作日,简易程序实际办结时限在3个工作日以内。受理工伤认定申请2430件,办结2387件,其中简易程序办结1798件,占工伤认定总数75%。

【社保基金监管】 2016年,南宁市加强社会保险监管,拒付57家定点医疗机构违规金额564.60万元,对130家次定点零售药店进行现场稽查,暂停8家定点零售药店服务协议,终止1家定点零售药店服务协议。建立“智慧医保”平台,开发建成事前事中事后全面实时监管的“医保基金智能审核系统”“定点医疗机构管理系统”,9月1日试运行,系统筛查显示违规率2.21%。

【社会保险经办服务】 2016年,南宁市优化社保经办管理服务,继续开展“人脸识别”养老保险待遇资格认证。应参加资格认证的退休人员、供养人员20.73万人,认证20.62万人,认证率99.90%以上。推动智慧社保诊疗“一卡通”平台在全市7家三甲医院上线,3.50万名患者通过平台进行门诊自助就医;完善异地就医结算平台建设和社会保障“一卡通”服务,直接结算异地就医购药费用1533.23万元;推进社保卡制卡发卡,制卡200.89万张。

【劳动能力鉴定】 2016年,南宁市受理劳动能力鉴定申请3530多人次。开展劳动能力鉴定13期,作出鉴定结论1589人,其中工伤致残与职业病致残等级鉴定1242人,非因工伤残或因病丧失劳动能力程度鉴定347人。 (方　敏)

【住房保障】 2016年,南宁市住房保障和房产管理局协助市政府做好住房保障年度目标任务分解,制定住房保障实施方案,将保障房配套的18条市政道路建设任务纳入责任状,确保保障性住房周边配套市政道路与项目同步交付使用。成立督查组,通过日报、周报、月报、现场查看等形式,对项目进行常规性督促检查和专项督查,组织召开协调会或推进会,研究解决存在问题。基本建成保障性住房2.37万套,完成率197.30%;新增危旧房改住房改造1830套,完成率100%,提前超额完成自治区下达的住房保障责任状目标任务。到富士康、南南铝、市环卫处等16家大型企业和对公租房需求较大的单位开展政策宣传,帮助企事业单位解决职工住房困难。配合做好南部战区陆军机关租赁林里桥小区11号楼的住房工作。分配入住保障性住房1.80万套,完成率179.80%;新增发放租赁补贴2767户,完成率553.40%。及时组织2015年已预分配的保障家庭办理入住手续,开展2016年公租房预分配,组织签订公租房租赁合同分配入住5404户,预分配保障家庭2002户。办理保障房业务4.87万份,完成公租房、经适房及限价房资格审核1.01万户,办结经适房转全产权5214户,销售经适房1397套、限价房151套。收回保障性住房22套,受理经适房回购申请102户,办结119户(含往年受理),支付回购款2400.43万元。 (宁怀庆)

【新型农村合作医疗】 2016年,南宁市相继制定出台《南宁市新型农村合作医疗基金市级统筹实施方案》《南宁市新型农村合作医疗基金补偿技术方案(试行)》《南宁市财政局　南宁市卫生计生委关于做好南宁市新型农村合作医疗基金市级统筹财务管理工作的通知》等文件。3月8日,南宁市新农合管理中心挂牌成立运行,逐步实现新农合经办模式、管理制度、基金政策、服务监管、信息管理、基金管理“六统一”。5月,市卫生计生委、市财政局联合下发《关于明确2016年南宁市新型农村合作医疗财政补助标准的通知》,新农合筹资标准由2015年的每人每年470元提高至540元,各级财政补助标准从2015年的人均380元提高至420元,农民个人缴费120元。其中:中央财政补助标准提高至年人均300元;自治区财政对县补助标准提高至年人均95元;县财政补助标准提高至年人均25元;自治区财政对市所属城区补助标准提高至年人均81元;市财政对城区补助提高至年人均15.60元;城区财政补助提高至年人均23.40元。9月,全市应参合人员523.17万人,实际参合人数521.75万人,参合率99.73%,超额完成新农合参合率97%的目标任务。全年各级财政应筹措21.91亿元补助资金支持农村居民参加新型农村合作医疗,9月30日所有补助资金全部到位。参合人员受益467.83万人次,其中住院补偿53.03万人次,门诊补偿398.16万人次,其他补偿16.64万人次。新农合基金支出14.85亿元。

【新农合定点医疗机构监管】 2016年3月23日至30日,市卫生计生委会同中国人民财产保险南宁分公司对区县的新农合参合管理、市级统筹推进、大病保险运行、定点医疗机构管理以及支付方式改革等情况进行督查。5月23日至27日，对2015年新认定的10家新农合定点医疗机构进行年度考核，对2016年新申请的5家新农合定点医疗机构进行现场评估认定。10月，会同市财政局聘请中介机构对各区县、人保财险南宁分公司的新农合基金及大病保险资金进行监督检查，通过考核督查及现场评估认定，完善新农合和大病保险制度，加强基金安全运行，提高基金使用效益，规范医疗服务行为。

【新农合支付方式改革】 2016年，南宁市11个县开展多种方式并行的新农合支付方式改革，其中实行总额控制的区县10个，实行按病种付费的区县6个，开展按床日付费的支付方式的区县1个，开展按人头付费的区县1个。市新农合管理中心与南宁爱尔眼科医院通过谈判，协议对白内障实行单病种限额付费，单眼手术每例4000元，双眼手术每例7000元，开展手术2605例。

【城乡居民大病保险】 2016年，南宁市与中国人民财产保险股份有限公司广西分公司签订《南宁市2016年城乡居民大病保险合同》，为参加新农合的521.75万人统一向中国人民财产保险公司投保参加城乡居民大病保险，并按合同拨付50%的保费，共6772万元。督促保险公司加快案件理赔，大部分区县实现大病保险、新农合"一站式"结算。全市清算出2014年度符合大病保险补偿条件的案件2.40万件，预计赔付金额1.10亿元，实际赔付大病保险案件1.80万件，赔付总额1亿元，完成应赔付金额95.24%；2015年度符合大病保险补偿条件的案件2.58万件，预计赔付金额1.28亿元，实际赔付大病保险案件1.88万件，赔付总额1.10亿元，完成应赔付金额86%。通过"一站式"理赔的案件214件，赔付金额77.05万元。在获得大病保险赔付的案件中，赔付金额在10万元以上的案件48件，其中补偿金额最高的33.02万元。

【新农合精准扶贫特殊政策】 2016年，南宁市扶持贫困人口参加新农合，对农村五保供养对象和农村低保对象、计生家庭户参加新型农村合作医疗保险个人缴费部分给予全额补贴，对其他贫困人口按60%的比例给予补贴。全市有40多万贫困人口参加新型农村合作医疗，其中农村五保供养对象和农村低保对象10.60万人，计生对象1万人。贫困人口参加新农合个人缴费自治区财政补助下达1625.37万元，市本级下达21.50万元补助资金。对贫困人口新农合报销给予倾斜，8月1日起调整提高建档立卡参合贫困人员住院（含重大疾病）、特殊病种门诊报销比例，相应各段报销比例提高5个百分点。提高大病保险制度托底保障的精准性，大病保险精准扶贫政策报市政府审定后，将2016年新农合大病保险筹资标准由25.96元提高至30元，建档立卡贫困对象大病保险起付线降低至3000元、各段大病保险赔付比例在原有基础上增加5个百分点。 （刘文波）

社会福利与慈善事业

【概　况】 2016年，南宁市民政局推进养老服务业综合改革，逐步建立完善养老服务体系；落实完善孤儿福利政策，保障孤儿基本生活；组织开展首个"中华慈善日"活动；完善残疾人社会保障体系，为困难残疾人发放生活补贴每人每月50元，为重度残疾人发放护理补贴每人每月50元。

【养老服务】 2016年1月，上林县民政局与南宁市金桥养老院签订合作协议，将上林县大丰镇、三里镇、明亮镇、西燕镇敬老院交由金桥养老院运营，为老年人提供更优质的养老服务，推进南宁市公建养老服务机构改革。5月25日，市政府印发《2016年南宁市养老服务业综合改革试点城市和核心区建设工作方案》，推进南宁市全国养老服务业综合改革试点城市建设。加大养老项目建设力度，6月2日，南宁市第二社会福利院PPP项目签约仪式在市民政局举行，是财政部PPP示范项目之一，也是自治区首例大型养老服务PPP示范项目，已开工建设；武鸣县民政园项目（包括新建社会福利院）按PPP模式推进；建设城市养老服务中心10个，社区居家养老日间照料中心26个；完成2015年实施的5个城市养老服务中心建设主体。6月，市政府办公厅印发《2016年南宁市社区日间照料中心建设工作实施方案》《2016年南宁市城市养老服务中心建设工作实施方案》《关于印发按标准配备社区居家养老服务用房的通知》等政策文件，完善养老政策体系；6月15日，市民政局召开南宁市第三次养老服务机构公建民营推介会，推荐养老服务项目55个，参会企业、社会组织65家，参会人数160人，参会人数及会议规模超历年水平。配合市卫计委开展医养结合工作，9月，联合印发《南宁市卫生计生委　南宁市民政局关于印发南宁市医疗卫生与养老服务相结合试点工作实施方案的通知》；10月，联合印发《关于确定第一批市级医养结合试点单位的通知》，确立第一批市级医养结合试点单位。11月，市民政局联合市财政局印发《南宁市民办非营利性养老机构补贴实施办法》，实施对民办养老机构建设补贴、运营补贴；市民政局印发《南宁市养老机构星级评定工作实施方案》，开展养老机构星级评定，南宁市成为自治区率先开展养老机构星级评定的城市。12月，市政府印发《南宁市政府购买居家养老服务实施意见》，实施政府购买居家养老运营补贴；市民政局印发《南宁市养老护理专业技术人员从业奖励工作方案》，对养老护理员进行从业奖励。通过政府购买服务的方式，举办养老护理工作培训班、养老机构管理人员培训班、养老护理员职业鉴定培训班3期，培训330人。

【儿童福利与保护】 2016年，市民政局落实孤儿福利保障政策。发放孤儿基本

6月15日，2016年南宁市养老机构公建民营推介会在市民政局召开　市民政局提供

生活保障金，开展残疾孤儿手术康复“明天计划”工作。协调解决孤儿实际困难，推进社会各界关心爱护孤儿，在“六一”儿童节、中秋节等传统节日，开展慰问孤残儿童活动。开展农村留守儿童关爱保护，通过政府购买服务的方式委托南宁市同心源社会工作服务中心、南宁市江南区青晨青少年事务社会工作服务中心、南宁市恩泽社会工作服务中心3家社工服务机构对兴宁区、江南区、西乡塘区流动儿童、留守儿童等监护缺失型及重病重残型困境未成年人，通过督促相关社区、村未成年人保护专干加强巡视，落实相关扶助政策予以帮扶。制定《南宁市民政局农村留守儿童关爱保护工作实施方案》，完成全市农村留守儿童摸底排查。南宁市有留守儿童4.18万人，其中0岁~5岁9915人，6岁~13岁2.87万人，14岁~16岁以上3146人；未入园2641人，幼儿园1.11万人，小学2.39万人，初中4020人，辍学28人；有监护人的4.13万人，无监护人的420人。7月，市政府印发《南宁市脱贫攻坚农村“三留守”人员和残疾人关爱服务工作实施方案》，建立由民政、公安、卫计、教育等20个部门组织参与的农村“三留守”人员和残疾人关爱服务工作联席会议制度，建立信息动态管理机制和关爱保护服务体系。将符合条件的农村留守儿童纳入城乡低保、医疗救助、住房救助、灾害救助、流浪人员救助等社会救助保障范围，做到应保尽保。会同市救助管理站申报“关爱农村留守儿童志愿服务”项目，推进马山县“为了明天——关爱儿童”项目实施。会同市综治办、市中级人民法院、市检察院、市教育局、市公安局、市财政局、市卫生计生委联合印发《南宁市农村留守儿童“合力监护、相伴成长”关爱保护专项行动实施方案》。

【慈善事业】 2016年7月30日，市政府办公厅下发《关于印发南宁市2016年中华慈善日活动实施方案的通知》；9月5日，举办首个中华慈善日公益活动。南宁市慈善总会接收捐赠款物155.89万元，其中资金151.19万元(含中华慈善日活动捐款75.12万元)，物资价值4.70万元。

【殡葬服务】 2016年，在南宁市开展殡葬服务提升年及老一辈革命家签名倡导火葬60周年纪念宣传活动。完成清明节祭扫高峰服务。4月1日，在青龙岗长安墓园举行南宁市2016年公益花坛葬活动，报名参加家庭200多户，安葬骨灰261具。4月2日至4日祭扫服务高峰期，市5个殡葬服务单位(市殡仪馆，武鸣县、横县、宾阳县殡仪馆，青龙岗长安墓园)接待祭扫群众49万人次，车辆7.70万辆次，参与服务工作人员1992人次。推进殡葬设施建设，南宁马岭公益性公墓可行性研究报告获批复，市殡仪馆殡仪服务区改建二期工程实施。全市殡仪馆火化遗体2.27万具(市殡仪馆1.33万具、武鸣区殡仪馆3905具、横县殡仪馆2790具、宾阳县殡仪馆2718具)；免除城乡困难对象基本殡葬服务费用495.45万元。

(庞俊琳　李群峰)

老龄事业

【高龄老人补助】 2016年，南宁市提高80周岁以上高龄老人补助标准：80周岁至89周岁高龄老人补助标准由每人每月50元提高至80元；90周岁至99周岁高龄老人补助标准由每人每月100元提高至150元；100周岁以上高龄老人补助标准由每人每月300元提高至400元。全市12个区县、3个开发区分别完成对辖区内80周岁至89周岁老人62.27万人次全年高龄补助金发放，发放总金额1.14亿元；市老龄工作委员会办公室完成对全市90周岁以上高龄补贴对象申报材料的审核，审批90周岁以上老人享受高龄津贴6.40万人次，发放金额2826.30万元；审批100周岁老人享受高龄津贴2607人次，发放金额302.48万元。办理《老年人优待证》3.45万本。其中：办理60周岁至69周岁老年人《老年人优待证》(绿证)1.43万本；70周岁以上老年人《老年人优待证》(红证)2.02万本。为748位外省户籍但长期居住南宁市的老年人申办《老年人优待证》；为570位60周岁以上因公病残、孤寡老人办理优待证。

【敬老慰问】 2016年1月26日，市委、市老龄办走访慰问西乡塘区秀灵南社区105岁老人黄燕群；市政府、市老龄办走访慰问西乡塘区北湖北路社区101岁老人胡美球，送去慰问品和慰问金。春节期间，市委、市政府慰问城乡百岁老人680名，发放慰问金22.28万元；9月(“敬老月”)期间，慰问百岁老人332名，发放慰问金及慰问品(价值)9.96万元；慰问特困高龄老人390名，发放慰问金及慰问品(价值)17.55万元。市老龄办和市慈善总会联合开展“慈善助老·情暖夕阳”活动，市慈善总会从南宁慈善日“能帮就帮·慈善一日捐”活动捐款中拨款30万元，救助全市300户城乡贫困、特困老年人家庭，每户给予救助金1000元。

【银龄行动】 2016年10月至11月，市老龄办组织市老科学技术工作者协会、市翠湖医院的老专家和老科技工作者以及医疗技术人员，先后2次到良庆区那马镇、马山县古零镇开展现场讲解农业、林业种植知识；为老年人免费义诊480人次；向群众宣传《中华人民共和国老年人权益保障法》。

【基层老年协会建设】 2016年5月，市老龄办印发《关于2016年南宁市创建示范性村级(社区)老年协会实施方案》；全市创建自治区示范性村级老年协会任务33个，投入创建扶持资金166万元。12月22日至23日，自治区老龄办分3个督查组到横县、宾阳县、马山县对9个创建自治区示范性村级老年协会情况进行抽样督查；33个示范点协会创建点活动设施设备配置、创建注册登记、协会班子健全、有室内外活动场所等全部完成，“七簿一册”(财产登记簿、走访慰问登记簿、会议记录簿、老年人名册簿、活动登记簿、维权登记簿、接收捐赠登记簿，会员花名册)制度完善，规章制度全部上墙。

【老年人文体活动】 2016年，市老龄办组织市“绿城之声”老年艺术团参与市委、市政府举行的各种节日庆祝、慰问演出、文化活动进社区和各类专题展演及游园等活动16场次。农历九月初九“敬老节”(重阳节)前后，与市老年人活动中心联合开展2016年度“风采夕阳”敬老月系列活动，有老年气排球比赛、乒乓球比赛、棋牌比赛、老年文艺展演等；与广西华声晨报社联合主办“南宁市中老年人广场舞万人赛”活动，老年人参与1万多名。

【12349平台建设】 2016年，市老龄办将12349社区为老服务信息平台建设纳入工作重点，用政府购买服务的方式，支持民营企业开展南宁市居家养老服务。12349信息平台全年接听老年人电话5.95万次，处理应急事件156起。其中：有关老年人走失案例140起，紧急救助案例16起。为老年人提供生活帮助2283人次，免费给老年人发放“防走失蓝手环”1.02万条，帮助500多位迷路老人找到家。通过“一键通”的紧急求助，成功挽救10多位老人生命，帮助老年人解决居家养老问题。

【老年人维权】 2016年，南宁市举办“敬老文化进校园”主题教育，开展系列维护老年人合法权益活动。市老龄办组织开展《中华人民共和国老年人权益保障法》知识问答为主题的教育、游园活动和横县大型“老年人维权宣传”活动3次；通过举行文艺演出、制作板报、电视播放、报刊登载、现场知识竞赛等多种形式，宣传《老年人权益保障法》。市老龄办、区县老龄办邀请法律专家到基层开展涉及老年人法律宣传、老年人维权咨询活动 13 场次；利用社区道德讲堂、老年活动室开展老年人维权法制知识讲座 28 场次；发放宣传资料 3 万余份。

（蒋罗闽　谭邕生）

城乡居民生活

【概　况】 2016 年，南宁市城镇居民收入保持较快增长，人均可支配收入 30728 元，比上年同期增加 2197 元，名义增长 7.70%，提高 0.20 个百分点，增幅比自治区平均水平高 0.50 个百分点，增速在自治区排第三，扣除物价因素影响实际增长 6.20%。区县城镇居民人均可支配收入情况：兴宁区 33725 元，增长 7.30%；江南区 29610 元，增长 7.60%；青秀区 38873 元，增长 7.80%；西乡塘区 28905 元，增长 8.40%；邕宁区 28133 元，增长 8.20%；良庆区 26885 元，增长 8.30%；武鸣区 29398 元，增长 7%；横县 29574 元，增长 7.50%；宾阳县 29103 元，增长 7.70%；上林县 23249 元，增长 8%；马山县 24016 元，增长 7.80%；隆安县 23970 元，增长 7.20%。

农村居民人均可支配收入 11398 元，增加 989 元，增长 9.50%，增幅比自治区平均水平高 0.10 个百分点，在自治区排名第八，呈平稳增长态势。区县农民人均纯收入情况：兴宁区 12406 元，增长 9.30%；江南区 12655 元，增长 9%；青秀区 12712 元，增长 10%；西乡塘区 11537 元，增长 9.20%；邕宁区 11459 元，增长 9.70%；良庆区 12065 元，增长 9.10%；武鸣区 13304 元，增长 9.40%；横县 11538 元，增长 10.10%；宾阳县 11644 元，增长 9.80%；上林县 9289 元，增长 9.10%；马山县 8973 元，增长 9.60%；隆安县 9799 元，增长 10.20%。

2016 年南宁市居民消费价格指数走势图

【居民消费价格指数】 2016 年，南宁市居民消费价格指数(CPI)平稳运行，比上年同期涨幅 1.40%，缩小 0.50 个百分点，比全国总水平(2%)低 0.60 个百分点，比自治区水平(1.60%)低 0.20 个百分点。在 36 个大中城市中，南宁市排名第二十八；在自治区 14 个地级市中，与贺州并列排名第七。从类别看，其他用品和服务价格上涨 4.20%，衣着价格上涨 2.90%，教育文化和娱乐价格上涨 2.60%，食品烟酒价格上涨 2.50%，医疗保健价格上涨 1.60%，居住价格上涨 0.50%；生活用品及服务价格下降 0.40%，交通和通信价格下降 1.80%。

【住宅销售价格指数】 2016 年，南宁市 GDP 实现较快增长，城镇化步伐加快，房地产行业快速发展。南宁市新建商品住宅价格 1 月至 12 月各月同比涨幅分别为 2.70%、3.60%、4.20%、5.20%、6.10%、6.30%、7.10%、7.80%、10%、11.10%、10.70%、11.20%，呈平稳上涨态势。南宁市新建商品住宅价格各月环比指数分别为 100.7、100.4、100.8、101.3、100.8、100.6、100.7、101、102.2、101.5、100、100.8。南宁市新建商品住宅价格各月环比价格指数前三季度缓慢爬升，9 月达高峰值，第四季度有所回落，12 月价格小幅反弹。南宁市新建商品住宅价格各月同比指数分别为 102.7、103.6、104.2、105.2、106.1、106.3、107.1、107.8、110、111.1、110.7、111.2。南宁市新建商品住宅价格各月同比价格指数走势与环比价格指数大体一致，呈前低后高，年底略有回落态势。

（唐　俊　陈凤娟　周伟明　施杨勇　周延松　李泉麟）

2016 年南宁市新建商品住宅价格指数走势图

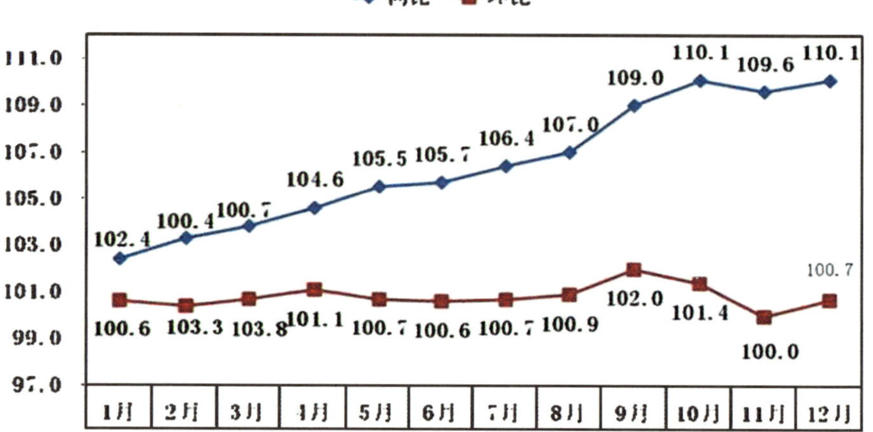

宗教活动

【宗教活动场所】

佛教活动场所　2016 年，南宁市佛教活动场所 14 个(含以堂带点 1 个)：青秀山观音禅寺、水月庵、泰国园(以堂带点)；上林县三教寺、莲音寺、大明山法性寺、三里观音阁；马山县灵阳寺、圆觉寺、普陀寺、佛教居士林；宾阳县黎塘龙岩寺；横县宝华山应天寿寺、横州佛教活动点。

伊斯兰教活动场所　伊斯兰教活动场所为新华街的清真寺(兴宁区新华街 25 号)。清顺治年间建于仓西门外和尚仁里。咸丰 7 年(1857 年)毁于兵乱。1981 年重建于新华街。2003 年修缮。建筑为砖木结构，具有阿拉伯风格。两进 4 层：一楼清真饭店；二楼南宁市伊斯兰教协会办公室；三楼会议室、阿訇和部分职工宿舍；四楼礼拜大殿。

天主教活动场所　天主教活动场所主要有望州路天主教主教府(兴宁区望州路南二里 11 号)、南宁圣家女修会、康乐路天主堂(青秀区康乐路 2 号)、宾阳县新宾天主教堂(宾阳县卢圩镇仁爱社区西街 67 号)、武鸣区联新村六塘屯天主教堂。

基督教活动场所　经登记的基督教活动场所 25 个(含以堂带点 5 个)，市级活动场所主要是中山路教堂(青秀区中山路 65 号)、共和路教堂(青秀区共和路 168 号)，其他场所分布在除隆安县外的各区县。

【宗教政策法规学习月活动】 2016年，南宁市开展以“国法与教规的关系”为主题的宗教政策法规学习月活动，组织开展宗教政策法规知识答题活动，精心编写宗教政策法规知识百题试卷，进行多种形式的宗教政策法规宣传活动，各宗教团体、各区县民族宗教局以依法治国为核心，围绕“国法与教规的关系”主题，通过发放宣传资料、悬挂横幅标语、开设宗教政策法规宣传专栏、现场咨询、座谈交流、学习研讨等形式宣传宗教有关法律法规，发挥宗教教职人员作用，把法治精神融入讲经讲道中，用信教群众听得懂、听得进、能领会的方式宣讲宪法精神、宣讲宗教政策法规。组建宗教界群众性普法骨干队伍，宗教团体、宗教活动场所聘任具备基本法律素质的信众、法律工作者担任普法联络员或宣传员，指导宗教团体和宗教活动场所将宪法和法律法规的基本精神融入建立健全各项规章制度的工作中。

【宗教界慈善活动】 2016年，南宁市民族宗教委员会遵循“扶危济困、安老救孤、赈灾助医、兴善助学”的慈善宗旨，组织开展以“精准扶贫宗教同行”为主题的系列活动。市级5个爱国宗教团体联合向宗教界发出助力精准扶贫的倡议书，通过开展慈善周捐赠活动，开展送医、送药、送技术、送文化下乡活动，帮扶贫困群众就学、就医、生活等。全市宗教界投入慈善事业资金80多万元。

民　俗

【概　况】 2016年，南宁市除春节、元宵节、清明节、中秋节和重阳节等传统节日外，世代居住在南宁的各个民族都有其独具特色的传统节日，形成内容丰富、形式多样的民俗文化，如壮族的“三月三”歌圩节、瑶族的“达努节”、宾阳炮龙节等各民族开展民俗活动46场次，参与、观看、关注人数超过140万人次。

【2016年南宁孔庙新春文化庙会】 南宁市新春文化庙会于2013年开始举办。2016年2月7日至13日，2016年南宁市第四届新春文化庙会在南宁孔庙举行，南宁孔庙新春庙会接待市民10万人以上，接待量最高是大年初一，接待人数5万人。2016年南宁孔庙新春文化庙会活动内容包括文化展示、文化展演、趣味游艺及文化展销四大板块。文化展示有春联派送、春季祭孔仪式、迎春接福(财神到)、科举考试体验、穿越古今“鹊桥”(相亲)会、茶艺表演，以及国学讲座、迎春书画展等娱乐活动；文化展演有“欢欢喜喜过大年”专场演出、传统戏剧(粤剧、邕剧)、中华传统武术、儒风文韵、动漫文化展、街舞、欢乐中国年、汉服春晚，以及舞龙舞狮、舞春牛、南阳大鼓、八音表演等娱乐活动；趣味游艺有琴棋书画体验，以及射箭、投壶、五子棋、拓福寿、踢毽子、猜灯谜等民俗活动；文化展销有广西特产、年货、传统文化产品、特色美食等展销活动。在春季祭孔仪式中会聚孔子、孟子、曾子、颜子后裔各100人。2月12日(大年初五)，数千市民齐聚南宁孔庙参加迎春接福(财神到)活动，祭财神、抢红包，当日到南宁孔庙的每位市民都领到一盏心灯，寓意新年好运连连。

4月9日，2016年中国壮乡·武鸣“壮族三月三”歌圩暨骆越文化旅游节在武鸣体育馆广场举行　　武鸣区史志办提供

【“壮族三月三”节日活动】 2016年，市民族宗教事务委员会开展营造“壮族三月三”节日活动的氛围、舆论引导等宣传工作，市属媒体《南宁日报》《南宁晚报》、南宁新闻网、南宁电视台、南宁电台等媒体统一开设“弘扬民族文化，展示首府风采”专栏，对“壮族三月三”系列活动进行全方位、多角度、深层次的专门报道，提高“壮族三月三”活动在国内外的知晓度和影响力。开展“壮族三月三”主题活动，如南宁民歌湖2016“壮族三月三”、江南水街“民族风情三月三”活动等，4月8日，在民歌湖举办的2016年“壮族三月三”活动，以“弘扬传统文化·共创民族团结”为主题，定位“春天里的一次美好约会”。活动分民族文化会演区、民族传统体育竞技区、民族风情体验区、创意集市体验区、民族传统美食区、民族团结现场宣传区、中华传统文化体验区7大板块进行，内容有唱山歌、跳竹竿、抛绣球、织壮锦、尝美食、体验“三月三”民俗风情，现场观众超1万人次。4月9日，武鸣区组织举办2016年中国壮乡·武鸣“壮族三月三”歌圩暨骆越文化旅游节，参加活动超过10万人，营造浓郁的民族节日氛围。　　(刘建安)

【抢糍粑】 2016年农历“三月三”前后，南宁市各区县的壮族群众开展形式多样的庆祝活动；武鸣区壮族群众向来有“三月三艾馍鲜”的说法，“艾馍”是方言，指艾叶做的糍粑；每年农历三月，艾叶最鲜嫩、汁最多，此时采摘的艾叶做糍粑最好吃。仫佬族的“抢糍粑”、抢三角粽(仫佬族依饭节的吉祥物)是最热闹的活动，仫佬族人相信谁抢的糍粑和三角粽多，得“福”也多；3人为1“冬”(组)，3“冬”人轮番用长筷子去抢放在瓦缸里的糍粑和三角粽，但3个人只能各1只脚着地，靠手拉手、脚扣脚地在蹦跳中保持平衡，若其中有1人失去平衡，抢到的糍粑和粽子就会掉到地上，视为失败；直到缸里的糍粑和三角粽抢完为止，抢得最多的1“冬”为胜者。

【赛龙舟】 赛龙舟又叫扒龙船，是群众喜爱的民间体育活动，南宁市每年农历五月初五(端午节)有赛龙舟的习惯，成为南宁市别具特色的传统体育活动。2016年6月11日，市体育局、市体育总会主办的第十二届南宁·东盟国际龙舟邀请赛在南湖公园下湖水域举行，市政府副市长张卫、自治区体育局副局长谢强、缅甸联邦共和国驻南宁总领事馆总领事昂哥及组委会领导出席开赛仪式，来自印度尼西亚、老挝、缅甸、泰国，中国台北，广东省东莞市、佛山市，柳州市、河池市、百色市、崇左市等国外和自治区内外62支队伍，1270名运动员、教练员及领队参加比赛；分公开组和绿城组进行，其中绿城组参加队伍均为南宁市龙舟队；印尼队获22人龙舟200米、500米直道竞速金牌，缅甸队包揽小龙舟项目200米、500米直道竞速冠军；广西民族大学队在公开组项目中

获22人龙舟200米、500米2项亚军,4个项目的冠军分别被雪花勇闯天涯队、西乡塘区坛洛镇下楞村中华巷1队、易乐宝队、广西民族大学队获得。

【回族古尔邦节】 古尔邦节,阿拉伯语音译"尔德·古尔邦""尔德·阿祖哈",意为"牺牲""献牲"古尔邦节,故又称"宰牲节""献牲节",或"忠孝节"。古尔邦节是穆斯林最盛大的节日之一,在伊斯兰历每年十二月十日举行,以举行会礼、宰杀牛羊、聚餐为主要内容。伊斯兰历12月10日,即朝觐期的最后一天。2016年9月11日,南宁清真寺举行一年一度的"古尔邦节"会礼,上午9时,穆斯林群众齐聚清真寺,有1000多人参加节日会礼,聆听阿訇讲解经典,气氛祥和、井然有序。

4月10日,2016年"壮族三月三"隆安县更望湖壮族歌圩在布泉乡龙礼村多助丈知屯草坪举行
何宏生 摄

【瑶族"达努节"】 "达努节"是瑶族人民为庆祝首领"盘王"率队出征、讨伐番兵凯旋的节日。"达努"原意为"大碗喝酒,大口吃肉",也包含抢着吃喝、赌着吃喝、赛着吃喝以及恣肆狂欢、尽情享受之意。相传在唐代,边患四起,西北边境受外族侵扰,疆土被侵占、割让,盘王奉皇帝诏命,带领一支瑶族将士出征北番,经过七七四十九天的浴血奋战,打败了番兵,收复失去的疆土,后来得到朝廷的重赐和犒赏。盘王很高兴,谢罢皇恩,带领队伍,经过"点灯过黑洞,熄灯过亮岩",于农历五月二十七日抵达瑶寨,五月二十八日全寨杀猪宰羊,五月二十九日举行欢庆大会。正欢庆时,天上下起瓢泼大雨,盘王冒着大雨给有功将士每人敬献七碗酒、一串肉,盘王自饮七七四十九碗酒和七串肉,趁着酒兴仿着猴子打起鼓、跳起舞,瑶族小伙、姑娘们也随着盘王模仿猴子打鼓、跳舞,共同欢庆胜利。从此,盘王就定每年农历五月二十九日为"达努节",也就是"瑶年",欢庆会上盘王跳的原生态舞蹈——《猴王戏鼓》也流传下来。达努节歌舞再现瑶族先民狩猎、农耕、与大自然斗争的情景,表现出瑶族人民对幸福生活的憧憬、对美好生活的向往和追求。南宁市瑶族达努节活动主要集中在上林县镇圩瑶族乡、马山县里当瑶族乡。每年农历五月二十九日,上林县镇圩瑶族乡举行达努节(达努节也叫排玖节)。达努节宴餐杀鸡宰羊极为丰盛。宴后,瑶族群众跳起猴鼓舞、舂米舞、雷公舞、南瓜舞、藤拐舞等,彻夜不眠。2016年7月3日(农历五月二十九日),2016年"达努欢歌·浓情瑶乡"民俗文化旅游节在上林县镇圩瑶族乡举行。"达努节"以"达努欢歌·浓情瑶乡"为主题,在《瑶鼓舞》《瑶寨迎亲》《达努欢歌》等独具瑶乡韵味的开幕式文艺演出中穿插镇圩旅游文化推介有奖问答,活动内容有瑶族特色婚俗表演、山歌对唱、瑶乡百家宴、上刀山、过火海、踩花灯、瑶族风情歌舞表演等,逾万名游客尽享"瑶乡浓情"。"达努节"当天,在上林县镇圩瑶族乡排岜村口,村民以激情的竹竿舞、清冽的竹竿酒迎接各地游客。瑶族特色婚俗表演是达努节活动中最为抢眼的活动之一,它是瑶寨独特的婚俗传统,瑶寨情哥情妹们在村口的榕树下以对山歌的形式相互传情,表达爱意。瑶乡青年还将瑶寨的迎亲风俗演绎出来,如接新娘、抬花轿、掀盖头、入洞房等,有趣的传统婚庆风俗让游客大饱眼福,游客都争相体验瑶族传统婚庆风俗。瑶乡百家宴也是"达努节"的重头戏之一,瑶族人民用各种瑶寨美食迎接客人,与客人欢聚一堂,喝大碗酒,吃长串肉等,欢度民俗节日。

【上刀山下火海】 2016年达努节期间,南宁市瑶族同胞在举行祭祀、祈福、驱邪的仪式中,进行绝技神功表演,如赤足爬刀梯、过火海是其中2项最惊险的绝技,以显示所向无敌的气概。爬刀梯,又叫"上刀山",是在木梯上安装锋利的刀子作为梯级,赤足在利刃上攀登、行走,脚底的肌肤丝毫无损;过火海有几种形式:第一种是将若干个铁犁头烧得通红,赤足一步一犁踏在上面疾行而过;第二种是走过燃烧木炭的"火海";第三种是"走足灯",即用竹筒做成的灯排成行,人从熊熊灯火上一步踏一灯走过。

【古傩仪式】 傩属于上古时代、图腾崇拜时期的民俗仪式,用以驱逐邪恶、祈求吉祥。傩文化是中国古代农耕社会的一种

8月29日,2016年邕台少数民族民俗文化交流周在广西民族中等专业学校开幕。图为广西民族中等专业学校的开场舞《八桂欢歌》
云亦云 摄

原始信仰，是指导人们思想言行的一种"意识形态"，是古代中国农耕民族为祭祀农神——傩神而创造出来的原始文化。自周代，傩祭就纳入"礼"的规范，中国关于傩俗最早的文字记载，见诸《周礼·夏宫》。《后汉书·礼仪志》中说："先腊一日，大傩，谓之驱疫。"《乐府杂录·驱傩》写道："用方相四人，戴冠及面具，黄金为四目，衣熊裘，执戈扬盾，口作'傩、傩'之声，以除逐也。"到宋代，傩仪在宫廷和民间仍很盛行。从宫廷垄断到民间风行，傩缓慢地衍变进化，逐步成为历史文化遗存。广西的傩祭活动有2000多年的历史，南宁的傩祭活动在当时盛行，成为民间习俗。南宁傩文化作为中国傩文化的重要组成部分，具有民族文化历史沉淀、地方特色和民族特色。师公戏是古代的"傩"仪式和师公舞发展而成，演员由受过度戒的师公担任，故演变成戏后袭用"师公"之名。清代时期，沙井的师公戏已负盛名，师公戏的表演形式为唱、念、做、舞相结合，在表演上，行当有生、旦、净、丑四大类，以丑角为主，一般大戏的表演程式与邕、粤剧近似，生角的表演在步伐、动作、调度上均有独特的风格，擅长于表演谐趣活泼的乡村小戏。经过发展，平话师公戏运用和借鉴本地区的汉、壮族民歌，逐渐形成江南区本土群众喜欢的地方戏曲形式。江南平话师公戏以沙井杨村的师公戏表演队最有名。隋唐至近代，每年春节期间，江南区人以亭子圩和白沙村的雷庙为中心，在今白沙村和金湾花城一带举行盛大的庙会活动。从农历十二月二十六日至正月十六日，村民到雷庙先后举行酬神上香、"师公扫荡""会首上岗""还炮"、抢花炮等活动。农历六月二十二日"雷神诞"，即雷祖生日，当地的善男信女备办三牲，前往雷庙进香酬神。农历二月初二土地诞，村民前往白沙村中段的文昌庙，集体祭拜文昌神像。南宁的傩祭活动分布于当时的陈东村、友爱村、万秀村、秀厢村、大岭村、苏卢村、石埠村、大灵村、乐洲村、乂平村、上林村、下楞村、北湖村、连畴村14个村。在14个村当中，以陈东村为代表的傩祭活动得以传承与发展，逐步演变成为民间师公傩舞。南宁市西乡塘区上尧街道陈东村至今保留表演师公"大酬雷"祭祀仪式的民俗。古傩戏《大酬雷》又称"雷舞"，属南宁师公傩舞，为师公傩舞的基本传统剧目。陈东古傩戏《大酬雷》流传于西乡塘区以陈东村为中心的壮、汉混居地区，相传每逢农历正月至二月十六日，乡间举行大型的师公傩祭活动，祈求风调雨顺、五谷丰登、六畜兴旺、国泰民安；它是陈东村第23代传人陈建民任陈东古傩艺术团团长后，经过认真整理，并邀请有关专家进行指导，在保持傩戏原生态基础上所创作的一种舞蹈表现形式。《大酬雷》是指用大规模的人力、财力来酬谢与报答神之意，壮族先民把打雷的自然现象作为雷神来崇拜，雷神能赐福于人间，能保一年风调雨顺，五谷丰登。其用傩祭的形式来表演水稻生产，舞蹈动作极具民间原生态性质，它崇拜雷神的超自然力量。陈东村傩文化艺术团演员涉及男女老少，由24名成员组成，年龄最大的70多岁，最小的16岁，中青年演员占七成以上，成员自筹资金购置戏服和道具进行演出。1992年举行的广西国际文化研讨会上，由陈建民领队的陈东师公舞团表演的大型师公舞《大酬雷》，受到来自美国、德国、意大利、澳大利亚、日本、中国台湾及中国香港等10多个国家和地区傩学者的高度赞扬，并称之为"中国稻作文化图腾的话化石"，与会的国内外学者纷纷论述《大酬雷》现象，掀起一场国际性的傩文化热；2005年10月，在由中国文联、中国舞协和南宁国际民歌艺术节组委会主办的中国—东盟当代舞蹈发展研讨会上，作为南宁民俗表演项目的师公傩舞《大酬雷》及《四值功曹舞》受到东盟十国舞蹈家的赞许。近年来，该村每年农历三月初二至初六都举行民俗文化节，定期表演古傩戏《大酬雷》。陈东村古傩戏《大酬雷》已被列入自治区级非物质文化遗产名录。

【昆仑关民俗文化旅游节活动】 2016年6月16日至17日，市旅游发展委员会、市文化新闻出版广电局、市体育局、市民族事务委员会、民革南宁市委员会、宾阳县政府、兴宁区政府、南宁昆仑关旅游风景区管委会共同主办，南宁电视台、南宁昆仑关文化旅游有限公司承办的"2016南宁市第七届昆仑关民俗文化旅游节"在昆仑关旅游风景区举行；以"武威昆仑，祈福中华"为主题，主要开展关公磨刀诞、男子成人礼、"战昆仑"武术散打、乡土民俗文艺演出、传统美食节等活动。昆仑关民俗文化旅游节起源于民间重大庆典活动"关公磨刀诞"（已被列入自治区级非物质文化遗产名录），与关公文化一脉相承；每年农历五月十三日，方圆几十千米的民众纷纷到昆仑关，通过拜祭关公的"忠、仁、义、勇"，弘扬中华民族传统美德，也借关公的神威，祈求国泰民安、风调雨顺、人寿年丰。开幕式上，举行悼念英烈仪式、关公磨刀礼、男子成人礼以及武术表演等节目；首次引进南宁市非物质文化遗产展演和展示，有粤剧专场演出、马山会鼓、芭蕉香火龙、瑶乡山歌等；引入宾阳县、兴宁区传统特色美食、土特产品，打造南宁传统"美食天堂"。各地民众在祭拜关公的同时，祭拜在昆仑关战役中的抗日英烈，自发开展一系列民间活动，有8万人次参加活动。

【2016邕台少数民族民俗文化交流周】 2016年8月28日至9月3日，2016邕台少数民族民俗文化交流周在南宁举办，交流周的主题是"贝侬手牵手，两岸心连心"（"贝侬"在壮语中即"兄弟姐妹"之意）。活动邀请台湾花莲县参访团、台北市教育参访团等2个参访团55名台湾同胞参与；活动后期，台湾广西新桂联盟参访团，澎湖地区里长参访团2个参访团49名台湾同胞加入；活动共有4个参访团104名台湾同胞参加活动。8月29日，2016邕台少数民族民俗文化交流周在广西民族中等专业学校开幕。中国台湾地区花莲县参访团、台北市参访团的台湾同胞与南宁市各族同胞欢聚一堂，同唱民族歌，共跳民族舞，共筑友谊。开幕式上，广西民族中等专业学校的同学和台湾花莲县参访团的青少年朋友进行文艺表演，广西民族中等专业学校的开场舞《八桂欢歌》、歌曲串烧《民歌联唱》、群舞《幸福花竹帽》、天琴弹唱《唱天谣》、男声二重唱《我们共同的家》等节目展现八桂大地民族团结、城乡繁荣、开放包容的新风貌；台湾地区花莲县参访团的舞蹈《高山情缘》《旗开得胜、旗舞飞扬》等节目将传统与时尚融合。在为期一周时间里，台湾同胞们横跨两市（南宁、崇左）两县（马山、大新）三区（武鸣、青秀、西乡塘），先后参访单位9个，与广西民族中等专业学校师生、南宁市桂雅路小学师生以及马山壮族会鼓队、邕宁八音队等民间文化团体开展4场互动交流活动，交流周共同探讨促进优秀民族民俗文化的保护、传承、创新和发展，推动邕台在经贸、文化、农业、旅游等各领域的交流合作，增进两地少数民族之间的了解，增进两岸少数民族同胞友谊。

【横县庙会】 伏波庙会　伏波庙位于横县云表镇站圩东南3千米郁江乌蛮滩。伏波庙会在每年农历四月十三日至十五日举办，民俗活动有祭拜、舞龙、舞狮、舞凤、对歌、唱师、道巫法事等内容。伏波庙会源于何时无确切说法，只能从历代重修伏波庙的相关记载中初步推断应与朝廷修建庙宇的历史同步。据清光绪十七年《大滩伏波庙碑记》记载，光绪帝曾于当年正月二十七日御赐"铜柱勋留"匾额一方，悬挂于伏波庙中，并将马伏波列入春秋祀典。因此，清朝末年之前，伏波庙一直属官民同祀，民国取消横县官祀，伏波庙的祭祀活动转变成民间的自发性行为。千百年来，横县伏波庙会香火鼎盛，在庙会的3天时间里，昼夜演师公戏，来自横县百合、云表、校椅等乡镇的一些大型师公戏班组到伏波庙，演出二十四孝故事片断；做道巫法事时，道公做过三天门、过刀山火炼等各种法事。白天，同时舞龙、舞狮、舞凤，舞麒麟，十几支龙、狮、凤、麒麟表演队从横县校椅镇、灵竹镇、灵山县、贵港市、宾阳县等地聚集而来，场面非常热闹；农历四月十三日晚山歌对唱时，男女歌手各自三五结队，形成若干对唱群，相互唱和或问答；农历四月十四日至十五日祭拜，成千上万的群众从四面八方赶赴伏波庙，特别是渔家船民，不辞辛劳赶赴伏波庙来祭祀礼拜，用进香、烧炮、歌咏、舞乐等方式表达对马援将军的崇敬之意和怀念之情，并祈求马援将军上保国泰民安、五谷丰登、驱邪平安，逢凶化吉；下保金榜题名、婚姻美满等。在马援南征途经的中国岭南沿海地域，甚至越南的一些地区，人们为马援建立庙堂(伏波庙)加以供奉。

南山应天寺庙会　宝华山应天寿佛寺位于横县那阳镇宝华山(又名南山)下半腰中，始建于唐代(公元618—907年)，原称寿佛寺，宋代绍兴(公元1131—1160年)年间重建，元、明、清续有修葺。相传明建文帝曾在此隐居15年，并留下“万山第一”“寿佛禅林”名胜古迹。经自治区宗教事务局批准，横县县委、县政府于2008年开始重修应天寿佛寺。应天寿佛寺作为横县人民政府在宝华山旅游风景区总体建设开发的重点工程和灵魂工程，列入全县全社会发展工程的茉莉花文化建设项目；2013年11月19日举行寺院落成庆典。宝华山是集自然景观与人文景观于一身的佛教名山，在中国佛教界享有“小五台山”之美称，应天寿佛寺是横县乃至南宁市佛教重点活动场所之一。每年两次庙会(农历五月二十七日为“城隍庙”庙诞、农历九月九日庙会)。广大信教群众从周边县市、县内各乡(镇)赶来祈福，用进香方式祈求国泰民安、逢凶化吉等，每年都有两三万人参加庙会。

三相庙圩逢(又名沙江庙庙会)　三相庙坐落横县石塘镇沙江村凤凰岭，庙内奉祀三国蜀汉历史英雄刘备、关羽、张飞三位圣像，故称三相庙。据史料记载，三国期间，汉中皇刘备曾携义弟关羽、张飞云游到横县石塘镇沙江村凤凰岭，在此期间他们为民惩凶除恶，护国安邦，广施恩泽于民间，当地百姓为纪念他们，于明朝永乐元年(1403年)在沙江凤凰岭修建三相庙。“圩逢”源于壮语，汉语译为“歌圩”。“圩逢”文化在壮族地区源远流长，是壮族劳动人民创造的民俗活动，每年农历六月十四日至十七日为三相庙会(圩逢)，连续几天几夜。2014年，横县壮族三相圩逢经自治区入选第五批自治区级非物质文化遗产名录。圩逢期间，有山歌对唱、民族民间风俗文化活动、三国文化传承和革命传统教育活动。歌圩盛时有10万民众汇聚三相庙。三相庙圩逢有古代壮族重情、自由、浪漫的遗风和壮族歌圩中最典型的风流歌会的流风余韵。由于三相庙“庙古神灵”，自建庙以来，香火旺盛，素有“江南第一灵签”之誉的三相灵签更受护法居士及广大信众青睐，不远千里到三相庙求签。

【宾阳炮龙节活动】　宾阳炮龙节是宾阳县独具民族特色的传统节日，于每年农历正月十一日举行，有1000多年的历史；2008年6月入选第二批国家级非物质文化遗产名录，被评为“中国最佳非物质文化遗产节庆”。2016年2月16日(正月初九)至2月22日(正月十五)，2016年宾阳炮龙节百龙舞宾州活动在宾阳县举行。活动有舞炮龙表演赛、优秀非物质文化遗产展演、炮龙节文艺晚会、炮龙老庙庙会、美食展销、炮龙节书画摄影展、项目投资推介会及在黎塘、甘棠、邹圩、武陵、露圩等镇分会场特色活动等内容。2月16日(正月初九)，舞炮龙表演赛在宾阳县文化广场举行，宾阳县各社区8条炮龙同台竞技，各展绝活，展示宾阳丰富多彩的民间文艺。2月17日(正月初十)，炮龙节优秀非物质文化遗产展演活动在宾阳县文化广场举行，县内的精品龙、醒狮、壮锦等11支方队和特邀的邕宁壮族八音方队依次进行游行展演；丝弦戏、师公戏和八音文艺队等非遗精品项目进行舞台表演；同日晚，在宾阳县政府大礼堂举办的炮龙节文艺晚会上推出众多展现宾阳物质文明和非物文化的精品节目。2月18日(正月十一)晚7时，舞炮龙活动在宾阳县城东新区思远路主会场进行开幕式，同时在宾阳县宾州镇中和街炮龙老庙举行传统的开光仪式，仪式结束后，主会场进行舞炮龙活动，鼓声震天，万炮齐鸣，电光火石闪耀夜空，现场上万名观众观看。宾阳县各街道、小区和黎塘镇各街道的炮龙相继起舞。2月16日(正月初九)至2月22日(正月十五)，在宾阳县美食街举办美食展销活动，向游客展示宾阳特色美食，焖狗脚、酸粉、白切狗肉、甘棠“三宝”等宾阳特色美食让游客大快朵颐。同期宾阳县文化馆举办炮龙节书画摄影展，展出形式多样、风格各异的宾阳艺术家书法作品和摄影作品。炮龙节期间，参加活动群众34万人次。

【宾阳游彩架】　清代同治十三年(1874年)间，宾阳游彩架由广东佛山武举人李若珠移居其妻谭氏家(今新宾镇三联社区外东街)时传入，游彩架是宾阳县汉族群众的传统民俗活动，有100多年的历史。2016年农历正月十一日是宾阳传统的炮龙节，宾阳炮龙节期间，宾阳县上演彩架游街；阳游彩架属台阁架上高空造型技艺，是技巧与造型结合的艺术形式；游彩架表演者主要由几名儿童组成，他们根据节目内容，扮饰成某一特定情景形象；从外表看，1名儿童很自然地站在另1名儿童的手指或所持的雨伞或扇子、长矛、大刀、弓、箭等道具上，惊险绝妙；彩架的制作有4台、8台、10台不等，各台装饰不同，表演节目的内容也不相同；每台由8个人抬行，醒狮在前面开路，八音(乐队)随行伴奏，各种彩灯、旗幡节目牌，舞龙随后；队伍浩荡，景象壮观，参加活动10万人次。

【宾阳县露圩镇“四月八”圩逢节】　据传，宾阳县露圩镇是一块水牛形状的风水宝地，是天上金牛星下凡的化身。很久以前，牛魔王从南海观音处领到49头神牛赶往蓬莱仙岛，他们风餐露宿到露圩的王礼顶时已神困牛乏，牛魔王便让神牛们停在一张水琅边吃草炼泥溼(炼：露圩方言，打滚之意；溼：露圩方言，烂泥)。待神牛吃饱喝足，炼够泥溼，牛魔王又赶神牛们继续往蓬莱仙岛去，但有一头叫作金牛星的神牛因为留恋露圩的美景不想走，便偷偷地躲在烂泥溼里留了下来。留下来的神牛白天轮流在露圩的九张水琅吃草炼泥溼，晚上为露圩人民看家护院，驱赶豺狼，农忙时为农民耕田种地，天旱了就播撒甘露，露圩从此年年风调雨顺，五谷丰登，人民安居乐业。人们感念神牛的恩惠，每到四月初八春耕结束时就用山姜擦牛背，给神牛沐浴，用糯米、美酒等美食喂牛。后来牛魔王到了蓬莱，玉皇大帝发现少了金牛星这头神牛，大发雷霆，限令牛魔王一定要在农历四月初八农民为牛过生日这天把金牛星这头神牛找回来，否则牛魔王将受到惩罚。于是，牛魔王便在农历四月初八农民为牛过生日这天带领天兵天将将金牛星这头神牛捉回天界。露圩人民为牛过生日的习俗从此形成。明朝末年(约1630年)，露圩人民集资在神牛经常睡觉的地方建了一座占地10多亩的庙宇，取名雷露庙，又名露圩大庙，当年四月初八举行了盛大的神牛祭祀仪式，人们吹起八音、打起钱尺、舞龙、舞狮、舞彩凤、舞仙马、舞麒麟前来庆贺，习武的汉子摆起擂台，耍刀弄棍，以武会友；人们在大庙前对起山歌，以歌传情，定下终身。喧天的锣鼓、悠扬的歌声在露圩的大街小巷汇集，集市成了狂欢的海洋，四月八因此被称为“圩逢”，意为狂欢的集市。2016年5月14日(农历四月初八)，露圩壮族圩逢节(民俗风情文化艺术节)——蓝衣壮盛大庆典活动在宾阳县露圩镇举办。有壮族铜鼓横空出世、山歌王中王

宾阳炮龙节期间，宾阳县上演彩架游街　　宾阳县志办提供

巅峰对决、特色民俗风情大巡演等。美食一条街集中展示蓝衣壮美食灰水糍、白糍、发糕、黑米饭等；还有文艺晚会。活动有近10万人参加。

【上林县卢於春社】 卢於春社活动是上林县木山乡新甫庄的盛大节日，相传有数百年历史。上林县木山乡木山社区新甫庄有一座卢於寺，修建于清朝康熙十八年。每年二月初二，周边群众聚集于卢於寺参加一年一度传统民俗节庆活动，观看斗牛赛等，人数达5万多人。2015年3月21日（农历二月初二），卢於春社成功申报南宁市级非物质文化遗产。2016年3月10日（农历二月初二），上林县木山乡新甫庄举办一年一度的卢於春社活动，开犁仪式后，有斗牛比赛、山歌对唱、斗鸡、甘蔗搬运比赛、拔河比赛等传统民俗和体育项目比赛。活动期间，人们除了逛庙会、看表演，还可以在现场品尝到各种特色美食。

【上林县三里歌圩活动】 每年农历三月初三，上林县壮族歌圩“三月三”山歌赛在三里镇三里社区城厢街的大榕树下举行。三里歌圩在明代崇祯年间曾经风靡一时，“文革”时期，一度销声匿迹，直到20世纪80年代初，歌圩又兴起。三里山歌唱法独特，韵律优美，已成为歌圩特色民俗文化瑰宝。2016年4月9日（农历三月初三），上林县壮族歌圩“三月三”山歌赛在上林县三里镇三里社区城厢大榕树下举办，比赛有县内众多的山歌爱好者及来宾、忻城、宾阳等地1000多名群众参加，经报名抽签有24名歌手12个参赛队伍进行对唱赛。歌唱内容围绕十八届五中全会精神、新农保、精准扶贫、清洁乡村、孝敬文化等主题进行男女对唱，比赛由南宁市山歌协会5名会员负责评审，比赛评比奖励前6名：一等奖1名，每人奖金800元；二等奖2名，每人奖金700元；三等奖3名，每人奖金600元；优秀奖每人奖金100元。

【上林县塘红龙母文化节】 2016年4月9日（农历三月初三），广西“三月三·龙母”祭祀大典暨上林县塘红乡第十一届龙母文化节在塘红乡石门村龙母广场盛大举行。开幕式文艺演出，对评选出的11个慈孝家庭进行表彰，给百岁老人献寿禄，并有“九龙祭母（特掘扫墓）”仪式、“百鲤归海”放生仪式、慈孝文化书法、美术、摄影作品展览，品龙母五色糯米饭、长寿产品展销、壮山歌歌王邀请赛等活动。现场吸引2万多人次游客观赏。

【上林县白圩万寿节】 上林万寿节庙会，距今有1000多年的历史，相传万寿公王韦厥的诞辰是农历二月十一日。2016年3月19日上午，上林县第十届“万寿节”开幕式在白圩镇爱长村智城遗址举行。从各地赶来的上万名游客和当地群众在万寿公庙前的广场汇集，体验万寿公王祭祀大典、阅兵操练等精彩民俗展演，观看文武场八音演奏、师公戏、山歌对唱、文艺演出、舞龙、舞狮、上刀山、下火海、抢花炮、游彩架等节目，参与众饮万寿粥、美食街、汽车展销等活动。

【上林县“渡河公”节】 农历五月初五端午节，上林县三里镇家家户户齐聚河边欢度民间民俗活动“渡河公”节，按三里话又叫“渡渡河公”。关于“渡河公”的传说有三个版本，民间最为盛行的是相传在远古时代，天地遭遇大荒洪，整个世界一片汪洋。只有一对金童玉女抱住一个神奇的大南瓜漂浮在水面而免幸遇难。洪水过后，整个世界的人类只剩这对男女，他们上岸后，两人重新开始生活，繁衍人类。后来的现代人，将这两人奉为人类的始祖先。为了纪念这两个祖先，从明朝开始，每年农历五月初一，男女老少都自发涌向三里南边的小河——汇水河。在一东一西河溪流相交汇的汇水桥畔举行重大的“渡河公”活动。至今，每年端午节傍晚，在清水河畔，村里的男女老少一边吟咏祈祷词，一边把做好的“渡河公”用红或黄丝线悬挂在小孩的脖子上，垂至小孩的肚脐部位，因“香艾”有驱邪、压惊、镇痛的作用，可保护孩童安康。或者把“渡河公”和粽子放在一艘小船上，点上红蜡烛，沿河漂流，祈祷家人幸福安康、祖国繁荣昌盛。渡河公雏形的模样是无脸黑头、无辫、四肢抱南瓜形状。发展过程中无脸黑头的渡河公被制作人加上了憨态可掬的笑、精巧的辫子，使“渡河公”的形象灵动可爱。在南宁国际民歌艺术节、美食文化节等活动中常见到“渡河公”的身影。2007年民歌节黄美等10多个传统手工艺人赴南宁向各地来宾展示精致的“渡河公”产品，介绍三里“渡河公”的民间活动。2008年钟蔚蓉等手工艺制作人在广西电视台手拉手活动为参加人员送“渡河公”纪念，使得“渡河公”名声更盛。在新一代的制作人当中，石冬冬等在制作工艺上里料加入丝棉，使制作出来的“渡河公”外观更饱满、漂亮。“渡河公”的外形从一人抱南瓜变成双人、四人抱南瓜；“渡河公”大小从拇指头大小变成足球大小。“渡河公”不单是纪念产品，还变成车辆内饰、结婚生子礼品等远销海外。“渡河公”已列入自治区级非物质文化遗产保护名录。2016年6月9日，上林县在上林县三里镇举办“渡河公”节，渡河公筹委会将活动主会场从汇水河搬到社区文体中心，首次推出“霞客古镇”，作为徐霞客最眷恋的地方，三里镇从2016年开始打造“霞客古镇”的品牌，设特色街，推出百家宴、三里烤马排、酿豆腐、特色三角粽等本土美食，活动规模大且内容丰富，将三里城的渡河公、古镇、歌圩三大文化结合在一起展示。

【隆安县布泉乡原生态歌圩】 2016年4月10日，具有500多年历史的布泉乡“三月三”传统节目——原生态歌圩在隆安县布泉乡更旺湖举行，观众3000多人。来自隆安本地、平果、大新等县的山歌手在龙礼村多助屯的丈知大草坪上闹歌圩。活动现场，有抛绣球、蒙面击鼓等民俗趣味活动；有“那”文化特色食品——布泉酸鱼、都结酸肉、雁江卷筒粉、艾叶粑粑等壮乡美食。

【隆安县"四月八"农具节】 隆安县那桐壮族农具节于每年农历四月初八举行,源于壮族古老的敬牛习俗,形成于明代万历、天启年间,距今有400多年历史。农历四月初八是壮族传统文化中牛的生日,壮族民众在这天不但不让牛下地干活,而且对牛照料有加,也借此机会修缮、添补农业用具。后来,随着汉文化进入壮族地区,隆安壮族农具节又融入了佛、道等民间信仰因素,以期获得保佑,风调雨顺,五谷丰登。清朝初年至康熙年间,隆安一带壮族地区商品经济有所发展。每到四月初八农具节,村民们都纷纷赶到隆安那桐街三界庙聚会,互相交流农具,同时敲锣打鼓、演社戏、对唱山歌、祭祀祖先和神灵,并举办百家宴。一年一度的那桐壮族农具节逐渐形成颇具规模的农具交易市场。2016年5月14日,2016年中国·隆安"那"文化旅游节暨那桐"四月八"农具节在南宁市隆安县那桐镇启动,至5月16日活动在隆安县那桐镇、南圩镇、屏山乡、布泉乡等乡镇举行,以传承"那"文化、品尝"那"美食、玩转"那"山川为主题,开展"那"产品展销、寻找"那"美食、"那"趣味竞技、"那"农耕生态体验、"那"文化百米长卷摄影展、"大圣归来——龙虎山探宝"等主题活动,举办系列送戏下乡、山歌对唱、粤剧表演、现代歌舞等文艺演出,开展篮球比赛、斗狗比赛等活动,表演一系列"那"文化传统民俗节目——醒狮贺节、求雨表演、千人祭稻神、祭拜农具、敬牛仪式、大酬雷等,吸引来自南宁市、百色市平果县等周边市县的1万多名游客及观众观看。

【隆安县六月六稻神祭】 稻神祭,也称作芒那祭,起源于隆安县,稻神祭最远可追溯到六千年前,为获丰收而进行的仪式。远古壮族先民因常食不果腹,鸟部落女始祖娅王为先民培育出一种叫作糯米的栽培稻,并广泛传授种植和收割技术。后来人们尊娅王为"稻神",将她的生日六月初六作为水稻诞生日,并每年在这一天举行祭祀。改革开放后,经济发展迅速,年轻人都外出务工,稻田数量减少,稻神祭的规模逐渐减小。为延续和传承这一盛事,村里组织村民举办稻神祭,以祈祷丰收。稻神祭开始时,村里的妇女自发带上祭品和香烛在稻田边一字排开,虔诚祈福。稻田里的师公师婆手持铃铛、扇子等法具,有节奏地跳祭祀舞,唱请神祠。师公们带着黑色傩面具,在田野间敲锣打鼓地巡游,意在驱赶田鬼,祈祷稻谷在扬花期顺利成熟结穗。儒浩村稻神祭的主要仪式分为请稻神、招稻魂、驱田鬼三个部分。请稻神是向稻神祝贺,恭请稻神降临驱邪祈福;招稻魂的做法是用一根青绿色的芦苇绑上一条纸幡,插在稻田中间,寓意禾苗长得像芦苇一样粗壮;驱田鬼是需要师公沿着全村的田埂巡游,才能有效驱赶祸害的田鬼。隆安县有十几万村民共同庆贺稻神生日这个传统节日。2015年10月10日,农业部公布了23个传统农业系统为第三批中国重要农业文化遗产,隆安壮族"那文化"稻作文化系统入选,成为广西唯一一个入选的重要农业文化遗产。2016年7月9日(农历六月初六),隆安县举办"芒那节"(稻神节),乔建镇的儒浩、鹭鹚、罗村、博浪等以种植水稻为主的村屯,各家各户都参加活动,用鸡肉、稻谷、米酒祭祀表达对稻神"娅王"的感恩,祈福来年稻谷的丰收。阵阵鞭炮响起后,开始"芒那节"活动中的重头戏——雒田祭祀,祭祀人员将一把把稻谷交到在场村民手上,通过这样的仪式表达对稻神"娅王"的感恩,祈福来年给村民带来稻谷的丰收。中午,村民们前往安吞坡稻神"娅王"雕像前举行祭祀稻神活动。在稻神像前,举行传统的撒米、传谷种等祈福仪式。近年来,在隆安境内相继出土的大石铲、牙章、遗骨等文物以及发现中国最古老的原始栽培稻和普通野生稻,为隆安县"那"文化圈中心和世界稻作文化起源地之一的定位提供有力的佐证,成为隆安县民族文化的一个重要组成部分。

【江南区第二届平话文化旅游节】 江南区亭子曾是古南宁城政治、经济、军事、文化的重地,是"海上丝绸之路"通向"水上丝绸之路"的重要枢纽。平话文化也是从这里源起。平话文化源于中原,随宋代大将狄青军队进入广西。狄青的军队于1053年入桂,距今已有960多年历史。据史料和平话族谱记载,现在的江南亭子古称"平南村","平话"原本称为"平南村(人)话",在长期使用过程中,"平南村(人)话"凝缩简称成"平话"。史料记载,宋朝名将狄青率领的"平南军"曾留下部分士兵屯守广西,其中部分就屯守在邕江南岸,他们及其后人定居于此,成为最初的"平话人"。以平话人为主体的汉族人口在与壮民族的长期文化交流融合中,对原有中原文化进行丰富和发展,兼收并蓄、独具特色的平话文化由此形成。2016年,江南区约30多万人以平话为母语,平话文化在江南区及周边蔗园人聚居区根深蒂固且自成体系,在此基础上形成具有独特民俗风格的江南平话文化,其文化形态涵盖生产文化、饮食文化、民歌文化、庙宇文化、岁时文化等多个方面。平话文化一直在平话人群体中活态传承,展现了平话文化顽强的时代生命力。2014年6月18日,中国民间文艺家协会命名南宁市江南区为"中国平话文化之乡"。平话山歌至今有400多年历史,广泛流行于江南区及周边地区,用平话唱山歌,将壮族山歌融入汉族语言文化特点,唱腔优美,韵律感强。歌词以七字居多,富有古汉语诗词韵味,题材多以情歌为主,常用比兴、比喻、双关等修辞手法。如邕江一带疍家居民在婚礼中亲友互唱咸水叹,多用汉语诗歌中隐喻和双关等修辞格式,旋律和唱法上吸收壮族山歌的特色。平话山歌的特点是悠扬、平缓、原生态。平话山歌无伴奏,曲调无多大变化,不同的是歌词,歌词是想到什么唱什么,看到什么唱什么,即"到什么山头唱什么歌"。2016年9月12日至14日,江南区举行江南区第二届平话文化旅游节,旅游节以"平话情韵·活力江南"为主题,整合江南区独特的平话民俗文化旅游资源,通过"秀·江南""游·江南""歌·江南""味·江南""购·江南"等节庆活动,展示江南区经济社会发展成果,重点宣传和推介江南区的文化、美食、旅游、农业等项目。江南区平话人为市民和游客献上平话歌舞盛宴,以八音鼓乐齐奏开场,体现平话民俗文化精髓。民俗表演话平话故事,喻故事于舞蹈中,表达平话情韵。《敬老节》民俗表演展示江南区平话人优秀传统习俗,表达尊老爱幼、家庭和睦的乡里亲情,共同行孝传佳话。舞蹈《花灯》以南宁市元宵花灯节为主题,以添丁的故事为主线,用生动灵巧的肢体语言、新颖的舞蹈编排形式,展现百姓家庭喜庆、热闹、和谐幸福的生活状态。旅游节还举行平话新生代山歌表演,展示江南区业余文化队伍的精神风貌和创作成果。

【武鸣区罗波庙会】 2016年4月8日(农历三月初二),2016中国壮乡——武鸣罗波庙会骆越祖母祭祀大典在罗波社区罗波庙举行。主要活动有骆越始祖王神像巡游、祭祀大典仪式、各界代表参拜骆越祖庙、壮民族五色糯米饭争霸赛、特色美食展销,农副产品、手工艺品展销,民俗"千家宴"、原生态民族歌舞展演、骆越古镇罗波风情摄影展等系列活动,有10万群众和游客参加。

【抢花炮】 每年农历二月初二,邕宁区中和、百济、那楼、新江、蒲庙等乡镇都举行"抢花炮"民俗活动,中和乡孙头坡的"二月二抢花炮"活动规模最大,历史最悠久(600多年),是"壮族抢花炮"保护传承基地,被列入广西非物质文化遗产。抢花炮活动竞技性、观赏性强,曾被国外民间体育活动研究专家誉为"东方的橄榄球";包括"还炮""抢炮""送炮"3个环节,"抢花炮"是整个活动的最高潮,人们相信抢得头炮的人当年必鸿运当头,人财两旺,也预示着该村坡连年五谷丰登。"花炮"

是一枚用红布缠绕的、直径约5厘米的铁环，抢花炮活动开始前，将花炮放在“地连”（一种土制的装满火药的发射器）上，点燃“地连”后，冲力将花炮射上高空，待花炮落下时，各参赛队进行激烈拼抢，场地通常无界限，山上和田野皆为活动范围；拾得花炮者在队友的掩护下，冲破对方的抢夺和阻挡，奔向对方炮台，将花炮投入花篮中即为胜利，一般要争夺一小时左右；按照规定，凡抢到“头炮”者，除获得福袋奖品，还需组织来年的抢花炮活动，并在来年“二月二”的时候准备同样的奖品奖励给新一任“炮头”。2016年3月10日（农历二月初二），邕宁区中和乡孙头坡举行福满邕宁区“抢花炮”活动，开展孙头坡还炮组环村大巡游、拜祭活动、龙狮表演、八音演出、粤剧表演、篮球比赛等活动，吸引约2万人参加。2016年的花炮节主办单位将花炮由原来的直径5厘米改为直径15厘米，类似于田径赛的铁饼。随着主炮、副炮被人抬进农田的中心，花炮被放在发射器筒口上，当主持人宣布抢花炮开始，花炮随即“轰”的一声射向高空。在孙头坡抢花炮不限人数，也不分队数，每炮必抢，三炮结束，属于“单打独斗”。村民孙宗统抢到花炮后，在众人争抢中“过关斩将”，将其安全送到庙里的裁判台上，决出花炮得主后，唢呐声、欢呼声、鞭炮声响成一片，抢花炮活动随之结束。

【2016年邕宁壮族八音文化旅游节】 邕宁壮族八音是民间民俗吹打的代表项目，其文化源远流长，深受粤剧、广东音乐影响，后又吸收邕剧、壮族师公戏和壮族民间音乐的元素。邕宁壮族八音可追溯到清朝乾隆年间。民国初期，壮族八音在邕宁十分盛行，特别是在蒲庙那路村一带，民间在节庆或举办婚嫁、祝寿、新居落成、迎宾送客等喜庆活动时，均请来“八音班”吹奏助兴。2013年，邕宁区被中国民间文艺家协会授予“中国八音文化之乡”称号。从2010年开始，邕宁区每年举办邕宁壮族八音文化旅游节。2016年9月10日至14日，2016年邕宁壮族八音文化旅游节在邕宁区举行。主要内容有开幕式、那蒙亲子活动、书法美术摄影展、邕宁文物·非遗文化展、狂欢大巡游、招商引资推介会暨项目签约仪式、特色美食品尝·名特优产品展销、桂黔二省区吹歌鼓乐大赛及南宁市邕宁·六城区第二届青年歌手邀请赛等，吸引约3万游客。

【良庆区“香火龙”表演】 “香火龙”发源于广东佛山制陶古镇石湾镇，是模仿一排排瓷窑点火时的壮观景象，就地取材，扎成龙身，插上香火制作而成；清代传入良庆镇缸瓦窑村。传说500年前，良庆镇缸瓦窑村陶瓷产品畅销，点火烧窑是最令人振奋和值得庆祝的事情，人们模仿瓷窑点火时的壮观景象，按照“火龙窑”形状，用竹篾、树丫编扎成龙的骨架，缠上仙人掌、老虎簕；整条龙分龙头、龙身（9至11节）、龙尾3部分，节与节之间用一条草绳连接，龙身总长度约17米；舞龙前，组织舞龙者13～15人（因龙头、龙尾比较着力、需2人分别作替补），分别在龙头、龙身、龙尾插上点燃的信香成排排香火。“香火龙”最初作为瓷窑的点火仪式，逐渐演变成一项祈求平安吉祥的民间舞蹈——“香火龙舞”。每逢农历八月十四、十五、十六日晚举行游龙活动，“香火龙”在缸瓦窑村及四邻八乡穿街过巷巡游，在烟花爆竹和锣鼓声中腾飞，称“火龙游镇”。游龙活动结束后，人们把“香火龙”抛进邕江，以示龙归大海。“香火龙舞”有一整套舞蹈动作，舞蹈动律强烈，是壮族民间舞蹈的奇葩，对了解南宁乃至岭南地区的历史文化、舞蹈艺术和商业文化具有重要参考价值。“香火龙舞”流传至今已有300多年，多是民间自发组织。良庆区成立以来，“香火龙舞”得到妥善保护和传承。2009年举办首届香火龙民俗文化旅游节，受到市民欢迎。2010年5月，“香火龙舞”列入自治区级非物质文化遗产保护名录。

10月29日，“壮韵嘹啰·多彩良庆”——南宁月月旅游节暨中国嘹啰山歌之乡·良庆区2016年民俗文化旅游节在广西体育中心开幕。图为开幕式活动现场　　良庆区宣传部提供

【良庆区壮族“香火球”娱乐活动】 壮族“香火球”源于良庆区南晓镇古元村，距今已有300多年的历史；其以鸡毛、香、铜钱、笋壳、竹筒制作，状如羽毛球而又较羽毛球漂亮；流传于南宁市良庆区南晓镇及钦州市的小董、那蒙、大寺、长滩、新棠一带。相传，1630年，古元村的始祖班元亨与母亲来到古元草创家业时，在林边新垦田地上栽稻子，母子俩播的稻种被鸟兽吃光，母亲万念俱灰，走到河边欲跳河自尽，忽见上游漂来1片笋壳，笋壳如舟，上有3枚铜钱，3根鸡羽毛和3支香；母亲以为得到三元恩赐，便将此神赐之物带回家中，并用3枚铜钱换回稻种，将鸡毛插在竹笋壳上挂在秧地边，就像1只捕食鸟、鼠或巨鹰在镇守护卫，果然鸟兽再不敢侵害；后来，母子每年都在其他田地旁也挂上“老鹰”，晚上还在每只“老鹰”身上插上3根点燃的香，所有庄稼获丰收，而且人丁旺盛，安居乐业；此后，他们用铜钱插上鸡毛和香火拜祭土地庙，因抛耍时极感好玩，便当球拍打娱乐，香火球从此诞生。后来班梦龙、班纯仁父子双双中举，远近轰动，朝廷赐诗：“二燕双飞天下少，父子同榜古来无”，并赐金匾1块，上刻“为善必昌”金字，还斥资在村中兴建武馆，武馆前高竖两根龙图蓝旗桅杆，昭示1门同出2名举人之盛；出于感恩思源，古元村每年举行“香火球”比赛。起初是村中男性结合习武开展的民间体育健身活动，后来女性也加入娱乐和比赛；最后在村中姓氏同族间进行，迅速向北至大塘、南至钦州等地传播，成为当地一项重要体育活动。香火球娱乐活动场地一般长约10步、宽5步，以绳圈起，分别在场地长的中线两端各竖一根5尺的竹竿作支架，横上根细长平直的竹竿代“网”，与沙滩排球无异；参与人数可多可少，以场内不拥挤为宜。2008年，壮族“香火球”被列入自治区级非物质文化遗产保护名录。

【良庆区2016年“嘹啰山歌”民俗文化旅游节活动】 2016年10月29日，由良庆区党委、良庆区政府、市民族事务委员会、市文化新闻出版广电局、市体育局、市旅游发展委员会共同主办的“壮韵嘹啰·多彩良庆”——南宁月月旅游节暨中国嘹啰山歌之乡·良庆区2016年民

8月31日,志愿者在南宁市双拥路开展"礼让斑马线你我齐点赞"活动　　李　南　摄

俗文化旅游节在广西体育中心开幕。活动以"壮韵嘹啰·多彩良庆"为主题,开展开幕式活动、"赏嘹啰山歌、品良庆美食"主题特色美食节活动、招商推介会、"多彩良庆·骑乐无穷"自行车比赛、职工气排球比赛五大活动,设"寻找良庆美"书画摄影艺术展、非物质文化遗产展、廉政文化成果展、特色农产品展4个展区及文化、体育、特色美食3个分会场开展活动。开幕式上,身着壮族传统服饰的嘹啰山歌队唱起《嘹啰迎客歌》夹道迎宾,会场四面4条具有良庆民俗文化特色的香火龙在舞动,文艺演出结合民间传统文化习俗,以"系毬丝"为开幕式的亮点——作为与嘹啰山歌唯一有关联的物件,借五色线系在毬丝上,寓意来年五谷丰登和将嘹啰山歌唱响到世界舞台的美好愿景;开幕式有10万余人参加。10月29日至11月6日,在良庆区滨江广场举办"赏嘹啰山歌、品良庆美食"主题特色美食节活动,设摊位120个,分为良庆特色美食、广西特色美食、东南亚国家美食、中华特色美食和良庆区名优企业展示的美食五大展区。10月29日,举办2016良庆"嘹啰山歌"民俗文化旅游节特色农特产展,邀请南宁市知名农特产品生产企业、良庆区特色农产品参加展示;专门开辟扶贫展位,用于展销辖区10个贫困村的农业产品;在广西体育中心新闻发布大厅举行良庆区重点产业园区规划说明会暨产业发展恳商会;召开推介会,邀请南宁市工业、建筑业、环保产业、电子信息产业、农业龙头企业的客商代表,驻南宁的各商协会,辖区企业代表,金融企业代表约230人参加。

至年末,良庆区有大塘镇南荣村平天新坡等嘹啰山歌基地10个,那马嘹啰山歌协会、嘹啰山歌歌队50多支,有嘹啰山歌歌手1万多人。　　(钟婉悦)

时尚习俗

【礼让斑马线】2016年,南宁市制定规范机动车文明行车、礼让斑马线的内容、标准和要求,纳入驾校学员教学训练课程、交通运输从业人员资格培训、考试内容,并组织评选和监督考核。协调组织各级媒体集中宣传报道"礼让斑马线"活动8000余次,网络索引量214万余条,通过移动通讯短信平台,每月向广大驾驶人发送文明交通内容、文明出行提示等信息10万余条,市民知晓率99%以上。开展"斑马线上的文明"主题活动,在市区确定示范路段75处,在50个示范路段配套完善行人过街信号灯、电子警察系统。1月至11月,全市查处机动车不礼让斑马线违规行为565起。市文明办、市交通运输局、市公安局交警大队等部门联合行动,将礼让活动拓展、延伸开展"斑马线前讲礼让、行车会车讲礼让、有序排队讲礼让、乘坐公交讲礼让、乘坐电梯讲礼让"的"五个礼让"活动。市文明办与市大行动办联合制定《首府南宁深化"礼让斑马线"活动实施方案》,采取"完善标识、强化执法、文明劝导、违法曝光"等方式,深化"礼让斑马线"活动。南宁市结合每月首个周六"学雷锋志愿活动日",在全市81处"文明礼让示范路段"斑马线开展志愿者集中行动日活动。在重点路口的护栏设置"礼让斑马线"宣传牌720块,将20个示范路段"礼让斑马线"文明引导项目交由广西八桂义工协会、南宁市爱之舟社会工作服务中心承接,发动各级各部门认领示范路段,开展文明劝导活动。市文明办联合南宁电视台启动"我礼让　我自豪"公益行动,倡导"车让人""人谅车",倡议行车会车讲礼让,不加塞不抢道;开设《直播斑马线》《礼让红黑榜》等专栏,宣传"五个礼让"。全市公交车、出租车斑马线礼让率98%以上,私家车斑马线礼让率80%以上,文明礼让蔚然成风,获公安部交通管理局充分肯定。

(黄东玲　温金华　吴苏焱)

【交友征婚】

网络交友与征婚　2016年,南宁市未婚男女通过互联网企业提供的交友服务平台,进行相互了解、沟通等活动,以解决个人的婚姻问题。网络交友主要分为网络休闲交友、网络婚恋交友和网络商务交友3种。网络婚恋交友指交友双方以达成恋爱及婚姻关系为目的,借助互联网平台相互了解、沟通,找到适合自己的婚姻伴侣的交友行为,交友目的性更明确;与网络休闲交友和网络商务交友相比,网络婚恋交友主要通过婚恋网站。

大型相亲活动　2016年3月26日至27日,市直机关工委和市总工会联合主办,市直机关工会工委承办,市拥军优属拥政爱民工作领导小组办公室、共青团自治区直属机关工作委员会及市直机关各工会组织协办的第十六届南宁机关单身职工"寻爱之旅"相亲活动在南宁市龙门水都风景区举行。南宁市直机关单位、区县、乡镇的机关、事业单位和自治区直机关、事业单位及驻邕大中型企业、驻邕部队1000多名单身人士参与活动;活动设置"破冰""幸福接龙""传情达意""爱的宣言"等趣味游戏及才艺展示等环节。

【时尚运动】2016年,南宁市各级体育部门开展形式多样、群众喜闻乐见的赛事活动、全民健身活动77项次,参加活动人数近5万人,观摩赛事和活动观众约90万人次。其中具有较大国际影响力的赛事有第八届广西体育节开幕式南宁主会场活动(南宁市全民健身日活动)、2016年全国"发展体育运动　增强人民体质　同心共筑中国梦"全民健身活动广西分会场活动暨"全民健身　健康广西"百万群众健身走(跑)活动、"天地明珠杯"第十一届南宁国际半程马拉松比赛暨第三十四届南宁解放日长跑活动、南宁市第二届全民健身运动会、2016年中国南宁－东盟国际棋牌邀请赛、2016(中国·南宁)WBO重量级洲际拳王争霸赛、第七届南宁·东盟国际山地自行车越野公开赛、南宁市第二届全民健身运动会、2016年李宁体育园"快乐运动"大型公益活动、2016年南宁体育活动黄金周10场;各区县开展群众体育活动,影响较大的是2016年中国舟钓公开赛(横县站)、南宁市第八届武术大会(举办地:横县)、宾阳县健身走(跑)活动、上林县乒乓球赛、广

11 月 6 日，首届中国－东盟山地马拉松赛在马山县弄拉生态旅游区举办　　陆丽红　摄

西马山万人群众健身走(跑)活动(重大活动)、中国·东盟山地马拉松系列赛(马山站)比赛(重大活动)、隆安县第六届体育节、兴宁区第十届老年人运动会、江南区第九届运动会、“美丽南方　休闲广西”百万群众健身走(跑)青秀区专场活动、中国卡丁车锦标赛俱乐部杯决赛(西乡塘区)、2016 年全国摩托艇锦标赛(西乡塘区)、邕宁区“重阳节”42 式太极拳比赛、良庆区跆拳道邀请赛、武鸣区第十届俱乐部男子篮球联赛(重点赛事)、武鸣区民族健身舞(操)大赛(重点赛事)16 场。

游　泳　1 月 1 日，2016 年南宁冬泳邕江活动在邕江大桥冬泳码头附近水域举行，活动由市体育局、市体育总会主办，市体育管理培训中心、广西游泳协会、市冬泳协会承办。开幕式主席台设在邕江北岸古城墙看台；冬泳起点设在邕江北岸，终点设在邕江南岸。南宁市民、驻邕高校、大中专院校以及高中学校组织 2300 多名冬泳爱好者参加冬泳活动，以横渡邕江迎接新年到来。其中南宁学院组织 70 多名学生参加，阵容最大；广西民族大学冬泳队有 30 多名体育生参加，有的学生已连续 3 年参加冬泳活动；广西大学游泳队有 10 名队员参加活动；还有一些小学生在家长的带领下体验冬泳。9 月 24 日，市体育局、市教育局联合主办的 2016 年南宁市青少年游泳锦标赛在南宁市体育场举行，同时也是第十四届自治区运会南宁游泳代表队的选材赛；赛事为期 2 天，500 多名选手参赛，规模创历史新高。赛事从幼儿园组至高中组共设组别 11 个；设有 50 米仰泳、蛙泳、蝶泳、自由泳；100 米仰泳、蛙泳、蝶泳、自由泳；200 米个人混合泳以及 4×50 米自由泳接力、4×50 米混合泳、4×50 米混合泳(二男二女)3 个大项 11 个小项；产生单项冠军 163 个。南宁市伍环星青少年体育俱乐部一队以 371.50 分获男子团体总分第一名，南宁市诚舟游泳俱乐部、南宁市奥体青少年体育俱乐部、南宁市海豚游泳俱乐部、南宁市桃源路小学、南宁市鱼悦游泳青少年体育俱乐部、南宁市逸夫小学、南宁市南华体育分获第二至第八名；市海豚游泳俱乐部获女子团体总分(205 分)第一名，市天桃实验学校、市南华体育、市鱼悦游泳青少年体育俱乐部、市南湖小学、市伍环星青少年体育俱乐部一队、市第三十七中学、市伍环星青少年体育俱乐部二队分获第二至第八名。市民乐路小学、市鱼悦游泳青少年体育俱乐部等 9 支队伍获最佳参赛队称号；苏毅琪、陈禹龙等 50 名运动员获最佳运动员称号；黄绍华、李继金等 71 人获最佳教练员称号；张维泽、辛耀翔等 7 人获最佳裁判员称号。

长　跑　5 月 23 日，国家体育总局人力资源开发中心、国家体育总局职业技能鉴定指导中心、南宁市政府共同主办的“2016 全民健身万里行”轻松跑活动首次在南宁举办。特别邀请获 2014 索契冬奥会短道速滑女子 500 米冠军李坚柔和北京奥运会体操女子团体冠军、多个世界冠军获得者程菲到现场指导，向市民传授科学跑步的方法、健身小窍门，让市民享受运动快乐；超过 3000 名轻松跑跑友跟随奥运冠军的步伐，从南湖公园的名树博览园出发，沿南湖湖边奔跑，活动不计名次。9 月 24 日，首届南宁垂直马拉松赛在南宁华润大厦 C 座举行，有 300 人参与；一楼起跑，全程需攀登 38 层楼(1000 级左右的台阶)；分设团体组和个人组，团体为 3 人一组，其中必须有 1 名女队员；个人组第一名的梁晓优用时 5 分 54 秒 17，第二名的甘博用时 6 分 21 秒 15，第三名的梁新毅用时 6 分 23 秒 14；团体组第一名为无所谓队，用时 8 分 36 秒 39，第二名和第三名分别为广西民族大学体健院 2 队、第一生产队，用时分别为 8 分 48 秒 90 和 9 分 01 秒 15；赛事是一次“体验式”的垂直竞技，竞赛形式体现“绿城、健康、公益、专业”的特点。12 月 4 日，“天地明珠杯”第十一届南宁国际半程马拉松比赛暨第三十四届南宁解放日长跑活动在南宁市青秀区举办。

羽毛球　10 月 16 日，南宁市第二届全民健身运动会羽毛球比赛暨 2016 年南宁市业余羽毛球联赛结束，南宁一飞羽毛球俱乐部一队获冠军。11 月 20 日，市体育局、市体育总会主办，市体育管理培训中心、市羽毛球协会承办，南宁市誉程翔体育用品公司、深圳市羽乐圈网络科技有限公司协办的 2016 年“中国体育彩票杯”第十届南宁体育黄金周“威克多·誉程翔杯”第十三届南宁羽毛球锦标赛在北湖路动力球馆开幕。青少年组分 4 个年龄组，设女子单打、男子单打 2 个单项，比赛产生 8 个组别的冠军；成人公开组分为 6 个年龄组，设置男子单打、男女双打、混合双打 5 个单项，11 月 26 日至 27 日进行比赛。青少年组参赛 508 人、成人公开组参赛 548 人。

足　球　2016 年 5 月 21 日至 8 月 23 日，市体育局、市体育总会主办的 2016 年“真龙活泉杯”南宁市足球超级联赛暨南宁市第二十四届足球联赛在南宁市体育场足球场、广西国际贸易职业技术学院足球场举行，来自南宁市的 11 支队伍参加本届比赛。本届南超联赛首次吸纳南宁的外籍留学生参赛，在中国友人的帮助下组建一支“国际纵队”——然索克国际队，队中有 10 人是中国球员，15 人是外国球员，其中包括非洲国家球员、东盟国家球员、印度球员，教练兼球员普林斯来自尼日利亚。在 55 场比赛中进球 358 粒，场均进球 6.50 个。老牌劲旅农信滔音队成功登顶，正发南尊队获亚军。12 月 18 日至 22 日，“龙桂达杯”中国·东盟城市足球邀请赛在南宁市体育场举行，是南宁市首次在职业领域与东盟国家的足球俱乐部进行足球交流的国际性足球赛事，达到国际 A2 级标准，泰国陆军联足球俱乐部、柬埔寨金边皇冠足球俱乐部、越南南定足球俱乐部和东道主广西龙桂达足球俱乐部 4 支职业足球俱乐部汇聚南宁，为市民提供 6 场精彩赛事。12 月 25 日，市体育局、市教育局、市体育总会主办，市足球协会承办的 2016 年南宁市青少年足球锦标赛暨自治区第十四届运动会南宁市足球队选材赛在南宁新屋阳光足球场结束，是南宁市首届青少年“未来之星”阳光体育大会其中的一项赛事，为五人制足球赛，参赛的 11 支队伍分别来自南宁市各城区和横县的学校及润华、行健等足球俱乐部。参赛队按年龄分为 U13 和 U14 两个组别，以积分排列名次，广西－东盟经济技术开发区第二小学队、南宁市第五

中学队分获 U13、U14 校园组冠军，U13 公开组冠军为润华一队所获。

气排球　12 月 10 日至 11 日，2016 年南宁・国际气排球邀请赛在南宁市工人文化宫球场举行；市体育局、市体育总会、广西社会体育运动发展中心主办，市社会体育发展中心、市气排球协会承办；参赛队伍有来自新加坡、老挝等东盟国家代表队和中国香港地区代表队、云南省、四川省、福建省、湖南省、湖北省、浙江省、安徽省和河北省等代表队，自治区内有南宁市、柳州市、桂林市、梧州市、贵港市、百色市等地 61 支参赛队的球队；比赛分 4 个年龄组：男子甲组(45-60 岁组)、男子乙组(24-44 岁组)、女子甲组(45-60 岁组)和女子乙组(24-44 岁组)。男子甲组广西睿添富队和男子乙组湖南师范大学队、女子甲组安徽省合肥庐阳女队和女子乙组南宁体彩队分获冠军。

健　身　7 月 30 日至 31 日，市体育局、市体育总会主办，广西转动体育、市社会体育发展中心承办，市社会体育指导员协会协办的 2016 年南宁市社区全民健身运动会总决赛在广西医科大学羽毛球馆上演，有 1000 多名选手参加。比赛项目有气排球、广场舞、抛绣球、定点投篮、足式保龄球、迎面托乒乓球接力 6 个。7 月 20 日至 8 月 28 日，市社会体育指导员协会在中心城区开展 2016 年全民健身志愿行进社区活动，组织、派出各项目社会体育指导员 64 人次，利用周末及闲暇时间分别到 5 个中心城区、14 个社区免费为社区居民开展体育运动技能培训，涉及气排球、足球、健身舞、腰鼓、太极拳 / 剑 / 拳 / 翩等项目，培训 2944 人次。

自行车骑行　5 月 29 日，广州朗途体育策划有限公司主办、南宁市欧亚马自行车青少年体育俱乐部(国家级)承办的 2016 "骑闯天路" 资格赛暨广西马山红水河自行车极限挑战赛，在马山县会鼓广场举行发车仪式，300 余名运动员参加。比赛起点在马山县会鼓广场，线路经过马山县、河池市都安县和大化县 3 个县境，全程 150 千米；比赛过程中有在大化县莲花山 6 千米(HC 级)的爬坡挑战折返等；终点为大化县七百弄国家地质公园八里九弯坡顶。10 月 23 日，市体育局主办，西乡塘区文化新闻出版体育局、市自行车运动协会承办的第七届南宁・东盟国际山地自行车越野公开赛在美丽南方水上运动基地落下帷幕。比赛分全民健身大众组、女子公开组、男子公开组 3 个组进行，400 多名运动员参与。来自道卡斯(中国)车队的梁力麒获全民健身大众组第一名，女子公开组、男子公开组桂冠分别由代表个人参赛的何冲和来自凯路仕烈风车队的封宽杰摘得。南宁・东盟国际山地自行车越野公开赛作为 2016 年美丽南方休闲农业嘉年华的一个品牌活动，已有 7 年历史，赛道推广绿色、无污染的环保理念，极具专业化和观赏性。

街　舞　10 月 29 日，2016 年红牛国际街舞挑战赛在南宁进行 B-BOY 的专项分区赛，广西选手凭借主场优势，收获最终四强席位中的三席。比赛中，广西选手六件、李王贤、阿爆分获冠军、季军和殿军，河南选手小明获亚军；4 位选手作为中国 B-BOY 的代表参加在广州举行的红牛国际街舞挑战赛总决赛。至此，2016 年红牛国际街舞挑战赛国内预选赛 4 个分站的选拔全部结束，16 位选手进入总决赛，并代表中国与 16 位国际高手同台竞技，共同争夺红牛国际街舞挑战赛总决赛冠军的头衔。

广场舞　2 月，南宁市启动以 "唱响美丽南方・舞出百姓健康" 为主题的广场舞普及推广活动，以面向基层、广泛参与为原则，用市群众艺术馆编创的 "美丽南方" 广场舞示范为教材进行培训辅导；在全市范围内进行全覆盖的普及和推广；以壮族舞蹈动律和具有南宁特色的师公元素为动作素材，通过婉转奔放、富于变化的舞蹈语汇贯穿整个舞蹈，体现纯朴、含蓄、优美、欢乐柔情的特点，在歌曲《美丽南方》音乐中起舞，让健身者增强体质、愉悦心情。6 月 30 日晚，由市委宣传部、市文化新闻出版广电局主办，南宁市群众艺术馆承办的南宁市庆祝中国共产党成立 95 周年暨 "唱响美丽南方・舞出百姓健康" 2016 年南宁市千人广场舞展演活动，在南宁民歌湖水上舞台举行。

【传统饮食】

武鸣柠檬鸭　柠檬鸭是南宁市武鸣区的特色菜肴。这道菜最早出现在 20 世纪 80 年代初期，有个叫 "界牌" 的小地界，因为在公路旁常年做来往司机的饭食生意，经发展有了这道名菜。柠檬鸭用料：主要配料取材是选重 1.50 千克左右的正宗谷糠喂大的土鸭或北京鸭，配料是具有南宁特色的酸嘢、酸荞头、酸姜、酸辣椒、山黄皮、酸柠檬、酸梅、豆腐乳、白糖、黄酒等。正宗的柠檬鸭外观冒着油汁、金黄诱人，香气混杂着柠檬香与鸭肉香，带着梅子的酸甜味、微辣细腻的鸭肉清新爽口，香而不腻，是一道开胃菜，而且食疗功效明显，可食部分鸭肉中蛋白质含量约 16%～25%，蛋白质主要是肌浆蛋白和肌凝蛋白，是一种补阴的食物，有句俗话叫 "喝鸭汤，吃鸭肉，一年四季不咳嗽"，适合体质偏弱的阴虚者享用。

牛　杂　牛杂是南宁的市井小吃，将牛内脏、肉丸、萝卜、油果、腐竹等材料穿成串，混合一大锅熬煮，可烫份的粉和青菜 1 元～2 元，淋上 "不辣、咸辣、酸辣" 3 种酱汁食用。

米　粉　南宁米粉质地柔韧，富有弹性，水煮不糊汤，干炒不易断，配以各种菜码或汤料进行汤煮或干炒，爽滑入味。八仙粉是南宁市民喜爱的米粉之一，也是到南宁游玩必吃的美食之一；相传是清宫食谱之一，因其配有山珍、海味、时鲜八味以上，味道相异相辅，如 "八仙过海，各显神通" 而得名；特色是香、酸、脆、甜、咸适度，食而不腻，营养丰富；做法是选用带有韧性的新鲜切粉，煮粉前先在热锅里盛入大半碗猪骨头熬成的上汤，汤沸后放入鱼饺、肉片(或鱼片)、熟鹌鹑蛋、香菇、黄花菜、鱿鱼、鸡肉丝、新鲜嫩蔬菜等各 2 至 3 件，猛火煮沸片刻，再倒入 200 克切粉，待锅中汤水再沸后加少许香葱、香油、盐、味精等调味即可装碗食用。宾阳酸粉是一种凉拌粉，以其特有的嫩滑、酸甜可口、香脆诱人而闻名；其做法很简单，把酸甜的酱水拌到蒸粉托里，加以红烧肉、腊牛肉巴、油炸肉、酸豆芽、花生米、蒜末、生辣椒等佐料，一碗色、香、味俱全的宾阳酸粉便制作完成。

酸　嘢　"酸嘢" 又名 "酸料" "酸品"，"酸嘢" 为粤语(即为酸的东西)。南宁气候以湿热为主，吃 "酸嘢" 可祛湿开胃，增进食欲；酸芒果在南宁可谓街知巷闻，酸芒果除具有一般酸嘢的酸味外，还混合着芒果的清香，配上辣椒粉或者辣椒盐，味道可口；南宁 "酸嘢" 除作为一种街头零食以外，还常作为佐料入菜，南宁的著名小吃老友粉必用 "酸嘢" 配料之一就是酸笋。

汤　品　南宁人夏季喜欢喝绿豆汤，

米粉是南宁人喜爱的美食。图为老友三鲜粉　钟婉悦提供

具有清热解毒、止渴消暑的功效，是民间传统的解暑佳品；冬季喝骨头汤、冬瓜汤、虫草花汤等。俗话说"骨头的精髓在汤里"，所以汤品在南宁市街巷随处可见，许多酒家、茶楼、养身汤吧提供的汤水服务项目更是多种多样。

甜　品　甜品是南宁人常见的小吃之一，有芝麻糊、槐花粉、凉粉、玉米糖水等。其中以芝麻糊味道甜美、卖相别具特色最受到青睐；有黑芝麻糊、"鸳鸯糊"（即芝麻糊和花生糊的"黑白配"，在碗里如胶似漆，像一对情侣般恩爱而得名）；手艺好的人可翻动勺子，把沉在底层的乳白的花生糊翻上来，用花生糊在黑色醇香的芝麻糊上勾画出美丽的图案；用槐花粉制作的糖水甜品，品尝起来有嚼劲；南宁人喜欢的凉粉分黑凉粉和白凉粉，凉粉不但能清热利湿、凉血解暑，还可以美容养颜、清凉解毒，对关节炎、高血压、感冒等都有疗效；玉米糖水中的玉米本身自带清甜，煮熟后再加入一些冰糖，又甜又解渴。

小　吃　南宁市园湖路和东葛路十字路口处的粥店很有名气。不论春夏秋冬，生意兴隆；招牌上写着"粥王"字样的店铺里的"花鱼粥""鸽子粥"味道极佳。园湖路西一里（园湖小学附近50米）道路两边，林立着近10家烤鱼店比较受欢迎，摊子的经营规模一般在10桌以内，生意普遍不错；南宁市比较出名的烤鱼店在这里都有分店。

南宁水街在邕江民生码头边上。邕江上通百色，下达广州，因此它成了南宁经济最初发源和兴盛的地方，也是南宁人心目中的美食据点之一。街上有快意饺子云吞、九记伦教糕、黄阿婆粉虫、甘家粉饺等知名老店。其中南宁"老水街·新印象"美食城每天都吸引着大批食客前去品尝美食。

南宁市"老水街·新印象"美食城每天都吸引着大批食客前去品尝美食　钟婉悦提供

大排档　福建园海鲜批发市场兴起于2003年，本来只是一个普通的海鲜批发市场，后来商人开了海鲜大排档，由客人到市场上购买海鲜，排档只负责加工海鲜。海鲜实惠，深受食客欢迎。特别在晚上凌晨以后，从北海拉来的海鲜刚刚上市，生猛的海鲜让食客们胃口大开。

北大码头有许多家大排档，由于地方较宽敞，铺面普遍较大，一般在20桌左右，除常见的一些宵夜品种外，还有鼎鼎大名的新疆大盘鸡。

夜　宵　中山路夜市位于市中心，是南宁名气最大、历史最悠久的宵夜场所。不单经营夜宵，晚餐也是主营项目，每晚18点、19点开始经营到第二天凌晨4点、5点，甚至到天亮，食客人来人往；在700多米长、10多米宽的老街上，云集近100家饮食摊点，汇聚米粉、酸嘢、甜品、烧烤、粥等食品，许多外地游客慕名而来；晚上9点以后，美食街灯火通明，热闹非凡，成为南宁市一道独特的风景线；较出名的店铺有：仙池饭店、复记老友粉店、金城江烤鱼店等。

南宁夜市的烤鱼肉质软嫩、外皮香脆、色泽金黄，味腴而鲜美；配料中有脆嫩的豆芽、爽口的酸菜、炸得酥脆的黄豆，配料丰富却又未掩盖掉鱼自身的鲜味。市民一般在夏夜点一盘烤鱼，再配上冰爽的啤酒食用。南国街基本不经营晚餐，专做宵夜；比较有名的是牛杂，而最出名的当属"兰姐牛杂"。建政路南二里夜市，从园湖建政路口沿着建政路往古城路方向走，有条小巷宽度不足10米，长度约300米左右的宵夜街。除集中南宁本地常见的50多家特色宵夜店铺外，还有不少外地的小吃如北京炒板栗、武汉鸭脖子等。南宁名气大的烤鱼店发源于南铁文化宫一带的宵夜摊，砂煲螺、炖盅颇有名气，受到广大食客欢迎。

市建政路南二里夜市上"旺旺凉拌菜"店铺里的凉拌菜　钟婉悦提供

【休闲娱乐】

泡温泉　2016年，泡温泉的假日休闲方式渐渐在南宁市民中风靡。南宁冬天比较适合泡温泉的地方有九曲湾温泉度假村，交通便利，环境优美，植被繁茂，空气清新；温泉水是地热温泉，水源自1300米深处的寒武系地层，经过多年的深沉蕴藏，水质清澈透明，含有偏硅酸、硫化氢、二氧化碳、钠、钾、锶等40多种微量元素和矿物盐，是优质偏硅酸医疗型热矿泉，在出水口处水温基本维持在60度左右；度假村的偏硅酸的氟医疗热温泉对身体健康有好处，有六神汤、美肤亲亲鱼、石板浴疗等10余种中医药浴，推拿按摩让人感觉舒适；温泉区有100多个温泉池，可同时容纳数千人泡温泉。嘉和城温泉谷位于南宁市南梧大道嘉和城内，连接国际锦标级18洞的嘉和城温泉高尔夫球场，是集多国风情的温泉休闲疗养、水上乐园、温泉SPA、餐饮、康体为一体的大型复合温泉休闲中心；人文建筑物别致，温泉休闲中心包括风情六国泡浴区、玛雅水世界、活力SPA等,在具民族特色、文化氛围最浓厚的千年华夏区的芬兰区内,"千岛之国"的桑拿木屋、户外冰湖、高温泡浴的特色设施带给顾客"冰火两重天"的美妙冷热两极体验;约旦的典型盐浴,土耳其的肚脐石浴等也各具特色。

听戏看剧 南宁剧场位于南宁邕江之滨,是一座具备多功能综合性的大型文化专业文化场所,供戏剧、歌舞、电影等大型文化活动使用;新会书院位于南宁市解放路42号,是一座迄今保存最完整、规模最大的清代会馆建筑;新会书院是南宁邕剧展示中心所在地,也是戏剧爱好者的天地,每逢节假日,都有以粤剧、邕剧为主的好戏上演;设置有戏剧展示窗,有精美的戏服、头饰,有邕剧中经典的角色面具,并配以文字说明;新会书院为南宁人提供一处品茶、听戏、看剧的好去处,也给远道而来的游客提供一个了解南宁历史的窗口。9月17日至22日,自治区文化厅、市政府联合主办,文化部外联局、中国-东盟中心、中国戏曲导演协会支持,市文化新闻出版广电局、广西戏剧院承办,红线女艺术中心、广西师范学院、广西戏剧家协会、南宁职业技术学院、南宁市博物馆、南宁市戏剧曲艺家协会协办,南宁市民族文化艺术研究院执行的2016年中国-东盟(南宁)戏剧周在南宁市举办。广州粤剧院为开幕式献演新编大型粤剧《红的归来》;戏剧周期间,采取"演、研、展、赛+大联欢晚会"的"4+1"模式,将8个国家25个团体及五大世界级非遗项目集中亮相。越南、泰国、柬埔寨、马来西亚、新加坡、缅甸、菲律宾7个东盟国家以及国内顶级的戏剧表演团体向观众展演越南水上木偶、柬埔寨皇家芭蕾、泰国孔剧、中国昆曲、中国粤剧等剧目;9月22日晚,2016中国-东盟(南宁)戏剧周大联欢活动在南宁民歌湖广场举行,以"一次聚首,千年交情"为主题,重点展示世界级非物质文化遗产项目、中国戏曲精华、壮乡风采和古典风韵、东盟风情、东盟粤曲大赛等,戏剧周落幕。

看电影 2016年,南宁市有37家数字影院,其中市区30家,县城7家。影城大多按照国际五星级影院标准设计,集国际先进电影元素和视听技术;影厅兼具单位观影包场、会议包场、生日聚会等功能,为市民打造集电影、购物、餐饮、娱乐、休闲的现代时尚影城。

【旅游休闲】 2016年,南宁市适合居民休闲度假的风景区有南宁青秀山风景名胜旅游区、南宁大明山风景旅游区、伊岭岩风景区、南宁市西乡塘美丽南方休闲农业(核心)示范区、扬美古镇景区、南宁八桂田园、龙门水都景区等。5月7日至30日,"中国旅游日"南宁主会场暨上林生态旅游养生节,以"旅游促发展 旅游带扶贫"为主题、口号为"爱生活 爱旅游",开展壮族风情体验活动、旅游扶贫系列活动、"百千万"旅游宣传推介系列活动、健康养生系列体育活动和主要景区特色展示、旅游商品展销及重大项目招商、推介、签约仪式等,展示上林县壮族文化、人文历史和民俗风情。6月10日至11日,在马山县里当瑶族乡举办里当瑶族乡20年华诞庆典暨民族风情旅游节活动,主要有瑶乡成立20周年系列活动、民俗文化展演、摄影作品展、农特产品展销、欢乐一日游等。

【消费购物】

网上购物 2016年,南宁市线上贸易企业通过公共网络实现的商品零售额11.88亿元,比上年增长76.80%。12月23日,由南宁市商务局主办、新浪广西承办的"2016南宁欢乐消费季"和"2016南宁电商购物节"开幕。12月23日至31日,举办"2016南宁电商购物节",打开南宁市本土电子商务平台的消费市场。2016南宁电商购物节重点打造四大主题抢购日活动:12月23日的农产品日,给市民带来南宁、广西乃至全国的时令特产水果等;12月26日东盟日,汇聚东盟各国特色商品;12月28日家居日,主推家居建材产品;12月30日至31日,全民狂购日,为消费者整合活动商家的优惠促销政策。线上活动包括:南宁舌尖网电子商务有限公司开展"双旦嗨购"中高端有机大米、五谷杂粮爆款商品促销活动,在天猫、淘宝店、舌尖网等平台开展特价商品秒杀、爆款商品优惠购、满减优惠券派发等促销;广西众网电子商务产业园开发有限公司在众网O2O商城开展的广西忻城县手工红糖6折特惠活动;田林县百乐大吉特产店在舌尖上的田林淘宝官方店开展的手工红糖买二送一、八渡笋干买四送一、每天定时特供商品五折限量秒杀活动,以及南宁市供销电子商务有限公司在供销优品微商城开展2016年年末促销活动;中国邮政集团公司南宁市邮政分公司在积联微商城、邮码头微商城、邮乐购淘宝店产品优惠促销活动、邮乐购淘宝店农产品优惠活动,广西石摩科技有限公司在石磨网开展农产品视频直播售卖系统、原生态手工红糖、法国进口红酒、苦荞茶、橄榄肉菜产品展销活动等;广西南宁桂特商贸有限公司在广西特产网开展的广西区农贸商品、广西区特产特价促销活动。"直播+网红+电商"逐渐形成一种新的经济模式。

南宁消费购物节 5月12日,市商务局主办、南宁日报社承办的2016南宁消费购物节正式启幕,活动持续至6月30日;50天超长的年中购物活动,包括百货、超市、家电、汽车、餐饮、旅游等行业在内的商家不间断打折促销。5月起,广西苏宁联合各大家电厂商开展为期1个月的"空调节"大促销活动,部分家电厂商开展品牌日专场抢购、以旧换新等。消费购物节期间,电科广场组织华硕、华为、小米、佳能、索尼等知名IT品牌开展新品推广、微信摇一摇、消费返现、摄影体验等商促活动。5月27日至29日,第二届广西汽车展览会与南宁安吉万达广场跨界合作,将传统户外车展升级为以汽车消费为主线,促进电影、餐饮、百货消费的汽车欢购节;广西农业合作社农产品产销对接交易会在南宁金桥农产品批发市场金桥茶城举办,推出海鲜节、水果节,为市民提供时令农产品;掌上玩转"嘿!微购"2016南宁消费购物节期间举办"嘿!微购"微购节主题活动,推出掌上支付新玩法,整合百货、超市、餐饮三大业态,参与微信支付日活动,推出"特价购"商品,让消费者以超低价抢到热门产品,组织商家派发微信优惠卡券,让利消费者。

(钟婉悦)

责任编辑 钟婉悦

5月14日,隆安县"那"文化旅游节暨"四月八"农具节开幕 何宏生 摄

区 县

兴宁区

【概 况】兴宁区位于南宁市区东北部。东与青秀区相邻，东北与宾阳县接壤，南与江南区隔邕江相望，西与西乡塘区相连，西北与武鸣区毗连；土地面积751平方千米。2016年，有镇3个、街道3个，村37个、社区34个。年末户籍总人口32.70万人，流动人口3.52万人。人口自然增长率8.50‰。完成地区生产总值371.49亿元；固定资产投资251.41亿元；财政收入38.61亿元，其中一般公共预算收入9.11亿元；一般公共预算支出16.80亿元。城镇居民人均可支配收入33725元，农村居民人均可支配收入12406元。辖区有金桥汽车客运站，朝阳路、中华路、友爱南路、人民路、民主路、望州路、厢竹大道、昆仑大道等128条宽度20米以上的主要道路纵横交错，形成贯穿东西南北的交通路网。有三塘工业园区、五塘工业基地。主要旅游景区(点)有国家4A级景区广西药用植物园、嘉和城温泉谷、九曲湾温泉度假村、南宁乡村大世界、昆仑关景区，国家3A级景区凤凰谷景区、人民公园、南宁海底世界、狮山公园，以及邓颖超纪念馆、新会书院、南宁侯哥休闲农庄、广西渔牧生态园等。主要矿产资源有黏土、花岗岩、页岩、高岭土、灰绿岩、煤、金、铜、铅、砂、矿泉水、地热等。主要农副产品有罗非鱼、苦瓜、优质米、茄子、甜瓜、淮山等。

【经济发展】

第一产业 2016年，兴宁区实现农林牧渔业总产值18.54亿元，其中农业产值11.31亿元、林业产值1.37亿元、牧业产值4.75亿元、渔业产值0.81亿元、农林牧渔服务业产值0.30亿元。实现第一产业增加值11.23亿元。粮食作物种植面积1.09万公顷、总产量5.42万吨，其中水稻种植1.06万公顷、产量5.38万吨，玉米种植1854公顷、产量7495吨；经济作物种植面积0.39万公顷，其中甘蔗种植875公顷、产量5.61万吨，木薯种植878公顷、产量9814吨。水果产量8180吨。蔬菜种植8697公顷，产量16.28万吨。肉类总产量1.80万吨。水产品产量8278吨。完成人工造林面积35.40公顷。推进现代特色农业示范区建设，投资1983.50万元建成“十里花卉长廊”（核心）示范区驿站5个、标准园6个；完成沙平蔬菜产业示范区建设，投资600万元完善基础设施；新建兴宁区富凤鸡产业示范区，通过广西县(区)级现代农业示范区验收；新建三塘镇四塘蔬菜产业示范区、五塘镇坛白蔬菜产业示范区、昆仑镇黄宣百香果产业示范区3个乡镇级产业示范区，其中四塘蔬菜产业示范区通过广西乡镇级示范区验收。推进农村土地承包经营权流转，完成土地流转180公顷。

第二产业 有工业企业308家，实现工业总产值39.54亿元，其中规模以上工业企业25家(亿元以上产值企业11家)、实现工业总产值33.04亿元、利税总额2.36亿元(利润1.54亿元)。实现第二产业增加值63.57亿元(工业增加值11.51亿元)，其中规模以上工业增加值9.04亿元。完成工业投资38.05亿元，技术改造投资50.73亿元。工业主要产品产量：配混合饲料9.69万吨、中成药1199吨、商品混凝土355.13万立方米、沥青和改性沥青防水卷材1068.83万平方米、钢材(焊接钢管)8.53万吨。三峰能源垃圾焚烧发电厂投产，信嘉混凝土搅拌站项目竣工，四平砖厂中小企业孵化基地有4家中小企业进驻并投产。推进“亿元工业企业工程”，培育壮大广西金雨伞防水装饰有限公司、广西华兴食品有限公司等11家亿元企业，其中广西金雨伞防水装饰有限公司获“南宁市第二届市长质量奖”，其品牌“西牛皮”被评为“中国驰名商标”称号。

第三产业 有企业1.41万家(新增2966家)；个体工商户3.69万户(新增5680户)；市场75个(农贸市场23个，商场、超市52个)。实现第三产业增加值296.69亿元。社会消费品零售总额415.79亿元。完成房地产开发建设投资109.67亿元，商住房地产开发建设施工面积915.77万平方米(新开工面积239.64万平方米)，竣工面积54.16万平方米，销售面积202万平方米，销售额127.08亿元。朝阳“智慧商圈”被认定为南宁市首批现代服务业集聚区，广西南百电子商务有限公司被评定为2016年度第一批广西电子商务示范企业，南百文化宫跨境电商体验中心、西关新天地智慧商场投入运营。筹建“兴宁区农村电子商务服务中心”，开拓农村电子商务。推进广西玉柴电子商务运营中心、广西中烟物流等商贸物流项目前期工作，苏宁广西管理总部及配送中心项目投入运营。打造“十里花廊·休闲兴宁”旅游品牌，优化昆仑旅游黄金大道和“十里花卉长廊都市生态游”等精品线路；嘉和城温泉谷和凤凰谷生态景区通过广西生态旅游示范区验收；昆仑

12月29日，兴宁区朝阳“智慧商圈”被授予“南宁市现代服务业集聚区(筹建)”称号
郭建锋 杨 侃 摄

关景区升级为国家4A级旅游景区。年内,接待游客1574.90万人次,旅游总收入172.70亿元。三塘镇围村上榜“2016中国美丽休闲乡村”推介名单。

招商引资　资金到位内资项目(企业)23个,其中新引进企业(项目)2个(南宁恒大雅苑房地产项目、招商禧园房地产项目);实际到位内资(自治区外境内)56.05亿元;直接利用外资(广西全口径)7050万美元,增长28.18%。

城乡建设　完成国有土地上房屋征收面积10.10公顷,完成集体土地上房屋拆迁面积25.73公顷;完成中华—园湖立交桥工程项目、南宁市城市东西向快速路(北湖南路—厢竹大道兴宁段)工程等项目征地拆迁,解决广西药用植物园内拆迁遗留问题。昆仑大道扩建工程(三塘下丹桥—五塘收费站)、兴工路三期、松柏路二期,兴工北路一、二期,金桥农产品批发市场1号、2号路,“十里花卉长廊”乡村道路等重要交通干道及景观工程投入使用;三塘南路(原兴工路)、松柏路开通。完成建兴路、兴桂路、金园路、新桥路等17个项目的前期报建工作。推进历史文化街区“老南宁·三街两巷”项目,完成4个片区房屋总征收量的42%。望州南路广西中路交通建设总公司片区(A地块)已完成房屋征收签约。开展“兴水利、种好树、优生态、惠民生”主题活动,完成9个示范村屯绿化、140个一般村屯绿化。完成饮水净化示范建设项目3个,总投资150万元。完成道路硬化建设27.84千米,总投资1254.38万元。打造“十里花卉长廊”市级生态综合示范区(带),制定《南宁市兴宁区“十里花卉长廊”生态综合示范区概念性规划(2015-2016年)》《十里花卉长廊沿线综合整治实施方案》;兴宁区生态综合示范(带)市级建设项目投入资金400万元,其中上级财政投入200万元、城区财政投入200万元,开展村屯绿化、巷道硬化。

精准扶贫　抓好“五个一批”(发展生产脱贫一批、转移就业脱贫一批、发展教育脱贫一批、医疗救助脱贫一批、社会保障兜底脱贫一批)、“七大工程”(道路硬化、安全用水、贫困户危房改造、村庄环境建设、文化设施建设、安全用电、互联网)建设。发展生产方面,投入财政专项扶贫资金1056.45万元(上级财政资金803.20万元,城区配套资金253.25万元),受益贫困户815户;转移就业方面,投入387.25万元,用于贫困农户发展散养散种产业,开展创业培训及职业技能培训,完成技能培训83人,利用“春风行动”“民营企业招聘周”等活动,举办贫困村专场招聘会6场次,南宁富士康等30多家用工企业参加招聘会,转移贫困户劳动力外出就业348人,帮扶贫困户创业63人;发展教育方面,开展“一帮一联”活动,建立贫困学生档案,落实贫困生帮扶全覆盖,完成494户563名贫困生资助,发放农村义务教育家庭经济困难寄宿生生活费补助金161.93万元;医疗救助方面,新农合参保人数13.60万人,参合率99.40%,政府代缴贫困人口参合款33.74万元;社会保障兜底方面,有608户贫困户享受低保保障,占需纳入低保兜底贫困户总户数的62%,发放低保金399.58万元,发放医疗救助、临时救助金38.82万元。“七大工程”建设完成情况:投入资金798.44万元,修建贫困村通屯道路35条、24.70千米;投入资金416.82万元,修建人饮工程15处;投入资金1290万元,贫困户住房改造215户;投入320万元,完成三塘镇四塘社区红庄坡、五塘镇沙平村细山坡、昆仑镇太昌村王英坡3个贫困村的污水处理设施建设项目;投入570.70万元,完成6个贫困村网络建设。

【社会事业发展】

文明创建活动　2016年,兴宁区打造“志愿者＋志愿服务队伍＋志愿服务阵地”三位一体的志愿服务运作模式,有党员志愿服务队、红十字志愿服务队、青年志愿服务队、巾帼志愿者队伍、“老妈妈巡逻队”“夕阳红”志愿服务队等50多支志愿服务组织(团队),有志愿者2万多名(注册志愿者1.81万名),依托社区学雷锋志愿服务站和城市志愿服务站开展志愿服务活动;有3万多人次参与关爱空巢老人、保护邕江母亲河、文明交通引导等志愿服务活动,以关爱空巢老人、留守儿童、农民工、残疾人等志愿服务活动为重点,在城市、乡村开展“邻里守望”志愿服务活动,开展文艺演出27场次,放映电影100多场次。组织各单位开展以“道德讲堂”“志愿服务队”“公益广告宣传牌”“文明餐桌”“网络文明传播”“帮扶共建”为主要内容的精神文明创建活动。南宁饭店被评为第十六批自治区文明单位;南宁市直属机关保育院、中国人民武装警察部队广西边防总队后勤基地、南宁市妇幼保健院、中国人民武装警察部队广西消防总队培训基地被评为第十六批自治区军(警)民共建精神文明先进单位。广西福利彩票中心民主路销售厅销售员张世封获第四届南宁市“诚实守信模范”称号;南宁农工商集团有限责任公司退休职工郭慧仁获第四届南宁市“见义勇为模范”称号;兴宁区人民法院民事审判第二庭副庭长王坚、市第五医院心理科森田病区护士长范喜英、市公安局兴宁分局禁毒大队民警李毅(已故)获第四届南宁市“道德模范”提名奖。

科教文卫体事业　下达科技计划项目17项,扶持经费395万元;申请发明专利638件,发明专利拥有量284件,科技成果转化2件,万人专利拥有量4.79件。有幼儿园59所(公办园0所),在园幼儿1.35万人;小学49所(社会办学9所),在校生3.54万人;初中14所(九年一贯制学校8所,社会办学6所),在校生9550人;十二年一贯制学校1所,在校生2790人。有教职工4132人(专职教师3243人)。小学适龄儿童入学率100%,小学毕业生升学率100%;初中阶段入学率100%,完成南宁市九年义务教育巩固率目标任务。投入882万元实施全面改善农村义务教育薄弱学校改造项目、农村中小学校舍维修改造项目、农民工进城务工子女就读中央奖补项目等工程;投入1478.45万元加大义务教育学校标准化建设,其中城区财政资金1458.45万元;投入资金153万元用于农村闲置校舍改建、增设幼儿园,新审批幼儿园17所、改扩建1所;组织实施教育设施建设项目277个,竣工验收273个,其中教师周转房60套。累计投入2270.45万元用于学校基础设施建设。实现国家义务教育均衡发展,被自治区确定为2016年全国中小学校责任督学挂牌督导创新县区。兴宁区图书馆接待读者2.23万人,图书流通2.60万册,建设图书流通点25个;举办瑜伽知识讲座、国学经典讲座、农科知识讲座、礼仪知识讲座、书画鉴赏知识等讲座20场,惠及群众2156人次。以世界读书日宣传、图书馆服务宣传周、“我的书屋我的梦”暑期农村青少年儿童阅读实践、纪念“建党95周年,红军长征胜利80周年”“我们的节日”等为主题开展读者活动28场次,惠及群众1.12万人次。扶持村屯社区文艺队26支,发放扶持资金3万元,开展演出活动约600场(次);开展“送百戏下乡”演出12场,“儿童剧目进校园”演出10场。城区政府文体综合楼投入使用。建设三塘镇那陀村、五塘镇英广村村级公共服务中心2个。建设市级村史室示范点1个(三塘镇福禄村村史室)、城区行政村村史室36个。在广西花鸟市场举办2016年南宁迎春花市系列活动;在金桥农产品批发市场举办以“感受家乡美”为主题的第18届南宁国际民歌艺术节“绿城歌台”群众文化活动;举办以“团结奋斗促跨越,和谐发展奔小康”为主题的兴宁区2016年民族团结宣传月启动仪式暨“壮族三月三”文化艺术节活动,参与群众约1000人;开展兰远生态园第一届“三月三”民俗旅游文化节活动。辖区有医疗卫生机构289个,其中国有医疗卫生机构19个(市级4个、乡镇6个),集体医疗卫生机构35个,村卫生室40个,个体医疗诊所195个。

2016 年兴宁区各镇(街道)情况

名 称	土地面积(平方千米)	村民委员会(个)	社区居民委员会(个)	自然屯(个)	年末人口(人)	农林牧渔业总产值(万元)	粮食产量(吨)	城镇居民人均可支配收入(元)	农村居民人均可支配收入(元)
三塘镇	289.00	13	7	79	148273	104027	15585	–	13453
五塘镇	280.00	13	1	137	68516	64334	27898	–	12267
昆仑镇	133.00	8	1	126	28325	14060	10671	–	11498
朝阳街道	6.07	1	8	0	125096	–	–	33703	–
民生街道	8.70	1	12	5	110108	–	–	33781	–
兴东街道	13.09	1	5	10	20851	2989	–	33691	–

有卫生技术人员 6677 人(城区属卫生技术人员 581 人);医疗病床 3501 张(市级医院 1627 张、乡镇卫生院 237 张)。参加新型农村合作医疗农民 13.60 万人,参合率 99.40%,缴费 5222.10 万元。人口出生 5295 人,人口出生率 14.37‰。开工建设兴宁区卫生综合服务大楼项目;完成兴宁区人民医院项目征地签约。五塘镇及城区 15 个村获评为自治区卫生镇(村)。兴宁区被评为 2014–2016 年全国计划生育优质服务先进单位。开展食品安全风险监测,监测食品样品采样完成率 100%,创建南宁市首个食品安全监督服务站;年内未发生重大食品药品安全事故。完成自治区级为民办实事项目建设全民健身路径 1 条,完成南宁市级为民办实事项目健康惠民工程 7 个,完成兴宁区政府支持贫困村全民健身项目 1 个。举办元旦、春节农村篮球、气排球比赛等群众体育活动 52 场次,参与群众达数万余人次;举办兴宁区 2016 年广西万名全民健身志愿者服务百县千乡活动;组织大学生志愿者和当地社会体育指导员开展第四届广西城乡万人气排球赛兴宁赛区比赛、第八届广西体育节开幕式暨 2016 年“全民健身 健康广西”百万群众健身走(跑)兴宁区分会场活动、2016 年“澳瑞特杯”广西跳绳王民间争霸南宁市兴宁区赛区等体育竞赛活动;组队参加市体育系统全民健身展示活动,获优秀组织奖、体育道德风尚奖、羽毛球项目第四名;组队参加 2016 年全国老年气排球之乡交流活动,获女子组第一名。

民政事业　审批城镇居民最低生活保障对象 1214 人次,发放低保金 619.10 万元;审批农村居民低保对象 2261 人次,发放低保金 442.80 万元。发放各类优抚对象抚恤、定补金 470 万元,退伍义务兵家属优待金 506 万元;发放一次性退役士兵经济补偿金 83 万元;临时救济 120 人次、42.69 万元;确定五保老人 462 人,发放五保供养定补金 236.50 万元。农村医疗救助 325 人、93.17 万元,城市医疗救助 188 人、82.79 万元;免费为 2128 对婚检对象进行婚检和地中海贫血筛查。办理结婚登记 2730 对、离婚登记 880 对。

劳动与社会保障　城镇新增就业 1.18 万人,帮助城镇就业人员再就业 1442 人,就业困难人员再就业 563 人,新增农村劳动力转移就业 4831 人。城镇登记失业率 2.54%。培训农村劳动力 970 人。开展职业技能培训,参训 2885 人。城乡居民社会养老保险参保率 93.30%,待遇发放率 100%。受理劳动监察投诉案件 396 件,立案调查案件 59 件、结案 59 件,为劳动者追回服装费、押金及工资待遇 5080 万元(追回农民工工资 5071 万元)。

(赫　伟　林　春　陶春雨　陆凤翔)

江南区

【概　况】江南区位于南宁市区西南部,邕江南岸。东邻良庆区,南连防城港市上思县,西接崇左市扶绥县,北与兴宁区、青秀区、西乡塘区隔邕江相望;土地面积 1154 平方千米。2016 年,有镇 4 个(吴圩镇由南宁经济技术开发区代管)、街道 5 个(那洪街道、金凯街道由南宁经济技术开发区托管),村 68 个(南宁经济技术开发区 22 个)、社区 47 个(南宁经济技术开发区 18 个)。年末户籍总人口 51.41 万人(南宁经济技术开发区户籍人口 14.12 万人),人口自然增长率 14.09‰(含南宁经济技术开发区)。耕地面积 3.31 万公顷,林地面积 4.70 万公顷,有林面积 3.85 万公顷(南宁经济技术开发区 7824 公顷、国有林场 1.69 万公顷),森林覆盖率 36.02%。完成地区生产总值 536.17 亿元;财政收入 20.25 亿元(一般公共预算收入 4.45 亿元),一般公共预算支出 16.11 亿元;固定资产投资 440.50 亿元。城镇居民人均可支配收入 29610 元,农村居民人均可支配收入 12655 元。辖区内有湘桂铁路、黔桂铁路、南防铁路、桂柳高速公路、南宁至友谊关高速公路、邕江河道过境,南宁吴圩国际机场、南宁铁路南站坐落辖区内;有江南港、西江港、金鸡港 3 个港口;邕江大桥、中兴大桥、白沙大桥、清川大桥、永和大桥、葫芦鼎大桥、凌铁大桥、北大桥、桃源桥横跨邕江两岸。主要旅游风

9 月 14 日,江南区平话文化旅游节开幕暨特色农业和休闲旅游签约仪式举行

尹庆南　摄

景区(点)有国家3A级景区扬美古镇,江西镇智信村田园风光、麻子畲中国文化名人旧居、木村名古树群等。主要矿产资源有煤、石灰石。主要地方特产有扬美三宝(豆豉、梅菜、沙糕)、木瓜丁等;特色农产品有西瓜、紫色糯玉米、豆角等。获评为"2016年度广西科学发展进步城区"。

【经济发展】

第一产业　2016年,江南区实现农林牧渔业总产值30.82亿元,其中农业产值22.93亿元、林业产值0.92亿元、牧业产值4.42亿元、渔业产值1.35亿元、农林牧渔服务业产值1.20亿元。第一产业增加值27.55亿元。粮食作物种植面积1.24万公顷,总产量6.84万吨。经济作物种植面积1.62万公顷。蔬菜种植1.73万公顷,产量37万吨;西(甜)瓜种植1.01万公顷,产量28万吨;糖料蔗1.02万公顷,入厂量78万吨;水果种植0.29万公顷,产量4万吨。肉类总产量1.46万吨。水产品产量1.34万吨。新增市级龙头企业5家,成立专业合作社23家、家庭农场16家。引进优质晚熟柑橘、大青枣,种植面积66.67公顷;建成标准化香蕉园、四季那廊生态园和花卉苗木园140公顷;打造标准化富硒稻种植示范基地和百香果、中药材种植基地94.67公顷。那廊优质水果产业示范区被授予自治区县级示范区,苏圩弄峰山中草药示范区被评为自治区乡级示范区。

第二产业　有工业企业330家(不含个体),实现工业总产值443.56亿元。规模以上工业企业40家,实现工业总产值437.53亿元。第二产业增加值374.19亿元(工业增加值344.17亿元),规模以上工业增加值318.68亿元。完成工业投资60.95亿元,技术改造投资59.56亿元。富士康南宁科技园完成产值320.53亿元,比上年增长13.66%;南南铝加工公司完成产值40.88亿元,增长18.71%;初步形成以富士康为龙头的电子信息产业、以南南铝为龙头的铝精深加工产业集群。富士康南宁科技园获"第二届市长质量奖";南南铝加工公司研发的航空铝、轨道交通用铝合金新材料获"南宁市技术创新标杆企业奖""南宁市科技进步一等奖""南宁市新产品优秀成果奖"。

第三产业　有国有企业143家,集体企业20家;私营企业7215家,从业人员2.62万人,注册资金70.10亿元;个体工商户2.67万户,从业人员5.37万人,注册资金12.99亿元。完成第三产业增加值134.43亿元。社会消费品零售总额318.80亿元。外贸进出口总额194.76亿元;举办轻工展、平话文化旅游节、国际旅游美食节等大型会展、节庆活动;"中国－东盟商品交易中心(华南城)"被南宁市认定为现代服务业集聚区(筹建);有限额以上汽车销售企业48家,零售额109.85亿元。四季那廊生态园被认定为广西休闲农业与乡村旅游示范点,四季那廊生态园、富丰生态园被评定为广西三星级农家乐。接待游客577.69万人次,旅游总消费70.07亿元。

招商引资　签约引进项目11个,合同意向总投资额53.25亿元。全年实际到位内资31.11亿元,增长9.40%;直接利用外资(广西全口径)2600万美元,增长8%。依托标准厂房引进优质企业,涉及电子科技、医药器械、商贸物流等行业的93家企业入驻江南工业园区。

城乡建设　沙井－南站立交桥、五一西路延长线建成通车;打通五一路铁路桥段,推进三津大道等道路建设。建成河南水厂扩建一期工程,推进凤凰江、亭子冲等水系改造和景观亮化工程建设;完成沥青混凝土罩面改造小街小巷15条,整治生活污水直排口12个;绿化村屯161个,种植苗木1.19万株;推进江西镇、延安镇污水处理厂及配套管网项目,江西镇垃圾无害化处理设施项目建设,开展农村生活污水、垃圾整治;完成天堂水库供水处净化设备安装、江西水质检测中心建设;建成生态文明村69个;建设农村公路连通工程15.20千米,江西镇、苏圩镇、延安镇的行政村客运班线实现全覆盖;修建道路498千米;实施水利项目建设59个。江西镇锦江村被评为"美丽广西"乡村建设示范村,扬美古镇被评定为"广西特色名镇名村";麻子畲坡被评定为"自治区历史文化名村",安平村那马坡、锦江村根竹旧坡、锦江村麻子畲坡、同江村那吾上坡、华南村那务坡被评定为"自治区传统村落"。

精准扶贫　精准实施"五个一批""七大工程"脱贫攻坚,5个贫困村脱贫摘帽,贫困户534户1850人实现脱贫。安排1089名机关干部、驻村工作队员入户开展结对帮扶、挂点包村;整合资金1.22亿元助推扶贫脱贫,建成通屯硬化道路118条148.45千米、贫困村人饮工程9个,改造危房及人均住房面积不足13平方米房屋159户;实施产业扶贫项目,探索合作帮扶、委托帮扶等新模式,完成第一批6家扶贫龙头企业的申报认定;帮助贫困劳动力转移就业228人,新纳入农村低保贫困户763人,资助贫困户学生582人,脱贫摘帽村贫困人口新农合参合率98.41%,发放残疾人补助93.32万元。

【社会事业发展】

文明创建活动　2016年,江南区组织开展社会主义核心价值观宣讲报告会60多场次、文艺演出活动10多场;建设社会主义核心价值观主题街道2条,主题广场1个;在社区、学校、单位宣传栏设置

2016年江南区各镇(街道)情况

名称	土地面积(平方千米)	村民委员会(个)	社区居民委员会(个)	自然屯(个)	年末人口(人)	农林牧渔业总产值(万元)	粮食产量(吨)	农村居民人均可支配收入(元)
江西镇	214.90	10	1	105	47586	95203	22911	11993
吴圩镇	394.00	10	2	129	78089	81500	22738	12655
苏圩镇	223.00	15	1	120	68500	123733	33978	12063
延安镇	132.00	5	1	69	28840	56688	10771	11390
福建街道	16.68	5	15	–	153197	–	–	–
江南街道	24.70	3	7	–	107596	–	–	–
沙井街道	46.30	9	4	–	45794	–	760	–
那洪街道	63.00	7	10	54	164000	–	1104	–
金凯街道	33.00	5	6	28	45698	–	–	–

学习专栏300个；辖区内200多块LED显示屏滚动播放，建筑工地、沿街墙体等显要位置刊载公益广告1.58万平方米。招募和网上登记注册志愿者385名。"江南梦想村塾"获第三届中国青年志愿服务项目大赛铜奖。

科教文卫体事业　推进企业与广西大学、广西农科院园艺所等高校、科研院所合作，建成科技企业孵化器2个；每万人口发明专利拥有量5件以上，增长58.20%，专利转化实施率超65%。辖区内有幼儿园59所（公办2所），在园幼儿1.46万人；全日制小学62所（社会办学4所）；九年一贯制学校18所（社会办学12所）；初级中学3所，完全中学2所。小学在校生4.45万人，初中在校生1.12万人，高中在校生1462人。有在岗教职工2201人。壮锦初级中学、翠湖路小学、南站路幼儿园建成投入使用，江南小学华府校区等小区配套学校项目陆续开工建设。学前三年毛入园率97%。义务教育阶段小学适龄儿童入学率100%，九年义务教育巩固率81.36%，九年义务教育辍学率为零。打造平话山歌传承基地；改建美丽南方·文化名人旧居博物馆；做好麻子畲"深扎"基地前期工作；免费开放江南区图书馆、儿童家园、江南区"青空间"青少年综合服务平台等公共设施；建成村史室47个、村级公共服务中心4个。有医疗卫生机构362个，其中国有医疗卫生机构7个（乡镇卫生院5个）、村卫生所46个、个体医疗诊所304个；卫生技术人员3.26万人；有医疗病床2.33万张。江南区人民医院（一期）工程建成并投入使用，江南区基层卫生服务设施综合楼建成，苏圩中心卫生院急救示范点项目建成并投入使用。参加新型农村合作医疗群众25.07万人，参合率99.53%。人口出生8328人（南宁经济技术开发区2336人），出生率15.06‰（含南宁经济技术开发区；不含南宁经济技术开发区的人口出生率14.36‰）。建成体育设施项目22个；举办百万群众健身走（跑）、江南区第九届运动会暨第五届中老年人运动会等体育活动。获"2016年度广西诚信计生示范县（市、区）"称号。

民政事业　发放城市低保金291.26万元，农村低保金318.05万元；农村五保供养金191.95万元。实施城乡医疗救助2149人次；为城乡低保、五保对象1815人购买人身意外伤害综合保险。建设苏圩镇敬老院、石柱岭城市养老服务中心，开展敬老院、城市养老服务中心"公建民营"试点前期工作；开展民政综合园项目前期工作，建成日间照料中心2个。义务兵家庭优待金实行城乡一体，发放优待金573.65万元。新建、维修、扩建村（社区）服务用房8个，续建村（社区）服务用房12个。安排村（社区）惠民资金1025万元，实施公益民生设施建设、维修等项目339个。办理结婚登记4080对、离婚登记1237对。

劳动与社会保障　城镇新增就业1.22万人；帮助城镇失业人员再就业3436人；农村富余劳动力转移就业3519人；城镇登记失业率3.02%。参加农村劳动力转移就业职业技能培训1346人，产业工人技能提升培训1137人。搭建社区就业服务平台12个。城乡居民基本养老保险参保9.24万人，参保率93.92%；每月按时足额发放养老金，发放率100%。拨付职工基本养老保险缴费补助资金714.17万元。开展"就业援助月活动""春风行动""民营企业招聘活动周"等促就业专项活动，举办招聘会9场次，进场企业466家，提供岗位3.20万个，参加农民工2.65万人次，达成就业意向1660多人次。　（梁尚家　王大乐）

青秀区

【概　况】青秀区位于南宁市东南部。东邻横县、宾阳县，南邻邕宁区，西接西乡塘区，与江南区、良庆区隔江相望，北接兴宁区；土地面积865平方千米。2016年，有镇4个、街道5个，社区58个（仙葫经济开发区7个）、村46个，自治区级经济开发区1个（仙葫经济开发区）。年末户籍总人口71.23万人，流动人口23.11万人。人口自然增长率8.80‰。耕地面积1.90万公顷；有林面积3.81万公顷，森林覆盖率47.46%。地区生产总值完成829.52亿元，居广西各区县前列。财政收入147.66亿元，位居广西各区县第一，其中一般公共预算收入31.92亿元；一般公共预算支出34.14亿元。固定资产投资完成789.65亿元；城镇居民人均可支配收入38873元，农村居民人均可支配收入12712元。湘桂铁路、桂海高速公路过境；辖区内有南宁火车东站、埌东客运站和南宁东、伶俐高速公路口。主要旅游景区（点）有：国家4A级景区5个（南宁青秀山风景区、广西民族博物馆、广西科技馆、凤岭儿童公园、民歌湖风景区）；国家3A级景区3个（南宁市金花茶公园、南宁金湖地王·云顶观光旅游景区、花雨湖生态休闲旅游区）；广西农业旅游示范点4个（青秀区伶俐镇独岭村渌口坡，青秀区长塘镇定西村加踏坡、定西村团岩坡，青秀区南阳镇古岳坡）。主要矿产资源有煤、石英砂、重晶石、石灰石。主要地方特产有富硒米、香芋、甜瓜、火龙果、龙眼、竹笋、花生、甘蔗等。年内，青秀区入选全国"科学发展百强区""最具投资潜力百强区"，分别排名第88位、第35位；新入选全国中小城市"双创百强区""新型城镇化质量百强区"，分别排名第27位、第76位。

【经济发展】

第一产业　2016年，青秀区实现农林牧渔业总产值34.54亿元，其中农业产值15.03亿元、林业产值2.73亿元、牧业产值10.75亿元、渔业产值1.02亿元、农林牧渔服务业产值5.01亿元。第一产业增加值17.58亿元。粮食作物种植面积1.50万公顷，总产量8.71万吨，其中水稻种植1.19万公顷、产量6.90万吨，玉米种植2345公顷、产量1.50万吨；经济作物种植1.73万公顷，其中蔬菜种植8100公顷、产量17.59万吨，甘蔗种植6300公顷、产量53.48万吨，木薯种植780公顷、产量0.90万吨；果园面积2098公顷，水果产量1.95万吨。肉类产量3.34万吨。水产品产量6977吨。完成人工造林面积35公顷。推进创建市（县）级现代特色农业示范区（青秀区田野牧歌肉牛产业示范区），南阳镇留凤果蔬产业示范区申报自治区乡级示范区；推进花雨湖生态休闲农业示范区建设与长塘镇天堂村巴兰坡综合示范村建设。推进长塘镇、南阳镇、刘圩镇农村土地确权登记颁证。完成承包地流转1434.33公顷（水田193.40公顷、旱地667.53公顷、荒坡地573.40公顷）。清捡田园面积9933.33公顷，清洁田园示范点8个，带动清洁技术推广面积1.09万公顷。开展农村实用技术培训班106场次，培训7356人次。开展农业综合执法检查35次，出动车辆40辆次，检查农资经营店62家（次），抽检农药样品20个、化肥样品14个，蔬菜基地抽检蔬菜样品3739个。有农民专业合作社33家，家庭农场15家。"刘圩香芋"获国家农产品地理标志登记保护。实施中央规划内农村饮水安全巩固提升工程2个，市级人饮工程16个，青秀区"生态乡村"饮水净化专项活动项目9个。实施小型农田水利基础建设项目18个；2015—2016年度面上冬修水利建设项目107个。开展小型水利工程管理体制改革，实施小型水利工程确权登记，完成长塘镇定西村团岩坡综合示范村、南阳镇施厚村古岳坡2个城区级试点，颁发确权证书24本。

第二产业　有工业企业63家，实现工业总产值52.68亿元，其中规模以上工业企业26家、实现工业总产值48.34亿元，利税总额6.61亿元（利润5.46亿元）。第二产业增加值95.43亿元（工业增加值14.41亿元），规模以上工业增加值12.76亿元。完成工业投资46.99亿元，技术改

2016 年,青秀区创新楼宇服务新模式,成功创建"南宁市楼宇经济示范城区"
青秀区志办提供

造投资 17.79 亿元。推进伶俐工业园区道路、供水、排污水、桥梁、码头等基础设施建设,五合片区应天路、北咀路、天合路东段开工建设。与中航直升机、胜洁科技有限公司达成合作意向,引进中民华恒投资等公司,签约广西建工集团智能制造项目,广西国泰粮食集团粮油二期项目、广西物宝搬迁技改项目建成投产,广西超大伶俐公路物流港一期运营。安排 5000 万元扶持重点工业企业发展。

第三产业　有私营企业 1.40 万家,从业 2.25 万人,注册资金 342.80 亿元;个体工商户 1 万多户,从业 2.65 万人,注册资金 8.50 亿元。第三产业增加值 716.51 亿元,外贸出口额 2.05 亿美元。社会消费品零售总额 406.88 亿元。现代服务业实现增加值 343 亿元,占第三产业增加值 48%。新增亿元税收楼宇 2 栋,累计 10 栋,重点楼宇税收 30 亿元,被中国楼宇经济蓝皮书授予"2016 中国楼宇经济研究实践基地"。完成房地产开发建设投资 163.69 亿元,商住房地产开发建设施工面积 1432.98 万平方米(新开工面积 187.13 万平方米),竣工面积 54.83 万平方米,商品房销售 250.34 万平方米,销售额 240.65 亿元。举办第三届创意文化旅游节;创建花雨湖(国家 3A 级景区)、古岳坡 2 个精品旅游景点。接待游客 3305.46 万人次,国内旅游消费 278.81 亿元。青秀区登"2016 最美中国榜"。

招商引资　推进"一园两基地一中心"(青秀区电子商务产业园,互联网金融基地和大数据孵化基地,跨境电商贸易中心)建设,引进软通动力、赛伯乐"双创"中心、东盟创新小镇等优质企业(项目),创建广西首个新媒体从业人员统战工作试点基地;南宁市互联网金融产业基地新增入驻企业 40 家,电子商务产业园入驻电商企业 100 家,实现年交易额 200 亿元、综合年销售额 7 亿元。实现自治区外境内实际到位资金 83 亿元,实际利用外资(广西全口径)8300 万美元,居南宁市各区县第一。

城乡建设　投入 2800 万元完成 10 个生活污水直排口截流改造;投入 510 万元完成倚林佳园等 5 个小区"海绵化"改造提升;完成 15 个老旧小区整治改造;改造提升小街小巷路面 14 条,完成 299 栋楼宇亮化等 11 个项目建设;投入 1980 万元在辖区 4 个镇和仙葫经济开发区安装太阳能路灯 1300 盏,建成长塘镇垃圾无害化处理中心,新建农村公厕 12 座;建成农村生活污水处理站 14 座、新开工 16 座,村屯污水处理站覆盖率位居南宁市首位。投入 691.25 万元加强农村道路安全防护工程建设;开通农村客运班线 11 条,总里程 176.50 千米,受益群众 8.49 万人。开展"以克论净·深度清洁"试点;开展"飓风"行动等市容专项整治,拆除违法建设 18.46 万平方米,清理违法用地 12.36 万平方米;创建城市管理综合改革示范区成功经验在中央改革办《改革情况交流》刊发。开展扬尘污染治理专项整治行动,辖区 PM10 年均浓度控制在每立方米 55 微克以下,低于每立方米 67 微克的考评标准。推进实施"村屯绿化、饮水净化、道路硬化"专项活动,开展"村屯亮化"工程。伶俐镇蕉芭坡等 5 个坡被评为自治区"绿色村屯",南阳镇留凤村被评为"美丽广西"乡村建设示范村。

精准扶贫　完成自治区下达的 278 户 900 名贫困人口和 5 个贫困村脱贫摘帽任务。投入 1.18 亿元建设村屯道路项目 22 个,完成困难群众危房改造 387 户;扶持 7 个贫困村成立农民专业合作社 8 家,发展特色优势产业 8 个,覆盖带动贫困户增收达 100%;加大金融扶持力度,发放小额信贷资金 618 户 3065 万元;开展干部结对帮扶活动,动员社会力量开展社会帮扶,捐赠款物折合 260 多万元。

【社会事业发展】

文明创建活动　2016 年,青秀区开展"文明·礼让"系列宣传教育讨论活动,组织开展"礼让斑马线集中行动"志愿者活动 8700 余人次;开展道德讲堂总堂活动 30 场;组织开展"书香青秀"经典诵读大赛;开展未成年人流动影院进社区 75 场、进校园及经典音乐进校园活动 126 场;开展"好家风好家训"作品征集推荐;发动辖区学校广泛开展"我们的节日"主题活动和"我的中国梦"主题教育活动;开展未成年人思想道德建设工作创新案例征集评选活动、"学习和争做美德少年"活动,10 人获市级美德少年称号,2 人获提名奖。评出文明建设先进单位 95 个、文明建设先进个人 100 名,军(警)民共建精神文明建设先进单位 12 对,未成年人思想道德建设先进单位 44 个、未成年人思想道德建设先进个人 50 名。

科教文卫体事业　投入科技经费 1440 万元,组织实施科技项目 64 个,通过上级验收的科技项目 35 个。实施创新计划 97 个,开发工业新技术、新产品 24 个,其中具有自主知识产权的高新技术和新产品 14 个。发明专利申请量 4525 件,有效发明专利拥有量 575 件,万人发明专利拥有量 7.60 件。举办创业讲座 5 期,创业沙龙 2 期、成果展示 5 次、创业大赛 2 次,创业导师、创业项目团队、创业大学生等参与人员累计 800 多人。支持科技企业开展创业孵化和平台建设项目 9 个,总投资 1828 万元,其中科技补助 210 万元。通过农技人员推广的新品种 13 个,推广先进实用技术 15 项;培训农民 500 多人次。辖区科研单位获各级科技奖励 67 项;获广西科学技术奖项目 45 项,获南宁市科学技术奖项目 22 项。有小学 90 所(社会办学 13 所),在校生 68070 人;初中 13 所(社会办学 1 所),在校生 27314 人;特殊教育学校 3 班,在校生 112 人。有教职工 3020 人(代课教师 1335 人)。小学适龄儿童入学率 100%,小学毕业生升学率 100%;初中阶段入学率 100%;初中毕业生升高中毛入学率 89%;九年义务教育巩固率 135.11%。推进义务教育均衡发展,投入 1.60 亿元改善办学条件,南宁市玉兰路小学、百花岭路小学、林里桥中段小学、民主路小学佛子岭校区、滨湖

2016 年青秀区各镇(街道)情况

名称	土地面积(平方千米)	村民委员会(个)	社区居民委员会(个)	自然屯(个)	年末人口(人)	耕地面积(公顷)	农林牧渔业总产值(万元)	粮食产量(吨)	农村居民人均可支配收入(元)
长塘镇	189.54	8	1	75	32081	2625.00	50832	12037	12676
伶俐镇	264.00	8	1	64	37392	4163.43	64694	16166	12985
南阳镇	97.00	7	1	51	33806	2933.30	67669	21236	12236
刘圩镇	158.90	14	1	46	57587	5744.00	105858	32594	10058
新竹街道	8.50	1	11	–	125003	–	30565	–	12157
中山街道	10.10	2	10	–	119989	–	1111	–	12324
建政街道	10.10	1	7	–	96414	–	764	–	12654
南湖街道	37.80	2	8	–	194200	37.50	8025	219	–
津头街道	60.00	3	11	–	132338	–	2372	–	–

路小学五象校区、林里桥中段幼儿园等 6 所新学校和幼儿园建成并投入使用。开展“全面改薄”(全面改善贫困地区义务教育薄弱学校基本办学条件)工作,第一批 22 个项目(校舍维修项目 11 个,薄弱学校改造计划项目 11 个),总投资 1376 万元(中央资金 143 万元,自治区资金 968 万元,城区资金 265 万元),全部完工;第二批 33 个项目(校舍维修项目 23 个,薄弱学校改造计划项目 10 个),总投资 408 万元(中央资金 173 万元,自治区资金 152 万元,城区资金 83 万元),已完工。投入 400 万元教师培训专项资金,培训 7000 人次。投入 800 万元,为公办学校购置“班班通”设备 200 套;投入 400 万元,更新 10 所公办学校计算机教室 10 间。举办“三月三”非物质文化遗产传承展示、第 18 届南宁国际民歌艺术节“绿城歌台”青秀区歌台等活动。组织开展青秀区地方戏曲剧种普查,登记涉及粤剧、彩调等剧种的戏曲民间班社 17 个。组织开展“快乐迎春”主题系列文体活动、庆祝建党 95 周年暨“两学一做”学习主题教育合唱音乐会、2016 年青秀区创意文化旅游节开幕式演出、南阳镇“缤纷花雨湖　艺术古岳坡”艺术表演活动等各类文艺活动;组织开展“世界读书日”“光辉历程　伟大成就”阅读推广、“书香润泽童年　阅读丰富人生”暑期故事会、“庆祝国庆　欢度重阳　乐享健康”等读者活动 20 多场;开展送戏下乡 19 场,惠及 2 万余人;放映公益电影 1085 场;扶持 30 支业余文艺团队,完成演出 921 场,受益群众 15 万人次。有医疗卫生机构 489 个,其中公立医疗卫生机构 165 个(乡镇 41 个),民营医疗卫生机构 324 个,村卫生所 52 个,个体医疗诊所 265 个;卫生技术人员 1.56 万人,医疗病床 1.24 万张(乡镇卫生院 228 张)。投入 600 万元新建农村公厕 12 座。年度区间人口出生 10064 人。新型农村合作医疗参合 17.96 万人,参合率 99.44%。新建村级公共服务中心 5 个、健身路径 20 条。组织开展群众体育活动 120 场次;举办第二届青秀区乡镇男子篮球争霸赛、第八届广西体育节青秀区分会场活动、青秀区迎春老年人门球赛等体育比赛。

民政事业　审批城镇最低生活保障对象 6529 人次,发放低保金 293.96 万元;审批农村低保对象 2.72 万人次,发放保障金 497.16 万元。发放抚恤金、定补金 1283.57 万元,退伍义务兵家庭优待金 452.15 万元;安置退役士兵 140 人,发放一次性经济补偿金 196.81 万元。发放冬春救济金 27.80 万元,发放冬令救灾棉被 412 床、冬衣服 1995 件套、保温内衣 1995(套)、棉鞋 800 双(折款 59 万元),救济 3898 人次。确定五保老人 893 名(累计发放 10766 人次),发放五保供养定补金 549.75 万元。农村医疗救助 484 人次,发放医疗救助金 74.62 万元;免费为 3056 对新婚夫妇进行地中海贫血筛查。新建凤翔、民生东、凤岭北 3 个社区老年人日间照料中心,7 家社区老年人日间照料中心均实行社会化运营。民生领域投入资金 28.10 亿元,占一般公共预算支出 83.90%;投入资金 8762.30 万元,完成为民办实事项目 91 个。办理结婚登记 7172 对、离婚登记 2576 对。

劳动与社会保障　建设完成基层就业服务平台 107 个,城镇新增就业 1.30 万人,城镇失业登记控制在 2.08% 以内。实现城镇新增就业人数 13203 人,失业人员再就业人数 3053 人,就业困难人员实现再就业 754 人,产业工人培训 797 人,实现新增农村劳动力转移就业 3825 人。举办“就业援助月”“春风行动”“民营企业招聘周”“高校毕业生招聘月”等招聘会 15 场,进场单位 286 家,提供就业岗位 962 个,进场求职 3600 多人,发放政策法规宣传资料 2.30 多万份,达成就业意向 423 人。开展人力资源市场清理整顿专项检查,检查用人单位 1221 家;处理劳动保障监察举报投诉立案 188 件,结案 188 件,结案率 100%,涉及劳动者 2115 人,为劳动者追回工资 2604 万余元,其中处理劳资纠纷群体性突发事件 11 起,涉及农民工 829 多人次,为农民工追回工资 1200 万余元。　(李建华)

西乡塘区

【概　况】西乡塘区位于南宁市中西北部。东邻兴宁区,南与江南区隔邕江相望,西连隆安县、崇左市扶绥县,北与广西高峰林场及武鸣区接壤;土地面积 1298 平方千米。2016 年,有镇 3 个、街道 10 个(心圩街道、安宁街道由南宁高新技术产业开发区托管),村 78 个、社区 72 个。年末户籍人口 79.20 万人,流动人口 33.45 万人。人口自然增长率 7.80‰。耕地面积 4.51 万公顷;林地面积 2.95 万公顷(含国有林场),有林面积 2.30 万公顷,森林覆盖率 26.56%。完成地区生产总值(在地口径)802.63 亿元;固定资产投资 447.29 亿元。财政收入 31.79 亿元,其中一般公共预算收入 7.83 亿元;一般公共预算支出 25.53 亿元。城镇居民人均可支配收入 28905 元,人均消费性支出 14343 元;农村居民人均可支配收入 11537 元,人均消费性支出 8403 元。湘桂铁路、南(宁)昆(明)铁路贯穿境域,设有南宁火车站、南宁西站和武康站;南(宁)昆(明)、兰(州)海(口)高速公路,南宁市外环高速公路和快速环城路贯通辖区,设有高速公路安吉、石埠、林科院 3 个出入口。南宁地铁 1 号线

5月15日,南宁西站正式运营　　宋延康　摄

有11个车站座落于辖区。邕江和左江、右江航道过境,广西郁江老口航运枢纽位于邕江上游。南宁高新技术产业开发区落户境内。辖区内有中等、高等院校30多所,科研院所20多所。主要旅游景区(点)有国家4A级景区南宁动物园、广西八桂田园(广西现代农业技术展示中心),有石埠"美丽南方"景区、龙门水都、亿仓花海、青瓦房古村落、民生广场滨江景观、相思湖湿地公园、明月湖湿地公园、花卉公园、新秀公园、南宁希望田野(广西现代农业科技示范园)、坛洛金满园(广西甘蔗果树良种繁育中心)、天雹水库、金沙湖、下楞民俗文化村、越南育才学校总部遗址等。矿产资源主要有煤、石灰岩等。主要农产品有"洛洛香""甜弯弯""桂姿"等品牌香蕉,是广西香蕉主产区之一。西乡塘区低保动态管理机制被民政部评为全国社会救助领域创新实践活动最佳成果;北湖北路学校被中宣部、司法部、全国普法办评为2011~2015年全国法治宣传教育先进单位;万秀村、南师附小被国家民委授予"全国民族团结进步创建活动示范单位"称号;位子渌小学获国际环境教育基金会授权国家环保部宣教中心授予"国际生态学校"荣誉;忠良村被住建部等单位授予"美丽宜居村庄示范""全国生态文化村"称号;"美丽南方"景区被评为"中国体育旅游精品景区","太阳谷—卡丁车—马场"获评"中国体育旅游精品路线"。

【经济发展】

第一产业　2016年,西乡塘区实现农林牧渔业总产值35.92亿元,其中农业产值23.03亿元、林业产值0.55亿元、牧业产值9.67亿元、渔业产值1.25亿元、农林牧渔服务业产值1.42亿元。第一产业增加值21.58亿元。粮食作物种植面积1.22万公顷,总产量6.38万吨。其中:水稻种植7288公顷,产量4.13万吨;玉米种植4244公顷,产量2.11万吨。经济作物种植面积8183公顷。其中:甘蔗种植2010公顷,产量14.59万吨;木薯种植2847公顷,产量3.12万吨。瓜果种植5158公顷,产量10.25万吨;果园面积1.83万公顷,水果产量56.86万吨(香蕉种植面积1.48万公顷,产量53.83万吨;火龙果种植面积184公顷,产量920吨);蔬菜种植(含复种)面积1.35万公顷,产量28.27万吨。肉类总产量3.59万吨。水产品产量3900吨。有农业龙头企业7家;新设立农民专业合作社49家,累计162家;新设立家庭农场14家,累计31家。各龙头企业发展标准化种植养殖基地打造水果、蔬菜、水产、花卉、优质稻、乡村游等农业优势特色产业。完成土地承包经营权流转面积373.33公顷,累计流转面积8240公顷。完成山上绿化造林面积491.50公顷,义务植树50万株;村屯绿化项目227个,种植树木1.17万株。实施水利工程项目97项,解决2.20万人饮水安全问题,恢复和改善灌溉面积3173.33公顷,保护耕地466.67公顷。

第二产业　有工业企业934家,实现工业总产值(在地口径)1079.57亿元。本级规模以上工业企业24家(亿元以上产值企业10家),规模以上工业总产值950.17亿元,利税总额5.82亿元(利润3.71亿元)。第二产业增加值(在地口径)437.53亿元,其中工业增加值(在地口径)365.80亿元(规模以上工业增加值262.49亿元)。工业主要产品产量:水泥446万吨、啤酒10.80亿升。完成工业投资59.02亿元。完成技术创新及两化融合项目25项,完成投资5528.80万元,新增工业产值1.26亿元;完成技术改造投资24.13亿元。安吉华尔街工谷电子信息技术、电子商务等新兴产业实现较快发展,引进阿里巴巴农村淘宝、微薄利、天天乐三农365农村电商、云易恒基科技(深圳)有限公司、广西阳升新能源有限公司等科技型企业,入园企业150多家。

第三产业　有国有企业69家,集体企业53家,股份合作企业1家;私营企业3857家,从业人员1.39万人。有工业制品市场17家,农贸市场48家。实现社会消费品零售总额354.04亿元。第三产业增加值(在地口径)343.52亿元。辖区内有四星级酒店1家。新增限额以上商贸企业14家,累计154家,其中亿元龙头企业14家。完成房地产开发建设投资48.19亿元,商品房施工面积400.01万平方米(竣工面积108.76万平方米),商品房销售面积68.50万平方米,销售额48.90亿元。在"美丽南方"景区引进太阳谷体育园、亿仓花海、青瓦房古村落等旅游项目。接待游客1151万人次,实现旅游收入131.50亿元。

招商引资　自治区外境内到位内资53.27亿元,完成年度任务104.45%;直接利用外资(广西全口径)5270万美元,完成年度任务101.35%。举办"2016第二届广西汽车展览会暨安吉万达广场欢购季""城西中心　智汇安吉"创客论坛、"魅力西乡塘　购物圣天堂　迎国庆百城惠　安吉CBD狂欢购"等大型活动,联合媒体推介安吉片区。

城乡建设　以重大项目攻坚战、"三旧"(旧城镇、旧厂房、旧村庄)改造攻坚战为抓手,推进131个重大项目建设,完成投资145.59亿元。重点抓好地铁1、2、3、5号线和南百铁路二线、邕江沿岸综合整治、邕宁水利枢纽、城市东西向快速路、心圩江环境综合整治等自治区、市重点工程的征地拆迁;加快推进南城百货智慧物流基地等5个自治区层面重大项目和腾宁混凝土等13个市级层面重大项目,完成投资10.50亿元。完成国有建设用地使用权"招拍挂"公开出让项目10个,其中工业项目3个、物流仓储项目4个、房地产项目3个,移交出让土地面积39.87公顷,出让金额15.75亿元。棚户区和"三旧"改造建设项目19个,其中崇左市委党校二期、味精厂二期等5个项目年内开工,新增改造面积17.27公顷;推进项目24个,其中南棉片区一期、屯渌村一队一期、伞厂一期等6个项目前期工作基本完成;储备项目15个,涉及改造面积111.53公顷。保障性安居工程新增危旧房改住房改造开工958套,完成率100%;基本建成3802套,完成率125%。完成秀厢大道—秀灵路口改造,木塘里东西向道路、吉兴东路通车,木塘里南北段道路基本达到通车条件，金水湾东侧南北向道路、广西工业器材城中段道路、吉园街等城市支路相继建成。完成村屯道路硬化建设项目97个、142千米，全部自然村通沥青路或水泥路，农村客运通达率88.82%；4个自治区饮水净化示范项目（石埠办忠良村饮水净化项目、石埠办建宁一队饮水净化项目、双定镇义平村崇泽新村饮水净化项目、金陵镇大林新村饮水净化项目）基本建成，12项市级农村饮水提质增效工程加快实施，农村住宅建设管理任务超额完成。

精准扶贫　完成贫困户脱贫676户2500人，完成年度任务100%；7个脱贫摘帽村"十一有一低于"（有特色产业、有住房保障、有基本医疗保障、有义务教育保障、有路通村屯、有饮用水、有电用、有公共服务设施、有电视看、有村集体经济收入、有好的"两委"班子，贫困发生率低于3%）指标全部达标，完成年度任务100%；有建档立卡退出户478户1813人，全部达到"两不愁、三保障"（稳定实现扶贫对象不愁吃、不愁穿，保障其义务教育、基本医疗、住房）的标准。全面解决脱贫摘帽贫困村群众生活用水用电和土地灌溉用水问题，建档立卡贫困户危旧房全部纳入危改范围，贫困村均有文化活动室、村级服务中心等配套公共设施。采取"公司+合作社+基地+农户"模式，在资金、组织、产业、技术、市场、销售等实行联盟，推动扶贫开发由"输血式""粗放式"向"造血式""精准式"转变，泰宁扶贫产业龟鳖养殖项目形成"泰宁"模式，带动周边200多户贫困户发展特色养殖，坛洛镇三景村贫困户养殖的生态鸡月销售额20万元以上，重点推进坛洛镇三景千亩三红蜜柚基地建设、万丰蔬菜生产基地建设、金陵镇南岸养蛇项目、乐勇烟农千亩柑橘基地，双定镇秀山村蔬菜生产基地等项目建设。推进三景村旅游、坛洛森林之泉等重点"农旅结合"项目建设，扶持贫困户发展农家乐、农产品加工销售等旅游相关服务产业。

【社会事业发展】

文明创建活动　2016年，西乡塘区打造社会主义核心价值观主题街——衡阳路，主题社区——明秀社区、万力社区，主题村屯——金陵镇龙达村、坛洛镇下楞村、双定镇秀山村。将建设16个社区（城中村）志愿服务站列入年度为民办实事项目，超额完成市文明办的目标要求。城区志愿者在南宁志愿者网总注册人数9.29万人，注册志愿者人数占城区常住人口12.10%。开展文明交通劝导活动、西乡塘区"12·5"国际志愿者日志愿服务集中行动、"学雷锋志愿服务日"集中行动暨"帮帮侠·公共自行车守护神"志愿服务活动、"文明排队齐参与　自觉礼让我先行"的文明排队日活动、寻找"最美家庭"活动进社区启动仪式暨学雷锋志愿服务等活动，万力社区获"自治区社区志愿服务示范站"称号。利用春节、元宵节、"三月三"等节日开展吟咏赛诗、写春联、猜灯谜等文化实践活动。11人当选南宁市"美德少年"。石埠街道忠良村获被命名为第十六批自治区文明村。

科教文卫体事业　发明专利申请量812件、发明专利拥有量577件。"国家级富民强县"项目通过验收，实施城区本级科技项目27个。园区企业产品富硒辣木茶获中国杨凌农业高新科技成果博览会最高奖"后稷特别奖"。完成低产蕉园改造2370.33公顷，建设香蕉标准化示范基地646.67公顷，建设无公害基地206.67公顷。搭建高等院校、科研院所、科技企业的技术交流合作平台，建设科企联合工作站20家。举办专利培训班5期，开展知识产权宣传2场。投入科普专项经费57万元，开展科普活动846期次，制作科普板报1985块，举办科普文艺演出173场，发放科普资料78.12万份。举办各类技术培训70期，培训并指导农民1.14万人次，赠送12个贫困村科技书籍1万册。有幼儿园145所（公办8所、企业办11所、民办126所），在园幼儿3.15万人；小学77所（不含市直属学校和高新区学校，下同；社会办9所），在校生8.55万人；中学36所（普通初中12所，九年一贯制学校24所），在校生2.53万人。在岗教职工6805人（专任教师6383人）。幼儿学前三年毛入园率108.96%；小学适龄儿童入学率100%，辍学率为零，小学毕业生升学率100%；初中辍学率控制在2%以内，初中毕业升学率95%。九年义务教育巩固率106.40%。有学习能力的残疾儿童入学率达93%以上。投入1.26亿元实施教育建设项目145个。投入3001.20万元为98所中小学添置现代教育装备及图书。发放农村义务教育家庭困难寄宿生生活费补助金570.40万元，资助学生9731人次。接收农民工随迁子女入读4.67万人。通过义务教育均衡发展县（区）国家验收认定。建成村级公共文化服务中心10个；"两馆一站"（文化馆、图书馆、

2016年西乡塘区各镇（街道）情况

名　称	土地面积（平方千米）	村民委员会（个）	社区居民委员会（个）	自然屯（个）	年末人口（人）	农林牧渔业总产值（万元）	粮食产量（吨）	农村居民人均可支配收入（元）
金陵镇	221.00	14	2	114	66588	90703	17212	12050
坛洛镇	345.00	19	—	165	60863	150838	29111	10834
双定镇	187.00	6	—	33	31220	69056	11254	11048
西乡塘街道	20.00	1	11	—	105174	—	—	—
北湖街道	14.50	2	13	—	99910	—	—	—
衡阳街道	14.60	2	11	—	84548	—	—	—
华强街道	2.30	—	4	—	17304	—	—	—
新阳街道	4.50	2	10	—	78941	—	—	—
上尧街道	10.00	3	4	—	27545	—	—	—
安吉街道	16.00	4	7	—	41044	5088	—	—
安宁街道	79.50	6	2	37	23605	—	—	—
石埠街道	118.00	11	2	85	46792	37257	6247	10925
心圩街道	19.00	8	6	39	45332	—	—	—

乡镇文广站)公共文化基础设施免费开放。举办"2016年迎新文化惠民"春节龙狮文艺宣传演出、"壮族三月三"民俗活动日、"百姓大舞台·想秀你就来"暨西乡塘区专场文艺演出、"绿城歌台"暨西乡塘区香蕉文化旅游节、"美丽南方"休闲农业嘉年华开幕式等活动。南宁生榨米粉制作技艺、南宁大王节、南宁下楞龙舟节、西乡塘歌圩4个项目获列入自治区级非物质文化遗产代表性项目名录。举办读者活动、图书漂流活动、小学生书评活动及书画培训等活动20余次;加强文化市场整治,检查文化经营场所3800家次。有医疗卫生机构666家。其中:自治区、市、部队医院9家,城区直属卫生院9家,社区卫生服务中心(站、所)37家,村卫生室62家,民营医院(门诊)12家,个体诊所537家。城区直属卫生院有医务人员684人,医院病床281张。基建项目13个(续建项目8个,新开工项目5个)。区间出生人口10361人,人口出生率10.57‰。为1442对新婚夫妇提供免费孕前优生健康检查,婚检率97.97%。实现基本药物制度基层全覆盖,人均基本公共卫生服务经费补贴标准提高至45元。新型农村合作医疗参合农民27.38万人,参合率99.99%。万秀村被列为自治区流动人口基本公共卫生计划生育服务均等化试点,接受国家卫计委"2016年发展中国家人口与发展部级官员研讨班"参观考察。举办第一届"美丽南方"杯篮球邀请赛、第四届广西城乡万人气排球赛南宁市西乡塘区选拔赛、西乡塘区职工气排球比赛、第八届广西体育节西乡塘区第二届全民健身运动会、全民健身健步走暨西乡塘区跳绳王比赛、"我爱足球"民间争霸赛城区级选拔赛、端午节龙舟赛、西乡塘区身体素质全能王选拔赛等群众体育比赛。开展西乡塘区万名志愿者服务"百县千乡"活动,举办体育类活动及培训班40场次,参加活动5万人,受益体育人口10万人。南宁·东盟国际山地自行车越野公开赛、全国摩托艇锦标赛等大型体育赛事在西乡塘区举办。

民政事业　发放城市低保金1.56万户次、2.75万人次、1152.81万元;农村低保金1.63万户次、3.28万人次、509.98万元。发放农村五保供养金1116人次、116.76万元。发放困难残疾人生活补贴1.35万人次、补贴67.64万元。发放城乡医疗救助、临时救助、"两病"(白血病、先天性心脏病)救助金743人次、342.86万元。发放抚恤补助金1976人、880.01万元;优抚医疗62人、45.82万元。发放义务兵家庭优待金633户、1042.26万元。发放冬寒春荒衣被852件,惠及灾民268户296人;发放春荒口粮1.78万千克,惠及灾民263户287人。发放救助金36.93万元,惠及514户1295人。新建城市养老服务中心4个,社区日间照料中心9个。完成13个村(社区)服务用房项目的建设。办理结婚登记6232对、离婚登记2407对。率先创新引入"第三方低保核查"机制,通过"第三方"评估机构对居民家庭财产和收入进行社会化评估的城乡低保动态管理,获2016年民政部社会救助领域最佳创新成果奖。

劳动与社会保障　城镇新增就业1.67万人;失业人员再就业5368人;就业困难人员再就业1250人;农村劳动力转移就业新增3510人;城镇登记失业率2.83%。培训就业、创业人员4485人,发放创业贷款436笔、3873万元。举办村镇扶贫招聘会7场,260家企业提供就业岗位1.21万个;开展贫困劳动力职业技能培训,491人参加;帮助贫困劳动力转移就业340人,扶持创业30人。接到劳动与社会保障类举报、投诉、咨询536起,立案及协调处理293起,涉及1894人,为劳动者追回工资1564.54万元。城乡居民基本养老保险参保10.13万人,参保率95.76%;发放基础养老金36.41万人次、4437.91万元。

(张增清　唐建华　黄　源)

邕宁区

【概　况】邕宁区位于南宁市区东南部。东邻横县,南接钦州市钦北区、灵山县,西交良庆区,北与青秀区接壤;土地面积1231平方千米。2016年,有镇4个、乡1个,村65个、社区9个。年末户籍总人口35.97万人,流动人口6.82万人。人口自然增长率6.60‰。耕地面积44.49万公顷;森林面积4.20万公顷,森林覆盖率34.11%。完成地区生产总值77.12亿元。财政收入12.84亿元,其中一般公共预算收入3.06亿元;一般公共预算支出17.69亿元。城镇居民人均可支配收入28133元;农民人均可支配收入11459元。有湘桂线黎(塘)南(宁)铁路南环线、南(宁)北(海)高速公路、省道101线和邕江河道过境;五象大道、龙岗大道及在建的玉洞大道东段直通城区;蒲庙大桥、龙岗大桥横跨邕江两岸连接邕宁区与青秀区;邕宁至浦北二级公路穿境而过。南宁外环高速公路经过蒲庙镇、新江镇。途经邕宁区的2条高速公路设有蒲庙、八鲤、新江3个出入口。主要旅游景区(点)有蒲津公园、清水泉、顶蛳山贝丘遗址、灵龟山、雷婆岭摩崖石刻、五圣宫、那莲街古建筑等。主要矿产资源有石灰石、铜、铅、锌、重晶石、泥岩、黏土、河砂等。地方特产有甘蔗、桑蚕茧、淮山、火龙果等。第十二届中国国际园林博览会选址落户邕宁区。邕宁区被评为2015年度建设平安广西活动平安县(市、区),中和乡被授予"全区记二等功优秀乡镇公务员集体",百济镇被评为2016年广西乡镇统计规范优秀单位,新江镇被评为2015年自治区卫生乡(镇),邕宁区农林水利局农机监理站被自治区人社厅和自治区农机局授予集体二等功,《邕宁年鉴·2012》获2016年全国地方志优秀成果(年鉴类)三等奖。

【经济发展】

第一产业　2016年,邕宁区实现农林牧渔业总产值45.66亿元,其中农业产值24.44亿元、林业产值1.22亿元、牧业产值18.13亿元、渔业产值1.37亿元、农林牧渔服务业产值5009万元。第一产业增加值完成27.13亿元。粮食作物种植面积2.74万公顷,总产量15.40万吨。其中:水稻种植2.16万公顷,产量12.82万吨;玉米种植4166.67公顷,产量2.20万吨;豆类种植226.67公顷,产量0.03万吨;薯芋类种植1400公顷,产量0.35万吨。经济作物种植面积4.53万公顷,产量147.19万吨。其中:花生种植5066.67公顷,产量1.36万吨;西(甜)瓜种植2726.67公顷,产量7.47万吨;蔬菜种植1.01万公顷,产量23.47万吨;甘蔗种植1.54万公顷,产量104.97万吨;木薯种植1166.67公顷,产量1.40万吨。水果面积8946.67公顷,产量6.03万吨。中药材种植1866.67公顷,产量6.45万吨。肉类总产量6.35万吨。水产品产量1.39万吨。创建香流溪、一遍天2个自治区四星级示范区,创建坛里沃柑示范区为自治区县级示范区,秋实田园、坛墩果蔬、贵德沃柑示范区为自治区乡级示范区。完成高标准基本农田土地整治项目15个,建成高标准基本农田1.13万公顷。新建农产品标准化生产示范基地354公顷。完成土地流转4866.67公顷。新引进农业龙头企业9家,新认定城区级重点农业龙头企业17家、示范合作社11家,新成立农民专业合作社41家、家庭农场8家;那楼齐兴桑蚕专业合作社被评为市级示范合作社。林下经济年产值3.81亿元,涉林面积8760万公顷,涉及林农3.88万人。审批林木采伐11.26万立方米,签发木材运输证5293份。投入冬春水利建设补助资金169.15万元,改善灌溉面积748.67公顷;完成南宁市下达的农田水利建设项目10个,总投资792.23万元,改善灌溉面积233.33公顷。

第二产业　有工业企业1067家(含个体),规模以上工业企业18家(亿元企业 12 家)。规模以上工业总产值 33 亿元,销售产值 32.10 亿元。第二产业增加值 17.33 亿元。规模以上工业增加值 7.22 亿元,建筑业增加值 9.35 亿元。完成工业投资 11.46 亿元。

第三产业　有国有企业 49 家,集体企业 43 家;内资公司 147 家,私营企业 1938 户,个体工商 7917 户;市场(含农贸市场)23 个。第三产业增加值 32.66 亿元。实现社会消费品零售总额 20.56 亿元;外贸进出口总额 424 万美元;固定资产投资 176.18 亿元。商品房施工面积 421.40 万平方米,销售额 60.18 亿元。接待游客 341 万人次,旅游总收入 23.60 亿元。

招商引资　区外境内实际到位内资 30.75 亿元,直接利用外资(广西全口径)1860 万美元。签约重点洽谈项目 21 个,投资总额 160 亿元,有氢燃料电动汽车南宁研发生产基地项目、南南电子汽车新材料精深加工技术改造项目、中国－东盟检验检测认证高技术服务集聚区项目、南宁中达汽车城项目 4 个,以及中国－东盟博览会、中国－东盟商务与投资峰会经贸活动期间签约项目 17 个,分别为南方易磬跨境电商信息中心项目、百济风电场项目、南宁市邕宁区蒲庙镇那贵坡樱花、广西大都机械设备租赁有限责任公司八鲤基地项目、北投南宁公路枢纽物流基地牛湾物流园区项目、广西沿海铁路股份有限公司总部基地及土地开发项目、中国(南宁)智能制造工业服务产业园——东盟(南宁)智造工业资源配置中心项目、中鼎智慧・艺术天阶・森林城项目、三江村发展现代桑蚕产业实施精准扶贫项目 9 个,广西田野创新农业科技有限公司生态农业园等乡镇签约项目 5 个,阿里巴巴农村电商项目 3 个。

城乡建设　邕宁新兴产业园区道路建设项目完成投资 13.50 亿元,园博园项目周边的蒲兴大道、城关路等 8 条道路新开工建设,南宁港(张村)互通建成通车。开展项目用地收储 41 个,获得用地批复 21 个,总面积 183.40 公顷。完成土地出让面积 67.77 公顷,实现土地成交额 15.85 亿元。完成蒲庙镇总体规划修编和蒲庙镇二期(东片区)控制性详细规划方案编制。拆除违法建筑 219 处 8.66 万平方米。推进邕江和八尺江综合整治,整治生活污水直排口 6 个。那楼客运站建成并投入运营;17 条农村客运班线开通运营。推进"生态乡村"建设,实施"村屯绿化"项目 224 个,"道路硬化"项目 25 个 42.69 千米,"饮水净化"项目 2 个。蒲庙镇那贵坡示范村列入国家级美丽乡村建设标准化试点项目。

【社会事业发展】

文明创建活动　2016 年,邕宁区举办"永远跟党走"——邕宁区庆祝中国共产党成立 95 周年暨开展"两学一做"教育活动演讲比赛,组织"社区大明星——共筑中国梦・和谐邻里情"活动 2 场,开展"书香邕宁"系列读书活动。制作刊播喷绘、横幅、板报等"讲文明、树新风"公益广告 3.30 多万平方米,通过短信平台制发手机短信约 4 万多条。有"道德讲堂"约 60 所,开展道德论坛、道德讲堂活动 1500 多场(总堂 12 场)。在各文明网平台,运用博客、微博,转发、跟帖、评论、撰写原创稿件 4960 篇(条),获评"文明南宁"公众号优秀稿件 1 篇,"网络文明传播"优秀博文 11 篇,"南宁文明网"优秀稿件 2 篇。加强未成年人思想道德建设,组织各中小学开展"网上祭英烈""向国旗敬礼"等网上签名寄语活动,中小学生参与率达 95% 以上;开展南宁市第四届"美德少年"评选表彰推荐,6 人获市级表彰;开展"童心向党"歌咏和优秀童谣传唱活动,童谣《古镇谣》、微电影《邕宁热烈欢迎您》获市级评比活动一等奖。组织开展"邻里守望"、文明劝导等志愿服务活动,累计参与 3.50 万人次,发放宣传资料、派发小礼品等 1 万多份,网上志愿者注册 2.96 万人,志愿服务组织 32 个。蒲庙镇良勇村、新江镇那蒙村被命名为自治区文明村镇,蒲庙镇政府被命名为自治区文明单位,邕宁区国税局、南宁市武警第十三中队被命名为军(警)民共建单位,邕宁区民族中学等 16 个单位继续保持第一至第十五批自治区文明村镇、文明单位。

科教文卫体事业　投入科普事业资金总额 201.40 万元。成立由专业技术人员组成的科技服务队,下派科技特派员 30 人、区级科普志愿者 86 人、乡级科普志愿者 43 人,培养科技带头人 50 人,培育科技示范户 520 户,村组科技人员覆盖率 95% 以上。开展农业科技成果展示活动 4 场、"三下乡"活动 4 次,赠送科技书籍 1500 多册;贫困村播放科普电影 10 场次;举办农村实用技术培训班 18 期,培训农民 2000 多人次。实施教育基础设施建设项目 129 个,总建设面积 28.11 万平方米,总投资 8.76 亿元。有幼儿园 120 所,在园幼儿 1.18 万人;小学 69 所(社会办学 1 所),在校生 2.18 万人;初中 12 所,在校生 1.46 万人;高中 3 所,在校生 2.18 万人;特殊教育学校 1 所,在校生 104 人。教职工 3474 人,其中专任教师 3352 人,职工 122 人。九年义务教育巩固率 125.50%。"全面改薄"项目配备图书 66.94 万册、教师用计算机 443 台,惠及学校 131 所,资金 1353.30 万元。市级财政投入建设经费 170 万元,为 20 所学校(教学点)40 间教室配备"班班通"多媒体设备。开展大学生生源地信用助学贷款,累计为 920 名贫困家庭大学生发放助学贷款 619.93 万元。投入 1417.50 万元继续试点实施农村义务教育学生营养改善计划。建设完成村级公共服务中心 16 个,实现贫困村公共服务中心 100% 全覆盖。投入经费 65 万元,"两馆一站"免费开放正常运转。扶持村屯、社区文艺队 16 支,演出 402 场。开展"送戏下乡""送优秀儿童剧目进校园"活动各 10 场。举办第 18 届南宁国际民歌艺术节"绿城歌台"广场群众文化活动邕宁区歌台暨 2016 年邕宁壮族八音文化旅游节、"二月二"抢花炮非遗巡游及民俗表演活动、"福满邕宁・三月三"系列文艺活动、"七彩那贵"五一开园仪式等大型活动。"点米成画"项目入选第六批自治区级非物质文化遗产名录。出动执法人员 4026 人

2016 年邕宁区乡镇情况

名　称	土地面积(平方千米)	村民委员会(个)	社区居民委员会(个)	自然屯(个)	年末人口(人)	农林牧渔业总产值(万元)	粮食产量(吨)	农民居民人均可支配收入(元)
蒲庙镇	250	17	4	160	110549	120234	34127	12168
那楼镇	354	20	2	92	96276	144965	45663	11017
新江镇	165	8	1	61	33778	53817	14351	11247
百济镇	310	13	1	105	49302	62658	31468	10398
中和乡	176	7	1	37	35360	54840	19259	10028

(次),检查经营单位2340多家(次),取缔擅自设立营业性演出场所3家(次),责令改正12家(次)。严查网吧违规接纳未成年人行为,出动执法人员970人次,检查文化经营单位326家次,查处违规经营单位7家,收缴非法音像制品、书报1900多张(册)。有医疗卫生单位138家(城区医疗卫生单位2家,乡镇卫生院6家,村卫生所70个,门诊部60家),卫生技术人员1512人,其中城区医疗卫生单位803人、镇卫生院426人。实际开放病床1241张(城区医疗卫生单位657张、镇卫生院584张)。新型农村合作医疗参保28.13万人,参合率99.72%,获新农合补助18.87万人次1.22亿元。开展学校卫生监督140户次、公共场所监督220户次、生活饮用水监督20户次、医疗机构监督130户次,受理各类卫生行政许可和非行政许可291件,办结290件。举办体育活动竞赛65次(项),2万多人次参加。邕宁区气排球男队获第四届广西城乡万人气排球赛南宁市赛区决赛男子组第一名;组队参加南宁市首届青少年阳光体育大会获足球项目第一名。

民政事业　审核城乡最低生活保障救助对象1.50万人次,清退低保对象935户2483人。救助农村低保对象2.71万户次6.83万人次,发放农村低保金和一次性生活困难补助金1008万元;救助城市低保对象1462户次2513人次,发放城市低保金和各类补贴102.09万元;发放五保供养补助金及各类补贴1.87万人次767.71万元;实施医疗救助8368人次,发放救助金618.09万元;临时救助56户次159人,救助金额27.05万元。发放冬春救济口粮41.83吨、衣被5214套(床),救助灾民和困难群众6867人,投入资金105万元。发放困难残疾人生活补贴1018人55.66万元、重度残疾人护理补贴1999人109.73万元。发放优抚金743.49万元。办理结婚登记2352对、离婚登记489对。

劳动与社会保障　城镇新增就业人员2059人,其中失业人员再就业204人、就业困难人员再就业65人,城镇登记失业率2.95%;新增农村劳动力转移就业3139人,职业培训2185人。受理举报、投诉案件33起,涉及1183人、金额1242.38万元;解决建筑领域劳资纠纷引发的突发事件3起,涉及39人,责令用人单位支付农民工工资24.87万元。城乡居民基本养老保险参保9.94万人,参保率94.50%;年满60周岁以上参保居民养老金发放率100%,发放城乡居保养老金4400.20万元。

【邕宁区实现脱贫摘帽】 2016年,邕宁区通过自治区脱贫摘帽核验。17059人实现脱贫,17个贫困村脱贫摘帽,贫困发生率由8.30%降至2.80%,代表南宁市贫困区县率先摘帽出列。筹集整合财政专项扶贫资金、涉农资金5.68亿元投入脱贫攻坚,发动社会捐资1000多万元。投入资金2亿多元推进贫困村基础设施建设,修建贫困村通屯道路99条128千米,完成贫困村人饮工程项目24个,新建(维修)贫困村村级服务用房项目22个,建成贫困村公共服务中心项目14个,完成行政村网络宽带升级改造71个,建成贫困村生活污水处理设施30处。发放教育资助1400多万元,资助贫困学生1.49万人次,从幼儿教育到本科学历五个阶段全覆盖。2805户7775名贫困人口纳入低保,实现应保尽保。向4960户贫困户发放贷款1.20亿元,占贫困户总数74.51%。改造贫困户危旧房1554户,4047户脱贫户住上安全稳固住房。实现贫困人口外出务工4000多人,新增转移贫困就业人口877人。引进农业龙头企业9家,打造那楼三江桑蚕、百济坛里沃柑、中和祥旦芳樟等一批产业扶贫基地。投入财政资金3660万元,扶持合作社发展扶贫产业项目33个,惠及贫困人口5680人。投入2241万元,扶持5604户贫困户发展"短平快"特色产业,户年均增收5000元以上。推进电商扶贫,实现广西土野网"互联网+精准帮扶"线上线下展销实体店开业,与阿里巴巴公司合作建成"农村淘宝"服务中心,拓宽农副产品销售渠道。

2016年,南宁市精准扶贫示范点——邕宁区蒲庙镇华康村那皮坡旧貌变新颜

杨灿仕　摄

【第十二届中国国际园林博览会选址邕宁区】 2016年4月,南宁市获第十二届中国国际园林博览会(简称"园博会")承办权。园博会园址位于邕宁区八尺江畔的顶蛳山区域,总面积347公顷,所选地块丘陵起伏,江水蜿蜒,具有山、水、林、泉、湖等优越的造园要素和底色。园博园计划2018年12月全面建成。年内,邕宁区完成主园区263公顷用地的征收。

(覃燕萍)

良庆区

【概　况】 良庆区位于南宁市区南部。东邻邕宁区,南接防城港市上思县、钦州市钦北区,西连江南区,北隔邕江与青秀区相望;土地面积1369平方千米。2016年,有镇5个、街道2个,社区17个、村57个,有自治区级经济开发区1个(良庆经济开发区)。年末户籍总人口27.96万人。人口自然增长率9.20‰。耕地面积3.62万公顷(水田1.07万公顷);林业用地面积6.75万公顷,其中森林面积5.34万公顷,森林覆盖率38.90%。实现地区生产总值134.25亿元,固定资产投资333.35亿元。财政收入32.12亿元(一般公共预算收入7.52亿元),一般公共预算支出16.38亿元;城镇居民人均可支配收入26885元,农村居民人均可支配收入12065元。南宁至北海高速公路、市外环高速公路、南宁至北海二级公路、南宁至防城铁路、湘桂铁路过境,有良庆、那马、玉洞3个高速公路出入口,宁村站、那铺站、大拟站、百浪站4个火车站。处于南宁市城市发展"重点向南、建设五象新区、再造一个新南宁"发展战略的核心区域。主要旅游景区(点)有国家3A级景区大王滩风景区,五象岭森林公园、凤亭湖、绿温泉、竹泉岛、那兰生态自然村

（白鹭村）、蕾帽岭摩崖石刻。主要矿产资源有铁、铅、锌、铜、钛、重晶石、花岗岩、石灰石。地方特产有南晓土鸡、芝麻鸭、龙眼、荔枝、芒果、西瓜、红龙果、菠萝、柠檬、淮山、彩色蚕茧等。良庆区获“自治区平安县（市、区）”“广西特色文艺之乡”称号。

【经济发展】

第一产业　2016 年，良庆区实现农林牧渔业总产值 36.13 亿元，其中农业产值 21 亿元、林业产值 2.96 亿元、畜牧业产值 9.93 亿元、渔业 1.52 亿元、农林牧渔服务业 0.69 亿元。第一产业增加值 22.30 亿元。粮食作物种植面积 1.87 万公顷，总产量 9.55 万吨。其中：水稻种植 1.52 万公顷，产量 8.04 万吨；玉米种植 0.23 万公顷，产量 1.25 万吨。经济作物种植面积 5.07 万公顷。其中：甘蔗种植 1.68 万公顷，产量 104.30 万吨；木薯种植 0.15 万公顷，产量 1.82 万吨。果园面积 1.12 万公顷，水果产量 7.75 万吨；蔬菜种植 1.32 万公顷，产量 35.01 万吨。肉类产量 3.74 万吨。水产品产量 1.34 万吨。完成木材生产 3.35 万立方米，植树造林 1615 公顷。培育农业产业化龙头企业 20 家，年销售收入亿元以上企业 10 家，带动基地农户增收 4.49 亿元。有农民专业合作经济组织 84 个、家庭农场 157 个。在 5 个镇、1 个街道开展农村土地承包经营权确权颁证试点，完成 8904.20 公顷承包地确权，测量耕地面积 1 万公顷，登记地块 20.01 万块，完善土地承包合同 7421 户。发放林木采伐发许可证 1562 宗，签发采伐蓄积 28.82 万立方米，出材 23.53 万立方米；发放《林权证》1.12 万本，面积 2.57 万公顷。举办农民实用技术培训班 12 期，培训人数 600 余人；特色农业实用技术培训班 17 期，培训贫困户 890 人次。

第二产业　实现工业总产值 147.14 亿元。规模以上工业企业 55 家，实现总产值 142.96 亿元；规模以上工业增加值完成 40.76 亿元。第二产业增加值 71.41 亿元（工业增加值 42.36 亿元）。有亿元以上工业企业 36 家，完成工业总产值 135.53 亿元。工业投资完成 23.52 亿元，技改投资完成 14.98 亿元，制造业投资完成 21.20 亿元。农副食品加工业主要以饲料生产、制糖等产业为主，产值 35.03 亿元；医药制造业以生产中成药为主，产值 26 亿元；有色金属冶炼及压延加工业主要生产氧化锑产品，产值 17.89 亿元；木材加工业主要以生产纤维板为主，产值 8.25 亿元；建材行业主要以混凝土、钢材为主，产值 46.71 亿元；造纸和纸制品业产值 3.08 亿元。

第三产业　有个体工商户 1.48 万户；从业人员 3.38 万人；注册资金 9.99 亿元。有农贸市场 14 个，较大超市 10 家，年成交额 17.58 亿元。第三产业增加值 40.54 亿元。社会消费品零售总额 33.33 亿元。有外贸进出口企业 35 家。实现进出口额 22.84 亿元，实现外贸出口额 7.82 亿元。完成房地产开发投资 198.22 亿元，商品房施工面积 1298.83 万平方米，竣工面积 36.84 万平方米；商品房销售 270.35 万平方米，销售额 209.30 亿元。推进商业项目建设，重点服务新百年国际商业中心城市综合体建设，与阿里巴巴集团达成合作协议，筹建电商服务中心和良庆区电商协会。与京东集团合作，打通农村地区的双向流通渠道，促进农产品进城和工业品下乡。举办 2016 南宁消费购物节和消费购物季活动。

招商引资　实施招商引资“三年行动计划”，服务推进总部基地金融街、文旅组团、五象湖周边为重点的核心片区招商和以商招商。银海大道西片区引进投资 3.60 亿元的中通快递广西壮族自治区（南宁）区域总部及电商孵化中心项目、投资 4.20 亿元的年产 30 万立方米高端均质刨花板的广西丰林集团生产线项目。重点跟踪服务福建吴钢集团南宁现代化建材加工及物流配送中心（互联网 + 跨境建材线上线下交易基地）项目、广西建工集团广西建筑现代产业园项目、中泰欢乐谷项目。开展五象新区楼宇状况调查摸底，加强与企业沟通对接，有计划地选择楼宇帮助企业二次招商。自治区外境内到位内资 59 亿元，直接利用外资（广西全口径）8100 万美元。

城乡建设　银海大道拓宽工程二期 2 标段（共利钢管厂往平乐大道方向共 1.90 千米）通过现状验收。南宁金钢水泥有限公司片区旧城改造进入建设阶段，投资金额 8 亿元。良庆镇棚户改造项目到位资金 11.95 亿元，签约征拆面积 1.06 万平方米、补偿金额 4054.90 万元。建成保障性住房 102 套，分配入住保障性住房 157 套。12 个老旧小区改造工作竣工并通过验收。完成危房改造 160 户（建档立卡贫困户 124 户）。实施为民办实事项目安装太阳能路灯 251 盏。完成建成区生活污水直排口整治项目二期工程，投入 840 万元，建设一体化提升泵站 2 座、管网 1260 米和截污井、消能井等。完成市管道路园林用地扬尘治理。完成街道绿化补植 530 株，黄土裸露种植 1300 平方米，街道绿化植物淋水和冲洗 6500 立方米，完成修剪小叶榕等树木 3060 株，修剪绿化带 1.63 万平方米，除草 1.10 万平方米。处理数字城管案件和投诉案件 204 起。开展“清洁家园”巩固提升专项活动集中整治 561 次，清理生产生活垃圾 6616.30 吨、建筑垃圾 1133.50 吨，清除房前屋后杂物 824.50 吨，清理鱼塘 632 个，疏通排水沟（管）533 处。投资 634 万元新建农村生活污水设施 7 套。建设民俗民居示范村屯项目 3 个。开工建设那马、大塘、那陈、南晓 4 个镇污水处理设施项目。投资 202 万元实施农村饮用水安全工程 5 个。服务五象新区开发建设，完成征地 500.67 公顷，房屋拆迁 40.50 万平方米；完成广西新媒体中心、良庆大道、建工产业园等重大项目征地拆迁任务，为邕江综合整治以及轨道交通 2、3、4 号线等项目提供用地保障；五象新区房地产、建筑业税收 25.69 亿元，房地产投资完成 205.60 亿元；机场第二高速公路、良庆大桥、玉象路二期等重

8 月，良庆区那马镇坛良村坛板坡村史室被命名为南宁市首批示范性村史室

良庆区委宣传部提供

大工程建成通车。

精准扶贫　精准实施“七个一批”(发展生产脱贫一批、转移就业脱贫一批、易地搬迁脱贫一批、生态补偿脱贫一批、教育脱贫一批、医疗救助脱贫一批、社会保障兜底脱贫一批)脱贫攻坚,整合本级财政资金3500万元,支出3300万元,通过自治区脱贫摘帽考核组验收。贫困户脱贫“双认定”(在脱贫核验工作中,核验工作组和贫困户双方对照)工作完成587户1981人;那马镇冲陶村,大塘镇南洲村、乔板村,那陈镇濑寀村、西盛村,南晓镇大满村6个贫困村“十一有一低于”指标全部达标。大塘镇、那陈镇生态肉鸭、能繁母猪、黄牛、黑山羊养殖等7个重大扶贫产业项目(基地)开工(运营),总投资5.80亿元。

【社会事业发展】

文明创建活动　2016年,良庆区建成“图说我们的价值观”主题广场1个、主题街道1条、主题社区2个,打造文明单位2个,在2所学校建设“图说我们的价值观”示范点。开展道德讲堂活动200多场次,6000多人参加。“诚实守信”好人陈学标登“中国好人榜”。开展“文明餐桌”宣传教育活动,张贴各类宣传画5000多张。开展“好家风好家训”征集活动。有志愿服务队伍100支,网上注册志愿者2.10万人。开展“学雷锋·能帮就帮·志愿服务满绿城”活动。良庆区人民检察院被命名为自治区第十六批“文明单位”。那马镇坛良村、大塘镇南荣村被命名为自治区第十六批“文明村镇”。南荣村、坛良村等50个村被列为南宁市、城区新农村建设综合示范村。城区评选出“美丽示范户”821户、“美丽大嫂”504名、“十星级文明户”350户。开展科技、文化、卫生“三下乡”活动10场次。建成社区未成年人校外活动中心12个、乡村城市学校少年宫9所。

科教文卫体事业　申报自治区和南宁市科技计划项目18个,获立项7个,获科技经费225万元。安排本级科技项目84个(工业类11个、农业类13个、社会发展类60个)。“科技三项”(新产品试制费、中间试验费、重大科研项目补助费)费用支出1620万元。完成科技项目结题验收13项(自治区级1项、市级2项、城区级10项)。为10个贫困村选派科技特派员,开展“一员一村”帮扶行动;扶持科技经费187万元,其中100万元扶持7个贫困村科技特派员进行农业生产科技创新技术示范建设。组织实施工业创新项目18个,开发工业新产品5项、应用工业新技术新工艺3项,培育发展创新型企业和高新技术企业3家,南宁市泽威尔饲料有限责任公司、广西石埠乳业有限责任公司获第六批“广西创新型企业”称号。建设科技成果转化示范企业1家,取得科技成果2项,完成科技成果转化1项。投入科普事业资金247.50万元,开工建设城区青少年科技教育基地1个,建成青少年科技教育室5个、科普拓普园2个、农业科普示范基地6个,科技示范村级科技信息节点3个。举办城区科技节1届;开展农技培训班5期;建设农村科技书屋16个。获自治区知识产权局批准为广西知识产权试点县(区)。发明专利申请165件,发明专利授权量17件,有效发明专利63件。有中小学幼儿园130所。其中:幼儿园68所(民办65所),在园1.75万人(民办1.55万人),教职工1639人(民办1604人),其中专任教师849人(民办826人);小学44所(民办6所),在校生3.62万人(民办1.11万人),教职工1636人(民办126人),其中专任教师1537人(民办108人);中学18所(民办九年一贯制学校8所,民办完全中学1所),在校生1.47万人(民办3304人),教职工1644人(民办844人),其中专任教师1318人(民办616人)。发放九年义务教育学校困难学生补助754人41.45万元。义务教育均衡发展第一期仪器设备和图书投入883.01万元,投入2647万元采购计算机750台、多媒体设备79套等。投入172万元,为10个自治区级贫困村采购多媒体设备28套、计算机78台、更新课桌椅850套。新建村级公共服务中心3个。完成城区文化馆、图书馆主体建设。建设市级村史室2个、城区级村史室58个。投资400万元建设民俗民居示范村屯2个;投资100万元完善南荣村平天新坡民俗民居示范村屯项目。举办良庆区2016年“嘹啰山歌”民俗文化旅游节。开展大型群众文化活动18场;扶持16个业余文艺队,演出460场;在辖区内开展戏曲普查;将“那马龙狮”申报列入第六批自治区非物质文化遗产代表性项目名录。辖区内有卫生机构285家(含个体),其中公立医院4家、民营医院7家、乡镇卫生院5家、村卫生室57家、社区卫生服务中心2家、社区卫生服务站4家、个体医疗机构204家、卫生监督所1所、卫生防疫机构1家;有卫生专业技术人员2989人;卫生机构病床数1509张。参加新型农村合作医疗农民21.49万人,参合率98.20%,报销金额9848.19万元,基金使用率84.20%。年度人口出生4876人,人口出生率14.60‰。举办第八届广西体育节良庆区分会场活动,1100多人参加健身走(跑)活动;开展“澳瑞特杯”广西跳绳王民间争霸赛良庆赛区比赛;组队参加第四届广西城乡万人气排球赛南宁赛区比赛,良庆区男队获亚军;组队参加2016南宁首届青少年“未来之星”阳光体育大会,户外技能比赛获第二名;组队代表南宁市参加自治区青少年足球锦标赛,获女子组第一名。举办群众性体育活动18项(次),参加比赛3800多人。

民政事业　审批城镇最低生活保障

2016年良庆区各镇(街道)情况

名称	土地面积(平方千米)	村民委员会(个)	社区居民委员会(个)	村民小组(个)	年末人口(人)	农林牧渔业总产值(万元)	粮食产量(吨)	农村居民人均可支配收入(元)
良庆镇	45	6	1	252	54067	39924	7735	11073
那马镇	168	7	1	211	30106	52901	11235	10261
那陈镇	293	15	1	264	36285	62496	15594	10903
大塘镇	500	13	1	411	50495	109595	33717	12654
南晓镇	294	13	1	404	46338	88179	25542	10931
大沙田街道	16	—	10	—	30599	—	—	—
玉洞街道	53	3	2	112	31750	2521	1673	—

说明:数据为统计快报数。

对象0.23万人次，发放保障金81.08万元；审批农村低保对象4.83万人次，发放保障金752.88万元。城乡临时救助253户次，发放临时救助金40.43万元。有敬老院4个、五保村30个；五保供养对象801人，发放五保供养金463.19万元。核定孤儿30人，发放生活补助资金26.56万元。发放残疾人生活补贴100.89万元。发放优抚经费486.67万元，为义务兵发放优待金381.93万元。接收退伍军人、转业士官74人，发放自主就业地方经济补助金71.60万元。安排冬令春耕荒救助口粮10.46万千克，救助灾民3784人。医疗救助5553人次(含政府负责缴交新农合人数)，发放救助费123.61万元。投资910万元实施村(社区)惠民资金项目314个。开展农村留守儿童摸底排查，有农村留守儿童1182人。办理结婚登记2402对、离婚登记384对。

劳动与社会保障　农村劳动力转移就业新增2132人，城镇新增就业4648人，就业困难人员再就业39人，建档立卡贫困户转移就业405人。扶持创业1113户(家)，发放财政贴息贷款17笔，放贷总额122万元。职业技能培训1863人，补贴支出83.71万元；产业工人技能提升培训369人，支出28.47万元。城乡居民基本养老保险参保6.80万人，参保率98.67%；发放养基础老金2.40万人、3334.27万元。协调处理劳动者投诉104起，涉及劳动者379人，涉及工资金额556.63万元；依法立案并查处劳动者投诉案件3件，涉及劳动者93人，涉及工资金额149.70万元；处理群体性突发事件20起，涉及劳动者1322人，涉及工资金额1747.12万元。　(潘艳明)

武鸣区

【概　况】武鸣区位于南宁市北部。东与上林县、宾阳县交界，南靠南宁市兴宁区，西邻隆安县、百色市平果县，北与马山县接壤；土地面积3378.36平方千米，其中63.50%为丘陵。2016年5月27日，武鸣区成立大会召开，大会宣读《国务院关于同意广西壮族自治区调整南宁市部分行政区划的批复》，武鸣县撤销，武鸣区正式成立。2016年，有镇13个，村198个、社区22个。年末户籍总人口71.59万人(城镇人口21.31万人)，其中壮族人口60.21万人，占总人口86%。人口自然增长率6.50‰。耕地面积11.69万公顷，其中水田面积3.27万公顷。林地面积11.23万公顷，森林面积16.03万公顷，森林覆盖率47.25%。地区生产总值324.30亿元；财政收入10.50亿元，其中一般公共预算收入5.46亿元；一般公共预算支出43.26亿元。城镇居民人均可支配收入29398元，农村居民人均可支配收入13304元。固定资产投资355.98亿元。都(安)南(宁)高速公路、国道210线和省道20321线过境，有南宁至武鸣城市大道一级公路。主要旅游景区(点)有国家4A级景区伊岭岩风景区、大明山风景旅游区、花花大世界，以及灵水、明秀园、春霞园、黄道山、起凤山、三十六弄自然保护区等。主要矿产资源有铜、锰、钨、金、铁、

5月27日，南宁市武鸣区成立大会召开　　武鸣区志办提供

2016年武鸣区各镇情况

名　称	土地面积(平方千米)	村民委员会(个)	社区居民委员会(个)	自然屯(个)	年　末人口　(人)	农林牧渔业总产值(万元)	粮食产量(吨)	农村居民人均可支配收入(元)
城厢镇	247.48	21	8	146	110043	156989	33318	15541
太平镇	371.10	12	1	157	40688	88442	25720	11624
双桥镇	213.32	15	1	129	60036	120782	36130	14780
甘圩镇	102.70	4	1	18	26008	54279	11629	10968
宁武镇	253.98	13	1	92	40509	124545	24806	12669
锣圩镇	401.51	25	1	227	66988	169771	34842	11436
灵马镇	194.95	13	1	127	54720	61725	20002	10927
仙湖镇	208.98	10	1	146	41827	89976	33259	11310
府城镇	268.09	23	1	226	60388	116177	30644	12475
陆斡镇	254.31	23	1	202	64194	136904	41541	11679
两江镇	200.14	14	1	135	42806	58125	29903	9918
罗波镇	162.47	13	1	97	38460	49524	21631	11149
马头镇	165.15	12	1	93	24721	156956	15185	10056

铅、锌、煤、磷等20多种,其中已探明铜矿储量2600万吨,占自治区蕴藏总量30%。主要地方特产有灵水牌龙眼、下渌沙糖橘、那羊香米、石牛干笋、旋力威辣椒、大明山白砂糖、古府白砂糖、锣皎淀粉、玉泉土鸡、骆越山鸡、灵马鲶鱼等。广西－东盟经济技术开发区、东风农场驻城区内。

【经济发展】

第一产业　2016年,武鸣区实现农林牧渔业总产值137.29亿元,其中农业产值83.37亿元、林业产值4.78亿元、牧业产值40.98亿元、渔业产值4.82亿元、农林牧渔服务业产值3.34亿元。第一产业增加值81.36亿元。粮食作物种植面积6.92万公顷,总产量36.58万吨,其中水稻种植面积3.67万公顷、产量22.06万吨,玉米种植面积1.95万公顷、产量11.47万吨;经济作物种植面积4.86万公顷,其中甘蔗种植2.03万公顷、产量166.31万吨,木薯种植1.24万公顷、产量15.70万吨(干片);水果产量96.38万吨;蔬菜种植面积5.40万公顷,产量126.85万吨。肉类产量14.42万吨。水产品产量4.79万吨。推广良种良法种植,发展香蕉种植基地1.87万公顷、秋冬菜生产基地1.20万公顷、"双高"糖料蔗基地8000公顷、柑橘基地6666.67公顷、火龙果基地666.67公顷。加快"龙头企业＋基地＋农户"的农业产业化模式发展进程,带动发展生猪规模养殖场1450个,肉鸡规模养殖场1361个。落实农机具购置补贴款3050万元,农业机械化综合水平62%。提升建设自治区五星级伊岭溪谷休闲农业示范区,创建市级起凤生态循环农业示范区、县级小皇后休闲农业示范区。投入9900多万元,实施28座病险水库除险加固、3条中小河流整治、17个农村饮水安全项目等水利工程建设。新增农村土地流转面积443公顷。新增农民专业合作社96家,家庭农场33家。设立高毒农药定点销售门店23个,开展农药残留定性检测3.07万批次,定量检测样品300个,强化对9家定点屠宰企业、600多个规模养殖场的监督检查,12月,武鸣区被农业部命名为第一批国家农产品质量安全区县。

第二产业　实现工业总产值467.81亿元。有规模以上工业企业190家,实现工业总产值446.82亿元(其中城区本级178.95亿元)。第二产业增加值148.66亿元(工业增加值127.49亿元,其中城区本级工业增加值55.88亿元),规模以上工业增加值120.56亿元。伊岭工业园区入驻企业138家。

第三产业　实现社会消费品零售总额79.52亿元。第三产业增加值94.28亿元。商品房销售面积76.59万平方米。接待游客520万人次,旅游总收入37亿元。

招商引资　赴浙江、山东、广东、北京等省、直辖市开展项目考察和洽谈。4月8日,举行2016年中国壮乡·武鸣"壮族三月三"歌圩暨骆越文化旅游节投资环境说明会暨项目签约仪式,中外客商120多人参加,签约项目10个,总投资50.68亿元,涉及工业、教育、现代服务业等领域。其中:签订正式投资协议项目5个,总投资32.35亿元;签订框架协议项目5个,总投资18.33亿元。在2016年"两会"投资洽谈活动中,签订正式协议3个、总投资21.60亿元,签订框架协议2个、总投资49亿元,涉及新能源、旅游业、制造业等领域。年内,实际到位内资34.48亿元,实际利用外资2100万美元。

城乡建设　编制完成《武鸣县定罗湖周边景观修建性详细规划》等4项规划,《甘圩镇控制性详细规划》等4个项目规划通过专家评审。实施完成东鸣路与红岭大道交汇路口改造工程等市政道路建设项目15个和城西公厕等环卫设施建设项目7个;开工建设东门河截污治理工程等污水处理设施项目4个。拆除违法占地、违法建筑面积10.47万平方米。绕城大道北段建设、都南高速公路伊岭出入口至甘圩公路等8个项目建成通车;宾阳(思陇)至隆安(那桐)二级公路武鸣段主体工程基本完工;贵港至隆安高速公路武鸣段开工建设。推进城乡公交一体化发展,投放新能源纯电动公交车72辆、油气混合动力出租车30辆。实施武华大道绿化景观改造提升工程;城区主要路口、路段花卉苗木种植4.32万株。投入1.44亿元持续推进乡村建设活动,建成农村生活污水处理设施26个、"清洁田园"专项示范点7个、镇村垃圾中转站22座,完成村屯绿化项目875个、"334"巷道硬化项目101个、饮水净化示范点4个。开展民俗民居示范点建设,建成罗波镇凤林村外凌屯、双桥镇八桥村大伍屯2个市级民俗民居示范点。锣圩镇被评为自治区级生态乡镇;城厢镇萃英村、府城镇四明村等17个村被评为自治区级生态村。

精准扶贫　完成贫困村摘帽17个、贫困人口脱贫6511人,通过自治区核查验收。筹措资金3.25亿元,扶持4052户实施种养项目,受益群众1.33万人次;实施40个贫困村人饮、道路、电网等基础设施建设项目325个,覆盖贫困村2742户9271人。帮助贫困村劳动力转移就业616人,扶持创业63人;开发专项扶贫公益性岗位102个。资助贫困户在校子女3002人、发放助学金327.90万元。出台"因病致贫、因病返贫"医疗救助办法,解决因病致贫、因病返贫户脱贫难问题。

【社会事业发展】

文明创建活动　2016年,武鸣区建成"我们的价值观"主题广场、主题公园、主题街道、主题社区等社会主义核心价值观宣传展示阵地。开展"讲文明树新风"公益广告创作大赛,征集作品33幅。开展道德讲堂总堂活动7期。向南宁市报送36个身边好人的先进事迹,报送身边好人线索2020条;评选推荐第四届南宁市道德模范候选人11名,开展先进事迹巡演活动20场次;退休教师梁莲桂被评为"孝老爱亲好人"并登上2016年7月"中国好人榜"。武鸣区人民检察院、广西－东盟经济开发区国家税务局、南宁华侨投资区公安消防大队被命名为自治区第十六批"文明单位"、军(警)民共建精神文明先进单位。开展以"文明行动　你我同行"为主题的道德讲堂总堂活动3期;参与文明交通劝导志愿服务活动9325人次。志愿服务联合会吸收会员单位63个,设志愿者服务站280个,志愿者12万多人,王江华被评为自治区优秀志愿者。

科教文卫体事业　科技项目获市级以上立项21项、城区本级立项37项,下拨资金536万元。接受群众咨询2.53万人次、为群众义诊1470多人次,为群众解决生产难题500多个,发放科技资料、书籍3.50万份。下达贫困村科技脱贫项目33项,资金713万元;扶持贫困户产业项目资金527万元;投入47.50万元为40个贫困村配备电脑、打印机、复印机、传真机等科技服务设备。有幼儿园176所,在园幼儿2.60万人;小学105所(社会办学1所),在校生3.63万人;初中20所,在校生1.80万人;高中6所,在校生9888人;特殊教育学校1所,在校生96人;中等职业学校1所,在校生4940人。教职工6667人,其中专任教师5590人。实施教育资助项目25个,资助4.31万人次、资助金2801.10万元。发放生源地信用助学贷款项目贷款3133笔、2109.86万元。投入2114万元新建公办幼儿园5所;投入6238万元实施新建武鸣高中教学楼、武鸣中学艺体综合楼、两江镇雷江小学学生宿舍楼等15个教育项目。投入1.37亿元开展义务教育公办学校标准化建设,初步通过义务教育均衡发展国家级督导评估验收认定。取消公办普通高中招收择校生;高考本科上线率75.10%。完成广电网络公司技改大楼主体工程;建成村级公共服务中心18个;建设陆荣廷陈列馆。完成15个民间班社戏曲剧种普查,《灵水歌圩》《起凤山传说》申报自治区非遗项目名录成功。举办2016年中国壮乡·武鸣“壮族三月三”歌圩暨骆越文化旅游节。有医疗卫生单位20家(城区医疗卫生单位7家、镇卫生院13家)。有卫生技术人员3144人(聘用1539人),其中城区医疗卫生单位1981人(聘用1180人),镇卫生院1116人(聘用359人),合管中心47人。有病床2423张(城区医疗卫生单位1494张、镇卫生院929张)。有村卫生所201个,乡村医生387人,村妇幼保健员265人,有计划生育技术服务站(所)15个,营利性医疗机构(民营医院、个体诊所和综合门诊部)149个,合作医疗经办点13个。城区人民医院门急诊综合大楼、妇幼保健院二期工程儿童保健综合楼建成投入使用。城区人民医院整体划转为广西医科大学附属医院,13个镇卫生院完成中医科建设。推进体育运动学校拆迁回建,承办2016年中华民族篮球公开赛南宁赛区比赛。

民政事业　审批城市低保对象1542人,发放救助金448.29万元;农村低保对象1.09万人,发放救助金1452.04万元;五保对象1817户1850人,发放五保供养金655.36万元。发放现役军人家属优待金704.20万元;安置退役士兵232人,发放地方就业补助金230万元。实施城乡医疗救助1861人次,发放医疗救助金449.97万元;资助农村低保、五保对象1.27万人参加新型农村合作医疗,参合费支出114.64万元。办理结婚登记5938对、离婚登记1373对。

劳动与社会保障　完成新增农村劳动力转移就业9226人,城镇新增就业3608人;城镇登记失业率2.01%。城乡居民基本养老保险参保率94.07%,新型农村合作医疗参合率99.74%。发放高龄津贴1.43万人次、1497.90万元;重度残疾人护理补贴和困难生活补贴9.03万人次、453.30万元;大中型水库移民后期扶持资金649.86万元。建成保障性住房1086套,分配入住935套;完成农村危房改造800户,实施棚户区改造672户。建成儿童家园35所。　(潘星环)

横　县

【概　况】横县位于南宁市东部。东邻贵港市覃塘区,南接钦州市灵山县、浦北县,西界青秀区、邕宁区,北与宾阳县接壤;土地面积3448平方千米;县政府驻横州镇。2016年,有镇14个、乡3个,村276个、社区31个,自治区级开发区1个(南宁六景工业园区)。年末户籍总人口126.92万人,其中少数民族人口47.30万人。人口自然增长率4.80‰。有耕地总面积11.85万公顷(水田5.22万公顷);林地面积15.95万公顷,森林覆盖率48.65%。完成地区生产总值278.47亿元,人均地区生产总值完成30979元;财政收入18.38亿元,其中一般公共预算收入13.03亿元;一般公共预算支出48.03亿元。固定资产投资完成245.77亿元。城镇居民人均可支配收入29574元,农村居民人均可支配收入11538元。郁江上通南宁、百色,下通粤、港、澳。桂海、南广、六钦高速公路及国道209线、湘桂铁路等交通要道过境。有六景港口。主要旅游景区(点)有九龙瀑布群国家森林公园(国家3A级景区)、西津湖旅游景区、中华茉莉园、圣茶谷、宝华山旅游风景区、伏波庙、六景泥盆系标准剖面保护区。主要矿产资源有金、铜、芒硝、膨润土、石灰石、三水铝等多种,其中石灰石储量丰富,芒硝矿储量5.20亿吨。有茉莉花、优质稻、糖料蔗、桑蚕、蘑菇、甜玉米、水产畜牧、商品林等优势农业产业,被称为中国茉莉之乡。横县被评为全国电子商务进农村综合示范县、全国民族团结进步创建活动示范县、国家糖料蔗生产保护区试点县、中国甜玉米之乡、国家重点花文化基地、全国重点产茶县。

【经济发展】

第一产业　2016年,横县实现农林牧渔业总产值113.87亿元,其中农业产值69.35亿元、林业产值4.13亿元、牧业产值32.36亿元、渔业产值4.96亿元、农林牧渔服务业产值3.06亿元。实现第一产业增加值68.38亿元。粮食作物播种面积7.84万公顷、总产量41.64万吨,其中水稻种植面积5.94万公顷、产量33.38万吨,玉米种植面积1.52万公顷、产量7.38万吨;经济作物种植面积3.46万公顷,其中甘蔗种植面积2.12万公顷(含果蔗)、产量201.91万吨,茉莉花种植面积0.53万公顷、鲜花产量7.96万吨,木薯种植面积0.25万公顷、产量2.46万吨;果园面积1.04万公顷,水果产量9.12万吨;蔬菜种植面积3.97万公顷(包括甜玉米),产量80.93万吨。肉类产量8.03万吨。水产品产量4.70万吨。新增土地流转面积760公顷,累计土地流转面积1.30万公顷。新增农民专业合作社75家,累计657家,其中国家级农民专业合作社示范社5家、自治区级示范社14家;新增家庭农场29家,累计80家;新增市级农业产业化重点龙头企业1家,累计22家,其中国家级1家、自治区级2家;农民专业合作社、农业龙头企业获扶持资金174万元。实施农业招商引资,签订引资合同9500万元。建设农业优势特色产业生产基地18个、甜玉米高产示范基地788公顷、水稻全程机械化基地266.70公顷、高产高糖糖料蔗示范基地54个、蔬菜基地5个、农产品标准化示范基地13个。水利建设投入2.30亿元,开工建设项目290个,完成282个;完成水库除险加固14座,水毁工程修复8处,农村人饮水工程47处;涉及乡镇17个,受益群众3.15万人;渠道防渗工程22.50千米。

第二产业　有工业企业527家,实现工业总产值273.37亿元。规模以上工业企业102家,实现工业总产值263.11亿元,利税总额28.60亿元。实现第二产业增加值112.27亿元,其中工业增加值83.65亿元(规模以上工业增加值79.76亿元)。完成工业投资91.25亿元,技术改造投资39.67亿元。主要产品产量:大米2.74万吨,饲料10.07万吨,成品糖20.56万吨;鲜、冷藏肉4.91万吨,罐头2.57万吨,食品添加剂4.85万吨;精制茶8.25万吨,茉莉花茶加工6.30万吨;蚕丝2348吨,轻革33.60万平方米;人造板109.35万立方米,纸浆(原生浆及废纸浆)24.98万吨,机制纸及纸板(外购原纸加工除外)11.62万吨,纸制品24.80万吨;中成药8336吨;塑料制品4.05万吨;硅酸盐水泥熟料218.91万吨,水泥349.84万吨,商品混凝土82.84万立方米;钢材39.16万吨,民用钢质船舶1.64万载重吨;发电量51.70亿千瓦时(火力发电量38.20亿千瓦时、水力发电量11.03亿千瓦时)。

第三产业　有企业3440家,从业人员3.22万人;个体工商户2.38万户,从业人员4.87万人;实现第三产业增加值97.82亿元;完成社会消费品零售总额92.94亿元。外贸出口总额1555万美元。接待游客233.12万人次,旅游综合收入22.89亿元。在建房地产项目17个,完成投资12.27亿元,建成商品房10.79万平方米,建筑业总产值21.60亿元,商品房销售面积29.53万平方米。

招商引资　完成自治区外境内到位资金48.39亿元,直接利用外资4170万美元。推动重点招商项目落地并开工建设,签约重点项目9个,总投资28.30亿元;主要有年加工50万吨糖蜜深加工项目、双胞胎集团饲料生产项目、日升昌集团年产3000万吨优质骨料项目等。

城乡建设　完成县城总体规划初步方案设计和县城控制规划的优化修改;推进新福镇、六景镇、马岭镇总体规划修编和平朗乡、六景镇、陶圩镇、百合镇政府所在地的控制规划编制。完成长安大道改造工程二期、横州至校椅二级公路亮化工程(二期、三期)、县城主要道路“白改黑”（水泥混凝土路面改造为沥青混凝土路面）工程建设及县城污水管网、天然气管道项目建设。基本建成保障性安居工程住房381套，分配入住763套；城市棚户区改造开工建设90户。推进校椅镇石井村委汶塘村市级综合示范村建设，校椅镇六凤村委岭脚村广西乡土特色示范村（市级民俗民居示范村）建设；推进校椅镇青桐村委揸僧村、马山乡太宁村委太宁村、平朗乡笔山村委笔山村市级民俗民居示范村建设。完成农村危房改造1785户（建档立卡贫困户1342户）。开展“美丽横县·生态乡村”活动，完成100个示范村、830个一般村的村屯绿化，建成饮水净化示范项目4个、农村饮水安全水质检测中心1个，完成沟渠清淤联通工程渠道衬砌68千米；完成硬化非贫困村通屯道路59.30千米、大中型水库移民村屯道路17.14千米、贫困村屯道路125千米、屯内道路15.40千米；推进9个镇级垃圾处理设施、村级垃圾处理设施18个、农村生活污水处理设施17个、市级示范性村史室3个、新建民俗民居示范村3个、续建民俗民居示范村1个、市级茉莉花综合示范区（带）1个、乡土特色示范村屯1个等项目建设。云表镇、石塘镇获南宁市乡村建设“十佳乡镇”称号。

精准扶贫　有贫困村56个，建档立卡贫困户14089户，贫困人口49848人。通过自治区核查验收实现脱贫摘帽的贫困村18个，完成脱贫“双认定”贫困户3166户、12496人。落实帮扶责任，县处级领导包村，县各机关企事业单位定点帮扶，干部结对帮扶贫困户；产业扶贫，出台《2016年横县扶贫产业开发专责小组工作方案》《横县脱贫攻坚特色种养业培育实施方案》《第一批扶贫产业开发资金安排方案》等文件，投入扶贫产业开发经费1569.30万元。完成道路硬化210条，总里程293千米；建成贫困村公共服务娱乐中心18个、篮球场38个、农家书屋79个；完成25个贫困村的电视开通、18个贫困村的网络连接、光纤入户等工作，解决23户贫困户用电问题，完成贫困户危房改造1785户。

【社会事业发展】

文明创建活动　2016年，横县评选表彰横县“文明家庭”100户；5人次入选“中国好人榜”候选人，其中1人被评为中国好人。开展第一届横县道德模范评选。开展“讲文明　树新风”公益广告宣传，张贴公益广告4万多幅，报送47件作品参加南宁市“讲文明　树新风”公益广告创作大赛。有志愿者20多万人，其中近4万名在志愿者网实名注册；参与志愿服务的志愿者6000多人，服务群众8.90万人次，参与的志愿服务项目有邻里守望、交通劝导、环境保护、关爱成长、扶弱帮贫、无偿献血等。

科教文卫体事业　投入科技经费4607万元（国家206万元、市350万元），组织实施科技项目18项。其中：国家级科技项目3项，市级科技项目15项（不包括市人才小高地项目3项）。举办科技培训班15期，培训1500多人次。广西马尾松育种群体建立与应用项目获广西科学技术进步一等奖；多变异型曲面型钢混凝土筒体结构施工技术获南宁市科学技术进步二等奖；波尔山羊的引进、选育和高效养殖技术示范与应用获三等奖；有机茉莉花的种植方法获南宁市技术发明三等奖。有幼儿园238所（民办幼儿园120所），在园幼儿4.05万人；小学270所，另有小学教学点128个，在校生8.21万人；初中32所（含县体校1所），在校生3.48万人；普通高（完）中6所，在校生1.62万人；职业教育中心1所，在校生4744人；特殊教育学校1所，在校生93人；民办学校5所（小学1所、九年一贯制学校4所）。有教职工8140人（公办学校教职工7920人、社会办学校教职工220人）。学前三年毛入学率93%；小学适龄儿童入学率100%，辍学率为零，小学毕业生升学率100%；初中阶段入学率100%，辍学率1.61%；九年义务教育巩固率92.18%；初中毕业生升学率89%，高中阶段教育毛入学率80.38%。实施农村九年义务教育学生营养改善计划，补助膳食资金8502.80万元，受惠学生11万多人；落实学前教育入园补助、学前教育免除贫困户在园幼儿保教费、义务教育阶段家庭经济困难寄宿生生活费补助等教育资助项目13个，资助学生8.05万人次、资助资金5404.59万元；办理生源地信用助学贷款6690人，发放贷款4730.87万元。组织实施“全面改薄”项目106个，竣工99个，累计完成投资8700万元；新建乡镇公办中心幼儿园2所，改建、扩建农村小学附设幼儿园32所，完成投资1390万元；组织实施为民办实事项目，实施农村教师周转宿舍建设项目7个、建设42所学校围墙，完成投资1600万元。建成南宁市村级公共服务中心19个。参加南宁市第七届乡村社区和谐文艺大展演总决赛，节目《又唱花乡种茶人》获金奖，《爱飞扬》获舞蹈类一等奖，《村主任又来了》获戏曲小品类一等奖，《幸福像花儿一样》获舞蹈类三等奖，《幸福山歌》获音乐类三等奖。有医疗卫生机构1142个，其中国有医疗卫生机构24个（县属6个、乡镇18个），民营医疗卫生机构6个，集体医疗卫生机构276个，村（屯）卫生所631个，个体医疗诊所205个。有卫生技术人员5801人（县属卫生技术人员1724人）；医疗病床3752张（县级医院2178张、乡镇卫生院1574张）。投资30万元，完成农村卫生户厕建造300座。参加新型农村合作医疗人数110.27万人，参合率99.88%。出生人口15874人，人口出生率14.61‰。农村医疗救助（孕产妇住院分娩降消项目补助）1.48万人，发放医疗救助金600.06万元。举办第四届广西城乡万人气排球比赛横县赛区比赛、“我爱足球”民间争霸赛横县赛区比赛、万名全民健身志愿者服务百县千乡活动、第八届广西体育节暨第二届广西全民健身运动会横县赛区活动、2016年中国舟钓路亚公开赛；在2016年全国女子举重冠军赛、全国射箭冠军赛中，横县籍运动员获金牌3枚、铜牌1枚；组队参加广西第十三届运动会，获金牌26枚、银牌16枚、铜牌17枚；横县男子篮球队参加第十二届广西“拔群杯”篮球赛获第五名。

民政事业　审批城镇最低生活保障对象救助申请0.98万人次，发放低保金285.07万元；审批农村低保对象救助申请25.06万人次，发放保障金3359.40万元；发放抚恤金、定补金2810.80万元，退伍义务兵家属优待金1173.10万元；发放临时救助金97.17万元，临时救助533户次；投入冬春救助资金368万元，救助受灾困难群众2.19万人；确定五保老人5545名，其中集中供养699名；发放五保供养定补金2131.29万元。实施城乡医疗救助3.19万人次，发放救助金607.50万元。投入社区惠民资金620万元、村级惠民资金投入2760万元，投入村（居）委会服务用房新建、扩建、维修1776万元。办理结婚登记8095对、离婚登记1978对。

劳动与社会保障　完成城镇新增就业3351人，帮助下岗失业人员实现再就业439人。城镇登记失业率2.67%。培训农村劳动力1660人，新增农村劳动力转移就业1.02万人。城乡居民参加基本养老保险（企业643家）5.21万人，征缴保险费2.64亿元，支出5.86亿元；参加失业保险1.98万人，征缴保险费1732万元，支出1361万元；参加基本医疗保险8.70万人，征缴保险费1.16亿元，支出1.06亿元；参加工伤保险1.95万人，征缴保险费556万元，支出388万元；参加生育保险1.60万人，征缴保险费755万元，支出464万元。发放劳动保障宣传资料1.93万份；检查用人单位206家；下发《劳动保障监察询问通知书》28份、《劳动保障监察限期改正指令书》52份、《劳动保障监察行政处理（处罚）决定书》9份；处理违法案件18起，移送司法机关案件6起；为劳动者追回被拖欠、克扣的工资

2016 年横县乡镇情况

名称	土地面积（平方千米）	村民委员会（个）	社区居民委员会（个）	自然屯（个）	年末人口（人）	农林牧渔业总产值（万元）	粮食产量（吨）	农村居民人均可支配收入（元）
横州镇	182.24	21	11	159	172187	73787	34366	13393
峦城镇	77.55	15	1	46	59862	27083	20054	8456
南乡镇	342.17	18	2	181	99210	52901	35490	7049
六景镇	316.79	27	2	105	106284	83448	33765	9735
百合镇	184.17	27	1	138	110414	62071	32290	8739
那阳镇	139.95	15	1	96	66017	44878	23117	9730
莲塘镇	154.47	11	1	49	44803	34729	13973	9610
平马镇	144.09	8	1	55	39128	37255	13813	7207
新福镇	347.53	16	2	149	59068	25126	23054	5152
石塘镇	221.93	15	2	88	78062	82033	25987	8066
陶圩镇	184.48	18	1	126	93491	95456	46591	9482
校椅镇	248.84	21	1	129	108647	169481	41250	12277
云表镇	255.05	13	1	118	85135	164098	23673	10534
马岭镇	83.55	12	1	32	31067	79254	12063	10702
平朗乡	125.60	13	1	52	30559	16728	11942	7348
马山乡	130.03	16	1	131	65111	23826	15760	6925
镇龙乡	266.23	10	1	83	20195	15445	5412	5851

2277.80 万元；检查劳务派遣单位 2 家，涉及用工单位 30 家、派遣劳动者 1135 人。

【广西县域电子商务发展大会】 2016 年 7 月 13 日至 14 日在横县召开。自治区领导，中央直属、自治区直属等有关单位，各市县政府主要领导及商业主管部门负责人 400 多人参加。会上，自治区政府与阿里巴巴集团签署县域电子商务建设全面战略合作协议；自治区主席陈武致辞并见证签约。会议提出，今后要把农村作为县域电商发展的主战场，到 2017 年争取农村电商覆盖率 85% 以上，到 2020 年贫困地区基本实现县有电子商务公共服务中心或电子商务集聚区、乡镇有电子商务工作站、村有电子商务服务点。

【2016 年中国（横县）茉莉花文化节】 2016 年 8 月 21 日至 24 日在横县举行。主题是：好一朵茉莉花。主要进行开幕式、文体活动、茶事活动、经贸活动、旅游活动等。来自全国各地的 300 多名企业代表和香港、台湾茶叶行业代表，国内外知名茶叶专家、学者，横县干部群众等 1000 多人参加开幕式活动。期间，横县与阿里巴巴集团合作，举办首届中国（横县）淘宝茉莉花文化节，县政府组织横县企业 17 家、在农村淘宝网开展促销 21 种商品，实现线上成交额 506.60 万元。

7 月 13 日至 14 日，广西县域电子商务发展大会在横县召开　　横县志办提供

【横县六景镇入选第三批国家新型城镇化试点】 2016 年 12 月，横县六景镇入选第三批国家新型城镇化综合试点地区。六景镇位于南宁市东部，是北部湾城市群“一湾双轴，一核两极”城市（以北海、湛江、海口等城市为支撑的环北部湾沿海地区，并延伸至近海海域；南宁北海钦州防城港、广东省湛江市茂名市阳春市城镇发展轴；南宁核心城市）框架中南宁核心城市的重要城镇组团，也是南宁市“一区两片、六带多组团”新型城镇空间发展格局中的核心节点；六景镇将围绕国家新型城镇化试点工作要求，抓住国家建设“珠江—西江经济带”、南宁建设“一带一路”有机衔接重要门户城市等契机，依托珠江—西江黄金水道，打造辐射全自治区乃至全国的重要商贸集散基地和物流节点，打造成为新型城镇化改革发展示范区。

【西津水利枢纽二线船闸工程开工】 2016 年 9 月 2 日，西津水利枢纽二线船闸工程项目在横县开工建设；项目在原 1000 吨级的西津一线船闸右侧新建 3000

吨船闸1座,闸室长280米、宽34米、水深5.80米;设计年单向通过能力近中期为2060万吨,远期可提升至2760万吨;概算总投资34亿元,建设工期46个月。至年末,完成投资5.23亿元。　　(袁业铀)

宾阳县

【概　况】宾阳县位于广西中南部、南宁市东北部。东邻贵港市覃塘区,南连横县、青秀区,西接兴宁区、武鸣区,北与上林县、来宾市兴宾区接壤;土地面积2308平方千米;县政府驻宾州镇。2016年,有镇16个,村192个、社区41个。年末户籍总人口105.79万人(乡村人口72.38万人、城镇人口33.41万人);人口自然增长率4.50‰。耕地面积9.10万公顷;林地面积9.21万公顷,森林覆盖率42.85%。实现地区生产总值203.33亿元,人均地区生产总值25022元(按常住人口计算);财政收入17.44亿元(一般公共预算收入12.29亿元);一般公共预算支出44.79亿元。完成固定资产投资244.23亿元。城镇居民人均可支配收入29103元,农村居民人均可支配收入11644元。湘桂铁路、黎(塘)湛(江)铁路、黎(塘)钦(州)铁路在县内黎塘镇交汇,南(宁)柳(州)、南(宁)广(州)高速铁路在县境内并轨;桂海高速公路、南(宁)梧(州)二级公路(国道324线)、南(宁)柳(州)公路(国道322线)过境;有宾阳至上林、宾阳至横县、来宾市忻城周安至宾阳新桥3条二级公路。主要旅游景区(点)有宾州古城文化景区、白鹤观竹海旅游度假区、程思远故居、古辣蔡氏书香古宅群旅游景区(国家3A级景区)、情人谷相思潭旅游风景区、昆仑关战役旧址(国家4A级景区)等。宾阳炮龙节列入第二批国家级非物质文化遗产名录,每年农历正月十一举办;游彩架、丝弦戏、宾阳壮锦、宾阳酸粉、邹圩陶器制作技艺等列入自治区级非物质文化遗产名录。主要矿产资源有钨、钼、铋、铜、铅、锌、三水铝、铁、金、石灰石、毒砂、花岗岩等;主要地方特产有瓷器、小五金、壮锦、莲藕、香米等。是全国商品粮生产基地县、广西"小五金之乡"。有黎塘工业园区(自治区A类工业园区)。宾阳县被评为全国国土资源节约集约模范县、全国电子商务进农村示范县、全国农村产业融合发展试点示范县、广西扶持村级集体经济发展试点县、广西书法之乡、特色文艺之乡。

【经济发展】

第一产业　2016年,宾阳县实现农林牧渔业总产值78.89亿元,其中农业产值43.59亿元、林业产值2.79亿元、牧业产值26.89亿元、渔业产值4.54亿元、农林牧渔服务业产值1.09亿元。实现第一产业增加值47.76亿元。粮食作物播种面积7.17万公顷、总产量37.27万吨,其中水稻种植面积5.76万公顷、产量31.81万吨,玉米种植面积8170公顷、产量4万吨;经济作物种植面积2.89万公顷,其中甘蔗种植面积1.94万公顷、总产量159.86万吨,木薯种植面积2025公顷、产量1.97万吨;蔬菜种植面积3.11万公顷,产量65.92万吨;果园面积3246公顷,水果产量2.97万吨。肉类总产量6.35万吨。水产品产量4.21万吨。完成人工造林面积71公顷。完成2015年度"双高"(高产量、高糖分)糖料蔗基地建设23个;落实2016年度"双高"基地39个,开工建设16个,总面积2033.33公顷。组织实施南宁市粮食保障安全基地6个,自治区粮食及特色农业项目8个,富硒优质稻种植示范基地66.67公顷;水产标准化生态养殖建设示范6个,畜禽标准化生态养殖建设示范4个;蔬菜基地建设项目1个;农产品标准化及特色经济作物产业示范基地1个。新增土地流转1866.67公顷,累计完成土地流转1.01万公顷;新增农民专业合作社152家,累计495家;新增家庭农场18家,累计40家。古辣香米产业(核心)示范区获"广西现代特色农业(核心)示范区(五星级)"称号;"品绿留香"休闲农业示范区获"广西县级现代特色农业示范区"称号;黎塘镇新埠休闲农业示范区、王灵镇胜杰果蔬产业示范区获"广西乡级现代特色农业示范区"称号;4个示范区建设完成投资2.69亿元。建设完成"美丽广西·生态乡村"饮水净化工程示范项目4个(古辣镇大陆村、蔡村,甘棠镇冯村,中华镇新塘村),总投资200万元;清平水库补水工程建设累计完成投资1.99亿元;建设中央农村饮水安全项目6个,总投资287.70万元;实施市级农村饮水安全项目3个,总投资94.80万元。完成荒山造林66.67公顷,迹地更新造林1466.67公顷,中幼林抚育4666.67公顷,完成义务植树150万株;904个村屯(示范村67个、一般村837个)实施村屯绿化,种植绿化大苗6.53万株、果树3046株、其他绿化小苗及灌木类2.07万株,累计完成绿化面积80.96公顷、完成投资2377万元;完成国家级生态公益林核查验收面积2246.67公顷,发放生态效益补偿金47.80万元;活立木蓄积量505.28万立方米。

第二产业　有工业企业533家,全部工业总产值完成174.43亿元。有规模以上工业企业67家(新增6家),其中亿元以上产值企业46家(新增3家),规模以上工业实现工业总产值150.02亿元,利润9.02亿元。第二产业增加值完成66.39亿元(全部工业增加值45.72亿元,规模以上工业增加值36.45亿元)。规模以上工业企业主要产品产量:大米2.29万吨;人造板1.69万立方米,水泥155.78万吨,人造板表面装饰板148万平方米,饲料54.86万吨。工业园区完成规模以上工业总产值121.08亿元,规模以上工业增加值29.17亿元;完成工业项目投资14.20亿元;规模以上工业税收完成2.96亿元;招商引资到位资金20亿元。

第三产业　有国有企业421家;私营企业4729家(新发展776家);个体工商户2.89万户(新发展4329户)。有微型企业1561家(新发展31家);限额以上

11月,良田万顷的古辣香米基地　　宾阳县志办提供

商贸企业(单位)73家(新增13家)。实现第三产业增加值89.18亿元。完成房地产开发建设投资12.47亿元,商住房地产开发建设施工面积122.39万平方米(新开工面积17.90万平方米),竣工面积37.75万平方米;商品房销售34.17万平方米。实现社会消费品零售总额103.04亿元;外贸出口额7962万元。有18件注册商标被认定为广西著名商标,8个产品获"广西名牌产品"称号;有效注册商标927件。举办宾阳县2016年炮龙节商品美食展销会、2016年夏季时尚服装展销会、2016年大型汽车展销会等7场县级展销会。与阿里巴巴签约农村电子商务合作项目,建立农村淘宝县级服务中心1个、农村"村邮乐购"网点100多家、农村淘宝服务站30多个,组织培训青年900多人次,电子商务销售额1.20亿元。接待游客287.41万人次,旅游总消费26.63亿元。

招商引资 组织外出考察项目26次,洽谈重点项目20多个,签约南宁市佳达纸业计划投资8亿元的年产15万吨生活用纸项目、南宁市宾阳城建集团计划投资4亿元的城东新区星级酒店项目等项目6个,总投资18.48亿元;引进广西日馨纸业有限公司等9个企业(项目)入驻标准厂房,总投资约6000万元,签约租用面积2.20万平方米。自治区外境内实际到位资金41.14亿元,实际利用外资1944万美元。推进重大项目建设180个,计划总投资374.77亿元,年内完成投资60.76亿元。其中:自治区层面项目3个,完成投资4.85亿元;南宁市层面项目16个,完成投资7.68亿元;县级层面项目161个,完成投资48.23亿元。

城乡建设 办理规划管理"一书两证"(建设项目选址意见书、建设用地规划许可证、建设工程规划许可证)1444宗,办理规划条件及红线图972宗;编制完成武陵镇绿留新村生态综合示范村、露圩镇库利村2个传统村落保护建设规划。县城城东大道建设完成投资1790.35万元;投资3956万元,完成临浦路、广源路、昆仑路、西环路部分4条道路"白改黑"改造建设;高铁宾阳站站前广场项目竣工并投入使用;黎塘龙珠山片区改造项目完成投资1104.20万元。县城污水管网工程完成污水管道铺设82.87千米,黎塘镇污水管网完成污水管道铺设35千米。投资2377万元,完成67个示范村、837个一般村的村屯绿化;饮水净化示范项目通过市级验收4个;完成扶贫人饮工程建设6个;完成渠道清淤568.72千米,渠道防渗工程建设75.58千米;实施道路硬化建设项目238个211.37千米,完成投资8447.53万元;投资1.20亿元,建成华润水泥窑协同处理生活垃圾技改项目、陈平镇大望山片区生活垃圾处理项目,日处理垃圾量530吨;启动农村垃圾处理中心项目建设16个;推进农村生活污水处理设施项目建设16个。推进南宁至宾阳(黎塘镇)段一级公路项目、柳州经合山至南宁高速公路项目等前期工作;配合开展贵港至隆安高速公路项目征地拆迁,完成征地20.67公顷,宾阳境内6个标段全部进场施工。出动环境保护执法人员590多人次,发出环境违法行为限期整改通知书61份;立案查处环境保护违法案件12起。推进沙江环境整治,获中央土壤重金属污染整治专项资金1700万元。建成县城空气自动监测站,上报水质监测数据185个、空气质量周报52份。

精准扶贫 投入扶贫专项资金9934.62万元,实现15个贫困村脱贫摘帽,2863户11010名贫困人口脱贫。投入5747万元,建设完成村屯道路硬化167千米、独立桥梁22延米,贫困人口饮水工程项目7处;贫困村通电率及通网率均100%。拨付产业扶持资金6批次、1120万元;完成建档立卡贫困户评级授信,授信金额3.58亿元;累计发放贷款1.39亿元,惠及2855户。举办家政服务、育婴师、中式烹饪、电工等技能培训班14期,培训贫困人员313人;开展专场招聘会14场,推荐招聘企业320家,提供岗位1.25万个,帮助652名贫困人员实现转移就业。完成农村危房改造1400户,全部竣工并投入使用。投入945.08万元,为特困供养人员和最低生活保障对象中的建档立卡贫困户实施医疗救助1.93万人次;投入187.50万元,

2016年宾阳县各镇情况

名　称	土地面积(平方千米)	村民委员会(个)	社区居民委员会(个)	自然屯(个)	年末人口(人)	农林牧渔业总产值(万元)	粮食产量(吨)	农村居民人均可支配收入(元)
宾州镇	223.83	33	15	267	229747	93548	55358	13151
黎塘镇	219.51	14	9	79	122752	87348	28874	13818
甘棠镇	191.51	14	1	97	54521	53550	22506	10518
思陇镇	173.66	15	2	233	63013	21380	17616	10883
新桥镇	107.80	15	1	132	85124	32581	27691	10155
新圩镇	75.80	6	1	48	30725	33457	18157	9741
邹圩镇	143.92	14	1	112	50066	46477	22460	9073
大桥镇	114.68	16	1	128	78605	83642	31810	11922
武陵镇	158.41	13	1	104	64119	43398	22648	9206
中华镇	77.22	5	1	78	37022	30523	17415	9887
古辣镇	113.92	9	2	80	53882	67329	24183	10512
露圩镇	124.76	5	1	49	39480	36020	18948	9051
王灵镇	160.53	9	1	70	43806	43960	21564	9071
和吉镇	119.61	8	1	52	43127	42314	16805	9488
洋桥镇	138.22	8	1	80	35440	41435	18077	9939
陈平镇	154.78	8	2	133	26447	16005	8313	9000

资助农村五保对象、低保对象1.56万人参加新型农村合作医疗。

【社会事业发展】

文明创建活动 2016年,宾阳县在县属媒体开设"创建文明城市 我们在行动""曝光台"等专题专栏,开展"讲文明树新风"公益广告刊播活动,编印发放宣传资料10万多份;通过创建自治区文明城市年度测评。开展社会主义核心价值观教育实践活动,建成中华镇宣村精神文明建设主题园,打造社会主义核心价值观示范点30多个;开展"道德讲堂"活动400余场。宾阳县推荐的"托举哥"——谢伟登上"中国好人榜",当选见义勇为好人。开展"做一个有道德的人"、未成年人践行社会主义核心价值观系列活动,开展美德少年宣传活动300多场,陆菲等8名学生被评为南宁市第四届"美德少年"。组建志愿服务队145支,注册志愿者1.22万人,开展志愿服务活动400多场次;"代理妈妈"志愿服务队入围全国学雷锋志愿服务100个最佳志愿服务组织,"代理妈妈"党支部书记张清秀被评为2015年自治区优秀志愿者。评出县级"美丽家庭"80户、"最美家庭"30户,其中获市级"最美家庭"10户。

科教文卫体事业 开展大型科普活动3次;举办科技培训班32期、培训2164人次;发明专利申请153件,有效发明专利52件;实施科技计划项目31项,培育高新技术企业2家。有幼儿园325所(公办3所、民办322所),另有小学附属幼儿班75个、小学教学点附设幼儿班9个、特殊学校附设学前班1个、民办幼儿看护点21个,在园幼儿4.25万人;小学204所(社会办2所),在校生6.80万人;初级中学34所(九年一贯制3所、社会办1所),在校生3.23万人;高中7所(社会办2所),在校生1.93万人;特殊教育学校1所,在校生116人;中等职业技术学校1所,在校生6894人(全日制1640人);教师进修学校1所。有教职工7546人(公办,不含幼儿园)。学前三年毛入园率96.27%;九年义务教育巩固率92%;高中阶段毛入学率92.80%。拨付中小学公用经费7347.32万元;营养改善计划补助资金7862.38万元,资助困难学生4774.09万元;其中建档立卡贫困户学生实现资助全覆盖,资助1.47万人次1363.65万元。实施学前教育、义务教育薄弱学校改造等六大类教育建设项目164个,总建筑面积15.38万平方米,总投资2.67亿元。创建自治区多元普惠幼儿园28所。启动义务教育均衡发展攻坚战,投入7614万元,改善24所义务教育阶段学校基础设施建设;投入850.20万元,推进47所学校教育信息化建设。实施乡村教师支持计划,累计发放乡村教师生活补助资金381.24万元。开展群众文化活动,宾阳县文化馆被评为国家一级文化馆;开展非物质文化遗产申报,邹圩陶器制作技艺入选自治区级非物质文化遗产名录。有卫生医疗机构462家(市级1家、县级3家、乡镇级卫生院23家、村级卫生所256家,个体诊所160家、医务室12家、民营医院5家、监狱医院1家、综合门诊部1家)。有卫生技术人员1635人(县属专业技术人员802人)。医院病床3118张(市级医院360张、县级医院699张、乡镇卫生院1720张、民营医院339张)。各级财政投入资金5.56亿元;推进医疗卫生和计划生育事业;新型农村合作医疗参合率99.97%。组织开展体育活动,参加健身活动500多万人次;组队参加体育竞赛,获国家级奖牌4枚,自治区级奖牌57枚。宾阳县体育学校被评为自治区级体育后备人才基地。

民政事业 民生支出资金37.91亿元,比上年同期增长12.98%。完成自治区、市级、县三级为民办实事工程29大项79子项。五项社会保险(养老保险、医疗保险、失业保险、发工伤保险、生育保险)参保人数累计25.62万人次,累计征缴保险费3.89亿元。审批城市低保对象4910户,发放低保金289.20万元;农村低保对象7.60万户,发放低保金2233.43万元;发放农村五保户供养金1113.81万元,惠及3.19万户;发放城乡医疗救助金1066.32万元、临时救助金117.24万元。办理结婚登记7620对、离婚登记1827对。

劳动与社会保障 完成新增城镇就业人员3215人;帮助下岗失业人员再就业500人;新增农村劳动力转移1.04万人;城镇登记失业率控制在2.88%内。城乡居民基本养老保险参保38.45万人,参保率92.17%;缴费人数25.44万人,参保缴费率86.82%;征缴保险费3225.56万元,发放享受待遇人数10.71万人,发放率100%。

【打击电信网络新型违法犯罪】 2016年,宾阳县破获网络违法犯罪案件986件,抓获网络违法犯罪嫌疑人1224名;打掉网络违法犯罪团伙165个,捣毁网络违法犯罪窝点203个。累计抓获"扑克牌通缉令"在逃人员200人;9名宾阳籍公安部A级通缉在逃犯罪嫌疑人有6人被抓获。依法从重从快审判网络违法犯罪案件23件、犯罪嫌疑人33人。 (卓家林)

上林县

【概 况】 上林县位于南宁市东北部。东邻来宾市兴宾区,南连宾阳县,西南毗武鸣区,西北交马山县,北与来宾市忻城县接壤;土地面积1869.64平方千米;县政府驻大丰镇。2016年,有镇7个、乡4个(瑶族乡1个),村115个、社区16个。年末户籍总人口49.89万人(城镇人口10.16万人、乡村人口39.73万人),其中壮族人口38.41万人,占总人口76.98%。人口自然增长率3.90‰。耕地面积4.78万公顷(水田面积1.20万公顷);林地面积10.82万公顷,有林面积5.14万公顷,森林覆盖率52.76%。完成地区生产总值53.26亿元;财政收入4.05亿元,其中一般公共预算收入2.54亿元;一般公共预算支出26.25亿元。完成固定资产投资41.66亿元。城镇居民人均可支配收入23249元,农村居民人均可支配收入9289元。有象山工业园区。有平果至梧州高速公路,宾阳至上林、上林至马山、忻城周安至宾阳新桥3条二级公路过境。主要旅游景区(点)有国家4A级景区大明山景区、大龙湖风景区、金莲湖综合旅游景区,国家3A级景区云里湖现代农业观光园、鼓鸣寨旅游景区、霞客桃源壮乡旅游度假区、上林禾田农耕文化园、万古茶园景区,三里·洋渡风景区、石门龙母圣殿、不孤村人文景区、唐智城垌古城垌遗址、东红湿地公园等。主要矿产资源有黄金、煤炭、钒矿、石煤、滑石、锰矿、水晶石、石英石、大理石、花岗岩、铁、铅、铜、锌等31种,其中钒矿已探明储量2.70亿吨,属全国最大钒矿矿床之一。主要地方特产有优质米、茶叶、果蔗、八角等。"上林大米""上林八角"为国家地理标志保护产品。年内,被评为自治区信访"三无"(无重大群体性事件、无重大非正常信访事件、无重大社会治安事件)创建达标县、自治区双拥模范县、广西特色旅游名县。

【经济发展】

第一产业 2016年,上林县实现农林牧渔业总产值35.97亿元,其中农业产值15.79亿元、林业产值1.57亿元、牧业产值16.26亿元、渔业产值2.24亿元、农林牧渔服务业1171万元。实现第一产业增加值21.08亿元。粮食作物种植面积3.86万公顷、总产量18.36万吨,其中水稻种植面积2.63万公顷、产量13.41万吨,玉米种植面积0.85万公顷、产量4.25万吨;经济作物种植面积1.48万公顷,其中糖料蔗种植面积6000公顷、产量31

万吨，桑园面积7666.67公顷、鲜茧产量22.14万担；果园面积1483公顷，水果产量8168吨；八角种植面积1万多公顷，干八角产量3186吨；茶园面积176公顷，茶叶产量418吨；油料作物种植0.35万公顷；蔬菜种植面积6333公顷，产量13.56万吨；食用菌种植333万棒，产量14133吨。肉类总产量4.05万吨。水产品产量2.20万吨。完成造林面积489公顷（人工造林184公顷），更新改造林1227公顷。创建自治区县级示范区2个（上林县禾田生态休闲农业核心示范区、上林县山水牛扶贫产业示范区）、自治区乡镇级示范区1个（上林县金湖休闲农业示范区）、市级示范区1个（上林县山水牛扶贫产业示范区），创建乡（镇）级示范区10个。建设"双高"糖料蔗示范基地，种植糖料蔗633公顷。新增农业专业合作社260家，家庭农场9家。完成水利基础设施建设项目投资1356万元（中央839万元、自治区77万元、市本级440万元）；完成水库除险加固14座，五小水利工程4处，开工建设农村人饮水安全、提质增效工程36处。

第二产业　实现工业总产值21.15亿元。规模以上工业企业16家（产值超亿元企业12家），实现工业总产值19.85亿元，利税总额4442万元。实现第二产业增加值10.40亿元（工业增加值4.87亿元），规模以上工业增加值4.87亿元。完成工业固定资产投资10.72亿元，工业技术改造投资12.27亿元。工业主要产品产量：滑石9.20万吨、供电量2.48亿千瓦时、成品糖6.28万吨、白厂丝1708吨、水泥63.27万吨。完成工业园区固定资产投资9.11亿元。工业园区入园企业39家，投产企业17家，实现园区工业总产值14.40亿元，规模以上工业增加值完成3.28亿元，利税3098万元；园区企业安排就业岗位2100人，其中贫困人口就业113人。

第三产业　完成社会消费品零售总额19.99亿元。实现第三产业增加值21.78亿元。房地产开发建设投资11.23亿元，商住房地产开发建设施工面积116.90万平方米（新开工面积66.70万平方米），竣工面积16.30万平方米；商品房销售面积24.33万平方米，销售额7.94亿元。完成"三湖一寨一江一园"（龙母湖、金莲湖、云里湖、鼓鸣寨、大庙江、农耕文化园）等重大旅游项目投资4.60亿元，累计完成投资15亿元。出台《上林县创建国家全域旅游示范区工作实施方案》，推进国家全域旅游示范区建设。新增国家4A级景区1家（大龙湖景区）、国家3A级景区2家（云里湖景区、万古茶园景区）。全县有国家4A级景区3家（大明山、大龙湖、金莲湖），国家3A级景区5家（云里湖、鼓鸣寨、霞客桃源、农耕文化园、万古茶园）；有农家乐（乡村旅游区）130家（自治区级旅游度假区1家、自治区级旅游生态示范区1家），四星级乡村旅游区2家，三星级乡村旅游区（农家乐）13家；四星级酒店1家（天龙湾国际大酒店），三星级酒店3家（圣龙大酒店、翔源大酒店、景兴大酒店）；举办2016年"5·19"中国旅游日南宁主会场暨上林生态旅游养生节。接待游客423.75万人次，比上年增长39.46%；旅游总消费40.16亿元，增长40.15%。

招商引资　组织到武汉、杭州、扬州、苏州等城市开展招商活动8次，联系对接企业30多家；接待考察洽谈项目客商60多批220多人，对接项目30个。借助参加"两会"、2016年"中国旅游日"南宁主会场活动暨上林生态旅游养生节等平台，以工业园区为依托，以发展休闲旅游、生态养生、观光农业、新型能源等领域开展招商。签约上林大庙江生态旅游景区项目、奇珍异果农庄开发项目、丽明大峰川养生度假区项目、上林县生态农业观光旅游扶贫示范园项目等项目12个，意向总投资18.61亿元。

城乡建设　完成县城总体规划（2014—2035）修编。修编村庄规划58个，通过规划评审。完成城乡建设固定资产投资11.15亿元，城镇化率31.35%。投资1.05亿元，建设大丰镇扶贫移民搬迁工程市政道路13条7.31千米；投资6000万元，扩建北归大道二期（皇周转盘至东方国际）道路1.44千米；投资2200万元，完成县城污水管网建设12.50千米；完成投资1.40亿元，完成市政燃气管道铺设8.50千米。建成保障性住房535套，分配入住805户。农村危房改造开工建设1200户，棚户区改造开工建设1450户。推进"美丽上林·生态乡村"建设，投资1155万元，完成31个示范村、573个一般村的村屯绿化，种植苗木1.20万株。投资1518.60万元，实施道路硬化项目55个，竣工48个58.95千米。投资131万元，建设行政村（社区）史室131个。开展乡村环境卫生大整治行动1345次，清理建筑垃圾、生活垃圾4578吨。三里镇云姚村委拉约庄、澄泰乡下江村委下金庄、乔贤镇恭睦村委内旦庄获南宁市"绿色示范村屯"称号，白圩镇狮螺村塘尾庄、大丰镇大丰社区高秋庄、巷贤镇木字村莫庄、白圩镇爱长村良水庄、明亮镇万古村塘黎庄、澄泰乡洋渡村阳山庄、塘红乡那君村六卢庄获南宁市"绿色村屯"称号。

精准扶贫　有建档立卡贫困户2.06

2016年上林县乡镇情况

名　称	土地面积（平方千米）	村民委员会（个）	社区居民委员会（个）	自然屯（个）	年末人口（人）	农林牧渔业总产值（万元）	粮食产量（吨）	农村居民人均可支配收入（元）
大丰镇	176	9	4	72	64600	39135	12960	8053
明亮镇	120	8	1	75	33057	27882	14188	6756
巷贤镇	172	12	1	92	45981	49384	22107	7788
白圩镇	234	17	2	172	84138	58726	38735	7731
三里镇	192	14	1	156	55686	38152	29213	7624
乔贤镇	126	7	1	92	37035	21501	11758	6733
西燕镇	292	11	1	131	45751	31861	16518	6972
澄泰乡	112	11	1	119	42763	29096	17521	7871
木山乡	124	6	1	72	20995	17359	4079	6852
塘红乡	181	10	2	242	43370	33836	11794	6689
镇圩瑶族乡	113	10	1	162	25516	13856	4851	6954

万户、人口8.10万人,完成10个贫困村脱贫摘帽、脱贫5647户23437人,超额完成南宁市下达任务,其中扶持生产脱贫占57%、转移就业脱贫占33%。投入50万元建立上林县扶贫数据管理平台,平台内设个人中心、政策查询、帮扶日志、贫困户列表、监督管理5个功能模块,7月15日平台建成上线运行;利用上林县精准扶贫手机APP系统实现帮扶干部“刷脸管理”,成为自治区先进典型。实施扶贫生态移民工程,开工建设明亮镇、鼓鸣寨、大丰镇下水源、象山工业园区、西燕镇西燕社区、大丰镇云里村、塘红乡塘红社区、巷贤镇高贤社区等易地扶贫搬迁安置点11个,完成投资3.71亿元,竣工住房548套。安排扶贫资金18.66亿元,其中扶贫专项资金2.47亿元、整合其他涉农资金16.19亿元,用于农村基础设施建设3.63亿元、生产发展9394万元、社会事业5.76亿元、生态保护6204万元、扶贫贷款贴息和农业保险2647万元、易地扶贫搬迁7.45亿元。发放小额信贷贴息贷款1.40亿元,惠及贫困户3052户。生态移民新村(又称古民新村)累计完成投资1200多万元,完成楼房主体工程建设28栋。完成旅游脱贫2500人。投入6500万元建成象山扶贫产业园,签约进驻企业6家。培训贫困劳动力975人,帮助转移就业760人。推进电商扶贫,企通宝(上林)公司开业运营,建立“村邮乐购”“天天邮礼”服务平台90个,广西众垚科技有限公司完成电商网络平台搭建,引进阿里巴巴集团(上林)农村电子商务项目。加强扶贫基础设施建设,投入9390.40万元建成屯级硬化路271条281.90千米;投入1991万元建成饮水安全工程76处;投入600多万元对65个贫困村进行电网升级改造。

【社会事业发展】

文明创建活动 2016年,上林县深入开展社会主义核心价值观教育实践活动,开展道德讲堂、志愿服务、文明旅游、“讲文明树新风”公益广告宣传、“上林好人”“美德少年”评选学习宣传和“我们的节日”主题活动。黄金良、蓝凤秀、杨世亮、蓝坚高、蓝梅高入围“中国好人榜”候选人名单。上林县人民检察院被评为自治区第十六批文明单位,大丰镇云里村、澄泰乡下江村被评为自治区第十六批文明村镇。

科教文卫体事业 投入科技经费1154万元,组织实施科技项目9项,实施到期通过上级验收的科技项目2项(上林县科技信息及基层能力建设、热带大型真菌基因资源的引进和开发)。组织申报科技计划项目16项,获立项9项。申请专利112件,其中发明专利88件,获专利授权28件(发明专利19件),有效发明专利拥有量34件。建成塘红乡万福村农村(核心)科技示范园及党建科技综合示范村1个。举办科技培训班、科普讲座8期,培训2000人次。选派科技特派员62名(自治区8名、市10名、县44名)下乡服务1791次,举办培训班132场次,培训3556人次。有幼儿园97所(公办11所、民办86所),在园幼儿1.81万人;小学112所,在校生2.93万人;初中12所,在校生1.27万人;高中4所,在校生7291人;特殊教育学校1所,在校生82人;中等职业技术学校1所,在校生819人(全日制在校生45人、成人在职培训774人);教师进修学校1所。全县有教职工3455人。小学适龄儿童入学率100%,辍学率为零,小学毕业生升学率100%;初中适龄儿童少年入学率100%,辍学率1.20%;初中毕业生升高中毛入学率92%;九年义务教育巩固率80.55%。投入1.53亿元(中央11283万元、自治区2795万元、县1206万元),实施教育项目工程71个,建筑面积9.75万平方米。资助家庭经济困难学生22.95万人次、9258.32万元。发放生源地信用助学贷款4332人,发放贷款2952.90万元。实施农村义务教育学生营养改善计划,拨付经费3061.90万元,受益学生4.20万人。举办上林县第七届乡村社区和谐文艺大展演比赛、“壮族老家,养生上林”上林县专场文艺晚会、南宁国际民歌艺术节“绿城歌台”上林分歌台文艺演出、中国旅游日南宁主会场和上林生态养生节文艺演出等活动,以及巷贤镇“灯酒节”、木山乡“二月二”卢於春社、白圩镇“万寿公王节”山歌擂台赛、塘红乡“三月三”壮族龙母文化节、三里镇“五月五”渡河公活动等传统节庆文艺演出。承办南宁市“百姓舞台想秀就来”理论山歌大赛。实施“千村万户文艺惠民工程”,投资352万元(自治区补助275万元、县级配套77万元),新建村级公共服务中心11个。扶持农村业余文艺团队16个,开展文艺演出480场次;电影进村放映1380场次、社区公益电影放映192场;开展“送戏下乡”17场、“儿童剧目进校园”10场。舞蹈《韵乡情》参加南宁市第七届乡村社区和谐文艺大展演比赛获一等奖,舞蹈《淘金姑娘》《草凳舞》获二等奖,音乐《板壮欢歌》、舞蹈《冉壮嫁女》获三等奖。列入自治区级保护名录非物质文化遗产12项,列入市级保护名录2项,列入县级保护名录47项。有医疗卫生机构245家,其中国有医疗卫生机构19家(县属7家、乡镇11家),村卫生室115个,社区卫生室16个,个体医疗诊所84个,民营医院3家。有卫生人员2559名,其中卫生技术人员1847人(县属1174人),乡村医生250人。医院病床1118张(县级医院440张、乡镇卫生院575张、民营医院103张)。加强基层中医民族医药设施建设,投资39.15万元,建成三里镇、西燕镇、白圩镇中医馆;投资100万元,建设白圩镇中心卫生院急救示范点;投资60万元,完成10个村卫生室改造提升。创建国家卫生县城工作通过自治区爱国卫生运动委员会办公室技术评估。区间人口出生6258人,出生率12.90‰。举办上林县迎春系列体育比赛、上林县“天盛丽景杯”六人制迎春足球赛、2016年广西环大龙湖自行车越野赛、“中国体育彩票杯”第四届广西城乡万人气排球

1月26日,上林县举行科技、文化、卫生“三下乡”活动启动仪式　　上林县志办提供

赛上林赛区比赛、“全民健身 健康广西”百万群众健身走活动。上林县业余体校青少年女子手球队获2016年“中国体育彩票杯”广西青少年女子手球锦标赛冠军。上林县籍运动员石力分、覃律宇参加全国青少年举重锦标赛，石力分获女子44公斤级十四岁组抓举铜牌、挺举金牌、总成绩银牌，覃律宇获男子69公斤级抓举第四名、挺举铜牌、总成绩铜牌。

民政事业 审批城镇最低生活保障对象0.71万人次，发放低保金205.08万元；审批农村最低生活保障对象20.04万人次，发放低保金2813.13万元，其中贫困建档立卡户2.62万人次、368.94万元。发放参战退役人员生活补助567人、378.60万元；发放参战民兵生活补助2148人、339.40万元。安置退役士兵135人。有农村五保对象1675人(集中供养对象181人、分散供养对象1494人)，发放五保供养金634.20万元。建立“五位一体”(资助参合参保、门诊救助、临时救助、住院救助、慈善救助)医疗救助制度，为五保对象和农村低保户缴纳新型农村合作医疗参合费1.58万人、189.10万元。审核发放城乡大病医疗救助金1181人、258.30万元。参加农村住房政策性保险农户9.52万户，收缴保险费27.08万元。有老年公寓1家、敬老院13个、五保村63个。救济农村困难户4106户1.23万人，发放救济口粮30吨；发放救济棉被3000床，保暖内衣6000套，棉衣6000套，棉鞋、袜各3000双。办理结婚登记3494对、离婚登记839对。

劳动与社会保障 城镇新增就业1963人，下岗失业人员实现再就业255人，帮助大龄困难人员再就业75人。城镇登记失业率2.75%。建成乡镇基础就业和社会保障服务基地8个、行政村(社区)劳动保障工作站131个。举办职业技能服务培训22期，培训1080人；举办就业专场招聘会7场，119家次自治区内外及县内企业进场招聘。农村劳动力转移就业新增7868人。发放小额担保贷款1723万元，扶持创业796户。参加城镇职工基本养老保险企业575个、1.18万人，征缴保险费8188.32万元，支出1.81亿元；参加失业保险1.07万人，征缴保险费804.85万元，支出129.48万元；参加基本医疗保险3.53万人，征缴保险费6618.82万元，支出4704.33万元；参加工伤保险0.92万人，征缴保险费224.84万元，支出187.04万元；参加生育保险0.95万人，征缴保险费379.69万元，支出216.65万元。参加城乡居民社会养老保险16.40万人，参保率92.20%，征缴保险费1190万元；发放养老金对象6.14万人，发放率100%。劳动人事争议仲裁委员会立案劳动争议案件21件，结案率100%。

【上林县入选首批国家全域旅游示范区创建单位】 2016年2月5日，国家旅游局公布首批创建“国家全域旅游示范区”名单，上林县成为自治区10个创建地区之一，是南宁市唯一入选县。 (樊守辉)

马山县

【概 况】 马山县位于南宁市北部。东与上林县、来宾市忻城县交界，南与武鸣区相邻，西与河池市大化瑶族自治县、百色市平果县接壤，北与河池市都安瑶族自治县隔红水河相望；土地面积2340.76平方千米；县政府驻白山镇。2016年，有镇7个、乡4个(瑶族乡2个)，村133个、社区18个。年末户籍总人口56.85万人(城镇人口10.47万人，乡村人口46.38万人)；流动人口9.95万人。壮族人口41.53万人，占总人口73.05%。区间(2015年10月至2016年10月)人口自然增长率8.88‰。有耕地面积4.60万公顷(水田面积1.27万公顷)；林地面积14.95万公顷(有林面积5.81万公顷，灌木林面积8.31万公顷)，森林覆盖率62.96%。完成地区生产总值50.81亿元；财政收入3.34亿元(一般公共预算收入2.21亿元)，一般公共预算支出28.01亿元。完成固定资产投资38.10亿元。城镇居民人均可支配收入24016元，农村居民人均可支配收入8973元。有苏博工业集中区、百龙滩工业集中区。主要河道有：一级河红水河；二级河9条(清波河、乔利河、周鹿河、兴科河、姑娘江、府城河、仙湖河、杨圩河、小明山河)。有水任(河池)至南宁、来宾至马山、马山至平果高速公路，马山至大化、马山至上林至宾阳二级公路，国道210线过境。主要旅游景区(点)有金伦洞(国家4A级景区)、水锦·顺庄(国家3A级景区)、弄拉自然生态风景区、灵阳寺、百龙滩红水河、中国玄河—永州暗河、百掌沙滩、金钗石林城堡、小都百乡村旅游区(广西四星级乡村旅游区)、三甲乡村旅游区(广西三星级乡村旅游区)、西山庄园、古寨风情小镇、古寨金银花公园、加方石田景观等。主要矿产资源有煤、锰、铁、钨、铜、滑石、重晶石、方解石、叶蜡石、石灰石、高岭土等23种。主要地方特产有黑山羊、金银花、旱藕粉、八角、黑豆等。被评为中国黑山羊之乡、中国民间文化艺术之乡、中国会鼓之乡、中国长寿之乡、国家第二批生态文明先行示范区。

【经济发展】

第一产业 2016年，马山县实现农林牧渔业总产值29.73亿元，其中农业产值13.13亿元、林业产值2.74亿元、牧业产值12.54亿元、渔业产值1.23亿元、农林牧渔服务业产值898万元。第一产业增加值17.64亿元。粮食作物种植面积3.96万公顷，总产量18.17万吨，其中水稻种植面积1.55万公顷、产量8.41万吨，玉米种植面积1.93万公顷、产量9.06万吨；经济作物种植面积2.54万公顷，其中甘蔗种植面积2541公顷、产量15.43万吨，木薯种植面积1630公顷、产量1.76万吨，花生种植面积1187公顷、产量2623吨，金银花等中药材种植面积4517公顷(金银花种植面积2981公顷，产量426吨)，桑树种植面积2093公顷，八角种植面积2011公顷，旱藕种植面积200公顷、产量6000吨，蔬菜种植面积8954公顷、产量21.37万吨。果园面积2294公顷，水果产量1.68万吨。肉类总产量4.02万吨。水产品产量1.24万吨。完成荒山造林364公顷，石漠化治理封山育林1019.27公顷，迹地更新1000公顷，义务植树98万株。完成土地流转面积6433.33公顷，连片流转(百亩以上)并进行规模化经营的农业基地140个。实施建设市级特色农业示范区1个(马山县乔利果蔬产业示范区)，投入6506.80万元，其中市级投入资金500万元、县级整合资金投入1005.28万元、经营主体投入5001.52万元。实施县级生态综合示范村(屯)建设项目10个，乡镇级现代特色农业示范区10个。苏博工业园区内的农民工创业园入驻孵化园企业9家，正常投产7家，实现工业产值近5000万元；自治区农民工工作领导小组向全区推广马山县农民工创业园项目建设的经验和做法。新增农民合作社110家(累计305家)、家庭农场21家。投入1.47亿元，完成水库除险加固19座、中小河流治理项目2个、水电站增效扩容改造项目4个，修复水毁工程6处，渠道防渗336处105.16千米。完成2014年、2015年中央及自治区农村户用沼气项目建设1294座，通过自治区检查验收；完成2014年、2015年自治区下达马山县旧病沼气池修复改造任务1100座。

第二产业 有工业企业789家，实现工业总产值11.59亿元。规模以上工业企业16家(新增2家)，实现工业总产值9.03亿元，利税总额1.52亿元(利润1.07亿元)。新发展小微型企业136家。第二产业增加值10.35亿元，其中工业增加值3.75亿元(规模以上工业增加值2.78亿元)。完成工业投资7.43亿元，技术改造投资3.25亿元。规模以上工业主要产品产量:机制糖1.29万吨、纸浆551吨、水泥25.86万吨、酒精30804.80千升、发电量8.81亿千瓦时(百龙滩水电站),售电量2.38亿千瓦时。投入3500万元,完善苏博工业园区水、电、路、通讯及绿化亮化等配套设施建设;新增入驻企业3家(广西博禄德电子有限公司、广西特飞云天航空动力科技有限公司、广西新金德新型管业有限公司),投产企业2家(广西马山万祥矿业有限公司、广西马山明达新材料有限公司)。

第三产业　有企业1987家(新发展253家),注册资金29.11亿元,从业人员6705人。个体工商户1.32万户(新发展2077户),注册资金6.99亿元,从业人员2.35万人。农民专业合作社414家(新发展225家),注册资金5.73亿元。有市场(含农贸市场)18个。第三产业增加值22.83亿元。完成社会消费品零售总额23.04亿元。在建房地产项目3个,房屋施工面积10.76万平方米;商品房销售6.01万平方米,销售额1.65亿元。承办2016中国－东盟山地马拉松赛(马山站)暨中国黑山羊之乡——马山文化旅游美食节、"月月生态旅游活动""马山手信"旅游商品设计大赛、"马上来"桂中壮瑶风情旅游精品线路研讨会,承办2016广西旅游扶贫专题招聘会(南宁)主会场活动。接待游客269.65万人次,旅游总消费17.07亿元。水锦·顺庄景区被评为国家3A级景区,三甲乡村旅游区被评为广西三星级乡村旅游区;小都百乡村旅游区被评为2016年广西休闲农业与乡村旅游示范点,获"中国最美乡村"提名奖、"中国十佳小康村"称号。

招商引资　出台《马山县招商引资三年行动计划(2016－2018年)》《马山县招商引资激励暂行办法》,引进自治区外境内资金1.52亿元。中国－东盟山地马拉松赛(马山站)、暨中国黑山羊之乡——马山文化旅游美食节期间,举办招商推介会,邀请60多名企业家代表参会,推介项目19个,总投资52.52亿元;签约项目8个,意向总投资19.60亿元。组织6个招商引资团(组)到上海、重庆、广州、沈阳、宁波等城市招商,承接产业转移。签约项目11个,意向总投资30.16亿元,引进中国500强企业新奥集团、央企中节能太阳能科技股份有限公司、宁波博禄德电子有限公司、重庆特飞航空动力科技有限公司等企业进驻马山县。接待企业家考察团、协会考察团到苏博工业园区参观考察30多批次。

城乡建设　开展新一轮县城总体规划修编,编制县城分区控制性规划和安置小区规划,修编各乡镇镇区总体规划,完成村庄总体规划19个;推进基本农田划定,调整完善土地利用总体规划。投资2600万元,建成城镇保障性住房528套。投资6567万元,实施农村危房改造2800户。实施城建项目23个,完成投资1.50亿元。完成里当瑶族乡20周年乡庆建设项目;建成"农耕原乡·风情三甲"市级综合示范村,推进10个县级综合示范村建设。完成植树造林1833.33公顷,荒山造林364公顷。投入2.20亿元,集中开展环境卫生整治、"村屯绿化、饮水净化、道路硬化"、农村住宅推荐户型推广等乡村建设巩固提升行动,完成55个示范村屯、981个一般村的村屯绿化,建设自治区级饮水净化示范点3个、道路硬化示范点208个。投入1980万元,实施乡镇片区生活垃圾无害化处理设施和13个农村生活污水整治项目建设。配合开展贵南高铁马山段的初步设计外业作业;开展周鹿至凤梧(马山段)二级公路的前期工作;开工建设杨圩至上级二级公路;竣工投产工业、交通、水利、市政、公共服务、城乡基础设施等项目。

精准扶贫　安排扶贫资金13.82亿元实施脱贫攻坚,实现7个贫困村脱贫摘帽,29168名贫困人口脱贫。实行结对帮扶制度,全县7968名干部全覆盖帮扶所有贫困户;引导非公企业人士与贫困村、贫困户结对帮扶,获南宁市青秀区、南宁经济技术开发区对口帮扶资金1100万元及扶贫善款1400多万元。全面启动"十三五"75个贫困村整村推进项目,修建贫困村屯级道路348千米、砂石路76千米,解决1.73万户7.44万人的行路难问题;完成水库除险加固17座;实施饮水安全项目64个,惠及1.13万人;竣工农村电网改造升级项目183个;完成建档立卡贫困户农村危房改造1097户;实施11个贫困村有线电视村村通工程。投入6164.52万元扶持发展优势特色产业,带动贫困户就业创业1.85万户;安排奖补资金2166.52万元,扶持3.80万贫困人口发展果蔬、桑蚕、禽畜养殖等产业;建成村级电商服务站100个,探索形成"1个县服务中心+11个乡镇工作站+75个贫困村收购点+N户贫困户"的马山"空店"科技精准扶贫模式,辐射带动贫困户1.35万户。实施易地扶贫搬迁工程8个,完成投资4.80亿元。为4088户贫困户发放

2016年马山县乡镇情况

名　称	土地面积(平方千米)	村民委员会(个)	社区居民委员会(个)	自然屯(个)	年末人口(人)	耕地面积(公顷)	农林牧渔业总产值(万元)	粮食产量(吨)	农村居民人均可支配收入(元)
永州镇	199.21	17	1	176	57264	4682	45898	22022	8189
周鹿镇	341.47	18	1	221	96895	9846	43509	34563	7355
林圩镇	320.91	18	1	240	66428	8028	38497	30981	7209
乔利乡	171.34	9	1	111	42319	4953	33834	16994	7835
白山镇	234.65	13	8	243	86645	3609	29237	19382	8210
百龙滩镇	87.99	5	1	134	22542	1974	14403	6706	7103
古零镇	258.99	13	1	190	58750	4422	30357	20455	7510
金钗镇	124.38	7	1	267	31357	2526	24014	8005	6801
加方乡	204.69	16	1	443	30893	2283	13753	9900	5932
古寨瑶族乡	151.25	8	1	260	21457	1529	9757	7029	5203
里当瑶族乡	147.04	9	1	295	21429	1885	8308	5307	4930

贷款 2.01 亿元;发放教育补助资金 2612 万元,资助建档立卡贫困户学生 1.73 万人。承办全区财政扶贫资金项目管理使用现场会、广西旅游扶贫就业专题招聘会、全区职业技能培训促精准扶贫现场会、全区构树扶贫工程试点现场会、全区"空中农贸市场"空店精准扶贫现场会等自治区级精准扶贫专题会议 6 个,马山县作典型经验发言。

【社会事业发展】

文明创建活动　2016 年,马山县在县属媒体及公共场所、建筑围挡、公共汽车、电子显示屏等开展社会主义核心价值观和"讲文明树新风"活动的宣传。在校外活动中心设立未成年人心理健康辅导站,在 11 个乡镇建立中央福利彩票基金少年宫 4 所、市级少年宫 7 所。在南宁志愿网注册的志愿者队伍有 59 支 6585 人。举行志愿者培训 13 期,培训 1200 人次。有 23 支 3290 人次的志愿服务队伍参与学雷锋月"邻里守望"活动,服务留守儿童、留守孤寡老人、残疾人家庭 725 户 3925 人次。开展"我推荐、我评议身边好人"活动,推荐和评议"身边好人"75 人,评出县级道德模范 17 人。获市级以上道德模范和道德模范提名奖 13 人;蓝莉芬、农海年、韦仕珠 3 人登"中国好人榜"。开展城市重点管理领域诚信"红名单"和失信"黑名单"公布,公布"红黑名单"15 家单位 84 人。开展星级文明户、文明村、文明镇(乡)创建评选活动,评出乡镇级"十星级文明户"2930 户,县级"十星级文明户"283 户,推荐 80 户参加市级评选活动。

科教文卫体事业　投入科技经费 304.60 万元,组织实施科技项目 6 项(市级 5 项、自治区级 1 项);实施到期通过上级验收的科技项目 1 项。举办科技培训班 5 期,培训 468 人次。建立柑果种植示范基地 20 公顷;成立马山县盛世生态综合专业合作社,建立柑果种植示范基地 13.33 公顷、火龙果基地 6.67 公顷、葛根基地 33.33 公顷;在白山镇新华村实施自治区科技厅旱藕产业科技扶贫示范项目 6.67 公顷。有幼儿园 234 所(公办幼儿园 130 所、民办幼儿园 92 所、看护点 12 个),在园幼儿 2.11 万人,幼儿教师 795 人;小学 105 所、教学点 55 个,在校生 3.77 万人,小学教师 2385 人;初中 17 所,在校生 1.63 万人,初中教师 1089 人;高中 3 所,在校生 7223 人,高中教师 489 人;特殊教育学校 1 所,在校生 107 人,特教教师 28 人;中等职业学校 1 所,在校生 186 人,中职教师 40 人。学前一年毛入园率 98%,学前三年毛入园率 97.50%;小学适龄儿童入学率 100%,小学毕业生升学率 100%;初中阶段入学率 99.60%,辍学率 1.64%;初中毕业生升普通高中毛入学率 62%;九年义务教育巩固率 80.60%。下拨贫困县农村义务教育学生营养改善资金 3901.11 万元。办理大学生生源地信用助学贷款 3904 人、2593.44 万元。投入经费约 476 万元,举办教师培训班 42 期,培训 6558 人次。实施教育基础建设项目 84 个(含续建、改扩建项目),建筑面积 13.30 万平方米,计划总投资 1.43 亿元,完成投资 1.39 亿元。承办 2016 年中国 - 东盟山地马拉松系列赛(马山站)暨举办中国黑山羊之乡——马山第十届文化旅游美食节、马山县"月月乡村生态旅游节"等活动。9 月 22 日,中央电视台《乡村大世界——走进马山》节目在马山县三甲屯录制,11 月 12 日播出。组织 6 个节目分别参加南宁市第七届乡村社区和谐文艺大展演等文艺专场活动。承担自治区、市、县三级为民办实事项目 11 个(自治区级 5 个、市级 5 个、县级 1 个)。投资 635 万元,建成村级公共服务中心 19 个、戏台 19 个。放映公益电影 1740 场(农村公益放映 1524 场、社区公益放映 216 场);扶持农村社区文艺队 51 个,演出 1530 场,观众 38 万人;开展"送戏下乡"82 场、"儿童剧目进校园"10 场。有文学协会、山歌协会、摄影协会、音乐协会、舞蹈协会、钓鱼协会、书画协会等 13 个,会员 654 人。壮族刺绣、瑶族剪刀歌、上刀山下火海、丝弦戏申报自治区级非物质文化遗产名录获通过。完成第一次全国可移动文物普查。对周鹿镇大坛村龙上屯的感灰洞遗址进行试掘,出土陶片、石斧、石锛、砺石,发现仰身屈肢葬式。有医疗卫生机构 249 个,其中国有医疗卫生机构 15 个(县属 4 个、乡镇 11 个),社会办医疗卫生机构 4 个,村卫生室 145 所(含诊点),个体医疗诊所 85 个;卫生技术人员 2099 人(县属卫生技术人员 970 人);医院病床 1444 张(县级医院 770 张、乡镇卫生院 547 张、社会办医疗卫生机构 127 张)。投资 76 万元(含个人投资),建造农村卫生户厕 200 座,累计 11.69 万户建成农村卫生户厕,普及率 90.55%。参加新型农村合作医疗农民 50.80 万人,参合率 99.83%。马山县公共体育场项目竣工验收。投资 460.50 万元,建设村级篮球场 27 个(含村级公共服务中心篮球场 19 个)、户外健身路径 7 套、乡镇农民健身工程 4 个、社区多功能运动场 2 个。举办第五届广西万村农民篮球赛马山县初赛、第二届马山县全民健身运动会启动仪式暨万人健身走(跑)活动、第八届广西体育节马山县分会场、马山县第二十六届"中国体育彩票·白岫杯"篮球赛等体育活动,承办 2016 年中国 - 东盟山地马拉松系列赛(马山站)。有 223 个队 2891 名运动员参加各级各类群众体育比赛活动,观看群众 8 万多人次。组队参加自治区青少年举重蹦床锦标赛,获金牌 2 枚、银牌 6 枚、铜牌 2 枚;组队参加南宁市第十三届"举城杯"运动会,获金牌 11 枚、银牌 15 枚、铜牌 12 枚;参加南宁市中学生田径运动会,获铜牌 1 枚。马山县获"广西十大民族传统体育特色之乡""广西十大民族传统体育传承馆""广西十大民族传统体育保护传承示范基地"称号。

民政事业　审批城镇最低生活保障对象 7747 万人次,发放低保金 229.42 万元;审批农村最低生活保障对象 24.02 万人次,发放保障金 3228.09 万元。发放"三属"(烈士遗属、因公牺牲军人遗属、病故军人遗属)抚恤金 51 人、78.64 万元,老复退军人生活补助定

9 月 22 日,中央电视台《乡村大世界——走进马山》节目在马山县三甲屯录制　陆丽红　摄

补金125人、139.21万元，残疾军人优待金99人、179.63万元，退伍义务兵家属优待金264人、362.35万元，带病回乡军人定补金18人、9.50万元，参战民兵生活补助1496人、231.71万元。发放应急救灾物资折款31万元，救助受灾群众5000人；发放冬春救济粮128吨、棉被2000床、衣物1万件套，解决8332户2.42万人缺粮缺衣困难。确定五保老人2.92万人次(集中供养对象329人、分散供养2064人)，发放五保供养定补金920.32万元；有养老机构124个(敬老院13个、五保村110个、县社会福利院1个)，入住五保老人329人。城乡医疗救助1857人，发放救助金804.81万元。办理结婚登记3862对、离婚登记751对。

劳动与社会保障　城镇新增就业2011人，帮助下岗失业人员再就业411人、大龄困难人员再就业132人，城镇登记失业率控制在2.57%以内。开展职业技能培训，培训1369人；开展产业工人技能提升培训，培训200人。新增农村劳动力转移就业7449人。参加城镇企业职工基本养老保险1.94万人，征缴保险费6499万元，支出2.12亿元；参加失业保险8640人，征缴保险费681万元，支出204万元；参加城镇医疗保险3.71万人，征缴保险费6602万元，支出5408万元；参加工伤保险1.17万人，征缴保险费162万元，支出102万元；参加生育保险1.25万人，征缴保险费295万元，支出212万元。参加城乡居民基本养老保险19.79万人，征缴保险费1590万元；发放养老金6976万元，发放率100%。受理劳动保障监察举报投诉24件，立案24件，结案24件；受理劳动人事争议仲裁案件84件，结案84件。

【《马山民歌》出版】　2016年8月，《马山民歌(第一集)》编纂出版，由中国人民政治协商会议马山县委员会主编。《马山民歌(第一集)》是马山县第一部记录马山民间山歌的专著。全书9.75万字，收录马山民歌5380首，分为壮族三声部民歌、壮族二十四孝歌、壮族山歌、汉族山歌、瑶族山歌、民歌曲调6个部分；以三对照的形式进行编排，按古壮字原歌、拼音壮文、汉意译文的顺序对应编排。　(陆惠华)

隆安县

【概　况】　隆安县位于南宁市西北部。东邻武鸣区、西乡塘区，南连崇左市江州区、扶绥县，西接崇左市大新县、天等县，北与百色市平果县接壤；土地面积2305.59平方千米；县政府驻城厢镇。2016年，有镇6个、乡4个，村118个、社区13个。年末户籍总人口42.20万人(农业人口33.92万人、非农业人口8.28万人，流动人口10.87万人)。壮族人口40.74万人，占总人口96.54%。人口自然增长率4.20‰。耕地面积6.23万公顷(水田面积1.55万公顷)；林地面积13.66万公顷，有林面积8.98万公顷，森林覆盖率58.46%。完成地区生产总值66.23亿元。财政收入4.58亿元，其中一般公共预算收入2.55亿元；一般公共预算支出23.55亿元。完成固定资产投资53.48亿元。城镇居民人均可支配收入23970元，农村居民人均可支配收入9799元。实现土地矿产资源总收入36963万元(土地供应收入36607万元、矿产资源管理收入356万元)，完成土地收储入库280.40公顷，累计土地储备资金支出1.13亿元。1月10日，高铁隆安东站正式运营。广西西部第一条高速铁路——南昆客运专线、南宁至昆明铁路、南宁至百色二级公路、南宁至百色高速公路、国道G324、省道S316及右江水路过境。主要旅游景区(点)有龙虎山自然保护区(国家4A级景区)、渌水江漂流、布泉河景区、雁江古镇、金穗生态园乡村旅游区。主要矿产资源有金、银、煤、水晶石，其中凤凰山银矿藏量居全国第三、自治区第一。主要地方特产有板栗、荔枝、龙眼、香蕉、叮当鸡等。有“中国板栗之乡”“那文化之乡”之称。

【经济发展】

第一产业　2016年，隆安县农林牧渔业总产值完成42.95亿元，其中种植业产值25.31亿元、林业产值1.76亿元、畜牧业产值12.92亿元、渔业产值1.77亿元、农林牧渔服务业产值1.18亿元。第一产业增加值25.67亿元。粮食种植面积3.85万公顷、产量17.44万吨；经济作物种植面积1.56万公顷；甘蔗种植面积7786.67公顷，糖料蔗产量42.73万吨；油料种植面积2500公顷；蔬菜种植面积1.33万公顷，蔬菜及食用菌产量28.69万吨；水果产量40.95万吨，其中香蕉产量37万吨；猪牛羊禽肉产量4.42万吨，禽蛋产量1248吨；水产品产量1.60万吨。开展农村土地承包经营权确权颁证，推进农村土地承包经营权流转，土地流转面积2.39万公顷，占全县耕地面积38.80%；推进农业现代化，形成香蕉、肉鸡、肉牛等特色种养，培育“叮当鸡”“桂西牛”以及“绿水江”香蕉等特色品牌。探索“公司(合作社、协会)+基地+农户”发展路子，推进建设香蕉、“双高”糖料蔗、火龙果、优质水稻等一批基地。

第二产业　完成全部工业产值48亿元，工业增加值10.19亿元，其中规模以上工业总产值45.91亿元、规模以上工业增加值9.39亿元。有规模工业企业37家(亿元企业12家)，产值31.79亿元；工业园区有规模工业企业22家，产值23.95亿元，占规模产值52.19%。第二产业增加值18.44亿元。工业投资完成13.27亿元，技术改造投资完成9.41亿元。主要工业产品产量：饲料48.82万吨，酒精21110千升，人造板41.60万立方米，农用氮、磷、钾化学肥料(折纯)1.48万吨，水泥149.59万吨，成品糖2.45万吨。

第三产业　有企业2294家(新登记企业281户)，注册资本59.75亿元；个体工商户1.06万户(新登记1848户)，注册资本4.96亿元；农民专业合作社225家(新登记57家)，注册资本3.47亿元。第三产业增加值22.12亿元。完成社会消费品零售总额19.18亿元；外贸进出口总额2303万元。接待游客185.60万人次，旅游综合收入14.50亿元。5月，引进大型电商平台乐村淘电子商务有限公司，投资400多万元建立乐村淘体验店186家；隆安邮政公司投资300多万元建成村邮乐购农村电商网点(店)100个，完成总交易额700多万元；组织举办那桐“四月八”等民间节日商品展销促销活动12场次，交易额2.20亿元；完成固定资产投资53.48亿元，其中：项目投资49.38亿元，房地产开发投资4.10亿元。有在册道路运输企业2家、出租汽车客运企业1家、道路货物运输企业8家、城乡公交客运企业2家；有道路客运班线25条、公交车线路26条；在册营运车辆815辆。有水路运输企业2家，在册营运船舶179艘。房地产开发企业房屋建设新开工面积14.31万平方米，比上年同期增长331.06%；商品房销售面积11.93万平方米，销售额3.13亿元。

招商引资　完成自治区外境内到位内资13.03亿元。引进浙江日昌升矿业有限公司投资10亿元建设年产3000万吨高端砂石骨料生产项目；引进东莞津威饮料食品有限公司投资建设保健功能型饮料、乳酸菌饮料研发和生产项目；引进世界酒店行业500强企业温德姆酒店集团投资建设隆安“速8”酒店，实现当年签约、当年投产；引进广西海酩威酿酒股份有限公司投资建设年产1万吨朗姆酒项目。赴云南省、四川省、安徽省、广东省、浙江省、陕西省西安市等地开展医药产业、家具产业、绿色产业的专题招商活动30多次。利用“两会”以及全球桂商大会、海外联谊会等重大活动，邀请客商前来考察投资环境。全年接待客商60批次100多人。

城乡建设　完成90个村屯的规划编制；整合财政资金14.34亿元，落实新增建设用地指标266.12公顷，实施震东扶贫生态移民与城镇化结合示范工程；推进昌泰茗城、和鑫佳园、东森悦府3个集中安置小区建设。实施“两纵五横”的路网建设。总投资1.30亿元的宝塔实验小学建成投入使用；建设完成总投资1.10亿元的体育健身活动中心室内馆区，并安装设备；总投资4200万元的县城西宁水厂主体工程建设完成80%，设备安装完成60%，完成投资2600万元；完成隆安县污水处理厂技改项目一期建设，完成投资590万元。投入105万元，安装、维修县城路灯；投入106.90万元，完成县城市政设施维修。完成保障性住房基本建成任务476套，分配入住796套；完成农村危房改造户数1000户（建档立卡贫困户796户、非建档立卡贫困户204户）。投资1.09亿元，实施道路续建、新建项目64个，建设里程134.15千米，完工56个项目、96千米，累计完成投资5000万元；完成罗兴至布泉旅游三级公路第三期工程建设9.70千米，总投资1730万元，建设9.70千米；投资2255.80万元，实施非贫困村通屯道路建设项目37个、总里程64.45千米。筹措资金4.59亿元实施“生态乡村”建设，其中实施村屯绿化工程种植绿化苗木2.83万株，完成“饮水净化”示范项目2处，实施沟渠清淤联通工程6处，实施通屯道路建设项目202个、总里程314.38千米，屯内巷道硬化建设项目102个、总里程120.49千米。

精准扶贫　城厢镇四兴村、雁江镇福颜村等8个贫困村的扶贫工作通过自治区核验，实现脱贫摘帽；全县完成7384户贫困户30251名贫困人口“双认定”县级审核，超额完成自治区下达年度扶贫任务。实施产业扶持，县财政安排7324万元，实施“一户一增收”项目，扶持有劳动能力的贫困户17845户发展产业；安排1260万元，引导63个贫困村采取“企业＋合作社＋贫困户”“合作社＋贫困户”等模式，发展村集体经济，38个村获得经济收入。投入1.25亿元，实施人饮工程32处、屯路建设17条、桥梁建设1座、危房改造1095户等项目。安排资金1175.87万元，扶持2168户贫困户外出务工增加收入。筹集9.40亿元，规划建设限价商品房约1万套，易地搬迁安置近4万人。1.33万人获低保救助和新型农村合作医疗缴费资助。投入490.14万元，建设村级公服务中心9个和文化室、篮球场、宣传栏、戏台、广播电视节目无线发射台站等惠民项目；安排5500万元，配置完善图书、仪器、技术装备。发放教育补助金3000万元，惠及学生4.89万人次，全县无因贫失学适龄未成年人。发放扶贫小额贷款4003户、1.65亿元。推进农村土地承包经营权流转，1137户贫困户通过土地流转获得稳定收入。

【社会发展】

文明创建活动　2016年，隆安县开展“践行核心价值观　开展全民公益活动”，主要开展公共文明引导、主题公益、网络公益3大类；开展文明交通劝导活动44期；开展“践行核心价值观　开展全民敬业活动”；抓好社会主义核心价值观学习宣传，向市文明办推荐身边好人候选人33人，好人线索500多条，道德模范候选人9人；推荐黄秀明、隆安县璐曦爱心之家参加全国学雷锋志愿服务“四个100”先进典型活动，入围中国文明网评选的全国100个优秀志愿者、100个优秀志愿服务组织。开展“道德讲堂”活动12期，成立志愿服务联合会，召开第一次代表大会；有注册会员7000多名。开展农民工职业技能培训20多期。评选表彰孝老爱亲、环保节约、诚实守礼、助人为乐等“美德少年”40名，向市级推荐12名，7名获市级“美德少年”称号。

科教文体卫事业　选派63名科技特派员到基层开展帮扶创业行动，实现全县贫困村科技特派员全覆盖；协助引进推广农业新技术67项、名优新品种54个，指导建设农业协会、合作社22个，科技咨询1354人次，受益群众4257人次。实施板栗大面积落花落果原因研究及防治试验示范、石山地区中药材猫豆生态种植技术研究与示范、栀子种植基地建设试点与示范、古潭乡定军村党建信息化和科技示范、南圩镇銮正村党建信息化和科技示范村建设、乡村清洁家园新技术研究与示范项目6个科技项目。专利申请138件，专利授权49件，有效发明44件。续建完成2015年“全面改薄”项目24个，总建设面积1.64万平方米，总投入3538万元；实施2016年“全面改薄”项目41个，总建设面积2.10万平方米，总投入4432万元，竣工24个；投入1299万元，为66所学校配置433套网络多媒体教室设备。全县有公办义务教育学校150所（国家试点县项目学校146所，南宁市项目学校4所），实施义务教育学生营养改善计划，受惠学生44201人，投入经费3748.70万元（中央资金2711.89万元、市级资金578.74万元、县财政资金458.06万元）；发放学生资助金3000.30万元，资助学生4.88万人次。接收进城务工人员随迁子女2934人。义务教育均衡发展通过市级复核评估和

2016年隆安县乡镇情况

名称	土地面积（平方千米）	村民委员会（个）	社区居民委员会（个）	自然屯（个）	年末人口（人）	耕地面积（公顷）	农林牧渔业总产值（万元）	粮食产量（吨）	农村居民人均可支配收入（元）
城厢镇	386	14	3	185	67387	7609	76727	31580	8256
南圩镇	313	18	2	185	63120	7856	46764	23123	7591
雁江镇	117	9	1	86	28300	3381	28876	18214	7118
那桐镇	187	11	1	137	51257	11533	55665	30309	8513
乔建镇	209	14	1	77	44197	7002	35264	15658	6774
丁当镇	277	10	1	103	36747	8000	75910	16632	8694
古潭乡	108	6	1	64	27101	2866	36590	6208	6970
都结乡	215	19	1	199	45621	2084	23570	7865	5890
布泉乡	174	8	1	109	24391	3117	11913	6874	4862
屏山乡	236	9	1	102	18425	2536	12770	7480	5960

4月10日,隆安县更望湖"三月三"壮族歌圩　　何宏生　摄

自治区级督导评估。有幼儿园171所,在园幼儿1.98万人;小学91所(社会办学1所),在校生3.18万人;初中13所(社会办学1所),在校生1.36万人;高中3所(社会办学1所),在校生5211人;特殊教育学校1所,在校生74人;中等职业学校1所,在校生2160人(全日制163人、非全日制1997人);教师进修学校1所,在校生80人。有教职工4086人。小学适龄儿童入学率99.97%,辍学率为零,小学毕业生升学率100%;学前三年毛入学率108.90%;九年义务教育巩固率97.90%,高中阶段毛入学率93.10%。建设村级公共服务中心9个;扶持村屯社区文艺队16支;送戏下乡16场,送儿童剧目进校园10场;放映农村公益电影1584场。举办隆安县"那之声"第二届歌唱电视大赛、2016年迎春联欢晚会、布泉更望湖壮族歌圩、中国·隆安"那"文化旅游节暨那桐"四月八"农具节、隆安县第七届乡村社区和谐文艺大展演、2016年南宁国际民歌艺术节"绿城歌台"隆安歌台等大型群众文化活动;编排节目14个,创作和选编文艺作品30多件;下乡宣传反腐倡廉、防治艾滋病、乡村社区和谐文艺大展演优秀节目巡演等专题演出20多场。传统戏剧《古潭邕剧》、民俗"隆安稻草龙"获列入自治区第六批非物质文化遗产代表性项目名录,累计列入自治区级非遗名录11个、市级非遗名录15个,建立项目传承基地11个。完成"那"文化展厅建设,征集民俗文物300多件。出动1840余人次,检查文化经营场所820家次,发现问题并责令整改违规经营单位6家次,立案查处违法经营案件10起。有医疗卫生机构214个,其中国有医疗卫生机构17个(县级5个、乡镇12个),村卫生所130个,个体医疗诊所67个。有卫生技术人员1167人(县属卫生技术人员713人);医疗病床1195张(县级医院730张,乡镇卫生院465张)。参加新型农村合作医疗人数36.81万人,参合率99.66%。建立完善乡村医生签约服务制度,完成签约11.08万人。举办隆安县第五届体育节、那桐"四月八"农具节篮球赛、2016年隆安县端午节龙舟赛等主题体育活动项目50多种,超过1000场次;参与人数6万人次;向自治区体育学校和南宁市体育学校输送运动员23名;选派22支龙舟队参加第十二届南宁·东盟国际龙舟邀请赛,获银牌2枚、铜牌3枚、第四名4项;6月,那桐镇那元龙舟队作为广西唯一代表队参加俄罗斯涅瓦龙舟邀请赛暨夏季中国文化节活动。隆安县壮族舞狮团表演《狮子上刀山》节目获第八届广西狮王争霸赛金奖。

民政事业　发放城乡低保金2282.09万元,受惠16.44万人次;发放农村五保供养对象生活补助金602.60万元,受惠1.93万人次;医疗救助189.02万元,受惠1289人次;补助低保和五保等对象新农合个人缴费部分180.24万元,受惠15020人次;临时救助2752人次、312.54万元。发放救灾资金328.72万元,发放粮食242吨、棉被1586床、衣服3562套,折款169.87万元。发放2015年退役士兵和退役士官自主就业补助金126.20万元,受惠127人;足额发放抚恤补助金1624.64万元,受惠4.70万人次。实施村委会服务用房建设项目52个、农村社区试点建设项目2个。审批实施村委会(社区)惠民资金项目288个,审批金额1440万元。发放高龄补助923.13万元、7.38万人次;发放重度残疾人护理补贴210.16万元、4.19万人次,困难残疾人生活补贴142.77万元、2.85万人次。办理婚姻登记3453对、离婚登记466对。

人力资源与社会保障　完成职业技能培训2581人,其中贫困村建档立卡人员645人;获社会保险补贴244人次,发放补贴金额46.31万元。登记失业率2.56%。扶持返乡农民工创业632户,发放创业担保贷款116笔、金额1032万元;举办招聘会35场,提供岗位1500个,达成就业意向356人;完成城镇新增就业2038人;帮助农村劳动力转移就业6585人;帮助下岗失业人员再就业273人。推进农民工创业园建设,有三鑫电子厂等7家企业入驻,吸纳就业人员212人,其中建档立卡贫困户劳动力45人;隆安县农民工创业园入选广西支持贫困县农民工创业园项目。城镇基本医疗保险参保4.28万人,征缴收入6663.09万元;失业保险参保1.35万人,征缴收入753.50万元;工伤保险参保1.61万人,征缴收入281.58万元;生育保险参保1.52万人,征缴收入353.74万元。城乡居保参保15.91万人,参保率93.65%。发放养老金5651.91万元、享受待遇60.08万人次。帮助劳动者追讨欠薪400.41万元、涉及379人。劳动保障监察接到举报投诉案件结案率100%;敦促企业及用人单位依法签订劳动合同7421份,劳动合同签订率92%,集体合同签订率90%;处理劳动人事争议案件83件。

【跨境商品直购体验中心入驻】 2016年1月29日,"南宁百货·隆安那城跨境商品直购体验中心"项目在南宁青秀万达文华酒店举行签约仪式。项目选址隆安县隆南大道片区铭玉"那"城,由南宁百货大楼股份有限公司、广西跨境通电子商务有限公司、广西铭玉置业有限公司联合打造。

【罗兴江新发现古骆越遗迹】 2016年3月7日,广西骆越文化研究会组织专家对隆安县乔建镇罗兴江古"雒田"遗址进行开发考察,发现一批古水利建筑遗址、古雕塑文化遗存,证明古"雒田"在中国稻作文明起源中的重要地位。

【布泉乡原生态歌圩】 2016年4月10日,布泉乡"三月三"传统节目——原生态歌圩在隆安县布泉乡更望湖举行,百色市平果县、崇左市大新县的山歌手前来参加歌圩活动;观众3000多人。

【稻作文化考古调研】 2016年7月30日,中国社会科学院考古研究所研究员赵志军、香港中文大学教授邓聪、美国华盛顿大学教授刘歆益组成的稻作文化考古专家组到隆安县开展稻作文化考古调研。

(黄东明)

责任编辑　陆　靖

新区·开发区

综　述

【概　况】 2016年，南宁市有新区1个(五象新区)；开发区(工业园区)16个，其中国家级开发区3个(南宁高新技术产业开发区、南宁经济技术开发区、广西－东盟经济技术开发区)，自治区级开发区4个(广西良庆经济开发区、南宁六景工业园区、南宁江南工业园区、南宁仙葫经济开发区)，依法享受自治区级经济开发区政策的开发区1个(隆安华侨管理区)，区县工业园区8个(南宁市邕宁新兴产业园区、南宁市兴宁工业园区、南宁市西乡塘产业园区、南宁市伊岭工业集中区、宾阳县黎塘工业园区、隆安县宝塔医药产业园区、上林县象山工业园区、马山县苏博工业园区)。3个国家级开发区实行封闭式管理，授予行使市级管理权限，对开发区建设管理范围内的经济、社会事务、党政工作实行统一领导、统一规划、统一管理，受市委、市政府直接领导，设立一级财政，实行“属地征管，地方收入全留”的财政管理体制，推行全员聘任(用)制，按企业化运作模式实行岗位绩效工资与绩效考核结果挂钩；区县工业园区实行属地管理，实施“县(区)园合一”措施，即每个区县只保留1个工业园区，区县委书记、区县长兼任区县工业园区工委书记、管委会主任，由1名副处级领导担任工业园区常务副主任。

南宁五象新区建设全面进入攻坚新阶段，核心区域重点片区实现重大突破，引进重点项目41个，完成投资301.80亿元；在建项目471个，新开工项目149个；竣工重点项目51个。南宁市开发区(工业园区)围绕“工业强市、产业旺市”发展战略，实施园区“十三五”经济倍增跨越计划，通过管理体制、运行机制改革创新，加大财政资金支持力度，加快基础设施和重大项目建设，园区经济总量进一步提升、增速继续加快，保持良好势头；开发区(工业园区)完成规模以上工业总产值3007.07亿元，比上年同期增长11.08%，占全市规模以上工业总产值85.02%；完成规模以上工业增加值818.65亿元，增长7.50%；完成工业投资635.57亿元，增长1.30%。南宁高新区、南宁经开区、广西－东盟经开区三大开发区完成产值1913.76亿元，高于全市平均值8.42个百分点，产值增长贡献率98.05%，拉动全市工业增长8.66个百分点；完成工业投资439.81亿元，增长11.90%，占全市工业投资43.99%，对全市的带动效应进一步增强。

【招商引资】 2016年，南宁五象新区建立“新区—城区”协同推进招商工作机制，推出新区年度精准招商和定点跟进的“项目清单”“企业清单”，锁定清华启迪东盟科技城、启迪乔波—南宁冰雪世界等重点项目并促进落地，推进总部基地金融街、文旅组团、五象湖周边为重点的核心片区招商和以商招商重点领域，引进总部经济、金融、文化、物流、电子商务等龙头企业。南宁市开发区(工业园区)推进重大项目招商，围绕电子信息、机械装备、生物医药、新材料、新技术及铝加工等重点产业，通过中国－东盟博览会、粤桂产业合作对接交流会等平台，面向相关企业开展产业招商；引进总投资60亿元的广西科天水性科技产业园建设项目、总投资25亿元的南南电子汽车新材料精深加工技术改造项目、广西明匠智能制造有限公司、哈工大智能机器人广西分公司、广西石墨烯研究院等企业(项目)及海南葫芦娃药业集团儿童用药生产基地等工业项目119个，合同投资额约200亿元，其中投资亿元以上项目35个，合同总投资138亿元；推进标准厂房招商，继续实施厂房租赁、购买补助等政策措施，开展标准厂房专项招商活动，促进中小企业和创业创新企业入驻发展；租售标准厂房面积累计129万平方米，占完成竣工验收备案厂房面积49%。

【特色园区建设】 2016年，南宁市重点发展南宁高新区、南宁经开区、广西－东盟经开区3个国家级开发区与南宁市邕宁新兴产业园、江南工业园区、宾阳县黎塘工业园区、六景工业园区4个特色园区。通过引进相关产业项目，加快推进重大项目建设，促进重大项目的竣工投产，推进产业有序发展，实现特色化发展促进园区转型升级。南宁高新区继续巩固新一代信息技术产业、生命健康产业、先进装备制造业的主导地位；南宁经开区加快发展医药生物产业；中国－东盟经开区继续保持食品加工产业良好发展态势，引入新材料产业——广西科天水性科技产业园建设项目，当年引进、当年开工建设。4个特色工业园区根据产业定位，实现快速发展、特色化发展，其中江南工业园区、六景工业园区、黎塘工业园区3个园区实现规模以上工业总产值超100亿元。江南工业园区依靠富士康、南南铝2家大型企业的贡献，实现规模以上工业总产值突破400亿元，电子信息、铝加工产业产值占比85%以上；邕宁新兴产业园区依靠中铁广发、新峰钢构、南宁中车、源正新能源汽车等新增机械装备制造企业的贡献实现规模以上工业总产值增速35.56%，高于全市平均值26个百分点，位列南宁市工业园区工业总产值增速第一。

【投资环境建设】 2016年，南宁五象新区围绕产城融合目标，抓好顶层设计、出台政策；深化行政审批改革，进一步强化审批成果与绩效挂钩，全面推行“三改(城中村改造、旧城改造、棚户区改造)审批、标准审批、整体审批、豁免审批、容缺办理”等具有新区特色的先行先试之举；优化审批手续、投资环境，进一步提升“五象速度”。南宁市继续深化南宁高新区、南宁经开区、广西－东盟经开区三大开发区的体制机制改革，完善行政审批局的职能与运作机制，提高开发区管理效率与行政效能；推进其他园区提高行政效能与审批效率，促进园区提高行政效能；通过财政滚动资金、补助资金、自筹资金等多种途径筹措资金，加快园区主干道及道路关键节点建设、给排水管网建设、供水加压站建设、供电线路改造及变电站维修等急需的基础设施项目建设进度。市财政滚动安排园区基础设施建设周转资金3亿元，重点支持园区道路、供水、供电、污水处理等重点基础设施项目建设24个；南宁高新区、上林县象山工业园区、隆安华侨管理区3个园区获自治区2000万元工业园区发展专项资金扶持，用于基础设施建设与产城互动发展；全市园区完成基础设施建设投资76.50亿元，增长16.10%。市财政安排补助资金1.60亿元，自治区下达补助资金9371.47万元，支持园区标准厂房建设；全市开发区(工业园区)租售标准厂房面积累计129万平方米,为低门槛入驻园区企业和中小企业孵化发展提供高效、便捷的平台。

(黄向荣)

五象新区

【概　况】五象新区地处邕江之南,东至八尺江,南望北部湾,西邻水塘江,北面临邕江;规划面积近200平方千米,涉及邕宁区、良庆区2个城区。2016年,五象新区完成投资301.80亿元,完成年度任务120.72%;引进重点项目41个,计划总投资474.02亿元;完成征地564.67公顷。在建项目471个,比上年同期增长22.02%;新开工项目149个;重点项目竣工51个。

广西南宁五象新区规划建设管理委员会设办公室、财政局、国土局、规划建设局、经济发展和投资促进局、生态和环境保护局6个职能局室,编制49名,在编42人;管理广西南宁五象新区机关事务管理局、广西南宁五象新区房屋征收补偿和征地拆迁办公室、广西南宁五象新区建设管理监察大队、广西南宁五象新区建设工程质量安全监督站4个参照公务员法管理单位,以及广西南宁五象新区综合服务中心1个事业单位,其中参照公务员法管理单位编制57名、在编40人,事业单位编制21名、在编19人。

【投资环境建设】2016年,五象新区出台《关于支持和鼓励上市(挂牌)企业入驻五象新区金融街的实施意见(试行)》《关于进一步促进五象新区总部基地金融街持续健康发展的若干措施(试行)》等政策文件,助推中国人寿财产保险公司、平安集团等金融机构入驻总部基地金融街。深化行政审批改革,开展"项目前期审批攻坚日"活动,五象新区行政审批改革项目被评为南宁市优秀改革创新项目。组织开展集中审批活动10次,为160个重点项目提供前期工作专项辅导;完成发展改革审批194项、规划审批2715项、建设审批1032项、园林审批85项、环保审批219项、用地预审105宗、项目资金审批1239笔、采购项目审批157项;受理评审审计事项411项;核查749个项目林地情况并协调推进46个项目办理使用林地审批手续。

【项目建设】2016年,五象新区完成投资301.80亿元,其中基础设施项目建设完成投资99.16亿元,产业项目完成投资202.64亿元;完成征地564.67公顷,完成年度任务169.40%;完成供地98宗,面积379.33公顷。在建项目471个,新开工项目149个,其中新开工项目建筑面积909.30万平方米,占南宁市本级36.90%;房建类项目在建建筑面积2436万平方米,增长24.22%。重点项目竣工51个,完成年度任务124.40%。

基础设施建设　机场第二高速公路、玉洞大道拓宽、玉象路二期、良庆大桥等重大工程建成通车,青山大桥、银海大道拓宽及地铁2号线、3号线、4号线等工程建设按照时间节点加快推进。53条片区道路路网建设建成通车,其余51条按计划推进。总部基地金融街地下空间综合利用工程项目完成第一阶段建设,第二阶段建设加快推进。推进公厕、垃圾转运站、供水加压站、公交场站、供水、污水、电力、燃气管网等57个配套设施项目建设,其中建成公厕7座,垃圾转运站完成主体工程施工3座,供水加压站通水运行2座,公交场站项目建设8个(建成投入使用1个),污水管网主干管及重点区域管网开工建设37项。供水、电力、燃气等项目同步配套建设。

公共服务配套设施建设　市第三中学五象校区、五象新区第一实验小学等4所学校建成并开始招生;民主路小学五象校区主体工程建设封顶;市第三中学初中部、市第四中学五象校区、市第十四中学五象校区、五象新区第二实验小学、五象新区第三实验小学、秀田小学五象校区等项目开工建设。邕宁区、良庆区人民医院一期工程建设完工,二期工程建设加快推进;市儿童医院建设加快,广西国际壮医医院、明安医院开工建设;广西医科大学口腔医院前期工作加快,宝能龙岗综合医院、宝能玉洞专科医院实现项目供地并加快前期工作。南宁博物馆建成;万达茂大型室内主题公园主体建设完工;广西文化艺术中心项目基本完成主体结构建设;广西新媒体中心、广西体育教科训一体化项目开工建设。

重点片区产业项目建设　房建类项目新开工建设909.30万平方米,在建项目总建筑面积2436万平方米;在建建筑高度100米以上的超高层建筑72栋。其中:总部基地金融街高层建筑完成主体结构建设封顶51.28%,南宁绿地中心、大唐集团总部大厦等项目基本建成;蟠龙片区在建项目31个,开盘销售13个,累计封顶85栋;龙岗片区在建项目50个,开盘销售17个,累计封顶161栋;文旅组团在建项目12个,开盘销售3个,累计封顶18栋;玉洞片区在建项目87个,开盘销售12个,累计封顶228栋;自治区重大公益性项目片区在建项目4个;中国-东盟国际物流基地和新兴产业园重大项目、南宁现代化建材加工及物流配送中心、南宁大型粮食市场等项目建设加快;南南铝电子汽车新材料精深加工等项目开工建设。

【招商引资】2016年,五象新区引进重点项目41个,其中10亿元以上项目18个;计划总投资474.02亿元。实际到位内资(自治区外境内)88.29亿元,实际到位外资完成(广西全口径)1.29亿美元。累计引进世界500强企业18家,国内500强企业20家,境外上市公司17家,金融机构11家;有全国房地产综合实力前十强企业8家入驻。赴北京、深圳、广州等城市开展推介、洽谈招商活动,引进中国人寿财产保险、平安集团、清华启迪东盟科技城、明安医院、宝能医院等企业(项目)落户五象新区。推进总部基地金融街、文旅组团、五象湖周边为重点的核心片区招商和以商招商活动,引进总部经济、金融、文化、物流、电子商务等龙头企业。推动中国-东盟信息港项目加快落地,加快新兴产业园、中国-东盟国际物流基地

2016年,五象新区总部基地金融街局部建设场景　　五象新区管委会提供

项目招商。

【绿色生态建设】 2016年，五象新区创建国家绿色生态示范区，累计完成绿色建筑项目立项119项，绿色建筑比例95%，其中19平方千米国家绿色生态示范区的绿色建筑比例100%。推进“海绵城市”建设，完成南宁博物馆海绵城市工程建设、五象新区总部休闲公园项目等“海绵城市”建设任务23个。建设完成园林绿化工程项目17个，总投资2.38亿元；新增绿地面积120.50公顷。完成玉洞片区路网建设等重大项目绿化工程，推进邕江南岸开发利用工程等一批水环境整治重点项目的绿化工程建设，强化蟠龙片区等完工道路绿化工程的养护管理。推进扬尘污染专项治理，制定、实施《南宁市扬尘污染治理专项行动五象新区扬尘治理工作方案》《五象新区扬尘污染紧急应对工作实施方案》等，建立扬尘污染紧急响应机制，开展空气质量数据实时监控通报；完成绿化用地超高土清理1.56万平方米、黄土裸露治理7.38万平方米，冲洗绿化带、行道树积尘7900多车次。五象新区可吸入颗粒物PM10平均浓度每立方米59微克，低于全市均值（每立方米62微克）；空气质量指数（AQI）优良率88.50%。

【中国－东盟信息港南宁核心基地建设】 2016年4月，国家发展和改革委员会等五部委印发中国－东盟信息港建设方案，信息港建设上升为国家战略；南宁市成立推进中国－东盟信息港南宁核心基地规划建设指挥部，统筹推进南宁核心基地建设。计划推动落地重大项目64个，其中国家级、自治区级项目37个，市本级项目27个。至年末，开工和完成建设工程项目32个（国家级、自治区级项目14个，市本级项目18个），其中中国－东盟信息港产业园一期中国联通南宁总部基地建设竣工并投入使用，广西电子政务外网云计算中心主体建设工程完工，广西国际壮医医院（中国－东盟传统医药信息交流平台）、广西新媒体中心（中国－东盟网络视听产业基地）加紧建设，中国－东盟电子商务产业园、中国－东盟检验检测认证高技术服务集聚区（一期）工程开工建设，广西－东盟地理信息与卫星应用产业园、中国－东盟智慧城市示范产业园等项目推进前期工作。

【申报国家级新区】 2016年3月8日，自治区政府向国务院上报《关于批准南宁五象新区为国家级新区的请示》。7月，完成《南宁五象新区符合土地规划情况报告》《南宁五象新区符合城乡规划情况报告》《南宁五象新区与相关行政区划协调一致报告》《南宁五象新区总体方案实施水资源评估论证报告》《南宁五象新区总体方案实施环境影响评估报告》五大专项报告编制并获国家相关部委一致认可。10月26日，国家发展和改革委员会以《关于设立南宁五象新区有关问题的请示》，正式将《南宁五象新区总体方案》上报国务院。

【筹融资保障】 2016年，五象新区完成总规模50亿元的南宁桂象城市发展基金的设立，按项目进度已提款6亿元，并获国家开发银行发展基金投资中国－东盟信息港南宁核心基地1.50亿元。落实广西壮族自治区专项债券资金3亿元，用于五象新区物流基地中片区路网完善工程等项目建设。推进政府和社会资本合作（PPP）项目建设，重点推进五象新区总部基地地下空间PPP项目；通过公开招标的形式完成社会资本方采购，社会资本投资12.59亿元。开展城市市政基础设施建设项目纳入政府购买服务试点，协调落实农业发展银行、广西北部湾银行等金融机构贷款23.84亿元，用于五象新区物流基地、相关路网建设。

【安置房建设】 2016年，五象新区安置房项目累计开工建设19个，建成后可满足4.20万人的安置需要；年内竣工并通过验收3个、可安置5100多人，为历年建成安置房可安置人数的2.5倍。推进过渡周转房建设，新开工建设过渡周转房项目2个，累计建成并交付使用19个、临时安置1.27万人。 （韦　钰）

南宁高新技术产业开发区

【概　况】 南宁高新技术产业开发区创建于1988年；1992年经国务院批准为国家级高新区；2012年经中央编办正式批准升格为副厅级规格机构，成为自治区首个副厅级高新技术产业开发区。2016年，南宁高新技术产业开发区规划总面积163.41平方千米，人口约19万人，辖心圩、安宁2个街道，分为心圩片区（26.62平方千米）、安宁片区（79.49平方千米）、相思湖片区（49.21平方千米）、综合保税区（8.09平方千米）4个片区。新建区完成全部工业总产值913.50亿元，比上年同期增长16.72%，规模以上工业总产值909.34亿元，增长16.79%；规模工业增加值249.83亿元，增长10.80%；固定资产投资396.49亿元，增长10.17%；社会消费品零售总额93.25亿元，增长11%；财政收入37.37亿元，增长1.38%；外贸进出口总额101.36亿元，增长9.20%；到位内资69.58亿元，直接利用外资9606万美元。产业转型升级成效初显，新一代信息技术、生命健康、智能制造三大主导产业聚集规模工业企业130家，实现产值679.54亿元，增长19.05%，占高新区规模工业产值74.73%。园区内有有效高新技术企业142家。至年末，南宁综合保税区（一期）通过正式验收；园区上市企业7家，挂牌企业15家（新三板挂牌11家），企业获资本市场融资额超50亿元；园区企业广西博世科环保科技股份有限公司参与研发的“造纸与发酵典型废水资源化和超低排放关键技术及应用”项目获国家科技进步二等奖。3月2日，科技部公布第二批科技服务业区域试点单位名单，南宁高新区为自治区首家获批国家级科技服务业区域试点单位；12月3日，在上海举办的“2016（第四届）中国产业园区持续发展论坛”对全国520家国家级产业园区的社会发展、公共服务、产业合作、创新发展、经济发展等方面进行评定，南宁高新区名列31位，连续4年入围全国产业园区持续发展百强榜，为自治区唯一上榜的产业园区。

南宁高新区党工委与高新区管委会合署办公，一个机构、两个牌子，机构规格为副厅级，内设办公室、人力资源和社会保障局、财政局、经济发展局、投资促进局、建设房产局、安全生产监督管理局、社会事业局、城市管理局9个机构，编制91名。

【投资环境建设】 2016年，南宁高新区开展“基础设施百日攻坚”活动，推进城建投资计划项目124个，完成投资43.90亿元；完成征地149.33公顷，拆迁4.05万平方米。开展“土地出让百日攻坚”活动，移交出让16宗土地52公顷，成交10宗37.01公顷，出让收入50.38亿元。南宁·中关村创新示范基地正式运营，加快形成环明月湖创新创业聚集区；高新大道全线通车；北湖工业园安一路、安四路、安六路、宁二路、宁五路等路网开工建设；相思·民族文化风情街基本完工，相思湖北路通车；完成南宁综合保税区（一期）围网内基础设施建设并通过验收。开展“提质增效百日攻坚”活动，动态调整行政审批事项101项，清理行政审批中介服务事项40项；深化“降本减负”改革，为园区2417家企业落实职工养老保险缴费比例降至14%的优惠政策，减少缴纳费用2727.10万元；落实西部大开发税收优惠和高新技术企业优惠政策，减免企业所得税3115万元；加强企业融资、用能、产业孵化、技术改造等方面协调服务，对园区企业予以创新扶持2.69亿元；

建设移动式双创公共服务平台，打造实体服务窗口，为入驻企业提供24小时全方位的创业服务。

【项目建设】 2016年，南宁高新区实施固定资产投资项目952个，完成固定资产投资396.49亿元，其中工业投资项目535个，完成工业投资183.56亿元。推进重大项目47个，累计完成投资38.95亿元，其中列入自治区统筹推进重大(续建)项目1个、完成投资4.77亿元，列入南宁市统筹推进的重大项目20个、完成投资25.41亿元。新开工的市级层面统筹推进重大项目有金红制药生产基地项目，由广西金红制药有限公司投资建设，建设总面积4.16万平方米，总投资2亿元，完成投资1.40亿元。

【招商引资】 2016年，南宁高新区通过“招商引资百日攻坚”活动开展精准招商、专业招商、产业链招商。实际到位内资(自治区外境内)69.58亿元，直接利用外资完成9606万美元。签约引进上海明匠智能系统、广西北部湾石墨烯公司等项目(企业)138个，入驻标准厂房13.51万平方米。以第13届中国－东盟博览会、中国－东盟商务与投资峰会为契机，签订项目22个，内资投资超过25亿元、外资投资1.58亿美元。利用南宁·中关村创新示范基地平台，引进谷歌AdWords(广西)体验中心、宜信国际以色列创新基金、哈工大机器人集团、上海明匠智能系统有限公司、中软国际等一批企业。

【产业孵化】 2016年，南宁高新区科技企业孵化器南宁新技术创业者中心新增广西南宁小动保宠物用品有限公司、广西南宁炫铭医疗卫生用品有限公司、广西泰如网络科技有限公司等孵化企业51家，在孵企业141家；南宁眸博科技有限公司、南宁华度检测科技有限公司、广西南宁智烽电子科技有限公司等12家企业毕业。在孵企业广西贝尼环保科技有限公司smart city项目获2016年广西创新创业大赛暨第五届中国创新创业大赛(广西赛区)决赛团队组第三名。南宁大学生科技创业基地新增孵化空间2000平方米，总面积8000平方米，在孵创业企业50家，其中自主培育的高新技术企业4家(广西迅驰信息科技有限公司、南宁慧视科技有限责任公司、广西界围信息科技有限公司、广西润德信息科技有限公司)，广西著名商标1个(广西南宁博特校园文化设计有限公司)，广西专家服务基地1个(广西南宁隆吉维特生物科技有限公司)。组织开展项目评审3次，新吸纳广西匠宣文化传播有限公司、广西旋风互联网科技有限公司、广西三社文化传播有限公司等创业团队14个；基地内企业员工301人，其中博士13人，硕士研究生10人，本科、大专学历264人。南宁创客城总建筑面积1.50万平方米，其中初创孵化载体6600平方米、孵化器载体(企业加速器)面积8350平方米，设置170个工位供创客及创客团队使用，吸引自治区内外草根创业团队93个(初创孵化载体60个，企业加速器33个)入驻，以“互联网+”为主；孵化毕业团队超10个，其中广西德林生物工程有限公司获融资1000万元，广西叮叮科技有限公司获“天使投资”(权益资本投资的一种形式)资金400万元，广西农小二农业科技有限公司获“种子投资”(提供给投资者或企业家相对数目较小的资金，通常用来验证其概念)资金50万元。

【科技创新】 2016年，南宁高新区专利申请6626件，其中发明专利申请5235件，比上年同期增长56.78%；专利授权1627件，其中发明专利授权841件，增长9.94%；拥有有效发明专利2449件。有自治区级企业技术中心35家(新增1家)，自治区级工程技术研究中心37家；有市级企业技术中心24家(新增3家)，市级工程技术研究中心累计12家；有国家级孵化器3家，自治区级孵化器2家；有国家认可实验室(CNAS)累计11家，院士工作站9家，博士后科研工作站6家；新增国家级知识产权优势企业2家、累计6家，新增自治区级知识产权优势培育企业12家、累计26家；新增广西创新型(试点)企业9家，累计27家(广西创新型试点企业11家、广西创新型企业16家)。南宁创客城、广西申能达科技企业孵化器众创空间、云创智谷3家众创空间通过自治区科技厅备案，纳入自治区级科技企业孵化器管理服务体系。广西田园生化股份有限公司、广西博世科环保科技股份有限公司获“国家技术创新示范企业”称号，为南宁市首批获此称号的企业；广西博世科环保科技股份有限公司参与研究的造纸与发酵典型废水资源化和超低排放关键技术及应用项目获2016年度国家科学技术进步二等奖。

【大型企业落户园区】

上海明匠智能系统有限公司　2016年7月，签约入驻南宁·中关村创新示范基地，在南宁高新区租用标准厂房2.70万平方米，总投资2亿元，建设明匠工业4.0智能制造研发、生产、服务东盟基地。

哈工大机器人集团有限公司　7月，签约入驻南宁·中关村创新示范基地，在南宁高新区投资建设哈工大机器人集团北斗无人机项目及柔性智能制造、智能化生产线项目。计划投资2.40亿元建设北斗无人机项目，打造全国领先、国际一流的工业级无人机研发、生产、测试、技术转让、产业应用、人才培养、产业链上企业培育、市场合作、产业投资等为一体的无人机产业促进体系；计划投资2亿元，租用标准厂房4000平方米，建设柔性智能制造、智能化生产线项目。

固力发集团有限公司　10月，通过“招拍挂”方式，在南宁高新区购地3.33公顷；计划总投资2.80亿元，建设固力发集团输变电器材设备生产项目。

广西南宝特电气制造有限公司　8月，通过“招拍挂”方式，在南宁高新区购地3.33公顷；计划总投资2.27亿元，建设南宝特新型高效节能、环保电力变压器生产项目，用于生产高效节能、环保电力变压器产品。

【南宁软件园】 2016年，南宁软件园有企业470多家，新增广西软博科技有限公司、南宁梦唐软件有限公司、广西九金科技有限公司等6家企业。软件企业从业人员7900多人(博士83人、硕士437人，高级职称415人)，是广西软件研发行业的研发创新高地、人才集聚高地、技术辐射高地。年内筹集科技研发经费1.80亿元(企业自筹0.80亿元、国家支持资金0.30亿元、地方政府支持资金0.65亿元、金融机构贷款0.05亿元)，科技活动经费总投入2.10亿元(研究与试验发展经费投入0.60亿元、软件研发经费投入0.70亿元、新产品开发经费投入0.50亿元、年培训费用投入0.30亿元)。新增国家科技和产业化项目15个，新增地方科技和产业化项目30个；新增自治区级动漫骨干企业2家。广西千年传说影视传媒股份有限公司在“新三板”挂牌，形成以龙头企业带动产业集群发展格局；动漫游戏公共服务平台服务企业30多家，间接新增产值3000万元。

【南宁·中关村创新示范基地正式运营】 2016年7月24日，南宁与中关村合作设立的国内首个双创示范基地——南宁·中关村创新示范基地正式运营。基地位于南宁高新区核心区心圩江明月湖半岛，总建筑面积约8万平方米，由13栋欧式建筑组成。首批入驻基地的企业18家，包括谷歌AdWords(广西)体验中心、宜信国际以色列创新基金、哈工大机器人集团、上海明匠、东软集团、中软国际、深圳同创三维、捷佳润科技、智众伟业等行业领军企业，打造以信息技术做支撑、以智能制造产业为主导、领军企业聚集的创新生态系统，助力南宁成为中国－东盟区域性现代服务业中心城市。

7月24日，南宁·中关村创新示范基地正式运营。图为南宁·中关村创新示范基地实景鸟瞰
南宁高新区信息中心提供

【广西石墨烯研究院落户南宁高新区】 2016年8月21日，广西石墨烯研究院、广西北部湾石墨烯产业技术开发有限公司在南宁生态产业园正式揭牌，年产15吨石墨烯三维构造粉体材料制备中试基地同时投产。

【南宁综合保税区(一期)通过验收】 2016年10月18日，南宁综合保税区(一期)通过由海关总署组织的联合验收组验收评审。南宁综合保税区是南宁市首个海关特殊监管区，国务院批复规划面积2.37平方千米，由2个区块组成，分2期开发建设。其中：一期建设面积0.90平方千米，包括保税物流区、出口加工区、监管作业区3个功能区；二期建设面积1.47平方千米，功能设计以保税物流用地为主。年内基本完成南宁综保区(一期)基础设施项目建设，总投资约25亿元，建成标准厂房6栋，总建筑面积34.44万平方米。 (蒋春敏)

南宁经济技术开发区

【概　况】 南宁经济技术开发区创建于1992年，2001年5月经国务院批准为国家级开发区。2016年，南宁经开区总面积504平方千米，人口25万人；代管那洪街道、金凯街道，托管吴圩镇；由中心区、空港经济区组成。中心区主要由金凯工业园、银凯工业园、北部湾现代产业园、南宁生物医药产业园、中央商务区构成，产业有生物医药、先进装备制造、轻工食品、现代服务业等，其中南宁生物医药产业园是中心区发展的重点；吴圩空港经济区主要打造“一核、四组团”(以吴圩国际机场为核心，发展空港物流产业、航空维修制造产业、临空高新产业、空港商务产业)的重点产业空间布局。南宁经开区全年完成规模以上工业总产值724.91亿元，比上年同期增长16.73%；规模以上工业增加值204.01亿元，增长11.80%；固定资产投资236.14亿元，增长16.85%，其中工业投资137.86亿元、增长1.71%；财政收入34.66亿元，增长6.80%；社会消费品零售总额134.24亿元，增长9.90%；实际到位内资75.75亿元，增长9.78%；实际利用外资8200万美元，增长9.22%。南宁吴圩国际机场坐落于南宁经开区内，年内旅客吞吐量1155.80万人次。

南宁经开区管委会为南宁市人民政府派出机构，机构级别为正处级，内设党政办公室、劳动人事局、财政局、招商局、建设发展局、经济发展局、社会事业局、城市管理局、安全生产监督管理局、食品药品监督管理局职能部门10个，编制70名，实有65人。管理南宁经济技术开发区机关事务管理局(南宁经济技术开发区后勤服务中心)、南宁经济技术开发区人才交流服务中心(南宁经济技术开发区社会保险事业中心)、南宁经济技术开发区房屋征收补偿和征地拆迁办公室、南宁经济技术开发区动物卫生监督所(南宁经济技术开发区养殖业产品质量安全监管服务站)、南宁经济技术开发区城市管理综合行政执法队(南宁经济技术开发区城市管理指挥中心)、南宁经济技术开发区国库集中支付中心、南宁经济技术开发区信息中心、南宁经济技术开发区招商中心、南宁经济技术开发区投资服务中心、南宁经济技术开发区建设工程质量安全监督站、南宁经济技术开发区土地储备中心、南宁经济技术开发区市政环卫管理站、南宁经济技术开发区疾病预防控制中心(南宁经济技术开发区卫生监督所)、南宁经济技术开发区统计普查中心、南宁经济技术开发区安全生产监察大队、南宁经济技术开发区食品药品稽查大队16个事业单位，编制193名(含后勤服务控制数)，实有170人(含后勤服务人员)。

【投资环境建设】 2016年，南宁经开区完成基础设施建设投资13.64亿元。开工建设海城路、铁山港西路、吴圩镇光明南路、北部湾1号路、国凯二支路、留村路北段等项目25个，建设道路总长度25千米；光明路北段工程、北部湾1号北段工程、洪胜路西延工程、国凯大道西延工程、洪运路北段工程、留村路北段工程、同兴北路段工程等市政道路竣工，全长6.60千米。5月初，南宁经开区行政审批局在自治区率先推行“一窗通办”审批新模式，将食药、卫生、经济发展、文体教育、林业、水产畜牧、安监、城市管理、园林交通9类专业窗口的审批业务整合到1个窗口办理，客商、群众通过1个窗口即可综合办理所有审批事项。建立南宁经开区投资项目综合信息库，将企业信息、项目档案信息、行政审批信息纳入信息库管理。5月25日，自治区首家由政府主导的商务秘书公司——南宁市经开商务秘书有限公司在南宁经开区揭牌成立，为企业提供工商注册、政策咨询、商务接待等服务；南宁经开区政务服务大厅“政府扶持政策”窗口揭牌设立。

【项目建设】 2016年，南宁经开区新开工项目403个，其中工业项目297个；竣工项目120个。

柳药中药饮片生产基地项目　2月，项目一期竣工试产；3月21日，举行竣工仪式。位于南宁经开区生物医药产业园内，总投资2亿元，建设中药饮片生产及仓储基地5.60万平方米，主要生产中药饮片浓缩配方颗粒、中药超微饮片、中药保健品等。

南宁空港现代工业产业园项目　3月21日，举行开工仪式。位于南宁吴圩空港经济区内，总投资9亿元，占地84.73公顷，总建筑面积11.48万平方米，主要建设生产性建筑物5栋、生产配套辅助设施建筑2栋、功能性建筑4栋。

诺博医疗科技产业园项目　4月30日，举行开工仪式。由南宁诺博科技有限公司投资，占地6.65公顷，计划投资5亿元，建设期2年。

大自然强化木地板生产加工项目　5月25日，举行竣工投产仪式。由广西柏景地板有限公司投资，占地8公顷，总投资2.76亿元，主要生产大自然强化木地板。

高照10KAV电子系统设备及配电网络智能化项目　6月28日，举行竣工投产仪式。由南宁市高照电器有限责任公司投资,总投资1亿元,主要建设厂房3栋、办公楼1栋、综合楼1栋。

葫芦娃集团广西维威制药基地项目 11月5日,举行开工仪式。总投资2.50亿元,一期工程用地3.27公顷。

广西医科大制药厂中成药、西药生产项目 11月29日,举行开工仪式。占地4.40公顷,总建筑面积5.36万平方米,分2期建设,其中一期建筑面积2.62万平方米,分为检测大楼、综合制剂车间、提取车间、综合仓库、工程楼5个单体。

【招商引资】 2016年,南宁经开区实际到位内资75.75亿元,完成年度任务103.77%;实际利用外资8200万美元,完成年度任务101.23%。签约引进投资2亿元以上的项目4个:总投资3.50亿元的广西医科大制药厂中成药、西药生产项目,总投资6亿元的海南葫芦娃药业集团儿童用药生产基地项目,总投资7.50亿元的南宁邮政陆运及跨境电商中心项目,总投资7.87亿元的协鑫智慧能源控股有限公司协鑫分布式能源项目。引进韩国巴迪泰公司全自动酶标仪项目,安徽沪宁智能消防机器人项目,盛龙年产13万套新能源电动汽车电机、驱动及传动变速器系统建设项目,广西康之源医疗设备有限公司现代物流、钠离子肿瘤检测仪及生物耗材(HBV)生产项目等标准厂房建设项目24个。引进广西融资租赁有限公司、深圳市太极医疗科技有限公司等企业100多家,引进的总部类企业为南宁经开区财政贡献超1.50亿元。

【产业发展】 2016年,南宁经开区生物医药、食品加工、机械装备制造产业完成规模以上工业总产值428.42亿元,比上年同期增长14.25%;占园区规模以上工业总产值59.10%,园区产业特色和集聚效应显现,产业转型升级加快。组织申报国家循环化改造重点园区、设立南宁空港保税物流中心(B型)、进境食用水生物指定口岸、临空经济示范区等,打造园区发展新平台;6月8日,南宁经开区获批为国家循环化改造重点支持园区,获中央扶持资金5000万元。创建首个南宁经开区双创产业园暨"研祥智谷创新创业基地""研祥智谷产学研合作基地",签署入驻协议的企业19家。加快推进空港经济区建设,推进吴圩污水处理厂、集中供水厂、回建安置小区等基础设施建设,引进南宁空港物流园电商快递枢纽基地一期项目、南宁邮政陆运及跨境电商中心项目、安港现代电商产业项目、民生电商(南宁)现代金融仓储项目等产业项目。加快生物医药产业集聚发展,生物医药产业园一期引进广西医科大制药厂中成药和西药生产项目、海南葫芦娃药业集团儿童用药生产基地项目等一批生物医药企业(项目)建设。南宁娃哈哈恒枫饮料有限公司纳税1.13亿元,首次突破亿元大关,成为南宁经开区首家年度纳税超亿元的工业企业。

【大型企业落户园区】 2016年,南宁经开区以引进世界500强企业、国内医药行业50强重点企业为主要目标,与多家企业签订生产项目投资协议。3月3日,南宁经开区金融街产业集聚区揭牌,太平洋证券股份有限公司、上海诚泰融资租赁、广投金控等一批新入驻的金融总部类企业与南宁经开区签订入园区协议。5月16日,举行经开区金融街产业集聚区2016年第二季度入园区企业签约仪式,上海股权交易托管中心、广西融资租赁有限公司、国海证券股份有限公司等10家金融总部类企业与南宁经开区签订合作协议;华林证券、西部证券、国海证券、长城证券、申万宏源等券商分别与南宁庞博生物有限公司、南宁千年工艺股份有限公司、南宁一举医疗电子有限公司等15家园区企业签订上市辅导协议。6月24日,南宁经开区在金凯南标准厂房举办医疗器械项目招商推介会,70多家国内外知名企业(协会)100多名客商参会,10家企业与南宁经开区签订入驻协议,签约总投资15.70亿元。9月23日,总投资1.30亿元的广西医疗器械检测中心建设项目在南宁经开区举行签约仪式,正式落户;项目选址金凯工业园,由自治区食品药品监督管理局、南宁经开区管委会合作共建,占地1.12万平方米,计划建设通用实验室5个、专业实验室10个。11月29日,举行2016年战略性新兴产业项目集中签约仪式,广西盛龙新能源汽车制造有限公司、浙江超悦电控设备科技有限公司等6家企业签约入驻项目6个,总投资21.07亿元。 (冯梅丽)

广西-东盟经济技术开发区

【概 况】 广西-东盟经济技术开发区前身是2004年3月成立的南宁-东盟经济开发区,是国家发展和改革委员会2005年12月第一批通过审核公告的省级开发区;2013年3月经国务院批准升级为国家级经济技术开发区,更名广西-东盟经济技术开发区。总面积180平方千米,人口约8万人;有归侨、侨眷约7000人,是全国归侨、侨眷最集中的聚居地之一。广西-东盟经开区实行三块牌子(广西-东盟经济技术开发区、南宁华侨投资区、广西国营武鸣华侨农场)、一套人马管理模式;自成立以来先后安置印度尼西亚、越南、柬埔寨、老挝、缅甸、泰国、马来西亚、新加坡、菲律宾9个国家的归侨、难侨1.20万人。2016年,广西-东盟经开区完成规模以上工业总产值279.51亿元,比上年同期增长20.10%;规模以上工业增加值69.10亿元,增长12.20%;固定资产投资156.59亿元,增长14.77%;财政收入10.50亿元,增长11.77%;直接利用外资5350万美元,增长7.97%;到位内资56亿元,增长9.81%;社会消费品零售总额3.69亿元,增长10.94%;外贸进出口总额7.67亿元,增长3.70%。

广西-东盟经济技术开发区管理委员会(南宁华侨投资区管理委员会)为南宁市人民政府派出机构,与党工委合署办公。内设机构13个,分别是:党政办公室(加挂信息中心、精神文明办公室、电视台、政务服务管理办公室)、人力资源和社会保障局(组织部与人力资源和社会保障局合署办公,加挂党建办公室、绩效考评办公室、关心下一代工作委员会)、经济发展局(加挂公路管理养护所、固定资产投资办公室、项目前期办公室)、财政局(加挂国有资产管理办公室、农业综合开发办公室、筹融资办公室、国有企业改革办公室)、招商促进局(加挂投资投诉中心、企业服务中心、北部湾办公室)、建设局(加挂人民防空办公室、墙体材料革新办公室、城市建设档案馆、建设工程招标投标监督管理办公室、"造城运动"指挥部办公室、物业专项维修资金管理办公室)、规划管理局、农林水利局(加挂农场综合改革办公室、统筹城乡发展工作办公室)、外事侨务旅游办公室(加挂对台工作办公室、对台事务办公室)、安全生产监督管理局、社会事务管理局(加挂社会管理综合治理办公室、残联办公室、流动人口办公室、法制办公室、行政执法监督局、司法局)、卫教文体局、食品药品监督管理局(加挂食品安全委员会办公室);编制90名,实有75人。参照公务员法管理事业单位9个,分别是:人才交流服务中心、城市管理综合行政执法队、动物卫生监督所、房屋征收补偿和征地拆迁办公室、社会保障管理服务中心、国库集中支付中心、机关事务管理局、南宁市建设工程质量监督站广西-东盟经济技术开发区(南宁华侨投资区)分站、土地储备中心;编制102名,在岗70人。事业单位20个,分别是:林业工作站、招商中心、人口和计划生育服务所、市政环卫管理站、社会福利院、统计普查中心、疾病预防控制中心、安全生产监察大队、食品药品稽查大队、华侨中学、中心小学、团结小学、正安小学、武帽小学、宁武小学、第一幼儿园、第二小学、致和路小学、里建社区卫生服务中心、医院;编制661名,在岗381人。

【投资环境建设】2016年,广西－东盟经开区推进编制《广西－东盟经济技术开发区控制性详细规划及部分地块控制修编》《广西－东盟经济技术开发区城市“绿线、蓝线、黄线”控制规划》《广西－东盟经济技术开发区街头艺术小品规划研究》《广西－东盟经济技术开发区电力专项规划》等。2月1日起,承办市政府和市直有关部门授权行使的101项行政许可事项;9月1日,将“政府投资项目审批”“建设工程报建备案”等32项其他政务服务事项移交到东盟经开区行政审批局办理,实现“一枚公章管审批”。11月,广西－东盟经开区管委会批准实施《广西－东盟经济技术开发区村史室改造及布展设计》;14日,《广西－东盟经济技术开发区宁武都市农业(核心)示范区概念性规划》通过市级联合评审会并获批准备案。广西－东盟经开区审查建筑工程项目总评方案39个、单体设计方案41个,审查规划选址项目21个;核发建设用地规划许可证100份、建设工程规划许可证60份;审批竣工项目44个;审核市政管线方案25个。制定出台《广西－东盟经济技术开发区党政领导服务企业工作方案》,成立9个服务企业工作小组走访服务企业127家,收到企业反映问题259个,帮助解决207个;建立“一企一档”工作机制,解决企业在项目建设和生产过程中遇到的困难及问题,在项目建设推进过程中,收到企业反馈问题684个,解决651个;扶持工业企业项目25个,安排落实扶持资金2849.50万元。推进棚户区改造和民生项目,开工建设棚改住房924套;新建保障房730套,分配入住保障性住房600套。开工建设市政基础设施项目24个。其中:新建项目开工11个,累计完成投资1.56亿元;续建项目开工13个,完成投资3.26亿元。投资279.33万元,建设村屯道路硬化38.60千米。

【项目建设】2016年,广西－东盟经开区推进购地类项目开工建设6个,总投资66.25亿元,总用地面积78.67公顷;推进购地类标准厂房项目建设,竣工3个,总投资3.14亿元;推进租赁标准厂房投产项目17个,租赁厂房面积14.50万平方米。自治区层面重大项目南宁三祥热电有限公司热电联产项目完成部分厂房建设,一期供热项目竣工投产,年度完成投资1.90亿元;南宁市层面重大项目广西建宏混凝土有限公司混凝土搅拌站项目、广西强荣实业有限公司年产10万吨涂布浆状重钙项目、南宁淮南王豆奶有限责任公司年产10万吨豆奶生产项目、广西桂储物流有限公司仓储物流项目、广西阳宇机械有限公司年产1.50万台农用机械项目、广西湘华宇机械产业开发有限公司广西东盟机械产业园项目等新建、续建项目分别完成部分单体建设或厂房装修,广西禅方药业有限公司标准厂房、广西禾力药业有限公司医药产业标准厂房、广西南宁鹰塑科技有限公司标准厂房3个项目竣工,完成年度总投资12.34亿元。

【招商引资】2016年,广西－东盟经开区把握“抓大不放小”总基调,开展食品加工、生物医药、机械制造等主导产业的产业链招商,拓展新材料、节能环保等新兴产业领域招商渠道。引进项目27个,总投资71.62亿元,其中超亿元项目4个、总投资64.75亿元。2016年“两会”经贸活动期间,广西－东盟经开区邀请参会客商33人,签约广西科天水性科技投资基金项目、环保新材料包装膜项目、王老吉凉茶生产项目等16个(内资项目14个、外资项目2个),总投资29.65亿元。1月14日,广西南宁齐力门业有限公司门业生产销售项目入驻园区,总投资不少于2500万元。2月,广西春纪金属制品有限公司不锈钢门及门配件生产销售项目入驻园区,总投资不少于3000万元。3月1日,南宁谷道食品有限公司鲜米粉、河粉生产项目入驻园区,总投资不少于4500万元;24日,南宁粤玻实业有限公司三期年产5万吨玻璃制品项目入驻园区,总投资1.25亿元。4月6日,广西绿地球电机有限公司电机再制造及维修项目入驻园区,总投资不少于4000万元。5月4日,南宁市齐华星光电科技有限公司摄像头生产项目入驻园区,总投资不少于1800万元;9日,广西南宁博格食品有限责任公司烘焙、鲜切果蔬、沙拉、汤汁、食品工厂项目入驻园区,总投资不少于3000万元。5月9日,广西南宁科天水性科技产业园项目入驻园区,12月24日举行开工奠基仪式,总投资60亿元(一期投资28亿元),列入2017年自治区统筹推进重大项目;总占地面积67.50公顷,总建设期约2年;包括年产5万吨水性聚氨酯树脂的水性高分子项目、年产400万张的水性板材贴面项目、年产500万张的木香板项目、年产500万平方米的水性木地板项目、水性合成革项目、水性涂料项目、水性密度板项目、水性刨花板项目、无毒家具项目、无毒全屋定制家具项目10个子项目。8月22日,广西壮方生物科技有限公司王老吉凉茶生产项目入驻园区,总投资2.50亿元(一期投资1.50亿元,二期投资1亿元);25日,南宁市恒隆生物科技有限公司年产1000吨华懿堂酒项目入驻园区,总投资不少于2000万元。9月30日,南宁多灵生物科技有限公司医疗机构项目入驻园区,总投资3000万元。10月13日,广西良果生物科技有限公司水果酵素生产与销售项目入驻园区,总投资不少于6500万元。

12月24日,广西南宁科天水性科技产业园在广西－东盟经开区举行开工仪式,著名篮球运动员姚明(前左六)出席　　广西－东盟经开区信息中心提供

【工业产业发展】2016年,广西－东盟经开区有企业近700家,其中工业企业290多家,投产企业226家,规模以上工业企业94家,实现工业总产值279.51亿元。有食品加工产业企业59家,其中投产企业40家,规模以上企业25家;实现产值86.33亿元,占工业总产值30.90%。有纸品及其他产业企业46家,其中投产企业38家,规模以上企业29家;实现产值69.31亿元,占工业总产值24.80%。有金属机械制造产业企业77家,其中投产企业49家,规模以上企业18家;实现产值66.88亿元,占工业总产值23.90%。有生物制造(化工)企业54家,其中投产企业39家,规模以上企业12家;实现产值37.46亿元,占工业总产值13.40%。有家

南宁年鉴

具和木材加工企业及木、竹、藤、棕、草制品业企业42家,其中投产企业36家,规模以上企业8家;实现产值14.72亿元,占工业总产值5.30%。有皮革、毛皮、羽毛及其制品和制鞋业产业企业7家,其中投产企业6家,规模以上企业2家;实现产值4.81亿元,占工业总产值1.70%。

【农业现代化示范区建设】 2016年,广西－东盟经开区实施宁武都市农业(核心)示范区建设,实现示范区内道路、水利灌溉等基础设施全覆盖;建成大棚西甜瓜种植基地(66.67公顷)、双季葡萄标准化生产基地(66.67公顷)、罗非鱼生态养殖基地(53.33公顷)、无公害蔬菜种植基地(33.33公顷)等现代农业示范基地项目7个,是自治区最大的大棚设施种植西甜瓜基地与连片淡水罗非鱼养殖基地,申报自治区级现代农业核心示范区项目。依托"一院三站"(广西农业科学院,广西农业技术总站、广西蚕业总站、广西水果总站)优势资源,打造广西－东盟现代农业示范区——广西－东盟现代农业硅谷。

【农场综合改革】 2016年,广西－东盟经开区继续推进农场综合改革"农改搬迁"工作,第二批农场综合改革房屋搬迁工作涉及农村生产队7个、农场27个,涉及农户、职工户数1835户,签订搬迁协议书有1240户,落实安置住房501户。

【南宁市第十人民医院(广西－东盟经济技术开发区人民医院)挂牌】 2016年3月26日,广西－东盟经济技术开发区举行"南宁市第十人民医院""广西－东盟经济技术开发区人民医院"更名挂牌仪式。医院前身是建于1962年的广西－东盟经济技术开发区(南宁华侨投资区)医院。4月21日,广西－东盟经开区人民医院与南宁市第一人民医院签署医疗联合体协议。11月8日,广西－东盟经开区举行南宁市第十人民医院门诊综合楼开工仪式,总投资9900万元,总建筑面积2.50万平方米。

【南宁教育园区(西片区)建设】 2016年,广西－东盟经开区加快南宁教育园区建设。累计完成基础设施建设投资5.72亿元。其中:西片区"两横四纵"6条主干道路全面开工建设,累计完成投资4.38亿元;西片区综合配套服务4个项目在建,累计完成投资1.34亿元。筹措建设资金19.80亿元。其中:上级资金2.53亿元,银行贷款到位5.64亿元;金融机构其他类型融资到位8.96亿元;入园院校缴纳的预付款与履约金2.67亿元。西片区完成征地503.66公顷。广西民族大学、广西民族大学相思湖学院、桂林理工大学博文管理学院、广西中医药大学护理学院、广西机电工程学校、南宁市第三职业技术学校、广西国际商务职业技术学院、广西华侨学校、广西幼儿师范高等专科学校9所院校与广西－东盟经开区签约入园协议。分2期推进实训基地项目建设,项目总投资7.30亿元,建筑面积16万平方米。其中:一期建筑面积7.60万平方米,建设投资3.70亿元,一期1标段(4.85万平方米)5月动工建设,至年末累计完成投资1.19亿元;二期规划建筑面积8.40万平方米,建设投资3.60亿元。

【社会事业】 2016年,广西－东盟经开区落实最低生活保障、优抚政策,为低保对象1780人次发放低保金68.02万元,为优抚对象163人发放补助金39.85万元。推进里建农村(城市)养老服务中心项目、广西－东盟经开区社会福利院2号养护楼及配套设施项目建设;在2个社区建立居家养老日间照料中心;为80周岁以上老年人发放高龄津贴3137人次73.54万元。为企业输送人才9587人,扶持就业创业153户(家);发放财政贴息贷款21笔165万元。在中心区社区和华侨城社区分别开展"全国社区侨务工作明星社区""全国社区侨务工作示范单位"创建活动。6月16日,广西－东盟经济技术开发区中心区社区国侨办"侨之家"工作联系点举行揭牌仪式;中心区社区实施侨务工作关爱服务工程,开展"送温暖、献爱心"活动,节假日慰问特困归侨、侨眷250户,发放慰问金7.76万元;帮助6名归侨、侨眷困难家庭子女争取助学金8000元。继续推行15年(学前3年至高中)免费教育,2016春季学期年发放"教育券"2375张,拨付15年免费教育经费204.70万元。 (张向新)

南宁六景工业园区

【概　况】 南宁六景工业园区2002年2月创建;2006年3月,获国家发展改革委批复为自治区级开发区;2010年1月经自治区政府批准,列入广西北部湾经济区14个重点产业园区之一。2016年,六景工业园区完成规模以上工业总产值159.05亿元;固定资产投资41亿元;实际到位资金(自治区内境外)28.48亿元;财政收入8.37亿元;签订投资项目17个,总投资20.48亿元。园区管委会内设综合部、投资发展部、规划和土地管理部、那阳工业集中区管理部;有编制64名,在编50人。

【投资环境建设】 2016年,六景工业园区基础设施建设完成投资1.88亿元,进一步改善园区投资硬环境。续建市政道路项目有疏港大道、经二路、纬八路、北经一路、纬十一路、纬六路,新开工的有纬三路,开展前期工作的有化龙至扬江道路、景江大道、纬四路(景州大道至北经一路)等;开展六景镇污水管网及污水提升泵站项目,和凯科技园生产大楼、南宁六景工业园区科技孵化中心装修工程,横县人民检察院驻六景工业园区检查室业务用房项目的土地平整工程、园区部分电力线路改造工程等项目建设。

【招商引资】 2016年,六景工业园区到广东省、福建省、湖北省武汉市等省市与符合园区产业定位的客商进行洽谈、沟通交

2016年,南宁港六景港区　袁业铀提供

流,引进投资项目,促成项目落地。签约总投资 20.48 亿元,实际到位资金 28.48 亿元;签订投资项目 17 个。其中:入驻园区标准厂房建设项目 9 个,租赁标准厂房建设面积 1.74 万平方米,总投资 2.48 亿元;其他工业项目 8 个,总投资 18 亿元。

【产业发展】 2016 年,六景工业园区分为六景园区、那阳工业集中区 2 个片区。六景园区依托区位、交通、港口及环境容量等优势,承接临海、临港上游和下游产业项目,重点发展电力化工、机械装备制造、造纸及纸制品产业,打造循环经济特色明显的区域性重化工及制浆造纸产业基地;那阳工业集中区利用农副产品及矿产资源,重点发展农林产品加工(茉莉花、茶叶、茧丝绸、纺织服装及板材加工)与建材加工产业。至年末,南宁六景工业园区初步形成电力化工、机械装备制造、造纸及纸制品、建材加工、农林产品加工五大产业集聚区。 (袁业铀)

南宁仙葫经济开发区

【概 述】 南宁仙葫经济开发区 1994 年 4 月创建;2006 年 3 月,获国家发展改革委批复为自治区级开发区。仙葫经开区地处南宁市民族大道东段,含五合工业园、五合大学城、伶俐工业园区、中国－东盟(南宁)现代农业园、二塘工业园 5 个园区;辖区面积 162.93 平方千米,其中重点开发面积 66.35 平方千米。辖社区居委会 7 个、村民委员会 1 个(德福村委 2016 年 11 月正式行政托管),人口 8.84 万人;入驻企业 160 多家,其中规模以上工业企业 10 家(产值亿元以上企业 4 家)。2016 年,仙葫经开区实现工业总产值 36.10 亿元,其中规模以上工业总产值 34.34 亿元;全社会固定资产投资 40.80 亿元;招商引资实际到位资金 10 亿元;社会消费品零售总额 8.07 亿元。

仙葫经开区管委会(行政级别正科高配)内设党政办公室(挂应急管理办公室牌子)、投资促进局(挂项目发展办公室牌子)、经济发展局、住房和城乡建设局、城乡管理与执法局(挂食品安全办公室牌子)、社会事务管理局(挂社会治安综合治理办公室牌子)6 个正科级机构;编制 38 名,在编 38 人;下辖人口和计划生育服务所、财政所、劳动保障事务所、工业园区管理办公室、现代农业园区综合管理办公室、征地拆迁补偿办公室、城乡管理办公室 7 个事业单位,编制 83 名,在编 71 人。

【投资环境建设】 2016 年,仙葫经开区伶俐工业园区基础设施建设逐步完善,实现大部分道路通车;完成 8 万平方米标准厂房建设项目并通过竣工验收;推进项目周边配套路网工程前期工作,做好城市道路、交通、亮化、公共场所等市政设施的建设、维护、管理;给水厂、污水处理厂建设项目前期工作进展顺利。

【项目建设】 2016 年,仙葫经开区完成征地 163.43 公顷,拆迁房屋 15 万平方米,保障邕宁水利枢纽工程(坝区)项目、郁江南宁市仙葫半岛堤工程、南宁蓉茉大道北延长线项目、柳(州)南(宁)高速公路改快速路工程、南宁体育运动学校、广西师范学院(五合新校区)、广西经贸职业技术学院、三岸排水渠二期工程、仙葫五合汽车组装项目、佳园住宅小区项目 10 个重大项目建设用地的需要。总投资约 100 亿元的斐讯数据通信南宁产业基地项目建设基本完成;广西物宝农业科技有限责任公司年产 20 万吨复合肥搬迁技改项目、广西超大运输集团伶俐物流港项目等项目的一期工程建成投产后生产正常,均开始建设二期工程。10 月 31 日,伶俐工业园区内重大项目——通用机场项目开工建设,推进项目周边配套路网工程前期工作,配合晟宁公司开展园区给水厂、污水处理厂的前期工作。广西景和机械停车设备项目完成土建投资 1.10 亿元。

【招商引资】 2016 年,仙葫经开区现代农业园区有台湾农业文化创意园、南宁市黄龙果业科技有限责任公司、南宁市泰萌农业开发有限公司、台湾金都农业发展有限公司等企业入驻;成立南宁市香提葡萄农民专业合作社等专业合作社 3 家,总体规划用地 333.33 公顷。

【产业发展】 2016 年,仙葫经开区继续实施转型发展,以工业开发建设为重点,坚持工业拉动为主导、科教力量为支撑,打造高教园、电子信息、通用航空等产业集群发展。五合大学城建设初具规模,有在校生 3.50 万人;推进南宁电子生产基地项目一期工程;通用机场开工建设,建成后将成为承载南宁市战略性新兴产业的示范基地,带动南宁市通用航空产业发展。现代农业园区建成精品四季果园 33.33 公顷,实现从传统的农业产业向生态休闲观光农业的转型升级,双季葡萄园稳定种植面积保持约 100 公顷。

(吴堂军)

南宁江南工业园区

【概 况】 南宁江南工业园区前身是 2003 年 7 月创建的南宁经济技术开发区铝工业园区;2006 年 3 月,更名南宁江南工业园区,4 月,获国家发展改革委批复为自治区级开发区。园区规划总面积 41.03 平方千米,其中沙井分区 31.97 平方千米,富宁经济园 7.90 平方千米,石柱岭铝加工产业园 1.16 平方千米。重点发展铝精深加工、电子信息及相关配套产业、现代会展业、清洁能源等新兴产业。2016 年,江南工业园区完成规模以上工业总产值 426.49 亿元,比上年同期增长 155.62%;规模以上工业增加值 107.72 亿元,增长 108.70%;全社会固定资产投资 70.86 亿元,其中工业投资 50.16 亿元、增长 43.23%;财政收入 6.25 亿元,增长 21%。

南宁江南工业园区管理委员会为参照公务员法管理单位,原有综合部、财务部、工程部、项目部、群众工作部 5 个内设机构,2016 年 12 月内设机构调整为党政办公室、财政局、建安管理局、经济投资促进局、社会事业局;核定事业编制 25 名,在编 25 人。

【投资环境建设】 2016 年,江南工业园区完成基础设施投资 5.96 亿元,建成定秋路、上津路等一批道路;建成 63 万平方米标准厂房并投入使用。实行江南区四家班子领导联系服务重大项目制度,一个项目由一名四家班子领导、一个服务队负责联系,答复、解决企业诉求及问题。

【项目建设】 2016 年,江南工业园区新开工项目 34 个,完成投资 28.20 亿元;续建项目 25 个,完成投资 20.70 亿元;竣工投产项目 16 个,累计完成投资 16.30 亿元。6 月 28 日,江南区富宁工业标准厂房项目、泉港江南企业总部项目一期工程竣工,累计完成投资 9.50 亿元。

弘信(南宁)创业工场移动互联产业园项目 计划总投资 30 亿元,总建筑面积 45 万平方米;主要由标准厂房、研发中心、SOHO 公寓(商务公寓)、众创办公大楼、展示区、生活区综合楼组成。6 月,项目一期工程开工建设;年内完成投资 1.50 亿元。

广西－东盟国际医疗健康电子信息科技综合产业园项目 计划总投资 6.50 亿元,建设以医疗器械、医药、保健养身等相关健康产业为核心的医疗健康产业园,面积 31 万平方米。11 月,开工建设;年内完成投资 1.60 亿元。

南宁·肉禽集散中心项目 计划总投资 5.43 亿元,总建筑面积 10 万平方米,是集产品展示交易、冷链物流、保险加工、检验检疫、配套金融商业服务等功能于一体的现代化专业肉禽类集散中心。11 月 29 日,举行开工仪式;年内完成投资 2500 万元。

亭洪路延长线(壮锦大道—南建路)项目 计划总投资 6.50 亿元,已开工建设。建成后将直接打通江南区“四横三纵”路网,实现沙井片区与老城区无缝对接。

沙滨路(沙井大道—同乐大道)项目计划总投资8500万元,已开工建设。

【招商引资】 2016年,江南工业园区引进项目106个,总投资60亿元;其中标准厂房引进中小企业101家,总投资7亿元。7月31日,猪八戒网江南创意城项目签约落地,计划总投资约5亿元;9月19日,中国-(东盟)电子竞技产业园签约落地,计划总投资1.50亿元,打造电竞产业特色于一体的综合性新型体育产业园。召开"南宁市投资环境推介会暨富士康供应商大会",江南工业园区联手富士康分别与德国Metirionic Zigpos下属的2家公司、深圳市智联云网科技有限公司、深圳市质溯电子有限公司、齐勤科技股份有限公司、上海固高欧辰智能科技有限公司6家企业签订三方协议。

【产业发展】 2016年,江南工业园区新增规模以上工业企业10家,其中新增强优工业企业5家;以富士康为龙头的电子信息产业、南南铝为龙头的铝精深加工产业集群初步形成。举办2016年轻工展、平话文化旅游节、国际旅游美食节等大型会展活动,会展业品牌影响力持续提升。南南铝加工项目位于石柱岭铝加工产业园内,年内完成产值40.88亿元,增长18.71%;南南铝加工公司研发的航空铝、南铁铝材料产品达到国际先进水平,被评为广西高价值专利培育示范中心,获南宁市技术创新标杆企业奖。富士康南宁科技园项目位于沙井分区内,年内完成产值320.53亿元,增长13.66%,获第二届市长质量奖。南宁华南城项目位于沙井分区内,"中国-东盟商品交易中心(华南城)"被南宁市认定为现代服务业集聚区(筹建)。 (金 媛)

广西良庆经济开发区

【概 况】 广西良庆经济开发区2007年3月由南宁市大沙田经济开发区、邕宁沿海经济走廊开发区整合成立,为自治区级开发区;管辖区域面积46.89平方千米(含代管区域)。其中:中国-东盟国际物流基地银海大道西片区8.50平方千米;物流基地28号路以南片区2.79平方千米;国家发展和改革委员会核定到南宁经济技术开发区但属良庆区行政辖区范围的7.10平方千米;那马组团15平方千米;太安龙象工业集中区规划面积13.50平方千米(代管)。2016年,良庆经开区完成规模以上工业总产值142.96亿元;规模以上工业增加值40.76亿元;工业投资总额21.39亿元;财政收入4.65亿元;实际到位内资49.40亿元,直接利用外资6820万美元。

良庆经开区党工委、管委会是良庆区党委、政府派出机构,行政级别为副处级;有党政办公室、经济发展局、财政局、人事劳动和社会保障局、招商局、建设局、安全生产监督管理局7个内设机构,有广西良庆经济开发区征地和拆迁办公室、广西良庆经济开发投资和服务中心、广西良庆经济开发区机关事务管理局3个直属事业单位;编制67名(行政编制45名、事业编制22名),在编59人。

【投资环境建设】 2016年,良庆经开区培育广西盛东混凝土有限公司、广西屹桂混凝土有限公司2家企业成为亿元企业,实现新增产值近4亿元。帮助企业争取资金、政策扶持,促进企业发展壮大,协助宝象建材有限责任公司等9家企业获城区财政扶持资金226万元;协助广西盛誉糖机制造有限责任公司等9家企业获上级扶持资金1338万元;协助广西昌弘制药有限公司等2家企业技术创新项目获扶持资金92万元。贯彻"降本减负"等相关政策,开展稳增长政策宣传;帮助园区61家企业(规模以上企业43家)办理降低养老保险费率手续,每月为企业减轻经济负担约55万元。通过举办"春风行动"大型招聘会、"政银企"(政府、金融、企业)三方座谈会等方式,为企业解决用工难、融资难等问题。举办招聘会2次,为园区50多家企业2000多个用人岗位提供现场招聘活动,现场达成用人意向800多人;组织园区30多家企业与8家金融机构进行对接座谈。开展良庆河、楞塘冲综合整治二期征地拆迁,其中玉洞村完成征地并交地施工13.33公顷、完成房屋拆迁签约5万平方米,新村完成征地签约16.67公顷、房屋拆迁签约2.30万平方米。

【项目建设】 2016年,良庆经开区推进工业项目建设,工业经济实现可持续增长,25个重点项目建设取得突破。其中:12个在建项目中,广西旅发铁建商品混凝土有限公司(原城投公司)等3个新项目竣工,南宁品真科技有限公司临床医学检验设备及器械开发制造项目二期工程建设办理竣工验收手续,广西盛东混凝土有限公司、广西屹桂混凝土有限公司2个新投产的企业成为新增的亿元企业;13个新建项目中,广西源盛仓储物流股份有限公司南宁现代化建材加工及物流配送中心项目、广西石埠乳业有限责任公司10万吨蛋白饮料及谷物饮料生产加工迁建项目等4个项目开工建设。

【产业发展】 2016年,良庆经开区以工业为主导,以重点工业项目为龙头,培育和发展特色工业经济,逐步形成有色金属深加工、饲料、机械制造、建材、制药、轻工等特色产业群。有色金属加工业主要以氧化锑及关联产品生产企业为主,有规模企业1家,完成产值17.89亿元;饲料加工业是良庆经开区的传统行业,正大、双胞胎等饲料业品牌入驻,有规模企业8家,完成产值21.07亿元;机械电子工业主要以糖机设备生产、电气设备生产企业为主,有规模企业5家,以苏氏集团等企业为主,完成产值8.20亿元;建材工业有规模企业18家,主要以生产混凝土、钢管、人造板、管材、高温材料为主,完成产值46.71亿元;生物制药工业主要以中成药提取、中药深加工、西药生产企业为主,有规模企业7家,完成产值26亿元;轻工及其他工业是园区工业经济发展的中坚力量,有规模企业16家,完成产值23.08亿元。 (骆 颖)

2月25日,良庆经开区在玉洞商贸城举办2016年"春风行动"企业用工招聘会

良庆经开区管委会提供

责任编辑 陆 靖

人　物

新闻人物

张世封等 10 人　广西福彩中心南宁市民主路销售厅福彩 45019088 站员工。2015 年 11 月 11 日，彩民王先生到广西福彩中心民主路销售厅福彩 45019088 站购买彩票，因临时遇到急事，给销售员张世封留下一组号码及购票现金后就离开，张世封第二天例行查号时发现王先生让代购的彩票中奖 75 万元；王先生未留下联系电话、地址，张世封与员工一时联系不上王先生，只好张贴告示寻找；王先生再次来到站点时，站点销售人员将中奖彩票交还给。福彩站员工张世封、廖丽丽、黄盛参、李陆杰、吕玉梅、毛钰栋、王博、梁按棋、黄才修、梁彬 10 人良好的职业道德获得到市民赞扬。张世封等 10 人还坚持热心公益事业，5 年筹集公益资金 3000 多万元。结对兴宁区民生街道北宁社区、朝阳警务站，开展扶贫助困等公益活动；慰问空巢老人和生活困难家庭。

2016 年 1 月，张世封等 10 人上榜中央文明办主办的中国好人榜——诚实守信好人。（黄　婷）

林德卿　1986 年 9 月出生，广西海博出租汽车有限公司党员示范班组夜班驾驶员。入职以来，林德卿践行乘客至上的服务理念，以实际行动践行“讲良心、重诚信”的道德品质，履行党员模范带头作用。驾驶的桂 ATH755 出租车是南宁市交通运输行业第一批“先锋示范车”；2015 年 3 月，被市交通局授予“文明礼让之星”；7 月，被市总工会评为“工人先锋岗”；8 月，入围第一届南宁市公交出租文明服务标兵。2015 年 12 月 23 日，林德卿发现后排座位上有一袋黑色物品（内装 25 万元），马上拨打公司值班电话进行语音留言，表示要电话联系乘客及时归还巨款，并留下来等候，将 25 万元交还失主何先生。2016 年 3 月，林德卿上榜中央文明办主办的中国好人榜——诚实守信好人。（黄春梅）

谭永宁　1969 年出生，广西贵港人，横县百合镇河塘村委网箱养鱼专业户。2015 年 4 月 30 日下午 5 时，谭永宁从郁江对面红砖厂拉薄膜回到网箱处，突然听到发现江心一只小船正往下沉，谭永宁不顾个人安危，马上开动鱼船向事发地点驶去，救起落水儿童 2 名、妇女 2 名、男子 1 名；避免一场灾难发生。2016 年 3 月，谭永宁上榜中央文明办主办的中国好人榜——见义勇为好人。（农　林）

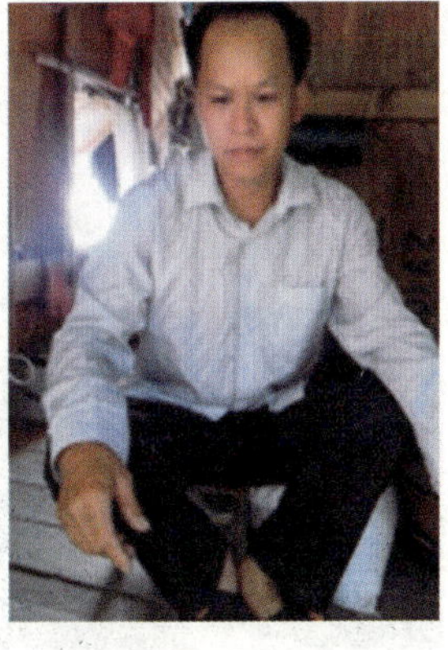

韦四书　1970 年出生，马山县乔利乡三乐村村民，百掌码头船工。韦四书在红水河摆渡 20 年间，义务当救生员；累计从红水河救起 25 人，其中最多的一次救起 8 人。红水河水流湍急，水下暗流涌动，水面漩涡连连，即使水性很好的人跳入河中救人，也是十分危险的事情。2015 年 5 月 2 日，百掌沙滩 3 名游客不慎掉落红水河，眼看就要被河水冲走，情况十分危急。

韦四书与儿子韦生华听到呼救声后，跳入河里合力搜救落水者，后在其他船工和游客的协助下，将 3 名游客全部救起。2016 年 2 月，韦四书上榜中央文明办主办的中国好人榜——见义勇为好人。（黄世标）

陈学标　壮族，1963 年 10 月出生，2003 年 6 月加入中国共产党，良庆区良庆镇新兰村村民委员会主任。2001 年 6 月，陈学标当选村民委员会主任，组织村民代表、种田大户 3 次到珠三角地区参观学习，选定种植辣椒致富的道路；带头试种 5000 棵苗，并拿出 2 万多元帮助 18 名党员、农户购买种苗试种 4.27 公顷，均获丰收；收入超过 60 万元。2002 年，新兰村辣椒种植面积扩大到 46.67 公顷。2014 年，带头引进辣椒新品种——螺丝椒，全村辣椒种植 66.68 公顷，年销售总额 1000 万元，村民人均纯收入 9990 元。2016 年 4 月，陈学标上榜中央文明办主办的中国好人榜——诚实守信好人。（李如坤）

覃胜逸　1989 年 11 月出生，南宁市西乡塘圆通分公司快递员。2015 年的一次派件中，因为帮助客户送大包裹件上楼，停在楼下的电动三轮车及 20 多个包裹被小偷偷走。覃胜逸当即联系公司客服，查实丢失包裹客户的联系方式及地址，逐一电话联系客户表示道歉并足额赔偿，联系不上的上门留下字条。家

住明秀西路万力社区的吕先生出差回家发现门前留下的便条，覃胜逸接到电话后，赶过来给予客户等值赔偿300多元；2个月时间赔偿所有客户损失价值总计3000多元。2016年5月，覃胜逸上榜中央文明办主办的中国好人榜——诚实守信好人。（梁芳芳）

蓝坚高 壮族，1987年3月出生，上林县乔贤镇龙头村古亮庄人，现任上林县政府办公室司机。2013年4月，蓝坚高骑车经过南宁市江北大道北大桥底时，遇到小偷偷窃保洁员的电动车，即调转车头冲向偷车贼，将其扑倒并揪住不放。偷车贼抓起车锁砸中蓝坚高后脑，蓝坚高仍死死拽住偷车贼，后在市民帮助下，将偷车贼控制并移交警察处理。2015年10月6日15时，蓝坚高经过上林县大丰镇皇周转盘附近时，看到10多米处有2名“飞车党”骑摩托车抢夺骑电动车妇女的项链、提包，立刻追上去抓住歹徒的衣服，被歹徒拖出几米，膝盖受伤流出鲜血，新买的手机也被摔烂；仍将歹徒拉下车，歹徒拼命逃窜，蓝坚高忍着疼痛奋力猛追；后在群众协助下将歹徒控制并交给赶到现场的警察处理。2015年12月，蓝坚高因勇擒“飞车贼”被上林县政府授予“见义勇为先进个人”称号。2016年12月，蓝坚高上榜中央文明办主办的中国好人榜——见义勇为好人。（任雪花）

廖民军 1984年4月出生，2007年毕业于广西财经学院毕业，进入建行工作，历任建行南京路分理处储蓄员、华东路分理处交易柜员。2011年9月，任建行科园大道支行客户经理。曾被评为2012年度建行广西区分行营业部“五十佳服务明星”、2012年第一季度客户经理团队“十大实物金黄金营销标兵”，2013年获建行广西区分行手机银行体验活动竞赛第三名，多次获片区网点个人业务顾问综合营销业绩第一名。2013年11月15日16时，建行南宁科园大道支行营业大厅内2名女客户因口角引发争斗继而抢夺身份证件。廖民军当时正在理财中心门口的自助终端为客户办理业务，见状赶紧上前分开双方；抢人身份证的女子却突然从随身携带的包里拔出尖刀，廖民军立即护住客户及前来劝架的同事，凶手却将刀扎中廖民军胸膛，且连刺数刀。廖民军死死守住入口，徒手与行凶者搏斗，最后在保安和大堂经理的协助下，将凶手扳倒在地并制服凶手。廖民军因伤势过重去世停止呼吸，年仅29岁。2014年2月，南宁高新区追认廖民军为见义勇为英雄。2015年12月，自治区政府追授廖民军为第七届“广西见义勇为英雄”。2016年6月，廖民军上榜中央文明办主办的中国好人榜——见义勇为好人。（李　阳）

梁莲桂 女，1943年生，武鸣县城厢镇第一小学退休教师。梁莲桂的丈夫在文化大革命期间被迫害至死。1968年起，梁莲桂再婚后与丈夫一起照顾前夫体弱多病的母亲和正在上初中的弟弟。治疗前夫母亲的病10年终于病愈；前夫弟弟李荣喜初中毕业后，当上村里的电工，发生野外作业摔伤事故留下后遗症。梁莲桂筹钱为前夫弟弟在村里开1家小商店并照顾其40多年。2006年、2008年、2010年，梁莲桂3次被评为全国“孝亲敬老之星”。2016年7月，梁莲桂上榜中央文明办主办的中国好人榜——孝老爱亲好人。（卢美菊）

黄秀明 女，1980年1月出生，中共党员，隆安县都结乡政府妇联主席。2003年6月，团中央发起大学生服务西部计划志愿活动，黄秀明响应号召来到隆安县大石山的屏山乡进行志愿服务；山区村屯路况差，黄秀明经常搭乘同事、村干部的摩托车、农村三轮车进村走访贫困家庭。2003年12月，她联合杨向东、隆雄文等人筹办屏山乡“爱心超市”，通过网上募捐形式，帮助贫困山区困难群众。2005年6月，志愿服务期满，黄秀明放弃回桂林市阳朔县的工作，自愿留在屏山乡农业服务中心工作。2012年6月，黄秀明在隆安县组织成立“璐曦爱心之家”，聚集义工和志愿者95名，开展志愿服务，累计获爱心捐赠5万多人次，开展助学、助残、助医、送温暖、抗旱送水活动300多次，为900多名贫困学生筹措助学款150多万元，为50多所农村中小学校和2万多户困难学生募集物品价值185万元，为薄弱学校、贫困村屯筹集项目资金50多万元。黄秀明先后获“中国青年志愿服务金奖”、全国优秀共青团员、全国百名扎根西部基层志愿者，自治区敬业奉献模范、自治区优秀共产党员、自治区三八红旗手，南宁市敬业奉献模范、南宁市先进工作者、南宁市十大杰出青年、南宁市“能帮就帮十大模范人物”等荣誉。2016年4月，黄秀明上榜中央文明办主办的中国好人榜——助人为乐好人。（隆丹萍）

李　毅 1977年12月出生，湖南祁东人，中共党员，大学文化，南宁市公安局兴宁分局禁毒大队民警，三级警督。2013年，李毅调入兴宁分局禁毒大队，至2016年2月，参与侦破毒品刑事案件283起，抓获涉毒犯罪嫌疑人324名，缴获毒品47.80千克。2013年8月，李毅与同事查获冰毒、氯胺酮1000多克，搜出仿64式手枪1支，子弹6发。2014年6月，李毅与同事蹲点两天两夜，缴获毒品“K粉”14.59千克，为南宁市当年一次性当场缴获毒品“K粉”最多的案件。2015年12月，李毅与同事根据排查得到

的线索，循线侦查布控，捣毁一个涉嫌制造枪支、爆炸物和容留他人吸毒的窝点，抓获涉案嫌疑人2名，缴获仿真枪1支、疑似手雷2枚、疑似塑胶炸药2块、12号散弹9发、0.22小口径子弹80发，管制刀具、弓弩8把，枪支消音器2个以及制造枪支、爆炸物工具、原材料一批。2016年2月6日15时，接到群众举报，贩毒嫌疑人"阿飞"出现在兴宁区望州路附近，李毅向大队领导报告后立即驱车前往核实；16时许，民警钟俊、杨程跟进支援。3人碰面后决定由李毅在前面盯梢，盯梢过程中，李毅突发脑溢血，被战友送医院抢救；2月27日，因抢救无效去世。2016年10月，李毅上榜中央文明办主办的中国好人榜——敬业奉献好人。（黄　凯）

蓝梅高　女，壮族，1956年2月出生，上林县三里镇黄境村村民。1992年嫁至上林县西燕镇云灵村云童庄，成为3个孩子的后妈，孩子最大的14岁、最小的8岁，还有年老体弱的公婆。蓝梅高学习种桑养蚕技术，开始成批种桑养蚕；同时，对公婆悉心照顾。1994年起，照顾并抚养弱智大嫂的孩子。2007年，丈夫的大哥身患重病去世，留下弱智的大嫂和2个未成年儿女；蓝梅高请大嫂母子3人到家里一起生活，把孩子养育成人。2016年10月，蓝梅高上榜中央文明办主办的中国好人榜——孝老爱亲好人。

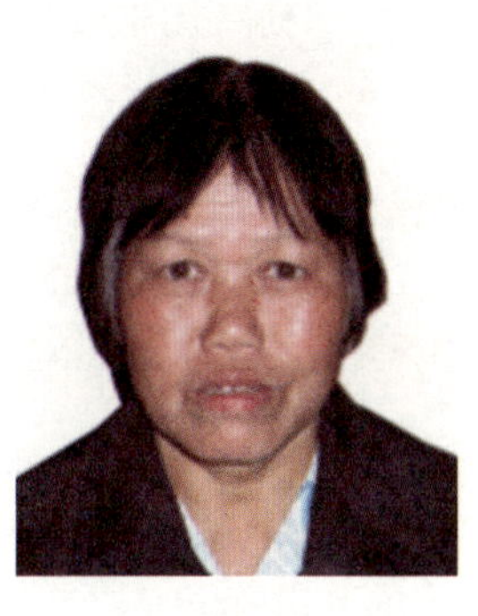

（任雪花）

王　芳　女，1967年10月出生，山西省临汾市人，南宁市安琪之家脑瘫儿童康复教育中心创始人、广西康复协会副秘书长、市政协委员。2002年6月，王芳放弃公职，自费投入3万元注册资金，创立广西第一所服务于脑瘫人士的公益机构——"安琪之家"康复教育活动中心，为脑瘫儿童及其家庭提供康复、教育、日常护理、心理辅导、社交培训、生活资助等一系列服务。在社会各界爱心机构和爱心人士的帮助下，王芳克服资金短缺、专业人员匮乏等困难，全身心投入这一公益慈善事业。同时，"安琪之家"承诺每一分钱捐助都将用在孩子们身上，捐助者有权查阅善款的账目和使用去向。从创办伊始，安琪之家每年均请会计师事务所审计财务，并在网站上公布。14年来，安琪之家从初创时的2间居室、3位员工，发展至有明秀路、奥园小区2个校区：使用面积超1000平方米；有50多位教师和员工，可同时为200名以上特殊儿童服务规模。为广西和全国19个省市的5000多名脑瘫患儿及其家庭提供寄宿、康复、教育、生活护理和远程咨询等服务，为国内12家民间公益机构、数10位康复师及护理员提供专业技术培训服务。2006年后，王芳先后获"首届中国百名优秀母亲""广西十大女杰""广西三八红旗手""南宁市十佳市民"等称号。2008年9月15日，获联合国颁发"服务残疾人事业——杰出人士奖"。2012年4月10日，获"中华慈善奖"。2014年5月16日，获"全国助残先进个人"称号。2014年12月，获"2014年度中国社工人物"称号。2016年8月，王芳上榜中央文明办主办的中国好人榜——助人为乐好人。（梁芳芳）

谢　伟　1961年生，宾阳县百货生活小区居民。2016年4月9日4时左右，谢伟突然听到楼下有人呼喊"救命"，原来是二单元四楼一个小男孩头被卡在阳台防盗网处，身体悬空，满脸是血，双腿乱蹬，情况万分危急；谢伟从楼顶天台爬到二单元三楼防盗网棚顶，悬着半个身子托起小男孩的双腿，手使不上劲之后就用肩膀顶着小孩，轮番用劲，在保证小孩不掉下来的同时稳定小孩情绪；经半个小时营救，小孩脱险；谢伟因为长时间半弯着身躯托举小孩，体力耗尽无力爬回安全地带；宾阳县消防中队官兵赶到救下谢伟。2016年12月，谢伟上榜中央文明办主办的中国好人榜——见义勇为好人。（杜世军）

模范人物

全国五一劳动奖章获得者

徐　华　1969年1月生，四川省万源人，中共党员，大学学历，中学高级教师。1992年7月参加工作，现任市第二中学副校长。2004年至2013年，连续十年同时担任两个班的班主任、数学教学，以"学会尊重，学会奉献，学会学习，学会期待"的教育理念教育学生，不断改进教学方法，义务辅导学习困难学生；教研成果突出，在广西各地市作《教育，需要五个学会》的专题报告10多场，受惠师生上千人。2004年，被评为南宁市劳动模范。2006年，被评为广西特级教师。2007年，被评为全国模范教师。2008年，获苏步青数学教育奖一等奖。2009年，成为中共中央组织部"西部之光"访问学者。2010年，成为广西八桂名师、自治区优秀专家。2011年，入选广西新世纪十百千人才工程第二层次人选。2013年，享受国务院政府特殊津贴。2014年，获南宁市道德模范称号。2015年，成为全国师德标兵。2016年4月，被中华全国总工会授予全国五一劳动奖章。

舒　燕　女，1980年11月生，湖南省怀化市人，中共党员，大学学历，政工师。2003年3月参加工作，现任中国建筑第五工程局有限公司广西分公司党总支书记兼工会主席。先后参加建设平乐大道遂道、白沙友谊立交桥、五象友谊立交桥、五象大道西延长线、凤凰岭路改扩建工程、南宁地铁2号线工程等项目179个，为南宁城市建设做出重要贡献。公司以工会为纽带，创建和谐的劳动关系，使公司工会成为中建五局广西公司企业文化建设品牌，公司发展壮大，投资总额200亿元。2015年，公司经营规模50亿元，企业交税2.65亿元；安排进城农民工就业近2万人；公司所承建的建设项目中优质工程100%，履约100%，无工期拖延现象。2008年，被评为南宁市优秀工会主席。2009年，成为中建总公司巾帼文明建功标兵。2012年，被评自治区总工会为自治区优秀工会工作者。2013年，被评为市五一巾帼标兵。2014年，被评

为中建总公司工会好干部,获自治区五一劳动奖章。2015年,被评为全国五一巾帼标兵、全国优秀工会工作者。2016年4月,被中华全国总工会授予全国五一劳动奖章。 (师 吕 赵振耷)

全国法院联络工作先进个人

黄华莹 女,瑶族,1982年1月生,广西浦北人,中共党员,硕士学历,现任南宁市中级人民法院未成年人案件审判庭副庭长(曾任办公室副主任)。近五年来,承办人大代表建议、政协委员提案12件;邀请人大代表286人次、政协委员224人次旁听案件审理;参与市中级法院举办的"公众开放日"活动43次;坚持每年将法院工作亮点报道、典型案例集结成册,编撰《另眼看法》系列丛书;市人大、市政协2016年会议期间,在微博微信开辟解读法院工作报告专栏,获代表、委员关注。曾获"全国法院网络宣传先进个人"、全国法院第27届学术讨论会三等奖,广西法院第26届学术讨论会二等奖;2016年6月,被最高人民法院授予"全国法院联络工作先进个人"称号。 (潘伟坚)

自治区优秀共产党员

(10人,2016年7月自治区党委授予)

杜丽群 女,壮族,市第四人民医院艾滋病科护士长

滕大韶 壮族,武鸣区太平镇上江希望小学总务主任

游丽燕 女,宾阳县特殊教育学校党支部书记、校长

黄立温 壮族,上林县残疾人联合会办公室主任

陈美杏 女,江南区劳动保障监察大队党支部书记、大队长

覃毓宁 女,青秀区新竹街道新竹社区党委书记

覃　锋 南宁市明天学校校长

宋　萍 女,市人民检察院公诉二处副处长

刘秋华 女,南宁公共交通有限责任公司驾驶员

潘克成 壮族,广西大明山国家级自然保护区管理局天坪服务区旅游管理处副主任

自治区优秀党务工作者

(7人,2016年7月自治区党委授予)

谢华娟 女,壮族,西乡塘区衡阳街道中华中路社区党总支书记

覃小松 女,壮族,隆安县南圩镇銮正村党总支书记、村委会主任

赵桃艳 女,壮族,市中兴小学党支部书记、校长

陆恒一 女,广西海外建设集团有限公司党委副书记、副总经理、工会主席

蒙仪嫚 女,壮族,良庆区人民法院党组成员、党总支副书记、政工科科长

卢瑞玲 南宁经济技术开发区那洪街道那历村党支部书记

潘大东 广西立盛茧丝绸有限公司党支部书记、总经理

第三届全(自治)区"人民满意的公务员"

(4人,2016年12月自治区党委、自治区政府授予)

苏文欢 市公安局交通警察支队二大队大队长

覃斯斯 女,壮族,上林县人民检察院副检察长

莫洪林 壮族,马山县司法局加方司法所所长

刘　刚 市林业和园林局公园景区管理科科长

广西记一等功公务员

(8人,2016年7月自治区党委自治区政府授予)

邓少明 壮族,市纪律检查委员会(市监察局)案件审理室副处级检查员

高国萍 女,市信访局接访科科长

张　宇 南宁经济技术开发区房屋征收补偿和征地拆迁办公室主任

雷志舜 壮族,兴宁区经济贸易和信息化局主任科员

刘庆荧 市委办公厅综合一科科长

王春梅 女,彝族,市旅游发展委员会办公室主任

陈　挺 壮族,市教育局办公室主任

蒙焕章 宾阳县县委宣传部副部长

(市志办提供)

广西五一劳动奖章获得者

(13人,自治区总工会授予)

伍少钦 广西农垦永新畜牧集团有限公司良圻原种猪场兽医总监,高级兽医师

倪立平 中铁隧道集团四处有限公司综合班班长

傅少锋 南宁百货大楼股份有限公司后勤保卫部经理,政工师

何　岳 南宁公共交通有限责任公司驾驶员,技师

梁建华 壮族,南宁市民主路小学党支部副书记、校长,中学高级教师

魏海林 邕宁区中医医院副院长,主任医师

梁尚快 良庆区信访局局长

黄欢新 壮族,南宁市巴比树文化传媒有限公司总监

苏叶健 壮族,南宁市巴比树文化传媒有限公司软件设计师,工程师

覃清燕 女,瑶族,广西全德律师事务所合伙人

覃荟茗 女,南宁市香传商贸有限公司经理

蒋　华 女,广西元兴律师事务所律师。

谭静芬 女,广西南宁壮家女家庭服务有限公司职工

(师 吕 赵振耷)

广西三八红旗手

(7人,2016年3月自治区妇联授予)

陈美杏 中共党员,江南区劳动保障监察大队大队长

刘秋华 壮族,中共党员,南宁公共交通有限责任公司驾驶员

孟翠萍 壮族,中共党员,良庆区房屋征收补偿和征地拆迁办公室党支部书记

章志宏 中共党员,市教育局副局长

蓝　岚 中共党员,市林业和园林局局长、党组副书记

黄　静 壮族,市第一人民医院ICU护士长

段　洁 致公党党员,广西康之桥护理服

务有限公司董事长

南宁市三八红旗手标兵

（10 人，2016 年 3 月，市妇联授予）

覃爱菊　壮族，中共党员，上林县西燕镇云桃村妇代会主任

梁翠芬　壮族，青秀区环卫站五队收费质检员

杜佩愈　壮族，中共党员，邕宁区区委组织部副部长、老干部局局长

李丽娟　中共党员，市殡葬服务管理处殡仪馆副馆长

韦雪梅　中共党员，市委政法委执法监督室主任

傅慧珍　致公党党员，市第二中学教师。

石　珊　农工党党员，市红十字会医院美沙酮门诊主任

梁嘉丽　壮族，中共党员，市交警六大队事故中队指导员

熊　新　无党派人士，南宁城市建设投资集团有限责任公司副总经理

张清秀　宾阳县中华镇育才村委妇女主任

南宁市三八红旗手

（50 人，2016 年 3 月市妇联授予）

潘俞静　壮族，武鸣供电公司陆斡供电所营销管理专责

谢杏芬　壮族，中共党员，武鸣区灵马镇人民政府妇联主席

杨彩绿　壮族，武鸣区双桥镇杨李村 5 队农民

杨利瑛　壮族，中共党员，武鸣区城厢镇第三小学校长

陈桂云　中共党员，横县国税局收核股副股长、妇委会主任

黎伟文　壮族，中共党员，横县石塘镇石塘社区支书、主任

李洪芳　壮族，中共党员，横县妇联副主席

罗晓琳　中共党员，横县教育工会副主席

乐　婵　壮族，中共党员，宾阳县人民法院党组成员、办公室主任。

陆小英　中共党员，宾阳县教育局教研室教研员

罗凤姜　壮族，中共党员，宾阳县新桥镇中心学校办公室副主任

罗丽华　中共党员，宾阳县政府办公室副主任

李　薇　壮族，上林县民族实验学校校长

谭海萍　壮族，中共党员，上林县人民检察院职务犯罪预防局局长。

曾妮葵　壮族，中共党员，马山县加方乡大陆村委员会、妇代会主任。

何惠秋　壮族，马山县里当瑶族乡妇联主席

韦林玉　壮族，中共党员，马山县委组织部副部长

黄桃青　壮族，中共党员，隆安县布泉乡欧亚村妇代会副主任

任　雪　壮族，隆安县第三中学教师

陆巧艳　壮族，中共党员，隆安县妇联副主席

刘孙丽　中共党员，兴宁区人民法院民一庭副庭长

韦力华　壮族，中共党员，兴宁区三塘镇四塘社区妇女主任

黄静瑛　中共党员，兴宁区兴东街道副主任、妇联主席

李姗姗　中共党员，江南区法院审判员

李志琳　中共党员，江南区地方税务局、副局长

周雪玲　江南区苏圩镇慕村小学教导主任

曾慧文　中共党员，青秀区教育局党委副书记。

贾欣荣　中共党员，青秀区妇联副主席

罗美玲　壮族，中共党员，西乡塘区西乡塘街道党工委书记

杨芳洁　壮族，中共党员，西乡塘区北湖街道明秀南社区党委书记

刘永梅　中共党员，西乡塘区环卫站综合服务队副队长

邓洁芳　西乡塘区新阳街道办事处工作人员

莫　宁　瑶族，中共党员，邕宁区地税局党组书记、局长

吴芃叶　中共党员，邕宁区直属机关保育院院长、党支部书记

郭献花　壮族，中共党员，良庆区大塘镇泰安明天小学校长

李远萍　中共党员，良庆区大沙田街道银海社区党支部书记

莫俊雅　壮族，中共党员，良庆区人民法院诉讼服务中心副主任

农贝妮　壮族，中共党员，高新区管委会办公室文电科副科长

谭凤羽　壮族，中共党员，江南区银凯社区党支部书记

莫凤明　壮族，中共党员，南宁吴数德举重学校教练

劳世青　壮族，市委宣传部办公室主任

吴海珍　回族，南宁日报社副总编辑

张小燕　壮族，中共党员，市第三职业技术学校旅游部副主任

白　云　壮族，市第二十六中学教师

范喜英　壮族，中共党员，市第五人民医院森田病房护士长

钟　雯　中共党员，市公安局经侦支队政治处副主任

侯海萍　中共党员，广西联合产权交易所党支部副书记、总经理

谢肖冰禔　市总工会副主任科员

叶　康　中共党员，市妇女联合会党组成员、副主席

施　延　中共党员，市妇女联合会宣传部部长

（黄家玉　周燕丽）

逝世人物

（副厅级、享受副厅级以上待遇）

何富民　（1938 年 12 月至 2016 年 1 月）壮族，广西天等人，1962 年 10 月参加工作，1969 年 9 月加入中国共产党。历任吉林化工公司 101 厂技术员、团支书，南宁有机化工厂技术员、车间负责人，南宁合成纤维厂革委会副主任、厂党总支委员、机修车间党支部书记，南宁市经济委员会生产调度科副科长、科长，南宁市计划委员会副主任，南宁市人民政府秘书长，南宁市人民政府副市长，南宁市人大常委会副主任。2000 年 10 月退休。

李　坚　（1925 年 4 月至 2016 年 3 月）曾用名李德乾，江苏阜宁人，1941 年 1 月参加革命工作，1941 年 3 月加入中国共产党。历任江苏省阜宁县县大队战士，东北同遼新四军三师特务团班长，东北齐齐哈尔街戍司令部警卫营排长，四九军警卫三连指导员，广西南宁军政干校、广西革大学员，广西贺县人民银行行长，广西平乐县人民银行中心支行副行长，广西糖厂科长，南宁市建公司人事科科长、政治处副主任、党委副书记，广西中医学院第一附院院长、革委会副主任，南宁市化工局副局长，南宁市化学医药工业公司顾问。1984 年 9 月离休，1984 年 12 月享受厅局级政治、生活待遇。

郭树恩　（1925 年 9 至 2016 年 4 月）河北深州市人，1941 年 3 月参加革命工作，1945 年 10 月加入中国共产党。历任晋察冀边区华北联合大学法政学院、白求恩学校护五期学员，晋察冀军区卫生部三连

护士，平北军分区卫生处二所副班长，龙延怀区队卫生所副班长，崇礼支队卫生所调剂员，十二分区卫生处三所司药，五分区独立团卫生队医助，察东分区独立团卫生队见习医生，冀察军区独立七师20团卫生队、46军159师476团卫生队医生、卫生长，长沙军分区独立二团、一团卫生队卫生长，平江县大队卫生所所长，长沙军分区湘潭独立团卫生队、长沙军分区独立团卫生队、湖南军区暂编十团卫生队、中南军区暂编大队卫生队、中南军区暂编十七团卫生队副队长，湘南军区卫生科医政科员，湖南军区干部学校学员，中南军区第三速成中学卫生所所长，解放军第三十四文化速成中学学员，公安军第三预备学校、广西军区招待所干事，南宁军分区隆安县兵役局副局长、后勤服务处卫生所所长，南宁市西郊医院、工农兵医院院长、党支部书记，南宁市传染病医院革委会副主任、党支部副书记，南宁市第四人民医院革委会副主任、主任，党支部副书记、书记，南宁市卫生防疫站党支部书记、顾问。1985年4月离休，6月批准享受厅局级待遇，2015年8月享受按自治区政府副主席级标准报销医疗费待遇。

吴明哲 (1920年8至2016年5月)陕西华阴人，1945年8月参加革命工作，1948年5月加入中国共产党。历任解放军二十一旅六十二团警卫连班长、一营四连副排长，辽东军区第二后方医院休养员，辽东军区第二、第四、第六后方医院管理员，辽东军区后勤卫生部政训班学员，第四野战军十三兵团十二医院管理员，第四野战军十三兵团后勤训练股学员，广西省委工作队组长，省委招待所休养员，广西省机械公司柳州办事处副主任，广西省贸易公司储运股股长、驻汉口储销组负责人、储运科副科长，广西省药材公司人事科科长，广西区结核病医院总务科科长、人事科科长，南宁市第三人民医院副院长、革委会主任，广西区医疗器械厂革委会副主任、党总支书记。1983年10月离休，1984年3月享受厅局级政治、生活待遇，2015年8月享受按自治区政府副主席级标准报销医疗费待遇。

(市委组织部)

百岁老人

2016年，南宁市有百岁以上老人671人(女583人)，其中年内新晋百岁老人246人(女211人)；年纪最大的是上林县镇圩瑶族乡的蓝吉爱(女，1901年5月生)，现年115岁。

横　县(35人)

陈云英　女，1916年6月22日生，村民，住横县横州镇环城西路051-1号。

林华盛　女，1916年7月6日生，村民，住横县横州镇宝华中路302号。

费良英　女，1916年1月26日生，村民，住横县横州镇宋村村委岭头村142号。

邓桂兰　女，1916年2月3日生，村民，住横县石塘镇潘六村委何村128号。

梁文英　女，1916年2月4日生，村民，住横县陶圩镇谢村委福岭村6队179号。

李秀月　女，1916年2月5日生，村民，住横县南乡镇竹莲村委社麓村28队164号。

许进清　女，1916年2月6日生，村民，住横县百合镇六答村委六答村124号。

谢才英　女，1916年2月7日生，村民，住横县云表镇周璞村委周璞村333号。

周玉珍　女，1916年2月19日生，村民，住横县马山乡公平村委和平村59号。

黄利珍　女，1916年2月19日生，村民，住横县马山乡公平村委和平村75-49号。

颜芝才　女，1916年2月22日生，村民，住横县峦城镇良塘村委良塘村5队67号。

何喜欢　1916年3月20日生，村民，住横县镇龙乡楷可村委下六房村26号。

吴秀英　女，1915年4月16日生，村民，住横县校椅镇青桐村委楷僧村039号。

谭秀伶　女，1916年5月6日生，村民，住横县百合镇芳岭村委芳岭村240号。

黎德珍　女，1916年6月9日生，村民，住横县南乡镇社头村委泗芳村15号。

马有辉　女，1916年6月20日生，村民，住横县百合镇录岭村委168号。

李玉春　女，1916年7月5日生，村民，住横县云表镇六河村委踏路村199号。

梁兆高　女，1916年7月17日生，村民，住横县校椅镇临江村委茶村227号。

郑利政　1916年7月23日生，村民，住横县六景镇竹标村委竹标村52号。

宋正英　女，1916年8月4日生，村民，住横县云表镇飘竹村委飘竹村112号。

梁　兴　女，1916年8月28日生，村民，住横县平朗乡笔山村委笔山村200号。

黄月香　女，1916年9月7日生，村民，住横县校椅镇韦村委江岸村51号。

莫桂英　女，1916年9月9日生，村民，住横县横州镇蒙村委蒙江村16号。

韦树英　女，1916年9月10日生，村民，住横县百合镇江口村委麻埠村126号。

莫英科　女，1916年10月2日生，村民，住横县镇龙乡那州社区那从村3号。

何秀基　女，1916年10月20日生，村民，住横县莲塘镇佛子村委佛子村258号。

蒙有福　女，1916年10月23日生，村民，住横县云表镇飘竹村委飘竹村31号。

莫秀英　女，1916年10月30日生，村民，住横县峦城镇永馨街19号。

方喜柄　1916年11月5日生，村民，住横县新福镇楷涟村委旧隘村15号。

陈天红　1916年11月10日生，村民，住横县百合镇新圩村委新圩街126号。

甘秀莲　女，1916年11月11日生，村民，住横县云表镇六河村委踏路村17号。

彭秀芳　女，1916年11月21日生，村民，住横县横州镇谢圩航运公司宿舍57号。

滕洪华　女，1916年12月1日生，村民，住横县马岭镇新塘村委新塘村14号。

农少英　女，1916年12月12日生，村民，住横县南乡镇三楷村委楷汶村10号。

李有德　女，1916年12月13日生，村民，住横县平马镇苏安村委那平村70号。

宾阳县(44人)

彭炳秀　女，1916年2月3日生，村民，住宾阳县武陵镇云梯村委云梯村165号。

韦秀才　女,1916年2月8日生,村民,住宾阳县邹圩镇七星村委洪岭西门村63号。

黄凤祥　女,1916年2月9日生,村民,住宾阳县甘棠镇邓村委邓村1-1号。

黄月英　女,1916年2月11日生,村民,住宾阳县和吉镇燕山村委林山村161号。

蒙俭芳　女,1916年2月12日生,村民,住宾阳县新桥镇新和村委老蒋村30号。

韦兰芳　女,1916年2月15日生,村民,住宾阳县古辣镇刘村村委潜北村30号。

覃受妥　1916年3月1日生,村民,住宾阳县武陵镇廖寨村委廖寨村249号。

欧秀青　女,1916年3月15日生,村民,住宾阳县新圩镇上国村委上国村243号。

韦秀全　女,1916年3月16日生,村民,住宾阳县和吉镇伶俐村委苦练村51号。

黄昌秀　女,1916年3月20日生,村民,住宾阳县中华镇上施村委文坡村2号。

吴荣秀　女,1916年4月3日生,村民,住宾阳县中华镇老卢村委新下王村8号。

覃英桂　女,1916年4月12日生,村民,住宾阳县黎塘镇三李村委老李村21号。

韦现芳　女,1916年5月3日生,村民,住宾阳县和吉镇三民村委石灰村131号。

胡秀芳　女,1916年5月6日生,村民,住宾阳县宾州镇治兴街166号。

孙　贵　女,1916年5月20日生,村民,住宾阳县宾州镇南街175号。

韦　英　女,1916年5月26日生,村民,住宾阳县新甘棠镇五合村委道庄村41号。

蒋桂珍　女,1916年5月28日生,村民,住宾阳县宾州镇兴仁街185号。

吴秀清　女,1916年6月5日生,村民,住宾阳县宾州镇新廖村委凤凰村。

张益杰　1916年6月10日生,村民,住宾阳县宾州镇南街244号。

李金花　女,1916年6月11日生,村民,住宾阳县武陵镇白沙村委新塘村22号。

梁棉芳　女,1916年7月10日生,村民,住宾阳县邹圩镇中南村委南门村53号。

甘树新　女,1916年7月18日生,村民,住宾阳县甘棠镇洪信村委新维村6号。

郑月华　女,1916年7月18日生,村民,住宾阳县宾州镇文伟村委白坟村57号。

黄秀丰　女,1916年8月6日生,村民,住宾阳县黎塘镇龙胜村委平龙村32号。

磨秀容　女,1916年8月7日生,村民,住宾阳县吉镇新安村委富安村65号。

韦旭章　1916年8月13日生,村民,住宾阳县和吉镇燕山村委妙岭村246号。

陈凤明　女,1916年8月16日生,村民,住宾阳县大桥镇六龙村委新安村53号。

黄连英　女,1916年8月22日生,村民,住宾阳县王灵农场五队115号。

詹月英　女,1916年8月23日生,村民,住宾阳县陈平乡新安村委学岁村14号。

覃月娥　女,1916年9月1日生,村民,住宾阳县甘棠镇那河村委望步村191号。

玉秀兰　女,1916年9月26日生,村民,住宾阳县古辣镇新兴村委竹兜村13号。

胡秀来　女,1916年9月28日生,村民,住宾阳县宾州镇德明村委下何村18号。

黄修清　女,1916年6月12日生,村民,住宾阳县邹圩镇邹圩社区古罗村209号。

张志芳　女,1915年10月20日生,村民,住宾阳县宾州镇德明村委荼喜村。

张其新　女,1916年10月5日生,村民,住宾阳县露圩镇上塘村委水美村。

唐国凤　女,1916年10月8日生,村民,住宾阳县陈平乡陈坪村委松关村41号。

黄玉娟　女,1916年10月12日生,村民,住宾阳县大桥镇水美村委老思村79号。

黄永新　女,1916年11月1日生,村民,住宾阳县和吉镇岭甲村委莲花村西106号。

庞桂香　女,1916年11月11日生,村民,住宾阳县露圩镇露圩村委谷埠村三队69号。

磨文灵　女,1916年11月14日生,村民,住宾阳县黎塘镇青山村委里仁村385号。

陈展明　女,1916年12月7日生,村民,住宾阳县古辣镇六窑村委四季村178号。

林玉贵　女,1916年12月9日生,村民,住宾阳县新桥镇新桥村委明村38号。

黄英瑞　女,1916年12月11日生,村民,住宾阳县甘棠镇那宁村委福逢村344号。

刘爱香　女,1916年12月12日生,村民,住宾阳县新桥镇林堡村委新宁村92号。

上林县(41人)

刘立嵩　女,1916年1月25日生,村民,住上林县三里镇高仁村委良山庄22号。

黄小丹　女,1916年2月3日生,村民,住上林县大丰镇云蒙村委云蒙庄185号。

龙碧珍　女,1916年2月4日生,村民,住上林县大丰镇云蒙村委云蒙庄169号。

莫可丰　女,1916年2月15日生,村民,住上林县乔贤镇横岭村敢苏庄64号。

陆连芳　女,1916年3月9日生,村民,住上林县大丰镇云蒙村委云蒙庄87号。

莫大珍　1916年3月16日生,村民,住上林县白圩镇狮螺村委山底庄10号。

蓝玉生　女,1916年4月1日生,村民,住上林县镇圩瑶族乡怀因村委因罗庄7号。

覃月顺　女,1916年4月5日生,村民,住上林县白圩镇赵坐村委拉圩庄86号。

覃月清　女,1916年4月8日生,村民,住上林县白圩镇狮螺村委苏黄庄49号。

李加灰　1916年4月13日生,村民,住上林县明亮镇塘隆村委板塘庄58号。

曾秀文　女,1916年4月21日生,村民,住上林县乔贤镇乔贤村委上六庄47号。

樊秀荣　女,1916年4月22日生,村民,住上林县塘红乡石蓬村委路楼庄17号。

吴秀林　女,1916年5月12日生,村民,住上林县三里镇三里村委朝阳街100号。

覃玉方　女,1916年5月14日生,村民,住上林县三里镇双吴村委坡竹庄78号。

覃玉秀　女,1916年5月21日生,村民,住上林县明亮镇新兴街25号。

姚月亮　女,1916年6月1日生,村民,住上林县巷贤镇三水村委新庄东门78号。

蓝秀青　女,1916年6月5日生,村民,住上林县塘红乡塘红社区上荣庄3号。

韦日本　女,1916年6月15日生,村民,住上林县三里镇黄镜村委古粉庄25号。

潘乃新　女,1916年6月16日生,村民,住上林县西燕镇寨鹿村委安塘庄25号。

卢清光　女,1916年6月18日生,村民,住上林县巷贤镇兴塘村委张吴庄18号。

李必强　女,1916年6月24日生,村民,住上林县西燕镇江卢村委石盘庄9号。

韦良才　女,1916年7月17日生,村民,住上林县巷贤镇万加村委万加街197号。

黄如玉　女,1916年7月20日生,村民,住上林县巷贤镇光全村委云全庄56号。

蓝玉贞　女,1916年7月23日生,村民,住上林县塘红乡石门村委石门庄144号。

蓝青先　女,1916年8月5日生,村民,住上林县塘红乡塘红社区路马庄22号。

李文英　女,1916年8月11日生,村民,住上林县西燕镇大龙洞村委内泽庄18号。

周素梅　女,1916年8月12日生,村民,住上林县巷贤镇耀河村委河黄庄61号。

卢月枝　女,1916年8月20日生,村民,住上林县塘红乡石门村石门庄123号。

温如容　1916年8月26日生,村民,住上林县大丰镇云温村委云温庄262号。

黄秀花　女,1916年9月29日生,村民,住上林县塘红乡古春村委下浪庄7号。

欧光明　女,1916年10月15日生,村民,住上林县三里镇山河村委山背庄30号。

黄善华　女,1916年10月20日生,村民,住上林县三里镇龙联村委苏乐庄104号。

蓝　玉　女,1916年10月25日生,村民,住上林县镇圩瑶族乡镇马社区镇马街72号。

胡桂一　女,1916年10月15日生,村民,住上林县西燕镇塘昶村委岜仙庄17号。

韦　林　女,1916年11月7日生,村民,住上林县三里镇黄楚村委下楚庄59号。

谭梓良　1916年11月8日生,村民,住上林县巷贤镇木字村委罗逢庄19号。

覃玉宝　女,1916年11月12日生,村民,住上林县木山乡厂圩村委凤山庄。

韦　诗　女,1916年11月12日生,村民,住上林县澄泰乡澄泰村委石灰窑庄7号。

覃克宁　1916年11月13日生,村民,住上林县三里镇云姚村委云姚庄20号。

韦连花　女,1916年12月4日生,村民,住上林县大丰镇里丹村委云莫庄60号。

熊青连　女,1916年12月25日生,村民,住上林县白圩镇张屋村629号。

马山县(14人)

潘秀珠　女,1916年4月15日生,村民,住马山县白山镇立星村委六麦屯37号。

谭桂庭　1916年6月10日生,村民,住马山县里当乡加荣村委甘内屯12号。

蓝美香　女,1916年6月19日生,村民,住马山县白山镇同富街塘逼129号。

李国丰　1916年7月1日生,村民,住马山县永州镇平山村委升岗屯007号。

岑　氏　女,1916年7月12日生,村民,住马山县永州镇胜利村委龙王屯050号。

潘月秋　女,1916年7月29日生,村民,住马山县古寨瑶族乡古今村委东竹屯21号。

黄香保　女,1916年8月10日生,村民,住马山县林圩镇伏兴村委上覃屯13号。

温莲英　女,1916年8月16日生,村民,住马山县古零镇安善村委上安屯23号。

韦　氏　女,1916年9月21日生,村民,住马山县永州镇台山村委坡丰屯19-1号。

梁培桂　女,1916年9月23日生,村民,住马山县林圩镇林圩村委林圩街135号。

黄荣英　1916年10月13日生,村民,住马山县永州镇州圩村委坡签屯。

潘秀荣　女,1916年10月5日生,村民,住马山县永州镇平山村委农格屯。

韦京连　女,1916年10月23日生,村民,住马山县古零镇乐平村委小江屯32号。

蓝秀南　女,1916年10月4日生,村民,住马山县加方乡内金村委金下屯1号。

隆安县(13人)

张增斌　1916年1月8日生,村民,住隆安县都结乡都结村委。

黄美美　女,1916年3月7日生,村民,住隆安县雁江镇红良村委伏堂屯23号。

周凤义　女,1916年5月14日生,村民,住隆安县南圩镇百朝社区百朝街74号。

叶秀明　女,1916年6月7日生,村民,住隆安县乔建镇新都村委都榄屯105号。

易桂兰　女,1916年7月20日生,村民,住隆安县乔建镇乔建村旧闸屯350号。

黄和桂　女,1916年7月25日生,村民,住隆安县城厢镇旺中村委潭乍屯1号。

方月芬　女,1916年7月26日生,村民,住隆安县那桐镇下邓村委立庙屯。

李廷荣　1916年07月27日生,村民,住隆安县布泉乡高峰村委果肥屯13号。

黄玉兰　女,1916年08月15日生,村民,住隆安县那桐镇镇流村委兰周屯3号。

廖爱芳　女,1916年10月14日生,村民,住隆安县城厢镇震东村委那旭屯 68 号。

黄连清　女，1916 年 10 月 21 日生，村民，住隆安县乔建镇新光村委龙卧屯 1 号。

隆春连　女，1916 年 11 月 3 日生，村民，住隆安县丁当镇丁当村委华北街 13 号。

陆美连　女，1916 年 11 月 18 日生，村民，住隆安县乔建镇罗村委立新屯 48 号。

兴宁区(7 人)

彭三家　女，1916 年 1 月 6 日生，居民，住兴宁区苏州路 8 号 1 栋 403 室。

覃建英　女，1916 年 4 月 12 日生，居民，住兴宁区三塘镇四塘社区那罗坡 4 队 33 号。

林秀英　女，1916 年 4 月 27 日生，居民，住兴宁区三塘镇六村村坛造坡 33 号。

莫大妹　女，1916 年 6 月 13 日生，居民，住兴宁区高峰林场六塘分场。

滕志卿　女，1916 年 8 月 19 日生，村民，住兴宁区五塘镇沙平村委沙平坡 14 号。

夏美莲　女，1916 年 9 月 1 日生，居民，住兴宁区济南路 126 号 61 栋 5 楼 10 号房。

黄筱华　女，1916 年 9 月 2 日生，村民，住兴宁区高峰路 74 号。

江南区(7 人)

谢翠娇　女，1916 年 2 月 11 日生，居民，住江南区菠萝岭中五街 155-4 号。

卢月珍　女，1916 年 8 月 26 日生，居民，住江南区淡村路 7-3 号 3 单元 305 号房。

蒙丽云　女，1916 年 9 月 9 日生，居民，住江南区菠萝岭东居委会菠萝岭东一街 8 号。

何佩婷　女，1913 年 5 月 18 日生，居民，住江南区延安镇新城村朗圩坡 235 号。

梁月运　女，1916 年 6 月 15 日生，居民，住江南区亭洪路 39 号。

莫宜喜　1916 年 10 月 26 日生，居民，住江南区江西镇那廊村茯坛坡 21-1 号。

雷鹤义　1916 年 12 月 10 日生，居民，住江南区云亭街 39 号航运公司。

青秀区(18 人)

潘新政　1916 年 1 月 2 日生，居民，住青秀区建政路下段南三里 2 号。

赵兰春　女，1916 年 1 月 7 日生，居民，住青秀区竹塘路 11 号。

卢招娣　女，1916 年 2 月 4 日生，居民，住青秀区新民路 24 号 10 栋 2 单元 6 号房。

黄少坤　女，1916 年 2 月 12 日生，居民，住青秀区中山路东二里二巷 10 号。

刘瑞芳　女，1916 年 2 月 26 日生，居民，住青秀区七星路 123 号 38 栋 4 单元 6 号。

陈玉珍　女，1915 年 2 月 3 日生，居民，住青秀区蓉茉大道 4 号 3 号楼 2-302 房。

雷谷秋　女，1916 年 5 月 8 日生，居民，住青秀区刘圩镇新兴街 24 号。

洪宝芸　女，1916 年 6 月 5 日生，居民，住青秀区民族大道 92 号 2 栋 1806 房。

方四妹　女，1916 年 6 月 6 日生，居民，住青秀区新竹路 37 号 7 栋 1 单元 301 号。

曾文珍　女，1916 年 9 月 19 日生，居民，住青秀区三屋园艺场。

陈桂清　女，1916 年 10 月 5 日生，居民，住青秀区青秀路新村 12 号。

杨玉贞　女，1916 年 10 月 14 日生，居民，住青秀区广园路 16 号 7 栋 2-204 号。

陈秀荣　女，1916 年 11 月 20 日生，居民，住青秀区纬武路 154 号。

李志尚　1916 年 11 月 28 日生，居民，住青秀区双拥路 22 号 157 栋 2-203 房。

刘振南　1916 年 12 月 04 日生，居民，住青秀区新竹路 38-18 号 4 栋 1 单元 301 号房。

杨振铎　1916 年 12 月 24 日生，居民，住青秀区嘉宾路 6 号 6 栋 101 号。

郑增安　1916 年 4 月 27 日生，居民，住青秀区伶俐镇望齐村委赤城坡 20 号。

李肖梅　女，1916 年 11 月 19 日生，居民，住青秀区长塘镇那管村委那农坡 25 号。

西乡塘区(9 人)

刘碧云　女，1916 年 1 月 2 日生，居民，住西乡塘区唐山路 28-2 栋 1-402 号。

李国栋　1916 年 2 月 10 日生，居民，住西乡塘区大学东路 101 号。

方兆娟　女，1916 年 8 月 22 日生，居民，住西乡塘区唐山路 41 号 2 单元 303 号。

李芝香　女，1916 年 2 月 3 日生，居民，住西乡塘区石埠街道办乐洲村委 18 队 8 号。

林玉桂　女，1916 年 7 月 28 日生，居民，住西乡塘区金陵镇南岸村委冲卜坡 8 号。

卢大嫂　女，1916 年 9 月 18 日生，居民，住西乡塘区坛洛镇下楞村委下楞街 19 号。

苏秀英　女，1916 年 10 月 3 日生，村民，住西乡塘区屯里村 1 队 87 号。

李娥英　女，1916 年 10 月 3 日生，居民，住西乡塘区友爱路 33 号 45 栋 302 房。

冯秀芳　女，1916 年 10 月 6 日生，居民，住西乡塘区衡阳西路北一巷 417 号。

邕宁区(14 人)

李亚莲　女，1916 年 12 月 13 日生，居民，住邕宁区明秀东路 15 号 6 栋 1 单元 501 房。

凌裕婵　女，1916 年 12 月 30 日生，居民，住邕宁区中华路一巷 19 号。

何秀青　女，1916 年 2 月 16 日生，村民，住邕宁区中和乡那才村大林坡 5 号。

周英梅　女，1916 年 3 月 3 日生，村民，住邕宁区蒲庙镇光和村那弄坡 52 号。

李细净　女，1916 年 3 月 12 日生，村民，住邕宁区百济镇屯茶村屯佃坡 11 号。

雷桂娇　女，1916 年 1 月 10 日生，村民，住邕宁区蒲庙镇汉林街 117 号。

朱月娥　女，1916 年 5 月 25 日生，村民，住邕宁区蒲庙镇仁福村长江坡。

赖运以　1916年8月4日生,村民,住邕宁区那楼镇中山村屯赖坡158号。

陆东吉　女,1916年9月15日生,村民,住邕宁区胜利街1号。

杨柳青　女,1916年9月17日生,村民,住邕宁区那楼镇镇龙街36号。

陆美才　女,1916年12月12日生,村民,住邕宁区中和乡那才村那才坡187号。

李秀灵　女,1910年4月7日生,村民,住邕宁区那楼镇那旺村屯灵坡48号。

李振康　女,1916年11月25日生,村民,住邕宁区昆仑镇联光村上望坡12号。

黄梅艳　女,1916年12月12日生,村民,住邕宁区人民中路10-11号。

良庆区(12人)

方明富　1916年5月8日生,居民,住良庆区大塘镇团结路256号。

奚秀光　女,1916年11月24日生,居民,住良庆区柳沙企业有限责任公司五分公司243号。

张启群　女,1916年11月24日生,村民,住良庆区良庆镇新团村委新庄坡6队452号。

郑文英　女,1916年3月7日生,村民,住良庆区南晓镇南晓村委大长地坡26号。

廖世芳　女,1916年3月22日生,村民,住良庆区大塘镇团垌村委定西坡353号。

黄月明　女,1916年5月10日生,村民,住良庆区大沙田平乐村委坛花坡6队60号。

雷积桂　女,1916年8月12日生,村民,住良庆区那马镇连山村委新村坡6号。

黄月琼　女,1916年9月7日生,村民,住良庆区那陈镇西宁村委通快坡40号。

凌桂英　女,1916年10月15日生,村民,住良庆区那陈镇西宁村委下敏坡124号。

周奇芳　女,1916年10月20日生,村民,住良庆区那陈镇和平村委那眼坡34号。

李集梅　女,1916年11月2日生,村民,住良庆区那陈镇坛留村委六吉坡35号。

方桂香　女,1916年11月12日生,村民,住良庆区南晓镇团东村委定思坡2号。

武鸣区(27人)

梁启铤　1916年1月17日生,村民,住武鸣区仙湖镇四育村委大立屯42号。

李美英　女,1916年1月18日生,村民,住武鸣区锣圩镇英圩村委英圩街88号。

姆瑞明　女,1916年1月23日生,村民,住武鸣区城厢镇夏黄村委夏黄屯104-2号。

黄桂英　女,1916年1月24日生,村民,住武鸣区城厢镇大同村委老虎岭屯56号。

李三姐　女,1916年2月7日生,村民,住武鸣区东风农场剑江分场24号。

李端森　1916年2月19日生,村民,住武鸣区府城镇东江村委坛勒屯12号。

杨春研　女,1916年4月4日生,村民,住武鸣区城厢镇大同村委一东屯22号。

卢美英　女,1916年4月9日生,村民,住武鸣区双桥镇杨李村委韦屯23号。

叶永世　1916年4月11日生,村民,住武鸣区东风农场夏黄分场26号。

黄桂仙　女,1916年4月23日生,村民,住武鸣区双桥镇镇南村委定测屯33号。

陆莫花　女,1916年5月5日生,村民,住武鸣区城厢镇大皇后村委大屯113号。

姆连金　女　1916年5月15日生,村民,住武鸣区双桥镇跃进村委茶场屯5号。

邓之业　女,1916年6月6日生,村民,住武鸣区太平镇葛阳村委葛雷屯76号。

陆　氏　女,1916年6月16日生,村民,住武鸣区东宁武镇建丰村委光内屯66号。

黄连英　女,1916年6月20日生,村民,住武鸣区罗波镇四陈村委止和屯40号。

李秀莲　女,1916年6月29日生,村民,住武鸣区陆斡镇六街64号。

梁青莲　女,1916年7月2日生,村民,住武鸣区双桥镇腾翔村委岑淋屯57号。

黄结平　女,1916年7月8日生,村民,住武鸣区府城镇四明村委坡利屯22号。

李海新　女,1916年7月11日生,村民,住武鸣区城厢镇文合村委山北屯17号。

黄玉贞　女,1916年7月14日生,村民,住武鸣区两江镇合耸村委渌里屯68号。

韦彩珠　女,1916年7月14日生,村民,住武鸣区双桥镇伊岭村委小阮屯61号。

覃兰英　女,1916年8月14日生,村民,住武鸣区灵马镇新龙村委那蒙屯30号。

覃　氏　女,1916年8月15日生,村民,住武鸣区陆斡镇忠党村委棉球屯。

潘日光　1916年9月16日生,村民,住武鸣区罗波镇四陈村委江那屯8号。

邓俊江　女,1916年9月21日生,村民,住武鸣区仙湖镇三冬村邓吉村委那料屯1-1号。

邓月亮　女,1916年10月14日生,村民,住武鸣区仙湖镇苏梁村委淀涧屯67号。

黄美花　女,1916年11月8日生,村民,住武鸣区锣圩镇树合村委伏堪屯57号。

广西－东盟经开区(1人)

潘善真　1916年12月14日生,居民,住商业街189号。

南宁经开区(4人)

谢桂娥　女,1916年1月13日生,居民,住江南区吴圩镇平丹村委平庄坡64号。

严秀春　女,1916年11月21日生,居民,住江南区吴圩镇坛白村委巷群坡9号。

韦秀玲　女,1916年10月15日生,居民,住江南区吴圩镇坛白村委那助坡4号。

麻进荣　女,1916年6月13日生,居民,住江南区苏盆村委那头坡3队18号。

(谭邕生)

责任编辑　陈洪毅

2016年南宁市国民经济发展统计公报

南宁市统计局

2016年，全市深入贯彻落实中央、自治区、市各项决策部署，认真践行五大发展理念，按照"六个着力"要求，坚持稳中求进的工作总基调，主动适应、把握和引领经济发展新常态，引导形成良好社会预期，全市经济社会保持平稳健康发展。

一、综合

经济增长：初步核算，全年地区生产总值3703.39亿元，按可比价格计算，比上年增长7%。按常住人口计算，全市人均地区生产总值52724元，同比增长5.9%，按平均汇率折算为7938美元。三次产业中，第一产业增加值400.67亿元，增长3.9%；第二产业增加值1427.16亿元，增长5.8%；第三产业增加值1875.57亿元，增长8.5%。

2012年—2016年全市地区生产总值及增长速度

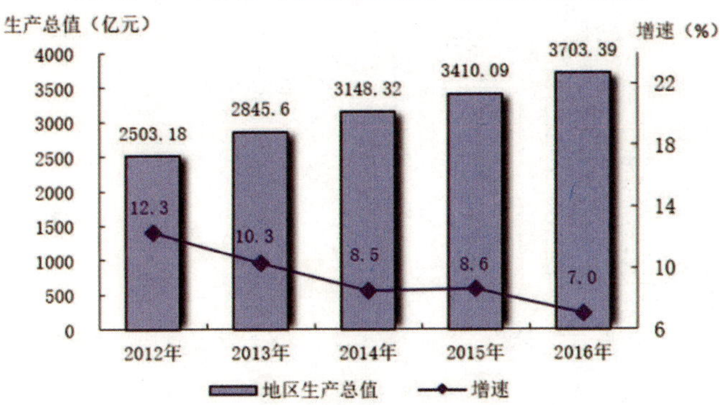

三次产业的比重为10.82:38.54:50.64。与2015年比较，第一产业比重下降0.04个百分点，第二产业比重下降0.92个百分点，第三产业比重上升0.96个百分点。

2016年三次产业增加值占全市地区生产总值比重

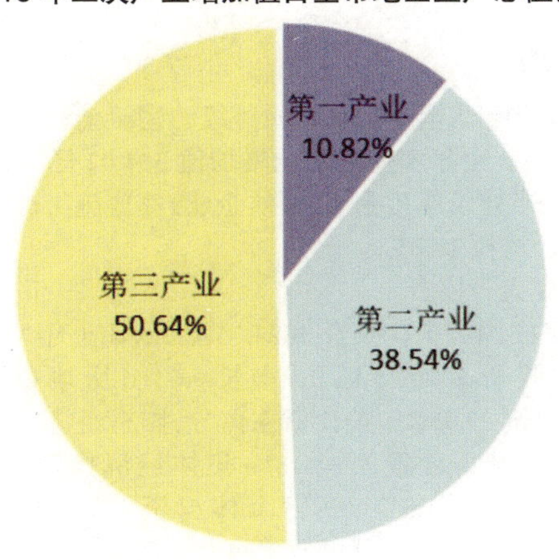

价格：全年居民消费价格比上年上涨1.4%，分类别看，八大类消费价格指数呈"六升二降"。（见表1）

居民消费价格指数

指　　标	2016年	比上年涨跌(%)
居民消费价格总指数	101.4	1.4
食品烟酒	102.5	2.5
衣着	102.9	2.9
居住	100.5	0.5
生活用品及服务	99.6	−0.4
交通和通信	98.2	−1.8
教育文化和娱乐	102.6	2.6
医疗保健	101.6	1.6
其他用品和服务	104.2	4.2

2012年—2016年居民消费价格涨跌幅度

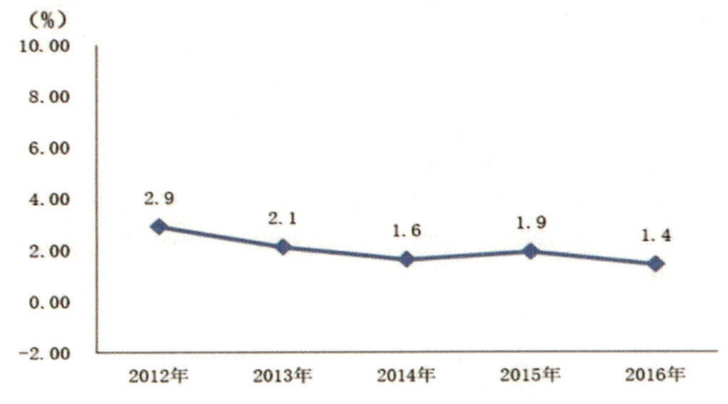

二、农业

产值：全年全市实现农林牧渔业总产值689.03亿元，比上年增长3.98%。其中，农业产值382.81亿元，增长5.19%；林业产值30.17亿元，增长12.01%；畜牧业产值212.69亿元，下降0.41%；渔业产值28.25亿元，增长6.54%；农林牧渔服务业产值35.11亿元，增长7.47%。占农林牧渔业的比重分别为：农业55.55%，比上年上升0.03个百分点；林业4.38%，下降0.1个百分点；畜牧业30.87%，上升0.56个百分点；渔业4.1%，下降0.06个百分点；农林牧渔服务业5.1%，下降0.43个百分点。

2015年—2016年农林牧渔业总产值构成(%)

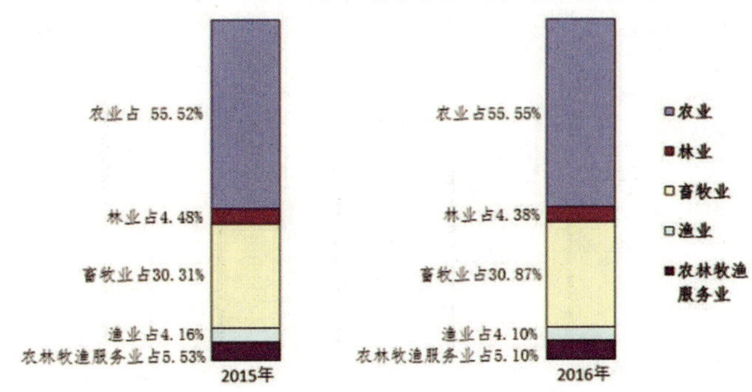

农作物种植面积：全年农作物播种面积97.71万公顷，增长0.72%。其中，粮食种植面积43.67万公顷，下降1.18%。经

济作物种植面积24.21万公顷,下降0.62%,其中,甘蔗种植面积14.01万公顷,下降0.54%;油料种植面积5.25万公顷,增长0.19%。其他农作物种植面积29.83万公顷,增长4.81%,其中蔬菜种植面积23.23万公顷,增长5.4%。各类经济作物(含其他农作物)种植面积占农作物总播种面积比重的55.31%,全年粮食作物和经济作物的种植面积比例为1∶1.24。

农作物产品产量:全年粮食总产量223.36万吨,比上年下降0.91%;蔬菜产量517.7万吨,增长6.48%;水果产量233.8万吨,增长9.29%;甘蔗产量1115.47万吨,增长2.78%;花生产量15.46万吨,增长5.1%;木薯产量38.28万吨,下降7.59%。

2012年—2016年全市粮食总产量及增长速度

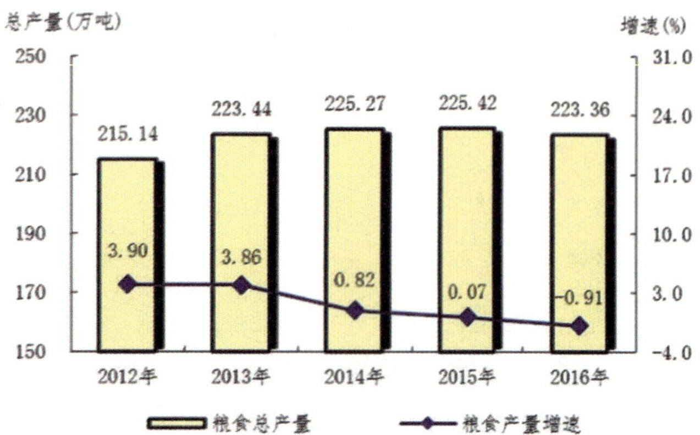

养殖业产品产量:全年肉类产量65.04万吨,比上年下降1.48%,其中,猪肉产量37.17万吨,下降3.82%;全年生猪出栏498.1万头,下降4.07%;生猪存栏417.5万头,下降3.78%;禽蛋产量3.95万吨,增长14.64%;牛奶产量5.05万吨,增长0.45%;水产品产量26.12万吨,增长2.65%。

林业生产:全年木材产量347.64万立方米,比上年增长31.16%。当年造林面积2170公顷,其中,用材林1710公顷,下降62.37%;经济林181公顷,下降56.80%。当年中、幼林抚育作业面积2.82万公顷,下降74.82%。育苗面积5238公顷,增长248.5%。全市森林覆盖率47.66%。

农村基础设施:全年农村用电量11.68亿千瓦时,比上年增长7.38%。化肥使用量(折纯)48.05万吨,比上年下降0.95%。有效灌溉面积22.72万公顷,比上年下降12.21%。全市1380个村中,自来水受益村1346个,比上年增加10个。自来水受益村占村数的比例达97.54%。

三、工业和建筑业

工业:全年全部工业总产值3628.07亿元,比上年增长8.68%。规模以上工业总产值3537.05亿元,增长8.83%;其中国有企业增长3.34%,集体企业增长16.34%,股份制企业增长9.07%,外商及港澳台投资企业增长10.9%。全年全部工业增加值1063.14亿元,增长5.6%。

2012年—2016年全市规模以上工业总产值及增长速度

分轻重工业看,全市规模以上轻、重工业总产值分别为1413.38亿元和2123.67亿元,分别增长6.35%和10.55%,重工业增速快于轻工业4.2个百分点。轻重工业产值比例为39.96∶60.04,重工业产值比例高于轻工业20.08个百分点。

全年规模以上工业产值最高的六个行业共完成工业产值1898.45亿元,占规模以上工业总产值比重达53.67%,拉动规模以上工业总产值增长4.71个百分点。其中农副食品加工业产值484.43亿元,增长5.37%;计算机、通信和其他电子设备制造业产值478.76亿元,增长16.78%;化学原料和化学制品制造业产值264.93亿元,增长4.61%;非金属矿物制品业产值246.65亿元,下降0.82%;电气机械和器材制造业产值235.16亿元,增长18.2%;木材加工和木、竹、藤、棕、草制品业产值188.52亿元,增长7.89%。

全市规模以上工业企业主营业务收入3280.56亿元,比上年增长8.51%;利润211.2亿元,增长4.15%。全年规模以上工业产销率96.55%,比上年提高1.21个百分点。

年末全市拥有规模以上工业企业954家。工业产值超亿元的企业633家,比上年减少2家。

2016年主要工业产品产量及增长速度

产品名称	单位	产量	比上年增长(%)
配混合饲料	万吨	619.33	13.86
成品糖	万吨	92.87	-14.68
软饮料	万吨	212.33	7.26
啤酒	千升	366854	-18.16
卷烟	亿支	362.35	-1.69
人造板	万立方米	926.32	11.00
纸浆	万吨	25.03	-8.17
机制纸及纸板	万吨	21.69	-18.94
合成复合肥料	万吨	138.59	-6.38
硅酸盐水泥熟料	万吨	1255.01	2.24
水泥	万吨	1578.20	-3.45
平板玻璃	万重量箱	520.06	-15.65
铝材	万吨	38.29	33.82
中成药	万吨	4.15	-2.60
电力电缆	万米	241.05	13.33
塑料制品	万吨	92.66	17.41

建筑业:年末,全市具有资质等级的建筑企业435个,比上年下降3.76%。全年实现建筑业增加值364.02亿元,比上年增长6.4%。全市建筑施工企业(资质企业)完成施工产值1185.42亿元,比上年增长14.85%。

四、固定资产投资

全年完成固定资产投资3824.73亿元,比上年增长13.6%。其中,项目投资2970.73亿元,增长9.63%;房地产开发投资854亿元,增长29.95%。按投资主体分,国有经济投资1222.99亿元,增长9.14%,比重为31.98%;集体经济投资73亿元,下降27.01%,比重为1.91%;私营个体投资1913.68亿元,增长11.31%,比重为50.03%;外商投资40.58亿元,下降36.12%,比重为1.06%;其他经济投资473.11亿元,增长53.21%,比重为12.37%。

2012年—2016年固定资产投资及增长速度

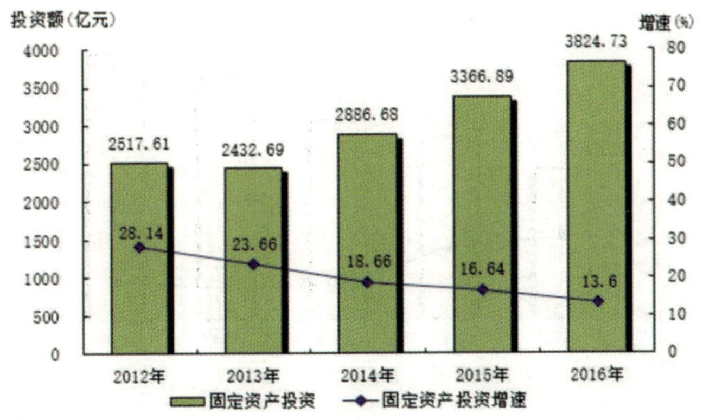

在固定资产投资中，第一产业投资144.48亿元，增长25.85%；第二产业投资1030.77亿元，增长4%，其中工业投资999.6亿元，增长3.97%；第三产业投资2648.49亿元，增长17.14%。固定资产投资主要集中在房地产业，制造业，水利、环境和公共设施管理业，交通运输、仓储和邮政业，批发和零售业等行业。

2016年分行业固定资产投资及增长速度

行业	投资额(亿元)	比上年增长(%)
固定资产投资	3824.73	13.60
农、林、牧、渔业	144.48	25.85
采矿业	24.85	−35.74
制造业	880.30	5.48
电力、燃气及水的生产和供应业	94.45	7.10
建筑业	31.17	4.99
批发和零售业	207.67	6.53
交通运输、仓储和邮政业	367.82	12.72
住宿和餐饮业	48.71	21.17
信息传输、软件和信息技术服务业	107.11	141.14
金融业	45.52	109.97
房地产业	988.10	25.76
租凭和商务服务业	166.87	30.29
科学研究和技术服务业	58.72	9.82
水利、环境和公共设施管理业	385.51	−4.83
居民服务、修理和其他服务业	22.78	−8.97
教育	126.19	15.95
卫生和社会工作	42.75	16.52
文化、体育和娱乐业	62.27	8.11
公共管理、社会保障和社会组织	19.46	−40.91

全年房地产开发投资854亿元，比上年增长29.95%。其中，商品住宅投资583.2亿元，增长25.41%；办公楼投资67.24亿元，增长50.2%；商业营业用房投资84.6亿元，增长30.28%。商品房施工面积6191.24万平方米，增长19.64%；商品房竣工面积471.61万平方米，下降17.98%；商品房销售面积1327.53万平方米，增长32.66%；商品房销售额914.24亿元，增长37.46%。

2016年房地产开发和销售主要指标及增长速度

指　标	单位	绝对数	比上年增长(%)
房地产开发投资	亿元	854.00	29.95
其中：住宅	亿元	583.20	25.41
商品房施工面积	万平方米	6191.24	19.64
其中：住宅	万平方米	4034.47	15.17
本年新开工面积	万平方米	1494.73	32.94
其中：住宅	万平方米	953.00	29.23
商品房峻工面积	万平方米	471.61	−17.98
其中：住宅	万平方米	338.10	−20.10
商品房销售面积	万平方米	1327.53	32.66
其中：住宅	万平方米	1150.15	30.87
商品房销售额	亿元	914.24	37.46
其中：住宅	亿元	778.35	42.17
本年实际到位资金小计	亿元	1260.71	45.86
其中：国内贷款	亿元	198.34	70.24
自筹资金	亿元	345.90	32.58
定金及预收款	亿元	404.19	65.76
个人按揭贷款	亿元	274.41	34.59

五、交通和邮电通信业

交通运输：全年货物运输总量32429.47万吨，比上年增长7.22%。旅客运输总量8897.55万人，增长2.75%。其中，铁路货物运输量265.51万吨，下降20.37%；铁路旅客运输量2575.75万人，增长20.44%；公路货物运输量28672万吨，增长7.59%；公路旅客运输量5719万人，下降4.25%；水路货物运输量3486.5万吨，增长7.02%；民航旅客发送量602.8万人，增长10.08%；航空货邮发送量5.46万吨，增长8.76%。

邮电通信：全年邮电业务总量241.54亿元，比上年增长53.2%，其中电信业务总量236.03亿元，增长53.93%；邮政业务总量5.51亿元，增长27.19%。

六、国内贸易

全年全市社会消费品零售总额1980.36亿元，比上年增长10.84%。其中限额以上企业零售额952亿元，增长9.96%。按销售单位所在地统计，城镇消费品零售额1829.56亿元，增长11%；乡村消费品零售额150.8亿元，增长8.89%。按消费形态统计，商品零售额1793.83亿元，增长10.55%；餐饮收入186.54亿元，增长13.74%。

2012年—2016年社会消费品零售总额及增长速度

在限额以上企业商品零售额中，汽车类零售额比上年增长13.3%，家用电器和音像器材类增长3.8%，通讯器材类增长17.2%，体育娱乐用品类增长19.3%，文化办公用品类增长3.5%，家具类增长4.8%，建筑及装潢材料类增长443.2%，日用品类增长15.6%，粮油、食品类下降3.1%，饮料类增长41.4%，烟酒类下降1.6%，服装、鞋帽、针纺织品类增长12.5%，化妆品类增长8.1%，金银珠宝类下降4.5%，中西药品类增长14.2%。

七、对外开放和旅游业

对外贸易：全年外贸进出口总值416.23亿元，比上年增长14.2%。其中，出口总值211.13亿元，增长4.27%；进口总值205.1亿元，增长26.61%。

2012年—2016年全市进出口总值及增长速度

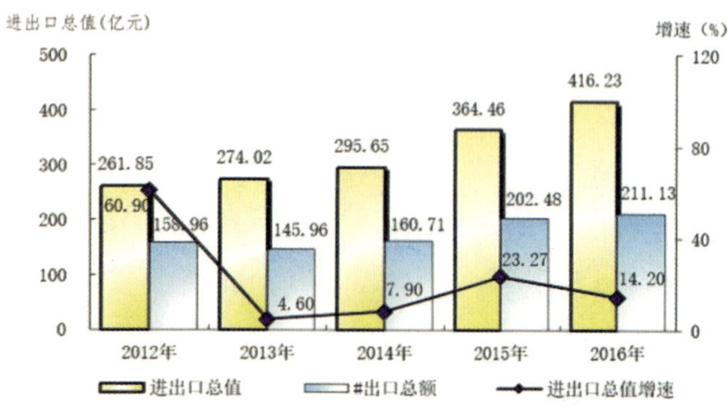

招商引资：全年区外境内实际到位内资682.89亿元，增长11.69%。外商直接投资7.7亿美元，增长9.83%。年末全市实有三资企业1057家，其中建成投产三资企业588家。

开发区：全市有开发区、工业集中区15个。其中，南宁高新技术产业开发区、南宁经济技术开发区和广西—东盟经济技术开发区年末累计入园企业15824家，比上年末增加2502家；财政收入82.52亿元增长4.85%；实现规模以上工业总产值1913.76亿元，增长17.24%；完成固定资产投789.22亿元，增长13%。

旅游：全年接待国内游客9499.62万人次，比上年增长16.43%；接待入境过夜游客55.54万人次，增长8.73%。其中，外国游客42.26万人次，增长6.63%；香港游客4.49万人次，增长19.48%；澳门游客2.98万人次，增长26.98%；台湾同胞5.82万人次，增长8.73%。国内旅游消费903.24亿元，增长23.74%。国际外汇消费2.32亿美元，增长13.34%。年末全市有星级宾馆48家4A级旅游景区21个，5A级旅游景区1个，旅行社118家。

八、财政、金融和保险

财政收入：全年财政收入613.83亿元，比上年增长7.22%。其中一般公共预算收入312.76亿元，增长5.29%。一般公共预算收入中，税收收入232.91亿元，增长3.07%。全年一般公共预算支出587.07亿元，增长10.94%。财政支出中，投向城乡社区、公共安全、社会保障和就业、一般公共服务的支出增长较快。其中，城乡社区支出71.72亿元，增长16.9%；公共安全支出40.48亿元，增长16.16%；社会保障和就业支出66.25亿元，增长15.75%；一般公共服务支出52.76亿元，增长14.29%。

金融：年末全市共有金融机构32家，营业网点1218个。年末全市金融机构人民币各项存款余额8901.72亿元，比上年增长7.8%。其中，住户存款余额2924.55亿元，增长8.3%。金融机构人民币贷款余额9423.79亿元，增长14.52%。

2012年—2016年住户存款余额及增长速度

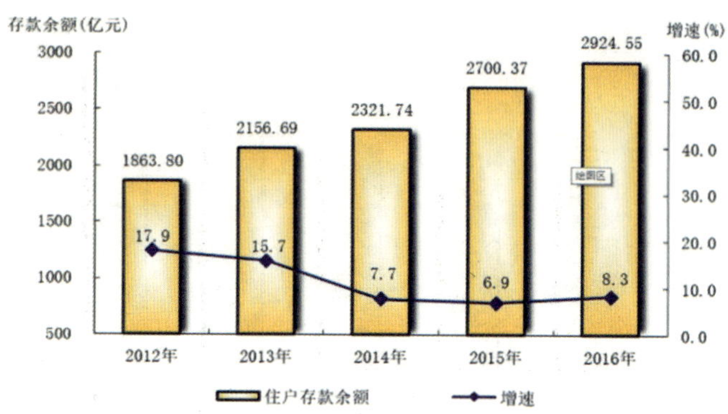

保险：年末全市共有各类保险公司38家，其中，财险公司22家，寿险公司16家。全年保费收入146.98亿元，比上年增长19.57%。其中，财产险保费收入61.89亿元，增长13.85%；寿险保费收入85.09亿元，增长24.13%。全年各项保险赔款及给付51.98亿元，其中财产险业务赔款及给付29.44亿元；寿险、健康险和意外伤害险赔款及给付22.54亿元。

九、人口、人民生活和社会保障

人口：年末全市户籍人口751.74万人，比上年增加11.51万人，增长1.55%，其中市区(含武鸣区)人口370.08万人，增加8.81万人，同比增长2.44%。全市人口出生率为13.5‰，比上年增长0.22个千分点；人口死亡率5.33‰，增长0.1个千分点；人口自然增长率8.17‰，增长0.12个千分点。年末常住人口706.22万人。

城乡居民生活：全年全市居民人均可支配收入22862元，比上年增加1872元，增长8.9%。按常住地分，城镇居民人均可支配收入30728元，增加1622元，增长7.7%；全年农村居民人均可支配收入11398元，增加989元，增长9.5%。

2012年—2016年城镇居民人均可支配收入及增长速度

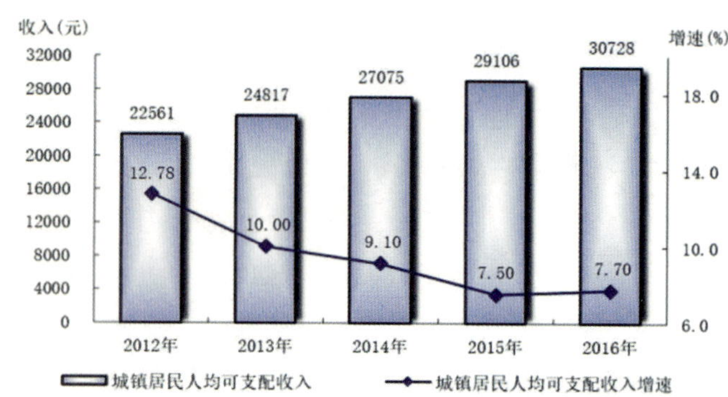

2012年—2016年农村居民人均可支配收入及增长速度

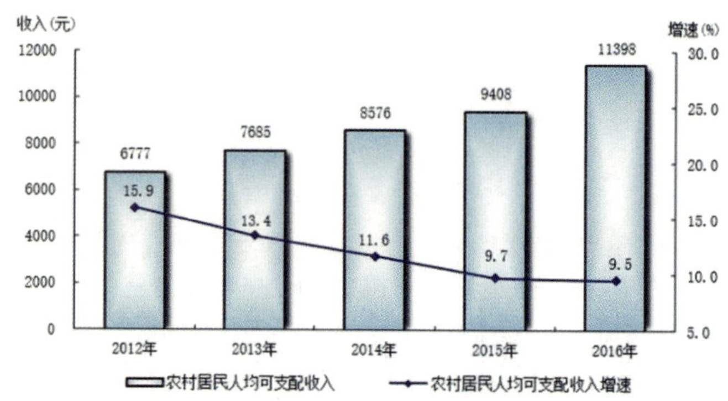

注：2012-2015年统计口径为农民人均纯收入，2016年统计口径更改为农村居民人均可支配收入。

说明：1.本文数据来自市统计局统计公报。

2. 地区生产总值、三次产业增加值、工业增加值、农业产值绝对数按现行价格计算，增长速度按可比价格计算。

3. 规模以上工业企业是指年主营业务收入2000万元及以上的全部法人工业企业；限额以上批发零售企业是指年主营业务收入2000万元及以上批发企业和年主营业务收入500万元及以上零售企业。

4. 邮电业务总量按2010年不变价格计算。

2016年南宁市社会发展状况及2017年展望

吴金艳　岑家峰　吴寿平　苏　静

2016年，面对错综复杂的发展环境和经济下行压力，在自治区党委、政府和市委、市政府的正确领导下，南宁继续稳增长、促改革、精准施策，经济持续平稳增长、经济综合实力不断增强、工业转型升级，城市功能不断完善、宜居城市魅力彰显、城市国际影响力不断提升、民生改善成效显著、科学发展动力和社会发展活力显著提升，实现了"十三五"良好开局。

一、2016年南宁社会发展总体形势

（一）城市建设提升新水平

1. 新型城镇化建设迈上新台阶。完善规划体系，以规划引领城镇发展。出台《南宁空间发展战略规划》《南宁市"十三五"新型城镇化规划》《南宁市2016-2020年村庄规划编制工作方案》等专项规划，规划引领着城镇工作有序推进。南宁市深入推进户籍制度改革，进一步放宽农业转移人口落户条件，全市户籍人口城镇化率达到44.8%，常住人口城镇率达到60.23%。对棚户区、旧城进行改造，累计改造棚户区4.2万户，对"老南宁·三街两巷"、东沟岭等71个旧城改造项目完成投资244.1亿元。横县六景镇成为南宁市第一个列入第三批国家新型城镇综合试点镇。

2. 城市承载能力不断提升。绿城、海绵城市、综合管廊等建设取得显著成效，绿色、生态、宜居水平不断提高，城市承载能力进一步提高。实施绿城建设、海绵城市试点、地下综合管廊试点城市、邕江综合整治等重点工程建设；2016年南宁市全市森林覆盖率稳定在47.66%，建成区绿化覆盖率达43%，绿城品质不断提升，获评全国首批"国家生态园林城市"；同时，启动海绵项目142项，完成投资约50.3亿元，竹排江上植物园段（那考河）流域治理PPP项目、南湖公园环湖路等一批海绵化改造项目完工，海绵城市效应初显。2016年5月获得全国地下综合管廊第二批试点城市，随即开展综合管廊建设项目，投资5.48亿元，17个综合管廊建设项目，现已建成18.5公里，长虹路示范段建成使用。

3. 五象新区成为城市新名片。五象新区建设进入"快车道"，2016年完成投资301.8亿元，同比增长7.4%。五象新区基础设施建设加速推进，机场第二高速公路、玉象路二期、玉洞大道拓宽、良庆大桥等大工程建成通车，青山大桥主桥合拢，"三纵三横"主干路网基本完善；五象绿地中心、南宁绿地中心、南宁市房产服务大厦等一大批项目建成；五象湖周边、总部基地金融街项目进展顺利；五象新区第一实验小学、南宁市三中五象校区等4所优质学校建成招生；五象新区日新月异，逐渐成为南宁市战略高地和城市新名片。

（二）改革攻坚取得新突破

1. 全面推进供给侧结构性改革。认真落实"三去一降一补"要求，"三去一降一补"（去产能、去库存、去杠杆、降成本、补短板）五大任务落实取得初步成效。通过制定30条政策措施降低企业的交易成本、物流成本和融资成本等，2016年为南宁市企业减负39亿元。淘汰一批落后产能企业和清理一批国有"僵尸企业"，淘汰7家木薯淀粉酒精小企业、1家30万吨钢铁企业，清理92家国有"僵尸企业"。通过财政补贴的形式去库存，财政补贴1.76亿元，鼓励非南宁市户籍居民家庭购买首套新建普通住房29322套，新建商品房去化周期为11个月。补教育和卫生短板，加大教育和卫生投资，分别增长15.95%、22.49%。

2. 深入推进行政审批改革。组建南宁市行政审批局领导班子和工作人员，"审管分离"稳步推进，取消和调整行政审批事项96个，清理规范行政审批中级服务99项；编制并公布县区乡镇政府权责清单；实现工商局、发改委、卫计委、工信委等38个部门412项政务服务事项的网上预受理和申办。率先在全区建成网上行政执法暨电子监察系统，实现行政执法全过程信息化、运行透明规范化。加强审批标准化服务建设，经过优化，全市审批事项的审批条件在3个以下的占总数的75.2%，审批材料5件以下的占总数的43.6%，办结时限在5个工作日以内的审批事项占总数的44.5%。实施"容缺后补"制度，为企业提速增效。2016年6月，市政务办出台《南宁市政务服务中心企业投资项目"容缺后补"制度（试行）》，正式推行企业投资项目"容缺后补"制度，对涉及企业投资项目的11个部门83项非主审要件事项共208项材料实行"容缺后补"缺项受理，允许某些审核材料在规定时间内暂时缺少，实行非主审要件缺项受理和审批，增加企业筹备投资项目前期审批的宽容度，为企业经营争取时间。2016年，市政务服务中心已办理缺项受理事项4083件，有效减少企业往返办事时间，切实减轻了企业负担。

3. 全面深化教育体制改革。推进县区义务教育阶段学校教师管理改革试点工作，出台了《南宁高新区义务教育学区制管理改革自治区试点工作方案》，积极探索"区管校用"管理体制改革，并在西乡塘区、兴宁区实施义务教育阶段学校教师管理改革试点，促进南宁市教育资源的均等化发展。同时，出台了《南宁市县（区）域内义务教育阶段校长教师交流轮岗工作实施方案》（南教人[2016]12号）、《南宁市乡村教师支持计划实施方案（2015-2020年）》（南府办[2016]21号），全面指导和推进义务教育阶段校长教育交流轮岗和乡村教师的发展。

4. 扎实推进医疗卫生体制改革。出台《南宁市城市公立医院综合改革实施方案》《南宁市建设完善分级诊疗制度实施方案》《南宁市区域医疗联合体建设实施方案》《南宁市县乡医疗服务一体化管理工作实施方案》等政策文件，推进全市分级诊疗制度建设，全市70%的基层医疗机构实现与上级或平级医疗机构双向转诊。深化县级公立医院综合改革，各县区全部启动县（城）乡医疗服务一体化管理，组建市第一人民医院医疗体、市妇幼保健院医疗体等，武鸣、邕宁等县区县乡医疗服务一体化管理已面上推开并初见成效，兴宁、西乡塘、青秀区依托市属二级医院推进一体化管理迈出新步伐。南宁市成为全国首批健康城市试点，是广西唯一入选城市。

5. 稳步推进农村综合改革。在广西率先探索建设南宁市统一土地承包经营权明确登记信息管理系统，完成确权登记颁证面积273.94万亩，可颁证农户46.14万户。创新农业经营机制，全市新增家庭农场217家、农场专业合作社1219家、市级以上农业产业化重点龙头企业19家，新型农业经营主体已逐步成为现代农业建设的生力军。

（三）创新创业增添新动能

南宁市作为一个经济新兴城市，正处在经济社会加快发展的关键时期，大力推进大众创业、万众创新，走创新驱动发展道路，为南宁市经济社会转型发展提提供新动能。

2016年7月24日南宁·中关村双创示范基地正式运营，引进了上海明匠、哈工大机器人等5家行业领军企业在内的18家国内外知名企业；举办首届南宁市创新创业大赛，3个选送项目进入全国各行业总决赛前6强；新增自治区重点实验室1家，自治区重点实验室培育基地9家，自治区企业工程技术研究中心3家、自治区级创新型企业7家、国家技术创新示范企业2家、自治区技术创新示范企业2家、自治区级企业技术中心9家、市级企业技术中心13家；获得备案国家级创客空间2个，自治区级创客空间3个，全市新增入孵企业61家，创业团队56个。在大众创业、万众创新的带动下，南宁市企业技术创新能力显著增强，每万人口发明专利拥有量6.72件，同比增长42.69%，保持全区第一。全市高新技术企业达304家，同比增长29.9%。全市完成技术创新项目413项，投资12.04亿元。输出类技术合同登记486项，同比增长39%，合同成交金额18927万元，技术交易金额17255万元。

（四）宜居城市实现新发展

1. 城市治理更加有序。继续深入开展“美丽南宁·整洁畅通有序大行动”、法治南宁、平安南宁建设。查处摊点乱摆行为、车辆乱停行为、垃圾乱扔行为、广告乱贴行为、工地乱象等“五乱”案件105.9万起，查处泥头车违法案件6748起，拆除违法建筑面积186.44万平方米，清理违法占地面积256.73万平方米，完成道路及人行道维修30.48万平方米。深化“文明行车”礼让斑马线活动，公交、出租行业礼让率保持在98%以上，电动自行车管理经验模式获全国、全区推广。加快拓展市民卡应用，实现交通领域公交车、公共自行车、地铁、出租车等一卡通行。全面推进社区网格化管理，建立健全立体化社会治安防控体系，社会治安呈良好态势，市民安全感、满意度不断提升。全面提高食药安全监管水平，稳步推进国家食品安全城市创建试点，武鸣荣获第一批“国家农产品质量安全县”。

2. 生态乡村建设成效显著。编制完成《南宁市美丽乡村建设规划(2016-2020年)》，完成“村屯绿化、饮水净化、道路硬化”专项活动年度任务，重点建设了70个市级精品示范村。启动市级生态综合示范区(带)建设，开展农村环境质量监测，打造12个生态综合示范区(带)，完成26个乡镇圩亭农贸市场升级改造。农村基础设施进一步完善，完成193个贫困村通屯道路建设工程项目，128个水库移民道路硬化项目，共191.7公里，114个屯内道路硬化项目，共107公里。生态环境进一步优化，种植绿化苗木49.96万株，其中绿化大苗27.51万株，果树12.62万株，其它苗木9.82万株，完成绿化面积5898亩。新建102个农村生活污水整治项目，新开工22个镇级污水处理设施。新建34个乡镇垃圾片区处理中心，89个村级垃圾处理中心。

（五）人民生活实现新改善

1. 脱贫攻坚实效显著。出台了精准脱贫“1+10”系列文件，深入实施脱贫攻坚“七个一批”工程(发展产业脱贫一批、技能培训和就业帮扶脱贫一批、教育脱贫一批、实施易地搬迁脱贫一批、医疗救助脱贫一批、生态补偿脱贫一批、社会保障兜底脱贫一批)、“七大工程”(道路硬化工程、安全用水工程、安全用地工程、危房改造工程、“互联网+”扶贫工程、村庄环境建设工程、文化设施建设工程)。同时，落实扶贫开发责任，421个贫困村实现驻村第一书记全覆盖。2016年，南宁市共筹措扶贫资金80.76亿元，扶持1429个特色产业项目，引进941个新型经营主体，修建998.21公里贫困村屯级道路，完成1984个农网改造项目，开工建设21个易地扶贫搬迁项目，完成7201户建档立卡贫困户农村危房改造，帮助贫困劳动力转移就业1.19万人次，资助建档立卡贫困户学生16.2万人、资金1.48亿元，106个脱贫摘帽村贫困人口新农合参合率98.8%。完成“双认定”(指贫困户是否脱贫，不仅由相关干部和帮扶责任人认定，还需要贫困户户主签字认定)31695户128362人，邕宁区和120个贫困村全部完成脱贫摘帽任务。

2. 居民收入平稳增长，就业形势稳定。2016年南宁市居民人均可支配收入22862元，增长8.9%(实际增长7.4%)，其中城镇居民人均可支配收入30728元，增长7.7%(实际增长6.2%)，农村居民人均可支配收入11398元，增长9.5%(实际增长8.0%)。城镇新增就业人数7.8万人，超额完成预期目标；城镇登记失业率控制在2.62%，低于年度控制目标1.38个百分点。

3. 基本公共服务保障能力得到新提升。社会保障水平稳步提升，构建社保参保登记联动机制。南宁市政府印发《关于提高农村居民最低生活保障标准的通知》，从8月1日起，全市范围内农村居民最低生活保障标准在现行标准基础上每人每年提高400元，城市低保平均保障标准达467元/人·月，农村低保保障标准增幅达12.9%。实施全民参保登记计划，城乡居民基本养老保险人数达210.2万人，参保率93.29%，全市社会保险参保达676.67万人次(不含新农合)。2016年南宁市入选全国健康城市试点、国家医养结合试点城市，基本建立社会养老服务体系，新建10个城市养老服务中心和26个社区日间照料中心。南宁市保障性住房2.36万套，完成率为197.3%；分配入住各类保障性住房1.79万套，完成率为197.3%；新增发放租赁补贴2767户，完成率为553.4%。民政重大项目建设取得新进展，南宁市福利中医医院投入使用，儿童康复中心康复综合大楼、市第二福利院加快建设；南宁市儿童福利院、市备灾中心、市马岭公益性公墓等项目前期工作有序开展。

4. 现代化教育持续推进。2016年南宁市全民深化教育综合改革，着力提高教育质量，力促教育公平，加快推进南宁教育现代化建设，努力提升首府教育民生获得感，南宁教育事业发展实现“十三五”良好开局。一是优质教育扩容增量满足新需求。教育资源有效扩大，新建成并投入使用中小学校13所，改扩建学校1030所，新增自治区示范幼儿园5所，西乡塘区、武鸣区、马山县通过全国义务教育发展基本均衡县(区)国家督导评估，南宁学院通过自治区学位委员会学士学位授权评估。全年接受进城务工人员随迁子女入学13万人。二是学前教育多元普惠发展迈上新台阶，义务教育均衡发展取得新突破。大力实施学前教育基本覆盖工程，创新多元普惠幼儿园发展体制机制，扶持多元普惠幼儿园发展。设立多元普惠幼儿园生均补助，按照800—1600元/生·学年的标准给予补助，2014年至今拨付补助经费超1亿元；实行多元普惠幼儿园收费最高限价管理，其保育教育费收费标准最高不得高于同辖区同等级的公办幼儿园收费标准的2倍；建立多元普惠幼儿园税收减免制度，其与公办学校享受同等的用地政策，在规定收费标准范围内收取的保育费、教育费收入免征营业税。2016年，南宁学前教育三年毛入园率达到95.3%，九年义务教育巩固率96.02%，高中阶段毛入学率95.13%。2016年1月，青秀区、兴宁区高标准通过国家评估，被认定为国家义务教育发展基本均衡县(区)，成为自治区、南宁市首批通过国家认定的城区，实现南宁市零的突破。三是学校教育信息化基地建设得到进一步强化。新增200所义务教育学校400间教室实现班班通，实现1064所学校全覆盖多媒体教室，占南宁市中小学校的64%；1610所学校接入互联网，接入率达97.04%；653个教学点100%实现数字教育资源全覆盖。四是中等职业教育内涵发展呈现新特色。深入实施新时期深化职业教育攻坚五年计划，加强基础能力建设，加快发展现代职业教育。截至2016年10月31日，全市中职学校招收全日制学生23805人，完成招生任务的113%，超额完成中职招生任务。深化教学改革，强化校企合作，提高中职学生职业能力，荣获2016年广西职业院校技能大赛一等奖35项、二等奖48项、三等奖35项，一等奖、二等奖和获奖总数继续领先全区各市，实现该赛事的“五连冠”。五是教师专业发展素养获得新提高。全面实施教师队伍树德强技专业发展工程，创新培训培养方式，培育名师队伍，提高教师专业素养，推动首府城乡教师专业发展。改善教师待遇，从2016年起每年增加配套投入780万元专项用于乡村教师生活补助，最低标准从200元/人提高至300元/人，保证农村教师留得住、有奔头。创新培训模式，建设“南宁市教师网络研修社区”，利用现代化信息技术手段，打破地域和空间限制开展远程教师培训，提高乡村教师专业水平，促进城乡教师专业化发展。六是教育精准扶贫初见新成效。全力推进教育精准扶贫“七大帮扶计划”，继续实施农村义务教育营养改善计划，扩大农村义务教育营养改善计划覆盖面，惠及五县及武鸣区、青秀区、邕宁区农村义务教育公办学校学生40万人。加强贫困村教育基础设施建设，安排专项资金1000万元，用于12所贫困村学校基建项目，目前主体在建6所，完成建设6所。精准实施教育帮扶计划，从2016年秋季学期起，对全区建档立卡贫困户适龄在园幼儿免除保育费和教育费，对就读普通高中的建档立卡贫困户子女免除学杂费(包括学费、课本费和住宿费)，普通高中建档立卡贫困户学生获得国家助学金3500元，学生资助广泛覆盖精准到位。2016年，南宁市各项学生资助项目投入资金2亿多元，受惠学生接近30万人次。建立中小学(幼儿园)“市—县，县—乡，乡—村”三级结对帮扶机制。40多所市直中小学校以“一帮一或一帮几”的形式分别与50多所县区中小学校结成帮扶对子。

5. 卫生计生快速发展。医疗卫生均等化服务水平提高，初步建成居民健康档案，有效防控艾滋病、寨卡病毒、手足口病等传染病。社会办医(国家)联系点稳步推进，广西医大琅东医院、凤岭南医院、明安医院等医院建设加速推进。医疗卫生基础设施建设明显加快，启动城市公立医院综合改革，2016年新增医疗服务机构209家、床位数1346张。人口计生工作有序推进，全面二孩政策稳步实施，2016年区间人口出生率13.5‰，自然增长率8.17‰，各项指标均控制在自治区要求指标范围内；受理再生育申请1067份，审批发证1060本。

6. 文化体育事业取得新进展。一是文化公共服务水平提升。南宁市博物馆、市民族艺术基地建成投入使用，新建村级公共服务中心125个，开展民歌湖周周演等系列主题文化活动135场。顶蛳山遗址保护规划获得国家文物局批复，相关项目正在开展前期工作。二是文化产业加快发展。出台《南宁市“十三五”文化产业发展规划》，动画片《漂流岛之天空历险记》成为首部登陆央视的桂产动画片，10个特色文化产业项目入选国家级重点项目。三是全面健身升级，体育产业加快发展。实施体育场地建设、改造项目335个，推进“智慧健身”建设，打造15分钟健身圈，经常参加体育锻炼人数比例达46%，成功举办南宁·东盟国际龙舟邀请赛、南宁市国际半程马拉松邀请赛、中国2016亚洲国际集邮展览，成功申办中国杯国际足球锦标赛，组队参加世界青年举重锦标赛获1金2银。

二、2016年南宁社会发展面临的挑战和难题

(一)城乡居民增收压力加大

1. 城镇居民收入过于依赖工资性收入，增收渠道较为单一，增速有限。2016年，南宁市城镇居民人均工资性收入17204元，同比增长5.6%，占可支配收入的比重为56.0%，对收入增长的贡献率为41.2%；而经营净收入占可支配收入的比重仅为16.4%，财产净收入占13.0%，转移净收入占14.6%。就业者的工资性收入仍然是城镇居民收入的主要来源，对于拉动城镇居民收入增长起到决定性作用，而经营净收入、财产净收入占比较低，并且工资性收入增长主要以政策性增资为主，当前南宁市面临经济下行压力，收入增速减缓，使得政策性增资的后劲不足，影响城镇居民整体收入快速提高。

2. 农村居民收入增速放缓，排位下降。2016年南宁市农村居民人均可支配收入涨幅较上年下降0.2个百分点，已连续五年下降；增速在全区排第8位，较上年下降2个位次。从工资性收入、经营性收入、财产净收入和转移净收入四大项构成来看，2016年南宁市农村居民人均工资性收入同比增长11.5%，较上年下降0.6个百分点；经营净收入增长7.3%，较上年下降0.5个百分点。农村居民收入增速放缓，主要是工资性收入和经营净收入增幅下滑所致。农村居民增收基础不牢固，制约了农民工资水平持续快速增长。影响农民增收的主要因素包括农副产品价格波动较大、农业生产成本增加、农业用地利用率不高、产业融合深度欠缺等原因。以农业成本为例，农资价格水平较高，运输成本居高不下，农业用工如甘蔗砍伐工、装卸工等工资增长，使经营性收入的净利润空间缩小，影响农户收入提高。

(二)多元共治的治理体系有待完善

1. 社会治理难度加大。近年来，网约车、共享自行车、现代物流业等新事物的快速发展，对现有城市管理模式形成冲击和压力，体现出技术变革、生活方式变革对社会管理改革创新的推动作用。而从南宁市当前的城市管理状况来看，城市治理体制改革创新的速度明显滞后于技术变革和社会发展的速度，导致城市管理出现混乱和漏洞，甚至存在治理的死角和盲区。如南宁市网约车的管理，长期以来游离于现行的监管机制以外，成为城市交通安全和社会治安的重要隐患，不仅与之相关的负面报道不时见诸报端，并且已对南宁市交通运营秩序造成消极影响。随着新生事物的不断涌现，对城市治理能力形成严峻考验，要求政府切实转变管理理念，提升城市治理效能。

2.“大行动”模式长效化面临困局。南宁市成立“美丽南宁·整洁畅通有序大行动”(以下简称“大行动”)指挥部以来，大行动办起到高位指挥、高位组织、高位协调的作用，成为南宁城市治理的突出特色。然而，目前“大行动”指挥部只是一个临时机构，人员大多由相关单位抽调组成。如何实现“大行动”模式的长效化和常态化，是当前南宁市提升社会治理能力的关键所在。按照城市管理大部制改革的方向，成立城管委作为高位协调机构，取代当前大行动办的部分职能，是推动“大行动”模式规范化和常态化的重要途径。然而由于综合执法体制改革进程缓慢，导致城市管理执法工作仍然存在体制不顺、权责不清、管理粗放等问题。

3. 社会组织服务能力有待提升。社会组织的发展对于有效弥补政府公共服务不足有着重要意义，但这应以社会组织保持自身独立性和专业性为前提。然而南宁市的社会组织发展不仅在数量和规模上难以与先进地区相比较，并且行政化色彩较为浓厚，专业性和灵活性不强，成为了制约社会组织提升服务能力和质量的重要原因。由于当前政府购买服务构成社会组织的主要资金来源，特别是新生社工组织，为维持机构生存，初期难免会投政府所好，但这也导致南宁市相当部分社会组织，特别是社工类社会组织过于依赖政府，在考虑政府购买服务需求时偏离了组织成立的核心理念和专业取向，难以在社会救助、专业咨询、秩序维护、互助关系建立等方面发挥其专业优势和功能，也不利于社会组织形成品牌和持续发展。

4. 公众参与社会治理基础薄弱。以近年来南宁市大力推行的生活垃圾分类处理和“礼让斑马线”活动为例，推行效果有限，在一定程度上反映了南宁市社会治理中公民意识缺乏，参与水平较低的现状。随着公众参与社会治理和公共事务的程度加深，公众参与不足成为阻碍多元共治治理体系构建的重要因素。南宁市社会治理公众参与薄弱，一方面，是由于公众参与意识和参

与观念缺乏,参与能力和参与素质不足的原因,目前南宁市社会治理的公众参与多依靠外力推动,或者是媒体宣传,或者是被动维权,缺乏参与的积极性和主动性。另一方面,是由于参与机制不够完善,表达渠道不够通畅的原因,限制了公众参与的有效空间,导致公众参与的政治效能感不高。

(三)网络空间治理亟需得到重视

1. 网络诈骗成为网络安全首要问题。互联网经济的迅速发展,产业互联网的兴起,新业态新商业模式的不断涌现,也为网络诈骗等新型违法犯罪活动提供了可乘之机。根据数据显示,2016 年遭遇网络安全事件的用户占比达到网民群体的 70.5%,其中网络诈骗成为网络安全首要问题。2016 年以来,南宁市以宾阳为重点区域,加大了对网络诈骗的打击力度。然而网络诈骗毒瘤未清,不法分子利用网络空间进行恐怖、洗钱、传销、非法集资、赌博、贩毒等违法犯罪行为,以及 2016 年引起社会广泛关注的裸贷、骗捐等网络事件,对南宁市加强监控和查处网络违法犯罪行为的能力,以及主动防范和化解网络潜在风险的能力又提出了新的挑战。

2. 个人信息安全问题凸显。大数据时代,个人信息成为重要的社会资源,但同时也面临着个人信息被泄露、滥用的危险。2015 年 11 月,包括广西消委会在内的全国 30 家消费维权单位联合发布的《大数据时代个人信息保护状况调查报告》显示,超过半数的受访者表示个人信息曾遭到泄露,网站以及客户端软件成为信息泄露的重灾区。

3. 针对网络乱象的文化治理有待加强。互联网迅速发展的同时,还伴随着互联网亚文化对主流文化的冲击、网络谣言和负面舆论的传播,网络文化秩序失衡等问题的出现,这为网络空间的文化治理带来诸多挑战和难题。总体而言,南宁市的网络文化治理尚处于起步阶段,特别是对青少年的网络使用教育重视不够。截至 2016 年 12 月,10-19 岁群体占网民群体比例已达到 20.2%,并且 10 岁以下低龄群体上网人数占比上升,互联网向青少年群体渗透趋势加强。

(四)脱贫攻坚任务艰巨

1. 脱贫攻坚难度加大。从南宁市的贫困现状来看,南宁市贫困人口数量较多,且主要分布在马山县、上林县、隆安县等少数民族人口集中、民情社情复杂、经济发展程度较为落后的地区,并且在前期开展的扶贫工作中,有脱贫优势的地区和人口都已提前实现摘帽,而剩余的贫困人口相对而言贫困程度较深,减贫成本较高,相应地脱贫难度也更大,难以依靠常规手段实现脱贫任务。从南宁市发展环境来看,经济下行压力持续加大,产业结构有待优化,资源环境约束趋紧,基础设施建设难以突破瓶颈制约,基本公共服务供给不足,加大了贫困人口的就业难度和增收难度。总体而言,当前脱贫攻坚形势较为严峻复杂。

2. 过度“行政化”的扶贫倾向亟待纠正。初期扶贫工作强调政府的主导作用,这是由扶贫工作的公益性质和实际状况决定的,有其合理性和必然性。随着扶贫工作的开展,社会参与程度增强,然而在某些工作细部,仍然存在职权过于集中以及过度“行政化”的弊端,而这也容易成为滋生贪腐行为的温床。对涉及扶贫资金和相关补贴的贪腐违纪问题,应予以高度重视,如南宁市纪委近期通报的扶贫领域典型案例中,就出现了优亲厚友、违规发放补贴的情况。同时,扶贫工作的过度“行政化”也不利于扶贫工作效率提高和资源公平分配,影响社会力量参与扶贫的积极性和主动性,与“政府主导,全社会参与”的扶贫总体思路相背离。随着扶贫工作进入攻坚阶段,需要更大程度发动社会力量扶贫,因此过度“行政化”扶贫倾向亟需纠正。

3. 贫困退出机制有待完善。根据南宁市实际社会状况,建立和完善贫困退出机制,是确保脱贫攻坚任务完成的重要保障,而当前南宁市贫困退出机制的确立,仍然面临着诸多问题和挑战。一是贫困退出机制缺乏灵活性,存在“按计划脱贫”现象,新致贫人口进入方案有待确立和完善;二是由于各地经济社会发展水平不平衡,使得不同地区对贫困人口脱贫退出的管理存在一定差异,缺乏统一的程序和标准;三是脱贫攻坚工作相关核查归档、接受社会监督等工作细则仍有待完善,以杜绝“数字脱贫”“虚假脱贫”和“被脱贫”等现象的发生,确保规范退出;四是面对贫困退出人口的解释宣传工作仍有待改进,脱帽过程中,部分贫困户认为与他人比较仍处于低收入水平,或致贫原因未得到根本解决,影响脱贫意愿。

(五)新型城镇化进程缓慢

1. 城镇化进程趋于缓慢。2010 年 -2013 年,由于城乡属性变更的原因,使得南宁市城镇人口每年增加 2 万人以上,带动城镇化率迅速提高。2014 年以来,受限于土地资源供应量持续减少的状况,以及受城乡发展规划影响,土地扩张型城镇化缺乏动力,并且这一时期城市扩张没有引起村委的乡村属性变动,使得南宁市的城镇化进程整体趋缓,2014-2016 年间南宁市城镇化率平均每年提高 0.85 个百分点,低于全区和全国平均水平。

2. 农村转移人口市民化面临诸多困难。按照“十三五”期间南宁市新型城镇化规划总体要求,到 2020 年末,南宁市将争取实现 100 万农村转移人口市民化。近年来,南宁市相关部门为推动农村转移人口市民化采取了大量措施,包括出台鼓励农村人口落户城市的相关政策,放宽部分经商者、外来务工人员以及高校毕业生落户城市的条件限制。然而根据调查显示,超过半数的农村转移人口对于落户城市存在诸多顾虑,一是担心落户城市之后原有的农村土地承包经营权、农村宅基地使用权等既得利益被收回,导致城市化失败后无路可退;二是过高的房价及保障房、廉租房等政策性住房的供给不足,手续繁琐,导致农村转移人口安家难;三是城市医疗、养老、教育等公共服务设施和资源紧张与配套不均,致使农村转移人口对遭受不平等待遇和歧视表示担忧;四是担心无法适应高成本、快节奏、强压力的城市生活方式,影响农村转移人口落户城镇意愿。

3. 县域经济发展不均衡,影响新型城镇化进程推进。当前带动南宁市城镇化水平提升主要依靠五县和邕宁、武鸣两区。而在五县两区中,只有宾阳县和武鸣区的城镇化率超过了 40%,其中城镇化率最高的武鸣区也只有 42.94%。随着南宁市供给侧结构性改革的实施,按照“三去一降一补”的要求,南宁市对部分产能过剩、能耗较高、污染较大的企业如造纸、建材、淀粉、火电、化工等予以淘汰和化解,使得吸纳农村转移人口就业最多的制造业从业人员减少,据统计,南宁市 2016 年制造业从业人员较上年减少了 5.4%。产业结构调整也在一定程度上对南宁市县域经济增长造成冲击,2016 年南宁市共有 10 个县区的生产总值增幅较上年有所回落,7 个县区的规模以上工业增加值出现负增长,县域经济增长乏力,影响了新型城镇化进程的推进。

(六)社会领域改革阻力较大

1. 医疗卫生体制改革存在阻碍。随着南宁市医改的全面深入推进,分级诊疗和社会办医成为医改的重点领域。以分级诊疗为例,尽管《南宁市建立完善分级诊疗制度实施方案》等政策文件已经出台,但当前分级诊疗改革仍然存在着诸多现实障碍。一是基层医疗机构能力建设有待加强,当前农村医疗机构床位数和人力资源与服务任务之间仍存在较大差距;二是各级医疗机构费用差距较大;三是医保基金杠杆作用没有得到充分发挥,难以起到分流病人的作用;四是民众就医观念转变困难,影响分级诊疗改革推进。

2. 学区制改革面临诸多问题。一是教育资源城乡差异客观存在,虽然近年来农村教育质量得到较大提升,但由于历史原因、地理因素及经济发展水平差异,优质教育资源仍然集中在城市,学区划分难以实现地域均衡;二是学区制改革缺乏内动力,当前推动教育均衡发展主要体现为加大教育投入,改善办学硬件,而如何打破原制度模式下优质学校资源集中的政策倾向,突破校际之间的合作壁垒,合理引导家长及社会对优质教育资源的片面追求,提高各利益主体对学区制改革的支持力度,才是深化教育改革的关键。

3. 养老服务业改革有待推进。2014 年,南宁市被确定为国家养老服务业综合改革试点城市以来,将居家养老和医养结合作为改革的主要方向,以应对汹涌而来的"银发浪潮"。然而当前南宁市的社区居家养老服务改革推进,仍然存在着诸多困难和阻碍。一是尽管南宁市已有相关养老服务政策出台,但实质性的优惠扶持政策落实困难;二是政府投入的资金集中于建设城市福利院、乡镇敬老院等公办养老机构,对民办养老机构建设及社区居家养老社会化运营的投入较少。

4."放管服"改革有待深化。从当前南宁市"放管服"改革的进展来看,向纵深推进存在一定困难。一是简政放权改革仍处于起步阶段,影响简政放权改革进展。二是公共服务水平有待提高,当前各门户网站、政务服务大厅、移动终端、政府各业务系统等多渠道的集成化服务尚未健全,由此影响到政府服务体系的整体性,网上办事服务仍存在办事门槛高、服务能力有待提升、普及率不高、用户体验不足等问题。

三、2017 年南宁市社会发展态势展望

(一)开放合作将有更广阔空间

国家深入实施"一带一路"战略,加快推进中国 - 东盟自由贸易区升级版建设,新一轮西部大开发深入推进,珠江 - 西江经济带建设全面推进,这些都让南宁的区位优势和"南宁渠道"作用更加凸显,开放合作的条件更加优越。南宁市参与建设"一带一路",开展"中国 - 中南半岛经济走廊"建设试点示范,把南宁建设成为面向东盟开放合作的的区域性国际城市、"一带一路"有机衔接的重要门户城市,通过与沿线国家和城市互联互通,实现技术、文化、服务、资金、人员的交流和融合,推动沿线区域经济社会协调发展和互利共赢,为南宁市赢得了更广阔的发展空间。2017 年 2 月,北部湾城市群发展规划出台,这将是指导今后一段时期北部湾城市群发展的宏观性、战略性行动纲领。北部湾城市群将打造"一湾双轴、一核两极"的城市群框架,而"一核"则是指南宁核心城市,把南宁建设成为特大城市和区域性国际城市,强化南宁的核心辐射带动作用,打造引领北部湾、面向东盟的现代化大都市区。北部湾城市群发展规划赋予了南宁市重要的核心地位,南宁将与湛江、海口两个增长极以及区域内各节点城市联动发展,在基础设施互联互通、产业合作、生态保护合作、海陆双向开放合作、市场一体化建设、公共服务协同发展等方面展开紧密合作,实现合作共赢,共同推进面向东盟、服务西南中南华南、宜居宜业的蓝色海湾城市群建设,这些都将为南宁市社会发展注入更强劲的动力。南宁在开放合作中必将不断修炼内功,不断完善城市功能,提升公共服务,增强城市综合竞争力,才能以更加积极主动的开放姿态发挥好区域性国际城市和重要门户城市的作用,全面提高对外开放合作水平,为经济社会更好更快发展提供不竭动力。可以预见,2017 年南宁市将在开放合作中有更大作为,用开放倒逼改革,推动创新,促进社会全面发展。

(二)新型城镇化与生态宜居城市建设互促共进

2017 年 1 月《南宁市"十三五"新型城镇化规划》出台,明确提出构建"一区两片、六带多组团"新型城镇空间发展格局:优化提升中心城区,促进东部县域经济片区和北部文化旅游区特色发展,做大做强六条市域城镇化轴带,着力打造中小城镇组团。这样的新型城镇空间发展格局不仅从空间上扩展了南宁市社会发展大框架,更从基础设施支撑、产城融合、新型城镇建设、城乡协调发展等方面综合推进新型城镇化建设。推进新型城镇化作为国家战略,是稳增长扩内需的最大潜力所在。南宁市推进新型城镇化不仅要求城镇化水平稳步提高,并且要求城镇化质量明显提升,主要包括城市和城镇的公共基础设施和公共服务有明显改善,生态文明建设取得长足进步,社会发展更具包容性等。加快建设具有浓郁壮乡特色和亚热带风情的生态宜居城市是南宁市"四个城市"建设的内容之一,2017 年将重点在打好治水攻坚战、提速建设五象新区、加快打造"中国绿城"升级版、大力疏解交通拥堵、让南宁蓝天常驻、提高城市治理水平等方面着力。推进新型城镇化与南宁市打造生态宜居城市内涵具有相通之处,两者将相辅相成,互促共进。

(三)民生福祉持续改善和提升

南宁市始终坚持以提升民生福祉为政策出发点和落脚点,遵循南宁市社会发展实际,改善和提升民生福祉的政策具有科学性、民主性和连续性。2016 年 8 月召开的中国共产党南宁市第十二次代表大会提出"六大升级"工程,其中之一就是"推动民生福祉升级,增加人民群众获得感","六大升级"工程是南宁市今后五年的主要任务。2017 年南宁市政府工作报告明确提出政府重点工作之一是坚持保障和改善民生,从加强就业和社会保障工作,提升教育发展水平,抓好卫生与健康工作,繁荣文化事业壮大文化产业,加快发展体育事业,持续加强社会治理创新,坚持为民办实事等方面提出了具体任务。随着政府将更多资源投入和倾斜到民生领域,南宁市的社会福利将持续改善,让人民群众增加实实在在的获得感,并提升对社会发展的认同感。

(四)社会领域改革向纵深推进

2017 年,南宁市将在一批具有重大现实意义的改革方案出台实施和一系列改革取得阶段性成果的基础上,坚定不移地按照中央和自治区的改革部署,以促进社会公平正义、增进人民福祉为出发点和落脚点,更加注重改革的系统性、整体性、协同性,突出重点,攻克难点,全面推进自治区、南宁市的各项改革。在总结改革的经验基础上,2017 年南宁市将更加注重顶层设计和基层实践的结合,坚持问题导向,重点推进切实关系民众利益的教育、医疗、卫生、养老等领域的改革,关注社会发展中新出现的问题,重点推进新型城镇化、生态文明、对外开放等领域的改革,改革跟着问题走,切实解决问题,让群众共享改革成果。从实际出发探索一系列具有南宁特色的改革模式。

(五)"先锋引领 · 脱贫攻坚"将初显成效

南宁市从 2017 年至 2020 年深入实施"先锋引领·脱贫攻坚"大行动,推动基层党建和脱贫攻坚深度融合,这是党建与扶贫两手抓两手都要硬的有效途径,是固本强基的重要举措。"先锋引领 · 脱贫攻坚"大行动从 2017 年到 2020 年每年都有不同的主题,重点解决和攻破不同的难点问题,2017 年"先锋引领 · 脱贫攻坚"大行动的主题是"队伍建设",主要是建设一支引领脱贫攻坚的骨干队伍。可以预见,通过"头雁引领先锋""创业带富先锋""产业帮扶先锋""电商创业先锋""结对帮扶先锋"五类先锋的培育,南宁市脱贫攻坚的队伍将逐步强大和规范化,不仅在脱贫攻坚中发挥战斗堡垒作用,保障南宁市圆满完成 2017 年脱贫攻坚任务,并将持续在南宁市农村建设发展的进程中发挥重要作用。

责任编辑　卢景林

说　明

一、《统计资料》中的地区生产总值、工业增加值及农林牧渔业总产值绝对数按当年价格计算，其增长速度按可比价格计算。

二、统计数据中使用的“#”表示“其中”数，留空表示这部分没有数据，指数的对比均把上年数定为100。

三、《南宁市行政区划(2012年至2016年)》中，江南区含南宁经济技术开发区；青秀区含青秀山风景区；西乡塘区含南宁高新技术产业开发区；武鸣区含广西－东盟经济技术开发区。

四、《27个省会城市主要经济指标及排位(2012年至2016年)》中，部分城市不公布相关数据，缺值较多的表格不进行排名。

五、部分统计项目为当年新增统计内容，故无之前年份数据。

六、数据由南宁市统计局提供。

南宁市行政区划(2012年至2016年)

区县名称	乡镇、街道				村、社区		
	总计	乡	镇	街道	总计	村委会	社区居委会
总　计		16	86	25		1383	378
横　县		3	14			276	31
宾阳县			16			192	41
上林县		4	7			115	16
马山县		4	7			133	18
隆安县		4	6			118	13
兴宁区			3	3		37	34
江南区			4	5		68	47
青秀区			4	5		46	58
西乡塘区			3	10		78	72
邕宁区		1	4			65	9
良庆区			5	2		57	17
武鸣区			13			198	22

南宁市历年主要指标

年　份	年末总人口(万人)	GDP(亿元)	GDP指数(%)	财政收入(亿元)	农林牧渔业总产值(亿元)	全部工业总产值(亿元)	社会消费品零售总额(亿元)	固定资产投资(亿元)
1950	228.55	1.43	100.0	0.08	1.47	0.12	0.58	0.03
1965	329.84	5.34	116.8	0.63	3.18	3.26	2.56	0.46
1978	451.77	14.74	111.5	2.32	8.16	13.68	5.44	1.69
1980	470.05	18.01	105.5	2.75	9.70	15.71	7.69	1.61
1985	519.06	30.93	112.7	4.26	17.25	26.08	16.73	3.84

续表

年　份	年末总人口（万人）	GDP（亿元）	GDP 指数（%）	财政收入（亿元）	农林牧渔业总产值（亿元）	全部工业总产值（亿元）	社会消费品零售总额（亿元）	固定资产投资（亿元）
1990	558.20	70.88	109.6	8.25	36.17	67.17	35.65	6.00
1995	594.92	235.81	114.5	21.96	99.52	198.44	108.85	43.21
2000	625.27	377.94	107.7	37.54	137.79	241.73	212.43	87.81
2001	629.75	418.17	108.8	45.29	140.72	260.81	231.35	97.45
2002	634.68	463.18	110.9	52.53	145.57	291.19	256.78	122.36
2003	641.67	521.78	110.9	61.06	151.93	334.20	288.45	169.92
2004	648.85	619.12	113.2	74.63	179.29	404.07	332.05	240.11
2005	659.54	727.90	113.4	100.22	207.10	490.92	378.00	346.24
2006	671.89	880.10	116.8	120.36	241.51	639.28	435.51	407.75
2007	683.51	1089.07	117.4	150.84	294.46	830.21	515.62	517.92
2008	691.69	1320.43	114.7	191.17	338.07	1050.62	631.68	650.02
2009	697.90	1527.71	115.1	231.37	351.20	1175.76	757.01	977.24
2010	707.37	1800.26	114.2	300.88	403.24	1501.18	905.93	1389.30
2011	711.49	2211.44	113.5	363.52	507.16	2000.23	1073.15	1966.13
2012	713.50	2503.18	112.3	421.99	536.41	2287.90	1255.59	2517.61
2013	724.43	2803.54	110.3	473.66	578.15	2661.97	1450.84	2432.69
2014	729.66	3148.30	108.5	526.59	609.33	2984.23	1616.90	2886.68
2015	740.23	3410.09	108.6	572.48	638.81	3323.82	1786.68	3366.89
2016	751.74	3703.39	107.0	613.83	689.03	3628.07	1980.36	3824.73

说明：1. 2011 年起以“固定资产投资”口径取代原“城镇固定资产投资”口径。2. 2013 年起，固定资产投资起报点从计划总投资 50 万元起报调整为计划总投资 500 万元起报。

南宁市社会经济主要指标(2012 年至 2016 年)

指标名称	单位	人口、土地面积					
		2012 年	2013 年	2014 年	2015 年	2016 年	
		总量	总量	总量	总量	总量	比上年增长(%)
土地面积	平方千米	22112.00	22099.00	22099.00	22099.00	22099.00	持平
#城市建成区面积	平方千米	242.00	283.00	285.00	287.40		
常住总人口	万人				698.61	706.22	1.09
年末户籍总人口	人	7134979.00	7244309.00	7296565.00	7402302.00	7517446.00	1.56
#城镇人口	人				3262903.00	3272396.00	0.29
乡村人口	人				4139399.00	4245050.00	2.55
#市区人口	人	2745458.00	2797307.00	2843789.00	2904637.00	3700817.00	2.44
市辖县人口	人	4389521.00	4447002.00	4452776.00	4497665.00	3816629.00	0.71
#男性	人	3731114.00	3792969.00	3826517.00	3875130.00	3929997.00	1.42
女性	人	3403865.00	3451340.00	3470048.00	3527172.00	3587449.00	1.71

续表 1

指标名称	单位	人口、土地面积					
		2012 年	2013 年	2014 年	2015 年	2016 年	
		总量	总量	总量	总量	总量	比上年增长(%)
# 18 岁以下人口	人	1434165.00	1510714.00	1580734.00	1625625.00	1677874.00	3.21
18–59 岁人口	人				4610733.00	4629970.00	0.42
60 岁及以上人口	人				1165944.00	1209602.00	3.74
人口密度	人 / 平方千米	323.00	328.00	330.00	335.00	340.00	1.56
年出生人数	人	112273.00	161716.00	142243.00	118098.00	121285.00	2.70
年死亡人数	人	65828.00	26040.00	35425.00	32303.00	33995.00	5.24
年末总户数	户	2180344.00	2198494.00	2200923.00	2223817.00	2249585.00	1.16
年平均人口	人	7124929.00	7189644.00	7270437.00	7349434.00	7433440.00	1.14
市区人口比重	%	38.48	38.61	38.97	39.24	49.23	0.42★
市辖县人口比重	%	61.52	61.39	61.03	60.76	50.77	−0.42★
男性人口比重	%	52.29	52.36	52.44	52.35	52.28	−0.07★
女性人口比重	%	47.71	47.64	47.56	47.65	47.72	0.07★

说明: 1. 人口数据由市公安局提供，年出生人数、年死亡人数含历年出生、历年死亡而在本年登记的人数。2015 年人口年龄分组部分口径变动，故不可比。2. 2016 年市区口径调整为兴宁区、江南区、青秀区、良庆区、西乡塘区、邕宁区、武鸣区。3. "★" 表示增减百分点，下表同。

指标名称	单位	地区生产总值					
		2012 年	2013 年	2014 年	2015 年	2016 年	
		总量	总量	总量	总量	总量	比上年增长(%)
地区生产总值 (当年价)	万元	25035509.00	28035444.00	31482973.00	34100859.00	37033897.00	7.00
第一产业	万元	3240900.00	3499263.00	3550862.00	3703546.00	4006676.00	3.90
第二产业	万元	9589621.00	11108853.00	12515391.00	13456560.00	14271567.00	5.80
工业	万元	7043219.00	8205984.00	9234941.00	10003669.00	10631406.00	5.60
建筑业	万元	2546402.00	2902869.00	3280450.00	3452891.00	3640160.00	6.40
第三产业	万元	12204988.00	13427329.00	15416720.00	16940753.00	18755654.00	8.50
交通运输仓储邮政业	万元	1213857.00	1168603.00	1407627.00	1469534.00	1609627.00	6.00
批发和零售业	万元	2281934.00	2608702.00	2852253.00	3041837.00	2990438.00	6.50
住宿和餐饮业	万元	900405.00	951779.00	840727.00	917147.00	959162.00	5.40
金融业	万元					4057963.00	9.40
房地产业	万元	1175639.00	1340056.00	1508880.00	1557417.00	1826410.00	12.80
营利性服务业	万元	2046953.00	2308930.00	2338484.00	2619347.00	2992088.00	13.80
非营利性服务业	万元	2438966.00	2638159.00	3247795.00	3576269.00	4170450.00	5.70
人均地区生产总值(当年价)	元	35138.00	38994.00	43303.00	49066.00	52724.00	5.90
地区生产总值构成	%	100.00	100.00	100.00	100.00	100.00	
第一产业	%	12.95	12.48	11.28	10.86	10.82	−0.04★
第二产业	%	38.30	39.62	39.75	39.46	38.54	−0.92★
工业	%	28.13	29.27	29.33	29.34	28.71	−0.63★
建筑业	%	10.17	10.35	10.42	10.13	9.83	−0.30★
第三产业	%	48.75	47.89	48.97	49.68	50.64	0.96★

说明:人均生产总值按户籍人口计算。

续表 2

指标名称	单 位	农 业					
		2012 年	2013 年	2014 年	2015 年	2016 年	
		总量	总量	总量	总量	总量	比上年增长(%)
农林牧渔业总产值(当年价)	万元	5364064.00	5781504.00	6093295.00	6388114.00	6890319.00	3.98
农业	万元	2863693.00	3128265.00	3379031.00	3522950.00	3828079.00	5.19
林业	万元	286320.00	296913.00	286257.00	302022.00	301655.00	12.01
牧业	万元	1778213.00	1847706.00	1842637.00	1928175.00	2126944.00	−0.41
渔业	万元	203797.00	225879.00	254212.00	266869.00	282524.00	6.54
服务业	万元	232040.00	282740.00	331157.00	368098.00	351118.00	7.47
农林牧渔业总产值(构成)	%	100.00	100.00	100.00	100.00	100.00	
农业	%	53.39	54.11	55.46	55.15	55.55	0.03
林业	%	5.34	5.14	4.70	4.73	4.38	−0.10
牧业	%	33.15	31.96	30.24	30.18	30.87	0.56
渔业	%	3.80	3.91	4.17	4.18	4.10	−0.06
服务业	%	4.33	4.89	5.43	5.76	5.10	−0.43
播种面积							
粮食	万公顷	44.20	44.29	44.14	44.19	43.67	−1.18
甘蔗	万公顷	16.86	16.89	16.25	14.08	14.01	−0.54
油料	万公顷	4.56	4.77	4.92	5.24	5.25	0.19
蔬菜	万公顷	17.47	18.13	20.25	22.04	23.23	5.40
粮食总产量	吨	21511398.00	2234391.00	2252668.00	2254186.00	2233587.00	−0.91
油料产量	吨	124878.00	139426.00	143744.00	157918.00	155344.00	5.02
甘蔗产量	吨	11252193.00	12369908.00	12399757.00	10853284.00	11154659.00	2.78
蔬菜产量	吨	3759018.00	3959195.00	4439699.00	4861980.00	5176992.00	6.48
肉类总产量	吨	645296.00	655561.00	653693.00	660196.00	650442.00	−1.48
#猪肉	吨	374396.00	385229.00	392753.00	386435.00	371685.00	−3.82
牛羊肉	吨	24042.00	25078.00	26046.00	27195.00	29063.00	6.87
禽肉	吨	240486.00	238571.00	227625.00	233003.00	237914.00	2.11
猪年末存栏数	万头	397.91	429.40	429.98	433.90	417.50	−3.78
当年出栏肉猪	万头	509.90	523.31	530.40	519.23	498.10	−4.07
大牲畜年末存栏数	万头	69.73	72.53	73.62	74.11	75.94	2.47
#牛	万头	68.20	71.05	71.09	73.03	75.50	3.38
羊年末存栏数	万只	23.48	25.43	32.39	30.74	31.71	3.16
水产品产量	吨	217627.00	232972.00	244635.00	254440.00	261172.00	2.65
禽蛋产量	吨	29457.00	31185.00	32098.00	34491.00	39540.00	14.64
牛奶产量	吨	54688.00	49417.00	50011.00	50286.00	50504.00	0.43
水果产量	吨	1579305.00	1705101.00	1826919.00	2139284.00	2338025.00	9.29

续表 3

指标名称	单位	工业					
		2012 年	2013 年	2014 年	2015 年	2016 年	
		总量	总量	总量	总量	总量	比上年增长(%)
全部工业总产值(当年价)	万元	22878966.00	26619725.00	29842285.00	33238249.00	36280744.00	8.68
#规模以上工业总产值	万元	21003678.00	25547515.00	28728501.00	32427354.00	35370531.00	8.83
规模以下工业总产值	万元	1875288.00	1072210.00	1113784.00	810895.00	910213.00	2.95
规模以上工业							
按等级注册类型分:							
#国有企业	万元	2570167.00	3268159.00	2326278.00	3399840.00	3125321.00	3.34
集体企业	万元	116305.00	141876.00	112544.00	48183.00	52071.00	16.34
股份制企业	万元	13306791.00	15915804.00	19093721.00	21684372.00	24210172.00	9.07
外商及港澳台	万元	3646172.00	4834044.00	5750997.00	6373400.00	7034638.00	10.90
其他经济类型企业	万元	1318611.00	1385201.00	1383792.00	921559.00	948329.00	6.53
按轻重工业分:							
轻工业	万元	10116684.00	11554940.00	12278523.00	13272089.00	14133784.00	6.35
重工业	万元	10886994.00	13992575.00	16449977.00	19155266.00	21236747.00	10.55
按企业规模分:							
大中型企业	万元	8268665.00	10752224.00	13930158.00	15408913.00	17408947.00	5.70
小微型企业	万元	12735013.00	14795291.00	14798343.00	17018441.00	17961584.00	12.05
规模以上工业企业							
主要经济指标							
企业单位数	个	941.00	968.00	967.00	937.00	954.00	1.81
#产值超亿元企业	个	493.00	548.00	592.00	635.00	633.00	-0.31
亏损企业	个	87.00	97.00	109.00	105.00	104.00	6.12
工业总产值(现价)	万元	21003678.00	25547515.00	28728501.00	32427354.00	35370531.00	8.83
工业增加值(现价)	万元	6336676.00	7775170.00	8811702.00	9695529.00	10285525.00	5.70
资产总计	万元	14901445.00	16864126.00	18479787.00	20879725.00	22859601.00	9.11
负债总计	万元	8633214.00	9666037.00	10523623.00	12027862.00	13205343.00	9.80
应收账款	万元					3438545.00	21.64
存货	万元					2482546.00	9.75
#产成品	万元					866890.00	12.49
流动资产合计	万元					10698099.00	9.45
主营业务收入	万元	19695241.00	23862488.00	26508596.00	30113468.00	32805566.00	8.51
主营业务成本	万元			21703069.00	24949447.00	27434435.00	9.50
利润总额	万元	1343548.00	1462127.00	1600335.00	2016068.00	2111970.00	4.15
亏损企业亏损额	万元	99938.00	103177.00	96924.00	70577.00	52305.00	-20.85
销售费用	万元			616251.00	621835.00	661826.00	6.07
管理费用	万元			1004517.00	1036842.00	1094109.00	5.41
财务费用	万元			215822.00	212447.00	180576.00	-14.07
#利息支出	万元			194516.00	194721.00	184374.00	-4.38
主要工业产品产量							
成品糖	万吨	121.80	145.52	130.26	108.86	92.87	-14.70
罐头	吨	75132.00	76756.00	45581.00	101226.00	85211.00	-15.80
乳制品	吨	98195.00	162273.00	148230.00	178753.00	191827.00	7.30
啤酒	千升	236562.00	230888.00	303137.00	448235.00	366854.00	-18.20

续表 4

指标名称	单位	工业					
		2012 年	2013 年	2014 年	2015 年	2016 年	
		总量	总量	总量	总量	总量	比上年增长(%)
软饮料	吨	1000404.00	1578063.00	1563113.00	1979580.00	2123323.00	7.30
卷烟	万支	3764634.00	3842475.00	3922560.00	3685720.00	3623500.00	-1.70
配混合饲料	万吨	401.29	477.83	502.65	586.40	619.33	13.90
纱	吨	29292.00	27238.00	25989.00	28873.00	34156.00	4.80
家用电风扇	万台	43.05	41.92	33.63	36.28	32.22	-11.20
塑料制品	吨	617967.00	632965.00	722463.00	791198.00	926605.00	17.40
机制纸及纸板	吨	1041985.00	1273296.00	565544.00	270196.00	216865.00	-18.90
纸浆	吨	865083.00	1094282.00	589822.00	277697.00	250319.00	-8.20
电力电缆	千米	1448140.00	1797594.00	1716376.00	2127007.00	2410489.00	13.30
小型拖拉机	台	169921.00	154457.00	138972.00	126884.00	119369.00	-2.90
发电设备	万千瓦	8.98	0.76	4.51	9.02	5.11	-43.30
水泥	万吨	1340.36	1569.51	1620.50	1652.08	1578.20	-3.40
平板玻璃	万重量箱	607.62	638.14	623.00	616.55	520.06	-15.60
铝材	吨	80323.00	119821.00	233055.00	286125.00	382905.00	33.80

说明：1. 规模以上工业是指年主营业务收入达到 2000 万元以上的工业企业。

2. 工业增加值增长速度按价格指数缩减法计算。

指标名称	单位	固定资产投资					
		2012 年	2013 年	2014 年	2015 年	2016 年	
		总量	总量	总量	总量	总量	比上年增长(%)
固定资产投资	万元	25176100.00	24326855.00	28866773.00	33668913.00	38247267.00	13.60
#项目投资	万元					29707291.00	9.63
房地产开发投资	万元	3627301.00	4163709.00	5518214.00	6571897.00	8539976.00	29.95
#民间投资	万元					24609655.00	15.64
#建筑工程	万元	13233586.00	14543941.00	17321987.00	20395627.00	22380491.00	9.73
安装工程	万元	1489145.00	1569613.00	2002146.00	2362337.00	3236157.00	36.99
设备工器具购置	万元	7262499.00	5294597.00	6352836.00	6825038.00	7936347.00	16.28
房屋施工面积	万平方米	7366.50	11922.30	7286.15	8118.14	8282.23	2.02
#住宅	万平方米	2972.26	3013.54	3459.23	3743.42	4290.07	14.60
房屋竣工面积	万平方米	1191.25	997.13	946.08	970.55	905.88	-6.66
#住宅	万平方米	529.72	321.24	472.56	487.00	395.19	-18.85
商品房施工面积	万平方米	3747.04	3812.35	4519.36	5174.93	6191.24	19.64
#住宅	万平方米	2734.92	2767.50	3107.84	3502.95	4034.47	15.17
商品房竣工面积	万平方米	664.53	325.58	465.43	574.97	471.61	-17.98
#住宅	万平方米	521.10	234.47	329.78	423.16	338.10	-20.10
商品房销售面积	万平方米	629.01	702.60	802.57	1000.73	1327.53	32.66
#住宅	万平方米	575.52	633.14	720.95	878.87	1150.15	30.87
商品房销售额	万元	3775902.00	4889652.00	5318663.00	6650817.00	9142399.00	37.46
#住宅	万元	3233650.00	3896706.00	4400254.00	5474861.00	7783453.00	42.17

说明：固定资产投资统计起报点为计划投资 500 万元以上。

续表 5

指标名称	单　位	国内商业					
		2012 年	2013 年	2014 年	2015 年	2016 年	
		总量	总量	总量	总量	总量	比上年增长(%)
商品销售总额	万元	29974127	37344861	40357211	43611658	49231802	12.9
批发业商品销售总额	万元	17863128	22923934	24069341	26226518	29360586	12.0
#限额以上	万元	11589807	16010844	17412852	18809946	22033286	12.2
零售业商品销售总额	万元	12110999	14420927	16287870	17385141	19871216	14.3
#限额以上	万元	4444507	5169931	5928750	6600398	7527055	12.2
住宿业营业额	万元	375819	398071	418285	421994	451165	6.9
#限额以上	万元	211487	202932	202634	212371	217726	1.6
餐饮业营业额	万元	1198939	1390743	1623362	1769813	2017587	14.0
#限额以上	万元	172671	158531	229559	243648	269245	4.9
社会消费品零售总额	万元	12555902	14508367	16169020	17866839	19803601	10.8
按销售地域分							
城镇零售额	万元	11757733	13654519	15231506	16392442	18295563	11.0
乡村零售额	万元	798169	853848	937514	1474396	1508038	8.9

指标名称	单　位	居民收入、物价					
		2012 年	2013 年	2014 年	2015 年	2016 年	
		总量	总量	总量	总量	总量	比上年增长(%)
全体居民人均可支配收入	元					22862.0	8.9
城镇居民人均可支配收入	元	22561.0	24817.0	27075.0	29106.0	30728.0	7.7
农村居民人均可支配收入	元	6777.0★	6785.0★	8576.0★	9408.0★	11398.0	9.5
居民消费价格指数	%	102.9	102.1	101.6	101.9	101.4	1.4
食品类	%	105.0	103.9	104.1	101.4	102.5	2.5
#粮食	%	101.9	101.4	101.9	101.6	100.7	0.7
鲜菜	%	120.0	106.9	102.9	104.2	106.8	6.8
禽肉	%	104.6	103.2	103.5	105.6	110.2	10.2
水产品	%	104.9	107.4	109.6	101.4	104.1	4.1
衣着	%	102.5	104.7	97.2	110.8	102.9	2.9
居住	%	102.8	102.3	101.2	99.4	100.5	0.5
生活用品及服务	%					99.6	−0.4
交通和通讯	%	99.9	98.7	99.7	100.3	98.2	−1.8
教育文化和娱乐	%	101.2	100.5	102.5	101.9	102.6	2.6
医疗保健	%	101.2	99.7	101.5	102.4	101.6	1.6
其他用品和服务	%					104.2	4.2

说明:带“★”的数据为农民人均纯收入,统计人口径与农村居民人均可支配收入不同。

指标名称	单　位	对外经济、旅游					
		2012 年	2013 年	2014 年	2015 年	2016 年	
		总量	总量	总量	总量	总量	比上年增长(%)
海关进出口总额	万元 / 万美元	414678.00★	442117.00★	481410.00★	3644564.00	4162345.00	14.20
进口总额	万元 / 万美元	251734.00★	235270.00★	261702.00★	1619745.00	2051000.00	26.61
出口总额	万元 / 万美元	162944.00★	206847.00★	219708.00★	2024820.00	2111345.00	4.27
外商直接投资(广西全口径)	万美元	50255.00	58021.00	63950.00	70109.00	77000.00	9.83

续表 6

指标名称	单位	对外经济、旅游					
		2012 年	2013 年	2014 年	2015 年	2016 年	
		总量	总量	总量	总量	总量	比上年增长(%)
期末实有三资企业个数	个	841.00	892.00	949.00	1008.00	1057.00	4.86
#建成投产企业个数	个	530.00	540.00	566.00	577.00	588.00	1.91
国内旅游人数	万人次	5122.00	5840.00	6905.00	8159.00	9500.00	16.43
入境过夜游客人数	万人次	30.07	35.11	43.30	51.09	55.54	8.73
国内旅游消费	万元					9032410.00	23.74
国际外汇消费	万美元					23233.00	13.34

说明：1. 旅游数据由市旅游发展委提供。2. 带"★"的数据单位为万美元。

指标名称	单位	财政、金融、保险					
		2012 年	2013 年	2014 年	2015 年	2016 年	
		总量	总量	总量	总量	总量	比上年增长(%)
财政收入	万元	4220028.00	4736644.00	5265905.00	5724781.00	6138280.00	7.22
#上划中央税收收入	万元	1490135.00	1660336.00	1923649.00	2100905.00	2349303.00	11.82
上划自治区税收收入	万元	432620.00	513822.00	593938.00	653375.00	661362.00	1.22
一般公共预算收入	万元	2297183.00	2562467.00	2748518.00	2970501.00	3127615.00	5.29
一般公共预算支出	万元			4657665.00	5276948.00	5870654.00	10.94
财政收入占 GDP 比重	%	16.86	16.90	16.73	16.79	16.57	-0.22★
金融机构存款余额	亿元	5627.18	6483.52	7064.49	8257.77	8901.72	7.80
#住户储蓄存款	亿元	1918.80	2321.16	2529.86	2700.37	2924.55	8.30
金融机构贷款余额	亿元	5501.28	6115.88	7091.46	8228.66	9423.79	14.52
#境内贷款	亿元	5499.62	6113.23	7089.69	8219.29	9420.01	14.61
#住户贷款	亿元	982.71	1118.44	1296.06	1841.87	2297.26	24.72
境外贷款	亿元	1.66	2.65	1.76	9.37	3.78	59.63
保费收入	万元	771426.00	899509.00	1019664.00	1240756.00	1479014.00	19.44
#财产险保费收入	万元	337794.00	415126.00	475191.00	510860.00	577893.00	13.12
人身险保费收入	万元	433631.00	484382.00	544473.00	729896.00	901121.00	23.88

南宁市区县统计资料(2012 年至 2016 年)

区县名称	年末户籍人口数					
	2012 年	2013 年	2014 年	2015 年	2016 年	
	总量(万人)	总量(人)	总量(人)	总量(人)	总量(人)	比上年增长(%)
全　市	713.50	7244309	7296565	7402302	7517446	1.60
横　县	121.17	1242225	1245548	1259577	1269240	0.77
宾阳县	103.92	1043419	1043801	1051283	1057876	0.60
上林县	48.91	490021	492164	496007	498892	0.60
马山县	55.26	559092	555887	593310	568572	0.90
隆安县	40.53	413406	415286	419361	422049	0.60

续表 1

区县名称	年末户籍人口数					
	2012 年	2013 年	2014 年	2015 年	2016 年	
	总量(万人)	总量(人)	总量(人)	总量(人)	总量(人)	比上年增长(%)
兴宁区	29.94	303293	308311	316760	327033	3.20
江南区	46.07	475547	482178	497376	514119	3.40
青秀区	63.47	652326	673527	687048	712342	3.70
西乡塘区	75.70	761110	766582	777358	792036	1.90
邕宁区	34.63	348131	349645	354076	359746	1.60
良庆区	24.73	256900	263546	272019	279640	2.80
武鸣区	69.16	698839	700090	708127	715901	1.10

区县名称	人口自然增长率			
	2014 年	2015 年	2016 年	
	(‰)	(‰)	(‰)	比上年增减千分点
全　市	7.0	6.0	6.2	0.2
横　县	7.6	6.0	4.8	-1.2
宾阳县	7.1	4.9	4.5	-0.5
上林县	7.6	4.1	3.9	-0.2
马山县	6.7	5.4	4.6	-0.7
隆安县	5.4	5.0	4.2	-0.9
兴宁区	7.3	7.0	8.5	1.5
江南区	9.0	8.2	9.4	1.1
青秀区	7.2	7.2	8.8	1.6
西乡塘区	7.1	6.7	7.8	1.1
邕宁区	4.7	7.8	6.6	-1.2
良庆区	10.2	9.1	9.2	0.0
武鸣区	4.2	4.4	6.5	2.1

说明:表中数据按户籍人口中本年出生和本年死亡人口计算。

区县名称	年末常住人口数	
	2016 年	
	总量(万人)	比上年增长(%)
全　市	706.22	1.09
横　县	90.17	0.65
宾阳县	81.42	0.39
上林县	35.85	0.42
马山县	40.72	0.82
隆安县	31.25	0.77
兴宁区	42.89	1.64
江南区	62.68	2.80
青秀区	77.75	1.40
西乡塘区	121.77	1.25
邕宁区	28.16	1.29
良庆区	37.02	0.60
武鸣区	56.54	0.78

续表 2

区县名称	地区生产总值					
	2012 年	2013 年	2014 年	2015 年	2016 年	
	总量(亿元)	总量(亿元)	总量(亿元)	总量(亿元)	总量(亿元)	比上年增长(%)
全　市	2503.55	2803.54	3148.30	3410.09	3703.39	7.0
横　县	222.99	247.25	238.65	263.15	278.47	6.0
宾阳县	150.10	152.95	165.18	184.61	203.33	8.3
上林县	40.57	44.08	45.10	50.39	53.26	2.5
马山县	40.69	43.45	45.41	47.74	50.81	5.0
隆安县	49.65	54.67	56.44	62.65	66.23	3.7
兴宁区	250.31	288.48	299.50	340.77	371.49	7.4
江南区	264.57	317.38	370.14	424.55	536.17	9.0
青秀区	536.84	610.12	637.06	751.14	829.52	8.5
西乡塘区	541.36	637.91	707.84	807.30	802.63	5.2
邕宁区	49.47	54.38	58.62	67.63	77.12	9.8
良庆区	97.74	108.16	116.21	125.14	134.25	6.1
武鸣区	223.54	243.76	266.07	294.95	324.30	8.9

区县名称	第一产业增加值				
	2013 年	2014 年	2015 年	2016 年	
	总量(亿元)	总量(亿元)	总量(亿元)	总量(亿元)	比上年增长(%)
全　市	349.93	355.09	370.35	400.67	3.9
横　县	60.84	65.05	67.16	68.38	3.3
宾阳县	40.63	41.93	43.35	47.76	4.8
上林县	17.77	18.43	19.31	21.08	1.9
马山县	14.72	15.34	16.72	17.64	4.6
隆安县	21.90	23.18	23.95	25.67	3.1
兴宁区	13.91	9.80	10.74	11.23	4.3
江南区	26.98	25.73	25.85	27.55	0.8
青秀区	19.24	17.45	16.07	17.58	3.8
西乡塘区	26.44	22.41	20.72	21.58	0.1
邕宁区	22.19	23.27	24.40	27.13	4.5
良庆区	19.55	20.06	20.11	22.30	4.8
武鸣区	65.73	70.05	72.39	81.36	5.8

区县名称	第二产业增加值				
	2013 年	2014 年	2015 年	2016 年	
	总量(亿元)	总量(亿元)	总量(亿元)	总量(亿元)	比上年增长(%)
全　市	1110.89	1251.54	1345.66	1427.16	5.8
横　县	121.27	107.73	110.92	112.27	2.2
宾阳县	55.75	62.75	64.80	66.39	3.3
上林县	10.42	10.09	11.36	10.40	-6.3
马山县	11.97	12.47	10.20	10.35	0.6
隆安县	17.89	17.90	18.49	18.44	1.5
兴宁区	60.90	60.94	61.25	63.57	4.4
江南区	194.59	242.69	277.66	374.19	9.9
青秀区	85.88	90.83	94.15	95.43	3.6
西乡塘区	350.40	412.72	464.00	437.53	6.0
邕宁区	12.60	14.43	15.59	17.33	9.1
良庆区	61.95	67.97	70.97	71.41	1.7
武鸣区	129.14	137.45	146.16	148.66	3.9

续表 3

区县名称	第三产业增加值				
	2013 年	2014 年	2015 年	2016 年	
	总量(亿元)	总量(亿元)	总量(亿元)	总量(亿元)	比上年增长(%)
全　市	1342.73	1541.67	1694.08	1875.57	8.5
横　县	65.14	65.87	85.08	97.82	13.2
宾阳县	56.57	60.50	76.46	89.18	14.5
上林县	15.89	16.58	19.71	21.78	8.1
马山县	16.76	17.60	20.82	22.83	7.6
隆安县	14.88	15.36	20.21	22.12	6.6
兴宁区	213.67	228.77	268.79	296.69	8.2
江南区	95.81	101.72	121.04	134.43	8.6
青秀区	505.00	528.78	640.93	716.51	9.4
西乡塘区	261.07	272.71	322.58	343.52	4.3
邕宁区	19.59	20.92	27.64	32.66	14.9
良庆区	26.66	28.17	34.06	40.54	16.0
武鸣区	48.89	58.58	76.40	94.28	21.5

区县名称	财政收入					
	2012 年	2013 年	2014 年	2015 年	2016 年	
	总量(亿元)	总量(亿元)	总量(亿元)	总量(亿元)	总量(亿元)	比上年增长(%)
全　市	422.00	473.66	526.59	572.48	613.83	7.22
横　县	13.64	15.08	16.80	18.29	18.38	0.52
宾阳县	12.67	14.06	15.60	17.24	17.44	1.15
上林县	3.37	3.66	3.99	4.50	4.05	−10.08
马山县	3.25	3.26	3.29	3.34	3.34	持平
隆安县	4.22	4.64	5.13	5.51	4.58	−16.88
兴宁区	23.88	28.34	31.59	37.29	38.61	3.52
江南区	34.61	18.39	16.43	18.12	20.25	11.76
青秀区	78.35	93.97	109.68	133.05	147.66	10.98
西乡塘区	55.64	33.32	38.07	38.61	31.79	−17.68
邕宁区	5.44	5.88	6.65	10.26	12.84	25.09
良庆区	8.32	10.22	14.14	22.28	32.12	44.19
武鸣区	13.70	16.14	19.46	22.74	10.50	11.77

区县名称	一般公共预算收入					
	2012 年	2013 年	2014 年	2015 年	2016 年	
	总量(亿元)	总量(亿元)	总量(亿元)	总量(亿元)	总量(亿元)	比上年增长(%)
全　市	229.73	256.25	274.85	297.05	312.76	5.29
横　县	8.93	10.58	11.97	12.66	13.03	2.93
宾阳县	9.04	9.60	11.09	12.23	12.29	0.48
上林县	2.38	2.59	2.44	2.82	2.54	−9.89
马山县	2.45	2.25	2.11	2.07	2.21	6.91
隆安县	2.64	2.92	3.17	3.44	2.55	−25.87
兴宁区	5.74	6.43	7.34	9.65	9.11	−5.60
江南区	14.07	5.81	3.94	4.71	4.45	−5.39
青秀区	16.93	20.25	23.70	30.61	31.92	4.29
西乡塘区	21.45	9.26	10.22	10.60	7.83	−26.10
邕宁区	2.45	2.28	1.77	2.90	3.06	5.56
良庆区	2.39	2.78	3.85	5.91	7.52	27.28
武鸣区	8.93	10.26	11.90	12.89	5.46	17.27

续表 4

区县名称	一般公共预算支出			
	2014 年	2015 年	2016 年	
	总量(亿元)	总量(亿元)	总量(亿元)	比上年增长(%)
全　市	465.77	527.69	587.07	10.94
横　县	34.51	41.02	48.03	24.05
宾阳县	34.05	39.70	44.79	12.84
上林县	20.15	22.85	26.25	10.62
马山县	18.61	23.69	28.01	18.36
隆安县	16.77	20.73	23.55	13.60
兴宁区	12.65	14.52	16.80	15.82
江南区	11.52	13.63	16.11	18.24
青秀区	24.56	30.30	34.14	12.42
西乡塘区	22.10	24.48	25.53	4.47
邕宁区	12.68	15.72	17.69	12.59
良庆区	11.50	14.39	16.38	14.06
武鸣区	28.48	37.68	43.26	15.07

区县名称	农林牧渔业总产值					
	2012 年	2013 年	2014 年	2015 年	2016 年	
	总量(亿元)	总量(亿元)	总量(亿元)	总量(亿元)	总量(亿元)	比上年增长(%)
全　市	536.41	578.15	609.33	638.81	689.03	3.98
横　县	93.90	99.36	105.90	111.13	113.87	3.49
宾阳县	61.93	66.25	68.25	71.21	78.89	4.87
上林县	28.33	30.15	31.09	32.64	35.97	1.87
马山县	23.06	24.53	25.49	27.80	29.73	4.65
隆安县	32.66	35.69	37.66	39.93	42.95	3.15
兴宁区	13.67	14.62	15.90	17.63	18.54	4.37
江南区	35.46	35.86	40.47	41.59	44.59	0.68
青秀区	25.95	29.01	30.46	31.91	34.54	3.82
西乡塘区	32.65	34.82	36.83	35.15	36.64	0.27
邕宁区	35.05	37.02	38.85	41.13	45.66	4.50
良庆区	29.44	31.24	32.16	32.61	36.13	4.85
武鸣区	100.64	108.43	115.46	121.86	137.29	5.85

区县名称	规模以上工业增加值					
	2012 年	2013 年	2014 年	2015 年	2016 年	
	总量(亿元)	总量(亿元)	总量(亿元)	总量(亿元)	总量(亿元)	比上年增长(%)
全　市	633.67	777.52	881.17	969.55	1028.55	5.70
横　县	79.77	93.89	77.51	80.30	79.76	0.70
宾阳县	22.79	28.06	32.80	36.33	36.45	3.20
上林县	6.04	6.19	5.27	6.25	4.87	−18.10
马山县	6.16	5.57	5.01	2.72	2.78	−1.00
隆安县	9.74	11.08	10.16	10.46	9.39	−7.20
兴宁区	7.82	8.90	8.92	8.86	9.04	2.70
江南区	106.32	145.00	186.59	223.42	318.68	10.67
青秀区	11.93	13.96	14.65	15.42	12.76	−7.80
西乡塘区	173.39	210.75	251.72	305.54	262.49	9.28
邕宁区	2.66	3.41	4.15	5.68	7.22	20.80
良庆区	35.28	42.31	41.95	42.67	40.76	−3.00
武鸣区	93.02	104.23	111.99	120.96	120.56	2.45

说明：增速按价格指数缩减法计算。

续表 5

区县名称	规模以上工业总产值					
	2012 年	2013 年	2014 年	2015 年	2016 年	
	总量(亿元)	总量(亿元)	总量(亿元)	总量(亿元)	总量(亿元)	比上年增长(%)
全　市	2287.90	2554.75	2872.85	3242.74	3537.05	8.83
横　县	232.54	280.93	252.88	262.37	263.11	0.21
宾阳县	95.37	117.28	129.00	138.19	150.02	4.08
上林县	21.05	23.83	26.06	28.95	19.85	-31.43
马山县	17.27	16.01	13.45	8.87	9.03	-1.73
隆安县	46.77	51.72	53.24	53.30	45.91	-13.76
兴宁区	31.39	33.99	33.70	32.80	33.04	3.51
江南区	414.20	532.98	680.57	804.49	1162.45	15.34
青秀区	39.58	46.18	49.55	54.92	48.34	-11.71
西乡塘区	610.59	743.01	862.00	1050.19	950.17	14.30
邕宁区	11.95	14.10	16.73	23.68	33.00	35.56
良庆区	118.06	137.11	141.59	153.36	142.96	-5.52
武鸣区	280.17	339.86	386.92	415.93	446.82	6.45

区县名称	规模以上工业综合能源消费量					
	2012 年	2013 年	2014 年	2015 年	2016 年	
	总量(万吨标准煤)	总量(万吨标准煤)	总量(万吨标准煤)	总量(万吨标准煤)	总量(万吨标准煤)	比上年增长(%)
全　市	485.74	586.96	524.25	471.69	470.61	-0.39
横　县	176.63	220.15	182.33	148.31	160.92	8.52
宾阳县	52.26	58.45	53.81	49.61	45.15	-9.14
上林县	10.99	9.65	9.10	8.33	5.34	-35.87
马山县	8.80	6.18	9.00	3.45	3.21	-7.69
隆安县	29.71	33.91	32.85	31.32	31.36	-2.96
兴宁区	1.75	1.80	1.68	1.59	9.65	517.98
江南区	46.29	47.63	46.74	51.14	60.47	-4.32
青秀区	0.92	1.13	1.04	0.94	0.81	-13.40
西乡塘区	57.30	61.26	60.85	61.51	71.22	-4.61
邕宁区	12.15	7.80	6.50	6.41	5.94	-6.46
良庆区	13.36	14.29	12.13	10.42	8.62	-17.15
武鸣区	75.58	80.44	78.13	71.87	67.91	-7.11

区县名称	万元工业增加值能耗			
	2013 年	2014 年	2015 年	2016 年
	上升或下降(+-,%)			
全　市	-4.61	-19.76	-17.15	-5.76
横　县	4.47	-12.85	-20.88	7.77
宾阳县	-4.95	-14.70	-12.18	-11.96
上林县	-17.20	-14.28	-14.91	-21.70
马山县	-25.68	17.02	-56.56	-6.76
隆安县	7.70	-4.63	-4.69	4.57
兴宁区	-4.53	-6.87	-4.96	501.73
江南区	-15.79	-18.97	-4.80	-13.32
青秀区	-10.06	-16.98	-13.13	-6.07
西乡塘区	-8.09	-11.68	-10.24	-10.19
邕宁区	-44.04	-29.57	-4.12	-22.58
良庆区	-4.18	-15.82	-18.29	-14.59
武鸣区	-4.85	-11.70	-12.30	-8.96

续表 6

区县名称	固定资产投资					
	2012 年	2013 年	2014 年	2015 年	2016 年	
	总量(亿元)	总量(亿元)	总量(亿元)	总量(亿元)	总量(亿元)	比上年增长(%)
全　市	2517.61	2432.69	2886.68	3366.89	3824.73	13.60
横　县	196.19	183.39	186.90	218.20	245.77	12.63
宾阳县	159.34	153.93	184.26	214.90	244.23	13.70
上林县	42.76	41.90	50.28	56.41	41.66	−26.10
马山县	44.25	41.50	48.03	34.39	38.10	10.80
隆安县	74.81	53.75	61.82	68.64	53.48	−22.10
兴宁区	164.16	177.84	208.33	231.34	251.41	8.70
江南区	280.88	267.11	318.58	373.99	440.50	17.80
青秀区	577.89	522.66	595.21	666.70	789.65	18.40
西乡塘区	434.36	461.52	544.95	638.96	608.44	−4.80
邕宁区	58.38	66.43	92.25	128.26	176.18	37.40
良庆区	157.31	120.19	167.69	233.47	333.35	42.80
武鸣区	227.23	229.44	271.98	311.73	355.98	14.20

说明：固定资产投资统计起点为计划总投资 500 万元及以上。

区县名称	社会消费品零售总额					
	2012 年	2013 年	2014 年	2015 年	2016 年	
	总量(亿元)	总量(亿元)	总量(亿元)	总量(亿元)	总量(亿元)	比上年增长(%)
全　市	1255.60	1450.84	1616.90	1786.68	1980.36	10.8
横　县	58.06	66.21	75.21	83.82	92.94	10.9
宾阳县	63.73	72.74	83.08	92.95	103.04	10.9
上林县	12.93	14.48	16.51	18.24	19.99	9.6
马山县	14.44	16.50	18.84	21.02	23.04	9.6
隆安县	12.55	14.02	15.72	17.43	19.18	10.0
兴宁区	288.09	328.54	342.75	373.22	415.79	11.4
江南区	164.61	207.20	258.74	288.95	318.80	10.3
青秀区	267.79	305.30	332.91	367.22	406.88	10.8
西乡塘区	288.56	329.03	362.55	402.68	447.29	11.1
邕宁区	13.03	14.86	16.87	18.64	20.56	10.3
良庆区	22.24	25.40	28.70	30.33	33.33	9.9
武鸣区	49.57	56.55	65.02	72.17	79.52	10.2

区县名称	全体居民人均可支配收入	
	2016 年	
	总量(元)	比上年增长(%)
全　市	22862	8.9
横　县	18163	9.6
宾阳县	18640	9.7
上林县	13527	9.7
马山县	12686	10.6
隆安县	13825	10.2
兴宁区	30299	8.0
江南区	26060	8.4
青秀区	36424	8.1
西乡塘区	27033	8.9
邕宁区	17475	10.1
良庆区	22270	9.3
武鸣区	20046	8.9

续表 7

区县名称	城镇居民人均可支配收入					
	2012 年	2013 年	2014 年	2015 年	2016 年	
	总量(元)	总量(元)	总量(元)	总量(元)	总量(元)	比上年增长(%)
全　市	22561	24817	27075	29106	30728	7.7
横　县	21016	23118	25152	27189	29574	7.5
宾阳县	20321	22333	24321	26145	29103	7.7
上林县	17137	18714	20174	21788	23249	8.0
马山县	17683	19274	20720	22295	24016	7.8
隆安县	17768	19332	20840	22445	23970	7.2
兴宁区	24857	27417	29939	31945	33725	7.3
江南区	20746	22987	25332	27181	29610	7.6
青秀区	28577	31492	34421	36830	38873	7.8
西乡塘区	20180	22299	24507	26198	28905	8.4
邕宁区	19764	21721	23958	25827	28133	8.2
良庆区	19315	21266	23393	25054	26885	8.3
武鸣区	21504	23568	25831	27872	29398	7.0

区县名称	农村居民人均可支配收入					
	2012 年 *	2013 年 *	2014 年 *	2015 年 *	2016 年	
	总量(元)	总量(元)	总量(元)	总量(元)	总量(元)	比上年增长(%)
全　市	6777	7685	8576	9408	11398	9.5
横　县	7039	7981	8883	9727	11538	10.1
宾阳县	7187	8136	9047	9916	11644	9.8
上林县	5082	5748	6334	6980	9289	9.1
马山县	4865	5497	6058	6664	8973	9.6
隆安县	5340	6008	6615	7277	9799	10.2
兴宁区	7812	8906	9939	10843	12406	9.3
江南区	7777	8842	9903	10923	12655	9.0
青秀区	7912	9004	10075	11012	12712	10.0
西乡塘区	7227	8203	9171	10079	11537	9.2
邕宁区	7055	7958	8873	9805	11459	9.7
良庆区	7439	8384	9398	10244	12065	9.1
武鸣区	7981	9042	10154	11210	13304	9.4

说明：带“*”数据统计口径为农村居民人均纯收入，与农村居民人均可支配收入的统计口径不同。

27 个省会城市主要经济指标及排位(2012 年至 2016 年)

城市	地区生产总值											
	2012 年		2013 年		2014 年		2015 年		2016 年			
	总量(亿元)	位次	总量(亿元)	位次	总量(亿元)	位次	总量(亿元)	位次	总量(亿元)	位次	比上年增长(%)	位次
南宁	2503.55	18	2803.54	18	3148.30	18	3410.09	18	3703.39	17	7.0	25
太原	2311.43	20	2412.87	20	2531.09	20	2735.34	21	2955.60	20	7.5	23
合肥	4164.30	15	4672.90	15	5158.00	14	5660.30	12	6274.30	9	9.8	3
福州	4218.29	14	4678.50	14	5169.16	13	5618.10	13	6197.77	11	8.5	8
南昌	3000.52	17	3336.03	17	3667.96	17	4000.01	16	4354.99	15	9.0	7
郑州	5546.98	8	6201.90	8	6782.98	8	7315.19	7	7994.16	7	8.4	11
长沙	6399.91	7	7153.13	7	7500.00	7	8510.13	6	9323.70	6	9.4	6
石家庄	4500.20	11	4863.60	13	5100.20	15	5350.60	15	5857.80	14	6.8	26
海口	820.58	26	904.64	26	1005.51	26	1161.28	25	1257.67	23	7.7	19
★西宁	851.09	25	978.53	25	1077.14	25	1131.62	26	1248.16	24	9.8	3
★银川	1140.83	24	1273.49	24	1395.67	24	1480.73	24	1617.28	22	8.1	14
★乌鲁木齐	2060.00	21	2400.00	21	2510.00	21	2680.00	22			7.6	22
★兰州	1564.41	23	1776.83	23	1913.50	23	2095.99	23	2264.23	21	8.3	12
★贵阳	1700.30	22	2085.42	22	2492.27	22	2891.16	20	3157.70	19	11.7	1
★昆明	3011.14	16	3450.00	16	3712.99	16	3970.00	17	4300.43	16	8.5	8
★呼和浩特	2475.57	19	2710.39	19	2894.05	19	3090.52	19	3173.59	18	7.7	19
沈阳	6606.80	6	7158.57	6	7510.00	6	7280.50	8				
长春	4456.60	12	5003.20	11	5382.00	11	5530.00	14	5928.50	13	7.8	16
哈尔滨	4550.10	10	5010.80	10	5332.70	12	5751.20	11	6101.60	12	7.3	24
南京	7201.57	5	8011.78	5	8820.75	5	9720.77	5	10503.02	5	8.0	15
杭州	7803.98	4	8343.52	4	9201.16	4	10053.58	4	11050.49	4	9.5	5
济南	4812.68	9	5230.19	9	5770.60	9	6100.23	9	6536.12	8	7.8	16
武汉	8003.82	3	9000.00	3	10069.48	2	11000.00	2	11912.61	3	7.8	16
广州	13551.21	1	15420.14	1	16706.87	1	18100.41	1	19610.94	1	8.2	13
★成都	8138.94	2	9108.90	2	10056.60	3	10801.16	3	12170.23	2	7.7	19
★西安	4369.37	13	4884.13	12	5474.77	10	5810.03	10	6257.18	10	8.5	8
★拉萨	260.04	27	312.00	27	347.45	27	389.46	27	424.95	25	10.0	2
南宁在11个西部省会城市排位★		4		4		4		4		4		11
南宁在5个自治区首府城市排位		1		1		1		1		1		5

续表 1

城市	第一产业增加值											
	2012 年		2013 年		2014 年		2015 年		2016 年			
	总量(亿元)	位次	总量(亿元)	位次	总量(亿元)	位次	总量(亿元)	位次	总量(亿元)	位次	比上年增长(%)	位次
南　宁	324.09	5	349.93	5	355.09	5	370.35	5	400.67	5	3.9	11
太　原	36.02	24	38.73	24	38.93	24	37.43	25	38.22	24	2.6	21
合　肥	229.00	12	247.20	12	257.60	12	263.40	12	270.20	11	2.2	22
福　州	367.64	3	402.26	3	416.09	3	434.74	3	492.65	2	4.1	8
南　昌	147.19	17	157.24	17	166.10	17	171.26	17	181.77	16	3.9	11
郑　州	142.40	18	146.96	18	149.52	18	150.96	18	156.35	17	3.0	17
长　沙	272.31	9	291.16	9	311.90	9	341.78	8	370.95	7	3.0	17
石家庄	452.20	2	488.70	2	488.30	2	494.40	2	480.90	3	0.9	25
海　口	57.74	21	58.54	21	54.58	22	58.12	21	67.68	20	3.3	16
★西　宁	31.17	25	36.10	25	37.75	25	37.46	24	39.15	23	5.2	5
★银　川	51.06	22	55.71	22	56.66	21	57.46	22	58.61	22	4.3	7
★乌鲁木齐	25.00	26	27.00	26	30.00	26	31.20	26			3.0	17
★兰　州	45.14	23	49.70	23	53.60	19	56.22	23	60.36	21	6.0	2
★贵　阳	72.28	20	81.52	20	108.02	20	129.89	19	137.14	18	5.9	4
★昆　明	159.16	16	175.27	16	187.57	16	188.10	16	200.51	15	6.0	2
★呼和浩特	120.52	19	134.72	19	125.46	19	126.23	20	113.49	19	3.0	17
沈　阳	315.20	7	335.52	6	325.29	8	341.40	9				
长　春	317.50	6	332.00	8	340.10	7	343.30	7	323.50	8	3.7	14
哈尔滨	506.80	1	592.60	1	639.80	1	672.60	1	691.20	1	6.1	1
南　京	184.64	15	204.64	15	223.96	13	232.39	13	252.51	12	1.0	24
杭　州	255.93	10	265.42	11	274.36	11	287.69	11	304.84	10	1.9	23
济　南	252.92	11	284.71	10	299.11	10	305.39	10	317.31	9	4.1	8
武　汉	301.21	8	335.40	7	350.06	18	359.81	6	390.62	6	3.4	15
广　州	220.72	13	228.87	13	237.52	14	228.09	14	240.04	13	−0.2	26
★成　都	348.07	4	353.20	4	370.80	4	373.15	4	474.94	4	4.0	10
★西　安	195.59	14	217.76	14	214.55	15	220.20	15	232.01	14	3.8	13
★拉　萨	10.78	27	11.72	27	12.94	27	13.80	27	15.12	25	5.2	5
南宁在 11 个西部省会城市排位★		2		2		2		2		2		8
南宁在 5 个自治区首府城市排位		1		1		1		1		1		3

续表 2

城市	第二产业增加值											
	2012 年		2013 年		2014 年		2015 年		2016 年			
	总量(亿元)	位次	总量(亿元)	位次	总量(亿元)	位次	总量(亿元)	位次	总量(亿元)	位次	比上年增长(%)	位次
南宁	958.96	19	1110.89	18	1251.54	18	1345.66	18	1427.16	17	5.8	19
太原	1035.57	18	1052.08	19	1012.31	19	1020.14	20	1068.04	19	7.3	9
合肥	2303.90	9	2583.70	10	2872.00	9	3097.90	9	3189.20	8	8.9	4
福州	1917.00	13	2133.60	12	2352.15	12	2482.44	11	2598.31	11	7.0	11
南昌	1735.85	15	1850.49	15	2017.01	15	2179.96	14	2307.24	13	8.3	7
郑州	3208.42	7	3470.50	7	3771.09	6	3625.52	7	3780.68	7	5.9	18
长沙	3592.52	5	3946.97	4	4241.25	4	4478.20	4	4513.23	4	7.3	9
石家庄	2240.70	11	2359.50	11	2439.30	11	2452.90	12	2638.00	10	4.4	24
海口	201.66	26	217.03	26	215.68	26	223.67	26	233.56	24	5.8	19
★西宁	439.52	25	514.50	25	560.73	25	543.47	25	595.64	23	10.6	3
★银川	624.91	24	678.80	24	760.27	24	787.11	23	825.46	21	6.6	16
★乌鲁木齐	878.00	21	930.00	20	955.00	21	788.80	22			1.7	26
★兰州	744.70	22	820.42	23	829.20	23	782.65	24	790.09	22	4.3	25
★贵阳	717.32	23	848.64	22	976.59	20	1108.52	19	1218.79	18	12.1	1
★昆明	1378.48	17	1537.11	17	1642.03	17	1588.40	17	1660.46	16	7.6	8
★呼和浩特	902.30	20	866.74	21	848.19	22	867.08	21	884.43	20	8.7	5
沈阳	3389.10	6	3709.24	5	3541.41	8	3499.00	8				
长春	2291.50	10	2658.70	9	2862.80	10	2770.90	10	2926.20	9	7.0	11
哈尔滨	1638.90	16	1743.90	16	1785.30	16	1862.80	16	1896.70	15	6.7	14
南京	3170.78	8	3450.58	8	3671.45	7	3916.11	5	4117.20	5	5.3	22
杭州	3626.88	4	3661.98	6	3858.90	5	3910.60	6	3977.39	6	4.7	23
济南	1938.14	12	2053.24	14	2215.16	13	2307.00	13	2368.90	12	6.9	13
武汉	3869.56	2	4396.17	2	4785.66	2	4981.54	2	5227.05	3	5.7	21
广州	4713.16	1	5227.38	1	5606.41	1	5786.21	1	5925.87	1	6.0	17
★成都	3790.62	3	4181.50	3	4561.10	3	4723.49	3	5232.02	2	6.7	14
★西安	1893.79	14	2117.66	13	2205.37	14	2165.54	15	2197.81	14	8.6	6
★拉萨	90.70	27	107.56	27	127.75	27	140.95	27	162.80	25	10.8	2
南宁在11个西部省会城市排位★		4		3		4		4		4		9
南宁在5个自治区首府城市排位		1		1		1		1		1		4

续表 3

城　市	第三产业增加值											
	2012 年		2013 年		2014 年		2015 年		2016 年			
	总量(亿元)	位次	总量(亿元)	位次	总量(亿元)	位次	总量(亿元)	位次	总量(亿元)	位次	比上年增长(%)	位次
南　宁	1220.50	19	1342.73	19	1541.67	18	1694.08	19	1875.57	17	8.5	22
太　原	1239.84	18	1322.06	21	1479.85	21	1677.77	20	1849.34	19	7.7	25
合　肥	1631.40	15	1842.00	15	2028.30	15	2298.90	15	2814.80	12	11.6	4
福　州	1933.65	12	2142.63	12	2400.92	12	2700.92	12	3106.81	11	10.7	7
南　昌	1117.48	21	1328.30	20	1484.85	20	1648.79	22	1865.98	18	10.3	9
郑　州	2196.15	11	2584.40	10	2862.37	11	3538.71	7	4057.14	7	11.1	5
长　沙	2535.08	8	2915.01	7	3271.66	6	3690.15	6	4439.52	6	12.4	2
石家庄	1807.30	14	2015.40	13	2172.60	14	2493.30	13	2738.90	13	10.3	9
海　口	561.17	24	629.06	24	735.26	24	879.49	24	956.43	22	8.5	22
★西　宁	380.40	26	427.93	26	478.66	26	550.69	26	613.37	24	9.3	17
★银　川	464.86	25	529.97	25	578.74	25	636.16	25	733.21	23	10.3	9
★乌鲁木齐	1157.00	20	1443.00	18	1525.00	19	1860.00	18			10.4	8
★兰　州	774.57	23	906.74	23	1030.65	23	1257.11	23	1413.78	21	10.9	6
★贵　阳	910.70	22	1155.26	22	1412.66	22	1652.75	21	1801.77	20	11.9	3
★昆　明	1473.50	16	1702.93	17	1883.40	17	2193.50	16	2439.46	15	9.3	17
★呼和浩特	1452.75	17	1708.93	16	1920.40	16	2097.21	17	2175.67	16	7.7	25
沈　阳	2902.50	6	3113.80	6	3232.02	8	3440.10	9				
长　春	1847.60	13	2012.50	14	2179.10	13	2415.80	14	2678.80	14	9.4	15
哈尔滨	2404.40	9	2674.30	9	2907.60	10	3215.80	11	3513.80	10	7.9	24
南　京	3846.15	4	4356.56	4	4925.34	5	5572.27	4	6133.31	5	10.2	12
杭　州	3921.17	3	4416.12	3	5067.90	3	5855.29	2	6768.26	2	13.0	1
济　南	2621.62	7	2892.24	8	3256.33	7	3487.84	8	3849.91	8	8.7	21
武　汉	3833.05	5	4319.70	5	4933.76	4	5564.25	5	6294.94	4	9.9	13
广　州	8617.33	1	9963.89	1	10862.94	1	12086.11	1	13445.03	1	9.4	15
★成　都	4000.26	2	4574.20	2	5124.70	2	5704.52	3	6463.27	3	9.0	19
★西　安	2279.99	10	2548.71	11	3054.85	9	3424.29	10	3827.36	9	8.8	20
★拉　萨	158.56	27	185.59	27	206.77	27	227.60	27	247.04	25	9.7	14
南宁在 11 个西部省会城市排位★		5		6		5		6		5		10
南宁在 5 个自治区首府城市排位		2		3		2		3		2		4

续表 4

城　市	一般公共预算收入											
	2012 年		2013 年		2014 年		2015 年		2016 年			
	总量(亿元)	位次	总量(亿元)	位次	总量(亿元)	位次	总量(亿元)	位次	总量(亿元)	位次	比上年增长(%)	位次
南　宁	229.73	20	256.25	20	274.85	20	297.05	20	312.76	20	5.3	21
太　原	215.67	21	247.33	21	258.85	21	274.24	21	282.69	21	3.1	25
合　肥	389.50	10	438.62	13	500.34	12	571.54	11	614.85	11	7.6	15
福　州	382.01	11	453.97	11	510.87	11	560.46	12	598.91	12	6.9	19
南　昌	240.02	19	291.91	18	342.21	17	389.22	15	402.18	16	3.3	24
郑　州	606.70	7	723.63	7	833.88	6	942.90	6	1011.20	7	14.3	2
长　沙	490.65	8	536.63	8	632.80	8	718.95	7	1231.02	4	10.1	9
石家庄	272.27	16	315.20	16	343.50	16	375.00	17	410.70	15	9.5	13
海　口	73.17	26	86.73	25	100.12	26	111.50	25	115.51	25	11.2	7
★西　宁	122.71	23	67.11	26	168.13	23	94.79	26	75.22	26	9.7	12
★银　川	113.13	24	134.60	23	153.62	24	171.28	24	173.13	24	13.0	5
★乌鲁木齐	252.01	17	301.90	17	340.62	18	368.67	19	369.67	18	0.3	27
★兰　州	103.73	25	124.50	24	152.33	25	185.58	23	215.50	23	16.4	1
★贵　阳	241.20	18	277.21	19	331.60	19	374.15	18	366.32	19	4.4	23
★昆　明	378.40	13	450.75	12	477.97	13	502.22	13	530.00	13	5.5	20
★呼和浩特	178.60	22	182.02	22	211.54	22	247.40	22	269.70	22	9.0	14
沈　阳	715.00	6	801.00	6	785.50	7	606.20	10	620.90	10	2.4	26
长　春	340.80	15	381.80	15	397.30	15	388.20	16	415.50	14	7.0	17
哈尔滨	354.70	14	402.30	14	423.50	14	407.70	14	376.20	17	7.5	16
南　京	733.02	5	831.31	5	903.49	5	1020.03	5	1142.60	6	12.0	6
杭　州	859.99	2	945.20	3	1027.32	3	1233.88	3	1402.38	1	13.2	4
济　南	380.82	12	482.10	10	543.10	10	614.30	9	641.20	8	9.9	11
武　汉	828.58	3	978.52	2	1101.02	2	1245.63	2	1322.10	3	10.1	9
广　州	1102.25	1	1141.79	1	1241.53	1	1349.09	1	1393.85	2	5.2	22
★成　都	781.02	4	898.50	4	1025.20	4	1154.40	4	1175.40	5	7.0	17
★西　安	396.96	9	501.98	9	583.76	9	650.91	8	641.10	9	11.1	8
★拉　萨	34.36	27	50.00	27	64.79	27	82.42	27	70.79	27	13.4	3
南宁在11个西部省会城市排位★		6		6		6		6		6		9
南宁在5个自治区首府城市排位		2		2		2		2		2		4

续表 5

城　市	规模以上工业增加值											
	2012 年		2013 年		2014 年		2015 年		2016 年			
	总量(亿元)	位次	总量(亿元)	位次	总量(亿元)	位次	总量(亿元)	位次	总量(亿元)	位次	比上年增长(%)	位次
南　宁	633.67	17	777.52	16	881.17	16	969.55	15	1028.55		5.7	17
太　原	782.96	14	770.94	17	647.24	19	600.48	18	571.81		7.0	14
合　肥	1653.54	10	1907.40	11	2126.59	10	2255.65	8	2269.13		9.9	2
福　州	1436.38	11	1665.39	12	1837.93	12	1927.90	11	1983.02		7.7	11
南　昌	967.26	13	1159.48	14	1380.60	13	1451.84	12	1611.50		9.2	6
郑　州	2613.77	3	2857.70	6	3094.00	5	3312.00	4	3215.40		6.0	16
长　沙	2309.62	7	2653.28	7	3042.05	6	3228.21	5	3253.03		7.9	10
石家庄	1800.20	9	1955.40	10	2071.70	11	2117.30	10	2190.30		4.6	22
海　口	126.47	22	133.81	24	122.07	24	124.52	22	124.17		2.2	25
★西　宁	323.14	21	380.38	23	406.80	23					9.3	5
★银　川	430.00	20	492.16	22	471.70	22	487.81	21	533.06		8.5	8
★乌鲁木齐	750.00	15	699.81	19	654.95	18	576.87	19				
★兰　州	538.15	18	575.10	20	565.00	21	515.00	20	502.00		2.6	24
★贵　阳	480.23	19	550.98	21	636.06	20	711.60	17	780.82		9.9	2
★昆　明			906.51	15	969.00	15	1050.00	14			4.5	26
★呼和浩特											9.1	7
沈　阳	3304.70	1	3522.24	2	3614.90	2			1208.30		−19.7	26
长　春	1822.30	8	2103.30	9	2415.70	9	2131.80	9	2332.20		8.3	9
哈尔滨	677.40	16	767.10	18	849.40	17	930.40	16	1001.60		5.0	19
南　京	2571.98	5	2907.78	5	2999.44	7	3043.50	6	3050.55		4.8	21
杭　州	2393.59	6	2523.88	8	2805.25	8	2903.30	7	2983.91		5.6	18
济　南											7.3	13
武　汉	2711.47	2	3113.30	3	3453.35	3	3504.00	2			5.0	19
广　州			4430.88	1	4859.55	1	4840.42	1	4877.85		6.5	15
★成　都	2589.00	4	2917.60	4	3272.87	4	3502.00	3			7.4	12
★西　安	1144.29	12	1265.64	13	1195.28	14	1174.67	13	1178.39		9.9	2
★拉　萨					29.67	25	48.03	23	45.20		10.0	1
南宁在11个西部省会城市排位★												8
南宁在5个自治区首府城市排位		2		1		1		1				4

NANNING YEARBOOK

续表 6

城市	固定资产投资											
	2012 年		2013 年		2014 年		2015 年		2016 年			
	总量(亿元)	位次	总量(亿元)	位次	总量(亿元)	位次	总量(亿元)	位次	总量(亿元)	位次	比上年增长(%)	位次
南　宁	2517.61	16	2432.69	19	2886.68	18	3366.89	17	3824.73	17	13.6	6
太　原	1320.63	20	1670.74	20	1746.09	19	2025.61	20	2027.71	19	0.1	23
合　肥	3803.04	8	4535.37	8	5302.60	7	5851.90	5	6501.17	5	11.1	11
福　州	3234.78	13	3834.22	13	4388.62	12	4853.61	12	5184.36	11	6.8	17
南　昌	2623.03	15	2909.76	17	3434.25	15	4000.07	15	4540.26	14	13.5	7
郑　州	3561.00	12	4400.21	10	5259.65	8	6288.00	4	6998.60	3	11.3	10
长　沙	4011.96	6	4593.39	7	5435.75	5	6363.29	3	6693.32	4	13.9	4
石家庄	3673.30	11	4369.20	11	5076.40	9	5689.90	6	5916.00	6	5.4	19
海　口	510.38	26	649.33	26	821.53	25	1012.05	26	1271.73	24	25.7	1
⋆西　宁	700.48	25	925.44	25	1176.61	24	1295.95	25	1399.30	23	10.0	14
⋆银　川	918.73	24	1149.00	24	1392.76	23	1540.88	24	1723.31	21	11.8	9
⋆乌鲁木齐	1010.00	23	1271.59	23	1526.00	22	1708.39	23				
⋆兰　州	1239.18	22	1623.70	21	1610.70	21	1803.75	22	1990.95	20	10.4	13
⋆贵　阳	2482.56	17	3030.38	15	3489.41	14	2804.45	19	3380.73	18	20.5	2
⋆昆　明	2345.91	18	2931.50	16	3138.17	16	2957.34	18	3920.07	16	12.1	8
⋆呼和浩特	1301.43	21	1504.83	22	1736.50	20	2010.00	21				
沈　阳	5625.40	2	6383.91	2	6564.10	3	5326.00	10	1631.60	22	−69.4	26
长　春	3172.90	14	3408.40	14	3924.50	13	4400.00	14	4659.00	13	10.5	12
哈尔滨	3950.00	7	5214.00	4	6361.00	27	4595.70	13	5040.10	12	9.7	15
南　京	4558.49	4	5093.78	6	5430.77	6	5425.98	8	5533.56	9	2.0	21
杭　州	3722.75	10	4263.87	12	4952.70	10	5556.32	7	5842.42	7	5.1	20
济　南	2186.08	19	2638.30	18	3063.40	17	3498.40	16	3974.30	15	13.7	5
武　汉	5031.25	3	6001.96	3	7002.85	1	7680.89	1	7093.17	2	−2.6	25
广　州	3758.39	9	4454.55	9	4889.50	11	5405.95	9	5703.59	8	8.0	16
⋆成　都	5890.10	1	6501.10	1	6620.40	2	7007.00	2	8370.50	1	14.3	3
⋆西　安	4243.43	5	5134.56	5	5903.98	4	5165.98	11	5191.36	10	2.0	21
⋆拉　萨	259.80	27	376.00	27	455.39	26	538.00	27	582.27	25	6.6	18
南宁在 11 个西部省会城市排位⋆		3		5		5		3		4		3
南宁在 5 个自治区首府城市排位		1		1		1		1		1		1

续表 7

城　市	居民消费价格总指数											
	2012 年		2013 年		2014 年		2015 年		2016 年			
	总量(亿元)	位次	总量(亿元)	位次	总量(亿元)	位次	总量(亿元)	位次	总量(亿元)	位次	比上年涨(跌)(%)	位次
南　宁	102.9	9	102.1	26	101.6	24	101.9	6	101.4	21	1.4	21
太　原	102.1	26	103.1	9	102.2	10	100.4	16	101.2	24	1.2	24
合　肥	102.2	24	102.7	17	102.0	17	101.6	9	102.6	5	2.6	5
福　州	102.2	24	102.6	20	101.8	23	101.7	8	102.3	9	2.3	9
南　昌	102.9	9	102.3	25	102.5	8	101.6	9	102.1	12	2.1	12
郑　州	102.7	14	102.8	14	102.0	17	101.1	13	102.3	9	2.3	9
长　沙	102.3	22	102.8	14	102.7	5	101.1	13	101.9	14	1.9	14
石家庄	102.8	11	102.9	12	102.0	17	101.0	14	101.6	19	1.6	19
海　口	103.3	3	102.9	12	102.2	10	101.2	12	103.0	1	3.0	1
★西　宁	102.7	14	103.8	2	102.8	3	102.5	1	102.1	12	2.1	12
★银　川	102.6	17	103.5	4	102.1	16	101.6	9	101.7	16	1.7	16
★乌鲁木齐	103.4	2	103.5	4	102.8	3	100.7	15	101.5	20	1.5	20
★兰　州	102.4	20	103.5	4	102.2	10	101.3	11	100.8	27	0.8	27
★贵　阳	102.6	17	103.2	8	102.7	5	102.3	3	101.1	25	1.1	25
★昆　明	103.1	5	103.9	1	103.1	1	102.4	2	101.7	16	1.7	16
★呼和浩特	103.1	5	103.8	2	101.2	27	101.8	7	101.4	21	1.4	21
沈　阳	103.0	7	102.5	22	102.2	10	101.2	12	101.7	16	1.7	16
长　春	102.3	22	103.0	11	102.2	10	101.3	11	101.4	21	1.4	21
哈尔滨	103.2	4	102.1	26	102.0	17	101.4	10	101.8	15	1.8	15
南　京	102.7	14	102.7	17	102.6	7	102.0	5	102.7	2	2.7	2
杭　州	102.5	19	102.5	22	102.0	17	101.8	7	102.6	5	2.6	5
济　南	102.4	20	102.8	14	102.2	10	101.9	6	102.7	2	2.7	2
武　汉	102.8	11	102.4	24	101.9	22	101.4	10	102.4	8	2.4	8
广　州	103.0	7	102.6	20	102.3	9	101.7	8	102.7	2	2.7	2
★成　都	107.5	1	103.1	9	101.3	26	101.1	13	102.2	11	2.2	11
★西　安	102.8	11	102.7	17	101.4	25	100.7	15	100.9	26	0.9	26
★拉　萨	103.2	4	103.4	7	103.0	2	102.2	4	102.6	5	2.6	5
南宁在 11 个西部省会城市排位★		5		11		8		5		7		7
南宁在 5 个自治区首府城市排位		3		5		4		4		4		4

续表 8

城市	海关进出口总额										
	2012 年		2013 年		2014 年		2015 年		2016 年		
	总量(亿元)	位次	总量(亿美元)	位次	总量(亿美元)	位次	总量	单位	总量	单位	增速(%)
南宁	41.47	22	44.21	22	48.14	21	364.46	亿元	416.23	亿元	14.2
太原	84.74	17	91.63	17	106.71	16	106.77	亿美元	879.38	亿元	32.6
合肥	176.42	9	181.90	9	200.87	11	1262.99	亿元	186.87	亿美元	8.1
福州	311.33	6	314.29	6	346.10	7	2065.48	亿元	2082.20	亿元	1.8
南昌	82.87	18	97.22	15	122.26	15	114.64	亿美元	619.70	亿元	12.2
郑州	358.30	5	427.49	5	464.31	6	570.30	亿美元	3645.66	亿元	2.5
长沙	86.83	16	98.93	14	772.50	2	806.47	亿元	746.75	亿元	−7.3
石家庄	129.50	12	140.00	13	143.00	14	121.40	亿美元	116.10	亿美元	−4.6
海口	42.16	21	51.01	21	34.01	24	270.49	亿元	258.18	亿元	−4.6
★西宁	9.34	27	12.41	27	15.97	27	114.13	亿元	85.08	亿元	−25.4
★银川	13.64	26	24.11	25	47.80	22	32.67	亿美元	163.47	亿元	13.1
★乌鲁木齐	103.97	14	77.98	18	82.85	18	361.91	亿元	323.73	亿元	−10.6
★兰州	33.94	23	40.63	23	45.60	23	31.51	亿元			
★贵阳	50.51	20	63.18	20	78.42	19	91.22	亿美元	39.04	亿美元	−57.0
★昆明	144.10	10	174.22	11	177.87	12	123.64	亿美元	66.81	亿美元	−45.8
★呼和浩特	17.01	25	16.00	26	21.95	25	20.72	亿美元	13.09	亿美元	36.7
沈阳	127.50	13	143.29	12	158.00	13	140.80	亿元	113.30	亿美元	−19.3
长春	196.80	8	204.00	8	207.20	10	139.90	亿美元	141.60	亿美元	1.4
哈尔滨	53.30	19	65.40	19	68.10	20	47.80	亿美元	39.70	亿美元	−17.2
南京	552.35	3	557.57	3	572.21	4	532.40	亿美元	3315.33	亿元	0.3
杭州	616.80	2	650.70	2	679.98	3	665.66	亿美元	4485.97	亿元	8.7
济南	91.47	15	95.66	16	105.00	17	99.10	亿美元	639.70	亿元	13.0
武汉	203.54	7	217.52	7	264.29	8	280.70	亿美元	1570.10	亿元	−10.2
广州	1171.31	1	1188.88	1	1306.00	1	8306.41	亿元	8566.92	亿元	3.1
★成都	475.39	4	506.00	4	558.50	5	2454.90	亿元	2713.40	亿元	11.0
★西安	130.14	11	179.82	10	249.83	9	1761.92	亿元	1828.46	亿元	3.8
★拉萨	33.30	24	32.05	24	20.76	26	41.29	亿元	41.21	亿元	−0.2
南宁在 11 个西部省会城市排位★		6		6		6					
南宁在 5 个自治区首府城市排位		2		2		2					

说明：2015 年、2016 年海关进出口数因各市计量单位不同，不予排位。

续表 9

城 市	社会消费品零售总额											
	2012 年		2013 年		2014 年		2015 年		2016 年			
	总量(亿元)	位次	总量(亿元)	位次	总量(亿元)	位次	总量(亿元)	位次	总量(亿元)	位次	比上年增长(%)	位次
南 宁	1255.59	17	1450.84	17	1616.90	17	1786.68	17	1980	17	10.8	11
太 原	1129.51	18	1281.46	18	1411.13	19	1540.80	19	1666	19	8.1	24
合 肥	1293.62	16	1480.84	16	1666.75	16	2183.65	15	2446	15	12.0	3
福 州	2259.03	11	2611.29	10	2991.98	9	3488.74	8	3763	9	11.6	5
南 昌	1116.54	19	1270.01	19	1429.21	18	1662.87	18	1868	18	11.8	4
郑 州	2288.00	10	2586.42	11	2913.61	11	3294.71	12	3666	12	11.3	8
长 沙	2454.71	7	2801.97	7	3162.07	7	3690.59	7	4117	6	11.6	5
石家庄	1894.80	13	2154.50	13	2423.50	13	2680.90	13	2975	13	10.5	12
海 口	436.26	24	490.05	24	541.27	24	595.53	24	654	23	9.8	18
★西 宁	317.46	25	365.07	25	412.86	25	461.94	26	513	25	11.1	9
★银 川	316.02	26	348.06	26	382.47	26	477.63	25	514	24	7.7	25
★乌鲁木齐	834.00	21	970.00	21	1070.00	21	1152.00	22			7.5	26
★兰 州	749.12	22	843.80	22	944.90	22	1152.15	21	1263	21	9.7	20
★贵 阳	683.19	23	785.67	23	888.58	23	1060.17	23	1195	22	12.7	1
★昆 明	1493.80	15	1702.30	15	1905.89	15	2061.66	16	2310	16	12.1	2
★呼和浩特	1022.25	20	1142.36	20	1256.08	20	1353.53	20	1481	20	9.5	22
沈 阳	2802.20	6	3186.09	6	3570.10	6	3883.20	6	3986	7	2.5	27
长 春	1739.60	14	1970.00	14	2217.50	14	2409.30	14	2650	14	9.8	18
哈尔滨	2394.60	8	2728.30	8	3070.90	8	3394.50	11	3744	10	10.3	16
南 京	3080.58	4	3504.17	5	3957.97	4	4590.17	5	5088	5	10.9	10
杭 州	2944.63	5	3531.17	4	3838.73	5	4697.23	4	5176	4	10.5	12
济 南	2323.60	9	2633.90	9	2964.40	10	3410.30	9	3765	8	10.4	14
武 汉	3432.43	2	3878.60	2	4369.32	2	5102.24	2	5611	3	10.0	17
广 州	5977.27	1	6882.85	1	7697.85	1	7932.96	1	8706	1	9.0	23
★成 都	3317.67	3	3752.90	3	4202.40	3	4946.19	3	5647	2	10.4	14
★西 安	2236.06	12	2548.02	12	2872.90	12	3405.38	10	3731	11	9.6	21
★拉 萨	124.56	27	150.00	27	180.33	27	205.80	27	230	26	11.6	5
南宁在11个西部省会城市排位★		4		4		4	4			4		5
南宁在5个自治区首府城市排位		1		1		1	1			1		2

续表 10

城　市	城镇居民人均可支配收入											
	2012 年		2013 年		2014 年		2015 年		2016 年			
	总量(元)	位次	总量(元)	位次	总量(元)	位次	总量(元)	位次	总量(元)	位次	比上年增长(%)	位次
南　宁	22561	19	24817	19	27075	18	29106	17	30728	20	7.7	20
太　原	22587	18	24000	21	25768	21	27727	23	29632	24	6.9	24
合　肥	25434	13	28083	13	29348	13	31989	12	34852	13	9.0	6
福　州	29399	8	32265	8	32451	10	27782	22	37833	9	8.2	12
南　昌	23602	15	26151	15	29091	15	31942	13	34619	14	8.4	8
郑　州	25301	14	26615	14	29095	14	31099	15	33214	16	6.8	25
长　沙	30288	6	33662	6	36826	5	39961	4	43294	4	8.3	10
石家庄	23038	16	25000	18	26071	20	28097	21	30459	22	9.1	3
海　口	22331	21	24461	20	22632	26	28535	19	30775	19	7.9	17
★西　宁	17634	27	19444	27	21291	27	25232	27	27539	27	9.1	3
★银　川	21900	22	23776	22	26118	19	28261	20	30478	21	7.8	19
★乌鲁木齐	18400	26	21304	25	23755	23	31500	14	34200	15	8.2	12
★兰　州	18443	25	20767	26	23030	25	27088	25	29661	23	9.5	1
★贵　阳	21796	23	23376	23	24961	22	27241	24	29502	25	8.3	10
★昆　明	25706	12	28354	12	31295	12	33955	9	36739	10	8.2	12
★呼和浩特	32646	4	35629	5	34723	7	37362	6	40220	6	7.7	20
沈　阳	26430	11	29074	11	31720	11	36664	7	39135	8	6.8	25
长　春	22970	17	26034	16	28585	17	29090	18	31069	18	6.8	25
哈尔滨	22499	20	25197	17	28816	16	30977	16	33190	17	7.1	23
南　京	36322	3	39881	2	42568	3	46104	3	49997	3	8.4	8
杭　州	37511	2	39310	3	44632	1	48316	1	52185	1	8.0	16
济　南	32570	5	35648	4	38763	4	39889	5	43052	5	7.9	17
武　汉	27061	10	29821	10	33270	8	36436	8	39737	7	9.1	3
广　州	38054	1	42049	1	42955	2	46735	2	50941	2	9.0	6
★成　都	27194	9	29968	9	32665	9	33476	10	35902	11	8.1	15
★西　安	29982	7	33100	7	36100	6	33188	11	35630	12	7.4	22
★拉　萨	19545	24	21421	24	23057	24	26096	26	29383	26	9.2	2
南宁在11个西部省会城市排位★		5		5		5		6		6		9
南宁在5个自治区首府城市排位		2		2		2		3		3		4

续表 11

城市	农村居民人均可支配收入											
	2012 年 *		2013 年 *		2014 年 *		2015 年		2016 年			
	总量(元)	位次	总量(元)	位次	总量(元)	位次	总量(元)	位次	总量(元)	位次	比上年增长(%)	位次
南宁	6777	26	7685	26	8576	25	9408★		11398	25	9.5	4
太原	10079	15	11288	14	12616	14	13626		14591	14	7.1	25
合肥	9081	17	10352	17	14407	11	15733		17059	8	8.4	13
福州	11492	8	12910	10	14012	12	15203		16347	10	7.5	24
南昌	9730	16	10806	15	12414	16	13693★		14952	13	9.2	6
郑州	12531	6	14009	6	15470	7	17125★		18426	7	7.6	22
长沙	15763	3	19713	1	21684	27	23601		25448	2	7.8	20
石家庄	8993	19	10010	19	10542	20	11609★		12345	22	7.9	19
海口	9048	18	9155	22	10630	19	11635		12679	19	9.0	9
★西宁	7802	24	9004	24	10097	23	8865★		9678	27	9.2	6
★银川	8068	23	9036	23	10275	22	11148		12037	23	8.0	15
★乌鲁木齐	10356	14	11496	13	13335	13	15200★		16400	9	9.2	6
★兰州	6224	27	7114	27	8067	26	9621		10391	26	8.0	15
★贵阳	8848	20	9595	20	10826	18	11918★		12967	18	8.8	10
★昆明	8200	22	9273	21	10366	21	11444		12555	21	9.7	3
★呼和浩特★	11361	11	12736	11	12538	15	13491		14517	15	7.6	22
沈阳	13260	5	14467	5	15945	6	13498		14445	16	7.1	25
长春	8570	21	10240	18	27299	1	11749		12576	20	7.0	27
哈尔滨	11443	9	10800	16	12125	17	13375★		14439	17	8.0	15
南京	14786	4	16531	4	17661	4	19483★		21156	4	8.6	11
杭州	17017	1	18923	2	23555	2	25719★		27908	1	8.5	12
济南	11786	7	13248	7	14726	8	14232★		15346	11	7.8	20
武汉	11190	13	12713	12	16160	5	17722		19152	5	8.1	14
广州	16898	2	18887	3	17663	3	19323		21449	3	11.0	1
★成都	11301	12	12985	8	14478	9	17690★		18605	6	9.4	5
★西安	11442	10	12930	9	14462	10	14072★		15191	12	8.0	15
★拉萨	7082	25	8537	25	9258	24	10736★		11448	24	10.3	2
南宁在 11 个西部省会城市排位★		9		10		10				9		3
南宁在 5 个自治区首府城市排位		4		5		5				5		2

说明:1. 带“★”数据统计口径为农村居民人均纯收入,与农村居民人均可支配收入的统计口径不同。

2. 2015 年数据由于各省份统计口径不同,不予排位。

广西14个城市主要指标及排位(2012年至2016年)

城市	地区生产总值											
	2012年		2013年		2014年		2015年		2016年			
	总量(亿元)	位次	总量(亿元)	位次	总量(亿元)	位次	总量(亿元)	位次	总量(亿元)	位次	比上年增长(%)	位次
全区	13031.04		14378.00		15672.97		16803.12		18245.07		7.3	
南宁	2503.55	1	2803.54	1	3148.30	1	3410.09	1	3703.39	1	7.0	11
柳州	1846.00	2	2010.05	2	2208.51	2	2298.62	2	2476.94	2	7.3	10
桂林	1492.05	3	1657.90	3	1827.05	3	1942.97	3	2075.89	3	7.0	11
梧州	831.01	5	991.71	5	1064.82	5	1078.59	5	1175.65	5	7.6	9
北海	630.80	9	735.00	9	856.01	7	892.08	8	1007.28	8	8.6	4
防城港	457.53	13	525.15	12	588.94	12	620.72	11	676.12	11	9.1	1
钦州	724.48	7	753.74	7	854.96	8	944.42	7	1102.05	7	9.0	2
贵港	677.35	8	742.01	8	805.40	9	865.20	9	958.76	9	7.9	8
玉林	1120.48	4	1198.46	4	1341.75	4	1446.13	4	1553.91	4	8.0	7
百色	746.22	6	803.87	6	917.92	6	980.35	6	1114.31	6	8.8	3
贺州	393.86	14	423.85	14	448.38	14	468.11	14	518.22	14	8.1	6
河池	497.51	12	528.62	11	601.39	11	618.03	12	657.18	12	4.9	13
来宾	519.22	11	515.57	13	551.24	13	557.70	13	589.11	13	3.9	14
崇左	530.75	10	584.63	10	649.72	10	682.82	10	766.20	10	8.2	5

城市	第一产业增加值											
	2012年		2013年		2014年		2015年		2016年			
	总量(亿元)	位次	总量(亿元)	位次	总量(亿元)	位次	总量(亿元)	位次	总量(亿元)	位次	比上年增长(%)	位次
全区	2172.37		2343.57		2412.21		2565.97		2798.61		3.4	
南宁	324.09	1	349.93	1	355.09	1	370.35	1	400.67	1	3.9	6
柳州	144.67	6	159.29	6	157.12	7	168.42	7	180.15	7	3.5	9
桂林	274.51	2	299.44	2	323.07	2	339.42	2	356.18	2	4.5	1
梧州	105.76	12	115.32	12	119.58	12	122.37	12	131.30	12	3.3	11
北海	128.07	10	142.81	9	151.36	8	159.43	8	175.09	8	4.1	2
防城港	61.65	14	68.45	14	70.84	14	75.75	14	80.88	14	4.0	4
钦州	168.23	4	181.77	4	193.91	4	205.18	4	221.12	4	4.0	4
贵港	150.45	5	160.76	5	160.82	5	173.98	5	190.21	5	3.9	6
玉林	230.47	3	243.83	3	248.81	3	258.92	3	278.07	3	2.1	14
百色	138.01	8	149.06	8	158.69	6	169.30	6	182.25	6	3.9	6
贺州	85.37	13	92.58	13	97.99	13	103.14	13	111.77	13	4.1	2
河池	126.16	11	133.78	11	137.27	10	140.81	10	150.83	10	3.2	12
来宾	129.93	9	134.45	10	133.43	11	136.60	11	147.51	11	3.0	13
崇左	143.72	7	149.44	7	147.37	9	155.25	9	167.69	9	3.4	10

续表 1

城市	第二产业增加值											
	2012 年		2013 年		2014 年		2015 年		2016 年			
	总量(亿元)	位次	总量(亿元)	位次	总量(亿元)	位次	总量(亿元)	位次	总量(亿元)	位次	比上年增长(%)	位次
全区	6333.09		6863.04		7335.60		7694.74		8219.86		7.4	
南宁	958.96	2	1110.89	2	1251.54	2	1345.66	1	1427.16	1	5.8	11
柳州	1199.05	1	1274.93	1	1312.54	1	1300.11	2	1361.80	2	5.7	12
桂林	694.94	3	792.87	3	865.05	3	900.98	3	939.48	3	6.5	10
梧州	524.08	4	654.83	4	646.06	4	623.96	5	681.52	4	8.7	8
北海	310.00	8	373.65	7	454.51	7	450.13	7	516.14	7	9.7	5
防城港	243.28	10	296.08	10	340.36	8	353.00	9	386.26	10	11.6	1
钦州	328.98	7	316.85	8	338.94	9	381.75	8	481.89	8	11.4	2
贵港	272.35	9	303.35	9	325.51	10	348.50	10	393.20	9	10.1	3
玉林	502.88	5	526.62	5	591.66	5	635.83	4	665.11	5	9.6	6
百色	414.16	6	432.59	6	490.03	6	511.69	6	594.74	6	9.6	6
贺州	184.09	13	196.30	13	192.02	14	188.68	14	211.55	13	10.0	4
河池	178.10	14	189.78	14	205.27	13	200.01	13	199.82	14	1.2	14
来宾	239.94	11	219.51	12	228.21	12	218.05	12	219.95	12	1.5	13
崇左	217.36	12	248.24	11	277.45	11	274.61	11	310.69	11	7.9	9

城市	全部工业增加值											
	2012 年		2013 年		2014 年		2015 年		2016 年			
	总量(亿元)	位次	总量(亿元)	位次	总量(亿元)	位次	总量(亿元)	位次	总量(亿元)	位次	比上年增长(%)	位次
全区	5364.92		5749.65		6065.34		6338.28		6764.13		7.3	
南宁	704.32	2	820.60	2	923.49	2	1000.37	2	1063.14	2	5.6	12
柳州	1107.40	1	1166.65	1	1191.11	1	1174.93	1	1232.52	1	5.9	11
桂林	583.03	3	662.66	3	717.27	3	745.22	3	772.81	3	6.2	10
梧州	478.75	4	605.03	4	595.31	4	572.62	4	629.19	4	9.2	6
北海	274.02	8	332.78	7	407.80	7	401.25	7	464.42	7	9.9	3
防城港	207.36	10	257.02	8	298.41	8	310.52	8	340.88	9	12.1	1
钦州	277.06	7	250.12	10	250.57	10	278.17	10	363.22	8	9.9	3
贵港	228.12	9	253.11	9	270.65	9	285.89	9	319.38	10	8.4	7
玉林	424.94	5	434.06	5	479.54	5	509.64	5	521.11	5	8.3	8
百色	361.87	6	373.87	6	417.90	6	433.61	6	508.74	6	9.3	5
贺州	136.66	14	143.55	13	134.23	14	126.87	14	144.67	14	10.4	2
河池	136.72	13	143.02	14	152.08	13	147.14	13	147.09	13	1.4	14
来宾	192.93	11	169.21	12	173.67	12	158.59	12	160.92	12	2.0	13
崇左	184.46	12	210.62	11	232.64	11	226.38	11	257.13	11	7.0	9

续表 2

城市	第三产业增加值											
	2012年		2013年		2014年		2015年		2016年			
	总量(亿元)	位次	总量(亿元)	位次	总量(亿元)	位次	总量(亿元)	位次	总量(亿元)	位次	比上年增长(%)	位次
全区	4525.58		5171.39		5925.16		6542.41		7226.60		8.6	
南宁	1220.50	1	1342.73	1	1541.67	1	1694.08	1	1875.57	1	8.5	8
柳州	502.28	3	575.84	2	738.85	2	830.09	2	934.99	2	10.4	2
桂林	522.60	2	565.59	3	638.93	3	702.57	3	780.23	3	8.8	7
梧州	201.16	7	221.55	8	299.18	7	332.25	7	362.82	7	7.2	12
北海	192.73	10	218.53	9	250.15	10	282.52	9	316.05	9	9.7	4
防城港	152.60	12	160.61	13	177.74	13	191.98	13	208.98	13	6.6	14
钦州	227.27	6	255.13	6	322.12	5	357.49	5	399.04	5	9.4	5
贵港	254.55	5	277.90	5	319.07	6	342.72	6	375.34	6	7.6	11
玉林	387.13	4	428.01	4	501.27	4	551.37	4	610.73	4	9.0	6
百色	194.04	8	222.22	7	269.20	8	299.36	8	337.32	8	10.4	2
贺州	124.40	14	134.97	14	158.36	14	176.28	14	194.89	14	8.3	10
河池	193.26	9	205.06	10	258.85	9	277.21	10	306.53	10	8.5	8
来宾	149.35	13	161.61	12	189.59	12	203.05	12	221.66	12	7.1	13
崇左	169.66	11	186.95	11	224.90	11	252.96	11	287.82	11	11.5	1

城市	农林牧渔业总产值											
	2012年		2013年		2014年		2015年		2016年			
	总量(亿元)	位次	总量(亿元)	位次	总量(亿元)	位次	总量(亿元)	位次	总量(亿元)	位次	比上年增长(%)	位次
全区												
南宁	536.41	1	578.15	1	609.33	1	638.81	1	689.03	1	3.98	6
柳州	241.98	6	263.31	6	274.16	6	288.27	6	310.29	6	3.64	10
桂林	432.74	2	471.74	2	514.05	2	543.88	2	577.40	2	4.62	1
梧州	173.08	12	187.89	12	202.21	12	208.74	12	225.90	12	3.81	9
北海	202.21	11	225.39	9	232.41	9	254.43	8	280.20	8	4.28	2
防城港	100.29	14	111.60	14	118.04	14	124.59	14	136.25	14	4.10	4
钦州	270.43	4	291.72	4	314.19	4	333.42	4	360.14	4	4.20	3
贵港	253.35	5	270.28	5	278.65	5	301.46	5	331.42	5	3.96	8
玉林	384.35	3	405.25	3	426.92	3	448.04	3	483.72	3	2.78	14
百色	221.90	8	239.54	7	257.50	7	275.49	7	298.22	7	3.98	6
贺州	135.60	13	146.41	13	157.65	13	166.40	13	181.29	13	4.10	5
河池	209.08	9	222.26	10	231.68	10	238.00	10	257.36	10	3.55	11
来宾	208.40	10	216.53	11	219.07	11	224.22	11	243.05	11	3.04	13
崇左	230.53	7	239.43	8	240.69	8	254.25	9	275.60	9	3.48	12

续表 3

城市	规模以上工业总产值											
	2012 年		2013 年		2014 年		2015 年		2016 年			
	总量(亿元)	位次	总量(亿元)	位次	总量(亿元)	位次	总量(亿元)	位次	总量(亿元)	位次	比上年增长(%)	位次
全区	15448.03		18917.67		20460.30		22461.63		24524.33		8.90	
南宁	2100.37	2	2554.75	2	2872.85	2	3242.74	2	3537.05	2	8.83	8
柳州	3425.36	1	3907.15	1	4308.68	1	4450.31	1	4685.11	1	5.10	12
桂林	1587.44	3	1917.11	3	2116.65	3	2355.68	3	2521.04	3	6.74	10
梧州	1266.46	4	1745.54	4	1917.18	4	2141.27	4	2310.03	4	7.80	9
北海	1020.89	7	1300.91	5	1597.86	5	1871.38	5	2180.74	5	16.43	1
防城港	766.93	9	959.35	9	1138.20	8	1323.06	8	1501.24	8	14.33	2
钦州	1093.36	5	1136.55	7	1291.44	7	1373.88	7	1524.14	7	11.70	7
贵港	615.31	10	730.04	10	796.81	10	865.92	10	985.66	10	13.30	5
玉林	1056.40	6	1228.55	6	1439.27	6	1590.49	6	1675.97	6	5.32	11
百色	877.14	8	969.64	8	1110.38	9	1284.75	9	1480.63	9	14.08	3
贺州	301.03	13	360.36	13	381.73	13	422.59	13	483.60	13	13.76	4
河池	294.25	14	342.45	14	374.33	14	376.43	14	340.80	14	−8.98	14
来宾	561.34	11	500.18	12	517.70	12	505.44	12	526.81	12	3.57	13
崇左	451.71	12	523.70	11	584.21	11	657.69	11	747.06	11	12.76	6

城市	规模以上工业增加值											
	2012 年		2013 年		2014 年		2015 年		2016 年			
	总量(亿元)	位次	总量(亿元)	位次	总量(亿元)	位次	总量(亿元)	位次	总量(亿元)	位次	比上年增长(%)	位次
全区											7.50	
南宁	633.67	2	777.52	2	881.17	2	969.55	2	1028.55	2	5.70	12
柳州	1107.40	1	1123.65	1	1148.86	1	1140.37	1	1193.72	1	5.99	11
桂林	494.81	3	601.99	3	657.66	3	701.82	3	724.10	3	6.30	10
梧州	444.57	4	581.52	4	572.21	4	555.80	4	610.31	4	9.50	6
北海	245.36	7	313.07	7	388.44	6	387.15	7	448.59	7	10.30	4
防城港	198.47	9	246.97	8	288.54	8	303.34	8	332.81	9	12.40	1
钦州	234.82	8	221.07	10	222.03	11	271.30	9	355.51	8	10.37	3
贵港	191.87	10	228.18	9	246.16	9	268.06	10	299.36	10	8.80	7
玉林	323.35	5	364.19	5	410.89	5	464.16	5	470.06	6	8.76	8
百色	315.10	6	341.70	6	386.30	7	410.60	6	482.91	5	9.70	5
贺州	95.11	14	114.97	14	106.15	14	106.43	14	121.73	14	11.60	2
河池	114.31	13	127.60	13	137.26	13	136.35	13	134.99	13	1.10	14
来宾	170.77	12	153.97	12	158.70	12	147.69	12	148.68	12	1.80	13
崇左	175.13	11	204.20	11	226.33	10	221.78	11	251.97	11	7.10	9

续表 4

城市	固定资产投资											
	2012 年		2013 年		2014 年		2015 年		2016 年			
	总量(亿元)	位次	总量(亿元)	位次	总量(亿元)	位次	总量(亿元)	位次	总量(亿元)	位次	比上年增长(%)	位次
全区	12171.78		11383.93		13287.60		15654.95		17652.95		12.80	
南宁	2517.61	1	2432.69	1	2886.68	1	3366.89	1	3824.73	1	13.60	7
柳州	1615.22	2	1522.12	2	1765.49	2	2050.55	2	2338.61	2	14.00	6
桂林	1336.18	3	1308.46	3	1536.88	3	1837.32	3	2131.62	3	16.00	4
梧州	797.07	6	803.40	5	876.04	6	1045.51	5	1168.51	5	11.80	8
北海	707.80	7	674.91	7	786.16	7	920.37	7	1011.10	7	9.90	10
防城港	517.83	10	455.81	10	478.31	12	526.15	12	600.14	12	14.06	5
钦州	561.68	8	559.03	8	658.97	8	810.10	8	950.89	8	17.40	3
贵港	495.21	11	463.44	9	547.17	10	689.67	10	841.69	9	22.00	1
玉林	969.42	4	953.59	4	1123.71	4	1332.12	4	1467.10	4	10.13	9
百色	916.88	5	802.49	6	895.23	5	1022.05	6	1061.40	6	3.90	12
贺州	542.37	9	451.84	11	530.28	11	625.93	11	650.83	11	4.00	11
河池	221.82	14	296.88	14	343.22	14	395.69	14	404.02	13	2.10	13
来宾	480.11	12	410.42	13	431.18	13	449.07	13	370.91	14	−17.41	14
崇左	479.99	13	450.84	12	548.64	9	691.57	9	831.41	10	20.20	2

城市	社会消费品零售总额											
	2012 年		2013 年		2014 年		2015 年		2016 年			
	总量(亿元)	位次	总量(亿元)	位次	总量(亿元)	位次	总量(亿元)	位次	总量(亿元)	位次	比上年增长(%)	位次
全区	4474.59		5083.08		5716.60		6348.06		7027.31		10.7	
南宁	1255.59	1	1450.84	1	1616.90	1	1786.68	1	1980.36	1	10.8	6
柳州	661.84	2	758.42	2	858.20	2	944.11	2	1045.13	2	10.7	8
桂林	536.35	3	604.03	3	682.87	3	751.96	3	836.45	3	11.2	3
梧州	257.21	6	292.34	6	328.30	6	364.93	6	395.95	6	8.5	14
北海	146.51	10	167.03	10	185.81	10	202.93	10	225.34	10	11.0	5
防城港	71.30	14	81.43	14	91.67	14	101.03	14	111.89	14	10.8	7
钦州	237.56	7	268.82	7	303.25	7	333.50	7	373.63	7	12.0	1
贵港	284.05	5	321.72	5	359.56	5	389.06	5	431.89	5	11.0	4
玉林	422.83	4	482.91	4	545.71	4	600.34	4	660.43	4	10.0	11
百色	156.67	9	178.60	9	201.06	9	221.18	9	246.84	9	11.6	2
贺州	106.38	12	119.00	12	133.63	12	146.94	11	160.98	11	9.6	13
河池	176.98	8	198.97	8	223.79	8	243.38	8	267.96	8	10.1	9
来宾	109.53	11	120.87	11	134.17	11	145.11	12	159.11	12	9.7	12
崇左	84.37	13	96.38	13	108.44	13	119.39	13	131.34	13	10.0	10

续表 5

城市	进出口总额										
	2012 年		2013 年		2014 年		2015 年		2016 年		
	总量(万美元)	位次	总量(万美元)	位次	总量(万美元)	位次	总量	单位	总量	单位	比上年增长(%)
全区	2947400		3283700		4055300		31903100	万元	31704215	万元	-0.50
南宁	414678	3	442117	2	481410	4	3644564	万元	4162345	万元	14.20
柳州	24585	11	288479	4	226825	6	222657	万美元	1353756	万元	-2.40
桂林	97487	7	92370	8	94327	8	573196	万元	590191	万元	3.90
梧州	121038	6	176506	7	124948	7	567181	万元	405743	万元	-28.50
北海	207761	5	269833	6	350016	5	379048	万美元	2047465	万元	-13.30
防城港	489826	2	430030	3	546866	2	860140	万美元	5789124	万元	8.45
钦州	376656	4	287056	5	533447	3	582738	万美元	442813	万美元	-23.50
贵港	23144	12	22123	12	30603	12	32258	万美元	187879	万元	-5.80
玉林	58807	8	41679	11	44654	11	45092	万美元	267161	万元	-4.07
百色	50866	10	59786	9	72845	9	164091	万美元	1380719	万元	36.40
贺州	15589	13	19951	13	17306	13	64120	万元	51915	万元	-18.90
河池	52444	9	48148	10	47929	10	39168	万美元	181096	万元	-24.60
来宾	14454	14	11965	14	10688	14	6722	万美元	58873	万元	41.50
崇左	713433	1	1027713	1	1469407	1	2013277	万美元	1856300	万美元	-7.70

说明:2015 年、2016 年海关进出口数因各市计量单位不同,不予排位。崇左市与防城港市外贸进出口额自 2015 年起含互市贸易额。

城市	金融机构存款余额											
	2012 年		2013 年		2014 年		2015 年		2016 年			
	总量(亿元)	位次	总量(亿元)	位次	总量(亿元)	位次	总量(亿元)	位次	总量(亿元)	位次	比上年增长(%)	位次
全区	15856.00		18267.24		20078.97		22566.96		25477.80		11.80	
南宁	5627.18	1	6483.52	1	7064.49	1	8257.77	1	8901.72	1	7.80	14
柳州	1916.05	2	2343.58	2	2553.66	2	2807.12	2	3305.14	2	17.74	1
桂林	1829.93	3	2067.01	3	2269.76	3	2607.11	3	2979.80	3	14.30	6
梧州	665.00	7	758.07	7	853.32	7	918.23	7	1044.91	7	13.80	7
北海	568.45	10	651.49	10	699.52	10	748.49	10	815.63	10	8.97	13
防城港	385.76	13	433.62	13	470.24	13	508.27	14	562.31	14	10.63	12
钦州	616.41	9	693.56	9	768.10	9	818.40	9	906.42	9	10.76	11
贵港	703.86	5	817.52	5	905.75	5	972.95	5	1089.92	6	12.02	10
玉林	1038.66	4	1178.28	4	1302.45	4	1445.26	4	1636.12	4	13.20	9
百色	676.04	6	770.89	6	880.56	6	948.11	6	1111.76	5	17.30	2
贺州	348.76	14	404.84	14	459.85	14	535.32	12	615.07	12	14.90	4
河池	627.02	8	725.52	8	812.26	8	883.18	8	1001.37	8	13.38	8
来宾	407.06	12	448.10	12	494.84	12	528.09	13	606.68	13	14.88	5
崇左	437.41	11	501.11	11	561.55	11	606.78	11	699.48	11	15.28	3

续表 6

城市	住户存款余额											
	2012 年		2013 年		2014 年		2015 年		2016 年			
	总量(亿元)	位次	总量(亿元)	位次	总量(亿元)	位次	总量(亿元)	位次	总量(亿元)	位次	比上年增长(%)	位次
全区	8010.63		9499.36		10499.47							
南宁	1863.80	1	2156.69	1	2321.74	1	2700.37	1	2924.55	1	8.30	14
柳州	871.87	3	989.38	3	1061.01	3	1207.59	3	1313.64	3	8.78	11
桂林	1095.11	2	1232.23	2	1334.22	2	1564.00	2	1699.98	2	8.69	12
梧州	412.42	6	480.79	6	529.52	6	594.87	6	658.14	7	10.64	10
北海	354.62	10	402.37	10	432.53	10	483.45	10	524.15	10	8.42	13
防城港	214.99	14	247.97	14	272.87	14	289.11	14	320.34	14	10.80	8
钦州	368.50	9	430.24	9	486.35	9	529.10	9	586.01	9	10.76	9
贵港	499.44	5	586.23	5	659.96	5	733.37	5	817.33	5	11.45	6
玉林	757.28	4	881.73	4	993.04	4	1127.09	4	1253.03	4	11.20	7
百色	381.35	8	460.59	7	528.67	7	583.36	7	659.95	6	13.13	3
贺州	215.03	13	252.48	13	284.53	13	328.04	12	378.75	12	15.50	1
河池	386.81	7	449.65	8	506.86	8	551.71	8	624.90	8	13.27	2
来宾	220.31	12	254.34	12	285.47	12	307.83	13	346.75	13	12.64	5
崇左	268.20	11	316.93	11	355.91	11	401.26	11	453.17	11	12.94	4

城市	金融机构贷款余额											
	2012 年		2013 年		2014 年		2015 年		2016 年			
	总量(亿元)	位次	总量(亿元)	位次	总量(亿元)	位次	总量(亿元)	位次	总量(亿元)	位次	比上年增长(%)	位次
全区	11941.44		13653.38		15585.46		17656.76		20640.54		13.90	
南宁	5501.28	1	6115.88	1	7091.46	1	8228.66	1	9423.79	1	14.52	6
柳州	1364.81	2	1614.74	2	1770.26	2	2032.08	2	2273.90	2	11.90	10
桂林	1053.15	3	1225.77	3	1389.55	3	1580.79	3	1862.14	3	17.80	4
梧州	461.25	6	537.44	6	620.27	6	665.61	6	721.92	6	8.46	13
北海	302.63	10	372.98	10	434.02	10	484.13	10	535.15	10	10.54	11
防城港	275.07	11	335.40	11	380.21	11	425.34	11	511.47	11	20.25	2
钦州	436.01	7	493.17	7	524.37	8	547.13	8	594.98	8	8.75	12
贵港	411.61	8	480.23	8	546.92	7	596.71	7	683.85	7	14.60	5
玉林	547.58	4	646.26	4	747.87	4	843.68	4	1014.94	4	20.30	1
百色	515.91	5	588.80	5	673.33	5	711.66	5	815.08	5	14.50	7
贺州	204.69	14	241.98	14	279.00	14	310.13	14	370.36	14	19.40	3
河池	359.06	9	412.94	9	467.18	9	505.18	9	575.04	9	13.83	8
来宾	258.18	12	299.84	12	330.15	13	358.50	13	405.46	12	13.10	9
崇左	239.60	13	294.47	13	335.72	12	373.06	12	390.23	13	4.60	14

续表 7

城市	财政收入											
	2012 年		2013 年		2014 年		2015 年		2016 年			
	总量(亿元)	位次	总量(亿元)	位次	总量(亿元)	位次	总量(亿元)	位次	总量(亿元)	位次	比上年增长(%)	位次
全 区	1810.07		2000.51		2162.40		2332.96		2454.05		5.20	
南 宁	422.00	1	473.66	1	526.59	1	572.48	1	613.83	1	7.22	7
柳 州	260.18	2	285.06	2	316.55	2	343.81	2	370.16	2	7.66	5
桂 林	163.56	3	180.37	3	195.18	3	209.19	3	223.76	3	6.96	9
梧 州	101.02	5	118.23	5	122.42	7	123.74	7	127.59	7	3.10	11
北 海	100.09	7	113.60	7	127.39	6	142.99	5	166.31	4	16.31	1
防城港	52.38	11	59.26	10	65.33	11	70.64	11	75.61	10	7.04	8
钦 州	139.20	4	136.12	4	138.31	4	162.23	4	154.08	5	−5.00	13
贵 港	50.03	12	57.42	11	66.11	10	72.75	10	78.96	9	8.54	3
玉 林	100.36	6	113.81	6	128.17	5	139.57	6	148.95	6	6.70	10
百 色	98.11	8	107.69	8	108.70	8	114.51	8	123.22	8	7.60	6
贺 州	32.04	14	35.76	14	40.60	14	47.14	14	50.90	13	7.98	4
河 池	44.56	13	50.23	13	54.67	13	56.14	12	62.24	11	10.86	2
来 宾	52.55	10	56.13	12	58.11	12	50.02	13	49.60	14	−0.85	12
崇 左	66.00	9	73.02	9	73.16	9	75.15	9	58.20	12	−22.60	14

城市	一般公共预算收入											
	2012 年		2013 年		2014 年		2015 年		2016 年			
	总量(亿元)	位次	总量(亿元)	位次	总量(亿元)	位次	总量(亿元)	位次	总量(亿元)	位次	比上年增长(%)	位次
全 区	1165.98		1316.84		1422.05		1515.08		1556.24		2.70	
南 宁	229.73	1	256.25	1	274.85	1	297.05	1	312.76	1	5.29	9
柳 州	113.55	2	125.12	2	133.16	2	146.68	2	159.16	2	8.51	4
桂 林	106.01	3	111.00	3	123.89	3	134.53	3	145.33	3	8.03	5
梧 州	73.83	4	85.74	4	90.45	4	92.37	5	95.61	5	3.50	11
北 海	41.13	7	42.11	9	47.25	9	47.61	10	50.07	8	5.16	10
防城港	35.54	9	40.71	10	45.45	10	52.05	7	55.65	7	6.91	7
钦 州	33.58	10	44.95	8	47.64	8	50.34	8	49.50	9	−1.70	13
贵 港	26.57	12	31.22	12	36.45	12	42.57	11	47.62	10	12.48	1
玉 林	65.57	5	75.48	5	88.81	5	97.16	4	104.81	4	7.90	6
百 色	56.58	6	65.70	6	70.91	6	72.98	6	79.48	6	8.91	3
贺 州	19.21	14	21.95	14	24.41	14	28.97	14	32.42	13	11.91	2
河 池	22.17	13	26.97	13	29.93	13	31.45	12	33.36	12	6.07	8
来 宾	32.21	11	36.37	11	37.95	11	30.29	13	30.32	14	0.12	12
崇 左	39.49	8	47.48	7	48.40	7	50.12	9	40.76	11	−18.70	14

续表 8

城市	一般公共预算支出									
	2013 年		2014 年		2015 年		2016 年			
	总量(亿元)	位次	总量(亿元)	位次	总量(亿元)	位次	总量(亿元)	位次	比上年增长(%)	位次
全区	3192.26		3455.44		4076.42		4472.48		10.00	
南宁	418.40	1	465.77	1	527.69	1	587.07	1	10.94	7
柳州	239.75	3	261.11	4	308.64	4	339.62	4	10.04	9
桂林	282.17	2	304.43	2	356.04	2	399.70	2	12.26	4
梧州	175.95	7	184.05	7	214.55	7	228.26	7	6.30	12
北海	99.46	13	104.97	13	131.76	14	150.06	13	15.27	1
防城港	89.71	14	97.52	14	136.94	13	127.07	14	−3.53	14
钦州	134.26	10	141.27	10	192.54	8	200.08	10	4.80	13
贵港	140.41	8	146.84	9	186.68	9	212.12	8	13.81	3
玉林	203.73	5	229.10	5	285.76	5	318.09	5	11.90	6
百色	231.69	4	261.13	3	310.99	3	340.28	3	9.70	10
贺州	107.26	12	118.32	12	154.75	11	163.88	11	6.31	11
河池	196.35	6	222.24	6	259.12	6	290.68	6	12.05	5
来宾	123.68	11	129.05	11	139.33	12	159.61	12	14.57	2
崇左	139.28	9	155.51	8	185.10	10	204.88	9	10.70	8

城市	居民消费价格总指数											
	2012 年		2013 年		2014 年		2015 年		2016 年			
	指数	位次	指数	位次	指数	位次	指数	位次	指数	位次	比上年涨(跌)(%)	位次
全区	103.2		102.2		102.1		101.9		101.6		1.6	
南宁	102.9	10	102.1	8	101.6	13	101.9	1	101.4	7	1.4	7
柳州	104.0	1	101.9	12	102.6	3	101.7	5	101.8	4	1.8	4
桂林	103.5	2	102.5	3	102.0	10	101.9	3	102.3	2	2.3	2
梧州	102.9	10	102.3	6	102.1	9	101.0	11	101.2	10	1.2	10
北海	103.0	8	102.0	9	102.8	1	100.4	13	101.1	11	1.1	11
防城港	102.6	13	102.6	2	102.6	3	101.1	9	101.1	11	1.1	11
钦州	103.1	6	102.1	7	102.5	6	101.1	9	101.6	5	1.6	5
贵港	103.5	2	102.7	1	101.8	12	101.4	7	101.2	9	1.2	9
玉林	103.4	4	101.6	14	102.6	3	101.7	5	102.4	1	2.4	1
百色	103.0	8	102.5	3	102.3	8	101.9	1	101.1	11	1.1	11
贺州	103.0	12	102.0	9	101.9	11	101.8	4	101.4	7	1.4	7
河池	103.2	5	101.9	12	102.8	1	100.7	12	101.0	14	1.0	14
来宾	102.6	13	102.0	9	101.5	14	101.2	8	102.0	3	2.0	3
崇左	103.1	6	102.5	3	102.4	7	100.4	13	101.6	5	1.6	5

续表 9

城市	全体居民人均可支配收入			
	2016 年			
	总量(元)	位次	比上年增长(%)	位次
全区	18305		6.8	
南宁	22862	2	8.9	10
柳州	23009	1	8.8	11
桂林	20543	6	9.0	8
梧州	18657	7	8.1	14
北海	21467	4	8.3	12
防城港	21841	3	9.4	4
钦州	17765	9	9.1	5
贵港	18642	8	9.1	5
玉林	20726	5	9.0	8
百色	15340	13	10.5	1
贺州	16940	11	8.3	12
河池	13175	14	9.5	3
来宾	17607	10	9.1	5
崇左	15897	12	9.8	2

城市	城镇居民人均可支配收入											
	2012 年		2013 年		2014 年		2015 年		2016 年			
	总量(元)	位次	总量(元)	位次	总量(元)	位次	总量(元)	位次	总量(元)	位次	比上年增长(%)	位次
全区	21243		23305		24669		26416		28234		5.50	
南宁	22561	1	24817	1	27075	1	29106	1	30728	1	7.70	3
柳州	22181	4	24355	5	26693	3	28722	4	30270	2	7.40	6
桂林	22300	2	24552	2	26811	2	28768	3	30124	3	7.20	8
梧州	20563	9	22537	9	24272	9	25898	9	27260	9	6.70	12
北海	21202	8	23407	8	25818	6	27729	6	29412	6	6.90	11
防城港	22203	3	24423	3	26523	5	28433	5	29758	5	7.90	2
钦州	21600	6	23695	6	25425	7	27281	7	29360	7	7.30	7
贵港	19314	13	21361	12	23262	12	24890	12	26771	12	7.60	4
玉林	22171	5	26366	4	26681	4	28842	2	30083	4	7.10	9
百色	19561	11	21458	11	23282	11	24958	11	26919	10	7.50	5
贺州	19855	10	21682	10	23590	10	25194	10	26883	11	6.60	13
河池	17964	14	19653	14	21363	14	22752	14	23660	14	6.40	14
来宾	21499	7	23563	7	25401	8	27077	8	28962	8	7.00	10
崇左	19370	12	21289	13	23184	13	24668	13	26605	13	8.00	1

续表 10

城市	农村居民人均可支配收入													
	2012 年 *		2013 年 *		2014 年 *		2015 年		2016 年			
	总量(元)	位次	总量(元)	位次	总量(元)	位次	总量(元)	位次	总量(元)	位次	比上年增长(%)	位次
全区	6008		6791		7565		9467		10359		7.6	
南宁	6777	7	7685	7	8576	8	9408★	8	11398	6	9.5	8
柳州	6747	8	7663	8	8606	7	9449★	7	11107	7	9.7	6
桂林	7328	2	8361	2	9431	2	10365★	2	12176	2	9.8	5
梧州	6592	9	7475	9	8342	9	9051★	9	10142	9	8.8	12
北海	7227	5	8239	4	9079	5	9923★	5	11622	4	9.4	9
防城港	7539	1	8557	1	9524	1	10429★	1	12113	3	10.2	3
钦州	7140	6	8054	6	8892	6	9710★	6	10947	8	9.3	10
贵港	7253	4	8189	5	9131	4	10017★	4	11572	5	9.6	7
玉林	7269	3	8272	3	9314	3	10292★	3	12590	1	10.4	2
百色	4774	13	5418	13	6145	13	6766★	13	9348	13	10.6	1
贺州	5823	12	6557	12	7337	12	8056★	12	9552	12	8.3	14
河池	4620	14	5198	14	5723	14	6164★	14	7509	14	8.4	13
来宾	6231	11	7085	10	7751	10	8379★	10	9820	10	9.2	11
崇左	6263	10	7077	11	7707	11	8308★	11	9801	11	9.9	4

说明：带"★"数据统计口径为农村居民人均纯收入，与农村居民人均可支配收入的统计口径不同。

全国、全区、全市主要指标及南宁占广西比重(2012 年至 2016 年)

区域	年末常住总人口										
	2012 年		2013 年		2014 年		2015 年		2016 年		
	绝对数(万人)	南宁占广西的比重(%)	绝对数(万人)	南宁占广西的比重(%)	绝对数(万人)	南宁占广西的比重(%)	绝对数(万人)	南宁占广西的比重(%)	绝对数(万人)	增长(%)	南宁占广西的比重(%)
全国	135404★		136072★		136782★		137462★				
广西					5475★	13.33	5518★	13.41	4838	0.88	14.60
南宁	714★		724★		730★		740★		706	1.09	

说明：带"★"数据统计口径为年末总人口，与年末常住总人口的统计口径不同。

区域	国内生产总值										
	2012 年		2013 年		2014 年		2015 年		2016 年		
	绝对数(亿元)	南宁占广西的比重(%)	绝对数(亿元)	南宁占广西的比重(%)	绝对数(亿元)	南宁占广西的比重(%)	绝对数(亿元)	南宁占广西的比重(%)	绝对数(亿元)	增长(%)	南宁占广西的比重(%)
全国	519322		568845		636463		676708		744127	6.7	
广西	13031	19.21	14378	19.50	15673	20.09	16803	20.29	18245	7.3	20.30
南宁	2504		2804		3148		3410		3703	7.0	

续表 1

区域	第一产业生产总值										
	2012 年		2013 年		2014 年		2015 年		2016 年		
	绝对数（亿元）	南宁占广西的比重(%)	绝对数（亿元）	南宁占广西的比重(%)	绝对数（亿元）	南宁占广西的比重(%)	绝对数（亿元）	南宁占广西的比重(%)	绝对数（亿元）	增长(%)	南宁占广西的比重(%)
全　国	52377		56957		58332		60863		63671	3.3	
广　西	2172	14.92	2344	14.93	2412	14.72	2566	14.43	2799	3.4	14.32
南　宁	324		350		355		370		401	3.9	

区域	第二产业生产总值										
	2012 年		2013 年		2014 年		2015 年		2016 年		
	绝对数（亿元）	南宁占广西的比重(%)	绝对数（亿元）	南宁占广西的比重(%)	绝对数（亿元）	南宁占广西的比重(%)	绝对数（亿元）	南宁占广西的比重(%)	绝对数（亿元）	增长(%)	南宁占广西的比重(%)
全　国	235319		249684.00		271392		274278		296236	6.1	
广　西	6333	15.14	6863.04	16.19	7336	17.07	7695	17.49	8220	7.4	17.36
南　宁	959		1111.00		1252		1346		1427	5.8	

区域	工业生产总值										
	2012 年		2013 年		2014 年		2015 年		2016 年		
	绝对数（亿元）	南宁占广西的比重(%)	绝对数（亿元）	南宁占广西的比重(%)	绝对数（亿元）	南宁占广西的比重(%)	绝对数（亿元）	南宁占广西的比重(%)	绝对数（亿元）	增长(%)	南宁占广西的比重(%)
全　国	199860		210689.00						247860	6.0	
广　西	5365	13.13	5749.65	14.27	6065	15.22	6338	15.78	6764	7.3	15.72
南　宁	704		821.00		923		1000		1063	5.6	

区域	第三产业生产总值										
	2012 年		2013 年		2014 年		2015 年		2016 年		
	绝对数（亿元）	南宁占广西的比重(%)	绝对数（亿元）	南宁占广西的比重(%)	绝对数（亿元）	南宁占广西的比重(%)	绝对数（亿元）	南宁占广西的比重(%)	绝对数（亿元）	增长(%)	南宁占广西的比重(%)
全　国	231626		262204.00		306739		341567		384221	7.80	
广　西	4526	26.97	5171.39	25.96	5925	26.03	6542	25.89	7227	8.60	25.95
南　宁	1221		1343.00		1542		1694		1876	8.50	

区域	固定资产投资										
	2012 年		2013 年		2014 年		2015 年		2016 年		
	绝对数（亿元）	南宁占广西的比重(%)	绝对数（亿元）	南宁占广西的比重(%)	绝对数（亿元）	南宁占广西的比重(%)	绝对数（亿元）	南宁占广西的比重(%)	绝对数（亿元）	增长(%)	南宁占广西的比重(%)
全　国	364835.00		436528.00		502005		551590		596501	8.10	
广　西	12172.00	20.68	11383.93	21.37	13288	21.73	15655	21.51	17653	12.80	21.67
南　宁	28.14		2433.00		2887		3367		3825	13.6 0	

续表 2

区域	第一产业固定资产投资		
	2016 年		
	绝对数(亿元)	增长(%)	南宁占广西的比重(%)
全国	18838.00	21.10	15.23
广西	948.89	26.80	
南宁	144.00	25.85	

区域	第二产业固定资产投资		
	2016 年		
	绝对数(亿元)	增长(%)	南宁占广西的比重(%)
全国	231826.00	3.50	15.79
广西	6526.70	0.70	
南宁	1031.0	4.00	

区域	第三产业固定资产投资		
	2016 年		
	绝对数(亿元)	增长(%)	南宁占广西的比重(%)
全国	345837	10.90	26.02
广西	10177	20.80	
南宁	2648	17.14	

区域	房地产开发										
	2012 年		2013 年		2014 年		2015 年		2016 年		
	绝对数(亿元)	南宁占广西的比重(%)	绝对数(亿元)	南宁占广西的比重(%)	绝对数(亿元)	南宁占广西的比重(%)	绝对数(亿元)	南宁占广西的比重(%)	绝对数(亿元)	增长(%)	南宁占广西的比重(%)
全国		23.33	86013.00	29.18	95036	30.03	95979	34.42	102581	6.90	35.61
广西	1555		1427.08		1838		1909		2398	25.60	
南宁	363		416.00		552		657		854	29.95	

区域	城镇居民人均可支配收入										
	2012 年		2013 年		2014 年		2015 年		2016 年		
	绝对数(元)	南宁占广西的比重(%)	绝对数(元)	南宁占广西的比重(%)	绝对数(元)	南宁占广西的比重(%)	绝对数(元)	南宁占广西的比重(%)	绝对数(元)	增长(%)	南宁占广西的比重(%)
全国	24565		26955		28844		31195		33616	7.80	
广西	21243		23305		24669		26416		28234	7.20	
南宁	22561		24817		27075		29106		30728	7.70	

区域	农村居民人均可支配收入										
	2012 年*		2013 年*		2014 年*		2015 年*		2016 年		
	绝对数(元)	南宁占广西的比重(%)	绝对数(元)	南宁占广西的比重(%)	绝对数(元)	南宁占广西的比重(%)	绝对数(元)	南宁占广西的比重(%)	绝对数(元)	增长(%)	南宁占广西的比重(%)
全国	7917		8896		9892		10772		12363	8.20	
广西	6008		6791		7565		9467		10359	9.40	
南宁	6777		7685		8576		9408		11398	9.50	

说明：带“*”数据统计口径为农村居民人均纯收入，与农村居民人均可支配收入的统计口径不同。

续表 3

区域	粮食总产量								
	2013 年		2014 年		2015 年		2016 年		
	绝对数（万吨）	南宁占广西的比重(%)	绝对数（万吨）	南宁占广西的比重(%)	绝对数（万吨）	南宁占广西的比重(%)	绝对数（万吨）	增长(%)	南宁占广西的比重(%)
全国	60194.00		60710.00		62143.00		61624.00	-0.80	
广西	1521.80	14.68	1534.00	14.69	1524.80	14.78	1521.30	-0.20	14.68
南宁	223.44		225.27		225.42		223.36	-0.91	

区域	社会消费品零售总额										
	2012 年		2013 年		2014 年		2015 年		2016 年		
	绝对数（亿元）	南宁占广西的比重(%)	绝对数（亿元）	南宁占广西的比重(%)	绝对数（亿元）	南宁占广西的比重(%)	绝对数（亿元）	南宁占广西的比重(%)	绝对数（亿元）	增长(%)	南宁占广西的比重(%)
全国	207167.00		234380.00		262394.00		300931.00		332316.00	10.40	
广西	4474.59	28.06	5083.08	28.54	5716.60	28.28	6348.06	28.15	7027.31	10.70	28.18
南宁	1255.59		1450.84		1616.90		1786.68		1980.36	10.84	

区域	进出口总额										
	2012 年		2013 年		2014 年		2015 年		2016 年		
	绝对数（亿美元）	南宁占广西的比重(%)	绝对数（亿美元）	南宁占广西的比重(%)	绝对数（亿美元）	南宁占广西的比重(%)	绝对数（亿元）	南宁占广西的比重(%)	绝对数（亿元）	增长(%)	南宁占广西的比重(%)
全国	38668.00		41603.00		43026.00		245849.00		243344.00	-0.90	
广西	294.74	14.07	328.37	13.46	405.53	11.87	3190.30	11.42	3170.42	-0.50	13.13
南宁	41.47		44.21		48.14		364.46		416.23	14.20	

区域	出口总额										
	2012 年		2013 年		2014 年		2015 年		2016 年		
	绝对数（亿美元）	南宁占广西的比重(%)	绝对数（亿美元）	南宁占广西的比重(%)	绝对数（亿美元）	南宁占广西的比重(%)	绝对数（亿元）	南宁占广西的比重(%)	绝对数（亿元）	增长(%)	南宁占广西的比重(%)
全国	20489.00		22100.00		23426.00		141357.00		138409.00	-2.00	
广西	154.68	16.27	186.95	12.58	240.30	9.14	1739.90	11.64	1523.83	-12.40	13.86
南宁	25.17		23.53		21.97		202.48		211.13	4.27	

区域	财政收入										
	2012 年		2013 年		2014 年		2015 年		2016 年		
	绝对数（亿元）	南宁占广西的比重(%)	绝对数（亿元）	南宁占广西的比重(%)	绝对数（亿元）	南宁占广西的比重(%)	绝对数（亿元）	南宁占广西的比重(%)	绝对数（亿元）	增长(%)	南宁占广西的比重(%)
全国											
广西	1810.07	23.31	2000.51	23.68	2162.40	24.35	2332.96	24.54	2454.05	5.20	25.01
南宁	422.00		473.66		526.59		572.48		613.83	7.22	

续表 4

区域	一般公共预算收入								
	2013 年		2014 年		2015 年		2016 年		
	绝对数（亿元）	南宁占广西的比重(%)	绝对数（亿元）	南宁占广西的比重(%)	绝对数（亿元）	南宁占广西的比重(%)	绝对数（亿元）	增长(%)	南宁占广西的比重(%)
全　国	129143.00		140350.00		152217.00		159552.00	4.50	
广　西	1316.84	19.46	1422.05	19.33	1515.08	19.61	1556.24	2.70	20.10
南　宁	11.55		274.85		297.05		312.76	5.29	

区域	一般公共预算支出								
	2013 年		2014 年		2015 年		2016 年		
	绝对数（亿元）	南宁占广西的比重(%)	绝对数（亿元）	南宁占广西的比重(%)	绝对数（亿元）	南宁占广西的比重(%)	绝对数（亿元）	增长(%)	南宁占广西的比重(%)
全　国	139744.00		151662.00		175768.00		187841.00	6.40	
广　西	3192.26	13.11	3455.44	13.48	4076.42	12.94	4472.48	10.00	13.13
南　宁	418.40		465.77		527.69		587.07	10.94	

区域	金融机构存款余额										
	2012 年		2013 年		2014 年		2015 年		2016 年		
	绝对数（亿元）	南宁占广西的比重(%)	绝对数（亿元）	南宁占广西的比重(%)	绝对数（亿元）	南宁占广西的比重(%)	绝对数（亿元）	南宁占广西的比重(%)	绝对数（亿元）	增长(%)	南宁占广西的比重(%)
全　国	943102		1043846		1138600		1357000		1505900	11.0	
广　西	15856	35.49	18267	35.49	20079	35.18	22567	36.59	25478	11.8	34.94
南　宁	5627		6484		7064		8258		8902	7.8	

区域	金融机构贷款余额										
	2012 年		2013 年		2014 年		2015 年		2016 年		
	绝对数（亿元）	南宁占广西的比重(%)	绝对数（亿元）	南宁占广西的比重(%)	绝对数（亿元）	南宁占广西的比重(%)	绝对数（亿元）	南宁占广西的比重(%)	绝对数（亿元）	增长(%)	南宁占广西的比重(%)
全　国	672875		718961		816800		939500		1066000	13.50	
广　西	11941	46.07	13653	44.79	15585	45.50	17657	46.60	20641	13.90	45.66
南　宁	5501		6116		7091		8229		9424	14.52	

区域	居民消费价格指数(上年 =100)										
	2012 年		2013 年		2014 年		2015 年		2016 年		
	绝对数(%)	南宁占广西的比重(%)	绝对数(%)	南宁占广西的比重(%)	绝对数(%)	南宁占广西的比重(%)	绝对数(%)	南宁占广西的比重(%)	绝对数(%)	增长(%)	南宁占广西的比重(%)
全　国	102.6		102.6		102.0		101.4		102.0	2.0	
广　西	103.2		102.2		102.1		101.5		101.6	1.6	
南　宁	102.9		102.1		101.6		101.9		101.4	1.4	

责任编辑　李　康

附　录

《南宁政报》2016年总目录

类别	文　件	发文字号	期数	页码
政府工作报告	2016年2月17日在南宁市第十三届人民代表大会第七次会议上　市长　周红波		4	1
	2016年10月20日在南宁市第十四届人民代表大会第一次会议上　市长　周红波		22	1
南发	中共南宁市委　南宁市人民政府关于加强城市规划建设管理工作的实施意见	南发〔2016〕13号	20	1
	中共南宁市委　南宁市人民政府关于深化供销合作社综合改革的实施意见	南发〔2016〕14号	20	11
	中共南宁市委　南宁市人民政府转发《市委宣传部、市司法局关于在公民中开展法治宣传教育的第七个五年规划(2016—2020年)》的通知	南发〔2016〕15号	20	16
南办发	中共南宁市委办公厅　南宁市人民政府办公厅关于印发《南宁市高层次人才认定办法(试行)》的通知	南办发〔2015〕83号	2	5
	中共南宁市委办公厅　南宁市人民政府办公厅关于印发《南宁市人才公寓管理暂行办法》的通知	南办发〔2015〕84号	2	8
	中共南宁市委办公厅　南宁市人民政府办公厅印发《关于加强非诉行政案件强制执行工作的意见》的通知	南办发〔2015〕88号	2	11
	中共南宁市委办公厅　南宁市人民政府办公厅关于印发《南宁市防治艾滋病攻坚工程总体实施方案(2015—2020年)》的通知	南办发〔2016〕2号	10	4
	中共南宁市委办公厅　南宁市人民政府办公厅印发《南宁市关于加强和改进新形势下档案工作的实施意见》的通知	南办发〔2016〕5号	10	10
	中共南宁市委办公厅　南宁市人民政府办公厅关于印发《2016年南宁市新闻发布计划》的通知	南办发〔2016〕10号	10	14
	中共南宁市委办公厅　南宁市人民政府办公厅关于印发《南宁市档案管理办法》的通知	南办发〔2016〕19号	10	30
	中共南宁市委办公厅　南宁市人民政府办公厅关于印发第四批南宁市特聘专家名单的通知	南办发〔2016〕23号	10	33
	中共南宁市委办公厅　南宁市人民政府办公厅关于印发《南宁市2016年大型活动计划》的通知	南办发〔2016〕46号	11	35
	中共南宁市委办公厅　南宁市人民政府办公厅关于印发《南宁市安全生产"一票否决"实施办法》的通知	南办发〔2016〕58号	13	1
	中共南宁市委办公厅　南宁市人民政府办公厅关于印发《南宁市环境保护"一岗双责"目标责任制考评管理办法(试行)》的通知	南办发〔2016〕62号	15	1
	中共南宁市委办公厅　南宁市人民政府办公厅关于印发《南宁市社会宣传活动管理暂行规定》的通知	南办发〔2016〕64号	18	8
	中共南宁市委办公厅　南宁市人民政府办公厅关于印发《中共南宁市第十二次代表大会报告任务分解表》的通知	南办发〔2016〕97号	24	3
	中共南宁市委办公厅　南宁市人民政府办公厅关于印发《南宁市市直机关办公用房统一管理办法》的通知	南办发〔2016〕95号	24	1
	中共南宁市委办公厅　南宁市人民政府办公厅关于2015年度南宁市科学发展十佳乡镇和科学发展进步乡镇考评结果的通报	南办发〔2016〕89号	22	22
	中共南宁市委办公厅　南宁市人民政府办公厅关于印发《南宁市人才小高地提升工程实施方案》的通知	南办发〔2016〕67号	18	11
政府令	南宁市重大行政决策程序规定	第45号	3	1
	南宁市建设工程质量和安全生产管理办法	第46号	3	5
	南宁市行政规范性文件管理办法	第1号	23	1

续表 1

类别	文 件	发文字号	期数	页码
南府字	南宁市人民政府关于公布市本级行政执法主体的公告	南府字〔2016〕1 号	1	1
	南宁市人民政府关于进一步加强南湖景区及周边区域管理的通告	南府字〔2016〕2 号	2	1
	南宁市人民政府关于发布我市 2000 国家大地坐标系基准框架的通告	南府字〔2016〕3 号	6	1
	关于 2016 年高考中考期间严格控制环境噪声污染的通告	南府字〔2016〕4 号	10	1
	南宁市人民政府关于南宁市市区范围内实施不动产统一登记的通告	南府字〔2016〕5 号	12	1
	关于 2016 年“两会”期间实施临时限制交通措施的通告	南府字〔2016〕7 号	16	1
	关于在 2016 年“两会”期间禁止“低慢小”飞行器和空飘物起降、飞行的通告	南府字〔2016〕8 号	16	2
	关于在 2016“两会”期间停止运输、使用危险物品的通告	南府字〔2016〕9 号	16	3
	关于发布 2016 年“两会”入场安检须知的通告	南府字〔2016〕10 号	16	3
	关于加强施放气球管理的通告	南府字〔2016〕11 号	18	1
	关于在南宁市道路路内停车泊位试行限时免费停放措施的通告	南府字〔2016〕13 号	18	1
南府规	南宁市人民政府关于进一步加强新时期爱国卫生工作的实施意见	南府规〔2016〕1 号	4	18
	南宁市人民政府关于印发南宁市地名命名规则的通知	南府规〔2016〕2 号	5	1
	南宁市人民政府关于印发南宁市总部企业认定管理办法的通知	南府规〔2016〕3 号	17	1
	南宁市人民政府关于印发南宁市洪涝灾害等四个应急预案的通知	南府规〔2016〕4 号	19	1
	南宁市人民政府关于印发关于支持和鼓励上市(挂牌)企业入驻五象新区总部基地金融街的实施意见(试行)的通	南府规〔2016〕5 号	7	1
	南宁市人民政府关于印发南宁市建立完善分级诊疗制度实施方案的通知	南府规〔2016〕6 号	7	2
	南宁市人民政府关于停征价格调节基金有关事宜的通知	南府规〔2016〕7 号	7	6
	南宁市人民政府关于印发南宁市计划生育家庭特别扶助办法(试行)的通知	南府规〔2016〕8 号	8	1
	南宁市人民政府关于印发南宁市耕地保护共同责任制度的通知	南府规〔2016〕9 号	10	1
	南宁市人民政府关于印发南宁市地质灾害防治管理办法的通知	南府规〔2016〕10 号	11	1
	南宁市人民政府关于印发南宁市突发事件应急预案管理办法的通知	南府规〔2016〕11 号	11	4
	南宁市人民政府关于推广使用预拌砂浆的实施意见	南府规〔2016〕12 号	11	9
	南宁市人民政府关于印发《南宁市突发公共事件医疗卫生救援应急预案》的通知	南府规〔2016〕13 号	11	11
	南宁市人民政府关于印发《南宁市突发公共卫生事件应急预案》的通知	南府规〔2016〕14 号	11	16
	南宁市人民政府关于调整南宁市国有企业改革职工经济补偿金标准的通知	南府规〔2016〕15 号	11	26
	南宁市人民政府关于印发南宁市本级产业发展专项资金统筹使用管理办法的通知	南府规〔2016〕16 号	12	1
	南宁市人民政府关于调整我市义务兵家庭优待金标准的通知	南府规〔2016〕17 号	12	4
	南宁市人民政府关于实施新一轮征地统一年产值标准工作的通知	南府规〔2016〕18 号	12	4
	南宁市人民政府关于公布 2016 年我市城乡居民低收入家庭收入标准的通知	南府规〔2016〕19 号	14	1
	南宁市人民政府关于国有土地上房屋征收奖励补助与补偿有关问题的通知	南府规〔2016〕20 号	14	1
	南宁市人民政府关于印发南宁市参加重大体育比赛奖励办法的通知	南府规〔2016〕21 号	16	4
	南宁市人民政府关于印发南宁市现代服务业集聚区认定和扶持暂行管理办法的通知	南府规〔2016〕22 号	16	6
	南宁市人民政府关于提高农村居民最低生活保障标准的通知	南府规〔2016〕23 号	17	11
	南宁市人民政府关于推进建筑业改革发展提升工程治理水平的若干意见	南府规〔2016〕24 号	18	2

续表 2

类别	文 件	发文字号	期数	页码
	南宁市人民政府关于印发南宁市安全生产“黑名单”管理制度的通知	南府规〔2016〕25 号	18	6
	南宁市人民政府关于印发南宁市城市轨道交通综合开发建设用地使用权作价出资管理暂行办法的通知	南府规〔2016〕26 号	22	17
	南宁市人民政府关于印发南宁市政府购买居家养老服务实施意见的通知	南府规〔2016〕27 号	23	5
	南宁市人民政府关于加快推进家庭农场发展的实施意见	南府规〔2016〕28 号	23	8
	南宁市人民政府办公厅关于印发南宁市水生态文明城市建设试点工作方案的通知	南府办〔2015〕60 号	1	16
	南宁市人民政府办公厅关于印发南宁市水生态文明城市建设试点工作考核办法的通知	南府办〔2015〕61 号	1	31
南府办	南宁市人民政府办公厅关于调整南宁市政策性农业保险工作领导小组成员的通知	南府办〔2015〕63 号	1	35
	南宁市人民政府办公厅关于转发 2016 年—2017 年广西政府集中采购目录及限额标准的通知	南府办〔2015〕64 号	1	36
	南宁市人民政府办公厅关于印发南宁市安全生产事故灾难应急预案的通知	南府办〔2015〕66 号	1	48
	南宁市人民政府办公厅关于印发南宁市临时救助暂行办法的通知	南府办〔2015〕67 号	2	14
	南宁市人民政府办公厅关于印发南宁市老楼危楼安全排查整治工作方案的通知	南府办〔2015〕68 号	2	19
	南宁市人民政府办公厅关于副秘书长工作分工调整的通知	南府办〔2015〕69 号	2	24
	南宁市人民政府办公厅关于印发南宁市进一步加快电子商务产业发展若干意见的通知	南府办〔2015〕70 号	2	24
	南宁市人民政府办公厅关于公布第六批南宁市级非物质文化遗产代表性项目名录和第五批南宁市级非物质文化遗产项目代表性传承人的通知	南府办〔2015〕71 号	2	29
	南宁市人民政府办公厅关于表彰 2014 年度南宁市优秀工业企业家的通报	南府办〔2015〕72 号	2	33
	南宁市人民政府办公厅关于印发南宁市重污染天气应急预案的通知	南府办〔2015〕73 号	2	34
	南宁市人民政府办公厅关于印发南宁市森林火灾应急预案的通知	南府办〔2015〕74 号	3	18
	南宁市人民政府办公厅关于印发南宁市金融业发展三年行动计划(2015—2017 年)的通知	南府办〔2015〕75 号	3	28
	南宁市人民政府办公厅关于印发《南宁市现代物流业发展三年行动计划(2015 年—2017 年)》的通知	南府办〔2015〕76 号	3	37
	南宁市人民政府办公厅关于印发实施“互联网 +”战略 推动南宁市信息服务业跨越发展三年行动计划的通知	南府办〔2015〕77 号	3	55
	南宁市人民政府办公厅关于印发南宁市促进个体工商户转型升级为企业的若干措施的通知	南府办〔2015〕78 号	3	83
	南宁市人民政府办公厅关于印发南宁市人民政府部门权力清单和责任清单动态管理暂行办法的通知	南府办〔2015〕79 号	4	21
	南宁市人民政府办公厅关于印发南宁市政务服务窗口作风效能问责暂行办法的通知	南府办〔2015〕80 号	4	23
	南宁市人民政府办公厅关于做好 2015 年度退役士兵安置工作的通知	南府办〔2015〕81 号	4	25
	南宁市人民政府办公厅关于表彰 2014 年度南宁市技术创新企业和新产品优秀成果的通报	南府办〔2015〕84 号	4	28
	南宁市人民政府办公厅关于表彰 2014 年度南宁市强优工业企业的通报	南府办〔2015〕85 号	4	29
	南宁市人民政府办公厅关于印发 2015 年生态式五象新区园林绿化工作实施方案的通知	南府办〔2015〕86 号	4	30
	南宁市人民政府办公厅关于印发南宁市药品流通业发展规划(2015—2020 年)的通知	南府办〔2015〕87 号	4	33
	南宁市人民政府办公厅关于加快推进农村客运发展的指导意见	南府办〔2015〕88 号	4	41
	南宁市人民政府办公厅关于市人民政府秘书长副秘书长工作分工的通知	南府办〔2015〕89 号	4	44
	南宁市人民政府办公厅关于成立南宁市国防教育训练基地建设领导小组的通知	南府办〔2015〕91 号	4	46
	南宁市人民政府办公厅关于表彰 2014 年度南宁市自然科学优秀论文奖获奖作者的通报	南府办〔2015〕93 号	4	46

续表 3

类别	文 件	发文字号	期数	页码
南府办	南宁市人民政府办公厅关于印发南宁市区域性国际物流基地建设规划修编(2015—2020年)的通知	南府办〔2015〕94 号	5	19
	南宁市人民政府办公厅关于印发《南宁市行政执法公示制度》等四项行政执法制度的通知	南府办〔2015〕95 号	5	47
	南宁市人民政府办公厅关于成立南宁综合保税区开发建设工作指挥部的通知	南府办〔2015〕96 号	5	57
	南宁市人民政府办公厅关于印发南宁市征收集体土地工作程序规定的通知	南府办〔2015〕97 号	5	56
	南宁市人民政府办公厅关于加快南宁市新型职业农民培育工作的意见	南府办〔2015〕98 号	5	62
	南宁市人民政府办公厅关于印发南宁市治理制贩假盐专项行动实施方案的通知	南府办〔2015〕99 号	5	65
	南宁市人民政府办公厅关于调整南宁市市区经营性土地出让收益分配支付办法的通知	南府办〔2015〕100 号	5	67
	南宁市人民政府办公厅关于印发南宁市养殖水域滩涂规划(2011—2020 年)(修订版)的通知	南府办〔2015〕101 号	6	1
	南宁市人民政府办公厅关于聘请徐秦法等 57 位同志为市政府立法咨询员的通知	南府办〔2015〕103 号	6	17
	南宁市人民政府办公厅关于印发南宁市行政审批中介机构信用管理办法(试行)的通知	南府办〔2015〕104 号	6	19
	南宁市人民政府办公厅关于印发南宁市退桉还耕及林地调整优化桉树结构工作指导意见的通知	南府办〔2016〕2 号	6	23
	南宁市人民政府办公厅关于印发深化标准化工作改革实施方案和标准化协调推进联席会议制度的通知	南府办〔2016〕6 号	6	28
	南宁市人民政府办公厅关于徐铭斯同志工作分工的通知	南府办〔2016〕7 号	6	33
	南宁市人民政府办公厅关于调整市政综合管廊规划建设工作领导小组的通知	南府办〔2016〕8 号	6	34
	南宁市人民政府办公厅关于分解落实 2016 年南宁市为民办实事工程目标任务的通知	南府办〔2016〕9 号	6	34
	关于印发南宁市矿山危险化学品烟花爆竹事故应急预案的通知	南府办〔2016〕10 号	8	4
	南宁市人民政府办公厅印发关于促进旅游与相关产业融合发展的实施意见的通知	南府办〔2016〕11 号	8	54
	南宁市人民政府办公厅关于印发南宁市发展生产支持精准脱贫等实施方案的通知	南府办〔2016〕12 号	9	40
	南宁市人民政府办公厅关于印发南宁城市发展基金设立方案的通知	南府办〔2016〕13 号	9	63
	南宁市人民政府办公厅关于印发 2016—2018 年南宁市食品安全抽检监测计划的通知	南府办〔2016〕14 号	10	63
	南宁市人民政府办公厅关于印发南宁市发展和改革委员会主要职责内设机构和人员编制规定的通知	南府办〔2016〕15 号	10	38
	南宁市人民政府办公厅关于聘任齐林等 28 名同志为南宁市第一届首席技师的通知	南府办〔2016〕16 号	10	46
	南宁市人民政府办公厅关于印发南宁市发展教育支持精准脱贫实施方案的通知	南府办〔2016〕18 号	11	38
	南宁市人民政府办公厅关于市人民政府韦伟副秘书长工作分工的通知	南府办〔2016〕19 号	11	41
	南宁市人民政府办公厅关于印发南宁市“先照后证”企业信息推送制度的通知	南府办〔2016〕20 号	11	41
	南宁市人民政府办公厅关于印发南宁市乡村教师支持计划实施方案(2015—2020 年)的通知	南府办〔2016〕21 号	11	43
	南宁市人民政府办公厅关于分解落实 2016 年南宁市承办自治区为民办实事工程目标任务的通知	南府办〔2016〕22 号	11	46
	南宁市人民政府办公厅关于印发南宁产业发展基金设立方案的通知	南府办〔2016〕23 号	12	28
	南宁市人民政府办公厅关于印发南宁市加快发展体育产业促进体育消费实施方案的通知	南府办〔2016〕24 号	12	32
	南宁市人民政府办公厅关于公布南宁市第十三次社会科学研究优秀成果评选结果的通知	南府办〔2016〕25 号	12	38
	南宁市人民政府办公厅关于印发南宁市“十三五”节能环保服务业发展规划(2016—2020年)的通知	南府办〔2016〕26 号	13	3

续表 4

类别	文 件	发文字号	期数	页码
	南宁市人民政府办公厅关于印发南宁市发展生态经济实施方案的通知	南府办〔2016〕28 号	13	30
	南宁市人民政府办公厅关于印发南宁市耕地保护领导干部问责制度的通知	南府办〔2016〕29 号	13	43
	南宁市人民政府办公厅关于印发南宁市预拌混凝土行业发展规划纲要(2016—2020)的通知	南府办〔2016〕31 号	15	4
	南宁市人民政府办公厅印发关于明确武鸣撤县设区后相关政策的通知	南府办〔2016〕32 号	15	18
	南宁市人民政府办公厅关于印发南宁市大力推进大众创业万众创新实施方案的通知	南府办〔2016〕34 号	15	19
	南宁市人民政府办公厅关于印发南宁市加快推进残疾人小康进程实施方案的通知	南府办〔2016〕36 号	15	25
	南宁市人民政府办公厅关于 2015 年度南宁市工业发展目标考核结果的通报	南府办〔2016〕37 号	15	32
南府办	南宁市人民政府办公厅关于调整市辖江南区与良庆区部分行政区域界线的通知	南府办〔2016〕40 号	16	10
	南宁市人民政府办公厅关于进一步推进南宁市党政机关事业单位和群团组织与所属企业脱钩工作实施意见的通知	南府办〔2016〕41 号	16	11
	南宁市人民政府办公厅关于印发南宁市招商引资三年行动计划(2016-2018 年)的通知	南府办〔2016〕42 号	16	13
	南宁市人民政府办公厅关于印发进一步促进五象新区总部基地金融街持续健康发展若干措施(试行)的通知	南府办〔2016〕43 号	16	19
	南宁市人民政府办公厅关于印发南宁市民族宗教事务委员会主要职责内设机构和人员编制规定的通知	南府办〔2016〕44 号	16	22
	南宁市人民政府办公厅关于调整南宁市安全生产委员会成员的通知	南府办〔2016〕45 号	16	24
	南宁市人民政府办公厅关于印发《南宁市支持贫困县区开展统筹整合使用财政涉农资金试点实施方案》的通知	南府办〔2016〕46 号	16	26
	南宁市人民政府办公厅关于进一步强化水土保持管理工作的通知	南府办〔2016〕48 号	17	11
	南宁市人民政府办公厅关于市人民政府秘书长副秘书长工作分工的通知	南府办〔2016〕49 号	17	14
	南宁市人民政府办公厅关于印发南宁市进一步完善城乡义务教育经费保障机制实施方案的通知	南府办〔2016〕50 号	17	16
	南宁市人民政府办公厅关于印发南宁市县(区)开发区差异化考核指标体系调整方案的通知	南府办〔2016〕51 号	17	19
	南宁市人民政府办公厅关于表彰 2015 年度南宁市技术创新企业和新产品优秀成果的通报	南府办〔2016〕53 号	17	28
	南宁市人民政府办公厅关于对各县区(开发区)贯彻落实中央、自治区和南宁市政策措施成效予以激励或问责的通知	南府办〔2016〕52 号	18	13
	南宁市人民政府办公厅关于进一步加强征地拆迁工作管理加快推进项目建设的通知	南府办〔2016〕54 号	18	15
	南宁市人民政府办公厅关于印发《南宁市环卫作业市场化运作监督管理办法》的通知	南府办〔2016〕55 号	18	17
	南宁市人民政府办公厅关于成立广西(中国－东盟)粮食物流产业园区项目建设工作领导小组的通知	南府办〔2016〕56 号	18	21
	南宁市人民政府办公厅关于建立南宁市军地应急联动机制的通知	南府办〔2016〕57 号	18	22
	南宁市人民政府办公厅关于印发南宁市市区学前教育用地划拨土地使用权价款计收标准的通知	南府办〔2016〕58 号	18	24
	南宁市人民政府办公厅关于进一步加强房地产市场管理的通知	南府办〔2016〕59 号	20	24
	南宁市人民政府办公厅关于印发南宁市“十三五”气象事业发展规划的通知	南府办〔2016〕60 号	20	25
	南宁市人民政府办公厅关于印发南宁市大数据建设发展规划(2016-2020)的通知	南府办〔2016〕61 号	21	1
	南宁市人民政府办公厅关于武鸣区森林资源保护管理存在严重问题及阶段性整改工作不力情况的通报	南府办〔2016〕62 号	22	23
	南宁市人民政府办公厅关于印发南宁市行政执法监督员名单的通知	南府办〔2016〕64 号	22	25
	南宁市人民政府办公厅关于印发南宁市“十三五”住房保障规划(2016-2020)的通知	南府办〔2016〕65 号	22	26

续表 5

类别	文 件	发文字号	期数	页码
南府办	南宁市人民政府办公厅关于做好2016年度退役士兵安置工作的通知	南府办〔2016〕66号	22	44
	南宁市人民政府办公厅关于表彰2015年度南宁市优秀工业企业家的通报	南府办〔2016〕67号	22	47
	南宁市人民政府办公厅关于进一步推广运用政府和社会资本合作模式增加公共产品供给的指导意见	南府办〔2016〕68号	22	48
	南宁市人民政府办公厅关于印发南宁市科学技术发展“十三五”专项规划的通知	南府办〔2016〕71号	23	35
	南宁市人民政府办公厅关于表彰2015年度南宁市自然科学优秀论文奖获奖论文及作者的通报	南府办〔2016〕72号	23	51
	南宁市人民政府办公厅关于印发南宁市国民经济和社会发展第十三个五年规划纲要实施方案的通知	南府办〔2016〕73号	24	28
南府干	关于李益群等同志任职的通知	南府干〔2016〕1号	2	51
	关于蓝飞同志试用期满正式任用的通知	南府干〔2016〕2号	2	52
	关于彭华等同志任职的通知	南府干〔2016〕3号	2	52
	关于黄定坚同志提前退休的通知	南府干〔2016〕4号	2	52
	关于徐铭斯同志任职的通知	南府干〔2016〕5号	2	53
	关于杨英才等同志退休的通知	南府干〔2016〕6号	2	53
	关于李永芹、蒋劲松同志任职的通知	南府干〔2016〕7号	2	53
	关于颜军等同志任职的通知	南府干〔2016〕8号	3	85
	关于周日贵同志任职的通知	南府干〔2016〕9号	3	85
	关于方洁玲等同志退休的通知	南府干〔2016〕10号	3	85
	关于韦伟同志挂职的通知	南府干〔2016〕11号	3	86
	关于钱冰等同志任免职的通知	南府干〔2016〕12号	3	86
	关于卢绍宁同志任免职的通知	南府干〔2016〕13号	4	49
	关于潘纪豪同志提前退休的通知	南府干〔2016〕14号	4	49
	关于陆广平等同志任免职的通知	南府干〔2016〕15号	5	70
	关于黄永进等同志提前退休的通知	南府干〔2016〕16号	5	70
	关于梁友同志试用期满正式任用的通知	南府干〔2016〕17号	6	41
	关于李玉成同志免职的通知	南府干〔2016〕18号	6	41
	关于王建等同志退休的通知	南府干〔2016〕19号	6	41
	关于蔡沛同志任职的通知	南府干〔2016〕20号	7	58
	关于王丽娟等同志任免职的通知	南府干〔2016〕21号	8	59
	关于李欣等同志退休的通知	南府干〔2016〕22号	10	48
	关于李志等同志任免职的通知	南府干〔2016〕23号	10	48
	关于梁平江同志免职的通知	南府干〔2016〕24号	10	49
	关于李益群同志任免职的通知	南府干〔2016〕25号	10	49
	关于黄海同志任职的通知	南府干〔2016〕26号	10	49
	关于王义同志任免职的通知	南府干〔2016〕27号	10	50
	关于李耕等同志任免职的通知	南府干〔2016〕28号	10	50
	关于陈立同志任职的通知	南府干〔2016〕29号	10	50

续表 6

类别	文 件	发文字号	期数	页码
南府干	关于陈红等同志试用期满正式任用的通知	南府干〔2016〕30 号	10	51
	关于周丽川等同志退休的通知	南府干〔2016〕31 号	10	52
	关于林松等同志任免职的通知	南府干〔2016〕32 号	10	52
	关于丁伟等同志任免职的通知	南府干〔2016〕33 号	10	55
	关于李生明同志任职的通知	南府干〔2016〕34 号	10	56
	关于黄玉燕同志免职的通知	南府干〔2016〕35 号	11	53
	关于苏元辉等同志任免职的通知	南府干〔2016〕36 号	11	53
	关于李小龙同志任职的通知	南府干〔2016〕37 号	11	53
	关于苏道勇同志任职的通知	南府干〔2016〕38 号	11	54
	关于罗安平同志任职的通知	南府干〔2016〕39 号	11	54
	关于刘志烈、赵红明同志免职的通知	南府干〔2016〕40 号	12	52
	关于黄宗成等同志任免职的通知	南府干〔2016〕41 号	12	52
	关于赵荣辉等同志退休的通知	南府干〔2016〕42 号	12	53
	关于黄东海同志任职的通知	南府干〔2016〕43 号	13	54
	关于赵博如同志免职的通知	南府干〔2016〕44 号	13	54
	关于张自英等同志任免职的通知	南府干〔2016〕45 号	13	54
	关于徐铭斯同志免职的通知	南府干〔2016〕46 号	14	56
	关于冯李莎等同志退休的通知	南府干〔2016〕47 号	14	56
	关于陈超汉同志任免职的通知	南府干〔2016〕48 号	14	56
	关于钱宏等同志任职的通知	南府干〔2016〕49 号	14	57
	关于刘朝军同志免职的通知	南府干〔2016〕50 号	14	58
	关于田家全等同志任免职的通知	南府干〔2016〕51 号	15	44
	关于方尚辉免职的通知	南府干〔2016〕52 号	15	46
	关于莫耀东同志提前退休的通知	南府干〔2016〕53 号	15	46
	关于汪东明等同志任免职的通知	南府干〔2016〕54 号	17	61
	关于李世尚等同志退休的通知	南府干〔2016〕55 号	17	61
	关于石建中、曾鸣同志任免职的通知	南府干〔2016〕56 号	17	62
	关于侯敬万、黄立基同志任免职的通知	南府干〔2016〕57 号	17	62
	关于王希玉等同志退休的通知	南府干〔2016〕58 号	18	30
	关于蒙善恩、韦梨花同志任免职的通知	南府干〔2016〕59 号	18	30
	关于陈军传同志任免职的通知	南府干〔2016〕60 号	20	48
	关于张德林同志任免职的通知	南府干〔2016〕61 号	20	48
	关于梁展凡等同志任免职的通知	南府干〔2016〕62 号	20	48
	关于吴智等同志任免职的通知	南府干〔2016〕63 号	20	49
	关于韦小菊等同志任免职的通知	南府干〔2016〕64 号	20	49
	关于刘庆国等同志退休的通知	南府干〔2016〕65 号	22	52
	关于张穗先同志退休的通知	南府干〔2016〕66 号	23	54
	关于蓝江河等同志任免职的通知	南府干〔2016〕67 号	23	54

（梁怡林）

2016 年南宁市区道路命名情况

序号	辖区	标准路名	起止	走向	长(米)	宽(米)
1	良庆区	打铁岭路	东起那黄大道，西至体强路	东西	861	30
2	良庆区	花美路	南起坛兴路，北至渌坛路	南北	1200	30
3	良庆区	五月岭路	南起打铁岭路，北至坛兴路	南北	297	30
4	良庆区	民安北路南一巷	位于民安路(1—35 号)与前进路(15—55 号)之间	南北	50	7
5	青秀区	建岭路	东起吉祥路，西至枫林路	东西	750	16
6	青秀区	原平岭路	南起雷公岭南路，北至民族大道	南北	1420	20
7	青秀区	雷公岭南路	东起青环路，西至铜鼓岭路	东西	510	15
8	青秀区	雷公岭北路	东起青环路，西至铜鼓岭路	东西	630	15
9	青秀区	原青巷	东起青环路，西至铜鼓岭路	东西	400	10
10	青秀区	教育路东巷	位于青秀区南湖公园西南端北面便道	东西	380	6

（胡小民）

2016 年南宁文物保护单位名录

序号	级别	序号	名称	年代	公布年份	位置(地址)
1	国家级	1	顶蛳山遗址	新石器	2001 年	邕宁区蒲庙镇新新村九碗坡东面
2		2	昆仑关战役旧址	民国	2006 年	昆仑关管委会昆仑镇昆仑村
3		3	智城城址	唐代	2006 年	上林县覃排乡爱长村下石检屯
4		4	南宁育才学校旧址	1951 年	2013 年	西乡塘区心圩镇和德村九冬坡
5		5	伏波庙	明清	2013 年	横县云表镇站圩村东南 3 公里
6	自治区级	1	豹子头遗址	新石器	1981 年	青秀区柳沙园艺场(那坝村)
7		2	灰窑田遗址	新石器	1981 年	青秀区三岸园艺场
8		3	中共广西省第二次代表大会旧址	1929 年	1981 年	青秀区河堤路雷屋
9		4	青龙江口遗址	新石器	1981 年	青秀区长塘镇定西村北面的青龙江口
10		5	天窝遗址	新石器	1981 年	青秀区长塘镇天窝村东面的邕江南岸
11		6	共青团南宁地委旧址	1926 年	1981 年	兴宁区北宁街 47 号
12		7	革命烈士纪念碑	1956 年	1963 年	兴宁区人民公园内
13		8	新会书院	清代	2000 年	兴宁区解放路 42 号
14		9	石船头遗址	新石器	1981 年	良庆区良庆镇那黄村北面邕江南岸
15		10	明秀园	民国	2000 年	武鸣区城西郊蒙村附近
16		11	思恩府试院	清代	2000 年	宾阳县宾州镇宾阳职业中专内
17		12	宾州南桥	明代	2009 年	宾阳县宾州镇南街与三联街交接处
18		13	南宁魁星楼	清代	2009 年	江南区江西镇扬美村希望小学内
19		14	邕江防洪古堤	清代	2009 年	青秀区邕江北岸距邕江大桥以东约 300 米处
20		15	邕宁五圣宫	清代	2009 年	邕宁区蒲庙镇团结街
21		16	惠迪公祠	清代	2009 年	隆安县南圩镇发立村积发屯

续表 1

序号	级别	序号	名称	年代	公布年份	位置(地址)
22	自治区级	17	镇宁炮台	民国	2009 年	兴宁区公园路人民公园望仙坡西南
23		18	广西高等法院办公楼旧址	民国	2009 年	兴宁区朝阳路 3-5 号
24		19	施恒益大院	民国	2009 年	横县横州镇城司街东二巷
25		20	广西省土改工作团第二团团部旧址	1951-1952 年	2009 年	江南区江西镇锦江村麻子畲坡
26	市级	1	新华路水塔	1937 年	1994 年	兴宁区新华路南段
27		2	望火楼	1953 年	2001 年	兴宁区新华路 1 号
28		3	西关路铁桥	1934 年	2001 年	兴宁区西关路北段
29		4	两湖会馆	清代	2001 年	兴宁区解放路 38—40 号
30		5	冬泳亭	1974 年	2001 年	兴宁区邕江一桥北端西南面
31		6	邕州知州苏缄殉难遗址	北宋	2002 年	兴宁区兴宁路西二里
32		7	南宁商会旧址	清代	2002 年	兴宁区解放路 54 号
33		8	安徽会馆	清代	2002 年	兴宁区石巷口 12 号
34		9	董达庭商住楼	民国	2002 年	兴宁区解放路 35—1 号、37 号
35		10	金狮巷民居群	清代—民国	2002 年	兴宁区兴宁路西二里 50、52、54、56、58、60、62、64、66、68 号
36		11	滕甫墓	宋代	1989 年	兴宁区五塘镇沙平村
37		12	南宁会议旧址	1958 年	2002 年	兴宁区新民路明园饭店内
38		13	黄旭初旧居	民国	2002 年	青秀区明德街 53 号
39		14	邕宁电报局旧址	1922 年	2002 年	青秀区明德街 55 号
40		15	桂南战役阵亡将士纪念亭	1941 年	1996 年	青秀区植物路区第一保育院内
41		16	雷沛鸿故居	清代	2001 年	青秀区河堤路雷屋 16 号
42		17	陶公馆	1935 年	2002 年	青秀区河堤一街 37 号
43		18	中共广西省委机关秘书处旧址(雷经天故居)	1929 年	2001 年	青秀区河堤路雷屋 17 号
44		19	广西省体育场门楼	1954 年	2002 年	青秀区桃源路 62 号
45		20	那北咀贝丘遗址	新石器	1989 年	青秀区长塘镇五合村那窝坡南面邕江边
46		21	凌屋贝丘遗址	新石器	1989 年	青秀区长塘镇五合村
47		22	斑峰书院	清代	1998 年	青秀区刘圩镇刘圩街
48		23	南宁古城墙	明、清	2007 年	青秀区邕江一桥北端
49		24	青秀山摩崖石刻	明代	1983 年	青秀山管委会青秀山风景名胜旅游区内
50		25	董泉	明代	1983 年	青秀山管委会青秀山风景名胜旅游区内
51		26	凌铁水塔	民国二十三年	2010 年	青秀区植物路 53 号凌铁水厂内
52		27	刘圩大寨屋	20 世纪 70 年代	2010 年	青秀区刘圩镇麓阳村的新阳坡和启蒙坡
53		28	宗圣源祠	明万历三十七年(1609 年)	2010 年	青秀区七星路一巷 25 号
54		29	烟墩岭烽火台	明代	1996 年	江南区烟墩脚村烟墩岭
55		30	梁烈亚故居	清代	2001 年	江南区江西镇扬美村解放路 35 号
56		31	千人坟	1941 年	1996 年	江南区沙井街道乐贤村黄樟岭
57		32	周家坡古建筑群	清末至民国	2010 年	江南区江南街道东南村周家坡
58		33	莫文骅故居	清道光十年(1830 年)	2010 年	江南区亭子莫屋角 12 号
59		34	粤东会馆	清代	1982 年	西乡塘区壮志路 22 号
60		35	那龙恐龙出土点	中生代白垩纪	1996 年	西乡塘区金陵镇大石村石火岭
61		36	黄氏家族民居	清代	2001 年	西乡塘区中尧南路东三里 88 号
62		37	林氏祖屋	明、清	2002 年	西乡塘区心圩街道四联村林屋

续表 2

序号	级别	序号	名称	年代	公布年份	位置（地址）
63	市　级	38	罗文村韦氏祖屋	明、清	2002 年	西乡塘区罗文村
64		39	铜鼓陂水利	清代	2002 年	西乡塘区安宁街道永宁村东北面
65		40	老口村覃氏民居和宗祠	清	2010 年	西乡塘区石埠街道老口村那告坡
66		41	老口村李氏民居	清	2010 年	西乡塘区石埠街道老口村建宁坡
67		42	驮罕码头	民初	2010 年	西乡塘区金陵镇龙达村龙江街
68		43	驮罕炮楼	民初	2010 年	西乡塘区金陵镇龙达村龙江街
69		44	邕宁县第十三区政府旧址	1956 年	2010 年	西乡塘区石埠街道老口村贤湾街 19 号
70		45	老口村黄氏宗祠	清	2010 年	西乡塘区石埠街道老口村三民坡
71		46	刚德村卢氏民居	清同治年间	2010 年	西乡塘区金陵镇刚德村大石坡 154 号
72		47	那莲戏台	清代	1989 年	邕宁区蒲庙镇孟莲村那莲街
73		48	北帝庙	清代	1989 年	邕宁区蒲庙镇孟莲村那莲街
74		49	新江桥（皇赐桥）	清代	1989 年	邕宁区新江镇新江街北端
75		50	雷婆岭石刻	清代	1989 年	邕宁区那楼镇那蒙村雷婆岭
76		51	徐汉林烈士墓	1950 年	1998 年	邕宁区新江镇汉林村
77		52	蕾帽岭摩崖石刻	清	2010 年	良庆区那陈镇那徐村委和平丙坡之间的蕾帽岭顶峰
78		53	良庆五帝庙	清同治十二年（1873 年）	2010 年	良庆区良庆镇良庆街西二巷
79		54	孔总桥	20 世纪 70 年代	2010 年	良庆区南晓镇团东村平朗坡
80		55	雷殷故居	清末	2010 年	良庆区南晓镇晓元村达庄坡 32 号
81		56	陵桂村钟氏民居	清光绪二十年（1894 年）	2010 年	良庆区南晓镇陵桂村大陵坡
82	县　级	1	陆荣廷墓	民国	1983 年	武鸣区城厢镇大皇后村
83		2	葛阳文昌阁	清代	1983 年	武鸣区太平镇葛阳村葛阳圩
84		3	蜡烛山遗址	新石器	1988 年	武鸣区双桥镇伏林村敢汉山附近
85		4	岜[illegible]贝丘遗址	新石器	1998 年	武鸣区锣圩镇岜勋村水响龙水岸
86		5	文江塔	清代	1988 年	武鸣区县城香山河与西江河汇流处
87		6	坛李塔	清代	1988 年	武鸣区罗波镇坛李村坛李屯西面
88		7	剧院石狮	民国	1988 年	武鸣区武鸣会堂正门前
89		8	全才城岭石墙	明代	1988 年	武鸣区两江镇公泉村全才屯城岭上
90		9	虚白公暨其媳广德公主轶事丛拾石碑和夏黄村志石碑	民国	1988 年	武鸣区城厢镇夏黄村小学校园内
91		10	灵水石刻	1934 年	1988 年	武鸣区县城灵水湖岸边
92		11	甲泉石刻	清代	1988 年	武鸣区双桥镇伊岭村雅亭屯东面
93		12	镇武桥	民国	1988 年	武鸣区县城内西江河上
94		13	仙山石刻	宋代	1988 年	武鸣区双桥镇伊岭村广寺屯仙山西面
95		14	起凤山庙及其石刻	清代	1988 年	武鸣区城厢镇夏黄村西北面
96		15	府城高中李彦章石刻	清代	1988 年	武鸣区附城镇府城高中校园内
97		16	“至圣先师孔子赞屏序”石碑	清代	1988 年	武鸣区府城镇府城粮所院内
98		17	罗波庙及其周围石刻	清代	1988 年	武鸣区罗波镇罗波潭东岸
99		18	元龙坡古墓群遗址	西周	2009 年	武鸣区马头镇马头社区东面 500 米处
100		19	安等秧坡古墓群遗址	战国	2009 年	武鸣区马头镇马头社区南面 1000 米处
101		20	葛阳戏台	1819 年	2013 年	武鸣区太平镇葛阳村葛阳圩
102		21	文桐戏台	1830 年	2013 年	武鸣区陆斡镇文桐村谢桐屯
103		22	都文宋代遗址	宋代	2013 年	武鸣区宁武镇旧琴村都文屯西面 300 米狮子山东面和南面山脚

续表 3

序号	级别	序号	名称	年代	公布年份	位置(地址)
104		23	高井兵寨遗址	元－清	2013 年	武鸣区锣圩镇大扬村青山屯西面的三宝山上
105		24	“阳明先生过化之地”石刻	明代	2013 年	武鸣区府城镇喜庆村那浪屯西面 900 米处
106		25	卧牛石李彦章石刻	清代	2013 年	武鸣区府城镇府城社区四喜街
107		26	“琴筑泉”石刻	清代	2013 年	武鸣区罗波镇凤林村板龚屯西面 1000 米南潮泉边
108		27	敏山“阳明洞”石刻	1930 年	2013 年	武鸣区陆斡镇苞桥村张岭屯南面 200 米敏山东面面半山腰
109		28	岜孟山敢公司陆荣廷石刻	1921 年	2013 年	武鸣区宁武镇梁新村南面 3000 米处岜孟山敢公司内
110		29	极星桥	1925 年	2013 年	武鸣区府城镇府城社区四喜街
111		30	韦波村红泥岭	战国	1986 年	宾阳县露圩镇韦波村红泥岭
112		31	回风塔	1876 年	1988 年	宾阳县宾州镇城北合岭村
113		32	秀峰塔	1834 年	1988 年	宾阳县大桥镇水美村
114		33	革命烈士梁瀚嵩将军之墓	现代	1987 年	宾阳县黎塘镇新梁村
115		34	邓村烈士墓	1950 年	1988 年	宾阳县甘棠镇邓村
116		35	白岩	宋代	1988 年	宾阳县新桥镇白岩村
117		36	安城古城门	明、清	1988 年	宾阳县黎塘镇安城村
118		37	领方古城址	汉代	2006 年	宾阳县宾州镇古城村
119		38	蔡氏古宅	清代	2006 年	宾阳县古辣镇蔡村
120		39	谭屋小洋楼	民国	2007 年	宾阳县新桥镇林堡村
121		40	老牌楼	民国	2007 年	宾阳县宾州镇三联街 378 号
122		41	施氏家庙	明、清	2008 年	宾阳县中华镇施村
123		42	陈良佐旧居	近、现代	2008 年	宾阳县武陵镇白沙村
124	县级	43	陈氏宗堂	明、清	2008 年	宾阳县古辣镇义陈社区
125		44	程思远故居	现代	2008 年	宾阳县大桥镇大程村
126		45	那宁杨家大屋	清代	2013 年	宾阳县甘棠镇那宁村委那宁村
127		46	梁翰嵩“小休楼”	现代	2013 年	宾阳县黎塘镇新圩村委梁村
128		47	卢炎山故居	近代	2013 年	宾阳县黎塘镇黄茶村委
129		48	廖氏民居	清代	2013 年	宾阳县新桥镇清平村委廖村
130		49	廖村小洋楼	近代	2013 年	宾阳县新桥镇清平村委廖村
131		50	武陵磨家大院	清代	2013 年	宾阳县武陵镇武陵村委高荣村
132		51	梁村革命烈士纪念碑	近代	2013 年	宾阳县黎塘镇新圩村委梁村西面象山顶上
133		52	太守抗日万人墓	近代	2013 年	宾阳县思陇镇太平社区
134		53	蒙知州墓	宋代	2013 年	宾阳县宾州镇宝水村委大浪塘村西侧六羊岭
135		54	六卢牌楼	近代	2013 年	宾阳县露圩镇百合村委六卢希望小学内
136		55	中共南宁地委专员公署	中华人民共和国	2014 年	宾阳县宾州镇宾阳中学校园内
137		56	开智中学老行政办公室	中华人民共和国	2014 年	宾阳县黎塘镇开智中学校园内
138		57	舜婆山遗址	明代	1999 年	上林县白圩镇覃排村
139		58	九龙窑遗址	宋代	1999 年	上林县明亮镇九龙村
140		59	韦厥墓	唐代	1999 年	上林县三里镇双罗圩北面
141		60	张鹏展墓	清代	1999 年	上林县澄泰乡下江村外云屯
142		61	通观桥	明代	1999 年	上林县三里镇三里村
143		62	金鸡山石刻	1579 年	1999 年	上林县乔贤镇高祥屯金鸡岭
144		63	汇水桥畔碑林	明、清	1999 年	上林县三里镇汇水桥畔船山

续表 4

序号	级别	序号	名称	年代	公布年份	位置(地址)
145		64	平山石刻	清代	1999 年	上林县巷贤镇六联村留仙屯
146		65	黄忠立墓	清代	1999 年	上林县澄泰乡澄泰村
147		66	杨腾辉旧居	1933 年	1999 年	上林县大丰镇
148		67	南陔革命旧址	1942 年	1999 年	上林县巷贤镇卢柱村大卢屯
149		68	石南海遗址	新石器	2012 年	上林县塘红乡石门村
150		69	南丹卫城址	明代	2012 年	上林县大丰镇皇周村
151		70	厂圩冶炼遗址	清代	2012 年	上林县木山乡厂圩村
152		71	鼓岩书院遗址	清代	2012 年	上林县白圩镇高长村
153		72	黄忠立故宅遗址	清代	2012 年	上林县大丰镇东春村
154		73	瓦窑古城	清代	2012 年	上林县白圩镇覃排社区
155		74	宿岭桥	清代	2012 年	上林县三里镇大黄村
156		75	鲤龙桥	清代	2012 年	上林县西燕镇覃浪村
157		76	清秀山石刻	明代	2012 年	上林县三里镇云姚村
158		77	明镜岩石刻	清代	2012 年	上林县三里镇黄楚村
159		78	马湾石刻	明代	2012 年	上林县西燕镇覃浪村
160		79	敢王洞石刻	清代	2012 年	上林县镇圩乡镇马社区
161		80	巷贤抗日阵亡将士公墓	民国	2012 年	上林县巷贤镇高贤村
162		81	大丰抗日阵亡将士公墓	民国	2012 年	上林县大丰镇皇周村
163		82	海棠桥	清代	1983 年	横县横州镇西郊
164		83	横县六秀会议议址(中共广西省工委横县会议旧址)	1947 年	1983 年	横县陶圩镇六秀村
165	县 级	84	天窟归云岩(青龙岩)	明代	1983 年	横县横州镇谢圩村北面 500 米
166		85	丞露塔	清代	1983 年	横县峦城镇高村西南二公里金龟岭
167		86	南山应天寺	明、清	1983 年	横县那阳镇宝华村南山林场场部
168		87	龙王庙(龙母庙)	明、清	1983 年	横县横州镇洪德社区居委会
169		88	尹屋村宋窖及宋墓群	宋至元	1990 年	横县横州镇尹屋村
170		89	李萼楼大院	清代	2005 年	横县马山乡翰桥村
171		90	笔山花屋	清代	2012 年	横县平朗乡笔山村
172		91	王堂口苏宅	清代	2012 年	横县峦城镇峦城社区王堂口 15 号
173		92	天成大屋	清代	2012 年	横县那阳镇滥塘村上村屯
174		93	万尤府	清代	2012 年	横县六景镇亭茶村西
175		94	亭茶杨氏祖屋	清代	2012 年	横县六景镇亭茶村东北部
176		95	中国人民解放军粤桂边纵第八支队暨横县人民政府成立旧址	中华人民共和国	2012 年	横县平马镇平马社区中心小学内
177		96	秀林书院	清代	2012 年	横县中学内
178		97	鳌山寺	清代	2012 年	横县百合镇百合社区鳌山山脚下百合中学内
179		98	魁星楼遗址	清代	2012 年	横县横州镇登高岭
180		99	蒋上国夫妇墓	明代	1989 年	马山县乔利乡白马山脚
181		100	八仙板桥	明代	1989 年	马山县周鹿镇东侧码头边
182		101	石塘北帝庙址	清代	1989 年	马山县周鹿镇石塘村北侧
183		102	佛洞石刻	清代	1989 年	马山县周鹿镇坛沙村伏下屯
184		103	头零拱桥	清代	1989 年	马山县古零镇乔老村头零
185		104	苏渌拱桥	清代	1989 年	马山县古零镇乔老村苏绿屯
186		105	旧圩拱桥	清代	1989 年	马山县古零镇扬圩旧街

续表 5

序号	级别	序号	名称	年代	公布年份	位置(地址)
187	县级	106	那崩山石刻	明代	1989 年	马山县古零镇古统村动期屯
188		107	扬圩书岩石刻	明代	1989 年	马山县古零镇扬圩南面约 1 公里处
189		108	下巴拱桥	清代	1989 年	马山县白山镇大同村下巴屯
190		109	“205”上坳石刻	清代	1989 年	马山县白山镇上龙村六代屯
191		110	卧云洞	清代	1989 年	马山县县城北郊
192		111	题诗岩石刻	明代	1989 年	马山县永州镇西南三公里处
193		112	五埂隘石刻	明代	1989 年	马山县永州镇东面二埂隘
194		113	罗汉山石刻	清代	1989 年	马山县永州镇烈士塔西侧
195		114	栖真洞石刻	清代	1989 年	马山县县城伴雲山西面
196		115	南屏山石刻	清代	1989 年	马山县县政府南侧
197		116	鳌鱼山石刻	清代	1989 年	马山县县城西南
198		117	中共那马中心县委旧址	近代	1998 年	马山县永州镇平山村坡马屯
199		118	感应岩(第一革命大本营)	近代	1998 年	马山县永州镇平山村坡马屯
200		119	思恩府城墙址	明代	1998 年	马山县乔利乡乔利街拉旧屯
201		120	灵阳寺	宋代	2000 年	马山县古零镇荔枝岩
202		121	群贤桥	清代	2011 年	马山县古零街东北面 500 米
203		122	金华拱桥	明代	2011 年	马山县乔利乡乔利街西约 100 米
204		123	乔利炮楼	清代	2011 年	马山县乔利乡乔利街上
205		124	坛基交流桥	清代	2011 年	马山县林圩镇林圩村坛基屯
206		125	六卓岭遗址	新石器	2011 年	马山县金钗镇独秀村那烂屯红水河右岸
207		126	尚朗岭遗址	新石器	2011 年	马山县金钗镇独秀村红水河右岸
208		127	索塘岭遗址	新石器	2011 年	马山县金钗镇独秀村那烂屯索塘岭
209		128	古楼坡遗址	新石器	2011 年	马山县金钗镇乐江村上凌屯古楼坡
210		129	拉如岭遗址	新石器	2011 年	马山县金钗镇乐江村九一屯拉如岭
211		130	白马山石刻	明代	2011 年	马山县乔利乡东鸡村白马屯西北约 400 米处
212		131	双涌泉石刻	明代	2011 年	马山县林圩镇甘豆村邑沓屯后山
213		132	林朋石刻	明代	2011 年	马山县白山镇大同村下岭屯后山
214		133	周鹿独秀山摩岩石刻	明代	2011 年	马山县周鹿镇周鹿街东北约 300 米
215		134	那马临时革命委员会旧址	1929 年	2011 年	马山县周鹿镇周鹿街上
216		135	徐泽长故居	民国	2011 年	马山县永州镇州圩街上
217		136	韦戚篇故居	民国	2011 年	马山县永州镇平山村江庄屯
218		137	坡鉴革命烈士陵园	1956 年	2011 年	马山县永州镇州圩村坡鉴屯
219		138	天鹅寨右江地委会议旧址	1948 年	2011 年	马山县永州镇亲爱村感锦屯南面山上
220		139	古零革命烈士陵园	1958 年	2011 年	马山县古零镇上级村外官屯巴滚山
221		140	苏绍普故居	民国	2011 年	马山县古零镇上级村外官屯
222		141	六利胜利渡槽	1975 年	2011 年	马山县周鹿镇坛利村六利屯西北 50 米
223		142	罗明文进士故居	清代	2011 年	马山县百龙滩镇大隆村板龙屯
224		143	李生梅故居	1928 年	2014 年	马山县永州镇平山村坡马屯
225		144	定罗古城址	古遗址	2014 年	马山县永州镇永州村定罗街西北约 100 米
226		145	洪津古渡	古遗址	2014 年	马山县百龙滩镇大球村六常屯西北约 500 米(红水河南岸)
227		146	大龙潭古遗址	新石器	1989 年	隆安县乔建镇博浪村

续表 6

序号	级别	序号	名称	年代	公布年份	位置(地址)
228	县　级	147	保湾佛子石器遗址	新石器	1989	隆安县丁当镇保湾村
229		148	陆岭石器遗址	新石器	1989	隆安县南圩镇灵利村
230		149	定坤岜横石器遗址	新石器	1989	隆安县丁当镇定坤村
231		150	三岗岭石器遗址	新石器	1989	隆安县那桐镇那桐社区
232		151	龙床石器遗址	新石器	1989	隆安县那桐镇上邓村
233		152	浪湾农场石器遗址	新石器	1989 年	隆安县那桐镇浪湾华侨农场第三分场
234		153	南圩红岭石器遗址	新石器	1989	隆安县南圩镇发立村
235		154	榜山文塔	清代	1985 年	隆安县县城东二公里独秀山
236		155	潭荒孔明井	三国	1989 年	隆安县福颜村潭荒屯
237		156	鸳鸯九门桥	明、清	1989 年	隆安县乔建镇鹭鹚村陆海屯
238		157	白鹤岩	明代	1989 年	隆安县县城西北
239		158	隆安烈士陵园	现代	1989 年	隆安县县城西南
240		159	望朝摩崖题记	明代	1989 年	隆安县南圩镇望朝村多劝屯
241		160	周氏宗祠(百朝岩)	近、现代	1989 年	隆安县南圩镇百朝村
242		161	榜山	新石器时代	2013 年	隆安县乔建镇儒浩村东面 3 公里处
243		162	娅怀洞石器时代遗址	新石器时代	2015 年	隆安县乔建镇博浪村北面大苍头山

2016 年南宁市非物质文化遗产项目名录

项目分类(代码)	序号	项目名称	保护单位	批次	获得时间	编号
民间文学(Ⅰ)	1	壮族民间故事百鸟衣	横县文化馆	第四批国家级名录	2014 年	1241
传统音乐(Ⅱ)	2	壮族三声部民歌	马山县文化馆	第二批国家级名录	2008 年	61
传统戏剧(Ⅳ)	3	邕剧	南宁市民族文化艺术研究院(市非遗保护中心)	第二批国家级名录	2008 年	739
	4	粤剧	南宁市民族文化艺术研究院(市非遗保护中心)	第四批国家级名录	2014 年	180
民俗(Ⅹ)	5	壮族歌圩	南宁市民族文化艺术研究院(市非遗保护中心)	第一批国家级名录	2006 年	494
	6	宾阳炮龙节	宾阳县文化馆	第二批国家级名录	2008 年	981
	7	壮族三月三	武鸣区文化馆	第四批国家级名录	2014 年	460
民间文学(Ⅰ)	8	宾阳“老穷”故事	宾阳县文化馆	第三批自治区级名录	2010 年	112
	9	妈勒访天边传说	南宁市民族文化艺术研究院(市非遗保护中心)	第五批自治区级名录	2014 年	292
	10	壮族信歌	南宁市民族文化艺术研究院(市非遗保护中心)	第五批自治区级名录	2014 年	293
	11	南宁五象传说	南宁市民族文化艺术研究院(市非遗保护中心)	第五批自治区级名录	2014 年	294
	12	白话童谣	南宁市民族文化艺术研究院(市非遗保护中心)	第五批自治区级名录	2014 年	295
	13	南宁民谣	兴宁区文化馆	第五批自治区级名录	2014 年	298

续表 1

项目分类(代码)	序号	项目名称	保护单位	批次	获得时间	编号
	14	良庆壮族嘹啰山歌	良庆区文化馆	第五批自治区级名录	2014 年	296
	15	壮族传扬歌	马山县文化馆	第五批自治区级名录	2014 年	297
	16	起凤山传说	武鸣区文化馆	第六批自治区级名录	2016 年	425
	17	广西八音	邕宁区文化馆	第一批自治区级名录	2007 年	25
	18	壮族嘹啰山歌	邕宁区文化馆	第二批自治区级名录	2008 年	24
	19	壮族会鼓	马山县文化馆	第二批自治区级名录	2008 年	70
传统音乐(Ⅱ)	20	松柏汉族多声部平话山歌	兴宁区文化馆	第二批自治区级名录	2008 年	64
	21	南宁多声部民歌	南宁市民族文化艺术研究院(市非遗保护中心)	第三批自治区级名录	2010 年	123
	22	南宁平话民歌	南宁市民族文化艺术研究院(市非遗保护中心)	第三批自治区级名录	2010 年	124
	23	上林四六联民歌	上林县文化馆	第四批自治区级名录	2012 年	194
	24	武鸣壮族山歌	武鸣区文化馆	第四批自治区级名录	2012 年	205
	25	南宁壮族哭嫁歌	兴宁区文化馆	第四批自治区级名录	2012 年	206
	26	隆安壮族排歌	隆安县文化馆	第四批自治区级名录	2012 年	201
	27	上林瑶族歌谣	上林县文化馆	第四批自治区级名录	2012 年	200
	28	上林壮族八音	上林县文化馆	第四批自治区级名录	2012 年	204
	29	南宁壮族高腔民歌	南宁市民族文化艺术研究院(市非遗保护中心)	第六批自治区级名录	2016 年	432
	30	南宁江南平话民歌	南宁市江南区文化馆	第六批自治区级名录	2016 年	433
传统舞蹈(Ⅲ)	31	壮族骆垌舞	武鸣区文化馆	第三批自治区级名录	2010 年	78
	32	青秀区芭蕉香火龙舞	青秀区文化馆	第三批自治区级名录	2010 年	136
	33	南宁壮族春牛舞	江南区文化馆	第三批自治区级名录	2010 年	138
	34	良庆区香火龙舞	良庆区文化馆	第三批自治区级名录	2010 年	136
	35	壮族打扁担	马山县文化馆	第三批自治区级名录	2010 年	74
	36	壮族九莲灯	隆安县文化馆	第三批自治区级名录	2010 年	137
	37	壮族打砻(榔)舞	马山县文化馆	第三批自治区级名录	2010 年	125
	38	南宁傩舞	西乡塘区文化馆	第四批自治区级名录	2012 年	222
	39	壮族麒麟舞	青秀区文化馆	第四批自治区级名录	2012 年	223
	40	马山壮族踩花灯	马山县文化馆	第四批自治区级名录	2012 年	224
	41	上林壮族师公舞	上林县文化馆	第四批自治区级名录	2012 年	217
	42	上林瑶族猴鼓舞	上林县文化馆	第四批自治区级名录	2012 年	221
	43	横县百合茅山舞	横县文化馆	第五批自治区级名录	2014 年	313
	44	瑶族蚩尤舞	马山县文化馆	第五批自治区级名录	2014 年	314

续表 2

项目分类（代码）	序号	项目名称	保护单位	批次	获得时间	编号
传统戏剧（Ⅳ）	45	丝弦戏	宾阳县文化馆	第二批自治区级名录	2008 年	80
	46	宾阳师公戏	宾阳县文化馆	第三批自治区级名录	2010 年	36
	47	横县壮族采茶戏	横县文化馆	第三批自治区级名录	2010 年	6
	48	邕宁壮族采茶戏	邕宁区文化馆	第三批自治区级名录	2010 年	6
	49	上林壮族师公戏	上林县文化馆	第四批自治区级名录	2012 年	235
	50	南宁平话师公戏	高新区文体局	第五批自治区级名录	2014 年	326
	51	古潭邕剧	隆安县文化馆	第六批自治区级名录	2016 年	460
	52	马山丝弦戏	马山县文化馆	第六批自治区级名录	2016 年	461
传统体育、游艺与杂技（Ⅵ）	53	壮族抢花炮	邕宁区文化馆	第一批自治区级名录	2007 年	55
	54	壮族香火球	良庆区文化馆	第二批自治区级名录	2008 年	83
	55	壮族斗竹马	青秀区文化馆	第三批自治区级名录	2010 年	190
	56	壮族迪尺	南宁市民族文化艺术研究院（市非遗保护中心）	第五批自治区级名录	2014 年	339
传统美术（Ⅶ）	57	点米成画	邕宁区文化馆	第六批自治区级名录	2016 年	484
	58	壮族刺绣	马山县文化馆	第六批自治区级名录	2016 年	485
传统技艺（Ⅷ）	59	南宁老友粉	南宁市民族文化艺术研究院（市非遗保护中心）	第二批自治区级名录	2008 年	85
	60	壮族五色糯米饭制作技艺	武鸣区文化馆	第三批自治区级名录	2010 年	158
	61	红良打铁技艺	隆安县文化馆	第三批自治区级名录	2010 年	
	62	扬美豆豉制作技艺	江南区文化馆	第三批自治区级名录	2010 年	157
	63	宾阳壮族织锦技艺	宾阳县文化馆	第三批自治区级名录	2010 年	9
	64	宾阳酸粉制作技艺	宾阳县文化馆	第三批自治区级名录	2010 年	155
	65	横县鱼生制作技艺	横县文化馆	第三批自治区级名录	2010 年	156
	66	横县大粽制作技艺	横县文化馆	第三批自治区级名录	2010 年	159
	67	扬美沙糕制作技艺	江南区文化馆	第四批自治区级名录	2012 年	250
	68	横县茉莉花茶制作技艺	横县文化馆	第四批自治区级名录	2012 年	249
	69	横县南山白毛茶制作技艺	横县文化馆	第四批自治区级名录	2012 年	248
	70	南宁铁鸟酱料制作技艺	兴宁区文化馆	第四批自治区级名录	2012 年	251
	71	隆安构树造纸技艺	隆安县文化馆	第五批自治区级名录	2014 年	350
	72	宾阳油纸伞制作技艺	宾阳县文化馆	第五批自治区级名录	2014 年	349
	73	大罗毛笔制作技艺	宾阳县文化馆	第五批自治区级名录	2014 年	348
	74	横县鱼宴制作技艺	横县文化馆	第五批自治区级名录	2014 年	347
	75	壮族服饰制作技艺	南宁市民族文化艺术研究院（市非遗保护中心）	第五批自治区级名录	2014 年	346
	76	南宁生榨米粉制作技艺	西乡塘区文化馆	第六批自治区级名录	2016 年	493
	77	宾阳邹圩陶器制作技艺	宾阳县文化馆	第六批自治区级名录	2016 年	494

续表 3

项目分类（代码）	序号	项目名称	保护单位	批次	获得时间	编号
传统医药(Ⅸ)	78	宾阳封氏烧伤创疡治疗术	宾阳县文化馆	第五批自治区级名录	2014 年	377
	79	壮族谭氏草药疗骨法	隆安县文化馆	第五批自治区级名录	2014 年	378
	80	壮医经筋疗法	南宁市民族文化艺术研究院(市非遗保护中心)	第六批自治区级名录	2016 年	522
	81	壮医药物竹罐疗法	南宁市民族文化艺术研究院(市非遗保护中心)	第六批自治区级名录	2016 年	523
	82	壮族伏波庙会	横县文化馆	第一批自治区级名录	2007 年	56
民俗(Ⅹ)	83	上林县渡河公	上林县文化馆	第二批自治区级名录	2008 年	101
	84	疍家婚礼	江南区文化馆	第二批自治区级名录	2008 年	102
	85	宾阳游彩架	宾阳县文化馆	第二批自治区级名录	2008 年	99
	86	横县炮会	横县文化馆	第三批自治区级名录	2010 年	178
	87	那桐农具节	隆安县文化馆	第三批自治区级名录	2010 年	179
	88	壮族亥日	隆安县文化馆	第三批自治区级名录	2010 年	177
	89	上林壮族灯酒节	上林县文化馆	第三批自治区级名录	2010 年	180
	90	上林壮族万寿节	上林县文化馆	第四批自治区级名录	2012 年	274
	91	壮族芒那节	隆安县文化馆	第三批自治区级名录	2010 年	181
	92	军山庙会	青秀区文化馆	第四批自治区级名录	2012 年	275
	93	横县云表壮族歌圩	横县文化馆	第四批自治区级名录	2012 年	273
	94	宾阳“三娘乖”习俗	宾阳县文化馆	第四批自治区级名录	2012 年	272
	95	南宁花婆节	南宁市民族文化艺术研究院(市非遗保护中心)	第五批自治区级名录	2014 年	383
	96	南宁土地诞	南宁市民族文化艺术研究院(市非遗保护中心)	第五批自治区级名录	2014 年	384
	97	壮族毽丝歌会	良庆区文化馆	第五批自治区级名录	2014 年	385
	98	壮族罗波庙会	武鸣区文化馆	第五批自治区级名录	2014 年	386
	99	壮族“四月四”	武鸣区文化馆	第五批自治区级名录	2014 年	387
	100	横县壮族三相圩逢	横县文化馆	第五批自治区级名录	2014 年	388
	101	露圩壮族圩逢	宾阳县文化馆	第五批自治区级名录	2014 年	389
	102	上林壮族龙母节	上林县文化馆	第五批自治区级名录	2014 年	390
	103	更望湖壮族歌圩	隆安县文化馆	第五批自治区级名录	2014 年	391
	104	扬美龙舟上水节	江南区文化馆	第五批自治区级名录	2014 年	392
	105	南宁元宵花灯节	江南区文化馆	第五批自治区级名录	2014 年	393
	106	斑山庙会	青秀区文化馆	第五批自治区级名录	2014 年	394
	107	壮族安龙歌会	西乡塘区文化馆	第五批自治区级名录	2014 年	395
	108	那莲赛巧节	邕宁区文化馆	第五批自治区级名录	2014 年	396
	109	横县笔山人生礼仪	横县文化馆	第五批自治区级名录	2014 年	397
	110	壮族添粮补寿习俗	兴宁区文化馆	第六批自治区级名录	2016 年	527
	111	南宁大王节	西乡塘区文化馆	第六批自治区级名录	2016 年	528

续表 4

项目分类（代码）	序号	项目名称	保护单位	批次	获得时间	编号
	112	南宁下楞龙舟节	西乡塘区文化馆	第六批自治区级名录	2016 年	529
	113	西乡塘歌圩	西乡塘区文化馆	第六批自治区级名录	2016 年	530
	114	灵水壮族歌圩	武鸣区文化馆	第六批自治区级名录	2016 年	531
	115	三里壮族歌圩	上林县文化馆	第六批自治区级名录	2016 年	532
	116	隆安稻草龙	隆安县文化馆	第六批自治区级名录	2016 年	533
传统音乐（Ⅱ）	117	宾阳八音	宾阳县文化馆	第二批市级名录	2008 年	
	118	三津八音	江南区文化馆	第六批市级名录	2015 年	
	119	上林瑶族鼓乐	上林县文化馆	第六批市级名录	2015 年	
	120	瑶族剪刀歌	马山县文化馆	第六批市级名录	2015 年	
传统舞蹈（Ⅲ）	121	壮族竹竿舞	武鸣区文化馆	第六批市级名录	2015 年	
传统戏剧（Ⅳ）	122	上林傩戏	上林文化馆	第四批市级名录	2011 年	
曲艺（Ⅴ）	123	校椅临江壮歌剧	横县文化馆	第二批市级名录	2008 年	
传统体育、游艺与杂技（Ⅵ）	124	壮拳	南宁市民族文化艺术研究院（市非遗保护中心）	第六批市级名录	2015 年	
	125	加方上刀山下火海	马山县文化馆	第六批市级名录	2015 年	
传统手工技艺（Ⅷ）	126	扬美梅菜制作技艺	江南区文化馆	第四批市级名录	2011 年	
	127	横县芝麻饼制作技艺	横县文化馆	第四批市级名录	2011 年	
	128	雁江粉利制作技艺	隆安县文化馆	第五批市级名录	2013 年	
	129	灵马鲶鱼制作技艺	武鸣区文化馆	第五批市级名录	2013 年	
	130	南宁壮族干栏建筑营造技艺	南宁市民族文化艺术研究院（市非遗保护中心）	第六批市级名录	2015 年	
	131	南宁制陶技艺	南宁市民族文化艺术研究院（市非遗保护中心）	第六批市级名录	2015 年	
	132	化皮猪脚制作技艺	西乡塘区文化馆	第六批市级名录	2015 年	
	133	武鸣壮族刘氏“药仙翁”药茶制作技艺	武鸣区文化馆	第六批市级名录	2015 年	
	134	武鸣壮酒制作技艺	武鸣区文化馆	第六批市级名录	2015 年	
	135	宋家米酒酿造技艺	江南区文化馆	第六批市级名录	2015 年	
	136	都结豆腐制作技艺	隆安县文化馆	第六批市级名录	2015 年	
	137	宾阳竹编技艺	宾阳县文化馆	第六批市级名录	2015 年	
传统医药（Ⅸ）	138	龚氏痛症疗法	江南区文化馆	第五批市级名录	2013 年	
	139	壮医目诊	南宁市民族文化艺术研究院（市非遗保护中心）	第五批市级名录	2013 年	
民俗（Ⅹ）	140	那马龙狮	良庆区文化馆	第一批市级名录	2007 年	
	141	甘棠 彩凤	宾阳县文化馆	第二批市级名录	2008 年	
	142	宾阳关公诞	宾阳县文化馆	第二批市级名录	2008 年	
	143	壮族婚俗	隆安县文化馆	第五批市级名录	2013 年	
	144	武鸣壮族服饰	武鸣区文化馆	第六批市级名录	2015 年	
	145	布泉天王庙会	隆安县文化馆	第六批市级名录	2015 年	
	146	上林县二月二卢於春社	上林县文化馆	第六批市级名录	2015 年	
	147	宾阳甘棠圩逢	宾阳县文化馆	第六批市级名录	2015 年	
	148	吴门农氏婆祈福祭典	宾阳县文化馆	第六批市级名录	2015 年	

2016年南宁市国家级、自治区级、市级非物质文化遗产代表性项目传承人情况

序号	项目名称	姓名	性别	出生	保护单位	等级	批次
1	壮族歌圩	刘正诚	男	1935	市艺研院(市非遗中心)	国家级	2008年第二批
2	邕剧	洪琪	女	1944		国家级	2009年第三批
3	壮族三声部民歌	温桂元	男	1934	马山县文化馆	国家级	2009年第三批
4	壮族三声部民歌	莫花美	女	1957	马山县文化馆	自治区级	2009年第二批
5	广西八音	黄才定	男	1954	邕宁区文化馆	自治区级	2009年第二批
6	广西八音	梁贵加	男	1961		自治区级	2009年第二批
7	壮族会鼓	赖承辉	男	1949	马山县文化馆	自治区级	2009年第二批
8	邕剧	梁克俭	男	1945	市艺研院(市非遗中心)	自治区级	2009年第二批
9	邕剧	冯杏元	男	1945		自治区级	2008年第一批
10	丝弦戏	磨长永	男	1943	宾阳县文化馆	自治区级	2009年第二批
11	丝弦戏	关艳	女	1978		自治区级	2009年第二批
12	宾阳炮龙节	武学规	男	1949		自治区级	2009年第二批
13	宾阳炮龙节	邹玉特	男	1953		自治区级	2009年第二批
14	游彩架	覃凤梧	男	1937	宾阳县文化馆	自治区级	2009年第二批
15	“三月三”歌圩	李超元	男	1948	武鸣区文化馆	自治区级	2009年第二批
16	扬美豆豉制作技艺	杜学芬	男	1969	江南区文化馆	自治区级	2011年第三批
17	南宁壮族春牛舞	奚均仁	男	1932		自治区级	2011年第三批
18	香火龙舞	罗新有	男	1966	良庆区文化馆	自治区级	2011年第三批
19	壮族采茶戏	腾思队	男	1962	邕宁区文化馆	自治区级	2011年第三批
20	宾阳师公戏	莫旭先	男	1951	宾阳县文化馆	自治区级	2011年第三批
21	宾阳织锦技艺	谭湘光	女	1955		自治区级	2011年第三批
22	壮族“打扁担”	莫菊花	女	1954	马山县文化馆	自治区级	2011年第三批
23	壮族会鼓	韦建廷	男	1953	马山县文化馆	自治区级	2011年第三批
24	壮族九莲灯	何方仕	男	1948	隆安县文化馆	自治区级	2011年第三批
25	壮族采茶戏	甘美芬	女	1945	横县文化馆	自治区级	2011年第三批
26	上林县渡河公	黄福连	女	1946	上林县文化馆	自治区级	2011年第三批
27	广西粤剧	冯杏元	男	1945	市艺研院(市非遗中心)	自治区级	2015年第四批
28	广西粤剧	梁素梅	女	1963		自治区级	2015年第四批
29	南宁平话民歌	莫若珍	女	1965		自治区级	2015年第四批
30	扬美沙糕制作技艺	杨文凯	男	1980	江南区文化馆	自治区级	2015年第四批
31	马山壮族踩花灯	潘庆福	男	1959	马山县文化馆	自治区级	2015年第四批
32	壮族打榔舞	蓝日志	男	1949		自治区级	2015年第四批
33	横县炮会	黄道敬	男	1940	横县文化馆	自治区级	2015年第四批
34	横县大粽制作技艺	彭金妹	女	1952		自治区级	2015年第四批
35	红良打铁技艺	林仁超	男	1964	隆安县文化馆	自治区级	2015年第四批
36	隆安壮族排歌	林碧	男	1953		自治区级	2015年第四批
37	游彩架	周宏年	男	1946	宾阳县文化馆	市级	2009年第一批
38	邕剧	李传湘	女	1941	市艺研院(市非遗中心)	市级	2010年第二批
39	邕剧	杭彪	男	1930		市级	2010年第二批
40	壮族抢花炮	孙子奇	男	1956	邕宁区文化馆	市级	2010年第二批
41	壮族骆垌舞	潘腾宗	男	1929	武鸣区文化馆	市级	2010年第二批
42	壮族五色香糯米饭	黄硕英	女	1952		市级	2010年第二批

续表 1

序号	项目名称	姓 名	性别	出生	保护单位	等级	批次
43	宾阳炮龙节	吴荣新	男	1956	宾阳县文化馆	市级	2010 年第二批
44	丝弦戏	熊兴亮	男	1949	宾阳县文化馆	市级	2010 年第二批
45	宾阳游彩架	何丹健	男	1953	宾阳县文化馆	市级	2010 年第二批
46	百鸟衣	韦其本	男	1941	横县文化馆	市级	2010 年第二批
47	葛麻十六炮会	邓享朝	男	1959	横县文化馆	市级	2010 年第二批
48	百合茅山舞	李祖树	男	1950	横县文化馆	市级	2011 年第三批
49	邕剧	黄学超	男	1941	市艺研院(市非遗中心)	市级	2011 年第三批
50	宾阳织锦技艺	黄其梅	女	1964	宾阳县文化馆	市级	2011 年第三批
51	宾阳“老穷”故事	黄红新	男	1951	宾阳县文化馆	市级	2011 年第三批
52	南宁平话民歌	梁世华	男	1931	市艺研院(市非遗中心)	市级	2011 年第三批
53	四六联民歌	韦有创	男	1963	上林县文化馆	市级	2011 年第三批
54	壮族会鼓	王政勤	男	1954	马山县文化馆	市级	2011 年第三批
55	壮族打榔	陆荣艳	女	1965	马山县文化馆	市级	2011 年第三批
56	壮族打扁担	蒙雪凤	女	1942	马山县文化馆	市级	2011 年第三批
57	壮族芭蕉香火龙舞	李武康	男	1945	青秀区文化馆	市级	2013 年第四批
58	杨美梅菜制作技艺	梁彩丽	女	1963	江南区文化馆	市级	2013 年第四批
59	南宁傩舞	陈亚弟	男	1966	西乡塘区文化馆	市级	2013 年第四批
60	校椅临江壮歌剧	李建伟	男	1943	横县文化馆	市级	2013 年第四批
61	横县芝麻饼制作技艺	袁广武	男	1965	横县文化馆	市级	2013 年第四批
62	隆安壮族排歌	陆金席	男	1952	横县文化馆	市级	2013 年第四批
63	壮族三声部民歌	蓝海群	男	1972	马山县文化馆	市级	2013 年第四批
64	武鸣壮族山歌	韦秋岑	女	1977	武鸣区文化馆	市级	2013 年第四批
65	壮族骆垌舞	潘家明	男	1948	武鸣区文化馆	市级	2013 年第四批
66	上林壮族八音	王志新	男	1938	上林县文化馆	市级	2013 年第四批
67	猴鼓舞	罗延武	男	1961	上林县文化馆	市级	2013 年第四批
68	上林瑶族山歌	卢 成	男	1967	上林县文化馆	市级	2013 年第四批
69	壮族师公戏	周宗美	男	1960	上林县文化馆	市级	2013 年第四批
70	邕剧	梁素梅	女	1963	市艺研院(市非遗中心)	市级	2013 年第四批
71	邕剧	宁 靖	男	1980	市艺研院(市非遗中心)	市级	2013 年第四批
72	邕剧	何惠临	男	1980	市艺研院(市非遗中心)	市级	2013 年第四批
73	邕剧	张铁锋	男	1975	市艺研院(市非遗中心)	市级	2013 年第四批
74	南宁平话民歌	赖钟林	男	1950	市艺研院(市非遗中心)	市级	2013 年第四批
75	白话童谣	刘子林	男	1942	市艺研院(市非遗中心)	市级	2015 年第五批
76	白话童谣	万立仁	男	1942	市艺研院(市非遗中心)	市级	2015 年第五批
77	广西粤剧	黄俊成	男	1975	市艺研院(市非遗中心)	市级	2015 年第五批
78	广西粤剧	姚艳	女	1975	市艺研院(市非遗中心)	市级	2015 年第五批
79	广西粤剧	钟晓俊	男	1970	市艺研院(市非遗中心)	市级	2015 年第五批
80	壮族迪尺	陆显通	男	1989	市艺研院(市非遗中心)	市级	2015 年第五批
81	壮族服饰制作技艺	蓝轲	女	1976	市艺研院(市非遗中心)	市级	2015 年第五批
82	壮医经筋疗法	韦英才	男	1966	市艺研院(市非遗中心)	市级	2015 年第五批
83	壮医目诊	李珪	女	1960	市艺研院(市非遗中心)	市级	2015 年第五批
84	壮医药物竹罐疗法	李凤珍	女	1967	市艺研院(市非遗中心)	市级	2015 年第五批

续表 2

序号	项目名称	姓 名	性别	出生	保护单位	等级	批次
85	灵马鲶鱼制作技艺	朱宝书	男	1974	武鸣区文化馆	市级	2015年第五批
86	壮族三月三	黄天恒	男	1952		市级	2015年第五批
87	壮族罗波庙会	陆映春	男	1954		市级	2015年第五批
88	横县南山白毛茶制作技艺	陈雄	男	1959	横县文化馆	市级	2015年第五批
89	横县茉莉花茶制作技艺	谢大高	男	1964	横县文化馆	市级	2015年第五批
90	横县茉莉花茶制作技艺	徐炳奇	男	1962		市级	2015年第五批
91	横县鱼生制作技艺	余富	男	1976		市级	2015年第五批
92	横县云表壮族歌圩	蒙一文	女	1950		市级	2015年第五批
93	大罗毛笔制作技艺	罗儒供	男	1952	宾阳县文化馆	市级	2015年第五批
94	宾阳油纸伞制作技艺	陆云岗	男	1986		市级	2015年第五批
95	宾阳封氏烧伤创疡治疗术	封大为	男	1976		市级	2015年第五批
96	露圩壮族圩逢节	黄桂梅	女	1963		市级	2015年第五批
97	上林壮族师公舞	雷桂丰	男	1956	上林县文化馆	市级	2015年第五批
98	上林壮族灯酒节	石二海	男	1978		市级	2015年第五批
99	瑶族蚩尤舞	蓝秀神	男	1959	马山县文化馆	市级	2015年第五批
100	壮族刺绣	蓝淋	女	1974		市级	2015年第五批
101	壮族传扬歌	蓝日茂	男	1981		市级	2015年第五批
102	壮族谭氏草药疗骨法	谭润丹	男	1976	隆安县文化馆	市级	2015年第五批
103	更望湖壮族歌圩	黄权海	男	1965		市级	2015年第五批
104	南宁铁鸟酱料制作技艺	杜瑜玲	女	1963	兴宁区文化馆	市级	2015年第五批
105	壮族哭嫁歌	黄翠荣	女	1951		市级	2015年第五批
106	龚氏痛症疗法	龚俭仪	男	1969	江南区文化馆	市级	2015年第五批
107	南宁元宵花灯节	黎炳生	男	1934		市级	2015年第五批
108	壮族嘹啰山歌	刘正深	男	1953	邕宁区文化馆	市级	2015年第五批
109	那莲赛巧节	曹文碧	女	1964		市级	2015年第五批
110	壮族香火球	班继联	男	1961	良庆区文化馆	市级	2015年第五批
已 故							
1	邕 剧	蒋耀鸣	男	已故	南宁市邕剧团	自治区级	2009年第二批
2	壮族嘹啰山歌	李啟梧	男	已故	邕宁区文化馆	自治区级	2009年第二批
3	松柏汉族多声部平话山歌	潘兆君	男	已故	兴宁区文化馆	自治区级	2009年第二批
4	松柏汉族多声部平话山歌	农凤英	女	已故	兴宁区文化馆	自治区级	2009年第二批
5	疍家婚礼	张秀华	女	已故	江南区文化馆	自治区级	2009年第二批
6	上林壮族灯酒节	石冠美	男	已故	上林县文化馆	自治区级	2011年第三批
7	丝弦戏	陈光绍	男	已故	宾阳县文化馆	市级	2009年第一批
8	红良壮族打铁技艺	林乔万	男	已故	隆安县文化馆	市级	2010年第二批
9	上林傩戏	陈铭忠	男	已故	上林县文化馆	市级	2013年第四批
10	上林壮族万寿节	何茂权	男	已故	上林县文化馆	市级	2013年第四批
11	隆安构树造纸技艺	黄国佳	男	已故	隆安县文化馆	市级	2013年第四批
12	宾阳油纸伞制作技艺	陆玉贷	男	已故	宾阳县文化馆	市级	2015年第五批

注明:截至2016年12月,国家级代表性传承人3人,自治区级代表性传承人36人,市级代表性传承人110人,已故12人。

(梁 敏)

2016年南宁市重点建设项目

建设阶段	名　称	总投资（万元）	建设规模和内容	年计划投资（万元）	项目业主
新开工	广西横县新威林板业有限公司年产22万立方米定向刨花板生产线项目	42000	建设年产22万立方米定向刨花板(OSB)生产线及相关配套设施	5000	横县新威林板业有限公司
新开工	南宁明安医院	210000	总建筑面积20.50万平方米，拟设置1000张床位，分二期建设。其中，一期规划建筑面积15.50万平方米，设置600张综合床位；二期规划建筑面积5万平方米，设置400张专科床位	5000	南宁市明安医院管理有限公司
新开工	广西职业技能公共实训基地(一期)	37173	建设综合楼(含现代电子信息技术实训中心和现代服务业及民族工艺实训中心)、现代制造技术实训中心、食品工程及生物医药实训中心等，总建筑面积7.60万平方米	15000	南宁市人力资源与社会保障局；南宁华强产业投资有限公司(代建业主)
新开工	南宁`肉禽集散中心项目	54300	建设肉禽市场交易中心、冷链仓储、展示楼(电子交易结算平台)等，总建筑面积13.40万平方米	2500	广西清川农贸市场开发有限公司
新开工	年产20万套新能源汽车轻质合金车身及零部件轻量化项目(南南电子汽车新材料精深加工技术改造一期)	68000	年产20万套新能源汽车轻质合金车身及零部件	10000	南南铝业股份有限公司 广西南南铝加工有限公司
新开工	南宁生物医药产业园二期基础设施建设工程	59051	道路总长10.02千米，包括铁山港西路，高岭西路，那历路南延长线，留村路南延长线，铁山港一、二、三支路及海城路	25000	南宁绿港投资建设集团有限公司
新开工	南宁大明山朝阳林区防火道路工程	38595	全长28千米，其中二级公路4.50千米，四级公路23.50千米，路基宽6～30米	10000	南宁市城市建设投资发展有限责任公司
新开工	宾阳马王风电场	90630	装机规模10万千瓦	10000	广西桂冠电力股份有限公司
新开工	广西马中粮油有限公司稻谷深加工项目	12000	年加工稻谷10.80万吨，年产优质大米7.56万吨	5000	广西马中粮油有限公司
新开工	南宁市凤岭综合客运枢纽站(长途客运站部分)一期工程	53449	一级汽车客运站，总建筑面积6.88万平方米	14500	南宁交通投资有限责任公司
新开工	上林县明亮扶贫移民安置项目	76840	建设12.50万平方米安置房，安置人口5000人，修建道路15千米，配套建设公共服务设施、就业基地等	30000	上林县振林投资发展有限公司
新开工	南宁市体育运动学校	109203	建设18个班级中等专科学校，附设15个初中班级、24个小学班级和10个幼儿园班级，总建筑面积约13.50万平方米	15000	市体育局
新开工	广西隆安养生休闲旅游项目	34140	建设综合服务区、休闲度假区、休闲养生区、生态农业体验区及相关配套设施等，总建筑面积9.92万平方米	5000	广西郭仁佳吉投资有限公司
新开工	南宁浮法玻璃有限公司浮法玻璃生产线整体搬迁升级改造项目	128800	年产Low-E镀膜玻璃240万平方米，双钢化Low-E中空玻璃360万平方米，平弯钢化玻璃615万平方米，双钢化夹层玻璃40万平方米，超薄超白电子玻璃51.10万箱	35000	南宁浮法玻璃有限公司
新开工	南宁伶俐通用机场	85000	建设水陆两用机场，配套建设航管综合楼、塔台、机库、航管、通信、气象站、油料供应库等基础设施	25000	南宁产业投资集团有限公司
新开工	自治区社会化养老服务试点项目——广西和正康乐城二期项目	650600	建设颐养公寓、颐养会议中心、职工公寓、中华传统文化院、医院及配套设施等，总建筑面积116.73万平方米	15000	广西太和投资有限公司

续表 1

建设阶段	名 称	总投资（万元）	建设规模和内容	年计划投资（万元）	项目业主
新开工	诺博医疗无线终端建设项目	51800	年产医疗无线工作站2万套，医疗平板电脑1.50万台，移动掌上电脑1.50万台	20000	南宁诺博科技有限公司
新开工	南宁港六景港区鹤笋作业区码头一期工程	17730	3个2000吨级危险品泊位，其中液体危化品泊位1个，固体危化品泊位2个，设计年吞吐能力138万吨	5000	广西北部湾国际港务集团有限公司
新开工	广西文化艺术中心	229900	建设艺术中心及配套设施，总建筑面积11.48万平方米	80000	南宁威宁资产经营有限责任公司
投产	南宁市南湖—竹排江水系环境综合整治工程补水工程	27800	新建贤宾湖水质净化厂1座，日供水35万吨	17000	广西金水建设开发有限公司
投产	南宁吴圩机场第二高速公路	390000	主线长约19.40千米(快速路长约2.70千米)	80000	南宁城市建设投资发展有限公司
投产	隆安生态农业光伏大棚项目	54000	装机容量6万千瓦，年均发电量6800万千瓦时	5000	隆安英利光伏电力开发有限公司
投产	南宁五象新区玉象路二期工程(五象大道—秋月路)	109610	城市主干道，长3.20千米(含五象大道—玉象路立交桥1座、拱形暗挖隧道1条)，路基宽48米	15000	南宁市城市建设投资发展有限责任公司
投产	南宁南车轨道交通装备基地一期项目	25000	建设总装联合厂房、无轨移车台区及公用站房、动调电源站、水池及水泵房等生产辅助用房和办公生活配套设施	10000	南宁南车轨道交通装备有限公司
投产	广西龙门水都文化生态项目目	50000	建设综合服务区、观光休闲游憩区、文化博览体验区和生态养生度假区，总建筑面积18.65万平方米	3500	广西隆门水都旅游开发有限公司
投产	南宁市良庆大桥工程	223460	市政桥梁，全长约3.12千米，其中主桥长420米，宽38米	45000	南宁纵横时代建设投资有限公司
投产	南宁市昆仑大道扩建工程(三塘下丹桥至五塘收费站)	149490	城市主干道Ⅰ级，长13.40千米，路基红线宽41米～60米	50000	南宁市兴宁区住房和城乡建设局
投产	自治区社会化养老服务试点项目——广西和正康乐城一期工程	100000	建设养老公寓、养生保健及接待中心、图书馆等，共1641个养老床位，总建筑面积16.50万平方米	18000	广西太和投资有限公司
投产	广西东盟信息交流中心一期(原中国联通集团南宁总部基地)	55320	总建筑面积4.40万平方米，其中，东盟交流中心大楼3.30万平方米，南宁通信枢纽楼1.10万平方米	20000	中国联通广西分公司
投产	宾阳县清平水库补水工程	20522	建设拦河坝1座，引水压力管2183米，引水隧洞6664米，思陇引洪防渗加固2772米	1188	广西宾阳县鲲鹏水利投资有限公司
投产	郁江老口航运枢纽工程	593170	水库正常蓄水位75.50米，防洪总库容3.60亿立方米，电站装机容量15万千瓦	60000	南宁交通投资有限责任公司
投产	南宁轨道交通1号线工程	1988880	西起石埠站，东至南宁东站，全长约32.08千米，设置车站25座	300000	南宁轨道交通集团有限责任公司
续建	南宁五象新区总部基地地下空间	250000	包括地下人行系统及地下车库联络道两个部分。地下人行系统建筑面积5.60万平方米，地下车库联络道主环总长约1.30千米，副环总长约1千米，暗埋段总长约3.30千米	40000	南宁五象新区建设投资有限责任公司
续建	南宁市主城区地下综合管廊	170000	建设管廊长度34.82千米，采用现浇方形断面，断面尺寸(外径)范围3.60米 ×2.8米至7.35米 ×3.90米	25000	南宁城建集团、南宁交通投资集团有限公司、南宁绿港建设投资集团有限公司
续建	南宁会展中心升级改造工程	740000	新建展厅及功能用房和室外配套工程，旧场馆技术改造。扩建工程建筑面积4.90万平方米	150000	南宁纵横时代建设投资有限公司

NANNING YEARBOOK

续表 2

建设阶段	名 称	总投资（万元）	建设规模和内容	年计划投资（万元）	项目业主
续建	南宁现代化建材加工及物流配送中心一期	300000	建设原料仓储、钢管件加工厂房、成型钢筋厂房等设施，总建筑面积约63万平方米	50000	广西盛隆冶金有限公司
续建	隆安县震东扶贫移民与城镇化结合示范工程一期	450160	建设安居、公共服务、市政基础设施等，总建筑面积约148万平方米，计划安置6461户2.60万人	20000	隆安县发展改革和科学技术局
续建	上林县鼓鸣寨养生旅游度假基地项目(一期)	30000	建设生态农业、生态林业示范区和休闲养生度假区等，总建筑面积约5万平方米	20000	上林县鼓鸣寨旅游开发有限公司
续建	南宁教育园区基础设施建设项目(一期)	204220	主干路网7条(武鸣)，长约19千米，路基宽40米～60米，包括经三路、经六路、经五路南段、经八路、长岗大道西段、长岗大道东段、长庆路东段；配建路网6条(东盟经开区)，长约15.60千米，路基宽40～60米，包括宝源南路、发展大道、建设南路、永和南路、新庆南路、里建大道东路	80000	广西武鸣东翰投资发展有限责任公司、广西武鸣乾鸣投资发展有限责任公司、南宁华强产业投资有限公司
续建	南宁市竹排江上游植物园段(那考河)流域治理项目	119020	南起茅桥湖北岸，北至环城高速路，河道全长6.64千米。建设内容包括河道整治、河道截污、生态建设等	60000	南宁北排水环境发展有限公司
续建	南宁牛湾港疏港大道（五合大桥南至蒲北二级路）	50800	市政道路，长5.79千米，路基宽50米	10000	南宁交通投资集团有限公司
续建	南宁东盟文化项目	280000	建设东盟文化主题公园、文化展示区及停车场等，总建筑面积约10.60万平方米	120000	南宁东盟文化博览园有限公司
续建	南宁水锦 · 顺庄旅游综合开发项目	21050	建设休闲山庄、苗木基地、农家乐等旅游设施，总建筑面积2.60万平方米	6000	广西顺庄房地产开发有限公司
续建	南宁农产品交易中心项目(一期)	260000	建设果蔬仓储区、粮油仓储区、干货粮油交易加工配送区、冷库储藏区、办公配套区等，总建筑面积约71万平方米	80000	南宁农产品交易中心有限责任公司
续建	广西源正新能源汽车有限公司全铝车身新能源汽车生产项目一期	150000	年产全铝车身新能源客车、常规客车及纯电动乘用汽车、低速功能型专用汽车1万辆	20000	广西源正新能源汽车有限公司
续建	南宁轨道交通4号线一期工程	1688740	西起南宁南站，东至新村，线路全长为21.46千米，设17座车站	80000	南宁轨道交通集团有限公司
续建	广西一遍天原种猪有限公司种猪产业园优质种猪推广示范项目	30000	建设标准化猪舍及附属设施，总建筑面积7.90万平方米，存栏新美系、丹系等原种母猪9000头，年出栏优质美系原种猪20万头	10000	广西一遍天原种猪有限公司
续建	广西壮都（一期）建设项目	80000	建设展示中心、骆越广场、湖滨天地、运动中心及配套设施等，总建筑面积约19万平方米	30000	广西吉大丽原投资有限公司
续建	南宁禾田信息港项目	150000	建设技术研发中心、软件测试中心、软件工程招标中心、数据中心、人才交流与评测中心及配套服务区等，总建筑面积约23万平方米	25000	南宁禾田信息港发展有限公司
续建	华芝堂中草药保健食品生产基地项目(原广西华辰药业有限公司中草药保健品生产项目)	25000	年产6800吨中草药饮品、4000吨中草药溶液洗液、28亿粒药品片剂／胶囊、2000吨中草药保健茶剂、30万瓶／灌中草药膏	6000	广西华辰药业有限公司
续建	南宁市长堽路延长线工程(高环至新外高环)	131210	城市主干道，长13.18千米，路基宽60米	15000	南宁纵横时代建设投资有限公司
续建	南宁六景工业园区经二路工程	6400	市政道路，长3.10千米，路基宽30米	2000	广西横县六景工业园区投资发展有限公司

续表 3

建设阶段	名 称	总投资（万元）	建设规模和内容	年计划投资（万元）	项目业主
续建	南宁六景工业园区纬八路工程	8500	市政道路,长 2.50 千米,路基宽 36 米	2000	广西横县六景工业园区投资发展有限公司
续建	南宁六景工业园区纬十一路道路(含桥梁)工程(北经一路至经一路段)	22750	市政道路,长 2.78 千米(桥梁总长 144 米,桥面宽 45 米),路基宽 45 米	5000	广西横县六景工业园区投资发展有限公司
续建	南宁六景港区疏港大道	7370	长 1.78 千米,宽 30 米～45 米	3000	南宁横县六景工业园区投资有限公司
续建	南宁蒲津路改造工程二期(邕宁区人民医院至五合大桥)	34410	城市主干道,长 4.73 千米,路基宽 35 米～68 米	10000	南宁交通投资集团有限责任公司
续建	马山县西山庄园绿色农业度假区项目	21000	建设休闲度假山庄、绿色生态农业基地、生态农业科研示范园及附属设施,总建筑面积约 2.30 万平方米	5000	广西鼎冠置业有限公司
续建	南宁三祥热电有限公司热电联产项目	50900	安装 2 台 90 吨 / 小时及 2 台 130 吨 / 小时高温高压循环流化床锅炉,3 台 15 兆瓦背压式汽轮发电机组	8000	南宁三祥热电有限公司
续建	隆安县体育中心	31290	一期建设室内健身区、游泳馆、球类运动场及配套设施,二期建设体育馆、田径场等,总建筑面积 5.60 万平方米	5000	隆安县文化广播影视和体育局
续建	斐讯通信南宁产业基地项目(一期)	400000	建设研发大楼、数据中心、仓储物流中心及辅助用房等设施,以及交换机、路由器、平板电脑等生产线,总建筑面积约 19 万平方米	60000	上海斐讯数据通信技术有限公司
续建	南宁轨道交通 3 号线一期工程(科园大道 - 平乐大道)	2068060	南起平乐大道站,北至科园东站,全长约 27.65 千米,设置车站 23 座	200000	南宁轨道交通集团有限责任公司
续建	广西上林云里湖现代农业观光园建设项目一期	120000	建设农业种植观光园,休闲旅游设施以及配套服务设施,总建筑面积 53 万平方米	20000	广西上林云里湖现代农业发展有限公司
续建	南宁百会药业集团有限公司系列中成药、西药生产项目一期	77500	建设原料药车间、综合仓库、固体制剂车间,年产片剂 50 亿片,胶囊 3 亿粒,颗粒剂 800 吨,锭剂 1.70 亿粒,散剂 160 万包,口服液 15000 吨,注射液 3.75 亿支,原料药 622 吨	10000	广西丰业投资有限公司
续建	神冠集团生物制药及胶原食品生产项目一期	80000	生产原料药、首仿制药,胶原蛋白医疗用品、专利药等产品,总建筑面积 19.20 万平方米	10000	广西神冠投资有限公司
续建	中恒(南宁)生物制药产业基地——制药及保健食品项目	270000	①年产中药制剂针剂 2 亿支、片剂 40 亿片、胶囊 6 亿粒、化学药制剂针剂 480 万只、2400 万瓶、片剂 1 亿片、生物制剂 3600 万瓶、15 万支、包装材料玻璃西林瓶 7 亿支;②年产龟苓膏 1.62 亿罐(碗、杯),龟苓膏 700 万包,龟苓宝饮料 2 亿罐	10000	南宁中恒投资有限公司
续建	南宁海王健康生物科技有限公司保健品生产项目	151750	年产花草养生茶 2000 吨、金菊饮料 1000 万瓶、海王金樽 30 亿片,维生素 C30 亿片、海王金牡蛎胶囊 20 亿粒、黄精参芝颗粒 1 亿袋、博力达软胶囊 34 亿粒、逸韵软胶囊 20 亿粒、银杏叶片 50 亿片、乳清蛋白粉 2000 万罐、牛初乳 1000 万罐等	10000	深圳海王集团 南宁市城市建设投资发展有限公司
续建	南城百货物流中心项目	60000	建设百货仓储区、冷链区、综合服务区及相关配套设施,总建筑面积 33.70 万平方米	10000	广西南城百货股份有限公司
续建	马山杨圩风电场	40110	装机 4.80 万千瓦	15000	马山协合风力发电有限公司
续建	南宁市平里静脉产业园——生活垃圾卫生填埋场	69850	日均填埋量 1135 吨,填埋场总库容 606 万立方米,渗滤液日处理 600 吨	10000	南宁建宁水务投资集团有限责任公司

续表 4

建设阶段	名　称	总投资（万元）	建设规模和内容	年计划投资（万元）	项目业主
续建	广西上林县龙母湖国际生态文化旅游项目	460000	包括①大龙湖旅游综合服务区，建设铜鼓观赏区、水上娱乐体验区、游客服务中心等；②锦绣田园花卉体验区，建设花卉体验区、田野草地体验区、接待用房等；③布洛陀山水休闲园，建设布洛陀休闲区、竹海小镇、山地休闲运动区等；④得曼龙文化博览中心，建设民族文化论坛中心、得曼龙壮族新村、壮族文化博物馆。总建筑面积 51 万平方米	35000	广西天昌投资有限公司
续建	南宁轨道交通 2 号线工程	1554640	南起玉洞站，北至西津站，全长约 21 千米，设置车站 18 座	300000	南宁轨道交通集团有限责任公司
续建	南宁市邕宁水利枢纽工程	628900	正常蓄水位 67 米，设计洪水位 74.84 米，校核洪水位 76.75 米，水电站装机 6 万千瓦	150000	南宁交通投资有限责任公司
续建	南宁中央直属储备糖库	27000	总建筑面积 5.86 万平方米，储备库容 13 万吨	10000	（中国华孚贸易发展集团公司）南宁中央直属储备糖库筹建处
预备	广西科天水性科技产业园项目	287900	建设产品线 10 个，包括水性聚氨酯树脂、水性木工板、水性生态板、水性木地板、水性超细纤维合成革、水性涂料、水性密度板、水性刨花板、水性避孕套、无毒全屋定制家具；总建筑面积约 35 万平方米		南宁科天水性科技有限责任公司
预备	南宁教育园区基础设施二期建设项目	150335	主干路网含经二路、经四路、经六路支路、经七路、经十一路、纬一路及长庆路西段，共 7 条，道路总长约 11.63 千米		广西武鸣乾鸣投资发展有限责任公司、广西武鸣东翰投资发展有限责任公司
预备	南宁市青秀区生态养殖示范基地建设项目	16000	建设肉牛标准化生态养殖基地、饲草饲料种植处理基地、刘圩镇那床村标准化养殖小区一期、刘圩镇那度村标准化养殖小区一期、刘圩镇谭村标准化养殖小区、刘圩镇农村电子商务服务中心等；总建筑面积约 10 万平方米。		广西四野牧业有限公司
预备	广西建筑现代化产业园一期工程	108500	年加工 12 万吨钢结构（非标重钢、轻钢房屋、特种设备等），年加工 5 万吨建筑用成品钢筋、30 万吨建材智能化配送。总建筑面积约 11.19 万平方米。		广西建工集团建筑产业投资有限公司
预备	上林县大庙江生态旅游景区项目	76100	建设大庙江音乐漂流、户外运动、星空帐篷营地、树屋、休闲养生度假村、红色旅游、廉政教育基地、乡村生态农业观光体验等生态观览设施；总建筑面值 40 万平方米。		广西上林县大庙江旅游投资有限公司
预备	南宁市顶蛳山公园（第十二届中国国际园林博览会）	156900	按国家级展会公园和国内最高等级综合性公园进行建设，包括四季花谷、东盟园、广西园、采石场花园、农事花园、大师园、创意花园、企业园、中华园、湿地水花园、住宅花园、儿童花园、健康花园 13 个分区；总建筑面积 7.70 万平方米。		南宁市林业和园林局
预备	广西桂物报废机动车拆解处理与综合利用项目	60400	建设报废机动车拆解、车壳破碎中心、废旧轮胎橡胶再生加工利用、报废机动车拆解处理信息平台等，年处理报废机动车 5 万辆，各种废旧金属材料 7.50 万吨，废旧轮胎 2.50 万吨		广西物资集团有限责任公司
预备	邕江综合整治和开发利用工程项目（清川大桥－五象大桥）	277400	南岸长 15.10 千米，北岸长 18.20 千米，建设护岸工程、园林景观工程、旅游码头建设工程和两岸街区建筑整治工程		南宁交通投资集团有限公司、南宁建宁水务投资集团有限责任公司
预备	美丽南方博物馆	50000	主要建设博物馆、岭南民居展示馆、广西环保教育展示基地、岭南民俗展示馆、创作基地（含养生中心），总建筑面积 3.85 万平方米		南宁市盛都城市开发有限责任公司

续表 5

建设阶段	名　称	总投资（万元）	建设规模和内容	年计划投资（万元）	项目业主
预备	南宁旭庭木业有限公司木材加工示范项目	98000	年产25万立方米新型环保材料(定向刨花板),年产500万平方米新型建材人造板产品(康贝特新材料)		南宁旭庭木业有限公司
预备	南宁轨道交通2号线工程(玉洞至坛兴村)	380100	玉洞站至坛兴村段,线路长约6.47千米,设4座车站,设停车场1处(平乐停车场,与3号线共用)		南宁轨道交通集团有限责任公司
预备	南宁轨道交通5号线一期工程	1531100	南起那洪站,北至金桥客运站,线路长约20.60千米,设站18座,全部为地下站,换乘站6座		南宁轨道交通集团有限责任公司
预备	南宁屯里油库整体搬迁及配套项目	120000	设20座油罐,油库总库容约25.4万立方米;迁改西南成品油管道及北海—南宁—百色成品油管道,新建管道站场等。②新建配套铁路专用线,总长度2.70千米		中石化广西石油分公司
预备	G324线横县南绕城线(含横州大桥)	115700	一级公路,长18.10千米,桥梁及引道工程2.10千米		横县交通运输局
预备	南宁市邕宁区蒲庙经新江至百济二级公路	45000	二级公路,长46千米,路基宽12米		南宁市邕宁区交通运输局
预备	南宁市青秀区二塘煤矿片区棚户区改造(一期)工程	497300	总建筑面积97.50万平方米(其中安置住房14.20万平方米),配套建设道路、学校等		广西南宁晟宁资产经营投资有限公司
预备	南宁市美丽南方休闲农业示范区一期工程	109000	丽南方交通基础设施配套道路10条,总长约13.09千米;②美丽南方农业技术服务中心、游客服务中心、生态停车场等		南宁市盛都城市开发有限公司
预备	南宁市石埠堤路(江北大道延长线)	59970	市政道路,长12.85千米,路基宽24～40米		南宁市盛都城市开发有限公司
预备	南宁市扬美古镇景区配套设施建设项目	24000	南区江西至扬美二级公路:全长9.53千米;②扬美新村建设:总建筑面积约14万平方米		南宁市江南区人民政府
预备	南宁市羁押中心	92400	建设第二、三、四看守所,武警中队营房,拘留所、收容教育所,安康医院,预审监管支队业务技术用房,警犬训练基地等,总建筑面积17.45万平方米		南宁市公安局
预备	广西南宁粒粒谷生态农业科技有限公司生态产业综合开发项目	57600	建设农副产品加工区、仓储配送区、农事体验及科研区、特色农业种养区、农业展示中心及相关配套设施等,总建筑面积10.75万平方米		广西南宁粒粒谷生态农业科技有限公司
预备	南宁公路枢纽物流基地牛湾物流园区	260000	建设信息交易中心、城际快运、城市配送、电子商务、甩挂运输智能停车、仓储仓库等,年货物吞吐能力1000万吨		南宁港开发投资发展有限公司
预备	南宁港牛湾作业区二期工程	32000	4个2000吨级泊位		南宁港开发投资发展有限公司
预备	广西天堂岭东盟文化旅游产业园项目一期——新加坡文化旅游区	233200	建设生态休闲旅游观光、文化体验)、商贸展览、会议交流等设施,总建筑面积41万平方米		广西万丽绿庄农业投资有限公司
预备	南宁市现有高速公路东环改快速路一期工程	271930	对现东环高速路进行路面维修,道路全长约45千米;建设安吉大道连接线约1.82千米、5座立交桥及相关配套工程等		南宁纵横时代建设投资有限公司
预备	柳南高速公路改快速路工程(三岸收费站—那容互通立交)	89890	按城市快速路标准对现有柳南高速(三岸收费站—那容互通立交段)进行改造,改造道路全长约13千米		南宁纵横时代建设投资有限公司
预备	南宁新江镇至崇左扶绥县一级公路(南宁段)	197000	一级公路,长47.66千米,路基宽24.50米		南宁交通投资有限责任公司

（黄凯婧）

责任编辑:唐祯麟

2016年南宁市工业产品驰名著名商标名录

序号	企业名称	商标名称	申请认定的商品或服务项目
序号	企业名称	商标名称	申请认定的商品或服务项目
中国驰名商标(4个)			
1	广西中烟工业有限责任公司	真龙	
2	南南铝业股份有限公司	南南	
3	广西圣保堂药业有限公司	圣保堂	人用药
4	广西金雨伞防水装饰有限公司	西牛皮	防水卷材、非金属建筑图面材料、混凝土建筑构件
广西著名商标(143个)			
1	广西南宁市宾阳县聚丰米业有限公司		谷类制品,米
2	广西顺来茶业有限公司		茶叶代用品;茶
3	利章图(广西南宁恒业纸业有限责任公司)		卫生纸、纸餐巾
4	广西隆安瑞丰工贸有限公司		净化剂(澄清剂):工业用脱色剂(截止)
5	广西广缆科技集团有限公司		电缆,电线,电源材料(电线,电缆)
6	广西电控电气集团有限公司		断路器;配电箱(电);电站自动化装置
7	林泽宣(南宁市南佳电线电缆有限公司)		电缆,电线,电源材料(电线,电缆)
8	广西侨光电线电缆有限公司		电缆,电源材料(电线,电缆),绝缘铜线
9	广西思屋电气集团有限公司		配电箱,断路器
10	南宁市多丽电器有限责任公司		吸排油烟机、电风扇、排气风扇
11	广西盈康药业有限责任公司		人用药;搽剂;医药用洗液
12	南宁生源中药饮片有限责任公司		人用药;中药成药;医用营养品
13	广西昌弘制药有限公司		片剂;药用胶囊;医用口服液
14	广西大海阳光药业有限公司		人用药;药茶;中药成药;
15	广西美展化工科技有限公司		白色(染料或涂料);漆;防水粉(涂料)
16	广西晨康力食品股份有限公司		肉;腌腊肉;死家禽
17	广西商大科技股份有限公司		非医用饲料添加剂;猪饲料;动物饲料
18	广西南宁新源泉饮料有限公司		矿泉水、纯净水
19	广西南宁市武鸣区津源工贸有限公司		水(饮料);矿泉水(饮料);矿泉水
20	横县桂华茧丝绸有限责任公司		被子、床单和枕套、被面
21	广西南宁标鼎家具有限公司		家具、办公家具、金属家具
22	南宁市天立宏电动车有限公司		电动自行车
23	广西八桂塑胶有限公司		非金属管道,非金属水管,建筑用塑料管
24	武鸣区万福木材厂		贴面板;胶合板;树脂复合板
25	广西南宁侨盛木业有限责任公司		半成品木材;木材;胶合板
26	广西横县桂通水泥制品有限公司		混凝土建筑构件,水泥管,水泥电杆
27	罗华清(广西南宁市万阁门业有限公司)		非金属门;非金属折门;非金属外窗
28	南宁市诚通管材有限公司		管道垫圈;塑料管;排水软管
29	广西震铄木业有限公司		贴面板;三合板;胶合板

续表 1

序号	企业名称	商标名称	申请认定的商品或服务项目
30	广西鑫辉通讯集团有限责任公司		信息传送、移动电话通讯、电子公告拍服务(通讯服务)
31	广西博世科环保科技股份有限公司(中文)		消毒设备
32	广西博世科环保科技股份有限公司(字母)		污水处理设备
33	广西怡凯家居用品有限公司		晾衣架、衣服撑架、衣夹
34	广西电力线路器材厂		镀锌铁塔
35	南宁振宁西南薄板钢管有限公司		钢管、金属管道配件、金属水管
36	南宁糖业股份有限公司		白砂糖、赤砂糖
37	广西发昌香业有限公司		香木、香、使亚麻布发香用香料续评
38	南宁糖业股份有限公司(云鸥)		机制糖
39	广西华盛集团廖平糖业有限责任公司		白砂糖、赤砂糖
40	广西银雪面粉有限责任公司		面粉、面条
41	广西农垦茶业集团有限公司		茶叶
42	广西高源淀粉有限公司		食用淀粉
43	横县南方茶厂		茶、茶叶代用品、茶饮料
44	广西佳利工贸有限公司		非金属管道、非金属硬管(建筑用)、铝塑复合管
45	南宁侨虹新材料有限责任公司		纸、木浆纸
46	广西潘多拉科工贸有限公司		包装用纸袋或塑料袋
47	广西农垦明阳生化集团股份有限公司		工业用淀粉
48	广西黎塘远东化肥有限责任公司		肥料、农业用肥、混合肥料
49	广西乐土生物科技有限公司		肥料、农业肥料、农业用肥
50	广西物宝农业科技集团有限责任公司		混合肥、磷肥(肥料)、过磷酸钙
51	广西纵览线缆集团有限公司		电线、电缆、绝缘铜线
52	广西阳工电线电缆有限公司		电源材料(电线、电缆)、电线连接物、光电开关(电器)
53	广西华南电气有限公司		电开关、断路器、配电盘(电)
54	广西华南电气有限公司		配电箱、断路器、变压器
55	广西南宁市飞力电瓶电器有限责任公司		蓄电池、电池充电器、电池极板
56	南宁燎旺车灯股份有限公司		车辆灯、车灯、汽车灯
57	广西易多收生物科技有限公司		杀害虫剂、杀昆虫剂、除草剂
58	广西圣保堂健康产业股份有限公司		人用药
59	广西麦克健丰制药有限公司		人用药、医用药物、中药成药
60	广西普大动物保健品有限公司		兽医用药、兽医用制剂、兽医用化学制剂
61	南宁富莱欣生物科技有限公司		食用蜂胶(蜂胶)、非医用营养胶囊、非医用营养粉
62	广西绿桂装饰材料有限公司		涂层(油漆)、防火漆、防水粉(涂料)
63	广西汇生牧业发展有限公司		牛肉、牛肉制品、牛肉罐头
64	广西春江食品有限公司		肉、死家禽
65	广西富丰集团有限公司		猪饲料、饲料、动物饲料

续表 2

序号	企业名称	商标名称	申请认定的商品或服务项目
66	广西康佳龙农牧集团有限公司		饲料
67	南宁市泽威尔饲料有限责任公司		饲料、动物饲料、动物催肥剂
68	广西云彩桥食品饮料有限公司		水(饮料)、矿泉水
69	宾阳县茧丝工贸有限责任公司		弹力丝;厂丝;绢丝
70	广西中烟工业有限责任公司		香烟、香烟滤咀、吸烟用打火机
71	南宁糖业股份有限公司	GuFu	白砂糖、赤砂糖
72	广西金雨伞防水装饰有限公司		防水卷材、非金属建筑图面材料、混凝土建筑构件
73	广西金雨伞防水装饰有限公司	CPS	防水卷材、油膏、建筑用沥青产品
74	南宁市钢之泰轻钢彩板有限公司		金属建筑物、金属屋顶板、钢结构建筑
75	南宁市高照电器有限责任公司		配电箱(电)、控制板(电)、高低压开关板
76	广西新方向化学工业有限公司	新方向	混合肥、化学肥料、氮肥
77	南宁市储备粮管理有限责任公司	桂井	食用葵花籽油、食用油、食用油脂
78	广西南宁环球汇狮新型建材有限公司		地板、砖、建筑用非金属砖瓦
79	广西勤德科技股份有限公司	活力高	肥料、肥料制剂、混合肥料
80	南宁市健宁体育游乐设施厂		锻炼身体器材、门环器材、体育活动用球
81	广西金埌福茶业有限公司		茶、茶叶代用品
82	广西恩度高科技股份有限公司		以果蔬为主的零售小吃、脱水菜、干食用菌
83	南宁百方生物科技有限公司		植物饮料、水果饮料(不含酒精)
84	广西华宏水泥股份有限公司		水泥
85	宾阳县龙劲牛角工艺贸易有限公司		动物角、未加工或半加工角、羽兽毛工艺品
86	广西南宝特电气制造有限公司		集电器、变压器、高低压开关板
87	广西丰林木业集团股份有限公司		半成品木材、地板、纤维板
88	广西强塑管道制造集团有限公司		塑料管、排水软管、非金属软管
89	南宁市佳达纸业有限责任公司		卫生纸、纸手帕、纸巾
90	广西博科药业有限公司	博科	外用酊剂、水剂
91	横县桂华茧丝绸有限责任公司		生丝、丝绵、丝束
92	广西滋韵食品有限公司		肉、鱼制食品、腌制蔬菜
93	南宁糖业股份有限公司		白糖、红糖
94	广西地凯防雷工程有限公司		雷电限流器、避雷器、避雷针
95	南宁市多丽电器有限责任公司		吸排油烟机(厨房用抽油烟机)、电风扇(个人用电风扇)、电炊具(电磁炉)
96	南宁飞日润滑科技股份有限公司		润滑油、润滑脂
97	广西电力线路器材厂		水泥电杆
98	易鸿远	豪日	金属杆、金属门、金属窗
99	广西新胜利农业生产资料有限责任公司		混合肥料、化学肥料、农业肥料
100	广西新胜利农业生产资料有限责任公司		混合肥料、氮肥、化学肥料
101	南宁市家友电线电缆厂		电线、电缆
102	广西金花茶业有限公司		茉莉花茶
103	广西发昌香业有限公司		杀害虫剂、驱昆虫剂、灭蝇剂

续表 3

序号	企业名称	商标名称	申请认定的商品或服务项目
104	南宁市佳达纸业有限责任公司		卫生纸、纸手帕、纸巾
105	广西乐土生物科技有限公司		肥料、农业肥料、农业用肥
106	广西壮族自治区黎塘工业瓷厂		坐便器、小便池(卫生设施)、盥洗盆(卫生设备部件)
107	南宁市南昌电缆有限责任公司		电线、电缆
108	南南铝业股份有限公司		铝箔、金属建筑材料、金属窗
109	广西田园生化股份有限公司		杀害虫剂、除草剂、灭微生物剂
110	广西壮族自治区化工研究院		兽医用药、杀害虫剂、除草剂
111	华劲集团股份有限公司		纸张(文具)、铜版纸、牛皮纸板
112	广西易多收生物科技有限公司		农业肥料、肥料
113	广西金茶王油脂有限公司		食用油、食用油脂等
114	广西农垦糖业集团良圻制糖有限公司		白砂糖、赤砂糖等
115	农天懂		牛奶、牛奶饮料、牛奶制品等
116	百洋水产集团股份有限公司		饲料、动物饲料、动物用鱼粉等
117	广西南宁骏威饲料有限公司		饲料、非医用饲料添加剂等
118	广西石埠乳业有限责任公司		牛奶、牛奶饮料、酸奶等
119	广西网联电线电缆有限公司		电线、电缆
120	广西银钢南益制造有限公司		摩托车、摩托车配件等
121	广西华纳新材料科技有限公司		碳酸钙、碳化钙、碳酸氢钠等
122	南宁市贺欧食品有限责任公司		肉、香肠、猪肉食品等
123	广西华峰林业集团股份有限公司		中密度纤维板等
124	南宁市五合不锈钢制品厂		水塔、压力水箱、中央加热设备用膨胀水箱等
125	广西华彤科技有限公司		表面张力活性制剂、食物防腐用化学品、工业用酶制剂等
126	广西南宁百会药业集团有限公司		各种针剂、片剂、原料药等
127	南宁市耀宇建筑机械有限公司		筑路机、混凝土搅拌机(机器)等
128	广西祖昌门业有限公司		金属门、金属门框、金属窗等
129	南宁冠泰电子科技有限公司		电子防盗装置、计算机软件(已录制)、计算机周边设备等
130	李宇俊		矿泉水(饮料)、餐用矿泉水等
131	广西华兴集团有限公司		肉、死家禽、肉脯等
132	广西华盛集团廖平糖业有限责任公司		活动物、种家禽、饲料等
133	广西多得乐生物科技有限公司		肥料、农业肥料、混合肥料等
134	广西铁鸟调味食品有限公司		酱油、醋、调味酱等
135	南宁千年工艺有限公司		填充动物标本、黄琥珀、树脂工艺品等
136	杨传全		蜂蜜、蜂王浆、蜂胶等
137	广西新胜利农业生产资料有限责任公司		氮肥、混合肥料、化学肥料等
138	南宁市冠淇兄油脂有限责任公司		食用油脂等
139	王宜和		三合板、成品木材、胶合板等
140	广西电控电气集团有限公司		断路器、配电箱(电)、电站自动化装置等
141	南宁市桂潮电线电缆厂		电话线、电源材料(电线、电缆)、电线管等

2016年南宁市工业产品获广西品牌名录

序号	企业名称	产品品牌	产品名称
1	广西南南铝箔有限责任公司	南南	铝及铝合金箔
2	广西弘毅诚信幕墙门窗有限责任公司	正田玻璃	铝合金门窗
3	广西博世科环保科技股份有限公司	博世科	上流式多相废水处理氧化塔
4	广西博世科环保科技股份有限公司	博世科	甲醇法二氧化氯制备系统
5	广西博世科环保科技股份有限公司	博世科	上流式多级厌氧反应器
6	广西工凯重工制造有限公司	工凯重工	塔式起重机
7	广西建工集团建筑机械制造有限责任公司	牛头	塔式起重机
8	广西亚多漆业有限责任公司	亚多	水性涂料、水性腻子
9	广西申能达智能技术有限公司	申能达	集成电路(IC)卡读写机
10	广西送变电建设有限责任公司铁塔厂	壮峰	输电线路铁塔
11	广西桂越电力科技有限公司	桂越科技	电表箱(配电板)
12	广西桂越电力科技有限公司	桂越科技	低压成套开关设备
13	广西电控电气集团有限公司	GXDK、广控	高压/低压预装式变电站
14	广西电控电气集团有限公司	GXDK、广控	户内金属铠装抽出式开关设备(高压)
15	广西电控电气集团有限公司	GXDK、广控	低压配电箱、动力柜
16	广西电控电气集团有限公司	GXDK、广控	低压开关设备
17	广西巨星科技有限公司	Yes!Star	工业射线胶片
18	广西多得乐生物科技有限公司	多得乐	多元高效复混肥
19	广西金雨伞防水装饰有限公司	西牛皮	CPS反应粘结型湿铺防水卷材
20	广西云燕特种水泥建材有限公司	云燕	白色硅酸盐水泥
21	广西华润红水河水泥有限公司	红水河	普通硅酸盐水泥
22	南宁耀天新材料技术有限公司	耀新	电缆保护套管
23	广西华宏水泥股份有限公司	古庙	普通硅酸盐水泥
24	横县桂华茧丝绸有限责任公司	金花茶	生丝
25	金红叶纸业(南宁)有限公司	清风	面巾纸
26	横县南方茶厂	莉香	茉莉花茶
27	广西华兴食品有限公司	华兴	肉鸭
28	广西震铄木业有限公司	震铄	胶合板
29	广西五丰粮食集团有限公司	骏驰	小麦粉
30	广西金雨伞防水装饰有限公司	金雨衣	CPS反应粘结型湿铺防水卷材
31	南宁燎旺车灯有限责任公司	瞭望	汽车灯具
32	广西电力线路器材厂	黎塔	输电线路铁塔
33	南宁八菱科技股份有限公司	八菱	汽车散热器
34	广西南宝特电气制造有限公司	南林	400V低压成套开关设备
35	广西电力线路器材厂	广力	环形混凝土电杆
36	广西雄塑科技发展有限公司	雄塑	塑胶管材管件
37	百洋水产集团股份有限公司	百洋	鱼配合饲料
38	广西辽大饲料集团有限公司	辽大	猪配合饲料
39	广西壮族自治区黎塘工业瓷厂	美洁	卫生陶瓷
40	广西强塑管道制造集团有限公司	强顺管道	塑胶管材管件
41	广西华宏水泥股份有限公司	华宏	普通硅酸盐水泥

续表

序号	企业名称	产品品牌	产品名称
42	南宁四轩科教办公用品有限公司	四轩	木质家具
43	广西南宁绿园北林木业有限公司	青秀山	胶合板
44	广西舒雅护理用品有限公司	舒雅宝宝	透气婴儿纸尿裤
45	金红叶纸业(南宁)有限公司	清风	清风牌卫生纸
46	广西南宁百洋食品有限公司	贝丰	冻罗非鱼片
47	广西正田节能玻璃有限责任公司	正田玻璃	节能玻璃
48	华润水泥(南宁)有限公司	红水河	普通硅酸盐水泥
49	南宁糖业股份有限公司(明阳糖厂)	明阳	白砂糖
50	南宁糖业股份有限公司(伶俐糖厂)	云鸥	白砂糖
51	南宁糖业股份有限公司(香山糖厂)	大明山	白砂糖
52	南宁糖业股份有限公司(东江糖厂)	古府	白砂糖
53	南宁振宁西南薄板钢管有限公司	邕江	低压流体输送用焊接钢管
54	广西建工集团建筑机械制造有限责任公司	牛头	施工升降机
55	广西东正集团有限公司	D Dongzheng	中密度纤维板
56	广西农垦茶业集团有限公司	大明山	茶叶(红茶、绿茶、乌龙茶、黑茶、花茶)
57	广西南宁新源泉饮料有限公司	五象泉	瓶、桶装饮用纯净水
58	广西金花茶业有限公司	人间壹香	茉莉花茶
59	广西南宁兄弟面业有限责任公司	骏驰	挂面
60	广西地凯科技有限公司	地凯	电涌保护器
61	广西南宝特电气制造有限公司	南林	变压器
62	广西阳工电线电缆有限公司	阳工	电缆
63	南宁市南昌电缆有限责任公司	南慧	电缆
64	广西八桂塑胶有限公司	桂标	塑料管材、管件
65	横县桂华茧丝绸有限责任公司	桂华	蚕丝被
66	广西佳微电子科技有限公司	海微	微型智能投影电视
67	南宁市家友电线电缆厂	家友	电线
68	广西网联电线电缆有限公司	网联	聚氯乙烯绝缘电缆
69	广西田园生化股份有限公司	农博士	农药
70	广西易多收生物科技有限公司	易多收	农药
71	广西易多收生物科技有限公司	易多收	复混肥料
72	广西网联电线电缆有限公司	网联	聚氯乙烯绝缘电线
73	南宁糖业股份有限公司	八鲤	漂白蔗渣浆
74	南宁市南昌电缆有限责任公司	南慧	电线
75	广西佳利工贸有限公司	八桂	塑料管材、管件
76	南宁侨虹新材料有限责任公司	侨虹	无尘纸
77	广西舒雅护理用品有限公司	舒雅	舒雅卫生巾(卫生护垫)
78	广西丰林木业集团股份有限公司	丰林	中密度纤维板
79	广西华峰林业集团股份有限公司	高林	中密度纤维板
80	广西纵览线缆集团有限公司	纵览	电缆
81	广西纵览线缆集团有限公司	纵览	电线
82	南宁市家友电线电缆厂	家友	电缆
83	广西阳工电线电缆有限公司	阳工	电线
84	南南铝业股份有限公司	南南	铝合金建筑型材
85	广西华锑科技有限公司	BRIGHTSUN	三氧化二锑
86	南宁市储备粮管理有限责任公司	桂井	大米

(农　湉)

2016 年全国 37 个大中城市综合经济竞争力

城　市	综合经济竞争力		综合增量竞争力		综合效率竞争力	
	指数	排名	指数	排名	指数	排名
南　宁	0.103	30	0.189	28	0.006	33
深　圳	1.000	1	0.857	6	0.333	1
上　海	0.747	2	1.000	1	0.155	2
广　州	0.569	3	0.923	4	0.093	3
天　津	0.466	4	0.989	2	0.055	8
北　京	0.459	5	0.971	3	0.054	9
苏　州	0.424	6	0.682	7	0.067	6
武　汉	0.342	7	0.584	9	0.049	10
南　京	0.333	8	0.493	10	0.056	7
无　锡	0.325	9	0.365	15	0.074	5
成　都	0.306	10	0.619	8	0.034	12
青　岛	0.260	11	0.471	11	0.032	13
郑　州	0.253	12	0.391	14	0.038	11
厦　门	0.250	13	0.182	30	0.086	4
长　沙	0.244	14	0.464	12	0.027	16
重　庆	0.231	15	0.917	5	0.007	29
宁　波	0.226	16	0.351	17	0.032	13
杭　州	0.226	16	0.451	13	0.023	18
大　连	0.208	18	0.356	16	0.025	17
济　南	0.202	19	0.298	22	0.029	15
西　安	0.193	20	0.332	18	0.023	18
沈　阳	0.184	21	0.301	21	0.023	18
合　肥	0.180	22	0.325	19	0.019	23
福　州	0.165	23	0.297	23	0.016	24
南　昌	0.151	24	0.212	27	0.020	21
长　春	0.147	25	0.303	20	0.011	28
石家庄	0.145	26	0.258	25	0.013	26
贵　阳	0.123	27	0.187	29	0.013	26
哈尔滨	0.117	28	0.278	24	0.004	37
昆　明	0.116	29	0.223	26	0.007	29
太　原	0.099	31	0.107	34	0.015	25
乌鲁木齐	0.097	32	0.151	31	0.007	29
呼和浩特	0.095	33	0.149	32	0.007	29
海　口	0.089	34	0.069	36	0.020	21
兰　州	0.087	35	0.128	33	0.006	33
银　川	0.069	36	0.077	35	0.006	33
西　宁	0.064	37	0.068	37	0.006	33

2016年全国37个大中城市宜居竞争力

城市	宜居竞争力		优质的教育环境	健康的医疗环境	安全的社会环境	绿色的生态环境	舒适的居住环境	便捷的基础设施	活跃的经济环境
	指数	排名	排名	排名	排名	排名	排名	排名	排名
南宁	0.621	26	25	26	34	6	11	29	28
无锡	0.896	1	22	28	3	20	1	1	8
广州	0.830	2	11	7	33	5	16	8	3
厦门	0.804	3	3	34	25	3	35	6	2
杭州	0.802	4	29	8	17	14	15	3	5
深圳	0.795	5	22	25	35	2	19	9	1
南京	0.778	6	15	21	9	15	10	18	6
上海	0.766	7	2	15	28	12	25	12	7
武汉	0.759	8	5	9	23	26	5	7	18
宁波	0.755	9	31	36	20	13	7	2	9
西安	0.749	10	10	16	27	16	2	20	14
北京	0.740	11	1	4	13	29	31	27	4
福州	0.739	12	35	32	21	4	13	13	15
合肥	0.736	13	17	29	2	22	3	23	21
长沙	0.733	14	8	6	36	19	8	28	11
苏州	0.727	15	20	37	7	21	17	5	10
南昌	0.723	16	21	24	6	7	26	16	25
成都	0.714	17	12	5	19	18	30	21	16
大连	0.708	18	6	19	4	10	36	34	19
青岛	0.706	19	33	35	15	9	12	17	12
济南	0.688	20	26	12	5	35	9	30	13
海口	0.667	21	36	22	29	1	18	10	30
呼和浩特	0.657	22	19	31	10	17	4	33	24
天津	0.656	23	4	23	14	32	34	15	17
长春	0.656	23	7	18	8	23	22	25	26
沈阳	0.646	25	9	11	22	33	14	26	20
昆明	0.612	27	32	17	31	8	27	37	22
郑州	0.596	28	24	10	1	37	33	22	23
银川	0.583	29	18	27	26	25	6	11	31
哈尔滨	0.573	30	14	20	11	30	21	36	29
太原	0.560	31	16	2	37	31	32	14	32
重庆	0.551	32	34	33	12	27	29	19	27
贵阳	0.542	33	27	14	32	11	28	24	34
乌鲁木齐	0.468	34	28	3	23	34	37	4	35
兰州	0.467	35	13	13	18	24	23	35	36
西宁	0.459	36	30	1	16	28	24	32	37
石家庄	0.365	37	37	30	30	36	20	31	33

2016年全国37个大中城市可持续竞争力

城市	可持续竞争力		知识城市竞争力	和谐城市竞争力	生态城市竞争力	文化城市竞争力	全域城市竞争力	信息城市竞争力
	指数	排名	排名	排名	排名	排名	排名	排名
南宁	0.460	32	31	35	7	35	33	31
北京	0.989	1	1	10	9	1	2	2
上海	0.922	2	2	20	3	7	1	1
深圳	0.818	3	3	12	4	26	3	4
广州	0.770	4	8	24	5	10	7	3
杭州	0.738	5	7	4	24	3	8	8
南京	0.729	6	5	21	12	5	5	17
青岛	0.682	7	13	9	2	16	14	11
大连	0.681	8	17	1	1	32	9	13
武汉	0.677	9	12	15	25	2	15	12
宁波	0.663	10	22	5	30	6	10	7
成都	0.656	11	10	28	13	17	18	6
厦门	0.645	12	18	11	6	31	17	5
无锡	0.645	12	21	3	16	21	6	24
苏州	0.644	14	11	7	22	27	4	16
西安	0.630	15	9	29	21	4	20	14
天津	0.611	16	4	25	28	23	13	19
重庆	0.604	17	6	27	31	15	16	9
济南	0.581	18	16	13	23	9	19	25
南昌	0.581	18	26	2	14	19	27	26
沈阳	0.571	20	24	22	19	11	11	30
长沙	0.564	21	15	32	15	18	12	32
郑州	0.563	22	19	6	33	14	23	18
福州	0.548	23	27	16	27	12	25	22
长春	0.541	24	20	17	10	29	22	27
合肥	0.538	25	14	14	11	30	30	28
昆明	0.533	26	23	26	20	22	32	10
哈尔滨	0.523	27	30	8	29	8	26	36
银川	0.503	28	35	23	17	13	28	34
呼和浩特	0.495	29	34	18	8	25	29	37
海口	0.488	30	32	31	18	24	37	23
太原	0.461	31	29	36	35	20	21	15
乌鲁木齐	0.441	33	33	33	26	37	24	20
兰州	0.432	34	25	19	36	28	36	33
贵阳	0.417	35	28	30	32	36	31	21
石家庄	0.354	36	36	37	34	33	34	29
西宁	0.334	37	37	34	37	34	35	35

2016 年度全国部分西部省会城市综合经济竞争力

城市	综合经济竞争力		综合增量竞争力		综合效率竞争力	
	指数	排名	指数	排名	指数	排名
南宁	0.103	5	0.189	4	0.006	7
成都	0.306	1	0.619	1	0.034	1
西安	0.193	2	0.332	2	0.023	2
贵阳	0.123	3	0.187	5	0.013	3
昆明	0.116	4	0.223	3	0.007	4
乌鲁木齐	0.097	6	0.151	6	0.007	4
呼和浩特	0.095	7	0.149	7	0.007	4
兰州	0.087	8	0.128	8	0.006	7
银川	0.069	9	0.077	9	0.006	7
西宁	0.064	10	0.068	10	0.006	7

2016 年全国部分西部省会城市宜居竞争力

城市	宜居竞争力		优质的教育环境	健康的医疗环境	安全的社会环境	绿色的生态环境	舒适的居住环境	便捷的基础设施	活跃的经济环境
	指数	排名	排名	排名	排名	排名	排名	排名	排名
南宁	0.621	4	6	8	10	1	4	6	5
西安	0.749	1	1	6	7	4	1	3	1
成都	0.714	2	2	3	4	6	9	4	2
呼和浩特	0.657	3	5	10	1	5	2	8	4
昆明	0.612	5	10	7	8	2	7	10	3
银川	0.583	6	4	9	6	8	3	2	6
贵阳	0.542	7	7	5	9	3	8	5	7
乌鲁木齐	0.468	8	8	2	5	10	10	1	8
兰州	0.467	9	3	4	3	7	5	9	9
西宁	0.459	10	9	1	2	9	6	7	10

2016 年全国部分西部省会城市可持续竞争力

城 市	可持续竞争力		知识城市竞争力	和谐城市竞争力	生态城市竞争力	文化城市竞争力	全域城市竞争力	信息城市竞争力
	指数	排名	排名	排名	排名	排名	排名	排名
南 宁	0.460	6	6	10	1	8	8	6
成 都	0.656	1	2	5	3	3	1	1
西 安	0.630	2	1	6	6	1	2	3
昆 明	0.533	3	3	4	5	4	7	2
贵 阳	0.417	9	5	7	8	9	6	5
呼和浩特	0.495	5	8	1	2	5	5	10
乌鲁木齐	0.441	7	7	8	7	10	3	4
兰 州	0.432	8	4	2	9	6	10	7
西 宁	0.334	10	10	9	10	7	9	9
银 川	0.503	4	9	3	4	2	4	8

2016 年广西壮族自治区各城市综合经济竞争力指数排名

城 市	综合经济竞争力		综合增量竞争力		综合效率竞争力		企业本体	当地要素	当地需求	软件环境	硬件环境	全球联系
	指数	排名	指数	排名	指数	排名	排名	排名	排名	排名	排名	排名
南 宁	0.103	1	0.189	1	0.006	2	8	1	1	3	4	4
柳 州	0.082	2	0.126	2	0.005	3	7	3	4	2	2	7
北 海	0.072	3	0.065	6	0.011	1	1	14	8	4	1	5
桂 林	0.070	4	0.104	3	0.003	6	5	2	2	1	9	8
玉 林	0.062	5	0.071	4	0.004	4	3	4	3	7	6	13
梧 州	0.058	6	0.066	5	0.003	6	2	8	9	6	8	6
钦 州	0.054	7	0.059	7	0.003	6	6	6	5	8	5	2
防城港	0.048	8	0.039	9	0.004	4	4	13	6	10	3	3
贵 港	0.045	9	0.037	10	0.003	6	10	11	10	9	10	12
百 色	0.045	9	0.044	8	0.001	11	12	5	11	12	13	10
崇 左	0.042	11	0.036	11	0.001	11	11	10	13	11	11	1
来 宾	0.038	12	0.027	12	0.002	10	13	12	7	14	12	14
河 池	0.036	13	0.025	13	0.001	11	14	7	14	5	14	9
贺 州	0.034	14	0.020	14	0.001	11	9	9	12	13	7	11

2016年广西壮族自治区各城市可持续竞争力指数排名

城市	可持续竞争力		知识城市竞争力	和谐城市竞争力	生态城市竞争力	文化城市竞争力	全球城市竞争力	信息城市竞争力
	指数	排名	排名	排名	排名	排名	排名	排名
南宁	0.460	1	1	5	1	4	1	3
桂林	0.416	2	2	3	5	1	2	8
柳州	0.361	3	3	2	4	3	3	6
北海	0.329	4	8	11	2	2	4	4
梧州	0.259	5	7	8	3	5	5	7
防城港	0.206	6	12	1	10	7	7	1
玉林	0.173	7	4	13	7	6	6	12
崇左	0.163	8	11	7	6	14	9	2
百色	0.145	9	5	6	8	10	14	10
钦州	0.117	10	6	14	9	12	10	5
河池	0.115	11	9	4	13	8	13	9
贺州	0.084	12	10	9	11	9	12	11
贵港	0.035	13	14	10	12	13	8	13
来宾	0.027	14	13	12	14	11	11	14

2016年广西壮族自治区各城市宜居竞争力指数排名

城市	宜居竞争力		优质的教育环境	健康的医疗环境	安全的社会环境	绿色的生态环境	舒适的居住环境	便捷的基础设施	活跃的经济环境
	指数	排名	排名	排名	排名	排名	排名	排名	排名
南宁	0.621	1	1	1	8	5	13	13	1
桂林	0.561	2	2	3	9	9	4	14	2
柳州	0.435	3	3	2	11	10	14	12	3
玉林	0.425	4	4	9	4	3	5	6	4
防城港	0.421	5	10	11	3	8	2	1	5
百色	0.366	6	5	4	5	13	7	3	11
北海	0.355	7	8	6	14	1	8	5	7
梧州	0.319	8	6	8	2	2	6	10	9
来宾	0.314	9	13	13	13	14	1	2	6
钦州	0.305	10	7	5	6	6	12	9	8
河池	0.255	11	9	7	1	12	11	7	14
贵港	0.222	12	14	10	7	11	10	4	13
贺州	0.185	13	12	12	12	7	3	8	10
崇左	0.157	14	11	14	10	4	9	11	12

责任编辑　唐祯麟　李　康

索引

说明

一、本索引是《南宁年鉴（2017）》内容分析索引。正文（包括条目、文献、资料、图片和表格）中凡具有独立检索意义的完整资料，都可以通过本索引进行检索。

二、本索引按汉语拼音字母（同音字按声调）顺序排列。类目、分目、次分目作索引款目用黑体字排印，其余款目均用宋体字排印。表格、图片、示意图在其款目后分别注明“表”“图”或“示意图”。

三、索引款目后的数字表示内容所在的页码，数字后的拉丁字母（a、b、c）表示栏别（即版面的1、2、3栏）。空2字起排的款目为上一主题的“附见”。同一主题的“参见”，只标页码。内容有交叉的款目，为便于读者检索，在本索引中重复出现。

四、符号、阿拉伯数字开头的款目排在索引的末尾。

A

B

C

D

H

J

K

L

M

N

P

Q

R

S

T

W

Z

符号 数字索引